本书出版得到

国家重点文物保护专项补助经费资助

编辑委员会

姜 屯 汉 墓

（上）

辽宁省文物考古研究所　编著

文物出版社

北京·2013

封面设计：周小玮
责任印制：张道奇
责任编辑：杨冠华

图书在版编目（CIP）数据

姜屯汉墓／辽宁省文物考古研究所编著. —北京：文物出版社，2013.1
ISBN 978－7－5010－3597－7

Ⅰ.①姜…　Ⅱ.①辽…　Ⅲ.①汉墓－研究报告－普兰店市　Ⅳ.①K878.84

中国版本图书馆 CIP 数据核字（2012）第 252579 号

姜 屯 汉 墓

辽宁省文物考古研究所　编著

＊

文 物 出 版 社 出 版 发 行
（北京市东城区东直门内北小街 2 号楼）
http：//www.wenwu.com
E-mail：web@wenwu.com
北京京都六环印刷厂印刷
新 华 书 店 经 销
889×1194　1/16　印张：54.5　插页：4
2013 年 1 月第 1 版　2013 年 1 月第 1 次印刷
ISBN 978－7－5010－3597－7　定价：720.00 元（全二册）

Han Dynasty Cemetry in Jiangtun

Vol. 1

by

Cultural Relics and Archaeology Institute of Liaoning Province

Cultural Relics Press

Beijing · 2013

序一

《姜屯汉墓》是辽宁省第一部汉代墓葬发掘报告。

2009年，辽宁省交通厅开始筹建普兰店市皮口镇至炮台镇的高速公路，辽宁省文物考古研究所受辽宁省文物局委托，负责了该项目占地区域内的考古调查工作，在省考古所的前期调查中发现了姜屯墓地。该墓地位于辽东半岛的普兰店市，南距市区约5千米，早在20世纪50年代这一带就有汉墓发现，并在其附近的张店和乔家屯进行了汉墓发掘，出土了鎏金车马具明器和鎏金铜贝鹿镇等珍贵文物。

2010年3月，辽宁省文物考古研究所开始组织人员对姜屯墓地开展勘探、发掘工作。东北地区的3月还是雨雪交加的季节，工作环境十分艰苦，但全体工作人员还是在短短的一个多月时间里认真完成了考古勘探及地形测绘工作，为考古发掘工作打下了良好的基础。

11月11日，我与省文物局和大连市文物局的多位同志来到姜屯工地，工地负责人白宝玉同志向我们介绍了工作进展情况：9月中旬他们已经结束了野外发掘工作，随即转到资料整理阶段，在辽宁省文物考古研究所领导的安排下聘请了修复队，建成了局域网，加快了出土文物修复和资料整理汇编的工作进度，已经完成了墓葬图的清绘和墓葬形制的描述工作，下一步将是器物绘图和整体研究工作。

听完工作介绍后，我的第一感觉是：这样的工作进度不是每天工作8小时能够完成的，这些年轻人真的是干劲十足。更令我意想不到的是：2011年1月，他们就完成了《姜屯汉墓》的初稿；3月，与文物出版社签订出版协议；5月，专家审稿；9月，定稿交到出版社；2012年出版印刷。工作进度之快，可见一斑。

姜屯墓地当年发掘，当年整理，当年完成初稿，次年交到出版社编辑出版。这是我省考古发掘工作中的一次大突破，也是李向东副局长在省考古所工作中的一次大创新，为我省考古资料整理、出版探索出一套新思路、新方法，具有重要意义。

在和编写组成员的谈话中，我也了解到，他们这个团队的平均年龄不到30岁，虽然年轻、有激情，却存在着工作经验少、积淀不够、对考古材料的驾驭能力有限的情况，也难免会出现一些错误，但并不影响这些年轻人对考古工作的热爱、对材料全面翔实公布以供研究的开放态度。

辽宁地区汉墓早在20世纪20年代就有发现，50年代之后又有过几次大规模发掘，发掘区域涵盖了辽宁大部，但见诸文章的多为一些发掘简报，致使很多研究北方地区汉墓的专家，在其研究文章中多是对东北地区汉墓一笔带过，多则千余字，少则几百字，始终不能对辽宁的汉墓序列做到深入研究。如今，《姜屯汉墓》出版在即，将会为各位专家、学者研究辽南地区汉墓提供大量翔实资料。

　　以上皆是所想、所感，简为序。

丁辉

2012 年 9 月

序二

　　辽东半岛是东北地区汉墓最为密集的地区，其发现的历史，最早可以追溯到 20 世纪初，其中，影响较大的是上世纪三四十年代发现的辽阳壁画墓和大连营城子壁画墓。新中国成立后，随着第一个五年计划的实施，各地相继发现了大量的汉墓，仅东北文物工作队在鞍山、辽阳等地清理的汉墓即以千计。此后几十年间，在北自沈阳，南至大连的区域内，仍不断有零星的汉墓发现。改革开放之后，随着经济的发展和基本建设规模的扩大，使汉墓的发现数量大增。近年来考古部门配合建设工程，仅在大连地区清理的汉墓一次超过百座的就有：瓦房店陈屯 171 座（1994 年），营城子高新技术园区 180 座（2003～2004 年），普兰店姜屯 212 座（2010 年）。

　　相对于这些大量的发掘工作来说，辽宁汉墓发掘报告的整理和研究工作却是滞后的，至今我们见到的只是一些汉墓发掘简报，详细的报告一本也没有。姜屯汉墓能在发掘后很快出版报告，是一次可喜的突破，是应当为之祝贺的。正因为如此，当向东所长请我为报告做序时，尽管我对汉墓没有多少研究，还是欣然从命。

　　姜屯南距普兰店 5 千米，原属花儿山乡（公社）。在姜屯的西南、张店村北，有一座战国——汉代城址，考古界称之为张店汉城址。在城址周围，分布着大量的汉墓，早在20 世纪 50 年代起，在城址附近就不断发现汉代砖室墓。1975 年，旅顺博物馆在张店和乔家屯清理 10 座贝墓，出土鎏金鹿镇等重要文物；1983 年，村民在张店汉城址东南 1.5公里处挖掘滩泥时，又发现两块马蹄金，遂引起学术界重视。有学者据《资治通鉴》胡注："辽东有沓县，西南临海渚"的记载，将张店汉城考订为汉代辽东郡的沓氏县治。2010 年，因修建皮口至炮台高速公路正通过姜屯汉墓区，辽宁省文物考古研究所遂进行了抢救性清理。发掘期间，笔者曾利用到大连进行三普验收的机会至现场参观，看到高速公路正从墓地通过，掘土机已将几座墓葬破坏，墓砖散落在外。可见省考古所是匆忙上阵进行抢救性清理的。在半年的时间内，共发掘墓葬 212 座，是大连地区历年来发掘汉墓数量最多的一次。为了早日完成考古报告，考古队冒着酷暑，白天在现场发掘，晚上加班整理材料，这样，在田野发掘工作结束后，即可以马上转入报告编写工作。又经过近半年的工作，遂完成了报告的初稿。可见，《姜屯汉墓》报告能及时出版，发掘和整理者付出了超常的艰辛和努力。

　　这次发掘的 212 座汉墓中，因 58 座墓葬遭到严重破坏且无随葬品出土，因此报告只发表了比较完整的 154 座的材料。这 154 座墓葬，按形制可分为土坑竖穴墓（部分墓穴开凿在基岩上，实际为石圹竖穴墓，但也归入此类）和砖室墓。土坑竖穴墓共82座，又可分为积贝墓、积石片墓，积贝、石片墓，积瓦墓，积贝、瓦墓，土石回填墓（亦可称纯土坑墓）等六种；砖室墓共72座，可分为素面、绳纹砖墓和花纹砖墓两种，这些大致涵盖了大连地区汉墓的所有类型。报告作者根据墓葬形制、随葬品组合以及形制特征，将这154座汉墓分为六期，时代由西汉早期至东汉晚期。大致反映了大连地区汉墓的概况

辽宁地区的汉墓，虽受中原影响，形制渐趋一致，但各地的汉墓仍有很大差别。从姜屯等地的汉墓来看，大连地区的汉墓有别于沈阳等地的汉墓，有其自身的一些特点。概而言之，首先，贝墓只见于大连、营口、锦州等沿海地区而不见于其他地区。其次，花纹砖墓仅发现于大连和营口地区，北不过大石桥。再次，大连地区汉墓修筑之精致，随葬品之丰富，远非沈阳地区汉墓所能比。

墓葬是历史的见证，是当时当地经济文化发展的反映。汉代时沈阳地近长城，战事频仍，经济文化发展都受到一定的影响。从沈阳地区发现的汉墓来看，普遍比较简单，随葬品少，且除陶器外，只有琉璃珠、铜耳珰、铜环等小件器物，不见贵重品。这种情况显然与人口成分（可能军人较多）与生产力水平有关。而姜屯汉墓，规模虽不大，但木棺上普遍有柿蒂形铜饰。随葬品丰富，一墓出几十件比较普遍，其中不乏铜器等贵重器物。据报告统计，在154座汉墓中，共计出土铜镜13面、铜钱1770枚（56座墓中出土）、铜带钩32件、木棺上的柿蒂形铜饰204件、漆器饰件60件，以及金银指环、玉、水晶、玛瑙饰件等。另外，有三座大型墓（22号、41号、45号）出土鎏金铜车马明器，有的还出土玉覆面、铜贝鹿镇等。车马明器和铜贝鹿镇在1975年乔家屯7号墓也曾发现。这种情况说明，汉代时期，大连地区的经济文化明显要高于沈阳地区。其原因，一是由于大连远离民族纷争的长城地带，农业与商业有长期稳定发展的条件；二是大连南与山东隔海相望，来往便利，经济文化受中原影响较大。因此，《姜屯汉墓》报告的出版，不仅为我们提供了一批相对完整的可供对比的汉墓资料，而且也为研究大连汉代历史补充了难得的物质史料。

这是我初读《姜屯汉墓》的一点感想，是为序。

姜念思

2012 年 9 月

目　　录

插图目录

第一章　前言

第一节　地理位置及历史沿革

普兰店市地处辽宁省辽东半岛南部，地势北高南低，西高东低。地形大体分为三部分：北部低山区、东北及中部丘陵区、南部沿海丘陵平原区。位于北纬 39°18′40″～39°59′00″，东经 121°50′30″～122°36′30″之间，土地面积 2896 平方千米。东与庄河市、南与大连市金州区、北与瓦房店市交界，西邻大海。南距大连 77 千米，北距沈阳 290 千米。

普兰店市原名新金县，于 1945 年 9 月 25 日成立，1991 年 11 月 30 日经国家批准，撤销新金县，设立普兰店市。新金县建县以前，地属金县（今大连市金州区）和复县（今瓦房店市），为了下文叙述方便，将这一地域称为普兰店地区①。

普兰店地区早在 6000 年以前的新石器时代就有人类繁衍生息，发现了多处这一时代的遗址，包括"塔寺屯遗址"和"乔东遗址"等。青铜时代的发展较文化发达地区比相对较晚，1980 年在普兰店安波镇双房屯西山发现的双房类型就是这一地区的典型代表。

春秋时期普兰店地区为貊人居住地，到战国时期燕国打败东胡，置上谷、渔阳、右北平、辽西、辽东五郡，普兰店地区归辽东郡统辖。秦初时属辽东郡，郡治襄平（今辽宁省辽阳市），秦朝的大一统，推动了这一地区与中原文化的融合，促进了这一地区的文化大发展。秦末连年战争，造成了诸侯割据的情况，直到西汉初期，这一区域仍处于诸侯燕王韩广统领之下。

公元前 140 年，汉武帝为开发辽东，从山东、河北一带移民至辽东、辽南垦荒，才又促进了普兰店地区与中原地区的经济文化交流。190 年，公孙度任辽东太守，将辽东、辽西之地划分为辽东、中辽、辽西三郡，自立为平州牧，普兰店地区属新置的平州辽东郡。三国时期处于公孙度之孙公孙渊统治之下，在魏国讨伐公孙渊后，辽东郡归属于魏，普兰店地区分属东沓、平郭县。

西晋属平州平郭县，西晋末年被高句丽割据，后又属前燕辽东郡。404 年，再次被高句丽占领。

隋大业十年（614 年），隋炀帝征讨高句丽，普兰店地区属隋。668 年唐高宗设安东都护府，这一地区属安东都护府积利州。716 年改隶平卢淄青节度。

辽神册四年（919 年），置扶州、苏州，此时普兰店地区分属二州。金末分属复州、金州。元代分属金、复州万户府。明代分属金州卫、复州卫。清代分属复州、宁海县（1843 年后改为金州厅）。

---

① 普兰店史志办公室：《普兰店地方简史》（未正式出版）。

第二节　工作概况

2009 年 7 月，辽宁省交通厅计划修建普兰店市皮口镇至炮台镇的高速公路（以下简称皮炮高速），大连市考古所负责了该条线路的考古调查工作，调查发现，该线路经过县级文物保护单位—孤堆子古墓群的保护范围，情况汇报到辽宁省文物考古研究所后，李新全副所长带领李龙彬主任和白宝玉副主任来到普兰店博物馆，在付文才馆长陪同下到文物保护区进行复查，经过现场勘查发现，皮炮高速公路在保护单位的建设控制地带南侧由东向西穿过，但由于皮炮高速建设单位当时没有进行征地，因此无法开展考古勘探和发掘工作。

12 月，辽宁省文物古研究所接到普兰店博物馆的消息，皮炮高速的部分项目开始施工，并且在施工取土过程中破坏了几座墓葬。李新全副所长同大连市考古所张志城副所长和付文才馆长一起到现场进行调查，在了解情况后立即派白宝玉同志进驻工地进行勘探与发掘，并与高速公路建设指挥部和承建单位进行沟通，要求建设部门在东起花儿山西至高速公路服务区的近两千米路段内立即停止一切施工，以防止这一区域内的墓葬遭到进一步破坏。由于当时气温已经进入零下，在对被破坏的墓葬进行抢救性发掘时已经开始出现冰冻，仅勉强清理完一座土坑竖穴贝壳墓（M91），其他几座墓葬无法发掘。随后，发掘队伍撤回沈阳，并安排人员看护暴露墓葬以及巡视高速公路占地区域内有无继续施工。在清理墓葬时我们与当地政府进行了初步接触，了解到墓地所在地属于普兰店市铁西办事处西北山村姜屯，因此把这个墓地命名为"姜屯墓地"（彩版一）。

2010 年 3 月 5 日，白宝玉、徐政和柏艺萌同志进驻姜屯工地，李龙彬主任担任此次发掘工作的领队，在向国家文物局申报后，正式开始了考古发掘工作。

3 月 7 日，徐政和柏艺萌开始进行地形测绘，白宝玉同志开始联系专业勘探队准备进行勘探。

3 月 17 日，洛阳市古韵勘探队进驻姜屯工地，并于第二天正式开始勘探。虽然当时还有近 50 厘米的冻土层，但勘探工作却进展顺利。到 5 月中旬，勘探工作彻底结束，共勘探约 13 万平方米，发现墓葬 197 座（彩版二）（经后来发掘得知，大多数贝壳墓都是并葬墓，因此勘探墓葬数量与发掘数目不符）。

发掘工作开始于 3 月 19 日，主要是清理一些在施工中遭破坏而暴露于地表和断崖上的墓葬，由于气温较低，冻土层较厚，且时常有雨雪天气出现，因此发掘工作进展缓慢，直到 4 月中旬才开始进行大规模发掘。此时的发掘队伍又有司伟伟、褚金刚和李霞同志陆续加入，田野发掘人员增加到了五人。具体分工为：白宝玉、徐政、司伟伟、李霞、褚金刚负责田野发掘；徐政、司伟伟、褚金刚负责现场遗迹摄影；洛阳勘探队杨一文负责遗迹绘图。

在发掘工作启动后不久，所有的发掘人员就开始在晚上加班，进行一些遗迹图清绘、陶器修复等后期整理工作。在田野发掘结束时，墓地所有墓葬的平、剖视图已清绘完毕，完成出土器物拼对 1400 余件。

6 月，吉林大学在读硕士研究生苏军强、赵芳超、杨小芳、付琳及东北师范大学在读硕士研究生张杰来到姜屯工地实习，加快了发掘、整理的速度。

9 月 16 日，田野发掘工作正式结束，所有发掘人员随即转到室内，进行资料整理与报告编写工作。

9 月 17 日，报告编写工作正式启动。

第三节　报告编写

一　报告体例

《姜屯汉墓》本着全面、翔实公布发掘资料的想法，在学习和借鉴其他优秀发掘报告的基础上，确定本报告的体例为按照遗迹单位进行介绍。姜屯墓地共发掘墓葬 212 座，但其中一些墓葬由于遭到盗扰和破坏比较严重，且没有遗物出土，因此未把这部分墓葬收录在该报告之中。此次共发表墓葬 154 座。

二　编写组成员

白宝玉、徐政、李霞、褚金刚、司伟伟、王宇、吴亚城、张英琪、王森、张杰。

第二章　墓葬详述

第一节　墓地简介

　　姜屯墓地位于普兰店市铁西办事处西北山村姜屯南约300米处，南距普兰店市区约5千米（图一）。

　　墓地地处丘陵地区，四面分布一些低矮小山，地表主要栽种果树和种植玉米，间或建有蔬菜大棚。

　　此次发掘的墓葬都位于高速公路的占地范围之内，是一条长1500、宽100米的狭长地带（图二）。墓葬区东端为一座矮山，其上为县级文物保护单位——孤堆子古墓群，早

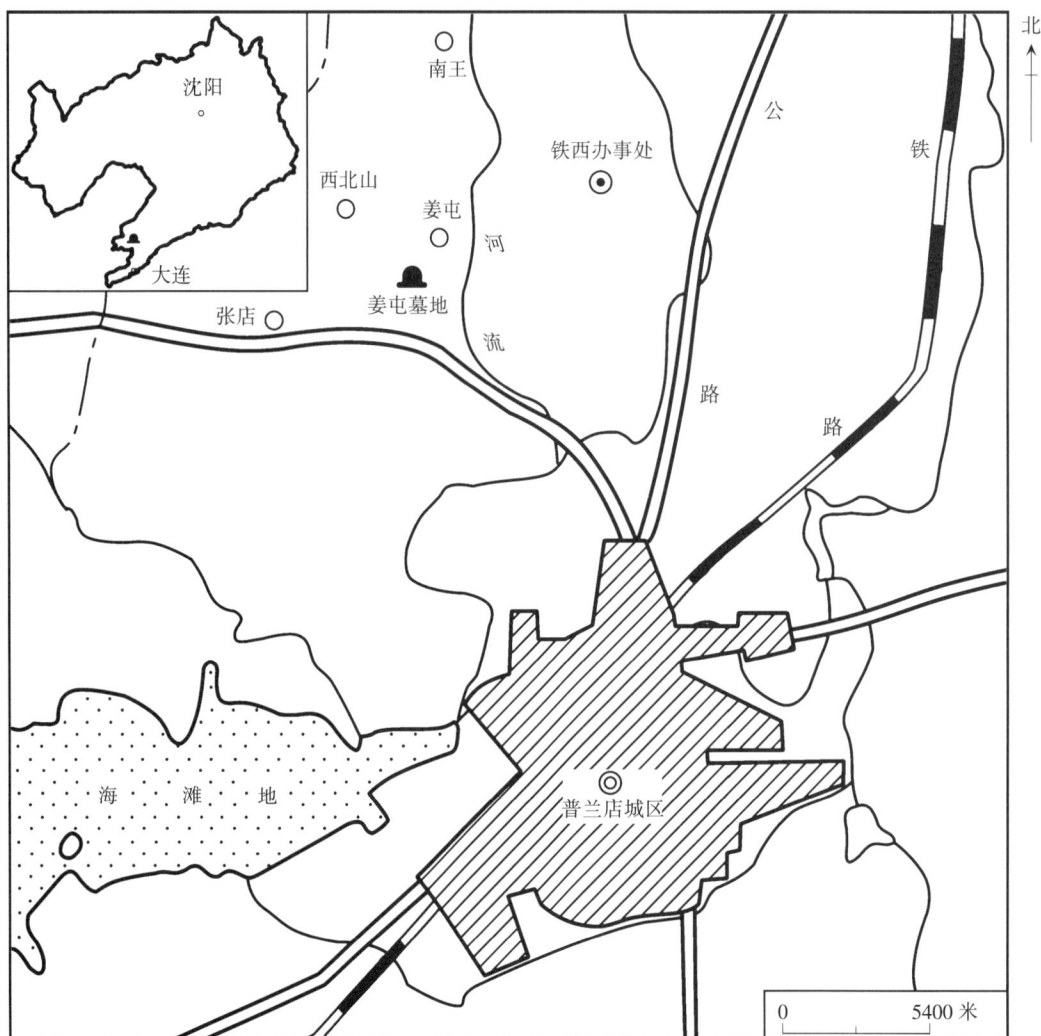

图一　姜屯墓地位置示意图

图二 姜屯墓地墓葬分区图

在 20 世纪 50 年代修梯田时就在此地发现过砖室墓，并于 1975 年对该地点附近的二道岭大队张店生产队和驿城堡大队乔家屯生产队的 10 座墓葬进行了发掘[①]。矮山下有一条小河，河西岸 100 米就是墓葬集中区。

墓区的西端也同为一座矮山，墓葬主要集中在山顶和坡地上，分布面积非常大，尤其在南坡土坑墓发现的数量较多，东西两座矮山之间有一条南北向的乡级公路——花张线，路两侧均有墓葬发现。

由于墓葬分布范围较大，为方便读者查找墓葬的具体位置，特对该墓地进行分区，分区的标准主要是墓葬集中原则，此分区不涉及分期和时代问题。墓地由东到西共分五个区，每区具体墓葬编号详见下表。

墓葬分区表

墓号	区号	墓号	区号	墓号	区号
M1	Ⅰ区	M29	未在发掘区	M57	Ⅱ区
M2	Ⅰ区	M30	Ⅱ区	M58	Ⅱ区
M3	Ⅰ区	M31	Ⅱ区	M59	Ⅱ区
M4	Ⅰ区	M32	Ⅱ区	M60	Ⅱ区
M5	Ⅰ区	M33	Ⅱ区	M61	Ⅱ区
M6	Ⅰ区	M34	Ⅱ区	M62	Ⅱ区
M7	Ⅰ区	M35	Ⅱ区	M63	Ⅱ区
M8	Ⅰ区	M36	Ⅱ区	M64	Ⅱ区
M9	Ⅰ区	M37	Ⅱ区	M65	Ⅱ区
M10	Ⅰ区	M38	Ⅱ区	M66	Ⅱ区
M11	Ⅰ区	M39	Ⅱ区	M67	Ⅱ区
M12	Ⅰ区	M40	Ⅱ区	M68	Ⅱ区
M13	Ⅰ区	M41	Ⅱ区	M69	Ⅱ区
M14	Ⅰ区	M42	Ⅱ区	M70	Ⅲ区
M15	Ⅰ区	M43	Ⅱ区	M71	Ⅲ区
M16	Ⅰ区	M44	Ⅱ区	M72	Ⅲ区
M17	Ⅰ区	M45	Ⅱ区	M73	Ⅲ区
M18	Ⅰ区	M46	Ⅱ区	M74	Ⅲ区
M19	Ⅰ区	M47	Ⅱ区	M75	Ⅲ区
M20	Ⅱ区	M48	Ⅱ区	M76	Ⅲ区
M21	Ⅱ区	M49	Ⅱ区	M77	Ⅲ区
M22	Ⅱ区	M50	Ⅱ区	M78	Ⅲ区
M23	Ⅱ区	M51	Ⅱ区	M79	Ⅲ区
M24	Ⅱ区	M52	Ⅱ区	M80	Ⅲ区
M25	Ⅱ区	M53	Ⅱ区	M81	Ⅲ区
M26	Ⅱ区	M54	Ⅱ区	M82	Ⅲ区
M27	Ⅱ区	M55	Ⅱ区	M83	Ⅲ区
M28	未在发掘区	M56	Ⅱ区	M84	Ⅲ区

---

① 刘俊勇：《辽宁新金县花儿山汉代贝墓第一次发掘》，《文物资料丛刊》(4)，1981 年。

（续表）

墓号	区号	墓号	区号	墓号	区号
M85	Ⅲ区	M124	Ⅳ区	M163	Ⅴ区
M86	Ⅲ区	M125	Ⅳ区	M164	Ⅴ区
M87	Ⅰ区	M126	Ⅳ区	M165	Ⅴ区
M88	Ⅰ区	M127	Ⅳ区	M166	Ⅴ区
M89	Ⅰ区	M128	Ⅳ区	M167	Ⅴ区
M90	Ⅴ区	M129	Ⅳ区	M168	Ⅴ区
M91	Ⅲ区	M130	Ⅳ区	M169	Ⅴ区
M92	Ⅲ区	M131	Ⅳ区	M170	Ⅴ区
M93	Ⅲ区	M132	Ⅳ区	M171	Ⅴ区
M94	Ⅲ区	M133	Ⅳ区	M172	Ⅴ区
M95	Ⅲ区	M134	Ⅳ区	M173	Ⅴ区
M96	Ⅲ区	M135	Ⅳ区	M174	Ⅴ区
M97	Ⅲ区	M136	Ⅳ区	M175	Ⅴ区
M98	Ⅲ区	M137	Ⅳ区	M176	Ⅴ区
M99	Ⅲ区	M138	Ⅳ区	M177	Ⅴ区
M100	Ⅲ区	M139	Ⅳ区	M178	Ⅴ区
M101	Ⅲ区	M140	Ⅳ区	M179	Ⅴ区
M102	Ⅲ区	M141	Ⅳ区	M180	Ⅴ区
M103	Ⅲ区	M142	Ⅳ区	M181	Ⅴ区
M104	Ⅲ区	M143	Ⅳ区	M182	Ⅴ区
M105	Ⅲ区	M144	Ⅴ区	M183	Ⅴ区
M106	Ⅲ区	M145	Ⅴ区	M184	Ⅴ区
M107	Ⅲ区	M146	Ⅴ区	M185	Ⅴ区
M108	Ⅲ区	M147	Ⅴ区	M186	Ⅴ区
M109	Ⅲ区	M148	Ⅴ区	M187	Ⅴ区
M110	Ⅲ区	M149	Ⅴ区	M188	Ⅴ区
M111	Ⅲ区	M150	Ⅴ区	M189	Ⅱ区
M112	Ⅲ区	M151	Ⅴ区	M190	Ⅱ区
M113	Ⅳ区	M152	Ⅴ区	M191	Ⅱ区
M114	Ⅳ区	M153	Ⅴ区	M192	Ⅱ区
M115	Ⅳ区	M154	Ⅴ区	M193	Ⅴ区
M116	Ⅳ区	M155	Ⅴ区	M194	Ⅴ区
M117	Ⅳ区	M156	Ⅴ区	M195	Ⅴ区
M118	Ⅳ区	M157	Ⅴ区	M196	Ⅴ区
M119	Ⅳ区	M158	Ⅴ区	M197	Ⅴ区
M120	Ⅳ区	M159	Ⅴ区	M198	Ⅴ区
M121	Ⅳ区	M160	Ⅴ区	M199	Ⅴ区
M122	Ⅳ区	M161	Ⅴ区	M200	Ⅴ区
M123	Ⅳ区	M162	Ⅴ区	M201	Ⅴ区

（续表）

墓号	区号	墓号	区号	墓号	区号
M202	V区	M206	V区	M210	I区
M203	V区	M207	V区	M211	I区
M204	V区	M208	V区	M212	V区
M205	V区	M209	未在发掘区		

另外，在分布图上可以看到有两块区域无墓葬，一块是花张线以西、Ⅲ区以东的区域，另一块是山顶的Ⅳ区和Ⅴ区之间、Ⅲ区以西区域，这两个区域内的墓葬均已被高速施工破坏。

在姜屯墓地发掘区南100米、花张线公路东还有一座城址，有学者考证此城为辽东郡沓氏县治所[①]，由此也可以解释为何在此地存在着大量汉墓。随着发掘的进行，当地村民又提供了大量墓葬线索，我们对这些线索做了地面踏查，发现大量墓砖和贝壳。这些发现主要集中在城址的东、北、西三面1000×1000米的一个区域内，城址南未有发现。另据当地村民介绍，城东南约1.5千米是海边滩涂地，现今已经填海造田，建成了工业园区，当地村民在1983年挖掘滩泥时发现了两块马蹄金[②]（现藏于旅顺博物馆），说明这一地区在汉代应是人口稠密、商业比较繁荣的。

第二节　墓葬详述

一　M1（I区）

1. 墓葬形制

单室砖墓，平面呈甲字形，由墓道、墓门、墓室组成。方向190°（图三；彩版三，1）。开口于地表，破坏严重。

墓道　长方形斜坡状，未发掘完，长度不详，宽0.80米，底部距地表0.40米。

墓门　位于墓室南壁偏东，宽0.76米。

封门　条砖封堵，分为内外两层，残高0.16米。内层砌法为丁砖平砌，外层为立砖倚护。

墓室　平面呈弧长方形，墓室长2.60、宽2.20米。东、西壁外弧较明显，南、北壁相对较平直，四壁最高处残存3层砖，砌法为双隅平砖错缝顺砌。墓底铺砖为东北—西南斜向错缝平铺。用砖规格：32×16×5厘米，青砖，大部分砖平面施有绳纹。

2. 葬具和人骨

墓内未发现任何葬具。

可辨葬有2具人骨，头北脚南，并排位于墓室中部，扰乱严重，保存较差，葬式、性别不明。

3. 随葬品

该墓共出土有11件随葬品，位于墓室东侧及北侧，皆为陶器，计有瓮1、井1、奁5、灶1、小釜1、小盆2。

---

①　刘俊勇：《辽东沓氏县、文县县治考订》，《博物馆研究》1993年3期。

②　许明纲：《辽宁新金县花儿山张店出土马蹄金》，《考古》1984年2期。

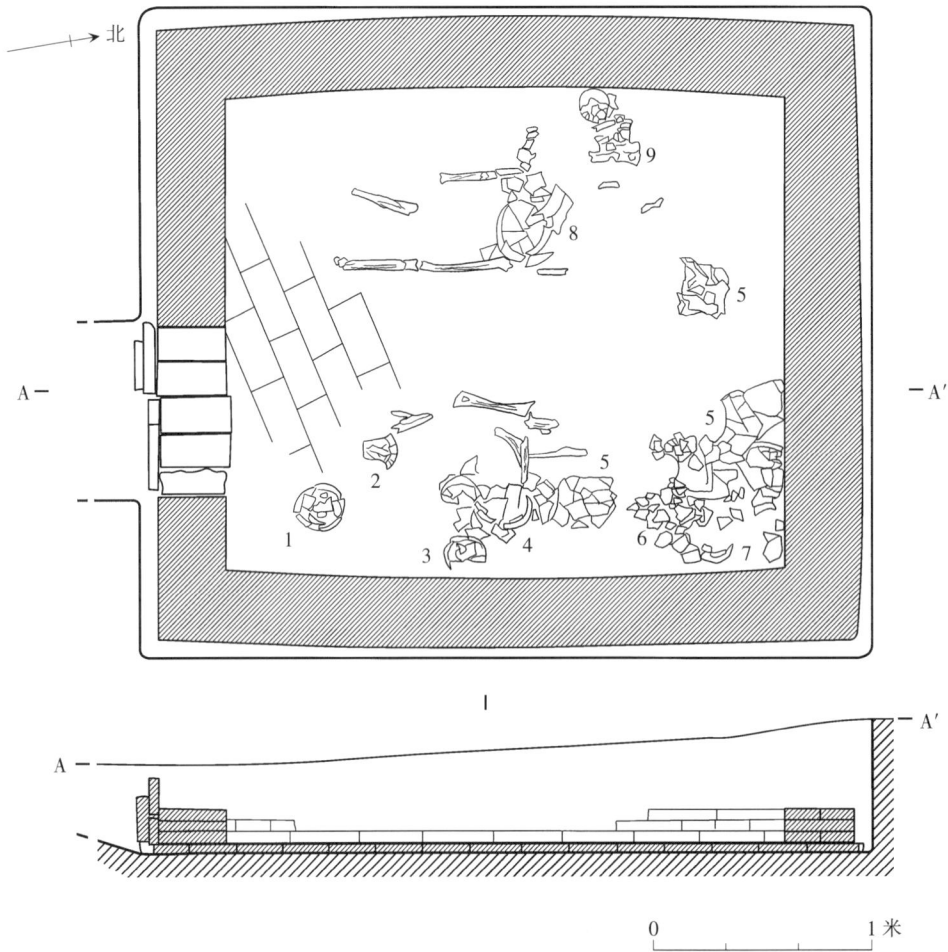

图三　M1 平、剖面图
1、3、4、8. 陶瓮　2. 陶井　5. 白陶瓮　6. 陶灶　7、9. 小陶盆

瓮　1件。标本 M1：5，夹粗砂白陶，陶色不纯，局部呈红褐色。圆唇，敛口，宽沿抹斜，溜肩，鼓腹，腹部最大径位置偏下，圜底。口径 19.8、腹部最大径 44.4、高 40.5、壁厚 0.8～1.9 厘米（图四，1）。

井　1件。标本 M1：2，夹砂灰褐陶，陶色不纯，局部呈红褐色。尖唇，侈口，束颈，折肩，斜直腹，平底。口径 10.0、腹部最大径 9.4、底径 6.4、高 13.4、壁厚 0.5～0.7 厘米（图四，2；彩版三，2）。

瓮　5件（M1：1、3、4、8，M1 填：1）。形制相同，均为夹砂灰褐陶，陶色不纯，局部呈红褐色，方唇，口微敛，腹略弧，平底。标本 M1：1，腹上部施有三周瓦棱纹。口径 22.5、底径 20.7、高 11.5、壁厚 0.7～0.9 厘米（图四，3）。标本 M1：3，素面。口径 23.2、底径 22.5、高 7.9、壁厚 0.8～0.9 厘米（图四，5）。标本 M1 填：1，素面。口径 24.5、底径 24.0、高 8.0、壁厚 0.7～0.9 厘米（图四，7）。标本 M1：4，素面。口径 23.7、底径 23.7、高 7.9、壁厚 0.8～0.9 厘米（图四，6）。标本 M1：8，近口处施有两周瓦棱纹，腹中部施有一周凹弦纹。口径 22.9、底径 21.1、高 12.0、壁厚 0.8～0.9 厘米（图四，4）。

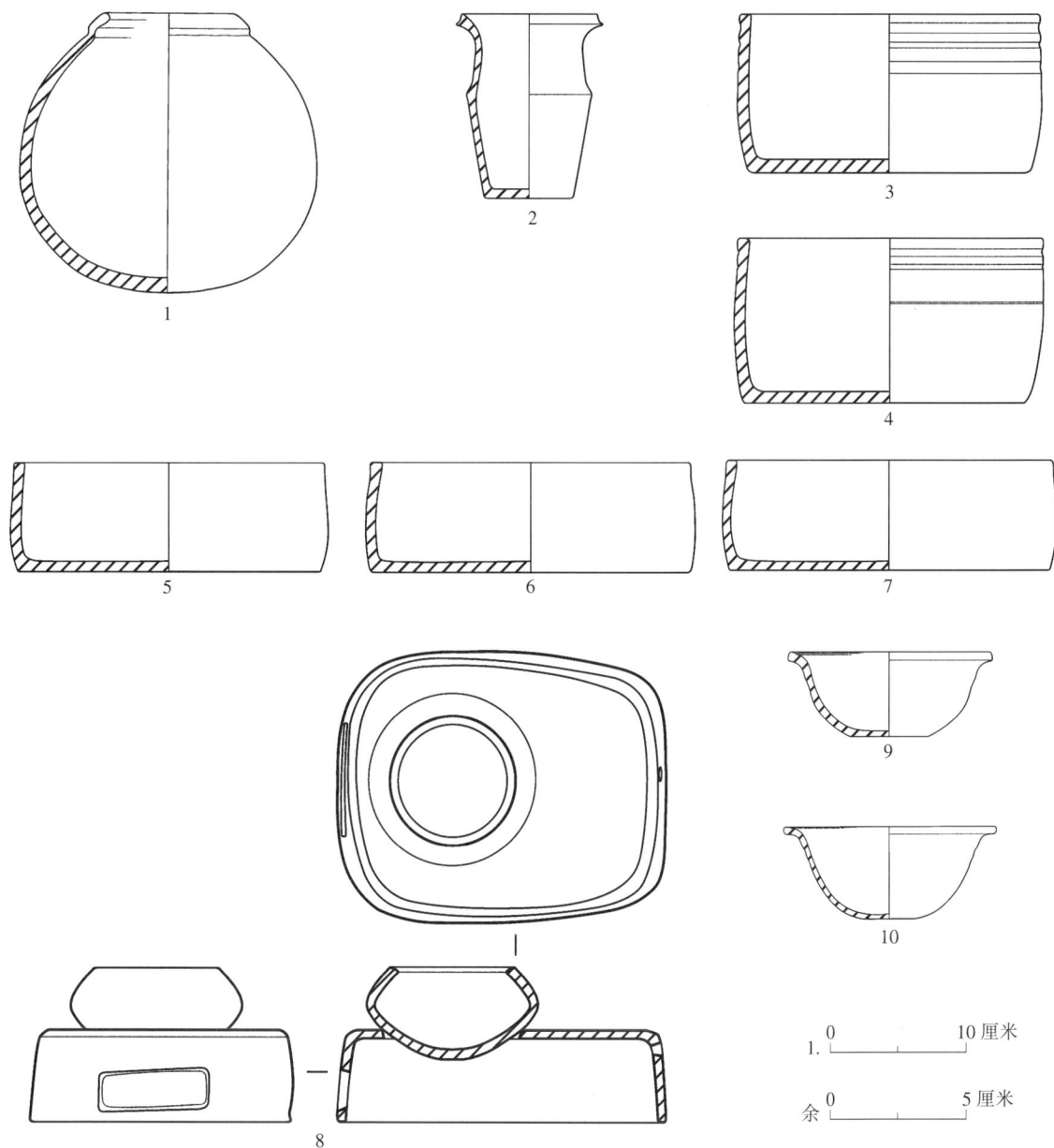

图四　M1 出土器物

1. 陶瓮（M1：5）　2. 陶井（M1：2）　3~7. 陶仓（M1：1、8、3、4、填：1）　8. 陶灶组合（M1：6）
9、10. 小陶盆（M1：7、9）

灶　1件。标本 M1：6-1，夹砂灰褐陶。灶面呈圆角梯形，前端置有一圆形火眼，圆形烟孔。长方形灶门，不落地。通长 24.6、通宽 19.7、高 6.7 厘米，灶门长 8.3、高 3.1 厘米，火眼直径 10.5、烟孔直径 1.1 厘米，壁厚 0.6~0.7 厘米（图四，8；彩版三，3）。

小釜　1件。标本 M1：6-2，夹砂灰褐陶。尖唇，敛口，折腹，小平底。口径 9.4、底径 1.5、高 6.7、壁厚 0.7~0.8 厘米（见图四，8）。

小盆　2件（M1：7、9）。形制相同，均为夹砂灰褐陶，陶色不纯，局部呈红褐色。方唇或圆唇，敞口，展沿，弧腹，平底。素面，腹下部修坯削痕明显。标本 M1：7，口径 15.1、底径 5.8、高 6.2、壁厚 0.4～0.6 厘米（图四，9）。标本 M1：9，口径 15.9、底径 3.8、高 6.7、壁厚 0.3～0.5 厘米（图四，10）。

二　M2（Ⅰ区）

1. 墓葬形制

单室砖墓，平面呈甲字形，由墓道、墓门、墓室组成。方向 190°（图五；彩版四，1）。开口于耕土层下，开口距地表 0.20 米，破坏严重。

墓道　长方形斜坡状，未发掘完，长不详，宽 0.90 米，底部距地表 0.90 米。

墓门　位于墓室南壁中部，仅存东壁，砌法同墓壁，宽度不明。

封门　不存。

墓室　平面形状不明，残长 2.50、宽 2.40 米。西部砖墙和铺地砖基本被全部破坏，仅存东壁，东壁外弧明显，四壁砖墙最高残存 2 层砖，砌法为单隅错缝顺砌。墓底用半砖平铺而成。用砖规格：（36～38）×（16～18）×（5～6）厘米，青砖，大部分砖平面施有绳纹。

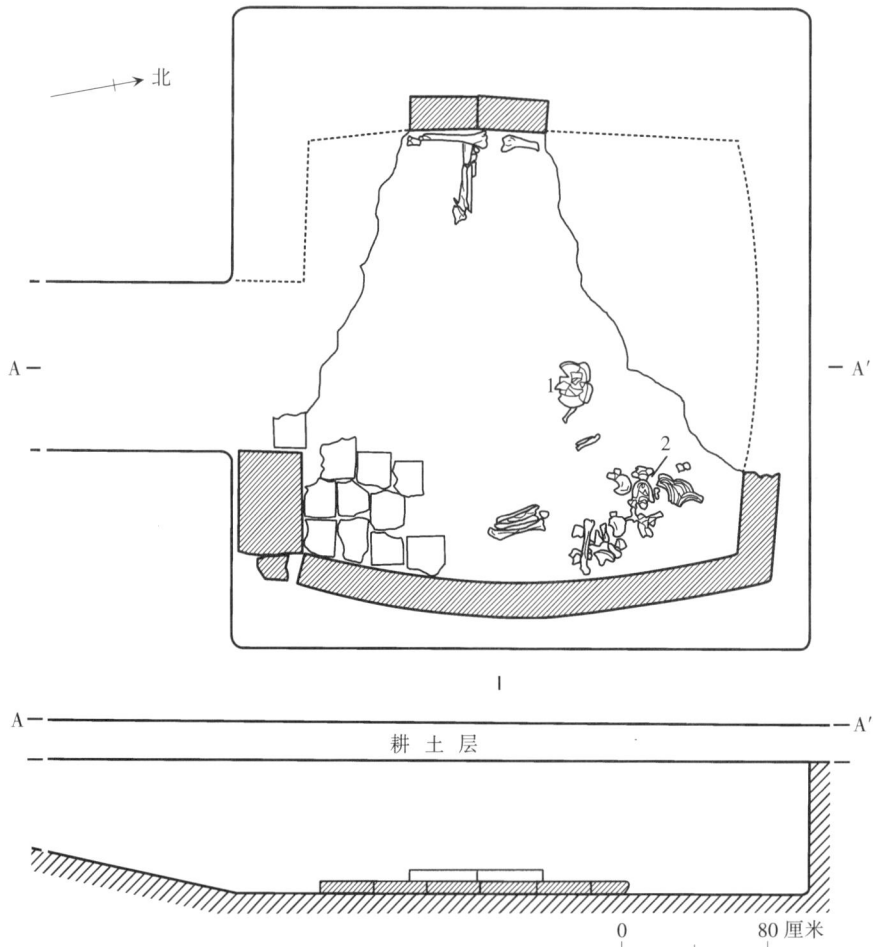

图五　M2 平、剖面图
1. 陶灶　2. 琉璃耳瑱

2. 葬具和人骨

墓内未发现任何葬具。

可辨墓内葬有 2 具人骨，保存较差。其中 1 具为捡骨葬，位于墓室东北角；另外 1 具仅残存部分下肢骨，位于墓室西侧。人骨性别不明。

3. 随葬品

该墓共出土 3 件随葬品，位于墓室东侧，质地有陶、琉璃两种，分述如下。

陶器 计有灶 1、小盆 1。

灶 1 件。标本 M2：1-1，夹砂红褐陶。灶面呈椭圆形，前端置有一圆形火眼。长方形灶门，不落地。长 24.7、宽 19.8、高 13.3、壁厚 0.8～1.1 厘米，灶门宽 6.4、高 4.6 厘米，火眼直径 10.3 厘米（图六，1；彩版四，2）。

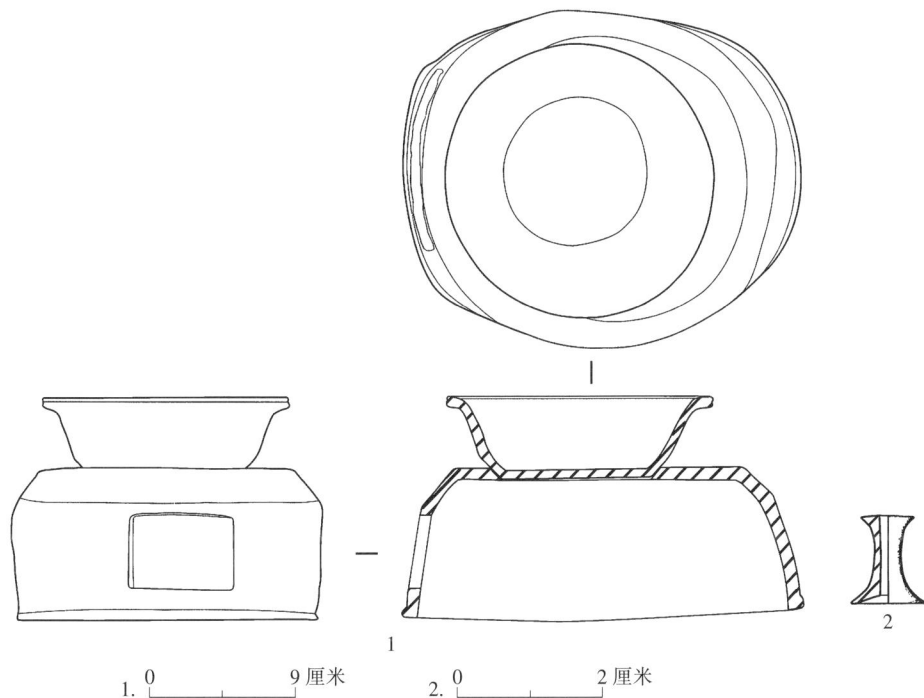

图六 M2 出土器物

1. 陶灶组合（M2：1） 2. 琉璃耳瑱（M2：2）

小盆 1 件。标本 M2：1-2，夹砂红褐陶。方唇，唇面有一周凹槽，敞口，展沿，沿面亦有凹槽，弧腹，腹下部经过削坯形成明显的折棱，平底，素面。口径 16.4、底径 9.2、高 4.9、壁厚 0.5 厘米（见图六，1）。

琉璃器 计有耳瑱 1。

耳瑱 1 件。标本 M2：2，腰鼓形。深蓝色，束腰，细端略鼓，粗端内凹。纵穿一孔。最大径 1.1、长 1.2 厘米（图六，2；彩版四，3）。

三 M3（Ⅰ区）

M3 与 M4 为一组并葬墓，其中 M3 打破 M4。

1. 墓葬形制

土坑竖穴，平面呈圆角长方形，墓圹不甚规整。方向 10°（图七；彩版五，1）。开口

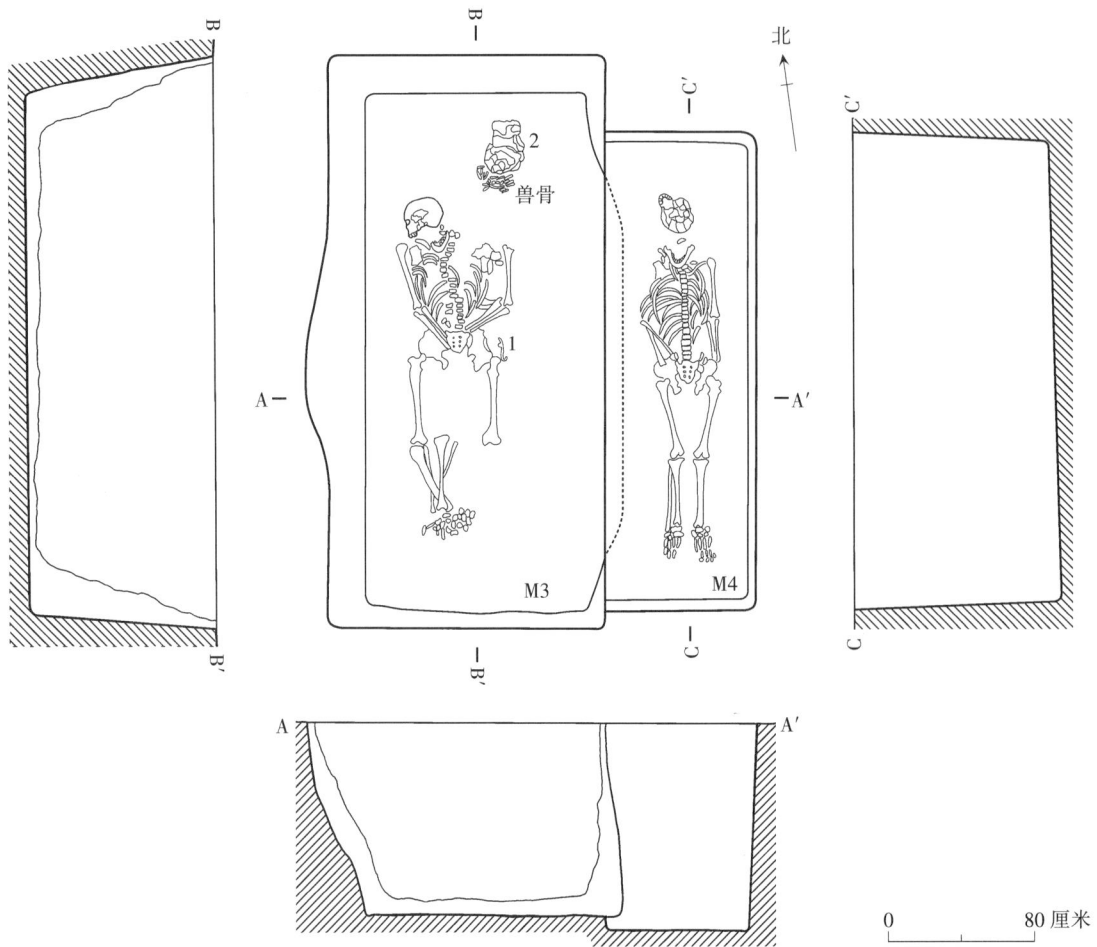

图七　M3、M4 平、剖面图
1. 铜带钩　2. 陶壶

于耕土层下，开口距地表深约 0.10 米。

墓圹西、南、北三壁向内斜收，东壁由于填土压力向 M4 墓内塌陷；墓底较平坦。开口长 3.00、宽 1.62 米，底长 2.72、宽 1.40 米，深 1.00 米。墓穴四壁保存有一圈平均宽 0.20 米的贝壳，墓底均匀平铺一层厚 0.10 米的贝壳。

墓内填土呈黑褐色，并夹杂有少量贝壳，土质较疏松。

2. 葬具和人骨

在墓底贝壳层上发现有少量的黑色木痕，应为腐朽木棺，大致沿人骨分布，较为零散，形状及尺寸不详。

墓内葬有 1 具人骨，为一男性个体。骨骼保存较完整。葬式为仰身直肢，头向北，面向西，双手合于腹部，双腿向内并拢。

3. 随葬品

该墓共出土有 2 件随葬品，质地有陶、铜两种，铜带钩置于人骨左胯处，陶罐位于头骨上方东北角处，分述如下。

陶器　计有壶 1。

壶　1 件。标本 M3：2，夹砂灰陶。尖唇，敞口，束颈，溜肩，鼓腹，腹部最大径位

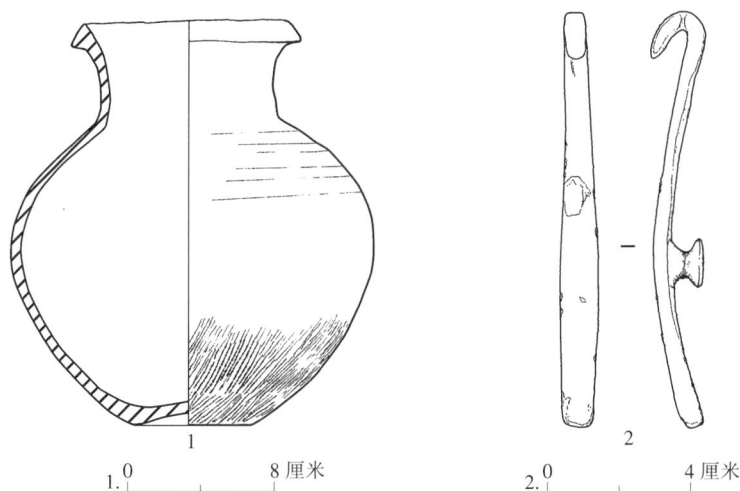

图八　M3 出土器物
1. 陶壶　2. 铜带钩

置靠近肩部，凹底。腹上部轮旋痕迹明显，腹下部至底饰绳纹。口径 11.0、底径 6.3、最大腹径 19.8、高 21.6、壁厚 0.4～0.6 厘米（图八，1；彩版五，2）。

铜器　计有带钩 1。

带钩　1 件。标本 M3：1，曲棒形。蛇头形钩首，钩身扁平，钩身中部略粗，钩身侧视略呈"S"形。圆形钩纽位于距钩尾 1/3 处。长 11.0 厘米（图八，2；彩版五，3）。

四　M4（Ⅰ区）

1. 墓葬形制

土坑竖穴，平面呈圆角长方形，墓圹规整，西侧被 M3 打破。方向 10°（见图七；见彩版五，1）。开口于耕土层下，开口距地表深 0.10 米。

除墓圹西壁外，其余三壁均向内斜收，墓底较平坦。开口处长 2.50、宽 0.80 米，墓底处长 2.40、宽 0.76 米，深 1.10 米。

墓内填土呈黑褐色，较为纯净，土质疏松。

2. 葬具和人骨

在墓底发现有少量的黑色木痕，应为腐朽木棺，大致沿人骨分布，较为零散，形状及尺寸不详。

墓内葬有 1 具人骨，为一女性个体。骨骼保存较完整。葬式为仰身直肢，头向北，由于头骨移位所以面向不明，左臂平伸贴近体侧，右手置于腹部，双腿向内并拢。

3. 随葬品

该墓未见任何随葬品。

五　M5（Ⅰ区）

1. 墓葬形制

单室砖墓，平面呈甲字形，由墓道、墓门及墓室组成。方向 185°（图九；彩版六，1）。开口于耕土层下，开口距地表 0.20 米，破坏严重。

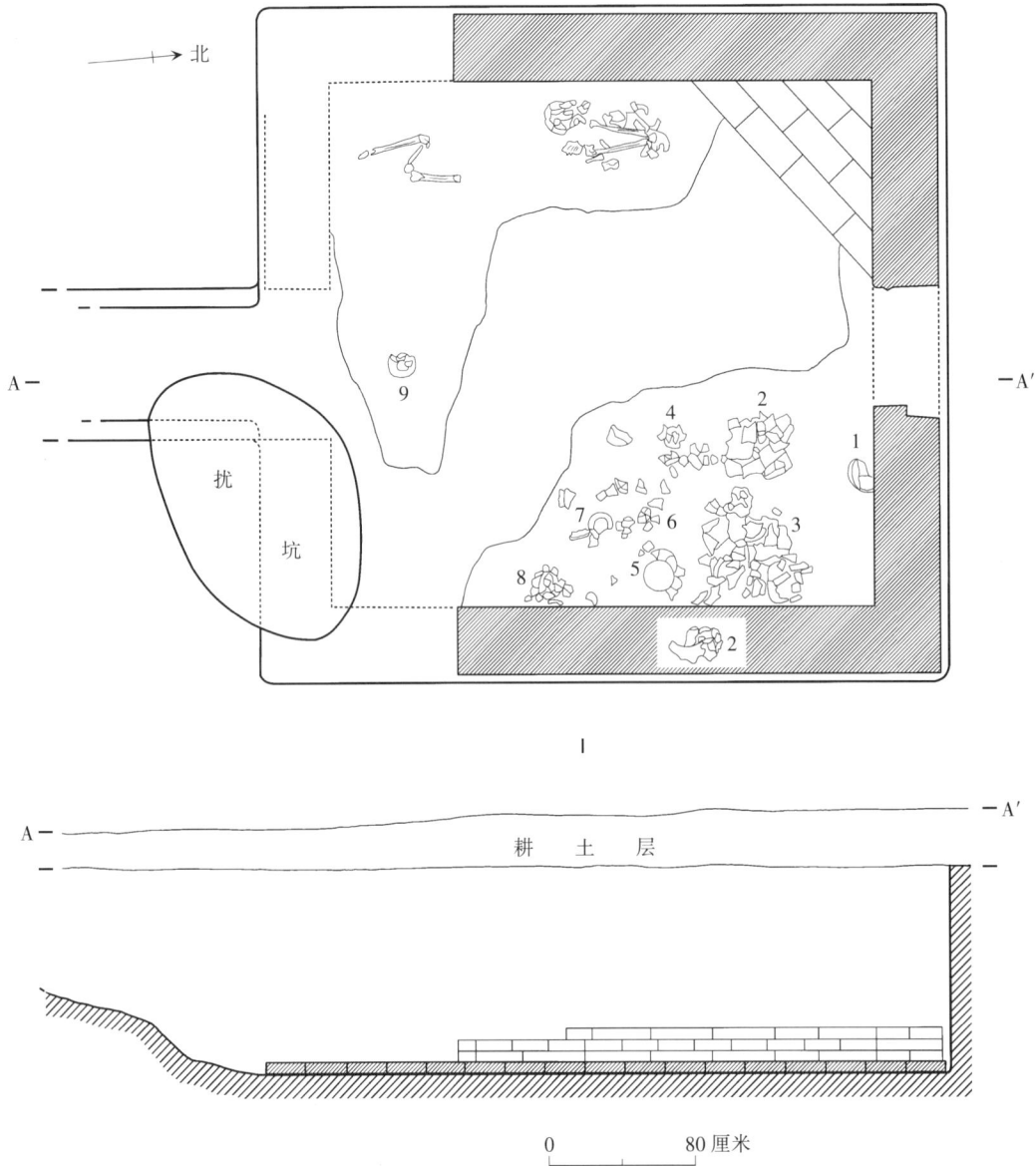

图九　M5 平、剖面图

1、5. 陶钵　2. 陶瓮　3. 陶灶　4. 陶碗　6、8. 陶器盖　7. 陶鼎　9. 陶罐

墓道　长方形斜坡状，未发掘完，长不详，宽 0.60～0.80、底部距地表 1.30 米。

墓门　应位于墓室南壁中部，两侧均被破坏，结构及宽度不明。

封门　不存。

墓室　从残存墓壁推测，其平面呈长方形，长 3.00、宽 2.80 米。墓室中部的铺地砖和南侧砖墙已遭破坏，残存的三面砖墙较平直，最高处残存 3 层砖，砌法为两层双隅顺砌平砖之间夹一层平砌丁砖。墓底铺砖为东北—西南斜向错缝平铺。用砖规格：（36～38）×18×6 厘米，红砖，大部分砖平面施有绳纹。

2. 葬具和人骨

墓内未发现任何葬具。

可辨葬有 2 具人骨，保存情况较差，集中于墓室西侧。1 具为捡骨葬，为一女性个体；

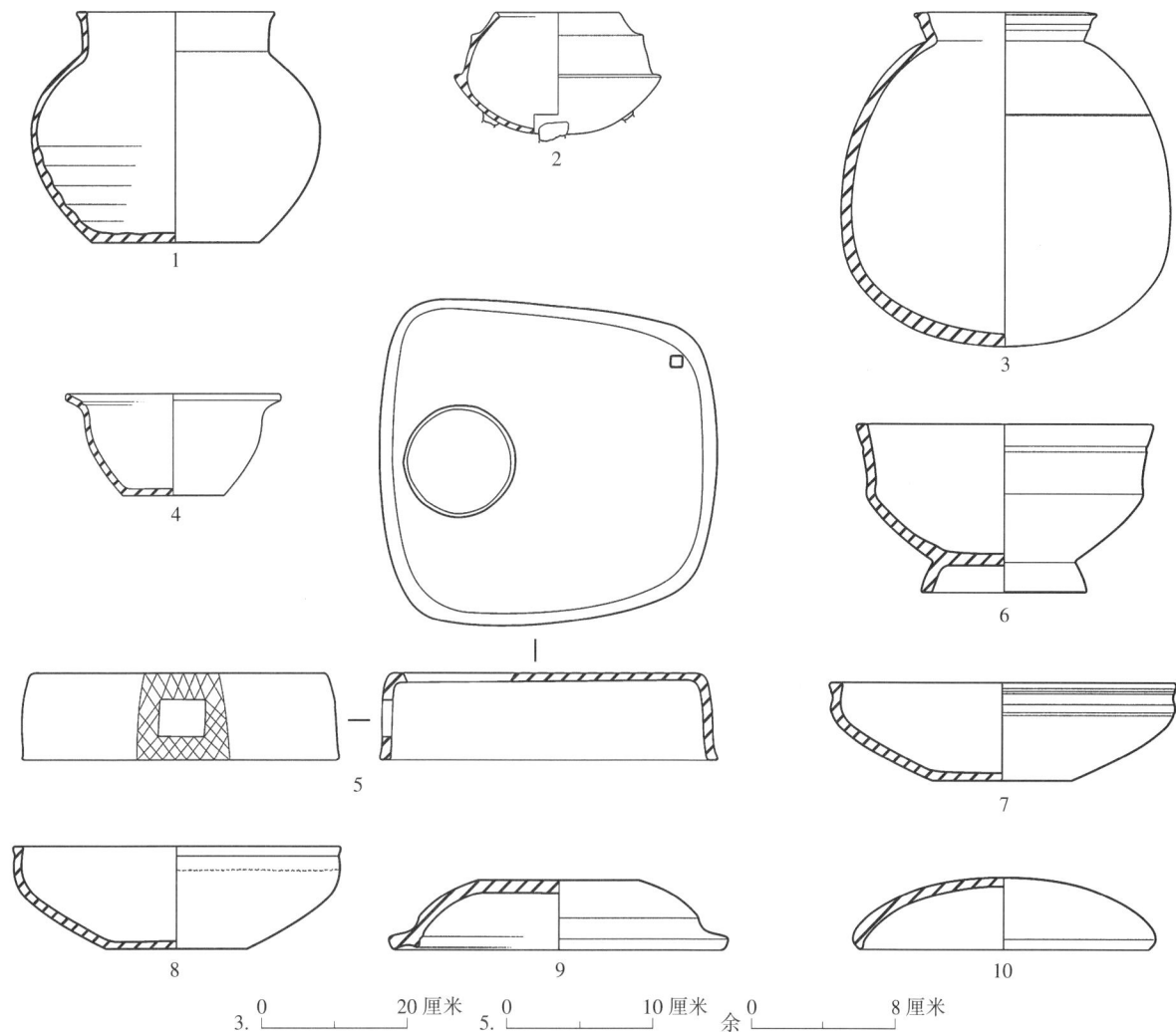

图一〇　M5 出土器物

1. 陶罐（M5：9）　2. 陶鼎（M5：7）　3. 陶瓮（M5：2）　4. 小陶盆（M5 填：1）　5. 陶灶（M5：3）　6. 陶碗（M5：4）
7、8. 陶钵（M5：1、5）　9、10. 陶器盖（M5：6、8）

另外 1 具仅存部分下肢骨，葬式及性别不明。

　　3. 随葬品

　　该墓共出土有 10 件随葬品，集中于墓室东北角，均为陶器，种类计有罐 1、鼎 1、瓮 1、灶 1、碗 1、钵 2、器盖 2、小盆 1。

　　罐　1 件。标本 M5：9，夹砂灰褐陶。方唇，直口，直领，溜肩，鼓腹，腹部最大径位置居中，平底。腹内壁轮旋痕迹明显。口径 10.8、底径 9.2、腹部最大径 15.9、高 12.3、壁厚 0.3~0.5 厘米（图一〇，1；彩版六，2）。

　　鼎　1 件。标本 M5：7，夹砂灰褐陶。尖唇，子母口内敛，鼓腹，圜底，底部置有 3 足，现已残断。素面，腹中部施有一周扉棱。口径 6.7、腹部最大径 11.3、腹深 6.3、残高约 6.9、壁厚 0.2~0.7 厘米（图一〇，2）。

　　瓮　1 件。标本 M5：2，夹砂白陶。侈口，斜领，溜肩，垂腹，最大腹径位置靠近底部，圜底。腹上部施一周凹弦纹。口径 24.5、最大腹径 43.9、高 43.3、壁厚 1.3~1.7

厘米（图一〇，3）。

灶　1件。标本M5：3，夹砂灰褐陶。灶面呈圆角梯形，前端置有一圆形的火眼，后端一角有一长方形烟孔。长方形灶门，不落地，四周刻划有菱格纹。手制轮修。长22.3、宽16.8～20.1、高5.6厘米，灶门长3.0、高2.3厘米，火眼直径7.2～7.4、烟孔直径0.8厘米，壁厚0.4～0.6厘米（图一〇，5）。

碗　1件。标本M5：4，夹砂灰褐陶。方唇，侈口，折腹，矮圈足。近口处饰有一圈凹弦纹。口径16.4、底径9.2、高9.0、壁厚0.5～0.7厘米（图一〇，6）。

钵　2件（M5：1、5）。形制相同，均为夹砂灰褐陶，方唇，口微敛，弧腹，平底。标本M5：1，近口处饰有三周凹弦纹。口径19.2、底径7.7、高5.3、壁厚0.4～0.7厘米（图一〇，7）。标本M5：5，腹上部饰有一周粗绳纹。口径17.9、底径7.7、高5.5、壁厚0.4～0.5厘米（图一〇，8；彩版六，3）。

器盖　2件（M5：6、8）。标本M5：6，夹砂灰褐陶。平顶，弧壁，折沿，方唇，子母口。顶径8.8、口径18.0、高3.8、壁厚0.5～0.7厘米（图一〇，9）。标本M5：8，夹砂灰褐陶。弧顶，弧壁，尖唇，敛口。口径16.1、高3.8、壁厚0.5～0.7厘米（图一〇，10）。

小盆　1件。标本M5填：1，夹砂灰褐陶。圆唇，敞口，小展沿，弧腹，平底。口沿内侧施有一周凹弦纹。口径11.6、底径5.6、高5.4、壁厚0.3～0.4厘米（图一〇，4）。

六　M7（Ⅰ区）

1. 墓葬形制

单室砖墓，平面呈甲字形，由墓道、墓门、墓室组成。方向182°（图一一；彩版七，1）。开口于地表，已遭破坏。

墓道　长方形斜坡状，未发掘完，长不详，宽0.90、底部距地表1.16米。

墓门　位于墓室南壁中部偏东，保存较好，宽0.90、残高1.06米。由墓门两壁残存痕迹判断，墓门为拱形券顶。

封门　条砖封堵，分为内外两层。内层用条砖规矩封堵，现存砖13层，残高0.94米，砌法由下至上先为三层平砖，一层丁立砖，丁立砖之上为一层平砖，丁立砖与单层平砖交替向上，在第三层丁立砖之上开始用平砖封堵置顶。外层用碎砖倚护封堵。

墓室　平面呈弧长方形，墓室长2.70、宽2.56米。东、西、北壁均外弧明显，南壁较直，四壁最高处保存有15层砖，砌法由下至上为三层平砖一层丁立砖，两者交替向上。另外，三层平砖的砌法又为两层平砌丁砖之间加一层双隅顺砌平砖。墓底铺砖为东西向错缝平铺。用砖规格：（33～34）×（15～17）×（5～5.5）厘米，青砖，大部分砖平面施有绳纹。

2. 葬具和人骨

墓内未发现任何葬具。

可辨葬有3具人骨，性别为二男一女。人骨凌乱散落于墓室，保存较差，扰乱严重，葬式不明。

3. 随葬品

该墓共出土有6件随葬品，散落于墓室西、北部，质地有陶、骨两种，分述如下。

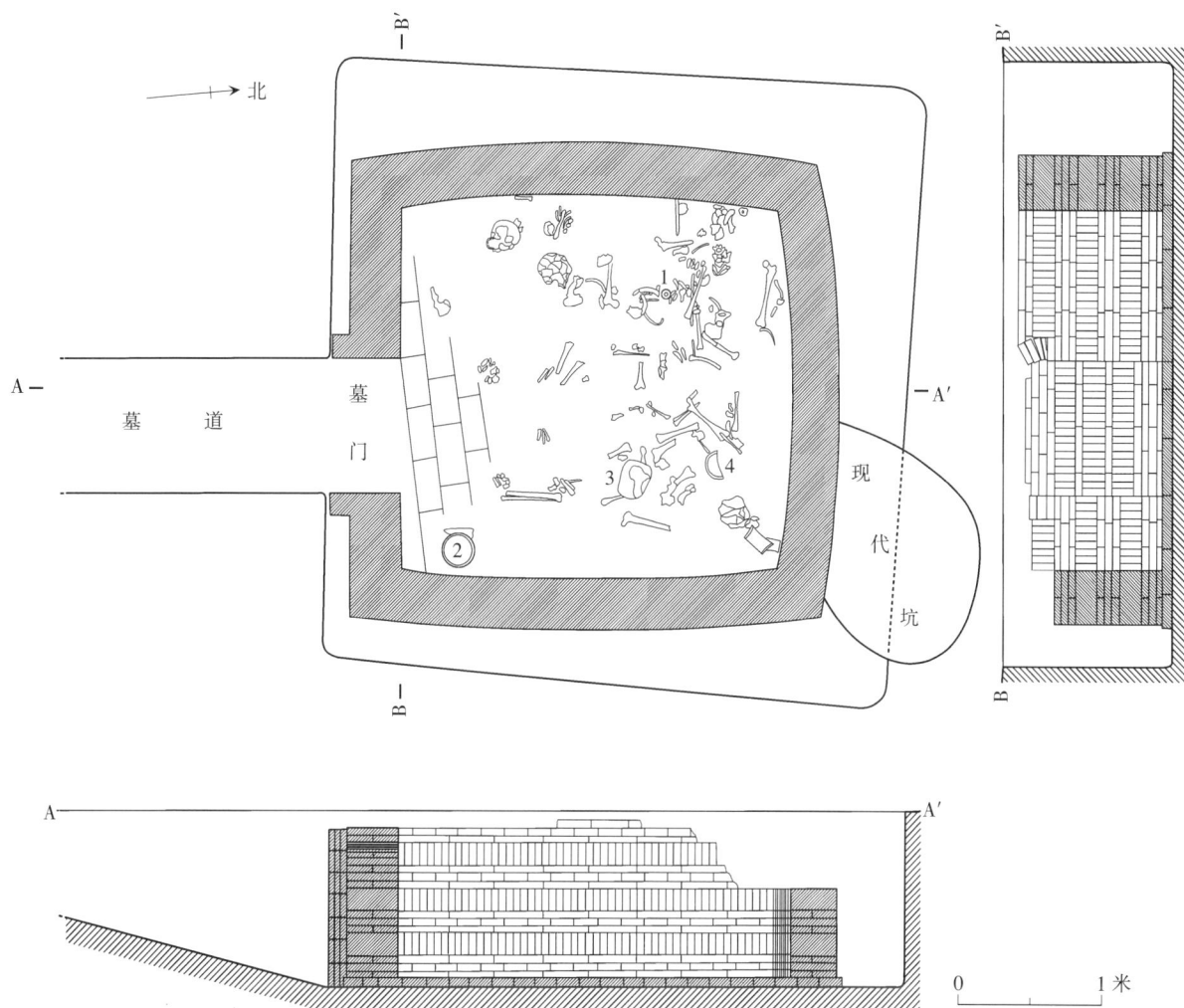

图一一　M7 平、剖面图
1. 骨纺轮　2、4. 陶瓿　3. 陶灶组合

陶器　计有灶 1、瓿 2、小甑 1、小盆 1。

瓿　2 件（M7：2、4）。形制基本相同，均为夹砂灰褐陶。方唇，直口，腹略鼓，平底。标本 M7：2，口径 21.5、底径 20.7、高 7.1、壁厚 0.6～0.7 厘米（图一二，1）。标本 M7：4，近口处施有两周瓦棱纹。口径 21.7、底径 20.4、高 8.5、壁厚 0.7～0.8 厘米（图一二，2）。

灶　1 件。标本 M7：3-1，夹砂黑褐陶。灶面略呈圆角梯形，前端置有一圆形火眼，上置陶盆及陶甑，后端近后壁处有一圆形烟孔。长方形灶门。长 24.8、宽 19.2、高 7.9 厘米，灶门长 8.5、高 2.8 厘米，火眼直径 10.4、烟孔直径 1.1 厘米，壁厚 0.8～0.9 厘米（图一二，4；彩版七，2）。

小甑　1 件。标本 M7：3-2，夹砂灰褐陶。圆唇，侈口，展沿，弧腹，腹下部修坯削痕明显，平底、底部均匀分布有 7 个方形甑眼。沿面及腹部施有凹弦纹。口径 15.2、底径 5.0、高 5.1、壁厚 0.4～0.5 厘米（见图一二，4）。

小盆　1 件。标本 M7：3-3，夹砂灰褐陶。圆唇，敞口，折沿，弧腹，平底。素面，沿面上施有一圈凹弦纹。口径 13.8、底径 5.6、高 4.3、壁厚 0.4～0.5 厘米（见图一二，4）。

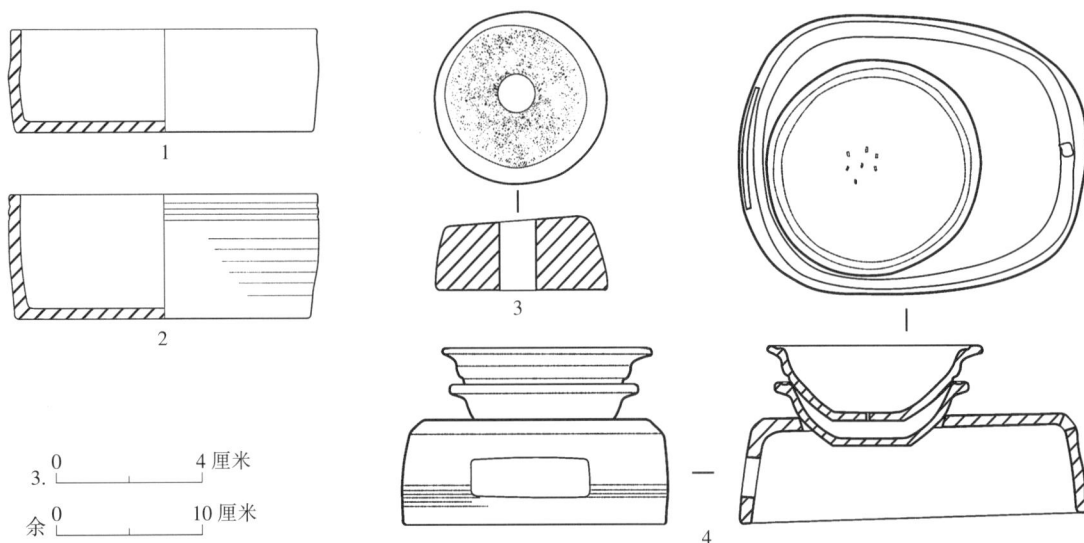

图一二　M7 出土器物

1、2. 陶夋（M7：2、4）　3. 骨纺轮（M7：1）　4. 陶灶组合（M7：3）

骨器　计有纺轮1。

骨纺轮　标本 M7：1，由动物股骨头磨制而成。圆台状，轮缘弧曲，中部有一圆形穿孔。长径4.9、厚1.9、孔径1.1厘米（图一二，3；彩版七，3）。

七　M10（Ⅰ区）

1. 墓葬形制

三室砖墓，平面呈甲字形，由墓道、墓门、墓室组成。方向180°（图一三；彩版八，1）。开口于耕土层下，开口距地表0.20米，已被破坏。

墓道　长方形斜坡状，未发掘完，长不详，宽1.00、底部距地表1.00米。

墓门　位于墓室南壁中部偏东，宽0.90、残高0.50米。

封门　条砖封堵，现存9层，残高0.54米，砌法由下至上为一层双隅平砖与一层平砌丁砖交替向上。

墓室　平面整体呈吕字形，分前、中、后三个墓室，总长5.00米。

前室平面呈长方形，长2.30、宽1.00米。西侧有砖砌高台，由三层砖砌成。高台长1.00、宽0.95～1.00、高0.18米。西壁略向外弧，其他三壁较平直，北壁东侧有过道与中室相通，过道平面呈长方形，长0.90、宽0.54米。

中室平面呈弧长方形，长2.60、宽2.40米。东、西壁外弧明显，南、北壁较直，北壁东侧有过道通往后室，过道平面呈长方形，长0.66、宽0.36米。

后室平面呈长方形，长2.54、宽0.80米。北壁外弧明显，其他三壁较平直。

墓室四壁仅残存基础部分，最高处保存有8层砖，中室和后室砖墙破坏严重。四壁砖墙砌法由下至上为三层平砖一层丁立砖，两者交替向上。另外，三层平砖的砌法又为两层双隅顺砌平砖之间夹一层平砌丁砖。墓底铺砖为东北—西南斜向错缝平铺。用砖规格：（32～36）×（16～18）×（5～6）厘米，青砖，大部分砖平面施有绳纹。

2. 葬具和人骨

中室内紧贴西壁有砖砌棺床，平面呈长方形，长2.36、宽0.70～0.76、高0.12米。

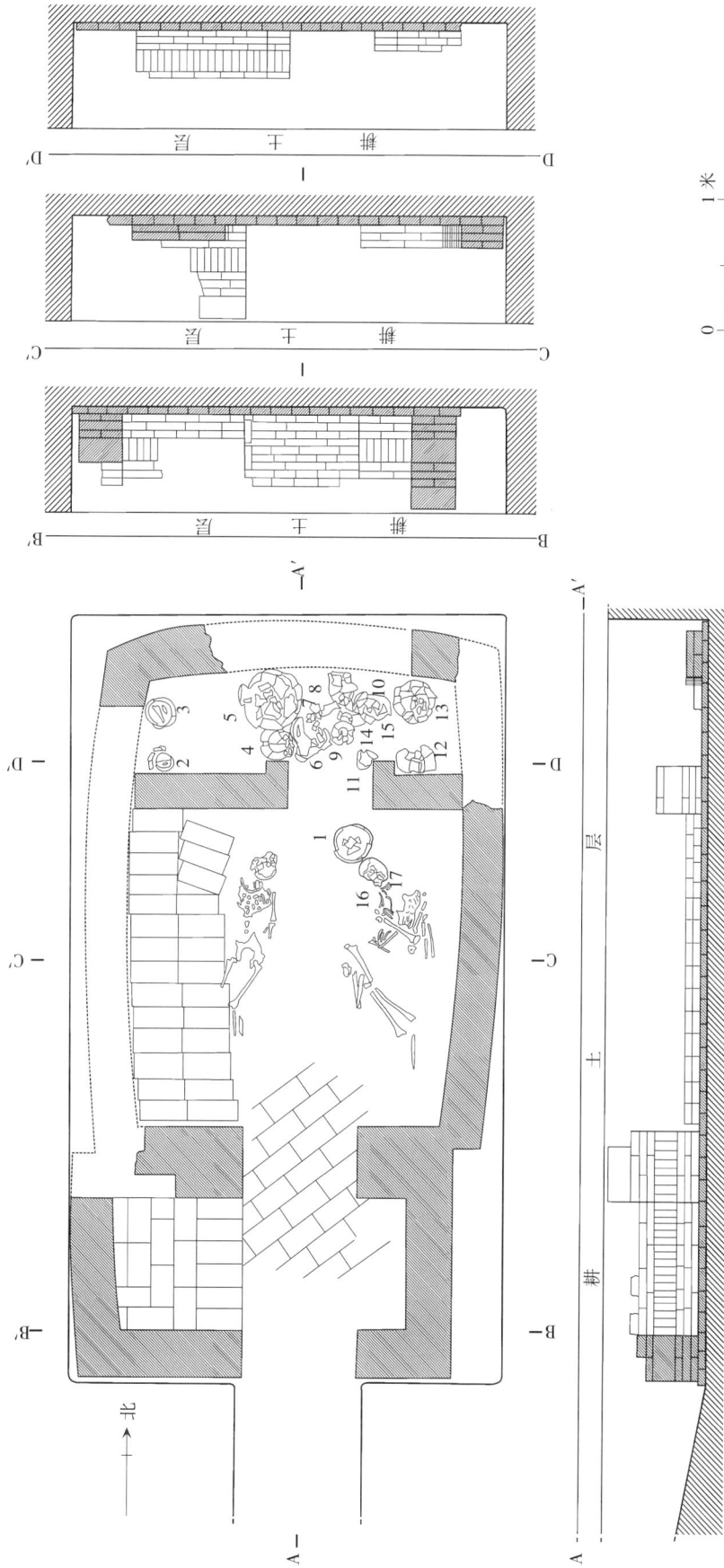

图一三　M10 平、剖面图

1、4、6、12. 陶瓷　2、3. 陶盆　5. 陶瓮　7、8、13、15. 陶罐　9、14. 小陶盆　10. 陶灶组合　11. 陶井　16、17. 耳填

两层砖砌成，砌法为两列条砖拼缝平砌。

墓内葬有 2 具人骨，均头北脚南，位于中室内，一具靠近棺床，为女性；一具靠近东壁，为男性。人骨较凌乱，葬式不确切（彩版八，2）。

3. 随葬品

该墓共出土有 18 件随葬品，集中于后室内，质地有陶、琉璃两类，分述如下。

陶器　计有罐 4、瓮 1、井 1、灶 1、奁 4、盆 2、小盆 2、小釜 1。

罐　4 件（M10：7、8、13、15）。其中，标本 M10：7 与 M10：8 形制基本相同，均为夹砂灰陶。尖唇，侈口，束颈，溜肩，弧腹，最大腹径位置靠近肩部，平底。标本 M10：7，腹上部饰有两周粗绳纹，腹下部修坯削痕明显。口径 12.2、底径 6.9、最大腹径 13.3、高 17.7、壁厚 1.0 厘米（图一四，1）。标本 M10：8，口径 11.9、底径 6.2、最大腹径 13.4、高 15.1、壁厚 0.8 厘米（图一四，2；彩版九，1）。标本 M10：13，尖唇，唇面有两周凹槽，侈口，束颈，圆肩，鼓腹，平底。肩上饰有数周弦纹，腹部饰有绳纹，抹平。口径 16.5、底径 13.2、最大腹径 29.7、高 25.6、壁厚 0.9 厘米（图一四，3；彩版九，2）。标本 M10：15，方唇，侈口，束颈，溜肩，鼓腹，平底。素面。口径 10.9、最大腹径 12.9、底径 6.2、高 8.5、壁厚 0.7 厘米（图一四，4）。

瓮　1 件。标本 M10：5，夹砂白陶。方唇，直口，斜领，圆肩，球腹，最大腹径位置居中，圜底。肩部及腹下部饰数道弦纹，底部轮旋痕迹明显。口径 21.2、最大腹径 41.9、高 42.2、壁厚 1.5 厘米（图一四，5；彩版九，3）。

井　1 件。标本 M10：11，夹砂黑褐陶。尖唇，唇面有一周凹槽，折沿，沿面亦有一周凹槽，敞口，束颈，折肩，斜直腹，平底。素面，腹下部修坯削痕明显。口径 13.9、底径 6.2、高 11.8、壁厚 0.7 厘米（图一四，6；彩版九，4）。

灶　1 件。标本 M10：10 - 1，夹砂灰陶。灶面呈圆角长方形，前端置有一圆形火眼，后端有一圆形烟孔。长方形灶门，不落地。素面。长 24.1、宽 21.5、高 11.2、壁厚 0.5 厘米，灶门长 5.9、宽 3.3 厘米，火眼直径 10.7、烟孔直径 0.6 厘米（图一四，7）。

小釜　1 件。标本 M10：10 - 2，夹砂灰陶。尖唇，敛口，鼓腹，小平底，素面。口径 7.8、底径 2.5、高 7.8、壁厚 0.5 厘米（见图一四，7）。

奁　4 件（M10：1、4、6、12）。其中，标本 M10：4、M10：6 与 M10：10 形制相同，均为夹砂灰陶，方唇，口微敛，腹略弧，平底，素面。标本 M10：4，口径 25.7、底径 23.9、高 8.6、壁厚 0.5 ~ 0.8 厘米（图一四，8）。标本 M10：6，口径 26.2、底径 26.5、高 8.1、壁厚 0.9 厘米（图一四，11）。标本 M10：12，口径 25.1、底径 23.8、高 7.6、壁厚 0.8 厘米（图一四，9）。标本 M10：1，方唇，直口，腹略鼓，平底。腹上部饰瓦棱纹。口径 24.2、底径 22.1、高 10.4、壁厚 0.8 厘米（图一四，10）。

盆　2 件（M10：2、3）。形制相同，均为夹砂灰陶，方唇，折沿，敞口，斜腹，平底，素面。标本 M10：2，口径 21.6、底径 18.3、高 3.6、壁厚 0.6 ~ 0.9 厘米（图一四，12）。标本 M10：3，口径 21.9、底径 18.6、高 3.8、壁厚 0.6 ~ 0.9 厘米（图一四，13）。

小盆　2 件（M10：9、14）。形制相同，均为夹砂灰陶，尖唇，敞口，展沿，弧腹，平底，素面，腹下部修坯削痕明显。标本 M10：9，口径 13.7、底径 5.3、高 4.2、壁厚 0.5 厘米（图一四，14）。标本 M10：14，口径 13.9、底径 5.5、高 5.4、壁厚 0.5 厘米（图一四，15）。

琉璃器　计有耳瑱 2。

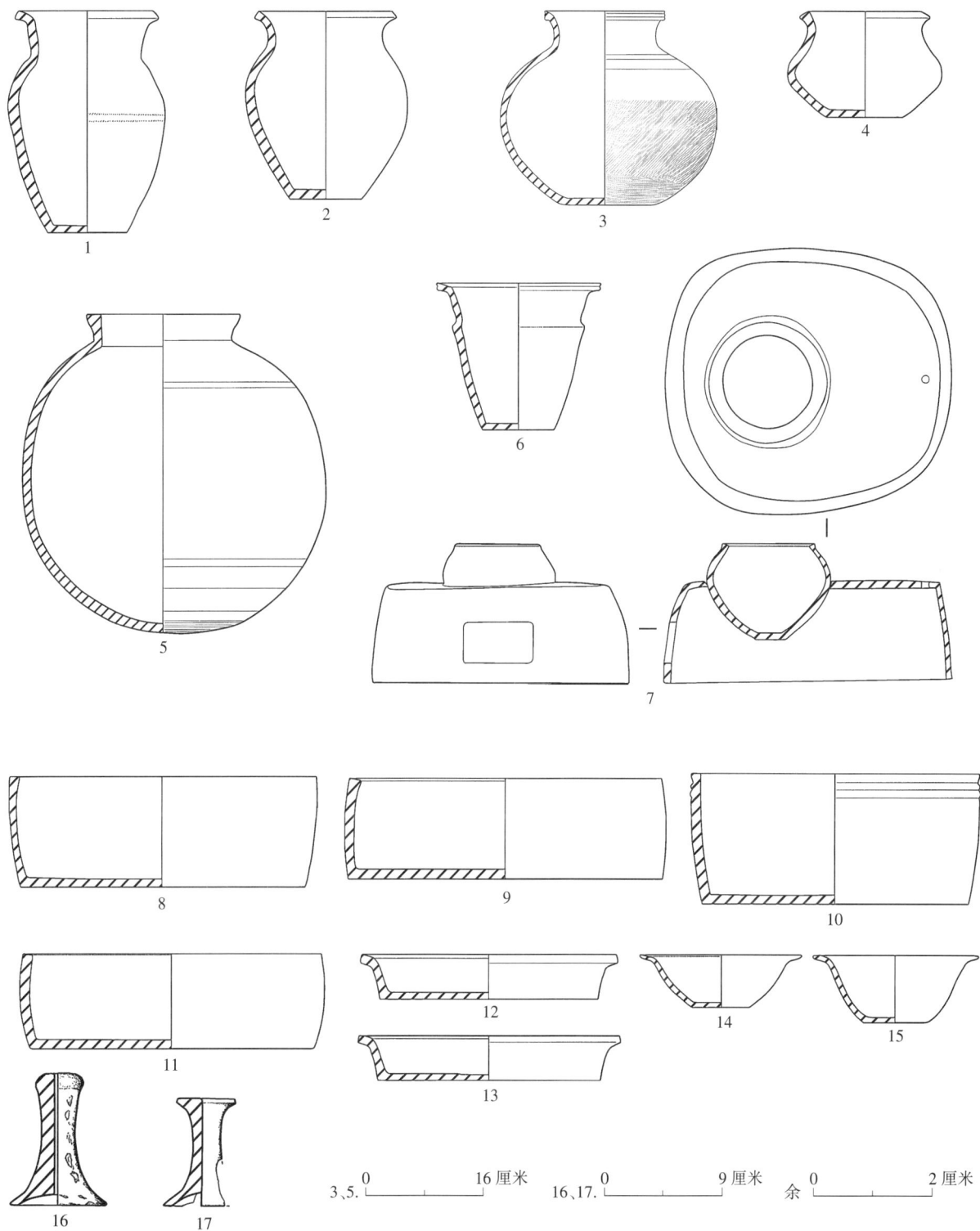

图一四 M10 出土器物

1~4. 陶罐（M10：7、8、13、15） 5. 陶瓮（M10：5） 6. 陶井（M10：11） 7. 陶灶组合（M10：10） 8~11. 陶奁（M10：4、12、1、6） 12、13. 陶盆（M10：2、3） 14、15. 小陶盆（M10：9、14） 16、17. 耳瑱（M10：16、17）

耳瑱 2 件。均为深蓝色。标本 M10：16，喇叭形。束腰，细端呈圆柱状，粗端内凹。纵穿一孔。最大径1.5、长2.0厘米（图一四，16）。标本 M10：17，腰鼓形，略有残损。深蓝色，束腰，细端齐平，粗端内凹。最大径1.2、长1.6厘米（图一四，17）。

八　M12（Ⅰ区）

1. 墓葬形制

单室砖墓，平面呈甲字形，由墓道、墓门、墓室组成。方向190°（图一五；彩版一〇，1）。开口于耕土层下，开口距地表0.15米，破坏严重。

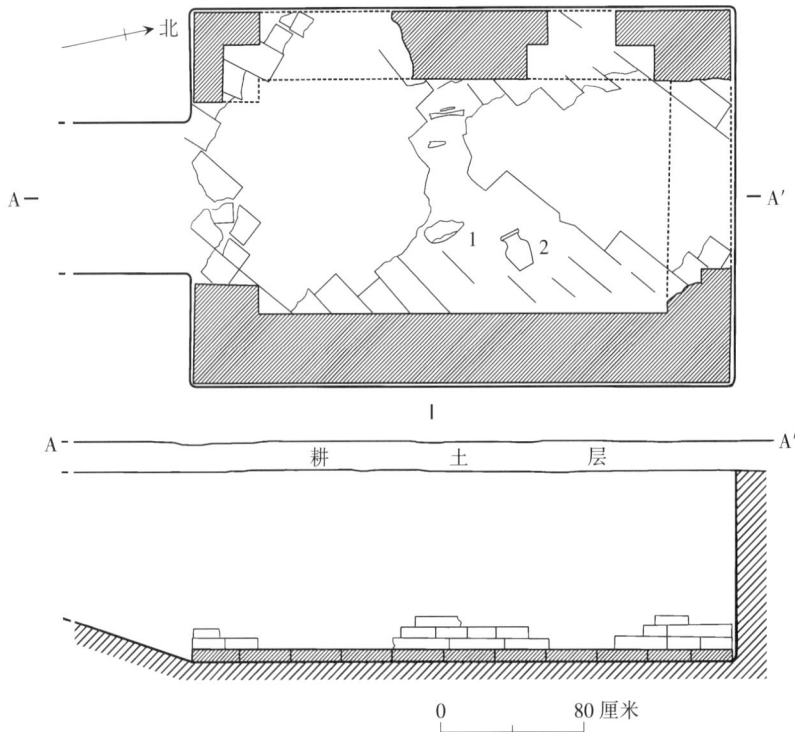

图一五　M12平、剖面图
1. 陶奁　2. 陶井

墓道　长方形斜坡状，未发掘完，长不详，宽0.80、底部距地表1.15米。

墓门　位于墓室南壁中部，宽0.96米。

封门　不存。

墓室　平面呈长方形，长2.26、宽1.24米。四壁砖墙和铺地砖部分遭破坏，砖墙最高处残存7层砖，砌法由下至上为三层平砖一层丁立砖，两者交替向上。另外，三层平砖的砌法又为双隅平砖错缝顺砌。墓底铺砖为东北—西南斜向错缝平铺。用砖规格：（34～37）×（16～18）×（5～6）厘米，青砖，大部分砖平面施有绳纹。

2. 葬具和人骨

墓内未发现任何葬具。

可见零星人骨，腐朽严重，葬式及性别不明。

3. 随葬品

该墓共出土有2件随葬品，位于墓室中部，均为陶器，种类计有井1、奁1。

井　1件。标本M12：2，夹砂灰褐陶。尖唇，侈口，折沿，束颈，折肩，弧腹，平底。腹下部修坯削痕明显。口径11.2、底径6.0、高13.9、壁厚0.5～0.7厘米（图一六，1；

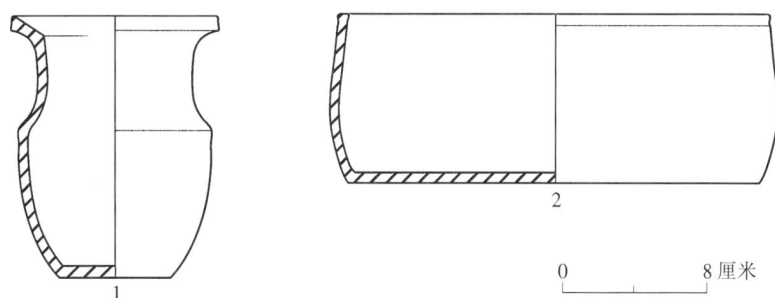

图一六 M12 出土器物
1. 陶井（M12：2） 2. 陶瓮（M12：1）

彩版一一，1）。

瓮 1件。标本 M12：1，夹砂灰褐陶。方唇，唇缘外侧回泥起棱，敛口，腹略鼓，平底。口径23.7、底径22.5、高8.9、壁厚0.5~0.7厘米（图一六，2；彩版一一，2）。

九 M13（Ⅰ区）

1. 墓葬形制

单室砖墓，平面呈甲字形，由墓道、甬道、墓门及墓室组成。方向190°（图一七；彩版一〇，2）。开口于耕土层下，开口距地表0.20米，破坏严重。

墓道 长方形斜坡状，未发掘完，长不详，宽0.80、底部距地表1.20米。

甬道 墓门南侧用砖加砌而成，两壁立砌。平面为长方形，长0.38、宽0.80、残高0.32米。

墓门 位于墓室南壁中部偏东，现仅存东侧基础，宽约0.80、残高0.06米。

封门 条砖封堵，砌法为双隅平砖顺砌。

墓室 平面呈弧方形，边长2.76米。西侧砖墙已被破坏，东壁外弧明显，砖墙保存最高处有2层砖，砌法为一层双隅顺砌平砖，之上砌一层丁立砖。墓底铺砖为人字形。用砖规格为：40×20×6厘米，红砖，部分砖面饰有绳纹。

2. 葬具和人骨

墓内未发现任何葬具。

可辨葬有2具人骨，均头北脚南，并排于墓室西侧，腐朽严重，葬式及性别不明。

3. 随葬品

该墓共出土有21件随葬品，位于墓室东部，大多数为陶器，另有铜钱25枚。

陶器 计有罐1、鼎1、井1、灶1、水斗1、樽1、耳杯2、盘4、缸3、小釜1、小盆3、瓢1。

罐 1件。标本 M13：11，夹砂灰褐陶。方唇，侈口，斜领，溜肩，垂腹，最大腹径位置靠下，平底。腹下部及底饰绳纹。口径16.2、底径6.4、最大腹径26.5、高22.4、壁厚0.7厘米（图一八，1；彩版一一，3）。

鼎 1件。标本 M13：12，夹砂灰褐陶。方唇，子母口，折腹，圜底，素面。耳残缺，仅在腹部两侧残留装耳的圆形穿孔。底部置有三个四棱柱状足。素面。口径11.6、最大腹径14.9、通高9.8、壁厚0.5~0.9厘米（图一八，2）。

井 1件。标本 M13：19-2，夹砂红褐陶，火候较低，陶质疏松。方唇，侈口，折

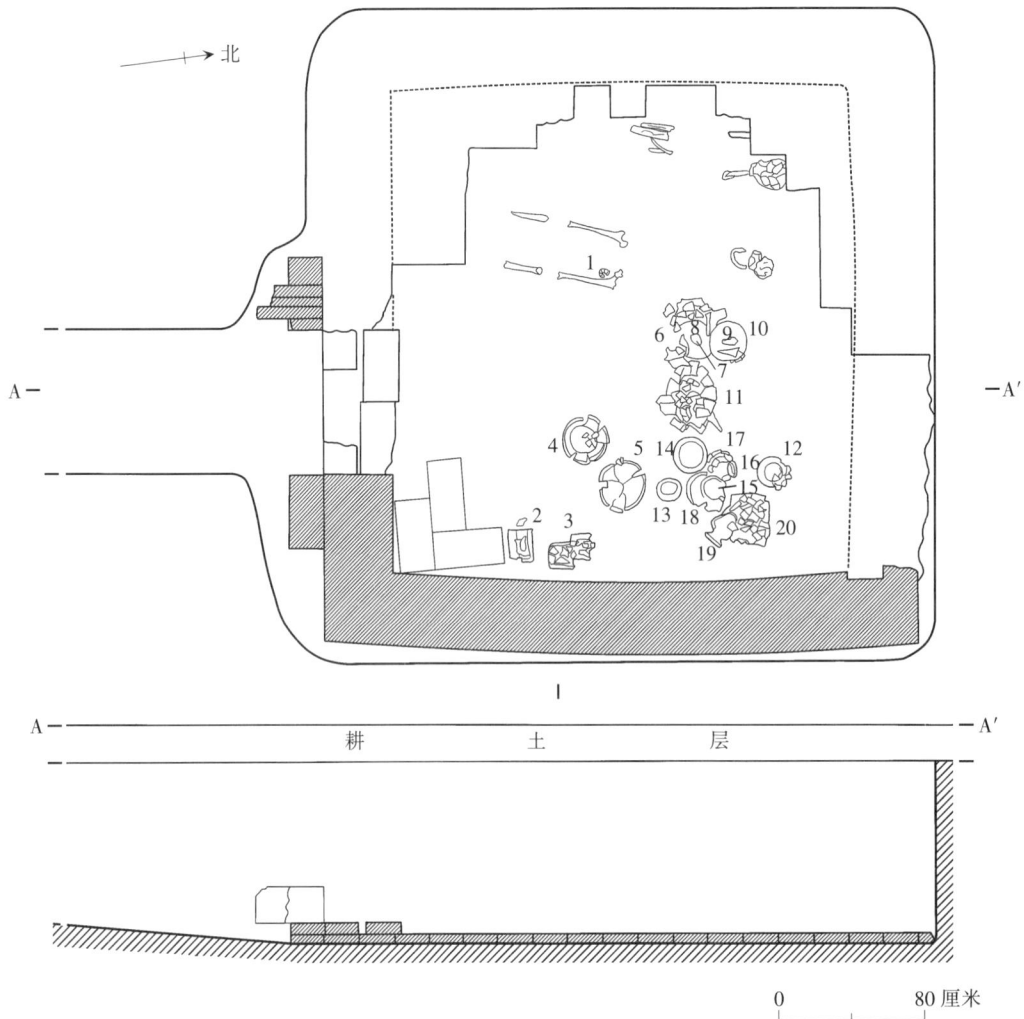

图一七　M13 平、剖面图

1. 铜钱　2、3、17. 陶缸　4、5、8、10. 陶盘　6. 陶樽　7、9. 陶耳杯　11. 陶罐　12. 陶鼎　13. 小陶釜　14、15、18. 小陶盆　16. 小陶瓢　19. 陶井组合　20. 陶灶

沿，束颈，折肩，斜直腹，平底。素面。口径 11.8、底径 6.0、高 13.1、壁厚 1.0 厘米（图一八，3；彩版一一，4）。

灶　1件。标本 M13：20，夹砂红褐陶，火候低，陶质疏松，过于破碎不可修复。

水斗　1件。标本 M13：19 - 1，夹砂黑陶。由提梁和斗组成。提梁呈"人"字形，上有圆形穿孔。斗为敞口，斜腹，平底。素面，器表削坯痕迹明显。口径 5.5、底径 2.0、高 6.3、壁厚 0.9 厘米（图一八，4）。

樽　1件。标本 M13：6，夹砂红褐陶。方唇，直口，腹微内弧，平底，底部置三个四棱柱状足。素面，器底有明显的轮旋痕迹。口径 21.3、底径 20.8、高 10.0、壁厚 0.8 厘米（图一八，5）。

耳杯　2件（M13：7、9）。形制基本相同，均为夹砂灰陶。椭圆形杯口，方唇，敞口，弧腹，平底，素面。标本 M13：7，双耳上翘，高于杯口。口长径 8.5、短径 6.5、底长径 5.3、短径 3.0、高 3.3、壁厚 0.4 厘米（图一八，6）。标本 M13：9，两耳平折，略

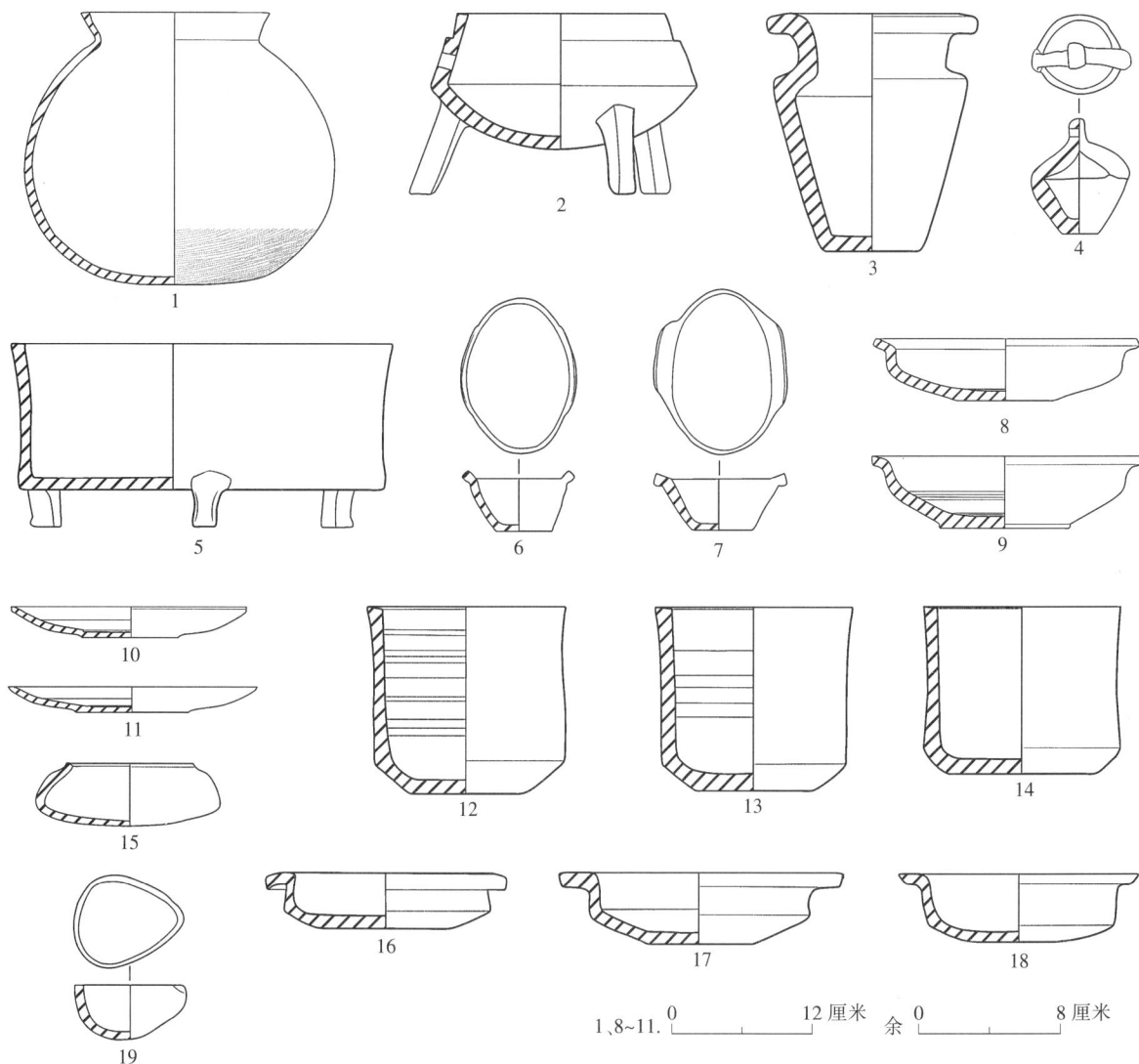

图一八　M13 出土器物

1. 陶罐（M13：11）　2. 陶鼎（M13：12）　3. 陶井（M13：19 - 2）　4. 陶水斗（M13：19 - 1）　5. 陶樽（M13：6）
6、7. 陶耳杯（M13：7、9）　8～11. 陶盘（M13：4、5、8、10）　12～14. 陶缸（M13：2、3、17）　15. 小陶釜（M13：13）
16～18. 小陶盆（M13：14、15、18）　19. 陶瓢（M13：16）

高于杯口。口长径9.0、短径7.6、底长径5.4、短径3.3、高3.1、壁厚0.5厘米（图一八，7）。

　　盘　4件（M13：4、5、8、10）。其中，标本M13：4与M13：5形制相同，均为夹砂红褐陶，方唇，折沿，敞口，鼓腹，平底，素面。标本M13：4，口径23.0、底径8.6、高5.1、壁厚1.0厘米（图一八，8；彩版一一，5）。标本M13：5，口径23.0、底径11.1、高6.0、壁厚1.0厘米（图一八，9）。其中，标本M13：8与M13：10形制相同，均为夹砂红褐陶，尖唇，敞口，浅弧腹，平底，素面，腹内施有两周凸棱。标本M13：8，口径20.5、底径8.8、高2.6、壁厚0.6厘米（图一八，10）。标本M13：10，口径21.2、底径9.6、高2.1、壁厚0.5厘米（图一八，11）。

　　缸　3件（M13：2、3、17）。形制基本相同，均为夹砂红褐陶，方唇，直口，腹略内弧，腹下部折收，平底，素面。标本M13：2，腹内壁可见清晰的轮制痕迹。口径

11.1、底径 6.6、高 10.2、壁厚 0.8～1.0 厘米（图一八，12；彩版一一，6）。标本 M13：3，口径 11.1、底径 6.9、高 10.0、壁厚 1.0 厘米（图一八，13）。标本 M13：17，口径 11.2、底径 8.8、高 9.0、壁厚 0.8 厘米（图一八，14）。

小釜 1 件。标本 M13：13，夹砂红褐陶，火候较低，陶质疏松。尖唇，敛口，鼓腹，圜底。素面。口径 7.2、最大腹径 10.4、高 3.4、壁厚 0.6 厘米（图一八，15）。

小盆 3 件（M13：14、15、18）。形制大致相同，均为夹砂红褐陶，火候较低，陶质疏松，折沿，折腹，平底，素面。标本 M13：14，方唇，口径 13.8、底径 7.0、高 3.1、壁厚 0.4～0.7 厘米（图一八，16）。标本 M13：15，方唇，口径 16.3、底径 6.0、高 3.9、壁厚 0.7 厘米（图一八，17）。标本 M13：18，尖唇，口径 13.5、底径 5.8、高 3.7、壁厚 0.6 厘米（图一八，18）。

瓢 1 件。标本 M13：16，夹砂灰陶。平面近三角形，圜底。素面，器表修坯削痕明显。口部长径 6.2、短径 5.1、高 3.0、壁厚 0.5 厘米（图一八，19）。

铜钱 25 枚，均为“五铢”钱（图一九）。详情见下表。

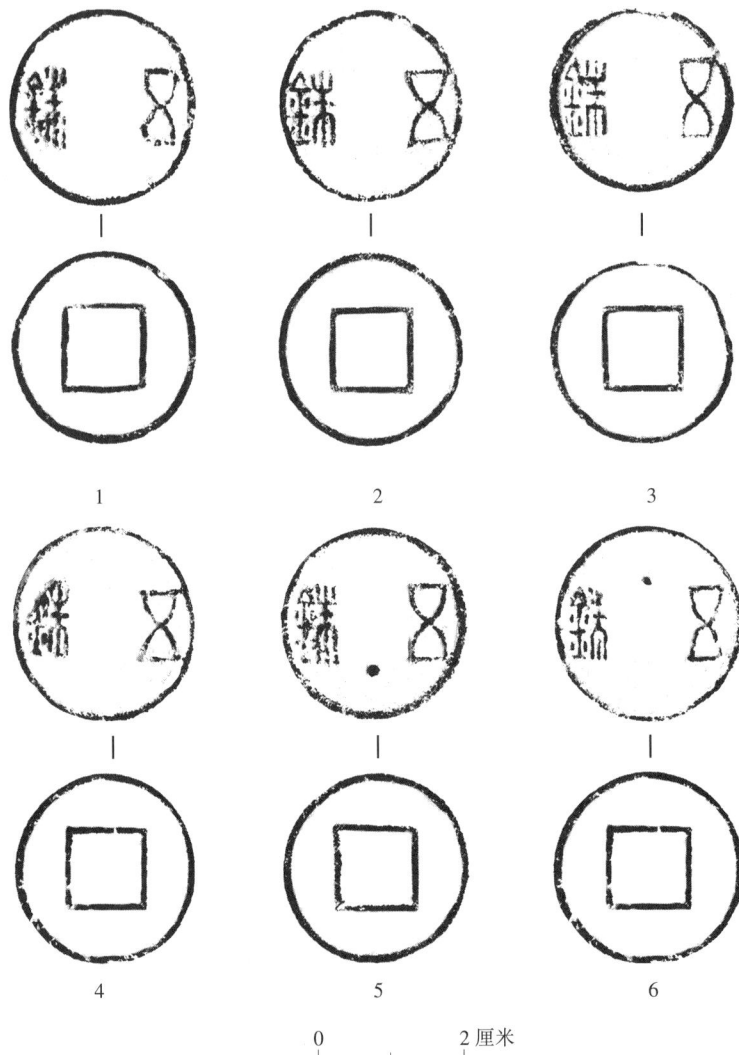

图一九 M13 出土铜钱拓片
1～6. M13：1－5、1－25、1－4、1－23、1－10、1－17

M13 铜钱统计表 （长度：厘米，重量：克）

种类	编号	特征		郭径	钱径	穿宽	郭宽	郭厚	肉厚	重量
		文字特征	记号							
五铢钱	1－1	"五"字瘦长，竖划甚曲；"金"头三角形，四竖点；"朱"头较圆，"朱"下方折	无	2.63	2.31	0.90	0.16	0.17	0.09	2.70
	1－2	同上	同上	2.62	2.30	0.88	0.16	0.17	0.06	3.10
	1－3	同上	同上	2.64	2.34	0.88	0.15	0.19	0.07	2.50
	1－4	"五"字瘦长，竖划甚曲；"金"头三角形，四竖点；"朱"头方折，"朱"下方折	同上	2.52	2.26	0.83	0.13	0.17	0.06	2.20
	1－5	"五"字瘦长，竖划甚曲；"金"头三角形，四竖点；"朱"头较圆，"朱"下较圆	同上	2.60	2.26	0.92	0.17	0.15	0.07	2.10
	1－6	同上	同上	2.54	2.26	0.89	0.14	0.17	0.06	2.40
	1－7	同上	同上	2.60	2.30	0.92	0.15	0.19	0.06	2.20
	1－8	"五"字瘦长，竖划甚曲；"金"头三角形，四竖点；"朱"头方折，"朱"下较圆	同上	2.61	2.27	0.96	0.17	0.18	0.04	3.30
	1－9	同上	同上	2.61	2.27	0.98	0.17	0.18	0.02	1.30
	1－10	同上	同上	2.57	2.31	0.95	0.13	0.18	0.05	2.30
	1－11	同上	同上	2.60	2.36	0.98	0.12	0.17	0.03	2.00
	1－12	同上	同上	2.67	2.37	0.91	0.15	0.19	0.06	3.20
	1－13	同上	同上	2.56	2.24	0.89	0.16	0.18	0.04	1.70
	1－14	同上	同上	2.59	2.31	0.91	0.14	0.18	0.06	2.90
	1－15	同上	同上	2.62	2.34	0.87	0.14	0.17	0.05	2.70
	1－16	同上	同上	2.56	2.26	0.86	0.15	0.16	0.05	2.20
	1－17	同上	同上	2.63	2.35	0.87	0.14	0.17	0.02	1.90
	1－18	同上	穿上一星点	2.57	2.31	0.89	0.13	0.16	0.06	2.30
	1－19	同上（残）	无	2.64	2.36	0.82	0.14	0.17	0.08	1.90
	1－20	同上	同上	2.63	2.35	0.86	0.14	0.16	0.04	2.30
	1－21	同上	同上	2.58	2.26	0.86	0.16	0.14	0.04	2.00
	1－22	同上	同上	2.59	2.25	0.89	0.17	0.18	0.06	2.10
	1－23	"五"字瘦长，竖划缓曲；"金"头三角形，四竖点；"朱"头较圆，"朱"下较圆	无	2.62	2.36	0.94	0.13	0.14	0.08	3.20
	1－24	"五"字瘦长，竖划缓曲；"金"头三角形，四竖点；"朱"头方折，"朱"下方折	穿下一星点	2.60	2.38	0.98	0.11	0.13	0.07	3.00
	1－25	同上	无	2.58	2.32	0.93	0.13	0.14	0.07	3.00

一〇　M14（Ⅰ区）

1. 墓葬形制

单室砖墓，平面呈甲字形，由墓道、墓门及墓室组成。方向 265°（图二〇；彩版一二）。开口于耕土层下，开口距地表 0.20 米，破坏严重。

墓道　长方形斜坡状，未发掘完，长不详，宽 1.00、底部距地表 1.36 米。

墓门　位于墓室西壁中部，已破坏不存。

封门　不存。

墓室　平面呈长方形，长 3.00、宽 2.40 米。南侧砖墙仅存基础部分，其他三壁大部不存，东部铺底砖亦遭破坏。墓壁最高处仅有一层砖，砌法为双隅平砖错缝顺砌。墓底铺砖为人字形。用砖规格为：30×15×5 厘米，青砖，大部分砖平面施有绳纹。

2. 葬具和人骨

墓内残存两座砖砌棺床。一座靠近墓室西北角，用一层砖砌成，砌法为两列丁砖对缝平铺，残长 0.30、宽 0.60、高 0.05 米。一座靠近墓室东南角，一层平砖砌成，砌法为

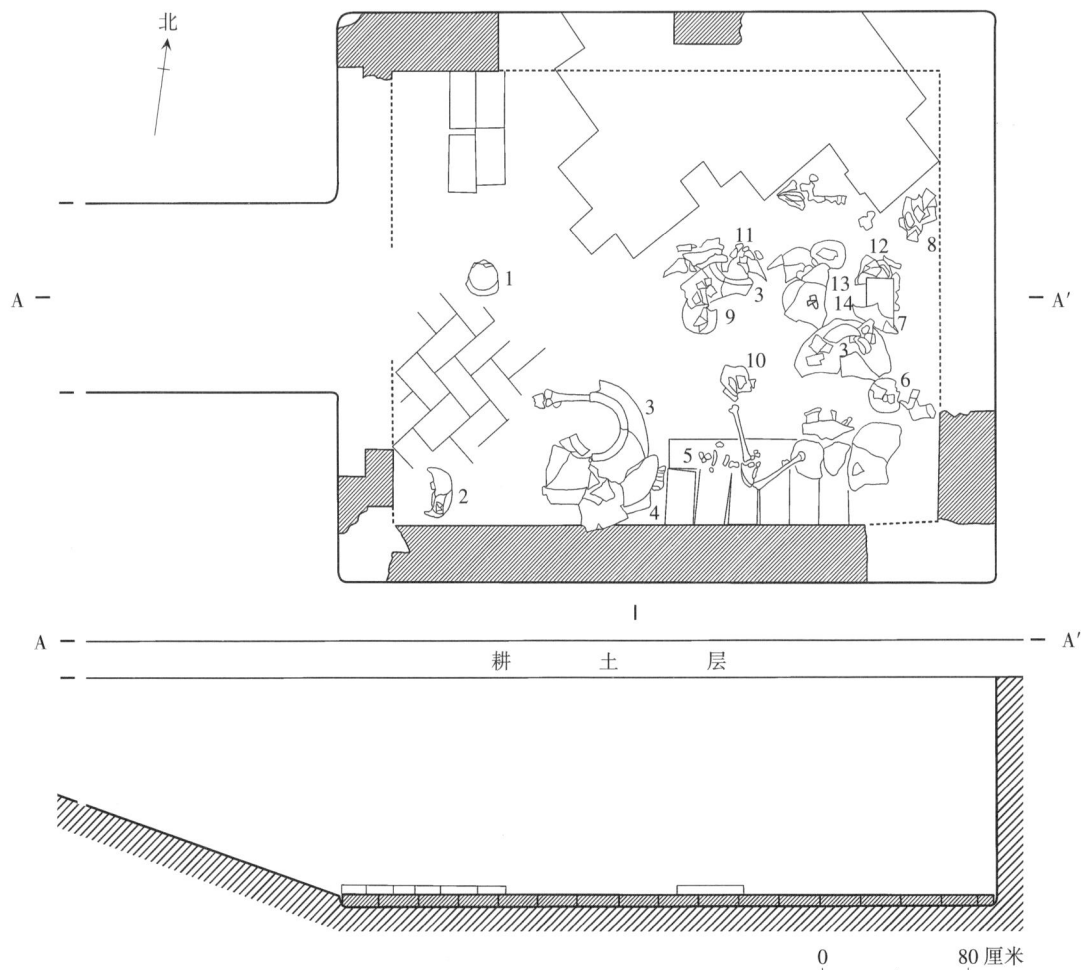

图二〇　M14 平、剖面图

1、7. 陶罐　2、4、6、9、12、13、14. 陶奁　3. 陶瓮　5. 铜钱　8. 陶井　10. 陶樽　11. 小陶盆

内侧一列丁砖平铺，外侧一列平砖顺砌，残长 1.00、宽 0.46、高 0.05 米。

可辨墓内葬有 2 具人骨，保存较差，凌乱散落于墓室中部及南侧棺床上，个体已无法区分开，葬式及性别不明。

3. 随葬品

该墓共出土有 14 件随葬品，位于墓室东部，主要为陶器；另有铜钱 2 枚。

陶器　计有壶 2、井 1、奁 7、瓮 1、灶 1、樽 1、小盆 1。

壶　2 件（M14：1、7）。形制相同，均为夹砂灰陶，方唇，盘口，口外有一周凸棱，束颈，溜肩，垂腹，腹部最大径位置靠下，平底，腹下部和底饰绳纹。标本 M14：1，铺首已残，仅在肩部残留贴附铺首的痕迹。口径 14.8、底径 12.8、最大腹径 27.5、高25.1、壁厚 0.5～1.2 厘米（图二一，1；彩版一三，1）。标本 M14：7，肩部对称贴附有

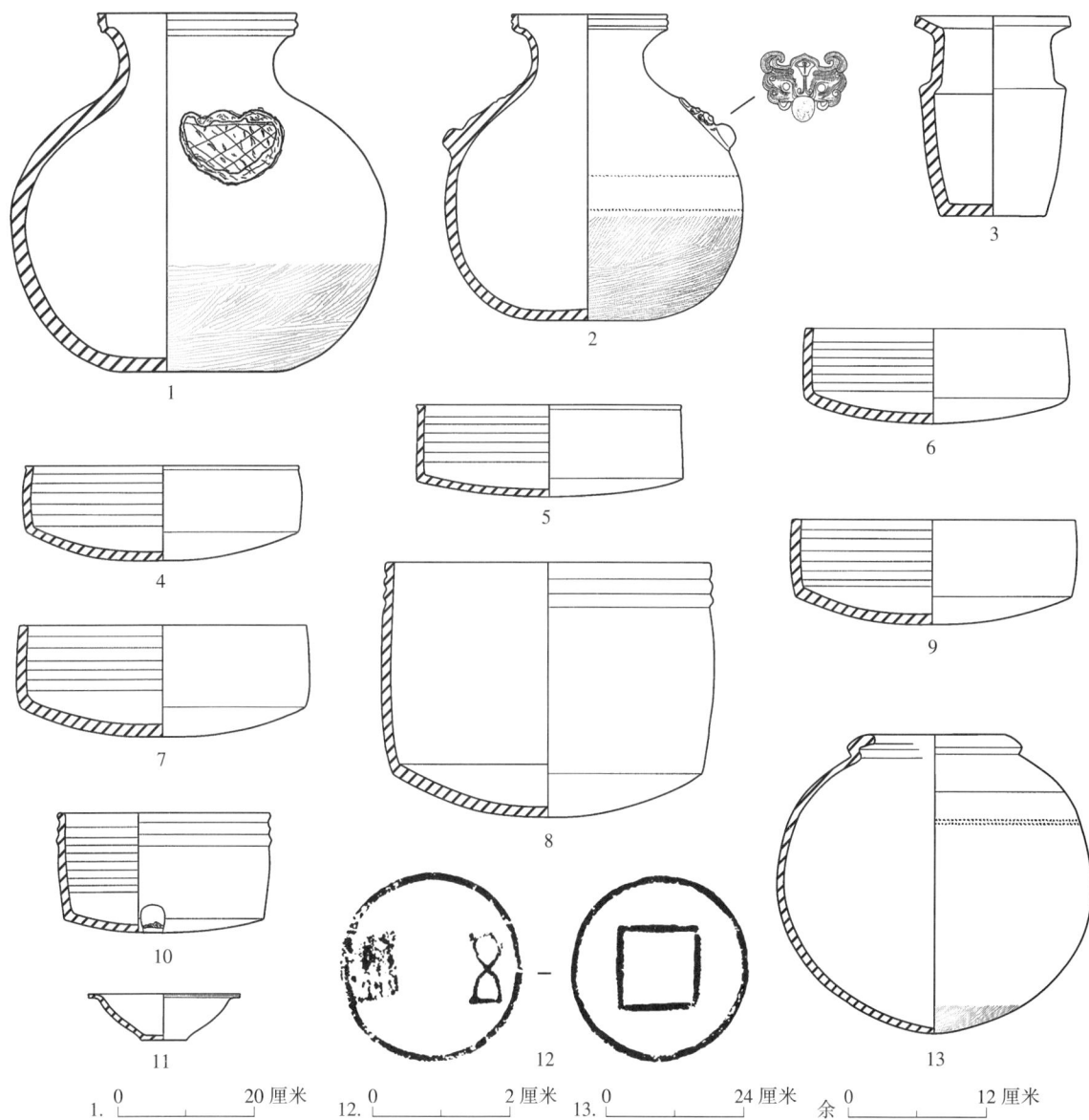

图二一　M14 出土器物

1、2. 陶壶（M14：1、7）3. 陶井（M14：8）4～9. 陶奁（M14：2、6、9、12、4、13）10. 陶樽（M14：10）11. 小陶盆（M14：11）12. 铜钱（M14：5-2）13. 陶瓮（M14：3）

两个兽面铺首，腹中部饰两周粗绳纹。口径13.5、底径9.6、最大腹径26.2、高25.8、壁厚0.5～1.0厘米（图二一，2；彩版一三，2）。

井　1件。标本M14：8，夹砂灰陶。方唇，敞口，折沿，束颈，折肩，腹略鼓，平底。素面，器表修坯削痕明显。口径13.5、底径9.5、高16.9、壁厚1.1厘米（图二一，3）。

瓮　7件（M14：2、4、6、9、12、13、14）。其中，标本M14：2、6、9、12、13形制相同，均为夹砂灰陶，方唇，口微敛，腹略弧，圜底，素面，腹内壁轮旋痕迹明显。标本M14：2，口径24.4、高8.0、壁厚0.7厘米（图二一，4）。标本M14：6，口径23.3、高7.8、壁厚0.8厘米（图二一，5；彩版一三，3）。标本M14：9，口径22.8、高8.0、壁厚0.7厘米（图二一，6）。标本M14：12，口径25.3、高9.4、壁厚0.8厘米（图二一，7）。标本M14：13，口径25.0、高8.8、壁厚0.8厘米（图二一，9）。标本M14：4，圆唇，直口，腹略弧，圜底。近口处饰三周瓦棱纹。口径28.5、高21.5、壁厚0.8厘米（图二一，8）。标本M14：14，夹砂灰陶，过于破碎不可修复，具体形制不明。

瓮　1件。标本M14：3，夹砂白陶。圆唇，敛口，沿面向外侧斜，溜肩，鼓腹，圜底。肩部饰一周弦纹，腹上部饰两周粗绳纹，近底部饰绳纹。口径30.6、最大腹径55.4、高50.4、壁厚1.5厘米（图二一，13；彩版一三，4）。

灶　1件。M14填：1，出土于填土中，过于破碎不可修复。

樽　1件。M14：10，夹砂灰褐陶。方唇，口微敛，腹略鼓，圜底。底部置有三足，已残，仅存一足根部分。近口处饰瓦棱纹，腹内有清晰的轮旋痕迹。口径18.8、残高10.2、壁厚0.7厘米（图二一，10）。

小盆　1件。M14：11，夹砂灰陶。方唇，唇面有凹槽，敞口，展沿，弧腹，平底。素面。口径13.5、底径4.0、高3.9、壁厚0.5厘米（图二一，11）。

铜钱　2枚，均为"五铢"钱（图二一，12）。详情见下表。

M14 铜钱统计表　　　　　　　　　　　　　　　　　　　　（长度：厘米，重量：克）

种类	编号	特征		郭径	钱径	穿宽	郭宽	郭厚	肉厚	重量
		文字特征	记号							
五铢钱	5-1	"五"字瘦长，竖划缓曲；"金"头三角形，四竖点；"朱"头方折，"朱"下方折（剪轮）	穿下月牙	2.47	2.33	0.98	0.07	0.14	0.09	2.00
	5-2	"五"字瘦长，竖划缓曲；"金"头三角形，四竖点；"朱"头方折，"朱"下较圆（磨郭）	无	2.68	2.38	0.95	0.15	0.12	0.05	2.40

—— M15（Ⅰ区）

1. 墓葬形制

单室砖墓，平面呈甲字形，由墓道、墓门及墓室组成。方向190°（图二二；彩版一四，1）。开口于耕土层下，开口距地表0.20米，已破坏。

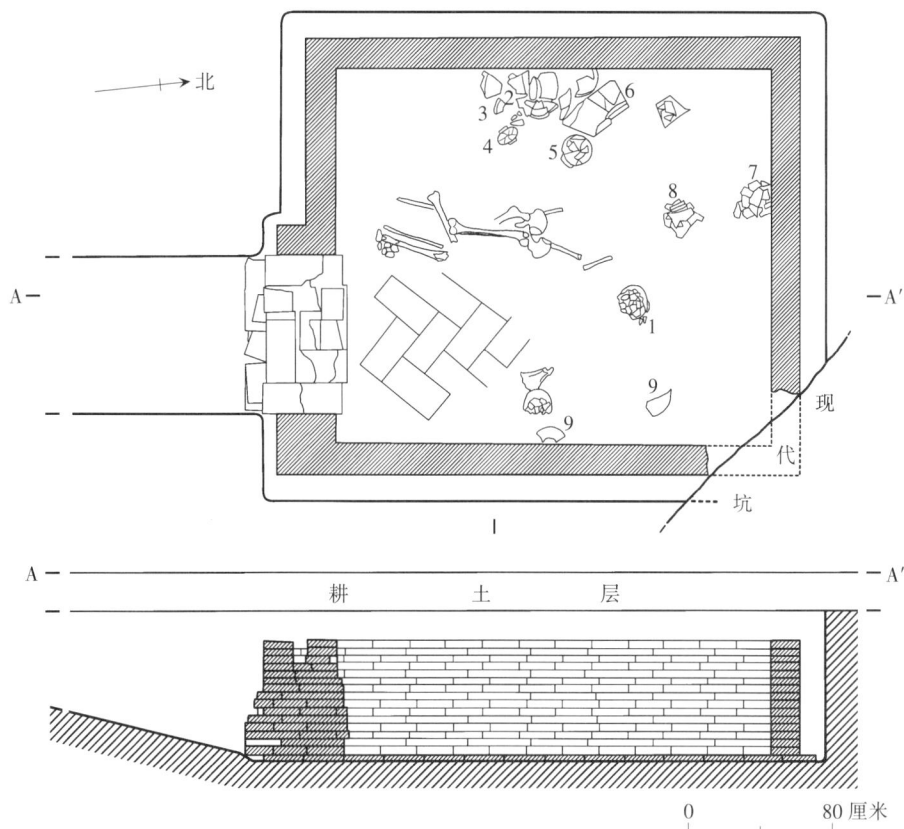

图二二　M15 平、剖面图
1. 耳璜　3、5、8. 小陶盆　2、7. 陶奁　4. 陶耳杯　6. 陶樽　9. 陶灶

墓道　长方形斜坡状，未发掘完，长不详，宽 0.84、底部距地表 0.94 米。

墓门　位于墓室南壁东侧，宽 0.84、残高 0.60 米。

封门　条砖封堵，现存 15 层，为不规则垒砌，残高 0.60 米。

墓室　平面呈长方形，长 2.40、宽 2.00 米。四壁砖墙保存较好，仅东北角处被一条现代沟打破。墓室四壁平直，砌法为单隅平砖错缝顺砌。墓底铺砖为人字形。用砖规格为 32×16×4 厘米，青砖，素面。

2. 葬具和人骨

墓内未发现任何葬具。

可辨葬有 2 具人骨，腐朽较严重，凌乱散落于墓室内，葬式及性别不明。

3. 随葬品

该墓共出土有 10 件随葬品，大多位于墓室西部，质地有陶、琉璃两类，现分述如下。

陶器　计有灶 1、奁 2、樽 1、耳杯 1、小盆 3。

灶　1 件。标本 M15：9，夹砂灰陶。灶面隆起，平面近椭圆形，前端有一圆形火眼，后端有圆形烟孔。长方形灶门，不落地。素面。长 20.5、宽 18.0、高 7.0、壁厚 0.6 厘米，灶门宽 4.3、高 2.0 厘米，火眼直径 7.3、烟孔直径 0.4 厘米（图二三，1）。

奁　2 件（M15：2、7）。标本 M15：2，夹砂灰陶。尖唇，直口，腹略鼓，圜底。素面。口径 21.7、高 9.2、壁厚 0.8 厘米（图二三，2；彩版一四，2）。标本 M15：7，夹砂

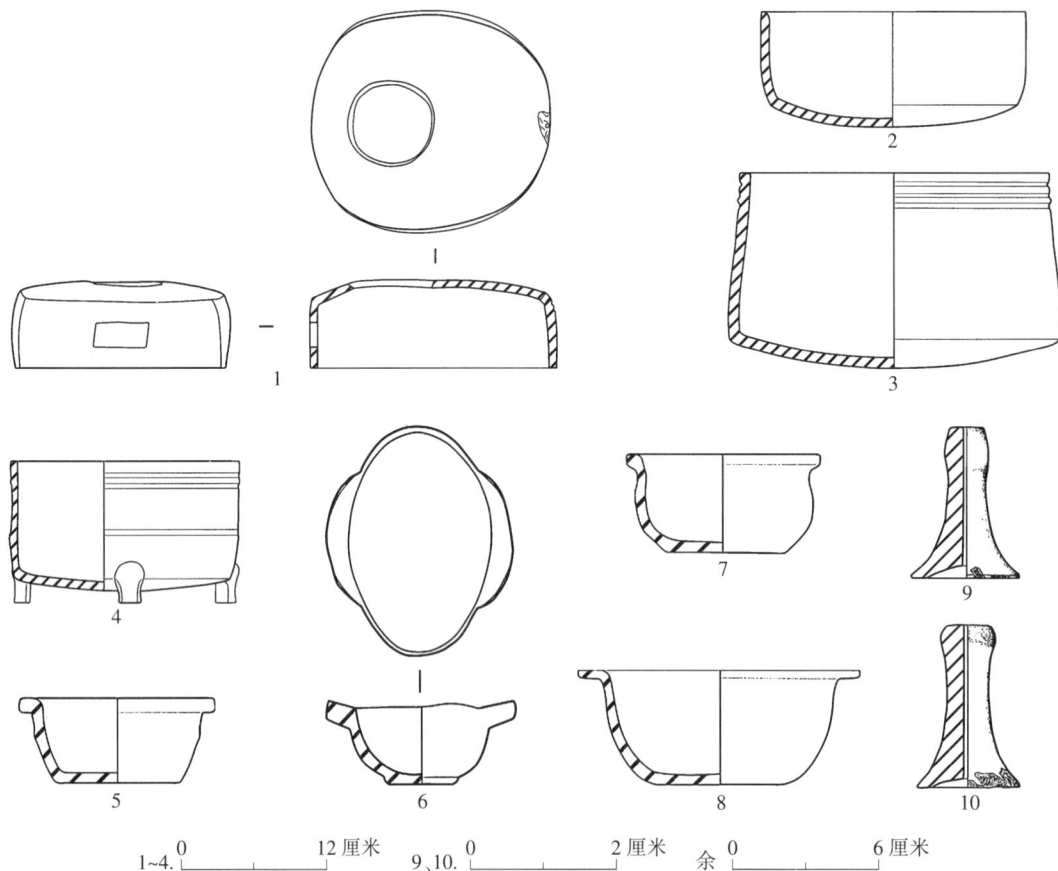

图二三　M15 出土器物

1. 陶灶（M15∶9） 2、3. 陶奁（M15∶2、7） 4. 陶樽（M15∶6） 5、7、8. 小陶盆（M15∶3、5、8） 6. 陶耳杯（M15∶4） 9、10. 耳瑱（M15∶1-1、1-2）

灰陶。方唇，直口，斜直腹，圜底。近口沿处饰瓦棱纹。口径 25.4、高 15.6、壁厚 0.9厘米（图二三，3）。

樽　1 件。标本 M15∶6，夹砂灰陶。圆唇，直口，直腹，圜底。底部置三蹄形足。腹部饰瓦棱纹，器底有明显的轮旋痕迹。口径 18.8、底径 17.8、高 11.3、足高 3.3、壁厚 0.8 厘米（图二三，4；彩版一四，3）。

耳杯　1 件。标本 M15∶4，夹砂红褐陶。杯口呈椭圆形，方唇，敞口，弧腹，台底。两耳斜折略高于杯口。素面。口长径 9.2、短径 6.0、底长径 4.9、短径 2.7、高 3.4、壁厚 0.4 厘米（图二三，6）。

小盆　3 件（M15∶3、5、8）。标本 M15∶3，夹砂黄褐陶。圆唇，折沿，敞口，斜腹，平底。素面。口径 8.4、底径 5.3、高 3.4、壁厚 0.5 厘米（图二三，5）。标本 M15∶5，夹砂红褐陶。圆唇，折沿，敞口，腹略鼓，平底。素面，器表修坯削痕明显。口径 7.9、底径 4.7、高 3.9、壁厚 0.5 厘米（图二三，7）。标本 M15∶8，夹砂红褐陶。圆唇，折沿，敞口，弧腹，平底。素面。口径 11.6、底径 5.8、高 4.6、壁厚 0.4 厘米（图二三，8）。

琉璃器　计有耳瑱 2。

耳瑱　2 件。喇叭状，深蓝色，束腰，细端略鼓，粗端内凹，纵穿一孔，表面略有腐蚀。标本 M15∶1-1，最大径 1.5、长 2.1 厘米（图二三，9）。标本 M15∶1-2，最大径

1.4、长 2.2 厘米（图二三，10）。

一二 M16（Ⅰ区）

M16 与 M17 为一组并葬墓，其中 M17 打破 M16。

1. 墓葬形制

土坑竖穴墓，平面呈圆角长方形，墓圹规整。方向 10°（图二四；彩版一五）。开口于耕土层下，开口距地表深约 0.30 米。

墓圹四壁较平直，墓底平坦，长 2.80、宽 1.60、深 0.50 米。墓底均匀铺有一层厚约 0.02 米的贝壳。

墓内填土呈黑褐色，并夹杂有少量贝壳，土质较疏松。

2. 葬具和人骨

在墓底贝壳层上发现有少量黑色木痕，应为腐朽木棺，大致沿人骨分布，但较为零散，形状及尺寸不详。

墓内葬有 1 具人骨，为一男性个体。骨骼保存较完整。葬式为仰身直肢，头向北，面向上，左臂略向东移位，右臂平伸贴近体侧，双腿平伸。

3. 随葬品

该墓共出土有 6 件随葬品，随葬品均位于人骨西侧，南北向排列，较为规整。均为陶器，种类计有罐 3、壶 2、钵 1。

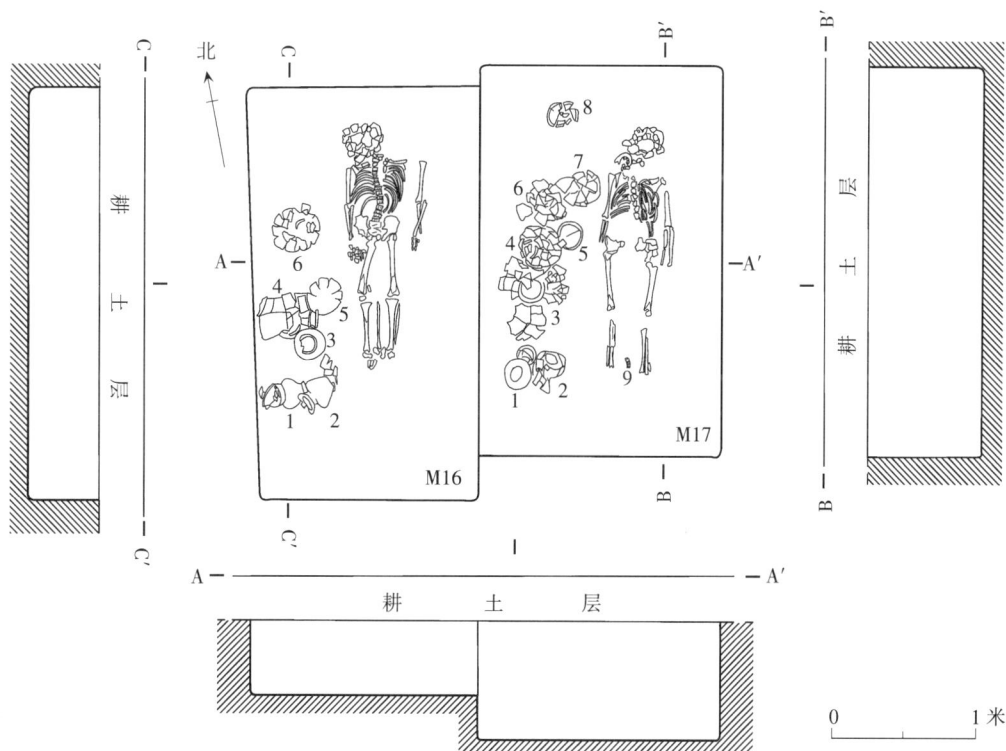

图二四 M16、M17 平、剖面图

M16 1、2. 陶壶 3、4、6. 陶罐 5. 陶钵

M17 1、2. 陶壶 3、4、6. 陶罐 5、8. 陶器盖 7. 陶钵 9. 铜钱

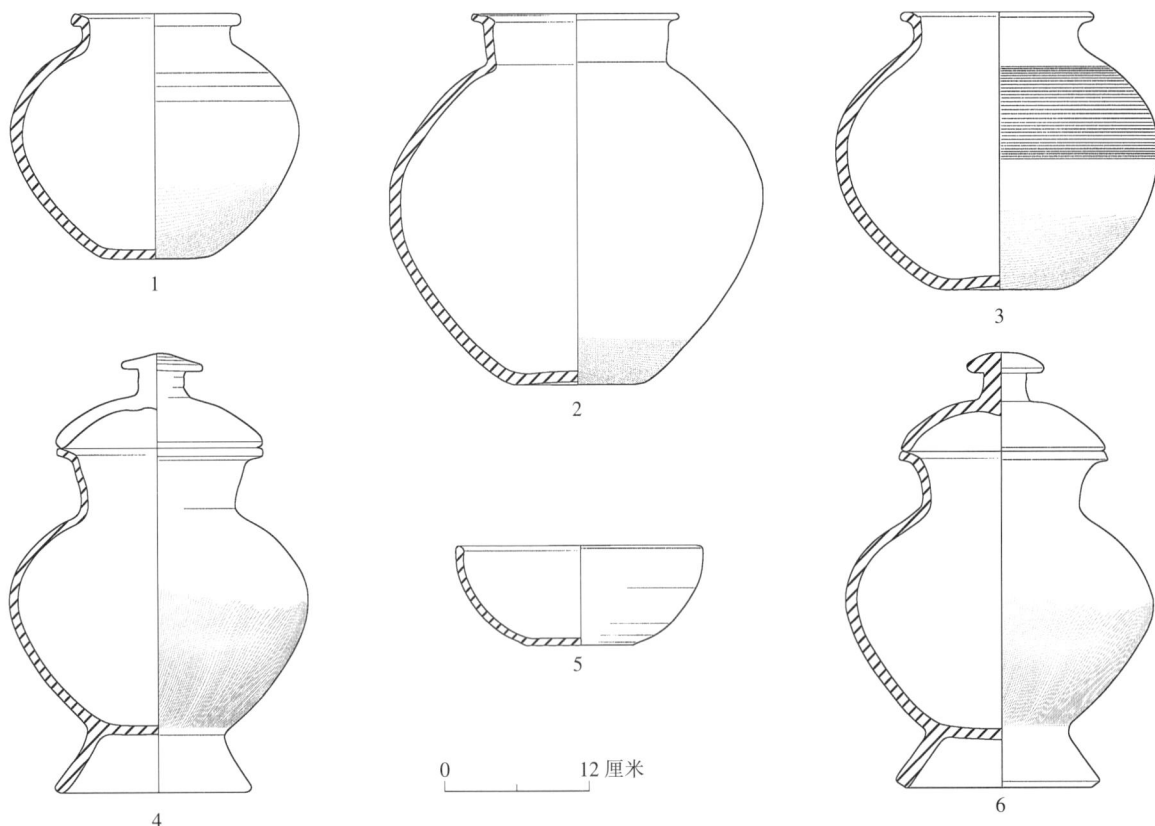

图二五　M16 出土器物
1～3. 陶罐（M16：3、4、6）　4、6. 陶壶（M16：1、2）　5. 陶钵（M16：5）

　　罐　3 件（M16：3、4、6）。标本 M16：3，夹砂灰陶。圆唇，折沿，敞口，束颈，溜肩，鼓腹，腹部最大径靠近肩部，平底。腹下部及底饰绳纹，抹平，器表轮制痕迹明显。口径 14.0、底径 8.0、腹部最大径 23.9、高 19.6、壁厚 0.5～0.7 厘米（图二五，1；彩版一六，1）。标本 M16：4，夹砂灰陶。方唇，折沿，侈口，短颈，溜肩，鼓腹，凹底。腹下部及底饰绳纹，器表轮制痕迹明显。口径 17.0、底径 10.0、腹部最大径 31.0、高 30.0、壁厚 0.5～0.7 厘米（图二五，2）。标本 M16：6，夹砂灰陶。圆唇，侈口，内侧有一周凸棱，束颈，溜肩，鼓腹，腹部最大径位置靠近肩部，凹底。肩部施有多道凹弦纹，腹下部及底部饰绳纹，抹平。口径 15.2、底径 10.0、腹部最大径 26.8、高 22.5、壁厚 0.5～0.7 厘米（图二五，3）。

　　壶　2 件（M16：1、2）。形制相同，均为夹砂灰陶，由壶盖及壶身组成。壶盖：圆顶，顶部带蘑菇纽，弧壁，圆唇，敞口。壶身：方唇，侈口，束颈，溜肩，鼓腹，腹部最大径位置靠上，圈足；腹下部饰绳纹，抹平。标本 M16：1，通高 35.5 厘米。壶盖：口径 16.6、高 7.6、壁厚 0.9 厘米。壶身：口径 17.0、底径 15.0、腹部最大径 25.0、高 35.0、壁厚 0.5～0.7 厘米（图二五，4）。标本 M16：2，通高 35.0 厘米。壶盖：口径 16.2、高 7.9、壁厚 0.9 厘米。壶身：口径 16.0、底径 15.4、腹部最大径 35.0、高 30.0、壁厚 0.5～0.7 厘米（图二五，6；彩版一六，2）。

　　钵　1 件。标本 M16：5，夹砂灰陶。圆唇，敛口，弧腹，平底。口径 20.7、底径 9.3、高 8.0、壁厚 0.7～0.8 厘米（图二五，5）。

一三　M17（Ⅰ区）

1. 墓葬形制

土坑竖穴墓，平面呈圆角长方形，墓圹规整，西侧打破M16。方向15°（见图二四；见彩版一五）。开口于耕土层下，开口距地表深约0.30米。

墓圹四壁较平直，墓底平坦。长2.65、宽1.70、深0.80米。墓穴四壁保存有一圈平均宽0.10米的贝壳，墓底均匀平铺一层厚0.02米的贝壳。

墓内填土呈黑褐色，并夹杂有少量贝壳，土质较疏松。

2. 葬具和人骨

在墓底贝壳层上发现有少量黑色木痕，应为腐朽木棺，大致沿人骨分布，但较为零散，形状及尺寸不详。

墓内葬有1具人骨，为一女性个体。骨骼保存较完整。葬式为仰身直肢，头向北，由于头骨移动其面向不明，双臂平伸贴近体侧，双腿自然舒展。

3. 随葬品

该墓共出土有9件随葬品，大多数为陶器，均位于人骨西侧，南北向排列，较为规整，另有铜钱21枚，分述如下。

陶器　计有罐3、壶2、钵1、器盖2。

罐　3件（M17：3、4、6）。其中，标本M17：3与M17：4形制相同，均为夹砂灰陶，圆唇，侈口，口内侧有一周凸棱，束颈，溜肩，鼓腹，腹部最大径位置居中，凹底；中腹部饰瓦棱纹，腹下部及底部饰细绳纹。标本M17：3，口径15.6、底径11.4、腹部最大径28.0、高26.8、壁厚1.0～1.3厘米（图二六，1；彩版一六，3）。标本M17：4，口径15.6、底径11.4、腹部最大径28.0、高26.8、壁厚1.0～1.3厘米（图二六，2；彩版一六，4）。标本M17：6，夹砂黑陶。方唇，侈口，束颈，溜肩，鼓腹，腹部最大径位置靠近肩部，平底。腹中部施有一周粗绳纹，腹下部饰细绳纹。口径14.3、底径7.0、腹部最大径21.0、高19.0、壁厚0.8～0.9厘米（图二六，3；彩版一六，5）。

壶　2件（M17：1、2）。形制相同，均由壶盖及壶身组成。壶盖：夹砂黑褐陶，圜顶，弧壁，尖唇，敞口。壶身：夹砂灰陶，尖唇，喇叭口，束颈，溜肩，鼓腹，腹部最大径位置靠近肩部，平底，器表轮旋痕迹明显。标本M17：1，通高28.7厘米。壶盖：口径12.9、高2.1、壁厚0.5～0.8厘米。壶身：口径12.7、底径9.3、腹部最大径22.6、高26.5、壁厚0.5～1.1厘米（图二六，4；彩版一六，6）。标本M17：2，通高28.8厘米。壶盖：口径12.2、高2.5、壁厚0.5～0.7厘米。壶身：口径12.2、底径9.5、腹部最大径21.9、高26.3、壁厚0.5～1.0厘米（图二六，5）。

钵　1件。标本M17：7，夹砂灰陶。圆唇，口微敛，口外侧有一周凹束，弧腹，平底。器身轮制痕迹明显。口径21.0、底径7.5、高6.5、壁厚0.3～0.6厘米（图二六，6）。

器盖　2件（M17：5、8）。形制相同，均为夹砂黑褐陶，弧顶，鼓腹，折沿，方唇，侈口，素面。标本M17：5，口径16.6、高3.4、壁厚0.3～0.6厘米（图二六，7）。标本M17：8，口径16.6、高3.3、壁厚0.3～0.7厘米（图二六，8）。

铜钱　21枚，均为"五铢"钱（图二七），详情见下表。

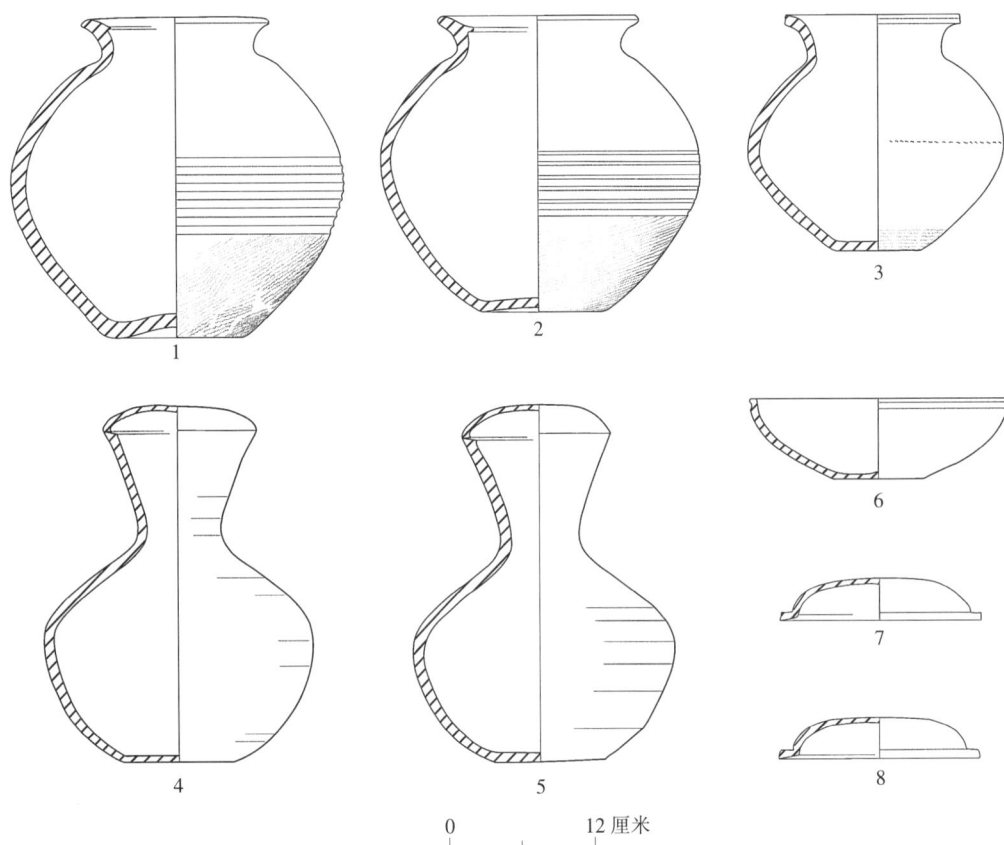

0　　　　　　　　　12 厘米

图二六　M17 出土器物

1~3. 陶罐（M17：3、4、6）　4、5. 陶壶（M17：1、2）　6. 陶钵（M17：7）　7、8. 陶器盖（M17：5、8）

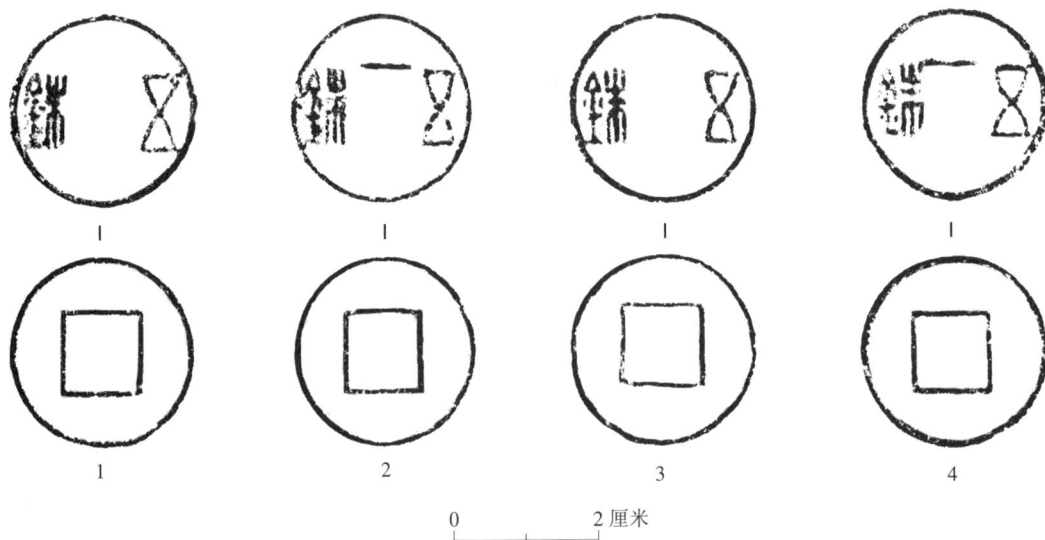

0　　　　　　　　2 厘米

图二七　M17 出土铜钱拓片

1~4. M17：9－3、9－2、9－6、9－10

M17 铜钱统计表　　　　　　　（长度：厘米，重量：克）

种类	编号	特征		郭径	钱径	穿宽	郭宽	郭厚	肉厚	重量
		文字特征	记号							
五铢钱	9－1	"五"字瘦长，竖划较直；"金"头三角形，四竖点；"朱"头较圆，"朱"下方折	无	2.52	2.24	0.91	0.14	0.20	0.09	3.90
	9－2	同上	穿上一横	2.54	2.34	0.92	0.10	0.16	0.08	4.10
	9－3	"五"字瘦长，竖划较直；"金"头三角形，四竖点；"朱"头较圆，"朱"下较圆	无	2.57	2.33	0.94	0.12	0.19	0.07	3.60
	9－4	同上	穿上一横	2.53	2.33	0.93	0.10	0.20	0.08	3.90
	9－5	同上	无	2.58	2.32	0.91	0.13	0.18	0.06	3.60
	9－6	"五"字瘦长，竖划较直；"金"头三角形，四竖点；"朱"头方折，"朱"下较圆	同上	2.60	2.32	0.94	0.14	0.18	0.09	4.10
	9－7	同上	同上	2.58	2.32	0.95	0.13	0.19	0.08	4.00
	9－8	同上	同上	2.59	2.33	0.93	0.13	0.19	0.09	3.80
	9－9	同上	同上	2.60	2.28	0.93	0.16	0.20	0.06	4.10
	9－10	"五"字瘦长，竖划缓曲；"金"头三角形，四竖点；"朱"头方折，"朱"下方折	穿上一横	2.59	2.33	0.88	0.13	0.21	0.09	4.50
	9－11	同上	同上	2.56	2.32	0.94	0.12	0.17	0.07	3.40
	9－12	"五"字瘦长，竖划缓曲；"金"头三角形，四竖点；"朱"头方折，"朱"下较圆	无	2.58	2.28	1.00	0.15	0.19	0.10	3.40
	9－13	同上	穿下月牙	2.54	2.30	0.94	0.12	0.19	0.06	4.30
	9－14	同上	同上	2.53	2.23	0.87	0.15	0.19	0.06	3.70
	9－15	同上	同上	2.57	2.29	0.87	0.14	0.16	0.07	3.70
	9－16	同上	无	2.54	2.30	0.88	0.12	0.20	0.07	3.90
	9－17	同上	同上	2.55	2.29	0.99	0.13	0.20	0.07	4.00
	9－18	同上	穿下月牙	2.58	2.26	0.88	0.16	0.19	0.06	4.50
	9－19	同上	同上	2.56	2.30	0.87	0.13	0.19	0.08	4.20
	9－20	同上	穿上一横	2.58	2.32	0.90	0.13	0.18	0.06	4.60
	9－21	同上	同上	2.52	2.32	0.92	0.10	0.17	0.07	3.60

一四　M18（Ⅰ区）

1. 墓葬形制

单室砖墓，平面呈甲字形，由墓道、墓门及墓室组成。方向195°（图二八；彩版一七，1）。开口于耕土层下，开口距地表0.30米，已破坏。

墓道　长方形斜坡状，未发掘完，长不详，宽0.80、底部距地表2.10米。

墓门　位于墓室南壁中部偏东，保存较好，宽0.80、残高0.90米。由墓门两壁残存痕迹判断，墓门为拱形券顶。

封门　条砖封堵，分为内外两层。内层用条砖规矩封堵，现存砖8层，残高0.62米，砌法由下至上为三层平砖，一层丁立砖，丁立砖之上为一层平砖，丁立砖与单层平砖交替向上。外层用碎砖倚护。

墓室　平面呈弧长方形，长3.20、宽2.60米。四壁外弧明显，最高处保存有12层砖，砌法由下至上为三层平砖一层丁立砖，两者交替向上。另外，三层平砖的砌法又为

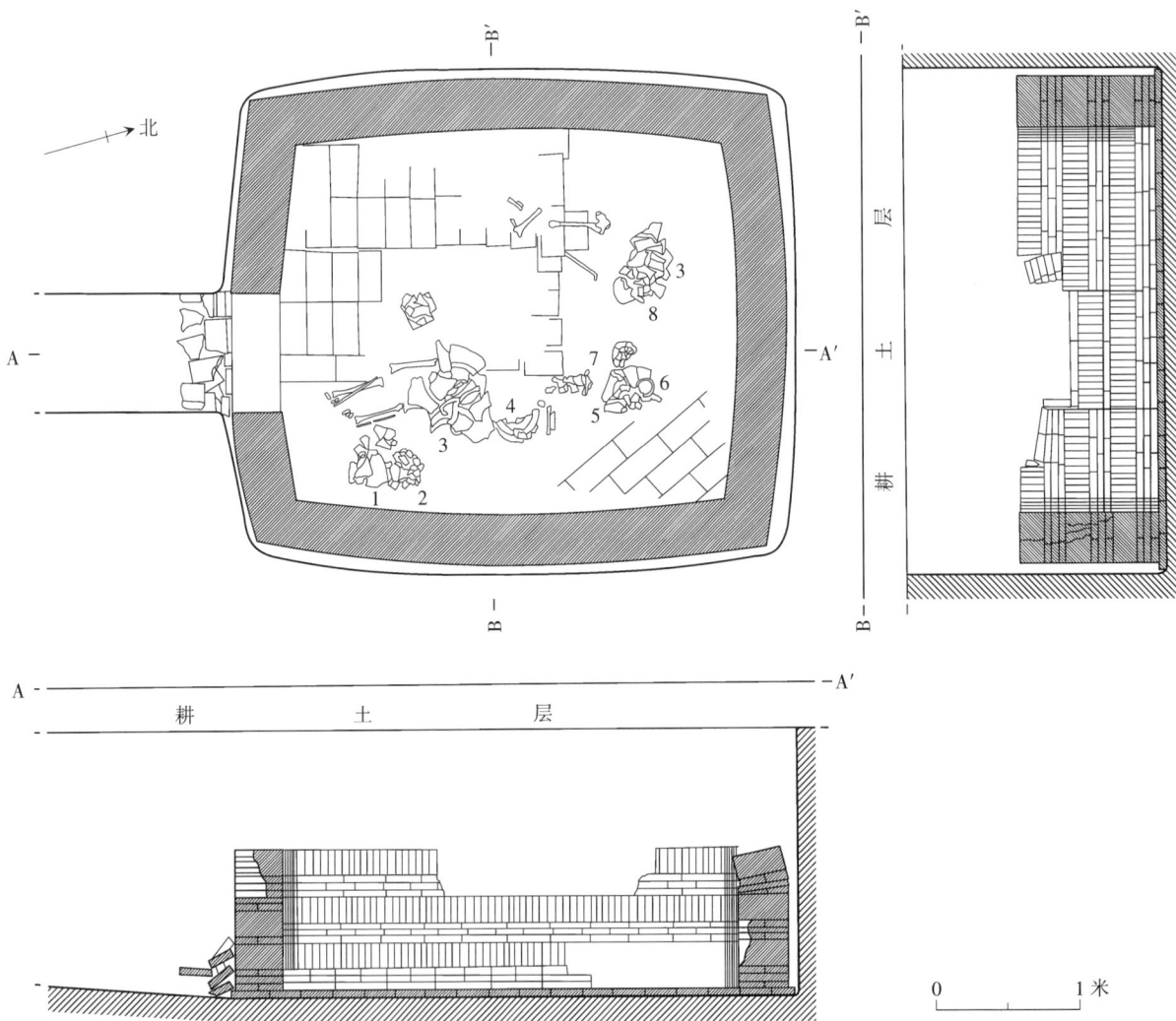

图二八　M18平、剖面图
1. 陶奁　2. 陶樽　3. 陶瓮　4、5. 陶盆　6. 小陶盆　7. 陶灶　8. 陶井

两层双隅顺砌平砖之间夹一层平砌丁砖。墓底铺砖为西北—东南斜向错缝平铺。用砖规格：34×（17~18）×5 厘米，青砖，大部分砖平面施有绳纹。

2. 葬具和人骨

墓室西侧紧贴西壁和南壁有砖砌棺床，平面呈长方形，长 2.00、宽 1.68、高 0.14 米。三层砖砌成，内侧为四列丁砖对缝平铺，外侧为单隅平砖错缝顺砌。

墓内可辨葬有 2 具人骨，凌乱散落于棺床和墓底上，腐朽严重，葬式及性别不明。

3. 随葬品

该墓共出土有 8 件随葬品，大多位于墓室北部，均为陶器，种类计有瓮 1、井 1、灶 1、奁 1、樽 1、盆 2、小盆 1。

瓮　1 件。标本 M18：3，夹砂白陶。敛口，沿面外斜，溜肩，鼓腹，最大腹径位置靠下，圜底。腹上部有两周凹弦纹。口径 23.0、最大腹径 60.6、高 55.7、壁厚 1.5~1.8 厘米（图二九，1；彩版一七，2）。

井　1 件。标本 M18：8，夹砂黄褐陶。圆唇，折沿，直口，束颈，略显折肩，腹略弧，平底。腹上部饰两周凸棱。口径 10.6、底径 8.0、高 13.5、壁厚 0.7 厘米（图二九，2）。

灶　1 件。标本 M18：7，夹砂灰陶。灶面略鼓，平面呈椭圆形，中间置有一圆形火眼，后壁有圆形烟孔。长方形灶门，不落地。素面。长 20.5、宽 17.8、高 8.0、壁厚 0.7 厘米；灶门长 5.0、宽 1.9、火眼直径 10.7、烟孔直径 1.2 厘米（图二九，3）。

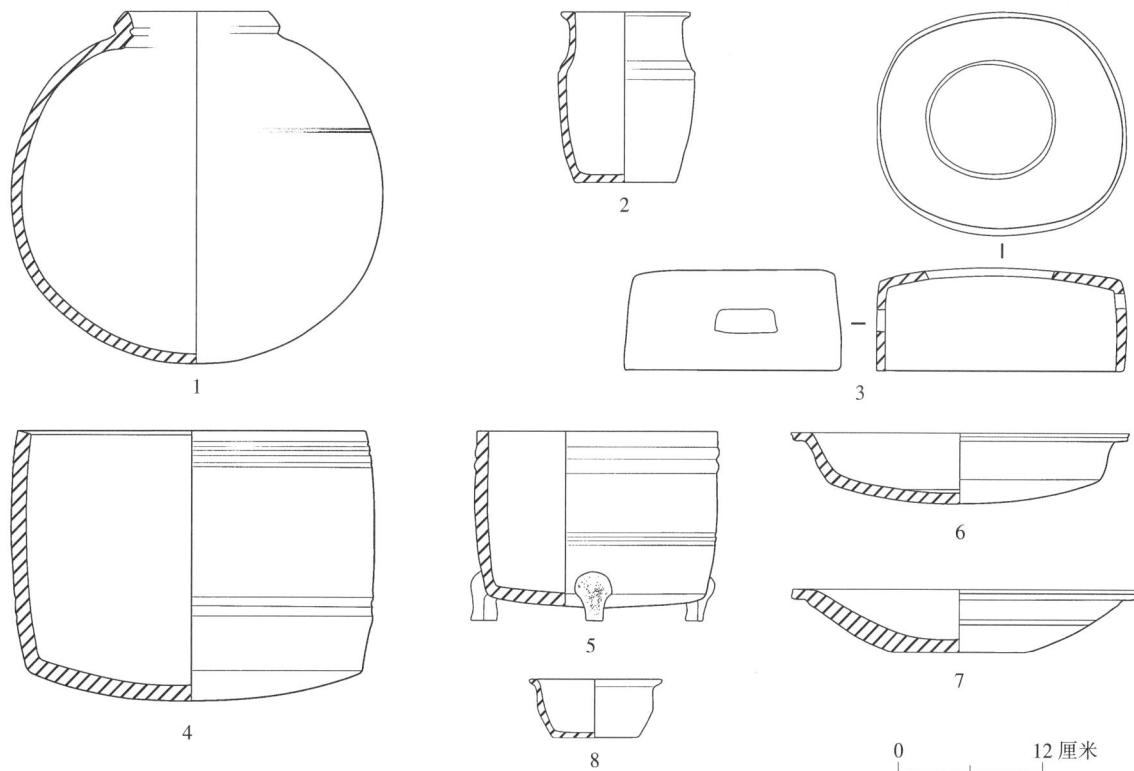

图二九　M18 出土器物

1. 陶瓮（M18：3）　2. 陶井（M18：8）　3. 陶灶（M18：7）　4. 陶奁（M18：1）　5. 陶樽（M18：2）　6、7. 陶盆（M18：4、5）　8. 小陶盆（M18：6）

瓮　1件。标本 M18：1，夹砂红褐陶。方唇，口微敛，腹略鼓，圜底。近口处施三周凸棱，腹部饰两周凸弦纹。口径 28.6、底径 27.4、高 21.4、壁厚 1.1 厘米（图二九，4；彩版一七，3）。

樽　1件。标本 M18：2，夹砂灰陶。方唇，直口，腹略弧，圜底。底部置有三蹄形足。近口部饰有两周瓦棱纹，腹中部饰有两条凹弦纹。口径 19.6、高 15.0、壁厚 1 厘米（图二九，5）。

盆　2件（M18：4、5）。标本 M18：4，夹砂黄褐陶。方唇，侈口，折沿，略显折腹，圜底。素面，唇面有一周凹槽，器内底部饰一周凸棱。口径 28.0、高 5.6、壁厚 1.0厘米（图二九，6）。标本 M18：5，夹砂黄褐陶。方唇，唇面有一周凹槽，敞口，折沿，弧腹，平底。腹部饰凹弦纹。口径 28.9、底径 11.4、高 5.0、壁厚 1.7 厘米（图二九，7）。

小盆　1件。标本 M18：6，夹砂红褐陶。圆唇，敞口，折沿，略显折腹，平底，素面，腹下部修坯削痕明显。口径 10.8、底径 7.1、高 4.6、壁厚 0.4～0.6 厘米（图二九，8）。

一五　M19（Ⅰ区）

1. 墓葬形制

单室砖墓，平面呈甲字形，由墓道、墓门及墓室组成。方向 180°（图三〇；彩版一八，1）。开口于耕土层下，开口距地表 0.20 米，已破坏。

墓道　长方形斜坡状，未发掘完，长不详，宽 1.00、底部距地表 0.90 米。

墓门　位于墓室南壁偏西，保存较好，宽 1.00、残高 0.60 米。

封门　条砖封堵，现存砖 10 层，残高 0.70 米，砌法为单隅平砖对缝顺砌。

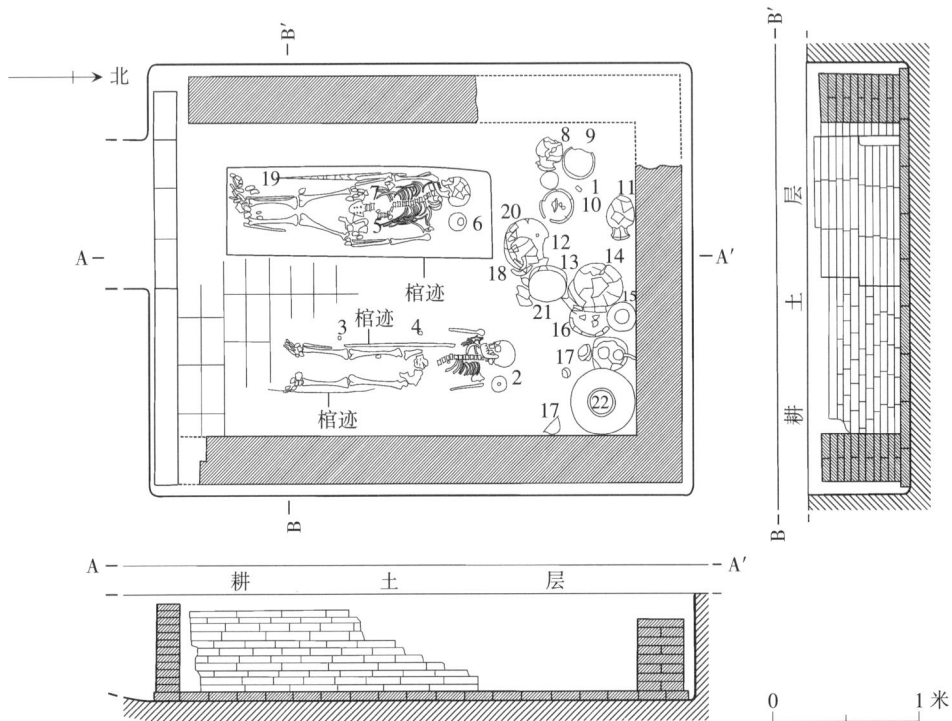

图三〇　M19 平、剖面图

1. 铜镞　2、6. 铜镜　3. 铜泡钉　4. 小石球　5. 铜带钩　7. 铜钱　8、11. 陶壶　9、12、13、21. 陶瓮　10. 陶樽
14、15、18. 陶罐　16. 陶井　17. 陶灶　19. 铁剑　20. 骨饼　22. 陶瓮

墓室 平面呈长方形，长 3.20、宽 2.10 米。西北角被一条现代沟打破，四壁较直，最高处保存有 12 层砖，东、西、北三壁砌法由下至上为一层双隅平砖顺砌，之上一层丁砖平砌，两者交替向上；南壁为单隅平砖错缝顺砌。墓底铺砖为东西向拼缝平铺。用砖规格：32×16×（5～6）厘米，青砖，素面。

2. 葬具和人骨

墓内葬有 2 具人骨，人骨附近均发现有棺痕，东侧棺痕平面呈长方形，长 1.80、宽 0.30、存高 0.05 米；西侧棺痕平面呈长方形，长 1.86、宽 0.60、存高 0.08 米。

人骨并列位于墓室南部，葬式均为仰身直肢，头向北，面向西。西侧人骨保存完整，为一男性个体，双臂平伸贴近体侧，双腿向内并拢。东侧人骨保存较差，为一女性个体，双臂在肱骨以下腐朽殆尽，双腿平伸（彩版一八，2；彩版一九，1）。

3. 随葬品

该墓共出土有 28 件随葬品，位于墓室北部及人骨旁边，质地分为陶、铜、铁、石和骨五类，其中铜钱 19 枚。现分述如下。

陶器 计有罐 3、壶 2、瓮 1、井 1、灶 1、奁 4、樽 1、小甑 1、小釜 3、小盆 1。

罐 3 件（M19：14、15、18）。标本 M19：14，夹砂灰褐陶。圆唇，子母口内敛，束颈，溜肩，鼓腹，最大腹径位置居中，小平底。腹上部饰有三周粗绳纹，腹下部及底饰细绳纹。口径 19.7、底径 10.0、最大腹径 34.6、高 28.0、壁厚 0.8～1.0 厘米（图三一，1；彩版一九，2）。标本 M19：15，夹砂灰陶。圆唇，唇缘外侧有一周凸棱，侈口，束颈，溜肩，鼓腹，最大腹径位置居中，平底。肩部饰两条凹弦纹。口径 11.8、底径 13.0、最大腹径 26.5、高 27.1、壁厚 0.8 厘米（图三一，2；彩版二〇，2）。标本 M19：18，夹砂灰陶。方唇，侈口，折沿，沿面有一周凹槽，束颈，圆肩，鼓腹，最大腹径位置居中，平底。腹中部饰有一周粗绳纹，腹下部及底饰绳纹。口径 15.4、底径 10.0、最大腹径 30.8、高 24.3、壁厚 0.8～1.0 厘米（图三一，3；彩版一九，3）。

壶 2 件（M19：8、11）。形制相同，均为夹砂灰陶，由壶盖和壶身组成。壶盖：弧顶，圆唇，敞口；素面。壶身：方唇，盘口，束颈，溜肩，鼓腹，最大腹径位置居中，平底；素面。标本 M19：8，通高 20.1 厘米。壶盖：口径 11.3、高 1.9、壁厚 0.4～1.3 厘米。壶身：口径 11.8、底径 7.2、最大腹径 16.5、高 19.2、壁厚 0.4～0.5 厘米（图三一，4；彩版二〇，1）。标本 M19：11，通高 24.0 厘米。壶盖：口径 13.5、高 1.9、壁厚 0.6～0.9 厘米。壶身：口径 13.3、底径 8.9、最大腹径 19.4、高 22.2、壁厚 0.5～0.7 厘米（图三一，5）。

瓮 1 件。M19：22，夹砂白陶。方唇，折沿，直口，束颈，溜肩，球腹，腹部最大径位置靠下，圜底。腹部饰绳纹，底有明显的轮旋痕迹。口径 21.6、最大腹径 43.9、高 43.1、壁厚 1.4 厘米（图三一，6；彩版二〇，3）。

井 1 件。标本 M19：16，夹砂灰陶。方唇，折沿，敞口，束颈，折肩，斜直腹，底微内凹、边缘留有残泥。素面。口径 13.1、底径 9.4、高 15.1、壁厚 0.5 厘米（图三一，7；彩版二〇，4）。

灶 1 件。标本 M19：17-6，夹砂黄褐陶。灶体平面呈圆角长方形，灶面略鼓，三个火眼呈品字形排列，其上分置三套灶具，后端有弯曲的圆柱形烟囱，中有通孔。长方形灶门。灶体四壁有瓦棱纹。通长 32.0、通宽 21.6、高 14.8、壁厚 0.8 厘米，灶门长 6.5、宽 5.1、火眼直径分别为 8.6、6.6、5.0 厘米（图三一，8；彩版二〇，5）。

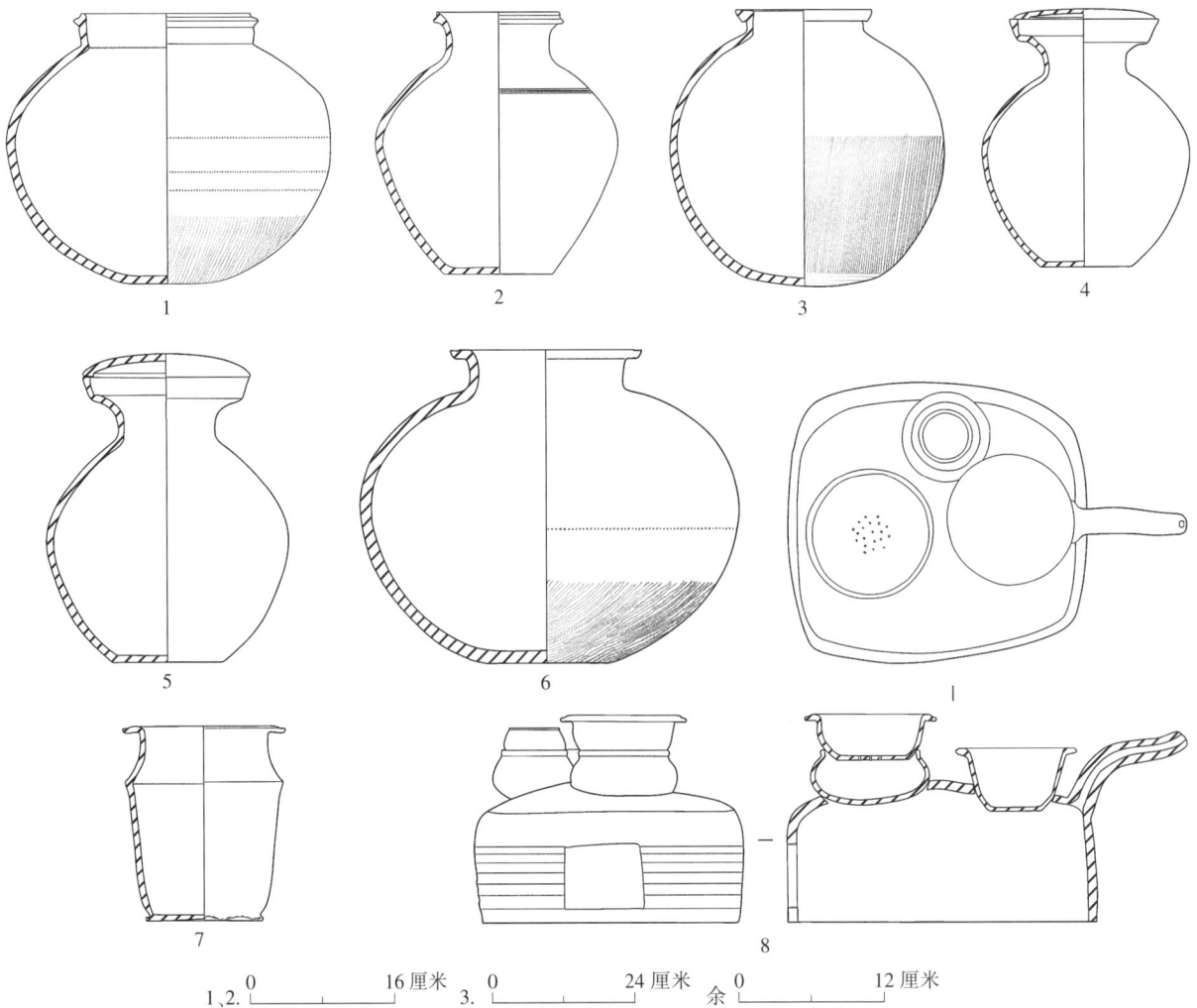

图三一　M19 出土器物

1~3. 陶罐（M19：14、15、18）　4、5. 陶壶（M19：8、11）　6. 白陶瓮（M19：22）　7. 陶井（M19：16）　8. 陶灶组合（M19：17）

　　盆　4 件（M19：9、12、13、21）。其中，标本 M19：9、M19：13 与 M19：21 形制相同，均为夹砂灰陶，方唇，口微敛，腹略鼓，圜底，素面。标本 M19：9，口径 25.0、高 8.3、壁厚 0.8 厘米（图三二，1）。标本 M19：13，口径 25.4、高 9.2、壁厚 0.7 厘米（图三二，2）。标本 M19：21，腹下部饰有斜向瓦棱纹。口径 24.2、高 9.2、壁厚 0.8 厘米（图三二，3）。标本 M19：12，夹砂灰陶。方唇，直口，弧腹，平底。素面。口径 26.2、底径 26.3、高 8.3、壁厚 0.7 厘米（图三二，4）。

　　樽　1 件。标本 M19：10，夹砂黄褐陶。方唇，口微敛，直腹，圜底。底部置有三个熊形足。素面。口径 21.2、高 11.7、壁厚 0.8 厘米（图三二，5；彩版二〇，6）。

　　小甑　1 件。标本 M19：17-1，夹砂灰陶。圆唇，折沿，敞口，弧腹，平底、底部不规则分布圆形甑眼。素面。口径 10.5、底径 5.7、高 3.6、壁厚 0.3 厘米（图三二，8）。

　　小釜　3 件（M19：17-2、17-4、17-5）。形制相同，均为夹砂灰陶，圆唇，敛口，弧腹，圜底；素面。标本 M19：17-2，口径 8.0、高 4.2、壁厚 0.3 厘米（图三二，8）。标本 M19：17-4，口径 4.1、高 3.0、壁厚 0.3 厘米（图三二，8）。标本 M19：17-5，口

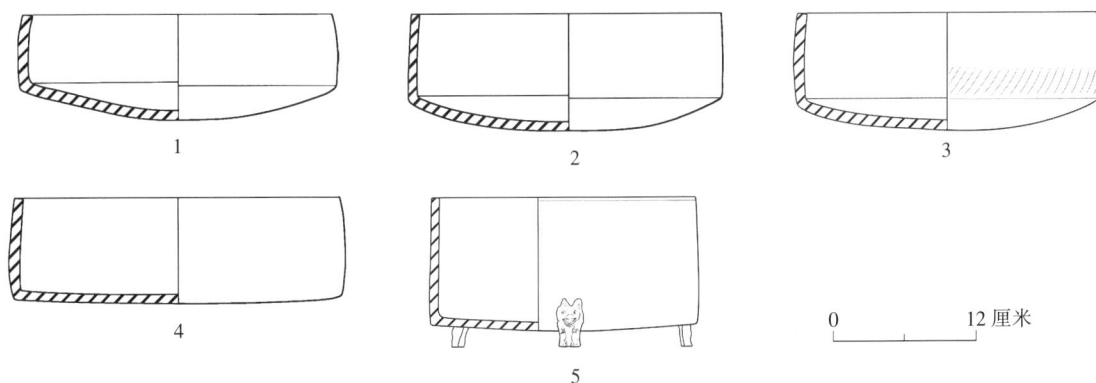

图三二　M19 出土器物
1~4. 陶奁（M19：9、13、21、12）　5. 陶樽（M19：10）

径5.4、高4.0、壁厚0.3厘米（图三二，8）。

小盆　1件。标本 M19：17-3，夹砂灰陶。圆唇，折沿，敞口，斜直腹，平底。素面。口径9.7、底径4.2、高5.0、壁厚0.3厘米（图三二，8）。

铜器　计有镜2、泡钉1、镦1、带钩1。

镜　2面。形制形同，均为四乳四虺镜，圆形，镜面微凸。标本 M19：2（图三三；彩版二一，1），半球形纽，圆形纽座。纽座圆周均匀的伸出四组（每组两线）短弧线纹

图三三　M19 出土铜镜（M19：2）

与四组（每组三线）短竖线相间环列。之外两周栉齿纹中间均匀排布有四个带圆座乳丁，相邻两乳间饰一虺，虺背、腹各立有一鸟。素宽平缘。面径9.6、背径9.8、高1.1厘米。

标本 M19：6，半球形纽，圆形纽座。纽座四周均匀分布四组辅线，每组三条；每两组辅线间填有一组涡线，每组三条。之外两周栉齿纹中间均匀排布有四个带圆座乳丁，相邻两乳间饰一虺，虺背、腹各立有一鸟，间隙处填有云纹。素宽平缘。面径11.1、背径11.4、高1.1厘米（图三四，1；彩版二一，2）。

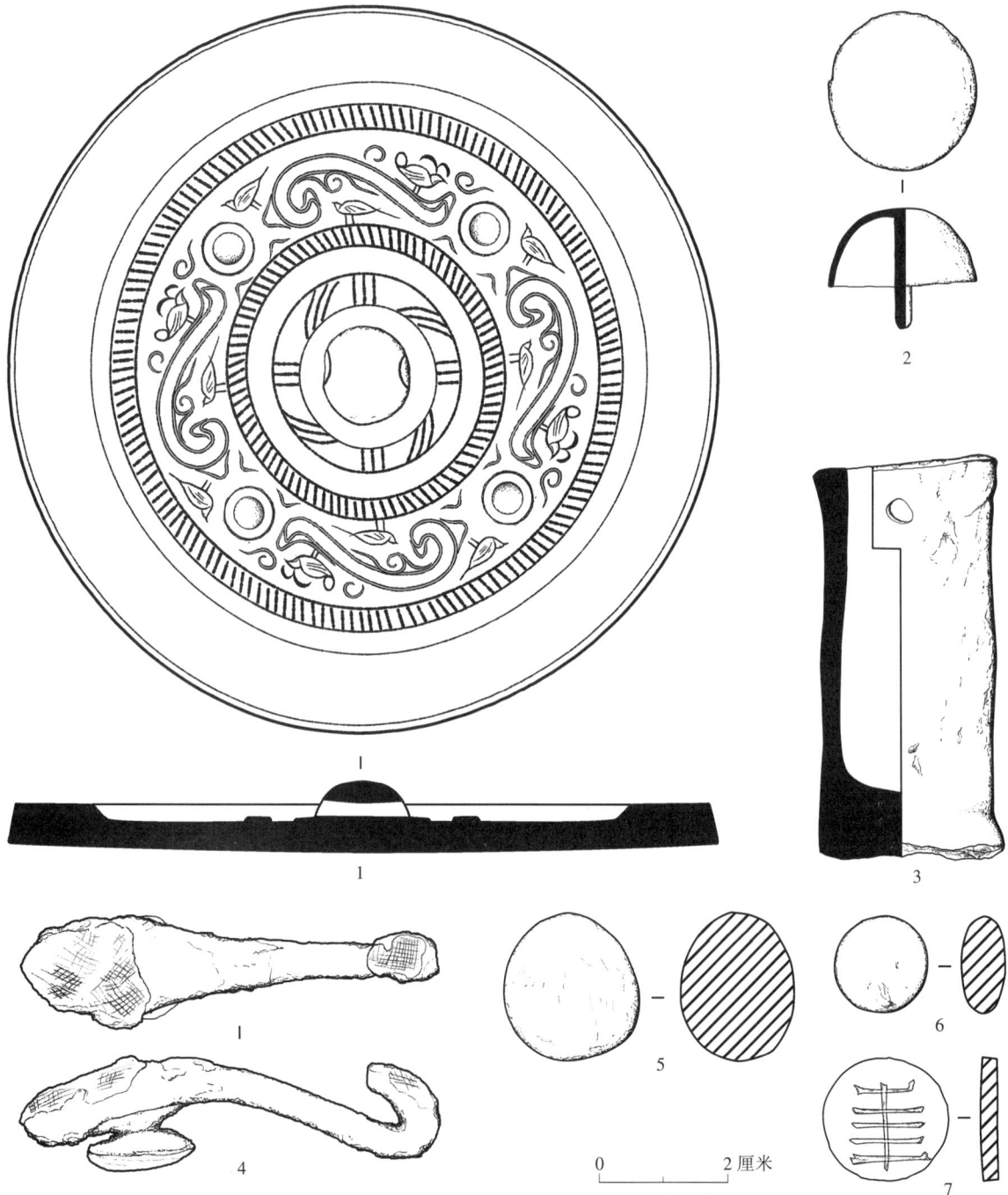

图三四　M19 出土器物

1. 铜镜（M19：6）　2. 铜泡钉（M19：3）　3. 铜镦（M19：1）　4. 铜带钩（M19：5）　5、6. 石球（M19：4－1、4－2）　7. 骨饼（M19：20）

泡钉 1件。标本 M19：3，表面鎏金。半球面顶，中间下垂一钉，钉身作方棱状。泡径2.3、高1.8厘米（图三四，2）。

镦 1件。标本 M19：1，直筒柄，近口处有一圆形穿孔。铸造较为粗糙，器壁薄厚不均。柄径2.8、长6.0厘米（图三四，3；彩版二一，3）。

带钩 1件。标本 M19：5，琵琶形。蛇头形钩首，钩身圆钝，钩首至钩尾渐粗，钩身侧视略呈"S"形。圆形钩纽靠近钩尾。钩身沾有织物残痕。长6.5厘米（图三四，4；彩版二一，4）。

石器 计有球2。

球 2件。形制相同。灰白色，呈不规则球体，表面磨制的较为光滑。标本M19：4-1，最大径2.3厘米（图三四，5；彩版二一，5）。标本 M19：4-2，磨制。扁圆形，灰白色。最大径1.5厘米（图三四，6；彩版二一，5）。

骨器 计有饼1。

骨饼 1件。标本 M19：20，兽骨磨制而成，圆饼状。骨面刻有一字，字形类似"車"字。直径1.8~2.0、厚约0.2~0.3厘米（图三四，7；彩版二一，6）。

铜钱 19枚，均为"五铢"钱（图三五），详情见下表。

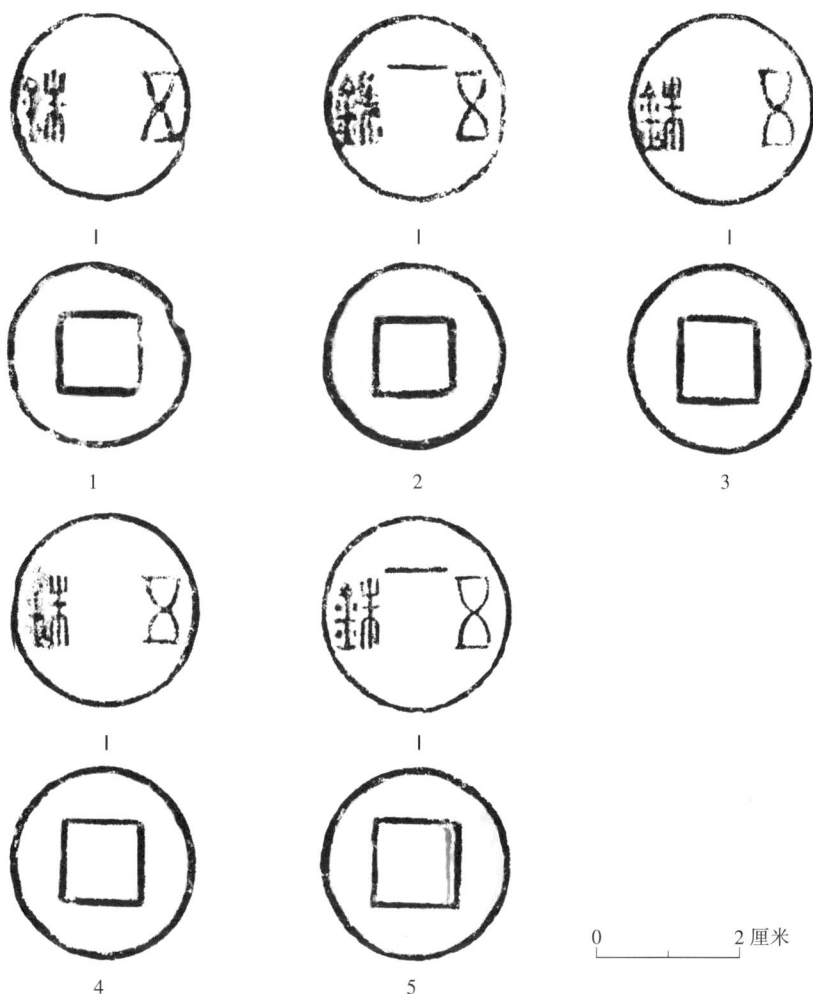

图三五 M19出土铜钱拓片

1~5. M19：7-1、7-5、7-6、7-9、7-13

M19 铜钱统计表 （长度：厘米，重量：克）

种类	编号	特征		郭径	钱径	穿宽	郭宽	郭厚	肉厚	重量
		文字特征	记号							
五铢钱	7-1	"五"字瘦长，竖划较直；"金"头三角形，四竖点；"朱"头方折，"朱"下较圆	无	2.72	2.36	0.94	0.18	0.23	0.09	4.00
	7-2	同上	穿上一横	2.57	2.37	0.90	0.10	0.18	0.09	3.40
	7-3	同上	无	2.60	2.34	0.96	0.13	0.18	0.10	3.00
	7-4	同上	同上	2.61	2.35	0.96	0.13	0.17	0.07	3.40
	7-5	"五"字瘦长，竖划缓曲；"金"头三角形，四竖点；"朱"头方折，"朱"下方折	穿上一横	2.67	2.39	0.89	0.14	0.18	0.10	3.40
	7-6	"五"字瘦长，竖划甚曲；"金"头三角形，四竖点；"朱"头方折，"朱"下方折	无	2.70	2.40	0.90	0.15	0.20	0.08	3.70
	7-7	同上	同上	2.78	2.44	0.87	0.17	0.24	0.08	4.30
	7-8	同上	同上	2.64	2.36	0.92	0.14	0.17	0.07	3.60
	7-9	"五"字瘦长，竖划甚曲；"金"头三角形，四竖点；"朱"头方折，"朱"下较圆	穿上一横	2.70	2.36	0.90	0.17	0.21	0.09	3.90
	7-10	同上	无	2.77	2.41	1.00	0.18	0.19	0.09	3.30
	7-11	同上	穿下月牙	2.67	2.41	0.92	0.13	0.20	0.08	3.70
	7-12	同上	无	2.70	2.34	0.90	0.18	0.20	0.07	3.20
	7-13	同上	穿上一横	2.67	2.39	0.95	0.14	0.20	0.08	3.20
	7-14	同上	无	2.70	2.38	0.88	0.16	0.24	0.08	3.70
	7-15	同上	穿上一横	2.68	2.38	0.92	0.15	0.18	0.06	3.80
	7-16	同上	穿下月牙	2.63	2.37	0.87	0.13	0.19	0.09	4.10
	7-17	同上	穿上一横	2.68	2.42	0.91	0.13	0.15	0.05	2.80
	7-18	同上	同上	2.65	2.37	0.97	0.14	0.20	0.06	3.60
	7-19	同上	穿下月牙	2.67	2.37	0.92	0.15	0.23	0.06	3.70

一六　M20（Ⅱ区）

1. 墓葬形制

四室砖墓，平面呈曲字形，由墓道、甬道、墓门及墓室组成。方向200°（图三六；彩版二二，1）。开口耕土层下，开口距地表深约0.30米。

墓道　两条，结构相同，长方形斜坡状，未发掘完，长不详，宽0.99、底部距地表1.20米。

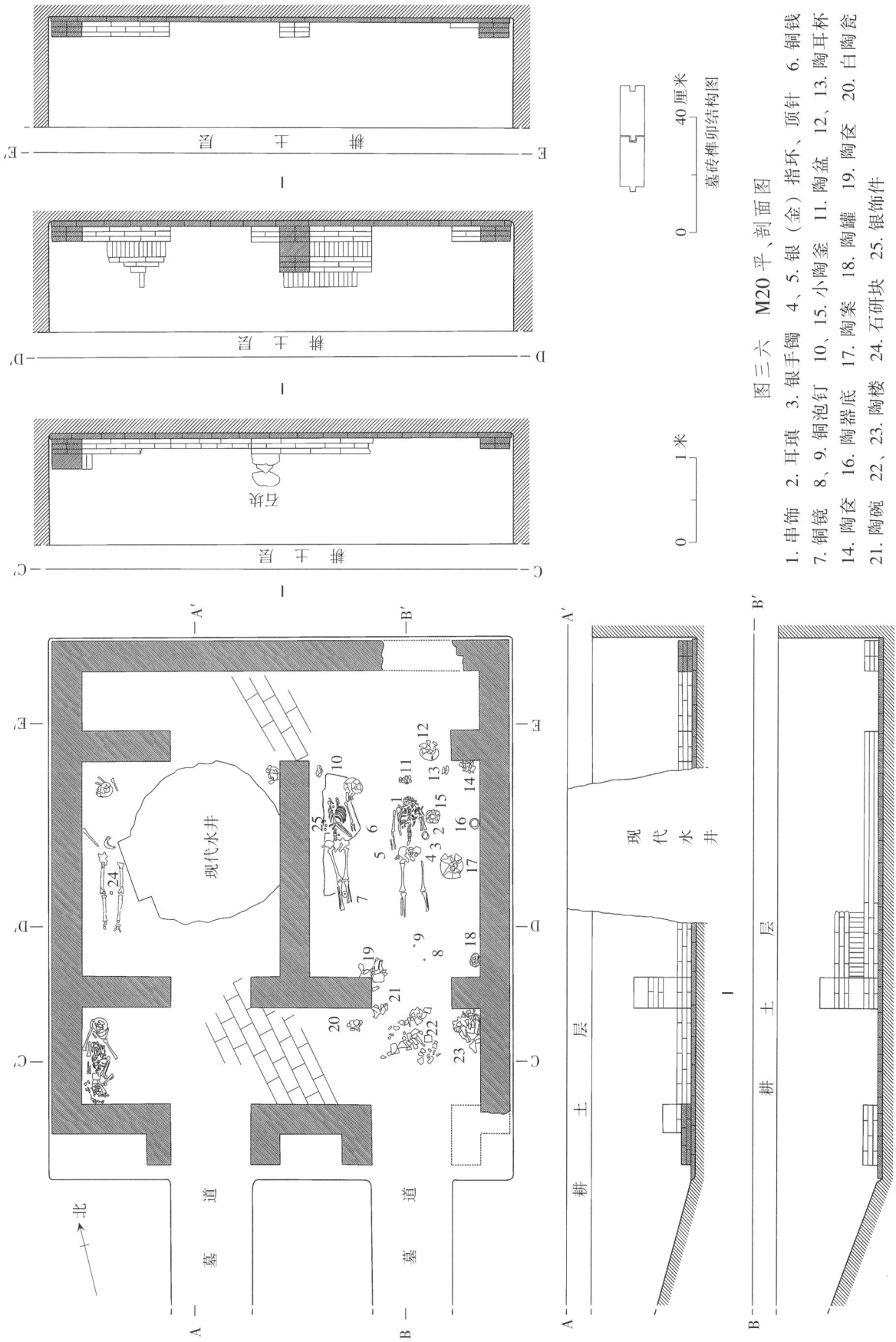

图三六　M20 平、剖面图

1. 串饰　2. 耳填　3. 银手镯　4、5. 银(金)指环、顶针　6. 铜钱
7. 铜镜　8、9. 铜泡钉　10、15. 小陶盒　11. 陶盆　12、13. 陶耳杯
14. 陶盒　16. 陶器底　17. 陶案　18. 陶罐　19. 陶盒　20. 白陶瓷
21. 陶碗　22、23. 陶楼　24. 石砚块　25. 银饰件

甬道　结构相同，平面呈长方形。西甬道保存较好，东甬道东壁遭破坏，砌法同墓壁。西甬道长 0.99、宽 0.36 米；东甬道长不详，宽 0.36 米。

墓门　位于墓室南壁，西侧墓门保存较好，宽 0.99 米；东侧墓门东壁不存，宽不详。

封门　西侧墓门为条砖封堵，砌法为一列丁砖平砌；东侧封门不存。

墓室　整体平面呈长方形，分前、东中、西中、后四个墓室。总长 5.10 米。

前室共用，平面呈长方形，长 4.90、宽 1.14 米。四壁较平直，北壁有两条过道分别与东中室和西中室相通，东、西两条过道均宽 0.98 米。

东中室，平面呈长方形，长 2.54、宽 2.10 米。四壁平直，北壁有过道与后室相通，过道西侧已破坏，宽不详。

西中室，与东中室结构相同，长 2.54、宽 2.44 米。其墓室中部被一口现代井打破。

后室共用，平面呈长方形，长 4.90、宽 0.70 米。

墓室四壁仅残存基础部分，最高处保存有 8 层砖，砌法由下至上为三层平砖一层丁立砖，两者交替向上。另外，三层平砖的砌法又为双隅平砖错缝顺砌。墓底铺砖为东南—西北斜向错缝平铺。

墓砖规格共有两种，一种为榫卯砖，用于墓葬四壁；一种为普通条砖，用于墓室间隔断的砌筑（图三七）。

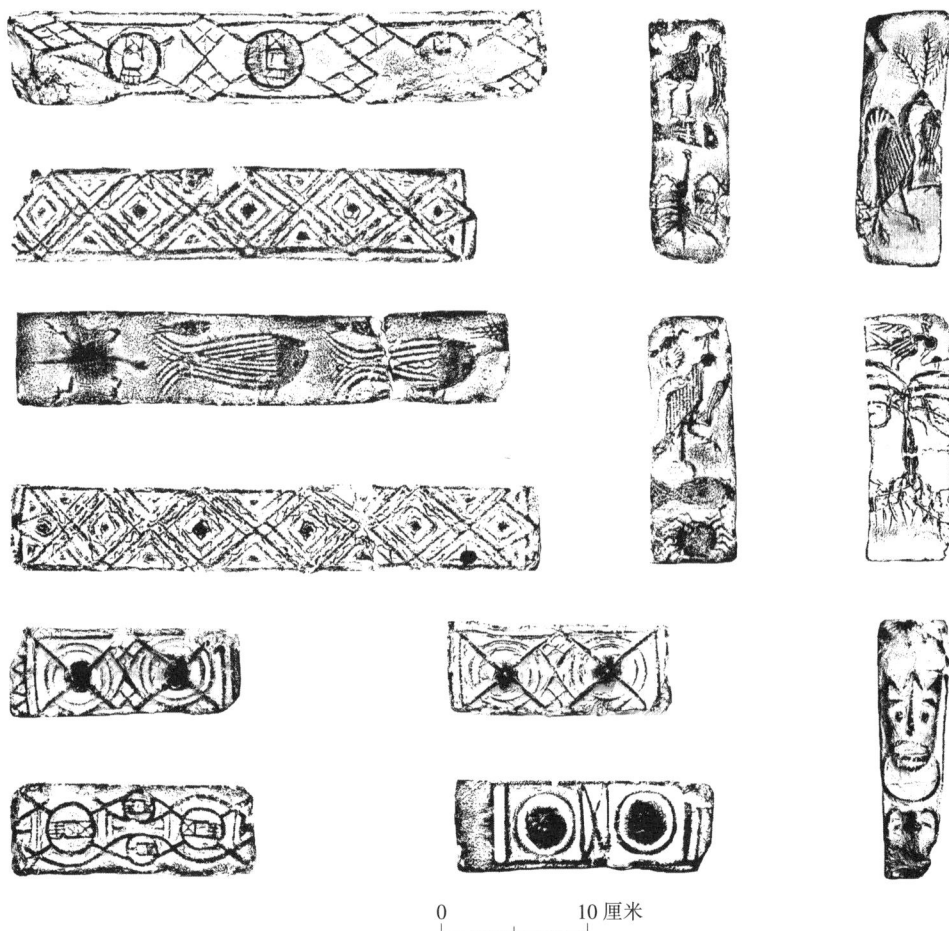

0　　　　　　10厘米

图三七　M20 花纹砖拓片

砌筑该墓所用砖均为花纹砖，立砖及墓底铺砖为条砖。各墓砖侧面饰有花纹，其中顺砖花纹主要有连环钱纹、多重菱形纹、重圈乳丁纹及游鱼戏龟纹等；立砖花纹主要有凤鸟衔鱼纹、飞鸟栖木纹及人面铺首衔环纹，其中人面铺首衔环纹饰于墓门券顶的楔砖之上；墓底铺砖花纹主要为连环钱纹（彩版二二，2）。墓砖规格为长约 32～36、宽约 16～18、厚约 5～6 厘米。

2. 葬具和人骨

墓内未发现任何葬具。

可辨葬有 5 具人骨，其中前室西侧葬有 1 具人骨，为一女性个体，保存较好，头向北，其上身骨骼大体保持原位，下体股骨位于头骨两侧。东中室葬有 2 具人骨，东侧人骨为一女性个体，西侧人骨为一男性个体，西侧人骨保存较好，两具人骨均头北脚南，仰身直肢。西中室葬有 2 具人骨，东侧人骨为一女性个体，仅存头骨；西侧人骨为一男性个体，腐朽严重，残存部分下肢骨和头骨残片，应为头北脚南，仰身直肢。

3. 随葬品

该墓发现随葬品 68 件，大部分随葬品均位于东中室及前室东部，西侧墓室中部发现 1 件石器（彩版二三，1）。质地分陶、金、银、铜、玛瑙、琥珀、煤精及石质等八种，其中有铜钱 64 枚。分述如下。

陶器　计有罐 1、瓮 1、楼 2、奁 2、耳杯 2、案 1、盆 1、碗 1、小釜 2、器底 1、耳瑱 1。

罐　1 件。标本 M20：18，夹砂灰陶，破碎不可修复。

瓮　1 件。标本 M20：20，夹砂白陶。陶色不纯，底部呈红褐色。方唇，口微侈，矮领，鼓腹，腹部最大径偏下，圜底。素面。口径 22.0、最大腹径 36.7、高 36.5、壁厚 1.0～1.2 厘米（图三八，1；彩版二三，2）。

楼　2 件（M20：22、23），均为陶楼构件，残缺不全。标本 M20：22，仅存两层楼身之间的隔层。夹砂黑褐陶，陶色不纯，局部呈红色。平面大致呈长方形，中央位置穿一圆孔。楼面上分布有 13 条瓦垄，瓦垄终端均贴有雕花瓦当。通长 32.1、通宽 28.5、高 3.5 厘米（图三八，2）。标本 M20：23，夹砂黑褐陶，火候不均，局部成红褐色。平面呈方形，正面中间有一长方形门，门左侧刻划一条鱼，右侧有一不规则圆形镂空，底部双拱，侧面底部为单拱。长 26.6、宽 24.3、高 23.0、壁厚 1.1～2.2 厘米（图三八，3）。

奁　2 件（M20：14、19）。标本 M20：14，夹砂黄褐陶。圆唇，直口，腹壁内弧，平底。口径 20.0、底径 21.0、高 16.6、壁厚 0.7～0.8 厘米（图三八，4）。标本 M20：19，夹砂黄褐陶，为盖奁。圜顶，弧壁，口微侈，圆唇。口径 29.5、顶径 25.0、高 21.0、壁厚 0.8 厘米（图三八，5）。

耳杯　2 件（M20：12、13）。形制相同，均为夹砂灰陶，杯口呈椭圆形，方唇或圆唇，弧腹，平底，双耳平折或上翘。标本 M20：12，口长径 8.5、短径 2.8、底长径 9.5、短径 8.1、高 2.7、壁厚 0.4 厘米（图三八，6）。标本 M20：13，口长径 9.7、短径 6.1、底长径 3.7、短径 2.8、高 3.0、壁厚 0.4 厘米（图三八，7）。

案　1 件。标本 M20：17，夹砂黄褐陶。平面呈圆形，边沿略侈，浅盘。沿外饰粗绳纹，案心施有一周凸棱。口径 32.7、高 1.6 厘米（图三九，1）。

盆　1 件。标本 M20：11，夹砂灰陶。方唇，敞口，折沿，腹略鼓，台底。腹部内侧

图三八　M20 出土器物

1. 白陶瓮（M20∶20）　2、3. 陶楼（M20∶22、23）　4、5. 陶奁（M20∶14、19）　6、7. 陶耳杯（M20∶12、13）

有两周凹弦纹。口径 25.0、底径 11.4、高 5.2、壁厚 0.5～0.7 厘米（图三九，2）。

　　碗　1 件。标本 M20∶21，夹砂灰陶。圆唇，直口，弧腹，平底。近口处施有一周凹弦纹，内侧底部有一周凹槽。口径 17.0、底径 7.0、高 7.8、壁厚 0.6～0.9 厘米（图三九，3；彩版二三，3）。

　　小釜　2 件（M20∶10、15）。标本 M20∶10，夹砂黄褐陶。圆唇，口微敛，圆肩，鼓腹，腹部最大径位置居中，凹底。器表轮旋痕迹明显。口径 7.0、底径 5.0、腹部最大径 10.0、高 6.3、壁厚 0.3～0.5 厘米（图三九，4）。标本 M20∶15，夹砂灰陶。圆唇，直口，溜肩，折腹，腹部最大径位置居中，圜底。腹中部饰有一圈扉棱。口径 7.5、腹部最大径 11.2、高 5.8、壁厚 0.3～0.5 厘米（图三九，6）。

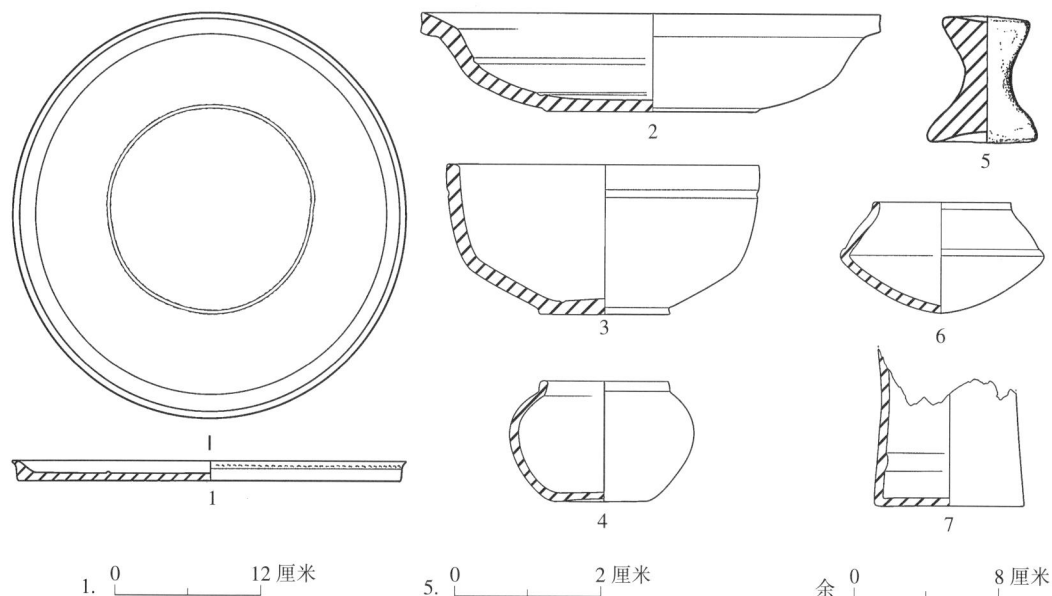

图三九　M20 出土器物

1. 陶案（M20：17）　2. 陶盆（M20：11）　3. 陶碗（M20：21）　4、6. 小陶釜（M20：10、15）　5. 陶耳瑱（M20：2）
7. 陶器底（M20：16）

器底　1件。标本 M20：16，夹砂灰陶。口部残缺，仅剩平底。平底，腹下部内侧有一凸棱。近底处修坯削痕明显。底径8.0、残高8.5、壁厚0.3～0.5厘米（图三九，7）。

耳瑱　1件。标本 M20：2，泥质灰陶，手制。形似腰鼓，束腰，两端内凹。最大径1.5、长1.7厘米（图三九，5）。

金器　计有指环3。

指环　3件。均平面呈圆形，截面为圆角方形。标本 M20：4－4，直径1.9～2.0厘米；重1.5克（图四〇，1；彩版二四，1）。

银器　计有顶针2、镯2、串饰3、指环28。

顶针　2件。标本 M20：4－1，圆形，外壁上、下两侧各煅出两周凸弦纹，之后再錾刻一周栉齿纹，中间为錾刻的窝点纹。直径1.7厘米；重2.5克（图四〇，2）。标本 M20：5－1，圆形，外壁上、下两侧各煅出两周凹弦纹，两组弦纹间饰圆点纹；中间为錾刻的窝点纹。直径1.8厘米；重2.9克（图四〇，3；彩版二四，2）。

镯　2件。圆形，外缘弧，内缘稍平，截面略呈扁圆形。标本 M20：3－1，直径6.2～6.4、截面长径0.4厘米；重15.7克（图四〇，6；彩版二四，3）。标本 M20：3－2，直径6.3～6.4、截面长径0.4厘米；重15.2克（图四〇，7；见彩版二四，3）。

串饰　3件。标本 M20：1－2，整体呈梭形，两端齐平，纵向穿有一孔。最大腹径0.6、孔径0.1、高0.9厘米；重1.4克（图四〇，4；彩版二四，4）。标本 M20：25，双联结构，中部纵向穿有一孔。穿孔两侧平面均呈上下带翼的长方形，体扁薄。正、反两面均有两个长方形界格，界格内压印"亚"字形纹饰。通长2.3、高1.8、孔径0.4～0.5、厚0.6厘米；重2.4克（图四〇，5；彩版二四，5）。

指环　28件。均煅制，平面呈圆形（见彩版二四，1）。标本 M20：4－2，截面近似梯形。直径1.8～1.9厘米；重1.6克（图四〇，8）。标本 M20：4－3，形体单薄，截面

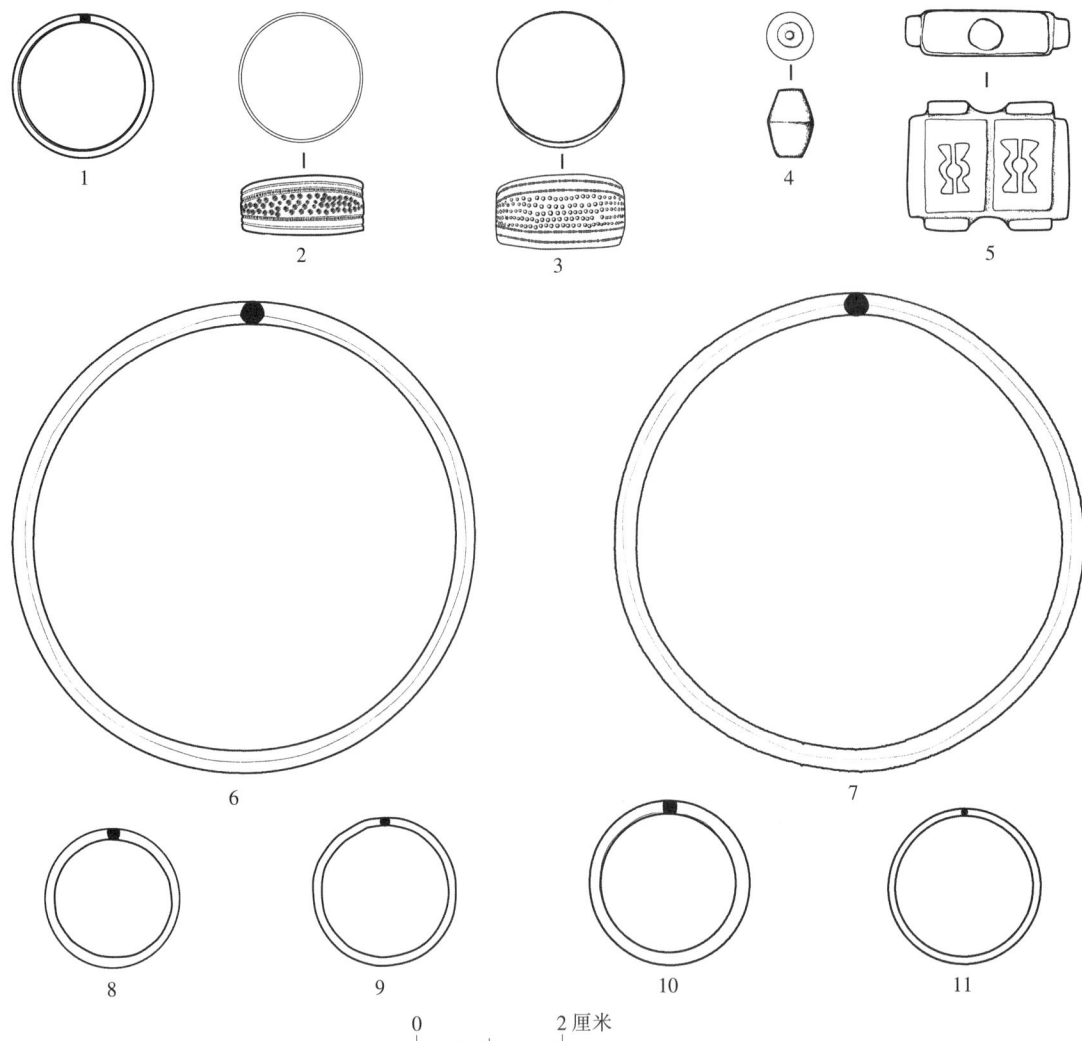

图四〇　M20 出土器物

1. 金指环（M20：4－4）　2、3. 银顶针（M20：4－1、5－1）　4、5. 银饰件（M20：1－2、25）　6、7. 银镯（M20：3－1、3－2）　8～11. 银指环（M20：4－2、4－3、5－2、5－3）

扁圆形。直径 1.9～2.0 厘米；重 1.0 克（图四〇，9）。标本 M20：5－2，截面为方形。直径 2.1～2.2 厘米；重 2.0 克（图四〇，10）。标本 M20：5－3，截面为扁圆形。直径 2.0～2.1 厘米；重 0.8 克（图四〇，11）。

铜器　计有镜 1、泡钉 2。

铜镜　1 面。标本 M20：7，镜面略有残损，圆形，镜面微凸。半球形纽，圆形纽座。纽座外似为瑞鸟图案。其外环绕有一周栉齿纹及一周锯齿纹。窄缘高耸。面径 8.8、背径 8.7、高 1.0 厘米（图四一，1；彩版二四，6）。

泡钉　2 件。标本 M20：9，表面鎏金，圆帽形，周边有折沿，中部下垂一方棱状钉。泡径 2.4、高 1.4 厘米（图四一，2）。

玛瑙　计有串饰 3。

串饰　3 件。均为红玛瑙，磨制较为光滑，纵向穿有一孔（见彩版二四，4）。标本 M20：1－4，管状。管径 0.8、孔径 0.2～0.3、长 1.7 厘米（图四一，3）。标本 M20：1－5，

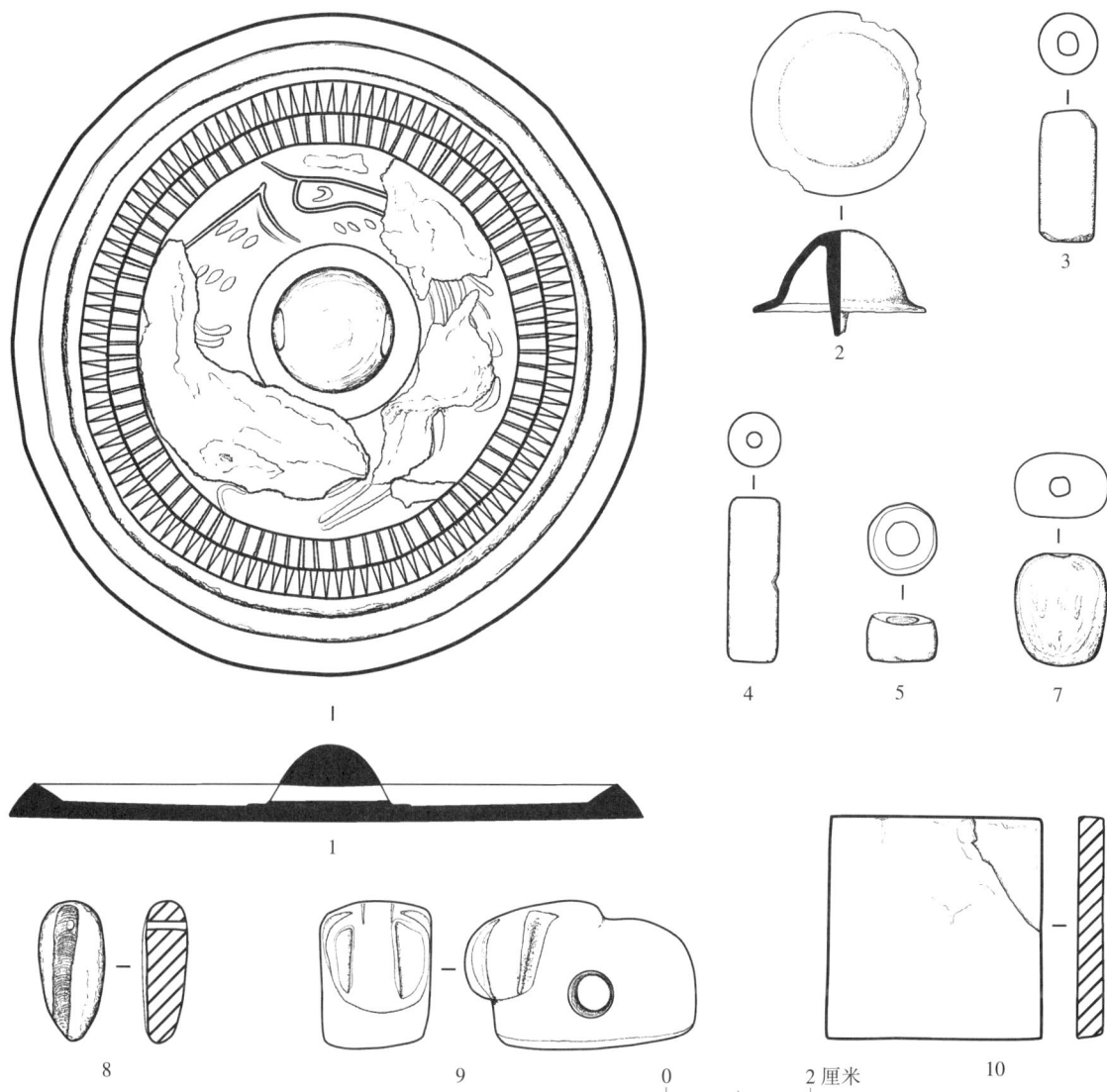

图四一　M20 出土器物

1. 铜镜（M20：7）　2. 铜泡钉（M20：9）　3～5. 玛瑙串饰（M20：1－4、1－5、1－6）　7、8. 琥珀串饰（M20：1－3、1－7）　9. 煤精串饰（M20：1－1）　10. 石研块（M20：24）

管状。管径 0.7、孔径 0.2、长 2.2 厘米（图四一，4）。标本 M20：1－6，管状，较为扁矮。管径 1.0、孔径 0.5、长 0.6 厘米（图四一，5）。

琥珀　计有串饰 6。

串饰　6 件。表面均包裹有一层黄褐色石皮（见彩版二四，4）。标本 M20：1－3，整体呈柱状，横截面呈不规则椭圆形，纵向穿有一孔。长 1.9、宽 1.3、孔径 0.3、高 1.6 厘米（图四一，7）。标本 M20：1－7，整体呈水滴状，一面纵向有一凹槽，近圆头处穿有一孔。长 1.9、宽 0.9、孔径 0.1～0.2 厘米（图四一，8）。

煤精　计有坠饰 1。

坠饰　1 件。标本 M20：1－1，表面磨制的较为光滑。整体呈伏兽状，头部微昂，双目夸张，四肢仅用双条阴刻线表示。身体中部穿有一孔。长 3.2、宽 1.5、高 2.0 厘米（图四一，9）。

石器　计有研块 1。

研块　1 件。标本 M20：24，灰黄色页岩，磨制较为光滑。平面略呈方形，通体扁薄。边长 3、厚 0.3 厘米（图四一，10）。

铜钱　64 枚，均为"五铢"钱（图四二），详情见下表。

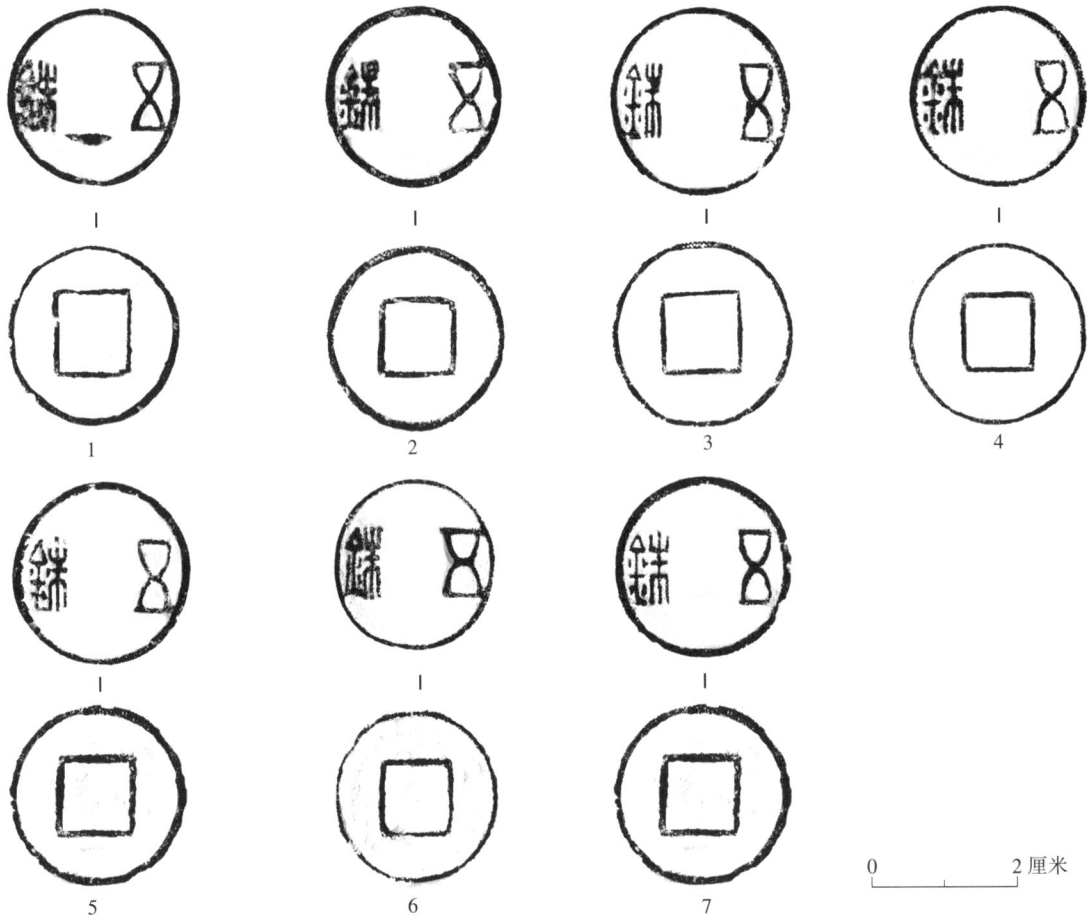

图四二　M20 出土铜钱拓片
1～7. M20：6－1、6－2、6－4、6－43、6－25、6－54、6－56

M20 铜钱统计表　　　　　　　　　　　　　　　　（长度：厘米，重量：克）

种类	编号	特征		郭径	钱径	穿宽	郭宽	郭厚	肉厚	重量
		文字特征	记号							
五铢钱	6－1	"五"字瘦长，竖划较直；"金"头三角形，四竖点；"朱"头方折，"朱"下方折	穿下月牙	2.53	2.33	0.99	0.10	0.14	0.10	3.00
	6－2	"五"字瘦长，竖划较直；"金"头三角形，四竖点；"朱"头较圆，"朱"下方折	无	2.60	2.36	1.00	0.12	0.18	0.06	2.70
	6－4	"五"字瘦长，竖划缓曲；"金"头三角形，四竖点；"朱"头较圆，"朱"下较圆	无	2.61	2.31	0.95	0.15	0.09	0.07	2.70

（续表）

种类	编号	特征		郭径	钱径	穿宽	郭宽	郭厚	肉厚	重量
		文字特征	记号							
	6-5	同上	无	2.62	2.36	0.97	0.13	0.15	0.09	3.20
	6-6	同上	无	2.59	2.27	0.88	0.16	0.19	0.10	3.10
	6-7	同上	无	2.56	2.22	0.89	0.17	0.15	0.07	3.10
	6-8	同上	无	2.59	2.27	0.97	0.16	0.15	0.06	2.40
	6-9	同上	无	2.58	2.22	0.93	0.18	0.17	0.08	1.90
	6-10	同上	无	2.56	2.26	0.85	0.15	0.19	0.10	3.60
	6-11	同上	无	2.60	2.28	0.88	0.16	0.16	0.08	2.70
	6-12	同上	无	2.60	2.28	0.95	0.16	0.15	0.08	0.17
	6-13	同上	无	2.60	2.28	0.93	0.16	0.15	0.09	2.60
	6-14	同上	无	2.60	2.36	0.94	0.12	0.15	0.06	2.70
	6-15	同上	无	2.54	2.24	0.90	0.15	0.14	0.06	3.00
	6-16	同上	无	2.54	2.26	0.94	0.14	0.16	0.12	3.40
	6-17	同上	无	2.58	2.18	0.93	0.20	0.18	0.08	2.90
	6-18	同上	无	2.60	2.34	0.92	0.13	0.15	0.06	2.30
	6-19	同上	无	2.60	2.30	0.98	0.15	0.15	0.08	2.10
	6-20	同上	无	2.51	2.25	0.92	0.13	0.20	0.11	3.20
五铢钱	6-21	同上	无	2.56	2.34	0.92	0.11	0.14	0.06	2.10
	6-22	同上	无	2.60	2.16	0.99	0.13	0.22	0.07	3.10
	6-23	同上	无	2.53	2.33	0.94	0.10	0.13	0.06	2.00
	6-24	同上	无	2.55	2.27	0.87	0.12	0.14	0.06	2.00
	6-25	同上	无	2.55	2.19	0.87	0.18	0.19	0.08	3.40
	6-26	同上	穿上一横	2.62	2.30	0.93	0.16	0.17	0.06	2.40
	6-27	同上	无	2.56	2.30	0.89	0.13	0.15	0.06	2.80
	6-28	同上	无	2.60	2.34	0.89	0.13	0.18	0.09	2.90
	6-29	同上	无	2.65	2.31	0.95	0.17	0.14	0.07	2.00
	6-30	同上	无	2.60	2.36	0.95	0.12	0.13	0.08	2.90
	6-31	同上	无	2.64	2.40	0.94	0.12	0.17	0.09	3.70
	6-32	同上	无	2.62	2.38	0.94	0.12	0.16	0.08	2.50
	6-33	同上	无	2.62	2.28	0.93	0.17	0.17	0.08	2.70
	6-34	同上	无	2.63	2.47	0.97	0.08	0.11	0.06	1.90
	6-35	同上	无	2.53	2.35	0.89	0.14	0.15	0.10	3.80
	6-36	同上	无	2.59	2.31	0.93	0.14	0.18	0.08	3.40
	6-37	同上	无	2.60	2.34	0.92	0.13	0.13	0.05	1.80
	6-38	同上	无	2.57	2.27	0.95	0.15	0.09	0.06	1.60

（续表）

种类	编号	特征		郭径	钱径	穿宽	郭宽	郭厚	肉厚	重量
		文字特征	记号							
五铢钱	6-39	同上	无	2.59	2.25	0.97	0.14	0.17	0.05	2.30
	6-40	同上	无	2.53	2.21	0.89	0.16	0.16	0.07	3.40
	6-41	同上	无	2.61	2.33	1.01	0.14	0.14	0.08	1.50
	6-42	同上	无	2.38	2.24	0.86	0.07	0.10	0.04	1.20
	6-43	"五"字瘦长，竖划缓曲；"金"头三角形，四竖点；"朱"头方折，"朱"下较圆	无	2.60	2.30	0.94	0.15	0.16	0.06	2.70
	6-44	同上	穿上一横	2.63	2.33	0.95	0.15	0.22	0.06	3.50
	6-45	同上	无	2.63	2.27	0.97	0.18	0.15	0.07	3.40
	6-46	同上	无	2.61	2.29	0.92	0.16	0.15	0.06	3.80
	6-47	同上	无	2.59	2.33	0.97	0.13	0.12	0.05	2.00
	6-48	同上	无	2.58	2.24	0.88	0.17	0.17	0.08	3.40
	6-49	同上	无	2.60	2.40	1.02	0.10	0.16	0.04	2.30
	6-50	同上	无	2.57	2.29	0.95	0.17	0.14	0.07	1.80
	6-51	同上	无	2.60	2.36	0.93	0.12	0.16	0.07	2.60
	6-52	同上	无	2.60	2.40	0.91	0.10	0.17	0.08	2.60
	6-53	同上	无	2.60	2.38	0.88	0.11	0.20	0.10	3.70
	6-54	同上	无	2.50	2.24	0.90	0.13	0.15	0.07	1.90
	6-55	同上	无	2.50	2.22	0.88	0.14	0.14	0.07	2.60
	6-56	"五"字瘦长，竖划缓曲；"金"头三角形，四竖点；"朱"头方折，"朱"下方折	无	2.56	2.26	0.88	0.15	0.14	0.05	2.30
	6-57	"五"字瘦长，竖划缓曲；"金"头三角形，四竖点；"朱"头方折，"朱"下方折	无	2.56	2.26	0.90	0.15	0.11	0.06	2.20
	6-58	同上	无	2.55	2.33	0.95	0.11	0.13	0.04	2.70
	6-59	同上	无	2.53	2.31	0.83	0.11	0.14	0.09	3.70
	6-60	"五"字瘦长，竖划缓曲；"金"头三角形，四竖点；"朱"头方折，"朱"下方折	穿上月牙	2.58	2.28	0.94	0.15	0.13	0.07	2.60
	6-61	"五"字瘦长，竖划缓曲；"金"头三角形，四竖点；"朱"头较圆，"朱"下方折	无	2.60	2.26	0.88	0.17	0.17	0.10	3.60
	6-62	同上	无	2.60	2.28	0.88	0.16	0.15	0.07	2.50
	6-63	同上	无	2.65	2.33	0.97	0.16	0.15	0.07	3.00
	6-64	同上	无	2.59	2.31	0.97	0.14	0.16	0.06	2.20

一七　M21（Ⅱ区）

1. 墓葬形制

双室砖墓，平面呈曲尺形，由墓道、墓门及墓室组成。方向185°（图四三；彩版二五，1）。开口于耕土层下，开口距地表0.30米，已破坏。

墓道　长方形斜坡状，未发掘完，长不详，宽0.90、底部距地表0.90米。

墓门　位于主室南壁中部，破坏严重，结构不明。

封门　不存。

墓室　平面呈吕字形，总长4.70米。分东、西两个墓室。西侧墓室为主室，平

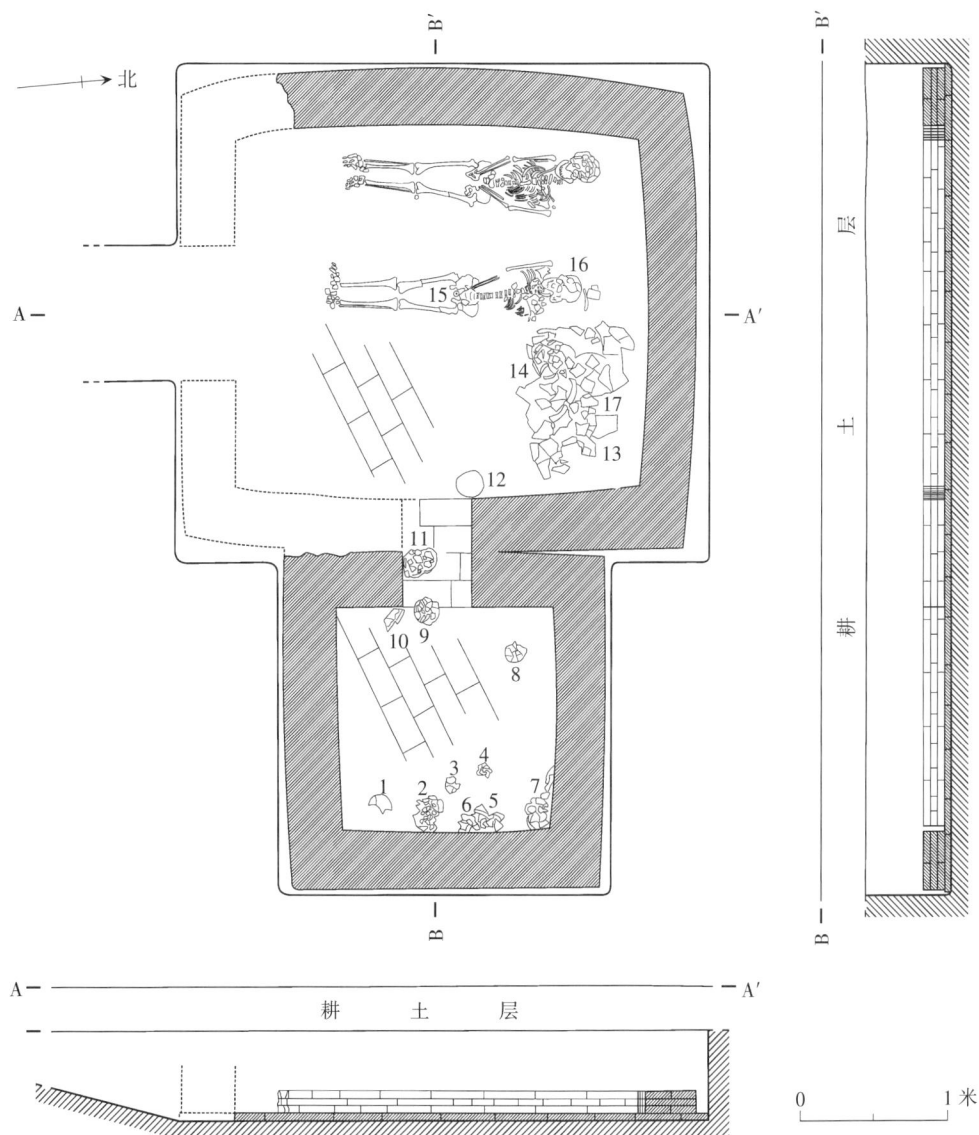

图四三　M21平、剖面图

1. 陶器盖　2. 陶樽　3. 小陶釜　4. 小陶盆　5. 陶井　6、8、10、11、12. 陶奁　7. 陶灶　9. 陶楼　13. 白陶瓮
14. 陶盘　15. 铜指环　16. 琉璃耳瑱　17. 陶盆

面呈弧长方形，残长2.86、宽2.48米。南部砖墙和铺地砖已破坏，现存墓壁外弧明显。墓壁最高处保存3层砖，砌法为两层双隅顺砌平砖之间夹一层平砌丁砖。东壁中部有过道通往东室，过道平面呈长方形，长0.74、宽0.48米。

东室平面呈弧方形，边长1.5米。西壁较直，其他三壁均外弧明显。

墓底铺砖为东北—西南斜向错缝平铺。用砖规格：36×（17～18）×5厘米，青砖，素面。

2. 葬具和人骨

墓内未发现任何葬具。

葬有2具人骨，并列置于西室西部，葬式均为仰身直肢，头向北，面向不明。西侧人骨为一男性个体，骨骼保存较好，两臂交合置于腹部，两腿并拢；东侧人骨为一女性个体，骨骼腐朽较严重，上肢骨已残缺，两腿并拢。

3. 随葬品

该墓共出土有18件随葬品，位于墓室北部，质地分陶、铜、琉璃三种，分述如下。

陶器　计有瓮1、楼1、井1、灶1、奁5、樽1、盘1、盆1、釜1、小盆1、器盖1。

瓮　1件。标本M21：13，夹砂白陶。尖唇，口微侈，口沿向内抹斜，鼓腹，腹部最大径居中，圜底。腹上部施有两周凹弦纹。口径25.0、最大腹径57.0、高54.0、壁厚2.0～2.2厘米（图四四，1；彩版二五，2）。

楼　1件。标本M21：9，残破，仅剩中间构件。残高16.0厘米（图四四，4）。

井　1件。标本M21：5，夹砂灰陶。口部残损，束颈，折肩，直腹，平底。底径6.9、残高11.6、壁厚0.4～0.5厘米（图四四，2）。

灶　1件。标本M21：7，夹砂灰陶。灶面略呈圆角梯形，中间置有一圆形火眼，尾端后段戳有一圆形烟孔。长方形灶门，不落地。通长19.8、宽16.6、高9.4、壁厚0.7～0.9厘米，灶门长5.2、高3.6厘米（图四四，3）。

奁　5件（M21：6、8、10、11、12）。其中标本M21：6、8、11、12形制基本相同，均为夹砂灰陶，方唇，口微侈，斜直腹或稍内弧，平底。标本M21：6，口径17.5、底径15.0、高9.5、壁厚0.5～0.6厘米（图四四，5）。标本M21：8，口径18.5、底径16.3、高9.2、壁厚0.6～0.8厘米（图四四，6）。标本M21：11，口径19.3、底径17.6、高9.2、壁厚0.5～0.6厘米（图四四，8）。标本M21：12，口径17.3、底径15.6、高10.1、壁厚0.5～0.6厘米（图四四，9）。标本M21：10，夹砂灰陶。方唇，口微敛，直腹，平底。素面。口径18.1、底径17.4、高9.9、壁厚0.5～0.6厘米（图四四，7）。

樽　1件。标本M21：2，夹砂灰陶。三足残断。方唇，口微侈，斜直腹稍内弧，平底。口径18.9、底径16.9、高9.3、壁厚0.6～0.7厘米（图四四，10）。

盘　1件。标本M21：14，夹砂灰陶。方唇，敞口，小展沿，弧腹，平底。口径20.3、底径6.2、高3.8、壁厚0.5～0.6厘米（图四四，11）。

盆　1件。标本M21：17，夹砂灰陶。圆唇，敞口，展沿，弧腹，平底。口沿处滚压一圈绳纹，腹上部施有多周凹弦纹，腹下部及底部满饰绳纹。口径45.3、底径17.0、高23.6、壁厚0.7～0.9厘米（图四五，1；彩版二五，3）。

小釜　1件。标本M21：3，夹砂灰陶。尖唇，侈口，溜肩，折腹，平底。器表修坯削痕明显。口径5.6、底径3.9、高5.6、壁厚0.1～0.3厘米（图四五，2）。

小盆　1件。标本M21：4，夹砂灰陶。尖唇，折沿，敞口，弧腹，平底。口径8.7、

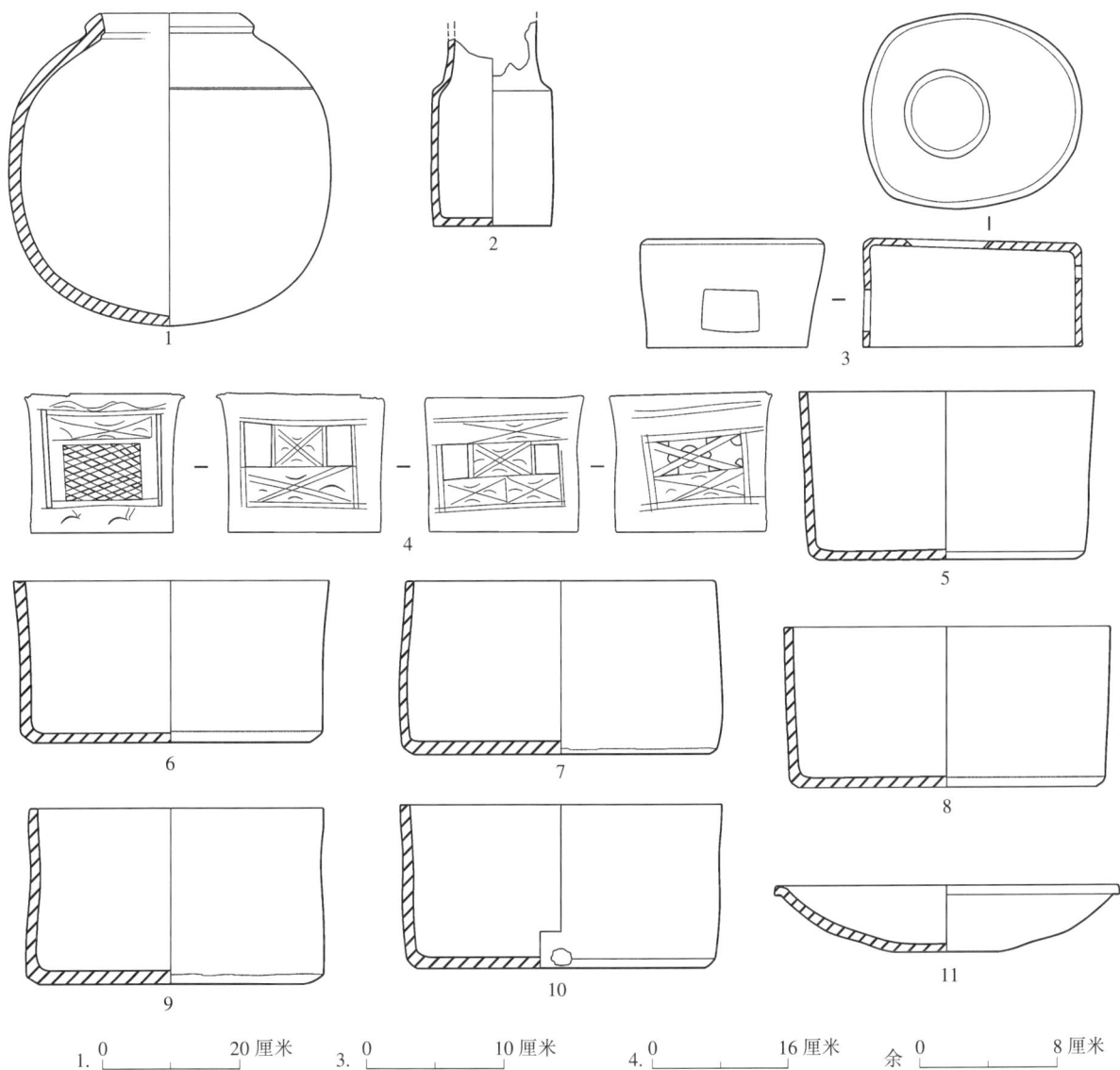

图四四 M21 出土器物

1. 白陶瓮（M21：13） 2. 陶井（M21：5） 3. 陶灶（M21：7） 4. 陶楼（M21：9） 5~9. 陶仓（M21：6、8、10、11、12） 10. 陶樽（M21：2） 11. 陶盘（M21：14）

底径3.8、高4.8、壁厚0.1~0.2厘米（图四五，3）。

器盖 1件。标本M21：1，夹砂黑褐陶。弧顶，顶部中间有一圆突状纽，一侧开有一平面略成梯形的缺口，尖唇，敞口。口径15.1、高5.0、壁厚0.4~0.9厘米（图四五，4）。

铜器 计有指环2。

指环 2件。标本M21：15-1，平面略呈圆形，环表錾刻有一周锯齿状小缺口。截面呈圆形。外径2.3~2.5厘米；重2.8克（图四五，5）。标本M21：15-2，平面略呈圆形，一侧煅出薄而稍宽的戒面，截面扁平。外径2.2~2.3厘米；重1.9克（图四五，6）。

琉璃器 计有耳瑱1。

耳瑱 1件。标本M21：16，腰鼓形。深蓝色，束腰，细端齐平，粗端内凹。最大径1.4、长1.6厘米（图四五，7）。

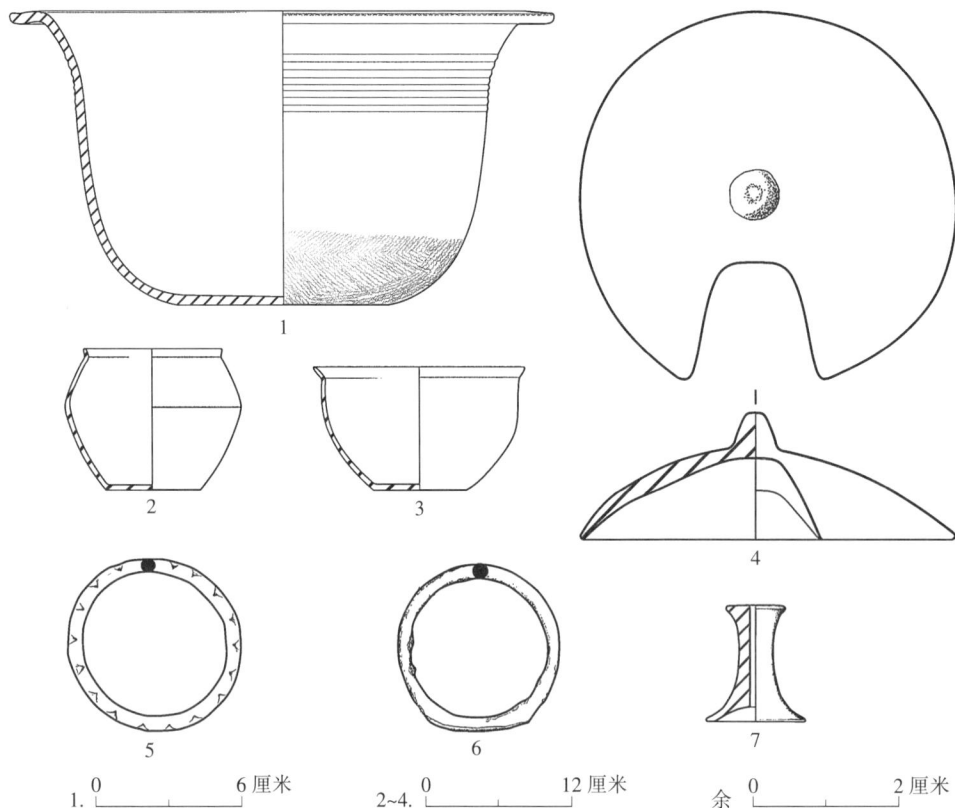

图四五 M21 出土器物

1. 陶盆（M21∶17） 2. 小陶釜（M21∶3） 3. 小陶盆（M21∶4） 4. 陶器盖（M21∶1） 5、6. 铜指环（M21∶15 -
1、15 - 2） 7. 耳瑱（M21∶16）

一八 M22（Ⅱ区）

1. 墓葬形制

土坑竖穴墓，平面呈圆角方形，受到较严重的盗扰。方向 5°（图四六）。开口于耕土
层下，开口距地表深约 0.30 米。

墓圹四壁较平直，墓底平坦。长 3.30、宽 3.30、深 0.90 米。墓穴四壁保存有一圈平
均宽 0.30 米的贝壳；墓底均匀平铺一层厚 0.02 米的贝壳。

墓内填土呈黄褐色，并夹杂有少量贝壳、盗扰到上层的人骨碎块、漆器残片等，土
质较坚硬。

2. 葬具和人骨

在墓底南侧及西侧均发现有大面积的漆器残片，其上缀柿蒂形铜泡钉，推测应为一
具漆椁。但由于该墓的埋藏条件不利于此类物质的保存，并且经过盗扰，对该墓造成较
严重的破坏，所以，漆椁形状及尺寸不明。另外，根据残留在墓底西北角的铁棺钉分析，
该墓主在入葬时还应有木棺。

该墓盗扰严重，墓底未见人骨，只是在墓室填土中发现有零星碎骨，种类计有头骨
碎片、肢骨残段、肋骨、脊椎骨、指骨等。墓主性别不详。

3. 随葬品

该墓残存有 12 件（组）随葬品，均为小件遗物，质地分为铜、铁两种，现分述如下。

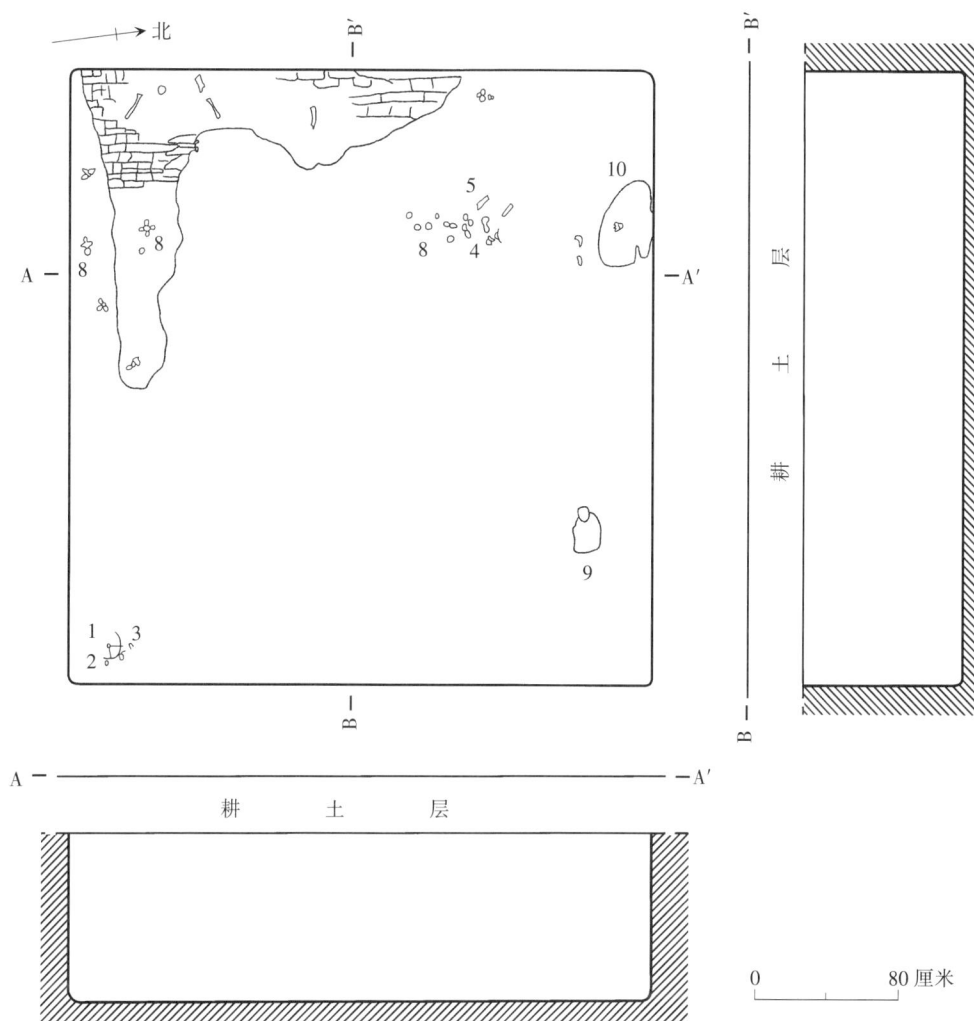

图四六　M22 平、剖面图

1. 铜衔镳　2. 铜扣　3. 铜帽　4. 铁器　5. 铜刷柄　6. 铁钉　7. 铜铺首　8. 铜柿蒂形泡钉　9、10. 漆器残痕

　　铜器　计有衔镳 1、扣 1、**轭饰** 1、帽 2、盖弓帽 2、刷柄 1、衔环铺首 1、柿蒂形泡钉 1 组。

　　衔镳　1 件。标本 M22：1，表面鎏金。衔，二节，每节衔身均有螺旋式凹槽，两端有环，较小两环相互咬合套接，较大两扁圆环套接镳体。镳，两片，每片平面均呈"S"形，两端为片状，边缘锋利，中部膨起，镳身中间宽扁，其上穿有两孔。衔长 9.9、镳长 8.9 厘米（图四七，1；彩版二六，1）。

　　扣　1 件。标本 M22：2，表面鎏金。圆形扣身，扣面略鼓，背有两个方环穿纽。直径 1.1~1.2、高 0.8 厘米（图四七，2）。

　　轭饰　1 件。标本 M22 填：1，表面鎏金，一端残断。整体呈"弓"形，截面呈圆形。残长 7.8 厘米（图四七，3；彩版二六，2）。

　　帽　2 件。均表面鎏金，圆筒状。标本 M22：3，一端封顶，中部有一周凸棱。筒径 1.2、高 1.6 厘米（图四七，5）。标本 M22 填：2，一端封闭，近封闭端有三周凸棱。筒径 1.1、高 2.3 厘米（图四七，6；彩版二六，3）。

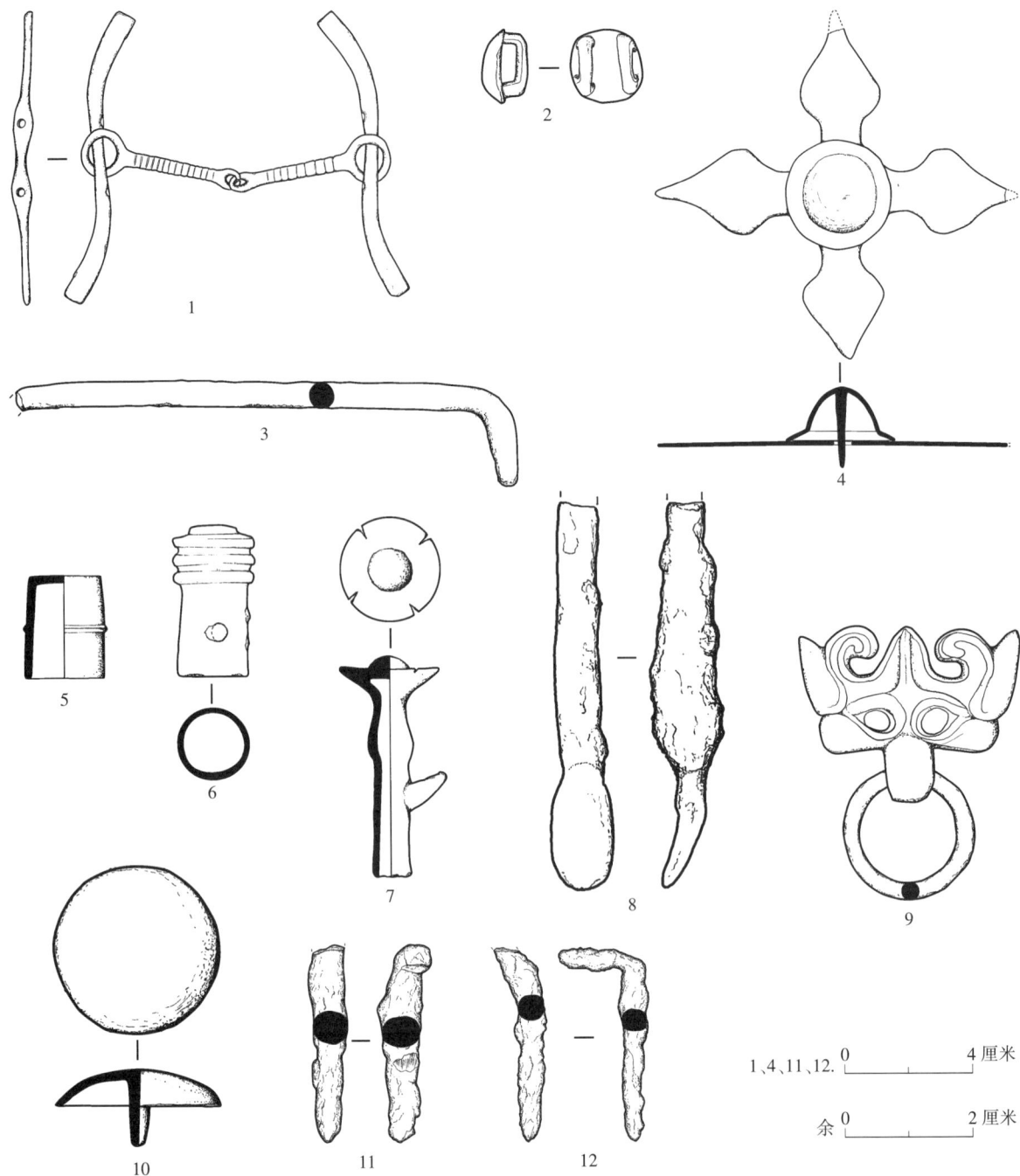

图四七　M22 出土器物

1. 铜衔镳（M22：1）　2. 铜扣（M22：2）　3. 铜辖饰（M22 填：1）　4. 柿蒂饰铜泡钉（M22：8－3）　5、6. 铜帽（M22：3、填：2）　7. 铜盖弓帽（M22 填：3）　8. 铜刷柄（M22：5）　9. 铜衔环铺首（M22：7）　10. 铜泡钉（M22：8－14）　11、12. 铁钉（M22：6－1、6－2）

　　盖弓帽　2 件，结构相同。标本 M22 填：3，表面鎏金。圆筒状，半球状帽顶，顶带四瓣状帽，颈部收束，颈下略有膨起，銎中空，钩上翘。銎径 0.6、高 3.4 厘米（图四七，7；彩版二六，4）。

　　刷柄　1 件。标本 M22：5，刷头残缺。棒状体，实心。刷尾作鸭嘴状。残长 5.8 厘米（图四七，8；彩版二六，5）。

铺首衔环 1件。标本 M22∶7，表面鎏金。浮雕兽面，宽面阔腮，双角内蜷，双耳后逆，额作山形，吊睛环眼，半环形鼻，下接圆形衔环。背附有两个直穿钉。铺首长3.5、环径 2.0～2.1、通高 4.2 厘米（图四七，9；彩版二六，6）。

柿蒂形铜泡钉 1组。标本 M22∶8－3，表面鎏金，由柿蒂形棺饰及泡钉两部分组成。柿蒂形棺饰，蒂瘦长，舒展，中部穿有一孔，用以接穿泡钉。泡钉，圆帽形，周边有折沿，中部下垂一四棱状钉。残长 10.9、残宽 10.0、泡径 3.3、高 2.5 厘米（图四七，4）。标本 M22∶8－14，仅存泡钉，表面鎏金。球面顶，中间下垂一钉，钉身作方棱状。泡径 2.6、高 1.2 厘米（图四七，10）。

铁器 计有铁钉 2。

铁钉 2件，均锈蚀较严重，钉头残缺，圆柱状钉身。标本 M22∶6－1，残长 5.9 厘米（图四七，11）。标本 M22∶6－2，残长 5.8 厘米（图四七，12）。

一九 M26（Ⅱ区）

1. 墓葬形制

双室砖墓，平面呈吕字形，由墓道、甬道、墓门及墓室组成。方向 175°（图四八；彩版二七，1）。开口于耕土层下，距地表深约 0.10 米。

墓道 长方形斜坡状，未发掘完，长不详，宽 1.00、底部距地表 2.10 米。

甬道 平面呈长方形，长 0.90、宽 0.38 米。拱形券顶，共有三重券，两壁砌法同墓室。

墓门 位于墓室南壁中部，保存完好，拱形券顶，共有三重券（彩版二八，1）。宽0.90、高 1.16 米。

封门 条砖封堵，分为内外两层。内层用条砖规矩封堵，保存有 13 层砖，高 0.68米。砌法由下至上为三层平砖，一层丁立砖，丁立砖之上均为平砖。外层用立砖倚护。

墓室 平面整体呈吕字形，分为前、后两个墓室，总长 5.86 米。前室平面呈长方形，长 2.30、宽 1.90 米。四壁平直，北壁正中有过道通往后室，过道为拱形券顶，共有两重券，平面呈长方形，宽 0.69 米。后室平面呈长方形，长 2.80、宽 2.58 米。

墓室四壁砖墙保存较好，在第 17 层砖处开始向内倾斜起券。墓壁砌法由下至上为三层平砖一层丁立砖，两者交替向上。另外，三层平砖的砌法又为双隅平砖错缝顺砌。砌筑墓葬所用砖共有三种：榫卯砖、条砖和楔形砖。榫卯砖用于砌筑四壁的平砖和铺地砖，条砖用于墓壁的丁立砖，楔形砖用于甬道、墓门和过道的拱形券顶。墓底铺砖为东北—西南向错缝平铺（彩版二七，2）。

墓砖形制不一，其中顺砖及墓底铺砖均为榫卯砖，立砖为条砖。各墓砖侧面饰有花纹，其中顺砖花纹主要有连环钱纹、三鱼戏水纹、叶脉纹及云纹等；立砖花纹主要有浮雕菱形纹、连桥乳丁纹、凤鸟衔鱼纹、重圈乳丁纹及人面铺首衔环纹等；其中叶脉纹及云纹饰于封门砖之上，人面铺首衔环纹饰于墓门券顶的楔砖之上，墓底铺砖花纹主要为连环钱纹。墓砖规格长约 32～36、宽约 16～18、厚约 5～6 厘米（图四九）。

2. 葬具和人骨

墓内未发现任何葬具。

葬有 3 具人骨，腐朽严重，仅残存 3 个头骨及零星碎骨。前室 2 个头骨，分别位于前

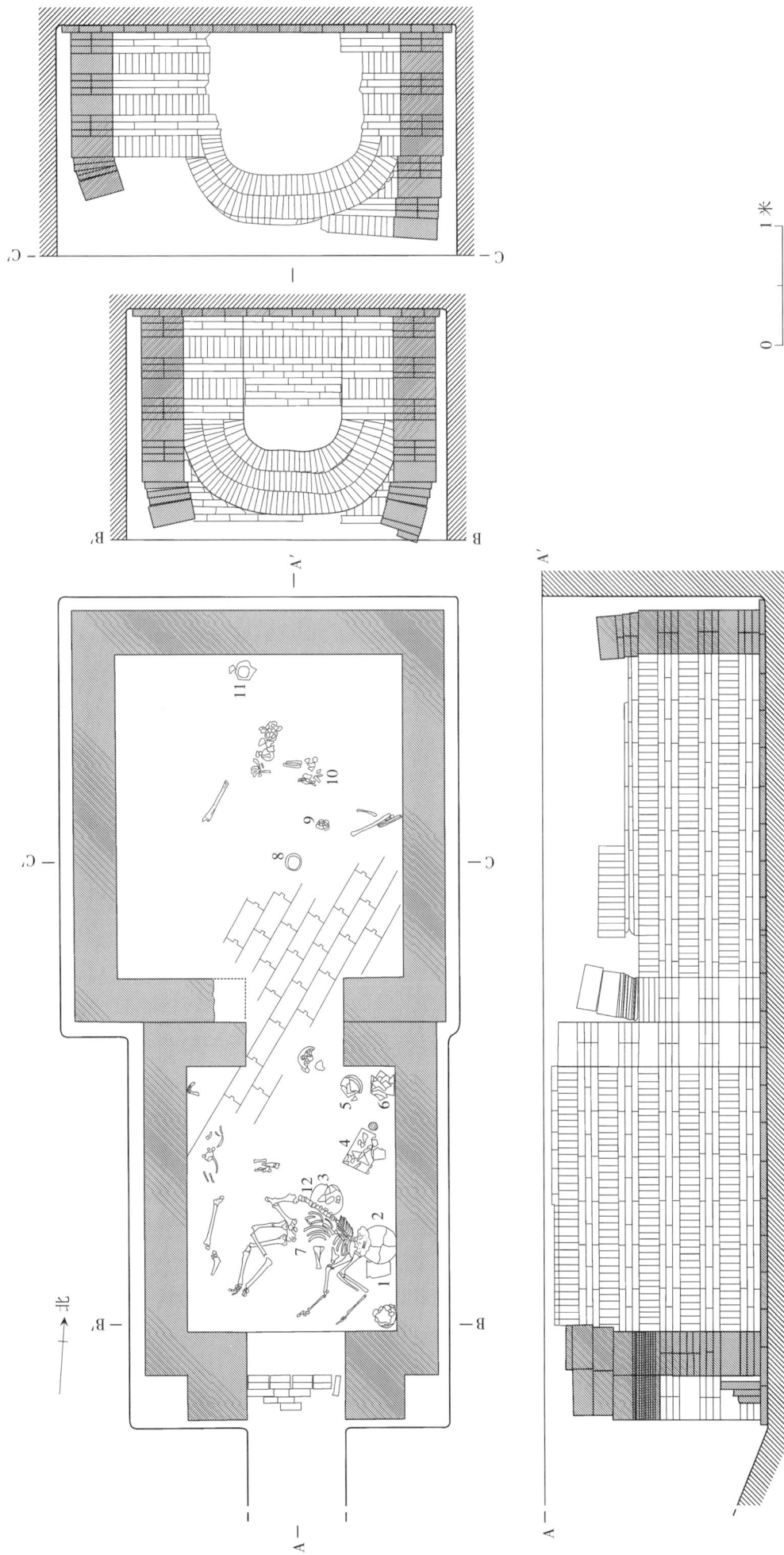

图四八　M26 平、剖面图

1. 陶井　2. 陶饼　3. 陶案　4. 陶仓盖　5. 陶俎　6. 陶灶　7. 鹿骨　8、9. 小陶盆　10、12. 陶耳杯　11. 陶器底

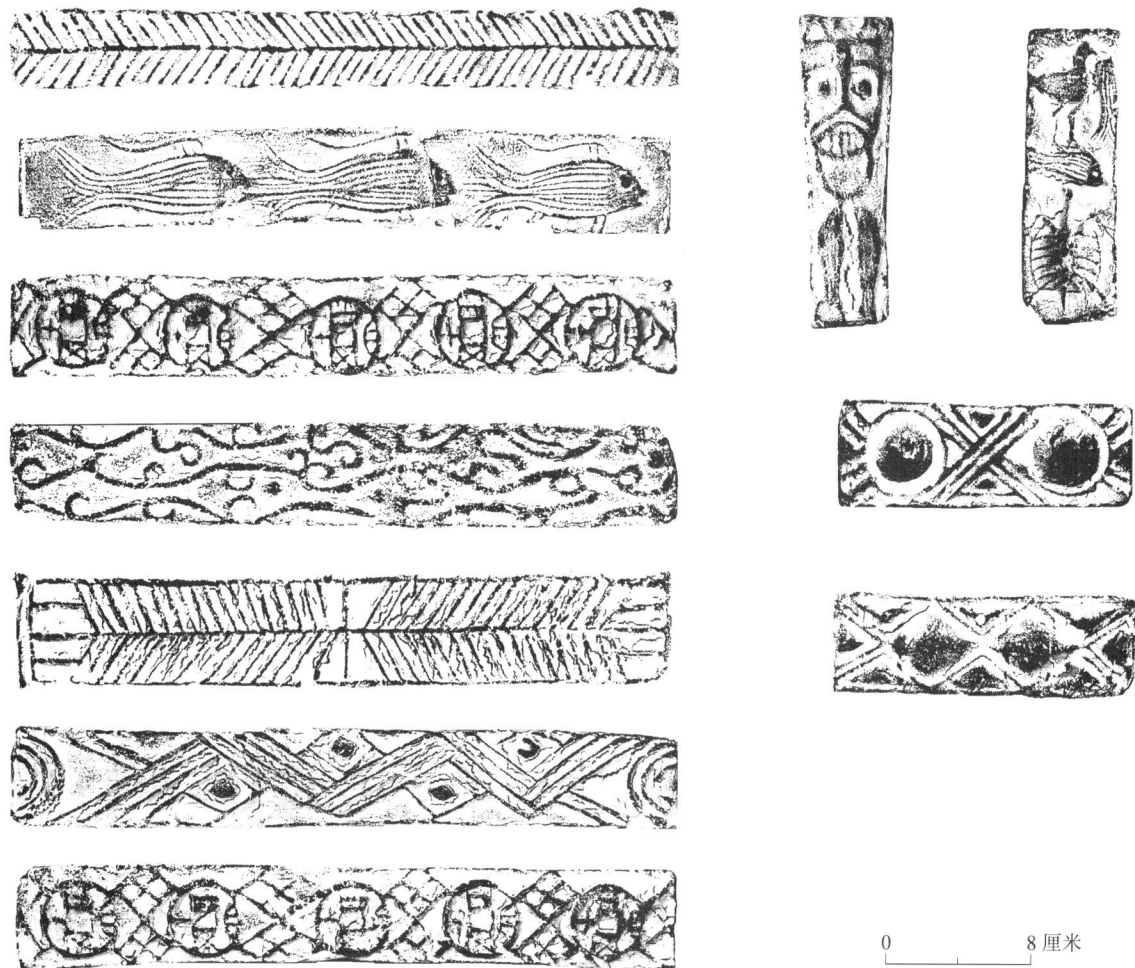

图四九　M26 花纹砖拓片

室的西南角和过道口处，葬式及性别不详。后室北部有 1 个头骨及零星碎骨，葬式及性别不详。

3. 随葬品

该墓内发现陪葬有鹿骨，东西向置于前室南部，头骨仅保留下颌骨（彩版二八，2）。随葬品 15 件，除鹿骨外，均为陶器，种类计有仓盖 1、井 1、灶 1、奁 1、耳杯 2、案 1、水斗 1、小甑 1、小盆 2、勺 1、饼 1、器底 1。

仓盖　1 件。标本 M26：4，夹砂灰陶。平面呈长方形，两面缓坡式，正中有一横向正脊，两侧分列有 5 组对称瓦垄，正脊和瓦垄终端均有雕花瓦当。长 29.9、宽 19.5、高 6.3、壁厚 0.5 ~ 1.1 厘米（图五〇，1；彩版二九，1）。

井　1 件。标本 M26：1-1，夹砂灰褐陶。尖唇，侈口，束颈，略显折肩，弧腹，平底。肩上饰有一周凹弦纹。口径 11.8、底径 8.4、高 20.0、壁厚 0.3 ~ 0.5 厘米（图五〇，2；彩版二九，2）。

灶　1 件。标本 M26：6-1，夹砂灰陶。灶面呈梯形，前端出檐，中间呈"品"字形分布两小一大 3 个火眼，后端一角有圆形烟孔。长方形灶门。灶面左右两侧及后端边缘用平行短线刻划出界格，内饰戳点纹；檐面用纵向短线刻划出 5 个界格，每个界格内用十字交叉的短线分成 4 个区域，内饰戳点纹。通长 20.8、宽 20.3 ~ 16.6、高 12.5、壁厚 0.6 ~ 1.1

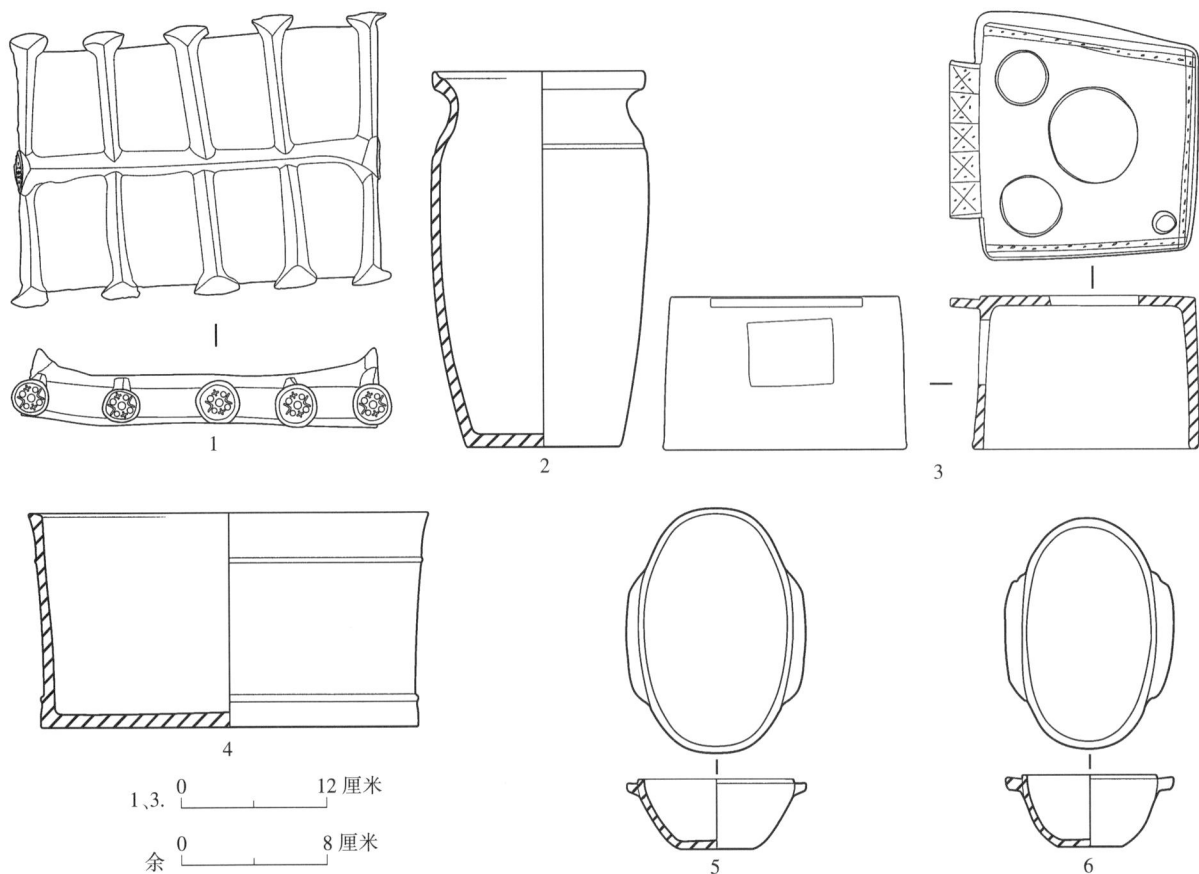

图五〇　M26 出土器物

1. 陶仓盖（M26：4）　2. 陶井（M26：1-1）　3. 陶灶（M26：6-1）　4. 陶奁（M26：5）　5、6. 陶耳杯（M26：10、12）

厘米，灶门长 7.1、高 5.3 厘米，火眼直径 4.4、5.2、7.5 厘米，烟孔直径 1.8～2.0 厘米（图五〇，3；彩版二九，3）。

　　奁　1 件。标本 M26：5，夹砂灰褐陶。方唇，侈口，腹略内弧，平底。腹上部和腹下部各施有一周凸棱。口径 22.1、底径 20.8、高 11.4、壁厚 0.4～0.6 厘米（图五〇，4；彩版二九，4）。

　　耳杯　2 件（M26：10、12）。形制相同，均为夹砂灰陶，杯口呈椭圆形，方唇，弧腹，平底，两耳平折低于杯口。标本 M26：10，口长径 13.1、短径 8.5、底长径 8.0、短径 4.0、高 3.8、壁厚 0.3～0.4 厘米（图五〇，5）。标本 M26：12，口长径 12.3、短径 7.4、底长径 7.0、短径 3.6、高 3.8、壁厚 0.3～0.4 厘米（图五〇，6；彩版二九，5）。

　　案　1 件。标本 M26：3，夹砂灰陶。平面呈圆形，现已挤压变形。边沿上翘，平底。沿外饰粗绳纹，案面施三周弦纹，外圈两周为凸弦纹，内圈一周为凹弦纹，案心戳印出一不规则状凹槽。口径 32.5、底径 32.5、高 1.4、壁厚 0.4～1.1 厘米（图五一，1；彩版二九，6）。

　　水斗　1 件。标本 M26：1-2，夹砂灰陶。尖唇，敛口，弧腹，圜底。提梁现已残缺，应为泥条贴制。口径 3.3、残高 4.4、壁厚 0.1～0.2 厘米（图五一，4）。

　　小瓿　1 件。标本 M26：6-2，夹砂灰褐陶，陶色不纯，局部呈红褐色。圆唇，敛口，

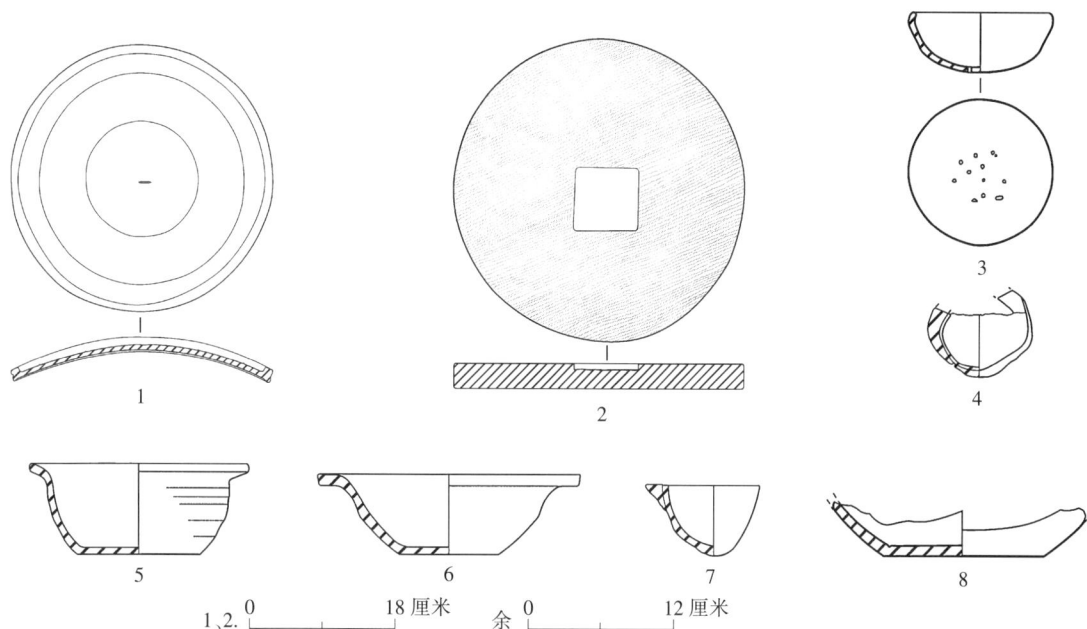

图五一　M26 出土器物

1. 陶案（M26：3）　2. 陶饼（M26：2）　3. 小陶甑（M26：6 - 2）　4. 陶水斗（M26：1 - 2）　5、6. 小陶盆（M26：8、9）　7. 陶勺（M26 填：1）　8. 陶器底（M26：11）

弧腹，圜底，底部戳有 12 个甑眼。器表修坯削痕明显。口径 7.2、高 3.1、壁厚 0.2 ~ 0.3 厘米（图五一，3）。

　　小盆　2 件（M26：8、9）。标本 M26：8，夹砂灰陶。圆唇，敞口，展沿，弧腹，平底。素面，器表轮旋痕迹明显。口径 11.3、底径 6.5、高 4.6、壁厚 0.3 ~ 0.4 厘米（图五一，5）。标本 M26：9，夹砂灰陶。圆唇，敞口，展沿，折腹，平底。素面。口径 13.7、底径 5.2、高 4.1、壁厚 0.3 ~ 0.6 厘米（图五一，6）。

　　勺　1 件。标本 M26 填：1，夹砂灰陶。方唇，侈口，弧腹，圜底，近口沿处贴有一把手。口径 5.1、高 3.6、壁厚 0.2 ~ 0.4 厘米（图五一，7）。

　　饼　1 件。标本 M26：2，夹砂红褐陶。平面呈圆形，中间一方形凹坑，凹坑内有模印文字，但现已模糊不可辨。表面饰绳纹。直径 36.1、厚 3.1、凹坑边长 8.0、深 0.8 厘米（图五一，2；彩版二九，6）。

　　器底　1 件。标本 M26：11，夹砂灰褐陶。器形不辨，仅存器底部分，平底。素面，内侧有一周凹弦纹。底径 8.5、残高 2.7、壁厚 0.3 ~ 0.5 厘米（图五一，8）。

　　二〇　M27（Ⅱ区）

　　1. 墓葬形制

单室砖墓，平面呈甲字形，由墓道、甬道、墓门及墓室组成。方向 195°（图五二；彩版三〇，1）。开口于耕土层下，开口距地表 0.30 米，已破坏。

　　墓道　长方形斜坡状，未发掘完，长不详，宽 0.92、底部距地表 1.60 米。

　　甬道　平面呈长方形，长 0.86、宽 0.32 米。

　　墓门　位于墓室南壁偏东，宽 0.86 米。

　　封门　条砖封堵，现存 10 层砖，残高 1.04 米，砌法由下至上为两层平砖，一层丁立

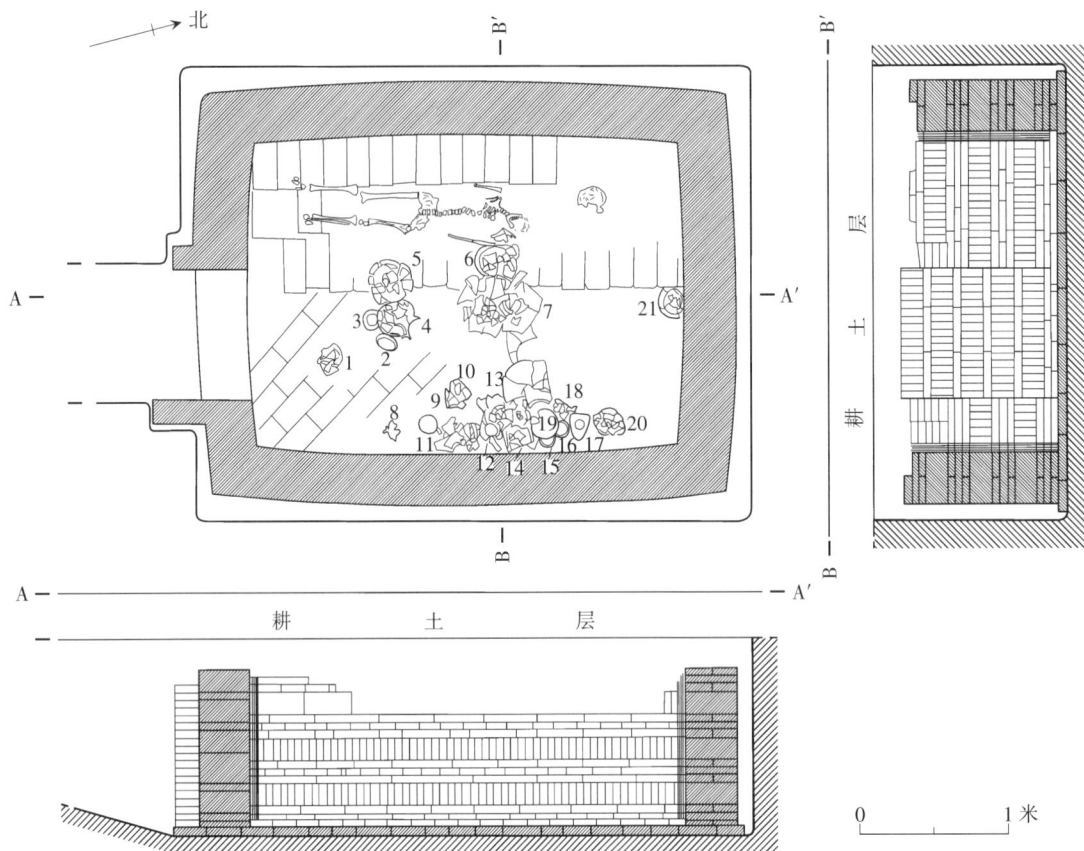

图五二　M27 平、剖面图

1. 陶樽　2、15、16. 小陶盆　3. 小陶釜　4、13、20. 陶罐　5、19. 陶钵　6. 陶盘　7. 陶瓮　8、9. 陶灯　10、14. 陶仓　11. 陶鼎　12. 陶镰斗　17. 陶灶　18. 陶井　21. 陶碗

砖，丁立砖之上为一层平砖，丁立砖和单层平砖交替向上。

墓室　平面呈弧长方形，长 3.00、宽 2.10 米。四壁外弧明显，保存最高处有 14 层砖，砌法由下至上为三层平砖一层丁立砖，两者交替向上。另外，三层平砖的砌法又为双隅平砖错缝顺砌。墓底铺砖为西北—东南斜向错缝平铺而成。用砖规格：（32～34）×（15～16）×5 厘米，青砖，大部分砖平面施有绳纹。

2. 葬具和人骨

墓室西侧紧贴西壁有一座棺床，单层砖铺砌而成，砌法为三列丁砖拼缝平砌，长 3.00、宽 1.00、高 0.05 米。

墓内葬有 1 具人骨，置于棺床之上，腐朽严重，上肢骨残缺，颅骨粉碎，葬式为仰身直肢，头向北，性别不详。

3. 随葬品

该墓共出土有 20 件随葬品，位于墓室东部，均为陶器，种类计有罐 3、鼎 1、瓮 1、仓 1、井 1、灶 1、樽 1、灯 1、小盆 4、盘 1、钵 2、碗 1、小釜 1、镰 1。

罐　3 件（M27：4、13、20）。形制相同，均为夹砂灰褐陶。尖唇，侈口，束颈，溜肩，鼓腹，腹部最大径位置靠近肩部，平底。标本 M27：4，素面。口径 127、底径 9.2、最大腹径 20.9、高 17.6、壁厚 0.5～0.7 厘米（图五三，1）。标本 M27：13，素面。口径 12.8、底径 9.2、最大腹径 21.0、高 17.2、壁厚 0.6～0.7 厘米（图五三，2）。标本 M27：20，器身上部施有宽窄不均的瓦棱纹。口径 11.5、底径 9.1、高 17.8、壁厚 0.8～1.0 厘米（图五三，3）。

　　鼎　1 件。标本 M27：11，夹砂红褐陶。圆唇，直口，折肩，鼓腹，圜底。肩部附有一对环耳，底部置有三蹄形足。素面，腹部有一周扉棱。口径 10.5、高 15.4、壁厚 0.5～0.7 厘米（图五三，9）。

　　瓮　1 件。标本 M27：7，夹砂灰褐陶。尖唇，敛口，鼓肩，鼓腹，最大腹径位置靠下，圜底。腹中部饰三周粗绳纹，腹下部及底部饰细绳纹。口径 23.9、最大腹径 45.7、

图五三　M27 出土器物

1～3. 陶罐（M27：4、13、20）　4. 陶井（M27：18）　5. 陶灶（M27：17）　6. 陶瓮（M27：7）　7. 陶灯（M27：9）
8. 陶仓（M27：10、14）　9. 陶鼎（M27：11）　10. 陶樽（M27：1）

高 39.5、壁厚 1.5 厘米（图五三，6；彩版三〇，2）。

仓 1件。标本 M27：10、14（合号），夹砂灰陶，由仓盖和仓身两部分组成。仓盖：悬山式结构。平面呈长方形，两面坡式，正中有一横向正脊，两侧纵向对称置有5组十道瓦垄。仓身：正面呈长方形，中部有方形房门，房门一侧有两个门栓。底部置有4个四棱柱状足。通高 26.8 厘米。仓盖：长 29.5、宽 25.9 厘米。仓身：长 19.1、宽 17.4、高 21.0 厘米（图五三，8；彩版三〇，3）。

井 1件。标本 M27：18，夹砂黑褐陶，火候不均，局部成黄褐色。尖唇，侈口，束颈，折肩，腹略弧，平底。素面，器表修坯削痕明显，内壁有轮旋瓦棱纹。口径 9.3、底径 6.0、高 14.9、壁厚 0.5~0.9 厘米（图五三，4；彩版三一，1）。

灶 1件。标本 M27：17，夹砂黑褐陶。灶面呈三角形，中间有一圆形火眼，后端有圆形烟孔。梯形灶门，落地。通长 19.9、宽 16.8、高 6.7 厘米，火眼直径 9.7、烟孔直径 0.7 厘米，灶门长 8.0~8.8、高 3.9 厘米，壁厚 0.5~0.8 厘米（图五三，5；彩版三一，2）。

樽 1件。标本 M27：1，夹砂灰褐陶。方唇，口微敛，腹略鼓，圜底近平，底附三短蹄形足。腹上部施有两周凹弦纹，器物内壁有轮旋瓦棱纹。口径 18.0、底径 16.2、高 11.8、壁厚 0.7~0.9 厘米（图五三，10；彩版三一，3）。

灯 1件。标本 M27：8、9（合号），夹砂黄褐陶，陶色不纯，局部呈黑褐色。灯盘为尖唇，唇缘外侧有一周凹槽，浅盘，平底。喇叭形灯座，中空。灯盘外侧及柄内部施有瓦棱纹。盘径 11.9、座径 14.4、高 21.5、壁厚 0.6~1.0 厘米（图五三，7；彩版三一，4）。

小盆 4件（M27：2、15、16、填：1）。其中，标本 M27：2、M27：15 与 M27：16 形制基本相同，均为夹砂黑褐陶，火候不均，陶色不纯，局部成黄褐色；方唇，唇面有一凹槽，敞口，平沿，斜腹略弧，平底；素面，周身轮制痕迹明显。标本 M27：2，口径 13.1、底径 5.5、高 5.5、壁厚 0.4~0.5 厘米（图五四，3）。标本 M27：16，口径 12.8、底径 5.1、高 5.3、壁厚 0.55 厘米（图五四，4）。标本 M27：15，口径 13.8、底径 5.3、高 5.6、壁厚 0.5 厘米（图五四，1）。标本 M27 填：1，夹砂黑褐陶。方唇，唇面有一凹槽，敞口，平沿，斜腹，小平底。素面，器表轮旋痕迹明显。口径 12.8、底径 2.2、高 6.1、壁厚 0.4~0.5 厘米（图五四，2）。

盘 1件。标本 M27：6，夹砂灰褐陶，火候不均，局部呈黄褐色。方唇，唇面有一凹槽，敞口，折沿，折腹，台底。素面，盘心施有一周凹弦纹，器表轮旋痕迹明显。口径 22.0、底径 9.3、高 5.1、壁厚 0.6~0.8 厘米（图五四，5；彩版三一，5）。

钵 2件（M27：5、19）。形制相同，均为夹砂黄褐陶，火候不均，局部呈灰褐色。圆唇，直口，弧腹，平底。器表及内壁施有瓦棱纹。标本 M27：5，口径 21.9、底径 9.1、高 10.6、壁厚 0.9~1.1 厘米（图五四，6）。标本 M27：19，口径 20.1、底径 8.8、高 10.8、壁厚 1.0 厘米（图五四，8；彩版三一，6）。

碗 1件。标本 M27：21，夹砂黑褐陶，陶色不纯，局部呈黄褐色。圆唇，口微敛，弧腹，台底。器身里外都施有瓦棱纹。口径 21.9、底径 9.1、高 10.6、壁厚 0.9~1.1 厘米（图五四，9）。

小釜 1件。标本 M27：3，夹砂黑褐陶。圆唇，敛口，溜肩，鼓腹，腹部最大径位置居中，圜底。素面，腹下部修坯削痕明显。口径 6.7、最大腹径 9.8、高 6.0、壁厚 0.4~0.5 厘米（图五四，7）。

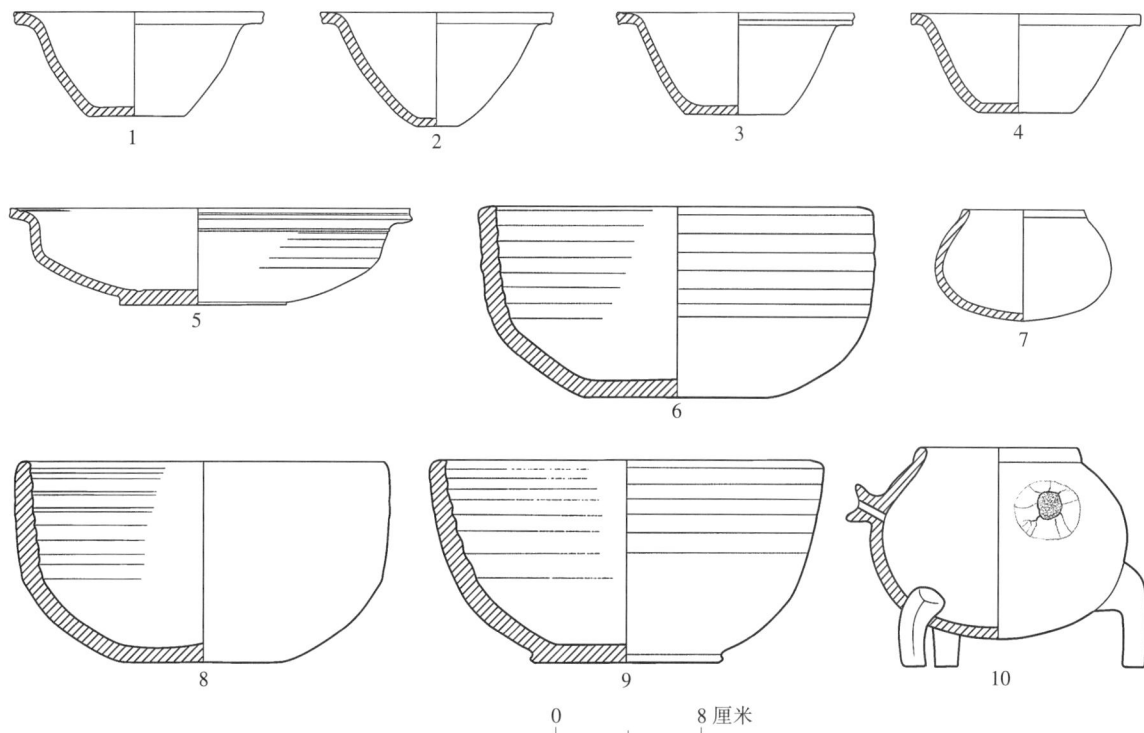

图五四　M27 出土器物

1~4. 小陶盆（M27：15、填：1、2、16）　5. 陶盘（M27：6）　6、8. 陶钵（M27：5、19）　7. 小陶釜（M27：3）　9. 陶碗（M27：21）　10. 陶鐎（M27：12）

　　鐎　1 件。标本 M27：12，夹砂黑褐陶，陶色不纯，局部呈黄褐色。圆唇，口微敛，溜肩，鼓腹，圜底。腹部附有鸣禽形流及把手，把手已残断，底部附有三圆柱形足。素面。口径 9.0、高 11.7、壁厚 0.5~0.7 厘米（图五四，10）。

二一　M28

　　M28 和 M29 为一组并葬墓，其中，M28 打破 M29。

　　1. 墓葬形制

　　土坑竖穴墓，平面呈圆角长方形，由于梯田破坏，现在只残留有墓底部分。方向 85°（图五五；彩版三二，1）。开口于耕土层下，打破生土，开口距地表深 0.20 米。

　　墓圹四壁较平直，墓底平坦，南侧打破 M29。墓圹长 2.60、宽 1.40、残深 0.20 米。墓穴四壁保存有一圈平均宽 0.04 米的贝壳；墓底均匀平铺一层厚 0.02 米的贝壳。贝壳中夹杂有少量的黑色淤泥及小块片状卵石。

　　墓内填土呈黄褐色，并夹杂有少量贝壳，土质较疏松。

　　2. 葬具和人骨

　　在墓底东南角发现有黄色木痕，应为腐朽木棺，其形状及尺寸不详。

　　该墓葬有 1 具人骨，为一女性个体，骨骼腐朽严重，仅存头骨、少量肋骨及股骨头残段，葬式不明，头向东。

　　3. 随葬品

　　该墓共出土有 3 件随葬品，均位于人骨北侧，东西向摆放，较为规整。质地均为陶器，种类计有罐 1、熏盖 1、钵 1。

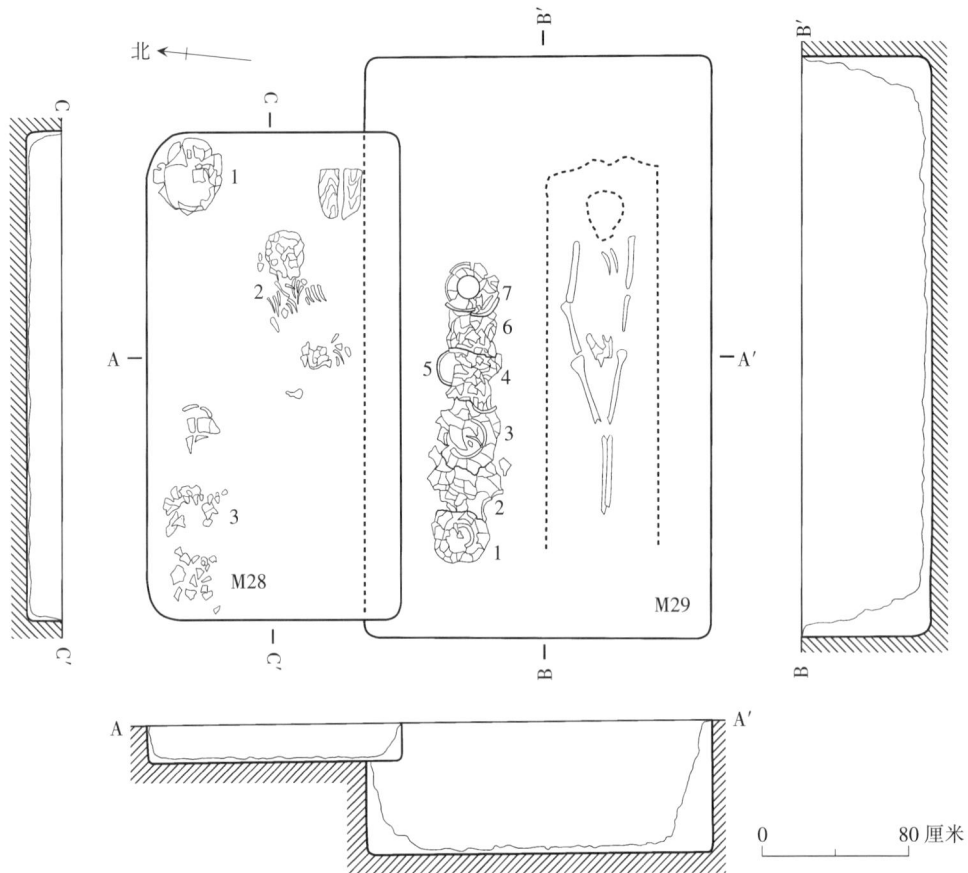

图五五　M28、M29 平、剖面图

M28　1. 陶熏盖　2. 陶钵　3. 陶罐　　　M29　1、2、3. 陶罐　4、6. 陶壶　5. 陶钵　7. 陶盆

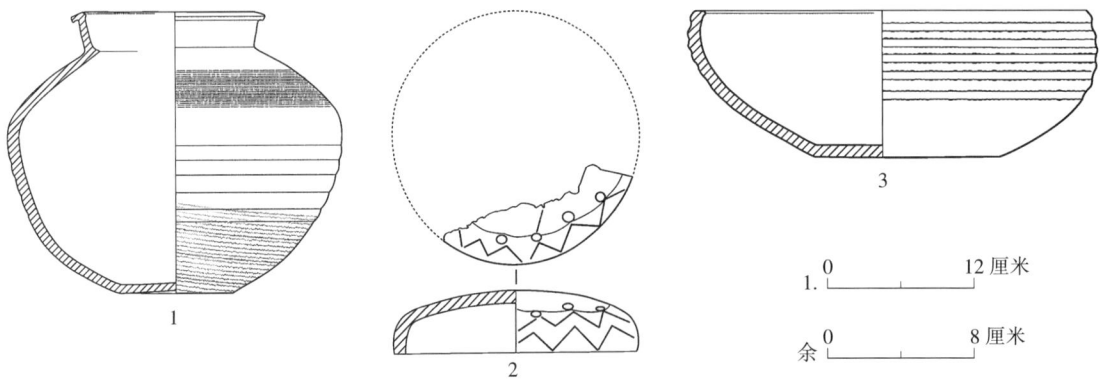

图五六　M28 出土器物

1. 陶罐（M28：3）　2. 陶熏盖（M28：1）　3. 陶钵（M28：2）

　　罐　1 件。标本 M28：3，夹砂黄褐陶。方唇，折沿，侈口，束颈，溜肩，鼓腹，最大腹径位置靠近肩部，凹底。肩部施有凹弦纹，腹中部施有五周瓦棱纹，腹下部及底饰细绳纹。口径 14.2、底径 9.4、最大腹径 27.7、高 22.7、壁厚 0.6～1.1 厘米（图五六，1；彩版三三，1）。

　　熏盖　1 件。标本 M28：1，现已残破，仅存 4 个熏眼。夹砂灰陶。圜顶，弧腹，尖唇，直口。熏眼之间由刻划线相连，其下有两排刻划折线。口径 13.2、高 3.3、壁厚 0.5 ~ 0.7 厘米（图五六，2）。

钵　1 件。标本 M28：2，夹砂灰陶。圆唇，敛口，弧腹，平底。腹上部饰有瓦棱纹，器身轮制痕迹明显。口径 21.0、底径 10.0、高 7.8、壁厚 0.5 ~ 0.7 厘米（图五六，3）。

二二　M29

1. 墓葬形制

土坑竖穴墓，平面呈圆角长方形。方向 95°（见图五五；见彩版三二，1）。开口于耕土层下，开口距地表深 0.20 米。

墓圹四壁较平直，墓底平坦。长 3.10、宽 1.90、深 0.70 米。墓穴四壁保存有一圈平均宽 0.10 米的贝壳；墓底均匀平铺一层厚 0.05 米的贝壳。贝壳中夹杂有少量黑色淤泥及小块片状卵石。

墓内填土呈黄褐色，并夹杂有少量贝壳，土质较疏松。

2. 葬具和人骨

在墓底贝壳层上发现有少量黑色木痕，应为腐朽木棺，平面形状大体呈长方形，沿人骨分布。棺痕长 2.06、宽 0.60 米。

墓内葬有 1 具人骨，为一男性个体，骨骼保存较差，葬式为仰身直肢，头向东，左臂平伸贴近体侧，右手置于腹部，双腿并拢。

3. 随葬品

该墓共出土有 7 件随葬品，随葬品均位于人骨北侧，东西向摆放，较为规整。均为陶器，种类计有罐 3、壶 2、盆 1、钵 1。

罐　3 件（M29：1、2、3）。标本 M29：1，夹砂灰褐陶，外施一层黄陶衣。圆唇，敞口，束颈，圆肩，鼓腹，最大腹径靠近肩部，平底。腹下部及底遍施绳纹，抹平。口径 14.6、底径 8.0、腹部最大径 21.4、高 17.2、壁厚 0.5 ~ 0.7 厘米（图五七，1；彩版三三，2）。标本 M29：2，夹砂黄褐陶，外施一层黄陶衣。圆唇，侈口，束颈，溜肩，鼓腹，最大腹径位置靠近肩部，凹底。腹下部及底饰绳纹，抹平。口径 14.8、底径 10.5、腹部最大径 24.9、高 20.4、壁厚 0.6 ~ 1.0 厘米（图五七，2）。标本 M29：3，夹砂灰陶。圆唇，折沿，直口，束颈，圆肩，鼓腹，最大腹径位置靠近肩部，凹底。腹下部及底饰绳纹，抹平。口径 18.8、底径 12.0、腹部最大径 30.2、高 24.2、壁厚 0.6 ~ 0.7 厘米（图五七，3）。

壶　2 件（M29：4、6）。形制相同，均为夹砂灰褐陶，由壶盖和壶身组成。壶盖：平顶，略显折腹，圆唇，侈口，素面。壶身：圆唇，喇叭口，长颈，溜肩，球腹，最大腹径位置居中，圜底，圈足，素面。标本 M29：4，通高 30.0 厘米。壶盖：口径 14.1、高 1.8、壁厚 0.4 ~ 0.6 厘米。壶身：口径 13.9、底径 12.2、最大腹径 22.0、高 28.1、壁厚 0.5 ~ 0.7 厘米（图五七，4；彩版三三，3）。标本 M29：6，通高 29.7 厘米。壶盖：口径 14.6、高 1.4、壁厚 0.4 ~ 0.6 厘米。壶身：口径 13.7、底径 12.2、最大腹径 21.5、高 28.3、壁厚 0.5 ~ 0.7 厘米（图五七，5）。

盆　1 件。标本 M29：7，夹砂灰陶。尖唇，敞口，折沿，沿面有一周凹槽，折腹，小平底，边缘回泥起棱。腹上部施有凹弦纹。口径 26.2、底径 8.1、高 11.6、壁厚 0.5 ~ 0.7 厘米（图五七，6；彩版三三，4）。

图五七 M29 出土器物

1～3. 陶罐（M29：1、2、3） 4、5. 陶壶（M29：4、6） 6. 陶盆（M29：7） 7. 陶钵（M29：5）

钵 1件。标本 M29：5，夹砂灰褐陶，外施一层灰陶衣。圆唇，敛口，弧腹，平底。素面，器身内壁轮旋痕迹明显。口径20.1、底径6.6、高7.0、壁厚0.5～0.7厘米（图五七，7）。

二三 M30（Ⅱ区）

1. 墓葬形制

单室砖墓，平面呈甲字形，由墓道、甬道、墓门及墓室组成。方向180°（图五八；彩版三二，2）。开口于耕土层下，开口距地表0.20米，已破坏。

墓道 长方形斜坡状，未发掘完，长不详，宽0.90、底部距地表0.70米。

甬道 平面呈长方形，长0.90、宽0.36米。

墓门 位于墓室南壁中部偏东，宽0.90米。

封门 不存。

墓室 平面呈长方形，长2.40、宽2.00米。西部砖墙和铺地砖被破坏，其他三壁较平直，最高处保存有三层砖，砌法为两层双隅顺砌平砖之间夹一层平砌丁砖。墓底铺砖为西北—东南斜向错缝平铺。用砖规格：（35～36）×18×6厘米，青砖，大部分砖平面施有绳纹。

2. 葬具和人骨

墓内未发现任何葬具。

墓室内有零星人骨，葬式及性别不明。

3. 随葬品

该墓共出土有9件随葬品，位于墓室北部，均为陶器，种类计有鼎1、仓1、灶1、小盆2、盘1、钵2、器底1。

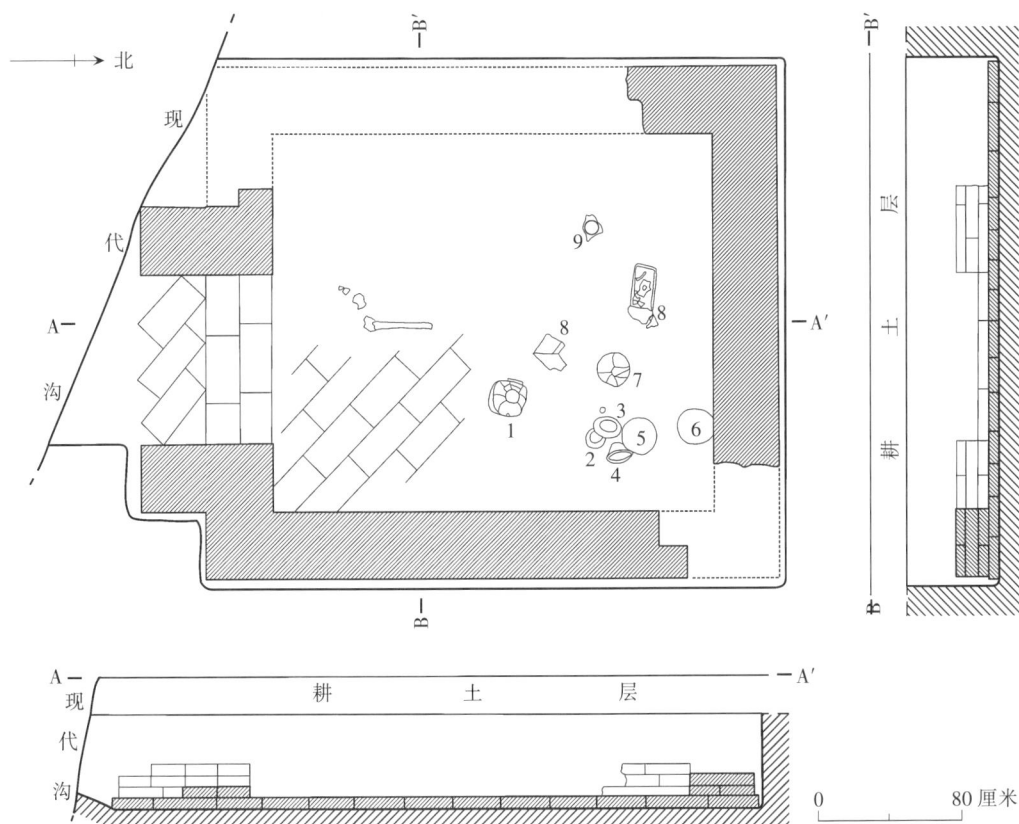

图五八　M30 平、剖面图

1. 陶灶　2、4. 小陶盆　3. 陶鼎　5、6. 陶钵　7. 陶盘　8. 陶仓　9. 陶器底

鼎　1 件。标本 M30：3，夹砂黄褐陶。圆唇，子母口，折肩，鼓腹，圜底。腹部附有两个分体环形立耳，底部置有三个蹄形足。素面，腹中部施有一周扉棱。口径 10.5、最大腹径 15.5、高 8.0、壁厚 0.7 ~ 1.5 厘米（图五九，1；彩版三三，5）。

仓　1 件。标本 M30：8，夹砂灰陶，由仓盖和仓身两部分组成。仓盖：悬山式结构。平面呈长方形，两面坡式，正中有一横向正脊，其两侧对称置有 5 组十道的纵向瓦垄，两端则各有两组斜向瓦垄。正脊及瓦垄终端均有雕花瓦当。仓身：正面呈长方形，仓门呈方形，其下方有台阶，上方有檐。仓身四壁底部均为单拱结构。仓盖：长 26.8、宽 19.8、高 9.1、壁厚 0.5 ~ 1.0 厘米。仓身：长 22.2、宽 15.3、高 24.0、厚壁 0.5 ~ 1.2 厘米（图五九，2；彩版三三，6）。

灶　1 件。标本 M30：1，夹砂黑褐陶，马蹄形灶。灶面平面呈梯形，略前方后圆。灶面中间有一圆形火眼，后端烟囱残断。长方形灶门，其上出檐。灶面饰有绳纹，灶壁饰有瓦棱纹。通长 23.9、宽 20.8、残高 8.6、壁厚 0.7 ~ 0.8 厘米，火眼直径 8.6、烟孔直径 0.5 厘米，灶门长 6.1、高 4.1 厘米（图五九，4）。

盘　1 件。标本 M30：7，夹砂灰陶。尖唇，敞口，弧腹，平底，边缘回泥起棱。内壁有两周同心凸棱。口径 17.9、底径 6.6、高 3.2、壁厚 0.6 ~ 0.7 厘米（图五九，5）。

钵　2 件（M30：5、6）。标本 M30：5，夹砂灰陶。圆唇，敛口，折腹，平底。素面。口径 18.0、底径 7.2、高 7.3、壁厚 0.5 ~ 0.8 厘米（图五九，6）。标本 M30：6，夹砂黑褐陶。尖唇，直口，鼓腹，平底。腹上部饰有凹弦纹，腹下部修坯削痕明显。口径

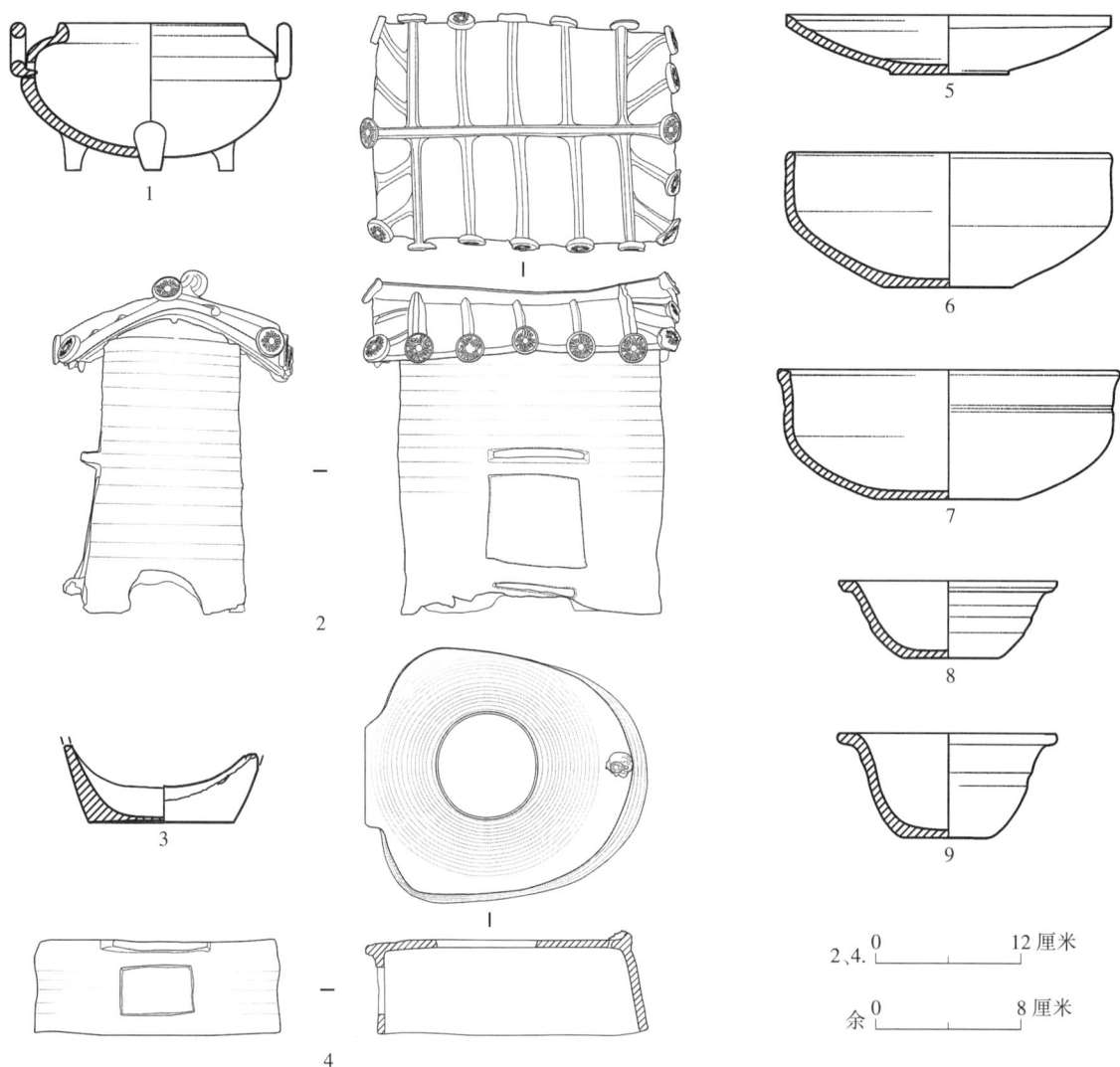

图五九　M30 出土器物

1. 陶鼎（M30：3）　2. 陶仓（M30：8）　3. 陶器底（M30：9）　4. 陶灶（M30：1）　5. 陶盘（M30：7）　6、7. 陶钵
（M30：5、6）　8、9. 小陶盆（M30：2、4）

18.8、底径 8.0、高 7.0、壁厚 0.6～0.8 厘米（图五九，7）。

　　小盆　2 件（M30：2、4）。标本 M30：2，夹砂灰陶。方唇，折沿，敞口，弧腹，平底。腹上部施有瓦棱纹。口径 12.0、底径 5.2、高 4.2、壁厚 0.6～0.8 厘米（图五九，8）。标本 M30：4，夹砂黑褐陶。圆唇，折沿，敞口，弧腹较深，平底。中腹部饰有一周凹槽。口径 12.0、底径 4.7、高 5.6、壁厚 0.6～0.8 厘米（图五九，9）。

　　器底　1 件。标本 M30：9，夹砂灰陶。器身残缺，仅剩凹底，器形不明。底径 8.0、残高 4.2、壁厚 0.5～1.0 厘米（图五九，3）。

　　二四　M31（Ⅱ区）

　　1. 墓葬形制

　　双室砖墓，平面呈吕字形，由墓道、甬道、墓门及墓室组成。方向 180°（图六〇；彩版三四，1）。开口于耕土层下，开口距地表 0.20 米，已破坏。

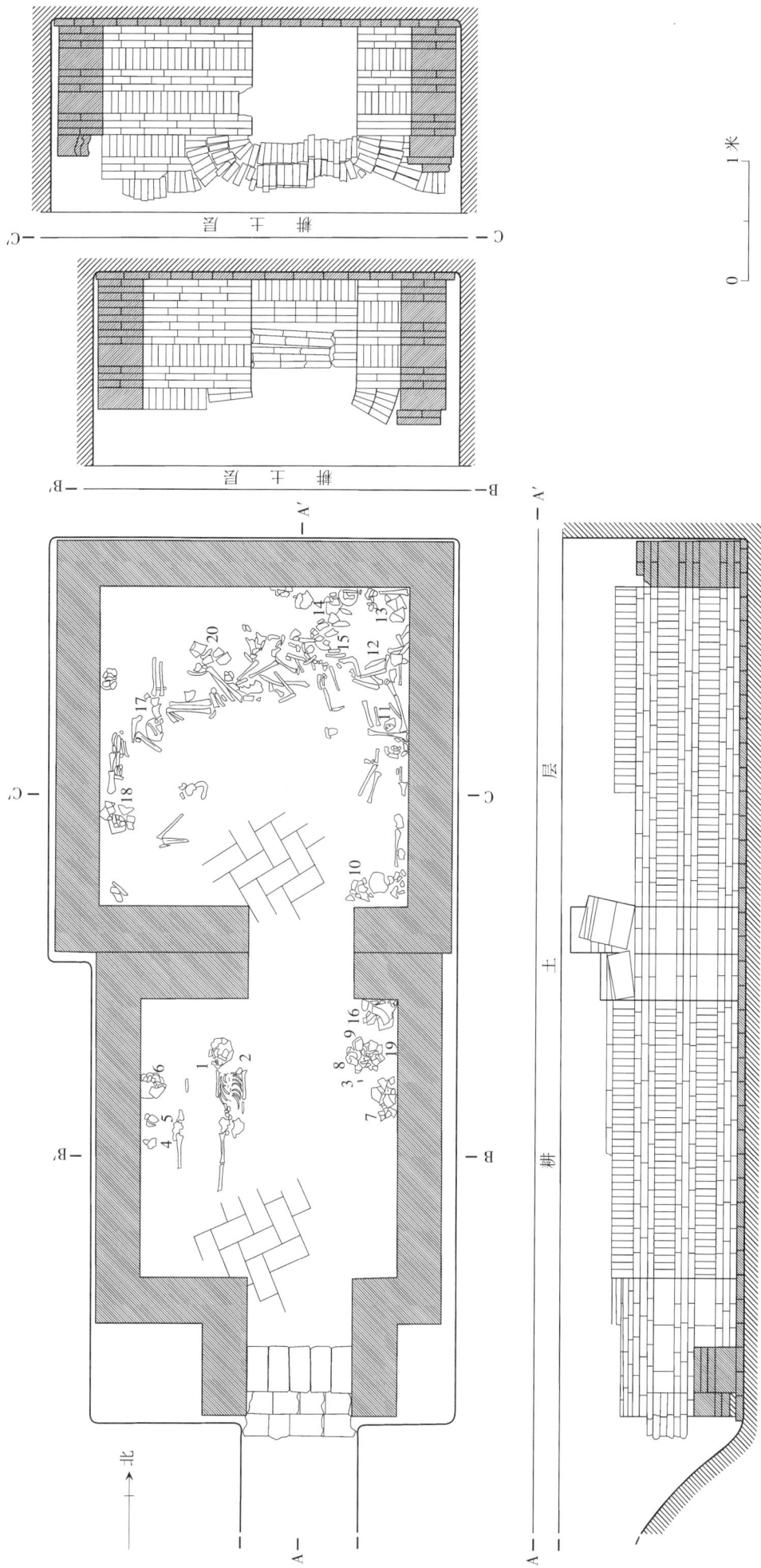

图六〇 M31 平、剖面图

1. 铜簪　2. 料珠　3. 铜杆　4. 陶耳杯　5. 陶碗　6. 陶匜　7、12. 陶缸　8. 陶樽　9. 陶器底　10、14、16、17. 陶罐　11. 陶支架　13. 陶盆　15. 陶圆案　18. 陶柱
19. 小陶瓿　20. 陶扁壶

　　墓道　平面呈长方形，靠近甬道处较陡，未发掘完，长不详，宽 1.00、底部距地表 1.80 米。

　　甬道　平面呈长方形，长 0.90、宽 0.76 米。从残存部分看，应为两重券顶，两壁砌法同墓室。

　　墓门　位于墓室南部偏东，宽 0.90 米。从残存部分看，为两重券顶。

　　封门　条砖封堵，封堵位置位于甬道处，分为内外两层。内层用条砖规矩封堵，现存砖 4 层，高 0.36 米，砌法为一层丁立砖，之上为平砖。外层用半砖不规则垒砌，残高 0.74 米。

　　墓室　平面整体呈吕字形，分前、后两个墓室，总长 5.70 米。前室平面呈长方形，长 2.30、宽 2.20 米，北壁偏东有过道通往后室，过道平面呈长方形，长 0.90、宽 0.76 米，正对墓门，三重拱形券顶。后室平面呈方形，边长 2.64 米。墓室四壁平直，最高处保存 16 层砖，砌法由下至上为三层平砖一层丁立砖，两者交替向上。另外，三层平砖的砌法又为两层平砌丁砖之间夹一层双隅顺砌平砖。墓底铺砖为人字形。用砖规格：（36 ~ 38）×18×6 厘米，青砖杂有少数红砖，素面。

　　2. 葬具和人骨

　　墓内未发现任何葬具。

　　共葬有 7 具人骨，前室葬有 2 具，后室葬 5 具。前室 2 具人骨并列置于墓室西侧，西侧个体仅残留部分下肢骨，葬式及性别不明；东侧个体部分肢骨缺失，颅骨粉碎，仰身直肢，头向北，性别不详。后室人骨散乱分布于墓室北侧，按颅骨计最少葬有五人，葬式及性别均不明。

　　3. 随葬品

　　该墓共出土有 19 件随葬品，位于墓室北部，质地分为陶、铜、琉璃三种，分述如下。

　　陶器　计有罐 4、扁壶 1、灶 1、奁 1、樽 1、案 1、盆 1、碗 1、缸 2、小瓿 1、支架 1、器底 1。

　　罐　4 件（M31：10、14、16、17）。标本 M31：10，口部残缺。夹砂灰黑陶。溜肩，鼓腹，腹部最大径位置偏上，平底。上腹部施有一周戳点纹。最大腹径 27.3、底径 16.0、残高 16.1、壁厚 0.4 ~ 0.6 厘米（图六一，1）。标本 M31：14，夹砂灰陶，破碎无法拼对，形制不明。标本 M31：16，底部残缺。夹砂红陶。圆唇，敛口，折腹。口径 22.0、最大腹径 28.0、残高 13.2、壁厚 0.6 ~ 1.4 厘米（图六一，2）。标本 M31：17，底部残缺。夹砂黄褐陶。方唇，直口，直领，鼓腹。口径 10.0、最大腹径 19.6、残高 16.4、壁厚 0.5 ~ 0.7 厘米（图六一，3）。

　　扁壶　1 件。标本 M31：20，夹砂白陶，陶色不纯，局部呈红褐、灰黑色。方唇，侈口，斜领，圆肩，鼓腹，腹部最大径位置靠近肩部，腹部横截面呈椭圆形，平底。口长径 13.9、短径 10.5、腹部最大长径 22.7、最大短径 15.0、底长径 17.0、短径 11.1、高 18.7、壁厚 0.5 ~ 0.9 厘米（图六一，4）。

　　灶　1 件。标本 M31：18，夹砂灰黑陶。灶面呈圆角梯形，前端出檐，近前端左右错向置有两个圆形的火眼，后端一角有一个椭圆形烟孔。长方形灶门，不落地。长 19.2、宽 11.8 ~ 19.4、高 12.6、壁厚 0.5 ~ 0.6 厘米，灶门长 5.1、高 4.3 厘米，火眼直径 3.6、4.7 厘米，烟孔直径 0.7 ~ 0.9 厘米（图六一，6）。

图六一　M31 出土器物

1~3. 陶罐（M31：10、16、17）　4. 陶扁壶（M31：20）　5. 陶瓮（M31：6）　6. 陶灶（M31：18）　7. 陶案（M31：15）
8. 陶樽（M31：8）　9. 陶盆（M31：13）　10. 陶碗（M31：5）　11、12. 陶缸（M31：7、12）

瓮　1件。标本 M31：6，夹砂黑陶。圆唇，口微侈，腹壁内弧，平底。底部轮旋痕迹明显。口径 18.1、底径 17.3、高 16.6、壁厚 0.7~0.8 厘米（图六一，5）。

樽　1件。标本 M31：8，仅残存底部。夹砂灰褐陶。折腹，腹下部折收，平底，底部附有三个乳丁状足。底径 16.4、残高 6.2、壁厚 0.3~0.5 厘米（图六一，8）。

案　1件。标本 M31：15，夹砂灰黑陶。现已挤压变形。平面呈圆形，边沿平折，平底，底部附有三个乳丁足。边沿外侧饰有粗绳纹，案面施有两组同心圆弦纹带，每组均由两周凹弦纹组成。口径 27.4、底径 25.5、高 2.6、壁厚 0.6~0.8 厘米（图六一，7；彩版三四，2）。

盆　1件。标本 M31：13，夹砂灰褐陶。圆唇，敞口，腹内弧，平底内凹。腹中部饰有四组弦纹，第一组为一周凹弦纹，第二和第四组为由多周凹弦纹组成的弦纹带，第三组为由多周凹弦纹组成的"之"字形弦纹带。口径23.1、底径12.4、高9.6、壁厚0.5～0.7厘米（图六一，9；彩版三四，3）。

碗　1件。标本 M31：5，夹砂灰褐陶。圆唇，敞口，弧腹，台底。近口处施有一周凹弦纹。口径12.9、底径8.1、高5.8、壁厚0.4～0.6厘米（图六一，10）。

缸　2件（M31：7、12）。标本 M31：7，夹砂黑陶。方唇，口微敛，腹内弧，平底，边沿回泥起棱。素面。口径9.7、底径9.3、高14.4、壁厚0.6～0.7厘米（图六一，11）。标本 M31：12，夹砂灰褐陶，外施一层黄陶衣。圆唇，口微敛，斜腹，平底。素面，内壁轮旋痕迹明显。口径11.3、底径6.2、高约11.8、壁厚0.5～0.7厘米（图六一，12）。

小甑　1件。标本 M31：19，口沿残缺，夹砂灰陶。弧腹，平底，底部戳有8个甑孔。器表修坯削痕形成明显的折棱。底径4.0、残高3.7、壁厚0.2～0.3厘米（图六二，1）。

支架　1件。标本 M31：11，夹砂灰陶。平面呈"井"字形，中间有一圆孔。通长5.9、孔径2.2～2.5、厚0.9厘米（图六二，2）。

器底　1件。标本 M31：9，夹砂灰陶。台底内凹，素面。底径9.3、残高1.3、壁厚0.3～0.4厘米（图六二，3）。

铜器　计有杆1、簪1。

杆　1件。标本 M31：3，两端残缺。棒状，截面呈圆形。残长4.9、杆径0.3厘米（图六二，4）。

簪　1件。标本 M31：1，双股，平面呈"U"形，圆尖状端头。长20.4、截面直径0.3厘米；重12.7克（图六二，5）。

琉璃器　计有珠1。

珠　1件。标本 M31：2，深蓝色，呈不规则圆球状，纵向穿有一孔。外径0.5、孔径0.1～0.2、高0.4厘米（图六二，6）。

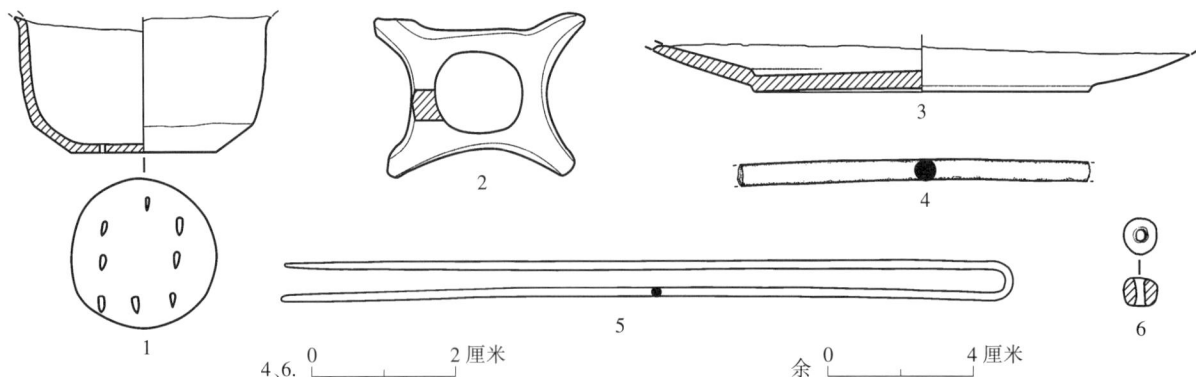

图六二　M31 出土器物

1. 小陶甑（M31：19）　2. 陶支架（M31：11）　3. 陶器底（M31：9）　4. 铜杆（M31：3）　5. 铜簪（M31：1）
6. 琉璃珠（M31：2）

二五　M32（Ⅱ区）

1. 墓葬形制

三室砖墓，平面呈倒品字形，由墓道、甬道、墓门及墓室组成。方向185°（图六三；彩版三五，1）。开口于耕土层下，开口距地表0.30米，已破坏。

墓道　平面呈长方形，靠近甬道处较陡，未发掘完，长不详，宽1.08、底部距地表2.00米。

甬道　平面呈长方形，双重拱形券顶，长0.84、宽0.56、券顶底部高1.14、券顶顶部高1.5米。

墓门　位于前室南壁偏东，双层券顶，宽0.84、门高1.14、券高1.50米。

封门　条砖封堵，分为内外两层。内层用条砖规矩封堵，现存砖19层，高1.14米，砌法为最底层一层丁立砖，之上用丁砖封堵置顶。外层用立砖倚护。

墓室　平面整体呈倒品字形，分前、后及东三个墓室，总长5.34米。

前室平面呈弧长方形，长3.00、宽2.90米。四壁外弧明显，东壁偏南有过道通往东

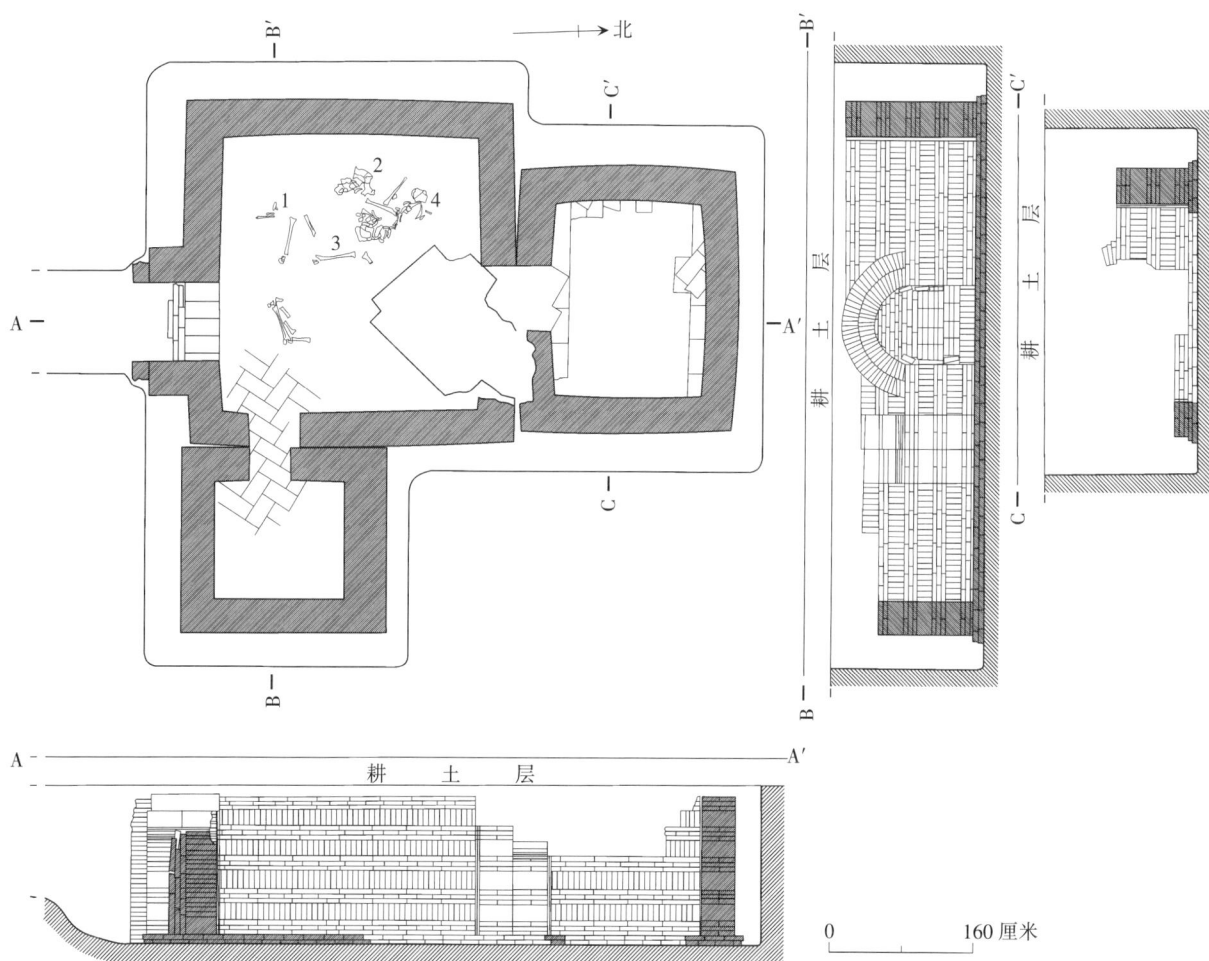

图六三　M32平、剖面图
1. 铁棺钉　2. 陶井　3、4. 陶瓷

室，拱形券顶，平面呈长方形，长 0.72、宽 0.46、券顶底现高 1.04、券顶高 1.28 米。北壁偏东有过道通往后室，从西壁残存痕迹看，其为拱形券顶，平面呈长方形，长 0.76、宽 0.70 米。

后室平面呈弧长方形，长 2.14、宽 1.70 米，四壁均外弧明显。

东室平面呈长方形，四壁较直，长 1.44、宽 1.26 米。

墓室四壁除后室破坏严重外，其他均保存较好，最高处保存有 19 层砖，砌法由下至上为三层平砖一层丁立砖，两者交替向上。另外，三层平砖的砌法又为两层双隅顺砌平砖之间夹一层平砌丁砖。墓底铺砖有两层，底层为东西向错缝平铺，上层铺砖为"人"字形。用砖规格：（36～38）×（17～18）厘米。

2. 葬具和人骨

墓内未发现任何葬具。

可辨葬有 2 具人骨，人骨凌乱分布于前室西侧，葬式及性别不明。

3. 随葬品

该墓共出土有 4 件随葬品，位于主墓室中部，质地为陶、铁两类，现分述如下。

陶器　计有灶 1、井 1、瓮 1。

灶　1 件。标本 M32 填：1，夹砂灰陶。后端残缺，仅剩前半部。灶面前端置有一平面呈不规则圆形的火眼，长方形灶门。残长 10.4、宽约 19.6、高 8.9 厘米，灶门长 11.4、高 5.5 厘米，火眼直径 9.6 厘米，壁厚 0.7～1.0 厘米（图六四，1）。

井　1 件。标本 M32：2，夹砂黑陶。尖唇，子母口外侈，束颈，略显折肩，腹略弧，平底。口径 9.8、底径 6.4、高 15.7、壁厚 0.4～0.7 厘米（图六四，2；彩版三五，2）。

瓮　1 件。标本 M32：3、4（合号），夹砂黑褐陶。方唇，直口，腹略弧，平底。内壁轮旋痕迹明显。口径 21.3、底径 18.5、高 12.6、壁厚 0.5～0.7 厘米（图六四，3；彩版三五，3）。

铁器　计有棺钉 1。

棺钉　1 件。标本 M32：1，锈蚀极严重，形制及尺寸现已不辨。

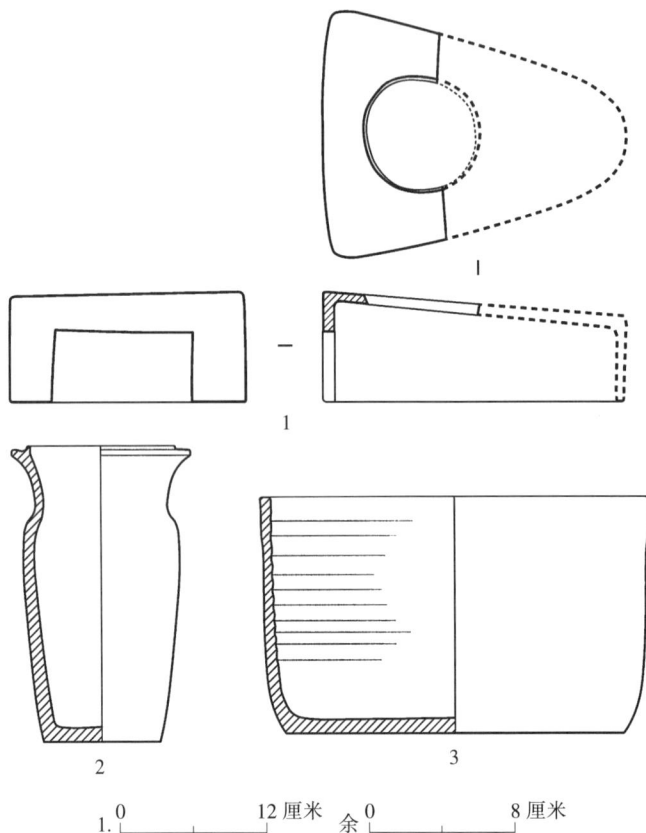

图六四　M32 出土器物
1. 陶灶（M32 填：1）　2. 陶井（M32：2）　3. 陶瓮（M32：3）

二六　M33（Ⅱ区）

1. 墓葬形制

单室砖墓，平面呈甲字形，由墓道、墓门及墓室组成。方向195°（图六五）。开口于

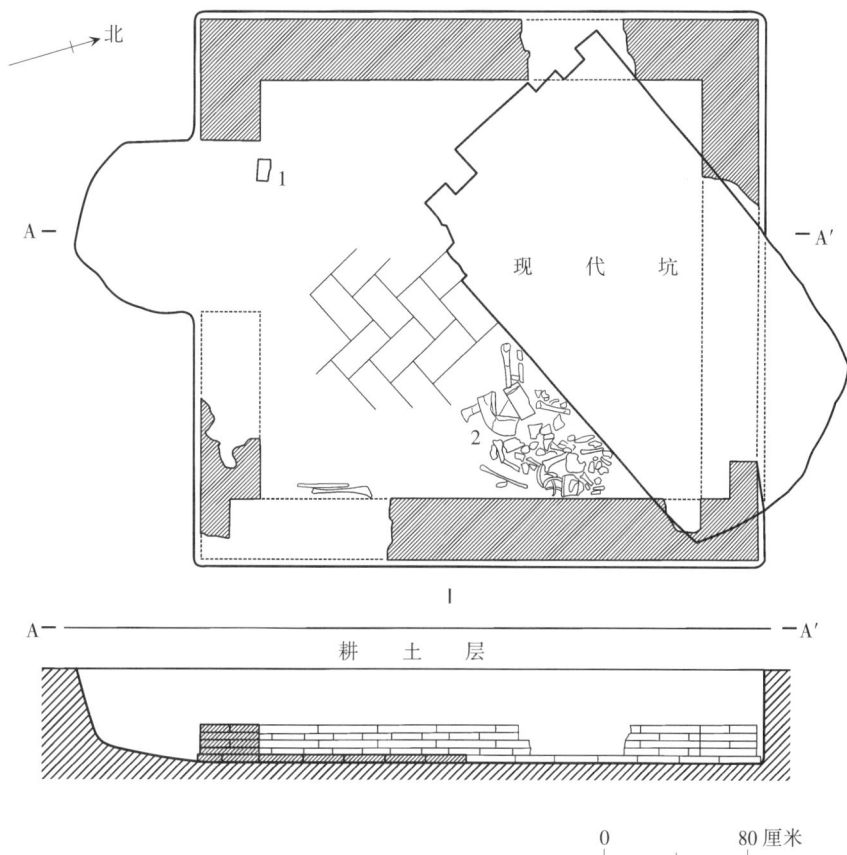

图六五 M33 平、剖面图
1. 石研板 2. 陶烤炉

耕土层下，开口距地表 0.20 米，破坏严重。

墓道 呈斜坡状，长 0.64、宽 0.90、底部距地表 0.70 米。

墓门 位于墓室南壁偏西，已破坏，宽不详。

封门 不存。

墓室 平面呈长方形，长 2.40、宽 2.20 米，北部被一个现代坑打破，北壁及北部铺地砖被破坏。四壁平直，保存最高处有 4 层砖，砌法由下至上一层丁砖平砌，一层双隅平砖顺砌，两者交替向上。墓底铺砖为人字形。用砖规格：32×16×4 厘米，青砖，大部分砖平面施有绳纹。

2. 葬具和人骨

墓内未发现任何葬具。

可辨葬有 1 具人骨，散落于墓室东部，保存较差，葬式及性别不明。

3. 随葬品

该墓共出土有 5 件随葬品，位于墓室东北部，质地有陶、石两类，现分述如下。

陶器 计有井 1、灶 1、樽 1、烤炉 1。

井 1 件。标本 M33 填:1，夹砂灰陶。方唇，侈口，展沿，腹略弧，平底。素面，腹上部施有三周瓦棱纹。口径 12.1、底径 6.7、高 11.1、壁厚 0.4～0.7 厘米（图六六，1）。

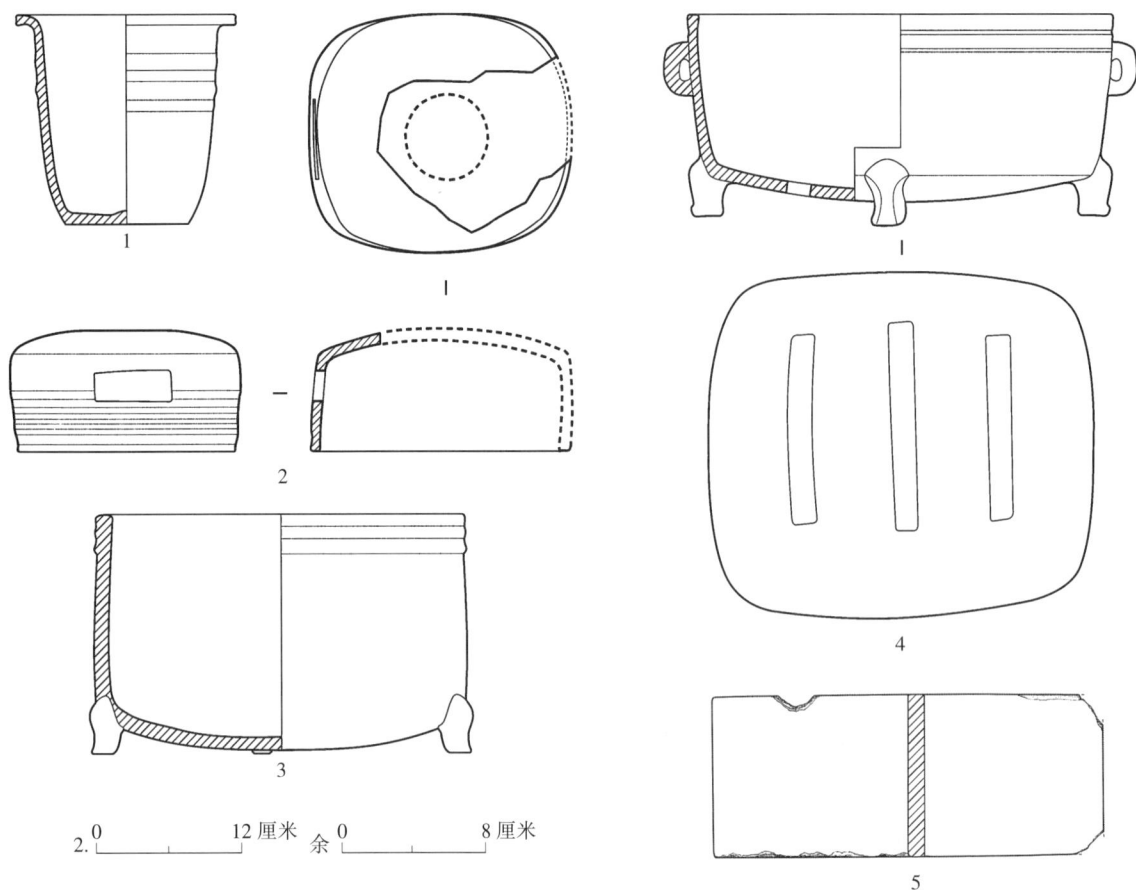

图六六　M33 出土器物

1. 陶井（M33 填：1）　2. 陶灶（M33 填：3）　3. 陶樽（M33 填：2）　4. 陶炉（M33：2）　5. 石研板（M33：1）

灶　1 件。标本 M33 填：3，夹砂红褐陶。灶面残缺不全，呈圆角长方形，火眼、烟孔位置及形制不详。长方形灶门。素面。长 21.9、宽 19.0、高 9.7 厘米，灶门长 6.3、高 2.2～2.5 厘米，壁厚 0.8～1.0 厘米（图六六，2）。

樽　1 件。标本 M33 填：2，夹砂黑陶。圆唇，直口，腹略弧，圜底，底部附有三蹄形足。近口处施有两周瓦棱纹。口径 20.4、高 12.7、壁厚 0.7～0.9 厘米（图六六，3）。

烤炉　1 件。标本 M33：2，夹砂红褐陶。平面呈圆角长方形，方唇，侈口，弧腹，圜底，底部用三个长条状镂空表示炉箅。近口处对称附有两竖耳，底部对称置有四个蹄形足。近口处饰有两周凹弦纹。口部长 23.2、宽 19.2、底部长 21.1、宽 18.3、高 11.3、壁厚 0.4～0.6 厘米（图六六，4）。

石器　计有研板 1。

研板　1 件。标本 M33：1，灰黄色页岩，略有残损。平面呈长方形，通体扁薄，磨制的较为光滑。长 10.6、宽 4.4、厚 0.4 厘米（图六六，5）。

二七　M34（Ⅱ区）

1. 墓葬形制

单室砖墓，平面呈甲字形，由墓道、甬道、墓门及墓室组成。方向 280°（图六七；彩版三六，1）。开口于耕土层下，开口距地表 0.30 米，已破坏。

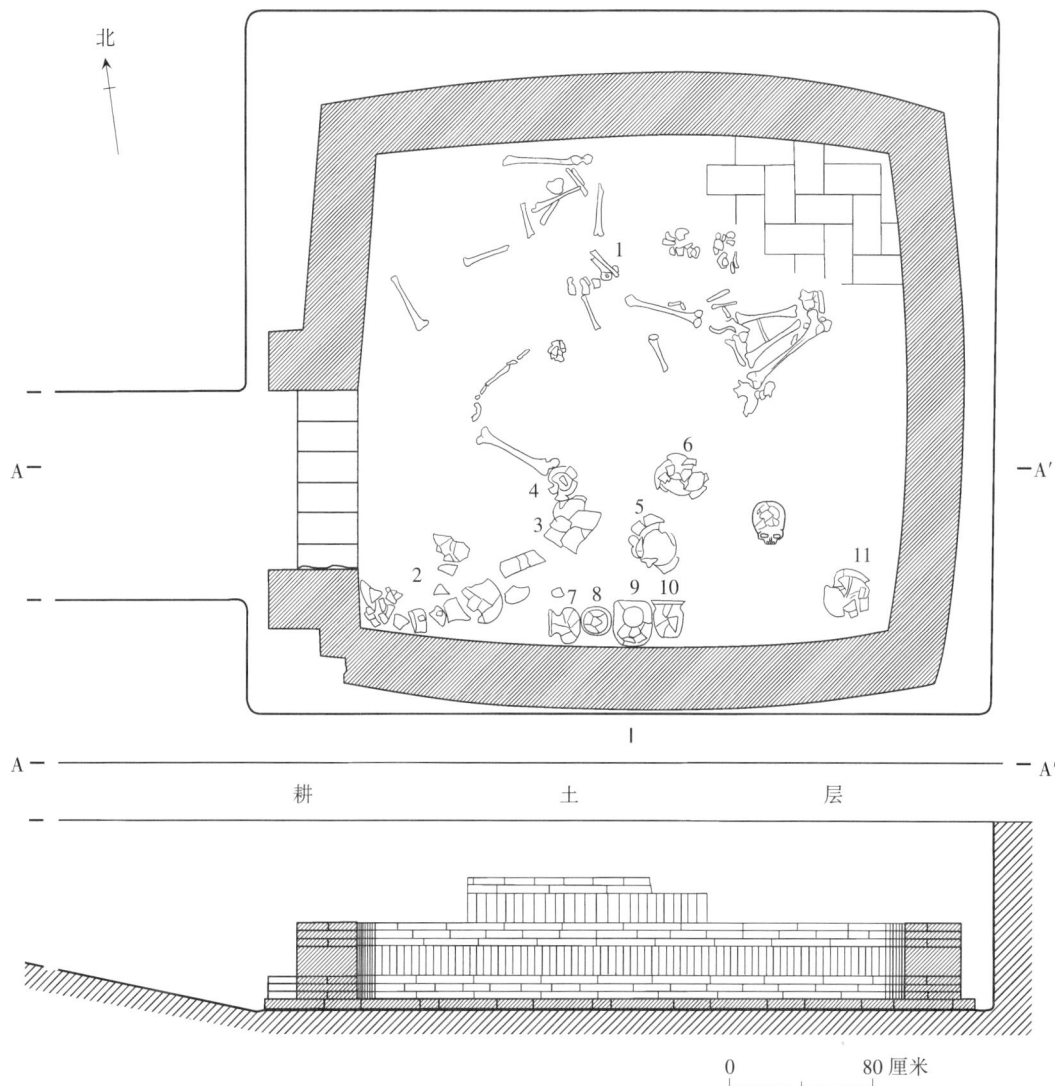

图六七　M34 平、剖面图

1. 耳瑱　2、3、5、6. 陶奁　4. 小陶盆　7. 陶罐　8. 小陶甑　9. 陶灶　10. 陶井　11. 陶盆

墓道　长方形斜坡状，未发掘完，长不详，宽 1.10、底部距地表 1.30 米。

甬道　平面呈长方形，长 0.94、宽 0.16 米。

墓门　位于墓室西壁南侧，宽 0.94 米。

封门　条砖封堵，现存 1 层，一列丁砖平砌，残高 0.04 米。

墓室　平面呈弧长方形，长 3.00、宽 2.68 米。四壁外弧明显，最高处保存有 10 层砖，砌法由下至上为三层平砖一层丁立砖，两者交替向上。另外，三层平砖的砌法又为两层双隅顺砌平砖之间夹一层平砌丁砖。墓底铺砖为人字形。用砖规格：32×16×4 厘米，青砖，大部分砖平面施有绳纹。

2. 葬具和人骨

墓内未发现任何葬具。

可辨葬有 2 具人骨，散落于墓室北部铺地砖上，个体之间已无法区分，葬式及性别不明。

3. 随葬品

该墓共出土有 11 件随葬品，多数位于墓室东部，质地有陶、琉璃两类，现分述如下。

陶器　计有罐 1、井 1、灶 1、奁 4、盆 1、小盆 1、小瓯 1。

罐　1 件。标本 M34：7，夹砂黄褐陶。侈口，方唇，唇面有凹槽，短束颈，垂肩，鼓腹，最大腹径位置居中，平底。素面。口径 11.5、底径 6.6、最大腹径 15.2、高 11.7、壁厚 0.6 厘米，灶门长 9.6、高 6.0 厘米（图六八，1；彩版三六，2）。

井　1 件。标本 M34：10，夹砂黄褐陶。尖唇，敞口，束颈，折肩，弧腹，平底。素面。口径 13.4、底径 6.6、高 13.2、壁厚 0.8 厘米（图六八，2）。

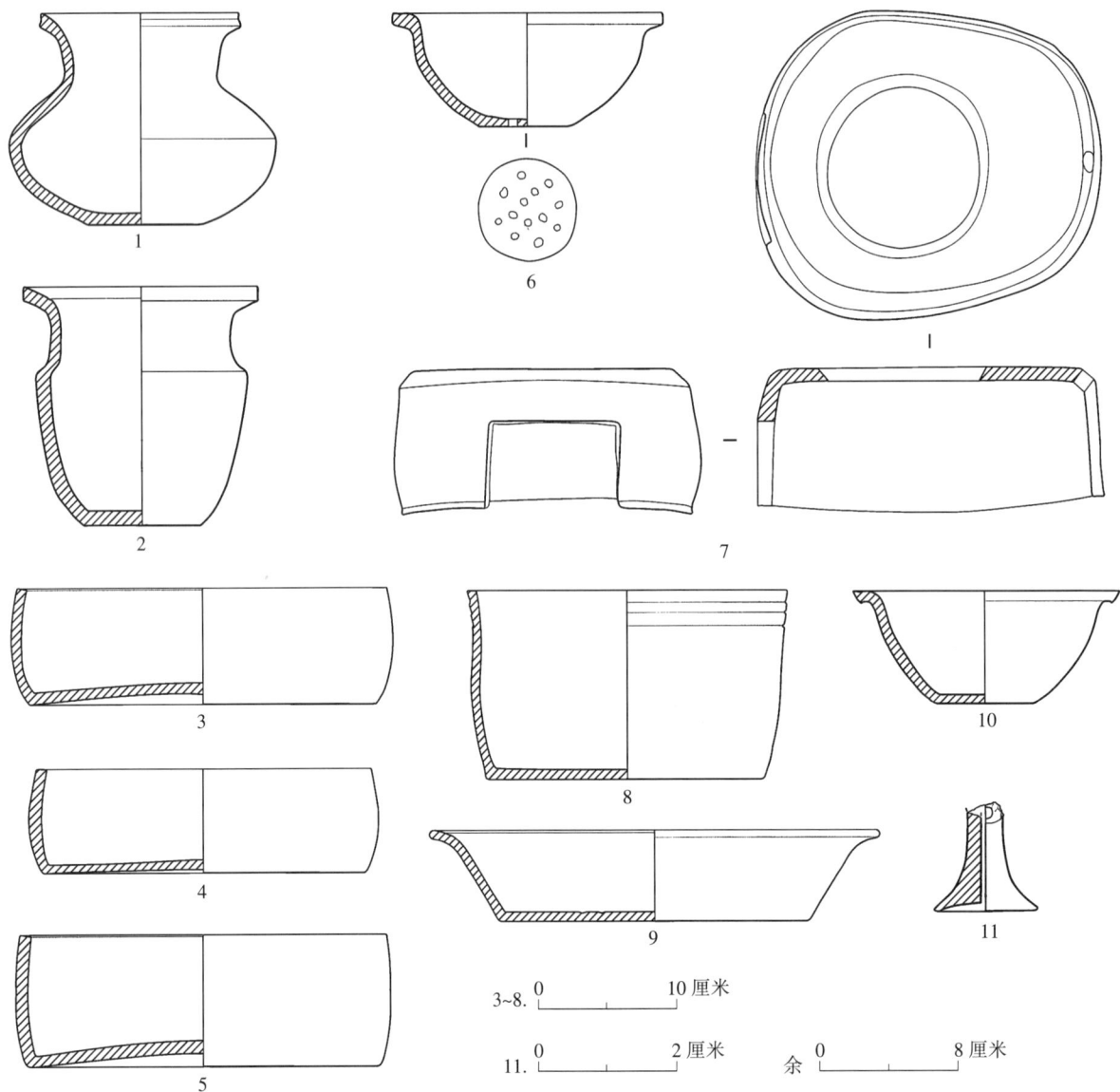

图六八　M34 出土器物

1. 陶罐（M34：7）　2. 陶井（M34：10）　3、4、5、8. 陶奁（M34：2、5、6、3）　6. 小陶瓯（M34：8）　7. 陶灶（M34：9）　9. 陶盆（M34：11）　10. 小陶盆（M34：4）　11. 琉璃耳瑱（M34：1）

灶　1件。标本 M34：9，夹砂黄褐陶。平面呈圆角长方形，前宽后窄，灶面中间置有一圆形火眼，后端有圆形烟孔。长方形灶门，落地。素面。高 10.0、长 24.5、宽 21.8、壁厚 0.8 厘米，灶门长 9.6、高 6.0 厘米，火眼直径 12.2～12.7、烟孔直径 1.3 厘米（图六八，7；彩版三六，3）。

奁　4件（M34：2、3、5、6）。其中，标本 M34：2、M34：5 与 M34：6 形制相同，均为夹砂灰陶，方唇，直口微敛，直腹微鼓，凹底，素面。标本 M34：2，口径 26.5、底径 24.7、高 8.0、壁厚 0.7 厘米（图六八，3）。标本 M34：5，口径 24.1、底径 23.3、高 7.2、壁厚 0.6～1.0 厘米（图六八，4）。标本 M34：6，口径 26.4、底径 25.4、高 9.2、壁厚 0.8 厘米（图六八，5）。标本 M34：3，夹砂灰陶。方唇，口微侈，腹略弧，平底。近口处饰三周凹弦纹。口径 22.8、底径 20.0、高 13.0、壁厚 0.7 厘米（图六八，8）。

盆　1件。标本 M34：11，夹砂红陶。圆唇，敞口，展沿，斜腹，平底。腹内底部饰两周弦纹。口径 32.2、底径 22.2、高 6.3、壁厚 0.8 厘米（图六八，9）。

小盆　1件。标本 M34：4，夹砂红陶。尖唇，敞口，展沿，弧腹，平底。素面。口径 15.0、底径 5.5、高 6.2、壁厚 0.7 厘米（图六八，10）。

小甑　1件。标本 M34：8，夹砂红陶。方唇，敞口，展沿，沿面有一周凹槽，弧腹，平底，底部不规则分布 13 个甑眼。素面。口径 15.5、底径 5.6、高 6.3、壁厚 0.7 厘米（图六八，6）。

琉璃器　计有耳瑱 1。

耳瑱　1件。标本 M34：1，深蓝色，现已残损。束腰，粗端内凹，纵向穿有一孔。最大径 1.5、残高 1.5 厘米（图六八，11）。

二八　M35（Ⅱ区）

1. 墓葬形制

双室砖墓，平面呈吕字形，由墓道、墓门及墓室组成。方向 180°（图六九；彩版三七，1）。开口于耕土层下，开口距地表 0.30 米，破坏严重。

墓道　长方形斜坡状，未发掘完，长不详，宽 1.10、底部距地表 1.20 米。

墓门　位于前室南壁东侧，遭破坏，不存。

封门　不存。

墓室　由于墓室四壁已基本破坏殆尽，只能从墓圹形状判断，其平面整体呈“吕”字形，分前、后两个墓室。

前室墓圹平面呈长方形，长 3.20、宽 2.80 米。后室墓圹长 4.00、宽 3.90 米。铺地砖除前室保留一部分外均被破坏，砌法为西北—东南斜向错缝平铺。用砖规格：36×18×6 厘米，青砖杂有少量红砖，大部分砖平面施有绳纹。

2. 葬具和人骨

前室西侧有一座棺床，单层砖砌成，砌法为三列条砖拼缝顺砌，呈长方形，长 1.62、宽 0.64、高 0.06 米。

墓内未见人骨。

3. 随葬品

该墓共出土有 18 件随葬品，位于墓室前室西部，均为陶器，种类计有鼎 1、仓 2、奁 4、钵 1、缸 6、小盆 1、器盖 1、器底 2。

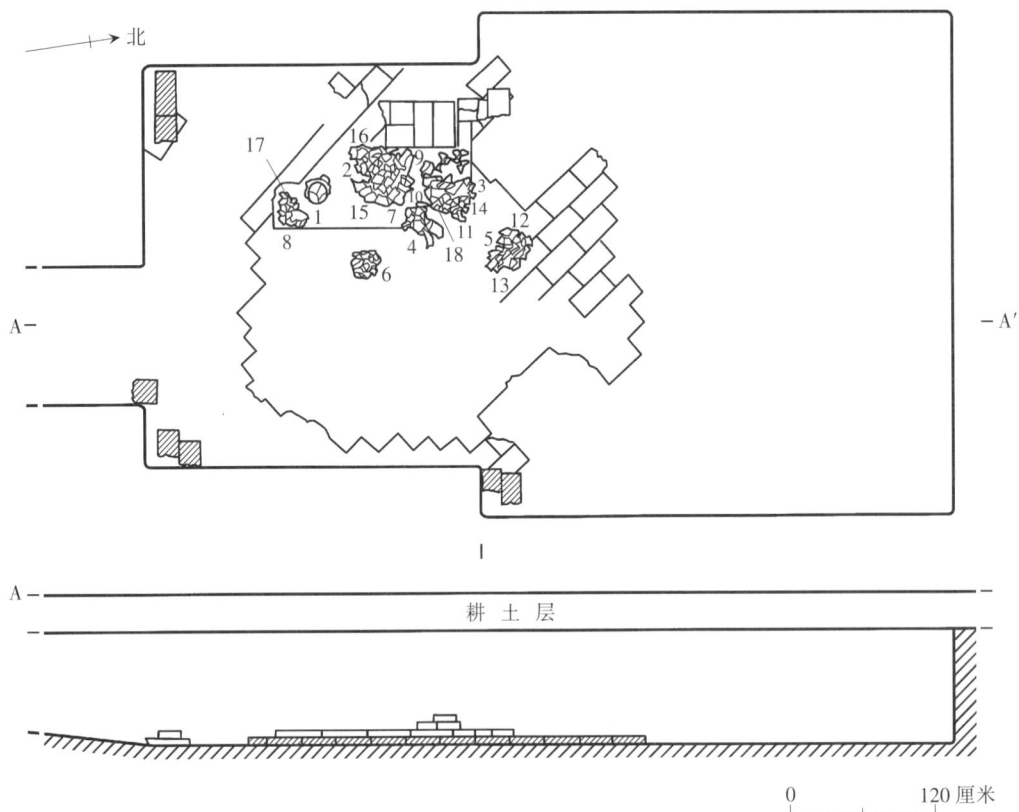

图六九　M35 平、剖面图

1、17. 陶器底　2、6、11、13、14、18. 陶缸　3、15. 陶仓　4、5、12、16. 陶奁　7. 陶鼎　8. 陶钵
9. 陶器盖　10. 小陶盆

鼎　1 件。标本 M35:7，夹砂黑陶。圆唇，子口，略显折肩，折腹，圜底。底部置有三个四棱柱状足，腹中部有分体附耳孔，耳已缺失。素面，腹部施有一周扉棱。口径11.0、最大腹径 15.5、高 12.2、壁厚 0.5~1.0 厘米（图七〇，1）。

仓　2 件（M35:3、15）。标本 M35:3，夹砂灰陶，由仓盖和仓身两部分组成。仓盖：四角攒尖顶式结构。仓盖平面呈方形，四面坡式，有对称的瓦垄，瓦垄终端有雕花瓦当。仓身：正面上宽下窄、呈倒梯形，中间有方孔，表示门，门口上方用突出的长方形菱格装饰表示窗，菱格窗内有镂孔。底部附有四个短柱状矮足。仓体周身有瓦棱纹饰。通高 23.1 厘米。仓盖：边长 26.6、高 7.7、壁厚 0.6~1.6 厘米。仓身：长 24.0、宽19.3、高 18.0、壁厚 0.8~2.5 厘米（图七〇，5；彩版三七，2）。标本 M35:15，夹砂灰陶，仅存底部。正面残存有仓门，但由于上部分缺失而形状不辨。底部平面呈长方形，下附四足，均已缺失。长 20.2、宽 15.0、残高 7.2、壁厚 0.4~0.7 厘米（图七〇，2）。

奁　4 件（M35:4、5、12、16）。标本 M35:4，夹砂黑陶。为盖奁，弧顶，略显折腹，口微敛，尖唇。顶部施有四周同心凹弦纹。口径 19.5、高 9.4、壁厚 0.4~0.5 厘米（图七〇，3）。标本 M35:5，夹砂黑陶。方唇，直口，直腹，平底。口部饰有一道弦纹。口径 20.3、底径 19.8、高约 15.3、壁厚 0.7~1.0 厘米（图七〇，4）。标本 M35:12，夹砂黑陶。口部残缺，平底。底径 22.1、残高 12.6、壁厚 0.4~1.0 厘米（图七〇，6）。标本 M35:16，夹砂黑陶。方唇，腹略弧，平底。素面。口径 22.0、底径 19.7、高 15.5、

图七〇　M35 出土器物

1. 陶鼎（M35：7）　2、5. 陶仓（M35：15、3）　3、4、6、7. 陶奁（M35：4、5、12、16）　8. 陶钵（M35：8）

壁厚 0.5～1.0 厘米（图七〇，7）。

钵　1 件。标本 M35：8，夹砂黑陶。方唇，口微敛，腹略鼓，平底。近口处施一周凸棱。口径 17.0、底径 7.0、高 8.2、壁厚 0.5～0.8 厘米（图七〇，8）。

缸　6 件（M35：2、6、11、13、14、18）。标本 M35：2，夹砂黑陶。方唇，唇面有一周凹槽，口微敛，腹略弧，凹底。素面。口径 11.2、底径 6.9、高 14.8、壁厚 0.7～0.9 厘米（图七一，1）。标本 M35：6，夹砂黑陶。方唇，直口，弧腹，平底。近口处施有一周凸弦纹。口径 10.7、底径 6.8、高 15.0、壁厚 0.4～0.8 厘米（图七一，2；彩版三七，3）。标本 M35：11，夹砂黑陶。方唇，直口，腹略弧，底部残缺。近口处施有一周凸弦纹。口径 10.6、残高 12.1、壁厚 0.5～0.8 厘米（图七一，3）。标本 M35：13，夹砂黑陶。方唇，直口，弧腹，底部残缺。近口处施有一周凸弦纹。口径 11.6、残高 11.8、

图七一　M35 出土器物

1~6. 陶缸（M35：2、6、11、13、14、18）　7. 小陶盆（M35：10）　8. 陶器盖（M35：9）　9、10. 陶器底（M35：1、17）

壁厚 0.4~0.6 厘米（图七一，4）。标本 M35：14，夹砂黑陶。尖唇，直口，弧腹，底部残缺。口径 9.0、残高 11.2、壁厚 0.7~1.0 厘米（图七一，5）。标本 M35：18，夹砂黑陶。方唇，直口，直腹，圜底。口径 10.2、底径 7.7、高 11.2、壁厚 0.7~0.8 厘米（图七一，6）。

　　小盆　1件。标本 M35：10，夹砂黄褐陶。方唇，敞口，折沿，弧腹，平底。素面，腹下部修坯削痕明显。口径 10.5、底径 3.7、高 4.1、壁厚 0.5~0.8 厘米（图七一，7）。

　　器盖　1件。标本 M35：9，夹砂黑陶。平顶，弧腹，直口，尖唇。口径 18.0、高 4.8、壁厚 0.7~0.8 厘米（图七一，8）。

器底 2 件（M35：1、17）。标本 M35：1，夹砂黑陶。仅存底部，器形不辨，平底。底径 17.1、残高 7.7、壁厚 0.3～1.0 厘米（图七一，9）。标本 M35：17，夹砂黑陶。仅存底部，器形不辨。平底，底部平面呈方形，对称穿有 5 个圆孔。底边长 6.6、残高 7.8、壁厚 0.3～1.0 厘米（图七一，10）。

二九 M36（Ⅱ区）

1. 墓葬形制

单室砖墓，平面呈甲字形，由墓道、甬道、墓门及墓室组成。方向 185°（图七二；彩版三八，1）。开口于耕土层下，开口距地表 0.30 米，破坏严重。

墓道 西部被一扰坑打破，长方形斜坡状，未发掘完，长不详，宽 1.00、底部距地表 1.70 米。

甬道 已破坏殆尽，从墓圹情况判断应有甬道。

墓门 位于墓室南壁偏东，遭到破坏，不存。

封门 不存。

墓室 四壁已被破坏殆尽，只能从墓圹形状判断，其平面呈梯形，墓圹长 3.40、宽 3.00～3.40 米。墓底铺砖为西北—东南斜向错缝平铺。用砖规格：（39～40）×（19～20）×6 厘米，青砖，大部分砖平面施有绳纹。

2. 葬具和人骨

墓内未发现任何葬具。

可辨葬有 2 具人骨，并列置于墓室西部铺地砖之上。西侧人骨保存较完整，为一男性个体，葬式为仰身直肢，头向北；东侧个体仅保留破碎颅骨和部分下肢骨，头向北，葬式及性别不明。

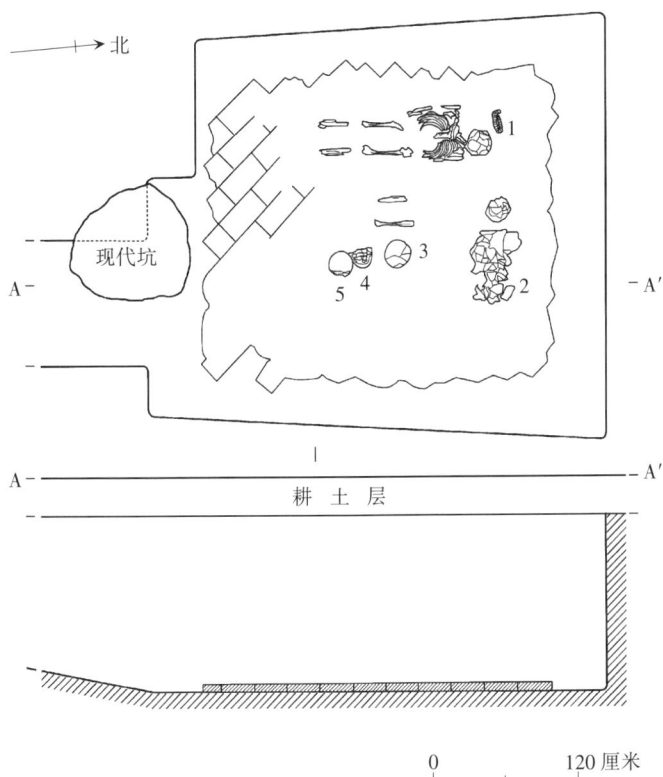

图七二 M36 平、剖面图
1. 铜钱 2. 陶罐 3. 陶器盖 4. 陶片 5. 陶碗

3. 随葬品

该墓共出土有 5 件随葬品，位于墓室北部，主要为陶器；其中有铜钱 82 枚。分述如下。

陶器 计有罐 1、碗 1、器盖 1、残片 1。

罐 1 件。标本 M36：2，夹砂灰陶。方唇，侈口，折沿，束颈，溜肩，垂腹，最大腹径位置靠下，平底。肩部及腹上部饰有三组弦纹带，每组由两条凹弦纹组成；腹下部及底部饰绳纹。口径 20.0、底径 13.0、最大腹径 30.7、高 23.3、壁厚 1.0 厘米（图七三，1；彩版三八，2）。

碗 1 件。标本 M36：5，夹砂灰陶，器表施黑色陶衣。圆唇，直口，折腹，小平底，素面。口径 17.9、底径 8.4、高 7.4、壁厚 0.6～0.8 厘米（图七三，2；彩版三八，3）。

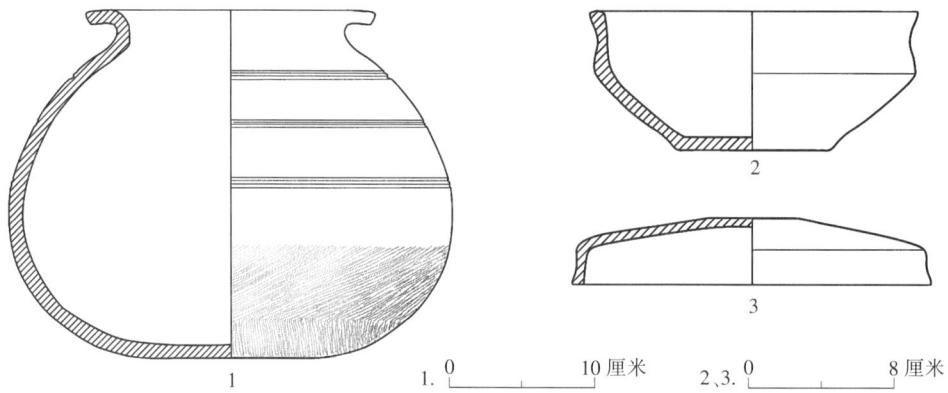

图七三　M36 出土器物

1. 陶罐（M36：2）　2. 陶碗（M36：5）　3. 陶器盖（M36：3）

　　器盖　1 件。标本 M36：3，夹砂灰陶，器表施黑色陶衣。整体呈覆钵状，平顶，直口、方唇，素面。顶径 5.5、口径 19.7、高 3.6、壁厚 0.6 厘米（图七三，3）。

　　残片　1 件。标本 M36：4，夹砂灰陶，器形不可辨。

　　铜钱　82 枚，均为"五铢"钱（图七四）。详情见下表。

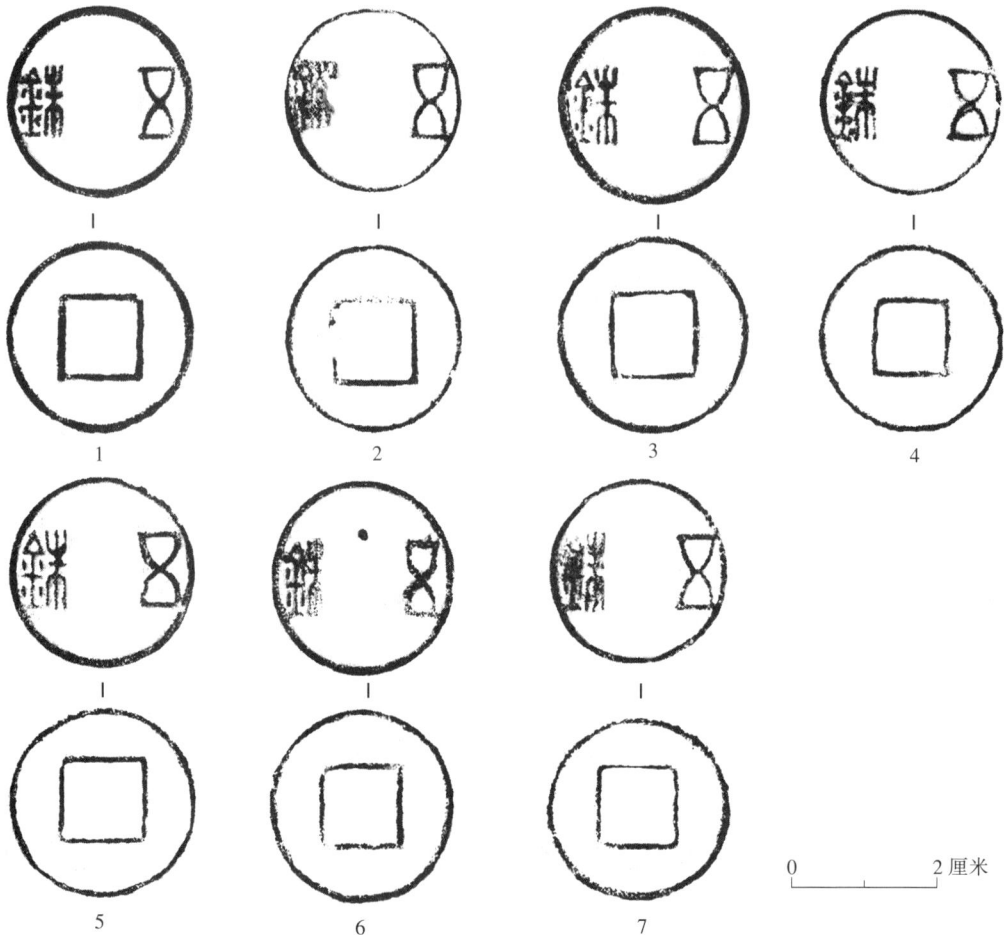

图七四　M36 出土铜钱拓片

1~7. M36：1-1、1-5、1-13、1-25、1-32、1-44、1-79

M36 铜钱统计表　　　　　　　　　　（长度：厘米，重量：克）

种类	编号	特征		郭径	钱径	穿宽	郭宽	郭厚	肉厚	重量
		文字特征	记号							
五铢钱	1－1	"五"字瘦长，竖划缓曲；"金"头三角形，四竖点；"朱"头方折，"朱"下较圆	无	2.55	2.27	0.95	0.14	0.15	0.08	3.00
	1－2	同上	无	2.50	2.28	0.97	0.11	0.09	0.06	2.50
	1－3	同上	无	2.60	2.48	0.90	0.06	0.12	0.06	2.50
	1－4	同上	无	2.57	2.23	0.93	0.17	0.14	0.07	2.70
	1－5	同上	无	2.48	2.26	0.88	0.11	0.13	0.06	2.70
	1－6	同上	无	2.49	2.31	0.97	0.09	0.10	0.05	1.90
	1－7	同上	无	2.59	2.25	0.89	0.17	0.14	0.06	2.60
	1－8	同上	无	2.57	2.31	0.93	0.13	0.13	0.06	2.40
	1－9	同上	无	2.58	2.30	0.94	0.19	0.11	0.07	2.60
	1－10	同上	无	2.60	2.30	0.90	0.15	0.11	0.08	2.90
	1－11	同上	无	2.58	2.24	0.86	0.17	0.14	0.07	3.60
	1－12	同上	无	2.49	2.27	1.00	0.11	0.12	0.06	2.20
	1－13	同上	穿下一星	2.54	2.20	0.89	0.17	0.19	0.09	2.90
	1－14	同上	无	2.59	2.33	0.92	0.13	0.15	0.09	3.00
	1－15	同上	无	2.57	2.35	0.98	0.11	0.15	0.08	2.90
	1－16	同上	无	2.59	2.25	0.98	0.17	0.15	0.08	2.70
	1－17	同上	无	2.51	2.27	0.96	0.12	0.12	0.06	1.90
	1－18	同上	无	2.54	2.28	1.00	0.13	0.14	0.07	2.50
	1－19	同上	无	2.65	2.35	0.95	0.15	0.16	0.05	2.40
	1－20	同上	无	2.57	2.33	0.96	0.12	0.10	0.05	2.20
	1－21	同上	无	2.60	2.30	1.00	0.15	0.15	0.09	3.00
	1－22	同上	无	2.51	2.21	0.94	0.15	0.10	0.05	2.70
	1－23	同上	无	2.52	2.22	0.91	0.15	0.11	0.02	2.00
	1－24	同上	无	2.58	2.28	0.94	0.15	0.15	0.07	3.90
	1－25	"五"字瘦长，竖划缓曲；"金"头三角形，四竖点；"朱"头方折，"朱"下方折	无	2.60	2.34	0.96	0.13	0.16	0.08	2.70
	1－26	同上	无	2.57	2.19	0.85	0.19	0.13	0.05	2.40
	1－27	同上	无	2.60	2.30	0.94	0.15	0.15	0.06	2.70
	1－28	同上	无	2.55	2.29	0.94	0.13	0.12	0.06	2.60
	1－29	同上	无	2.56	2.26	1.00	0.15	0.10	0.06	2.40

（续表）

种类	编号	特征		郭径	钱径	穿宽	郭宽	郭厚	肉厚	重量
		文字特征	记号							
五铢钱	1-30	同上	无	2.58	2.36	0.94	0.11	0.14	0.06	2.30
	1-31	同上	无	2.50	2.14	0.93	0.18	0.13	0.06	2.30
	1-32	"五"字瘦长，竖划缓曲；"金"头三角形，四竖点；"朱"头较圆，"朱"下较圆	无	2.56	2.34	0.88	0.11	0.15	0.10	3.20
	1-33	同上	无	2.56	2.28	0.91	0.14	0.14	0.07	2.90
	1-34	同上	无	2.62	2.36	0.91	0.13	0.15	0.08	2.90
	1-35	同上	无	2.62	2.34	0.98	0.14	0.16	0.05	2.50
	1-36	同上	无	2.57	2.37	0.96	0.10	0.14	0.06	3.00
	1-37	同上	无	2.55	2.31	0.92	0.12	0.14	0.06	3.40
	1-38	同上	无	2.56	2.20	0.95	0.18	0.13	0.05	2.90
	1-39	同上	无	2.60	2.28	1.00	0.16	0.15	0.05	2.50
	1-40	同上	无	2.60	2.20	0.97	0.20	0.17	0.07	2.90
	1-41	同上	无	2.59	2.31	0.96	0.14	0.13	0.06	2.70
	1-42	同上	无	2.59	2.25	0.95	0.17	0.15	0.09	2.70
	1-43	同上	无	2.59	2.31	1.00	0.14	0.17	0.07	2.30
	1-44	同上	穿上一星	2.55	2.27	0.95	0.14	0.13	0.09	2.90
	1-45	同上	无	2.55	2.25	0.96	0.15	0.13	0.08	3.10
	1-46	同上	无	2.61	2.29	0.96	0.16	0.14	0.07	2.50
	1-47	同上	无	2.55	2.29	0.88	0.13	0.13	0.05	3.00
	1-48	同上	无	2.55	2.19	0.92	0.18	0.16	0.05	2.70
	1-49	同上	无	2.58	2.28	0.92	0.15	0.16	0.07	3.20
	1-50	同上	无	2.54	2.22	0.90	0.16	0.15	0.09	3.60
	1-51	同上	无	2.55	2.31	0.91	0.12	0.13	0.08	3.10
	1-52	同上	无	2.62	2.32	1.00	0.15	0.13	0.09	3.20
	1-53	同上	无	2.54	2.24	0.92	0.15	0.10	0.07	2.80
	1-54	同上	无	2.58	2.30	0.96	0.14	0.14	0.07	2.90
	1-55	同上	无	2.53	2.31	1.00	0.11	0.11	0.08	2.60
	1-56	同上	无	2.56	2.30	0.92	0.13	0.14	0.06	2.70
	1-57	同上	无	2.65	2.33	0.97	0.16	0.15	0.06	2.30
	1-58	同上	无	2.57	2.25	0.92	0.16	0.15	0.05	2.90
	1-59	同上	无	2.55	2.23	0.93	0.16	0.18	0.05	2.30
	1-60	同上	无	2.58	2.26	0.97	0.16	0.11	0.05	2.10

（续表）

种类	编号	特征		郭径	钱径	穿宽	郭宽	郭厚	肉厚	重量
		文字特征	记号							
五铢钱	1－61	同上	无	2.54	2.22	0.93	0.16	0.14	0.07	2.20
	1－62	同上	无	2.53	2.25	0.92	0.14	0.14	0.08	2.90
	1－63	同上	无	2.59	2.27	0.96	0.16	0.13	0.05	2.50
	1－64	同上	无	2.62	2.26	0.97	0.18	0.16	0.06	2.30
	1－65	同上	无	2.52	2.28	0.88	0.12	0.15	0.06	2.70
	1－66	同上	无	2.59	2.37	0.91	0.11	0.16	0.03	2.20
	1－67	同上	无	2.57	2.27	0.97	0.15	0.16	0.09	2.70
	1－68	同上	无	2.57	2.23	0.95	0.12	0.14	0.07	2.90
	1－69	同上	无	2.60	2.26	0.95	0.17	0.16	0.09	3.00
	1－70	同上	穿下一星	2.63	2.29	0.91	0.17	0.19	0.09	3.60
	1－71	同上	无	2.59	2.25	0.95	0.17	0.16	0.09	2.80
	1－72	同上	无	2.58	2.30	0.95	0.14	0.14	0.06	2.70
	1－73	同上	无	2.60	2.20	0.90	0.20	0.12	0.07	2.70
	1－74	同上	无	2.56	2.26	0.92	0.15	0.15	0.06	2.70
	1－75	同上	无	2.57	2.25	0.95	0.16	0.17	0.07	2.70
	1－76	同上	无	2.55	2.19	1.00	0.13	0.15	0.07	2.90
	1－77	同上	无	2.57	2.27	0.92	0.15	0.14	0.08	2.60
	1－78	同上	无	2.59	2.29	0.93	0.15	0.13	0.06	2.50
	1－79	"五"字瘦长，竖划较直；"金"头三角形，四竖点；"朱"头较圆，"朱"下较圆	无	2.56	2.28	0.90	0.14	0.16	0.05	3.00
	1－80	同上	无	2.45	2.21	0.86	0.12	0.14	0.09	2.60
	1－81	同上	无	2.57	2.27	0.92	0.15	0.13	0.07	2.90
	1－82	同上	无	2.65	2.35	0.94	0.15	0.15	0.09	2.90

三〇　M38（Ⅱ区）

1. 墓葬形制

单室砖墓，平面呈甲字形，由墓道、墓门及墓室组成。方向180°（图七五；彩版三九，1）。开口于耕土层下，开口距地表0.30米，破坏严重。

墓道　长方形斜坡状，未发掘完，长不详，宽0.80、底部距地表0.80米。

墓门　位于墓室南壁偏西，东壁不存，宽度不详。

封门　不存。

墓室　平面呈长方形，长2.40、宽1.70米。除东北角砖墙保存一部分外，其余均被破坏，四壁最高处保存有7层砖，砌法为双隅平砖错缝顺砌。墓底铺砖为人字形。用砖规

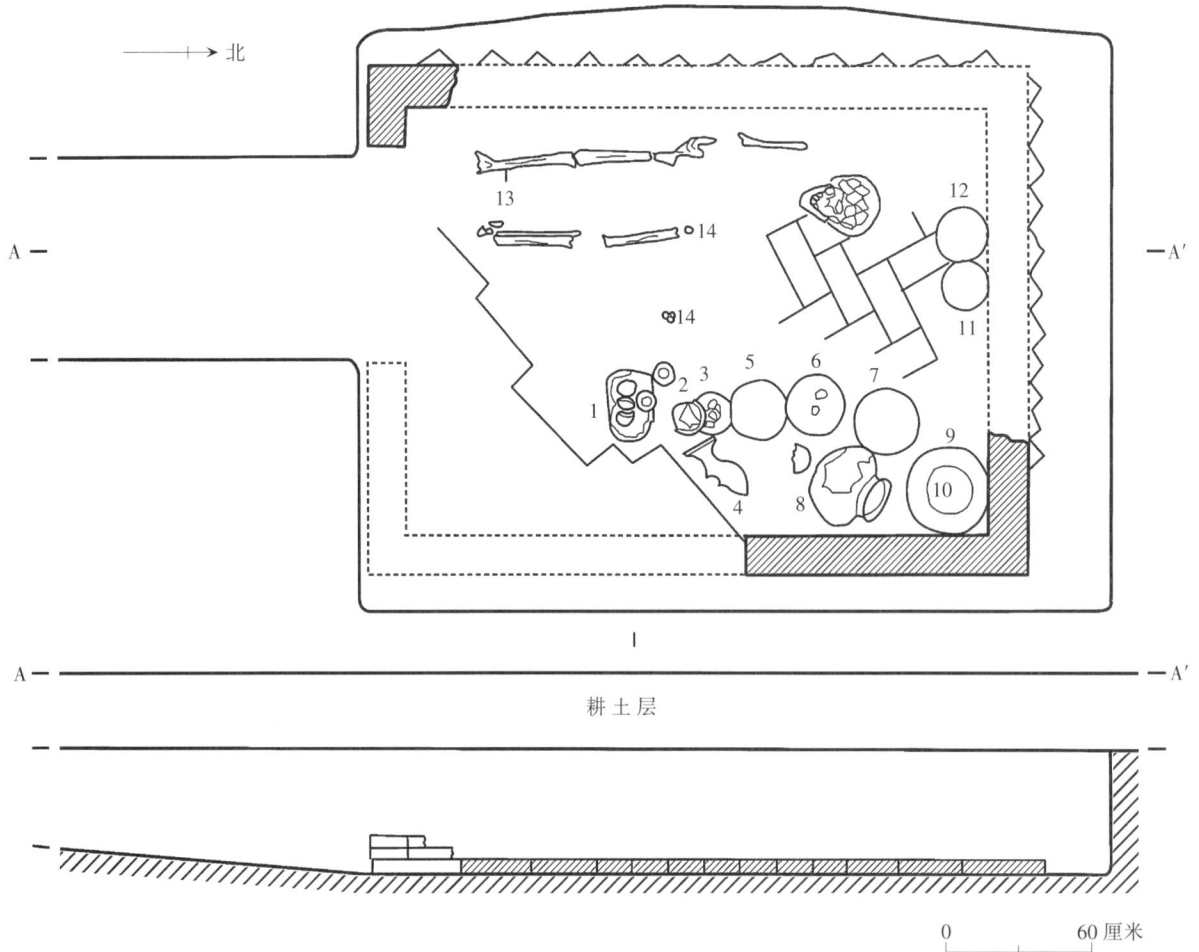

图七五 M38 平、剖面图

1. 陶灶组合　2. 陶井　3、4. 陶壶　5、6、7、10、12. 陶奁　8、9. 陶罐　11. 陶钵　13. 铁棺钉　14. 铜钱

格：32×16×5 厘米，青砖，大部分砖平面施有绳纹。

2. 葬具和人骨

墓内未发现任何葬具。

可辨葬有 1 具人骨，腐朽严重，仅残存部分肢骨，仰身直肢，头向北，性别不明。

3. 随葬品

该墓共出土有 19 件随葬品，多数位于墓室东北部，质地分为陶、铁、铜三类，其中有铜钱 8 枚。分述如下。

陶器　计有罐 2、壶 2、井 1、灶 1、奁 5、钵 1、小釜 2、小盆 2、小瓶 1。

罐　2 件（M38：8、9）。标本 M38：8，夹砂黄褐陶。圆唇，敛口，直领，溜肩，鼓腹，最大腹径位置偏上，平底，边缘回泥起棱。素面，器表轮旋痕迹明显。口径 14.2、底径 12.2、腹部最大径 27.1、高 21.3、壁厚 0.4～0.6 厘米（图七六，1；彩版三九，2）。标本 M38：9，夹砂白陶，陶色不纯，局部呈红褐色。尖唇，敞口，折沿，短颈，圆肩，鼓腹，腹部最大径位置居中，凹底。腹下部及底部满饰绳纹。口径 19.8、底径 16.6、最大腹径 37.4、高 30.8、壁厚 0.9～1.3 厘米（图七六，2；彩版三九，3）。

图七六　M38 出土器物

1、2. 陶罐（M38：8、9）　3、4. 陶壶（M38：3、4）　5. 陶井（M38：2）　6. 陶灶组合（M38：1）　7~11. 陶奁（M38：5、6、12、7、10）　12. 陶钵（M38：11）　13. 小陶盆（M38：1-4）　14. 铁钉（M38：13）

壶　2件（M38：3、4）。形制相同，均为夹砂灰陶，尖唇，唇缘外有一周凹槽，喇叭口，束颈，溜肩，垂腹，最大腹径位置偏下，素面。标本 M38：3，平底。口径11.5、底径 7.5、最大腹径 15.7、高 21.3、壁厚 0.4～0.6 厘米（图七六，3；彩版四〇，1）。标本 M38：4，底部缺失。口径 12.2、底径 12.2、最大腹径 15.0、残高 20.3、壁厚 0.4～0.6 厘米（图七六，4）。

井　1 件。标本 M38：2，夹砂灰陶。方唇，敞口，折沿，束颈，略显折肩，弧腹，平底。腹下部修坯削痕明显。口径 12.3、底径 6.6、高 14.8、壁厚 0.4～0.6 厘米（图七六，5；彩版四〇，2）。

灶　1 件。标本 M38：1-1，夹砂灰褐陶。平面略呈圆角长方形，灶面上隆明显。灶面前端置 2 个圆形火眼，后壁上方有圆形烟孔。长方形灶门。通长 23.1、宽 18.1、高 8.4 厘米，火眼直径 6.8、6.2、烟孔直径 1.0 厘米，灶门长 4.7、高 3.1、壁厚 0.6～0.9 厘米（图七六，6；彩版四〇，3）。

瓮　5 件（M38：5、6、7、10、12）。其中，标本 M38：5、M38：6 与 M38：12 形制相同，均为夹砂黄褐陶，方唇，敛口，腹略弧，圜底，素面。标本 M38：5，口径 23.2、高 9.2、壁厚 0.6～0.7 厘米（图七六，7；彩版四〇，4）。标本 M38：6，唇下回泥起棱，口径 22.7、高 9.0、壁厚 0.6～0.7 厘米（图七六，8）。标本 M38：12，口径 22.2、高 8.8、壁厚 0.5～0.7 厘米（图七六，9）。其中，标本 M38：7 与 M38：10 形制相同，均为夹砂黄褐陶，圆唇，子口微敛，弧腹，圜底，近口处施有一周凸棱。标本 M38：7，口径 24.0、高 14.6、壁厚 0.6～0.8 厘米（图七六，10；彩版四〇，5）。标本 M38：10，口径 18.8、高 10.1、壁厚 0.5～0.7 厘米（图七六，11）。

小盆　2 件（M38：1-3、1-4）。形制相同，均为夹砂灰褐陶，圆唇，侈口，小展沿，折腹，平底，素面。标本 M38：1-3，口径 8.0、底径 2.3、高 3.4、壁厚 0.4～0.5 厘米（图七六，6）。标本 M38：1-4，口径 8.3、底径 3.0、高 3.6、壁厚 0.2～0.3 厘米（图七六，13）。

钵　1 件。标本 M38：11，夹砂灰陶。圆唇，敛口，弧腹，平底。近口处施有一周凹弦纹。口径 19.9、底径 6.3、高 8.1、壁厚 0.5～0.7 厘米（图七六，12；彩版四〇，6）。

小釜　2 件（M38：1-2、1-5）。形制相同，均为夹砂灰褐陶，圆唇，敛口，溜肩，垂腹，平底，素面。标本 M38：1-2，口径 5.5、底径 4.7、高 3.5、壁厚 0.3～0.4 厘米（图七六，6）。标本 M38：1-5，口径 5.9、底径 4.0、高 4.5、壁厚 0.3～0.4 厘米（图七六，6）。

小甑　1 件。标本 M38：1-6，夹砂灰褐陶。圆唇，侈口，小展沿，弧腹，平底，底部穿有 5 个长方形甑孔。口径 8.0、底径 3.5、高 3.6、壁厚 0.4～0.5 厘米（图七六，6）。

铁器　计有钉 1。

钉　1 件。标本 M38：13，锈蚀较严重，钉头残缺。圆柱状钉身。残长 4.1 厘米（图七六，14）。

铜钱　8 枚，均为"货泉"钱（图七七）。详情见下表。

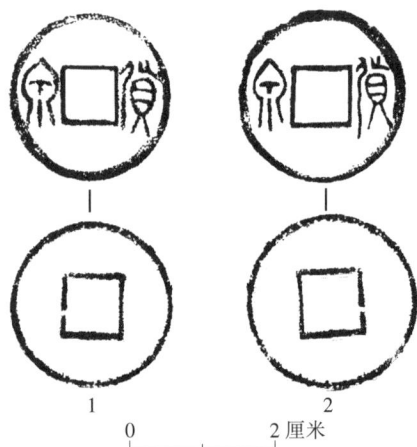

图七七　M38 出土铜钱拓片
1、2. M38：14-1、14-2

M38 铜钱统计表 （长度：厘米，重量：克）

种类	编号	特征		郭径	钱径	穿宽	郭宽	郭厚	肉厚	重量
		文字特征	记号							
货泉	14－1	正面穿之左右篆书"货泉"二字		2.23	1.95	0.66	0.14	0.18	0.05	2.20
	14－2	同上		2.25	1.95	0.69	0.15	0.17	0.09	2.60
	14－3	同上		2.33	2.03	0.70	0.15	0.17	0.05	2.30
	14－4	同上		2.29	1.93	0.62	0.18	0.17	0.08	2.00
	14－5	同上		2.20	1.90	0.66	0.15	0.14	0.05	2.30
	14－6	同上		2.20	1.90	0.69	0.15	0.16	0.05	1.90
	14－7	同上		2.24	1.94	0.65	0.15	0.17	0.06	2.20
	14－8	同上（残）		2.34	2.02	0.68	0.16	0.19	0.08	2.20

三一 M40（Ⅱ区）

1. 墓葬形制

双室砖墓，平面呈吕字形，由墓道、甬道、墓门及墓室组成。方向280°（图七八；彩版四一，1）。开口于耕土层下，开口距地表0.30米，已破坏。

墓道 长方形斜坡状，未发掘完，长不详，宽1.00、底部距地表1.10米。

甬道 南壁遭破坏，平面形状不详，现存长0.46米，宽不详。

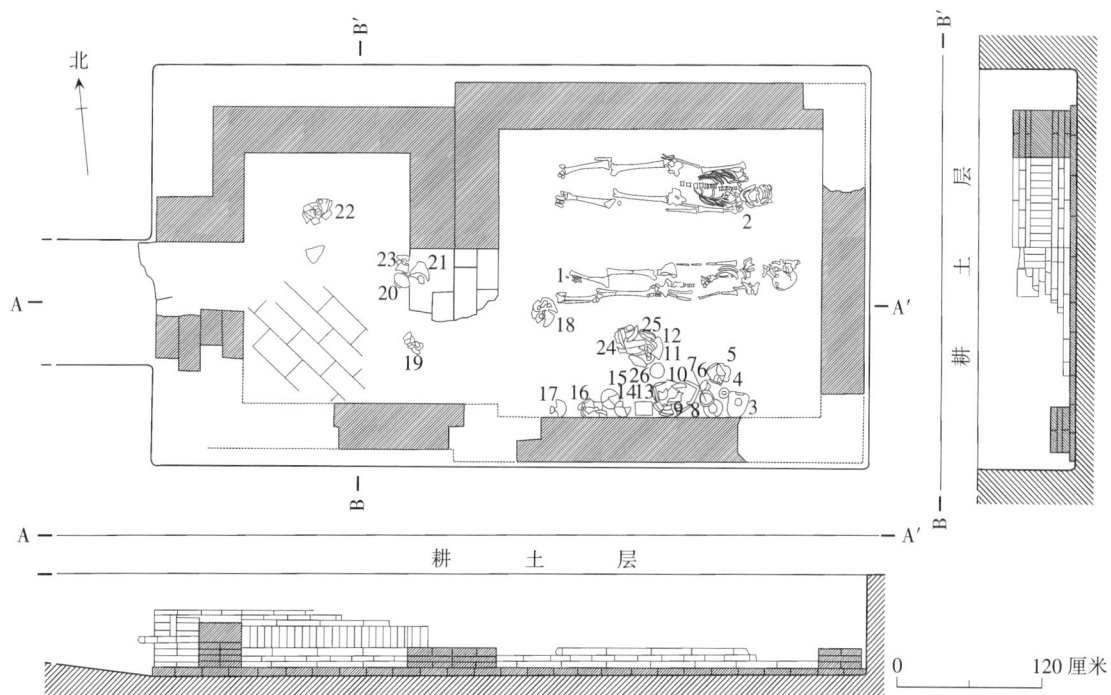

图七八 M40 平、剖面图

1. 耳瑱 2. 铁镢 3. 陶灶 4. 陶俑 5. 陶井 6、8. 小陶盆 7、9. 小陶甑 10. 陶仓 11. 小陶釜 12、21. 陶奁 13、16、25. 陶缸 14、15、17. 陶器盖 18、23. 陶盆 19、26. 陶盘 20. 陶耳杯 22. 陶樽 24. 陶鼎

墓门　位于墓室前室西壁中部偏南，仅存北侧基础，宽不详。

封门　条砖封堵，仅存北侧一部分，分为内外两层。内层砌法为四层双隅顺砌平砖，之上一层丁立砖，存高0.38米；外层由不规则碎砖封堵于甬道中，存高0.42米。

墓室　平面整体呈吕字形，分前、后两个墓室，总长4.76米。前室平面呈长方形，长2.00、宽1.36米。西南角砖墙不存，四壁平直，东壁偏南有过道通往后室，过道长0.64米，宽不详。后室平面呈长方形，长2.66、宽2.30米，多处砖墙被破坏，四壁平直。

墓室四壁部分砖墙被破坏，最高处保存有7层砖，砌法由下至上为三层平砖一层丁立砖，两者交替向上。另外，三层平砖的砌法又为两层双隅顺砌平砖之间夹一层平砌丁砖。墓底铺砖为西北—东南斜向错缝平铺。用砖规格：38×16×5厘米，青砖，大部分砖平面施有绳纹。

2. 葬具和人骨

墓内未发现任何葬具。

可辨葬有2具人骨，并列置于后室西部铺地砖之上，人骨保存较好，均为仰身直肢，头向东，面向上。南侧人骨为一女性个体，北侧人骨为一男性个体。

3. 随葬品

该墓共出土有27件随葬品，多数位于墓室后室南部，质地有陶、铁、琉璃三类，分述如下。

陶器　计有鼎1、仓1、井1、灶1、奁2、樽1、耳杯1、盆2、盘2、缸3、小釜1、小瓿2、小盆2、水斗1、俑1、器盖3。

鼎　1件。标本M40：24，夹砂黑褐陶。圆唇，敛口，圆肩，鼓腹，圜底，底部置有三个柱状足。素面。口径9.6、足高4.1、高11.8、壁厚0.6厘米（图七九，1）。

仓　1件。标本M40：10，夹砂黑褐陶，由仓盖和仓身组成。仓盖：悬山结构。平面呈长方形，两面坡式，中部为平齐的“一”字形正脊，两侧对称置有6组十二道瓦垄。仓身：正面呈梯形，上窄下宽，前端设门，门近方形，门上出檐，门下伸出台阶，门道处出槛。门两侧有刻划竖线纹；仓身施有三周瓦棱纹。通高27.6厘米。仓盖：长28.3、宽19.0厘米。仓身：高22.1、长24.4、宽12.4～15.9厘米（图七九，2；彩版四一，2）。

井　1件。标本M40：5–1，夹砂黑褐陶。方唇，唇面有一周凹槽，盘口，束颈，折肩，直腹，平底。腹部饰有粗绳纹。口径9.5、底径6.2、高13.5、壁厚0.8厘米（图七九，3；彩版四二，1）。

灶　1件。标本M40：3，夹砂灰陶。平面呈圆角长方形，前端有一个圆形火眼，后端有不规则形烟孔。长方形灶门，门上出檐，檐下及灶门两侧饰有刻划纹。长20.8、宽16.8、高9.3、壁厚0.8厘米，火眼直径5.4厘米，灶门长5.4、高5.6厘米（图七九，4；彩版四一，3）。

奁　2件（M40：12、21）。标本M40：12，夹砂黑褐陶，由盖奁及底奁两部分组成。盖奁：弧顶，方唇，直口，腹微内弧，顶部饰两周弦纹。底奁：方唇，直口，腹微内弧，平底，素面。盖奁口径19.4、底径20.0、高16.6、壁厚0.8厘米；底奁口径15.2、底径17.0、高16.6、壁厚0.5厘米（图七九，5；彩版四二，2）。标本M40：21，夹砂黑褐陶。方唇，侈口，腹略内弧，平底，素面。口径18.9、底径18.0、高9.8、壁厚0.7厘

图七九　M40 出土器物

1. 陶鼎（M40：24）　2. 陶仓（M40：10）　3. 陶井（M40：5-1）　4. 陶灶（M40：3）　5、6. 陶奁（M40：12、21）
7. 陶樽（M40：22）　8. 陶耳杯（M40：20）　9、12. 陶盘（M40：19、26）　10、11. 陶盆（M40：18、23）

米（图七九，6）。

　　樽　1件。标本 M40：22，夹砂黑褐陶，器形不规整。方唇，唇面有一周凹弦纹，腹略内弧，平底微内凹，底部置有三扁足。腹部饰有多周弦纹。口径19.5、底径17.1、足高2.3、通高11.2、壁厚0.6厘米（图七九，7；彩版四二，3）。

　　耳杯　1件。标本 M40：20，夹砂黑褐陶。杯口呈椭圆形，两耳平折，方唇，弧腹，略显台底。素面。口长径10.2、短径8.6、底长径6.0、短径3.3、高3.2、壁厚0.5厘米（图七九，8；彩版四二，4）。

盆　2件（M40：18、23）。形制相同，均为夹砂黑褐陶，方唇，敞口，折沿，弧腹，平底。标本M40：18，口径22.4、底径7.5、高5.4、壁厚0.8厘米（图七九，10）。标本M40：23，腹内壁饰一周弦纹。口径21.4、底径7.2、高5.1、壁厚0.8厘米（图七九，11）。

盘　2件（M40：19、26）。形制相同，均为夹砂黑褐陶，尖唇，敞口，弧腹，平底，素面，腹内壁饰两周凹弦纹。标本M40：19，口径18.2、底径8.0、高3.9、壁厚0.7厘米（图七九，9）。标本M40：26，口径17.7、底径6.2、高4.5、壁厚0.5厘米（图七九，12）。

缸　3件（M40：13、16、25）。标本M40：13，夹砂黑褐陶。方唇，侈口，腹上部略内弧，腹下部折收，平底。素面。口径9.9、底径6.8、高12.0、壁厚0.7厘米（图八〇，1；彩版四二，5）。标本M40：16，夹砂黑褐陶。圆唇，直口，直腹，圜底，素面。口径9.9、底径6.3、高12.4、壁厚0.6厘米（图八〇，2）。标本M40：25，夹砂黑褐陶。圆唇，直口，直腹，平底。素面。口径9.5、底径6.0、高10.9、壁厚0.6厘米（图八〇，3）。

釜　1件。标本M40：11，夹砂黄褐陶。圆唇，敛口，折肩，弧腹，圜底。素面。口径5.4、最大腹径8.5、高4.0、壁厚0.4厘米（图八〇，4）。

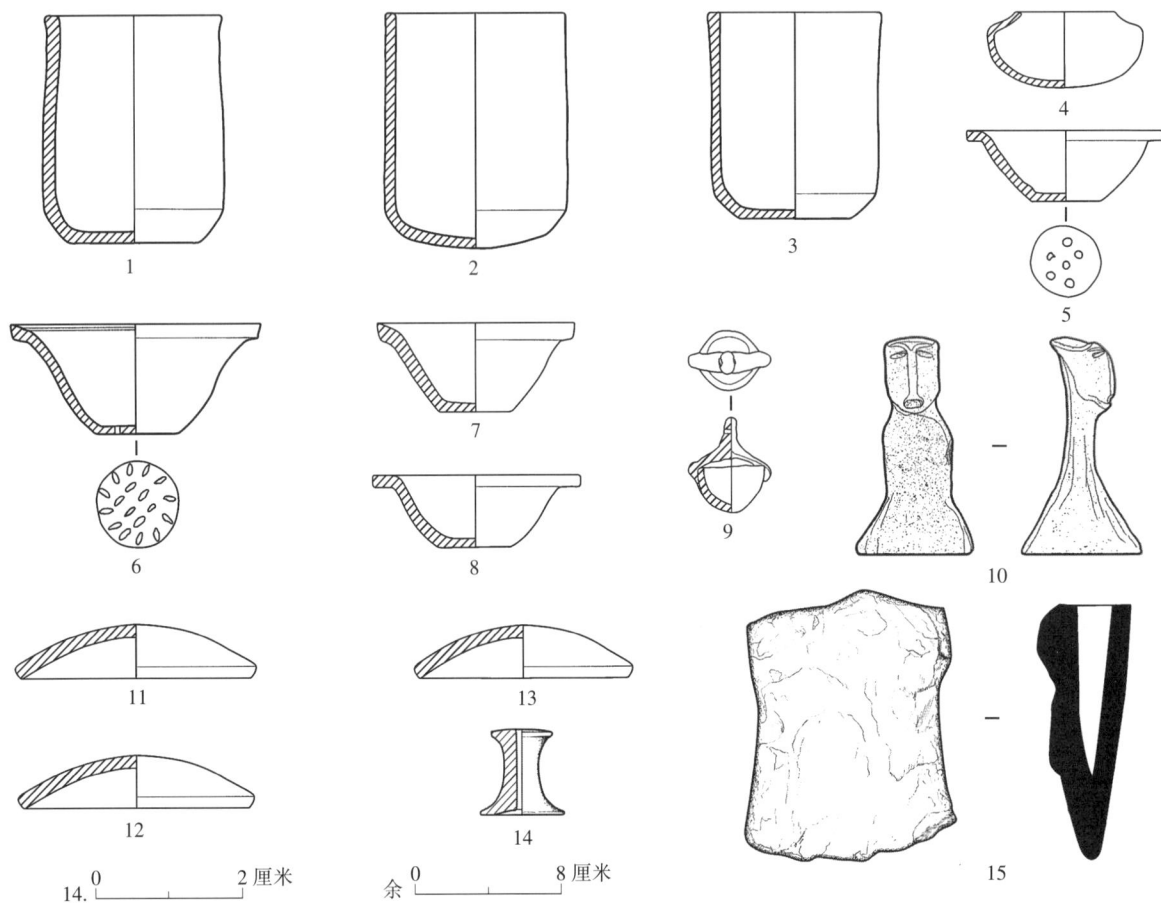

图八〇　M40出土器物

1～3. 陶缸（M40：13、16、25）　4. 小陶釜（M40：11）　5、6. 小陶甄（M40：7、9）　7、8. 小陶盆（M40：6、8）　9. 陶水斗（M40：5－2）　10. 陶俑（M40：4）　11～13. 陶器盖（M40：14、15、17）　14. 耳瑱（M40：1）　15. 铁镤（M40：2）

小甑 2件（M40：7、9）。标本 M40：7，夹砂灰褐陶。方唇，敞口，折沿，弧腹，平底。底部分布有 6 个甑眼。素面。口径 10.5、底径 3.8、高 3.7、厚 0.5 厘米（图八〇，5）。标本 M40：9，夹砂黑陶。方唇，敞口，展沿，沿面有一周凹槽，弧腹，平底。底部分布 18 个椭圆形甑眼。素面。口径 13.6、底径 4.6、高 5.8、壁厚 0.6 厘米（图八〇，6）。

小盆 2件（M40：6、8）。标本 M40：6，夹砂黑褐陶。方唇，敞口，展沿，腹略弧，平底。素面。口径 10.9、底径 4.0、高 4.7、壁厚 0.5 厘米（图八〇，7）。标本 M40：8，夹砂黄褐陶。方唇，敞口，折沿，弧腹，平底。素面。口径 11.3、底径 3.9、高 3.8、壁厚 0.6 厘米（图八〇，8）。

水斗 1件。标本 M40：5－2，夹砂灰陶。由提梁和斗身组成。提梁呈"人"字形，上有圆形穿孔；斗身为圆唇，敞口，弧腹，圜底。素面。口径 3.2、高 5.0、壁厚 0.5～0.9 厘米（图八〇，9）。

俑 1件。标本 M40：4，夹砂灰陶。男俑，跪立状，前低后高，眼细长，鼻宽隆，口呈半合状，上肢区分不明显，身着长裙，裙摆飞旋，下半部中空。高 11.5、裙径 6.3 厘米（图八〇，10；彩版四二，6）。

器盖 3件（M40：14、15、17）。形制相同，均为夹砂黑褐陶，整体呈覆碟状，弧顶，敞口，方唇，素面。标本 M40：14，口径 13.0、高 3.0、壁厚 0.7 厘米（图八〇，11）。标本 M40：15，口径 12.7、高 2.8、壁厚 0.7 厘米（图八〇，12）。标本 M40：17，口径 12.0、高 2.8、壁厚 0.7 厘米（图八〇，13）。

铁器 计有镢1。

镢 1件。标本 M40：2，锈蚀较严重。束腰，纵断面呈"V"字形。长 14.4、宽 11.5 厘米（图八〇，15）。

琉璃器 计有耳瑱1。

耳瑱 1件。标本 M40：1，深蓝色。腰鼓形，束腰，细端略鼓，粗端内凹，纵向穿有一孔。最大径 1.2、长 1.2 厘米（图八〇，14）。

三二 M41（Ⅱ区）

1. 墓葬形制

土坑竖穴墓，平面略呈中字形，由墓道、墓室和器物台三部分组成（图八一；彩版四三，1）。方向 0°。开口于耕土层下，开口距地表深 0.30 米。

墓道 位于墓室南部偏东，呈梯形斜坡状，未发掘完，长不详。两壁向内斜收，开口宽 2.20～2.74、底宽 2.00～2.60 米，底部距地表 1.30 米。在与墓室连接处竖直向下，形成台阶，台阶高约 0.50 米。

墓室 平面呈甲字形，分前室和主室两部分，通长 7.60、底部距地表 1.80 米。墓室四壁保存有一圈宽 0.20～0.50 米的贝壳；墓底均匀平铺一层厚 0.10 米的贝壳，填土呈黄褐色，并夹杂有少量贝壳，土质较疏松。

前室平面呈长方形，南壁平直，东西两壁内收，墓圹口东西长 2.80、南北宽 1.70 米；底长 2.50、宽 1.90 米。墓底贝壳之上发现有一片白色木痕，平面形状大致为方形，边长 2.10 米，根据清理后的木痕判断，这片木痕由 7 块木板平铺而成，木痕之下出土有成组明器，主要为鎏金铜车马具和伞具部件。由以上的遗迹现象推测，前室主要放置一

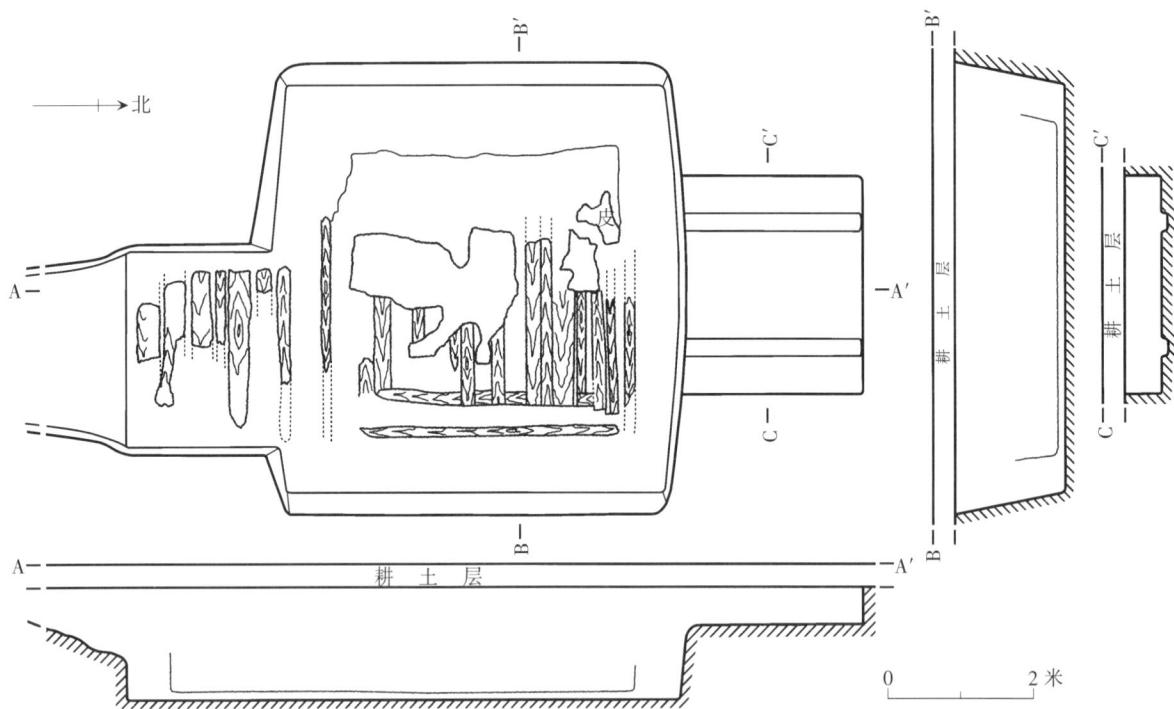

图八一　M41 椁室平、剖面图

口盛装明器车马具的木箱。

　　主室平面近弧边方形，墓圹四壁均向内斜收。墓圹口边长 6.00；墓底长 5.60、宽 5.40 米。墓底贝壳之上发现大片的白色木痕，其下为人骨及随葬品（彩版四三，2）。

　　器物台位于主室北壁正中，平面呈长方形，长 2.90、宽 2.46、底部距地表 0.80 米。器物台底部高于墓底，形成生土二层台，整个台面平铺有一层厚 0.02 米的贝壳。台面底部有两条纵贯南北的沟槽，形制一致，宽 0.24、深 0.10 米，两条沟之间的距离为 1.42 米，沟槽功用不详。在台面之上出土成组明器鎏金铜车马具、伞具部件和漆器附件（图八二；彩版四四，1）。

　　2. 葬具和人骨

　　葬具有椁和棺，均位于主室内。

　　主室底部发现大片白色木痕，形状呈长方形，长 4.30、宽 3.80 米。由其残存痕迹大致可以看出是多块东西向平铺的木板，另外还有南北向木条作为筋带连接起平铺木板。在清理掉该层木痕后，露出棺饰、棺钉及大量的随葬品，由此判断这片木痕应为椁板腐朽后残留的痕迹。

　　椁板层之下发现有大量黑色皮革和麻布痕迹。皮革保存情况较好，位于主室西侧，平面呈长方形，长 2.38、宽 0.60 米，现场观察有两层，清理时有柔软质感。麻布痕迹主要分布在皮革的东侧，腐朽严重，从部分痕迹可以看到细密经纬线（彩版四四，2）。

　　皮革和麻布痕迹之下出土柿蒂饰铜泡钉和铁棺钉，发现有粉末状黑色木痕，由发现的棺饰、棺钉和粉末状棺木判断，应有两具木棺，分别用皮革和麻布覆盖其上。由于棺痕与皮革和麻布痕无法分开，故其形状和尺寸不详。

　　葬有人骨 2 具，均腐朽严重，只保存有骨骼轮廓。西侧人骨为一男性个体，葬式为仰身直肢，头向北，面向上，双肘均向外弯曲，左腿向内勾曲，右腿平伸。东侧人骨为一女性个体，可见头骨及几段肢骨残段，骨骼较凌乱，应为捡骨葬。

　　3. 随葬品

　　该墓随葬品较为丰富，共出土有57件（套）随葬品，分别出土于墓葬主穴和南北两个器物台上（图八三；彩版四四，3）。质地分陶、铜、玛瑙、水晶四类，其中有铜钱255

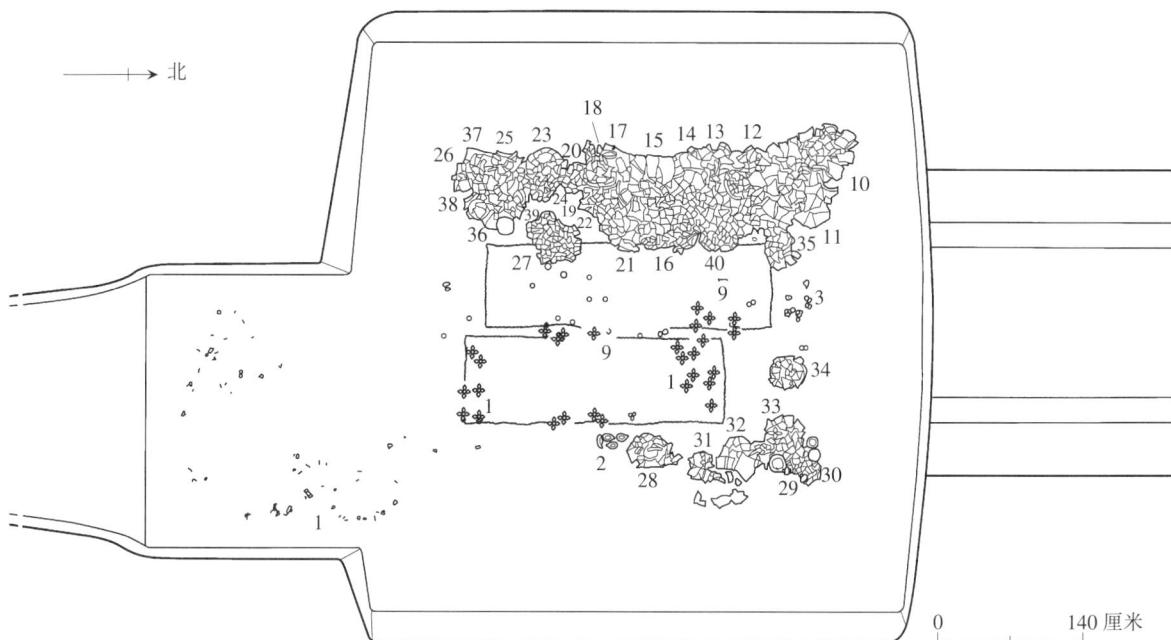

图八二　M41椁室随葬品分布图

南: 1. 铜车马明器　中: 1. 柿蒂形铜泡钉　2. 鎏金铜贝鹿镇　3. 漆器残痕　9. 铁棺钉　10、12、17、21、23、31. 陶壶　11、15. 白陶瓮　13、16、18、20、22、24、25、36. 陶罐　14、19、26、27、32、34、35、40. 陶奁　28、37、38、39. 陶盆　29. 陶耳杯　30. 陶灶　33. 陶鼎

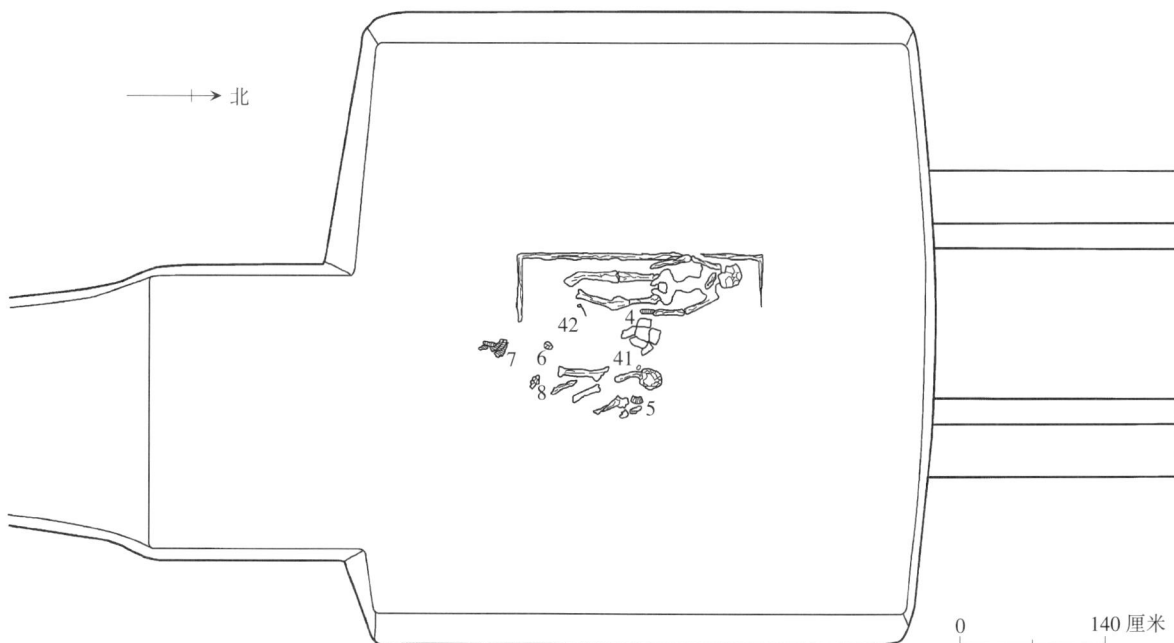

图八三　M41棺内随葬品分布图
中: 4、5、6、7. 铜钱　8. 水晶块　41. 玛瑙环　42. 铜刷柄

枚。分述如下。

陶器　计有罐8、壶6、瓮2、鼎1、灶1、奁8、耳杯8、盆4、小瓿3。

罐　8件（M41中：13、16、18、20、22、24、25、36）。其中，标本M41中：13与M41中：18形制相同，均为夹砂灰陶，圆唇外叠，直口，矮领，溜肩，鼓腹，腹部最大径位置靠近肩部。标本M41中：13，凹底。肩部饰有两周凹弦纹，腹下部及底部满饰绳纹。口径17.2、底径10.5、最大腹径30.5、高25.7、壁厚0.5～1.0厘米（图八四，1；彩版四五，1）。标本M41中：18，台底。口径14.2、底径10.9、最大腹径23.5、高20.7、壁厚0.7～1.0厘米（图八四，2）。标本M41中：16，夹砂白陶。方唇，直口，折沿，束颈，圆肩，鼓腹，腹部最大径位置居中，平底。素面。口径12.1、底径8.5、最大腹径23.0、高21.7、壁厚0.8～1.4厘米（图八四，3；彩版四五，2）。标本M41中：20，夹砂灰陶。方唇，侈口，束颈，溜肩，球腹，腹部最大径位置居中，平底。腹下部

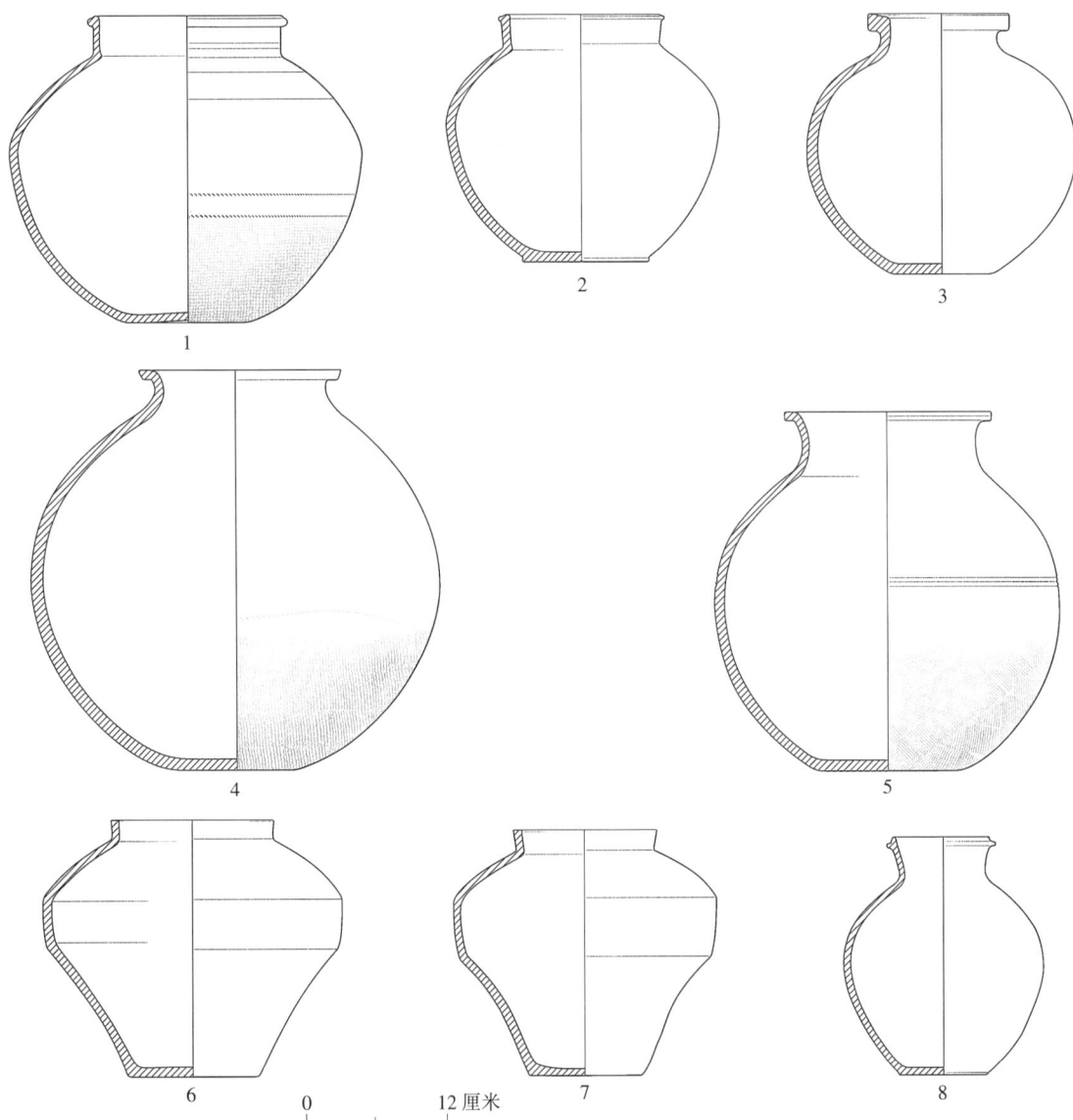

图八四　M41出土器物
1～8. 陶罐（M41中：13、18、16、20、25、22、24、36）

及底部饰有绳纹。口径 17.4、底径 10.5、最大腹径 35.3、高 33.4、壁厚 0.6 ~ 0.8 厘米（图八四，4；彩版四五，3）。其中，标本 M41 中：22 与 M41 中：24 形制相同，均为夹砂灰陶，方唇，直口，矮领，折肩，折腹，腹部最大径位置靠近肩部，平底，素面。标本 M41 中：22，口径 14.0、底径 11.3、最大腹径 25.7、高 21.4、壁厚 0.7 ~ 0.8 厘米（图八四，6；彩版四五，5）。标本 M41 中：24，口径 12.4、底径 9.8、最大腹径 22.7、高 20.5、壁厚 0.7 ~ 0.8 厘米（图八四，7）。标本 M41 中：25，夹砂灰陶。方唇，侈口，束颈，溜肩，鼓腹，腹部最大径位置居中，平底。腹中部饰有三道凹弦纹，腹下部及底部满饰绳纹。口径 17.7、底径 12.0、最大腹径 29.5、高 30.0、壁厚 0.6 ~ 0.8 厘米（图八四，5）。标本 M41 中：36，夹砂灰陶。圆唇，子口，束颈，溜肩，鼓腹，腹部最大径位置略偏上，平底，边缘回泥起棱。素面。口径 9.3、底径 7.6、最大腹径 17.2、高 19.8、壁厚 0.4 ~ 0.6 厘米（图八四，8；彩版四五，4）。

壶 6 件（M41 中：10、12、17、21、23、31）。其中，标本 M41 中：10、17、23 形制相同，均为夹砂灰陶，由壶盖及壶身两部分组成。壶盖：弧顶，圆唇，敞口。壶身：圆唇，唇缘外部加厚，侈口，束颈，颈上有节，溜肩，球腹，腹部最大径位置居中，凹底；腹下部及底部满饰绳纹。标本 M41 中：10，通高 44.7 厘米。壶盖：口径 15.3、高 3.2、壁厚 0.7 ~ 0.8 厘米。壶身：口径 16.1、底径 12.2、最大腹径 40.6、高 41.5、壁厚 0.8 ~ 1.2 厘米（图八五，1；彩版四五，6）。标本 M41 中：17，通高 38.4 厘米。壶盖：

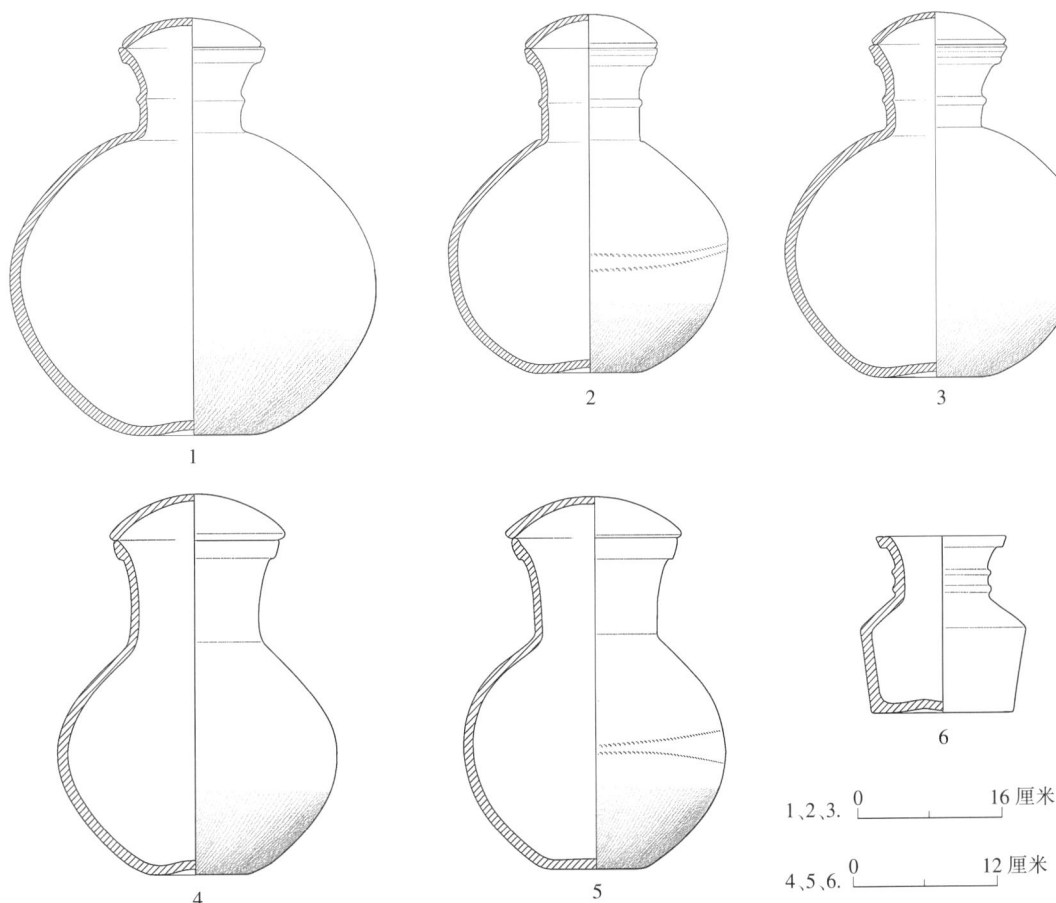

图八五 M41 出土器物
1 ~ 6. 陶壶（M41 中：10、17、23、12、21、31）

口径 14.5、高 3.7、壁厚 0.6 ~ 0.7 厘米。壶身：口径 14.6、底径 11.5、最大腹径 31.0、高 34.7、壁厚 0.9 ~ 1.0 厘米（图八五，2）。标本 M41 中：23，通高 39.1 厘米。壶盖：口径 14.8、高 3.5、壁厚 0.6 ~ 0.7 厘米。壶身：口径 15.3、底径 12.0、最大腹径 33.6、高 35.6、壁厚 1.0 ~ 1.2 厘米（图八五，3）。其中，标本 M41 中：12 与 M41 中：21 形制相同，均为夹砂灰陶，由壶盖及壶身两部分组成。壶盖：弧顶，敞口，圆唇。壶身：圆唇，唇部加厚，侈口，长束颈，溜肩，球腹，腹部最大径位置居中，平底；腹下部及底部满饰绳纹。标本 M41 中：12，通高 30.6 厘米。壶盖：口径 14.5、高 3.8、壁厚 0.6 ~ 0.8 厘米。壶身：口径 13.6、底径 8.0、最大腹径 23.2、高 27.0、壁厚 0.7 ~ 1.0 厘米（图八五，4；彩版四六，1）。标本 M41 中：21，通高 30.0 厘米。壶盖：口径 14.6、高 3.4、壁厚 0.5 ~ 0.6 厘米。陶壶：口径 13.6、底径 8.0、最大腹径 21.8、高 26.6、壁厚 0.7 ~ 1.0 厘米（图八五，5）。标本 M41 中：31，夹砂黑褐陶。方唇，敞口，折沿，束颈，颈上有节棱，折肩，斜腹，腹部最大径位置靠近肩部，凹底。沿面上施有一周凹弦纹。口径 10.8、底径 11.8、最大腹径 13.8、高 14.2、壁厚 0.6 ~ 0.8 厘米（图八五，6；彩版四六，2）。

瓮　2 件（M41 中：11、15）。形制相同，均为夹砂白陶，陶色不纯，局部呈红色，圆唇，敛口，口沿抹斜，溜肩，垂腹，腹部最大径位置偏下，圜底；素面。标本 M41 中：11，口径 23.1、最大腹径 56.1、高 51.0、壁厚 1.6 ~ 2.2 厘米（图八六，1；彩版四六，3）。标本 M41 中：15，口径 23.4、最大腹径 55.3、高 47.3、壁厚 0.8 ~ 1.4 厘米（图八六，2；彩版四六，4）。

鼎　1 件。标本 M41 中：33，夹砂灰陶。由陶鼎及鼎盖两部分组成。陶鼎：圆唇，子口折肩，鼓腹，腹中部施有一周扉棱，圜底。腹部附有两个方耳，耳上有穿；底部置有三蹄形足。鼎盖：弧顶，敞口，圆唇。通高约 16.6 厘米。陶鼎：口径 12.6、最大腹径 19.4、高 14.2、壁厚 0.7 ~ 1.7 厘米。鼎盖：最大径 13.1、高 2.4、

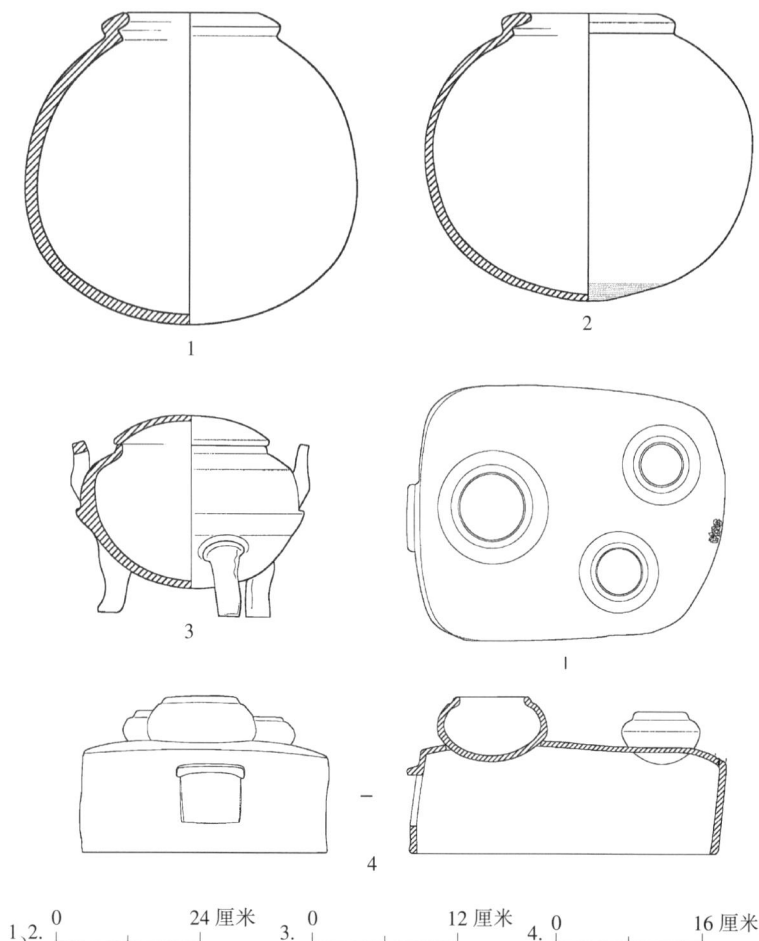

图八六　M41 出土器物
1、2. 陶瓮（M41 中：11、15）　3. 陶鼎（M41 中：33）
4. 陶灶组合（M41 中：30）

壁厚0.6~0.7厘米（图八六，3；彩版四六，5）。

灶　1件。标本 M41 中：30－1，夹砂红褐陶。灶面略呈圆角长方形，灶面上呈“品”字形置有两小一大3个圆形火眼，上附3个小陶釜，后端置有一烟囱，但已残断仅存烟孔。长方形灶门，门上出檐。灶面上原施有多周凹弦纹，但均已抹平。通长35.9、通宽27.9、高12.4厘米，火眼直径7.4、7.7、10.9厘米，灶门长7.0、高5.7厘米，壁厚0.7~0.8厘米（图八六，4；彩版四六，6）。

夋　8件（M41 中：14、19、26、27、32、34、35、40）。其中，标本 M41 中：14、27、32、35 形制相同，均为夹砂灰陶，圆唇，口微敛，折腹，上腹部平直，腹下部折收，平底。标本 M41 中：14，腹下部及底部满饰绳纹。口径26.8、底径11.5、高12.9、壁厚0.7~0.9厘米（图八七，1；彩版四七，1）。标本 M41 中：27，素面。口径26.2、底径13.5、高11.5、壁厚0.5~0.8厘米（图八七，2）。标本 M41 中：32，口径25.5、底径13.1、高

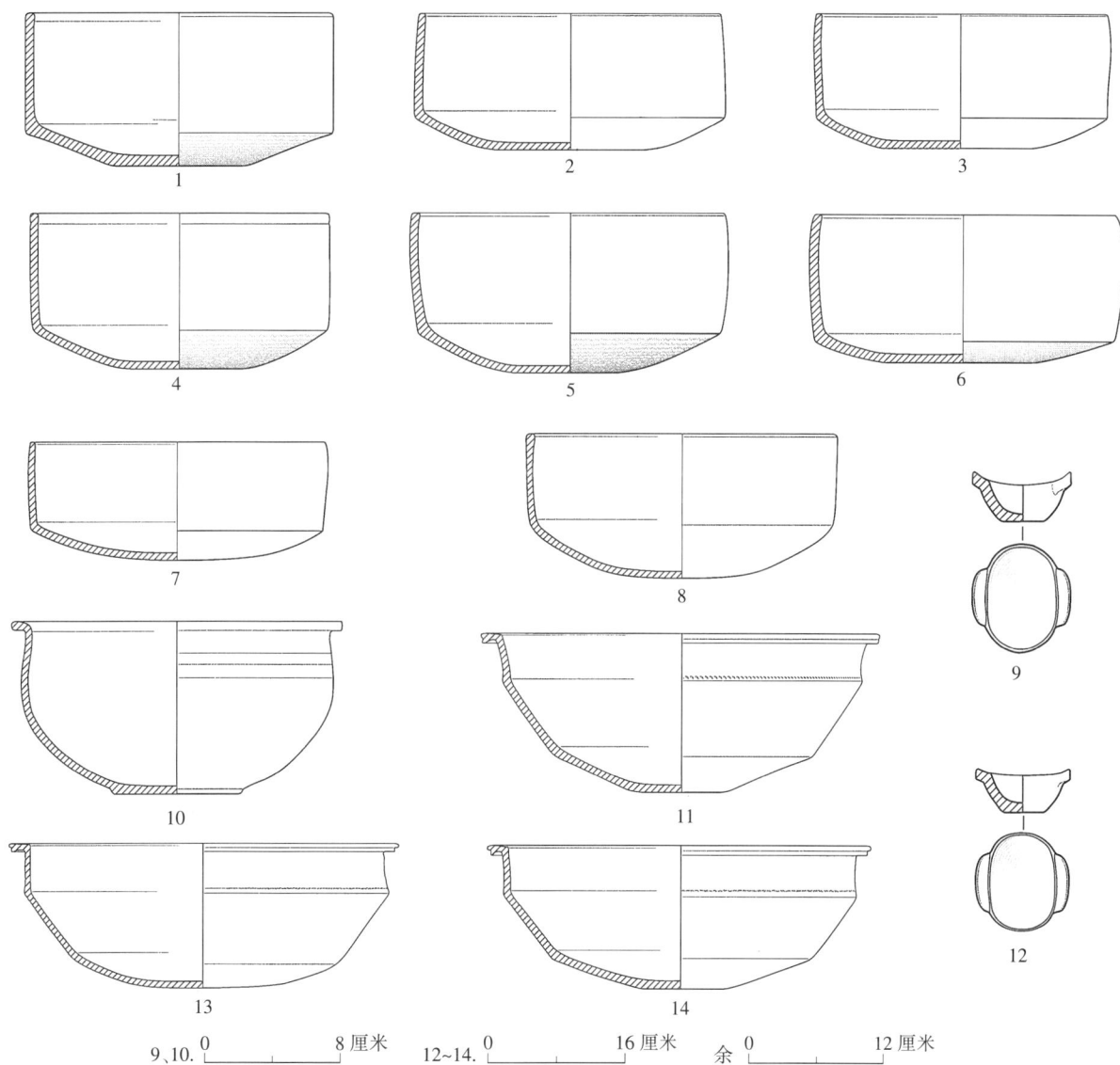

图八七　M41 出土器物

1~8. 陶夋（M41 中：14、27、32、35、34、40、19、26）　9、12. 陶耳杯（M41 中：29－7、北：2）　10、11、13、14. 陶盆（M41 中：28、37、38、39）

11.3、壁厚0.5～0.8厘米（图八七，3）。标本M41中：35，近口处施有一周凹弦纹，腹下部及底部满饰绳纹。口径26.0、底径10.6、高13.2、壁厚0.7～0.9厘米（图八七，4）。其中，标本M41中：34、40形制相同，夹砂灰陶，圆唇，口微敛，折腹，腹上部略弧，腹下部折收，平底；腹下部及底部满饰绳纹。标本M41中：34，口径27.3、底径9.1、高13.5、壁厚0.7～0.9厘米（图八七，5；彩版四七，2）。标本M41中：40，口径26.3、底径13.4、高12.5、壁厚0.7～0.9厘米（图八七，6）。其中，标本M41中：19、26形制相同，均为夹砂灰陶，敛口，圆唇，直腹，圜底。标本M41中：19，口径25.7、底径25.4、高9.6、壁厚0.5～0.7厘米（图八七，7）。标本M41：26，口径27.1、底径26.4、高12.2、壁厚0.7～0.9厘米（图八七，8）。

耳杯　8件（M41北：2，M41中：29－1［彩版四七，3］、29－2、29－3、29－4、29－5、29－6、29－7）。形制相同，均为夹砂灰陶。椭圆形杯口，方唇，弧腹，平底，双耳上翘明显。标本M41：29－7，口长径6.3、短径4.4、底长径3.7、短径2.6、高2.9、壁厚0.5～0.6厘米（图八七，9）。标本M41北：2，口长径5.6、短径4.1、底长径3.1、短径2.3、高2.5、壁厚0.5～0.6厘米（图八七，12）。

盆　4件（M41中：28、37、38、39）。标本M41中：28，夹砂灰陶。圆唇，敞口，展沿，弧腹，台底。素面。口径28.7、底径11.0、高14.6、壁厚0.5～0.9厘米（图八七，10；彩版四七，4）。其中，标本M41中：37、38、39形制相同，均为夹砂灰陶，方唇，唇面有一圈凹槽，敞口，折沿，折腹，平底，腹上部施有一周粗绳纹。标本M41中：37，口径46.5、底径10.0、高17.9、壁厚0.8～1.2厘米（图八七，11；彩版四七，5）。标本M41中：38，口径45.2、高16.2、壁厚0.8～1.2厘米（图八七，13；彩版四七，6）。标本M41中：39，口径44.7、底径9.8、高16.1、壁厚0.8～1.0厘米（图八七，14）。

小釜　3件（M41中：30－2、30－3、30－4）。形制相同，均为夹砂黑褐陶，圆唇，敛口，鼓腹，圜底。标本M41中：30－2，口径7.6、最大腹径12.4、高7.1、壁厚0.6～0.8厘米（图八六，4）。标本M41中：30－3，口径5.3、最大腹径8.9、高6.1、壁厚0.4～0.5厘米（图八六，4）。标本M41中：30－4，口径5.0、最大腹径8.7、高5.7、壁厚0.4～0.5厘米（图八六，4）。

铜器　计有柿蒂形泡钉1、铜贝鹿镇1、带钩1、刷柄1、漆器构件2、模型车马明器2。

柿蒂形泡钉　1套。形制相同。标本M41中：1－62，表面鎏金，由柿蒂形棺饰及泡钉两部分组成。柿蒂形棺饰，蒂瘦长、舒展，中部穿有一孔，用以接穿泡钉。泡钉，圆帽形，周边有折沿，中部下垂一四棱状钉。残长11.2、残宽10.3、泡径3.7、高2.5厘米（图八八，1；彩版四八，1）。

铜贝鹿镇　1套4枚。形制相同。标本M41中：2－1，卧鹿状。昂首，圆眼，双耳下奔，四肢蜷卧，平底。腹部中空，镶嵌有一虎斑贝壳，斑纹现已腐蚀剥离。铜鹿表面鎏金。通长11.0、通宽5.9、高5.0厘米（图八八，2；彩版四八，4）。

带钩　1件。标本M41中填：1，水禽形，形体较小。钩首禽缘圆钝，双眼圆睁，曲颈短腹。钩纽宽大。长3.2厘米（图八八，3；彩版四八，2）。

刷柄　1件。标本M41中：42，整体呈烟斗形，圆形銎中空，细长实心柄；龙首形柄尾。通长12.7、銎径1.3厘米（图八八，4；彩版四八，3）。

漆器构件　2套，种类计有兽足6、衔环铺首4、立鸟形纽6、柿蒂形盖纽2（彩版四九，1）。

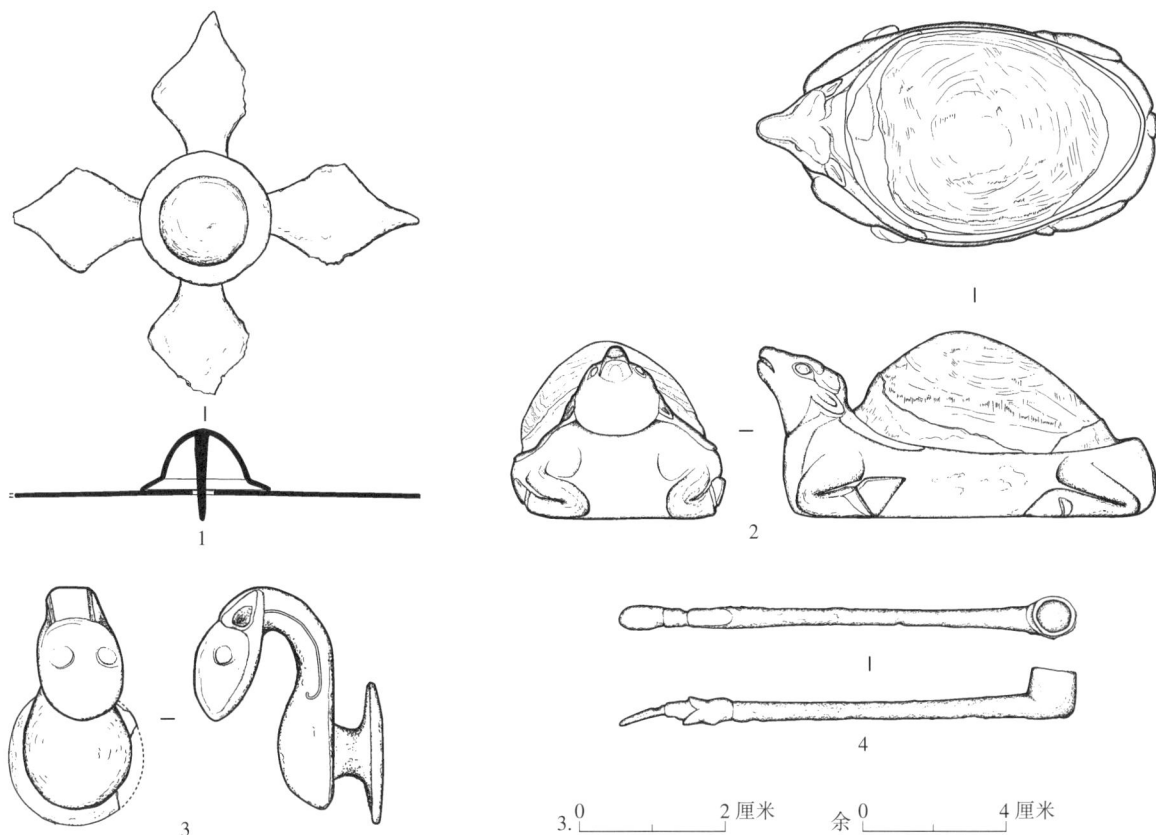

图八八　M41 出土器物

1. 柿蒂形铜泡钉（M41 中:1-62）　2. 铜贝鹿镇（M41 中:2-1）　3. 铜带钩（M41 中填:1）　4. 铜刷柄（M41 中:42）

兽足　6件（M41 中:3-1、中:3-2［彩版四九，2］、中:3-3、北:1-1、北:1-4、北:1-5）。其中，除标本M41中:3-1外，其余5件形制形同。标本M41中:3-1，表面鎏金，踞熊状。双耳上翘，吊睛环眼，吻部突出，缩颈含胸。双手抚膝，作蹲踞状。背部靠上有一直穿钉。宽3.4、高4.9厘米（图八九，1；彩版四九，3）。标本M41北:1-1，兽形，表面鎏金。吊睛环眼，吻部突出，额至吻部有一深沟。缩颈含胸，双手抚膝，作蹲踞状。背部靠上有一直穿钉。宽3.1、高4.2厘米（图八九，2；彩版四九，4）。

衔环铺首　4件（M41 中:3-4［彩版四九，5］、中:3-5、北:1-2、北:1-7）。形制相同。标本M41北:1-2，表面鎏金，微残。浮雕兽面，宽面阔腮，双角内蜷，双耳耸立，额作山形，环眼，两腮丰腴，半环形鼻，其下衔环。背附两个直穿钉。宽3.4、高2.6、环径2.8厘米（图八九，3；彩版五〇，1）。

立鸟形纽　6件（M41 中:3-6、中:3-7、中:3-9、北:1-3、北:1-6、北:1-8）。形制相同，均为表面鎏金，作立鸟形，三枝状。宽冠，冠、尾分离，小圆睛，喙短宽，细颈，拔胸。下为方榫头。标本M41中:3-9，冠、尾分离。宽1.0、高4.0厘米（图八九，4；彩版五〇，2）。标本M41北:1-3，宽冠，与尾相衔，站立，双足稍大。宽0.8、高3.6厘米（图八九，5；彩版五〇，3）。

柿蒂形盖纽　2件（M41 中:3-8、北:1-9）（彩版五〇，4、5）。标本M41中:3-8，表面鎏金。柿蒂形，蒂胖短、舒展，部分蒂叶残缺。蒂上附有一圆环。宽3.5、高3.7、环径2.1厘米（图八九，6）。

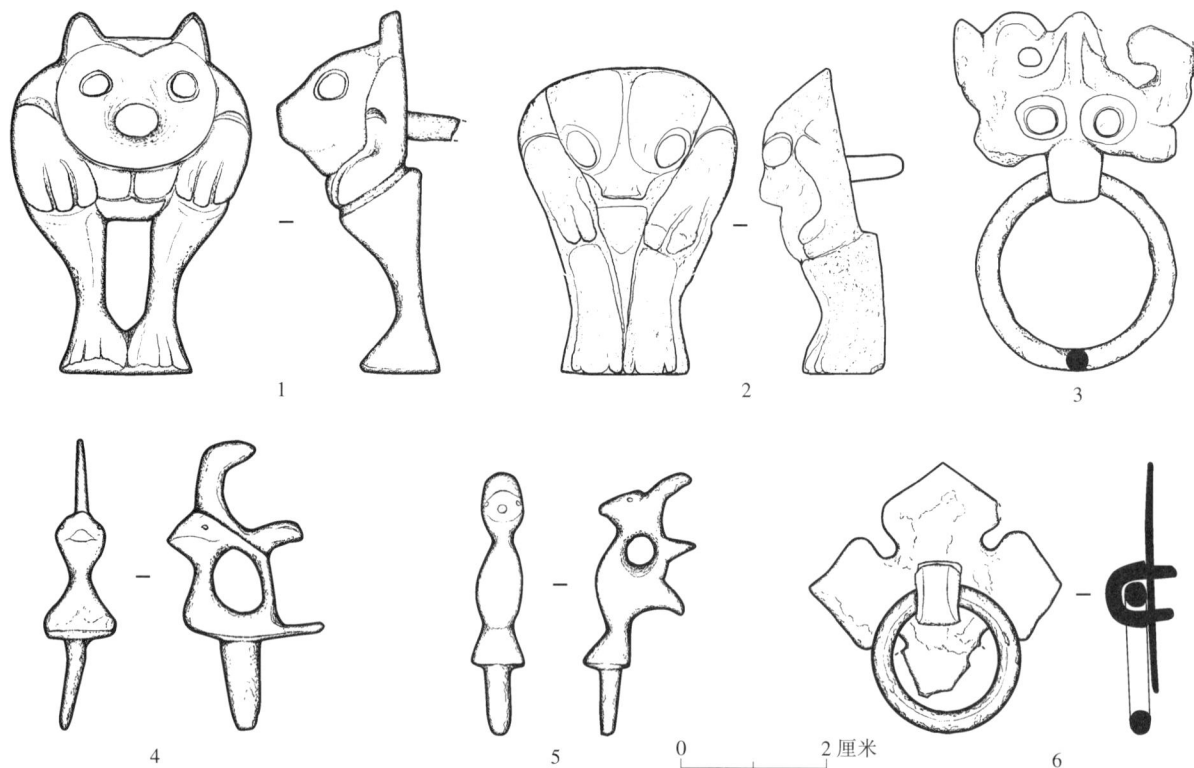

图八九　M41 出土器物

1、2. 铜兽足（M41 中：3 – 1、北：1 – 1）　3. 铜衔环铺首（M41 北：1 – 2）　4、5. 铜立鸟形纽（M41 中：3 – 9、北：1 – 3）　6. 铜柿蒂形盖纽（M41 中：3 – 8）

模型车马明器　2 套（M41 南：1、北：4）。计有当卢 6、衔镳 6、车軎 5、环 1、带扣 1、车轴饰件 2、辀饰 2、辕承 1、軥饰 1、车轭 2、帽 6、管 1、泡饰 3、扣 1、环形钉 1、盖柄铜箍 2、盖弓帽 3、铺首 1（彩版五一）。

当卢　6 件（彩版五二，1 ～ 4）。标本 M41 北：4 – 1，平面呈圭形，体扁薄，侧视略有弧曲。顶部尖棱，底端弧圆。背部有二方形环纽。长 10.2、宽 2.5 厘米（图九〇，1）。标本 M41 北：4 – 19，弧线勾连式。顶部对称两耳呈"山"字形，中部镂空作花枝状，下部长鼻。背带二方形环纽。长 14.1、宽 4.2 厘米（图九〇，3）。

衔镳　6 件。标本 M41 北：4 – 20，略残，表面鎏金。衔，一节，两端作盖弓帽式，后接一鼻状小纽，中部有一结节。衔身近端处有两环用以套接镳。镳，两片，镳身呈"S"形，两端为球结棒状，镳身极宽大，两端有鸡冠状镳叶，上有镂空沟纹。衔长 17.6、镳长 12.2 厘米（图九〇，5；彩版五二，5）。标本 M41 北：4 – 21，表面鎏金。衔，二节，每节衔身均有螺旋式凹槽，两端有环，较小两环相互咬合套接，较大两扁圆环套接镳体。镳，两片，每片平面均呈"S"形，两端为片状，边缘锋利，中部膨起，镳身中间宽扁，其上穿有两孔。衔长 9.8、镳长 9.0 厘米（图九〇，4）。标本 M41 南：1 – 2，略残，表面鎏金。衔，三节，两长衔中间以一"8"字形短衔相连，短衔中段有一结节。镳，两片，镳身呈"S"形，两端为棒状，镳身较宽，两端有鸡冠状镳叶，上有镂空沟纹。衔长 9.8、镳长 9.7 厘米（图九〇，6；彩版五三，1）。

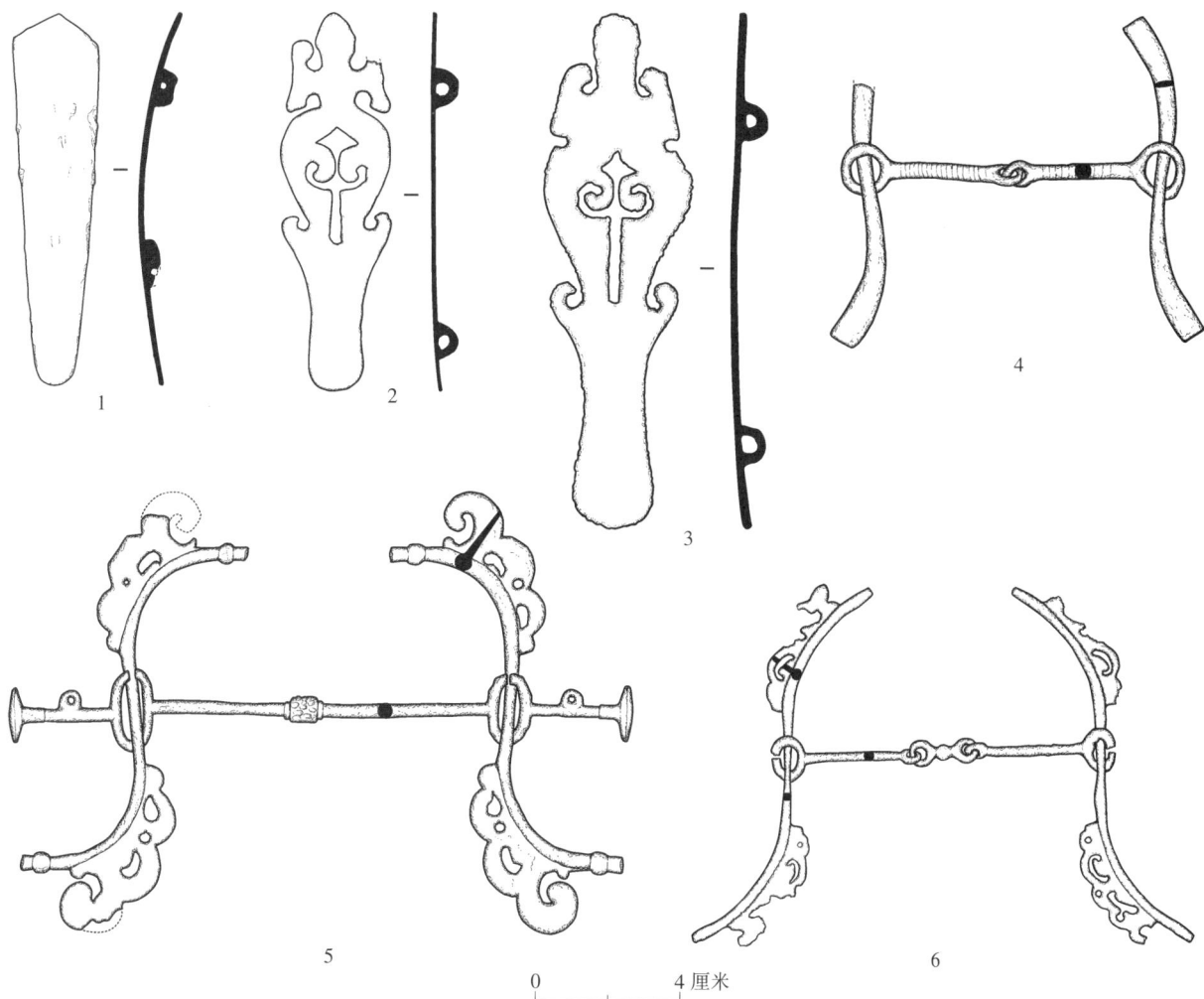

图九〇 M41 出土器物

1~3. 铜当卢（M41 北：4-1、南：1-1、北：4-19） 4~6. 铜衔镳（M41 北：4-21、北：4-20、南：1-2）

车軎 5套10件（彩版五三，2~4）。均为表面鎏金，呈喇叭形，通孔，中部有一周扉棱，近口部有对穿的辖孔，口内部回折。标本 M41 北：4-5，端头出沿，辖孔残留朽木痕迹。口径1.8、长2.1厘米（图九一，1）。标本 M41 北：4-26，端头平齐，口径1.9、长2.1厘米（图九一，2）。标本 M41 南：1-3，顶略弧，近顶处有一周扉棱。辖为扁方形顶，扁条形身。口径2.4、长2.9厘米（图九一，3）。

环 1套6件。标本 M41 北：4-7，表面鎏金。圆形，锈蚀严重。直径1.9厘米（图九一，4）。

带扣 1件。标本 M41 北：4-10，表面鎏金。一端作扁环状，另一端作"T"形，并向一侧弯曲。长2.7、宽1.6厘米（图九一，5）。

车轴饰件 2套8件（彩版五三，5、6）。标本 M41 北：4-6，表面鎏金，略有残损。平面呈凸字形，上部为扁薄的长方形插柄。浮雕兽面，吊睛鼓目，鼻端平齐，两腮丰腴，眼部上方各有一凹坑，似作耳状。宽2.3、残高2.1厘米（图九一，6）。

辀饰 2套4件（彩版五四，1、2）。标本 M41 北：4-13，表面鎏金，端头残损。整体呈弓字形，端头折曲弧缓，截面圆形。残长8.7厘米（图九一，7）。

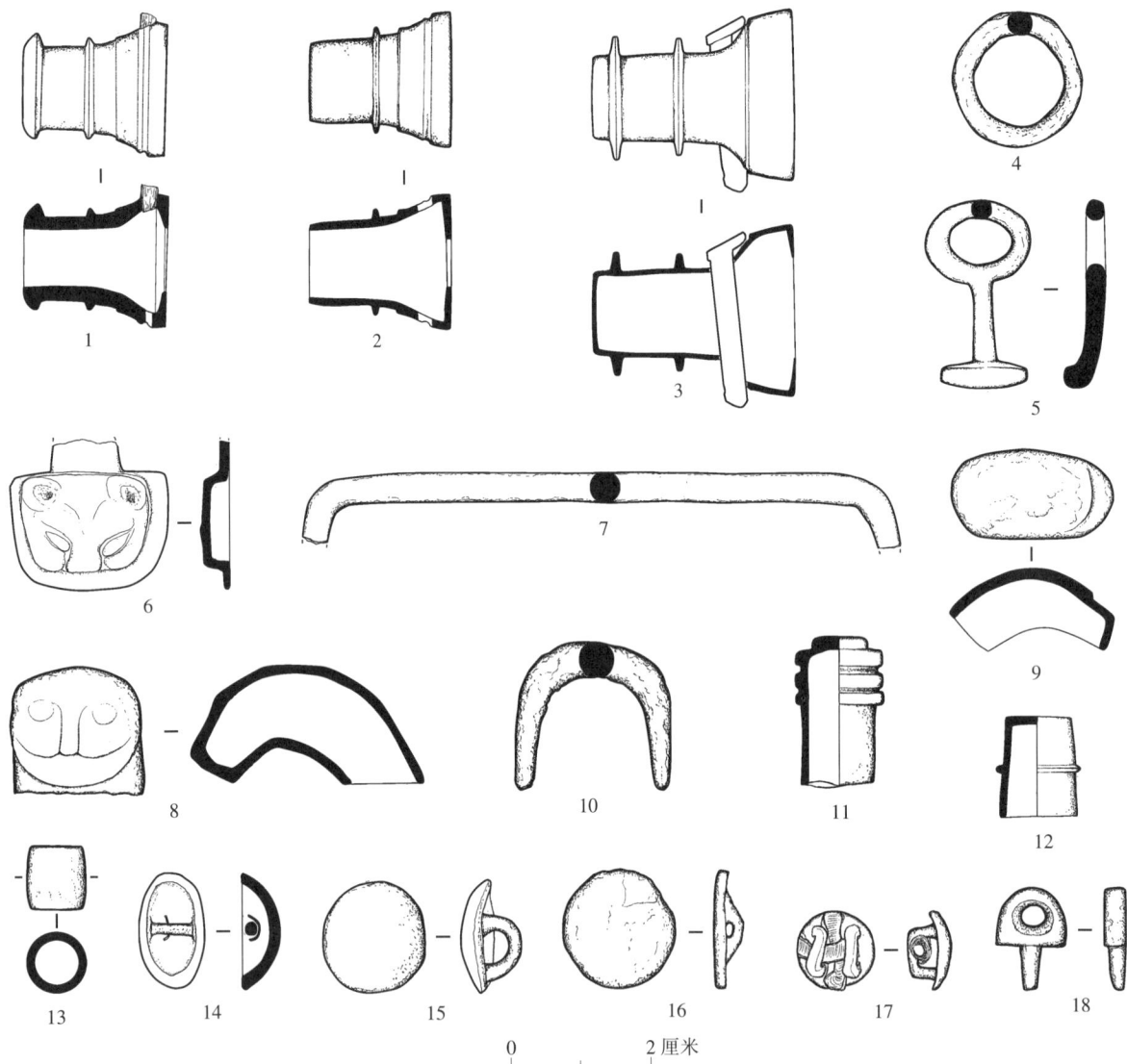

图九一　M41 出土器物

1~3. 铜车軎（M41 北：4-5、北：4-26、南：1-3）　4. 铜环（M41 北：4-7）　5. 铜带扣（M41 北：4-10）　6. 铜车轴饰件（M41 北：4-6）　7. 铜辀饰（M41 北：4-13）　8. 铜辕承（M41 北：4-29）　9. 铜轫饰（M41 南：1-11）　10. 铜车軏（M41 北：4-8）　11、12. 铜帽（M41 北：4-34、南：1-5）　13. 铜管（M41 北：4-31）　14. 铜泡饰（M41 北：4-15）15~17. 铜扣（M41 北：4-17、北：4-28、北：4-33）　18. 铜环形钉（M41 北：4-30）

辕承　1 套 4 件。标本 M41 北：4-29，方形管，中空。头部呈兽首状，双目圆睁，鼻梁瘦长，嘴部上翘。长 6.9、高 3.6 厘米（图九一，8；彩版五四，3）。

轫饰　1 套 4 件。标本 M41 南：1-11，钩曲较缓。长 2.4、高 1.2 厘米（图九一，9；彩版五四，4）。

车軏　2 套 6 件（彩版五四，5、6）。标本 M41 北：4-8，整体呈“U”形，两端较尖。宽 2.3、高 2.1 厘米（图九一，10）。

帽　6 套 22 件（彩版五五，1、2）。均为表面鎏金，圆筒状，平顶。标本 M41 北：4-34，近顶处有三周凸棱。筒径 1.0、高 2.1 厘米（图九一，11）。标本 M41：南 1-5，中部施有一周凸棱。筒径 1.1、高 1.4 厘米（图九一，12）。

管　1套16件。标本 M41 北：4 – 31，表面鎏金。圆筒状，管壁外弧，中空。管径 0.7 ~ 0.8、高 0.9 厘米（图九一，13）。

泡饰　1套20件。标本 M41 北：4 – 15，表面鎏金。泡状，平面呈椭圆形，中有一圆柱状横梁，梁上缠绕有铜丝。长径 1.6、短径 1.0、高 0.6 厘米（图九一，14）。

扣　3套23件。标本 M41 北：4 – 17，表面鎏金。圆形扣身，扣面略鼓，背附有一环纽。扣径 1.6、高 0.6 厘米（图九一，15）。标本 M41 北：4 – 28，圆形扣面略隆，背附一穿。扣径 1.6 ~ 1.7、高 0.5 厘米（图九一，16）。标本 M41 北：4 – 33，圆形扣面，扣面外隆明显。背附两个方形穿。扣径 1.1、高 0.6 厘米（图九一，17）。

环形钉　1套4件。标本 M41 北：4 – 30，钉头略呈三角形，下接一短钉。长 1.5 厘米（图九一，18）。

盖柄铜箍　2套4件。均为圆筒状，近端处各施有一周凸弦纹，圆筒中残留有少量朽木。标本 M41 北：4 – 3，中部有一周扁宽的箍状隆起。长 10.6、筒径 1.6 厘米（图九二，1）。标本 M41 南：1 – 4，中部施有三周凸弦纹。长 9.2、筒径 1.8 厘米（图九二，2；彩版五七，1）。

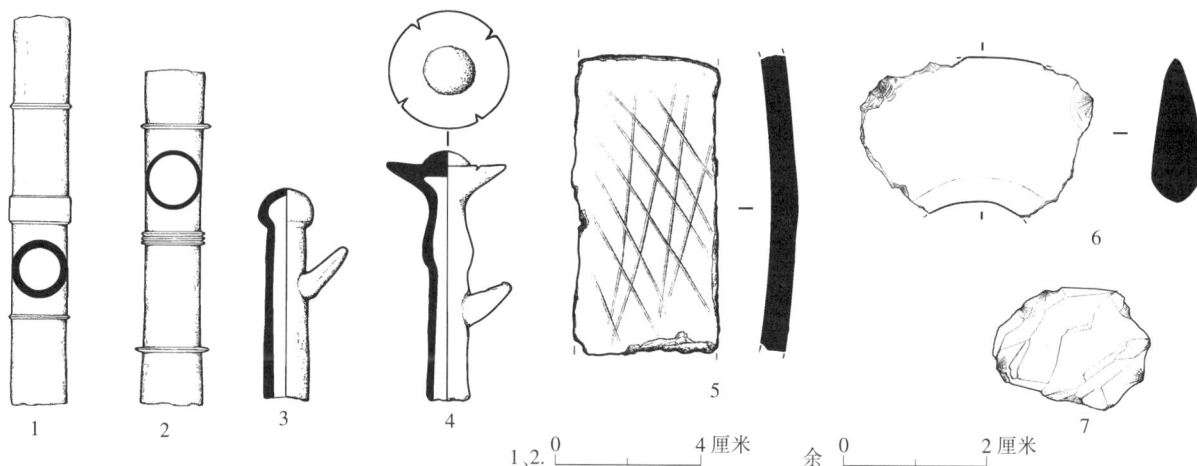

图九二　M41 出土器物

1、2. 铜盖柄铜箍（M41 北：4 – 3、南：1 – 4）　3、4. 铜盖弓帽（M41 北：4 – 4、北：4 – 22）　4. 玛瑙环（M41 中：41）
5. 铅板（M41 中填：2）　7. 水晶块（M41 中：8 – 2）

盖弓帽　3套93件（彩版五五，3；彩版五六）。均为表面鎏金，圆筒状，銎中空，钩上翘。銎内残存朽木。标本 M41 北：4 – 4，半球状帽顶。高 2.8、銎径 0.6 厘米（图九二，3）。标本 M41 北：4 – 22，半球状帽顶，顶带四瓣状帽，颈部收束，颈下略有膨起。高 3.4、銎径 0.6 厘米（图九二，4）。

铅器　计有削1、板1。

削　1件。标本 M41 北：3，环首削。由于锈损严重，尺寸不明。

板　1件。标本 M41 中填：2，表面呈银白色。整体平面呈长方形，中部略有弧度。表面刻划有菱形纹。长 4.0、宽 2.0、厚 0.3 ~ 0.4 厘米（图九二，5；彩版五七，2）。

玛瑙　计有环1。

环　1件。标本 M41 中：41，米黄色，残存一段。扁圆形，外缘薄锐，内缘较厚。外径 6.0、内径 2.3、厚 0.7 厘米（图九二，6；彩版五七，3）。

水晶　水晶块1。

水晶块　1组3件。均为紫水晶，不规则形，自然劈裂面明显。标本M41中：8-2，长2.1厘米（图九二，7；彩版五七，4）。

铜钱　255枚，均为"五铢"钱（图九三）。详情见下表。

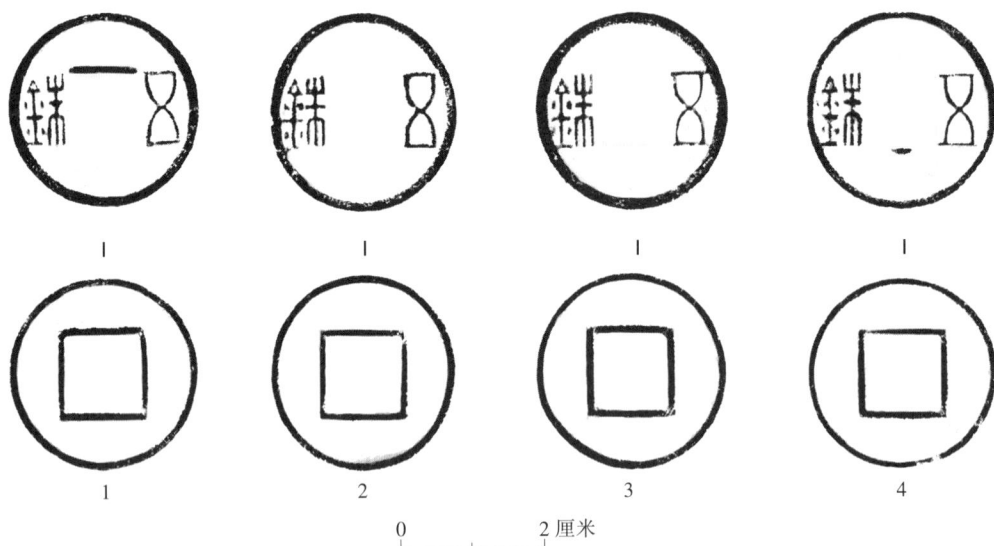

图九三　M41出土铜钱拓片

1~4. M41中：6-1、6-5、7-2、7-9

M41中铜钱统计表　　　　　　　　　　　　（长度：厘米，重量：克）

种类	编号	特征		郭径	钱径	穿宽	郭宽	郭厚	肉厚	重量
		文字特征	记号							
五铢钱	4-1	"五"字瘦长，竖划甚曲；"金"头三角形，四竖点；"朱"头方折，"朱"下较圆	无	2.62	2.32	0.95	0.15	0.18	0.06	2.80
	7-1	同上	无	2.64	2.38	1.00	0.13	0.21	0.09	3.90
	7-2	"五"字瘦长，竖划甚曲；"金"头三角形，四竖点；"朱"头方折，"朱"下方折	无	2.68	2.36	0.95	0.16	0.19	0.06	3.40
	7-3	同上	无	2.63	2.31	0.93	0.16	0.22	0.05	3.60
	7-4	同上	无	2.69	2.31	0.93	0.19	0.19	0.05	3.90
	7-5	同上	无	2.65	2.39	0.95	0.13	0.18	0.05	3.30
	7-6	同上	无	2.62	2.28	0.95	0.17	0.18	0.05	3.10
	7-7	同上	无	2.62	2.32	0.95	0.15	0.19	0.07	3.70
	7-8	"五"字瘦长，竖划缓曲；"金"头三角形，四竖点；"朱"头方折，"朱"下较圆	无	2.63	2.27	0.90	0.18	0.19	0.06	3.70

（续表）

种类	编号	特征		郭径	钱径	穿宽	郭宽	郭厚	肉厚	重量
		文字特征	记号							
	7－9	同上	穿下月牙	2.60	2.36	0.90	0.12	0.20	0.05	3.70
	7－10	同上	穿下月牙	2.62	2.32	0.91	0.15	0.19	0.05	3.80
	7－11	同上	无	2.60	2.26	0.99	0.17	0.12	0.06	1.90
	7－12	同上	无	2.67	2.33	0.95	0.17	0.20	0.04 0.07 0.05	3.40
	7－13	同上	无	2.69	2.31	1.04	0.19	0.17	0.07	2.30
	7－14	同上	无	2.62	2.38	0.96	0.12	0.17	0.07	2.40
	7－15	同上	无	2.63	2.35	1.09	0.14	0.18	0.05	3.00
	7－16	同上	无	2.62	2.30	0.96	0.16	0.18	0.07	3.40
	7－17	同上	无	2.62	2.34	1.00	0.14	0.19	0.05	3.60
	7－18	同上	无	2.59	2.23	0.93	0.18	0.19	0.05	3.40
	7－19	同上	穿下月牙	2.53	2.23	0.98	0.15	0.18	0.05	2.70
	7－20	同上	无	2.65	2.37	0.88	0.14	0.21	0.07	4.10
	7－21	同上	无	2.65	2.35	0.98	0.17	0.15	0.05	3.30
	7－22	同上	无	2.65	2.32	0.94	0.16	0.19	0.05	3.70
五铢钱	7－23	同上	无	2.65	2.41	0.92	0.12	0.17	0.05	3.00
	7－24	同上	无	2.61	2.27	0.91	0.18	0.17	0.05	3.00
	7－25	同上	无	2.64	2.24	0.90	0.18	0.20	0.08	3.40
	7－26	同上	无	2.64	2.28	0.86	0.18	0.22	0.06	4.30
	7－27	同上	穿下一星	2.64	2.36	0.88	0.14	0.21	0.06	3.40
	7－28	同上	穿上一横	2.63	2.31	0.94	0.16	0.20	0.04	3.70
	7－29	同上	无	2.68	2.30	0.90	0.19	0.20	0.05	3.70
	7－30	同上	无	2.63	2.33	0.99	0.15	0.16	0.06	2.90
	7－31	同上	无	2.65	2.33	0.94	0.16	0.19	0.05	4.00
	7－32	同上	无	2.63	2.27	0.92	0.18	0.20	0.05	3.30
	7－33	同上	无	2.63	2.33	0.96	0.15	0.16	0.08	2.50
	7－34	同上	无	2.64	2.30	0.94	0.17	0.17	0.07	3.10
	7－35	同上	穿上一横	2.68	2.32	0.95	0.18	0.20	0.06	3.70
	7－36	同上	无	2.64	2.30	0.96	0.17	0.23	0.05	3.30
	7－37	同上	无	2.62	2.22	0.92	0.20	0.20	0.05	3.40
	7－38	同上	无	2.67	2.33	1.02	0.17	0.17	0.06	3.30
	7－39	同上	无	2.67	2.29	0.86	0.19	0.17	0.05	3.40

（续表）

| 种类 | 编号 | 特征 | | 郭径 | 钱径 | 穿宽 | 郭宽 | 郭厚 | 肉厚 | 重量 |
		文字特征	记号							
五铢钱	7－40	同上	无	2.65	2.27	0.92	0.19	0.20	0.06	3.70
	7－41	同上	无	2.64	2.32	0.93	0.16	0.18	0.04	3.70
	7－42	同上	无	2.63	2.27	0.96	0.18	0.17	0.05	3.10
	7－43	同上	无	2.67	2.31	0.97	0.18	0.18	0.06	3.00
	7－44	同上	无	2.66	2.26	0.90	0.20	0.19	0.05	3.30
	7－45	同上	无	2.64	2.36	0.91	0.14	0.19	0.07	3.20
	7－46	同上	无	2.64	2.26	0.96	0.19	0.18	0.05	3.10
	7－47	同上	无	2.70	2.30	0.97	0.20	0.18	0.07	3.40
	7－48	同上	无	2.67	2.35	0.96	0.16	0.16	0.06	3.30
	7－49	同上	无	2.63	2.35	0.90	0.14	0.19	0.08	3.70
	7－50	同上	无	2.67	2.35	0.93	0.16	0.17	0.06	3.00
	7－51	同上	无	2.61	2.25	0.92	0.18	0.19	0.07	3.00
	7－52	同上	无	2.62	2.30	0.94	0.16	0.20	0.06	3.40
	7－53	同上	无	2.65	2.37	0.91	0.14	0.19	0.07	3.50
	7－54	同上	无	2.66	2.30	0.95	0.18	0.15	0.05	2.70
	7－55	同上	无	2.68	2.32	1.04	0.18	0.20	0.07	3.40
	7－56	同上	无	2.63	2.27	0.93	0.18	0.18	0.06	3.60
	7－57	同上	无	2.66	2.32	0.98	0.17	0.21	0.05	3.40
	7－58	同上	无	2.65	2.33	0.95	0.16	0.17	0.05	3.20
	7－59	同上	无	2.67	2.31	0.97	0.18	0.16	0.06	2.90
	7－60	同上	无	2.64	2.26	0.94	0.19	0.18	0.06	3.30
	7－61	同上	无	2.64	2.28	0.90	0.18	0.17	0.05	3.40
	7－62	同上	无	2.63	2.27	0.96	0.18	0.18	0.04	2.60
	7－63	同上	无	2.57	2.25	0.96	0.16	0.19	0.07	3.60
	7－64	同上	无	2.57	2.23	0.92	0.17	0.20	0.06	2.90
	7－65	同上	无	2.58	2.26	0.96	0.16	0.17	0.07	3.20
	7－66	同上	无	2.63	2.29	0.95	0.17	0.16	0.05	2.90
	7－67	同上	无	2.60	2.26	0.95	0.17	0.18	0.08	3.40
	7－68	同上	无	2.63	2.29	0.95	0.17	0.18	0.07	3.00
	7－69	同上	无	2.63	2.31	0.92	0.16	0.20	0.08	4.30
	7－70	同上	无	2.66	2.26	0.92	0.20	0.18	0.08	3.70
	7－71	同上	无	2.64	2.30	0.96	0.17	0.16	0.05	2.30
	7－72	同上	无	2.69	2.35	0.95	0.17	0.20	0.06	3.90

（续表）

种类	编号	特征		郭径	钱径	穿宽	郭宽	郭厚	肉厚	重量
		文字特征	记号							
	7－73	同上	无	2.61	2.29	0.93	0.16	0.18	0.06	3.10
	7－74	同上	穿上一横	2.61	2.29	0.98	0.16	0.17	0.06	3.10
	7－75	同上	无	2.62	2.28	0.92	0.17	0.19	0.06	3.60
	7－76	同上	穿上一横	2.60	2.22	0.90	0.19	0.17	0.06	3.10
	7－77	同上	无	2.62	2.28	0.92	0.17	0.18	0.07	3.90
	7－78	同上	无	2.62	2.30	0.96	0.16	0.21	0.07	3.40
	7－79	同上	无	2.57	2.23	0.99	0.17	0.17	0.07	2.70
	7－80	同上	穿上一横	2.64	2.32	0.89	0.16	0.20	0.08	3.60
	7－81	同上	穿上一横	2.60	2.36	0.98	0.12	0.18	0.08	3.50
	7－82	同上	无	2.61	2.33	0.95	0.14	0.16	0.08	3.20
	7－83	同上	无	2.62	2.36	0.93	0.13	0.17	0.06	3.00
	7－84	同上	穿上一横	2.63	2.33	1.00	0.15	0.18	0.07	3.50
	7－85	同上	无	2.66	2.30	0.95	0.18	0.21	0.07	3.40
	7－86	同上	无	2.66	2.26	0.90	0.20	0.21	0.07	3.70
	7－87	同上	穿上一横	2.63	2.31	0.96	0.16	0.19	0.06	3.80
	7－88	同上	穿上一横	2.68	2.36	0.89	0.16	0.18	0.06	3.80
五铢钱	7－89	同上	无	2.62	2.32	0.90	0.15	0.91	0.08	3.60
	7－90	同上	无	2.62	2.30	0.92	0.16	0.14	0.05	2.70
	7－91	同上	无	2.63	2.31	0.89	0.16	0.19	0.06	3.60
	7－92	同上	无	2.62	2.32	0.95	0.15	0.19	0.06	3.70
	7－93	同上	无	2.68	2.32	0.94	0.18	0.19	0.05	3.80
	7－94	同上	无	2.65	2.35	0.90	0.15	0.17	0.05	3.30
	7－95	同上	穿下月牙	2.62	2.32	0.95	0.15	0.22	0.07	3.40
	7－96	同上	无	2.67	2.27	1.00	0.20	0.19	0.05	3.20
	7－97	同上	无	2.65	2.25	0.94	0.20	0.17	0.06	3.60
	7－98	同上	无	2.64	2.34	0.98	0.15	0.21	0.07	3.10
	7－99	同上	无	2.64	2.32	0.94	0.16	0.20	0.07	3.60
	7－100	同上	无	2.62	2.34	0.99	0.14	0.17	0.08	3.00
	7－101	同上	无	2.64	2.36	0.94	0.18	0.20	0.08	3.40
	7－102	同上	无	2.63	2.23	0.93	0.20	0.20	0.05	3.40
	7－103	同上	无	2.70	2.38	0.93	0.16	0.17	0.06	3.00
	7－104	"五"字瘦长，竖划缓曲；"金"头三角形，四竖点；"朱"头方折，"朱"下方折	无	2.64	2.30	0.94	0.17	0.22	0.08	3.10
	7－105	同上	无	2.64	2.28	0.96	0.18	0.17	0.05	3.70

（续表）

种类	编号	特征		郭径	钱径	穿宽	郭宽	郭厚	肉厚	重量
		文字特征	记号							
五铢钱	7-106	同上	无	2.63	2.25	0.90	0.19	0.22	0.08	4.10
	7-107	同上	无	2.69	2.41	0.99	0.14	0.19	0.05	3.60
	7-108	同上	无	2.60	2.24	0.93	0.18	0.17	0.05	2.90
	7-109	同上	无	2.60	2.30	0.93	0.15	0.17	0.06	3.30
	7-110	同上	无	2.61	2.29	0.94	0.16	0.20	0.05	3.30
	7-111	同上	穿上一横	2.64	2.32	0.95	0.16	0.16	0.05	3.20
	7-112	同上	无	2.63	2.35	0.95	0.14	0.18	0.07	3.60
	7-113	同上	无	2.63	2.31	0.92	0.16	0.17	0.07	3.40
	7-114	同上	无	2.63	2.33	0.93	0.15	0.16	0.06	3.00
	7-115	同上	无	2.64	2.32	0.93	0.16	0.22	0.07	3.70
	7-116	同上	穿上一横	2.65	2.27	0.93	0.19	0.19	0.09	4.20
	7-117	同上	穿下一星	2.63	2.37	0.92	0.13	0.18	0.06	3.30
	7-118	同上	无	2.63	2.27	0.92	0.18	0.19	0.05	2.90
	7-119	同上	无	2.63	2.33	0.94	0.15	0.16	0.07	3.30
	7-120	同上	无	2.66	2.28	0.89	0.19	0.17	0.06	3.60
	7-121	同上	无	2.63	2.35	0.97	0.14	0.16	0.07	3.00
	7-122	同上	无	2.65	2.31	0.93	0.17	0.19	0.06	3.30
	7-123	同上	无	2.63	2.31	0.93	0.16	0.20	0.05	3.20
	7-124	同上	无	2.61	2.29	0.97	0.16	0.16	0.07	3.20
	7-125	同上	无	2.66	2.32	0.90	0.17	0.19	0.05	3.30
	7-126	同上	无	2.66	2.30	0.96	0.18	0.18	0.05	3.60
	7-127	同上	无	2.50	2.16	0.91	0.17	0.12	0.07	2.90
	7-128	同上	无	2.64	2.26	0.93	0.19	0.19	0.06	3.00
	7-129	同上	无	2.64	2.30	0.94	0.17	0.19	0.07	3.60
	7-130	同上	无	2.62	2.28	0.98	0.17	0.15	0.06	3.40
	7-131	同上	无	2.64	2.36	0.88	0.14	0.22	0.09	4.20
	7-132	同上	无	2.60	2.30	0.92	0.15	0.18	0.07	3.60
	7-133	同上	穿下月牙	2.68	2.32	0.93	0.18	0.18	0.06	3.40
	7-134	同上	穿上一横	2.56	2.20	0.95	0.18	0.19	0.07	3.40
	7-135	"五"字瘦长，竖划缓曲；"金"头三角形，四竖点；"朱"头较圆，"朱"下较圆	无	2.63	2.29	0.93	0.17	0.16	0.05	3.00
	7-136	同上	穿上一横	2.64	2.30	0.88	0.17	0.21	0.08	4.40
	7-137	同上	无	2.64	2.30	0.98	0.17	0.18	0.06	3.00
	7-138	同上	穿上一横	2.60	2.32	0.93	0.14	0.17	0.08	4.00

（续表）

种类	编号	特征		郭径	钱径	穿宽	郭宽	郭厚	肉厚	重量
		文字特征	记号							
五铢钱	7－139	同上	穿上一横	2.64	2.28	0.88	0.18	0.23	0.08	3.90
	7－140	同上	无	2.62	2.32	0.94	0.20	0.19	0.07	3.40
	7－141	同上	无	2.61	2.31	0.97	0.20	0.18	0.05	2.70
	7－142	同上	穿上一横	2.60	2.28	0.99	0.16	0.15	0.07	2.90
	7－143	同上	无	2.65	2.39	0.92	0.13	0.17	0.08	4.10
	7－144	同上	无	2.67	2.35	0.93	0.16	0.19	0.09	3.10
	7－145	同上	无	2.26	1.86	0.96	0.20	0.14	0.07	3.30
	7－146	"五"字瘦长，竖划甚曲；"金"头三角形，四竖点；"朱"头方折，"朱"下较圆	无	2.66	2.30	0.92	0.18	0.20	0.05	3.50
	7－147	同上	无	2.64	2.32	0.95	0.16	0.17	0.05	2.70
	7－148	同上	无	2.68	2.24	0.90	0.22	0.21	0.07	3.90
	7－149	同上	无	2.65	2.27	0.94	0.19	0.20	0.04	2.80
	7－150	同上	无	2.69	2.25	0.84	0.22	0.20	0.05	4.10
	7－151	同上	无	2.60	2.20	0.96	0.20	0.19	0.06	2.90
	7－152	同上	无	2.60	2.20	0.93	0.20	0.16	0.05	2.60
	7－153	同上	无	2.58	2.28	0.95	0.15	0.15	0.05	2.70
	7－154	同上	无	2.65	2.25	0.91	0.20	0.21	0.06	3.70
	7－155	同上	无	2.73	2.33	0.98	0.20	0.17	0.05	3.40
	7－156	同上	无	2.66	2.36	0.94	0.15	0.18	0.06	3.30
	7－157	"五"字瘦长，竖划甚曲；"金"头三角形，四竖点；"朱"头较圆，"朱"下较圆	无	2.64	2.26	0.88	0.19	0.17	0.07	3.30
	6－1	"五"字瘦长，竖划缓曲；"金"头三角形，四竖点；"朱"头方折，"朱"下较圆	穿上一横	2.46	2.26	0.93	0.10	0.19	0.06	2.90
	6－2	同上	无	2.64	2.28	0.95	0.18	0.19	0.08	3.00
	6－3	同上	无	2.64	2.34	0.98	0.15	0.23	0.07	3.40
	6－4	同上	无	2.65	2.25	0.94	0.20	0.16	0.06	3.20
	6－5	同上	无	2.26	1.86	0.96	0.20	0.14	0.07	3.30
		21 枚板结								
		27 枚板结								

三三 M42（Ⅱ区）

1. 墓葬形制

双室砖墓，平面呈吕字形，由墓道、甬道、墓门及墓室组成。方向280°（图九四；彩版五八，1）。开口于耕土层下，开口距地表0.30米，破坏严重。

墓道 长方形斜坡状，未发掘完，长不详，宽1.00、底部距地表1.50米。

甬道 平面呈长方形，长1.00、宽0.36米。

墓门 位于墓室前室西壁偏南，宽1.00米。

封门 条砖封堵，仅存一层砖，一列丁砖平砌，残高0.05米。

墓室 平面整体呈吕字形，分前、后两个墓室，总长5.30米。前室平面呈弧长方形，长2.76、宽1.60米。北壁外弧明显，其余三壁平直，东壁中部偏南有过道通往后室，过道平面呈长方形，长1.00、宽0.72米。后室平面呈弧长方形，长3.00、宽2.90米，四壁均外弧明显。

墓室四壁砖墙最高处保存有7层砖，砌法由下至上为三层平砖一层丁立砖，两者交替向上。另外，三层平砖的砌法又为两层双隅顺砌平砖之间夹一层平砌丁砖。墓底

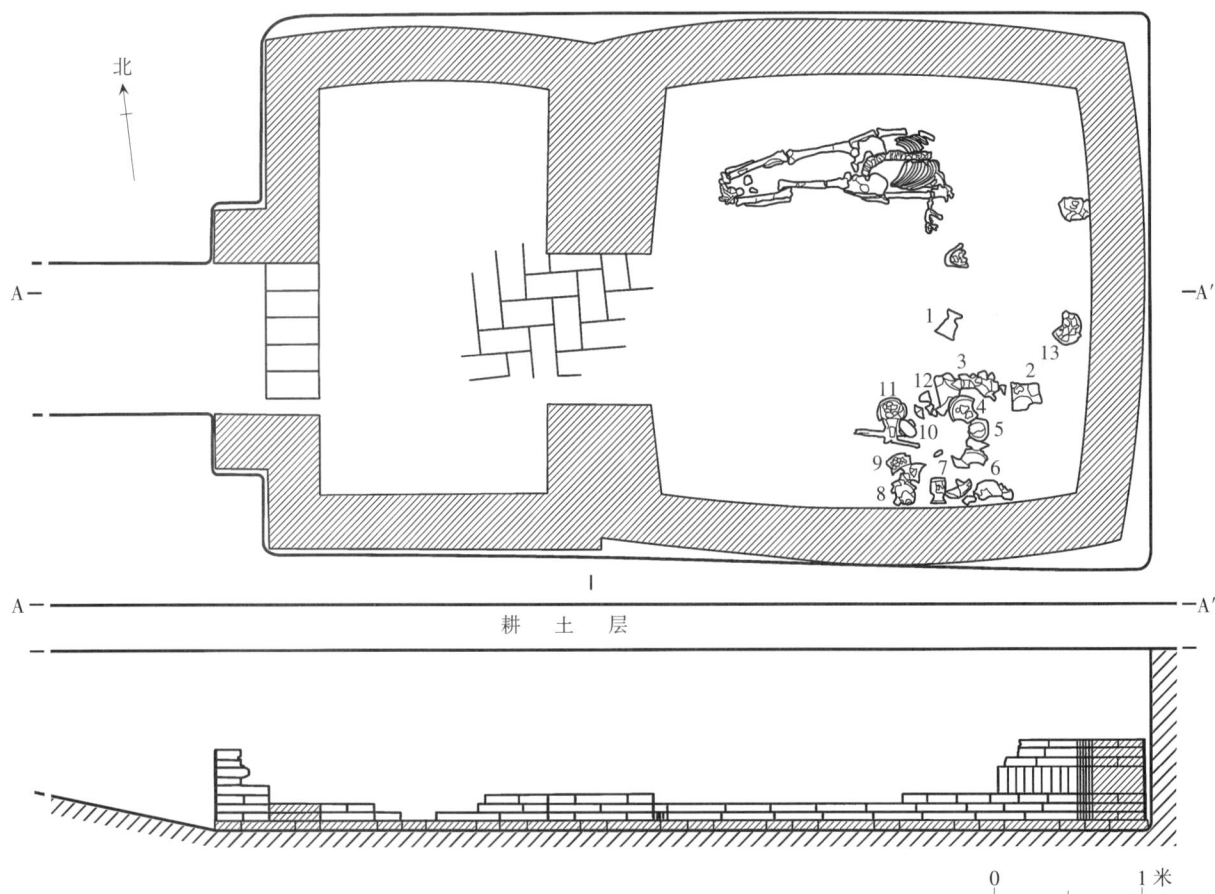

图九四 M42 平、剖面图

1. 陶灯 2. 陶仓盖 3. 陶案 4、11. 陶盘 5. 小陶盆 6. 陶樽 7. 陶井 8. 陶罐 9. 陶奁 10. 陶耳杯 12. 陶灶 13. 耳瑱

铺砖为人字形。用砖规格：$38 \times 16 \times 5$ 厘米，青砖杂有少量红砖，大部分砖平面施有绳纹。

2. 葬具和人骨

墓内未发现任何葬具。

可辨葬有 2 具人骨，颅骨均被翻动至后室东壁下。北侧人骨保存较好，为一男性个体，仰身直肢，头向东；南侧人骨仅存破碎头骨，为一女性个体。

3. 随葬品

该墓共出土有 15 件随葬品，位于墓室后室南部，质地分陶、琉璃、铜三种，另外，填土中还出土有 1 件陶俑和 3 枚铜钱。分述如下。

陶器计有罐 1、仓盖 1、井 1、灶 1、奁 1、樽 1、灯 1、案 1、耳杯 1、小盆 1、盘 2、俑 1。

罐　1 件。标本 M42：8，夹砂黑陶。尖唇，唇沿内侧有一周凸棱，侈口，溜肩，鼓腹，腹部最大径位置靠近肩部，平底。腹上部施有两周瓦棱纹，腹下部施有一周粗绳纹。口径 12.2、最大腹径 15.6、底径 9.0、高 14.0、壁厚 $0.8 \sim 1.0$ 厘米（图九五，1；彩版五八，2）。

仓盖　1 件。标本 M42：2，夹砂灰陶，囤顶结构。平面呈长方形，两面坡式，正脊两侧有对称的瓦垄。通长 25.2、通宽 24.0、高 9.0、壁厚 $0.6 \sim 2.0$ 厘米（图九五，2）。

井　1 件。标本 M42：7，夹砂黑陶。方唇，侈口，折沿，沿面有一周凹槽，束颈，折肩，直腹，平底。口径 11.2、底径 6.5、高 13.1、壁厚 $0.8 \sim 1.0$ 厘米（图九五，3；彩版五八，3）。

灶　1 件。标本 M42：12，夹砂灰陶。平面呈圆角长方形，灶面中心置有一圆形火眼，后端有圆形烟孔。长方形灶门。通长 21.0、通宽 18.6、高 7.8 厘米，火眼直径 9.0 厘米，烟孔直径 1.0 厘米，灶门长 8.4、高 5.6、壁厚 $0.5 \sim 1.0$ 厘米（图九五，4）。

奁　1 件。标本 M42：9，夹砂灰陶。方唇，直口，腹略弧，平底。腹部施有多周瓦棱纹。口径 13.4、底径 9.8、高约 7.2、厚约 $0.8 \sim 1.0$ 厘米（图九五，6；彩版五九，1）。

樽　1 件。标本 M42：6，夹砂黑陶。方唇，口微侈，腹略弧，平底，底置三蹄形足。口下部施有两周凹弦纹。口径 19.5、底径 16.6、高 11.5、壁厚 $0.7 \sim 1.5$ 厘米（图九五，5）。

灯　1 件。标本 M42：1，夹砂黑陶。直口，浅盘，高圈足，轮制。口径 7.8、底径 8.2、高 10.9、壁厚 $0.6 \sim 1.0$ 厘米（图九五，8；彩版五九，2）。

案　1 件。标本 M42：3，夹砂黑陶。平面呈圆形，边沿略上翘，案底附三个蹄形足。素面。案径 27.3、厚 $0.7 \sim 2.0$ 厘米（图九五，9；彩版五九，3）。

耳杯　1 件。标本 M42：10，夹砂黑陶。椭圆形杯口，方唇，弧腹，台底，双耳微上翘。口长径 11.4、短径 6.4、底长径 6.6、短径 3.5、高 3.7、壁厚 $0.4 \sim 1.0$ 厘米（图九五，10；彩版五九，4）。

小盆　1 件。标本 M41：5，夹砂黑陶。圆唇，侈口，沿面有一周凹槽，弧腹，平底。腹下部修坯削痕明显。口径 14.5、底径 6.3、高 5.7、壁厚 $0.6 \sim 0.8$ 厘米（图九五，7）。

图九五　M42 出土器物

1. 陶罐（M42：8）　2. 陶仓盖（M42：2）　3. 陶井（M42：7）　4. 陶灶（M42：12）　5. 陶槽（M42：6）　6. 陶瓷（M42：9）　7. 小陶盆（M42：5）　8. 陶灯（M42：1）　9. 陶案（M42：3）　10. 陶耳杯（M42：10）

　　盘　2 件（M42：4、11）。形制相同，均为夹砂黑陶，方唇，侈口，折沿，折腹，台底，盘心施有一周凹槽。标本 M42：4，口径 20.0、底径 9.9、高 3.5、壁厚 0.4～0.5 厘米（图九六，1）。标本 M42：11，口径 20.0、底径 9.9、高 3.5、壁厚 0.4～0.5 厘米（图九六，2；彩版五九，5）。

　　俑　1 件。标本 M42 填：1，夹砂灰陶。面部方整模糊，未见五官，垂肩，长裙垂地。裙径 5.3～5.6、高 13.3 厘米（图九六，3；彩版五九，6）。

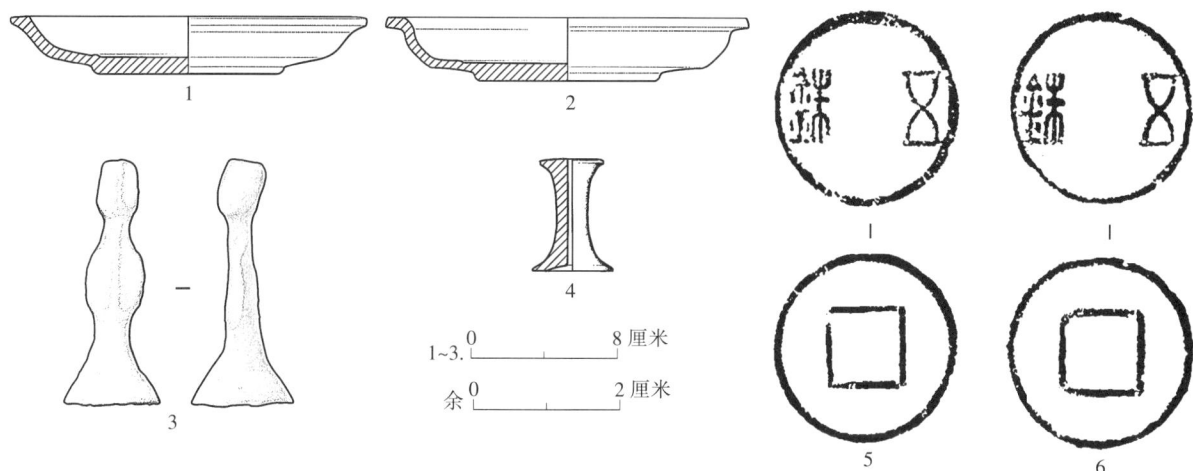

图九六　M42 出土器物

1、2. 陶盘（M42∶4、11）　3. 陶俑（M42 填∶1）　4. 耳瑱（M42∶13）　5、6. 铜钱拓片（M42 填∶2、填∶3）

琉璃器　计有耳瑱 1。

耳瑱　标本 M42∶13，深蓝色。腰鼓形，束腰，细端平齐，粗端内凹，纵向穿有一孔。最大径 1.1、长 1.5 厘米（图九六，4）。

铜钱　3 枚，均为"五铢"钱（图九六，5、6）。详情见下表。

M42 铜钱统计表　　　　　　　　　　　　（长度：厘米，重量：克）

种类	编号	特征		郭径	钱径	穿宽	郭宽	郭厚	肉厚	重量
		文字特征	记号							
五铢钱	填∶2	"五"字瘦长，竖划甚曲；"金"头三角形，四竖点；"朱"头较圆，"朱"下较圆	无	2.56	2.24	0.88	0.16	0.14	0.09	2.50
	填∶3	"五"字瘦长，竖划缓曲；"金"头三角形，四竖点；"朱"头方折，"朱"下较圆	同上	2.57	2.29	0.83	0.14	0.12	0.06	2.30
	填∶4	同上	同上	2.57	2.29	0.83	0.14	0.12	0.06	2.30

三四　M45（Ⅱ区）

1. 墓葬形制

双室砖墓，平面呈甲字形，由墓道、墓门及墓室组成。方向 195°（图九七；彩版六〇，1）。开口于耕土层下，开口距地表 0.20 米。

墓道　长方形斜坡状，未发掘完，长不详，宽 1.62、底部距地表 2.04 米。

墓门　位于墓室前室南壁偏西，东侧部分砖墙已倒塌，宽 1.74 米。

封门　条砖封堵，分内外两层。内层用条砖规矩封堵，现存 29 层砖，残高 1.96 米，砌法为单层丁砖和双隅顺砌平砖混砌。外层用碎砖倚护。在封门的东西两侧各发现一个铁环。

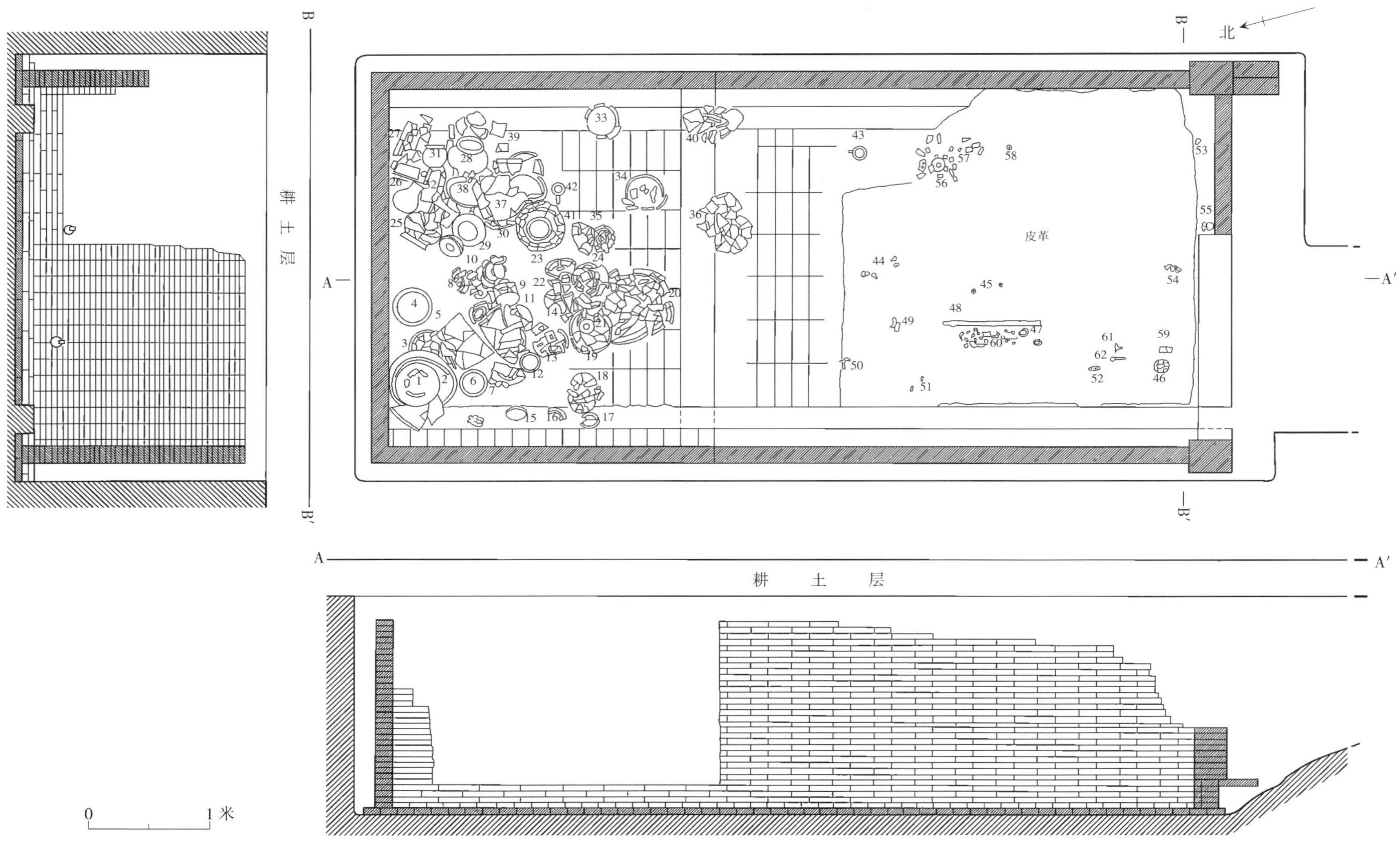

图九七 M45 平、剖面图

1、18、19、25、26、28. 陶壶 2、4、5、11、27、34、36. 陶樽 3、9、33、39、40. 陶奁 6、24、30、31. 陶罐 7、37. 小陶盆 8. 小陶甑 10. 陶耳杯 12. 陶卮 13. 陶炉 14. 陶器盖 15. 陶器座 16. 小陶盆 17. 铜釜 20. 陶仓 21. 陶盆 22. 陶鼎 23. 陶扁壶 29. 博山炉 32、35、38、41. 陶盆 42、62. 铁削 43、49、50、51、53、55. 铁环 44、54. 漆器残痕 45. 铜泡钉 46、47. 铜镜 48. 铁剑 52、60. 模型铜车马明器 56. 玉覆面 57. 水晶耳瑱 58. 玉璧耳瑱 59. 石研板 61. 铜剑首

墓室　平面整体呈长方形，分前后两个墓室，墓室总长 6.70 米。

前室平面呈长方形，长 4.00、宽 3.10 米。墓顶整体坍塌进墓室，据清理后的遗迹现象看，其应该为砖砌平顶，砌法为单层南北向条砖错缝平铺，墓顶砖之下为棺和随葬品。前室和后室是根据倒塌堆积和铺地砖高低来划分的，在前、后室分界处有一道坍塌的东西向砖墙，共有 7 层，为双隅平砖错缝顺砌。清理掉倒塌堆积后，后室的墓底铺地砖在砖墙处高于前室（彩版六一，1）。

后室平面呈长方形，长 3.10、宽 2.40 米。墓顶整体坍塌进墓室，据清理后的遗迹现象看，其应该为砖砌平顶，砌法为单层东西向条砖对缝平铺，墓顶砖之下为随葬品（彩版六一，2）。

墓室四壁砖墙已变形或倒塌，最高处保存有 27 层砖，除前室西壁外，墓壁砖墙的砌法为单隅平砖错缝顺砌。前室西壁砖墙大部为单隅平砖错缝顺砌，只在近顶部有一层双隅丁立砖顺砌。

墓室东西两侧各有一条排水沟，墓底生土上直接挖成，南北向贯穿整个墓室。排水沟宽 16 厘米。

通过对墓葬顶部坍塌遗迹的清理，发现该墓葬应为平顶，但是单层条砖砌筑成平顶不符合力学原理，据此判断砖砌墓顶之下应有其他支撑物，推测该墓应在砖砌墓室内建有大型木构墓室，顶部铺砖砌在木顶之上，另在墓门处发现两个铁环，铁环应是木构墓室门上装饰。木构墓室腐朽后整个砖砌墓顶平落进墓室之内，并在墓底下保存墓顶砌砖的完整结构。

墓底铺砖为东西向拼缝平铺，墓葬用砖规格：34×20×6 厘米，青砖，素面。

2. 葬具和人骨

整个前室地面都覆盖有一层厚 2 厘米的皮革类物品，清理时保持着良好弹性，现场观察可分为上下两个大层，每个大层又可分为多个小薄层，前室西侧的皮革上发现有大面积红漆，可能为一具漆棺。另外，前室地面还发现大量铁质棺钉。

葬有 2 具人骨，置于前室的东西两侧，人骨大部分已腐烂不存，葬式不明。西侧人骨陪葬有一把铁剑，推测该具人骨为一男性个体；东侧人骨的头部发现有玉饰件，推测该具人骨为一女性个体。

3. 随葬品

该墓共出土 92 件随葬品，多数位于后室内，少数位于前室内（彩版六○，2、3）。质地分陶、铜、铁、玉、玛瑙、石质六种，其中有铜钱 12 枚。分述如下。

陶器　计有罐 4、壶 6、扁壶 1、鼎 1、釜 1、仓 1、奁 5、樽 7、灯 1、耳杯 29、盆 4、卮 1、烤炉 1、博山炉 1、器座 1、小盆 2、小瓿 1、小釜 1、器盖 1。

罐　4 件（M45：6、24、30、31）。标本 M45：6，夹砂灰陶。方唇，敞口，短领，溜肩，折腹，腹部最大径位置偏上，平底。素面，器表轮旋痕迹明显。口径 12.0、底径 9.2、最大腹径 22.2、高 20.1、壁厚 0.4～0.6 厘米（图九八，1；彩版六二，1）。标本 M45：24，夹砂灰陶。由陶罐及罐盖两部分组成。陶罐：圆唇，敞口，束颈，溜肩，鼓腹，腹部最大径位置居中，平底。腹中部施有两周粗绳纹，腹下部及底部满饰细绳纹。罐盖：整体呈覆钵状，弧顶，敞口，尖唇。素面。通高 24.4 厘米。陶罐：口径 15.0、底径 10.0、最大腹径 25.2、高 21.0、壁厚 0.5～0.7 厘米。罐盖：口径 15.2、高 3.4、壁厚 0.6～0.7 厘米（图九八，2；彩版六二，2）。标本 M45：30，由陶罐及罐盖两部分组成。陶罐：夹砂灰陶。

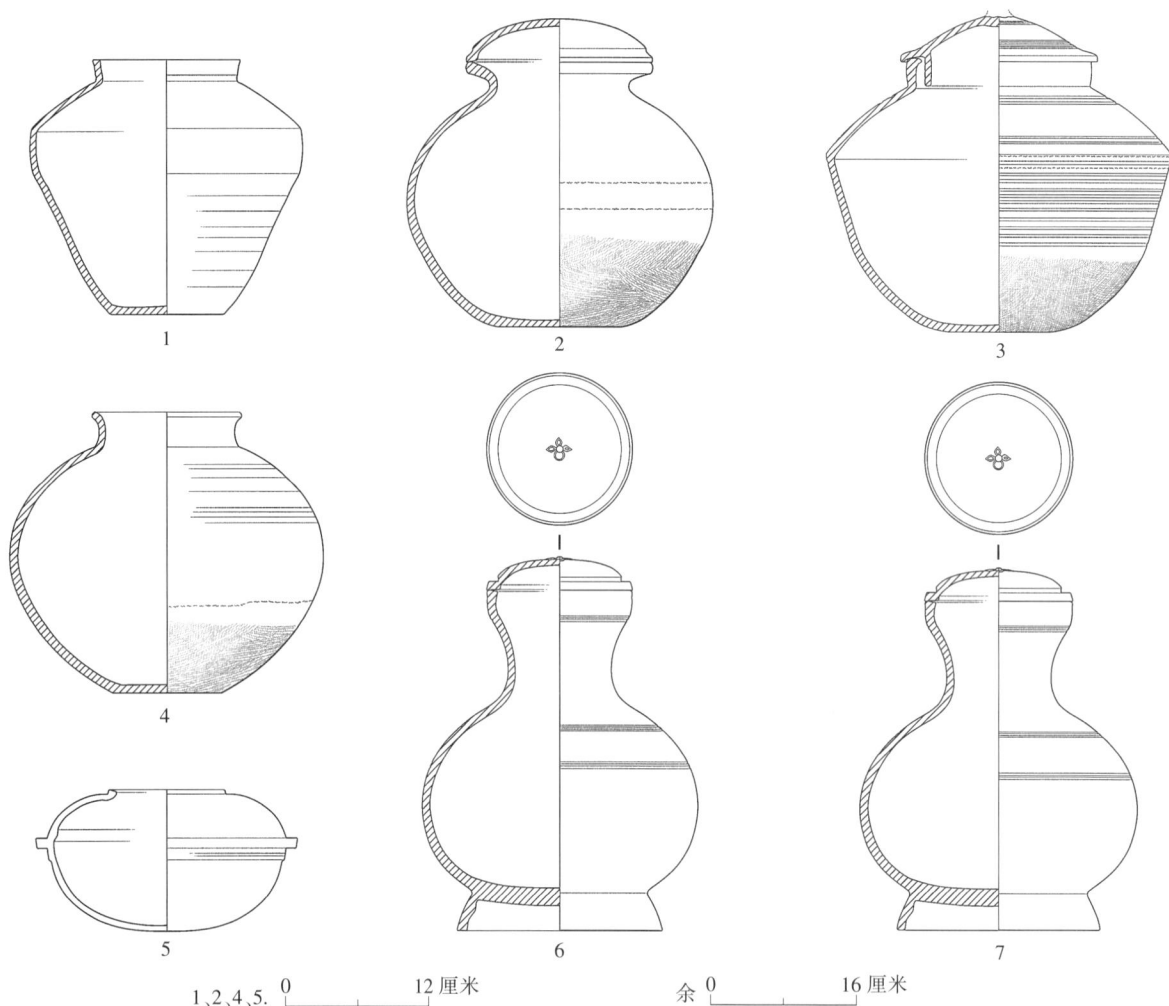

图九八　M45 出土器物

1～4. 陶罐（M45：6、24、30、31）　5. 陶釜（M45：21）　6、7. 陶壶（M45：18、25）

方唇，短领，束颈，溜肩，折腹，腹部最大径位置偏上，平底。腹上部及腹中部施有多周凹弦纹，腹中部施有两周粗绳纹，腹下部及底部满饰细绳纹。罐盖：夹砂灰黑陶，盖纽残缺。弧顶，弧腹，直口，方唇。顶部施有多周凹弦纹。通高 33.4 厘米。陶罐：口径 19.9、底径 10.9、最大腹径 37.5、高 29.0、壁厚 0.5～0.7 厘米。罐盖：口径 16.2、残高 7.4、壁厚 0.6～0.9 厘米（图九八，3；彩版六二，3）。标本 M45：31，夹砂灰陶。圆唇，敞口，束颈，溜肩，鼓腹，腹部最大径位置偏上，平底。腹下部及底部满饰绳纹。口径 11.8、底径 8.9、最大腹径 25.6、高 22.3、壁厚 0.5～0.7 厘米（图九八，4；彩版六二，4）。

壶　6 件（M45：1、18、19、25、26、28）。其中，标本 M45：1、M45：18、M45：25 与 M45：28 形制相同，均为夹砂灰陶，由壶盖及壶身两部分组成。壶盖：整体呈覆钵状，弧顶，弧腹，敞口，方唇；顶部正中为一圆形乳突，四周环绕三片草叶及一圆环。壶身：方唇，直口，束颈，溜肩，鼓腹，腹部最大径位置居中，圈足；近口处、肩部及腹中部各施有两周凹弦纹，腹部施有两周不连续绳纹。标本 M45：1，通高 43.0 厘米。壶盖：口径 17.5、高 4.1、壁厚 0.9～1.0 厘米。壶身：口径 17.3、底径 27.4、最大腹径 37.6、高 38.9、壁厚 0.9～1.0 厘米（图九九，1；彩版六二，5）。标本 M45：18，通高 39.6 厘米。

壶盖：口径 16.1、高 3.6、壁厚 0.6 ~ 1.0 厘米。壶身：口径 16.0、底径 22.5、最大腹径 30.2、高 36.0、壁厚 0.7 ~ 0.9 厘米（图九八，6）。标本 M45：25，通高 38.3 厘米。壶盖：口径 16.1、高 3.5、壁厚 0.6 ~ 1.0 厘米。壶身：口径 16.0、底径 22.0、最大腹径 30.2、高 34.8、壁厚 0.7 ~ 0.9 厘米（图九八，7）。标本 M45：28，通高 44.0 厘米。壶盖：口径 17.5、高 4.1、壁厚 0.9 ~ 1.0 厘米。壶身：口径 17.3、底径 27.4、最大腹径 37.6、高 39.9、壁厚 0.9 ~ 1.0 厘米（图九九，2）。标本 M45：19，夹砂灰陶。由壶盖及壶身两部分组成。壶盖：整体呈覆钵状，弧顶，弧腹，敞口，尖唇。壶身：方唇，敞口，束颈，溜肩，鼓腹，腹部最大径位置偏下，平底。腹中部施有两周粗绳纹，腹下部及底部满饰细绳纹。通高 28.0 厘米。壶盖：口径 13.1、高 3.0、壁厚 0.5 ~ 0.6 厘米。壶身：口径 13.2、底径 7.7、最大腹径 21.0、高 25.2、壁厚 0.7 ~ 0.8 厘米（图九九，4；彩版六二，6）。标本 M45：26，夹砂灰陶。方唇，小盘口，束颈，溜肩，鼓腹，腹部最大径位置居中，平底。腹下部及底部满饰绳纹。口径 13.2、底径 8.2、最大腹径 21.8、高 26.1、壁厚 0.4 ~ 0.6 厘米（图九九，5；彩版六三，1）。

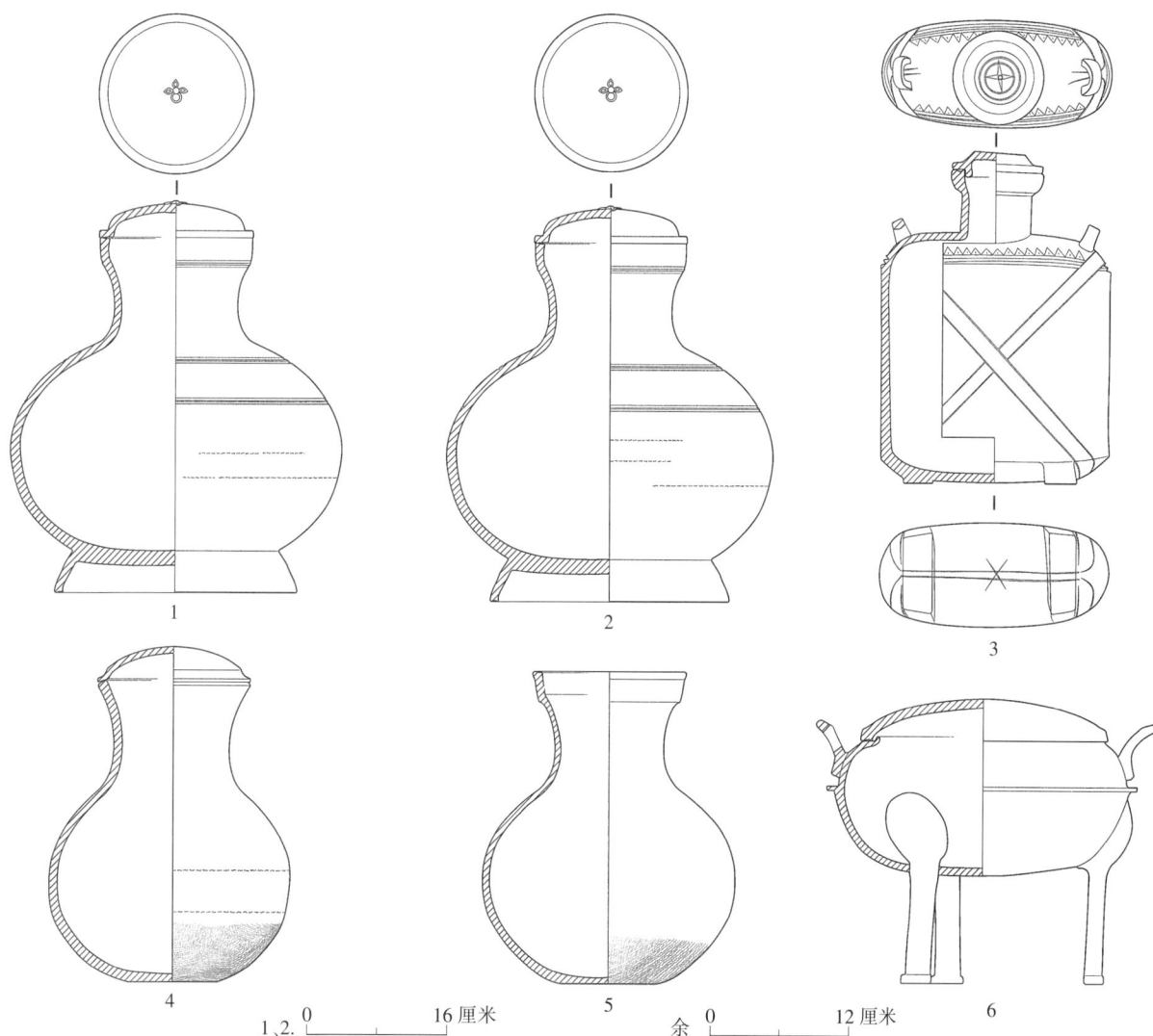

图九九　M45 出土器物

1、2、4、5. 陶壶（M45：1、28、19、26）　3. 陶扁壶（M45：23）　6. 陶鼎（M45：22）

扁壶　1件。标本 M45：23，夹砂灰陶，由陶壶及壶盖两部分组成。陶壶：方唇，母口，直颈，平肩，直腹，腹部横截面呈椭圆形，圜底。肩部贴有两个环形纽，底部附有两个长条形方足。肩部纽下各施两条刻划纹；肩部施一周刻划纹，两侧各施一周锯齿纹，每个锯齿内均戳有一点；腹部仿皮带刻划两条交叉的长条形条纹带，并且延伸至肩部和底部；底部中部另刻划一"X"形纹。壶盖：平顶，子口，方唇。盖顶施有两周凹弦纹，内圈弦纹内刻划有四角星纹，四角星纹中部穿有一孔。通高 27.8 厘米。陶壶：口径 7.6、最大腹长径 20.0、短径 9.0、底长径 20.0、短径 8.8、高 26.2、壁厚 0.6～0.8 厘米。壶盖：口径 5.5、高 2.2、壁厚 0.5～0.8 厘米（图九九，3；彩版六三，2）。

鼎　1件。标本 M45：22，夹砂灰陶。由陶鼎及鼎盖两部分组成。陶鼎：尖唇，子口，鼓腹，圜底。近口处贴有两个方形耳，腹中部施有一周扉棱，底部附有三个马蹄形足。鼎盖：整体呈覆钵状，弧顶，母口，方唇。通高 23.8 厘米。陶鼎：口径 18.5、最大腹径 27.1、高 20.6、壁厚 0.5～0.8 厘米。鼎盖：口径 21.5、高 3.5、壁厚 0.8～0.9 厘米（图九九，6；彩版六三，3）。

釜　1件。标本 M45：21，夹砂灰陶。方唇，敛口，圆肩，鼓腹，腹部最大径位置偏上，圜底。腹中部施有一周扉棱。口径 9.6、最大腹径 21.6、高 11.4、壁厚 0.4～0.6 厘米（图九八，5；彩版六三，4）。

瓮　5件（M45：3、9、33、39、40）。标本 M45：3，夹砂灰陶。方唇，直口，直腹，圜底。腹部施有四周凹弦纹，底部施有一周凹弦纹，器壁轮旋痕迹明显。口径 28.7、高 16.6、壁厚 0.5～0.8 厘米（图一〇〇，1）。标本 M45：9，夹砂灰陶。方唇，口微敛，腹略鼓，圜底。素面，腹壁轮旋痕迹明显。口径 24.7、高 9.2、壁厚 0.6～0.9 厘米（图一〇〇，3；彩版六四，1）。其中，标本 M45：33 与 M45：39 形制相同，均为夹砂灰陶，方唇，直口，直腹，圜底内凹，素面，腹内壁轮旋痕迹明显。标本 M45：33，口径 28.7、高 12.0、壁厚 0.8～0.9 厘米（图一〇〇，4）。标本 M45：39，口径 29.4、高 13.5、壁厚 0.7～0.9 厘米（图一〇〇，5；彩版六四，2）。标本 M45：40，夹砂灰陶。圆唇，敞口，腹略内弧，圜底。底部施有一周凸弦纹，底部轮旋痕迹明显。口径 28.7、高 16.4、壁厚 0.7～0.9 厘米（图一〇〇，6；彩版六四，3）。

仓　1件。标本 M45：20，夹砂灰陶。仓盖为悬山结构，两片盖板对接而成，结构较为简单。仓体正面呈长方形，中部为一长方形门洞，门外装有两扇门板，门上穿有一长方形孔表示窗。房体侧面上部各置有一个圆形通气孔。房体内部用隔板上下分成三层。楼身底边均为单拱结构。通高 51.3、仓盖长 25.2、宽 19.6、仓底边长 18.4、宽 14.3 厘米（图一〇〇，2；彩版六三，5）。

樽　7件（M45：2、4、5、11、27、34、36）。标本 M45：2，夹砂灰陶。方唇，直口，直腹，圜底，腹中部对称置有两个铺首衔环，底部附有三个熊足。内壁轮旋痕迹明显。口径 47.7、底径 48.6、高 39.8、壁厚 1.2～1.5 厘米（图一〇一，1；彩版六四，4）。其中，标本 M45：4、M45：11、M45：27 与 M45：36 形制相同，均为夹砂灰陶，由樽盖及樽身两部分组成。樽盖：弧顶，敞口，方唇，顶部附有一圆形捉手。樽身：方唇，直口，直腹，圜底，底部附有三个马蹄形足，腹部施有两组四条凹弦纹。标本 M45：4，通高 36.5 厘米。樽盖：口径 37.6、高 7.8、壁厚 1.0～1.1 厘米。樽身：口径 37.3、高 28.7、壁厚 1.1～1.3 厘米（图一〇一，2）。标本 M45：11，通高 31.5 厘米。樽盖：口径 32.8、高 7.6、壁厚 0.9～1.0 厘米。樽身：口径 32.5、高 23.9、壁厚 0.8～1.0 厘

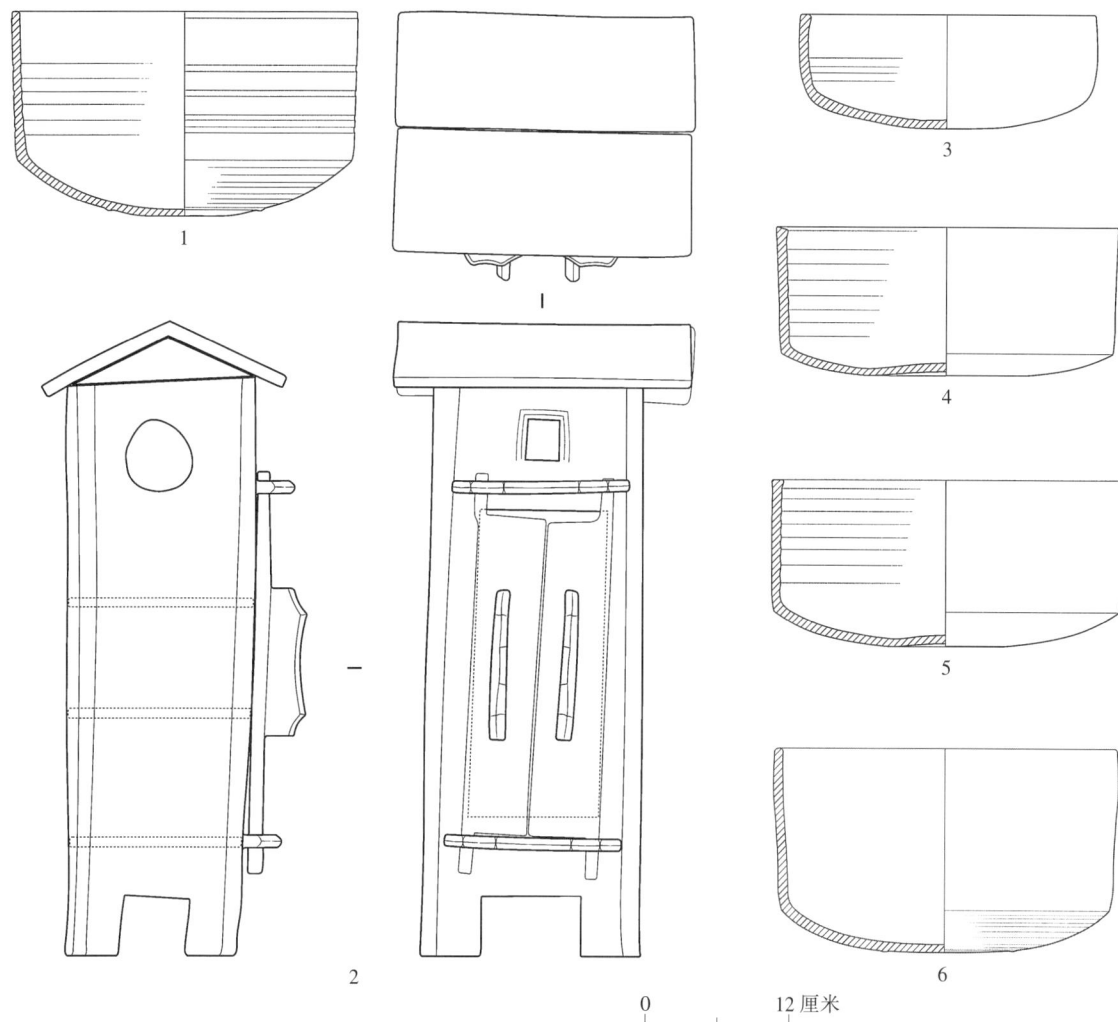

图一〇〇　M45 出土器物

1、3~6. 陶奁（M45：3、9、33、39、40）　　2. 陶仓（M45：20）

米（图一〇一，3）。标本 M45：27，通高 37.0 厘米。樽盖：口径 37.6、高 7.8、壁厚 1.0~1.1 厘米。樽身：口径 37.0、高 29.2、壁厚 1.1~1.3 厘米（图一〇〇，4；彩版六四，5）。标本 M45：36，通高 31.8 厘米。樽盖：口径 32.4、高 7.7、壁厚 0.9~1.0 厘米。樽身：口径 32.0、高 24.0、壁厚 0.8~1.0 厘米（图一〇一，5）。其中，标本 M45：5 与 M45：34 形制相同，均为夹砂灰陶，由樽盖及樽身两部分组成。樽盖：弧顶，敞口，方唇，顶部附有一环形纽。陶樽：方唇，直口，直腹，平底，底部附有三个马蹄形足，腹部施有两组四条凹弦纹。标本 M45：5，通高 21.5 厘米。樽盖：口径 21.8、高 5.8、壁厚 0.7~0.8 厘米。陶樽：口径 21.4、底径 21.7、高 15.7、壁厚 0.8~0.9 厘米（图一〇一，6）。标本 M45：34，通高 22.8 厘米。樽盖：口径 23.1、高 5.2、壁厚 0.8~1.0 厘米。樽身：口径 22.6、底径 23.1、高 17.6、壁厚 0.9~1.1 厘米（图一〇一，7）。

灯　1 件。标本 M45 填：1，仅存灯盘，夹砂灰陶。圆唇，敞口，折腹。口径 14.6、残高 4.8、壁厚 0.3~1.2 厘米（图一〇一，9）。

图一〇一　M45 出土器物

1~7. 陶樽（M45：2、4、11、27、36、5、34）　8、10. 陶耳杯（M45：10-15、10-29）　9. 陶灯（M45 填：1）

耳杯　29 件（M45：10-1~29）。形制相同，尺寸依次减小，均为夹砂灰陶。方唇，口微敛，腹略鼓，圜底。素面，腹壁轮旋痕迹明显。仅选取其中两件进行介绍。标本 M45：10-15，口长径 13.6、短径 9.9、底长径 7.6、短径 3.4、高 5.0、壁厚 0.5~0.6 厘米（图一〇一，8；彩版六四，6）。标本 M45：10-29，口长径 9.8、短径 7.1、底长径 5.4、短径 2.7、高 4.1、壁厚 0.3~0.6 厘米（图一〇一，10）。

盆　4 件（M45：32、35、38、41）。标本 M45：32，夹砂黑陶。方唇，敞口，鼓腹，腹部最大径位置略偏上，台底。腹中部施有多周弦纹。口径 20.0、最大腹径 19.3、底径 8.8、高 10.6、壁厚 0.3~0.5 厘米（图一〇二，1）。标本 M45：35，夹砂灰陶。方唇，敞口，展沿，弧腹，平底。腹部施有两周粗绳纹。口径 26.6、底径 9.8、高 9.5、壁厚 0.5~0.7 厘米（图一〇二，2）。标本 M45：38，夹砂灰陶。方唇，敞口，折沿，折腹较

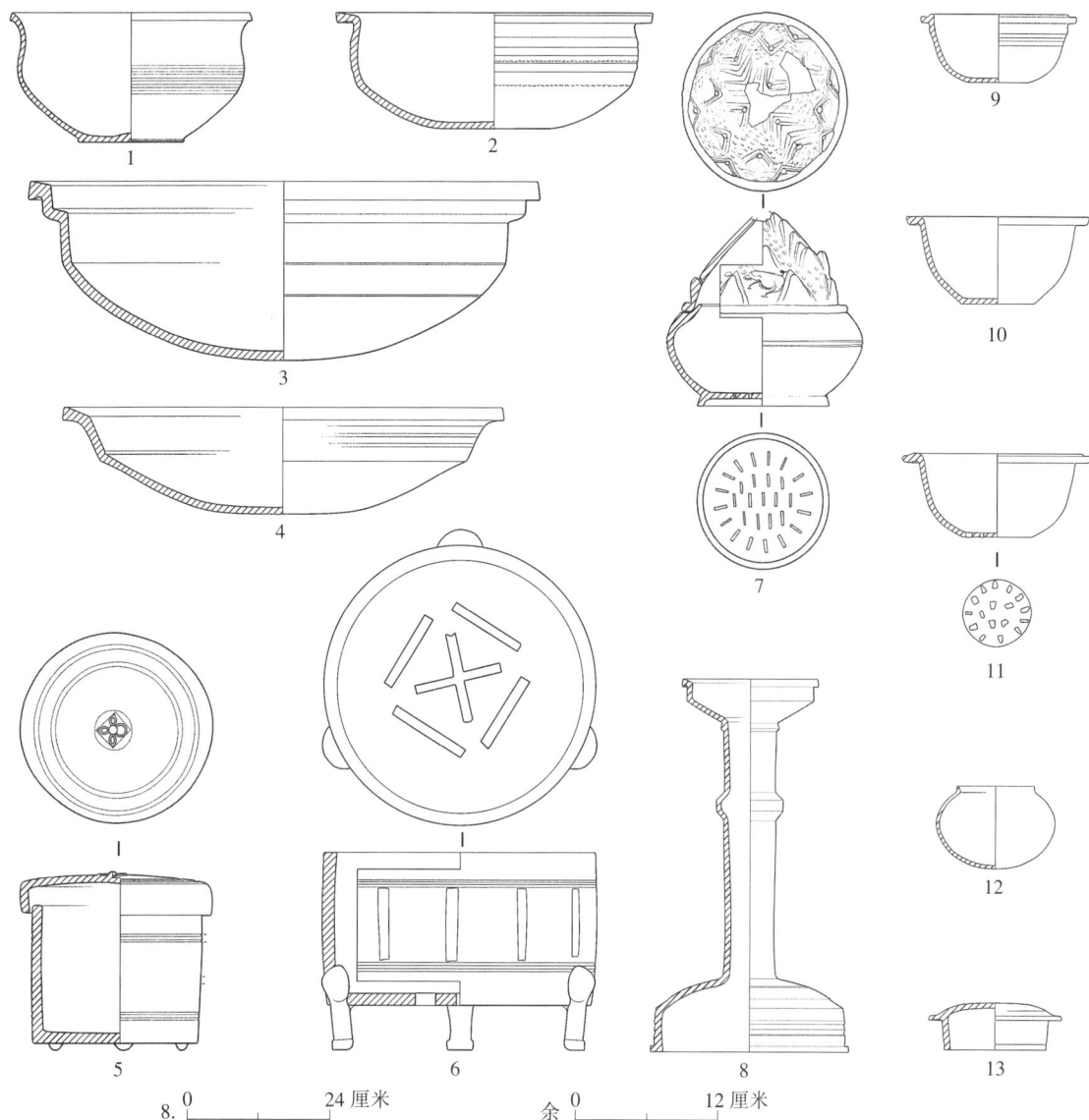

图一〇二　M45 出土器物

1~4. 陶盆（M45：32、35、38、41）　5. 陶扈（M45：12）　6. 陶烤炉（M45：13）　7. 陶博山炉（M45：29）
8. 陶器座（M45：15）　9、10. 小陶盆（M45：7、37）　11. 小陶甑（M45：8）　12. 小陶釜（M45：16）　13. 陶器
盖（M45：14）

深，圜底。口沿外侧施有两周绳纹，腹部施有两周凹弦纹。口径 42.8、高 14.6、壁厚
0.6~0.8 厘米（图一〇二，3；彩版六五，1）。标本 M45：41，夹砂灰陶。方唇，敞口，
折沿，折腹较浅，圜底。素面，腹上部轮旋痕迹明显。口径 36.9、高 8.8、壁厚 0.6~
0.9 厘米（图一〇二，4；彩版六五，2）。

　　扈　1 件。标本 M45：12，夹砂灰陶，由陶扈及扈盖两部分组成。陶扈：贴耳脱
落。圆唇，直口，直腹，耳部残缺，平底，底部附有三个乳丁状足。腹部施有两组四
条凹弦纹。扈盖：方唇，敛口，弧顶近平。顶部正中为一周圆形界格，圆形界格内套
一方形界格，方形界格内模印纹饰，正中为一圆形乳突，四周环绕三片草叶及一圆环。
顶部施有两周凹弦纹。通高 14.7 厘米。陶扈：口径 14.0、底径 13.8、高 11.8、壁厚

0.8～0.9厘米。厄盖：口径16.0、高3.4、壁厚0.5～0.7厘米（图一〇二，5；彩版六五，3）。

烤炉　1件。标本M45：13，夹砂灰陶。方唇，口微敛，腹略弧，平底，底部附有三个马蹄形足。腹部穿有12个长条形孔；底部正中为一"×"形穿孔，四周环绕四条长条形孔。腹部施有两组四条凹弦纹。口径23.0、底径22.1、高16.2、壁厚0.9～1.1厘米（图一〇二，6；彩版六五，5）。

博山炉　1件。标本M45：29，夹砂黄褐陶。由博山炉盖及炉身两部分组成。炉身：甑式，夹砂黄褐陶。圆唇，子口，鼓腹，腹部最大径位置偏上，矮圈足。腹中部施有两周凹弦纹，炉底戳有多个长方形孔箅。炉盖：夹砂灰陶。整体呈山峰状，模制出多个三角形小山峰，每个山峰的顶部均戳有一烟孔，山峰尖填充乳丁纹，近口处模印一野猪。方唇，弧腹，圜顶。通高15.9厘米。炉身：口径11.6、最大腹径16.7、底径11.2、高4、壁厚0.4～0.9厘米。炉盖：口径14.1、残高2、壁厚0.4～0.6厘米（图一〇二，7；彩版六五，4）。

器座　1件。标本M45：15，夹砂灰陶。盆形口，方唇。直筒柄，中部偏上有一圈凸棱把器柄分为两截。盆形底座。口径22.6、底径33.6、高60.8、壁厚0.8～1.3厘米（图一〇二，8；彩版六六，1）。

小盆　2件（M45：7、37）。标本M45：7，夹砂灰陶。方唇，敞口，折沿，弧腹，平底。腹部施有两周弦纹。口径13.0、底径5.0、高5.6、壁厚0.3～0.5厘米（图一〇二，9）。标本M45：37，夹砂灰陶。圆唇，敞口，折沿，弧腹，平底。口径15.4、底径6.1、高7.1、壁厚0.3～0.5厘米（图一〇二，10；彩版六六，2）。

小甑　1件。标本M45：8，夹砂灰陶。圆唇，敞口，折沿，弧腹，平底，底部戳有15个长方形甑孔。口径16.0、底径5.8、高6.8、壁厚0.4～0.5厘米（图一〇二，11；彩版六六，3）。

小釜　1件。标本M45：16，夹砂灰陶。尖唇，敞口，鼓腹，腹部最大径位置偏上，圜底。口径6.5、最大腹径10.1、高6.8、壁厚0.2～0.4厘米（图一〇二，12；彩版六六，4）。

器盖　1件。标本M45：14，夹砂灰陶。方唇，直口，弧顶。口径8.6、高3.8、壁厚0.4～0.6厘米（图一〇二，13）。

铜器　计有盆1、镜2、剑首1、泡钉1、漆器构件2、模型车马明器2。

盆　1件。标本M45：17，折沿，敞口，直腹，底部锈蚀殆尽。素面。腹壁较薄，铸造精良。口径28.0、残高5.1、壁厚0.1厘米（图一〇三，1）。

镜　2面（M45：46、47）。标本M45：46，日光镜。圆形，残损。半球形纽，圆形纽座，外接内向八连弧纹，之外有字体为篆隶式变体的铭文带，但字迹现已漫漶不清。宽平缘。面径11.0、背径11.0、高0.9厘米（图一〇三，2）。标本M45：47，日光镜。圆形，形体较小，镜面微凸，锈蚀较严重。半球形纽，圆形纽座，外接内向八连弧纹。其外两周栉齿纹，中间夹有铭文带，但字迹现已漫漶不清。窄平缘。面径6.3、缘厚0.3、高0.8厘米（图一〇三，3；彩版六七，1）。

剑首　1件。标本M45：61，首端呈喇叭形，圆柄，有方形穿孔。其上残存编织物缠绕痕迹。首端直径4.0、残长2.1厘米（图一〇三，4；彩版六七，2）。

泡钉　1套6枚。形制相同，均表面鎏金，圆帽形，周边有折沿，中部下垂一四棱状

图一〇三　M45 出土器物

1. 铜盆（M45：17）　2、3. 铜镜（M45：46、47）　4. 铜剑首（M45：61）　5. 铜泡钉（M45：45－1）　6、7. 铜兽足（M45：44－4、54－1）　8. 铜衔环铺首（M45：44－1）　9、10. 铜立鸟形纽（M45：44－6、54－3）　11. 铜柿蒂形盖纽（M45：44－3）

钉。标本 M45：45－1，泡径 1.9、高 1.5 厘米（图一〇三，5）。

　　漆器构件　2 套（彩版六八），种类计有兽足 2、衔环铺首 2、立鸟形纽 2、柿蒂形盖纽 2。

　　兽足　2 套 6 件（M45：44－4、44－5、44－9、54－1、54－4、54－5）。其中，每套的三个兽足形制均一致。标本 M45：44－4，表面鎏金。兽形，体上部夸张。竖眉吊睛，额至吻部有一深沟。缩颈含胸，双手抚膝，作蹲踞状。背部靠上有一直穿钉。宽 3.2、高

4.4厘米（图一〇三，6；彩版六九，1）。标本M45：54-1，表面鎏金。踞熊状，体上部夸张。双耳直立，环眼突目，吻部宽短，阔口裂腮，缩颈含胸，双手抚膝，作蹲踞状。背部靠上有一直穿钉。宽2.7、高4.4厘米（图一〇三，7；彩版六九，2）。

衔环铺首　2套4件（M45：44-1、44-2、54-2、54-6）。形制相同，均为表面鎏金。浮雕兽面，双角内蜷，双耳后逆，额作"山"字形，吊睛环眼，宽面阔腮，半环形鼻，其下衔环。背直两个穿钉。标本M45：44-1，宽4.3、高5.3、环径3.0厘米。标本M45：54-2，宽4.0、高5.5、环径3.1厘米（图一〇三，8；彩版六九，3）。

立鸟形纽　2套6件（M45：44-6、44-7、44-8、54-3、54-7、54-8）。其中，每套的3个兽足形制均一致。标本M45：44-6，表面鎏金。作立鸟形，三枝状。宽冠后弯严重，与尾相衔，宽眉后卷，小圆睛，喙短宽，细颈，拔胸，双翼作勾云状，尾略垂，站立，双足稍大。足下为方榫头。宽1.0、高4.1厘米（图一〇三，9；彩版六九，4）。标本M45：54-3，表面鎏金。作立鸟形，三枝状。宽冠，与尾相衔，小圆睛，喙短宽，细颈，拔胸，站立，双足稍大。足下为方榫头。宽0.7、高4.5厘米（图一〇三，10；彩版六九，5）。

柿蒂形盖纽　2件（M45：44-3、54-9）。标本M45：44-3，表面鎏金。柿蒂形，蒂叶短胖、舒展，居中附有一环纽。长3.9、宽3.8、环径2.2、高0.6厘米（图一〇三，11；彩版六九，6）。

模型车马明器　2套（M45：52、60）。种类计有当卢1、衔镳2、辂饰2、车軎1、盖柄铜箍2、盖弓帽3、帽4、泡钉1、环形钉1、扣1、轭首饰1、车轴饰件2、兽首形饰件1、花冠形饰件1。

当卢　1件。标本M45：60-3，表面鎏金，略残。弧线勾连式，微残。顶部对称两耳呈山字形，中部镂空作花枝状，下部长鼻。背带二方形环纽。长11.7厘米（图一〇四，1；彩版七〇，1）。

衔镳　2副。标本M45：60-1，表面鎏金。衔，三节，两长衔中间以一"8"字形短衔相连，短衔中段有两个球状结节。长环较小的一端圆环接中间的短衔，其上有断口，推测为分体铸造后煅合，另一端扁圆环套接镳体，中间截面为六面体。镳，两片，镳身呈"S"形，一端为棒状，一端为球结棒状，镳身较宽，其上有两个穿孔，两端有鸡冠状镳叶。衔长9.9、镳长9.9厘米（图一〇四，2；彩版七〇，2）。标本M45：60-2，表面鎏金。衔，残端，环首形衔头，扁圆环，环一侧有开口，一侧接细柱状衔身。镳，两片，镳身呈"S"形，两端为棒状，镳身较宽，其上有两个穿孔，两端有鸡冠状镳叶，上有镂空沟纹。衔残长7.0、镳长10.0厘米（图一〇四，3；彩版七〇，3）。

辂饰　2副4件。形制相同，均为表面鎏金。平面呈"弓"形，端头折曲弧缓，截面呈菱形，一端略有残损（彩版七〇，4、5）。标本M45：60-21，长11.7厘米（图一〇四，4）。

车軎　1副2件。均为表面鎏金，呈喇叭形，近口部有对穿的辖孔，口内部回折。辖为半圆形顶，扁条形身。标本M45：60-31，弧顶出沿，顶部一边出有一舌。口径2.4、长3.0厘米（图一〇四，5；彩版七〇，6）。标本M45：60-33，顶略弧，近顶处及中部各施有一周扉棱。口径2.3、长2.8厘米（图一〇四，6；见彩版七〇，6）。

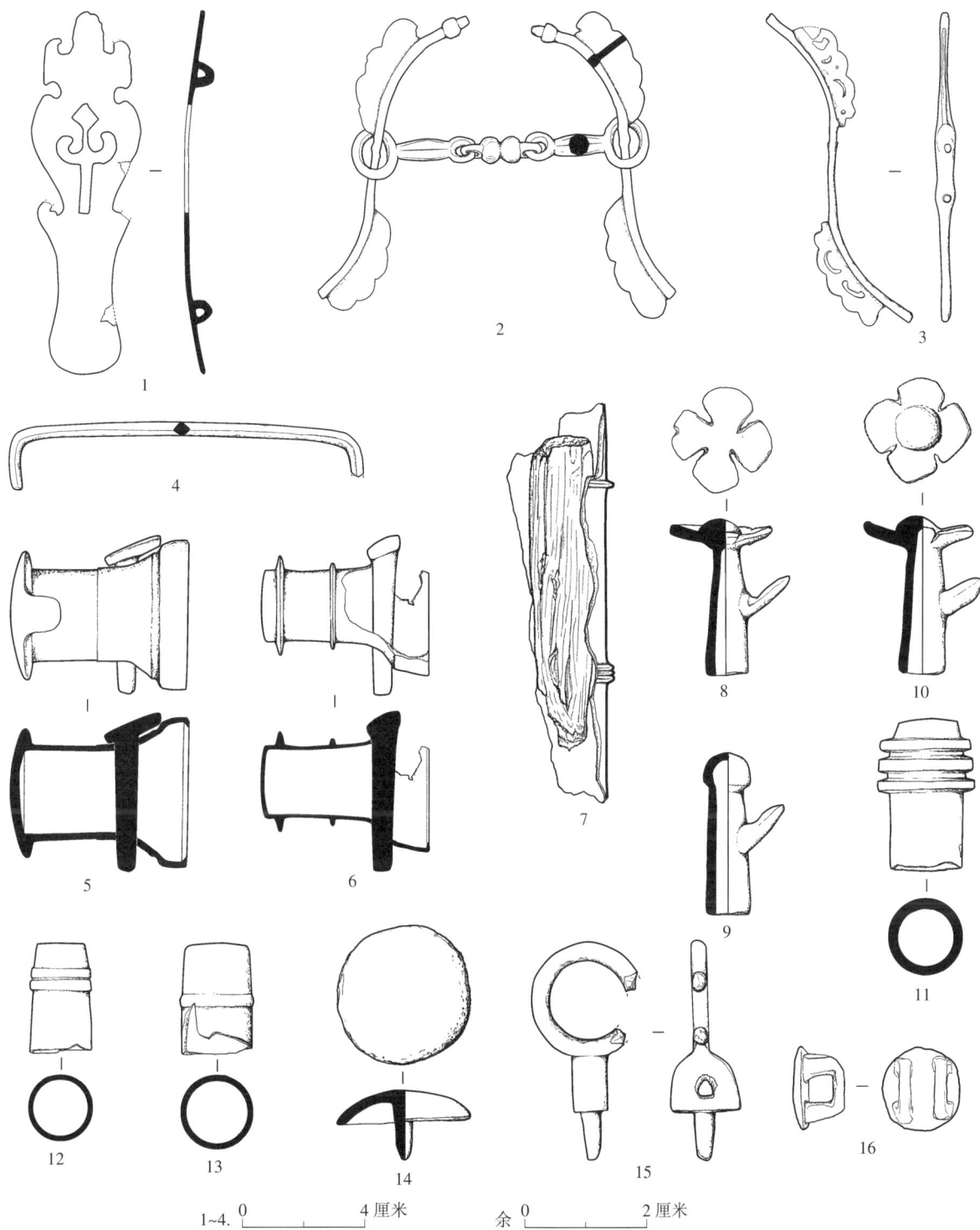

图一〇四　M45 出土器物

1. 铜当卢（M45∶60−3）　2、3. 铜衔镳（M45∶60−1、60−2）　4. 铜轭饰（M45∶60−21）　5、6. 铜车軎（M45∶60−31、60−33）　7. 铜盖柄铜箍（M45∶60−42）　8～10. 铜盖弓帽（M45∶52−1、60−14、60−18）　11～13. 铜帽（M45∶60−25、60−27、60−29）　14. 铜泡钉（M45∶60−20）　15. 铜环形钉（M45∶60−35）　16. 铜节约（M45∶60−39）

盖柄铜箍　1件。标本 M45：60 - 42，残损。圆筒状，近端处各施有一周凸弦纹，中部施有三周凸弦纹。圆筒中残留少量朽木。残长 6.4 厘米（图一〇四，7；彩版七〇，7）。

盖弓帽　3组38枚。表面鎏金。圆筒状。銎中空，钩上翘。銎内残存朽木。标本 M45：52 - 1，半球状帽顶，顶带四瓣状帽，高 2.5、銎径 0.7 厘米（图一〇四，8）。标本 M45：60 - 14，半球状帽顶，銎径 0.8、高 2.6 厘米（图一〇四，9）。标本 M45：60 - 18，半球状帽顶，顶带四瓣状帽，銎径 0.8、高 2.5 厘米（图一〇四，10）。

帽　4组8件。表面鎏金，圆筒状（彩版七〇，8、9）。标本 M45：60 - 25，凸顶，近顶处饰有三周凸棱。筒径 1.2、高 2.5 厘米（图一〇四，11）。标本 M45：60 - 27，平顶，近顶处饰有两周凸棱（图一〇四，12）。筒径 1.0、高 1.7 厘米。标本 M45：60 - 29，平顶，中部饰有一周凸棱。筒径 1.1、高 1.8 厘米（图一〇四，13）。

泡钉　1件。标本 M45：60 - 20，球面顶，中间下垂一钉，钉身作方棱状。泡径 2.2 ~ 2.3、高 1.1 厘米（图一〇四，14）。

环形钉　1件。标本 M45：60 - 35，残损。顶部为一圆环，圆环下接三角形钉身，其下为一圆柱形榫。环径 1.9、高 3.5 厘米（图一〇四，15；彩版七一，1）。

节约　1组3件。标本 M45：60 - 39，表面鎏金。圆形扣身，扣面略鼓，背附有两个方环纽。扣径 1.3 ~ 1.4、高 0.9 厘米（图一〇四，16；彩版七一，2）。

车轴饰件　2组4件。均表面鎏金，平面呈凸字形，上部为扁薄的长方形插柄。下端弧圆作兽面（彩版七一，3、4）。标本 M45：60 - 43，吊睛鼓目，鼻短而小，连接一凸棱，把头部一分为二，眼部上方各有一穿孔。长 3.4、宽 3.3 厘米（图一〇五，1）。标本 M45：60 - 45，吊睛鼓目，鼻端平齐，两腮丰腴，眼部上方各有一凹坑，似作耳状。长 2.9、宽 2.3 厘米（图一〇五，2）。

轭首饰　1组2件，形制相同（彩版七一，5）。标本 M45：60 - 47，表面鎏金。钩状，前端扁圆，端头作兽面，环眼，勾颈，口部不显。背部有明显折棱。其后渐圆成圆銎。銎径 1.1、高 2.8 厘米（图一〇五，3）。

兽首形饰件　1件。标本 M45：60 - 48，表面鎏金。近扁方体，弧圆一端作兽面，横眉大眼，鼻端略有上翘，颈部略凹。其后折收作扁方銎。长 2.5、高 1.0 厘米（图一〇五，4；彩版七一，7）。

花冠形饰件　1件。M45：60 - 19，表面鎏金。平面略呈"n"形，体扁薄。上部作花冠状，其上均匀排布有 7 个镂孔。下端残缺，整体形制不明。宽 2.4、残高 2.3 厘米（图一〇五，5；彩版七一，6）。

铁器　计有环6、削2、剑1。

环　6件（M45：43、49、50、51、53、55）。形制相同，平面略呈圆形，环上包有铁条，铁条末端残缺。截面呈圆形。标本 M45：43，内径 9.9、外径 14.5、扣长 7.5 厘米（图一〇五，7）。标本 M45：55，内径 5.8、外径 8.4、扣长 2.7 厘米（图一〇五，6）。

削　2件（M45：42、62）。形制相同，均为环首削，腐蚀较为严重。标本 M45：42，残缺大部分。残长 8.1 厘米（图一〇五，8）。

剑　1件。标本 M45：48，柄部略残，截面呈棱形，锈蚀较严重。长 49.5、宽 3.2、厚 1.0 厘米（图一〇五，9）。

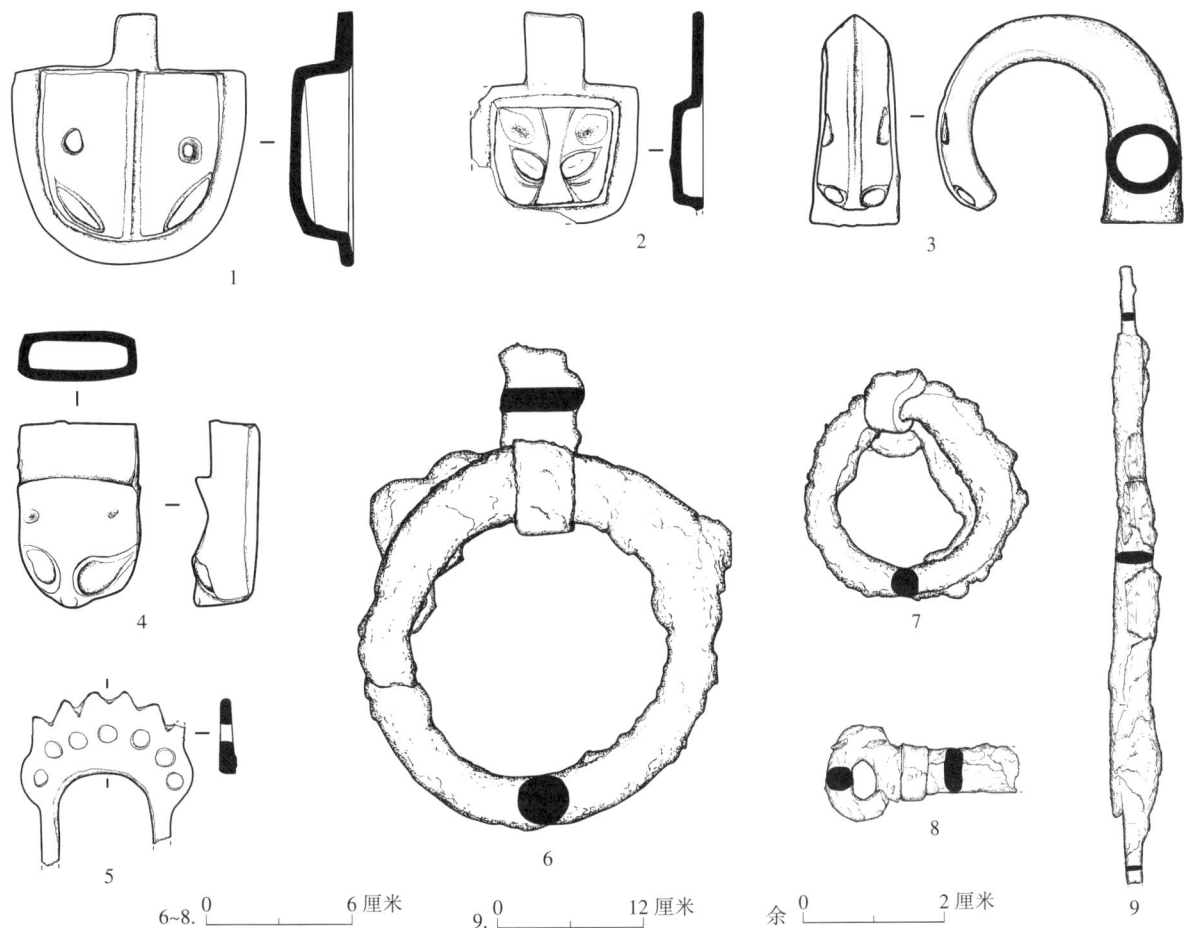

图一〇五　M45 出土器物

1、2. 铜车轴饰件（M45：60 - 43、60 - 45）3. 铜轭首饰（M45：60 - 47）4. 铜兽首形饰件（M45：60 - 48）5. 铜花冠形饰件（M45：60 - 19）6、7. 铁环（M45：55、43）8. 铁削（M45：42）9. 铁剑（M45：48）

玉器　计有覆面 1（图一〇六；彩版七二）。

覆面　1 件。由 24 件玉片及玛瑙片组成，种类有璧、璜、圭、牌饰、片、剑璏尾等。玉片系由残玉改制而成。

璧　1 件。标本 M45：56 - 8，碧玉，璧孔为一面钻，表面有玉料纹理，素面，抛光。孔径 3.6、外径 9.6、厚 0.6 厘米（图一〇七，7）。

圭　6 件。均为碧玉，多为素面抛光，少数阴刻谷纹和勾云纹。标本 M45：56 - 1，碧玉，素面。宽 2.5、高 8.0、厚 0.4 ~ 0.7厘米（图一〇七，2）。标本 M45：56 - 3，碧玉，两面阴刻谷纹和勾云纹。宽 2.7、高8.4、厚 0.4 ~ 0.7 厘米（图一〇七，1）。标

图一〇六　M45 出土玉覆面
（M45：56）复原示意图

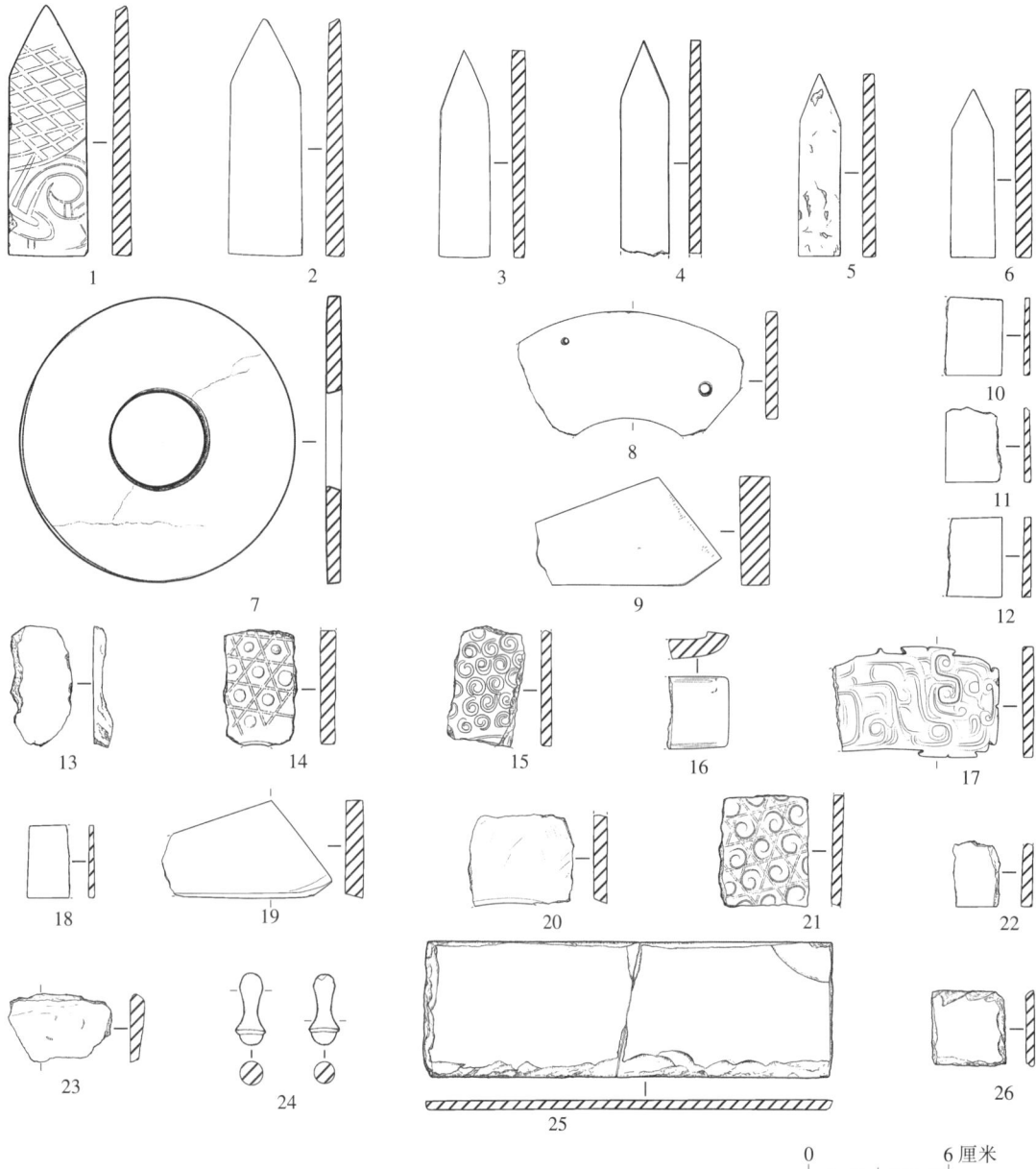

图一○七　M45 出土器物

1~23. 玉覆面组件（M45：56-3、56-1、56-10、56-13、56-15、56-18、56-8、56-2、56-5、56-7、56-9、56-11、56-12、56-14、56-23、56-22、56-17、56-19、56-6、56-16、56-20、56-21、56-24）　24. 耳瑱（M45：57）　25. 石研板（M45：59-1）　26. 石研块（M45：59-2）

本 M45：56-10，碧玉，素面。宽1.8、高7.0、厚0.3~0.5厘米（图一○七，3）。标本 M45：56-13，碧玉，素面。宽1.7、高7.2、厚0.3~0.4厘米（图一○七，4）。标本 M45：56-15，碧玉，素面。宽1.5、高6.2、厚0.4~0.5厘米（图一○七，5）。标本 M45：56-18，碧玉，素面。宽1.5、高5.6、厚0.5~0.6厘米（图一○七，6）。

璜　1件。浅绿色玉，标本 M45：56-2，两端残，表面有两个钻孔，单面钻，截面呈长方形，素面，抛光。残长7.8、宽3.7、厚0.4厘米（图一〇七，8）。

牌饰 1件。标本M45：56－17，一端残，周边出牙，两面阴刻螭龙纹。残长5.8、宽3.7、厚0.4厘米（图一〇七，17）。

长方形玉片 10件。多为玉器边角料，颜色青色，多数为素面，少数饰有谷纹，平面大致呈长方形。标本M45：56－4，素面。长2.7、宽2.1、厚0.1～0.4厘米。标本M45：56－7，素面。长2.6、宽2.0、厚0.1～0.2厘米（图一〇七，10）。标本M45：56－9，素面。长2.5、宽2.0、厚0.1～0.2厘米（图一〇七，11）。标本M45：56－11，素面。长2.7、宽1.9、厚0.2～0.3厘米（图一〇七，12）。标本M45：56－14，两面阴刻谷纹。长4.0、宽2.5、厚0.5～0.6厘米（图一〇七，14）。标本M45：56－16，素面。长3.7、宽3.1、厚0.4～0.5厘米（图一〇七，20）。标本M45：56－19，素面。长2.5、宽1.4、厚0.1～0.2厘米（图一〇七，18）。标本M45：56－20，两面阴刻谷纹。长3.8、宽3.1、厚0.2～0.4厘米（图一〇七，21）。标本M45：56－21，素面。长2.3、宽1.6、厚0.3～0.4厘米（图一〇七，22）。标本M45：56－23，两面阴刻谷纹。长3.9、宽2.4、厚0.3～0.4厘米（图一〇七，15）。

梯形玉片 2件。形制形同，均为青白玉，一端残，整体呈梯形，素面，抛光。标本M45：56－5，长6.4、宽3.6、厚0.9～1.1厘米（图一〇七，9）。标本M45：56－6，长6.0、宽3.3、厚0.5～0.6厘米（图一〇七，19）。

玉片 2件。均为一面较光滑，一面为未经打磨的劈裂面。标本M45：56－12，浅绿色玉质，平面呈不规则形。长4.0、宽2.1、厚0.3～0.7厘米（图一〇七，13）。标本M45：56－24，墨绿色玉质，平面略呈梯形。长3.6、宽2.3、厚0.3～0.4厘米（图一〇七，23）。

剑珌尾 1件。标本M45：56－22，玛瑙质，朱红色，平面略呈长方形，一端残断，一端弯折，素面。长2.0、宽2.4、厚0.7厘米（图一〇七，16）。

水晶器 计有耳瑱1。

耳瑱 1套2枚。形制相同，均透明，束腰，两端均圆鼓，无穿孔。标本M45：57－1：最大径1.0、长2.5厘米。标本M45：57－2，最大径1.1、长2.4厘米（图一〇七，24）。

石器 计有研板1、研块1。

研板 1件。标本M45：59－1，青灰色页岩，磨制的较为光滑。平面呈长方形，通体扁薄。长14.1、宽4.5、厚0.3厘米（图一〇七，25；彩版六七，3）。

研块 1件。标本M45：59－2，青灰色页岩，磨制的较为光滑。平面近方形，通体扁薄。边长2.5、厚0.3厘米（图一〇七，26；见彩版六七，3）。

铜钱 12枚，均为"五铢"钱（图一〇八）。详情见下表。

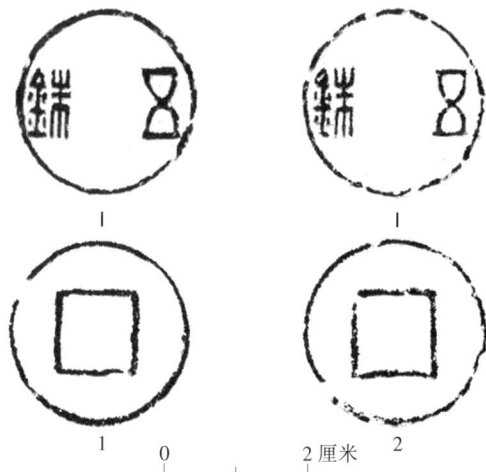

图一〇八 M45出土铜钱拓片
1、2. M45：58－2、58－1

M45 铜钱统计表　　　　　　　　　（长度：厘米，重量：克）

种类	编号	特征		郭径	钱径	穿宽	郭宽	郭厚	肉厚	重量
		文字特征	记号							
五铢钱	58－1	"五"字瘦长，竖划缓曲；"金"头三角形，四竖点；"朱"头方折，"朱"下方折	穿下月牙	2.53	2.27	0.94	0.13	0.17	0.06	2.90
	58－2	同上	穿上一横	2.60	2.26	0.93	0.17	0.18	0.07	3.60
	58－3	"五"字瘦长，竖划缓曲	同上	2.60	2.32	0.93	0.14	0.18	0.07	3.70
	58－4	同上	穿下一星	2.60	2.28	0.92	0.16	0.20	0.07	3.90
	58－5	同上	穿上一横	2.59	2.27	0.94	0.16	0.15	0.08	3.90
	58－6	同上	穿下月牙	2.48	2.12	0.93	0.18	0.17	0.09	3.30
	58－7	"五"字瘦长，竖划较直	无	2.53	2.21	0.98	0.16	0.16	0.08	3.30
	58－8	同上	穿上一横	2.54	2.28	0.91	0.13	0.17	0.10	3.70
	58－9	同上	同上	2.64	2.32	0.86	0.16	0.18	0.12	4.10
	58－10	同上	同上	2.56	2.24	0.95	0.16	0.18	0.08	3.80
	58－11	同上	同上	2.56	2.34	0.91	0.11	0.17	0.14	3.30
	58－12	"五"字瘦长，竖划缓曲；"金"头三角形，四竖点；"朱"头方折，"朱"下较圆	穿上一横	2.52	2.36	0.91	0.08	0.15	0.08	3.50

三五　M46（Ⅱ区）

1. 墓葬形制

单室砖墓，平面呈甲字形，由墓道、甬道、墓门及墓室组成。方向190°（图一〇九；彩版七三）。开口于耕土层下，开口距地表0.20米，已破坏。

墓道　长方形斜坡状，未发掘完，长不详，宽0.90、底部距地表0.90米。

甬道　平面呈方形，边长0.90米。甬道两壁用条砖独立垒砌，于墓门南侧的墓道开圹形成生土二层台，于二层台上开始砌砖。

墓门　位于墓室南壁中部略偏东，宽0.90米。

封门　条砖不规则垒砌封堵，残高0.66米。

墓室　平面呈弧长方形，长2.88、宽2.30米。四壁外弧明显，最高处保存有8层砖，砌法由下至上为三层平砖一层丁立砖，两者交替向上。另外，三层平砖的砌法又为两层双隅顺砌平砖之间夹一层平砌丁砖。墓底铺砖为西北—东南斜向错缝平铺。用砖规格：36×18×6厘米，青砖杂有少量红砖，多数砖平面施有绳纹。

2. 葬具和人骨

墓内未发现任何葬具。

可辨葬有2具人骨，并列置于墓室东部。西侧人骨保存较完整，为一男性个体，仰身直肢，两臂交叉置于腹部，头向北。东侧人骨保存较差，为一女性个体，上肢骨和部分下肢骨缺失，应为仰身直肢，头向北。

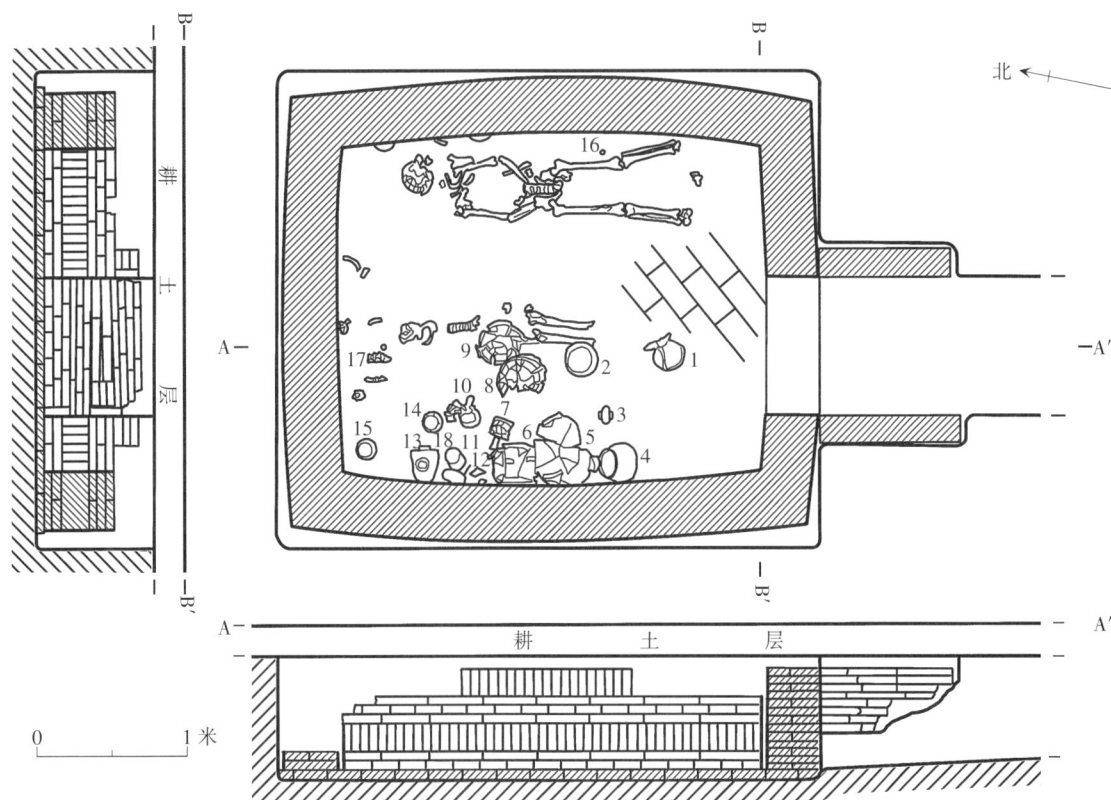

图一○九 M46 平、剖面图

1. 陶樽 2. 陶盘 3、12. 陶耳杯 4、5. 陶罐 6. 陶仓 7、14. 陶缸 8、9、18. 陶盆 10. 陶井 11. 小陶盆 13. 陶灶组合 15. 小陶甂 16. 铜钱 17. 鱼骨

3. 随葬品

该墓共出土有 20 件随葬品，多数位于墓室西部，除一件为鱼脊骨外，大多数为陶器，种类计有罐 2、仓 1、井 1、灶 1、耳杯 2、樽 1、盘 1、盆 3、缸 2、小甂 1、小盆 2、小釜 1。另有铜钱 1 枚。

罐 2 件（M46：4、5）。形制基本相同，均为方唇，侈口，矮领，溜肩，垂腹，腹部最大径位置偏下，腹下部及底部饰满绳纹。标本 M46：4，夹砂黑褐陶。凹底。口径 17.1、底径 12.1、最大腹径 27.6、高 23.5、壁厚 0.7～0.9 厘米（图一一○，1；彩版七四，1）。标本 M46：5，平底。口径 20.3、底径 17.5、最大腹径 34.1、高 28.9、壁厚 0.7～1.0 厘米（图一一○，3）。

仓 1 件。标本 M46：6，由仓盖和仓体两部分组成。仓盖：夹砂红褐陶，陶色不纯，局部呈黑褐色。囤顶结构，两面坡式，"一"字形正脊，无瓦垄。仓体：夹砂灰陶。正面呈梯形，中部为长方形门，门上出檐，下有门槛和台阶，檐和台阶两侧各有两圆孔，用以穿门轴。仓底附有四个短足。通高 28.5 厘米。仓盖：长 28.6、宽 24.0、高 7.9、壁厚 1.2～1.5 厘米。仓体：长 21.5～26.6、宽 20.2～22.9、高 23.3、门宽 6.0、门高 8.7、壁厚 1.2～1.4 厘米（图一一○，4；彩版七四，2）。

井 1 件。标本 M46：10，夹砂灰陶。圆唇，侈口，束颈，折肩，弧腹凹底。口径 12.2、底径 7.0、高 11.6、壁厚 0.8～1.0 厘米（图一一○，2；彩版七四，3）。

灶 1 件。标本 M46：13－1，船形灶，夹砂灰陶。灶面呈三角形，中间置一圆形火

图一一〇　M46 出土器物

1、3. 陶罐（M46：4、5）　2. 陶井（M46：10）　4. 陶仓（M46：6）　5. 陶灶组合（M46：13）

眼，尾端烟囱不存，仅存圆形烟孔。长方形灶门，门上出檐。通长 21.2、通宽 16.4、高 8.0 厘米；火眼直径 8.4 厘米，灶门长 5.8、灶门高 5.0 厘米，壁厚 0.6～1.3 厘米（图一一〇，5；彩版七四，4）。

耳杯　2 件（M46：3、12）。标本 M46：3，夹砂黑褐陶。椭圆形杯口，方唇，弧腹，平底，双耳平折。口长径 8.7、口短径 5.0、高 3.0 厘米，壁厚 0.4～0.8 厘米。（图一一一，1；彩版七四，5）。标本 M46：12，夹砂黑褐陶，陶色不纯，局部呈红褐色。椭圆形杯口，方唇，弧腹，圜底，双耳上翘明显。口长径 12.7、口短径 6.6、高 4.9、壁厚 0.5 ～0.9 厘米（图一一一，2）。

樽　1 件。标本 M46：1，夹砂红褐陶，陶色不纯，局部呈黑褐色。方唇，口微侈，腹壁内弧，平底，底附有三马蹄形足。口径 20.0、底径 20.0、高 10.3、壁厚 0.5～0.7

厘米（图一一一，3；彩版七四，6）。

盘　1件。标本 M46：2，夹砂黑褐陶。尖唇，敞口，略显折腹，台底。盘心施两周同心凸棱。口径20.6、底径6.1、高3.7、壁厚0.5～0.6厘米（图一一一，4；彩版七四，7）。

盆　3件（M46：8、9、18）。标本 M46：8，夹砂黑褐陶。方唇，敞口，折沿，弧腹，平底。素面。口径25.6、底径10.0、高8.1、壁厚0.6～0.8厘米（图一一一，5）。标本 M46：9，夹砂黑褐陶。方唇，敞口，展沿，折腹，平底。素面。口径23.9、底径9.1、高9.7、壁厚0.6～1.0厘米（图一一一，6）。标本 M46：18，夹砂黑陶。方唇，敞口，展沿，弧腹，台底。腹内饰有两周凸弦纹，盆底饰有一周凹弦纹。口径22.4、底径11.4、高7.4、壁厚0.7～0.9厘米（图一一一，7）。

缸　2件（M46：7、14）。形制相同，均为夹砂红褐陶，方唇，直口，腹上壁内弧，腹下部折收成平底。标本 M46：7，口径12.6、底径8.4、高13.1、壁厚0.8～1.0厘米（图一一一，8；彩版七四，8）。标本 M46：14，口径11.0、底径7.1、高10.5、壁厚0.7～0.9厘米（图一一一，9）。

小甑　1件。标本 M46：15，夹砂黑褐陶，尖圆唇，敞口，折腹，上腹部略弧，圜底。底部穿有规则的5个甑孔。口径10.9、高4.0、壁厚0.4～0.5厘米（图一一一，10）。

小盆　2件（M46：11－1、11－2）。标本 M46：11－1，夹砂黑褐陶，陶色不纯，局部呈红褐色。尖唇，敞口，折腹，平底。素面。口径10.3、高2.8、壁厚0.4～0.6厘米（图一一一，11）。标本 M46：11－2，夹砂黑褐陶，陶色不纯，局部呈红褐色。尖唇，敞口，弧腹，圜底。素面，器表轮旋痕迹明显。口径10.5、高3.5、壁厚0.4～0.6厘米（图一一一，12）。

小釜　1件。标本 M46：13－2，夹砂黑褐陶，陶色不纯，局部呈红褐色。尖唇，敛口，溜肩，折腹，平底。素面。口径6.5、底径4.3、高4.7、壁厚0.3～0.5厘米（图一一〇，5）。

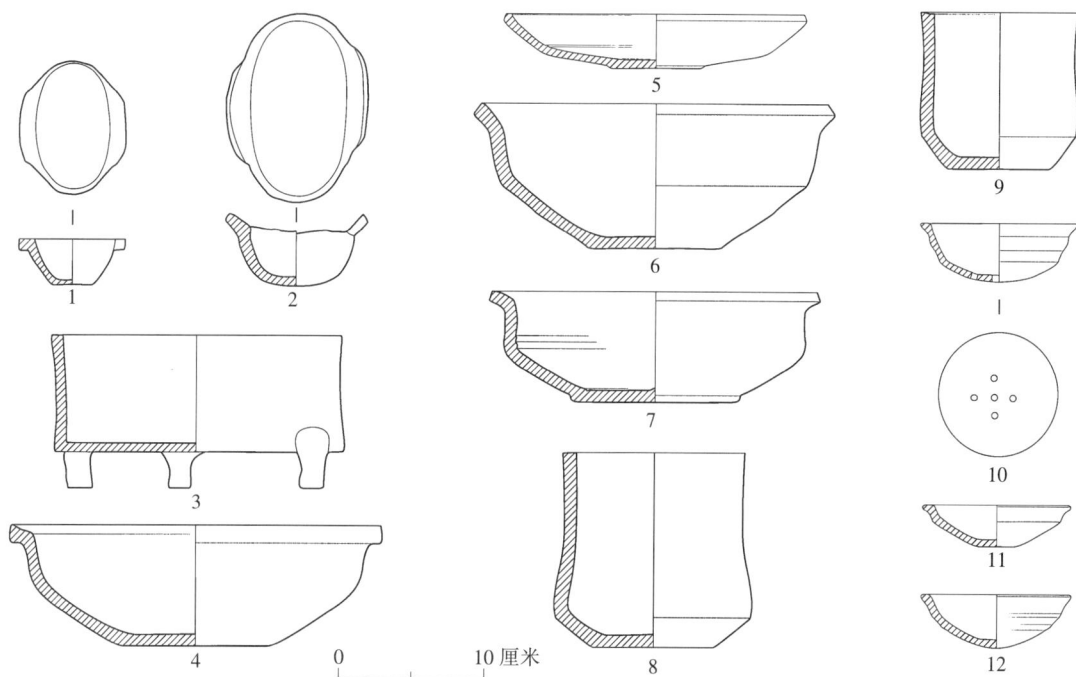

图一一一　M46 出土器物

1、2. 陶耳杯（M46：3、12）　3. 陶樽（M46：1）　4、6、7. 陶盆（M46：8、9、19）　5. 陶盘（M46：2）　8、9. 陶缸（M46：7、14）　10. 小陶甑（M46：15）　11、12. 小陶盆（M46：11－1、11－2）

铜钱　1枚，为"货泉"。详情见下表。

M46铜钱统计表　　　　　　　　　　　（长度：厘米，重量：克）

种类	编号	特征		郭径	钱径	穿宽	郭宽	郭厚	肉厚	重量
		文字特征	记号							
货泉	16	正面穿之左右篆书"货泉"二字		2.19	1.89	0.63	0.15	0.12	0.08	1.80

三六　M48（Ⅱ区）

1. 墓葬形制

双室砖墓，平面呈吕字形，由于墓葬南侧被一口现代井打破，墓道、墓门不存。方向175°（图一一二；彩版七五）。开口于耕土层下，开口距地表0.40米。

墓室　平面整体呈吕字形，分前、后两个墓室，墓室总长5.60米。前室平面呈长方形，长约2.50、宽约2.60米，南壁不存，其他三壁平直，北壁中部偏东有过道通往后室，过道平面呈长方形，长0.90、宽0.80米。后室平面呈长方形，长2.60、宽2.50米，四壁平直。

墓室四壁最高处保存8层砖，砌法由下至上为三层平砖一层丁立砖，两者交替向上。另外，三层平砖的砌法又为双隅平砖错缝顺砌。墓底铺砖为人字形。用砖规格：（36～38）×16×6厘米。

墓砖形制一致，均为条砖。各墓砖侧面饰有花纹，其中顺砖花纹主要有曲尺纹、方格联圈纹；立砖花纹主要为浮雕菱形纹；墓底铺砖花纹主要为曲尺纹（图一一三；彩版七六，1）。从现存的墓砖来看，顺砖均花纹向内垒砌，立砖除第1层外其余各层立砖均

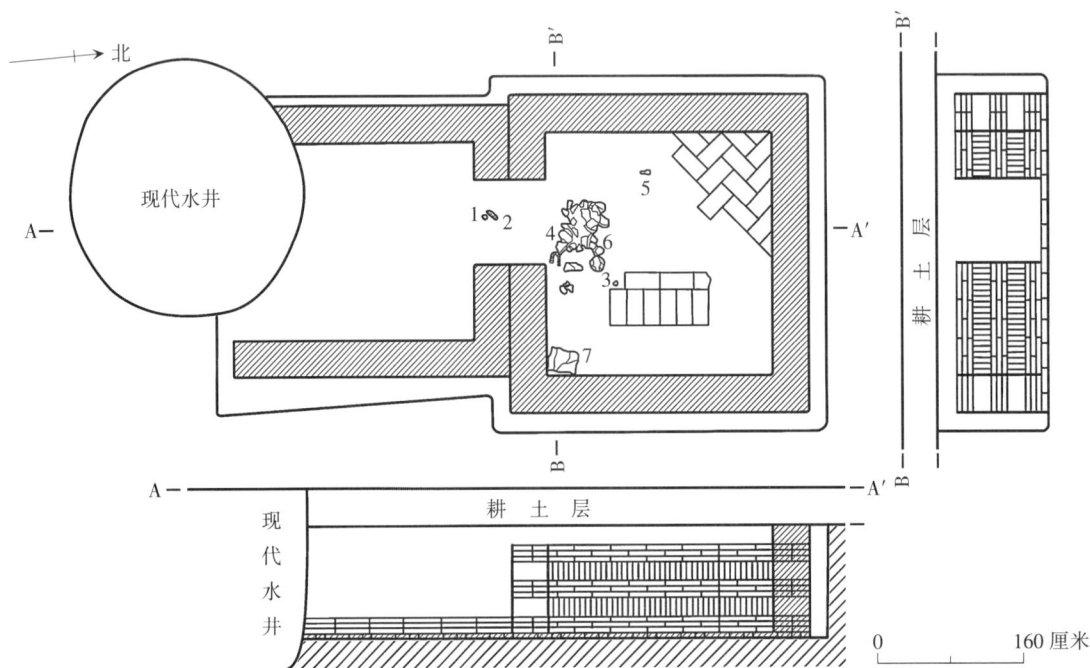

图一一二　M48平、剖面图

1、3. 铜钱　2. 指环　4. 陶盆　5. 陶勺　6. 陶案　7. 陶楼残片

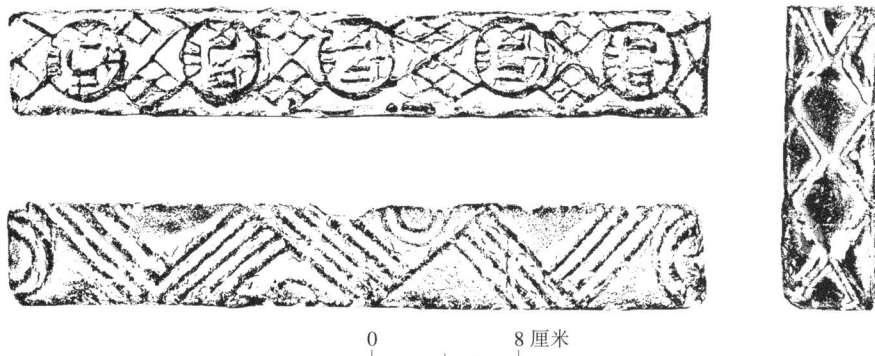

图一一三　M48 花纹砖拓片

花纹朝外垒砌。

2. 葬具和人骨

后室西侧残存有砖砌棺床，单层砖砌成，平面呈长方形，长 1.08、宽 0.56、高约 0.06 米，砌法为一列丁砖平铺，丁砖东侧为一列顺砌平砖。

后室南侧清理出一个破碎头骨，缺失严重，葬式及性别不明。

3. 随葬品

该墓共出土有 7 件随葬品，位于墓室中后部，质地分陶、银、铜三种，其中铜钱 22 枚。现分述如下。

陶器　计有楼残片 1、案 1、盆 1、勺 1。

楼残片　1 件。标本 M48：7，夹砂黑陶。平面略呈长方形，端部残留有 5 个圆形穿孔。残高 12.1、宽 9.9、壁厚 0.4～0.6 厘米（图一一四，1）。

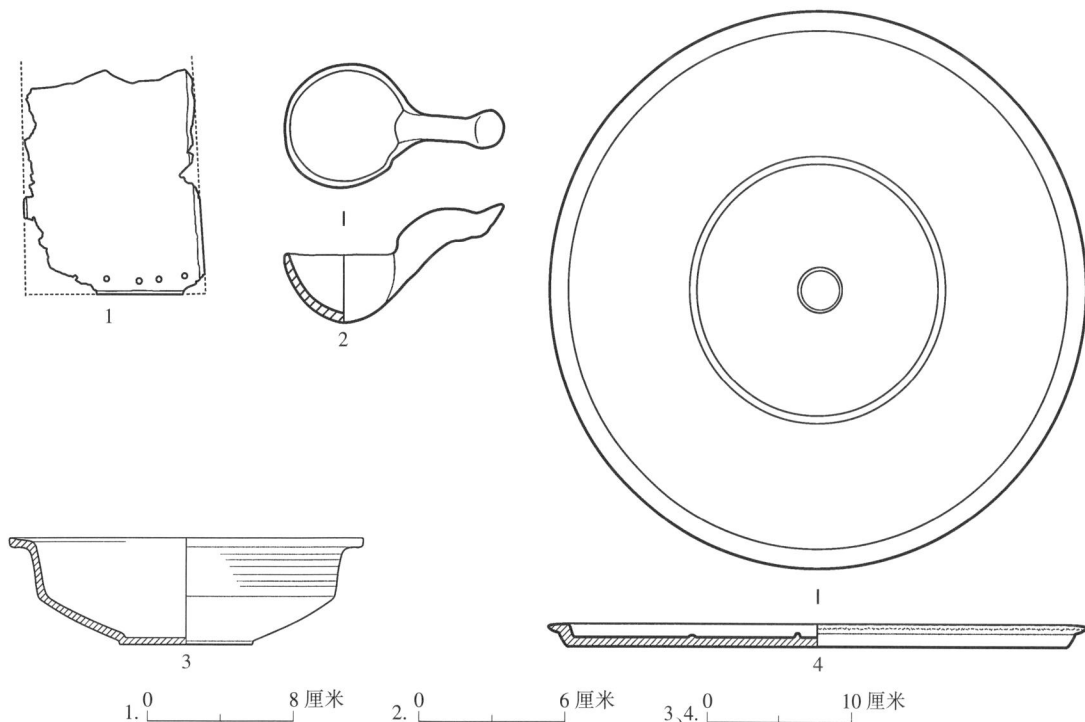

图一一四　M48 出土器物

1. 陶楼残片（M48：7）　2. 陶勺（M48：5）　3. 陶盆（M48：4）　4. 陶案（M48：6）

案　1件。标本 M48：6，夹砂黄褐陶。平面呈圆形，边沿外折，案心旋两周同心凸棱。边沿外侧旋两周粗绳纹。案面直径 37.5、底径 34.8、高 1.6、壁厚 0.7～0.9 厘米（图一一四，4；彩版七八，1）。

盆　1件。标本 M48：4，夹砂黑陶。方唇，敞口，折沿，折腹，台底。素面，器表轮旋痕迹明显。口径 24.6、底径 9.2、高 7.2、壁厚 0.5～0.6 厘米（图一一四，3；彩版七八，2）。

勺　1件。标本 M48：5，夹砂红褐陶。手工捏制。圆唇，侈口，弧腹，圜底，近柱状柄，柄尾部向上折起。通长 8.9、口径 4.8、高 4.8、壁厚 0.3～0.4 厘米（图一一四，2）。

银器　计有指环2。

指环　2件。形制相同，平面呈圆形，截面近圆形。标本 M48：2-1，直径 2.1 厘米。标本 M48：2-2，直径 2.1 厘米。

铜钱　22 枚，均为"五铢"钱（图一一五）。详情见下表。

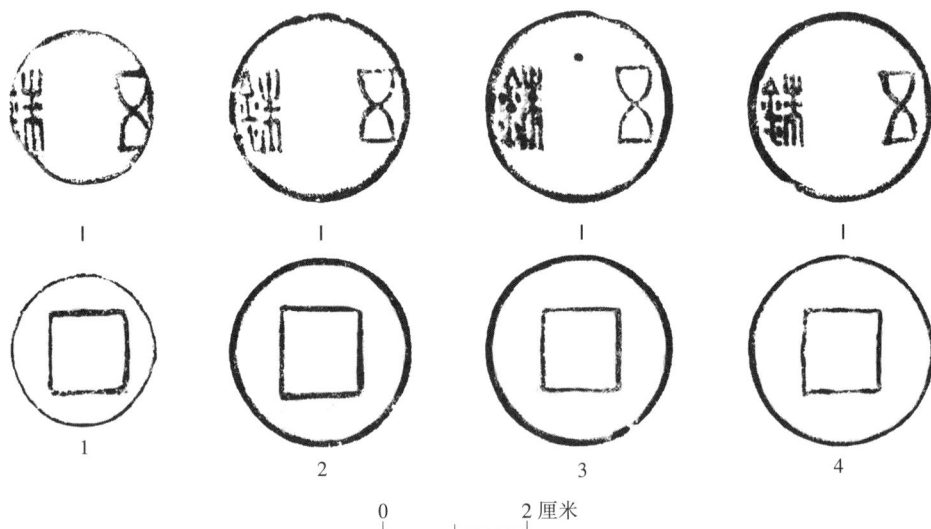

图一一五　M48 出土铜钱拓片
1～4. M48：1-1、1-5、1-13、1-10

M48 铜钱统计表　　　　　　　　　　　　（长度：厘米，重量：克）

种类	编号	特征		郭径	钱径	穿宽	郭宽	郭厚	肉厚	重量
		文字特征	记号							
五铢钱	1-1	"五"字瘦长，竖划甚曲；"金"头三角形，四竖点；"朱"头方折，"朱"下方折（剪轮）	无	2.10	2.10	0.93	0.00	0.07	0.07	1.10
	1-2	"五"字瘦长，竖划甚曲；"金"头三角形，四竖点；"朱"头较圆，"朱"下较圆（残、磨郭）	同上	2.59	2.59	0.85	0.00	0.12	0.12	2.20
	1-3	同上（残）	同上	2.56	2.28	0.89	0.19	0.12	0.04	1.80
	1-4	同上（磨郭）	同上	2.48	2.48	0.96	0.00	0.09	0.09	2.00

（续表）

种类	编号	特征		郭径	钱径	穿宽	郭宽	郭厚	肉厚	重量
		文字特征	记号							
五铢钱	1-5	"五"字瘦长，竖划甚曲；"金"头三角形，四竖点；"朱"头较圆，"朱"下方折	有砂眼	2.53	2.33	1.00	0.10	0.10	0.04	2.20
	1-6	"五"字瘦长，竖划甚曲；"金"头三角形，四竖点；"朱"头较圆，"朱"下较圆	同上	2.59	2.39	0.89	0.10	0.14	0.05	2.60
	1-7	同上	同上	2.59	2.31	0.96	0.14	0.14	0.05	2.00
	1-8	五铢（剪轮）	同上	2.01	2.01	0.92	0.00	0.05	0.05	0.80
	1-9	"五"字瘦长，竖划甚曲；"金"头三角形，四竖点；"朱"头较圆，"朱"下较圆（残）	同上	2.56	2.30	0.92	0.13	0.14	0.04	2.00
	1-10	同上	同上	2.64	2.36	0.95	0.14	0.13	0.06	2.60
	1-11	同上	同上	2.55	2.27	0.90	0.14	0.11	0.06	2.70
	1-12	同上	同上	2.57	2.29	0.93	0.14	0.11	0.06	1.90
	1-13	同上	穿上一星点	2.56	2.30	0.94	0.13	0.12	0.05	2.60
	1-14	同上	无	2.54	2.32	0.94	0.11	0.11	0.07	2.40
	1-15	同上	同上	2.54	2.34	0.91	0.10	0.12	0.05	2.00
	1-16	同上	有砂眼	2.54	2.28	0.86	0.13	0.11	0.07	2.20
	1-17	同上	无	2.60	2.30	0.99	0.15	0.13	0.08	2.10
	1-18	五铢（磨郭）	同上	2.45	2.31	0.93	0.07	0.12	0.07	1.90
	1-19	"五"字瘦长，竖划甚曲；"金"头三角形，四竖点；"朱"头方折，"朱"下较圆	同上	2.57	2.35	0.85	0.11	0.14	0.04	2.50
	1-20	同上	同上	2.56	2.32	0.96	0.12	0.11	0.06	2.20
	1-21	同上（残）	同上	2.57	2.27	1.00	0.15	0.12	0.05	1.90
	1-22	同上（残）	同上	2.53	2.29	1.00	0.12	0.10	0.03	1.50

三七 M49（Ⅱ区）

1. 墓葬形制

三室砖墓，平面形状呈品字形，由墓道、甬道、墓门及墓室组成。方向275°（图一一六；彩版七七）。开口于耕土层下，开口距地表0.32米。

墓道 长方形斜坡状，未发掘完，长不详，宽约0.88、底部距地表1.54米。

甬道 平面呈长方形，长0.88、宽0.38米。两壁为单隅顺砖砌成，从两壁残存痕迹看，应为双重拱形券顶。

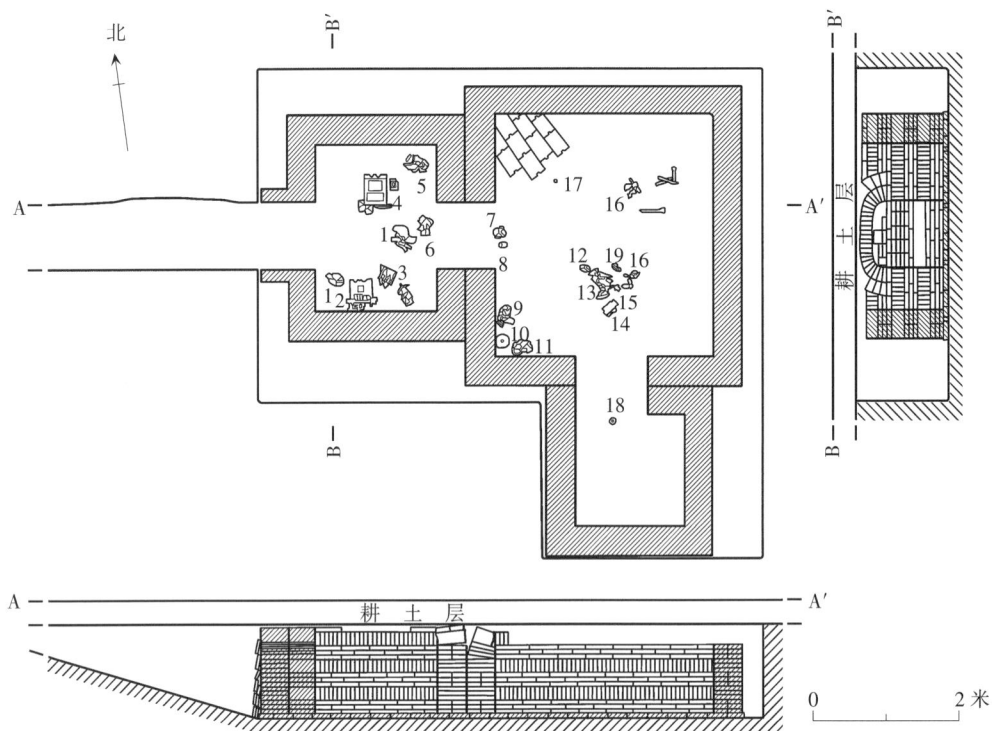

图一一六　M49 平、剖面图

1、5、7、16. 陶罐　2. 陶仓　3、4. 陶楼　6. 陶奁　8、18. 小陶釜　9. 陶灶组合　10. 陶灯　11. 陶井　12、19. 陶耳杯　14. 陶缸　13、15. 小陶盆　17. 铜钱

　　墓门　位于墓室前室西壁中部，宽 0.88 米。由其两壁残存痕迹看，应为双层券顶。

　　封门　条砖封堵，分为内外两层。内层用条砖规矩封堵，现存砖 11 层，高 1.0 米。外层用碎砖倚护，残高 0.72 米。

　　墓室　平面整体呈曲尺形，分前、后、东三个墓室，总长 5.5 米。

　　前室呈长方形，长 2.2、宽 1.70 米。四壁平直，东壁中部偏南有过道通往后室，过道平面呈长方形，长 0.88、宽 0.70 米。

　　后室平面呈方形，边长 3.00 米。四壁平直，南壁中部有过道通往东室，过道平面呈长方形，长 1.0、宽 0.68 米，顶部为一层拱形券顶，券顶之上为平砌顺砖，应为东室墓室券顶残存部分。

　　东室平面呈长方形，长 1.5、宽 0.88 米。四壁平直。

　　墓室四壁砖墙保存较好，砌法相同，砌法由下至上为三层平砖一层丁立砖，两者交替向上。另外，三层平砖的砌法又为双隅平砖错缝顺砌。墓底铺砖为西北—东南斜向错缝平铺。

　　墓室用砖均为花纹砖，纹饰有鱼纹、连环乳丁纹、连环菱形纹、人面衔环纹、连环钱纹、飞鸟＋树纹（图一一七；彩版七六，2）。用砖规格：38×16×6 厘米。

　　2. 葬具和人骨

　　墓内未发现任何葬具。

　　人骨腐朽严重，仅在后室北侧清理出 3 段肢骨，葬式及性别不明。

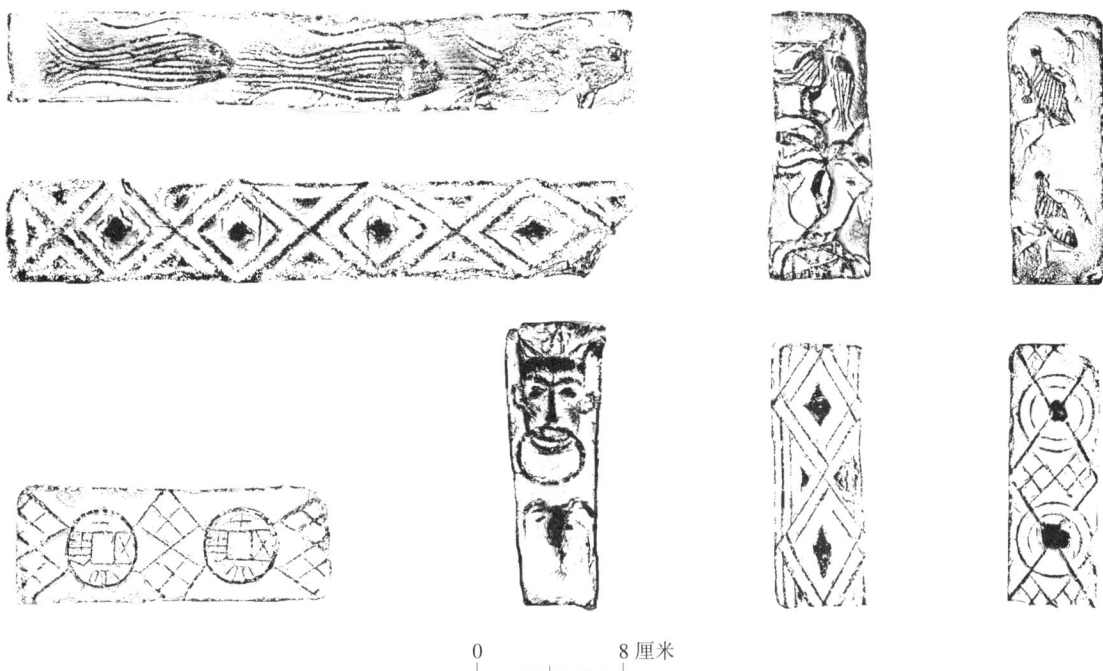

图一一七　M49花纹砖拓片

3. 随葬品

该墓共出土有25件随葬品，多数位于前、后室，种类计有陶、石、铜三种，其中铜钱1枚。分述如下。

陶器　计有罐4、方壶1、楼2、仓1、井1、奁1、灯1、耳杯3、俎1、小盆2、缸1、小釜3、水斗1、井架1。

罐　4件（M49：1、5、7、16）。标本M49：1，夹砂黄褐陶。尖唇，口微敛，展沿，矮领，溜肩，鼓腹略下垂，最大腹径位置靠下，平底。肩部饰四周弦纹，腹中部饰两周麦粒纹，腹下部及底部遍饰绳纹。口径16.5、底径10.2、最大腹径31.7、高26.2、壁厚0.8厘米（图一一八，1；彩版七八，3）。其中，标本M49：5、M49：7与M49：16形制相同，方唇，敛口，矮领，圆肩，鼓腹，腹部最大径位置居中，肩部饰有两周凹弦纹。标本M49：5，夹砂灰陶。底残。口径8.0、最大腹径16.2、残高10.1、壁厚0.4厘米（图一一八，2）。标本M49：7，夹砂灰陶。底残。口径8.3、最大腹径15.9、残高8.5、壁厚0.4厘米（图一一八，3）。标本M49：16，夹砂黄褐陶，平底。口径8.2、底径7.2、最大腹径16.6、高12.1、壁厚0.5厘米（图一一八，4；彩版七八，4）。

方壶　1件。标本M49填：5，夹砂黑褐陶。直口，方唇，唇部加厚，短直颈，鼓肩，肩部有系，腹为扁长方形，已残。平底，底置与底同宽的长条形扁足。肩部饰一道弦纹。口径4.8、上部残高3.2、壁厚0.4厘米。底部长9.0、宽5.9、残高5.0、壁厚0.4厘米（图一一八，5）。

楼　2件（M49：3、4）。标本M49：3，夹砂灰陶。重檐（三层）庑殿顶结构。楼盖平面呈方形，四面坡式。下层和中层分别有13道瓦垄，上层有10道瓦垄，四角多为三瓦当或双瓦当，其余为单瓦当，瓦当纹饰形态为乳丁纹。"山字"形宝顶，部分残。楼身正

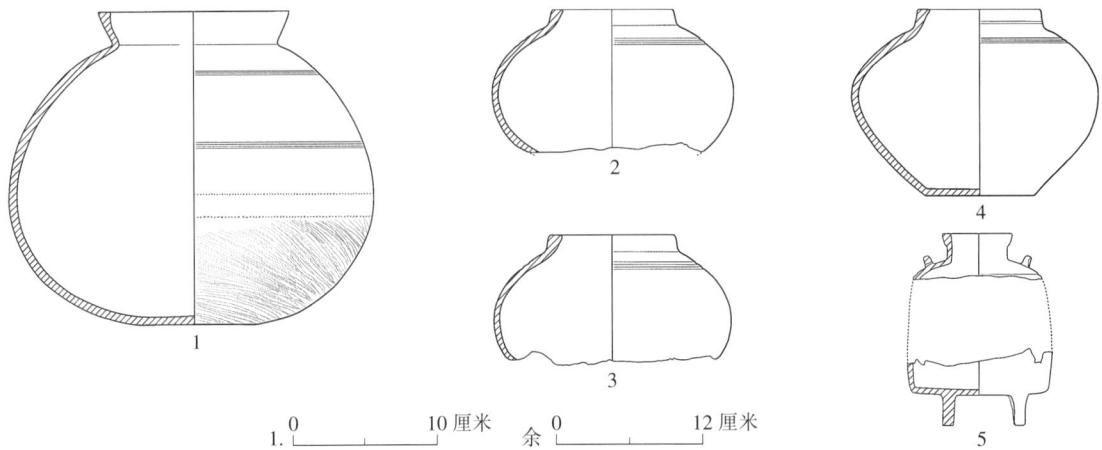

图一一八　M49 出土器物

1~4. 陶罐（M49：1、5、7、16）　5. 陶扁壶（M49 填：5）

面呈长方形，由下到上逐渐变窄。下层正中有一长方形孔，表示门，门下台阶已残。门两侧和顶端有刻划的波浪纹和斜线纹。左右对称分布有由圆形和三角形组成的穿孔。中层正中为 11 行菱形穿孔，表示窗户，四周刻划波浪纹和斜线纹。上层上部左右两侧对称分布 6 行菱形镂空，下中部分布 8 行菱形镂空，表示窗。在上部两个窗户之间和下部窗户两侧呈"品"字形分布有三个长方形镂孔，为通气孔。窗和通气孔周围亦刻划有波浪纹和斜线纹。楼身两侧和背面均为素面。房身无底，底边均为单拱结构。通高 55.3、第一层盖长 33.0、宽 30.4 厘米，第二层盖长 23.6、宽 22.2 厘米，第三层盖长 20.0、宽19.5 厘米。第一层楼身边长 22.0、高 22.2 厘米，第二层楼身边长 15.0、高 12.5 厘米，第三层楼身边长 10.5、高 9.9 厘米（图一一九；彩版七九，1）。标本 M49：4，夹砂黄褐陶，由楼身和两层楼盖组成，重檐悬山结构。楼盖平面呈长方形，"山"字形正脊，两端上翘。楼面为斜坡状：上层楼盖阳面有六道瓦垄和四道侧垄，阴面有五道瓦垄；下层房盖阳面有七道瓦垄和四道侧垄，阴面有七道瓦垄。楼身正面呈阶梯状，下层宽上层窄。上层正中有七行菱形镂孔，代表窗户。窗户上方有弯月形镂孔一个，勾云形镂孔两个；两侧有一组长方形镂孔；下方有一排九个长方形镂孔，表示护

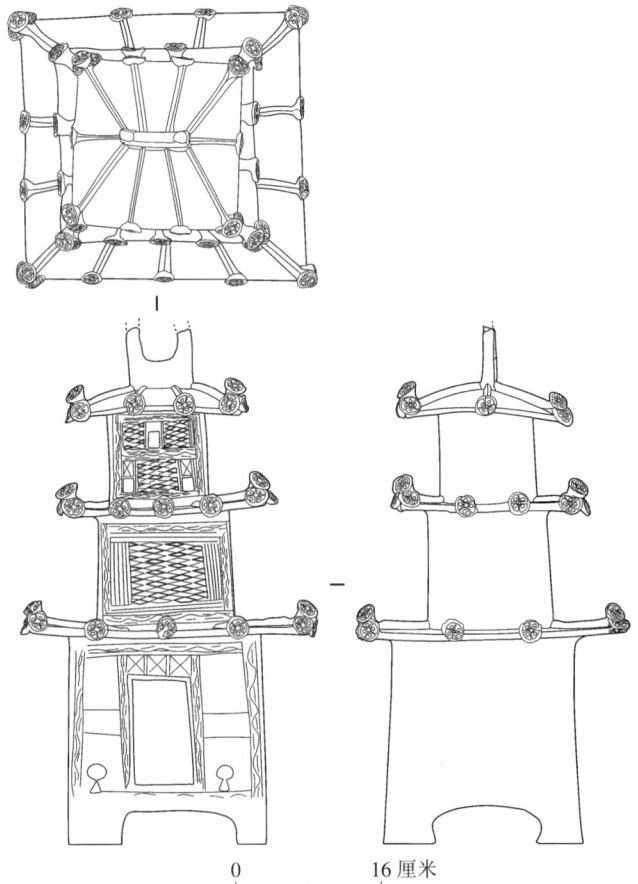

图一一九　M49 出土陶楼（M49：3）

栏，护栏下有四个勾云形镂孔。下层左下角设一方形镂孔，代表门，门上出檐，门中有槛，门下有台阶，门右侧刻划表示椽梁和斗拱的纹饰。楼身两个侧面结构相同，上层有四个圆形镂孔；下层有勾云形镂孔一个，圆形镂孔七个，长方形镂孔两个。楼身背面上层有勾云形镂孔三个，圆形镂孔四个，长方形镂孔三个；下层有勾云形镂孔三个，圆形镂孔八个，长方形镂孔三个。楼身悬空，底部有八个枣核形镂孔，底边前后侧为双拱，左右侧为单拱。通高54.6厘米，底盖长44.0、宽24.6厘米，顶盖长40.9、宽23.2厘米，下层主体高27.0、长30.9、宽13.8厘米，上层主体高17.9、长25.1、宽11.3厘米，楼底距地表4.2厘米（图一二〇；彩版七九，2）。

仓　1件（M49：2）。标本M49：2，夹砂灰陶。由仓盖和仓身组成，悬山结构。仓盖平面呈长方形，山字形正脊，两端上翘。仓盖呈斜坡状，阳面有六道瓦垄和四道侧垄，阴面有五道瓦垄。仓身正面呈长方形，上部中间有六行菱形镂空，之下有两组半圆形镂空，二者代表窗户；窗上侧有勾云形镂孔三个，两侧有三对长方形镂孔，为通气孔。下部有长方形镂孔，表示门，门上出檐，门中有槛，门下有台阶。仓身左侧面有勾云形镂孔三个，圆形镂孔十个，长方形镂孔两个。仓身右侧有勾云形镂孔四个，圆形镂孔六个，长方形镂孔两个。仓身背面左侧有一个方形镂孔，表示后门，另有勾云形镂孔三个，圆形镂空六个，长方形镂孔一个。仓内部连接两侧山墙设有一隔墙，将室内空间分为前

图一二〇　M49出土陶楼（M49：4）

后两部分，隔墙中上部有七行菱形镂空，表示窗户，两侧有长方形穿孔；右下角设长方形镂孔，代表门，门两侧刻划有代表门柱和斗栱的花纹。仓身悬空，底部有三组长方形镂孔，底边前后侧为双栱结构，左右侧为单栱。通高50.3厘米，盖长43.4、宽27.2厘米，主体高40.2、长28.8、宽16.6厘米，夹墙高28.3、长25.2、厚1.1厘米，楼底距地表6.0厘米（图一二一；彩版七九，3）。

井　1件。标本M49：11-1，夹砂灰陶。敞口，折沿，束颈，折肩，腹略内弧，平底。颈部有一圆形穿孔，腹部饰有四周凹弦纹。口径13.5、底径9.5、高21.0、壁厚0.7厘米（图一二二，1；彩版七九，4）。

衾　1件。标本M49：6，夹砂黄褐陶。方唇，直口，腹微内弧，平底。腹部饰有两周凹弦纹。口径19.2、底径19.7、高8.7、壁厚0.4厘米（图一二二，2；彩版七八，5）。

灯　1件。标本M49：10，夹砂灰陶。分体灯，由灯盘及灯座两部分组成。灯盘：直口，圆唇，折腹，底部残留安装灯柄的断痕，素面。灯座：由底座和柄组成，中空，上下相通。底座呈覆盘状，直口，方唇，正面饰数道弦纹。柄呈柱状，中间细两端粗，中部有一圆形穿孔，饰有两道弦纹。灯盘：口径13.5、残高3.6、壁厚0.5厘米。灯座：底径17.8、管径4.1、高27.2、壁厚0.5厘米（图一二二，5；彩版七九，5）。

耳杯　3件（M49：12、19、填：3）。其中，标本M49：12与M49填：3形制相同，均为夹砂灰褐陶，杯口呈椭圆形，两耳平折略高于口沿，台底，素面。标本M49：12，口长径13.1、短径7.5、底长径8.6、短径4.5、高4.3、壁厚0.3厘米（图一二二，6；彩版七八，6）。标本M49填：3，口长径9.7、短径5.7、底长径5.1、短径2.8、高2.7、壁厚0.3厘米（图一二二，4）。标本M49：19，夹砂黄褐陶。椭圆形杯口，两耳斜向上折，略显台底，素面。口长径9.7、短径7.4、底长径5.2、短径2.6、高2.8、壁厚0.3厘米（图一二二，3）。

俎　1件。标本M49填：4，夹砂黑褐陶。平面呈长方形，下置与条案同宽的长条形扁足，足尖分叉。条案表面有鱼、耳杯、环首刀、筷子的浮雕图案。长15.3、宽3.6、高4.8、壁厚0.8厘米（图一二二，7）。

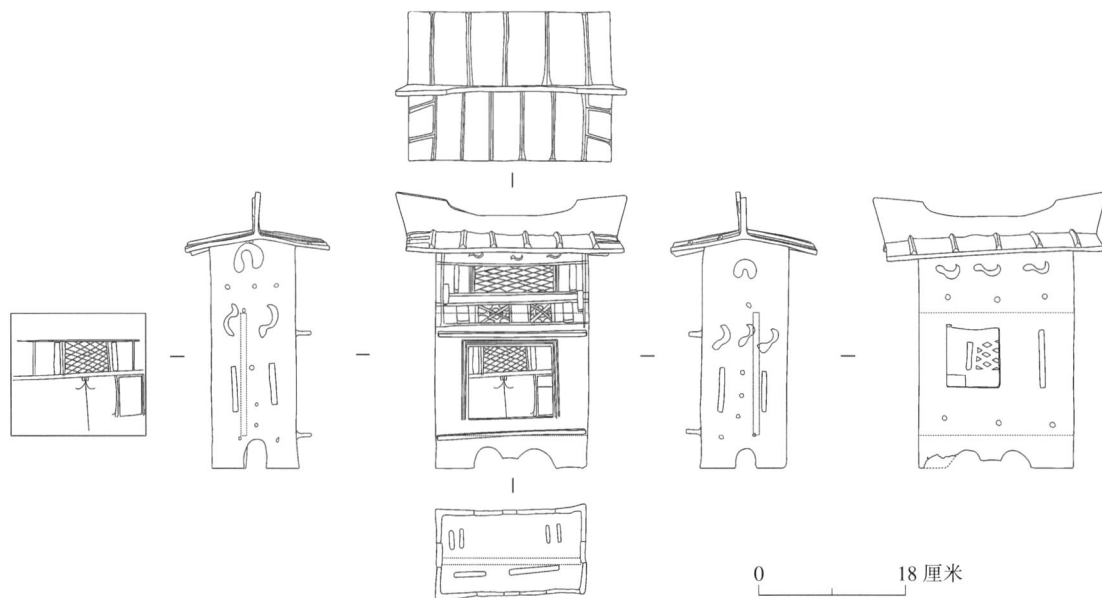

0 ⸻ 18厘米

图一二一　M49 出土陶仓（M49：2）

　　小盆　2件（M49：13、15）。标本 M49：13，夹砂灰陶。方唇，侈口，展沿，沿面起棱，弧腹，平底。素面。口径11.8、底径4.1、高4.1、壁厚0.4厘米。标本 M49：15，夹砂灰陶。圆唇，侈口，宽沿，弧腹微折，小平底，素面。口径10.3、底径2.9、高3.5、壁厚0.3厘米（图一二二，8）。

　　缸　1件。标本 M49：14，夹砂灰陶。圆唇，直口，斜直腹，底残。腹部可见瓦棱纹。口径7.8、残高12.2、壁厚0.6厘米（图一二二，12）。

　　小釜　3件（M49：8、9、18）。其中，标本 M49：8与M49：18形制相同，均为夹砂灰陶，圆唇，侈口，折腹，小平底，素面。标本 M49：8，口径6.4、底径3.0、高5.6、壁厚0.4厘米（图一二二，9）。标本 M49：18，口径4.8、底径2.0、高4.1、壁厚0.3厘米（图一二二，10）。标本 M49：9，夹砂灰褐陶。圆唇，侈口，折腹，圜底。素面。口径4.3、高3.1、壁厚0.3厘米（图一二二，11）。

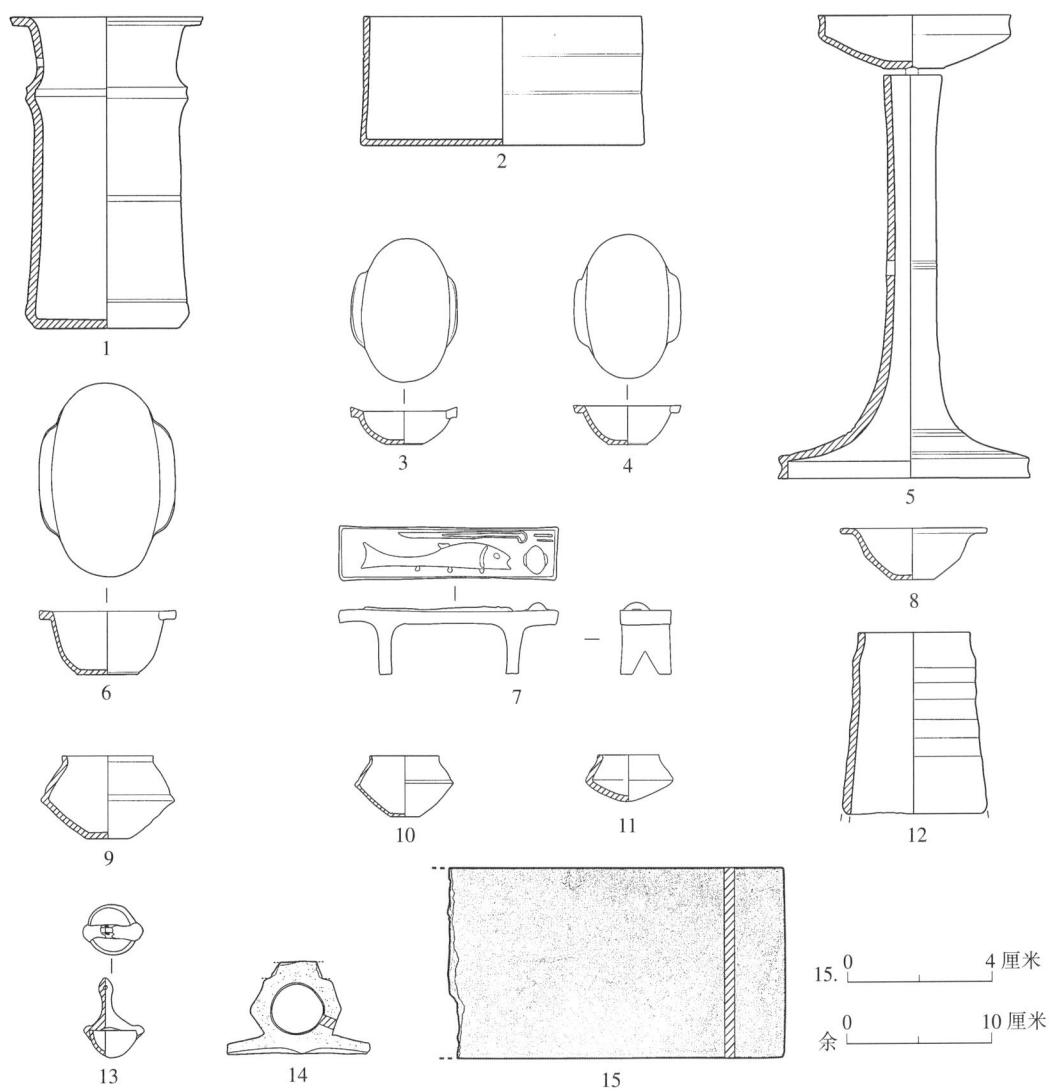

图一二二　M49 出土器物

1. 陶井（M49：11－1）　2. 陶奁（M49：6）　3、4、6. 陶耳杯（M49：19、填：3、12）　5. 陶灯（M49：10）　7. 陶俎（M49 填：4）　8. 小陶盆（M49：15）　9～11. 小陶釜（M49：8、18、9）　12. 陶缸（M49：14）　13. 陶水斗（M49：11－2）　14. 陶支架（M49 填：2）　15. 石研板（M49 填：1）

水斗　1件。标本 M49：11－2，夹砂灰陶。由提梁和水斗组成，提梁呈"人"字形，上有圆形穿孔；水斗为钵形，敞口，弧腹，圜底。口径 3.4、高 5.5、壁厚 0.3 厘米（图一二二，13）。

支架　1件。标本 M49 填：2，夹砂灰陶。平面呈六边形，井圈为圆形。素面。宽6.3、井圈直径 3.7、通长 10.0、壁厚 0.7 厘米（图一二二，14）。

石器　计有研板 1。

研板　1件。标本 M49 填：1，青石磨制而成，平面呈长方形，正面磨光，背面磨砂。残长 9.3、宽 5.1、厚 0.5 厘米（图一二二，15）。

铜钱　1枚。较为残碎，锈蚀极其严重，钱文不辨。

三八　M50（Ⅱ区）

1. 墓葬形制

单室砖墓，平面呈甲字形，由墓道、墓门及墓室组成。方向 280°（图一二三；彩版八〇，1）。开口于耕土层下，开口距地表深 0.20 米。已破坏。

墓道　长方形斜坡状，未发掘完，长不详，宽 0.86、底部距地表 0.80 米。

墓门　位于墓室西壁中部，仅存北侧基础部分，宽不详，残高 0.18 米。

封门　残存北侧两块砖。

墓室　平面呈长方形，残长 2.16、宽 1.50 米。北壁东段和东壁已被全部破坏，残余墓壁平直，最高处保存有 5 层砖，砌法由下至上为三层平砖一层丁立砖，两者交替向上。另外，三层平砖的砌法又为两层双隅顺砌平砖之间夹一层平砌丁砖。墓底铺砖为东北—

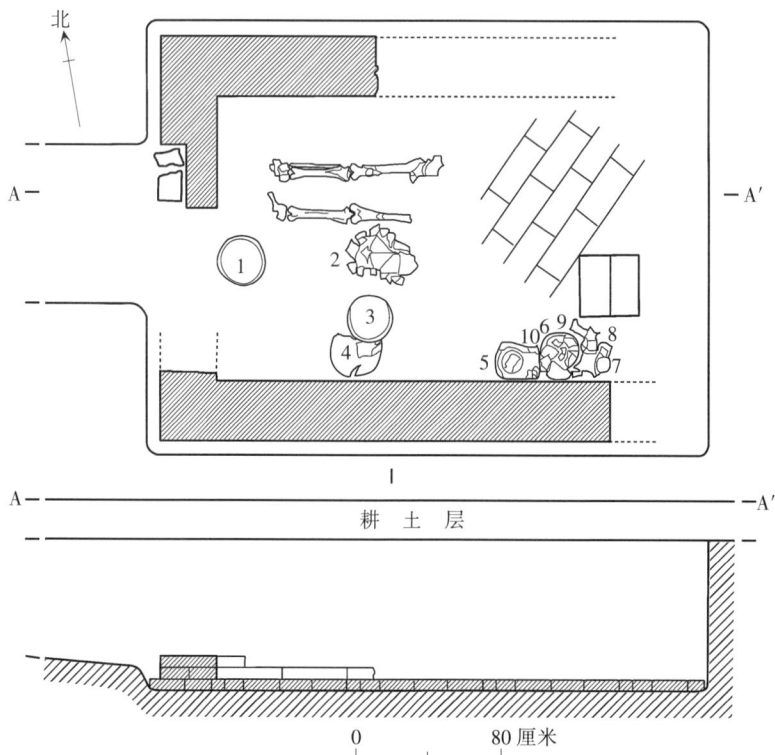

图一二三　M50 平、剖面图

1、2、3、4. 陶奁　5、6. 陶灶组合　7. 陶井　8、10. 小陶盆　9. 陶壶

西南斜向错缝平铺。用砖规格：32×16×6 厘米，青砖杂有少量红砖，大部分砖平面施有绳纹。

2. 葬具和人骨

墓室东南角残存两块砖，怀疑是棺床遭破坏后的残存部分，未发现其他葬具。

葬有 1 具人骨，腐朽严重，仅存下肢骨部分，头向应为东，葬式及性别不明。

3. 随葬品

该墓共出土有 10 件随葬品，位于墓室南部，均为陶器，种类计有壶 1、灶 1、井 1、奁 4、小盆 2、小釜 1。

壶 1 件。标本 M50：9，夹砂红褐陶。尖唇，侈口，束颈，鼓腹，腹部最大径位置居中，素面。平底。口径 9.1、底径 5.5、最大腹径 12.4、高 14.5、壁厚 0.5~0.6 厘米（图一二四，1）。

灶 1 件。标本 M50：5 – 2，夹砂红褐陶。灶面略呈圆角长方形，前端置有一圆形火眼，圆形烟孔。长方形灶门，不落地。长 25.7、宽 18.9、高 8.2 厘米，灶门长 9.1、高 4.0 厘米，火眼直径 11.2、烟孔直径 0.8 厘米，壁厚 0.5~0.9 厘米（图一二四，2；彩版八一，1）。

井 1 件。标本 M50：7，夹砂黑褐陶。尖唇，侈口，束颈，折肩，弧腹，平底。口径 10.8、底径 6.0、高 13.4、壁厚 0.5~0.6 厘米（图一二四，7）。

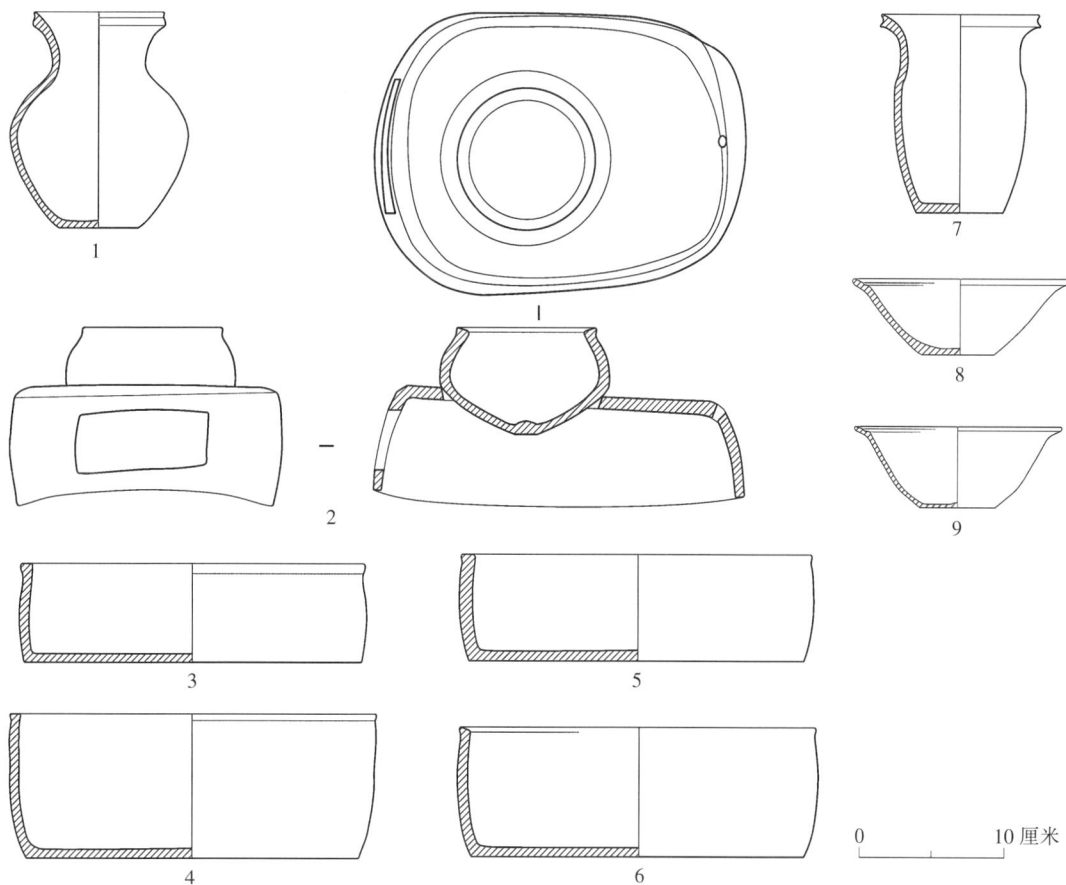

图一二四 M50 出土器物

1. 陶壶（M50：9） 2. 陶灶组合（M50：5） 3~6. 陶奁（M50：1、2、4、3） 7. 陶井（M50：7） 8、9. 小陶盆（M50：8、10）

釜 4件（M50：1、2、3、4）。其中，标本 M50：1、M50：2 与 M50：4 形制相同，均为夹砂红褐陶，方唇，口微敛，腹略鼓，平底。标本 M50：1，口径 23.8、底径 23.3、高 6.7、壁厚 0.7~0.8 厘米（图一二四，3）。标本 M50：2，口径 25.3、底径 22.9、高 9.7、壁厚 0.6~0.8 厘米（图一二四，4）。标本 M50：4，口径 24.2、底径 23.2、高 7.2、壁厚 0.9~1.0 厘米（图一二四，5；彩版八一，2）。标本 M50：3，夹砂黑褐陶。尖唇，口微敛，腹略鼓，平底。口径 24.7、底径 23.0、高 8.7、壁厚 0.6~0.7 厘米（图一二四，6）。

小盆 2件（M50：8、10）。形制相同，均为夹砂红褐陶，圆唇，敞口，折沿，弧腹，平底；沿面施有一周凹弦纹，腹下部修坯削痕明显。标本 M50：8，口径 15.1、底径 5.0、高 5.1、壁厚 0.3~0.7 厘米（图一二四，8）。标本 M50：10，口径 14.5、底径 5.2、高 5.5、壁厚 0.3~0.4 厘米（图一二四，9）。

小釜 1件。标本 M50：5-1，夹砂红褐陶。尖唇，敛口，鼓腹，平底。器表修坯削痕明显。口径 9.6、底径 1.6、高 7.2、壁厚 0.6~0.8 厘米（见图一二四，2）。

三九 M51（Ⅱ区）

1. 墓葬形制

单室砖墓，平面呈甲字形，由墓道、墓门及墓室组成。方向 190°（图一二五；彩版八〇，2）。开口于耕土层下，开口距地表深 0.24~0.48 米，已破坏。

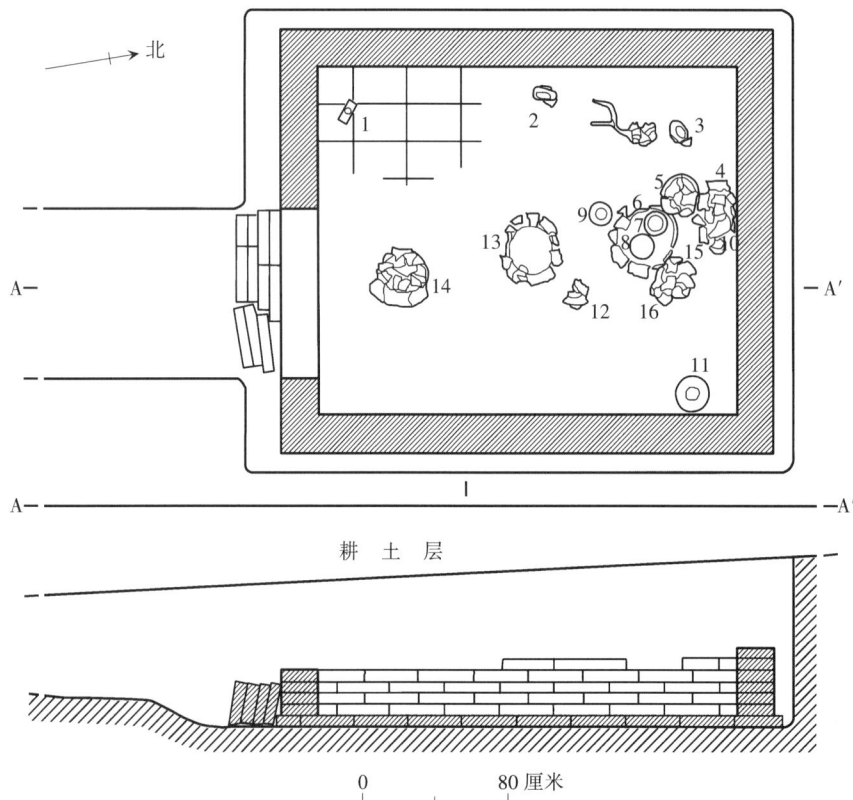

图一二五 M51 平、剖面图

1. 石研板　2、3、12. 陶耳杯　4. 陶灶　5、15. 小陶盆　6、13、14. 陶釜　7、9. 小陶釜
8. 陶器盖　10、11. 陶壶 16. 小陶甑

墓道　平面呈长方形，靠近墓门处较陡，未发掘完，长不详，宽0.90、底部距地表0.76米。

墓门　位于墓室南壁偏东，宽0.90米。

封门　条砖封堵，分为内外两层。内层为单隅平砖顺砌，现存砖3层，残高0.18米。外侧为立砖叠置倚护。

墓室　平面呈长方形，长2.30、宽1.86米。四壁平直，最高处保存有6层砖，砌法为单隅平砖错缝顺砌。墓底铺砖为东西向拼缝平砌。用砖规格：30×20×6厘米，青砖，素面。

2. 葬具和人骨

墓内未发现任何葬具。

葬有1具人骨，腐朽严重，散落于墓室西北角，葬式及性别不明。

3. 随葬品

该墓共出土有17件随葬品，位于墓室北部，质地分为陶、石两种，分述如下。

陶器　计有壶2、灶1、耳杯3、奁3、小盆2、小釜2、小甑1、器盖1、研块1。

壶　2件（M51：10、11）。形制相同，均为夹砂灰陶，圆唇，小盘口，束颈，溜肩，鼓腹，腹部最大径位置居中，平底，素面。标本M51：10，口径10.3、底径6.7、腹部最大径15.5、高19.8、壁厚0.5~0.6厘米（图一二六，1；彩版八一，3）。标本M51：11，口径10.6、底径6.8、腹部最大径15.6、高19.5、壁厚0.4~0.8厘米（图一二六，2）。

灶　1件。标本M51：4，夹砂灰陶。平面略呈圆角长方形，灶面纵向置有两个圆形火眼，后端有一圆形烟孔。长方形灶门，不落地。灶面施有绳纹，抹平。长24.2、宽22.6、高7.7厘米，灶门长5.2、宽2.9厘米，火眼直径9.1、7.8、烟孔直径1.0厘米，壁厚0.7~0.9厘米（图一二六，3）。

耳杯　3件（M51：2、3、12）。形制相同，均为夹砂灰陶，杯口平面呈椭圆形，弧腹，台底，两耳外折，略高于杯口。标本M51：2，口长径12.3、短径8.1、底长径7.4、短径4.0、高4.4、壁厚0.4~0.6厘米（图一二六，4；彩版八一，4）。标本M51：3，口长径12.1、短径8.5、底长径7.0、短径3.5、高4.5、壁厚0.4~0.5厘米（图一二六，5）。标本M51：12，口长径12.1、短径6.9、底长径7.0、短径3.7、高4.3、壁厚0.4~0.5厘米（图一二六，6）。

奁　3件（M51：6、13、14）。形制相同，均为夹砂灰褐陶，方唇，口微敛，腹略弧，圜底。标本M51：6，口径26.1、高9.0、壁厚0.5~0.7厘米（图一二六，7）。标本M51：13，底部施有多周绳纹。口径24.2、高8.1、壁厚0.7~0.8厘米（图一二六，8）。标本M51：14，底部施有多周绳纹，抹平。口径22.0、高8.2、壁厚0.6~0.7厘米（图一二六，9）。

小盆　2件（M51：5、15）。形制相同，均为夹砂灰褐陶，方唇，敞口，弧腹，圜底，素面。标本M51：5，口径15.9、高8.3、壁厚0.4~0.5厘米（图一二六，10）。标本M51：15，口径10.3、高4.6、壁厚0.3~0.4厘米（图一二六，11）。

小釜　2件（M51：7、9）。形制相同，均为夹砂灰褐陶，方唇，唇面有一周凹槽，敞口，折沿，鼓腹，圜底，素面。标本M51：7，口径15.9、高8.3、壁厚0.4~0.5厘米（图一二六，12）。标本M51：9，口径6.2、高5.9、壁厚0.2~0.3厘米（图一二六，13）。

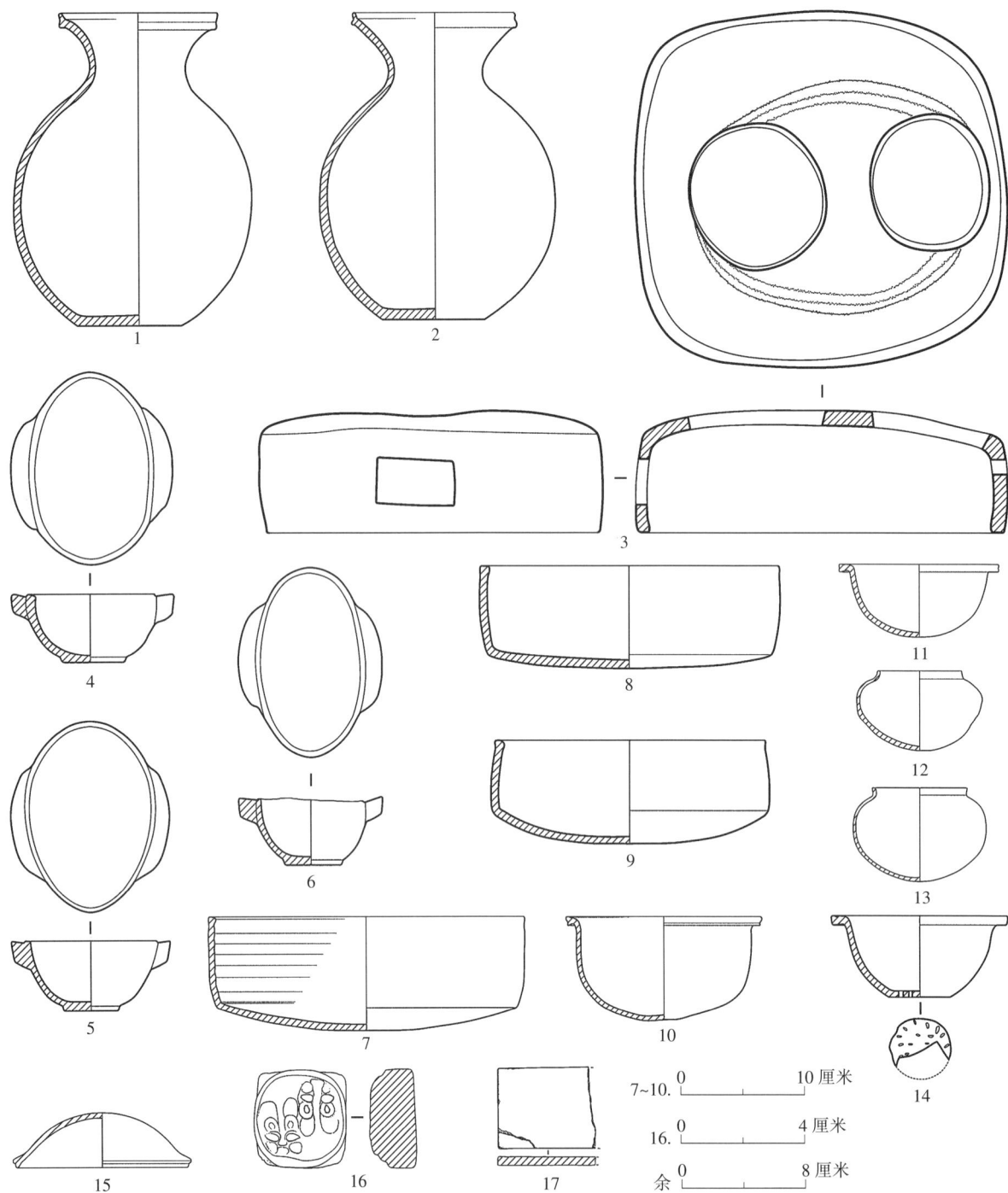

图一二六　M51 出土器物

1、2. 陶壶（M51：10、11）　3. 陶灶（M51：4）　4～6. 陶耳杯（M51：2、3、12）　7～9. 陶奁（M51：6、13、14）
10、11. 小陶盆（M51：5、15）　12、13. 小陶釜（M51：7、9）　14. 小陶甑（M51：16）　15. 陶器盖（M51：8）
16. 陶研块（M51：1-1）　17. 石研板（M51：1-2）

　　小甑　1件。标本 M51：16，夹砂灰陶。方唇，敞口，展沿，弧腹，平底，底部戳有
不规则的甑眼。口径 11.5、底径 4.0、高 5.2、壁厚 0.4～0.5 厘米（图一二六，14）。
　　器盖　1件。标本 M51：8，夹砂灰褐陶。弧顶，尖唇，子母口，素面。口径 11.1、高 3.5、壁厚 0.3 ~ 0.4 厘米（图一二六，15）。

研块　1件。标本 M51：1 - 1，夹砂红陶。平面呈方形，背面较平，正面隆起，模印有兽面纹。边长 3.1、高 1.5 厘米（图一二六，16；彩版八一，5）。

石器　计有研板 1。

研板　1件。标本 M51：1 - 2，青灰色岩质。平面呈长方形，磨制的较为光滑。残长 6.4、宽 5.2、厚 0.5 ~ 0.6 厘米（图一二六，17；见彩版八一，5）。

四〇　M53（Ⅱ区）

1. 墓葬形制

双室砖墓，平面呈吕字形，由墓道、甬道、墓门及墓室组成。方向 175°（图一二七；彩版八二，1）。开口于耕土层下，开口距表深 0.17 米，已破坏。

墓道　平面呈长方形，底部较平，未发掘完，长不详，宽 1.40、底部距地表 1.40 米。墓道两侧距底部 0.40 米以上由石块砌筑。

甬道　平面呈长方形，长 1.00、宽 0.54 米。两壁系碎砖和石块不规则垒砌，于墓门南侧加砌而成。

墓门　位于墓室前室南壁中部偏东，宽 0.90 米。

封门　条砖封堵，现存砖 7 层，高 0.54 米。分为内、外两层，内层用条砖规则砌筑，砌法由下至上为三层平砖一层丁立砖，两者交替向上。另外，三层平砖的砌法又为两层双隅顺砌平砖之间夹一层平砌丁砖。外层则用碎砖倚护。

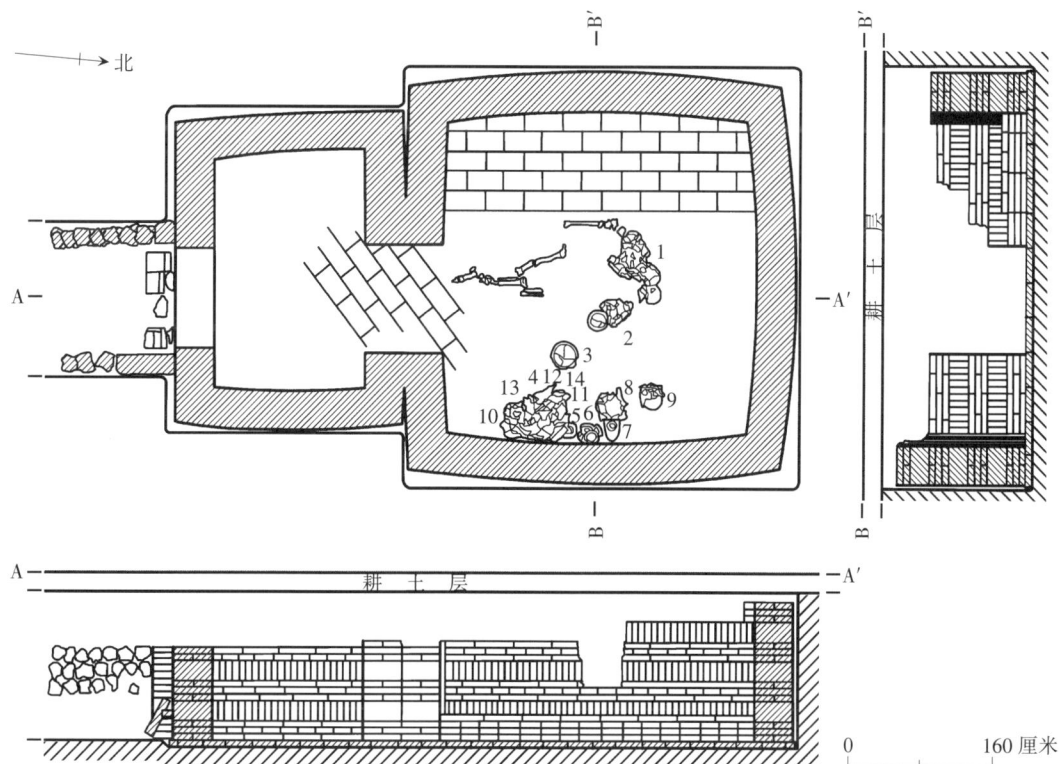

图一二七　M53 平、剖面图

1、5、6. 陶罐　2、12、14. 小陶盆　3、9. 陶盆　4. 白陶瓮　7. 陶灶组合　8、11. 陶钵　10. 陶瓮　13. 小陶甑

墓室　平面整体呈吕字形，分前、后两个墓室，总长 5.06 米。前室平面呈弧长方形，长 2.16、宽 1.40 米，四壁砖墙均保存较好，最高处保存有 15 层砖，砌法由下至上为三层平砖一层丁立砖，两者交替向上。另外，三层平砖的砌法又为两层双隅顺砌平砖之间夹一层平砌丁砖。南、北壁平直，东、西壁外弧明显，北壁东侧有过道通往后室，过道平面呈长方形，长 0.98、宽 0.72 米。

后室平面呈弧长方形，长 3.00、宽 2.94 米。四壁外弧明显，砌法同前室。

墓底铺砖为东北—西南斜向错缝平铺。用砖规格：32×18×6 厘米，青砖，大部分砖平面施有绳纹。

2. 葬具和人骨

后室西侧有一座棺床，两层砖砌成，平面呈长方形，长 2.92、宽 0.9、高 0.24 米。砌法系底层为三层丁砖平砌，丁砖之上错缝平铺一层顺砖。

可辨葬有两具人骨，散落于后室中部铺地砖之上，大部分骨骼缺失，残存两个破碎头骨，西侧头骨为男性，其东侧头骨为女性，葬式不明。

3. 随葬品

该墓共出土有 15 件随葬品，位于后室东部，均为陶器，种类计有罐 3、瓮 2、灶 1、盆 2、钵 2、小盆 3、小釜 1、小瓶 1。

罐　3 件（M53：1、5、6）。标本 M53：1，夹砂灰陶。圆唇，侈口，束颈，折肩，鼓腹，最大腹径位置靠近肩部，平底。肩部饰戳印纹，腹部及底饰绳纹。口径 12.5、底径 10.5、最大腹径 23.6、高 19.2、壁厚 0.7～1.1 厘米（图一二八，1；彩版八二，2）。标本 M53：5，夹砂黄褐陶。尖唇，侈口，束颈，溜肩，鼓腹，最大腹径位置居中，平底。素面。口径 10.0、底径 10.0、最大腹径 13.1、高 13.1、壁厚 1.0～1.4 厘米（图一二八，4；彩版八二，3）。标本 M53：6，夹砂黄褐陶。方唇，口微侈，束颈，溜肩，折腹，最大腹径位置居中，平底。素面，腹下部轮旋痕迹明显。口径 10.0、底径 7.0、腹部最大径 10.9、高 9.7、壁厚 0.6～1.3 厘米（图一二八，5）。

瓮　2 件（M53：4、10）。标本 M53：4，夹砂白陶。方唇，敞口，束颈，溜肩，垂腹，最大腹径位置靠下，圜底。素面。口径 24.4、最大腹径 45.4、高 44.9、壁厚 2.1～2.9 厘米（图一二八，2；彩版八三，1）。标本 M53：10，夹砂黑褐陶。方唇，口微敛，斜领，圆肩，球腹，最大腹径位置居中，圜底。肩部及腹上部饰有弦纹带，腹下部及底饰有细绳纹。口径 15.7、最大腹径 32.9、高 29.5、壁厚 0.6～1.7 厘米（图一二八，3；彩版八三，2）。

灶　1 件。标本 M53：7-1，夹砂黄褐陶。灶面呈三角形，灶面前端有一圆形火眼，后端有一圆形烟孔。前方有方形灶门，不落地。素面。长 19.7、宽 15.8、高 8.7 厘米，灶门长 5.5、高 4.6 厘米，火眼直径 8.0、烟孔直径 1.2 厘米（图一二八，7；彩版八三，3）。

盆　2 件（M53：3、9）。标本 M53：3，夹砂黄褐陶。方唇，唇面有一周凹槽，敞口，展沿，弧腹，台底。素面，轮旋痕迹明显。口径 22.8、底径 13.1、高 6.7、壁厚 0.7～1.5 厘米（图一二八，8；彩版八三，4）。标本 M53：9，夹砂黄褐陶。方唇，敞口，展沿，略显折腹，台底。素面。口径 18.6、底径 9.9、高 5.8、壁厚 0.67～1.2 厘米（图一二八，9；彩版八三，5）。

钵　2 件（M53：8、11）。标本 M53：8，夹砂灰褐陶。圆唇，口微侈，弧腹，台底。素面，轮旋痕迹明显。口径 23.4、底径 10.1、高 8.9、壁厚 0.6～1.3 厘米（图一二八，

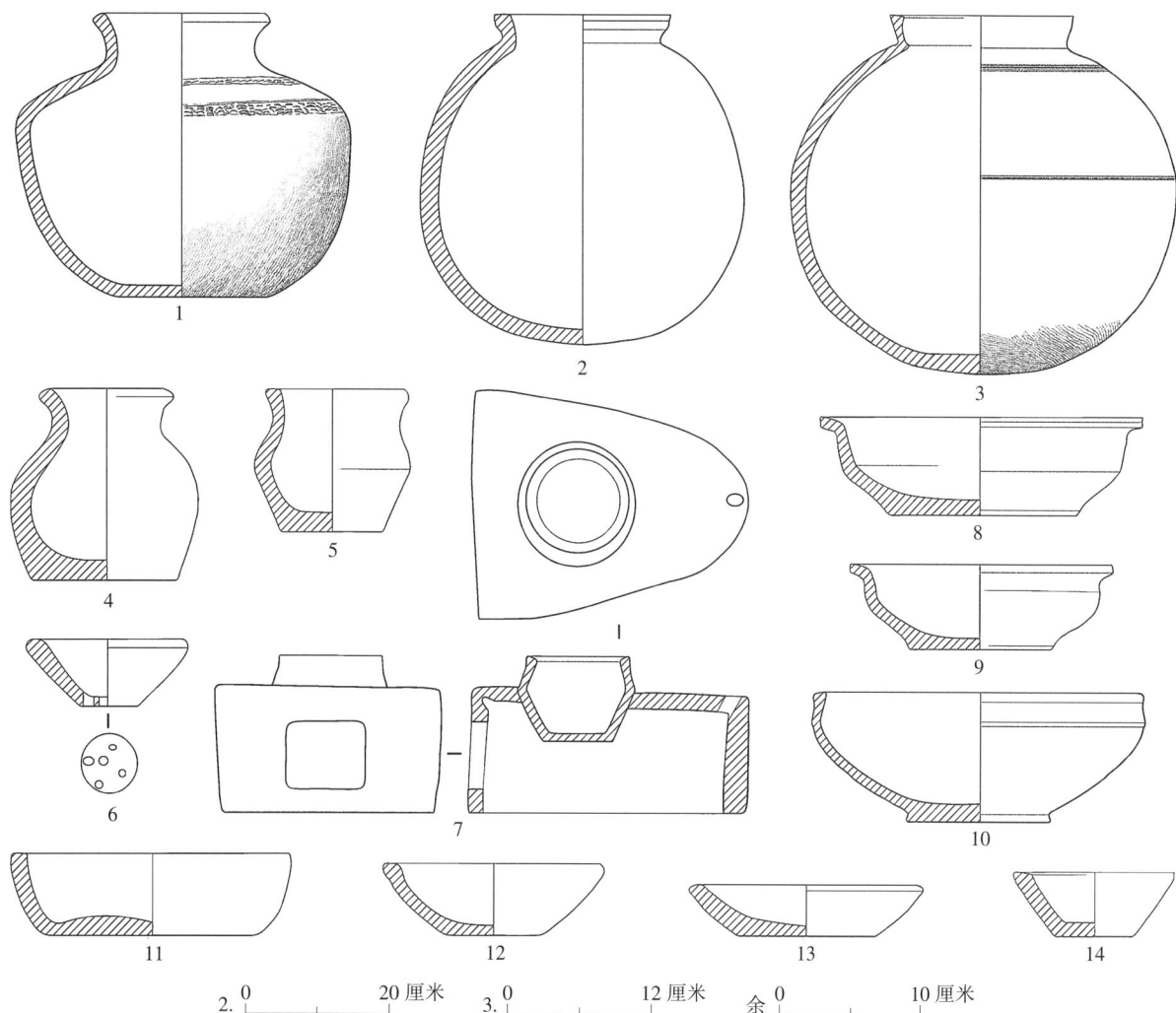

图一二八　M53 出土器物

1、4、5. 陶罐（M53：1、5、6）　2、3、5. 陶瓮（M53：4、10）　6. 小陶甑（M53：13）　7. 陶灶组合（M53：7）
8、9. 陶盆（M53：3、9）　10、11. 陶钵（M53：8、11）　12～14. 小陶盆（M53：2、12、14）

10；彩版八三，6）。标本 M53：11，夹砂灰褐陶。方唇，口微敛，弧腹，平底。素面，轮旋痕迹明显。口径 19.6、底径 14.8、高 5.6、壁厚 1.0～1.4 厘米（图一二八，11）。

　　小盆　3 件（M53：2、12、14）。标本 M53：2，夹砂灰陶。圆唇，敞口，弧腹，平底。素面，周身轮旋痕迹明显。口径 16.6、底径 9.6、高 3.5、壁厚 0.6～1.0 厘米（图一二八，12）。标本 M53：12，夹砂灰陶。圆唇，敞口，斜腹略弧，平底。素面，轮旋痕迹明显。口径 16.6、底径 9.6、高 3.5、壁厚 0.7～1.3 厘米（图一二八，13）。标本 M53：14，夹砂灰褐陶。圆唇，敞口，斜腹，平底。口沿到腹部有明显凹槽。口径 11.3、底径 5.4、高 4.4、壁厚 0.9～1.1 厘米（图一二八，14）。

　　小釜　1 件。标本 M53：7-2，夹砂黄褐陶。尖唇，敞口，折腹，平底。腹下部修坯削痕明显。口径 7.2、底径 4.8、高 5.4、壁厚 0.4～0.7 厘米（见图一二八，7）。

　　小甑　1 件。标本 M53：13，夹砂黄褐陶。圆唇，敞口，斜腹，平底，底面穿有 5 个甑孔。素面。口径 11.4、底径 4.0、高 4.6、壁厚 0.8～1.3 厘米（图一二八，6）。

四一　M54（Ⅱ区）

1. 墓葬形制

单室砖墓，平面呈甲字形。方向280°（图一二九；彩版八四，1）。开口于耕土层下，开口距地表深0.20米，破坏严重，墓道、墓门、封门皆不存。

墓室　四壁被破坏殆尽，其墓圹平面呈长方形，长3.90、宽3.80米。铺地砖为东北—西南斜向错缝平铺。用砖规格：36×18×6厘米，青砖，大部分砖平面施有绳纹。

2. 葬具和人骨

墓内未发现任何葬具。

可辨墓内葬有2具人骨，并列置于墓室北侧，均仰身直肢，头向东。北侧人骨保存较完整，为一男性个体；南侧人骨保存较差，为一女性个体，颅骨和部分肢骨缺失。

3. 随葬品

该墓共出土有7件随葬品，位于墓室中部，质地分为陶、铜、银三种。分述如下。

陶器　计有瓮1、井1、钵2。

瓮　1件。标本M54：4，底部残缺，夹砂白陶。方唇，侈口，束颈，溜肩，鼓腹，腹部最大径位置居中。口径26.0、最大腹径40.8、残高28.3、壁厚1.2~1.5厘米（图一三〇，1）。

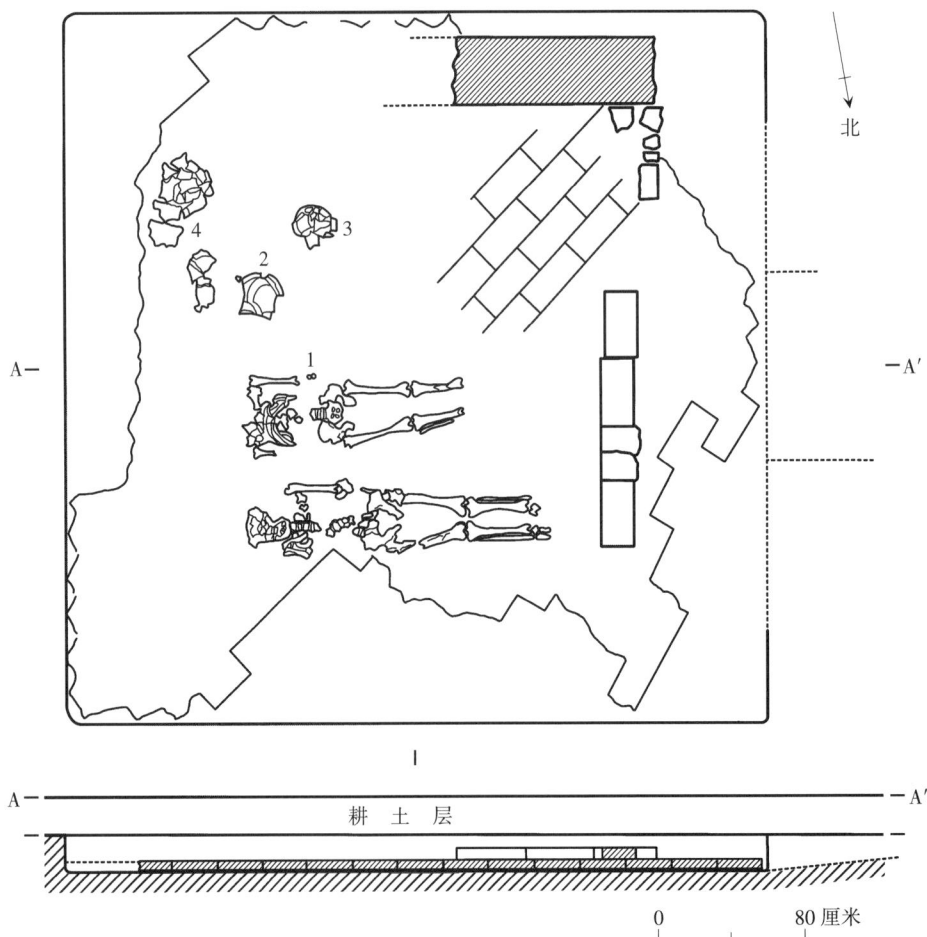

图一二九　M54平、剖面图
1. 铜指环　2、3. 陶钵　4. 陶瓮

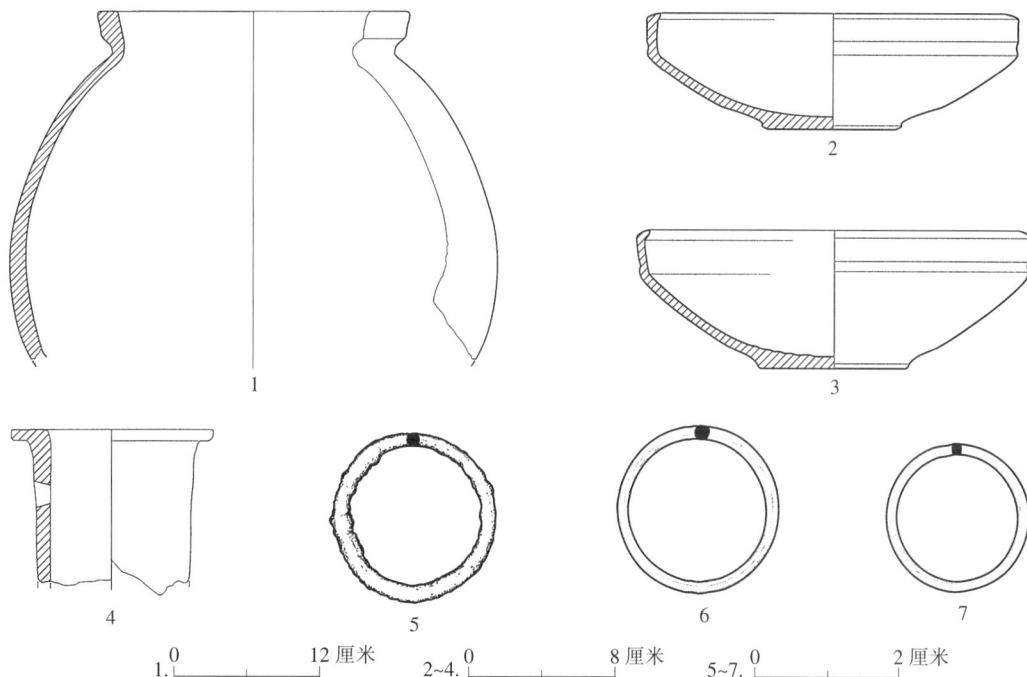

图一三〇　M54 出土器物

1. 陶瓮（M54：4）　2、3. 陶钵（M54：2、3）　4. 陶井（M54 填：1）　5. 铜指环（M54：1-1）　6、7. 银指环
（M54：1-2、1-3）

井　1 件。标本 M54 填：1，底部残缺，夹砂红陶。方唇，敞口，折沿，直腹，近口处置有圆孔。口径 11.2、残高 8.9、壁厚 0.7~0.9 厘米（图一三〇，4）。

钵　2 件（M54：2、3）。形制相同，均为夹砂灰陶，尖唇，敛口，折腹，台底，折腹上部有一圈凹槽。标本 M54：2，口径 19.3、底径 7.2、高 6.2、壁厚 0.4~0.5 厘米（图一三〇，2；彩版八四，2）。标本 M54：3，口径 20.8、底径 8.2、高 7.4、壁厚 0.4~0.5 厘米（图一三〇，3；彩版八四，3）。

铜器　计有指环 1。

指环　1 件。标本 M54：1-1，平面呈圆形，截面近似圆形。直径 2.2~2.3 厘米（图一三〇，5）。

银器　计有指环 2。

指环　2 件，平面呈圆形，截面近似圆形。标本 M54：1-2，直径 2.2~2.3 厘米（图一三〇，6）。标本 M54：1-3，直径 2.0~2.1 厘米（图一三〇，7）。

四二　M55（Ⅱ区）

1. 墓葬形制

土坑竖穴墓，平面呈长方形，东南角被一现代坑打破。方向 10°（图一三一；彩版八五，1）。开口于耕土层下，开口距地表深约 0.20 米。

墓圹四壁较平直，墓底平坦。长 3.80、宽 3.60、深 0.60~0.70 米。墓穴东壁保存有宽 0.20 米的贝壳；墓底均匀平铺一层厚 0.02 米的贝壳。墓底有 3 条南北向沟，将墓穴分成宽度相同的两等份，沟的结构及规格相类似，均斜壁、平底，呈覆斗状，宽 0.20、深 0.10 米，沟与沟之间的距离为 1.36 米。

墓内填土呈黄褐色，并夹杂有少量贝壳，土质较坚硬。

2. 葬具和人骨

葬具有椁和棺。椁已不存，只能从墓葬保存的遗迹现象来推测，这些遗迹现象有：首先，墓穴内破碎的器物基本没有越过三条沟，说明在沟内应有竖立物隔开随葬品，没有使随葬品破碎到墓圹边缘；其次，在墓圹东壁保存有宽0.20米的贝壳，且贝壳从开口处就存在，渐到墓底渐厚，说明贝壳是填充在墓圹和椁板之间，椁板腐朽坍塌后，贝壳随之向下坍塌，形成下厚上薄的情况。

棺亦不存，但在墓穴内发现有成排的柿蒂饰铜泡钉，这些铜泡钉应为棺体上装饰，且泡钉之下有较厚的黑色朽木痕迹，据此推测应是椁内有棺。

根据以上现象，墓底三条沟应是放置椁板之用，三块椁板隔出两个椁室，分别放置两具木棺，器物置于椁内棺外（彩版八五，2）。

葬有2具人骨。每具棺内各葬一具。东侧人骨保存较差，为一女性个体，仰身直肢，头向北，面向上，上半身骨骼腐朽严重，双腿平伸，疑其为捡骨二次葬。西侧人骨保存较好，为一男性个体，仰身直肢，头向北，面向上，肋骨及脊椎已呈黄色粉末状，左臂伸直靠近体侧，双腿平直，双脚靠拢（图一三二）。

3. 随葬品

该墓共出土有84件（套）随葬品，质地分为陶、铜、铁、石、骨五种（彩版八六）。其中有铜钱19枚。分述如下。

陶器　计有罐6、壶6、鼎1、灶2、瓮1、耳杯15、奁2、樽4、盆5、钵2、卮1、小盆3、小甑2、小釜3、器盖4。

罐　6件（M55：3、11、16、17、19、20）。标本M55：3，夹砂灰陶。尖唇，子母口微侈，矮领，溜肩，球腹，腹部最大径位置居中，平底。颈部施有四周弦纹，腹下部及底部饰粗绳纹，局部抹光。口径15.4、底径9.9、腹部最大径25.1、高19.6、壁厚0.4~0.7厘米（图一三三，1；彩版八七，1）。标本M55：11，夹砂灰黑陶。方唇，折沿，侈口，束颈，圆肩，球腹，最大腹径位置居中，平底。腹中部施有三周粗绳纹，腹下部及底部满饰绳纹。口径15.1、底径12.0、最大腹径32.7、高32.6、壁厚0.7~0.9厘米（图一三三，2；彩版八七，2）。标本M55：16，夹砂灰陶，器形不甚规整。方唇，

图一三一　M55平面图

1、2. 柿蒂式铜泡钉　3、11、16、17、19、20. 陶罐　4、18. 陶奁 5、21、28、31、33. 陶盆　6、24、25、26. 陶樽　12、32. 陶钵　7、8、22、23、29、30. 陶壶　9、27. 陶灶组合　10. 小陶盆（甑）　13. 陶鼎　14. 陶卮　15. 陶耳杯　34、35. 陶器盖　47. 陶瓮

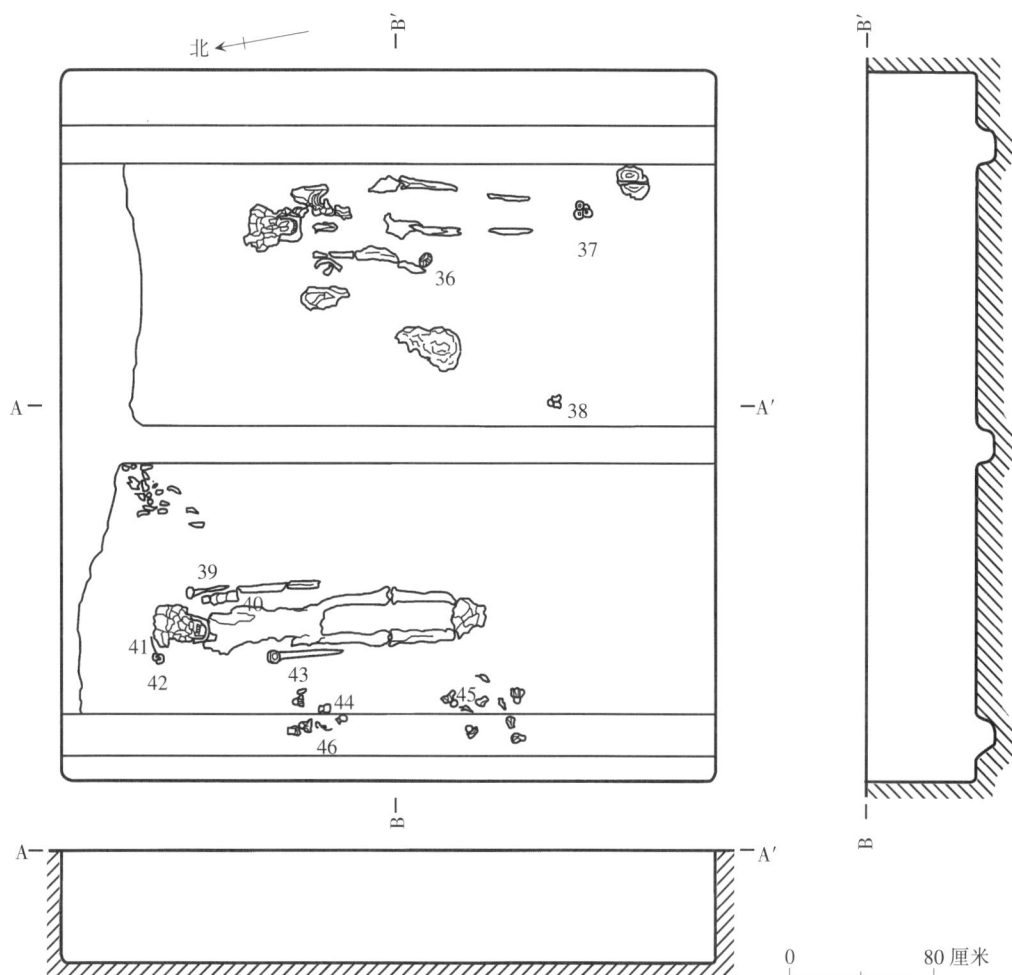

图一三二　M55 墓底平、剖面图

36、37、42. 铜钱　38. 铜铺首衔环　39、43. 铁削　40. 石研板　41. 铜刷柄　44、45. 漆器残痕　46. 铁带钩

侈口，束颈，溜肩，鼓腹，最大腹径位置居中，凹底。腹下部及底部满饰绳纹。口径15.4、底径9.1、最大腹径25.9、高21.0、壁厚0.5～0.7厘米（图一三三，3）。标本M55：17，夹砂灰陶。圆唇，子母口微侈，矮领，圆肩，球腹，腹部最大径位置略偏上，凹底。腹下部及底部饰绳纹。口径16.3、底径9.1、腹部最大径28.9、高25.0、壁厚0.4～0.7厘米（图一三三，4）。标本M55：19，夹砂灰陶。圆唇，子母口，短颈，圆肩，略显折腹，腹部最大径位置居中，凹底。肩部施有多周凹弦纹，腹中部施有两周粗绳纹，腹下部及底部满饰绳纹。口径15.9、底径11.4、腹部最大径29.3、高21.4、壁厚0.6～0.9厘米（图一三三，5）。标本M55：20，夹砂灰褐陶。圆唇，子母口微敛，短颈，圆肩，鼓腹，腹部最大径位置靠近肩部，台底内凹。素面，器表轮旋痕迹明显。口径16.1、底径10.8、腹部最大径25.3、高23.5、壁厚0.4～0.7厘米（图一三三，6）。

　　壶　6件（M55：7、8、22、23、29、30）。其中，标本M55：7与M55：8形制相同，均为夹砂灰陶，由壶盖及壶身两部分组成。壶盖：整体呈覆钵状，弧顶，圆唇，侈口，盖顶中部附一内凹圆形捉手，盖面上施有三周弦纹。壶身：圆唇，盘口，束颈，溜肩，鼓腹，腹部最大径位置居中，平底，腹下部及底部饰粗绳纹，局部抹光。标本M55：7，

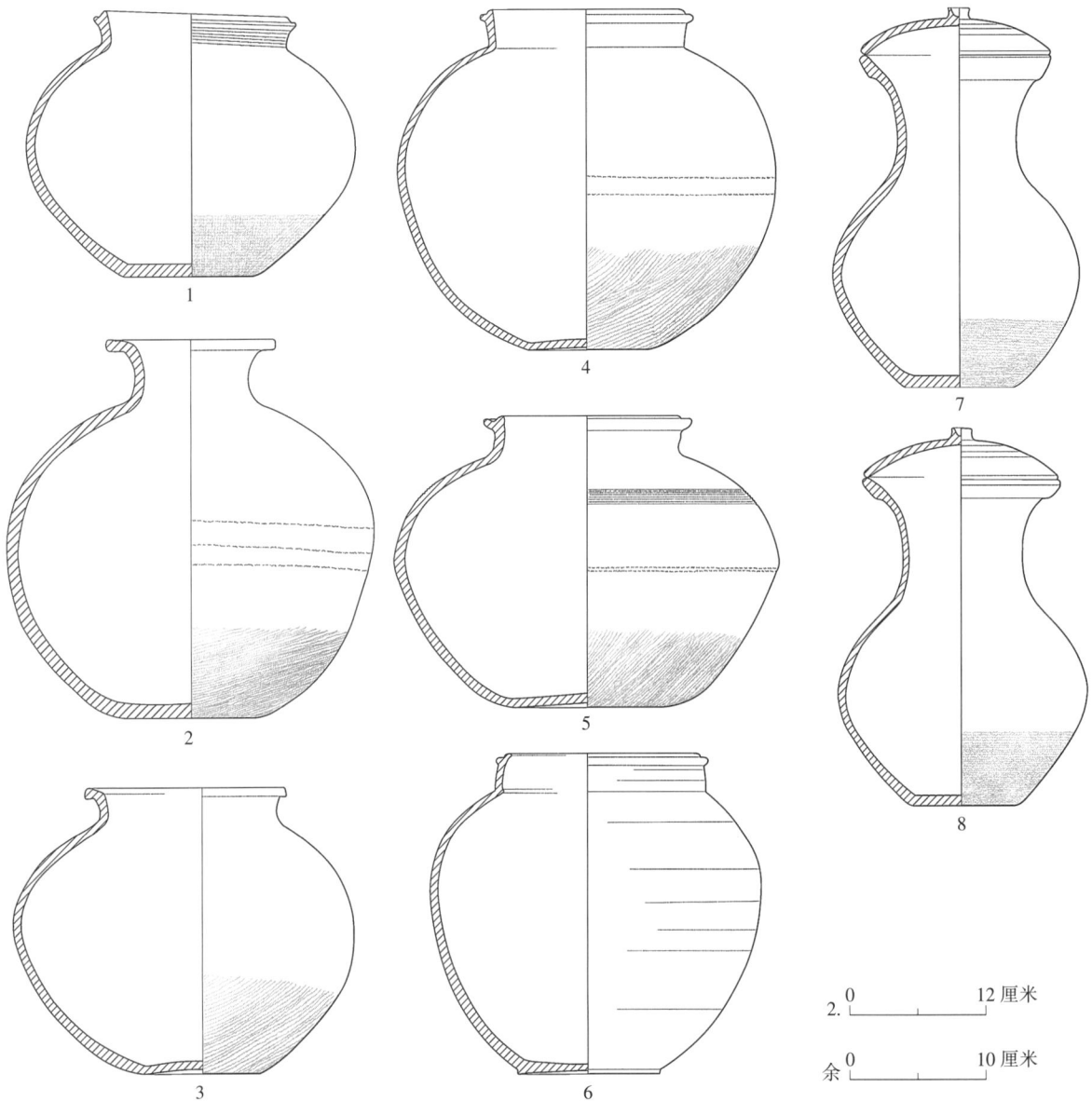

图一三三　M55 出土器物
1～6. 陶罐（M55：3、11、16、17、19、20）　7、8. 陶壶（M55：7、8）

通高 28.0 厘米。壶盖：口径 14.4、高 3.5、壁厚 0.5～0.7 厘米。壶身：口径 14.5、腹部
最大径 18.7、底径 8.1、高 24.5、壁厚 0.4～0.7 厘米（图一三三，7）。标本 M55：8，
通高 27.8 厘米。壶盖：口径 14.7、高 3.1、壁厚 0.5～0.6 厘米。壶身：口径 15.1、腹部
最大径 18.9、底径 7.9、高 24.1、壁厚 0.4～0.7 厘米（图一三三，8；彩版八七，3）。
其中，标本 M55：22 与 M55：23 形制相同，均为夹砂灰陶，由壶盖及壶身两部分组成。
壶盖：弧顶，顶部附有一内凹圆形捉手，弧腹，尖唇，侈口，器表施有四周弦纹。壶身：
方唇，盘口，束颈，溜肩，鼓腹，腹部最大径位置居中，矮圈足，颈部近口处施有两周
弦纹，腹上部施有五周凹弦纹，腹下部满饰绳纹。标本 M55：22，通高 48.4 厘米。壶盖：
口径 19.6、高 5.3、壁厚 0.5～0.7 厘米。壶身：口径 20.3、腹部最大径 36.9、底径
18.2、高 43.1、壁厚 0.9～1.3 厘米（图一三四，1；彩版八八，1）。标本 M55：23，通

高48.7厘米。壶盖：口径19.5、高5.5、壁厚0.5～0.7厘米。壶身：口径18.9、腹部最大径36.3、底径19.9、高43.2、壁厚0.9～1.3厘米（图一三四，2）。其中，标本M55：29与M55：30形制基本相同，均为夹砂灰陶，方唇，侈口，束颈，溜肩，鼓腹，腹部最大径位置靠下，平底。腹下部及底部满饰粗绳纹。标本M55：29，口径15.0、底径9.8、腹部最大径23.0、高26.5、壁厚0.7～0.9厘米（图一三四，3）。标本M55：30，唇面有一周凹槽。口径15.7、底径8.7、腹部最大径21.8、高26.1、壁厚0.5～1.0厘米（图一三四，4；彩版八七，4）。

鼎　1件。标本M55：13，夹砂灰陶。由陶鼎及鼎盖两部分组成。陶鼎：尖唇，子母口内敛，弧腹，圜底。近口处附两环形耳，底附三柱足。素面，腹中部施一周扉棱。鼎盖：弧顶，顶部附一内凹圆形捉手，尖唇，侈口。器表饰有四周弦纹。通高18.1厘米。陶鼎：口径13.2、腹部最大径18.9、高16.5、壁厚0.3～0.6厘米。鼎盖：口径15.5、

图一三四　M55 出土器物

1～4. 陶壶（M55：22、23、29、30）　5. 陶鼎（M55：13）　6. 陶灶组合（M55：9）

高 3.9、壁厚 0.3~0.7 厘米（图一三四，5；彩版八七，5）。

　　耳杯　1 套 15 件（M55：15）。形制相同，尺寸依次减小。标本 M55：15－15，夹砂灰陶。杯口平面呈椭圆形，两耳上翘明显。尖唇，敞口，弧腹，台底。口长径 8.9、短径 5.8、底长径 4.7、短径 2.8、高 3.6、壁厚 0.2~0.3 厘米（图一三五，1；彩版九〇，1）。

　　灶　2 件（M55：9－1、27－1）。标本 M55：9－1，夹砂灰陶。灶体平面呈三角形，灶面上隆明显，灶面纵向置两圆形火眼，后端有短柱形烟囱。长方形灶门；不落地。灶门外侧刻划一周弦纹。通长 37.0、宽 30.3、高 14.3、壁厚 0.9~1.2 厘米，火眼直径 7.4、10.2 厘米，灶门长 7.3、高 4.0 厘米（图一三四，6；彩版八九，1）。标本 M55：27－1，夹砂灰陶。灶体平面呈圆角三角形，灶面上隆不明显，灶面纵向置两

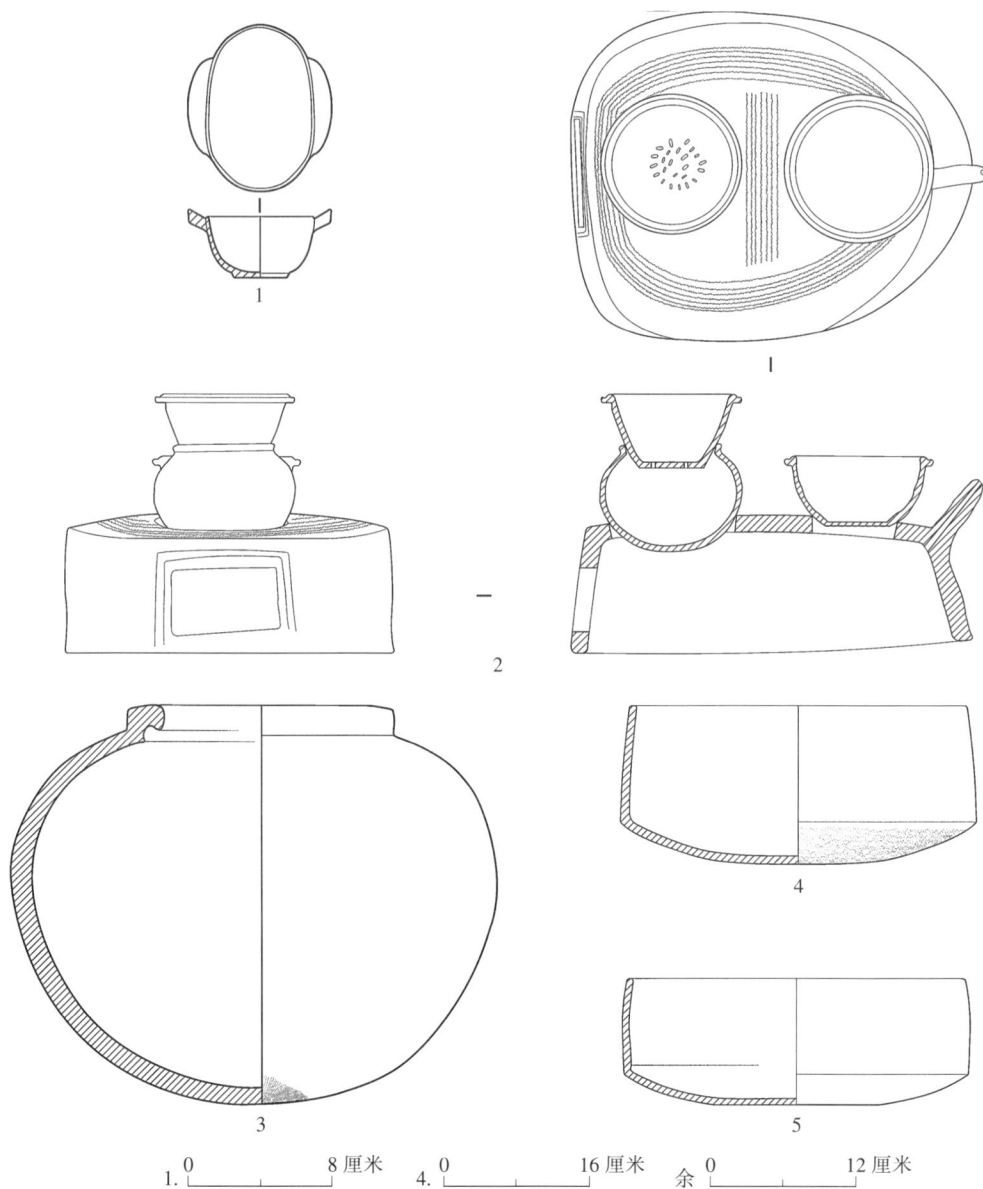

图一三五　M55 出土器物

1. 陶耳杯（M55：15－15）　2. 陶灶组合（M55：27）　3. 陶瓮（M55：47）　4、5. 陶瓮（M55：4、18）

圆形火眼，后端有短柱形烟囱。长方形灶门。灶门外侧刻划两周弦纹；灶面饰有较细密的绳纹。长 33.0、宽 26.4、高 11.4、壁厚 0.9～1.2 厘米，火眼直径 7.4、9.0 厘米，灶门长 7.3、高 6.4 厘米（图一三五，2；彩版八九，2）。

　　瓮　1 件。标本 M55：47，夹砂黑褐陶。敛口，沿外折，圆肩，鼓腹，最大腹径位置靠下，圜底。底部饰有不规则绳纹。口径 28.2、腹部最大径 51.7、高 42.1、壁厚 1.6～2.2 厘米（图一三五，3；彩版八八，2）。

　　盆　2 件（M55：4、18）。形制基本相同，均为夹砂灰陶。圆唇，敛口，斜腹，圜底。标本 M55：4，下腹部未经抹光为麻面。口径 26.6、高 12.5、壁厚 0.5～0.7 厘米（图一三五，4）。标本 M55：18，圜底近平，素面。口径 26.5、高 10.0、壁厚 0.4～0.5厘米（图一三五，5；彩版九〇，2）。

　　樽　4 件（M55：6、24、25、26）。标本 M55：6，夹砂灰陶。由樽盖及樽身两部分组成。樽盖：弧顶，圆唇，中间贴一内凹圆形捉手。器表施有白彩，但基本剥落殆尽，图案不辨；周身饰有四道弦纹。樽身：圆唇，口微敛，直腹，平底，下置三踞熊形足。器表施有白彩，但多数已脱落，从残存彩绘分析，器身由三条环带分为上下两个单元，

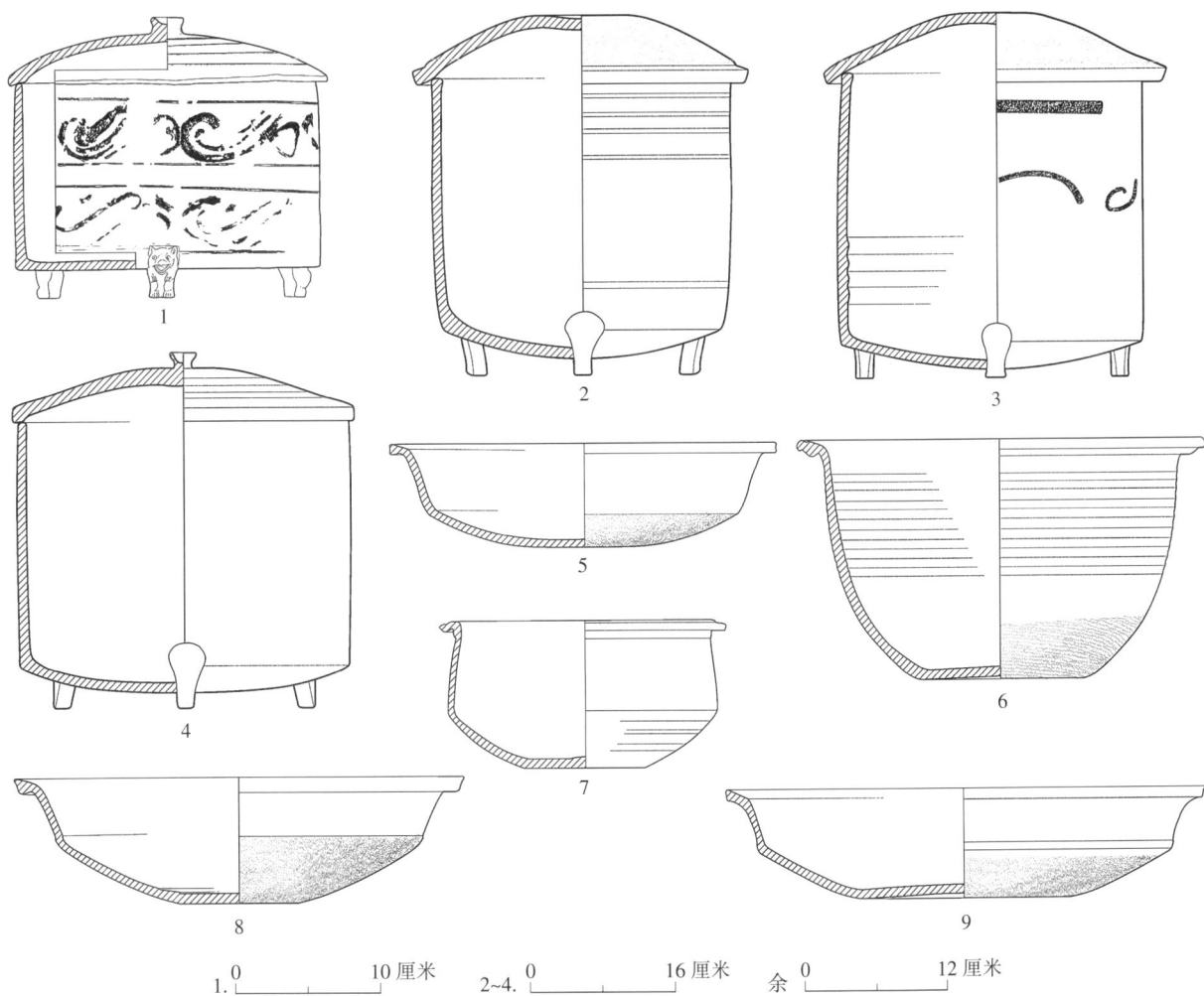

图一三六　M55 出土器物

1～4. 陶樽（M55：6、24、25、26）　5～9. 陶盆（M55：5、21、28、31、33）

每个单元内都绘有同向卷云纹。通高18.8厘米。樽盖：口径22.1、高4.6、壁厚0.5～0.8厘米。樽身：口径20.8、底径21.1、高14.4、壁厚0.5～0.8厘米（图一三六，1；彩版八八，3）。其中，标本M55：24与M55：25形制相同，均为夹砂灰黑陶，由樽盖及樽身两部分组成。樽盖：顶部内凹，弧腹，方唇，敞口，整体呈斗笠状，器表未经抹光为麻面。樽身：方唇，直口，直腹，圜底，下附三马蹄形足。标本M55：24，腹部施有五周凹弦纹。通高38.4厘米。樽盖：口径37.0、高7.3、壁厚1.2～1.4厘米。樽身：口径32.9、高31.7、壁厚0.9～1.3厘米（图一三六，2）。标本M55：25，原有白色彩绘，多数脱落。通高39.0厘米。樽盖：口径37.8、高7.5、壁厚0.9～1.1厘米。樽身：口径33.3、高32.6、壁厚0.9～1.1厘米（图一三六，3）。标本M55：26，夹砂灰陶。由樽盖及樽身两部分组成。樽盖：弧顶近平，附有一内凹圆形捉手，弧腹，方唇，敞口。器表施有四道弦纹。樽身：圆唇，直口，直腹，圜底，底附三马蹄形足。通高38.0厘米。樽盖：口径37.8、高7.4、壁厚1.3～1.9厘米。樽身：口径36.6、高30.6、壁厚0.9～1.1厘米（图一三六，4；彩版八八，4）。

盆　5件（M55：5、21、28、31、33）。标本M55：5，夹砂灰陶。方唇，敞口，折腹，圜底。器表原有白色彩绘，现已剥落殆尽，仅存极少量痕迹。口径32.4、高8.4、壁厚0.5～0.7厘米（图一三六，5）。标本M55：21，夹砂灰陶。圆唇，敞口，展沿，弧腹，凹底。沿面施有一圈凹弦纹，腹上部施有多周瓦棱纹，腹下部及底部满饰绳纹。口径34.7、底径13.8、高19.5、壁厚0.4～0.9厘米（图一三五，6；彩版九〇，3）。标本M55：28，夹砂灰陶。尖唇，沿微卷，敛口，折腹，平底。素面，腹下部轮旋痕迹明显。口径24.0、底径10.1、高12.0、壁厚0.3～0.7厘米（图一三六，7；彩版九〇，4）。标本M55：31，夹砂灰黑陶。方唇，敞口，展沿，折腹，平底。腹上部较为光滑，腹下部及底部未经过抹光为麻面。盆心内有两周凸棱。口径37.8、底径10.0、高10.2、壁厚0.5～0.7厘米（图一三六，8；彩版九〇，5）。标本M55：33，夹砂灰陶。方唇，敞口，折腹，凹底。腹上部抹光，腹下部及底部未经过抹光为麻面。口径40.4、底径17.9、高8.9、壁厚0.4～0.7厘米（图一三六，9）。

钵　2件（M55：12、32）。标本M55：12，夹砂灰陶。方唇，敛口，弧腹，平底。口径21.6、底径10.0、高6.5、壁厚0.5～0.8厘米（图一三七，1；彩版九〇，6）。标本M55：32，夹砂灰陶。圆唇，敛口，弧腹，平底。器壁轮制痕迹明显。口径21.9、底径8.0、高6.8、壁厚0.5～0.7厘米（图一三七，2）。

卮　1件。标本M55：14，夹砂灰陶。由卮盖及卮身两部分组成。卮盖：弧顶，圆唇，直口。盖顶中部为一方形界格，界格内模印四叶柿蒂；盖面上施有三圈弦纹。卮身：卮耳现已脱落。圆唇，直口，直腹，平底，底下附三个乳丁状足。通高16.6厘米。卮盖：口径13.4、高3.8、壁厚0.5～0.8厘米。卮身：口径12.2、底径12.2、高13.2、壁厚0.5～0.7厘米（图一三七，3；彩版八七，6）。

小盆　3件（M55：10-1、10-2、27-2）。其中，标本M55：10-1与M55：10-2形制相同，均为夹砂灰陶，圆唇，子母口，折沿，弧腹，平底，腹部施有多周弦纹。标本M55：10-1，口径11.6、底径4.9、高7.8、壁厚0.3～0.5厘米（图一三七，4）。标本M55：10-2，口径11.0、底径4.6、高6.3、壁厚0.3～0.5厘米（图一三七，5）。标本M55：27-2，夹砂灰陶。圆唇，敞口，折沿、沿面有一周凹槽，弧腹，平底。素面。口

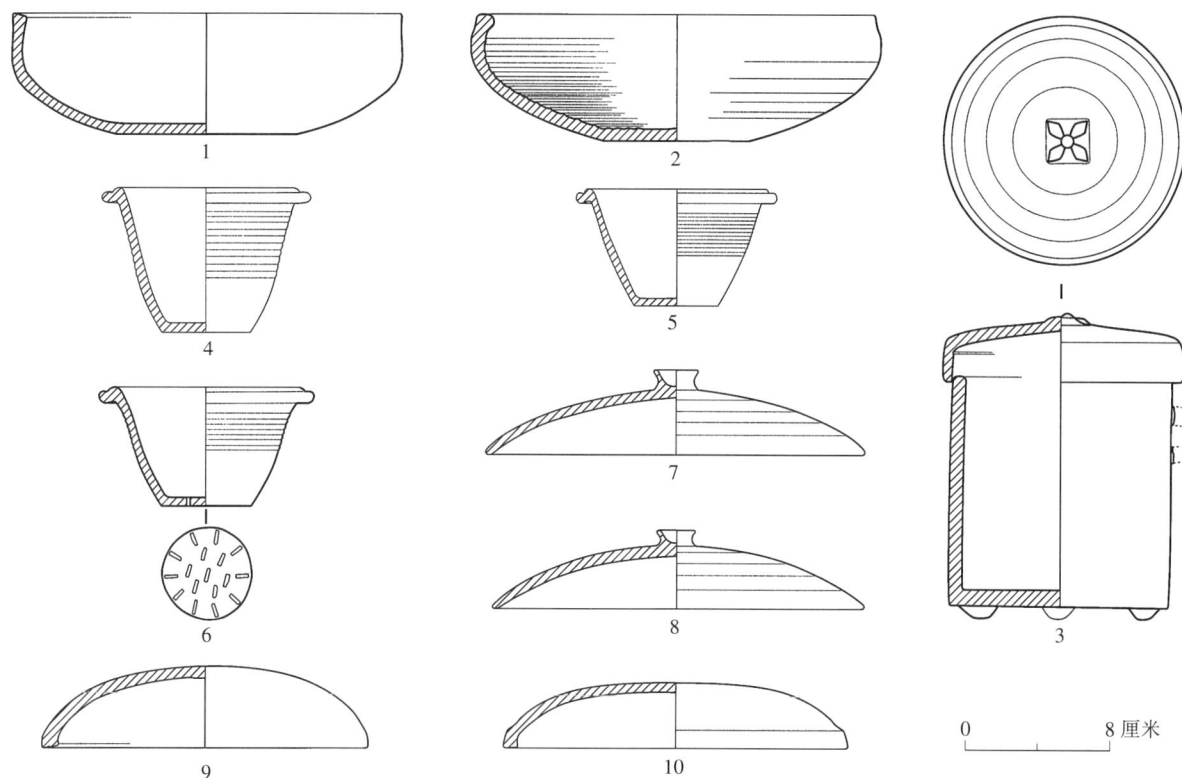

图一三七　M55 出土器物

1、2. 陶钵（M55：12、32）　3. 陶匜（M55：14）　4、5. 小陶盆（M55：10－1、10－2）　6. 小陶甑（M55：10－3）
7～10. 陶器盖（M55：34－1、34－2、35－1、35－2）

径 11.8、底径 5.0、高 5.6、壁厚 0.3～0.6 厘米（图一三五，1）。

小甑　2 件（M55：10－3、27－3）。标本 M55：10－3，夹砂灰陶。圆唇，子母口，折沿，弧腹，平底，底部穿有规律分布的 17 个长方形甑孔。腹上部施有多周弦纹。口径 11.9、底径 5.1、高 6.4、壁厚 0.3～0.4 厘米（图一三七，6）。标本 M55：27－3，夹砂灰陶。方唇，敞口，折沿，沿面有一周凹槽，弧腹，平底。底部穿有 24 个方形甑眼。素面。口径 11.1、底径 5.0、高 5.9、壁厚 0.5～0.6 厘米（图一三五，1）。

小釜　3 件（M55：9－2、9－3、27－4）。标本 M55：9－2，夹砂灰陶。方唇，敛口，折腹，平底。素面。口径 6.5、底径 4.5、高 7.0、壁厚 0.2～0.3 厘米（图一三四，6）。标本 M55：9－3，夹砂灰陶。方唇，敛口，短领，折腹，平底。素面。口径 4.8、底径 4.0、高 5.1、壁厚 0.2～0.3 厘米（图一三四，6）。标本 M55：27－4，夹砂灰陶。方唇，侈口，矮领，鼓腹，圜底。素面。口径 8.1、高 8.5、壁厚 0.3～0.5 厘米（图一三五，1）。

器盖　4 件（M55：34－1、34－2、35－1、35－2）。其中，标本 M55：34－1 与 M55：34－2 形制相同，均为夹砂灰陶，圜顶，弧腹，圆唇，侈口，顶部正中置一内凹圆形捉手，器表施有四周弦纹。标本 M55：34－1，口径 20.0、高 4.6、壁厚 0.3～0.6 厘米（图一三七，7）。标本 M55：34－2，口径 20.6、高 4.3、壁厚 0.3～0.6 厘米（图一三七，8）。其中，标本 M55：35－1 与 M55：35－2 形制相同，均为夹砂黑褐陶，整体呈覆钵状，

圜顶，弧腹，方唇，侈口，素面。标本 M55：35 - 1，口径 18.0、高 4.4、壁厚 0.5～0.7
厘米（图一三七，9）。标本 M55：35 - 2，口径 19.1、高 3.5、壁厚 0.5～0.7 厘米（图一
三七，10）。

　　铜器　计有刷柄 1、衔环铺首 6、兽足 6、立鸟形纽 6、柿蒂形盖纽 1、柿蒂形泡钉 2
（彩版九一）。

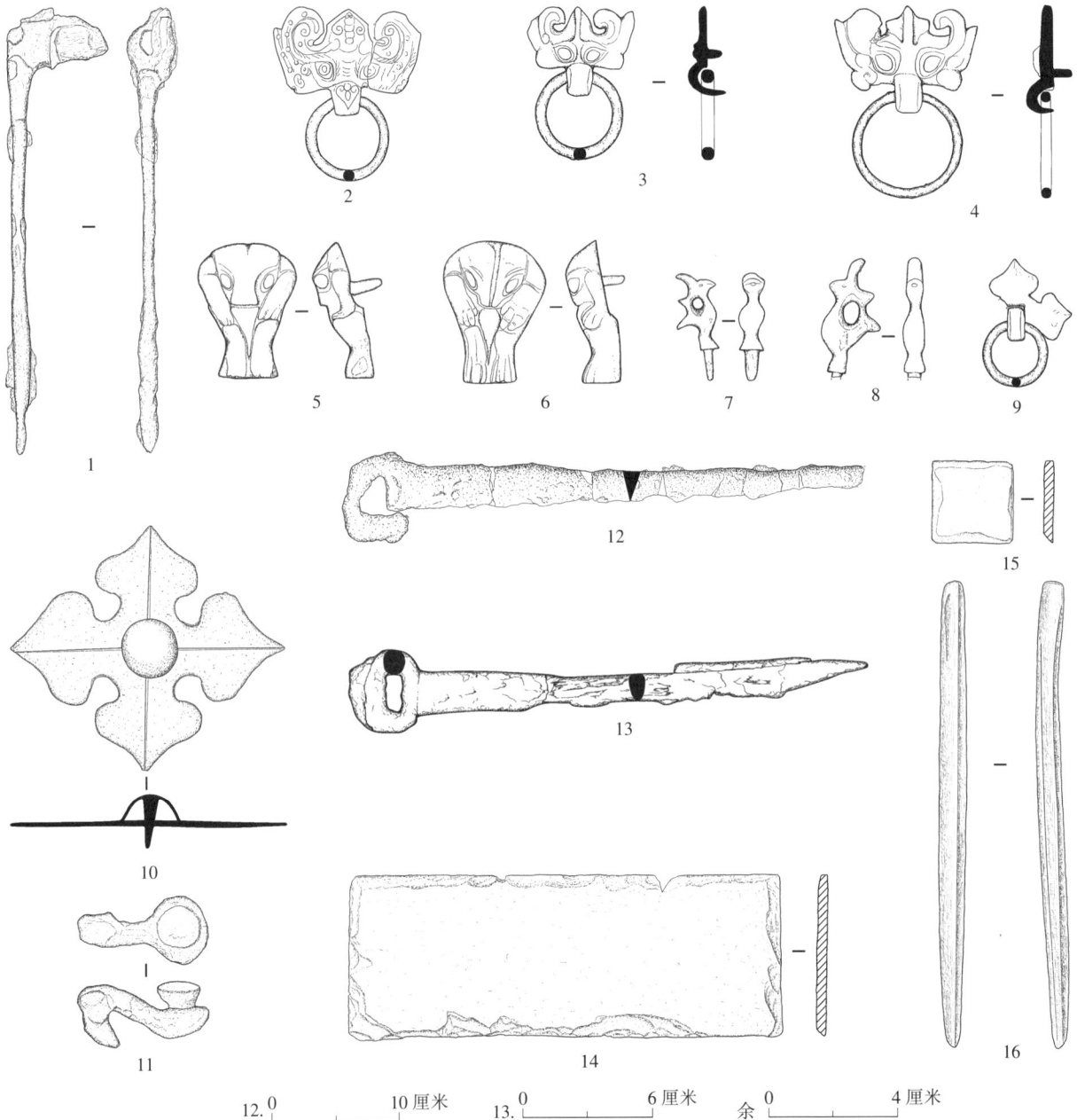

图一三八　M55 出土器物

1. 铜刷柄（M55：41）　2～4. 铜衔环铺首（M55：38、44 - 4、45 - 5）　5、6. 铜兽足（M55：44 - 1、45 - 1）　7、8. 铜立
鸟形纽（M55：44 - 6、45 - 6）　9. 柿蒂形盖纽（M55：45 - 9）　10. 铜柿蒂形泡钉（M55：1 - 27）　11. 铁带钩
（M55：46）　12、13. 铁削（M55：39、43）　14. 石研板（M55：40 - 1）　15. 石研块（M55：40 - 2）　16. 骨笄（M55 填：1）

刷柄 1件。标本 M55：41，整体呈烟斗形，圆形銎中空，细长实心柄；龙首形柄尾。腐朽极为严重。长 13.5 厘米（图一三八，1）。

衔环铺首 6件（M55：38、44－4、44－5、45－4、45－5）。应为 3 套，均为漆器构件，表面鎏金。浮雕兽面，双角内蜷，双耳后逆，吊睛环眼，宽面阔腮，半环形鼻，其下衔环。背附两个直穿钉。标本 M55：38，面部錾刻有多个圆点纹。宽 4.7、高 5.3、环径 2.7 厘米（图一三八，2；彩版九二，1）。标本 M55：44－4，宽 3.4、高 4.7、环径 2.8 厘米（图一三八，3；彩版九二，2）。标本 M55：45－5，宽 4.4、高 5.7、环径 3.4 厘米（图一三八，4；彩版九二，3）。

兽足 6件（M55：44－1、44－2、44－3、45－1、45－2、45－3）。应为 2 套，均为漆器构件，表面鎏金，兽形，体上部夸张。竖眉吊睛，额头有一深沟。缩颈含胸，双手抚膝，作蹲踞状。背部靠上有一直穿钉。标本 M55：44－1，额头有一深沟，宽 3.1、高 4.2 厘米（图一三八，5；彩版九二，4）。标本 M55：45－1，额至吻部有一深沟，宽 3.3、高 4.3 厘米（图一三八，6；彩版九二，5）。

立鸟形纽 6件（M55：44－6、44－7、44－8、45－6、45－7、45－8）。应为 2 套，均为漆器构件，表面鎏金。立鸟形，三枝状。宽冠，与尾相衔，小圆睛，喙短宽，细颈，拔胸，站立，双足稍大。足下为方榫头。标本 M55：44－6，宽 1.3、高 3.3、厚 0.8 厘米（图一三八，7；彩版九三，1）。标本 M55：45－6，宽 1.9、残高 3.6、厚 0.7 厘米（图一三八，8；彩版九三，2）。

柿蒂形盖纽 1件。应为漆器构件。标本 M55：45－9，表面鎏金。柿蒂形，蒂胖短、舒展，部分蒂叶残缺。蒂上附有一圆环。残长 2.8、宽 2.8 厘米（图一三八，9）。

柿蒂形泡钉 2套（M55：1、2）。均表面鎏金，由柿蒂形棺饰及泡钉两部分组成。柿蒂形，蒂胖短、舒展，柿蒂上刻有四条凹槽。居中穿有一圆形泡钉。标本 M55：1－27，长 8.6、宽 7.5、高 1.6、泡径 1.8 厘米（图一三八，10；彩版九三，5）。

铁器 计有带钩 1、削 2。

带钩 1件。标本 M55：46，水禽形，形体较小。钩首禽缘较尖，曲颈短腹。圆形纽较小。通长 4.0 厘米（图一三八，11；彩版九三，3）。

削 2件（M55：39、43）。均为环首削，尖部略上翘，腐蚀较为严重。标本 M55：39，尖部微残，残长 24.3、宽 4.1 厘米（图一三八，12）。标本 M55：43，长 39.0、宽 6.1 厘米（图一三八，13）。

石器 计有研板 1、石研块 1。

研板 1件。标本 M55：40－1，青黑色岩质。平面呈长方形，磨制的较为光滑。长 13.7、宽 5.0、厚 0.3～0.4 厘米（图一三八，14；彩版九三，6）。

研块 1件。标本 M55：40－2，青黑色岩质。平面呈方形，磨制的较为光滑。边长 2.6、厚 0.3～0.4 厘米（图一三八，15；见彩版九三，6）。

骨器 计有笄 1。

笄 1件。标本 M55 填：1，由动物肢骨磨制而成。整体呈锥状，磨制的较为光滑。长 14.1、径 0.9 厘米（图一三八，16；彩版九三，7）。

铜钱 19 枚，均为"五铢"钱（图一三九）。详情见下表。

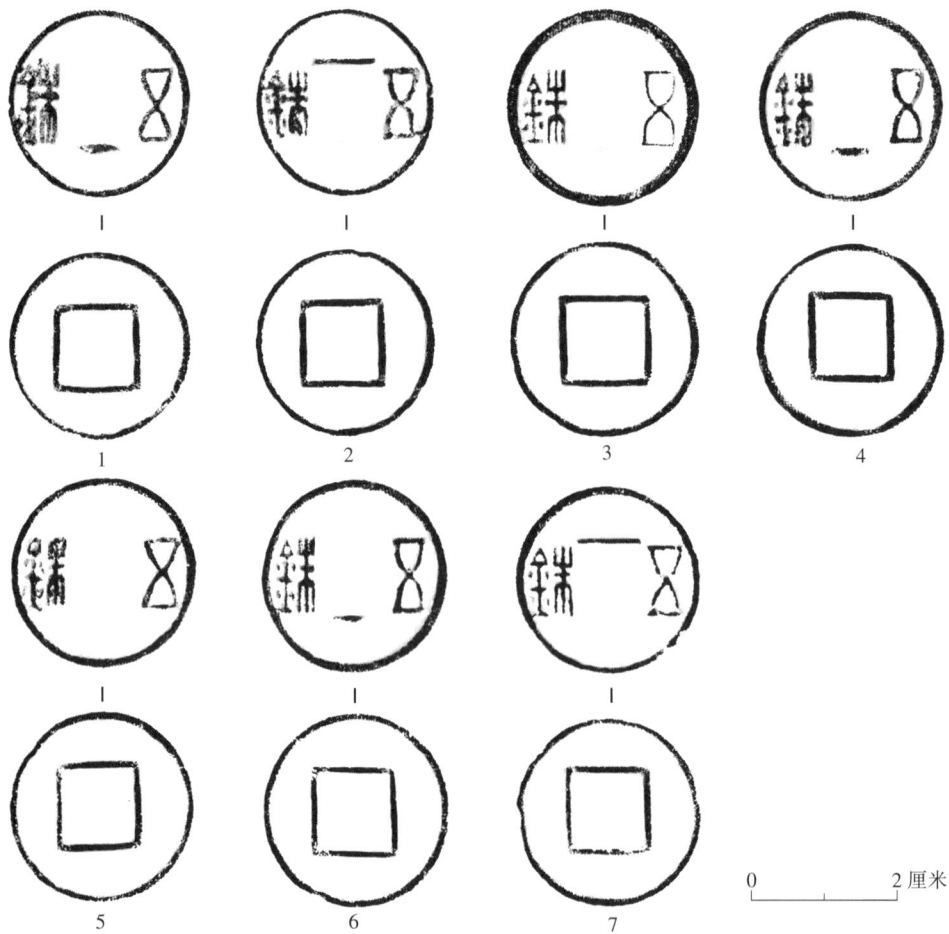

图一三九　M55 出土铜钱拓片
1~7. M55：36－2、36－6、37－1、37－2、42－1、36－5、36－1

M55 铜钱统计表　　　　　　　　　（长度：厘米，重量：克）

| 种类 | 编号 | 特征 | | 郭径 | 钱径 | 穿宽 | 郭宽 | 郭厚 | 肉厚 | 重量 |
		文字特征	记号							
五铢钱	36－1	"五"字瘦长，竖划较直；"金"头三角形，四竖点；"朱"头方折，"朱"下较圆	穿上一横	2.53	2.25	0.96	0.14	0.18	0.09	3.70
	36－2	同上	无	2.59	2.31	0.97	0.14	0.15	0.07	3.20
	36－3	同上	无	2.51	2.27	0.96	0.12	0.18	0.09	3.70
	36－4	同上	穿下月牙	2.65	2.29	0.94	0.18	0.20	0.08	3.80
	36－5	"五"字瘦长，竖划较直；"金"头三角形，四竖点；"朱"头较圆，"朱"下较圆	穿下月牙	2.50	2.24	0.94	0.13	0.16	0.07	4.10
	36－6	"五"字瘦长，竖划甚曲；"金"头三角形，四竖点；"朱"头方折，"朱"下较圆	穿上一横	2.48	2.28	0.94	0.10	0.17	0.08	2.70

（续表）

种类	编号	特征		郭径	钱径	穿宽	郭宽	郭厚	肉厚	重量
		文字特征	记号							
五铢钱	37-1	同上	无	2.68	2.44	0.96	0.12	0.19	0.08	3.00
	37-2	同上	穿下月牙	2.66	2.36	0.96	0.15	0.18	0.09	3.30
	37-3	同上	无	2.64	2.34	0.95	0.15	0.15	0.07	3.00
	37-4	同上	无	2.63		0.95	0.19	0.16	0.10	3.40
	37-5	同上	无	2.64		1.00	0.16	0.19	0.11	3.20
	37-6	同上	无	2.64		0.97	0.18	0.17	0.11	3.60
	42-1	"五"字瘦长，竖划缓曲；"金"头三角形，四竖点；"朱"头方折，"朱"下较圆	无	2.61	2.39	0.94	0.11	0.17	0.08	3.90
	42-2	同上	穿下月牙	2.60	2.26	0.94	0.17	0.19	0.09	4.00
	42-3	同上	穿下月牙	2.55	2.25	0.93	0.15	0.17	0.10	4.10
	42-4	同上	穿下一横	2.63	2.23	0.88	0.20	0.18	0.08	4.10
	42-5	同上	穿下月牙	2.59	2.33	0.98	0.13	0.19	0.10	3.80
	42-5	同上	穿下一横	2.62	2.36	0.97	0.13	0.17	0.07	3.70
	42-6	同上	穿下一横	2.49	2.31	0.93	0.09	0.20	0.08	3.00
	42-7	同上	无	2.67	2.29	0.96	0.19	0.18	0.08	3.70

四三　M56（Ⅱ区）

1. 墓葬形制

双室砖墓，平面呈吕字形，由墓道、甬道、墓门及墓室组成。方向190°（图一四〇；彩版九四）。开口于地表，已破坏。

墓道　长方形斜坡状，未发掘完，长不详，宽1.30、底部距地表0.80米。

甬道　平面呈长方形，长0.90、宽0.36米。

墓门　位于墓室前室南壁中部，宽0.90米。

封门　条砖封堵，残存2层砖，砌法为一层丁砖平砌，一层双隅平砖顺砌。

墓室　平面整体呈吕字形，分前、后两个墓室，总长4.70米。

前室平面呈长方形，长2.10、宽1.38米。四壁平直，北壁偏东有过道通往后室，过道平面呈长方形，长0.90、宽0.72米。

后室平面呈长方形，长2.60、宽2.50米。前、后墓室四壁砖墙最高处保存有5层砖，砌法由下至上为三层平砖一层丁立砖，两者交替向上。另外，三层平砖的砌法又为双隅平砖错缝顺砌。墓底铺砖为东北—西南斜向错缝平铺。用砖规格：36×18×6厘米，青砖，多数砖平面施有绳纹。

2. 葬具和人骨

墓内未发现任何葬具。

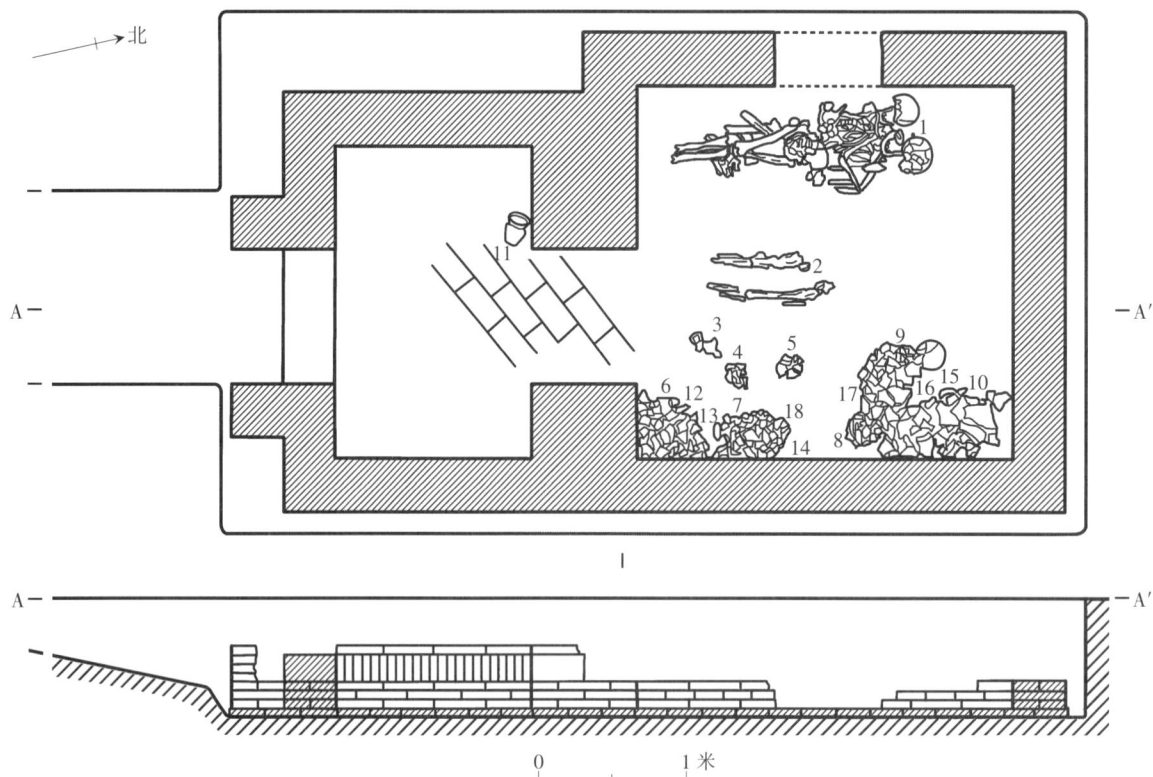

图一四〇　M56 平、剖面图

1. 耳瑱　2、19. 陶耳杯　3. 小陶盆　4、5、12. 陶器盖　6. 陶奁　7. 陶仓　8. 陶灶　9. 陶罐　10. 白陶瓮　11. 陶井　13. 陶灯　14、15、16. 陶盘　17. 小陶甑　18. 陶樽

　　可辨葬有 3 具人骨，置于后室西侧。西侧有两具人骨叠压在一起，保存完整，仰身直肢，头向北，西侧人骨为一男性个体，东侧人骨为一女性个体。另外一具人骨腐朽严重，仅保存下肢骨，应为仰身直肢，头向北，性别不明。

　　3. 随葬品

　　该墓共出土有 18 件随葬品，多数位于后室东部，质地分为陶、琉璃两类，分述如下。

　　陶器　种类计有瓮 1、仓 1、井 1、灶 1、奁 1、樽 1、灯 1、耳杯 2、小盆 1、盘 3、小甑 1、器盖 3。

　　瓮　1 件。标本 M56：10，夹砂白陶。尖唇，侈口，沿外折，溜肩，球腹，最大腹径靠下，圜底。素面。口径 26.7、腹部最大径 51.4、高 45.9、壁厚 2.0 厘米（图一四一，1）。

　　仓　1 件。标本 M56：7，夹砂灰陶，由仓盖和仓身组成。仓盖：悬山结构。平面呈长方形，屋面正脊，两侧有对称瓦垄。仓身：正面呈长方形，下部有方形门口，仓身两侧单拱结构。通高 30.8 厘米。仓盖：长 26.4、宽 19.3 厘米。仓身：长 22.9、宽 17.8、高 26.3 厘米（图一四一，5；彩版九五，1）。

　　井　1 件。标本 M56：11，夹砂灰陶。方唇，敞口，展沿，沿面有一周凹槽，束颈，折肩，弧腹，平底。素面。口径 11.8、底径 5.3、高 12.0、壁厚 0.5~0.7 厘米（图一四一，4；彩版九五，2）。

　　灶　1 件。标本 M56：8，夹砂灰陶。灶面呈圆角梯形。前端置有一圆形火眼，后端有圆形烟孔，长方形灶门，不落地。素面。通长 21.0、宽 16.8、高 8.3、壁厚 0.6~0.7 厘米，

图一四一 M56 出土器物

1. 陶瓮（M56：10） 2. 陶奁（M56：6） 3. 陶灯（M56：13） 4. 陶井（M56：11） 5. 陶仓（M56：7） 6. 陶樽（M56：18） 7. 陶灶（M56：8）

火眼直径6.0、烟孔直径0.6厘米，灶门长5.8、高3.7厘米（图一四一，7；彩版九五，3）。

奁 1件。标本M56：6，夹砂灰陶，由盖奁及底奁两部分组成。盖奁：弧顶，弧顶部置有三个乳丁，腹略内弧，口微侈，方唇，唇面有一凹槽。素面，腹内壁轮旋痕迹明显。底奁：圆唇，敛口，腹略弧，平底。素面，内壁轮旋痕迹凸棱明显。通高17.4厘米。盖奁：口径21.9、底径21.2、高16.2、壁厚0.6～1.0厘米。底奁：口径16.8、底径16.6、高14.7、壁厚0.6～0.8厘米（图一四一，2；彩版九五，4）。

樽 1件。标本M56：18，夹砂灰陶。为由灯盘及灯座组成的分体灯。尖唇，侈口，斜腹，平底，底部置有三个片状足。腹部饰有多周瓦棱纹，内壁有多周轮旋瓦棱纹。口径21.9、底径15.5、高10.2、壁厚0.5～0.7厘米（图一四一，6；彩版九五，5）。

灯 1件。标本M56：13，夹砂灰陶。灯盘：圆唇，口微敛，弧腹，圜底，底部装柄已残，盘心有一锥状灯芯。灯座：底部已残，柄部呈柱状，底座呈喇叭状，中空。素面。

灯盘：口径9.2、柄口径1.5、残高4.2、壁厚0.4～0.8厘米；灯座：柄口径2.5、壁厚0.7～1.2厘米（图一四一，3）。

耳杯　2件（M56：2、19）。形制相同，均为夹砂灰陶，椭圆形杯口，弧腹，平底，双耳上翘；手工捏制。标本M56：2，口长径10.6、短径5.5、底长径5.1、短径1.2、高4.2、壁厚0.4～0.5厘米（图一四二，1；彩版九五，6）。标本M56：19，口长径9.8、短径5.8、底长径6.2、短径1.9、高3.3、壁厚0.4～0.6厘米（图一四二，2）。

小盆　1件。标本M56：3，夹砂灰陶。方唇，敞口，展沿，沿面有一周凹槽，弧腹，平底。器表轮旋痕迹明显。口径13.4、底径4.5、高5.3、壁厚0.5～0.8厘米（图一四二，3）。

盘　3件（M56：14、15、16）。形制基本相同，均为夹砂灰陶，尖唇，敞口，折沿，弧腹，盘心有两周凹弦纹。标本M56：14，台底。口径20.0、底径6.3、高4.5、壁厚0.4～0.6厘米（图一四二，4）。标本M56：15，台底。口径20.4、底径6.3、高4.6、壁厚0.5～0.8厘米（图一四二，5）。标本M56：16，平底。口径19.5、底径5.8、高4.2、壁厚0.4～0.6厘米（图一四二，6）。

小甑　1件。标本M56：17，夹砂灰陶。尖唇，敞口，展沿、沿下部有一周凹弦纹，斜直腹，平底，底部穿有17个甑眼。器表轮旋痕迹明显。口径15.2、底径5.5、高5.4、壁厚0.4～0.5厘米（图一四二，7）。

器盖　3件（M56：4、5、12）。形制相同，均为夹砂灰陶，圜顶，弧腹，方唇，敞口，素面。标本M56：4，口径13.8、高2.6、壁厚0.4～0.5厘米（图一四二，8）。标本M56：5，口径13.6、高3.2、壁厚0.4厘米（图一四二，9）。标本M56：12，口径12.8、高3.0、壁厚0.4～0.6厘米（图一四二，10）。

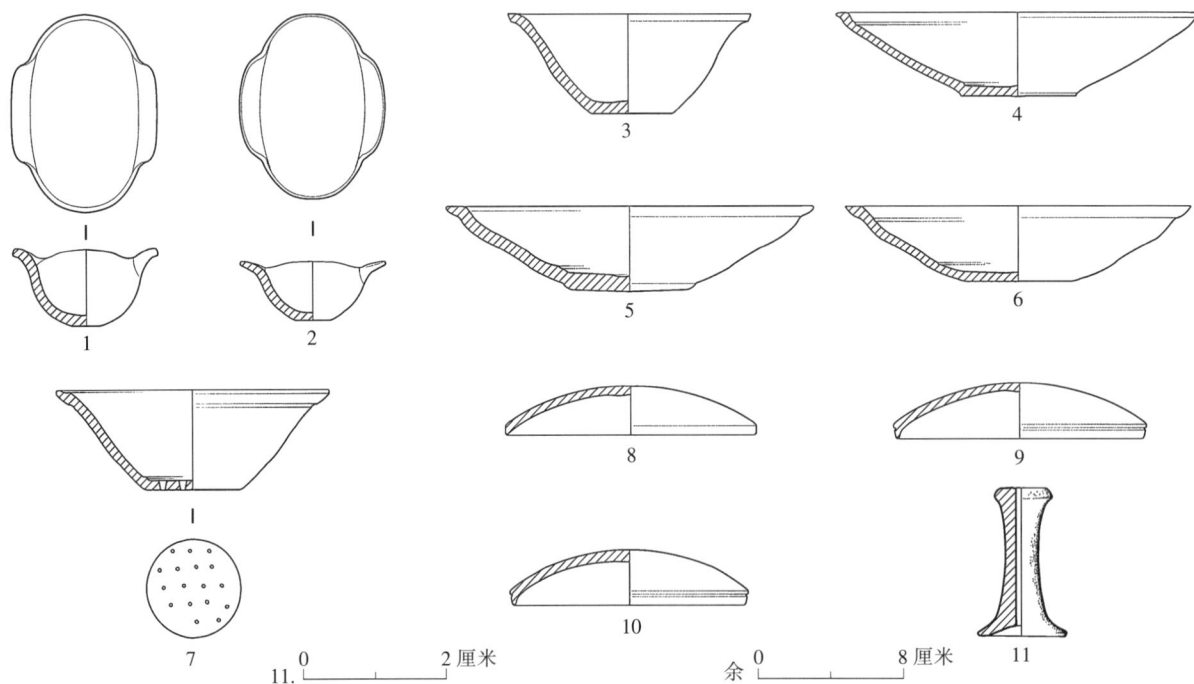

图一四二　M56出土器物

1、2. 陶耳杯（M56：2、19）　3. 小陶盆（M56：3）　4～6. 陶盘（M56：14、15、16）　7. 小陶甑（M56：17）　8～10. 陶器盖（M56：4、5、12）　11. 耳瑱（M56：1）

琉璃器 计有耳瑱 1。

耳瑱 1 件。标本 M56 : 1，深蓝色，喇叭形，束腰，细端平齐，粗端内凹。纵穿一孔。最大径 1.3、长 2.0 厘米（图一四二，11）。

四四 M57（Ⅱ区）

1. 墓葬形制

双室砖墓，平面呈吕字形，由墓道、甬道、墓门及墓室组成。方向 200°（图一四三；彩版九六）。开口于耕土层下，开口距地表深 0.20 米，已破坏。

墓道 长方形斜坡状，未发掘完，长不详，宽 1.00、底部距地表 0.90 米。

甬道 平面呈长方形，长 0.86、宽 0.40 米。

墓门 位于墓室前室南壁中部偏东，宽 0.86 米。

封门 条砖封堵，砌法为双隅平砖顺砌。

墓室 平面整体呈吕字形，分前、后两个墓室，总长 5.36 米。

前室平面呈长方形，长 2.46、宽 1.66 米，四壁平直，北壁偏东有过道通往后室，过道平面呈长方形，长 0.86、宽 0.80 米。

后室平面呈方形，边长 2.9 米。墓室四壁最高处保存有 8 层砖，砌法由下至上为三层平砖一层丁立砖，两者交替向上。另外，三层平砖的砌法又为双隅平砖错缝顺砌。墓底铺砖为"人"字形平铺。用砖规格：40×18×6 厘米，青砖杂有少量红砖，多数砖平面施有绳纹。

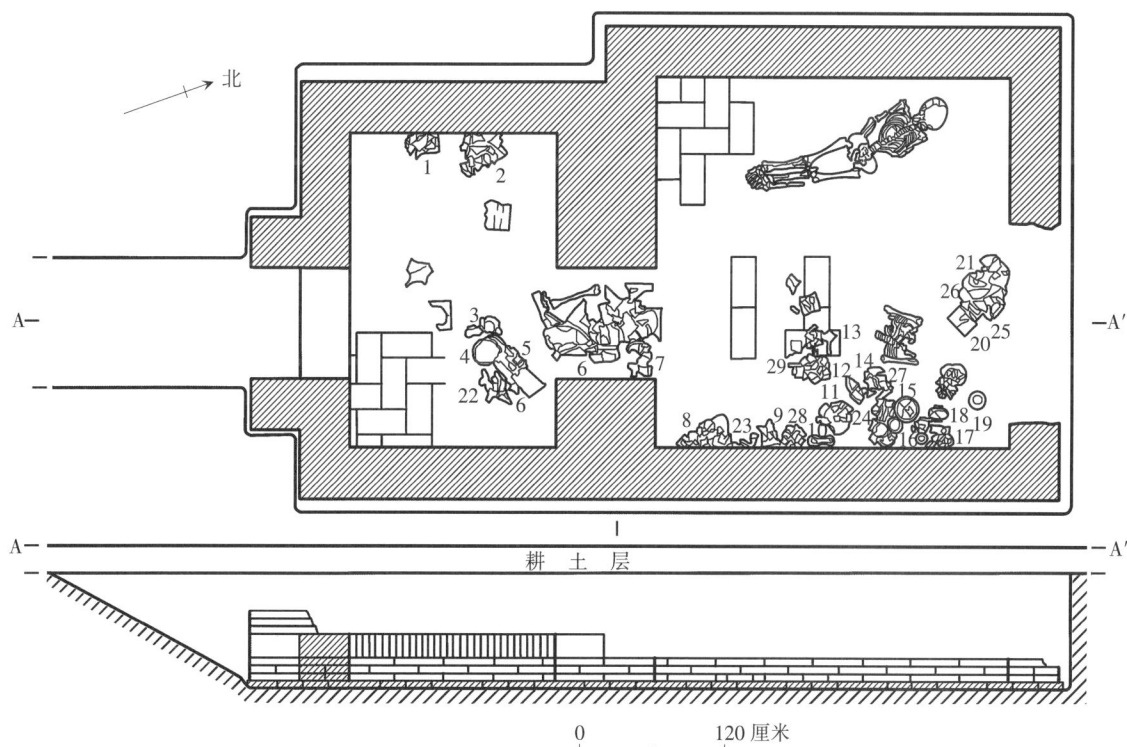

图一四三 M57 平、剖面图

1、9、10、12、20、21. 陶奁 2. 陶楼 3、5. 陶罐 4、7、11. 陶钵 6. 陶仓 8. 陶井 13. 陶案 14. 陶盆 15. 陶器盖 16. 陶灯座 17. 小陶盆及小陶甑 18. 陶耳杯 19. 小陶釜 22. 陶斗 23. 陶勺 24. 陶缸 25. 陶支架 26. 小陶瓢 27、28. 陶盘 29. 石研板

2. 葬具和人骨

墓内未发现任何葬具。

葬有 2 具人骨。西侧人骨保存较完整，为一男性个体，西北—东南斜向置于后室西侧，仰身直肢，双手交叉置于腹部，头向北，面向上；东侧人骨仅上肢骨位于后室内，其余散落于过道中，葬式及性别不明。

3. 随葬品

该墓共出土有 34 件随葬品，位于墓室前、后室，质地分陶、石两种，分述如下。

陶器　计有罐 2、仓 1、楼 1、井 1、奁 6、灯 1、案 1、耳杯 2、钵 3、盆 1、盘 2、缸 1、勺 1、小盆 2、小釜 3、小甑 1、斗 1、支架 1、瓢 1、器盖 1。

罐　2 件（M57：3、5）。形制相同，均为夹砂红褐陶。尖唇，敛口，小矮领，溜肩，鼓腹，腹部最大径位置靠近肩部。标本 M57：3，台底。口径 8.6、底径 7.0、腹部最大径 15.6、高 9.8、壁厚 0.6 ~ 0.8 厘米（图一四四，1；彩版九七，1）。标本 M57：5，底部残缺。口径 9.8、腹部最大径 17.8、残高 10.4、壁厚 0.3 ~ 0.8 厘米（图一四四，2）。

仓　1 件。标本 M57：6，夹砂灰陶，由仓盖和仓身两部分组成。仓盖：悬山式结构。平面呈长方形，"一"字坡式，坡面接近水平，中间有正脊，两侧对称置有 5 组十道瓦垄，瓦垄终端装饰缺失。仓身：正面呈长方形，上部中间有两行菱形镂孔，其下和两侧有四个长方形镂孔，表示窗；中下方有方孔，表示门，门下方伸出台阶，门下部伸出门檐，门两侧对称置有雕花和横竖线装饰。仓身侧面成长方形，均有不规则圆形和长方形窗，窗周边布有圆形通气孔；仓身背面有线形镂孔装饰和圆形通气孔。通高 45.2 厘米。

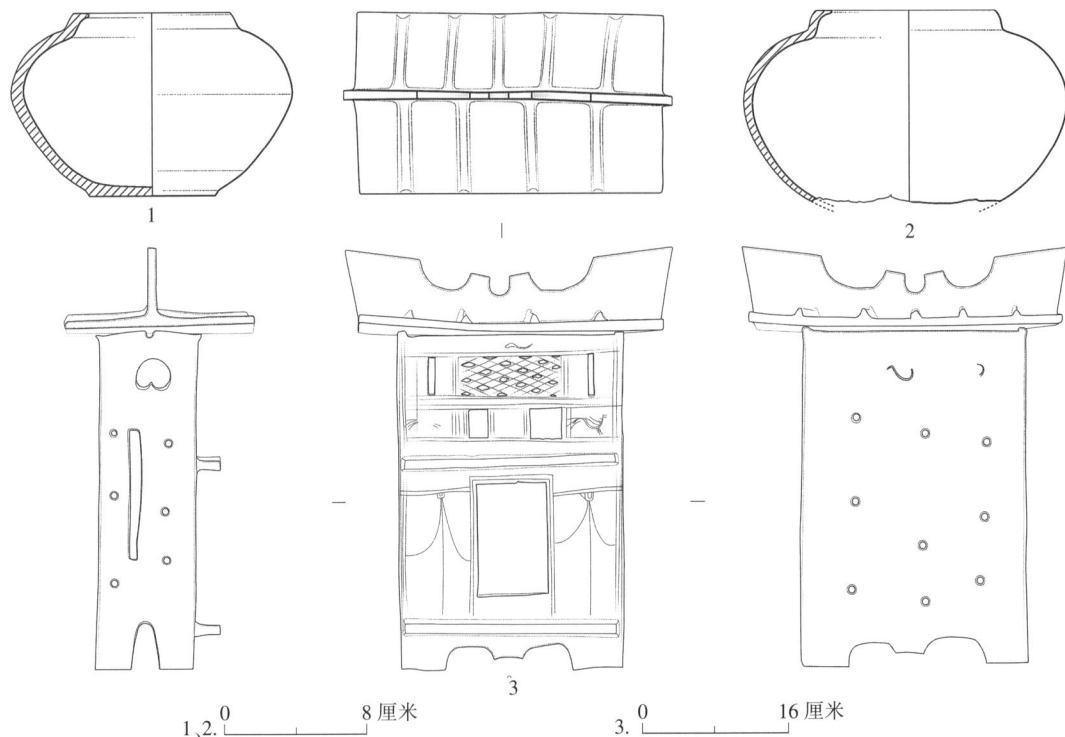

图一四四　M57 出土器物

1、2. 陶罐（M57：3、5）　3. 陶仓（M57：6）

仓盖：长 36.5、宽 19.4、高 9.2、壁厚 0.8 ~ 2.0 厘米。仓身：长 25.1、宽 11.0、高 36.2、壁厚 0.8 ~ 1.5 厘米（图一四四，3；彩版九七，4）。

楼　1 件。标本 M57：2，夹砂灰陶。三层，庑殿式结构。楼盖平面呈正方形，四面坡式，中间有正脊，四周有对称的瓦垄。二层、三层楼身正面均呈方形，三层有 5 行菱形镂孔，二层有 6 行菱形镂孔，两侧均有长方形镂孔两个，表示窗、窗上下均有线形镂孔及横竖线装饰。其他三面均有窗及装饰纹。一层下方有方孔，表示门，门下方伸出台阶，门下部伸出门檐。侧面及背面成方形，均有两个长方形窗，窗周边布有圆形通气孔。三层楼盖：边长 25.5、高 7.5、壁厚 0.6 ~ 2.5 厘米。三层楼身：边长 12.0、高 14.5、壁厚 0.6 ~ 1.5 厘米，二层檐：边长 28 厘米。二层楼身：长 18、宽 6.5、高 17、壁厚 0.6 ~ 1.5 厘米，一层檐：边长 34 厘米。一层楼身：边长 22、高 22.5、壁厚 0.6 ~ 1.5 厘米。通高 60.0 厘米（图一四五；彩版九七，5）。

井　1 件。标本 M57：8，夹砂灰陶。侈口，方唇，平沿，束颈，折肩，深腹略内凹，平底。肩部有一道凹槽，腹部饰有两条弦纹，颈部有对称双孔。口径 14.5、底径 9.5、高 25.0、壁厚 0.5 ~ 1.0 厘米（图一四六，1；彩版九八，1）。

奁　6 件（M57：1、9、10、12、20、21）。标本 M57：1，夹砂黑陶，为盖奁。弧顶，顶部饰有 3 周凹弦纹，腹略内弧，侈口，方唇。素面，轮旋痕迹明显。口径 22.3、底径 21.6、高 15.7、壁厚 0.6 ~ 0.9 厘米（图一四六，2）。标本 M57：9，夹砂灰陶，由盖奁及底奁两部分组成。盖奁：平面呈亚腰形，弧顶，顶部附有 4 颗乳丁纽，直腹，圆唇。素面。底奁：平面呈亚腰形，圆唇，直口，直腹，平底。素面。盖奁：长径 24.6、短

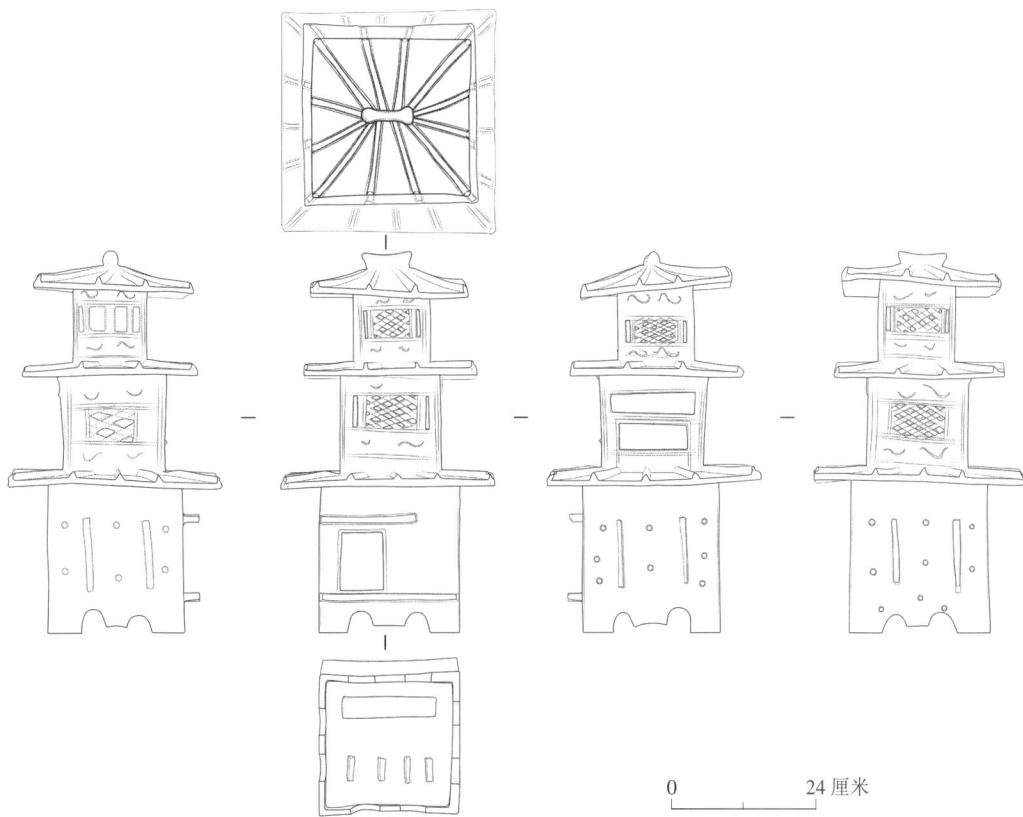

0　　　　　　24 厘米

图一四五　M57 出土陶楼（M57：2）

径 10.4、高 12.6、壁厚 0.6 ~ 1.2 厘米。底奁：长径 28.0、短径 12.5、高 13.6、壁厚 0.6 ~ 1.2 厘米。通高 14.8 厘米（图一四六，3；彩版九七，2）。标本 M57：10，夹砂灰陶，为底奁。平面呈亚腰形。方唇，直口，腹壁较直，平底。素面。长径 17.4、短径 6.8、高 8.2、壁厚 0.5 ~ 1.0 厘米（图一四六，4）。标本 M57：12，夹砂灰陶。圆唇，口微侈，腹略内弧，平底。腹部施有凹弦纹。口径 16.2、底径 15.0、高 7.8、壁厚 0.5 ~ 0.8 厘米（图一四六，5）。标本 M57：20，夹砂黑陶，为底奁。圆唇，直口，腹略内弧，平底。口径 19.0、底径 20.6、高 14.7、壁厚 0.6 ~ 0.9 厘米（图一四六，6）。标本 M57：21，夹砂灰陶，由盖奁及底奁两部分组成。盖奁：弧顶，腹略内弧，圆唇，直口，顶部均匀置有三个乳丁纽。底奁：圆唇，直口，腹略内弧，平底，近底处斜切。盖奁：口径 24.2、顶径

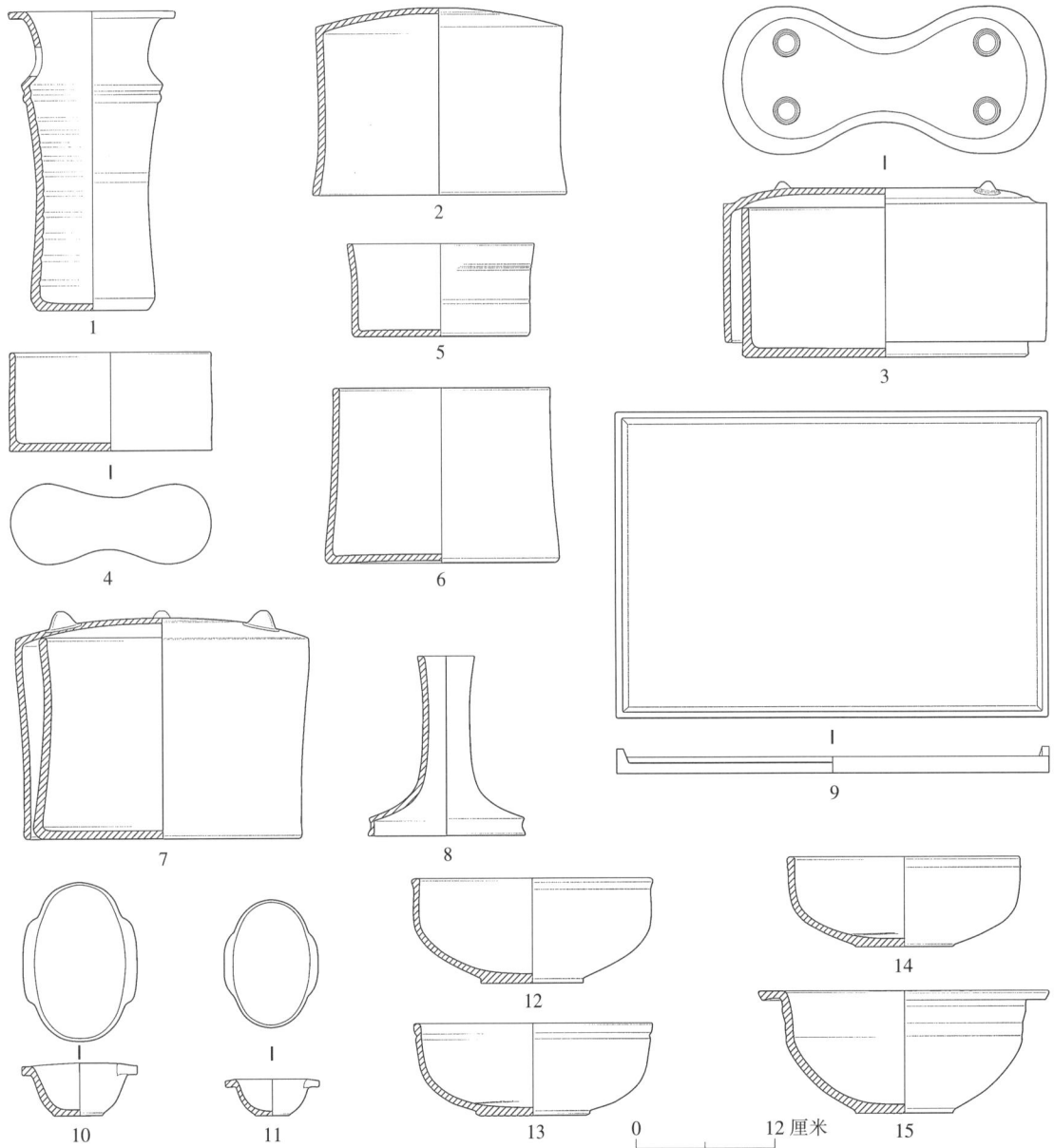

图一四六　M57 出土器物

1. 陶井（M57：8）　2 ~ 7. 陶奁（M57：1、9、10、12、20、21）　8. 陶灯（M57：16）　9. 陶案（M57：13）　10、11. 陶耳杯（M57：18 - 1、18 - 2）　12 ~ 14. 陶钵（M57：4、7、11）　15. 陶盆（M57：14）

25.5、高19.2、壁厚0.6~0.9厘米。底食：口径21.6、底径22.5、高16.5、壁厚0.6~0.9厘米（图一四六，7；彩版九七，3）。

灯　1件。标本M57:16，夹砂灰陶。灯盘缺失，柱状柄，中空，喇叭形灯座，圈足有一圈凹槽，柄上有削坯痕迹。底径13.7、高15.1、壁厚0.5~0.6厘米（图一四六，8）。

案　1件。标本M57:13，夹砂黑陶。敞口，长方形浅盘，平底。长37.4、宽25.6、高2.1、壁厚0.5~1.0厘米（图一四六，9；彩版九八，2）。

耳杯　2件（M57:18-1、18-2）。形制相同，均为夹砂黑陶，椭圆形杯口，弧腹，台底，双耳齐平。标本M57:18-1，口长径13.4、短径9.0、底长径6.2、短径4.2、高4.4、壁厚0.4~0.8厘米（图一四六，10；彩版九八，3）。标本M57:18-2，口长径10.7、短径6.7、底长径4.3、短颈2.9、高3.0、壁厚0.4~0.7厘米（图一四六，11）。

钵　3件（M57:4、7、11）。形制相同，均为圆唇，口微敛，鼓腹，台底。标本M57:4，夹砂红褐陶。口径21.0、底径8.8、高8.8、壁厚0.7~1.1厘米（图一四六，12；彩版九八，4）。标本M57:7，夹砂灰黑陶。近唇部饰有一圈凹弦纹，内侧底部饰有两圈凹弦纹。口径20.8、底径9.8、高7.7、壁厚0.6~0.9厘米（图一四六，13）。标本M57:11，夹砂黑陶。口径20.1、底径8.4、高7.5、壁厚0.6~0.9厘米（图一四六，14）。

盆　1件。标本M57:14，夹砂灰陶。尖唇，微卷沿，微敞口，折腹略弧，台底微凹。口径25.1、底径8.9、高10.2、壁厚0.6~1.0厘米（图一四六，15）。

盘　2件（M57:27、28）。标本M57:27，夹砂黑陶。尖唇，敞口，弧腹，台底。素面，盘内侧饰有两圈凸弦纹。口径20.6、底径10.1、高3.8、壁厚0.5~0.7厘米（图一四七，1）。标本M57:28，夹砂灰陶。方唇，敞口，弧腹，凹底。唇部饰有一圈凹弦纹。素面，盘内侧饰有一圈凸棱、一圈凹弦纹。口径20.7、底径9.2、高3.7、壁厚0.5~0.7厘米（图一四七，2）。

缸　1件。标本M57:24，夹砂灰陶。圆唇，直口，腹略内弧，腹下部折收成平底。器表施有瓦棱纹。口径8.5、底径7.0、高11.8、壁厚0.6~0.7厘米（图一四七，3；彩版九八，5）。

勺　1件。标本M57:23，夹砂黄褐陶。圆唇，敞口，弧腹，圜底。柱状陶柄，尾部弯曲呈鸭头状。素面。长径6.6、短径6.0、高5.5、壁厚0.4~0.5厘米（图一四七，4；彩版九八，6）。

小盆　2件（M57:17-1、17-2）。形制相同，均为夹砂黑陶。方唇，展沿，微敞口，腹微鼓，平底。素面。标本M57:17-1，口径10.1、底径4.1、高3.3、壁厚0.4~0.7厘米（图一四七，5）。标本M57:17-2，口径10.3、底径4.0、高3.4、壁厚0.4~0.7厘米（图一四七，6）。

小釜　3件（M57:19-1、19-2、19-3）。标本M57:19-1，夹砂灰褐陶。圆唇，口微侈，溜肩，折腹，腹中部有一圈扉棱，平底。素面，近底部修坯削痕明显。口径7.2、底径3.0、高7.3、壁厚0.5~0.9厘米（图一四七，7）。标本M57:19-2，夹砂黑陶。圆唇，敛口，折肩，折腹，腹上部对称置有两个附耳穿孔，腹中部有一圈扉棱，平底。素面。口径8.4、底径4.0、高7.0、壁厚0.6~0.8厘米（图一四七，8）。标本M57:19-3，夹砂灰黑陶。尖唇，口微侈，溜肩，折腹，腹中部有一圈扉棱，台底。素面。口径4.9、底径4.4、高4.6、壁厚0.3~0.8厘米（图一四七，9）。

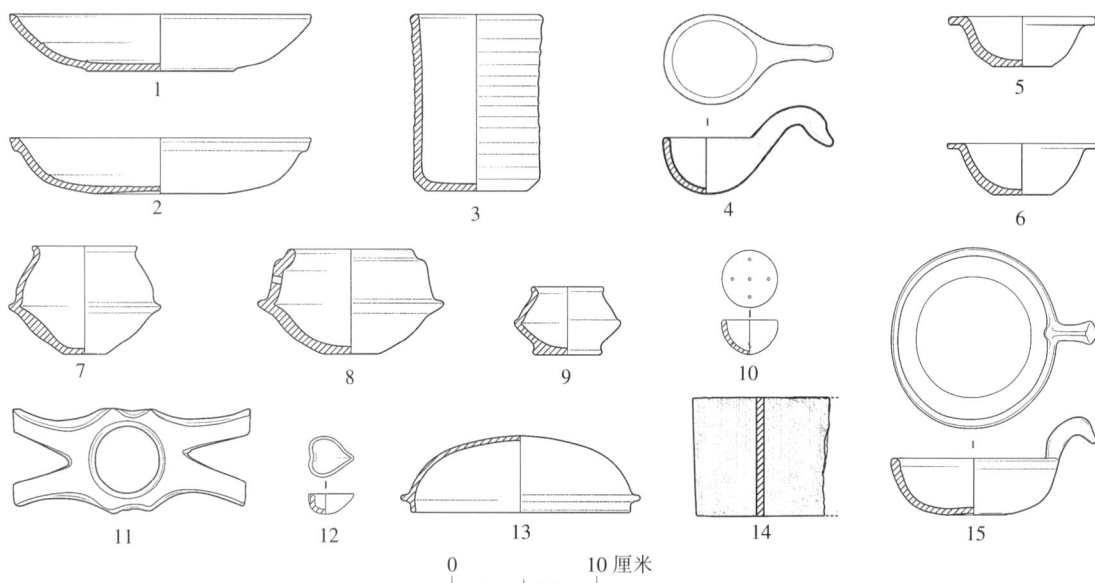

图一四七　M57 出土器物

1、2. 陶盘（M57∶27、28）　3. 陶缸（M57∶24）　4. 陶勺（M57∶23）　5、6. 小陶盆（M57∶17 - 1、17 - 2）　7 ~ 9. 小陶釜（M57∶19 - 1、19 - 2、19 - 3）　10. 小陶甑（M57∶17 - 3）　11. 陶支架（M57∶25）　12. 小陶瓢（M57∶26）　13. 陶器盖（M57∶14）　15. 石研板（M57∶29）　15. 陶斗（M57∶22）

　　小甑　1 件。标本 M57∶17 - 3，夹砂灰陶。圆唇，敛口，弧腹，圜底，底部有 5 个甑眼。素面。口径 3.6、高 2.3、壁厚 0.2 ~ 0.4 厘米（图一四七，10）。

　　斗　1 件。标本 M57∶22，夹砂黑陶。圆唇，敞口，弧腹略鼓，柄部弯曲，台底微凹。素面。口径 12.0、底径 4.0、高 6.6、壁厚 0.6 ~ 1.2 厘米（图一四七，15；彩版九八，7）。

　　支架　1 件。标本 M57∶25，夹砂灰陶。平面呈"井"字形，中间有一圆孔。长 16.4、宽 7.1、壁厚 0.6 ~ 0.8 厘米（图一四七，11）。

　　瓢　1 件。标本 M57∶26，夹砂灰陶。方唇，敞口，弧腹，圜底。素面。最大口径 3.1、高 1.3、壁厚 0.2 ~ 0.3 厘米（图一四七，12）。

　　器盖　1 件。标本 M57∶15，夹砂黑陶。弧顶，尖唇，子口。口径 15.1、高 5.1、壁厚 0.3 ~ 0.7 厘米（图一四七，13）。

　　石器　计有研板 1。

　　研板　1 件。标本 M57∶29，平面呈长方形。由板岩磨制而成，残断。残长 9.3、宽 7.9、厚 0.5 厘米（图一四七，14）。

四五　M59（Ⅱ区）

1. 墓葬形制

　　单室砖墓，平面呈甲字形，由墓道、甬道、墓门及墓室组成。方向 200°（图一四八；彩版九九）。开口于耕土层下，开口距地表 0.30 米，已破坏。

　　墓道　长方形斜坡状，未发掘完，长不详，宽 0.94、底部距地表 1.20 米。

　　甬道　平面呈长方形，长 0.94、宽 0.52 米。墓门南侧加砌而成，两壁用半砖不规则垒砌。

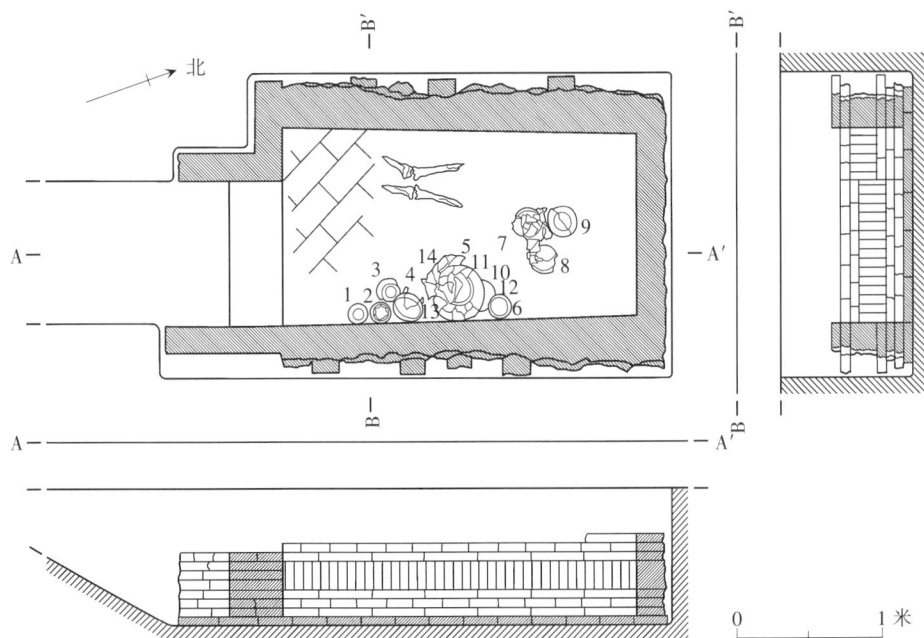

图一四八　M59 平、剖面图

1、3. 陶壶　2. 陶井　4. 陶鼎　5. 陶罐　6. 陶灶组合　7. 陶钵　8~10. 陶盘　11、13. 小陶盆
12. 小陶甑　14. 陶俑

墓门　位于墓室南壁东侧，宽 0.94 米。

封门　条砖封堵，现存砖 5 层，残高 0.36 米。砌法由下至上二层平砖，一层丁立砖，二者交替向上。

墓室　平面呈梯形，长 2.40、宽 1.30 米。四壁较平直，最高处保存有 7 层砖，砌法由下至上为三层平砖一层丁立砖，两者交替向上。另外，三层平砖的砌法又为两层单隔顺砌平砖之间夹一层平砌丁砖。墓底铺砖为西北—东南斜向错缝平铺。用砖规格 36×18×6 厘米，青砖杂有少量红砖，部分砖面饰有绳纹。

2. 葬具和人骨

墓内未发现任何葬具。

葬有 1 具人骨，置于墓室西侧，仅存部分下肢骨，葬式及性别不明。

3. 随葬品

该墓共出土有 16 件随葬品，位于墓室东部，质地可分为陶、琉璃两种。

陶器　种类计有罐 1、壶 2、鼎 1、灶 1、井 1、盘 3、钵 1、俑 1、小盆 2、小釜 1、小甑 1。

罐　1 件。标本 M59：5，夹砂灰陶。圆唇，子母口内敛，矮领，溜肩，鼓腹，最大腹径位置居中，凹底。腹上部施有三周凹弦纹，腹中部施有一周粗绳纹，腹下部及底部饰细绳纹。口径 17.6、底径 14.2、最大腹径 34.0、高 27.1、壁厚 0.5~0.7 厘米（图一四九，1；彩版一〇〇，1）。

壶　2 件（M59：1、3）。形制相同，均为夹砂黑褐陶，尖唇、唇缘外侧一周凹槽，盘口，束颈，折肩，折腹，腹部最大径位置靠近底部，腹下部折收成平底，素面。标本 M59：1，口径 9.8、底径 7.9、最大腹径 12.4、高 17.6、壁厚 0.3~0.5 厘米（图一四九，2；彩版一〇〇，2）。标本 M59：3，口径 9.8、底径 7.6、最大腹径 11.6、高 18.9、壁厚

图一四九　M59 出土器物

1. 陶罐（M59：5）　2、3. 陶壶（M59：1、3）　4. 陶鼎（M59：4）　5. 陶灶组合（M59：6）　6. 陶井（M59：2）　7～9. 陶盘（M59：8、9、10）　10. 陶钵（M59：7）　11. 陶俑（M59：14）　12、13. 小陶盆（M59：11、13）　14. 小陶甑（M59：12）　15. 耳瑱（M59 填：1）

0.4～0.6 厘米（图一四九，3）。

　　鼎　1 件。标本 M59：4，夹砂灰陶。尖唇，子口内敛，鼓腹，圜底。近口处附有两个分体环耳，底部置有三个三棱柱状足。腹中部施有一周扉棱。口径 11.7、最大腹径19.2、高 15.5、壁厚 0.4～0.5 厘米（图一四九，4；彩版一〇〇，3）。

　　灶　1 件。标本 M59：6－1，夹砂黑褐陶。灶面略呈圆形，灶面隆起，正中置有一圆形火眼，圆形烟孔，长方形灶门，落地。手制轮修。灶身直径 24.1、灶面直径 9.9 厘米，灶门长 6.5、宽 4.2 厘米，火眼直径 7.3、烟孔直径 0.7 厘米，壁厚 0.5～0.8 厘米（图一四九，5；彩版一〇〇，4）。

井　1 件。标本 M59：2，夹砂红褐陶。方唇，侈口，沿微卷，束颈，折肩，腹略弧，平底。口径 10.6、底径 8.4、高 16.0、壁厚 0.3~0.5 厘米（图一四九，6；彩版一〇〇，5）。

盘　3 件（M59：8、9、10）。其中，标本 M59：8 与 M59：9 形制相同，均为夹砂灰褐陶，方唇，折沿，敞口，弧腹，台底，盘心施有两周弦纹。标本 M59：8，口径 21.0、底径 9.3、高 4.6、壁厚 0.3~0.4 厘米（图一四九，7）。标本 M59：9，口径 21.2、底径 10.3、高 4.3、壁厚 0.3~0.5 厘米（图一四九，8）。标本 M59：10，夹砂黑褐陶。方唇，折沿，敞口，略显折腹，台底内凹。盘心旋有两周凸棱。口径 24.5、底径 10.0、高 4.4、壁厚 0.4~0.5 厘米（图一四九，10）。

钵　1 件。标本 M59：7，夹砂黑褐陶。方唇，直口，弧腹，平底。腹上部施有多周瓦棱纹。口径 21.2、底径 9.8、高 9.8、壁厚 0.5~0.6 厘米（图一四九，10；彩版一〇〇，6）。

俑　1 件。标本 M59：14，夹砂红褐陶，手工捏制。眉目清晰，双臂呈向内环抱状，长裙拖地。通高 16.5、底径 8.3 厘米（图一四九，11）。

小盆　2 件（M59：11、13）。标本 M59：11，夹砂黑褐陶。圆唇，敞口，折沿，弧腹，平底。口径 12.5、底径 5.1、高 4.8、壁厚 0.4~0.5 厘米（图一四九，12）。标本 M59：13，夹砂灰陶。方唇，敞口，折沿，沿面施有一周凹槽，鼓腹，平底。腹下部修坯削痕明显。口径 11.7、底径 4.4、高 5.4、壁厚 0.4~0.5 厘米（图一四九，13）。

小釜　1 件。标本 M59：6－2，夹砂黑褐陶。圆唇，口微敛，略显折腹，平底。素面。口径 6.6、底径 4.6、高 4.4、壁厚 0.3~0.4 厘米（图一四九，5）。

小甑　1 件。标本 M59：12，夹砂黑褐陶。方唇，敞口，折沿，沿面施有一周凹槽，弧腹，平底。底部戳有 6 个圆形甑眼。口径 12.8、底径 5.1、高 4.8、壁厚 0.3~0.5 厘米（图一四九，14）。

琉璃器　计有耳瑱 1。

耳瑱　1 件。标本 M59 填：1，浅蓝色，形似腰鼓，束腰，细端平齐，粗端内凹。纵穿一孔。最大径 1.2、长 1.3 厘米（图一四九，15）。

四六　M61（Ⅱ区）

1. 墓葬形制

土坑竖穴墓，平面呈凸字形，由墓穴及其南侧生土二层台两部分组成。方向 10°（图一五〇；彩版一〇一，1）。开口于耕土层下，开口距地表深 0.40 米。

墓圹四壁均向内斜收，墓底较平坦。墓穴四壁保存有一圈宽 0.20 米的贝壳；墓底均匀平铺一层厚 0.20 米的贝壳。墓室内填土呈黑褐色，并夹杂有大量的黄沙、贝壳，土质较疏松。

生土二层台位于墓穴南侧，平面呈不规则的圆角长方形，开口长 3.10、宽 2.10 米，底长 2.70、宽 1.90 米，底部距地表 1.40 米。二层台上仅堆积有大量贝壳，未见有任何随葬品，其功用不详。

墓穴平面呈圆角长方形，开口长 4.90、宽 3.20 米，底长 4.50、宽 2.80 米，底部距地表 1.90 米。内置葬具、人骨和随葬品。

2. 葬具和人骨

葬具有椁和棺。

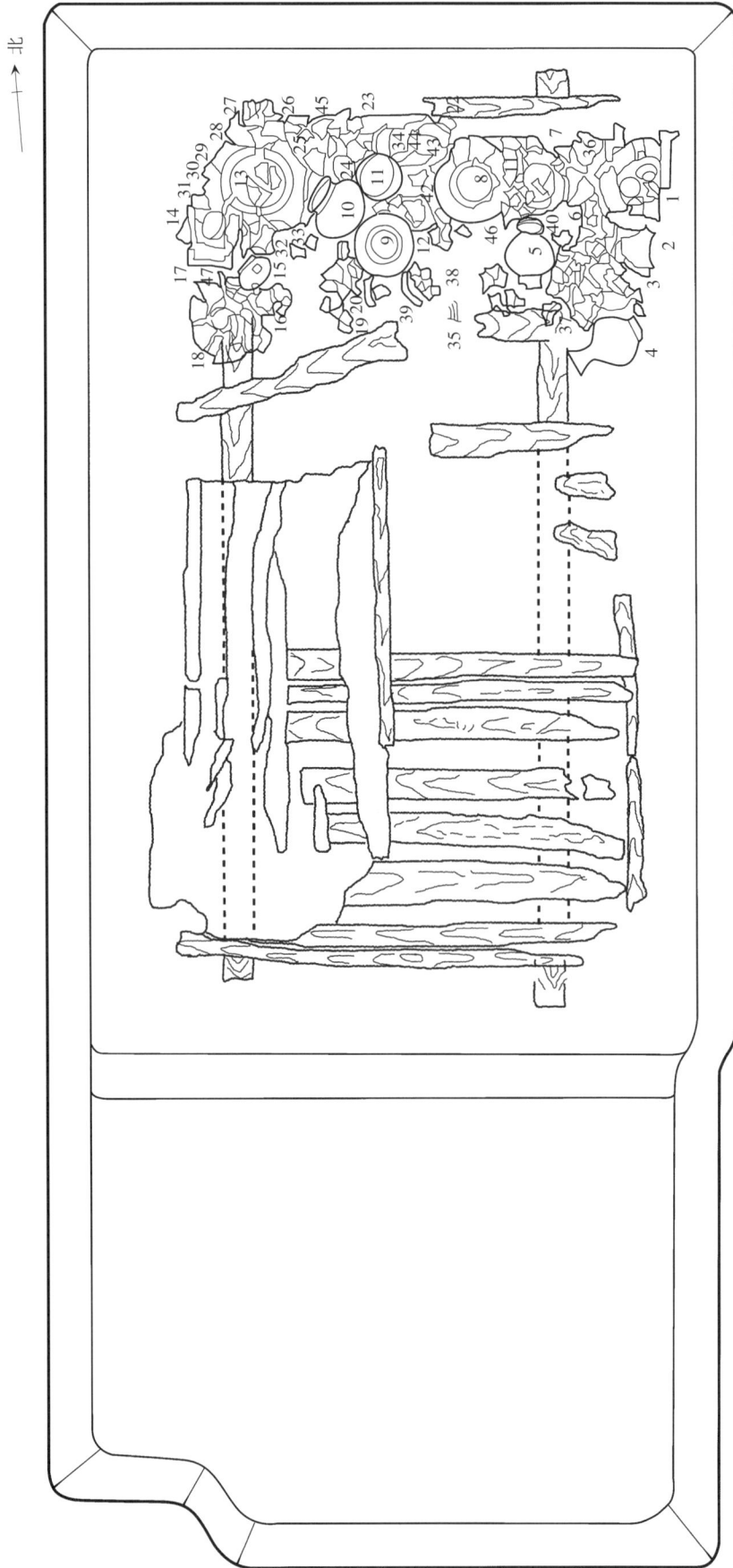

图一五〇　M61 平面图

1. 陶灶组合　2、8、9、10、22、23、36、37、45. 陶罐　3、4、5、6、18、21、32、33. 陶壶　7、35、38. 陶盆　11、12、43、44. 陶奁　25、26、27、39、41、42、46. 陶盒　13. 陶盒　14. 陶扁壶　15. 陶镦　16、31. 陶樽　17. 陶轻　19、41. 陶器盖　20. 陶鼎　24. 陶钵　28. 陶炉　29. 陶耳杯　30. 陶斗　34. 陶勺　40. 陶熏　47. 铜盆

墓穴内置木椁 1 具，其四面椁板和顶板不存，现仅保存有部分底板，由其底板形状可知，木椁平面为长方形，长 3.90、宽 2.00 米，底板由直径 10 ~ 20 厘米的圆木或宽 10 ~ 20 厘米的方木东西向平铺而成。木椁置于两根南北向方形垫木之上，其中东侧垫木长 4.12、宽 0.14、厚 0.12 米；西侧垫木长 4.01、宽 0.14、厚 0.12 米；垫木之间间距为 1.32 米。椁室北端为头箱，南部为棺箱。头箱与棺箱之间由方木隔开。头箱平面为长方形，长 2.00、宽 1.60 米，内置大量的随葬品。

棺箱平面整体呈长方形，长 2.58、宽 2.00 米。箱底中部保存有一根南北向方木，推测应为棺箱隔板，隔板两侧各置 1 具棺。由棺箱内残存的漆片判断，2 具棺应为漆棺。但由于当地埋藏条件不利于漆质材料的保存，2 具漆棺均已残破不全，且残片较为零散，因此棺的结构与尺寸不详（图一五一；见彩版一〇一，1）。

墓内葬有 2 具人骨，腐朽严重，仅存几段肢骨。葬式及性别不详。通过对墓葬形制的分析，该墓应为夫妻合葬墓。

3. 随葬品

该墓共出土有 62 件随葬品，质地分为陶、铜、铁、玛瑙 4 种（彩版一〇一，2）。其中有铜钱 184 枚。分述如下。

陶器　计有罐 9、壶 8、扁壶 1、鼎 1、盒 6、瓮 1、灶 1、奁 4、樽 2、耳杯 4、盆 3、钵 1、斗 1、镳 1、铨 1、烤炉 1、勺 1、熏 1、器盖 2、小盆 2、小瓿 1、小釜 5。

罐　9 件（M61：2、8、9、10、22、23、36、37、45）。标本 M61：2，夹砂灰黑陶。双叠唇，敞口，展沿，束颈，圆肩，鼓腹，腹部最大径位置偏上，平底。腹部施有细绳纹，但多数已漫漶不清。口径 15.3、底径 9.6、最大腹径 25.8、高 22.4、壁厚 0.5 ~ 0.9 厘米（图一五二，1）。标本 M61：8，夹砂灰陶。方唇，敞口，折沿，短颈，圆肩，鼓腹，腹部最大径位置居中，平底。颈部施有一周凹弦纹，腹中部施有不连续绳纹，腹下部

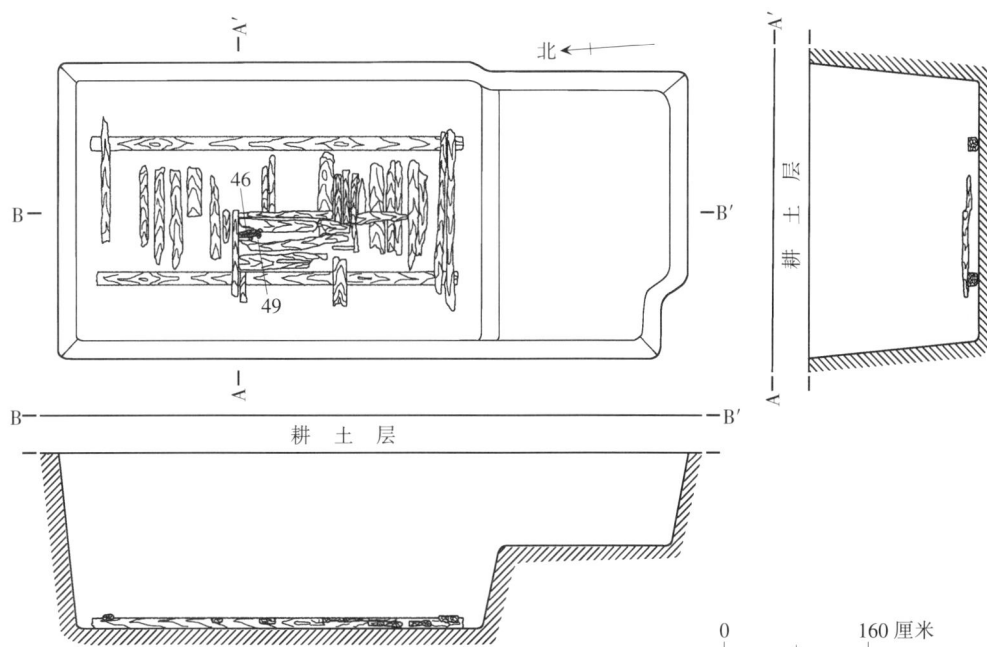

图一五一　M61 墓底平、剖面图

48. 铜带钩　49. 铜钱

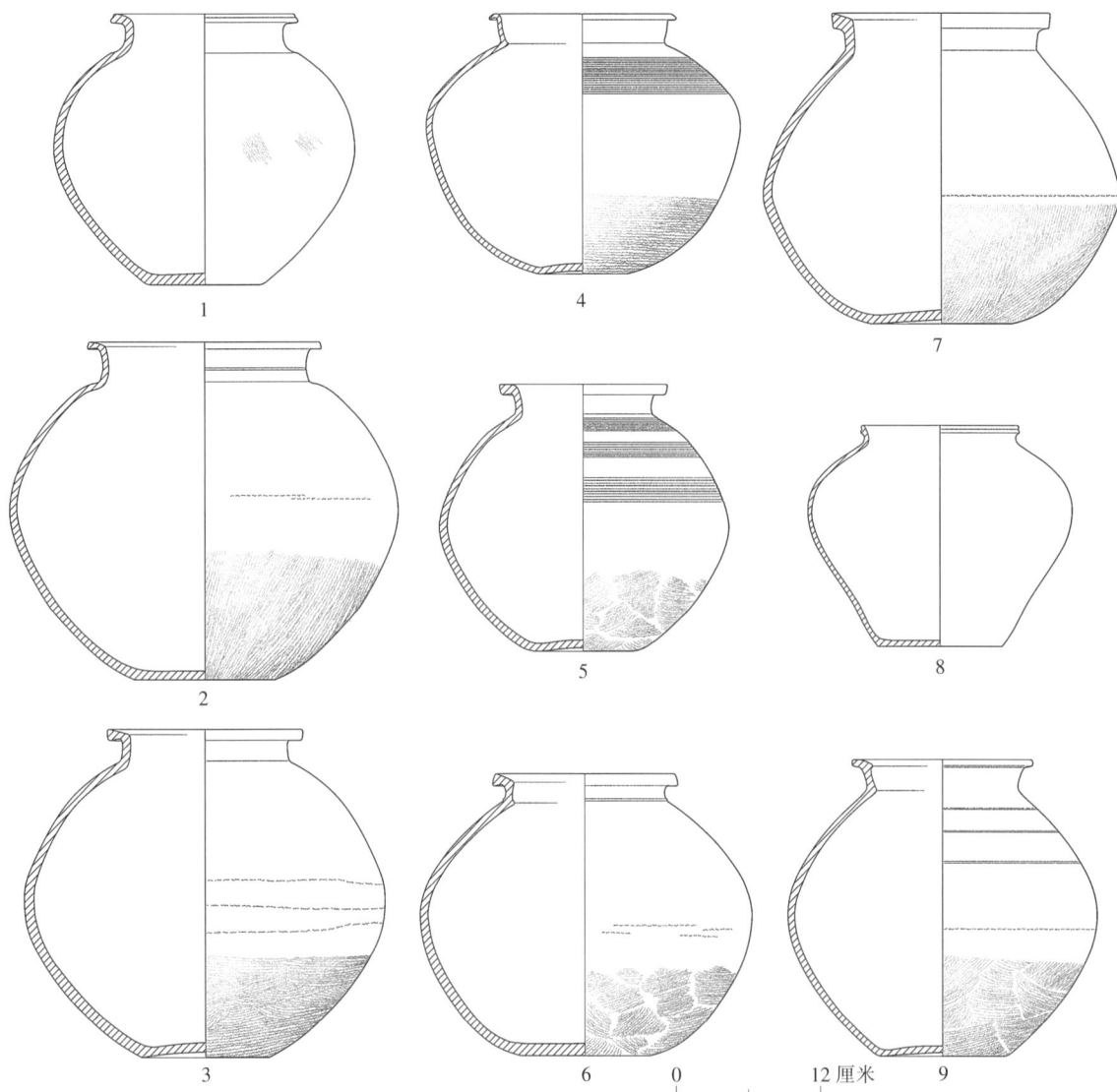

图一五二　M61 出土器物
1～9. 陶罐（M61：2、8、9、10、22、23、36、37、45）

及底部满饰绳纹。口径 19.6、底径 12.0、最大腹径 33.3、高 28.0、壁厚 0.5～0.6 厘米
（图一五二，2）。标本 M61：9，夹砂黑陶。方唇，敞口，折沿，短颈，溜肩，鼓腹，腹
部最大径位置居中，凹底。腹中部施有三周绳纹，腹下部及底部满饰绳纹。口径 16.7、
底径 11.0、最大腹径 30.9、高 27.2、壁厚 0.6～0.9 厘米（图一五二，3；彩版一〇
二，1）。标本 M61：10，夹砂黑陶，器表多数现已斑驳脱落。尖唇，敞口，卷沿，短
颈，溜肩，鼓腹，腹部最大径位置偏上，凹底。腹上部施有多周凹弦纹，腹下部及底
部满饰绳纹。口径 15.1、底径 7.6、最大腹径 26.8、高 21.5、壁厚 0.4～0.5 厘米（图
一五二，4）。标本 M61：22，夹砂灰陶。方唇，敞口，展沿，短颈，溜肩，鼓腹，腹
部最大径位置居中，凹底。腹上部及腹中部施有三组多周凹弦纹，腹下部及底部饰有
绳纹。口径 14.2、底径 8.4、最大腹径 24.8、高 22.1、壁厚 0.5～0.7 厘米（图一五
二，5）。标本 M61：23，夹砂灰陶。方唇，敞口，折沿，短颈，溜肩，鼓腹，腹部最
大径位置居中，平底。颈部施有一周凸弦纹，腹中部施有不连续绳纹，腹下部及底部

饰有绳纹。口径 15.2、底径 11.1、最大腹径 28.4、高 23.3、壁厚 0.7 ~ 0.8 厘米（图一五二，6；彩版一○二，2）。标本 M61：36，夹砂灰陶。方唇，敞口，折沿，短颈，溜肩，鼓腹，腹部最大径位置略偏下，凹底。腹中部施有一周绳纹，腹下部及底部饰有绳纹。口径 18.6、底径 12.0、最大腹径 30.3、高 25.6、壁厚 0.6 ~ 0.8 厘米（图一五二，7）。标本 M61：37，夹砂灰陶。双叠唇，敞口，束颈，溜肩，鼓腹、腹部最大径位置偏上，平底。口径 13.3、底径 10.5、最大腹径 22.6、高 18.3、壁厚 0.3 ~ 0.5 厘米（图一五二，8；彩版一○二，3）。标本 M61：45，夹砂灰陶。圆唇，敞口，短颈，溜肩，鼓腹，腹部最大径位置居中，凹底。腹上部施有三周凹弦纹，腹中部施有一周绳纹，腹下部及底部饰有绳纹。口径 15.3、底径 10.8、最大腹径 26.4、高 24.5、壁厚 0.5 ~ 0.6 厘米（图一五二，9）。

壶 8 件（M61：3、4、5、6、18、21、32、33）。其中，标本 M61：3 与 M61：5 形制相同，均为夹砂灰陶，由壶盖及壶身两部分组成。壶盖：整体呈覆碟状，弧顶，弧腹，敞口，方唇。壶身：方唇，喇叭形口，束颈，溜肩，鼓腹，腹部最大径位置居中，圈足。标本 M61：3，壶盖缺失，腹部施有两周绳纹。壶身：口径 13.8、底径 13.0、最大腹径 21.5、高 28.4、壁厚 0.4 ~ 0.6 厘米（图一五三，1）。标本 M61：5，腹中部施有两周粗绳纹，腹下部满饰细绳纹。陶壶：通高 31.7 厘米。壶盖：口径 14.0、高 1.6、壁厚 0.6 ~ 0.9 厘米。壶身：口径 14.5、底径 11.5、最大腹径 24.2、高 30.1、壁厚 0.4 ~ 0.7 厘米（图一五三，2；彩版一○二，4）。其中，标本 M61：4 与 M61：6 形制相同，均为夹砂灰陶，由壶盖及壶身两部分组成。壶盖：弧顶，顶部附有三个乳丁状纽，子口，圆唇。壶身：尖唇，喇叭形口，束颈，溜肩，鼓腹，腹部最大径位置偏上，圈足，轮旋痕迹明显。标本 M61：4，壶盖顶部乳丁状纽脱落。通高 34.0 厘米。壶盖：口径 12.2、高 3.4、壁厚 0.5 ~ 0.6 厘米。壶身：口径 12.1、底径 12.8、最大腹径 23.5、高 31.2、壁厚 0.4 ~ 0.6 厘米（图一五三，3；彩版一○二，5）。标本 M61：6，通高 33.3 厘米。壶盖：口径 10.1、高 3.4、壁厚 0.3 ~ 0.5 厘米。壶身：口径 12.0、底径 12.6、最大腹径 22.2、高 30.3、壁厚 0.4 ~ 0.6 厘米（图一五三，4）。其中，标本 M61：18、M61：32 与 M61：33 形制相同，均为夹砂灰陶，由壶盖及壶身两部分组成。壶盖：弧顶，顶部附有三个乳丁状纽，子口，尖唇。壶身：方唇，近钵口，束颈，溜肩，鼓腹，腹部最大径位置偏上，腹上部对称贴有一对兽形铺首衔环，圈足；沿、肩连接处施有一周凸弦纹，肩部施有四周凸弦纹。标本 M61：18，通高 37.1 厘米。壶盖：口径 12.2、高 3.9、壁厚 0.4 ~ 0.5 厘米。陶壶：口径 14.4、底径 16.4、最大腹径 28.9、高 33.9、壁厚 0.3 ~ 0.6 厘米（图一三五，5）。标本 M61：32，壶盖顶部乳丁状纽脱落。通高 33.0 厘米。壶盖：口径 10.1、高 3.3、壁厚 0.4 ~ 0.5 厘米。壶身：口径 12.0、底径 13.6、最大腹径 23.6、高 30.2、壁厚 0.4 ~ 0.6 厘米（图一五三，6）。标本 M61：33，通高 32.2 厘米。壶盖：口径 10.1、高 3.8、壁厚 0.4 ~ 0.5 厘米。壶身：口径 12.2、底径 13.9、最大腹径 25.5、高 29.2、壁厚 0.4 ~ 0.6 厘米（图一五三，7；彩版一○二，6）。标本 M61：21，夹砂灰陶。双叠唇，敞口，束颈，溜肩，鼓腹，腹部最大径位置偏上，平底。腹部轮旋痕迹明显。口径 12.6、底径 11.0、最大腹径 29.6、高 29.0、壁厚 0.4 ~ 0.6 厘米（图一五三，8）。

扁壶 1 件。标本 M61：14，夹砂灰陶，由壶盖及陶壶两部分组成。壶盖：弧顶，顶

图一五三　M61 出土器物
1~8. 陶壶（M61：3、5、4、6、18、32、33、21）

正中贴有一环形纽，子口，尖唇。陶壶：方唇，母口，直颈，圆肩，斜直腹，腹部横截面呈椭圆形，平底。肩部贴有两个环形系带纽，底部附有两个长条形方足。通高26.9厘米。壶盖：口径7.7、高4.6、壁厚0.3~0.5厘米。陶壶：口径9.0、最大腹长径26.0、最大腹短径15.7、底长径24.7、底短径15.8、高23.6、壁厚0.4~0.6厘米（图一五四，1；彩版一○三，1）。

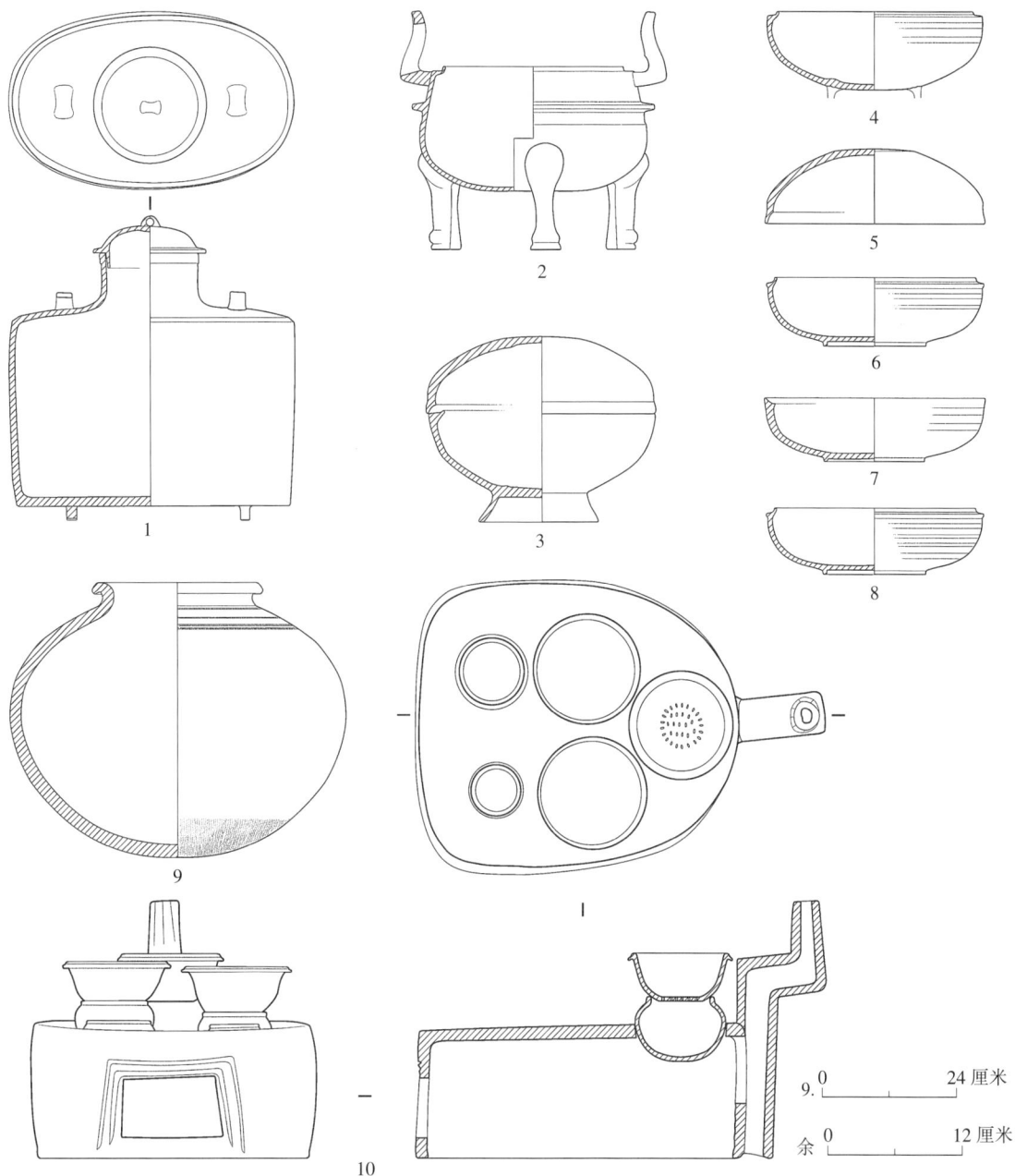

图一五四 M61 出土器物

1. 陶扁壶（M61:14） 2. 陶鼎（M61:20） 3～8. 陶盒（M61:25、26、27、39、42、46） 9. 陶瓮（M61:13） 10. 陶灶组合（M61:1）

鼎 1件。标本M61:20，夹砂灰黑陶。尖唇，子口，垂腹，圜底近平。近口处贴有两个方形耳，腹中部施有一周扉棱，底部附有三个马蹄形足。口径16.3、最大腹径20.6、高21.0、壁厚0.3～0.5厘米（图一五四，2；彩版一〇三，3）。

盒 6件（M61:25、26、27、39、42、46）。标本M61:25，夹砂灰黑陶。由盒盖及盒身两部分组成。盒盖：整体呈覆钵状，弧顶，弧腹，母口，尖唇。盒身：尖唇，子口，弧腹，矮圈足。通高16.4厘米。盒盖：口径20.7、高6.9、壁厚0.6～0.8厘米。盒身：口径18.2、底径10.7、高9.8、壁厚0.5～0.6厘米（图一五四，3；彩版一〇三，

2）。标本 M61：26，盒盖缺失，圈足脱落。夹砂灰陶。尖唇，子口，弧腹。器表轮旋痕迹明显。口径 17.9、残高 6.9、壁厚 0.4~0.6 厘米（图一五四，4）。标本 M61：27，盒身缺失。夹砂灰黑陶。平顶略鼓，弧腹，母口，尖唇。素面。顶径 7.1、口径 20.3、高 6.6、壁厚 0.6~0.7 厘米（图一五四，5）。标本 M61：39，盒盖缺失。夹砂黑陶。尖唇，子口，弧腹，矮圈足。器表轮旋痕迹明显。口径 18.4、底径 9.4、高 6.1、壁厚 0.3~0.5 厘米（图一五四，6；彩版一〇三，4）。标本 M61：42，盒盖缺失。夹砂灰陶。尖唇，子母口，弧腹，矮圈足。器表轮旋痕迹明显。口径 20.3、底径 9.2、高 5.8、壁厚 0.3~0.5 厘米（图一五四，7）。标本 M61：46，盒盖缺失。夹砂黑陶。尖唇，子口，弧腹，矮圈足。素面，器表轮旋痕迹明显。口径 18.4、底径 9.4、高 5.8、壁厚 0.3~0.5 厘米（图一五四，8）。

　　瓮　1 件。标本 M61：13，夹砂灰褐陶。圆唇，敞口，卷沿，束颈，溜肩，鼓腹，腹部最大径位置偏上，圜底。肩部施有四周凹弦纹，腹下部及底部满饰绳纹。口径 29.0、最大腹径 61.3、高 48.5、壁厚 1.8~2.1 厘米（图一五四，9）。

　　灶　1 件。标本 M61：1-1，夹砂灰陶。马蹄形，前方后圆，灶面略下陷。灶面置 5 个圆形火眼，后壁贴有烟囱。长方形灶门，灶门四周刻划有凹槽。通高 22.7 厘米。通长 37.7、宽 26.0、高 22.7 厘米，火眼直径 6.8、6.2、烟囱孔径 1.0 厘米，灶门长 9.2、高 5.1 厘米，壁厚 0.8~1.1 厘米（图一五四，10；彩版一〇三，5）。

　　奁　4 件（M61：11、12、43、44）。标本 M61：11，夹砂灰黑陶，由盖奁及底奁两部分组成。盖奁：弧顶，直腹，直口，方唇。底奁：圆唇，直口，直筒腹，平底，器表轮旋痕迹明显。通高 21.2 厘米。盖奁：口径 21.6、高 18.8、壁厚 0.4~1.0 厘米。底奁：口径 20.0、底径 20.1、高 16.5、壁厚 0.6~0.7 厘米（图一五五，1；彩版一〇三，6）。其中，标本 M61：12 与 M61：43、M61：44 形制相同，均为夹砂灰陶，由盖奁及底奁两部分组成。盖奁：弧顶，腹壁内弧，敛口，方唇。底奁：方唇，子口微敛，腹壁内弧，弧底近平。标本 M61：12，通高 12.2 厘米。盖奁：口径 15.2、高 10.2、壁厚 0.3~0.4 厘米。底奁：口径 14.4、高 7.8、壁厚 0.3~0.5 厘米（图一五五，2）。标本 M61：43，仅存盖奁，口径 15.0、高 10.5、壁厚 0.2~0.4 厘米（图一五五，3）。标本 M61：44，通高 13.0 厘米。盖奁：口径 15.0、高 10.3、壁厚 0.2~0.3 厘米。底奁：口径 14.1、高 8.2、壁厚 0.3~0.5 厘米（图一五五，4；彩版一〇四，1）。

　　樽　2 件（M61：16、31）。形制相同，均为夹砂灰陶，方唇，直口，腹壁内弧，平底，腹中部对称贴有两个兽形铺首衔环，底部附有三个马蹄形足。标本 M61：16，口径 21.4、底径 21.7、高 16.5、壁厚 0.6~0.7 厘米（图一五五，5）。标本 M61：31，口径 21.0、底径 21.8、高 16.5、壁厚 0.4~0.5 厘米（图一五五，6；彩版一〇四，2）。

　　耳杯　4 件（M61：29-1、29-2、29-3、29-4）。形制相同。标本 M61：29-1 夹砂灰陶。方唇，敞口，弧腹，平底，两耳微上翘。素面。口长径 12.1、短径 7.8、底长径 5.9、短径 3.8、高 3.9、壁厚 0.2~0.3 厘米（图一五五，7；彩版一〇四，3）。

　　盆　3 件（M61：7、35、38）。标本 M61：7，夹砂灰褐陶。尖唇，敞口，弧腹，平底。腹上部施有多周瓦棱纹，腹下部及底部满饰绳纹。口径 32.5、底径 12.6、高 16.0、

图一五五　M61 出土器物

1～4. 陶瓮（M61:11、12、43、44）　5、6. 陶樽（M61:16、31）　7. 陶耳杯（M61:29-1）　8～10. 陶盆（M61:7、35、38）　11. 陶钵（M61:24）　12. 陶斗（M61:30）　13. 陶镤（M61:15）　14. 陶铚（M61:17）

壁厚 0.4～0.6 厘米（图一五五，8；彩版一〇四，4）。其中，标本 M61:35 与 M61:38 形制相同，均为夹砂灰陶，方唇，敞口，折沿，弧腹，台底，腹中部施有一周凹弦纹。标本 M61:35，口径 22.0、底径 11.1、高 4.4、壁厚 0.4～0.5 厘米（图一五五，9）。标本 M61:38，口径 21.3、底径 8.1、高 4.4、壁厚 0.3～0.5 厘米（图一五五，10）。

钵　1件。标本 M61:24，夹砂黑褐陶。方唇，敛口，弧腹，平底。近口处施有多周瓦棱纹。口径 22.8、底径 8.5、高 10.7、壁厚 0.5～0.7 厘米（图一五五，11）。

斗　1件。标本 M61:30，夹砂灰陶。平面呈不规则圆角长方形。圆唇，敞口，弧腹，台底，后部附有一柄，柄头为龟首，较为生动。近口处施有一周凹弦纹。通长 27.3、通高 9.9 厘米，口部长 20.5、宽 18.4、底部长 9.1、宽 9.1 厘米，壁厚 0.3～0.5 厘米（图一五五，12；彩版一〇四，5）。

鐎　1 件。标本 M61：15，夹砂灰陶。圆唇，敞口，小短领，鼓腹，圜底，三马蹄形足。腹上部贴有一环形纽，空心四棱柱状柄，兽头状流。口径 7.8、最大腹径 16.3、通长 21.0、通宽 24.9、通高 13.2、壁厚 0.3～0.6 厘米（图一五五，13；彩版一〇四，6）。

铨　1 件。标本 M61：17，由铨盖及铨身两部分组成。铨盖：夹砂黑褐陶。弧顶，顶部正中贴有一环形纽，折腹，母口，尖唇。铨身：夹砂灰陶。尖唇，子口，直筒腹，平底，近口处对称贴有两个环形耳，底部附有三个乳丁状足。通高 19.5 厘米。铨盖：口径 11.1、高 3.1、壁厚 0.4～0.6 厘米。铨身：口径 9.2、底径 10.9、高 17.0、壁厚 0.5～0.7 厘米（图一五五，14；彩版一〇五，1）。

烤炉　1 件。标本 M61：28，夹砂灰陶。方唇，敞口，折沿，斜腹，平底，底部分布有 5 个长方形镂孔，腹下部贴有 4 个马蹄形足。口部长 20.3、宽 14.7、底部长 17.4、宽 11.5、高 10.8、壁厚 0.5～0.6 厘米（图一五六，1；彩版一〇五，2）。

勺　1 件。标本 M61：34，夹砂灰陶。椭圆形勺头，四棱柱状长柄。通长约 22.6、高 6.6、壁厚 0.3～1.1 厘米（图一五六，2；彩版一〇五，3）。

熏　1 件。标本 M61：40，由陶豆及熏盖两部分组成。陶豆：夹砂灰黑陶。尖唇，子口，浅盘，喇叭口形座。熏盖：夹砂灰黑陶。弧顶近平，弧腹，母口，尖唇。盖顶戳有多个熏孔。通高 14.7 厘米。陶豆：口径 10.5、座径 9.4、高 11.2、壁厚 0.4～0.5 厘米。熏盖：口径 12.9、高 4.1、壁厚 0.5～0.6 厘米（图一五六，3；彩版一〇五，4）。

器盖　2 件（M61：19、41）。标本 M61：19，夹砂灰陶。台顶，弧腹，子口，圆唇。顶径 7.9、口径 18.4、高 4.6、壁厚 0.4～0.6 厘米（图一五六，4）。标本 M61：41，夹砂灰陶。弧顶近平，顶部正中贴有一纽，折腹，敞口，尖唇。口径 10.0、高 3.4、壁厚 0.3～0.6 厘米（图一五六，5）。

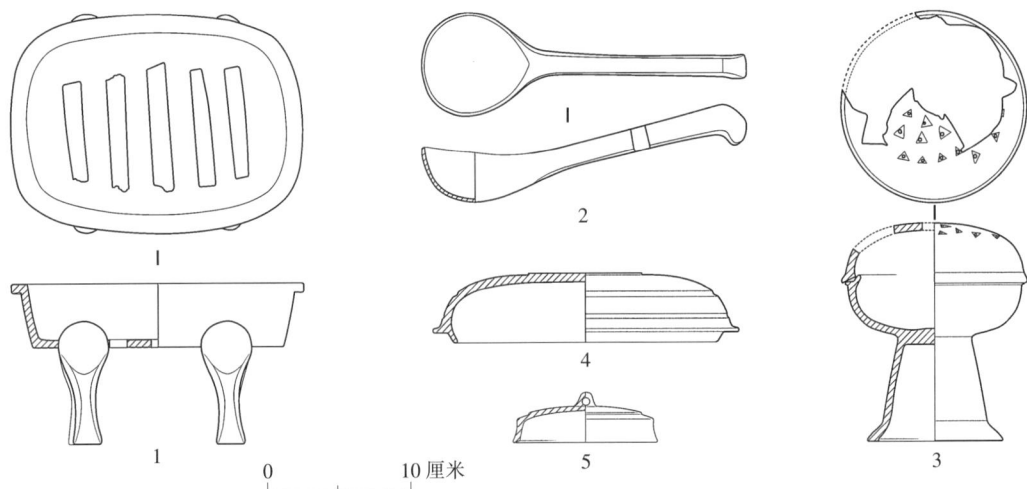

图一五六　M61 出土器物

1. 陶烤炉（M61：28）　2. 陶勺（M61：34）　3. 陶熏（M61：40）　4、5. 陶器盖（M61：19、41）

小盆　2件（M61：1－2、1－8）。形制相同，均为夹砂灰陶，圆唇，敞口，弧腹，平底。标本 M61：1－2，口径9.9、底径4.3、高4.2、壁厚0.4～0.5厘米（图一五四，10）。

小釜　5件（M61：1－3、1－4、1－5、1－6、1－9）。形制相同，均为夹砂灰陶，圆唇，侈口，溜肩，鼓腹，圜底。标本 M61：1－3，口径5.9、高4.3、壁厚0.3～0.4厘米（图一五四，10）。

小甑　1件。标本 M61：1－7，夹砂灰褐陶。圆唇，侈口，小展沿，弧腹，平底，底部穿有三周共35个长方形甑孔。口径9.7、底径4.0、高4.3、壁厚0.4～0.5厘米（图一五四，10）。

铜器　计有盆1、刷柄1、带钩1。

盆　1件。标本 M61：47，折沿，敞口，折腹，台底。腹上部有一周明显的经打磨的光滑带。腹壁较薄，铸造精良。口径23.0、底径10.8、高6.2、壁厚0.1厘米（图一五七，1）。

刷柄　1件。标本 M61填：2，整体呈烟斗形，圆形銎中空，细长实心柄；柄尾呈长喙鸟头形，其上穿有一孔。通长13.1、銎径1.0厘米（图一五七，2；彩版一〇六，1）。

带钩　1件。标本 M61：48，错银。整体大致呈琵琶形，兽头形钩首，钩体扁平，钩尾扁窄。钩体侧视略呈"S"形。钩面刻划有弦纹及勾云纹。圆形钩纽。长11.7厘米（图一五七，3；彩版一〇六，2）。

铁器　计有锸1。

锸　1件。标本 M61填：1，平面呈梯形，侧视呈"V"字形，扁方銎。通体锈蚀严重。宽14.3、高7.6、厚2.6、銎长12.9、銎宽1.3、銎深5.4厘米（图一五七，4）。

玛瑙器　计有珠1。

珠　1件。标本 M61填：3，呈红褐色，不规则球形，中有穿孔。外径0.9、孔径0.3、高0.8厘米（图一五七，5）。

铜钱　184枚，均为"五铢"钱（图一五八）。详情见下表。

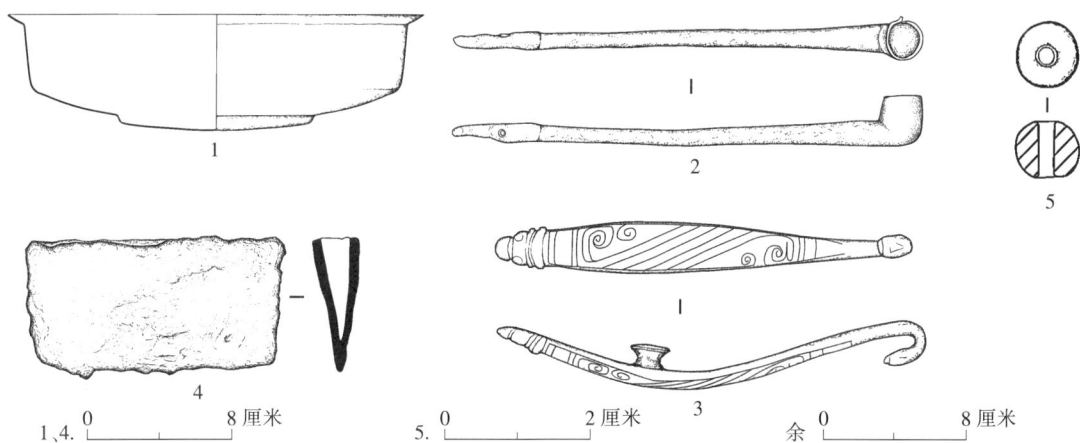

图一五七　M61 出土器物

1. 铜盆（M61：47）　2. 铜刷柄（M61填：2）　3. 铜带钩（M61：48）　4. 铁锸（M61填：1）　5. 玛瑙珠（M61填：3）

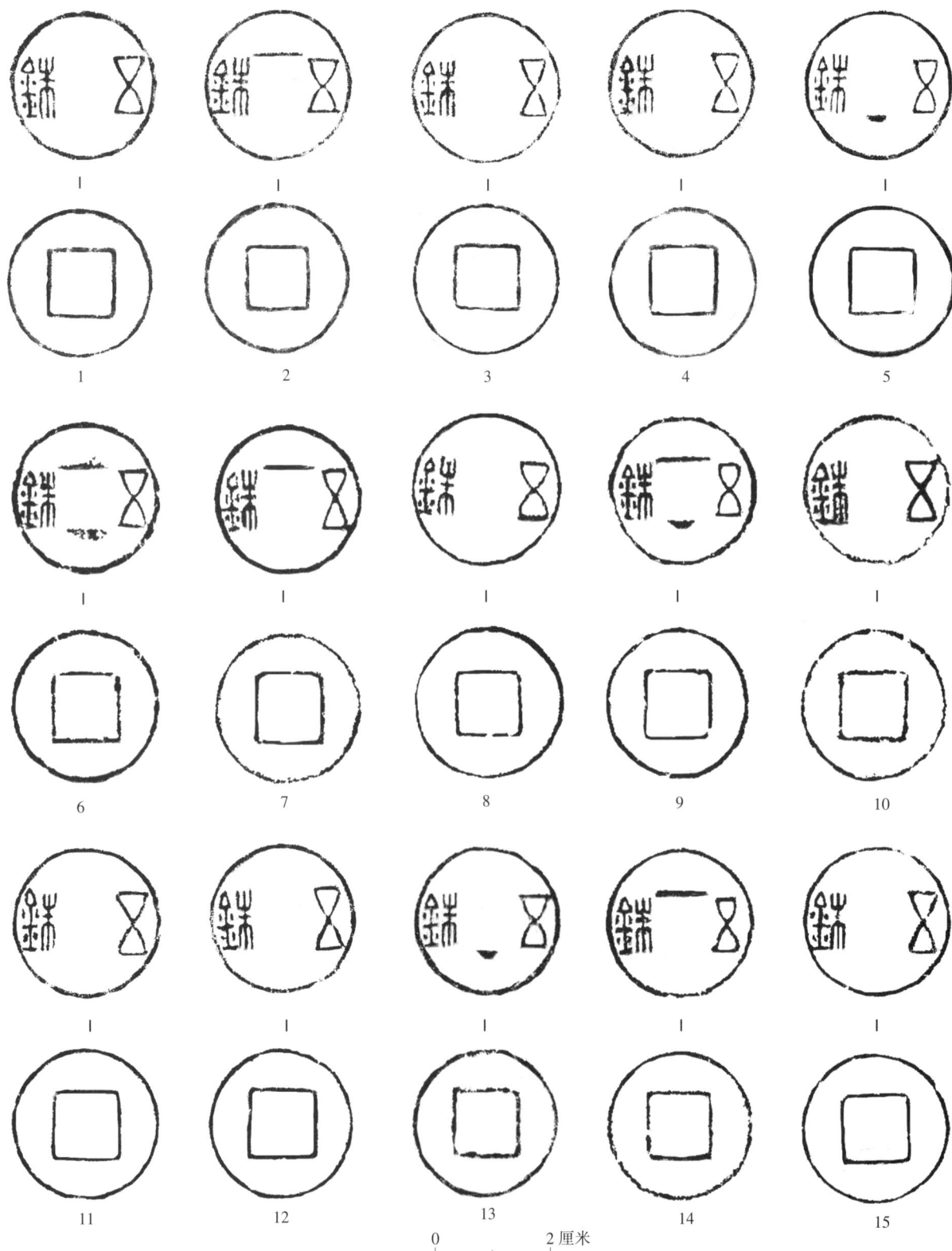

图一五八　M61 出土铜钱拓片

1~15. M61：49－8、49－3、49－11、49－63、49－82、49－9、49－15、49－64、49－78、49－1、49－163、49－41、49－170、49－4、49－165

M61 铜钱统计表　　　（长度：厘米，重量：克）

种类	编号	特征 文字特征	记号	郭径	钱径	穿宽	郭宽	郭厚	肉厚	重量
	49－1	"五"字瘦长，竖划缓曲；"金"头三角形，四竖点；"朱"头方折，"朱"下方折	无	2.54	2.28	0.94	0.13	0.17	0.07	3.30
	49－2	同上	穿下月牙	2.48	2.30	0.99	0.09	0.14	0.07	2.40
	49－3	同上	穿上一横	2.46	2.24	0.90	0.11	0.14	0.06	2.60
	49－4	同上	穿上一横	2.50	2.30	0.94	0.10	0.16	0.08	2.90
	49－5	"五"字瘦长，竖划缓曲；"金"头三角形，四竖点；"朱"头方折，"朱"下较圆	无	2.54	2.22	0.98	0.16	0.17	0.08	3.40
	49－6	同上	穿上一横	2.55	2.29	0.91	0.13	0.18	0.06	4.10
	49－7	"五"字瘦长，竖划较直；"金"头三角形，四竖点；"朱"头方折，"朱"下方折	穿下月牙	2.53	2.27	0.95	0.13	0.14	0.07	3.40
	49－8	同上	无	2.52	2.30	0.98	0.11	0.17	0.08	3.00
	49－9	同上	穿上一横	2.60	2.38	0.97	0.11	0.15	0.07	3.10
	49－10	同上（残）	无	2.53	2.27	0.96	0.13	0.16	0.06	1.80
五铢钱	49－11	"五"字瘦长，竖划较直；"金"头三角形，四竖点；"朱"头方折，"朱"下较圆	无	2.48	2.26	1.10	0.11	0.13	0.07	2.20
	49－12	同上	无	2.56	2.30	0.98	0.13	0.18	0.13	3.20
	49－13	同上	无	2.54	2.28	0.98	0.13	0.15	0.06	2.80
	49－14	同上	无	2.52	2.30	0.98	0.11	0.15	0.07	3.00
	49－15	同上	穿上一横	2.58	2.34	0.96	0.12	0.18	0.10	4.20
	49－16	同上	无	2.53	2.31	0.93	0.11	0.17	0.13	3.40
	49－17	同上	无	2.54	2.24	0.85	0.15	0.20	0.13	4.10
	49－18	同上	无	2.55	2.37	0.98	0.09	0.16	0.07	3.20
	49－19	同上	无	2.52	2.28	1.00	0.12	0.17	0.09	2.70
	49－20	同上	无	2.53	2.37	0.93	0.08	0.16	0.09	3.20
	49－21	同上（残）	无	2.52	2.26	0.98	0.13	0.17	0.09	2.90
	49－22	"五"字瘦长，竖划较直；"金"头三角形，四竖点；"朱"头较圆，"朱"下较圆	穿上一横	2.55	2.33	0.94	0.11	0.16	0.11	3.60
	49－163	"五"字瘦长，竖划较直；"金"头三角形，四竖点；"朱"头较圆，"朱"下较圆	无	2.55	2.29	0.97	0.13	0.13	0.06	2.50

（续表）

种类	编号	特征		郭径	钱径	穿宽	郭宽	郭厚	肉厚	重量
		文字特征	记号							
	49-164	同上	同上	2.57	2.33	0.96	0.12	0.17	0.07	3.60
	49-165	同上	无	2.58	2.34	1.00	0.12	0.15	0.06	2.30
	49-166	同上	同上	2.56	2.34	0.95	0.11	0.15	0.05	3.20
	49-167	同上	穿上一横	2.54	2.30	0.96	0.12	0.15	0.06	3.80
	49-168	同上	无	2.55	2.31	0.99	0.12	0.16	0.06	2.90
	49-169	同上	穿上一横	2.45	2.27	1.00	0.09	0.12	0.05	2.40
	49-170	"五"字瘦长，竖划缓曲；"金"头三角形，四竖点；"朱"头方折，"朱"下方折	穿下月牙	2.52	2.24	0.89	0.14	0.17	0.08	3.90
	49-171	同上	无	2.54	2.28	1.00	0.13	0.17	0.08	2.20
	49-172	同上	穿上一横	2.54	2.32	0.93	0.11	0.17	0.09	3.60
	49-173	同上	穿下月牙	2.55	2.33	0.86	0.11	0.17	0.09	3.70
	49-174	同上	无	2.56	2.32	0.94	0.12	0.17	0.06	2.60
	49-175	同上	同上	2.55	2.33	1.00	0.11	0.16	0.10	3.30
	49-176	同上	同上	2.57	2.33	0.98	0.12	0.17	0.09	2.70
	49-177	同上	同上	2.56	2.28	0.95	0.14	0.17	0.08	3.50
五铢钱	49-178	同上	同上	2.55	2.29	0.96	0.13	0.17	0.06	3.00
	49-179	同上	同上	2.55	2.29	0.97	0.13	0.15	0.07	3.30
	49-180	同上	穿上一横	2.52	2.30	1.00	0.11	0.16	0.08	2.90
	49-181	"五"字瘦长，竖划较直；"金"头三角形，四竖点；"朱"头方折，"朱"下较圆	无	2.50	2.30	1.00	0.10	0.18	0.06	2.70
	49-182	同上	同上	2.56	2.30	1.00	0.13	0.19	0.07	3.30
	49-183	同上	同上	2.54	2.30	0.99	0.12	0.15	0.06	3.00
	49-184	同上	同上	2.55	2.33	1.00	0.11	0.18	0.06	2.70
	49-23	同上	穿下月牙	2.55	2.35	0.96	0.10	0.19	0.08	3.40
	49-24	同上	穿上一横	2.56	2.36	1.01	0.10	0.18	0.09	3.60
	49-25	同上	无	2.53	2.29	0.96	0.12	0.21	0.08	4.00
	49-26	同上	穿上一横	2.52	2.28	1.02	0.12	0.16	0.08	2.80
	49-27	同上	同上	2.55	2.36	0.99	0.09	0.12	0.05	2.90
	49-28	同上	同上	2.46	2.20	0.97	0.13	0.17	0.10	3.00
	49-29	同上	穿下月牙	2.51	2.29	1.01	0.11	0.19	0.08	4.10
	49-30	同上	无	2.54	2.30	0.96	0.12	0.18	0.09	2.80
	49-31	同上	同上	2.58	2.28	1.09	0.15	0.18	0.08	3.80

（续表）

种类	编号	特征		郭径	钱径	穿宽	郭宽	郭厚	肉厚	重量
		文字特征	记号							
五铢钱	49－32	同上	穿上一横	2.52	2.28	0.99	0.12	0.18	0.08	3.40
	49－33	同上	同上	2.55	2.31	1.01	0.12	0.16	0.07	2.40
	49－34	同上	无	2.54	2.30	0.99	0.12	0.17	0.06	2.70
	49－35	同上	穿上一横	2.52	2.32	0.97	0.10	0.17	0.08	2.60
	49－36	同上	同上	2.53	2.31	0.97	0.11	0.19	0.06	3.60
	49－37	同上	无	2.53	2.27	1.01	0.13	0.17	0.08	2.70
	49－38	同上	穿上一横	2.49	2.25	0.96	0.12	0.17	0.07	3.30
	49－39	同上	无	2.56	2.30	0.97	0.13	0.15	0.06	2.60
	49－40	同上	穿上一横	2.52	2.26	0.94	0.13	0.16	0.06	3.10
	49－41	同上	无	2.55	2.31	0.95	0.12	0.17	0.07	3.70
	49－42	同上	穿上一横	2.52	2.24	0.98	0.14	0.19	0.06	3.60
	49－43	同上	同上	2.53	2.33	0.98	0.10	0.15	0.06	3.00
	49－44	同上	无	2.59	2.35	1.00	0.12	0.20	0.09	2.90
	49－45	同上	穿下月牙	2.53	2.33	0.97	0.10	0.17	0.09	3.60
	49－46	同上	无	2.52	2.30	0.97	0.11	0.16	0.08	2.60
	49－47	同上	穿上一横	2.59	2.35	0.95	0.12	0.18	0.06	3.00
	49－48	同上	同上	2.52	2.28	0.98	0.12	0.15	0.08	3.00
	49－49	同上	同上	2.51	2.25	1.00	0.13	0.18	0.07	3.10
	49－50	同上	无	2.57	2.29	0.97	0.14	0.18	0.10	3.40
	49－51	同上	同上	2.56	2.30	0.99	0.13	0.19	0.08	3.70
	49－52	同上	同上	2.55	2.27	1.03	0.14	0.18	0.07	2.90
	49－53	同上	同上	2.55	2.29	1.07	0.13	0.18	0.08	3.10
	49－54	同上	同上	2.53	2.29	0.98	0.12	0.17	0.06	2.60
	49－55	同上	同上	2.52	2.32	1.02	0.10	0.15	0.09	2.70
	49－56	同上	同上	2.51	2.31	0.93	0.10	0.20	0.07	3.70
	49－57	同上	同上	2.55	2.27	0.97	0.14	0.19	0.08	2.70
	49－58	同上	穿上一横	2.49	2.27	0.90	0.11	0.18	0.09	3.80
	49－59	同上	同上	2.52	2.32	0.97	0.10	0.16	0.06	3.20
	49－60	"五"字瘦长，竖划缓曲；"金"头三角形，四竖点；"朱"头较圆，"朱"下较圆	穿上一横	2.54	2.26	0.95	0.14	0.21	0.07	3.70
	49－61	同上	同上	2.49	2.31	0.99	0.09	0.16	0.05	2.20
	49－62	同上	穿下月牙	2.51	2.27	0.93	0.12	0.15	0.09	2.40

（续表）

种类	编号	特征		郭径	钱径	穿宽	郭宽	郭厚	肉厚	重量
		文字特征	记号							
五铢钱	49－63	同上	无	2.56	2.28	0.93	0.14	0.19	0.07	2.90
	49－64	同上	同上	2.58	2.32	0.94	0.13	0.17	0.07	3.40
	49－65	"五"字瘦长，竖划缓曲；"金"头三角形，四竖点；"朱"头方折，"朱"下方折	无	2.55	2.29	0.98	0.13	0.18	0.07	2.60
	49－66	同上	穿上一横	2.52	2.28	0.97	0.14	0.18	0.09	3.60
	49－67	同上	穿下月牙	2.53	2.23	0.93	0.15	0.20	0.08	4.30
	49－68	同上	同上	2.54	2.26	0.95	0.14	0.17	0.07	3.20
	49－69	同上	穿上一横	2.49	2.29	0.99	0.10	0.16	0.07	2.30
	49－70	同上	无	2.49	2.23	0.94	0.13	0.16	0.06	2.70
	49－71	同上	同上	2.53	2.23	0.93	0.15	0.20	0.09	3.90
	49－72	同上	穿下月牙	2.52	2.26	0.94	0.13	0.18	0.08	3.40
	49－73	同上	同上	2.49	2.23	0.97	0.13	0.18	0.08	3.00
	49－74	同上	无	2.52	2.26	0.98	0.13	0.18	0.06	2.90
	49－75	同上	穿下月牙	2.52	2.24	0.93	0.14	0.19	0.07	3.70
	49－76	同上	无	2.49	2.29	1.01	0.10	0.20	0.07	3.00
	49－77	同上	穿上一横	2.53	2.33	0.98	0.10	0.15	0.06	3.20
	49－78	"五"字瘦长，竖划缓曲；"金"头三角形，四竖点；"朱"头方折，"朱"下较圆	穿下月牙	2.51	2.27	0.90	0.12	0.15	0.09	3.60
	49－79	同上	穿上一横	2.54	2.32	0.96	0.11	0.16	0.06	3.60
	49－80	同上	同上	2.50	2.26	0.93	0.12	0.18	0.08	4.00
	49－81	同上	同上	2.49	2.29	0.94	0.10	0.16	0.05	3.20
	49－82	同上	穿下月牙	2.50	2.20	0.93	0.15	0.19	0.07	3.70
	49－83	同上	同上	2.53	2.33	0.94	0.10	0.17	0.07	3.40
	49－84	同上	同上	2.52	2.32	1.00	0.10	0.16	0.06	2.00
	49－85	同上	同上	2.54	2.32	0.91	0.11	0.17	0.07	3.60
	49－86	同上	同上	2.54	2.30	0.98	0.12	0.16	0.07	3.00
	49－87	同上	穿上一横	2.54	2.34	1.00	0.10	0.16	0.09	2.90
	49－88	同上	无	2.56	2.32	0.98	0.12	0.18	0.07	2.90
	49－89	同上	同上	2.54	2.28	1.00	0.13	0.16	0.09	2.90
	49－90	同上	穿上一横	2.50	2.30	1.00	0.10	0.16	0.06	2.80
	49－91	同上	无	2.55	2.27	0.93	0.14	0.18	0.06	3.40
	49－92	同上	同上	2.54	2.34	0.96	0.10	0.18	0.06	3.40
	49－93	同上	穿下月牙	2.52	2.28	0.93	0.12	0.16	0.09	4.00

（续表）

（续表）

种类	编号	特征		郭径	钱径	穿宽	郭宽	郭厚	肉厚	重量
		文字特征	记号							
	49－94	同上	同上	2.54	2.28	0.95	0.13	0.14	0.06	3.00
	49－95	同上	穿下月牙	2.54	2.26	0.94	0.14	0.16	0.07	2.70
	49－96	同上	无	2.56	2.30	0.97	0.13	0.17	0.07	3.10
	49－97	同上	同上	2.52	2.28	0.96	0.12	0.15	0.08	3.10
	49－98	同上	穿上一横	2.48	2.26	0.98	0.11	0.16	0.08	2.90
	49－99	同上	穿下月牙	2.55	2.31	0.90	0.12	0.16	0.06	3.00
	49－100	同上	无	2.55	2.29	0.98	0.13	0.15	0.06	3.00
	49－101	同上	穿上一横	2.52	2.26	0.94	0.13	0.18	0.07	4.00
	49－102	同上	穿下月牙	2.52	2.32	0.94	0.10	0.14	0.05	2.90
	49－103	同上	无	2.53	2.25	0.97	0.14	0.17	0.08	3.40
	49－104	同上	穿上一横	2.48	2.28	0.90	0.10	0.15	0.07	3.40
	49－105	同上	穿下月牙	2.54	2.32	0.95	0.11	0.15	0.06	3.20
	49－106	同上	同上	2.49	2.29	0.97	0.10	0.17	0.09	2.70
	49－107	同上	穿上一横	2.50	2.30	0.94	0.10	0.16	0.08	2.30
	49－108	同上	穿下月牙	2.53	2.29	0.94	0.12	0.16	0.06	3.20
	49－109	同上	无	2.51	2.31	1.00	0.10	0.16	0.05	2.50
五铢钱	49－110	同上	穿上一横	2.51	2.29	0.94	0.11	0.17	0.08	4.30
	49－111	同上	穿下月牙	2.53	2.31	0.97	0.11	0.15	0.08	2.50
	49－112	同上	穿上一横	2.53	2.29	0.95	0.12	0.17	0.07	3.90
	49－113	同上	同上	2.52	2.26	0.97	0.13	0.16	0.08	3.70
	49－114	同上	穿下月牙	2.53	2.33	1.00	0.10	0.18	0.06	3.20
	49－115	同上	同上	2.51	2.25	0.92	0.13	0.14	0.05	3.30
	49－116	同上	同上	2.48	2.26	0.99	0.11	0.16	0.09	2.70
	49－117	同上	同上	2.55	2.33	0.99	0.11	0.17	0.06	3.00
	49－118	同上	同上	2.52	2.30	0.94	0.11	0.18	0.05	3.00
	49－119	同上	同上	2.53	2.29	0.95	0.12	0.18	0.06	3.00
	49－120	同上	穿上一横	2.54	2.34	0.95	0.10	0.12	0.09	2.50
	49－121	同上	无	2.53	2.29	0.97	0.12	0.17	0.06	3.30
	49－122	同上	穿下月牙	2.53	2.30	0.94	0.10	0.15	0.07	3.10
	49－123	同上	穿下一横	2.57	2.35	0.97	0.11	0.18	0.06	3.10
	49－124	同上	穿下月牙	2.52	2.30	0.97	0.11	0.17	0.05	3.30
	49－125	同上	无	2.52	2.28	0.95	0.12	0.16	0.05	3.20
	49－126	同上	同上	2.56	2.30	0.98	0.13	0.16	0.06	2.70
	49－127	同上	穿下月牙	2.48	2.24	0.94	0.12	0.15	0.09	3.30

（续表）

种类	编号	特征		郭径	钱径	穿宽	郭宽	郭厚	肉厚	重量
		文字特征	记号							
	49－128	同上	穿上一横	2.51	2.31	0.92	0.10	0.16	0.05	3.00
	49－129	同上	同上	2.52	2.32	0.94	0.10	0.16	0.06	3.20
	49－130	同上	无	2.54	2.32	0.98	0.11	0.18	0.06	3.60
	49－131	同上	穿下月牙	2.56	2.36	0.95	0.10	0.15	0.08	3.60
	49－132	同上	无	2.54	2.32	0.97	0.11	0.16	0.08	2.90
	49－133	同上	穿上一横	2.55	2.33	0.93	0.11	0.16	0.08	3.70
	49－134	同上	同上	2.48	2.28	0.94	0.10	0.17	0.07	3.00
	49－135	同上	无	2.54	2.30	0.98	0.12	0.18	0.06	3.20
	49－136	同上	穿上一横	2.50	2.30	1.00	0.10	0.13	0.08	2.30
	49－137	同上	同上	2.50	2.26	1.00	0.12	0.17	0.06	3.10
	49－138	同上	无	2.55	2.31	0.98	0.12	0.16	0.06	3.20
	49－139	同上	穿下月牙	2.53	2.33	0.90	0.10	0.16	0.07	3.30
	49－140	同上	同上	2.52	2.32	0.96	0.10	0.17	0.06	3.00
	49－141	同上	穿上一横	2.53	2.29	1.00	0.12	0.15	0.08	3.10
	49－142	同上	穿下月牙	2.55	2.35	0.93	0.10	0.15	0.07	3.40
	49－143	同上	穿上一横	2.54	2.30	0.95	0.12	0.14	0.06	2.90
	49－144	同上	穿下月牙	2.51	2.31	0.93	0.10	0.14	0.06	2.60
五铢钱	49－145	同上	穿上一横	2.55	2.31	0.97	0.12	0.17	0.06	3.30
	49－146	同上	无	2.52	2.32	1.00	0.10	0.15	0.08	2.40
	49－147	同上	穿上一横	2.53	2.33	0.97	0.10	0.18	0.06	3.20
	49－148	同上	无	2.52	2.28	0.97	0.12	0.17	0.07	3.10
	49－149	同上	穿上一横	2.55	2.31	0.93	0.12	0.18	0.08	3.40
	49－150	同上	同上	2.49	2.33	0.95	0.08	0.13	0.09	2.70
	49－151	同上	同上	2.51	2.27	1.00	0.12	0.13	0.07	2.30
	49－152	同上	穿下月牙	2.55	2.29	0.96	0.13	0.17	0.08	3.60
	49－153	同上	无	2.52	2.30	0.96	0.11	0.18	0.06	3.90
	49－154	同上	穿上一横	2.56	2.32	0.93	0.12	0.14	0.09	2.90
	49－155	同上	同上	2.53	2.31	1.00	0.11	0.16	0.07	2.60
	49－156	同上	穿下月牙	2.49	2.27	0.96	0.11	0.13	0.09	2.60
	49－157	同上	穿上一横	2.57	2.29	0.91	0.14	0.16	0.06	3.60
	49－158	同上	穿下月牙	2.54	2.30	0.98	0.12	0.18	0.08	3.30
	49－159	同上	穿上一横	2.55	2.33	0.95	0.11	0.16	0.06	3.40
	49－160	同上	穿下月牙	2.50	2.34	0.99	0.08	0.16	0.06	3.00
	49－161	同上	同上	2.55	2.33	0.95	0.11	0.13	0.06	3.30
	49－162	同上	同上	2.54	2.34	0.93	0.10	0.15	0.09	3.00

四七 M62（Ⅱ区）

1. 墓葬形制

双室砖墓，平面呈吕字形，由墓道、墓室组成。方向190°（图一五九；彩版一〇七）。开口于耕土层下，开口距地表0.30米，破坏严重。

墓道 位于墓室前室南部正中，长方形斜坡状，未发掘完，长不详，宽0.70、底部距地表0.50米。

墓门及封门已被破坏，不存。

墓室 平面整体呈吕字形，分前、后两个墓室。前室大部分砖墙和铺地砖已被破坏，墓圹平面呈长方形，长2.90、宽2.80米，北壁有过道通往后室，过道西侧砖墙不存，结构及宽度不详。后室平面呈方形，边长2.50米。前、后室四壁均平直，保存最高处有三层砖，砌法为双隅平砖错缝顺砌。墓底铺砖为人字形平铺。用砖规格：36×18×6厘米，青砖杂有少量红砖，素面。

2. 葬具和人骨

后室西部有一座棺床，为半砖立砌而成，平面呈长方形。长1.20、宽0.80、高0.18米。

墓内有零星人骨，散落于后室铺地砖上，葬式及性别不明。

3. 随葬品

该墓共出土有8件随葬品，位于墓室东、北部，均为陶器，种类计有仓盖2、灯1、奁

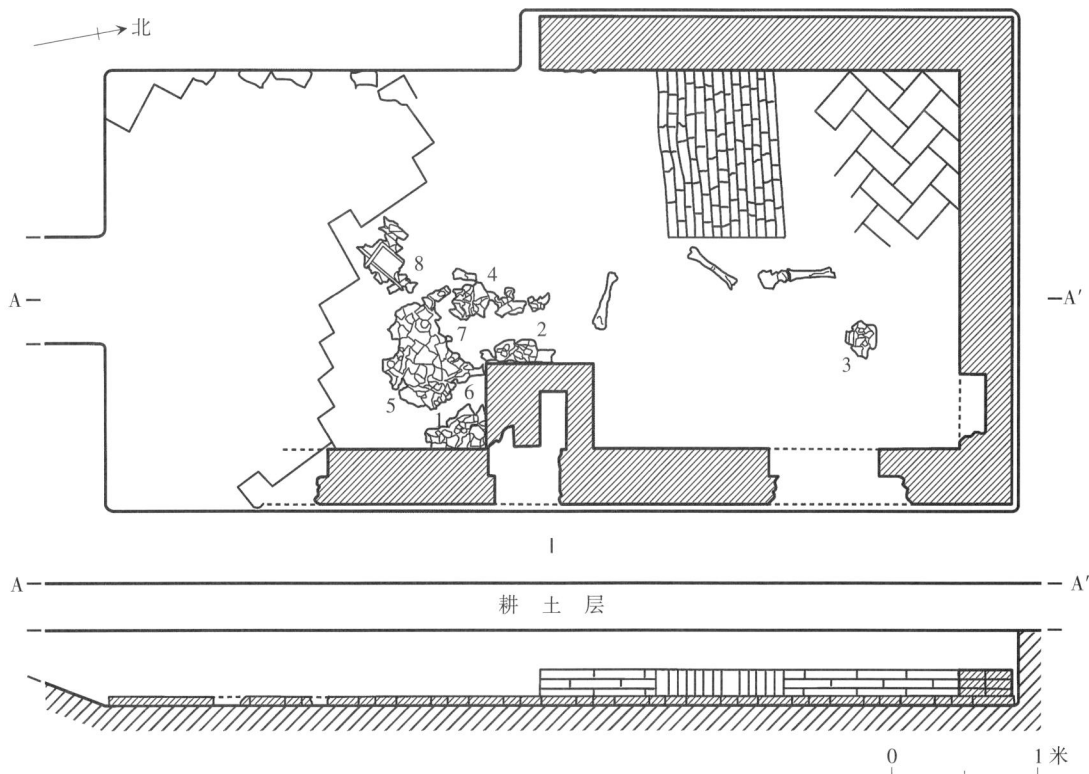

图一五九 M62平、剖面图

1、2. 陶仓盖 3. 陶盘 4. 陶灯 5、6. 陶缸 7. 陶奁 8. 陶楼

1、楼 1、盘 1、缸 2。

仓盖　2 件（M62 : 1、2）。标本 M62 : 1，夹砂黑陶。仓盖平面呈长方形，两面坡式，中部为一字形正脊，两侧对称置有 5 组十道瓦垄，瓦垄终端均有雕花瓦当。长 35.7、宽 23.6、高 7.8、厚 0.8～1.8 厘米（图一六〇，1）。标本 M62 : 2，夹砂黑陶。平面呈长方形，两面坡式，中部为一字形正脊，两侧对称置有 5 组十道瓦垄，正脊两端以及瓦垄终端均有雕花瓦当。长 35.4、宽 22.4、高 10.7、厚 0.8～1.8 厘米（图一六〇，2）。

灯　1 件。标本 M62 : 4，夹砂灰陶。分体灯，由灯盘及灯座两部分组成。灯盘：浅盘状，实心圆柱形柄。灯座：喇叭形灯座，顶端残损。素面。灯盘：口径 10.0、高 1.6、壁厚 0.5～1.6 厘米。灯座：底径 16.2、残高 11.6、壁厚 0.4～0.8 厘米（图一六〇，3）。

奁　1 件。标本 M62 : 7，夹砂黑陶。方唇，口微敞，腹略弧，平底。素面。口径 22.0、底径 18.4、高 7.8、壁厚 0.8～1.0 厘米（图一六〇，4）。

楼　1 件。标本 M62 : 8，夹砂灰褐陶，顶部残损。一、二层楼体屋檐四角略向下倾，各层之间收分明显。瓦面前、后坡均为三陇瓦垄，山面为两陇瓦垄，前覆雕花瓦当。戗脊用两层筒瓦之间加一层瓦眉子组成。一层正面中间辟门，二层四面辟棂格窗。长 27.3、宽 17.0、残高 48.1 厘米，一层出檐（前后）3.7、（两山）6.2 厘米，二层出檐（前后）4.1、（两山）4.9 厘米（图一六一；彩版一〇六，3）。

盘　1 件。标本 M62 : 3，夹砂黑陶。尖唇，敞口，折沿，略显折腹，台底。素面，内侧饰有一圈凸弦纹。口径 21.1、底径 7.6、高 4.0、壁厚 0.5～0.8 厘米（图一六〇，5）。

缸　2 件（M62 : 5、6）。标本 M62 : 5，夹砂黑陶。方唇，直口，直腹略弧，底部已残缺。腹上部饰有一道弦纹。口径 10.4、残高 13.9、壁厚 0.5～0.8 厘米（图一六〇，6）。标本 M62 : 6，夹砂黑陶。方唇，直口，直腹略弧，平底。腹上部饰有一道弦纹。口径 10.8、底径 9.3、高 17.0、壁厚 0.6～0.8 厘米（图一六〇，7）。

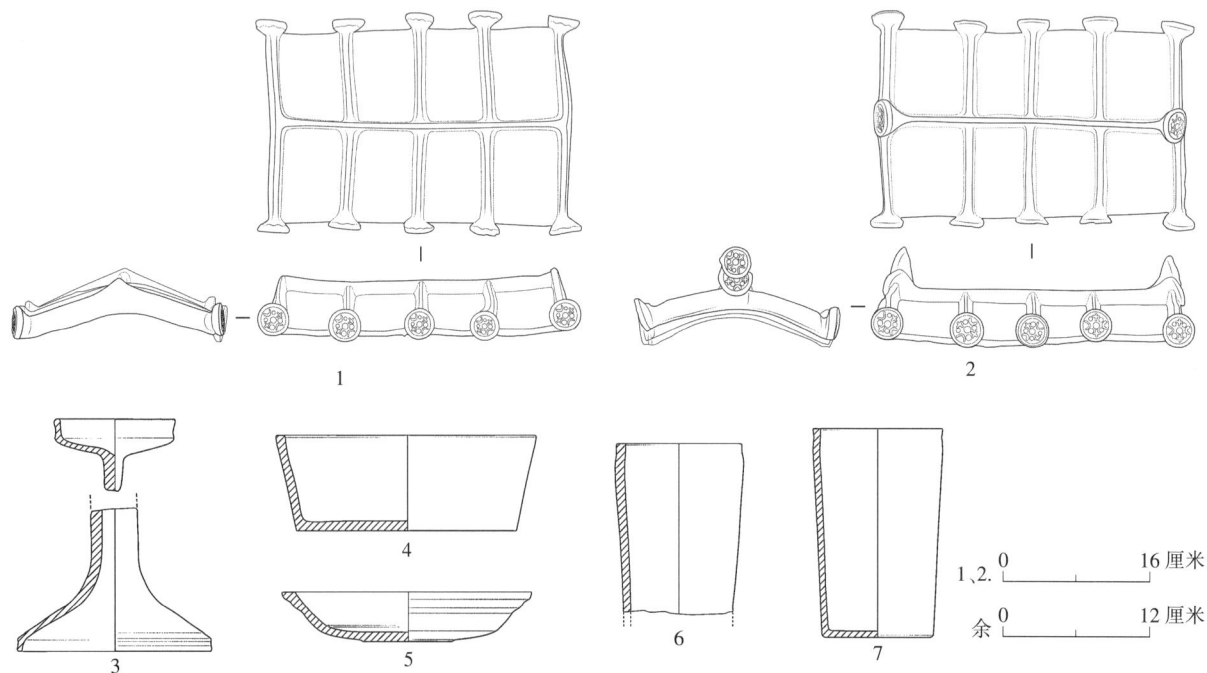

图一六〇　M62 出土器物

1、2. 陶仓盖（M62 : 1、2）　3. 陶灯（M62 : 4）　4. 陶奁（M62 : 7）　5. 陶盘（M62 : 3）　6、7. 陶缸（M62 : 5、6）

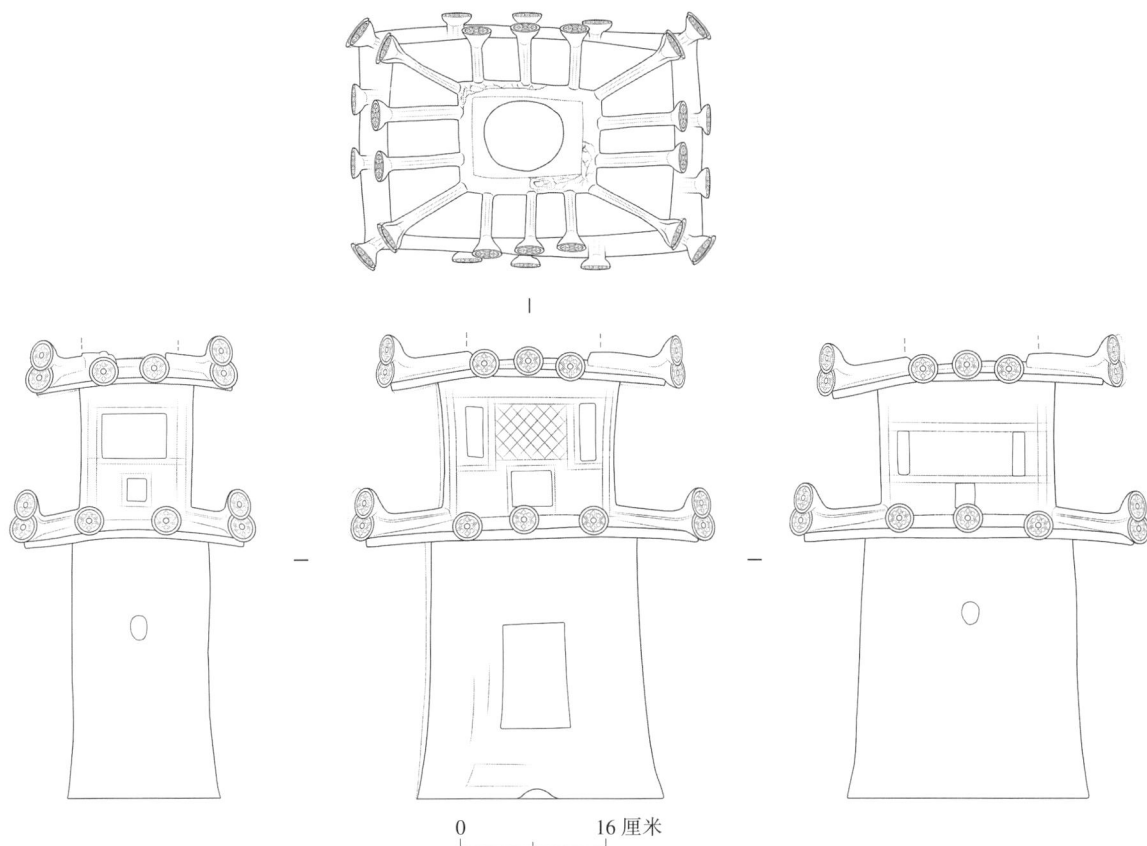

图一六一　M62 出土陶楼（M62：8）

四八　M64（Ⅱ区）

1. 墓葬形制

双室砖墓，平面呈吕字形，由墓道、甬道、墓门及墓室组成。方向170°（图一六二；彩版一〇八，1）。开口于耕土层下，开口距地表深约0.40米。

墓道　长方形斜坡状，未发掘完，长不详，宽0.80、底部距地表1.80米。

甬道　平面呈长方形，长0.80、宽0.44米。

墓门　位于墓室前室南壁中部偏东，宽0.80米。

封门　条砖封堵，现存7层，残高0.74米。砌法为三层平砖，之上一层丁立砖，再两层平砖，又一层丁立砖。

墓室　平面整体呈吕字形，分前、后两个墓室。前室平面呈梯形，长1.50、宽2.60米，四壁平直，北壁中部偏东有通往后室的过道，过道平面呈长方形，长0.90、宽0.70米。后室平面呈长方形，长2.90、宽2.60米。墓室砖墙保存较好，最高处保存有9层砖，砌法由下至上为三层平砖一层丁立砖，两者交替向上。另外，三层平砖的砌法又为两层双隅平砖错缝顺砌。墓底铺砖为西南—东北斜向错缝平铺。用砖规格：38×18×6厘米。

墓室用砖均为花纹转，纹饰有鱼纹、连环乳丁纹、连环菱形纹、连环重圈纹、曲尺纹、双龙纹（图一六三；彩版一〇八，2）。

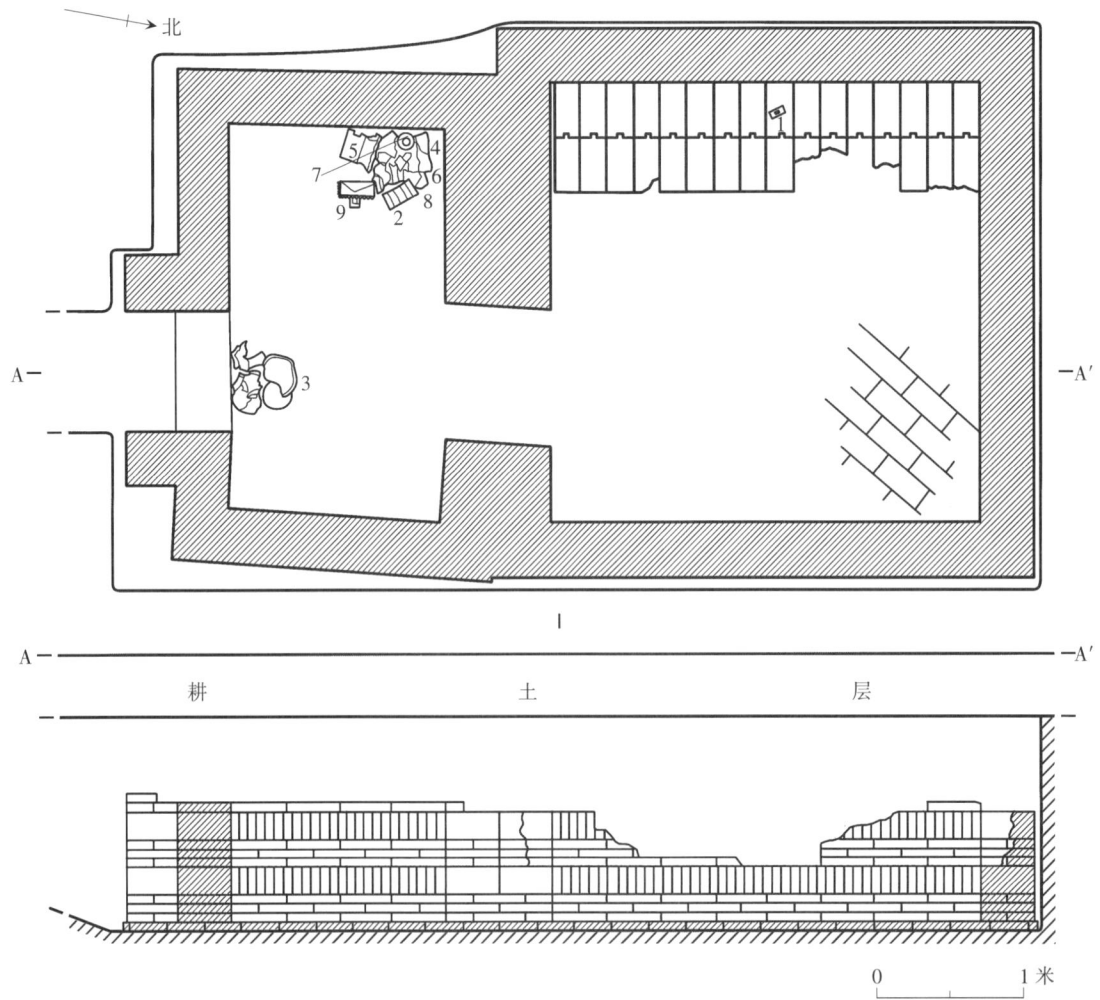

图一六二　M64 平、剖面图

1. 石研板　2. 陶楼　3. 陶罐　4. 陶炉　5. 陶仓盖　6. 陶案　7. 小陶釜　8. 陶奁　9. 陶楼构件

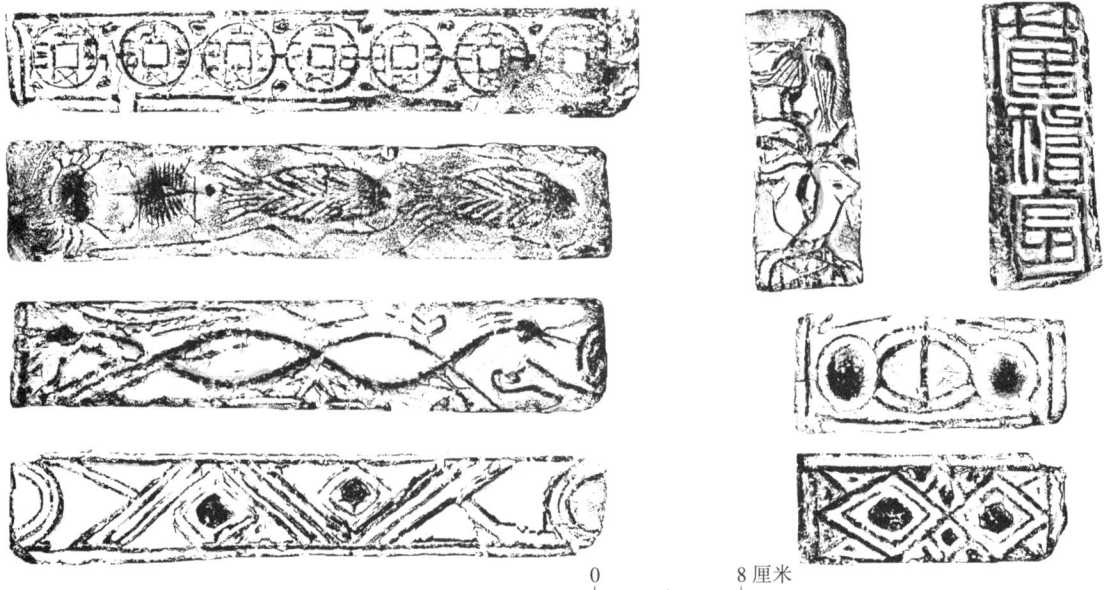

图一六三　M64 花纹砖拓片

2. 葬具和人骨

后室西侧有一座棺床，平面呈长方形，长 2.90、宽 0.72 米，单层砖砌成，砌法为两列丁砖榫卯对缝平铺。

墓内未发现人骨。

3. 随葬品

该墓共出土有 10 件随葬品，多数位于墓室前室，质地有陶、石两类，现分述如下。

陶器　计有仓盖 1、楼 2、罐 1、奁 1、案 1、烤炉 1、小釜 1。

仓盖　1 件。标本 M64:5，夹砂红褐陶，悬山式结构。仓盖平面呈长方形，两面坡式，正脊两侧对称置有 7 组十四道瓦垄，正脊两端以及瓦垄终端均有雕花瓦当。长 22.3、宽 18.1、高 8.0、厚 0.5~1.5 厘米（图一六六，1；彩版一〇九，1）。

楼　2 件（M64:2、9）。标本 M64:2，夹砂黄褐陶，由两层楼身和楼盖组成。楼盖为庑殿式结构，平面呈长方形，四面坡式，中间有正脊，正脊上贴塑有一振翅飞鸟，正脊四周置有多道对称的瓦垄，正脊中间和两端以及瓦垄终端均有雕花瓦当。二层楼身正面呈方形，正面整体为菱形镂空，应表示窗，窗四周均有线形横竖线装饰，窗口内凹；其他三面均为素面。一层正面呈长方形，下方有方孔，即为门，两侧面底部各有两个圆形通气孔。底边均为单拱结构。通高 47.8 厘米。二层楼盖长 23.5、宽 15.4、高 14.0、厚 0.6~1.2 厘米；二层楼身长 10.0、宽 8.0、高 8.5、厚 0.6~1.2 厘米。一层檐长 33.5、宽 24.5、高 8.5、厚 0.6~1.2 厘米。一层楼身边长 18.9、高 12.3、高 23、厚 0.6~1.1 厘米（图一六四；彩版一〇九，2）。标本 M64:9，夹砂红褐陶，庑殿式结构。楼盖平面呈正方形，四面坡式，中部有楼身。楼身一面有窗。窗口伸出。有六菱形镂孔。其下与坡面有支柱两根。前后坡面各有两个长方形装饰柱。现已残缺不全。坡面有对称的瓦垄。瓦垄末端有雕花瓦当。长 25.0、宽 21.0、高 15.0、厚 0.8~1.5 厘米（图一六五；彩版一〇九，3）。

图一六四　M64 出土陶楼（M64:2）

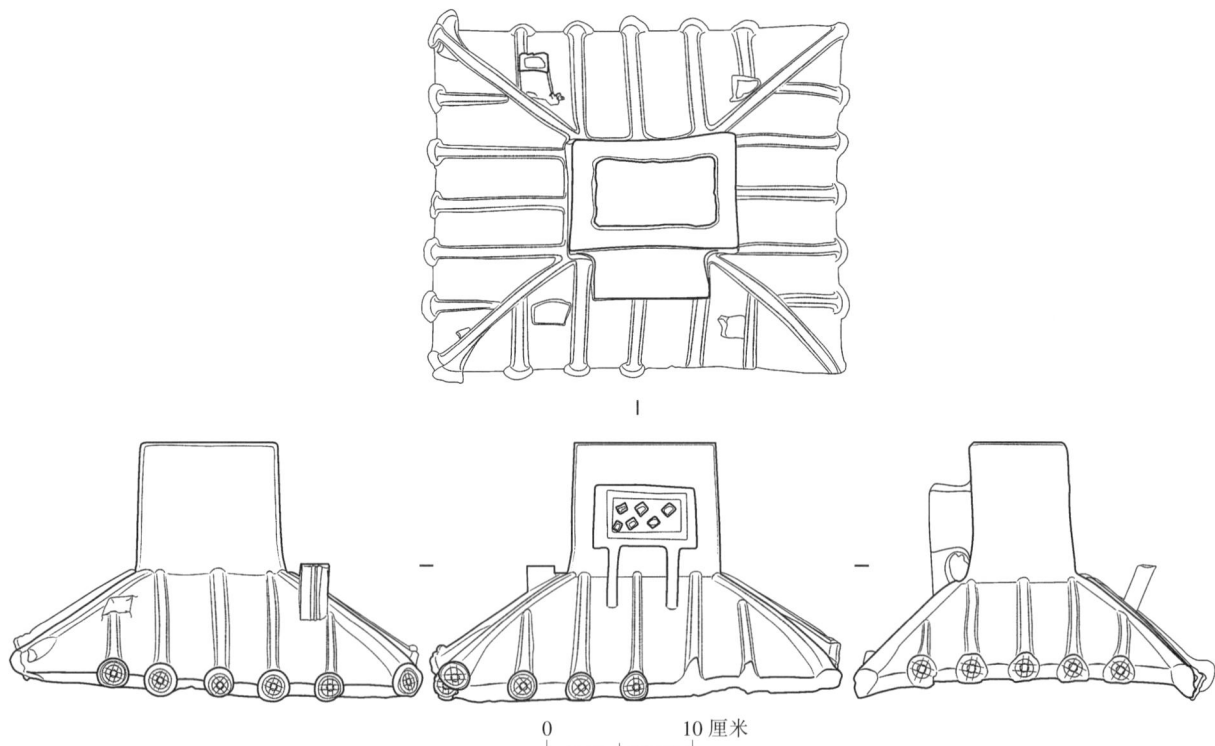

图一六五　M64 出土陶楼构件（M64：9）

罐　1件。标本 M64：3，夹砂白陶。方唇，敞口，唇部加厚，圆肩，球腹，腹部最大径靠近中部，平底。素面。口径 13.9、底径 13.0、腹部最大径 28.2、高 26.0、壁厚 1.0～1.6 厘米（图一六六，2；彩版一〇九，4）。

奁　1件。标本 M64：8，夹砂红褐陶，由盖奁及底奁两部分组成。盖奁：平顶，近顶处斜切，顶部均匀布置有三个乳丁纽，腹略内弧，直口，方唇。底奁：方唇，口微敛，腹略弧，平底。盖奁：顶径 17.8、口径 22.4、高 15.5、壁厚 0.7～2.0 厘米。底奁：口径 19.2、底径 19.7、高 12.3、壁厚 0.7～1.1 厘米（图一六六，3；彩版一〇九，5）。

案　1件。标本 M64：6，夹砂黑褐陶。口略敞，浅盘，平底。外侧饰有两圈凹弦纹，底部有三乳丁纽饰矮足。口径 32.7、底径 31.7、高 3.7、壁厚 1.0～2.6 厘米（图一六六，4；彩版一〇九，6）。

炉　1件。标本 M64：4，夹砂黄陶。仅剩一残片，一侧有 3 个圆孔，足部缺失。长 21.3、残高 7.0、壁厚 0.5～2.5 厘米（图一六六，5）。

小釜　1件。标本 M64：7，夹砂黑陶。圆唇，敛口，溜肩，鼓腹，圜底。口径 3.8、高 3.4、壁厚 0.3～1.0 厘米（图一六六，6）。

石器　计有研板 1、研块 1。

研板　1件。标本 M64：1-1，青灰色岩质。平面呈长方形，磨制得较为光滑。长 14.4、宽 6.6、厚 0.2～0.5 厘米（图一六六，7；彩版一〇六，4）。

研块　1件。标本 M64：1-2，青灰色岩质。平面呈方形，磨制得较为光滑。边长 2.5、厚 0.2～0.3 厘米（图一六六，8；见彩版一〇六，4）。

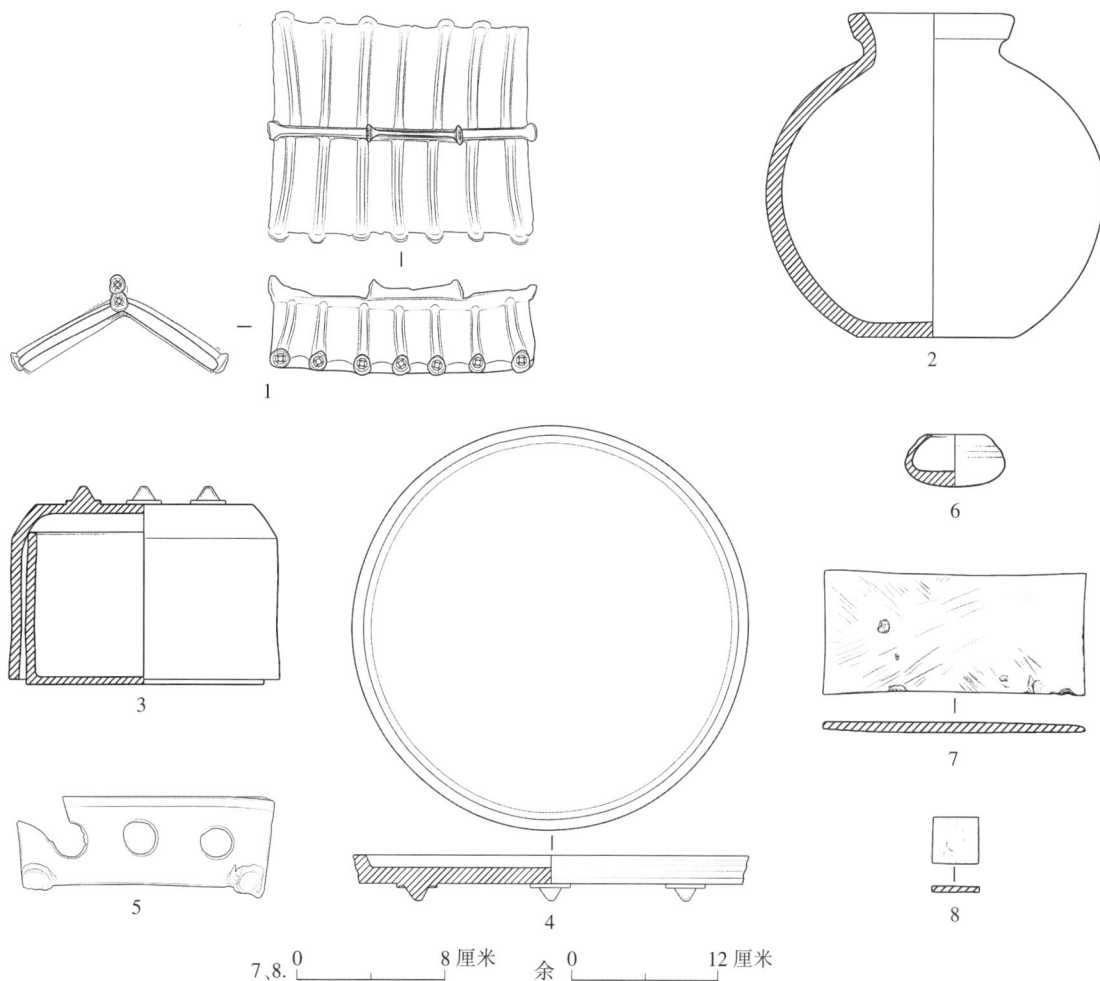

图一六六　M64 出土器物

1. 陶仓盖（M64：5）　2. 陶罐（M64：3）　3. 陶奁（M64：8）　4. 陶案（M64：6）　5. 陶炉（M64：4）　6. 小陶釜（M64：7）　7. 石研板（M64：1-1）　8. 石研块（M64：1-2）

四九　M65（Ⅱ区）

1. 墓葬形制

单室砖墓，平面呈甲字形，由墓道、甬道、墓门及墓室组成。方向190°（图一六七；彩版一一〇）。开口于耕土层下，开口距地表0.40米，已破坏。

墓道　长方形斜坡状，未发掘完，长不详，宽0.86、底部距地表1.80米。

甬道　平面呈长方形，长0.86、宽0.72米。

墓门　位于墓室南壁中部偏东，宽0.86米。

封门　条砖封堵，现存9层，残高0.84米，砌法同墓室四壁砖墙。

墓室　平面呈方形，边长2.90米。四壁平直，最高处保存有9层砖，砌法由下至上为三层平砖一层丁立砖，两者交替向上。另外，三层平砖的砌法又为两层平砌丁砖之间夹一层双隅顺砌平砖。墓底铺砖为东北—西南斜向错缝平铺。用砖规格：40×18×6厘米，青砖，多数砖平面施有绳纹。

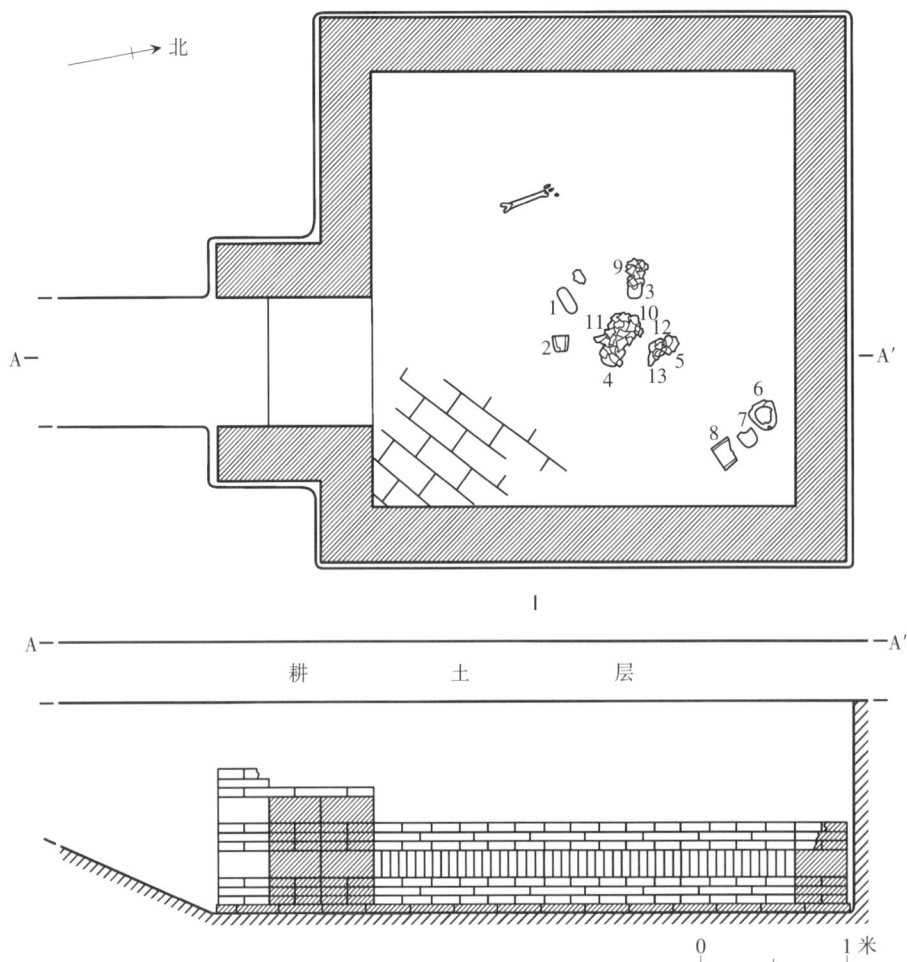

图一六七　M65 平、剖面图

1. 陶器盖　2. 陶井　3. 陶灯　4. 陶鼎　5. 陶樽　6. 陶灶　7、9. 陶缸　8. 陶夌　10. 陶器座
11. 陶案　12. 陶仓盖　13. 陶俑

2. 葬具和人骨

墓内未发现任何葬具。

葬有 1 具人骨，仅残存一段下肢骨，葬式及性别不明。

3. 随葬品

该墓共出土有 13 件随葬品，位于墓室中部，均为陶器，种类计有鼎 1、井 1、灶 1、仓盖 1、灯 1、夌 1、樽 1、案 1、缸 2、器盖 1、俑 1、器座 1。

鼎　1 件。标本 M65：4，夹砂黑褐陶。方唇，敞口，折沿，弧腹，圜底。鼎足现已缺失，仅存三个贴足疤痕。口径 15.4、残高 6.2、壁厚 0.4~0.6 厘米（图一六八，1）。

仓盖　1 件。标本 M65：12，夹砂灰陶，悬山式结构。平面呈长方形，两面坡式，正脊两端上翘明显，正脊中部对称贴有一组雕花瓦当。盖面呈圆弧状，正脊两侧各有一组侧脊，侧脊及正脊间施有三组纵向瓦垄，盖面侧面各有六条斜向瓦垄连向侧脊。正脊、侧脊及瓦垄终端均装饰有雕花瓦当。长 26.1、宽 17.6、高 5.9 厘米（图一六八，2）。

井　1 件。标本 M65：2，夹砂灰陶。尖唇，侈口，束颈，折肩，弧腹，平底。近肩部施有一道凹槽。口径 8.1、高 12.7、壁厚 0.5~0.6 厘米（图一六八，3；彩版一一一，1）。

图一六八　M65 出土器物

1. 陶鼎（M65：4）　2. 陶仓盖（M65：12）　3. 陶井（M65：2）　4. 陶灶（M65：6）　5. 陶灯座（M65：3）　6. 陶奁
（M65：8）　7. 陶樽（M65：5）　8. 陶案（M65：11）　9、10. 陶缸（M65：7、9）　11. 陶俑（M65：13）　12. 陶器座
（M65：10）　13. 陶器盖（M65：1）

　　灶　1 件。标本 M65：6，夹砂灰褐陶。灶面呈半圆形，前端出檐，中部横向置有两
圆形火眼，后端贴有圆柱状烟囱。长方形灶门，不落地。长 22.3、宽 19.9、高 12.7 厘
米，灶门长 5.6、高 5.0～5.7 厘米，火眼直径 6.8、5.7 厘米，烟孔直径 0.9 厘米，壁厚
0.5～0.9 厘米（图一六八，4；彩版一一一，2）。

灯　1件。标本M65：3，夹砂灰陶。仅剩灯座，整体略呈喇叭形，方座，粗柄中空。器表施有多周瓦棱纹。口径4.6、底径14.8、高15.6、壁厚0.5～0.7厘米（图一六八，5）。

奁　1件。标本M65：8，夹砂灰陶。尖唇，敞口，腹壁内弧，弧顶，顶部置有三个乳丁状纽。内壁轮旋痕迹明显。口径20.9、高18.2、壁厚0.5～0.7厘米（图一六八，6；彩版一一一，3）。

樽　1件。标本M65：5，夹砂灰陶。方唇，敞口，腹壁内弧，平底。底部置有三个短足。近口处施有两周弦纹，内壁轮旋痕迹明显。口径21.6、底径15.4、高13.2、壁厚0.5～0.6厘米（图一六八，7；彩版一一一，4）。

案　1件。标本M65：11，夹砂灰陶。平面呈圆形，浅盘状，边沿外侈，底部置有三个乳丁状短足。边沿外侧施有粗绳纹，案心施有三周凹弦纹。口径15.4、高6.2、壁厚0.4～0.6厘米（图一六八，8）。

缸　2件（M65：7、9）。标本M65：7，夹砂灰陶。方唇，口微敛，腹略弧，腹下部折收成平底。器表轮旋痕迹明显。口径9.8、底径6.0、高11.4、壁厚0.4～0.5厘米（图一六八，9；彩版一一一，5）。标本M65：9，夹砂灰陶。底部残缺。圆唇，敞口，腹壁内弧。口径8.0、残高8.4、壁厚0.5～0.6厘米（图一六八，10）。

器盖　1件。标本M65：1，夹砂黑褐陶。圆唇，敞口，浅弧腹，圜顶。口径15.3、高3.4、壁厚0.3～0.4厘米（图一六八，13）。

俑　1件。标本M65：13，夹砂灰陶。手工捏制，较为粗糙。陶俑整体呈跪立状。双臂平伸，两臂原装有木质附件，但现已腐朽，仅存插孔；五官刻划得较为精细，双目微张，作张嘴状；头顶内凹，后端有一豁口。高9.8厘米（图一六八，11；彩版一一一，6）。

器座　1件。标本M65：10，夹砂黑褐陶。呈豆状，尖唇，敛口，束柄中空，台座。口径13.3、底径17.9、高14.5、壁厚0.5～0.7厘米（图一六八，12）。

五〇　M66（Ⅱ区）

1. 墓葬形制
单室砖墓，平面呈甲字形，由墓道、墓门及墓室组成。方向175°（图一六九；彩版一一二，1）。开口于耕土层下，开口距地表0.40米，破坏严重。

墓道　长方形斜坡状，长2.60、宽0.90、底部距地表1.90米。

墓门　位于墓室南壁中部偏东，宽0.90米。

封门　不存。

墓室　平面呈方形，边长3.00米。四壁平直，最高处保存有4层砖，砌法由下至上为三层平砖一层丁立砖，两者交替向上。另外，三层平砖的砌法又为两层双隅顺砌平砖之间夹一层平砌丁砖。墓底铺砖为东北—西南斜向错缝平铺。用砖规格：40×18×6厘米，青砖，多数砖平面施有绳纹。

2. 葬具和人骨
墓内未发现任何葬具。

葬有1具人骨，仅残存一段股骨，葬式及性别不详。

3. 随葬品
该墓共出土有26件随葬品，多数位于墓室东部，质地有陶、石、铜三类，分述如下。

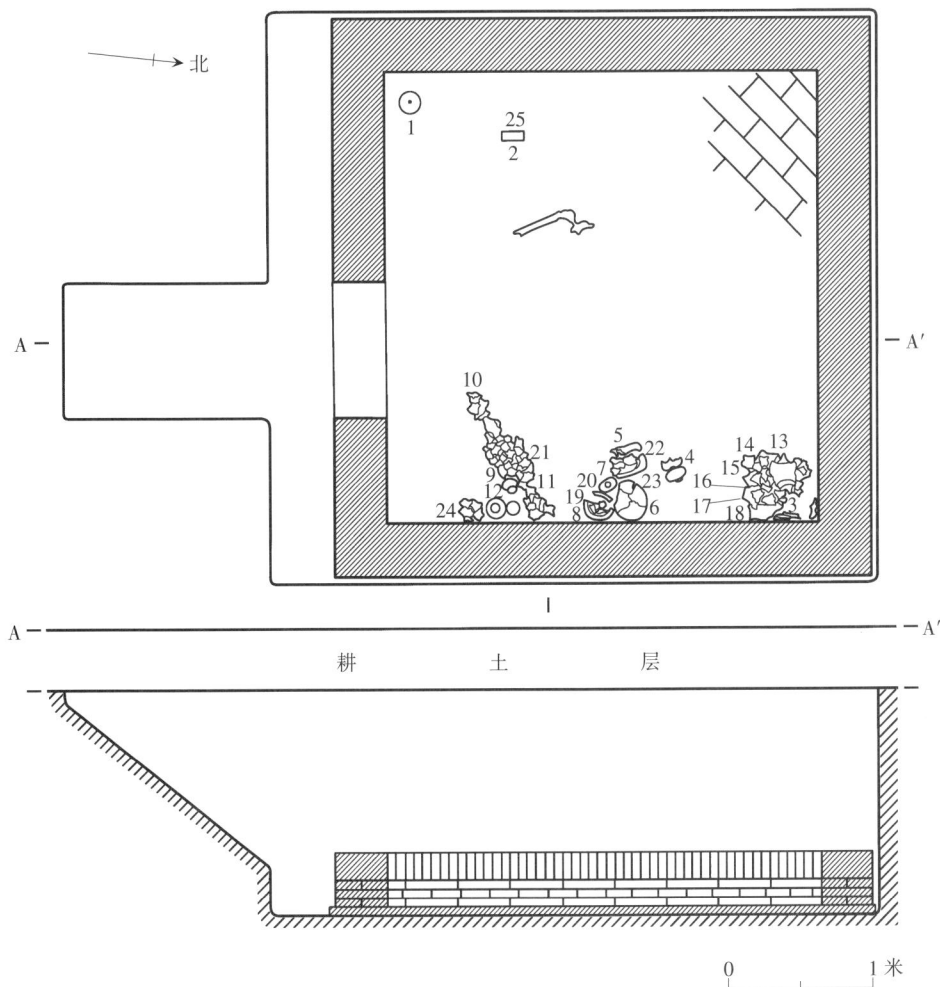

图一六九　M66 平、剖面图

1. 铜镜　2. 石研板　3. 白陶瓮　4. 陶耳杯　5. 陶奁　6. 陶碗　7. 陶扁壶　8. 陶斗　9. 陶仓　10. 陶缸　11、12、21. 陶罐　13、14、16. 小陶盆　15、19. 小陶甑　17、18. 小陶釜　20. 陶器座　22. 陶支架　23. 小陶碗　24. 陶樽　25. 铜泡钉

陶器　计有罐 3、扁壶 1、瓮 1、仓 1、奁 1、樽 1、耳杯 2、碗 1、斗 1、缸 1、小盆 3、小釜 2、小甑 2、小碗 1、支架 1、小器座 1。

罐　3 件（M66：11、12、21）。其中，标本 M66：11 与 M66：12 形制相同，均为夹砂黄褐陶，尖唇，敛口，鼓腹，腹部最大径位置靠近肩部，平底。标本 M66：11，口径 8.4、底径 9.0、最大腹径 15.3、高 10.4、壁厚 0.5～0.6 厘米（图一七○，1；彩版一一二，2）。标本 M66：12，口径 7.8、底径 9.3、最大腹径 15.9、高 11.2、壁厚 0.4～0.5 厘米（图一七○，2）。标本 M66：21，底部残缺。夹砂灰黑陶。方唇，侈口，矮领，鼓腹。腹上部及腹中部各施有两周凹弦纹，下腹部饰有细绳纹。口径 17.5、最大腹径 33.1、残高 26.1、壁厚 0.6～1.2 厘米（图一七○，3）。

扁壶　1 件。标本 M66：7，夹砂灰陶。尖唇，侈口，斜领，折肩，腹略弧，腹部横截面呈椭圆形，平底。口径 3.2～3.4、底长径 9.3、短径 5.2、高 8.3、壁厚 0.2～0.4 厘米（图一七○，4；彩版一一二，3）。

瓮　1 件。标本 M66：3，夹砂白陶。方唇，口微侈，短颈，溜肩，鼓腹，腹部最大

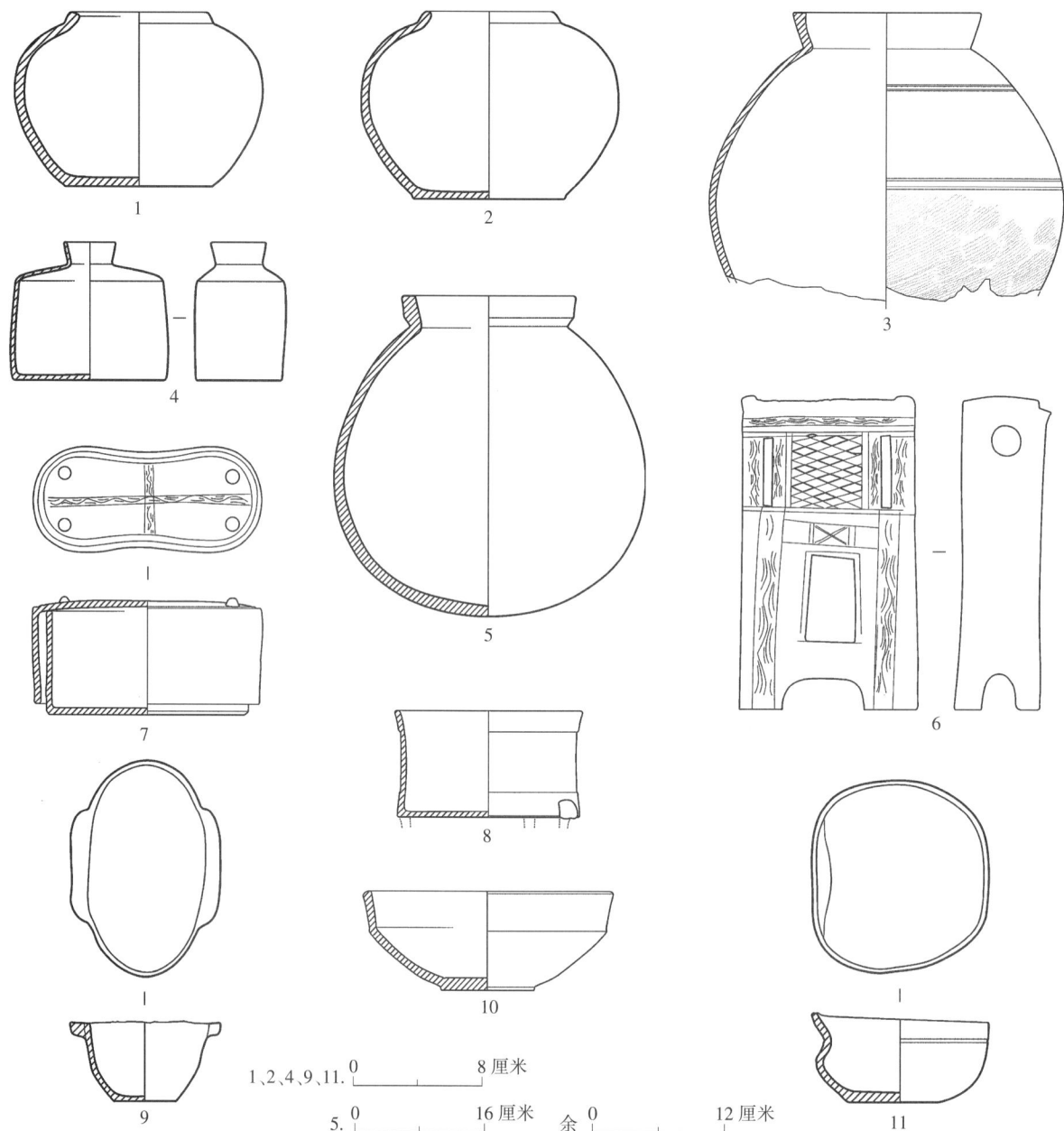

图一七〇　M66 出土器物

1～3. 陶罐（M66：11、12、21）　4. 陶扁壶（M66：7）　5. 陶瓮（M66：3）　6. 陶仓（M66：9）　7. 陶奁（M66：5）
8. 陶樽（M66：24）　9. 陶耳杯（M66：4－2）　10. 陶碗（M66：6）　11. 陶斗（M66：8）

径位置偏下，圜底。素面。口径 21.6、最大腹径 38.5、高 38.1、壁厚 1.2～1.6 厘米
（图一七〇，5；彩版一一三，1）。

　　仓　1件。标本 M66：9，夹砂灰陶，无盖。仓身正面呈长方形。下部正中有一长方形
孔，表示仓门，门两侧和顶端有刻划的波浪纹和斜线纹，左右对称分布有由圆形和三角形
组成的穿孔。上部正中为交叉菱形穿孔，镂空为窗户，四周刻划波浪纹和斜线纹，窗户两
侧对称置有一长方形孔。仓身两侧上部均有一圆形通气孔。房身无底，底边均为单拱结构。
长 16.6、宽 7.9、高 28.4 厘米，仓门高 7.8、宽 4.6 厘米（图一七〇，6；彩版一一三，2）。

　　奁　1件。标本 M66：5，夹砂灰陶，由盖奁及底奁两部分组成。盖奁：平面呈亚腰椭圆形，弧顶，腹略内弧，圆唇。顶部对称置有四个乳丁状耳。顶部上刻划两条十字交叉弦纹带，纹带内刻划有连续圆弧纹，圆弧纹与弦纹之间空隙处填充弧线纹。底奁：平面呈亚腰椭圆形，圆唇，直腹，平底。通高 10.7 厘米。盖奁：顶长径 21.5、短径 9.6、口长径 21.1、短径 9.5、高 9.7、壁厚 0.6 ~ 0.7 厘米。底奁：口长径 18.8、短径 7.7、底长径 18.2、短径 7.5、高 9.4、壁厚 0.5 ~ 0.6 厘米（图一七〇，7；彩版一一三，3）。

樽　1 件。标本 M66：24，夹砂灰陶。圆唇，敞口，腹壁内弧，平底，足已缺失。口径 17.7、底径 17.0、残高 9.8、壁厚 0.4 ~ 0.6 厘米（图一七〇，8）。

耳杯　2 件（M66：4 - 1、4 - 2）。形制及尺寸基本一致，均为夹砂灰陶，椭圆形杯口，方唇，弧腹，平底，双耳微上翘。标本 M66：4 - 2，口长径 12.9、短径 7.7、底长径 7.8、短径 3.8、高 4.7、壁厚 0.3 ~ 0.4 厘米（图一七〇，9；彩版一一三，4）。

碗　1 件。标本 M66：6，夹砂灰陶。圆唇，敞口，折腹，台底。口径 23.5、底径 8.8、高 8.9、壁厚 0.7 ~ 0.8 厘米（图一七〇，10；彩版一一三，5）。

斗　1 件。标本 M66：8，斗柄缺失。夹砂灰陶。平面略呈圆角方形，一侧腹部内凹，圆唇，侈口，弧腹，平底。近口处施有一周凹弦纹，腹下部修坯削痕明显。口长 10.9、最宽 11.5、底部边长 5.6、高 5.3、壁厚 0.5 ~ 0.6 厘米（图一七〇，11）。

缸　1 件。标本 M66：10，夹砂黑陶。方唇，敛口，腹壁略内弧，平底。腹部轮旋痕迹明显。口径 8.0、底径 8.4、高 15.1、壁厚 0.3 ~ 0.5 厘米（图一七一，1；彩版一一三，6）。

小盆　3 件（M66：13、14、16）。标本 M66：13，夹砂灰褐陶。方唇，敞口，折沿，弧腹，平底。口径 14.6、底径 4.3、高 4.6、壁厚 0.3 ~ 0.4 厘米（图一七一，2）。标本 M66：14，夹砂黑陶。方唇，敞口，折沿，折腹，平底。沿面内侧施有一周凹弦纹。口径 11.7、底径 4.3、高 4.8、壁厚 0.4 ~ 0.5 厘米（图一七一，3）。标本 M66：16，夹砂黄褐

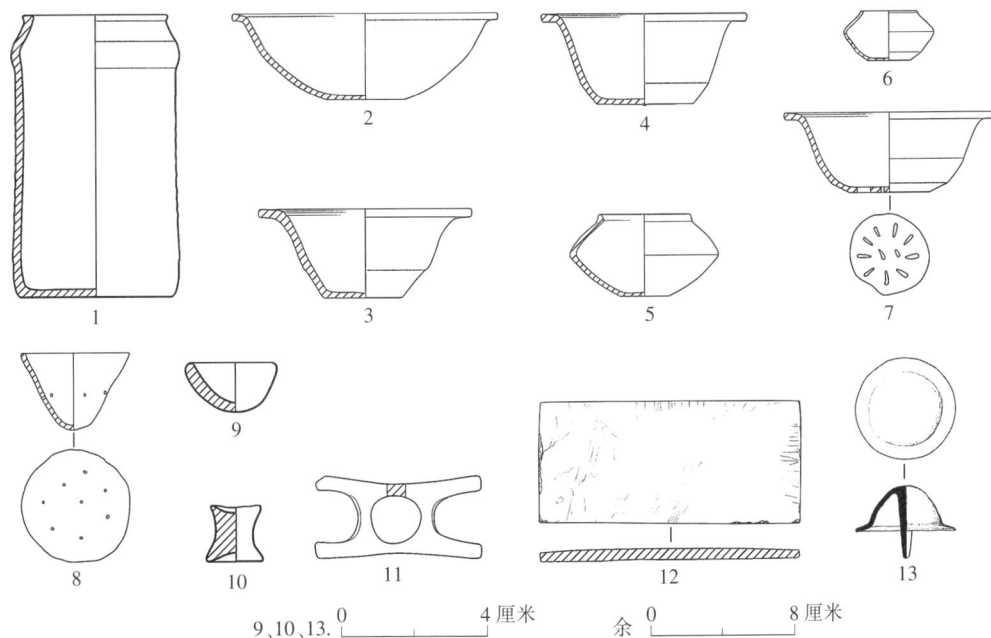

图一七一　M66 出土器物

1. 陶缸（M66：10）　2 ~ 4. 小陶盆（M66：13、14、16）　5、6. 小陶釜（M66：17、18）　7、8. 小陶甑（M66：15、19）　9. 小陶碗（M66：23）　10. 小陶器座（M66：20）　11. 陶支架（M66：22）　12. 石研板（M66：2）　13. 铜泡钉（M66：25）

陶。方唇，敞口，折沿，弧腹，平底。沿面内侧施有一周凹弦纹。口径 11.4、底径 5.4、高 4.9、壁厚 0.3～0.4 厘米（图一七一，4）。

小釜　2 件（M66：17、18）。标本 M66：17，夹砂黄褐陶。尖唇，敛口，折腹平底。口径 5.1、底径 2.6、高 4.4、壁厚 0.2～0.4 厘米（图一七一，5）。标本 M66：18，夹砂黑陶。尖唇，敛口，折腹，平底。腹下部修坯削痕明显。口径 3.1、底径 2.3、高 2.7、壁厚 0.2～0.3 厘米（图一七一，6）。

小甑　2 件（M66：15、19）。标本 M66：15，夹砂灰褐陶。方唇，敞口，折沿，弧腹，平底，底部戳有 11 个甑孔。沿面内侧施有一周凹弦纹，腹下部修坯削痕明显。口径 11.9、底径 4.4、高 4.3、壁厚 0.2～0.4 厘米（图一七一，7）。标本 M66：19，夹砂灰陶。圆唇，斜腹，圜底。腹部及底部戳有 8 个圆形甑孔。口径 6.1、高 4.2、壁厚 0.2～0.3 厘米（图一七一，8）。

小碗　1 件。标本 M66：23，夹砂灰黑陶。圆唇，敞口，弧腹，圜底。素面。口径 2.5、高 1.3、壁厚 0.2～0.4 厘米（图一七一，9）。

支架　1 件。标本 M66：22，夹砂灰陶。平面呈"井"字形，中间为一平面呈不规则圆形的孔。通长 9.1、通宽 4.4、厚 1.0～1.1 厘米（图一七一，11）。

器座　1 件。标本 M66：20，夹砂黑陶。尖唇，束腰，整体呈腰鼓状。手工捏制。口径 1.4、底径 1.6、高 1.5 厘米（图一七一，10）。

石器　计有研板 1。

研板　1 件。标本 M66：2，青灰色岩质。平面呈方形，磨制的较为光滑。长 14.5、宽 6.7、厚 0.4～0.6 厘米（图一七一，12）。

铜器　计有镜 1、泡钉 1。

镜　1 件。标本 M66：1，连弧纹铜镜。圆形，残损。半球形纽现已残缺，圆形纽座，纽座四叶有干，形似蝙蝠，之间相间铸有"长宜（子）孙"铭文。之外饰一圈凸弦纹，弦纹向外即为内向八瓣连弧纹带，之间相间铸有"（寿）如金石"铭文。素宽平缘。面径 12.6、背径 13.0、残高 0.3 厘米（图一七二）。

泡钉　1 件。标本 M66：25，圆帽形，周边有折沿，中部下垂一四棱状钉。泡径 2.7～2.8、高 1.9 厘米（图一七一，13）。

五一　M71（Ⅲ区）

1. 墓葬形制

三室砖墓，平面呈品字形，由墓道、墓室组成。方向 190°（图一七三；彩版一一四）。开口于耕土层下，开口距地表深约 0.10 米，破坏严重。

墓道　位于墓室前室中部，长方形斜坡状，未发掘完，长不详，宽 1.40、底部距地表 1.00 米。

墓门和封门　被破坏，不存。

墓室　平面整体呈品字形，分前、后、东三个墓室。前室破坏严重，四壁砖墙基本不存，北

图一七二　M66 出土铜镜（M66：1）

0　　　　　4 厘米

侧中部有过道通往后室，过道宽 0.90 米。后室平面呈长方形，长 3.20、宽 3.00 米，北壁被破坏，东壁中部有过道通往东室，过道平面呈长方形，长 0.70、宽 0.50 米。东室平面呈方形，边长 2.00 米，东壁砖墙不存。墓室四壁砖墙平直，最高处保存有 3 层砖，砌法为双隅平砖错缝顺砌。墓底铺砖为榫卯砖东南—西北斜向错缝平铺。用砖规格：38×18×6 厘米。

墓室用砖均为花纹转，纹饰有连环菱形纹、钱纹（图一七四）。

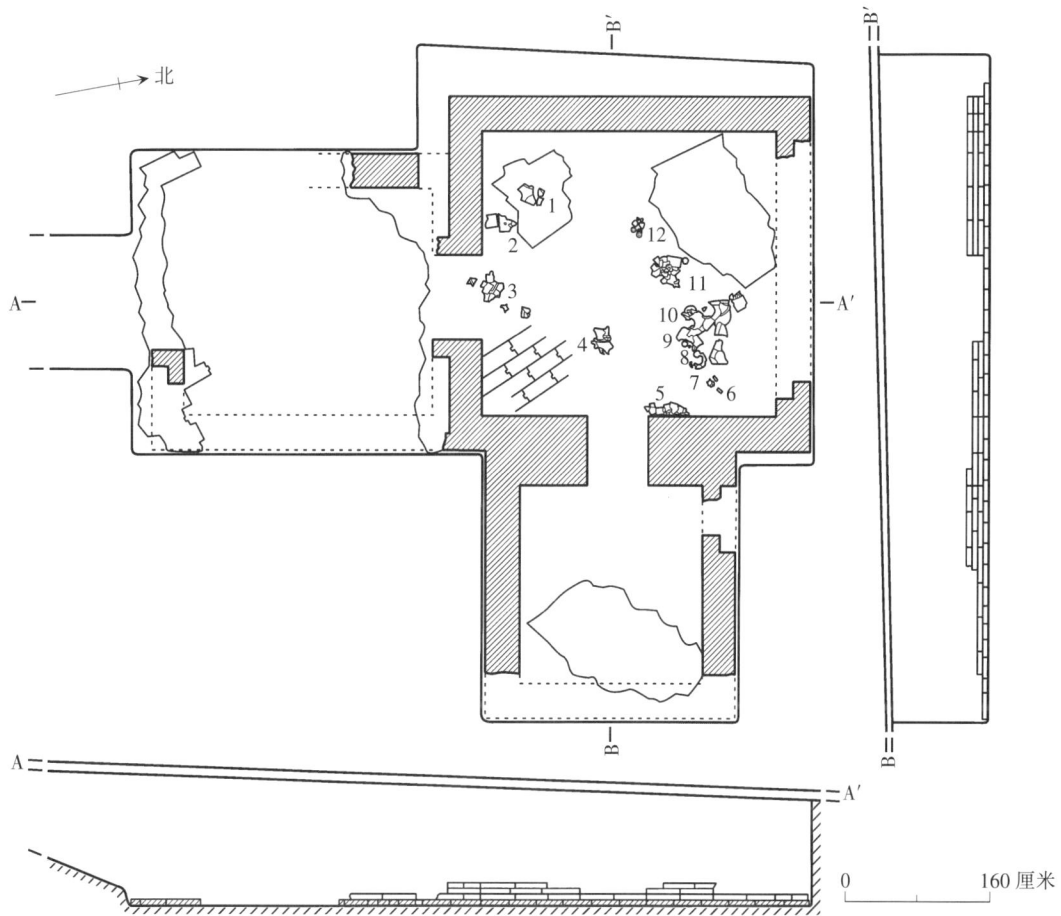

图一七三　M71 平、剖面图

1、5. 陶奁　2、4. 陶仓盖　3. 陶器底　6、7. 陶器盖　8. 陶勺　9. 陶斗　10. 白陶罐　11. 陶仓　12. 铜钱

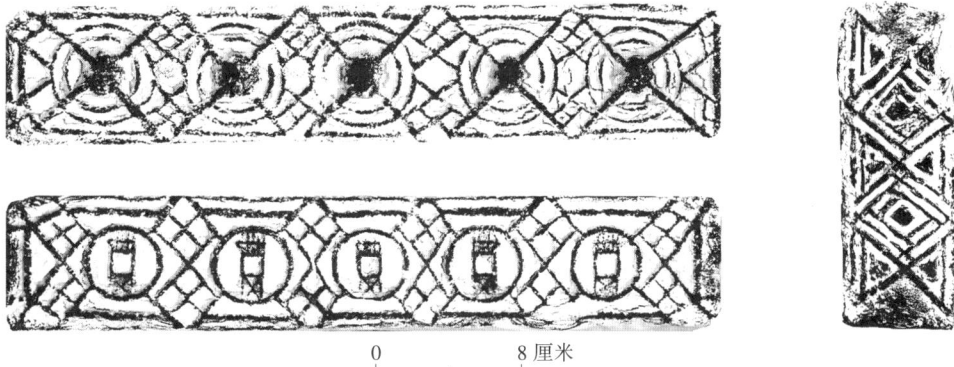

图一七四　M71 花纹砖拓片

2. 葬具和人骨

墓内未发现葬具和人骨。

3. 随葬品

该墓共出土有 14 件随葬品，位于西室，质地分陶、铜、银三种，其中铜钱 4 枚。分述如下。

陶器　计有罐 1、奁 2、仓 3、案 1、勺 1、斗 1、器盖 2、器底 1。

罐　1 件。标本 M71∶10，夹砂白陶，破碎不可修复，形制不明。

奁　2 件（M71∶1、5）。标本 M71∶1，夹砂灰陶。方唇，敞口，腹略内凹，平顶。腹内壁有三周凹弦纹。口径 24.0、底径 19.0、高 19.2、壁厚 0.8~1.0 厘米（图一七五，1；彩版一一六，1）。标本 M71∶5，夹砂灰陶，亚腰形。弧顶，弧顶部置有四个乳丁，直腹，直口，方唇。顶部饰有刻划的"米"字形界格。顶长径 24.1、短径 10.5、口长径 25.3、短径 10.5、高 11.2、壁厚 0.9~1.0 厘米（图一七五，2；彩版一一六，2）。

仓　3 件（M71∶2、4、11）。均破碎无法修复，形制不明。

案　1 件。标本 M71 填∶1，夹砂黑陶。圆形案，边沿外侈，盘心饰有凸弦纹。口径 30.4、底径 28.6、高 1.6、壁厚 0.6~0.8 厘米（图一七五，3）。

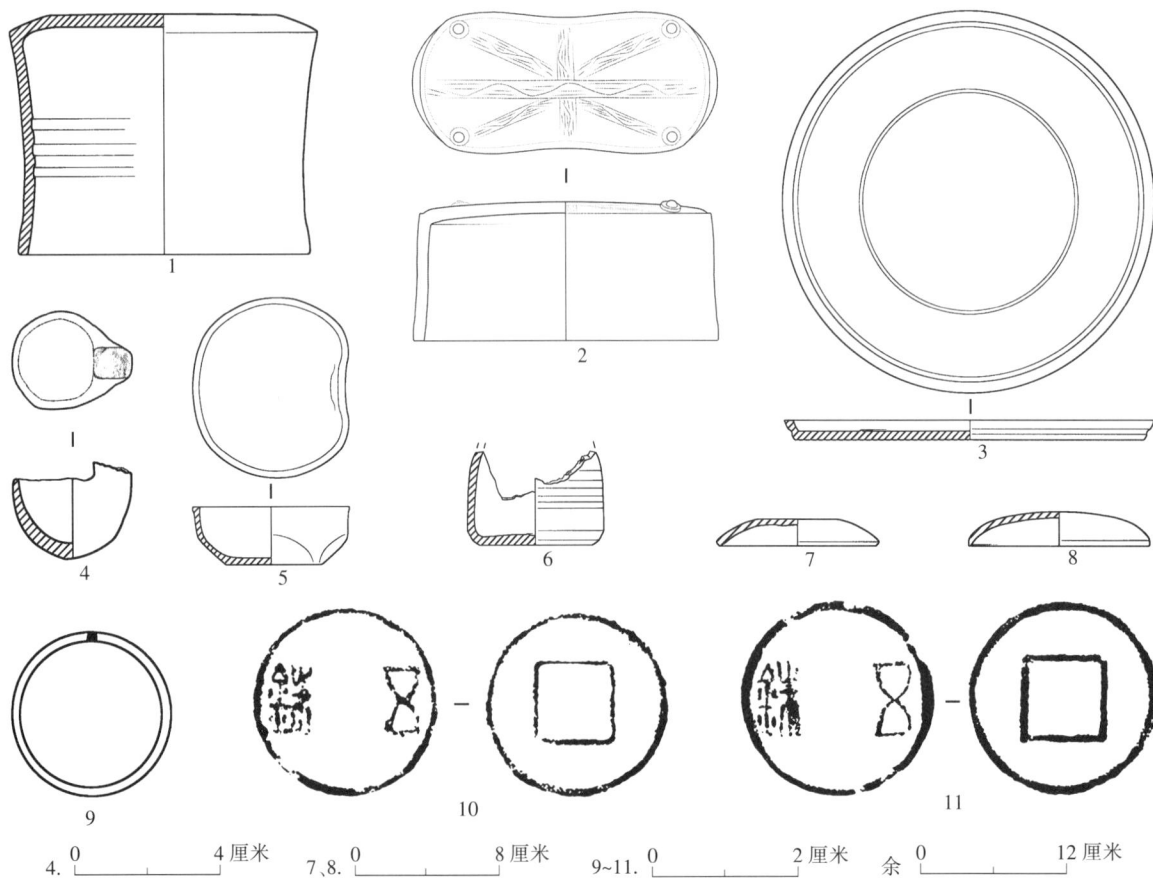

图一七五　M71 出土器物

1、2. 陶奁（M71∶1、5）　3. 陶案（M71 填∶1）　4. 陶勺（M71∶8）　5. 陶斗（M71∶9）　6. 陶器底（M71∶3）　7、8. 陶器盖（M71∶6、7）　9. 银指环（M71 填∶2）　10、11. 铜钱拓片（M71∶12-1、12-3）

勺 1件。标本M71:8，夹砂灰陶。圆唇，口微侈，圜底。勺柄残缺。口径2.6、高2.6、壁厚0.2~0.4厘米（图一七五，4）。

斗 1件。标本M71:9，夹砂黑陶。方唇，直口，折腹，平底，底部平面呈圆角方形。腹下部修坯削痕明显。把手缺失。口径14.4、底边长7.9、高4.6、壁厚0.5~0.6厘米（图一七五，5）。

器底 1件。标本M71:3，夹砂黑陶。口现已缺失，仅剩底部，器形不明。底径9.4、高7.5、壁厚0.6~0.8厘米（图一七五，6）。

器盖 2件（M71:6、7）。标本M71:6，夹砂灰陶。平顶，弧腹，方唇，敞口。口径8.5、顶径4.4、高1.5、壁厚0.4~0.5厘米（图一七五，7）。标本M71:7，夹砂灰陶。弧顶，敞口，尖唇。口径9.9、高1.8、壁厚0.3~0.4厘米（图一七五，8）。

银器 计有指环1。

指环 1件。标本M71填:2，平面呈圆形，内缘宽于外缘，截面近似梯形。环径2.2厘米。重1.3克（图一七五，9）。

铜钱 4枚。均为"五铢"钱（图一七五，10、11）。详情见下表。

M71 铜钱统计表 （长度：厘米，重量：克）

| 种类 | 编号 | 特征 | | 郭径 | 钱径 | 穿宽 | 郭宽 | 郭厚 | 肉厚 | 重量 |
		文字特征	记号							
五铢钱	12-1	"五"字瘦长，竖划缓曲；"金"头三角形，四竖点；"朱"头方折，"朱"下较圆	无	2.59	2.25	0.94	0.17	0.12	0.05	2.00
	12-2	同上	无	2.56	2.36	0.88	0.10	0.13	0.04	2.00
	12-3	"五"字瘦长，竖划缓曲；"金"头三角形，四竖点；"朱"头较圆，"朱"下较圆	无	2.59	2.29	0.95	0.15	0.11	0.06	2.20
	12-4	同上	无	2.63	2.27	0.96	0.18	0.14	0.06	1.80

五二 M72（Ⅲ区）

1. 墓葬形制

单室砖墓，平面呈甲字形，由墓道、甬道、墓门、墓室组成。方向180°（图一七六；彩版一一五，1）。开口于地表，破坏严重。

墓道 长方形斜坡状，未发掘完，长不详，宽0.98、底部距地表0.70米。

甬道 平面呈长方形，长0.90、宽0.70米。

墓门 位于墓室南壁中部偏东，宽0.88米。

封门 条砖封堵，现存2层，残高0.12米，砌法为两列丁砖平砌，上有顺砖平砌。

墓室 由其墓圹看平面呈方形，边长2.50米。四壁较平直，北壁和西壁大部已被破坏，砖墙最高处保存有7层砖，砌法由下至上为三层平砖一层丁立砖，两者交替向上。另外，三层平砖的砌法又为双隅平砖错缝顺砌。墓底铺砖为人字形平铺。用砖规格：38×18×6厘米。墓室用砖均为花纹转，纹饰有白虎、双乳丁、连环菱形纹等（图一七七；彩版一一五，2）。

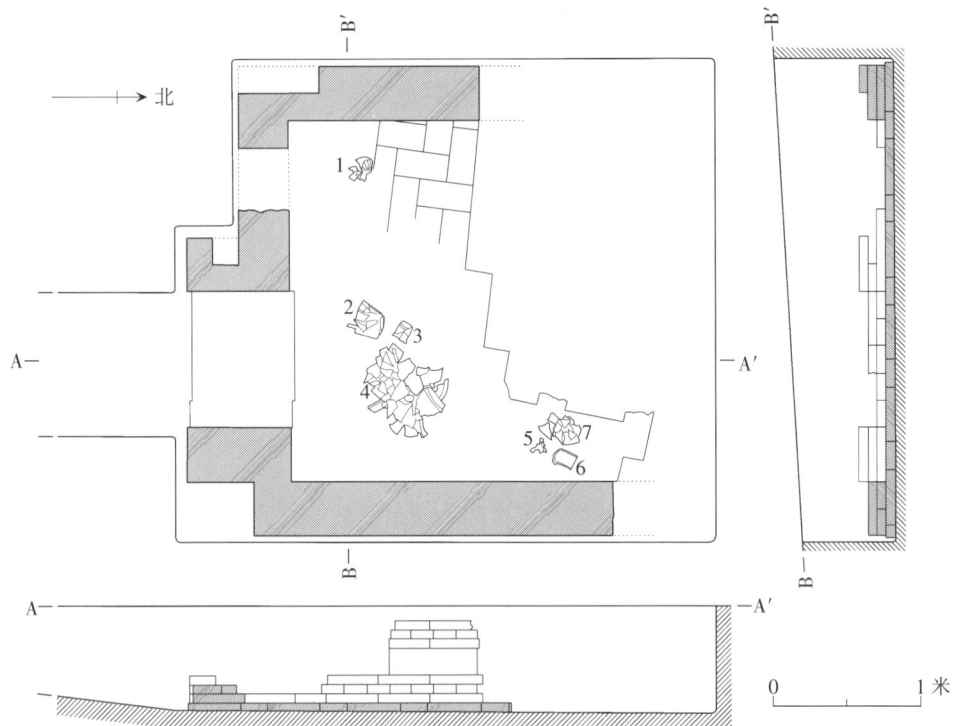

图一七六　M72 平、剖面图

1、3、6. 陶缸　2. 陶瓮　4. 陶瓷　5. 陶楼构件　7. 陶仓盖

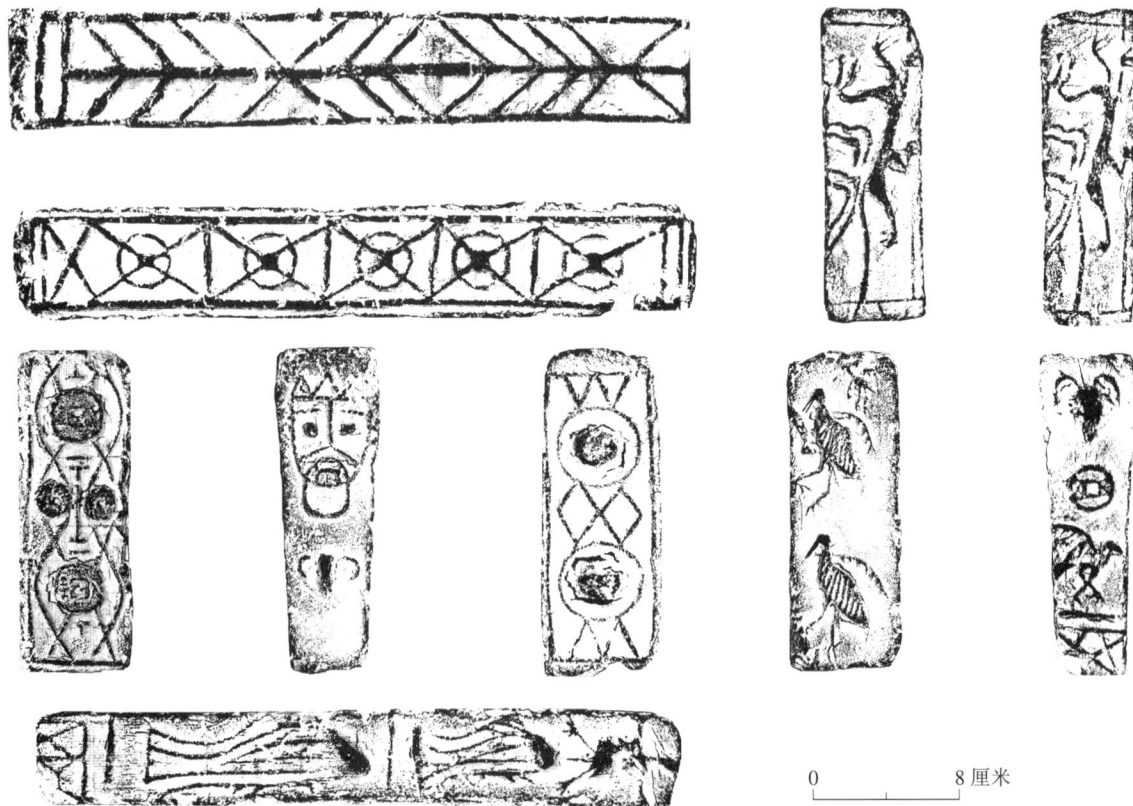

图一七七　M72 花纹砖拓片

2. 葬具和人骨

墓内未发现葬具和人骨。

3. 随葬品

该墓共出土有 10 件随葬品，位于墓室南部，质地分陶、铜、石三种，分述如下。

陶器 计有瓮 1、瓮 1、缸 4、仓盖 1、楼顶构件 1。

瓮 1 件。标本 M72：4，夹砂灰陶。圆唇，敛口，矮领，溜肩，鼓腹、腹部最大径位置居中，圜底。腹下部及底部满饰绳纹。口径 21.7、最大腹径 37.0、高 32.2、壁厚 0.6~1.2 厘米（图一七八，1；彩版一一六，3）。

瓮 1 件。标本 M72：2，夹砂灰陶。方唇，口微敞，腹略内弧，腹内部满饰凹弦纹，平底。口径 19.2、底径 19.4、高 15.6、壁厚 0.7~1.0 厘米（图一七八，2；彩版一一六，4）。

缸 4 件（M72：1、3、6，M72 填：2）。形制形同，均为夹砂黑褐陶，直口，折腹，腹下部折收，平底。标本 M72：1，圆唇。口径 10.1、底径 5.8、高 10.9、壁厚 0.7~0.9 厘米（图一七八，3）。标本 M72：3，方唇。口径 9.5、底径 5.9、高 10.0、壁厚 0.6~1.2 厘米（图一七八，4；彩版一一六，5）。标本 M72：6，圆唇，器表轮旋痕迹明显。口径 9.2、底径 5.0、高 10.4、壁厚 0.7~1.2 厘米（图一七八；彩版一一六，6）。标本 M72 填：2，方唇，底部缺失。口径 9.7、残高 9.7、壁厚 0.7~1.0 厘米（图一七八，5，6）。

楼顶构件 1 件。标本 M72：5，夹砂黑陶。飞鸟形状，双翅较宽，自然舒展，头部略扁，尾部略尖，下接底座。长 8.3、宽 7.2、高 8.0、厚 0.5~2.5 厘米（图一七八，7）。

铜器 计有镞 1。

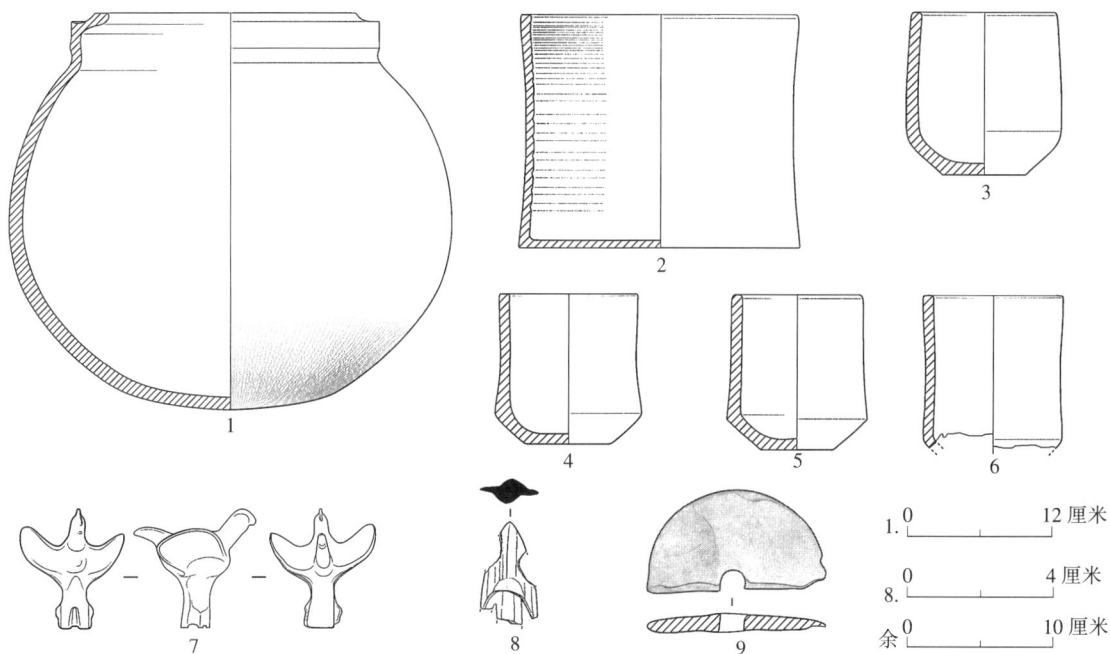

图一七八 M72 出土器物

1. 陶瓮（M72：4） 2. 陶瓮（M72：2） 3~6. 陶缸（M72：1、3、6、填：2） 7. 陶楼构件（M72：5） 8. 铜镞（M72 填：3） 9. 石纺轮（M72 填：1）

镞　1件。标本 M72 填：3，残损。两翼式，翼展较短，铤残。残长 2.7 厘米（图一七八，8）。

石器　计有纺轮 1。

纺轮　1件。标本 M72 填：1，青色石质，仅存一半。平面呈圆形，中间穿有一孔。轮径 12.4、孔径 1.7、最厚约 1.2 厘米（图一七八，9）。

五三　M73（Ⅲ区）

1. 墓葬形制

单室砖墓，平面呈甲字形，由墓道、甬道、墓门及墓室组成。方向 155°（图一七九；彩版——七，1）。开口于地表，破坏严重。

墓道　长方形斜坡状，未发掘完，长不详，宽 1.14、底部距地表 0.30 米。

甬道　仅存西侧基础，残长 0.54 米，宽不详。

墓门　位于墓室南壁偏东，东侧基础已被破坏，宽不详。

封门　不存。

墓室　平面呈方形，边长 3.10 米。四壁砖墙平直，西南角砖墙被破坏，砖墙最高处保存有 4 层砖，砌法由下至上为三层平砖一层丁立砖，三层平砖的砌法又为双隅平砖错缝顺砌。墓底铺砖系与墓壁平行的南北向错缝平铺。用砖规格：36×16×6 厘米，红砖杂有少量青砖，多数砖平面施有绳纹。

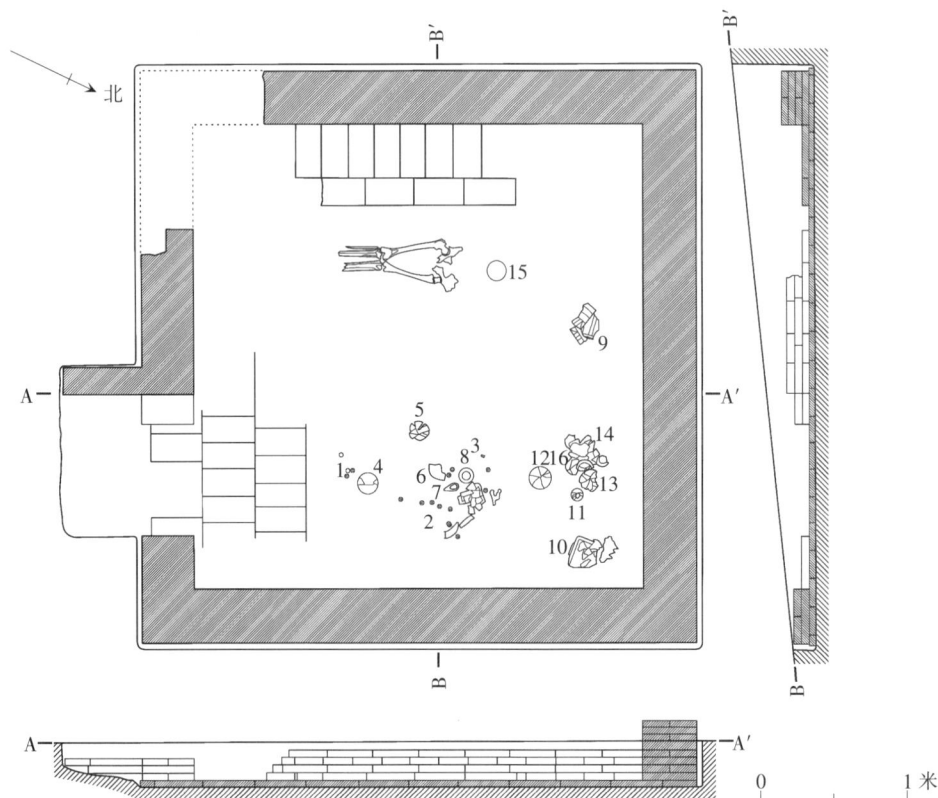

图一七九　M73 平、剖面图
1. 银指环　2. 铜钱　3. 耳瑱　4、5、6、12、13、15、16. 陶器盖　7. 小陶瓢　8. 小陶釜　9. 陶仓盖
10. 陶灶　11. 陶俑　14. 白陶扁壶

2. 葬具和人骨

墓室西侧紧贴西壁残存有一座棺床，平面为长方形，残长 1.52、宽 0.54 米。单层砖砌成，砌法为内侧丁砖平铺，外侧为顺砖平砌。

葬有 1 具人骨，置于墓室西侧，仅存下肢骨部分，仰身直肢，头向北，性别不明。

3. 随葬品

该墓共出土有 19 件随葬品，位于墓室东北部，质地分为陶、银、铜、琉璃四类，其中铜钱 13 枚。分述如下。

陶器　计有仓盖 1、扁壶 1、灶 1、器盖 7、小釜 1、小瓢 1、俑 1。

仓盖　1 件。标本 M73：9，夹砂黑陶，悬山结构。仓盖平面呈长方形，内凹"一"字形正脊，两端上翘。仓面呈斜坡状，正脊两侧对称置有七组十四道瓦垄，两端则对称置有四组十六道侧垄。通长 30.7、宽 24.3、高 6.8、壁厚 0.7～0.8 厘米（图一八〇，1）。

扁壶　1 件。标本 M73：14，夹砂白陶。方唇，侈口，斜颈，圆肩，鼓腹，腹部横截面呈椭圆形，腹部最大径位置靠上，台底内凹。在肩部对称置有两穿孔月牙形耳。口径 11.6、最大腹部长径 26.9、最大腹部短径 17.3、底长径 15.4、底短径 10.6、壁厚 0.8～1.0 厘米（图一八〇，2；彩版一一七，2）。

灶　1 件。标本 M73：10，夹砂黑褐陶。灶面呈半圆形，前方后圆，灶面出檐，中间横向置有两圆形火眼，后端一角有一圆形烟孔。长方形灶门，四周刻划有三组弦纹。长 19.7、宽 21.4、高 9.2 厘米，灶门长 8.5、高 4.5 厘米，火眼直径 7.0、6.4 厘米，烟孔直径 1.2～1.4 厘米，壁厚 0.8～1.1 厘米（图一八〇，3；彩版一一七，3）。

器盖　7 件（M73：4、5、6、12、13、15、16）。形制相同，均为夹砂灰褐陶，整体呈覆钵状，弧顶，弧腹，子口，圆唇。标本 M73：4，口径 12.3、高 3.0、壁厚 0.4～0.6 厘米（图一八〇，4）。标本 M73：5，口径 12.6、高 3.3、壁厚 0.4～0.5 厘米（图一八〇，5）。标本 M73：6，口径 12.6、高 3.3、壁厚 0.4～0.5 厘米（图一八〇，6）。标本 M73：12，口径 11.6、高 2.6、壁厚 0.4～0.5 厘米（图一八〇，7）。标本 M73：13，口径 12.3、高 3.0、壁厚 0.4～0.6 厘米（图一八〇，8）。标本 M73：15，口径 11.6、高 2.6、壁厚 0.4～0.5 厘米（图一八〇，9）。标本 M73：16，口径 12.3、高 3.0、壁厚 0.4～0.6 厘米（图一八〇，10）。

小釜　1 件。标本 M73：8，夹砂黑褐陶。尖唇，敛口，鼓腹，圜底。素面。口径 5.8、最大腹径 8.6、高 4.7、壁厚 0.3～0.5 厘米（图一八〇，11）。

小瓢　1 件。标本 M73：7，夹砂灰陶。平面略呈椭圆形，圆唇，弧腹，圜底。手工捏制。长 5.0、宽 2.7、高 2.6、壁厚 0.2～0.3 厘米（图一八〇，12）。

俑　1 件。标本 M73：11，夹砂灰陶。体形小巧，面部五官模糊，双臂合于胸前，呈作揖状，长袍袭地。袍径 6.3、高 11.8 厘米（图一八〇，13；彩版一一七，4）。

银器　计有指环 4。

指环　4 件，均平面呈圆形，截面近似方形。标本 M73：1－1，直径 2.1～2.2 厘米（图一八〇，14）。标本 M73：1－2，直径 2.0～2.2 厘米（图一八〇，15）。

琉璃器　计有耳瑱 1。

耳瑱　1 件。标本 M73：3，深蓝色。形似腰鼓，束腰，细端平齐，粗端内凹，纵向穿有一孔。最大径 1.4、长 1.4 厘米（图一八〇，16）。

铜钱　13 枚，均为"五铢"钱（图一八一）。详情见下表。

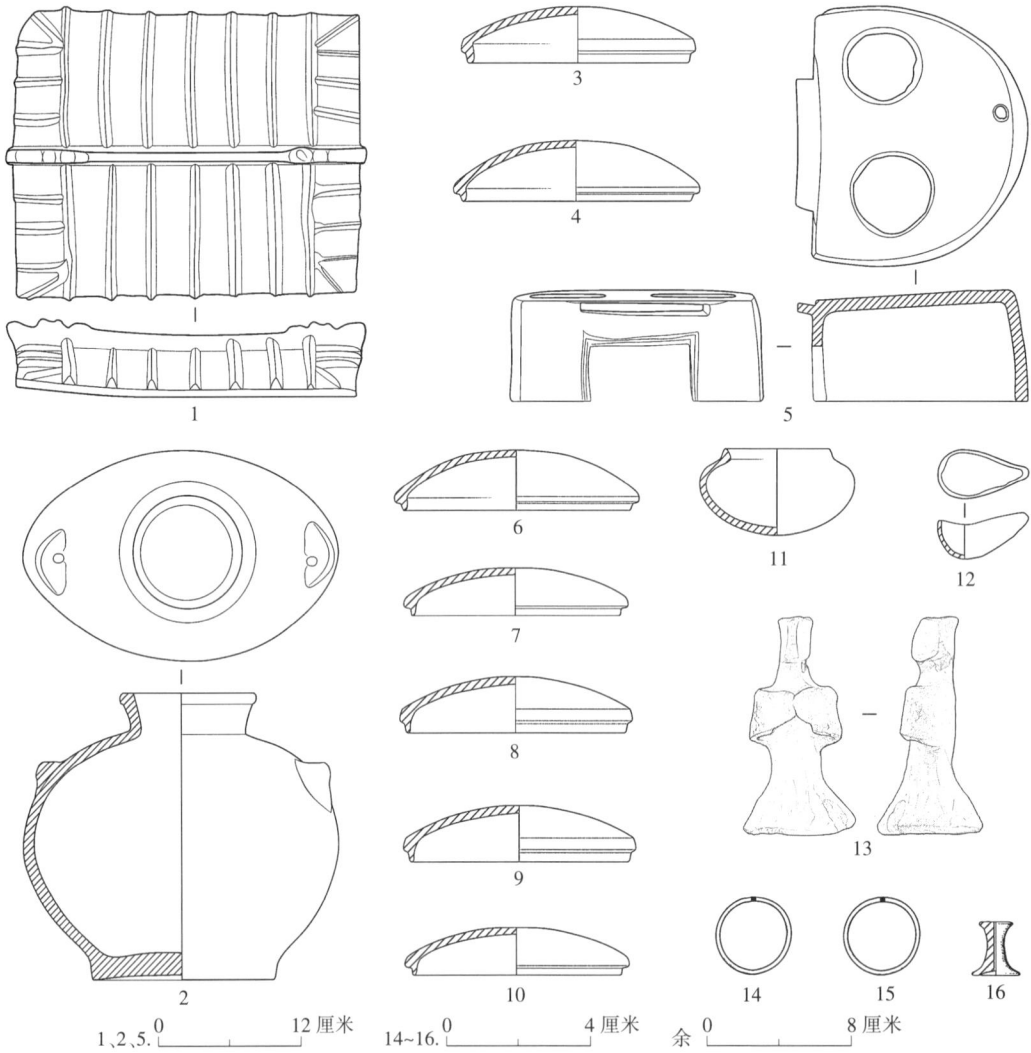

1、2、5.　0 ―――――― 12 厘米　　14~16.　0 ―――――― 4 厘米　　余　0 ―――――― 8 厘米

图一八〇　M73 出土器物

1. 陶仓盖（M73：9）　2. 陶扁壶（M73：14）　3、4、6~10. 陶器盖（M73：4、5、6、12、13、15、16）　5. 陶灶（M73：10）

11. 小陶釜（M73：8）　12. 陶瓢（M73：7）　13. 陶俑（M73：11）　14、15. 银指环（M73：1-1、1-2）　16. 耳瑱（M73：3）

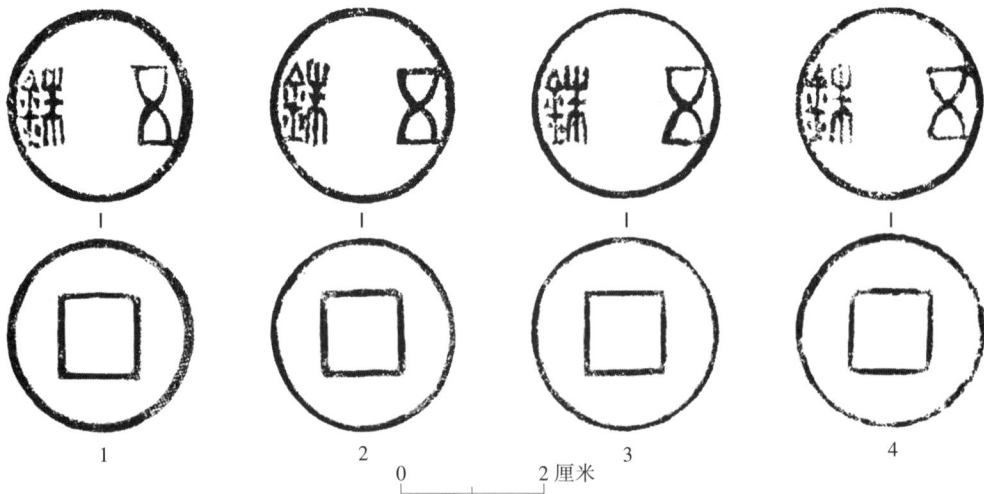

0 ―――――― 2 厘米

图一八一　M73 出土铜钱拓片

1~4. M73：2-13、2-7、2-4、2-2

M73 铜钱统计表　　　　　　　　　　　（长度：厘米，重量：克）

种类	编号	特征		郭径	钱径	穿宽	郭宽	郭厚	肉厚	重量
		文字特征	记号							
五铢钱	2-1	"五"字瘦长，竖划较直；"金"头三角形，四竖点；"朱"头较圆，"朱"下方折	无	2.60	2.24	0.93	0.18	0.14	0.05	2.90
	2-2	"五"字瘦长，竖划较直；"金"头三角形，四竖点；"朱"头较圆，"朱"下较圆	无	2.64	2.40	0.87	0.12	0.15	0.10	4.10
	2-3	同上	无	2.52	2.20	0.94	0.16	0.16	0.06	2.90
	2-4	"五"字瘦长，竖划缓曲；"金"头三角形，四竖点；"朱"头方折，"朱"下较圆	无	2.63	2.45	0.93	0.09	0.13	0.05	2.30
	2-5	同上	无	2.59	2.33	0.93	0.13	0.18	0.07	2.60
	2-6	"五"字瘦长，竖划缓曲；"金"头三角形，四竖点；"朱"头较圆，"朱"下较圆	穿上一横	2.62	2.34	0.88	0.14	0.16	0.07	3.10
	2-7	同上	无	2.55	2.27	0.92	0.14	0.14	0.10	3.40
	2-8	同上	无	2.63	2.29	0.88	0.17	0.14	0.09	3.40
	2-9	同上	无	2.59	2.33	0.86	0.13	0.14	0.08	2.90
	2-10	同上	无	2.62	2.38	0.92	0.12	0.16	0.10	3.60
	2-11	同上	无	2.63	2.35	0.93	0.14	0.13	0.07	3.30
	2-12	同上	无	2.62	2.34	0.93	0.14	0.15	0.04	3.10
	2-13	"五"字瘦长，竖划缓曲；"金"头三角形，四竖点；"朱"头方折，"朱"下方折	无	2.60	2.24	0.90	0.18	0.17	0.08	3.60

五四　M74（Ⅲ区）

M74 与 M75 为一组并葬墓，其中 M74 打破 M75。

1. 墓葬形制

石圹竖穴墓，平面呈圆角长方形，墓圹规整。方向 10°（图一八二；彩版一一八，1）。开口于耕土层下，开口距地表深约 0.10 米。

墓圹四壁较平直，墓底平坦，长 2.80、宽 1.60、深 0.60 米。墓穴四壁保存有一圈宽 0.10～0.30 米的碎瓦，墓底平铺一层板瓦。

墓内填土呈黄褐色，并夹杂有少量贝壳、碎瓦、小石块，土质较疏松。该墓填土中包含的少量贝壳，应为被打破的 M75 内的贝壳回填进墓穴内。

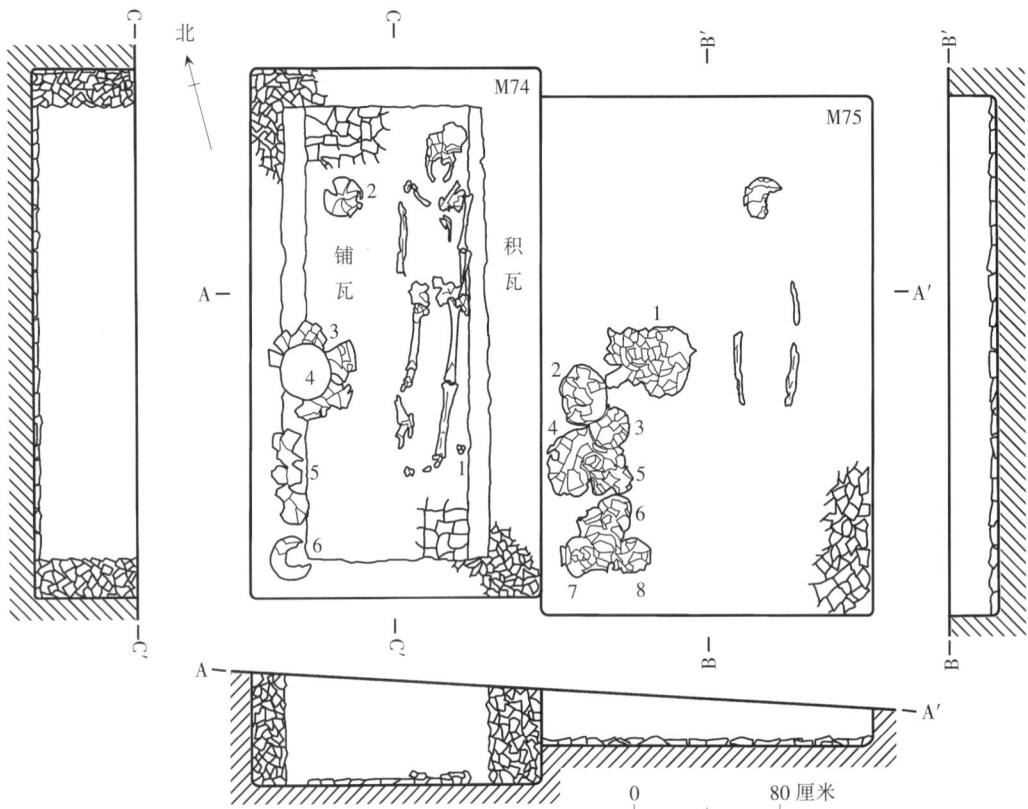

图一八二　M74、M75 平、剖面图
M74　1. 铜钱　2. 陶钵　3、6、5. 陶罐　4. 铜盆　　　M75　1、4、8. 陶罐　2. 陶盆　3、5. 陶盒　6、7. 陶壶

在墓底东、西两壁处有两条纵贯南北的沟，结构相似，均斜壁、平底，呈覆斗状，沟内无瓦，其功用不详。西侧沟宽 0.12、深 0.10 米；东侧沟宽 0.08～0.12、深 0.10 米。

2. 葬具和人骨

从墓穴四壁填充碎瓦的情况分析，该墓主在下葬时，应存在木棺，棺与墓壁的间隙处填充碎瓦；但由于埋藏条件不利于木棺保存，所以，木棺腐朽殆尽后，仅剩碎瓦立于墓穴四壁。

墓内葬有 1 具人骨，为一男性个体，骨骼保存较差。葬式为仰身直肢，头向北，面向上，肩部上耸，双臂平伸靠近体侧，双腿平直。

3. 随葬品

该墓共出土有 6 件随葬品，质地可分陶、铜两种，其中有铜钱 3 枚。铜钱位于人骨左脚踝外侧；其余随葬品均位于人骨西侧，南北向排列，较为规整，分述如下。

陶器　计有罐 3、钵 1。

陶罐　3 件（M74：3、6、5）。标本 M74：3，夹砂灰陶。方唇，侈口，束颈，溜肩，鼓腹，腹部最大径位置居中，平底。肩部饰有多道凹弦纹，腹中部施有一周粗绳纹，腹下斜及底部满饰细绳纹。口径 19.1、底径 10.9、最大腹径 34.0、高 26.6、壁厚 0.7～1.3 厘米（图一八三，1；彩版一一八，2）。标本 M74：5，夹砂灰陶。方唇，侈口，矮领，溜

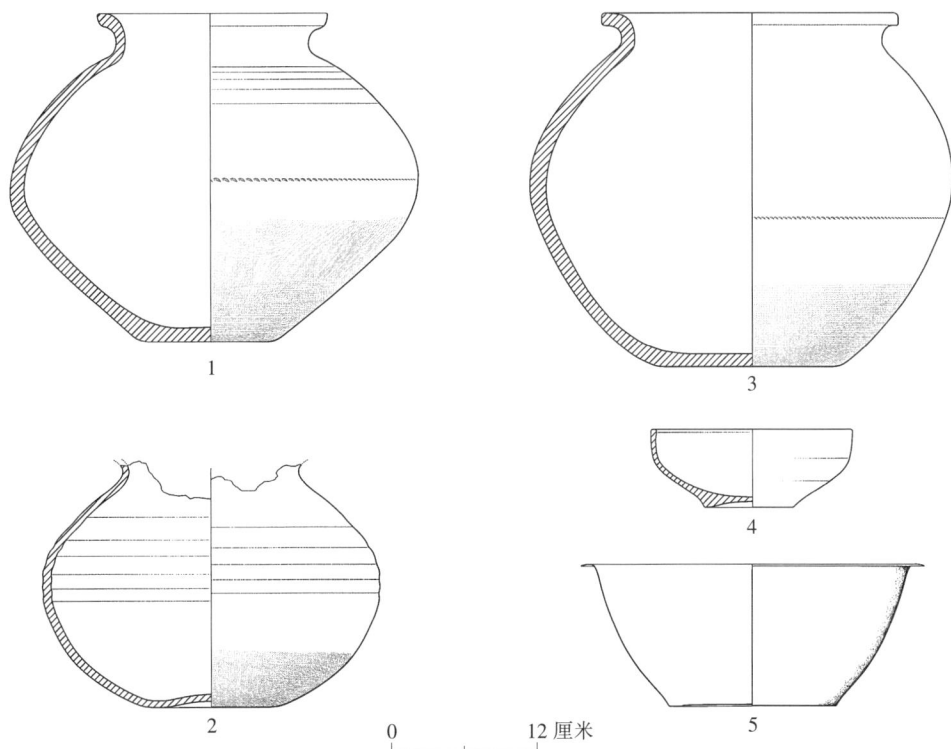

图一八三　M74 出土器物

1~3. 陶罐（M74：3、6、5）　4. 陶钵（M74：2）　5. 铜盆（M74：4）

肩，鼓腹，腹部最大径位置靠近中部，平底。腹中部施有一周粗绳纹，腹下部及底部满饰绳纹。口径 25.0、底径 15.5、腹部最大径 35.5、高 28.6、壁厚 0.9~1.3 厘米（图一八三，3）。标本 M74：6，夹砂灰褐陶。口部残缺，束颈，溜肩，鼓腹，腹部最大径位置居中，凹底。肩部施有多道凹弦纹，腹下部及底部满施绳纹。最大腹径 28.1、底径 11.0、残高 20.0、壁厚 0.5~0.8 厘米（图一八三，2）。

钵　1件。标本 M74：2，夹砂灰陶。圆唇，敛口，弧腹，凹底。素面。口径 17.0、底径 7.5、高 6.3、壁厚 0.5~0.7 厘米（图一八三，4；彩版一一八，3）。

铜器　计有盆1。

盆　1件。标本 M74：4，卷沿，敞口，弧腹，平底内凹。素面。腹壁较薄，铸造精良。口径 29.0、底径 14.3、高 11.5、厚 0.1 厘米（图一八三，5）。

铜钱　3枚。均为"五铢"钱（图一八四）。详情见下表。

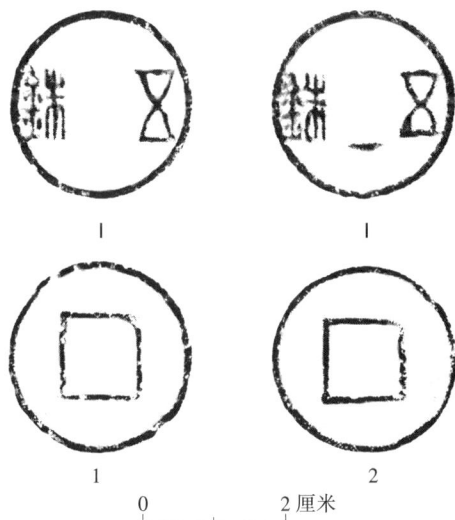

图一八四　M74 出土铜钱拓片

1、2. M74：1-1、1-3

M74 铜钱统计表 （长度：厘米，重量：克）

种类	编号	特征		郭径	钱径	穿宽	郭宽	郭厚	肉厚	重量
		文字特征	记号							
五铢钱	1-1	"五"字瘦长，竖划较直；"金"头三角形，四竖点；"朱"头方折，"朱"下较圆	无	2.60	2.32	0.94	0.14	0.20	0.08	3.90
	1-2	"五"字瘦长，竖划较直；"金"头三角形，四竖点；"朱"头较圆，"朱"下较圆	无	2.60	2.30	0.92	0.15	0.23	0.07	4.30
	1-3	"五"字瘦长，竖划缓曲；"金"头三角形，四竖点；"朱"头方折，"朱"下较圆。	穿下月牙	2.58	2.30	0.96	0.14	0.22	0.10	4.10

五五 M75（Ⅲ区）

1. 墓葬形制

石圹竖穴墓，平面呈圆角长方形，破坏严重，仅残存墓底部分。方向 10°（见图一八二；见彩版一一八，1）。开口于耕土层下，开口距地表深 0.10 米。

墓圹四壁较平直，墓底平坦。长 2.74、宽 1.80、深 0.30 米。墓底平铺一层厚约 0.04 米的碎瓦片，碎瓦之上铺有零星贝壳。

墓内填土呈黄褐色，并夹杂有少量贝壳、碎瓦、小石块，土质较疏松。

2. 葬具和人骨

墓内未发现有任何葬具。

葬有 1 具人骨，为一女性个体，骨骼多已腐朽，现仅存头骨及少量肢骨。葬式为仰身直肢，头向北。

3. 随葬品

该墓共出土有 8 件随葬品，随葬品均位于人骨西侧，南北向排列，较为规整。均为陶器，种类计有罐 3、壶 2、盒 1、盆 2。

罐 3 件（M75：1、4、8）。标本 M75：1，夹砂灰陶。圆唇，侈口，束颈，溜肩，鼓腹，腹部最大径靠近肩部，凹底。腹上部饰有数周弦纹，腹下部及底部饰满弦纹。口径 15.7、底径 10.6、腹部最大径 25.8、高 21.3、壁厚 0.7~0.9 厘米（图一八五，1）。标本 M75：4，夹砂灰陶。方唇，侈口，折沿，束颈，溜肩，鼓腹，腹部最大径位置居中，平底。腹中部饰有两周粗绳纹，下腹部及底部满饰抹平细绳纹。口径 14.8、底径 8.9、最大腹径 25.1、高 21.4、壁厚 0.7~1.1 厘米（图一八五，2；彩版一一九，1）。标本 M75：8，夹砂灰陶。圆唇，子口，束颈，溜肩，鼓腹，腹部最大径位置靠近肩部，小台底微凸。素面。口径 9.8、底径 8.0、腹部最大径 18.4、高 17.7、壁厚 0.4~0.9 厘米（图一八五，3；彩版一一九，2）。

壶 2 件（M75：6、7）。标本 M75：6，夹砂灰陶，由壶盖及陶壶两部分组成。壶盖：整体呈覆碟状，圜顶，弧腹，尖唇，敞口。陶壶：尖唇，敞口，长颈，鼓腹，腹部最大径位置居中，矮圈足。腹中部施有一周粗绳纹。通高 28.2 厘米。壶盖：口径 12.4、

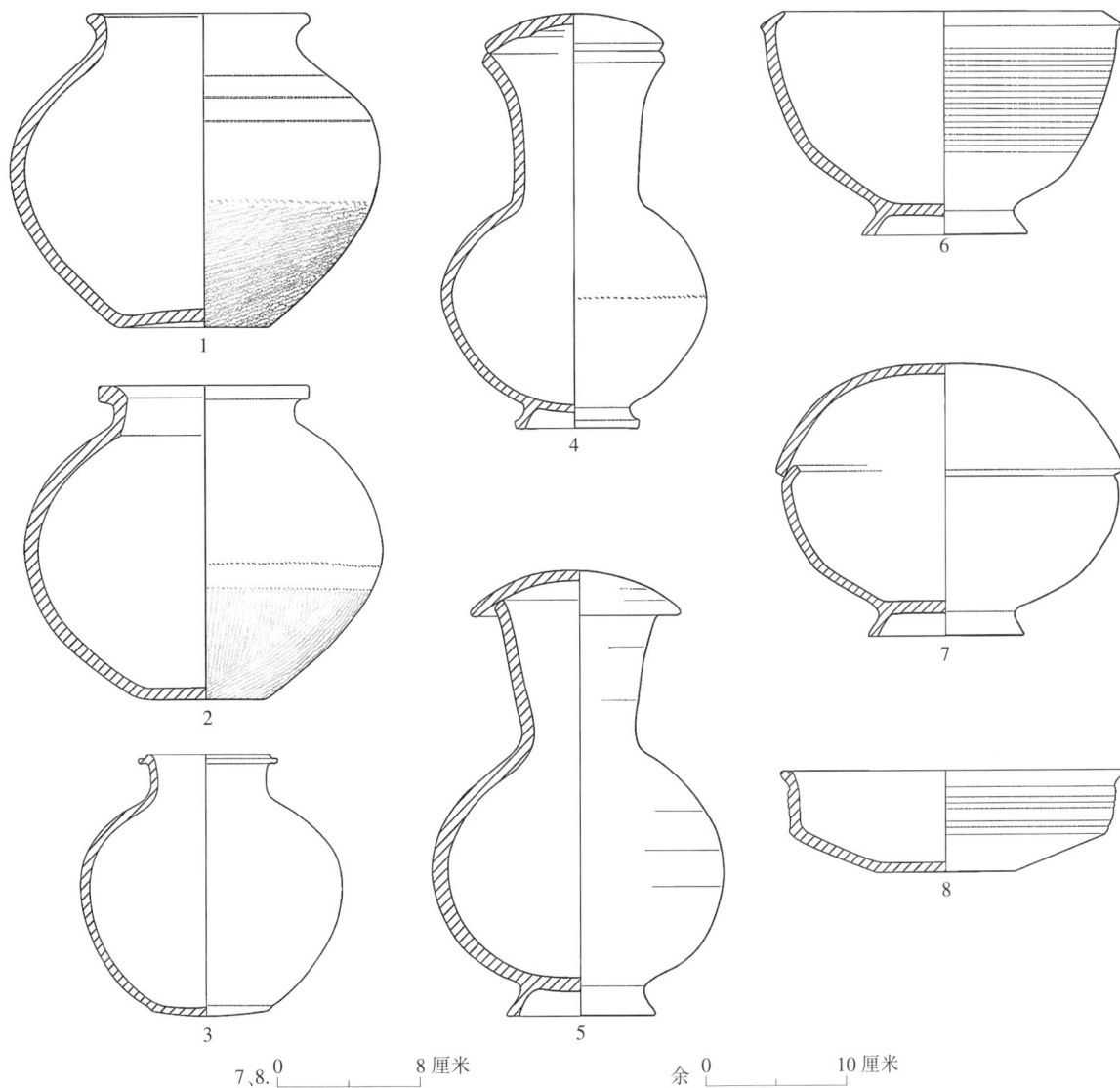

图一八五　M75 出土器物

1~3. 陶罐（M75：1、4、8）　4、5. 陶壶（M75：6、7）　6、7. 陶盒（M75：3、5）　8. 陶盆（M75：2）

高 2.6、壁厚 0.7~1.1 厘米。陶壶：口径 12.7、底径 8.5、最大腹径 18.6、高 25.6、壁厚 0.7~0.8 厘米（图一八五，4；彩版一一九，3）。标本 M75：7，夹砂灰陶，由壶盖及陶壶两部分组成。壶盖：整体呈覆碟状，圜顶，弧腹，圆唇，敞口。陶壶：尖唇，敞口，斜直颈，球腹，腹部最大径位置居中，矮圈足。素面。通高 30.3 厘米。壶盖：口径 14.8、高 3.1、壁厚 0.5~0.7 厘米。陶壶：口径 11.3、底径 10.3、最大腹径 20.6、高 28.2、壁厚 0.7~1.2 厘米（图一八五，5；彩版一一九，4）。

　　盒　2 件（M75：3、5）。标本 M75：3，夹砂灰陶，盒盖缺失。子口内敛，弧腹，矮圈足。腹部饰有瓦棱纹。口径 20.4、底径 9.3、高 12.0、壁厚 0.4~0.7 厘米（图一八五，6；彩版一一九，5）。标本 M75：5，夹砂灰陶，由盒盖及盒身两部分组成。盒盖：弧顶，弧腹，方唇，敞口。盒身：方唇，子口内敛，弧腹，矮圈足。通高 14.6 厘米。盒盖：口径 19.7、高 6.0、壁厚 0.5~0.7 厘米。盒身：口径 17.6、底径 8.7、高 9.1、壁厚 0.4~0.6 厘米（图一八五，7；彩版一一九，6）。

盆　1件。标本 M75：2，夹砂灰陶。圆唇，敞口，沿面有一周凹槽，折腹，平底。腹上部饰有多周弦纹。口径24.3、底径9.8、高6.9、壁厚0.6～0.9厘米（图一八五，8）。

五六　M79（Ⅲ区）

M79 与 M80 为一组并葬墓。

1. 墓葬形制

石圹竖穴墓，平面呈圆角长方形，墓圹规整。方向4°（图一八六；彩版一二〇，1）。开口于耕土层下，开口距地表深约0.20米。

墓圹四壁较平直，墓底平坦。长3.09、宽2.00、深1.10米。墓穴四壁保存有一圈宽0.20米的小碎石片，墓底平铺有一层厚约0.05米的贝壳。

墓内填埋大量小碎石片，少量黄沙和贝壳，较坚硬。

2. 葬具和人骨

从墓穴四壁保存的小碎石片分析，该墓主在下葬时，应有木棺，棺与墓壁间隙填充小碎石片；但由于该墓的埋藏条件不利于木棺保存，所以，在木棺腐朽殆尽后，仅剩小碎石片立于墓穴四壁。

墓内葬有1具人骨，为一男性个体。葬式为仰身屈肢葬，头向北，双臂平伸靠近体侧，双腿向东屈折，双脚并拢。

3. 随葬品

该墓共出土有10件随葬品，质地分陶、铜、铁、石、水晶五种。其中，口唅位于墓主人口内，铜带钩位于人骨左脚踝外侧；其余随葬品均位于人骨西侧，南北向排列，较

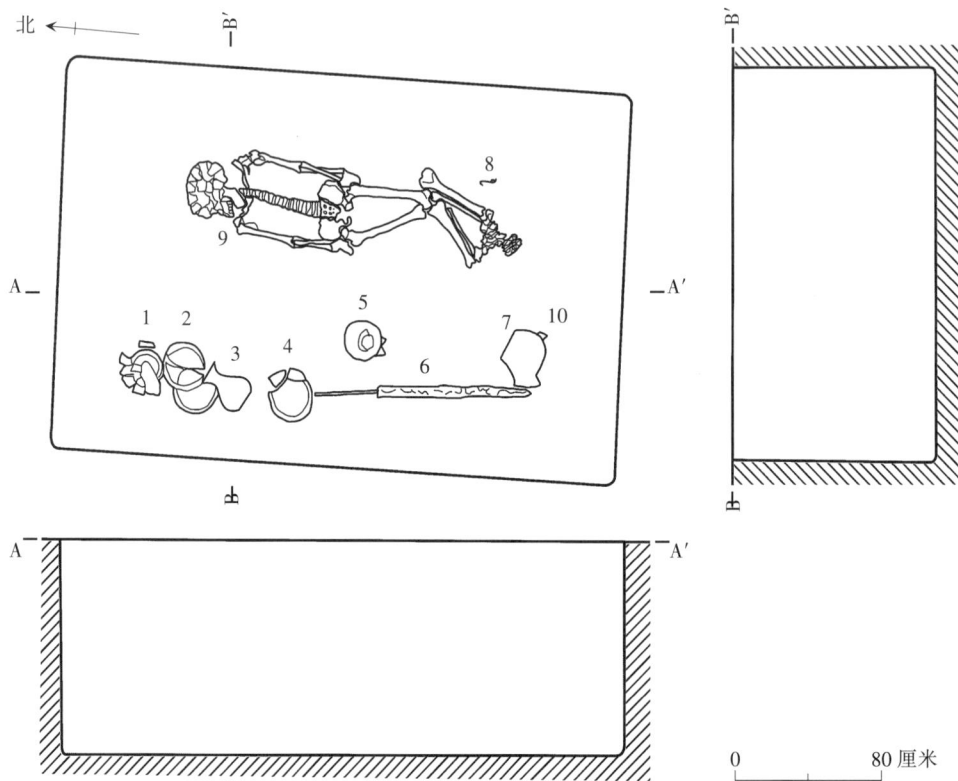

图一八六　M79 平、剖面图

1. 陶鼎　2. 陶盒　3、5. 陶壶　4. 陶盆　6. 铁剑　7. 石板　8. 铜带钩　9. 口唅　10. 圆陶片

为规整（彩版一二○，2），分述如下。

陶器 计有壶2、鼎1、盒1、盆1、圆陶片1。

壶 2件（M79：3、5）。形制相同，均为夹砂灰陶，尖唇，喇叭口，长束颈，溜肩，垂腹，腹部最大径位置靠近底部，平底；腹部施有瓦棱纹。标本 M79：3，口径12.5、底径10.5、最大腹径19.5、高24.3、壁厚0.5～0.8厘米（图一八七，1；彩版一二一，1）。标本 M79：5，口径13.2、底径11.0、最大腹径19.4、高24.2、壁厚0.7～1.2厘米（图一八七，2）。

鼎 1件。标本 M79：1，夹砂灰褐陶，由鼎盖及鼎身两部分组成。鼎盖：弧顶，弧腹，方唇，敞口，近鼎耳处口沿斜切。鼎身：尖唇，子口内敛，弧腹，圜底。方形立耳，耳上有长方形穿孔，四棱柱状足外撇。通高20.8厘米。鼎盖：口径19.3、高6.1、壁厚0.6～0.8厘米。陶鼎：口径18.1、高19.6、壁厚0.6～0.9厘米（图一八七，3；彩版一二一，2）。

盒 1件。标本 M79：2，夹砂灰陶，由盒盖及盒身两部分组成。盒盖：平顶，弧腹，圆唇，敛口。盒身：圆唇，敛口，弧腹，平底。通高10.5厘米。盒盖：顶径3.4、口径20.5、高5.1、壁厚0.4～1.0厘米。盒身：口径19.6、底径5.5、高5.4、壁厚0.5～0.9厘米（图一八七，4；彩版一二一，3）。

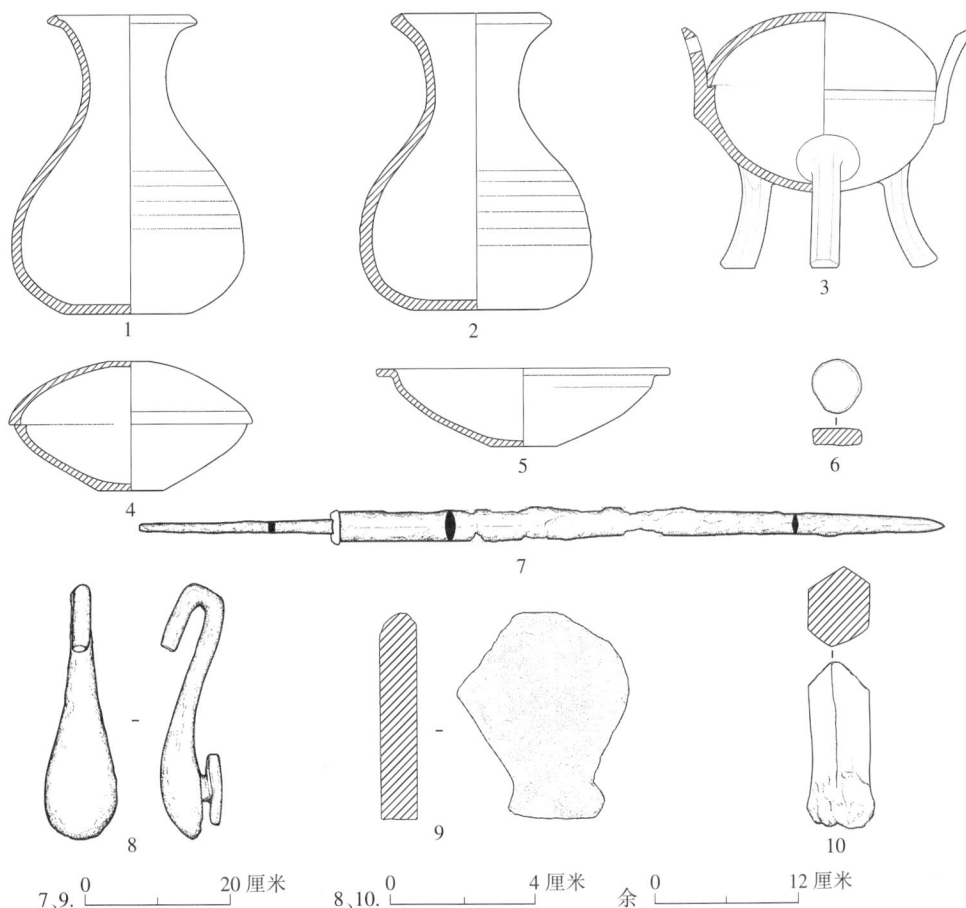

图一八七 M79 出土器物

1、2. 陶壶（M79：3、5） 3. 陶鼎（M79：1） 4. 陶盒（M79：2） 5. 陶盆（M79：4） 6. 圆陶片（M79：10）
7. 铁剑（M79：6） 8. 铜带钩（M79：8） 9. 石板（M79：7） 10. 口晗（M79：9）

盆　1件。标本 M79：4，夹砂灰陶。方唇，敞口，折沿，弧腹，平底。腹下部修坯削痕明显。口径 24.7、底径 5.5、高 6.4、壁厚 0.4～0.6 厘米（图一八七，5；彩版一二一，4）。

圆陶片　1件。标本 M79：10，夹砂红陶。平面呈不规则圆形，由陶片磨制而成，表面略凸。最大直径 4.3、厚 1.2 厘米（图一八七，6）。

铜器　计有带钩 1。

带钩　1件。标本 M79：8，琵琶形。长圆形钩首，钩体至钩尾处渐粗宽，钩身侧视略呈"S"形。圆形钩纽。长 6.9 厘米（图一八七，7；彩版一二一，5）。

铁器　计有剑 1。

剑　1把。标本 M79：6，细长柄，尖锋，截面呈梭形，直脊，剑茎细长，铜质剑格。截面锈蚀较严重。长 111.8、宽 4.8、厚 1.4 厘米（图一八七，8）。

石器　计有板 1。

板　1件。标本 M79：7，青灰色。平面呈不规则状，下部亚腰形。表面磨光。通长 27.7、通宽 24.0、厚 5.0 厘米（图一八七，9）。

水晶　计有口唅 1。

口唅　1件。标本 M79：9，大致呈蝉形，灰白色。头部仅具轮廓，背部无任何装饰，截面呈六棱体。长 4.5、宽 1.9 厘米（图一八七，10；彩版一二一，6）。

五七　M80（Ⅲ区）

1. 墓葬形制

石圹竖穴墓，平面呈圆角长方形，墓圹规整。方向 0°（图一八八；见彩版一二〇，1）。

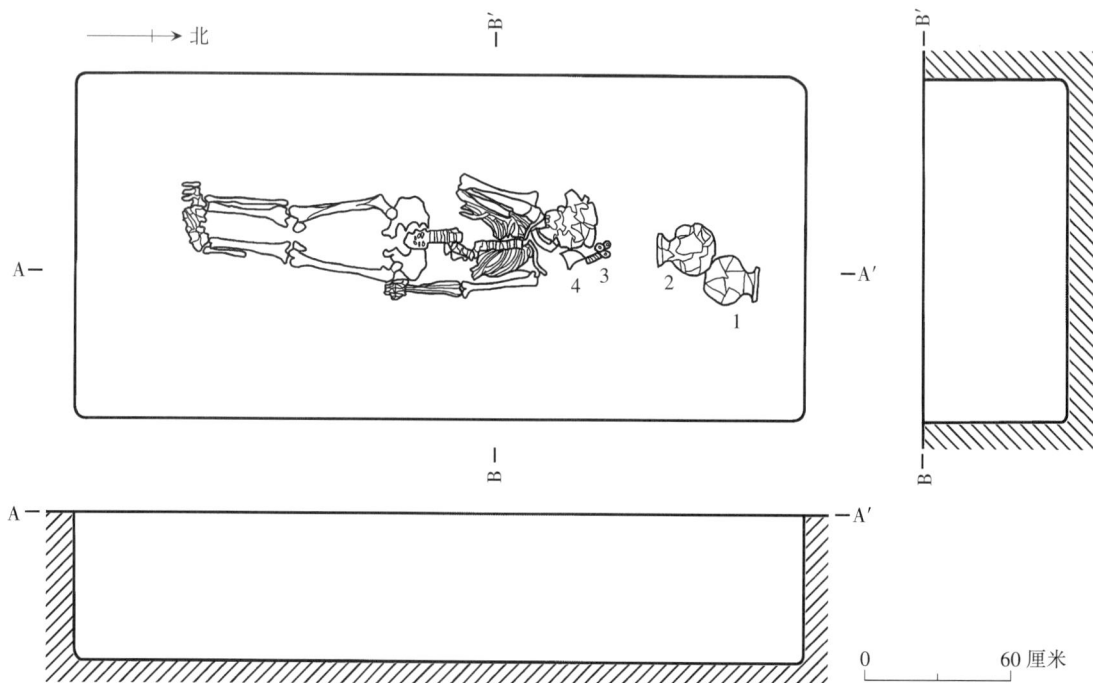

图一八八　M80 平、剖面图
1、2. 陶壶　3. 铜钱　4. 铜镜

开口于耕土层下，开口距地表深 0.20 米。

墓圹四壁较平直，墓底平坦。长 3.10、宽 1.40、深 0.60 米。墓底平铺有一层厚约 0.05 米的贝壳。

墓内填土主要为黄沙，夹杂有少量贝壳，土质较疏松。

2. 葬具和人骨

墓底未见任何葬具痕迹。

墓内葬有 1 具人骨，为一女性个体。骨骼保存较完整。葬式为仰身直肢，头向北，面向上，左臂平伸靠近体侧，右臂折向右锁骨处，双腿略向内并拢，双脚并拢。

3. 随葬品

该墓共出土有 4 件随葬品，质地分陶、铜两种，其中有铜钱 53 枚。其中铜镜残片及铜钱靠近头骨放置，陶罐位于头骨北部正上方（彩版一二〇，3），分述如下。

陶器　计有壶 2。

壶　2 件（M80：1、2）。标本 M80：1，夹砂黑褐陶。尖唇，盘口，束颈，溜肩，鼓腹，腹部最大径位置居中，凹底。腹部施有多道瓦棱纹，腹下部及底部满饰绳纹，少数抹平。口径 11.4、腹部最大径 20.7、底径 7.6、高 22.0、壁厚 0.4 ~ 0.6 厘米（图一八九，1；彩版一二三，1）。标本 M80：2，夹砂灰陶。尖唇，侈口，束颈，溜肩，鼓腹，腹部最大径位置居中，凹底。腹部施有多道瓦棱纹，腹下部及底部满饰绳纹。口径 10.8、腹部最大径 20.1、底径 6.2、高 24.0、壁厚 0.3 ~ 0.5 厘米（图一八九，2）。

铜器　计有镜 1。

镜　1 件。标本 M80：4，仅残存有约 1/4 部分，四乳四螭镜，圆形，镜面微凸。圆形纽座。现存镜面上施有一乳丁四叶纹，周围环绕蟠螭纹，粗涡纹底。素宽平缘。高 0.4 厘米（图一九〇）。

铜钱　53 枚，均为"半两"钱（图一九一）。详情见下表。

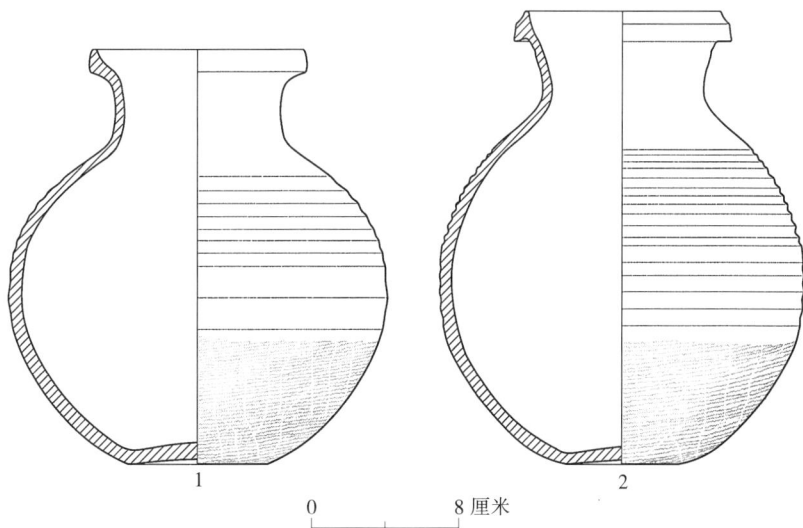

图一八九　M80 出土器物

1、2. 陶壶（M80：1、2）

图一九〇　M80 出土铜镜（M80：4）

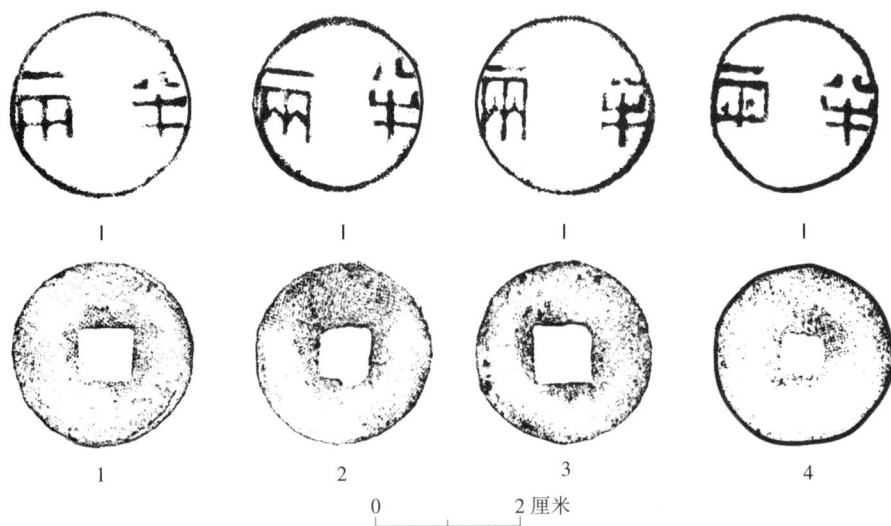

图一九一　M80 出土铜钱拓片
1~4. M80：3-1、3-51、3-31、3-11

M80 铜钱统计表　　　　　　　　　　（长度：厘米，重量：克）

种类	编号	特征		郭径	钱径	穿宽	郭宽	郭厚	肉厚	重量
		文字特征	记号							
半两钱	3－1	"半"字头硬折，上横两端上折；十字"两"			2.36	0.78			0.07	2.50
	3－2	同上		2.35	2.15	0.78	0.10	0.14	0.07	2.90
	3－3	同上			2.43	0.81			0.09	3.40
	3－4	同上			2.30	0.68			0.07	2.90
	3－5	同上			2.49	0.68			0.10	3.60
	3－6	同上			2.31	0.60			0.10	3.20
	3－7	同上			2.42	0.65			0.07	2.70
	3－8	同上			2.54	0.79			0.07	4.10
	3－9	同上			2.46	0.66			0.10	3.60
	3－10	"半"字头硬折，上横呈弧形；十字"两"			2.39	0.73			0.09	3.40
	3－11	"半"字头硬折，上横两端上折；两个"⊥"字"两"			2.35	0.78			0.08	3.10
	3－12	同上			2.55	0.80			0.06	3.00
	3－13	同上			2.53	0.81			0.06	2.70
	3－14	同上			2.45	0.84			0.08	2.90
	3－15	同上			2.37	0.88			0.09	2.90
	3－16	同上			2.44	0.73			0.08	2.90
	3－17	同上			2.45	0.71			0.09	2.70
	3－18	同上			2.38	0.67			0.08	2.80
	3－19	同上			2.44	0.75			0.09	3.00
	3－20	同上			2.45	0.85			0.07	2.90
	3－21	同上			2.41	0.82			0.09	2.90
	3－22	同上			2.42	0.71			0.09	3.20
	3－23	同上			2.51	0.81			0.07	2.90
	3－24	同上			2.48	0.78			0.07	3.20
	3－25	同上			2.40	0.70			0.08	3.00
	3－26	同上			2.49	0.61			0.10	4.10
	3－27	同上			2.50	0.69			0.07	2.70
	3－28	同上			2.49	0.85			0.08	2.90
	3－29	"半"字头硬折，上横两端上折；连山"两"			2.37	0.74			0.07	2.80

（续表）

种类	编号	特征		郭径	钱径	穿宽	郭宽	郭厚	肉厚	重量
		文字特征	记号							
半两钱	3－30	同上			2.42	0.94				0.09	2.90
	3－31	"半"字头硬折，上横两端上折；双人字"两"			2.47	0.90				0.10	3.00
	3－32	同上			2.44	0.67				0.08	3.00
	3－33	同上（边缘残缺）			2.44	0.73				0.06	2.90
	3－34	同上			2.50	0.88				0.08	2.90
	3－35	同上			2.42	0.63				0.07	3.20
	3－36	同上			2.52	0.73				0.08	3.10
	3－37	同上			2.38	0.79				0.10	2.70
	3－38	同上			2.34	0.72				0.06	2.70
	3－39	同上			2.55	0.95				0.08	2.90
	3－40	同上			2.49	0.82				0.09	2.70
	3－41	同上			2.44	0.72				0.09	3.30
	3－42	"半"字头为"八"，上横两端上折；十字"两"			2.34	0.67				0.07	2.90
	3－43	同上			2.49	0.76				0.07	2.90
	3－44	同上			2.40	0.86				0.10	3.20
	3－45	同上			2.48	0.79				0.09	3.20
	3－46	"半"字头为"八"，上横两端上折；两个"⊥"字"两"			2.50	0.72				0.07	3.00
	3－47	"半"字头为"八"，上横两端上折；双人"两"			2.42	0.73				0.09	4.00
	3－48	同上			2.39	0.75				0.09	3.20
	3－49	同上			2.33	0.73				0.09	2.90
	3－50	"半"字头硬折，上横两端上折；十字"两"			2.49	0.67				0.05	2.90
	3－51	"半"字头硬折，上横两端上折；连山"两"			2.47	0.67				0.05	3.40
	3－52	"半"字头硬折，上横两端上折；双人字"两"			2.46	0.79				0.05	3.20
	3－53	"半"字头为"八"，上横两端上折；两个"⊥"字"两"			2.45	0.62				0.03	3.00

五八 M81（Ⅲ区）

M81 与 M82 为一组并葬墓，其中，M81 打破 M82。

1. 墓葬形制

石圹竖穴墓，平面呈圆角长方形，墓圹规整。方向 0°（图一九二；彩版一二二，1）。开口于耕土层下，开口距地表深 0.20 米。

墓圹四壁较平直，墓底平坦。长 2.70、宽 1.59、深 0.70 米。墓穴四壁保存有一圈宽约 0.10 米的小碎石片；墓底系先平铺一层厚 0.02 米的小碎石片后再平铺一层厚 0.01 米的贝壳。

墓内填土主要为黄沙，夹杂有少量贝壳、小碎石片，土质较疏松。

2. 葬具和人骨

从墓穴四壁保存的小碎石片分析，该墓主在下葬时，应有木棺，棺与墓壁的间隙填充小碎石片；但由于该墓的埋藏条件不利于木棺保存，所以，在木棺已腐朽殆尽后，仅剩小碎石片立于墓穴四壁。

葬有 1 具人骨，为一女性个体。骨骼保存较完整。葬式为仰身直肢，头向北，面向上，左臂平伸贴近体侧，右手肘部略向内屈折，双腿向内并拢。

3. 随葬品

该墓共出土有 13 件随葬品，质地主要分陶、琉璃 2 种，另外还有兽骨、铜钱 2 枚。其中，耳瑱位于头骨耳部，铜钱靠近左脚踝外侧放置；其余随葬品均位于人骨西侧，南北向排列，较为规整，分述如下。

陶器　计有罐 2、壶 2、鼎 1、盒 1、盆 2、器盖 2。

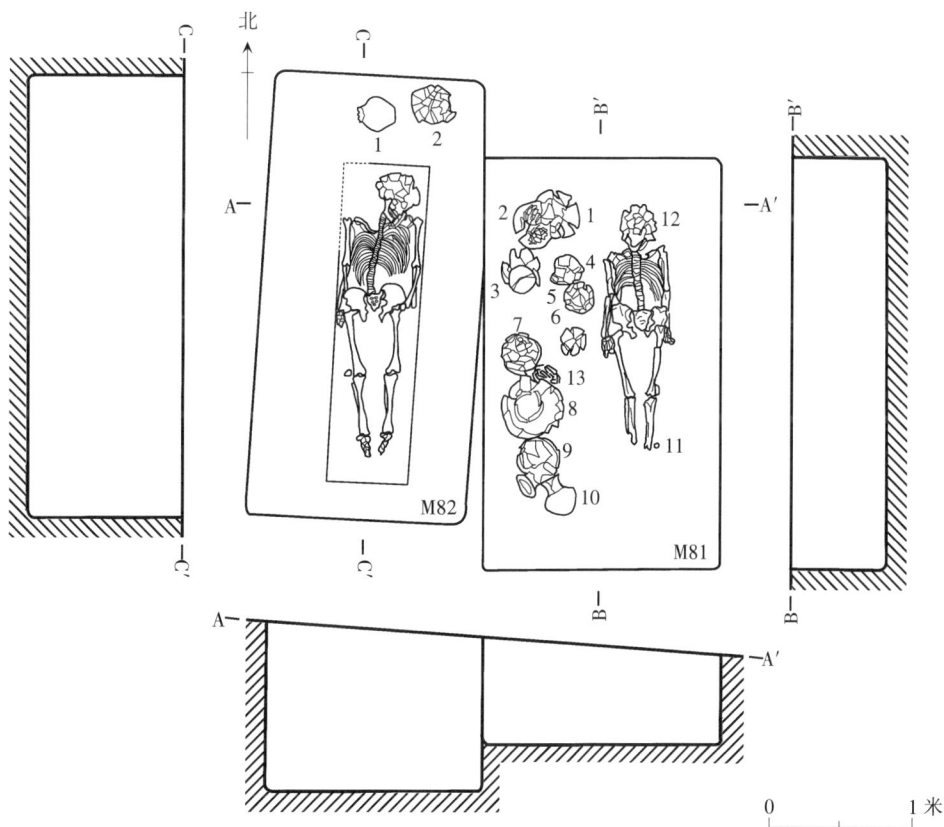

图一九二　M81、M82 平、剖面图

M81　1、2. 陶盆　3. 陶盒　4. 陶鼎　5、6. 陶器盖　7、8. 陶罐　9、10. 陶壶　11. 铜钱　12. 耳瑱　13. 兽骨

M82　1、2. 陶壶

罐　2件（M81：7、8）。标本 M81：7，夹砂灰陶。方唇，直口，折沿，束颈，溜肩，鼓腹，腹部最大径位置居中，凹底。腹下部及底部满饰绳纹。口径15.3、底径7.6、最大腹径23.9、高20.8、壁厚0.4～0.8厘米（图一九三，1）。标本 M81：8，夹砂黄褐

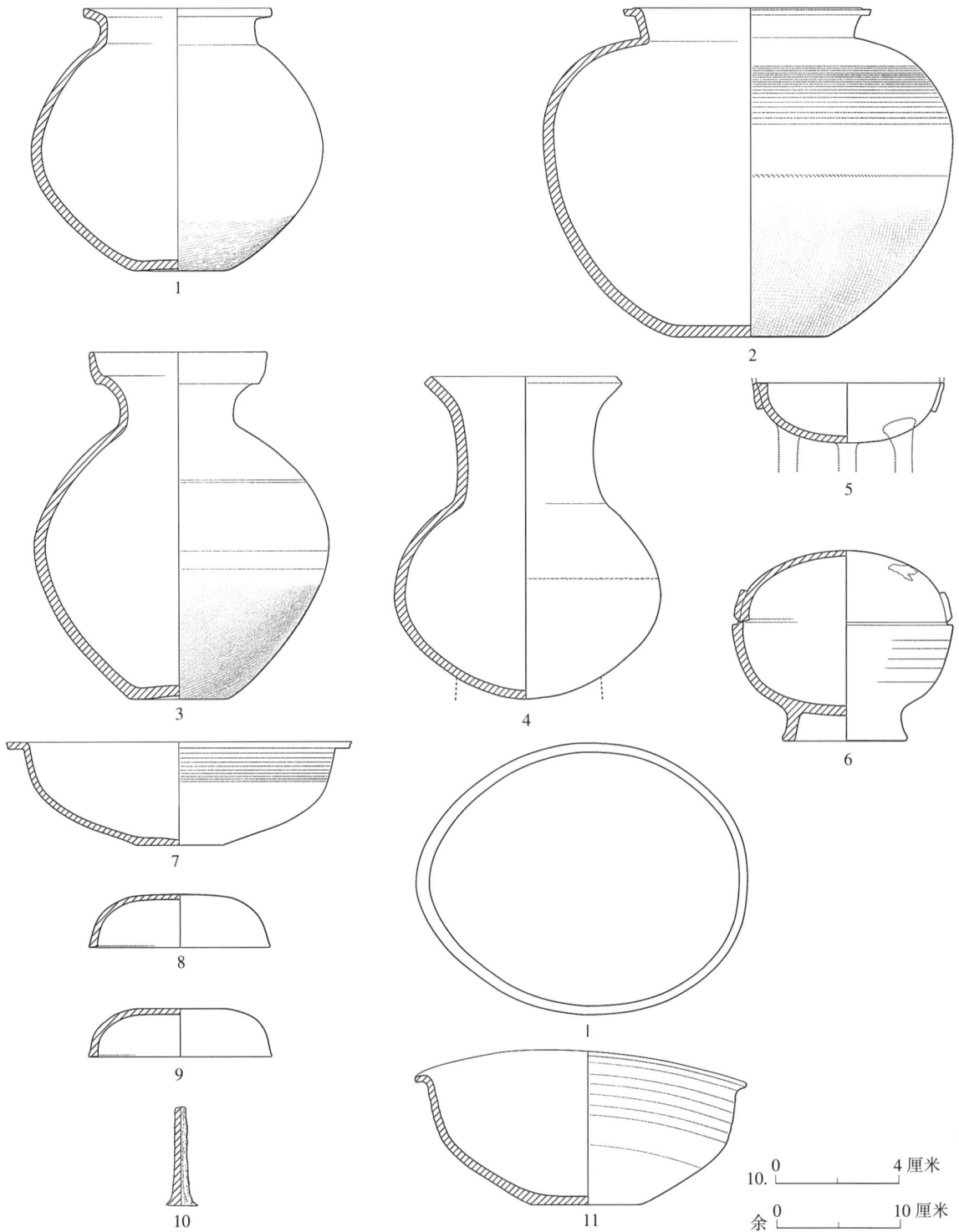

图一九三　M81 出土器物

1、2. 陶罐（M81：7、8）　3、4. 陶壶（M81：9、10）　5. 陶鼎（M81：4）　6. 陶盒（M81：3）　7、11. 陶盆（M81：1、2）　8、9. 陶器盖（M81：5、6）　10. 耳瑱（M81：12）

陶。圆唇，子母口，束颈，圆肩，鼓腹，腹部最大径位置靠近肩部，平底。腹上部施有多周凹弦纹，腹中部施有一周粗绳纹，腹下部及底部满饰细绳纹。口径20.0、底径12.4、最大腹径33.3、高26.1、壁厚0.6~0.9厘米（图一九三，2；彩版一二三，2）。

壶　2件（M81:9、10）。标本M81:9，夹砂黄褐陶。圆唇，盘口，束颈，溜肩，鼓腹，腹部最大径位置居中，凹底。腹上部饰有一周凹弦纹；腹下部及底部满饰绳纹，部分抹平。口径14.6、底径8.0、最大腹径24.2、高27.5、壁厚0.7~0.9厘米（图一九三，3；彩版一二三，3）。标本M81:10，夹砂黄褐陶。尖唇，喇叭口，长颈微束，溜肩，鼓腹，腹部最大径位置居中，圈足残缺。腹中部施有一周粗绳纹。口径16.0、最大腹径21.8、残高25.6、壁厚0.6~1.0厘米（图一九三，4；彩版一二三，4）。

鼎　1件。标本M81:4，夹砂灰陶，双耳及三足均已残缺。尖唇，敛口，弧腹，圜底。推测应作为器盖使用。口径15.0、残高4.8、壁厚0.5~0.8厘米（图一九三，5）。

盒　1件。标本M81:3，夹砂黑褐陶。由盒盖及盒身两部分组成。盒盖：利用残鼎制成。弧顶，弧腹，尖唇，敛口。盒身：圆唇，子母口内敛，弧腹，矮圈足。腹部施有多周瓦棱纹。通高15.1厘米。盒盖：口径16.9、高5.7、壁厚0.5~0.7厘米。盒身：口径16.9、底径10.2、高9.4、壁厚0.6~0.9厘米（图一九三，6；彩版一二三，5）。

盆　2件（M81:1、2）。标本M81:1，夹砂灰陶。方唇，敞口，折沿，弧腹，小平底。腹上部饰有多周凹弦纹。口径28.4、底径7.0、高8.2、壁厚0.4~0.5厘米（图一九三，7）。标本M81:2，夹砂灰陶。平面略呈卵形，方唇，敞口，小展沿，弧腹，平底。腹上部施有多周瓦棱纹，腹下部修坯削痕明显。最大口径27.1、底径8.8、高12.2、壁厚0.5~0.8厘米（图一九三，11）。

器盖　2件（M81:5、6）。形制相同，均为夹砂黑褐陶，平顶，弧腹，方唇，口微敛。标本M81:5，口径14.9、底径3.2、高4.2、壁厚0.3~0.6厘米（图一九三，8）。标本M81:6，口径15.0、底径7.3、高3.8、壁厚0.4~0.6厘米（图一九三，9）。

琉璃器　计有耳瑱1。

耳瑱　1件。标本M81:12，蓝绿色。喇叭形，细长柄，两端齐平。最大径1.1、长3.2厘米（图一九三，10）。

铜钱　2枚，均为"半两"钱（图一九四）。详情见下表。

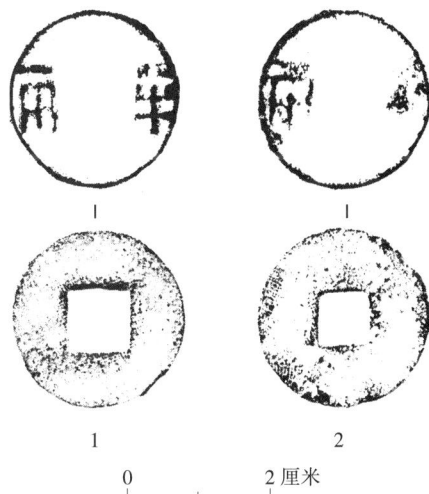

图一九四　M81出土铜钱拓片
1、2. M81:11-1、11-2

M81铜钱统计表　　　　　　　　（长度：厘米，重量：克）

| 种类 | 编号 | 特征 | | 郭径 | 钱径 | 穿宽 | 郭宽 | 郭厚 | 肉厚 | 重量 |
		文字特征	记号							
半两钱	11-1	"半"字头为"八"，上横两端上折；十字"两"			2.37	0.88			0.06	1.90
	11-2	"半"字不清，人字"两"			2.35	0.68			0.06	2.20

五九　M82（Ⅲ区）

1. 墓葬形制

石圹竖穴墓，平面呈圆角长方形，墓圹规整。方向5°（见图一九二）。开口于耕土层下，开口距地表深0.20米。

墓圹四壁较平直，其东壁被M81打破一部分，墓底平坦。长2.90、宽1.46、深1.10米。墓穴四壁保存有一圈宽约0.10米的小碎石片；墓底系先平铺一层厚约0.05米的小碎石片后再平铺一层厚约0.02米的贝壳。

墓内填土主要为黄沙，夹杂有少量贝壳、小碎石片，土质较疏松。

2. 葬具和人骨

葬具为木棺，位于墓底中部，腐朽较严重，现存黑色板灰痕迹。木棺为长方形箱式，长2.08、宽0.56米。

棺内葬有1具人骨，为一男性个体。骨骼保存较完整。葬式为仰身直肢，头向北，面向东，肩部上耸，双臂平伸贴近体侧，双腿平直，两脚略向内并拢（彩版一二二，2）。

3. 随葬品

该墓共出土有2件随葬品，均为陶器，种类计有壶2，均位于头骨北侧上方。

壶　2件（M82：1、2）。形制相同，均为夹砂黄褐陶，尖唇，小盘口，束颈，溜肩，鼓腹，腹部最大径位置居中，平底；肩部及腹上部施有多周瓦棱纹，腹下部及底部饰有细绳纹，部分抹平。标本M82：1，口径10.9、底径6.8、最大腹径20.8、高26.3、壁厚0.8～1.0厘米（图一九五，1；彩版一二三，6）。标本M82：2，口径10.1、底径7.6、最大腹径20.9、高25.6、壁厚0.6～0.9厘米（图一九五，2）。

六〇　M84（Ⅲ区）

1. 墓葬形制

单室砖墓，平面呈"甲"字形，由墓道、墓室组成。方向185°（图一九六；彩版一二四，1）。开口于耕土层下，开口距地表0.20米，已破坏。

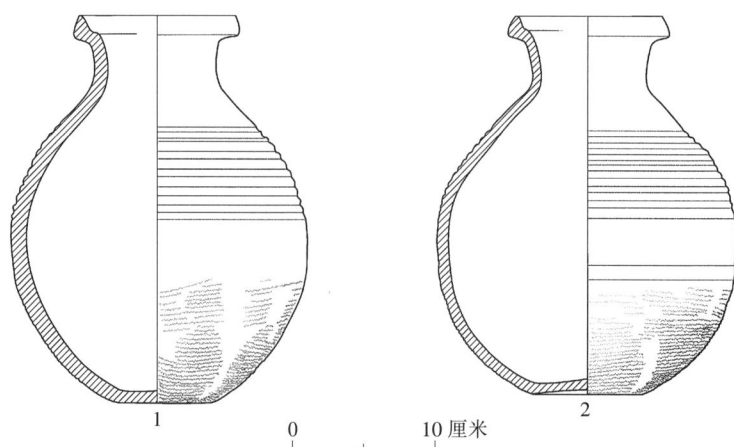

图一九五　M82 出土器物
1、2. 陶壶（M82：1、2）

墓道 位于墓室南壁中部偏东，长方形斜坡状，未发掘完，长不详，宽 0.90、底部距地表 0.56 米。

墓门和封门 不存。

墓室 平面呈弧长方形，长 3.10、宽 2.90 米。四壁外弧明显，最高处保存有 6 层砖，砌法由下至上为三层平砖一层丁立砖，两者交替向上。另外，三层平砖的砌法又为两层平砌丁砖之间夹一层双隅顺砌平砖。墓底铺砖为人字形。用砖规格：32×14×4 厘米，青砖，大部分砖平面施有绳纹。

2. 葬具和人骨

墓内未发现任何葬具。

葬有 2 具人骨，并列置于墓室西侧。西侧人骨分布较凌乱，为一女性个体，葬式不明；东侧人骨保存较好，为一男性个体，左下肢骨移位，葬式为仰身直肢，头向北。

3. 随葬品

该墓共出土有 13 件随葬品，位于墓室中部，大多数为陶器，另有铜钱 1 枚。

陶器 计有壶 2、仓 1、灯 1、奁 1、耳杯 1、缸 1、钵 1、器盖 1、小盆 2、小甄 1。

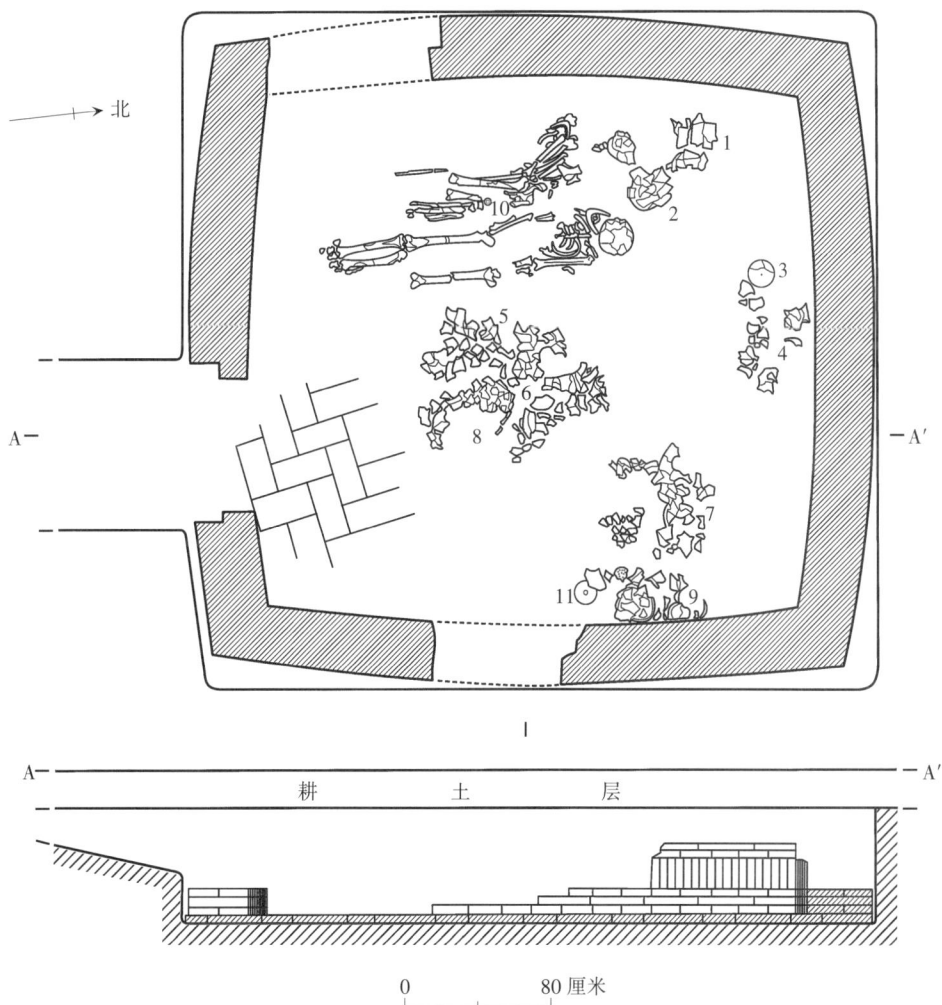

图一九六 M84 平、剖面图

1. 陶缸 2. 陶钵 3. 陶器盖 4、5. 陶壶 6. 陶耳杯 7. 小陶盆（甄） 8. 陶仓 9. 陶奁 10. 铜钱 11. 陶灯盘

　　壶　2件（M84∶4、5）。标本 M84∶4，夹砂黑褐陶。尖唇，敞口，折沿，束颈，溜肩，鼓腹、腹部最大径位置居中，底部残缺。口径 8.6、最大腹径 14.2、残高 13.4、壁厚 0.5～1.3 厘米（图一九七，1）。标本 M84∶5，夹砂黑灰陶。破碎无法拼对，形制不明。

　　仓　1件。标本 M84∶8，夹砂灰陶，仓盖缺失。仓身正面上宽下窄，呈倒梯形，中间有门，门口左侧有门栓，右侧有轴洞。仓身下有底座，底座上穿有四个孔洞。仓体周身施有多周瓦棱纹。长 20.5、宽 20.0、高 19.5、壁厚 0.5～1.5 厘米（图一九七，2）。

　　灯　1件。标本 M84∶11，夹砂灰陶。圆唇，敞口，浅盘，圜底，底部中心穿有一圆

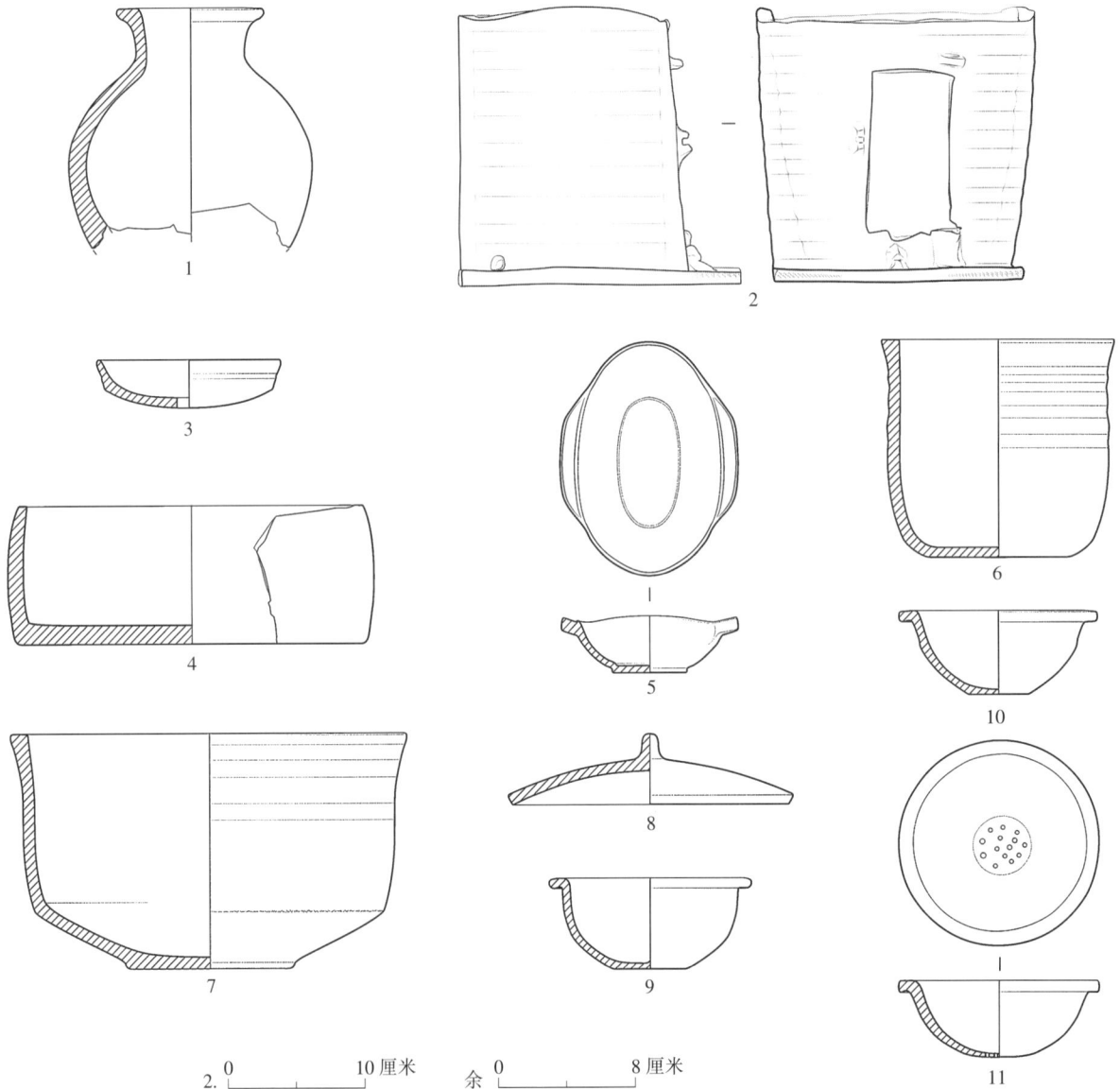

图一九七　M84 出土器物

1. 陶壶（M84∶4）　2. 陶仓（M84∶8）　3. 陶灯（M84∶11）　4. 陶奁（M84∶9）　5. 陶耳杯（M84∶6）　6. 陶缸（M84∶1）　7. 陶钵（M84∶2）　8. 陶器盖（M84∶3）　9、10. 小陶盆（M84∶7-1、7-2）　11. 小陶甑（M84∶7-3）

孔用于连接灯座。口径10.7、高2.7、壁厚0.2~0.7厘米（图一九七，3）。

盨 1件。标本M84：9，夹砂黑陶。方唇，口微敛，腹微鼓，平底。存高约7.7、壁厚0.5~1.0厘米（图一九七，4）。

耳杯 1件。标本M84：6，夹砂灰黑陶。椭圆形杯口，弧腹，台底，双耳上翘。长13.1、宽10.3、高3.2、壁厚0.4~0.7厘米（图一九七，5）。

缸 1件。标本M84：1，夹砂黑褐陶。方唇，口微侈，腹略弧，平底。腹上部施有多周瓦棱纹。口径13.5、底径8.3、高12.2、壁厚0.6~0.8厘米（图一九七，6；彩版一二五，2）。

钵 1件。标本M84：2，夹砂灰陶。方唇，口微侈，折腹，台底。腹上部施有多周瓦棱纹，腹中部施有一周粗绳纹。口径23.0、底径9.8、高13.1、壁厚0.6~1.0厘米（图一九七，7；彩版一二五，1）。

器盖 1件。标本M84：3，夹砂灰褐陶。圜顶，顶附一柱状纽，弧腹，方唇，敞口。口径16.4、高4.0、壁厚0.6~0.7厘米（图一九七，8）。

小盆 2件（M84：7-1、7-2）。形制相同，均为夹砂灰陶，圆唇，敞口，折沿，弧腹，平底。标本M84：7-1，口径11.7、高5.1、壁厚0.5~0.7厘米（图一九七，9）。标本M84：7-2，口径11.5、高4.7、壁厚0.5~0.7厘米（图一九七，10）。

小甑 1件。标本M84：7-3，夹砂灰黑陶。方唇，敞口，折沿，弧腹，圜底，底部穿有14个圆形甑眼。口径11.6、高4.3、壁厚0.2~0.7厘米（图一九七，11）。

铜钱 1枚，为"五铢"钱，残缺不全，重1.60克。

六一 M85（Ⅲ区）

1. 墓葬形制

单室砖墓，平面呈甲字形，由墓道、墓门及墓室组成。方向180°（图一九八；彩版一二四，2）。开口于耕土层下，开口距地表0.10米，已破坏。

墓道 长方形斜坡状，未发掘完，长不详，宽0.90、底部距地表1.10米。

墓门 位于墓室南壁偏东，宽0.80米。

封门 条砖封堵，残存2层砖，残高0.20米，砌法为一层丁立砖，之上一层双隅顺砌平砖。

墓室 平面呈长方形，长2.80、宽1.80米。四壁平直，保存最高处保存有11层砖，砌法由下至上为三层平砖一层丁立砖，两者交替向上。另外，三层平砖的砌法又为两层双隅顺砌平砖之间夹一层平砌丁砖。墓底铺砖为东北—西南斜向错缝平铺。用砖规格32×16×4厘米，青砖，大部分砖平面施有绳纹。

2. 葬具和人骨

墓内未发现任何葬具。

葬有2具人骨，置于墓室中西部。西侧人骨，性别不明，保存较差，部分上肢骨缺失，葬式为仰身直肢，头向北。东侧人骨，仅余下肢骨，葬式及性别不明。

3. 随葬品

该墓共出土有13件随葬品，位于墓室北部，均为陶器，种类计有壶3、井1、灶1、盨3、小盆3、小甑1、小釜1。

壶 3件（M85：1、9、12）。标本M85：1，夹砂灰陶。破碎无法拼对，具体形制

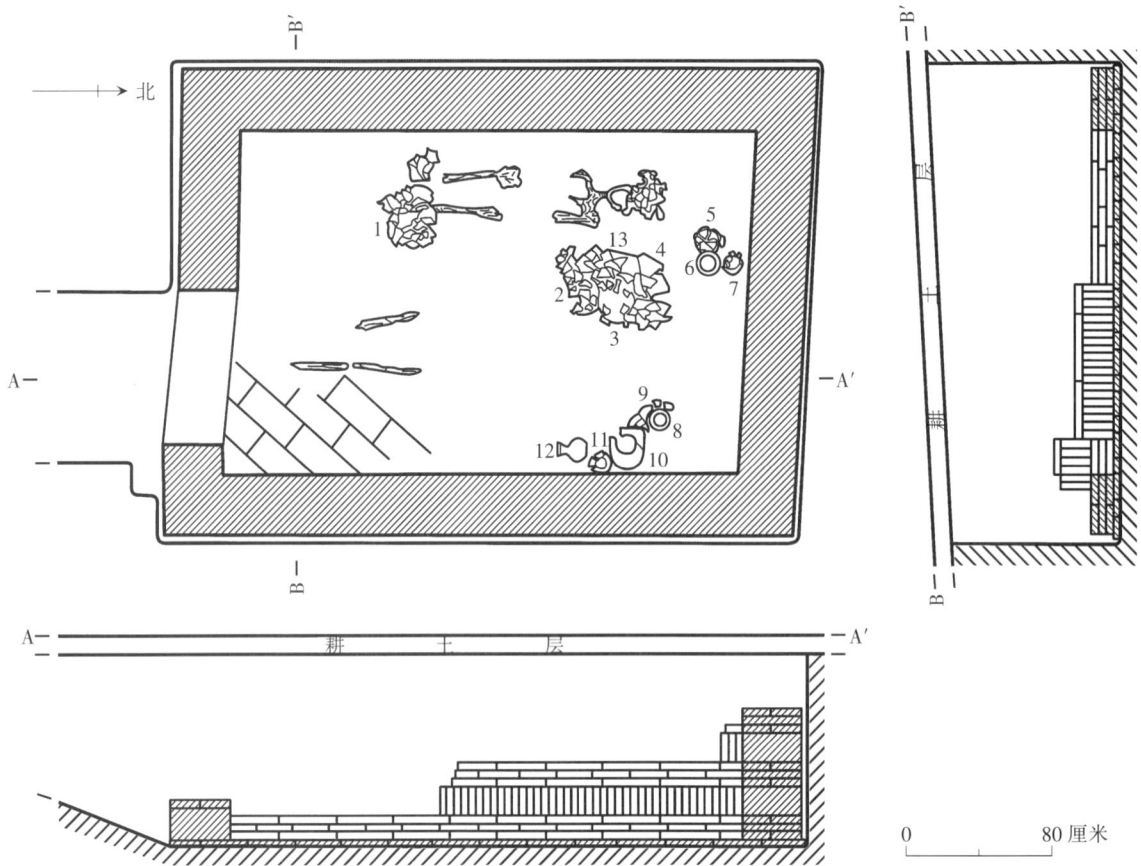

图一九八　M85 平、剖面图

1、9、12. 陶壶　2、3、4. 陶奁　5、6、11. 小陶盆　7. 陶井　8. 小陶釜　10. 陶灶　13. 小陶瓿

不明。标本 M85：9，仅存壶口，夹砂灰陶。方唇，盘口。口径 13.3、残高 4.9、壁厚 0.6～0.8 厘米（图一九九，1）。标本 M85：12，夹砂灰陶。方唇，小盘口，束颈，溜肩，鼓腹，腹部最大径位置居中，平底。腹部饰有数周瓦棱纹。口径 7.6、底径 6.9、腹部最大径 12.7、高 14.6、壁厚 0.4～0.6 厘米（图一九九，2；彩版一二五，3）。

井　1件。标本 M85：7，夹砂灰陶。圆唇，敞口，束颈，弧腹，平底。腹下部修坯削痕明显。口径 11.4、底径 6.2、高 12.4、壁厚 0.6～0.8 厘米（图一九九，6）。

灶　1件。标本 M85：10，夹砂黄褐陶。灶体平面呈圆角梯形，灶面前端有一圆形火眼，尾端有椭圆形烟孔。长方形灶门，落地。灶面饰有数周凹弦纹。长 21.8、宽 20.0、高 8.7、壁厚 0.7～0.9 厘米，灶门长 5.4、高 3.0 厘米，火眼直径 10.0 厘米，烟孔长径 1.2、短径 0.8 厘米（图一九九，7；彩版一二五，4）。

奁　3件（M85：2、3、4）。其中，标本 M85：2 与 M85：4 形制相同，均为夹砂黑陶，方唇，敛口，弧腹，平底；近口处施有两周凹弦纹。标本 M85：2，口径 22.0、底径 19.1、高 9.9、壁厚 0.8～1.0 厘米（图一九九，3）。标本 M85：4，口径 22.0、底径 20.2、高 9.4、壁厚 0.9～1.1 厘米（图一九九，4）。标本 M85：3，夹砂灰陶。方唇，直口，直腹，平底。腹部饰有一周凹弦纹，腹内壁饰有四周瓦棱纹。口径 21.4、底径 21.0、高 9.8、壁厚 0.8～0.9 厘米（图一九九，5）。

图一九九　M85 出土器物

1、2. 陶壶（M85：9、12）　3～5. 陶瓮（M85：2、4、3）　6. 陶井（M85：7）　7. 陶灶（M85：10）　8～10. 小陶盆（M85：5、6、11）　11. 小陶釜（M85：8）　12. 小陶甑（M85：13）

　　小盆　3 件（M85：5、6、11）。标本 M85：5，夹砂灰褐陶。圆唇，折沿，沿面有一周凹槽，敞口，弧腹，平底。腹下部修坯削痕明显。口径 12.8、底径 5.1、高 5.2、壁厚 0.4～0.6 厘米（图一九九，8）。其中，标本 M85：6 与 M85：11 形制相同，均为夹砂黄褐陶，圆唇，展沿，敞口，弧腹，平底；腹下部修坯削痕明显。标本 M85：6，腹上部饰有三周瓦棱纹。口径 12.7、底径 4.6、高 5.2、壁厚 0.7～0.9 厘米（图一九九，9）。标本 M85：11，口径 12.9、底径 4.7、高 5.2、壁厚 0.4～0.6 厘米（图一九九，10）。

　　小甑　1 件。标本 M85：13，部分残缺。夹砂灰褐陶，陶色不纯，局部呈黑褐色。圆唇，折肩，鼓腹，圜底。底部戳有圆形甑眼。口径8.7、高7.6、壁厚0.6~0.7厘米（图一九九，12）。

小釜　1件。标本M85：8，夹砂灰陶。尖唇，敛口，溜肩，鼓腹，平底。口径12.8、底径5.1、高5.2、壁厚0.4~0.6厘米（图一九九，11）。

六二　M86（Ⅲ区）

1. 墓葬形制

单室砖墓，平面呈甲字形，由墓道、甬道、墓门及墓室组成。方向185°（图二○○）。开口于耕土层下，开口距地表0.10米，破坏严重。

墓道　残存一小段，长方形斜坡状，长0.70、宽1.10、底部距地表0.50米。

甬道　西侧被破坏，残存东侧基础部分，长0.40米，宽不详。

墓门　位于墓室南壁东侧，仅存东侧基础部分。

封门　不存。

墓室　平面呈长方形，残长1.20、宽2.50米。北侧已被破坏，残存墓壁均较平直，最高处保存有三层砖，砌法为两层双隅顺砌平砖之间夹一层平砌丁砖。墓底铺砖为东北—西南斜向错缝平铺。用砖规格：（36~38）×18×6厘米，青砖，多数砖平面施有绳纹。

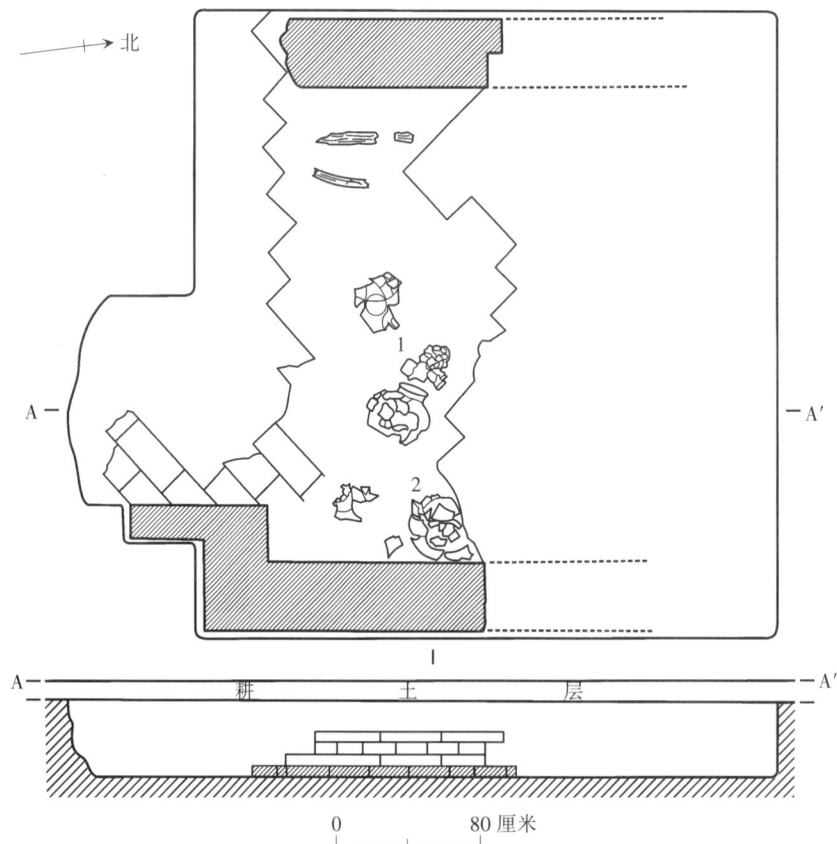

图二○○　M86平、剖面图
1. 陶壶　2. 陶扁壶

2. 葬具和人骨

墓内未发现任何葬具。

可辨葬有 1 具人骨，置于墓室西侧，仅存少量下肢骨，葬式及性别不明。

3. 随葬品

该墓共出土有 6 件随葬品，位于墓室中部，质地可分为陶、银两种。现分述如下。

陶器　种类计有扁壶 1、壶 1、钵 1。

扁壶　1 件。标本 M86：2，夹砂白陶。方唇，口略侈，斜领，溜肩，肩附对称双鼻形耳，弧腹，腹部横截面呈椭圆形，腹部最大径位置靠近肩部，凹底。口长径 15.4、短径 14.3、腹长径 31.3、短径 18.9、底长径 20.9、短径 12.4、高 26.8、壁厚 1.1～1.3 厘米（图二〇一，1）。

壶　1 件。标本 M86：1，夹砂灰陶。口沿处现已缺失，束颈，溜肩，鼓腹，最大腹径位置靠近肩部，平底。素面。底径 11.1、腹部最大径 22.1、高（现存）22.5、壁厚 0.5～0.6 厘米（图二〇一，2）。

钵　1 件。标本 M86 填：1，夹砂灰陶。圆唇，敞口，弧腹，平底。口沿内壁有一周凸棱，腹部有一周凹弦纹。口径 14.0、底径 7.6、高 6.0、壁厚 0.4～0.5 厘米（图二〇一，3）。

银器　种类计有指环 3。

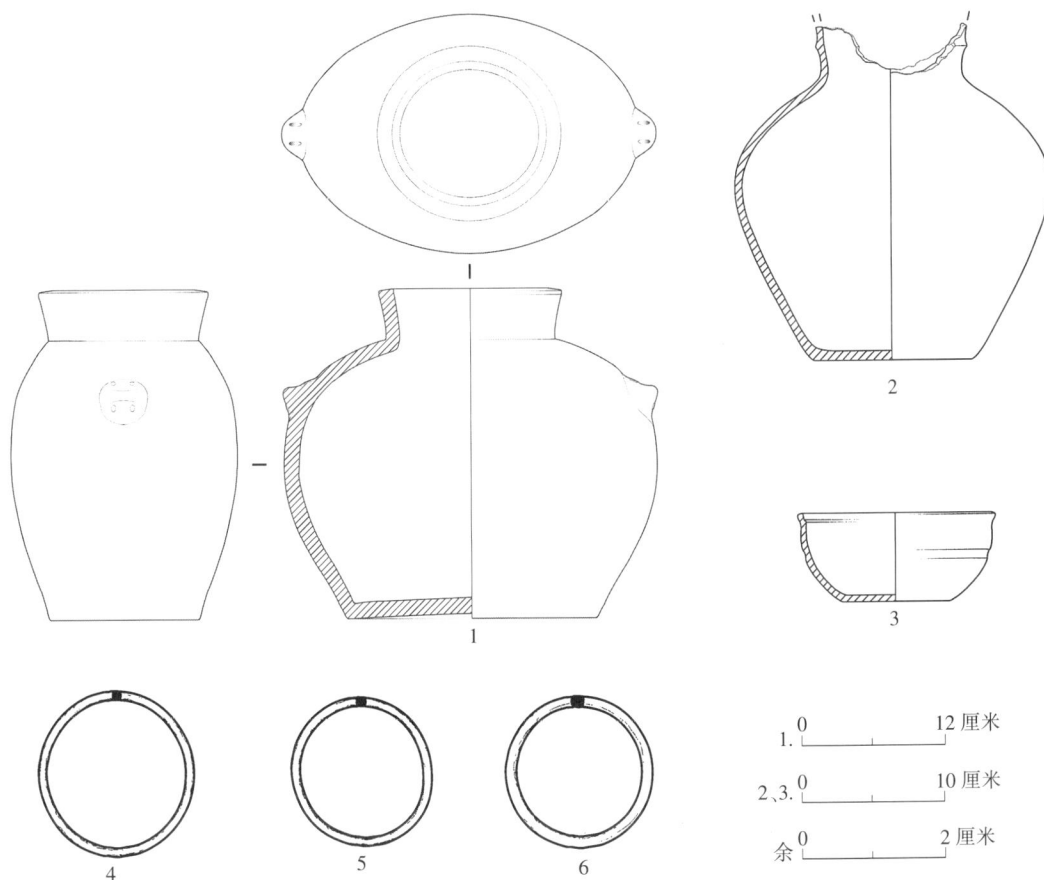

图二〇一　M86 出土器物

1. 陶扁壶（M86：2）　2. 陶壶（M86：1）　3. 陶钵（M86 填：1）　4～6. 银指环（M86 填：2、填：3、填：4）

指环　3件。均平面呈圆形，截面近似方形。标本 M86 填：2，直径 2.1～2.3 厘米（图二〇一，4）。标本 M86 填：3，直径 1.9～2.0 厘米（图二〇一，5）。标本 M86 填：4，直径 2.0～2.1 厘米（图二〇一，6）。

六三　M87（Ⅰ区）

1. 墓葬形制

单室砖墓，平面呈甲字形，由墓道、墓门及墓室组成。方向 290°（图二〇二；彩版一二六）。开口于耕土层下，开口距地表 0.30 米，已破坏。

墓道　不垂直于墓室，斜向西南，长方形斜坡状，未发掘完，长不详，宽 0.90、底部距地表 1.30 米。

墓门　位于墓室西壁中部偏南，宽 0.90 米。

封门　条砖封堵，现存 9 层砖，残高 0.52 米。分为内外两层，内层为条砖规矩封堵，外层用碎砖倚护。

墓室　平面呈长方形，长 2.70、宽 2.20 米。四壁平直，砖墙保存较好，最高处保存有 11 层砖，砌法由下至上为三层平砖一层丁立砖，两者交替向上。另外，三层平砖的砌法又为双隅平砖错缝顺砌。墓底铺砖为东西向错缝平铺。用砖规格：32×16×4 厘米，青

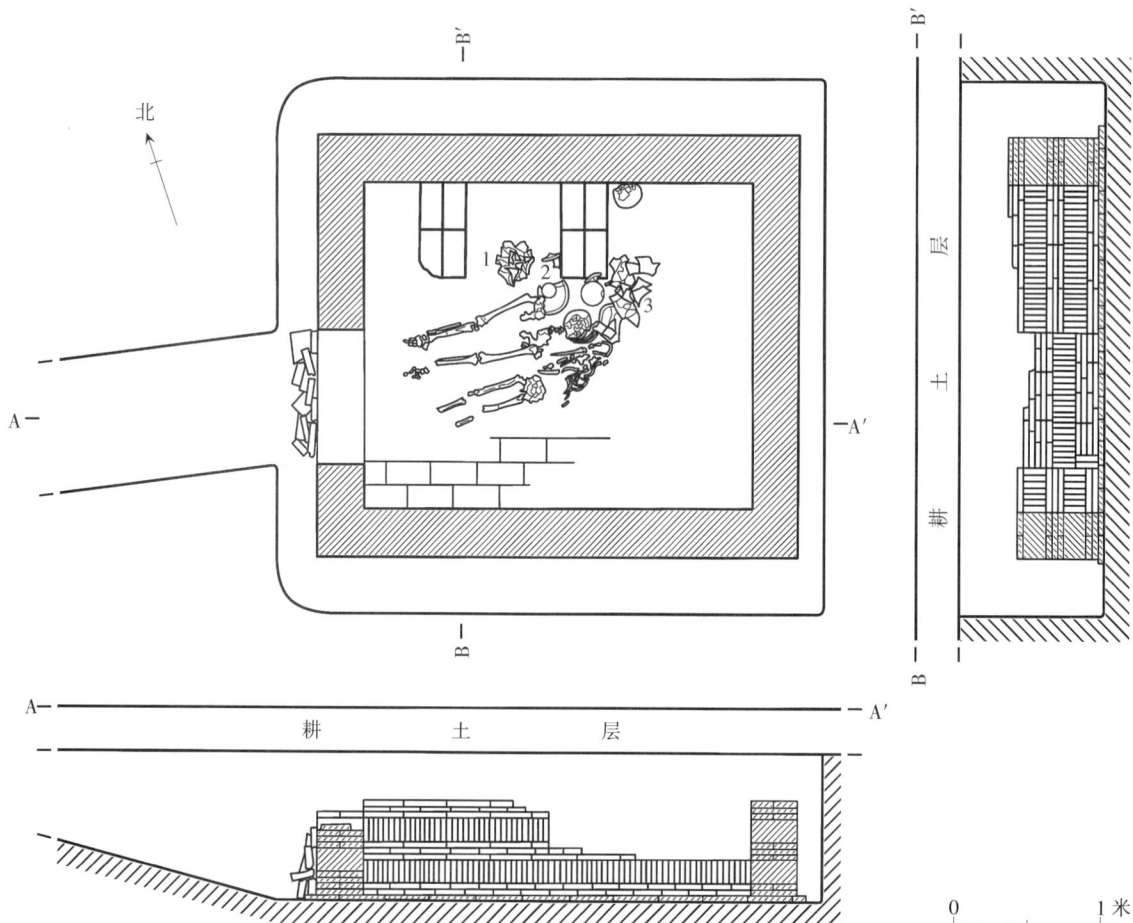

图二〇二　M87 平、剖面图
1、2、3. 陶盆

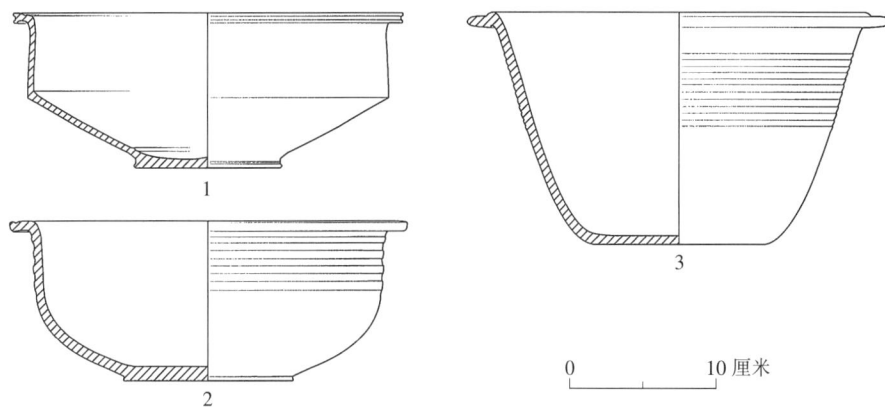

图二〇三　M87 出土器物
1~3. 陶盆（M87：1、2、3）

砖，多数砖平面施有绳纹。

2. 葬具和人骨

墓室北壁处有砖砌棺床，由两个独立的砖台组成，形制及结构同 M63，砖台系两排单层条砖拼缝平砌而成，高台之间相距 0.66 米。

葬有 2 具人骨，并列置于墓室中部铺地砖上。北侧人骨的颅骨被搅动至北壁下，为一男性个体，骨骼保存较好，葬式为仰身直肢，头向东。南侧人骨保存较差，为一女性个体，葬式为仰身直肢，头向东。

3. 随葬品

该墓共出土有 3 件随葬品，位于墓室中部，均为陶器，种类计有盆 3。

盆　3 件（M87：1、2、3）。标本 M87：1，夹砂灰陶。方唇，直口，沿近卷，折腹，台底。沿面有一周凹槽，腹内壁近底处有一周凸弦纹。口径 26.7、底径 10.0、高 10.4、壁厚 0.4~0.5 厘米（图二〇三，1）。标本 M87：2，夹砂灰陶。方唇，敞口，沿微卷，沿面有一周凹槽，弧腹，台底。腹上部施有四周凹弦纹。口径 27.2、底径 11.6、高 10.7、壁厚 0.4~0.7 厘米（图二〇三，2；彩版一二七，1）。标本 M87：3，夹砂灰陶。尖唇，敞口，折沿，弧腹，平底。腹上部施有数周凹弦纹。口径 29.3、底径 11.8、高 15.6、壁厚 0.6~0.7 厘米（图二〇三，3）。

六四　M89（Ⅰ区）

1. 墓葬形制

单室砖墓，南侧已被高速路基覆盖，平面呈甲字形，由墓道、墓门、墓室组成。方向 20°（图二〇四）。开口于耕土层下，开口距地表 0.20 米，已破坏。

墓道　长方形斜坡状，未发掘完，长不详，宽 0.90、底部距地表 0.90 米。

墓门　位于墓室北壁中部偏东，宽 0.90 米。

封门　条砖封堵，现存砖 4 层，残高 0.40 米。砌法为一层双隅平砖，一层丁立砖，二者交替向上。

墓室　发掘部分平面呈长方形，残长 1.30、宽 2.40 米。四壁平直，最高处保存有 8 层砖，砌法由下至上为三层平砖一层丁立砖，两者交替向上。另外，三层平砖的砌法又为两层双隅顺砌平砖之间夹一层平砌丁砖。墓底铺砖为东北—西南斜向错缝平铺。用砖

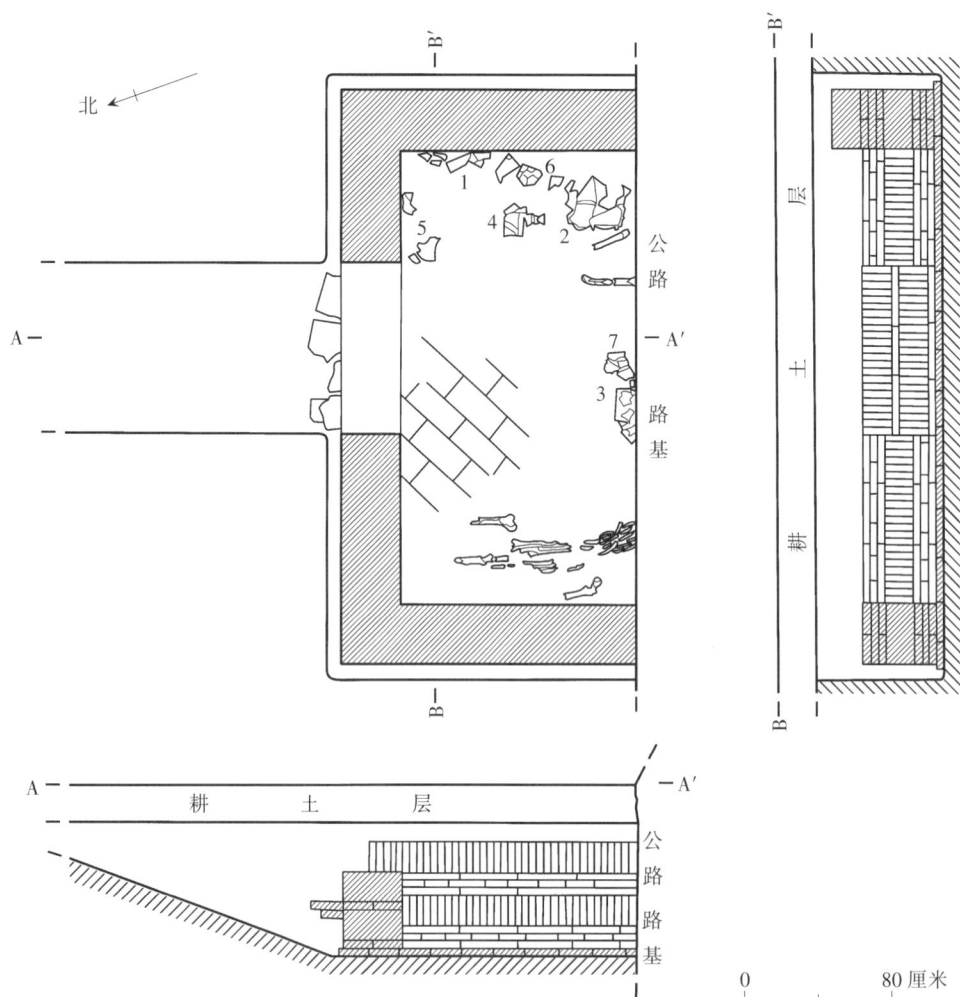

图二〇四　M89平、剖面图

1. 陶灯　2. 陶仓　3. 陶钵　4. 陶壶　5. 陶井　6. 陶盆　7. 小陶盆

规格：32×16×4厘米，青砖，大部分砖平面施有绳纹。

2. 葬具和人骨

墓内未发现任何葬具。

葬有2具人骨，散落分布在墓室东西壁下，葬式及性别不明。

3. 随葬品

该墓共出土有7件随葬品，位于墓室北部，均为陶器，种类计有壶1、仓1、井1、灯1、盆1、钵1、小盆1。

壶　1件。标本M89：4，夹砂灰褐陶。方唇，唇面上有一周凹槽，侈口，束颈，折肩，鼓腹，腹部最大径位置略靠下，平底。器表轮旋痕迹明显。口径8.8、底径7.1、腹部最大径11.9、高16.4、壁厚0.6~0.8厘米（图二〇五，1；彩版一二七，2）。

仓　1件。标本M89：2，夹砂灰褐陶，由仓盖及仓体两部分组成。仓盖：囷顶结构。两面坡式，中间有一横向正脊，正脊两侧对称置有五组十条瓦垄。仓体：正面呈长方形，中间为一方形门，门下及门侧均有门轴，用以穿接门板。底附四个四棱柱状

图二○五　M89 出土器物

1. 陶壶（M89：4）　2. 陶仓（M89：2）　3. 陶盆（M89：6）　4. 小陶盆（M89：7）　5. 陶井（M89：5）
6. 陶灯（M89：1）　7. 陶钵（M89：3）

矮足。通高 26.1 厘米。仓盖：通长 27.4、通宽 22.2、高 5.8、壁厚 0.6～0.8 厘米。仓体：长 19.6、宽 17.6、高 22.4、门高 11.1、门宽 9.9、壁厚 0.7～1.1 厘米（图二○五，2；彩版一二七，3）。

井　1件。标本 M89：5，夹砂灰褐陶。尖唇，子母口，束颈，折肩，腹略弧，平底。口径 9.8、底径 6.3、高 16.5、壁厚 0.5～0.8 厘米（图二○五，5；彩版一二七，4）。

灯　1件。标本 M89：1，夹砂灰褐陶。豆形灯。尖唇，子母口，弧腹，浅盘状灯盘，中空喇叭形灯座。内、外壁均施有明显的瓦棱纹。盘径 14.5、座径 14.4、高 23.3、壁厚 0.4～1.0 厘米（图二○五，6；彩版一二七，5）。

盆　1件。标本 M89：6，夹砂黑褐陶。方唇，敞口，展沿，略显折腹，台底。口径24.20、底径8.5、高7.2、壁厚0.5～0.9厘米（图二〇五，3）。

钵　1件。标本 M89：3，夹砂灰陶。圆唇，直口，弧腹，台底。腹部内、外壁施有五周凹弦纹。口径22.7、底径10.5、高12.4、壁厚0.7～0.8厘米（图二〇五，7；彩版一二七，6）。

小盆　1件。标本 M89：7，夹砂灰褐陶。方唇，敞口，展沿，沿面有一周凹槽，腹略弧，圜底。腹上部有两周瓦棱纹。口径13.0、底径6.7、高6.2、壁厚0.5～0.8厘米（图二〇五，4）。

六五　M90（Ⅴ区）

M90 与 M90a 为一组并葬墓，其中 M90a 打破 M90。M90a 大部分已被破坏，墓底未见任何随葬品及人骨，因此未进行单独编号，为表述方便暂编为 M90a。

1. 墓葬形制

M90 为土坑竖穴墓，平面呈圆角长方形，墓圹规整。方向24°（图二〇六）。开口于耕土层下，开口距地表深约0.20米。墓圹平直，墓底平坦。长2.49、宽1.40、深0.70米。墓内填土可分为两种：北侧填土主要为黄沙，包含有大量的风化页岩块、贝壳，土质较疏松；南侧填土土色呈黑灰色，包含有大量的小石块及少量的贝壳，土质较疏松。

M90a 为土坑竖穴墓，开口于耕土层下，开口距地表深约0.20米。墓圹平直，墓底平坦，墓底平铺一层厚0.30米的贝壳。墓内填土土色呈黑灰色，包含有大量的小石块及少量的贝壳，土质较疏松。

2. 葬具和人骨

墓内未见任何葬具痕迹。

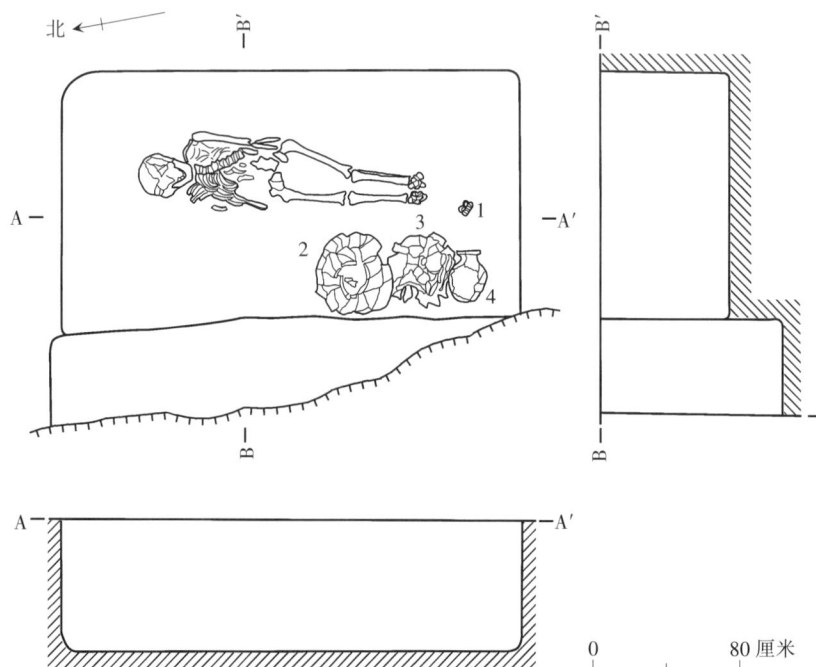

图二〇六　M90平、剖面图
1. 铜钱　2、3. 陶罐　4. 陶壶

葬有 1 具人骨，为一男性个体，骨骼保存较好。葬式为仰身直肢，头向北，面向上，左臂平伸，右臂腐朽殆尽，左腿向内靠拢，右腿平伸。

3. 随葬品

该墓共出土有 4 件随葬品。大多数为陶器，计有罐 2、壶 1，另有铜钱 60 枚。其中，铜钱位于人骨脚下；陶器位于人骨西侧，南北向排列，较为规整。

陶器 计有罐 2、壶 1。

罐 2 件（M90：2、3）。标本 M90：2，夹砂灰陶。尖唇，敛口，斜沿，短颈，溜肩，鼓腹，最大腹径位置居中，平底。腹下部遍饰绳纹。口径 18.5、底径 13.6、最大腹径 32.1、高 23.8、壁厚 0.9～1.3 厘米（图二〇七，1；彩版一二八，1）。标本 M90：3，夹砂灰陶。方唇，侈口，平沿，短颈，溜肩，鼓腹，最大腹径位置居中，平底。腹下部饰有一带绳纹。口径 19.6、底径 12.5、最大腹径 28.0、高 27.5、壁厚 0.8～1.4 厘米（图二〇七，2；彩版一二八，2）。

壶 1 件。标本 M90：4，夹砂灰陶。方唇、唇面有凹槽，侈口，短颈，溜肩，鼓腹，最大腹径位置居中，平底。肩部饰有数道瓦棱纹，腹下部及底部遍饰绳纹。口径 11.4、底径 6.8、最大腹径 19.7、高 23.0、壁厚 0.5～1.1 厘米（图二〇七，3；彩版一二八，3）。

铜钱 60 枚，其中"五铢"钱 12 枚、"半两"钱 48 枚（图二〇八）。详情见下表。

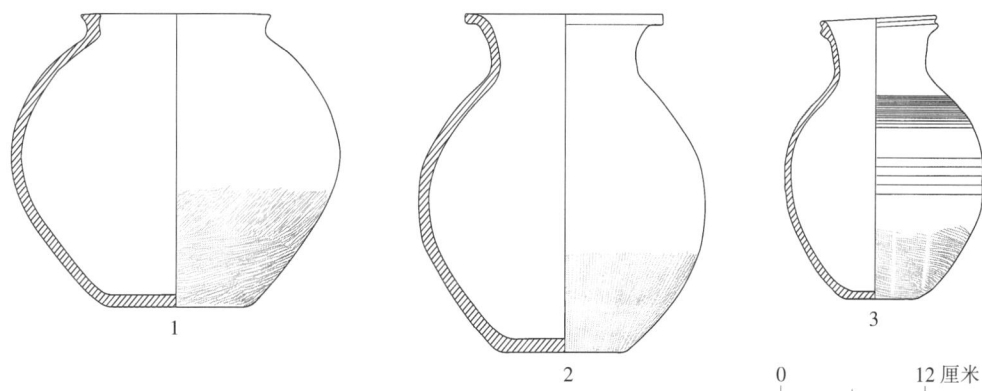

图二〇七 M90 出土器物

1、2. 陶罐（M90：2、3） 3. 陶壶（M90：4）

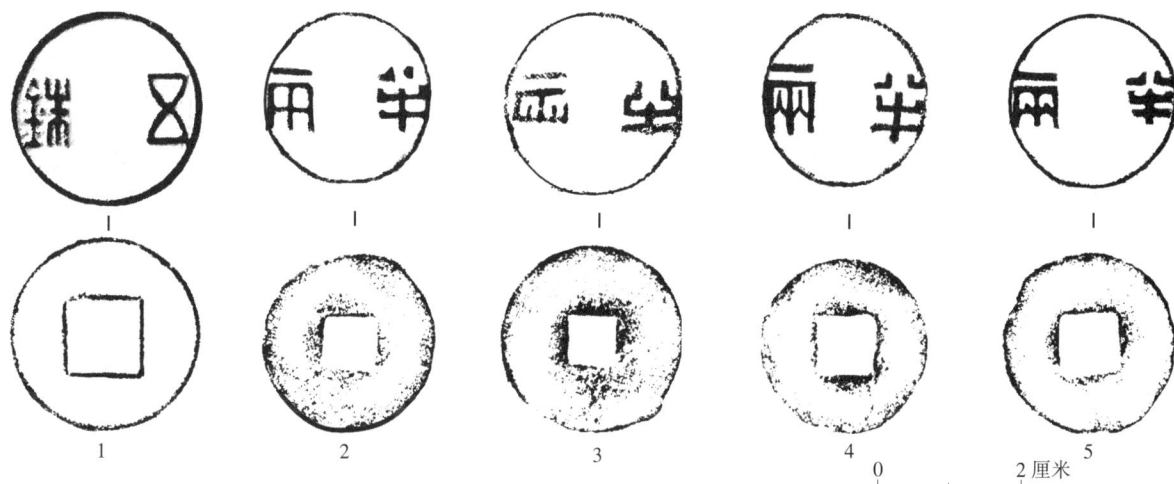

图二〇八 M90 出土铜钱拓片

1～5. M90：1－3、1－13、1－26、1－35、1－47

M90 铜钱统计表　　　　　　　　（长度：厘米，重量：克）

种类	编号	特征 文字特征	记号	郭径	钱径	穿宽	郭宽	郭厚	肉厚	重量
五铢钱	1-1	"五"字瘦长，竖划缓曲；"金"头三角形，四竖点；"朱"头方折，"朱"下较圆	四决文	2.51	2.23	0.96	0.14	0.20	0.09	4.00
	1-2	同上	同上	2.55	2.35	0.99	0.10	0.18	0.08	3.90
	1-3	同上	无	2.62	2.46	0.97	0.08	0.20	0.07	3.90
	1-4	同上	四决文	2.55	2.33	0.98	0.11	0.19	0.09	3.90
	1-5	同上	同上	2.53	2.33	0.95	0.10	0.17	0.07	3.40
	1-6	同上	同上	2.57	2.35	0.95	0.11	0.23	0.09	4.80
	1-7	同上	同上	2.50	2.30	0.94	0.10	0.20	0.07	3.70
	1-8	同上	同上	2.54	2.32	0.99	0.11	0.20	0.08	4.10
	1-9	同上	同上	2.56	2.36	1.00	0.10	0.20	0.08	3.90
	1-10	同上	同上	2.53	2.33	1.00	0.10	0.21	0.07	3.90
	1-11	同上	同上	2.52	2.32	0.96	0.10	0.16	0.06	3.10
	1-12	"五"字瘦长，竖划缓曲；"金"头三角形，四竖点；"朱"头方折，"朱"下方折	无	2.62	2.42	0.96	0.10	0.20	0.08	4.30
半两钱	1-13	"半"字头硬折，上横两端上折；十字"两"			2.41	0.72			0.04	2.30
	1-14	同上			2.42	0.67			0.02	1.60
	1-15	同上			2.37	0.74			0.05	2.30
	1-16	同上			2.27	0.68			0.04	2.00
	1-17	同上			2.49	0.74			0.04	2.70
	1-18	同上			2.38	0.92			0.04	1.90
	1-19	同上			2.39	0.78			0.06	2.40
	1-20	同上			2.39	1.03			0.04	2.30
	1-21	同上			2.39	0.70			0.05	2.60
	1-22	同上			2.37	0.70			0.04	2.10
	1-23	同上			2.42	0.81			0.05	2.30
	1-24	同上			2.42	0.66			0.06	2.70
	1-25	同上			2.40	0.80			0.05	2.40
	1-26	"半"字头硬折，上横两端上折；两个"⊥"字"两"			2.45	0.74			0.04	2.30
	1-27	同上			2.29	0.65			0.03	1.80

（续表）

种类	编号	特征		郭径	钱径	穿宽	郭宽	郭厚	肉厚	重量
		文字特征	记号							
半两钱	1-28	"半"字头硬折，上横两端上折；连山"两"			2.44	0.87			0.05	2.10
	1-29	同上			2.38	0.79			0.05	2.20
	1-30	同上			2.39	0.75			0.05	2.60
	1-31	同上			2.41	0.79			0.05	2.50
	1-32	同上			2.39	0.65			0.04	2.40
	1-33	同上			2.42	0.97			0.04	2.30
	1-34	同上			2.24	0.78			0.08	2.60
	1-35	"半"字头硬折，上横两端上折；双人字"两"			2.53	0.74			0.05	3.10
	1-36	同上			2.44	0.79			0.06	2.70
	1-37	同上			2.38	0.81			0.05	2.30
	1-38	同上			2.39	0.76			0.05	2.90
	1-39	"半"字头为"八"，上横两端上折；十字"两"			2.40	0.77			0.07	2.60
	1-40	同上			2.36	0.76			0.06	2.50
	1-41	同上			2.34	0.85			0.07	2.80
	1-42	同上			2.34	0.81			0.06	2.70
	1-43	同上			2.43	0.85			0.05	2.90
	1-44	同上			2.30	0.80			0.06	2.30
	1-45	同上			2.34	0.78			0.07	2.80
	1-46	同上			2.43	0.86			0.05	2.50
	1-47	"半"字头为"八"，上横两端上折；两个"⊥"字"两"			2.38	0.72			0.04	2.70
	1-48	同上			2.48	0.75			0.04	2.50
	1-49	"半"字头为"八"，上横两端上折；连山"两"			2.37	0.84			0.06	2.40
	1-50	同上			2.36	0.74			0.03	2.50
	1-51	同上			2.41	0.82			0.03	2.30
	1-52	同上			2.46	0.80			0.03	2.30
	1-53	"半"字头为"八"，上横两端上折；双人"两"			2.41	0.76			0.05	2.90
	1-54	同上			2.41	0.81			0.04	2.20

（续表）

种类	编号	特征		郭径	钱径	穿宽	郭宽	郭厚	肉厚	重量
		文字特征	记号							
半两钱	1-55	"半"字头为"八"，上横两端上折；十字"两"			2.35	0.97			0.05	1.90
	1-56	"半"字头为"八"，上横两端上折；两个"⊥"字"两"			1.93	0.62			0.06	1.50
	1-57	"半"字头硬折，上横两端上折；连山"两"			2.39	0.85			0.05	2.40
	1-58	"半"字头为"八"，上横两端上折；双人"两"			2.44	0.79			0.06	2.70
	1-59	"半"字头为"八"，上横两端上折；十字"两"			2.32	0.78			0.06	2.60
	1-60	"半"字头为"八"，上横两端上折；连山"两"			2.38	0.84			0.07	2.80

六六　M91（Ⅲ区）

1. 墓葬形制

土坑竖穴墓，平面呈梯形，墓圹较规整。方向70°（图二〇九）。开口于地表，由于破坏较严重，现仅存墓底部分。

墓圹平直，墓底平坦。长3.10、上口宽1.30、下底宽1.56、残深0.24米。墓穴四

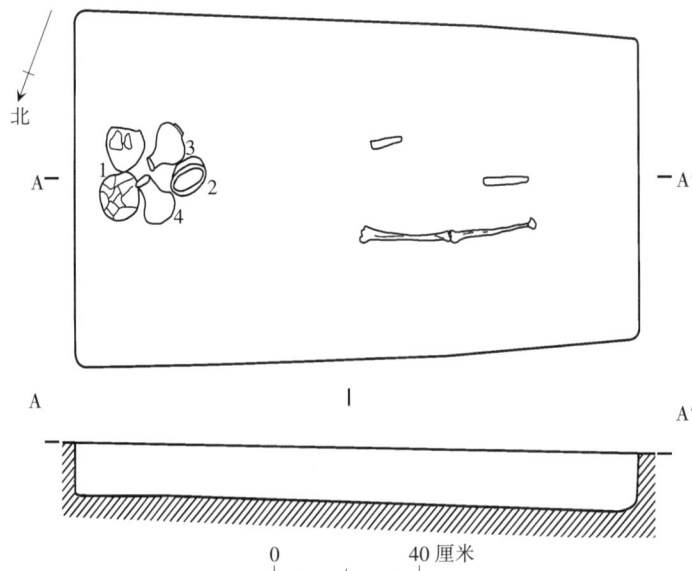

图二〇九　M91 平、剖面图
1、2. 陶盒　3、4. 陶壶

壁保存有一圈宽 0.20 米的贝壳，墓底平铺一层厚约 0.05 米的贝壳，贝壳间掺杂有黑色淤泥及小块河卵石。

墓内填土主要为黄沙，包含有大量的贝壳、河卵石。

2. 葬具和人骨

墓底未见任何葬具痕迹。

葬有 1 具人骨，人骨腐朽严重，仅残存部分下肢骨，葬式为仰身直肢，头向东北，性别不明。

3. 随葬品

该墓共出土有 4 件随葬品，均为陶器，种类计有壶 2、盒 2。随葬品均靠近墓室东壁处堆放。

壶 2 件（M91：3、4）。形制相同，均为夹砂灰陶，尖唇，喇叭口，束颈，溜肩，鼓腹略垂，腹部最大径位置靠近圈足，矮圈足，素面。标本 M91：3，口径 14.5、底径 10.0、最大腹径 18.3、高 25.8、壁厚 0.5～0.7 厘米（图二一〇，1；彩版一二八，4）。标本 M91：4，口径 14.2、底径 9.4、最大腹径 18.1、高 24.1、壁厚 0.5～0.7 厘米（图二一〇，2；彩版一二八，5）。

盒 2 件（M91：1、2）。形制大体相同，均为夹砂灰褐陶，陶色不纯，局部呈红褐色，由盒盖及盒身两部分组成，盒盖：整体呈覆钵状，弧顶，弧腹，方唇，素面。陶盒：子母口微敛，弧腹，台底，素面。标本 M91：1，通高 13.6 厘米。盒盖：口径 19.3、高 6.1、壁厚 0.6～0.7 厘米。盒身：口径 19.4、底径 7.8、高 7.7、壁厚 0.5～0.9 厘米（图二一〇，3）。标本 M91：2，盒盖顶部贴有一内凹圆形捉手。通高 13.2 厘米。盒盖：口径 19.3、高 5.5、壁厚 0.3～0.6 厘米。盒身：口径 19.1、底径 7.4、高 8.2、壁厚 0.5～0.8 厘米（图二一〇，4；彩版一二八，6）。

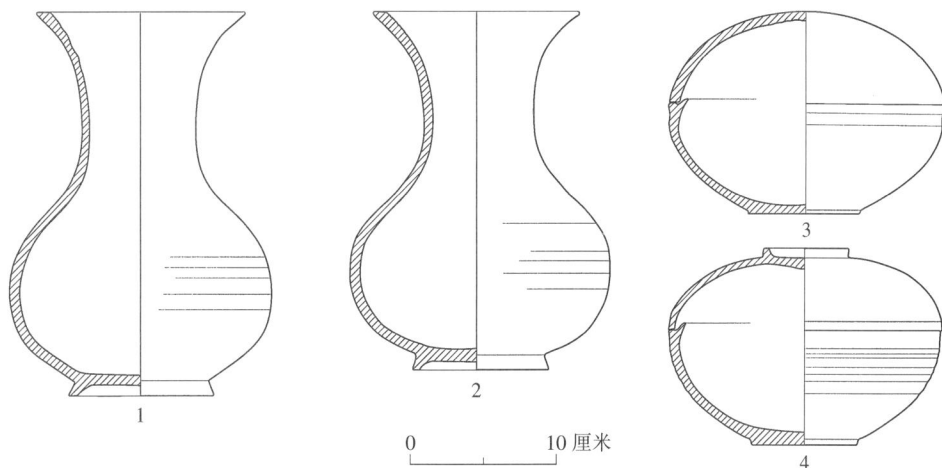

图二一〇 M91 出土器物

1、2. 陶壶（M91：3、4） 3、4. 陶盒（M91：1、2）

六七 M94（Ⅲ区）

M94 与 M95 为一组并葬墓。

1. 墓葬形制

石圹竖穴墓，平面呈圆角长方形，墓圹较规整。方向 5°（图二一一；彩版一二九，

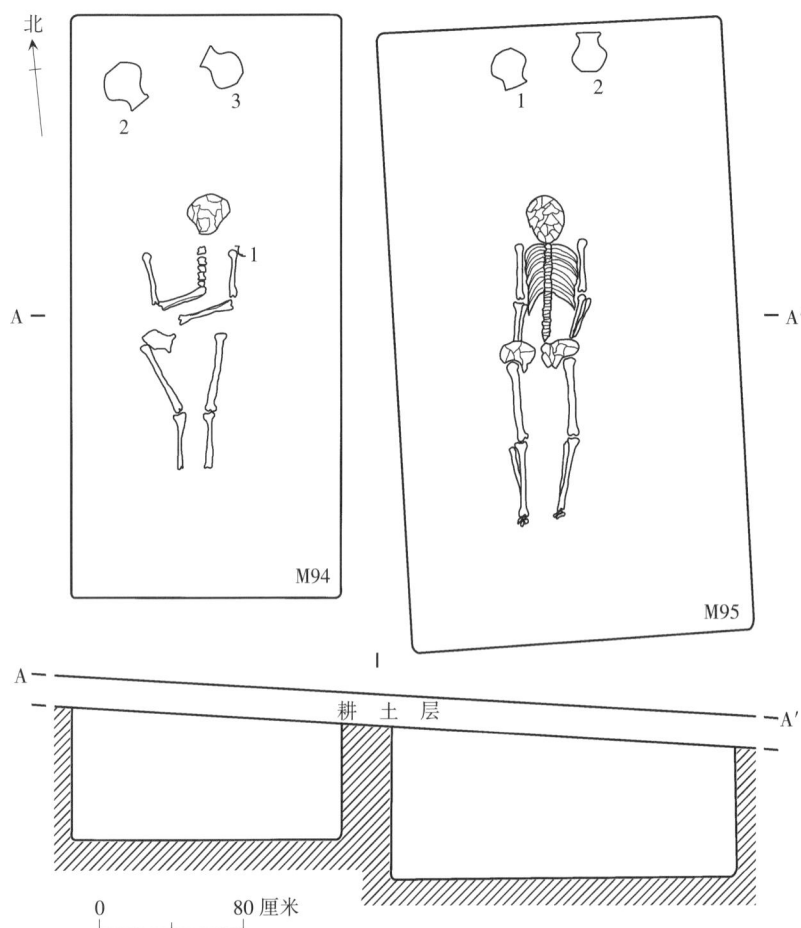

图二一一　M94、M95 平、剖面图
M94　1. 铜带钩　2、3. 陶壶　　M95　1、2. 陶壶

1）。开口于耕土层下，开口距地表 0. 20 米。

墓圹四壁较平直，墓底平坦。长 3. 09、宽 1. 50、深 0. 70 米。墓穴四壁保存有一圈宽 0. 20 米的小碎石片；墓底平铺一层厚约 0. 02 米的小碎石片。

墓内填土主要为黄色的沙石混合料，土质较硬。

2. 葬具和人骨

从墓穴四壁保存的小碎石片分析，该墓主在入葬时，应有木棺，棺与墓壁的间隙填充小碎石片；但由于该墓的埋藏条件不利于木棺保存，所以，在木棺已腐朽殆尽后，仅剩小碎石片立于墓穴四壁。且随葬陶罐均高于墓底倾倒，应是雨水下渗到棺内，导致陶壶漂移从而高于墓底。

葬有 1 具人骨，为一男性个体。骨骼保存较好，葬式为仰身直肢，头向北，面向上，双臂折向腹部，双腿向内靠拢。

3. 随葬品

该墓共出土有 3 件随葬品，质地分陶、铜两种，其中，铜带钩置于人骨左肩处，陶壶位于头骨北部上方处，分述如下。

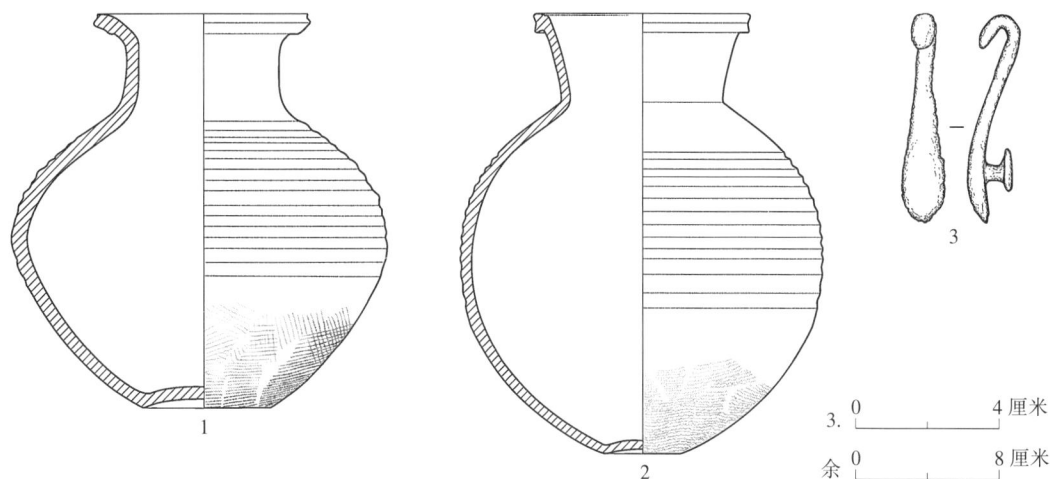

图二一二　M94 出土器物
1、2. 陶壶（M94：2、3）　3. 铜带钩（M94：1）

陶器　计有壶 2。

壶　2 件（M94：2、3）。标本 M94：2，夹砂黄褐陶。方唇，侈口，直颈，溜肩，鼓腹，腹部最大径位置居中，凹底。腹上部施有多周瓦棱纹，腹下部及底部饰有细绳纹。口径 11.6、底径 7.0、最大腹径 20.7、高 21.1、壁厚 0.5~0.7 厘米（图二一二，1；彩版一二九，2）。标本 M94：3，夹砂灰陶。方唇，敞口，束颈，鼓腹，腹部最大径位置居中，凹底。腹上部施有多周瓦棱纹，腹下部及底部施有绳纹。口径 12.0、底径 4.4、最大腹径 20.2、高 23.6、壁厚 0.5~0.7 厘米（图二一二，2）。

铜器　计有带钩 1。

带钩　1 件。标本 M94：1，琵琶形。蛇头形钩首，钩体至钩尾处渐粗宽，钩身侧视略呈“S”形。圆形钩纽位于靠近钩尾处。长 5.6 厘米（图二一二，3）。

六八　M95（Ⅲ区）

1. 墓葬形制

石圹竖穴墓，平面呈圆角长方形，墓圹较规整。方向 5°（见图二一一；见彩版一二九，1）。开口于耕土层下，开口距地表 0.20 米。

墓圹四壁较平直，墓底平坦。长 3.28、宽 1.87、深 0.80 米。墓底平铺一层厚约 0.06 米的小碎石片。

墓内填土主要为黄色的沙石混合料，土质较硬。

2. 葬具和人骨

该墓随葬陶壶均高于墓底倾倒，与 M94 情况相同，因此推测该墓入藏时应有木棺。由于该墓的埋藏条件不利于木棺保存，所以，未发现木棺痕迹。

葬有 1 具人骨，为一女性个体。骨骼保存较好。葬式为仰身直肢，头向北，面向上，左臂向内折曲，右臂平伸贴近体侧，双腿略向内靠拢。

3. 随葬品

该墓共出土有 2 件随葬品，均为陶器，种类计有陶壶 2，位于头骨北部上方处。

壶　2 件（M95：1、2）。标本 M95：1，夹砂黄褐陶。方唇，唇面有一周凹槽，侈口，

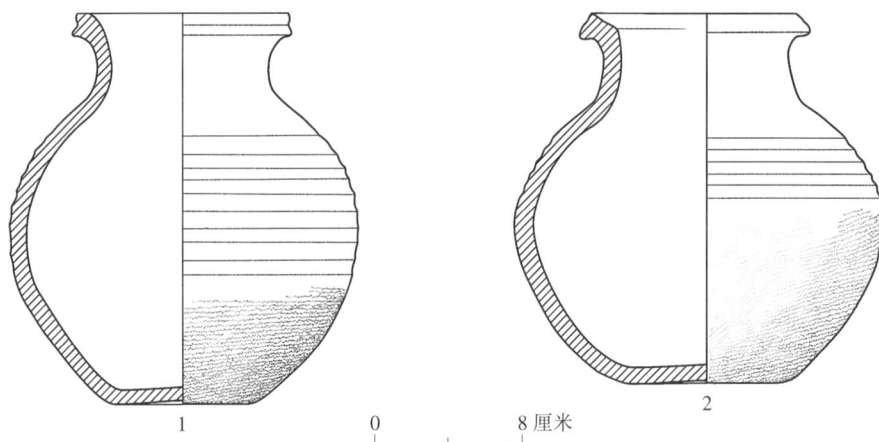

图二一三 M95 出土器物
1、2. 陶壶（M95：1、2）

束颈，溜肩，鼓腹，腹部最大径位置居中，凹底。腹上部及腹中部施有多周瓦棱纹，腹下部及底部满饰细绳纹，部分抹平。口径11.7、底径7.7、最大腹径19.3、高20.7、壁厚0.7~1.0厘米（图二一三，1）。标本M95：2，夹砂灰陶。方唇，唇面有一周凹槽，侈口，短颈，溜肩，鼓腹，腹部最大径位置居中，凹底。腹上部施有多周瓦棱纹，腹下部及底部满饰细绳纹，部分抹平。口径11.1、底径8.6、最大腹径20.1、高19.6、壁厚0.8~1.2厘米（图二一三，2；彩版一二九，3）。

六九 M96（Ⅲ区）

M96与M97为一组并葬墓，其中，M96打破M97。

1. 墓葬形制

石圹竖穴墓，平面呈圆角长方形，墓圹较规整。方向5°（图二一四；彩版一三○，1）。开口于地表。

墓圹西壁向内斜收，其余三壁比较平直，墓底经过简单加工，不甚平坦。开口长2.80、宽1.90米，底长2.80、宽1.80米，深0.62米。

墓内填土主要为青灰色的沙石混合料，土质较硬。

2. 葬具和人骨

墓内未见任何葬具痕迹。

葬有1具人骨，为一男性个体。骨骼保存较好，葬式为仰身直肢，头向北，面向西，肩部上耸，双臂，四肢自然舒展。

3. 随葬品

该墓共出土有9件随葬品，质地分陶、铜两种，其中铜钱15枚。铜钱及铜带钩均位于人骨左腿外侧；陶器位于人骨西部，南北向排列，较为规整（彩版一三○，2；彩版一三一，1），分述如下。

陶器 种类计有罐3、壶2、盆1、盒1。

罐 3件（M96：3、5、7）。标本M96：3，夹砂灰褐陶。方唇，折沿，侈口，短颈，溜肩，鼓腹，腹部最大径位置靠近肩部，凹底。腹上部施有多道凹弦纹，腹下部

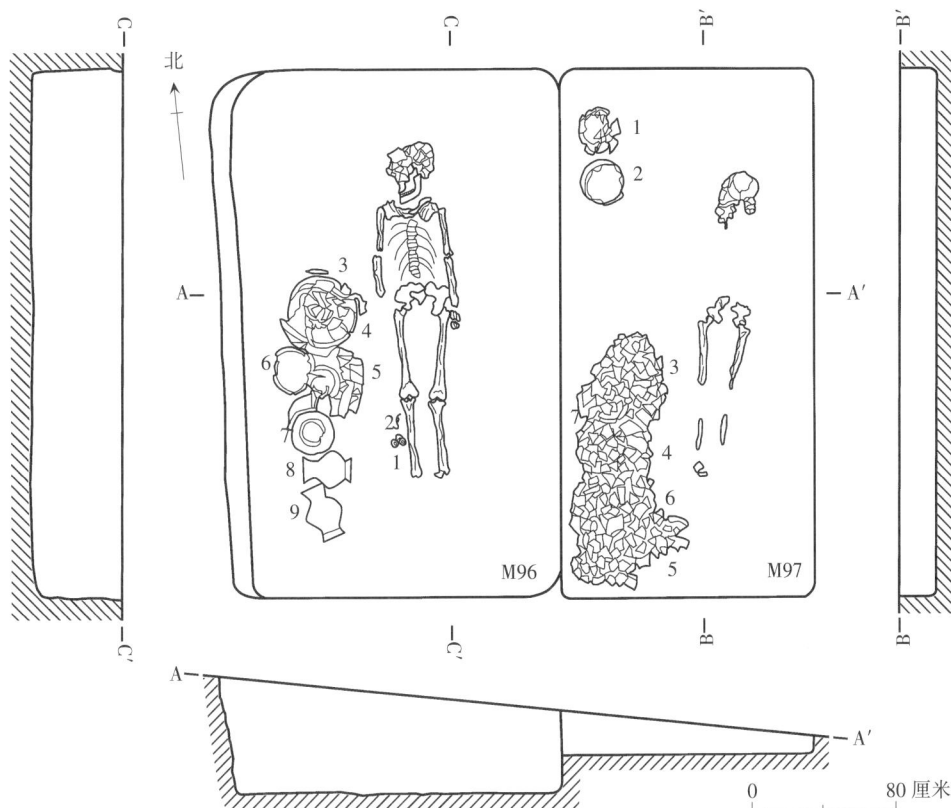

图二一四　M96、M97 平、剖面图

M96　1. 铜钱　2. 铜带钩　3、5、7. 陶罐　4. 陶盆　6. 陶盒　8、9. 陶壶

M97　1、2. 陶盒　3. 陶罐　4、8. 陶壶　5. 陶罐　6、7. 陶盆

及底部满饰细绳纹。口径 16.5、底径 10.1、腹部最大径 29.3、高 23.4、壁厚 0.3～0.7 厘米（图二一五，1）。标本 M96：5，夹砂灰陶。圆唇，侈口，展沿，沿面有一周凹槽，短颈，溜肩，鼓腹，腹部最大径位置靠近肩部，凹底。腹下部及底部满饰细绳纹，部分抹平。口径 15.2、底径 10.3、腹部最大径 27.7、高 24.3、壁厚 0.5～0.8 厘米（图二一五，2）。标本 M96：7，夹砂灰陶。方唇，折沿，侈口，束颈，溜肩，鼓腹，腹部最大径位置居中，凹底。腹中部施有两周粗绳纹，腹下部满饰细绳纹。口径 16.8、底径 10.1、腹部最大径 25.8、高 20.1、壁厚 0.5～0.8 厘米（图二一五，3；彩版一三一，2）。

　　壶　2 件（M96：8、9）。形制相同，均为夹砂灰陶，尖唇，喇叭口，束颈，圆肩，球腹，腹部最大径位置居中，圈足；腹下部满饰绳纹。标本 M96：8，口径 15.6、底径 12.3、腹部最大径 21.6、高 26.3、壁厚 0.5～0.8 厘米（图二一五，4；彩版一三二，1）。标本 M96：9，口径 14.9、底径 12.7、腹部最大径 20.3、高 25.2、壁厚 0.6～0.9 厘米（图二一五，5）。

　　盆　1 件。标本 M96：4，夹砂黄褐陶。方唇，展沿，敞口，斜腹，圜底。腹部施有多道瓦棱纹，底部满饰细绳纹，器壁轮制痕迹明显。口径 29.6、高 18.7、壁厚 0.5～0.8 厘米（图二一五，6；彩版一三一，3）。

　　盒　1 件。标本 M96：6，夹砂灰陶，陶色不纯，局部呈黄褐色。由盒盖及盒身两部分组成。盒盖：整体呈覆钵状，弧顶，侈口。盒身：尖唇，敛口，弧腹，平底。器

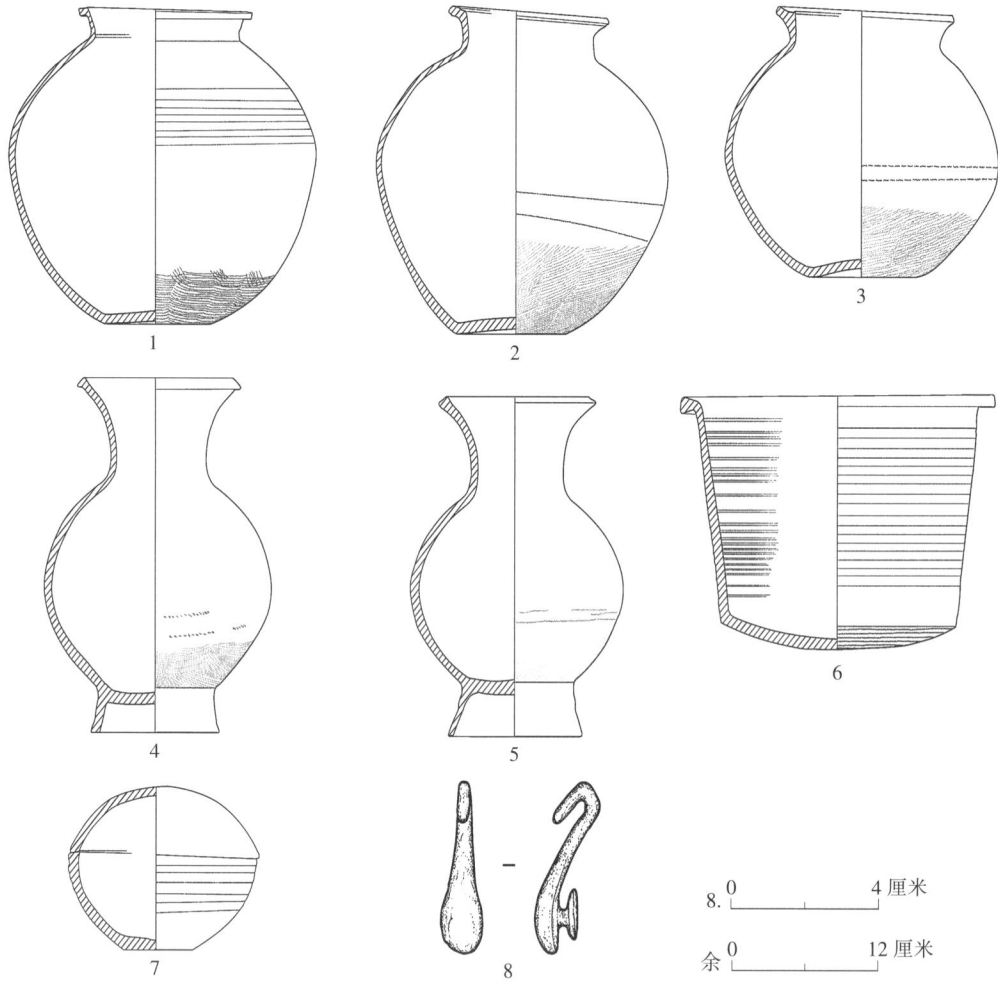

图二一五　M96 出土器物

1～3. 陶罐（M96：3、5、7）　4、5. 陶壶（M96：8、9）　6. 陶盆（M96：4）　7. 陶盒（M96：6）
8. 铜带钩（M96：2）

表施有多周瓦棱纹。通高 12.1 厘米。盒盖：口径 17.9、高 4.9、壁厚 0.5～0.6 厘米。盒身：口径 17.7、底径 6.6、高 7.2、壁厚 0.6～0.8 厘米（图二一五，7；彩版一三二，5）。

　　铜器　计有带钩 1。

　　带钩　1 件。标本 M96：2，琵琶形。棒形钩首，钩体至钩尾处渐粗宽，钩身侧视略呈"S"形。圆形钩纽位于靠近钩尾处。长 4.2 厘米（图二一五，8）。

　　铜钱　15 枚，均为"五铢"钱（图二一六）。详情见下表。

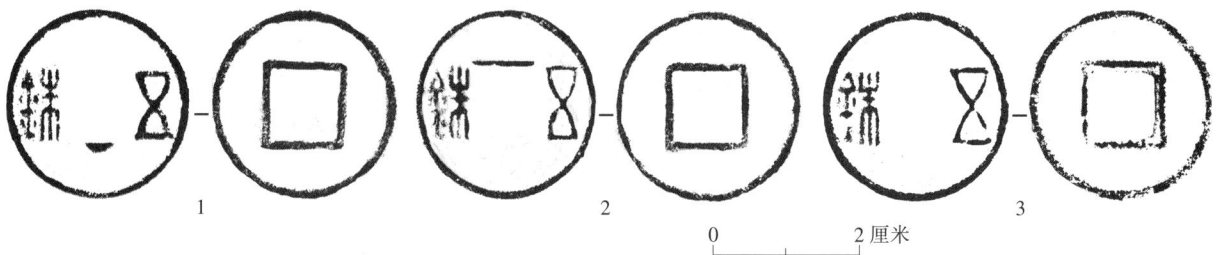

图二一六　M96 出土铜钱拓片

1～3. M96：1－1、1－2、1－3

M96 铜钱统计表　　　　　　　　　（长度：厘米，重量：克）

种类	编号	特征		郭径	钱径	穿宽	郭宽	郭厚	肉厚	重量
		文字特征	记号							
五铢钱	1－1	"五"字瘦长，竖划较直；"金"头三角形，四竖点；"朱"头方折，"朱"下较圆	穿下月牙	2.53	2.33	0.94	0.10	0.16	0.09	3.90
	1－2	同上	穿上一横	2.55	2.29	0.94	0.13	0.19	0.08	4.00
	1－3	同上	无	2.59	2.33	0.93	0.13	0.17	0.09	3.40
	1－4	同上	无	2.52	2.32	0.97	0.10	0.13	0.08	3.10
	1－5	同上	无	2.53	2.29	0.99	0.12	0.16	0.09	3.20
	1－6	同上	无	2.55	2.27	0.99	0.14	0.18	0.08	3.60
	1－7	同上	无	2.59	2.29	1.00	0.15	0.17	0.07	3.90
	1－8	同上	无	2.53	2.29	0.94	0.12	0.17	0.08	3.40
	1－9	"五"字瘦长，竖划较直；"金"头三角形，四竖点；"朱"头较圆，"朱"下较圆	无	2.55	2.23	0.96	0.16	0.16	0.08	3.40
	1－10	同上	无	2.54	2.28	0.97	0.13	0.17	0.08	3.20
	1－11	同上	无	2.53	2.27	0.93	0.13	0.16	0.08	3.40
	1－12	同上	无	2.55	2.27	0.96	0.14	0.11	0.08	3.20
	1－13	"五"字瘦长，竖划缓曲；"金"头三角形，四竖点；"朱"头方折，"朱"下较圆	穿下月牙	2.54	2.28	0.92	0.13	0.15	0.07	4.30
	1－14	同上	穿下月牙	2.55	2.25	0.88	0.15	0.18	0.12	4.10
	1－15	同上	穿下月牙	2.54	2.28	0.92	0.13	0.18	0.09	4.10

七〇　M97（Ⅲ区）

1. 墓葬形制

石圹竖穴墓，平面呈圆角长方形。方向 15°（见图二一四）。开口于地表，由于破坏严重，现基本只剩墓底部分。

墓室四壁较平直，西壁被 M96 打破，墓底经过简单加工，不甚平坦。长 2.80、宽 1.40、残深 0.10～0.24 米。墓底平铺一层厚约 0.02 米的贝壳。

墓内填土主要为青灰色的沙石混合料，夹杂有少量贝壳，土质较硬。

2. 葬具和人骨

墓内未见任何葬具痕迹。

葬有 1 具人骨，为一女性个体。骨骼保存较差，葬式为仰身直肢，头向北，面向西，上半身骨骼腐朽殆尽，双腿平伸。

3. 随葬品

该墓共出土有 8 件随葬品，均为陶器，种类计有罐 2、壶 2、盒 2、盆 2。所有随葬品均位于人骨西部，南北向排列，较为规整。

罐 2 件（M97：3、5）。标本 M97：3，夹砂灰陶。方唇，侈口，短颈，圆肩，鼓腹，最大腹径位置居中，平底。腹中部饰有两条粗绳纹，腹下部及底部饰清晰绳纹。口径 16.1、底径 7.2、最大腹径 28.9、高 23.2、壁厚 0.5～1 厘米（图二一七，1；彩版一三二，3）。标本 M97：5，夹砂灰陶。双唇，侈口，唇面有凹槽。短颈，溜肩，鼓腹，最大腹径位置居中，平底。肩部饰有数道弦纹，下腹部至底部饰稀疏绳纹。口径 15.6、底径 7.1、最大腹径 25.4、高 19.1、壁厚 0.5～1.4 厘米（图二一七，2）。

壶 2 件（M97：4、8）。形制相同，均为夹砂灰陶，由壶身及壶盖两部分组成。壶盖：呈覆钵状，弧顶，圆唇。壶身：方唇，侈口，束颈，溜肩，鼓腹，最大腹径位置靠近肩部，矮圈足；壶内近沿处饰有三条弦纹，下腹部施浅绳纹和一道弦纹。标本 M97：4，通高 28.2 厘米。壶身：口径 12.6、底径 9.3、最大腹径 21.3、高 25.5、圈足高 0.8、壁厚 0.4～0.8 厘米。壶盖：口径 13.5、高 3.0、壁厚 0.3～0.7 厘米（图二一七，3；彩版一三二，4）。标本 M97：8，壶身破碎，无法拼对，仅剩壶盖。壶盖：口径 20.7、高 4.6、壁厚 0.5～0.6 厘米。

盒 2 件（M97：1、2）。形制相同，均为夹砂灰陶，由盒盖和盒身组成。盒盖：整体呈覆钵状，敞口，圆唇。盒身：方唇，敛口，沿下微凹，弧腹，小平底，腹部有数道瓦棱纹。标本 M97：1，通高 10.2 厘米。盒盖：口径 21.5、壁厚 0.4～0.6 厘米。盒身：口径 21.4、底径 7.4、高 3.7、壁厚 0.4～0.6 厘米（图二一七，4）。标本 M97：2，通高

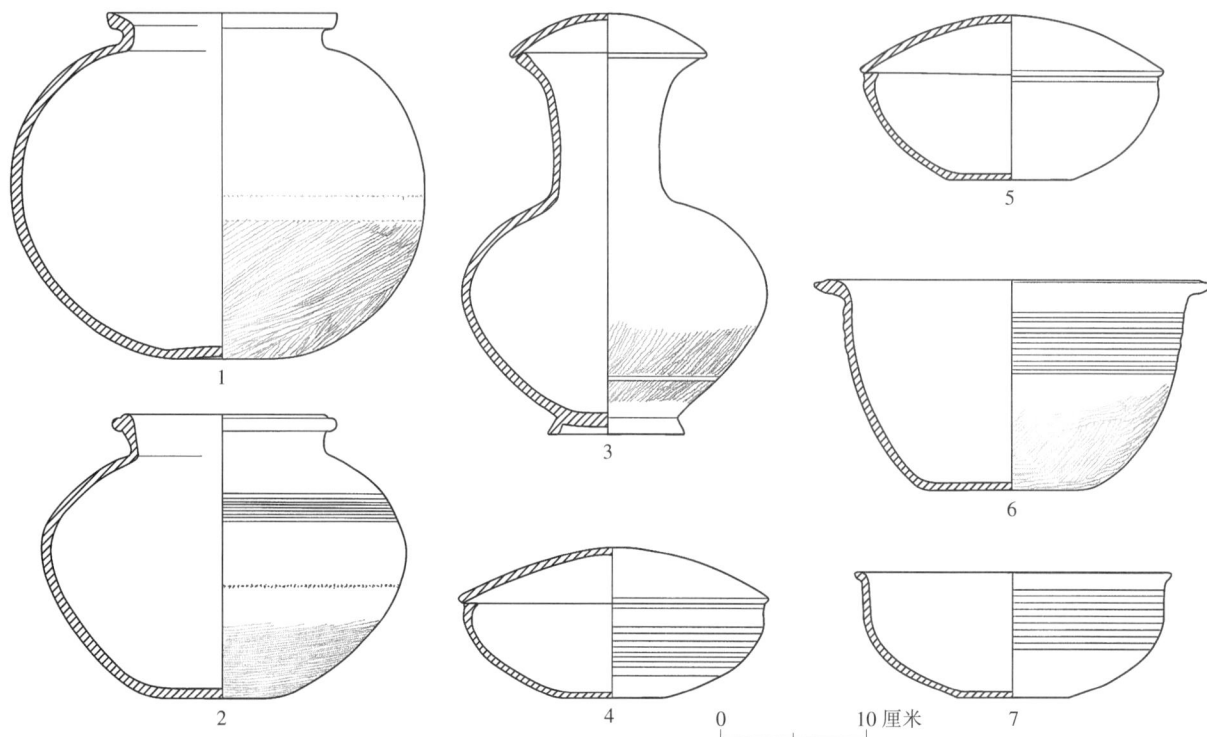

图二一七 M97 出土器物

1、2. 陶罐（M97：3、5） 3. 陶壶（M97：4） 4、5. 陶盒（M97：1、2） 6、7. 陶盆（M97：6、7）

11.1 厘米。盒盖：口径 21.0、高 4.0、壁厚 0.3~0.6 厘米。盒身：口径 20.4、底径 8.4、高 7.1、壁厚 0.3~0.6 厘米（图二一七，5；彩版一三二，5）。

　　盆　2 件（M97：6、7）。标本 M97：6，夹砂灰陶。尖唇，侈口，展沿，沿面有一道凹槽，弧腹，平底。腹上部有凹弦纹，腹下部及底饰有绳纹，抹平。口径 27.4、底径 11.3、高 14.1、壁厚 0.5~0.7 厘米（图二一七，6；彩版一三二，6）。标本 M97：7，夹砂黑褐陶。圆唇，小展沿，敞口，弧腹，平底。器身轮旋痕迹明显。口径 21.6、底径 7.9、高 8.4、壁厚 0.3~0.6 厘米（图二一七，7）。

　　七一　M98（Ⅲ区）

　　M98 与 M99 为一组并葬墓，其中，M98 打破 M99。

　　1. 墓葬形制

　　石圹竖穴墓，平面呈圆角长方形，墓圹规整。方向 100°（图二一八；彩版一三三，1）。开口于地表。

　　墓圹四壁较平直，墓底较平坦。长 3.40、宽 1.50、深 1.10 米。墓穴四壁保存有一圈宽 0.20 米的贝壳，墓底平铺一层厚 0.06 米的贝壳。

　　墓内填土主要为青灰色的沙石混合料，夹杂有少量贝壳，土质较硬。

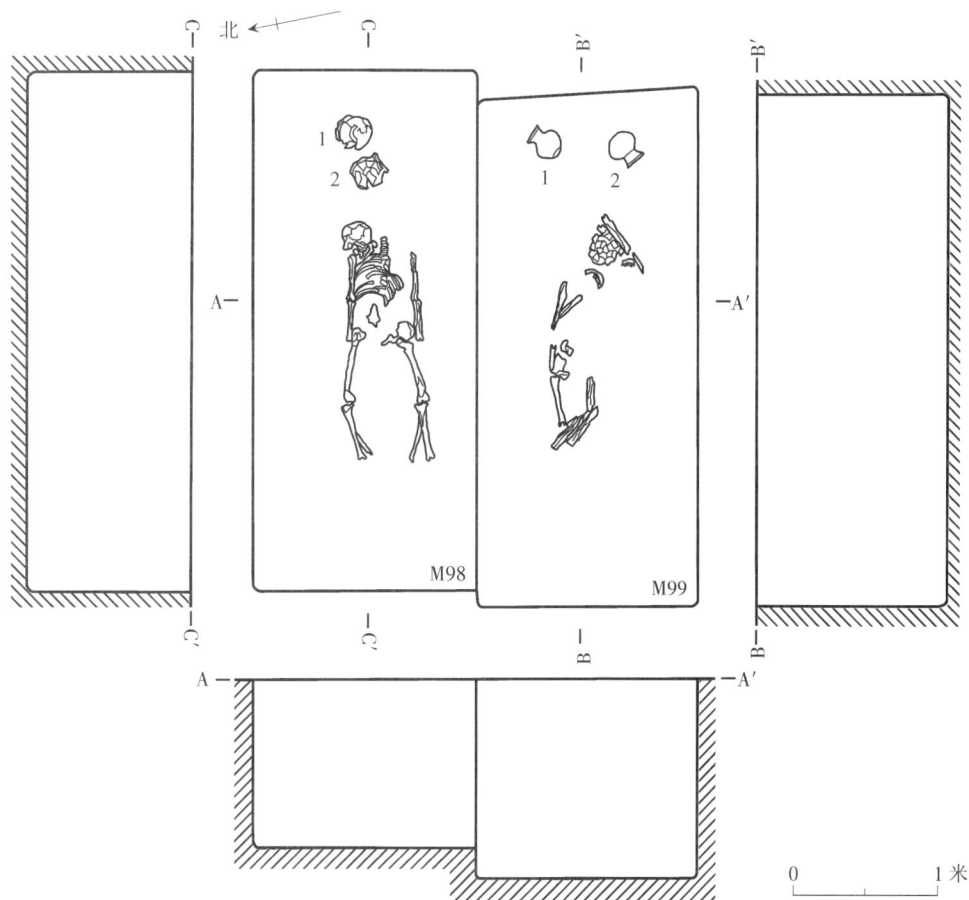

图二一八　M98、M99 平、剖面图
M98　1、2. 陶壶　　M99　1、2. 陶壶

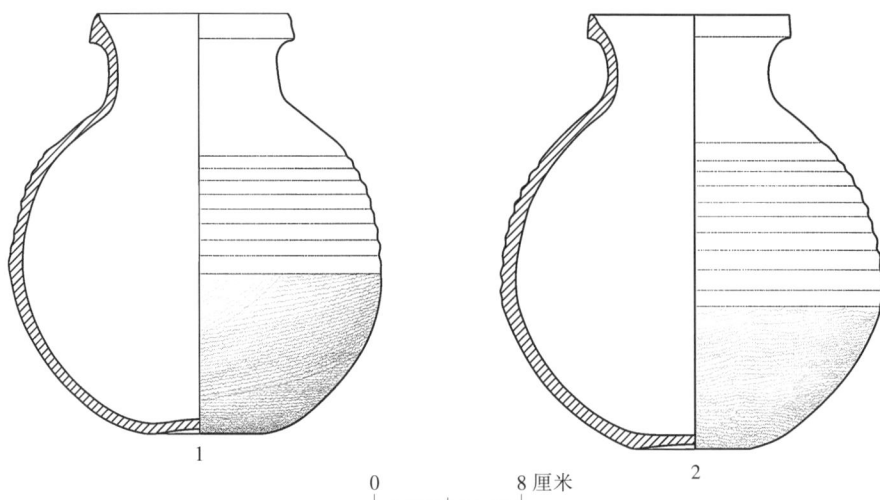

图二一九　M98 出土器物
1、2. 陶壶（M98：1、2）

2. 葬具和人骨

由墓穴四壁保存的贝壳以及随葬陶罐均高于墓底倾倒的遗迹现象判断，该墓主人藏时应有木棺。但由于埋藏条件不利于木质葬具的保存，所以墓内未发现葬具痕迹。

葬有 1 具人骨，为一男性个体。骨骼保存较完整，葬式为仰身直肢，头骨现已滑落至右肩处，头向东，双臂平伸贴近体侧，双腿膝关节处均向外折曲。

3. 随葬品

该墓共出土有 2 件随葬品，均为陶器，种类计有壶 2。陶壶均位于头骨上方东部，东西向排列，较为规整。

壶　2 件（M98：1、2）。形制相同，均为夹砂灰陶，尖唇，侈口，短颈，溜肩，鼓腹，腹部最大径位置居中，凹底；腹上部施有多周瓦棱纹，腹下部及底部满饰细绳纹，部分抹平。标本 M98：1，口径 10.6、底径 6.6、最大腹径 20.7、高 22.4、壁厚 0.5～0.8厘米（图二一九，1；彩版一三三，2）。标本 M98：2，口径 10.9、底径 6.5、最大腹径21.1、高 23.2、壁厚 0.6～0.9 厘米（图二一九，2）。

七二　M99（Ⅲ区）

1. 墓葬形制

石圹竖穴墓，北壁被 M98 打破，平面呈不规则圆角长方形。方向 100°（见图二一八；见彩版一三三，1）。开口于地表。

墓圹四壁较平直，墓底较平坦。长 3.40、宽 1.50、深 1.30 米。墓穴四壁保存有一圈宽 0.20 米的小碎石片，墓底平铺一层厚约 0.10 米的贝壳。

墓内填土主要为青灰色的沙石混合料，夹杂有少量贝壳、小碎石片，土质较硬。

2. 葬具和人骨

由墓穴四壁保存的贝壳以及随葬陶罐均高于墓底倾倒的遗迹现象判断，该墓主人藏时应有木棺。但由于埋藏条件不利于木质葬具的保存，所以墓内未发现葬具痕迹。

葬有 1 具人骨，为一女性个体。骨骼保存较差，现仅存头骨、肢骨、少量肋骨及盆骨，推测葬式可能为仰身直肢，头向东。

3. 随葬品

该墓共出土有 2 件随葬品，均为陶器，种类计有壶 2。陶壶均位于头骨上方东部，南北向排列，较为规整。

壶　2 件（M99：1、2）。形制相同，均为夹砂灰陶，双唇，侈口，短颈，溜肩，鼓腹，腹部最大径位置居中，平底；腹

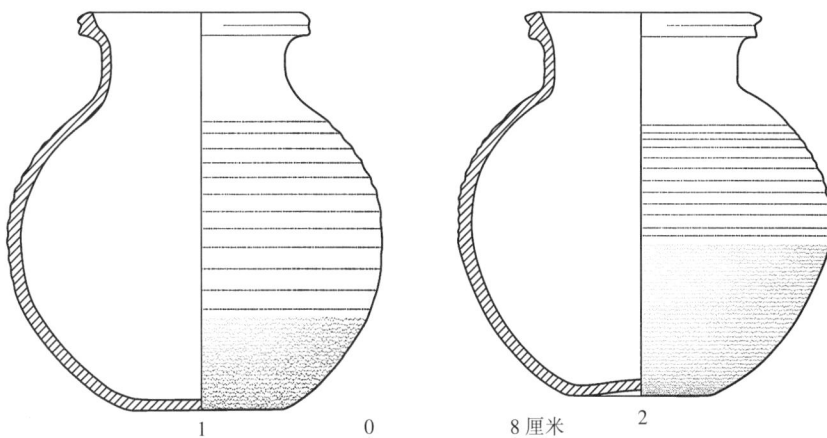

图二二〇　M99 出土器物
1、2. 陶壶（M99：1、2）

上部及腹中部施有多周瓦棱纹，腹下部及底部满饰细绳纹，抹平。标本 M99：1，口径 12.7、底径 8.4、最大腹径 20.5、高 21.2、壁厚0.5～0.8 厘米（图二二〇，1）。标本 M99：2，口径 13.1、底径 7.7、最大腹径 20.6、高 20.5、壁厚 0.5～0.9 厘米（图二二〇，2；彩版一三三，3）。

七三　M102（Ⅲ区）

M102 与 M103 为一组并葬墓，其中，M102 打破 M103。

1. 墓葬形制

石圹竖穴墓，平面呈圆角长方形，墓圹较规整。方向 10°（图二二一；彩版一三四，1）。开口于地表。

墓圹四壁较平直，墓底较平坦。长 2.40、宽 0.66、深 0.70 米。墓底平铺一层厚约 0.02 米的贝壳。在北端有生土二层台，距地表 0.30 米，宽 0.66 米，上置一件陶罐。

墓内填土主要为黄色的沙石混合料，夹杂有少量贝壳、黄沙，土质较疏松。

2. 葬具和人骨

墓内未见任何葬具痕迹。

葬有 1 具人骨，为一女性个体。骨骼保存较完整，葬式为仰身直肢，头向北，面向上，右臂向内弯曲置于骨盆处，左臂骨骼腐朽殆尽，双腿向内并拢。

3. 随葬品

该墓在二层台上出土有 1 件陶壶。

壶　1 件。标本 M102：1，夹粗砂灰陶。尖唇，盘形口，短颈，溜肩，鼓腹，最大腹径位置居中，平底。腹下部及底遍饰绳纹。口径 11.6、底径 6.8、最大腹径 19.4、高 22.2、壁厚 0.6～1.6 厘米（图二二二；彩版一三四，2）。

七四　M103（Ⅲ区）

1. 墓葬形制

石圹竖穴墓，平面呈圆角长方形，墓圹规整。方向 10°（见图二二一；见彩版一三四，1）。开口于地表。

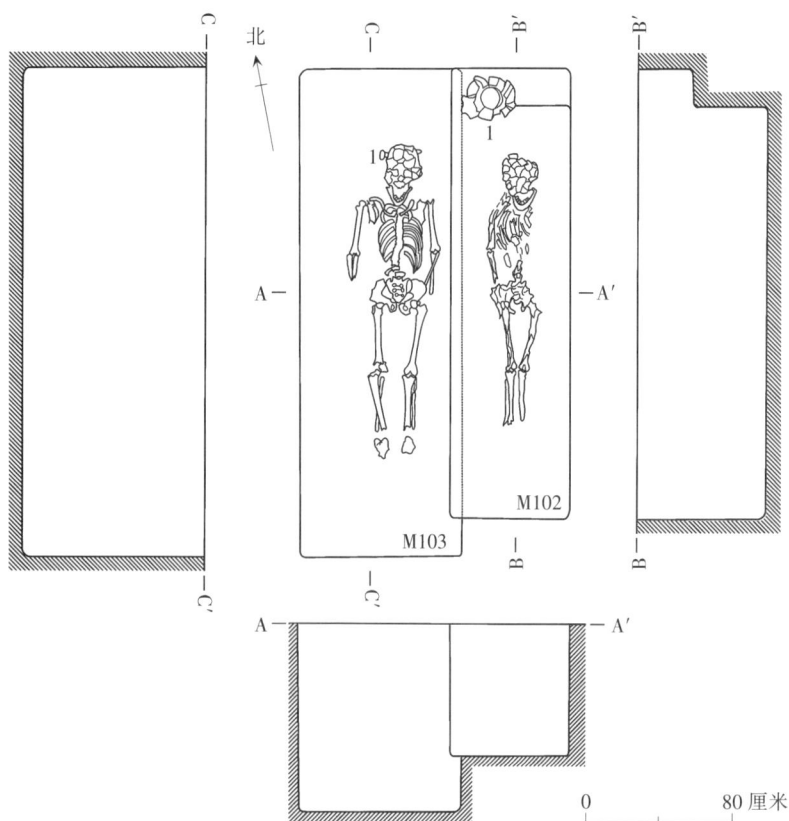

图二二一   M102、M103 平、剖面图

M102 1. 陶壶   M103 1. 铁削

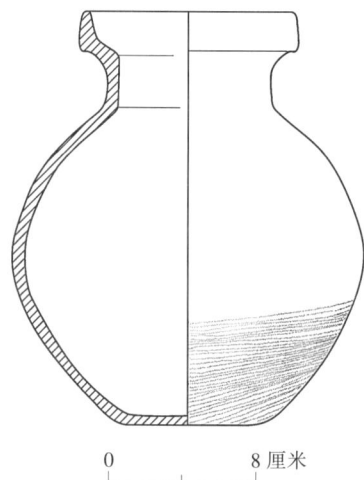

图二二二   M102 出土
陶壶（M102∶1）

墓圹四壁较平直，墓底较平坦，长 2.60、宽 0.90、深 1.00 米。墓穴四壁用黑色细泥涂抹，保存有一圈宽约 0.10 米的贝壳；墓底平铺一层厚约 0.02 米的贝壳。

墓内填土主要为黄色的沙石混合料，夹杂有少量贝壳、黑土，土质较疏松。

2. 葬具和人骨

从墓穴四壁保存的贝壳分析，该墓主在入葬时，应存在木棺，棺与墓壁的间隙填充贝壳；但由于该墓的埋藏条件不利于木棺的保存，所以，在木棺腐朽殆尽后，仅剩贝壳立于墓穴四壁之上。

葬有 1 具人骨，为一男性个体。骨骼保存较完整，葬式为仰身直肢，头向北，面向上，肩部上耸，左臂平伸贴近体侧，右臂略向体外平伸，双腿平直。

3. 随葬品

该墓出土有铁削 1，铁削枕于头骨下方（彩版一三四，3）。

铁削   1 件。标本 M103∶1，环首削，尖部上翘。腐蚀较为严重。长 20.9、宽 4.1 厘米（图二二三）。

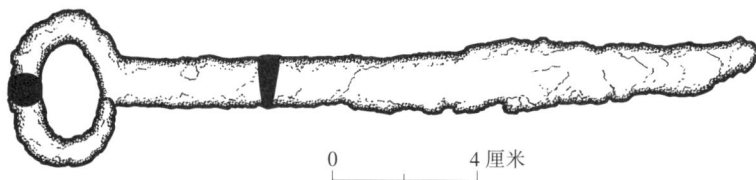

图二二三   M103 出土铁削（M103∶1）

七五　M104（Ⅲ区）

M104 与 M105 为一组并葬墓，其中，M104 打破 M105。

1. 墓葬形制

石圹竖穴墓，平面呈圆角长方形，墓圹规整。方向 5°（图二二四；彩版一三五，1）。开口于耕土层下，开口距地表深 0.10 米。

墓圹四壁较平直，墓底较平坦。长 2.80、宽 1.60、深 1.20～1.30 米。墓底平铺一层厚约 0.02 米的贝壳。

墓内填土主要为黄色的沙石混合料，夹杂有少量贝壳，土质较疏松。

2. 葬具和人骨

墓内未见有任何葬具痕迹。

葬有 1 具人骨，为一男性个体。骨骼保存一般，葬式为仰身直肢，头向北，面向西，左臂骨骼基本腐朽殆尽，右臂平伸贴近体侧，双腿略向内并拢。

3. 随葬品

该墓共出土有 7 件随葬品，质地分为陶、铜两种，其中，铜带钩及铜构件靠近人骨右腿外侧，其余随葬品都放置于人骨西侧，南北向排列，较为规整，分述如下。

陶器　计有罐 1、壶 2、盒 1、器盖 1。

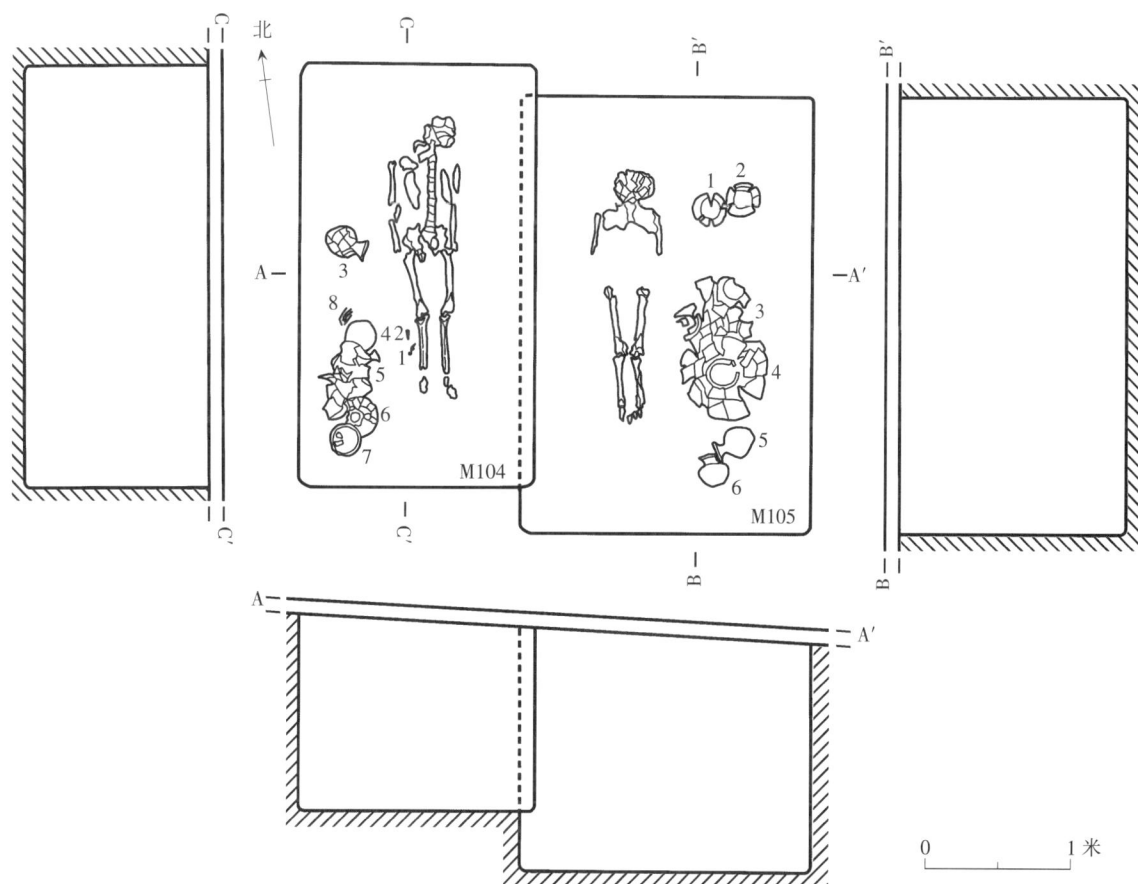

图二二四　M104、M105 平、剖面图

M104　1. 铜带钩　2. 铜饰件　3、6. 陶壶　4. 陶器盖　5. 陶罐　7. 陶盒　　M105　1、2. 陶钵　3、4. 陶罐　5、6. 陶壶

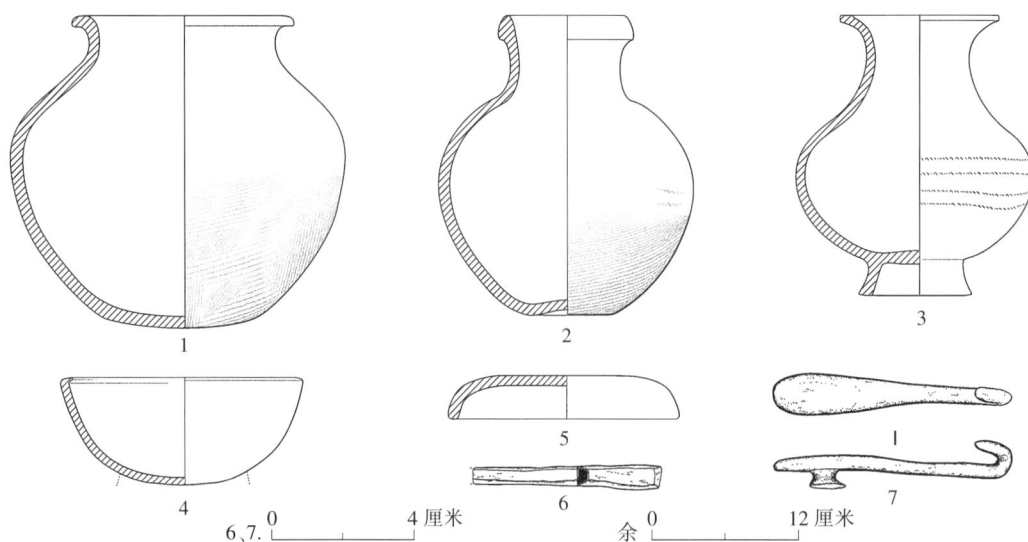

图二二五　M104 出土器物

1. 陶罐（M104：5）　2、3. 陶壶（M104：3、6）　4. 陶盒（M104：7）　5. 陶器盖（M104：4）　6. 铜构件（M104：2）
7. 铜带钩（M104：1）

罐　1件。标本 M104：5，夹砂灰陶。圆唇，敞口，束颈，溜肩，鼓腹，腹部最大径靠近肩部，圜底。腹下部及底部满饰抹平绳纹。口径 18.4、最大腹径 28.1、高 25.4、壁厚 0.8～1.0 厘米（图二二五，1；彩版一三六，1）。

壶　2件（M104：3、6）。标本 M104：3，夹砂灰陶。圆唇，口微侈，束颈，溜肩，鼓腹，腹部最大径位置靠近肩部，凹底。腹下部及底部满饰绳纹。口径 9.9、底径 7.0、最大腹径 21.4、高 24.3、壁厚 0.7～1.1 厘米（图二二五，2；彩版一三六，2）。标本 M104：6，夹砂灰黑陶。方唇，侈口，束颈，溜肩，鼓腹，腹部最大径位置靠近肩部，矮圈足。腹部施有四周粗绳纹。口径 13.2、底径 9.2、腹部最大径 20.0、高 22.7、壁厚 0.7～0.8 厘米（图二二五，3；彩版一三六，3）。

盒　1件。标本 M104：7，夹砂灰陶，表面施黄色陶衣。盒盖缺失。尖唇，敛口，弧腹，圈足残缺。口径 20.2、残高 8.8、壁厚 0.5～0.7 厘米（图二二五，4；彩版一三六，4）。

器盖　1件。标本 M104：4，夹砂灰陶。平顶，弧腹，圆唇，敞口。口径 19.4、高 3.5、壁厚 0.8～1.0 厘米（图二二五，5）。

铜器　计有带钩 1、铜构件 1。

带钩　1件。标本 M104：1，琵琶形。蛇头形钩首，钩体至钩尾处渐粗宽，钩体扁平，侧视较直。圆形钩纽位于靠近钩尾四分之一处。长 6.6 厘米（图二二五，7；彩版一三六，5）。

铜构件　1件。标本 M104：2，整体呈四棱柱状，截面为梯形，一端残断。残长 5.2 厘米（图二二五，6）。

七六　M105（Ⅲ区）

1. 墓葬形制

石圹竖穴墓，平面呈圆角长方形，墓圹规整。方向 5°（见图二二四；见彩版一三五，

1）。开口于耕土层下，开口距地表深约 0. 10 米。

墓圹四壁较平直，墓底较平坦。长 2. 90、宽 2. 00、深 1. 50 ~ 1. 60 米。墓底平铺一层厚约 0. 03 米的贝壳。

墓内填土主要为黄色的沙石混合料，夹杂有少量贝壳，土质较疏松。

2. 葬具和人骨

墓内未见有任何葬具痕迹。

葬有人骨 1 具，为一女性个体。骨骼保存较好，葬式为仰身直肢，头向北，面向上，双臂平伸，双腿向内并拢。

3. 随葬品

该墓出土有 6 件随葬品，所有随葬品均位于人骨东侧，南北向排列，较为规整（彩版一三五，2），均为陶器，种类计有罐 2、壶 2、钵 2。

罐　2 件（M105：3、4）。标本 M105：3，夹砂灰陶。圆唇，侈口，短颈，溜肩，鼓腹，腹部最大径位置居中，平底。腹下部及底部饰满细绳纹。口径 18. 4、底径 12. 5、腹部最大径 30. 3、高 25. 0、壁厚 0. 7 ~ 1. 1 厘米（图二二六，1）。标本 M105：4，夹砂灰陶。方唇，侈口，溜肩，鼓腹，腹部最大径位置居中，凹底。腹下部及底部饰满弦断绳纹。口径 21. 0、底径 16. 5、腹部最大径 37. 1、高 29. 0、壁厚 1. 2 ~ 1. 6 厘米（图二二六，2；彩版一三七，1）。

壶　2 件（M105：5、6）。标本 M105：5，夹砂灰陶。尖唇，小盘口，短颈，溜肩，鼓腹，腹部最大径位置居中，平底。腹下部及底部满饰粗绳纹。口径 12. 3、底径 7. 6、最大腹径 21. 2、高 25. 1、壁厚 0. 7 ~ 1. 1 厘米（图二二六，3；彩版一三七，2）。M105：6，

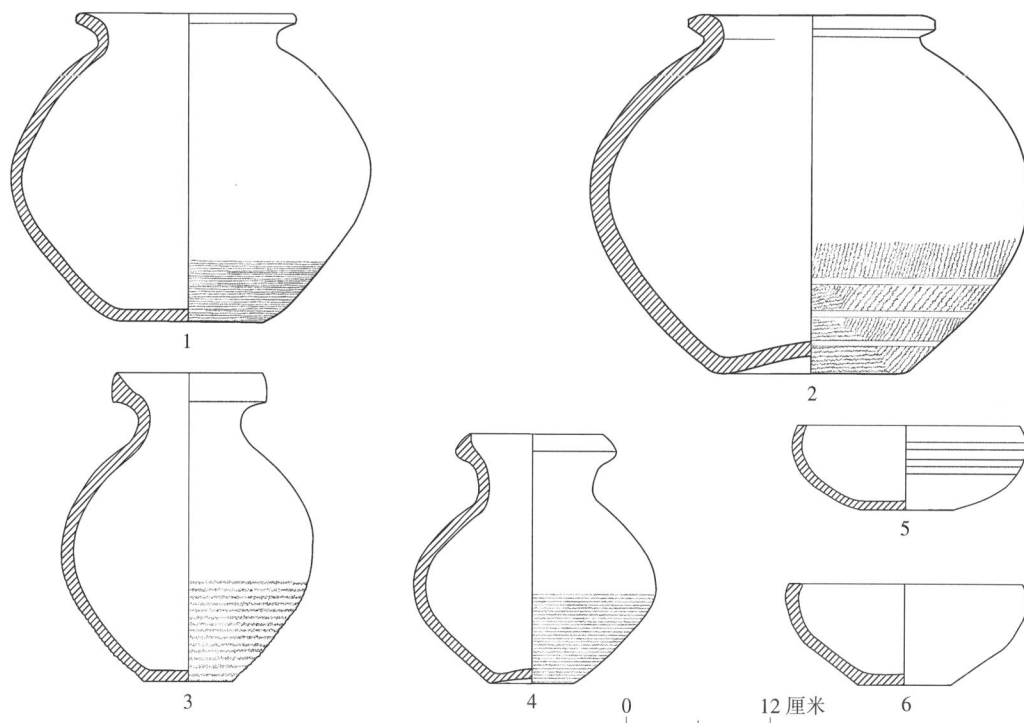

图二二六　M105 出土器物

1、2. 陶罐（M105：3、4）　3、4. 陶壶（M105：5、6）　5、6. 陶钵（M105：1、2）

夹砂灰陶。尖唇，侈口，短颈，溜肩，鼓腹，腹部最大径位置居中，凹底。腹下部及底满饰细绳纹。口径11.2、底径7.0、腹部最大径20.4、高20.2、壁厚0.7~1.0厘米（图二二六，4；彩版一三七，3）。

钵　2件（M105：1、2）。标本M105：1，夹砂灰陶。方唇，敛口，弧腹，平底。周身轮制痕迹明显。口径18.9、底径8.0、高6.8、壁厚0.5~0.9厘米（图二二六，5）。标本M105：2，夹砂灰陶。方唇，敛口，弧腹，平底。素面，器表轮旋痕迹明显。口径19.8、底径7.9、高8.2、壁厚0.7~1.2厘米（图二二六，6；彩版一三七，4）。

七七　M106（Ⅲ区）

1. 墓葬形制

三室砖墓，平面呈品字形，由墓道、甬道及墓室组成。方向200°（图二二七；彩版一三八）。开口于耕土层下，开口距地表0.10米，破坏严重。

墓道　长方形斜坡状，未发掘完，长不详，宽1.10、底部距地表1.00米。

甬道　仅残存底部铺砖，两壁砖墙已被破坏，平面形状及尺寸不详。底部铺砖分两层：下层为墓室铺地砖；上层为条砖东西向错缝平铺。

墓门　位于墓室前室南壁中部，宽0.90米。

封门　仅存东侧两块条砖。

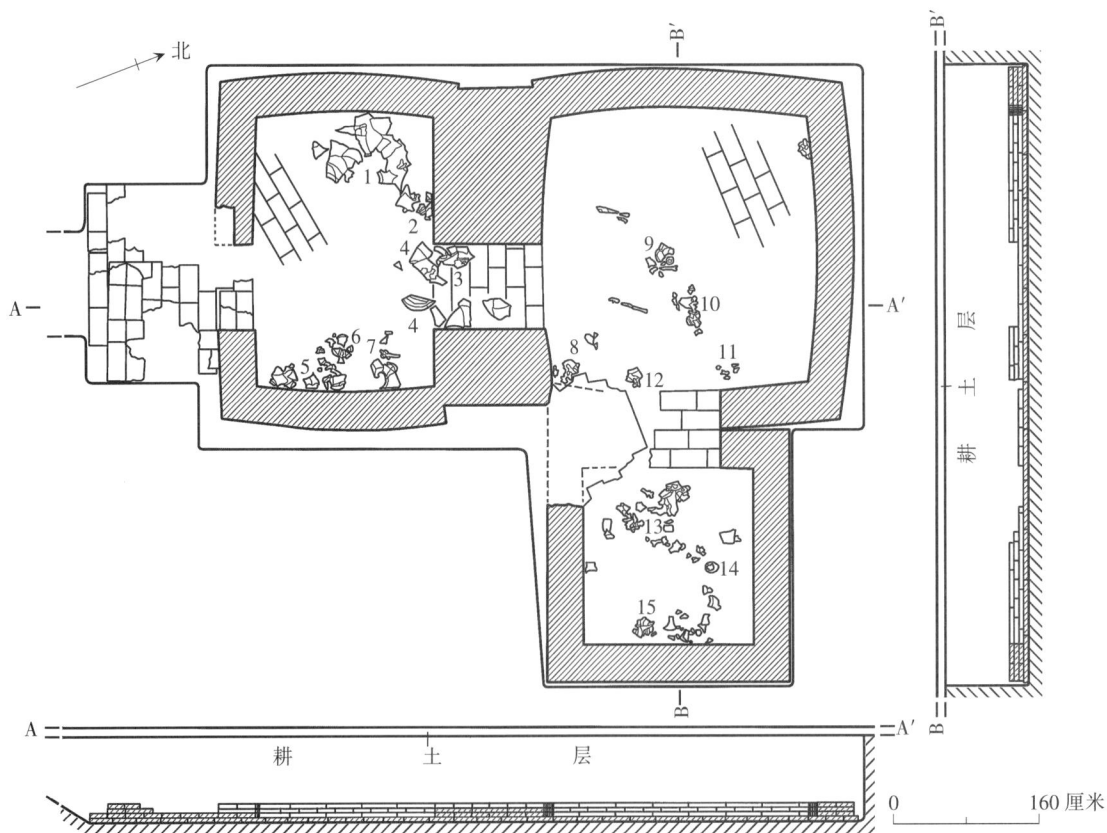

图二二七　M106平、剖面图

1. 陶瓮　2. 陶鼎　3. 陶仓盖　4、8. 陶案　5、13. 陶奁　6、10. 陶盘　7. 小陶甑　9. 陶耳杯　11. 小陶盆
12. 陶樽　14. 陶灯　15. 陶井

墓室　平面呈曲尺形，分前、后、东三个墓室。

前室平面呈弧长方形，长 2.96、宽 2.00 米。北壁较平直，其他三壁外弧明显，北壁东侧有过道通往后室，过道平面呈长方形，长 1.20、宽 0.90 米。底部在铺地砖之上加砌一层砖，为条砖东西向错缝平铺。

后室平面呈弧方形，边长 3 米。四壁外弧明显，东壁南侧有过道通往东室，过道长 0.80 米，宽不详，过道底部亦在铺地砖上加砌一层砖，砌法为南北向错缝平铺。

东室平面呈方形，边长 1.86 米，四壁较平直。

墓室四壁破坏严重，仅存底部基础，砖墙最高处保存有 4 层砖，砌法由下至上为三层平砖一层丁立砖，另外，三层平砖的砌法又为两层双隅顺砌平砖之间夹一层平砌丁砖。墓底铺砖为东北—西南斜向错缝平铺。用砖规格：38×19×5 厘米，青砖杂有少量红砖，大多数砖平面施有绳纹。

2. 葬具和人骨

墓内未发现任何葬具。

后室见有少量人骨，葬式及性别不明。

3. 随葬品

该墓共出土有 19 件随葬品，位于墓室中部，均为陶器，种类计有鼎 1、瓮 1、仓盖 1、灶 1、井 1、灯 1、奁 2、樽 1、烤炉 1、耳杯 1、盘 2、案 2、小盆 1、小瓶 1、水斗 1、纺轮 1。

鼎　1 件。标本 M106：2，夹砂灰陶。圆唇，子母口微敛，鼓腹，上腹部装一对环状立耳，圜底，底部置有三个柱状足。素面，腹中部有一道扉棱。口径 10.6、高 14.2、足高 5.6、最大腹径 18.1、壁厚 0.8 厘米（图二二八，1；彩版一三九，1）。

瓮　1 件。标本 M106：1，夹砂白陶。圆唇，沿面向外侧倾斜，溜肩，鼓腹，最大腹径位置靠下，圜底。肩部饰一周弦纹，近底部饰绳纹。口径 29.5、高 56.6、最大腹径 60.6、壁厚 1.7 厘米（图二二八，2；彩版一三九，2）。

仓盖　1 件。标本 M106：3，夹砂灰陶，囤顶结构。残存一侧，"一"字形正脊，盖面呈斜坡状，饰瓦棱纹。残长 19.3、宽 25.0、高 5.5、厚 1.5 厘米（图二二八，3）。

灶　1 件。标本 M106 填：1，夹砂灰陶。平面呈圆角长方形，前端有一圆形火眼，后端有圆形烟孔。长方形灶门，灶门上端出檐。长 21.3、宽 19.0、高 7.7、壁厚 0.8 厘米，火眼直径 8.8 厘米，灶门长 7.0、高 4.0 厘米（图二二八，5）。

井　1 件。标本 M106：15-1，夹砂灰陶。方唇，侈口，展沿，沿面向内斜，束颈，折肩，弧腹，平底。腹中部饰瓦棱纹。口径 11.2、底径 6.4、高 13.1、壁厚 0.6 厘米（图二二八，4）。

灯　1 件。标本 M106：14，夹砂灰陶，柄部部分缺失。方唇，直口，浅盘，灯座呈喇叭口形。灯盘残高 4.3、口径 13.1、壁厚 0.5~0.8 厘米；灯座残高 11.8、壁厚 1.0 厘米（图二二八，6）。

奁　2 件（M106：5、13）。标本 M106：5，夹砂灰陶，由盖奁和底奁组成。盖奁：方唇，口微敛，盝形顶。底奁：方唇，口微敛，直腹，平底。盖奁：口长 24.5、口宽 18.9、顶长 14.0、顶宽 10.0、高 11.3、壁厚 0.9 厘米。底奁：长 21.6、宽 13.2、高 11.9、壁厚 0.9 厘米（图二二九，1）。标本 M106：13，夹砂灰陶。方唇，直口，直腹，平底。近底部饰一周粗绳纹。口径 25.0、底径 18.0、高 18.0、壁厚 0.8 厘米（图二二

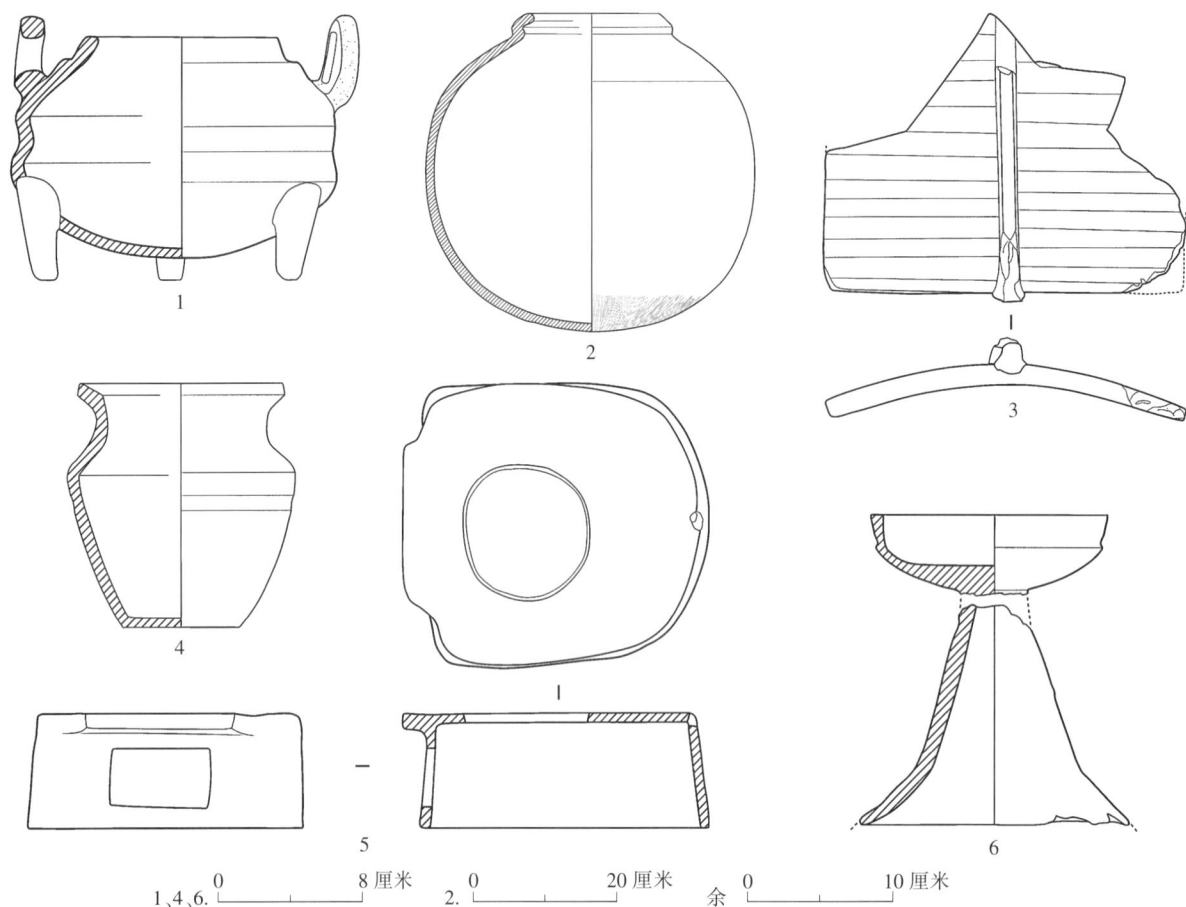

图二二八　M106 出土器物

1. 陶鼎（M106：2）　2. 陶瓮（M106：1）　3. 陶仓盖（M106：3）　4. 陶井（M106：15－1）　5. 陶灶（M106 填：1）
6. 陶灯（M106：14）

九，2；彩版一三九，3）。

　　樽　1 件。标本 M106：12，夹砂灰陶。方唇，直口，直腹，平底，底部装有三蹄状
足。腹上部饰一周瓦棱纹，腹内壁轮旋痕迹明显。口径 22.6、底径 20.0、通高 15.6、足
高 4.7、壁厚 1.0 厘米（图二二九，3；彩版一三九，4）。

　　炉　1 件。标本 M106 填：2，夹砂灰陶。平面呈长方形。方唇，敞口，斜直腹，平
底，底部置有 4 个柱状足。腹部较长的侧面分别有两个椭圆形穿孔。长 19.4、宽 12.1、
高 5.8、足高 2.2、壁厚 0.7 厘米（图二二九，4）。

　　耳杯　1 件。标本 M106：9，夹砂灰陶。杯口呈椭圆形，两耳斜折，略高于杯口，弧
腹，台底。口长径 13.0、短径 7.6、底长径 7.8、短径 3.4、高 4.2、壁厚 0.4 厘米（图二
二九，5）。

　　案　2 件（M106：4、8）。标本 M106：4，夹砂灰陶。平面呈圆形。圆唇，敞口，弧
腹，平底。腹中部饰一周粗绳纹，内壁底部饰两周凹弦纹。口径 39.7、底径 37.0、高
3.2、壁厚 1.0~1.4 厘米（图二二九，6；彩版一三九，5）。标本 M106：8，夹砂灰陶。
平面呈方形，圆唇，斜直腹，平底。腹内底部四角分别有一个圆形穿孔。长 44.0、宽
28.2、高 2.8、壁厚 0.8~1.2 厘米（图二二六，7；彩版一三九，6）。

　　盘　2 件（M106：6、10）。形制相同，均为夹砂灰陶，方唇，侈口，展沿，沿面向

图二二九 M106 出土器物

1、2. 陶奁（M106：5、13） 3. 陶樽（M106：12） 4. 陶炉（M106 填：2） 5. 陶耳杯（M106：9） 6、7. 陶案（M106：4、8） 8、9. 陶盘（M106：6、10） 10. 小陶盆（M106：11） 11. 小陶瓿（M106：7） 12. 陶水斗（M106：15－2） 13. 陶纺轮（M106 填：3）

内斜，折腹，平底；素面。标本 M106：6，口径 20.4、底径 9.4、高 5.4、壁厚 0.8 厘米（图二二九，8）。标本 M106：10，口径 20.3、底径 9.4、高 5.5、壁厚 0.7 厘米（图二二九，9；彩版一三九，7）。

小盆 1 件。标本 M106：11，夹砂灰陶。方唇，直口，直腹，平底。近底部饰一周粗绳纹。口径25.0、底径18.0、高18.0、壁厚0.8厘米（图二二九，10）。

小甑　1件。标本M106：7，夹砂灰陶。方唇，口微敛，直腹，圜底，底部有5个圆形穿孔。器表轮旋痕迹明显。口径12.5、高6.2、壁厚0.7厘米（图二二九，11）。

水斗　1件。标本M106：15－2，夹砂灰陶。尖唇，敞口，弧腹，圜底。提梁仅存根部。口径4.3、残高2.9、壁厚0.3厘米（图二二九，12）。

纺轮　1件。标本M106填：3，夹砂黄褐陶。平面呈圆形，中心有圆形穿孔。直径3.1、孔径0.6、壁厚0.6厘米（图二二九，13）。

七八　M107（Ⅲ区）

1. 墓葬形制

单室砖墓，平面呈甲字形，由墓道、甬道、墓门和墓室组成。方向195°（图二三〇；彩版一四〇，1）。开口于耕土层下，开口距地表0.10米，已破坏。

墓道　长方形斜坡状，长3.50、上口宽1.40、下口宽1.00、底部距地表1.50米。

甬道　平面呈长方形，长0.38、宽0.80米，双重拱形券顶，两壁砌法同于墓室。

墓门　位于墓室南壁中部偏东，为双重拱形，宽0.80米。

封门　条砖封堵，分内外两层。内层砖规矩砌筑，残高0.78米，砌法为四层双隅平砖，之上一层丁立砖，再上为双隅平砖；外层用条砖不规则封堵于甬道内，残高0.72米。

墓室　平面呈长方形，长2.70、宽2.40米。四壁平直，砖墙最高处保存有15层砖，砌法由下至上为三层平砖一层丁立砖，两者交替向上。另外，三层平砖的砌法又为两层双隅顺砌平砖之间夹一层平砌丁砖。墓底铺砖为西北—东南斜向错缝平铺。用砖规格：

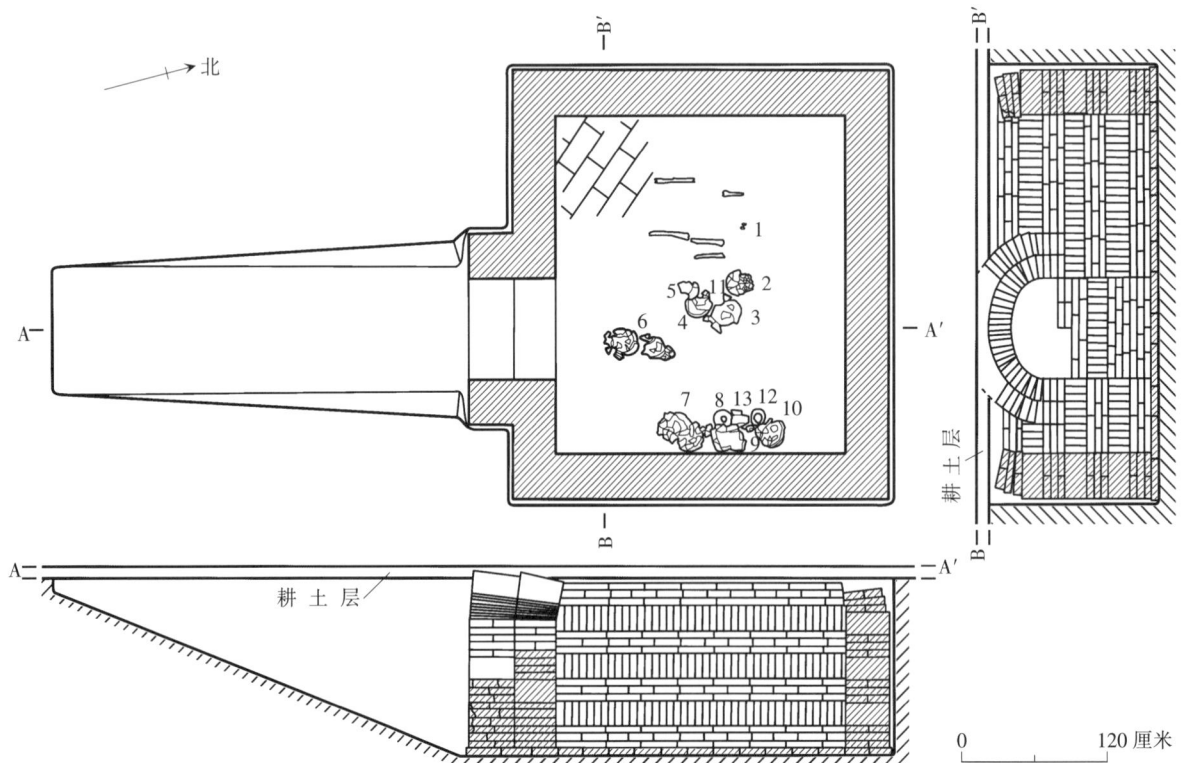

图二三〇　M107平、剖面图

1. 耳珰　2、4. 陶盘　3、5、6. 陶碗　7. 陶罐　8. 陶灯　9. 陶仓　10. 陶灶　11. 陶耳杯　12、13. 小陶盆

36×18×6厘米，青砖杂有少量红砖，多数砖平面施有绳纹。

2. 葬具和人骨

墓内未发现任何葬具。

葬有2具人骨，置于墓室西侧，仅残存数段肢骨，葬式及性别不明。

3. 随葬品

该墓共出土有20件随葬品，位于墓室中部，质地分为陶、琉璃两种，分述如下。

陶器　计有罐1、仓1、灶1、灯1、耳杯1、盘2、碗4、小釜3、小盆2、水斗1、器底1。

罐　1件。标本M107：7，夹砂灰陶。方唇，口微敛，矮领，溜肩，鼓腹，平底。腹中部饰麦粒纹，腹下部及底部饰绳纹，腹内壁近口沿处有瓦棱纹。口径15.4、底径13.9、高19.8、最大腹径26.8、壁厚0.6~0.9厘米（图二三一，1）。

图二三一　M107 出土器物

1. 陶罐（M107：7）　2. 陶仓（M107：9）　3. 陶耳杯（M107：11）　4. 陶灶组合（M107：10）　5. 陶灯（M107：8）
6、7. 陶盘（M107：2、4）

仓　1件。标本 M107：9，由仓身和仓盖两部分组成。仓盖：悬山结构，手制，慢轮修整。平面呈长方形，"一"字形正脊，仓面为斜坡状，正脊两侧对称置有三组六道正垄，阳面另有四组八道侧垄。仓身：正面呈长方形，正中有一长方形镂孔为门，门上出檐，门下设有台阶。檐和台阶的左侧上下对称各有一圆形穿孔为门轴。檐上有刻划的斜线纹，门两侧有一对刻划的斗拱图案。仓身左右侧面结构相同，近房顶部各有一圆形镂孔，为通气孔。仓身背面上部近顶部有刻划的几何纹，几何纹下有三组刻划的斗拱图案。房身内侧壁饰瓦棱纹。仓盖：长 31.6、宽 21.8、厚 0.5～0.8 厘米。仓身：长 23.5、宽17.5、通高 23.7、壁厚 0.5 厘米（图二三一，2；彩版一四〇，2）。

灶　1件。标本 M107：10－1，夹砂灰陶。灶面呈半圆形，前方后圆，灶面有三个火眼，呈三角形分布，尾端有短柱状烟囱。长方形灶门，其上出檐。灶体施有多周瓦棱纹。长 24.9、宽 24.8、高 11.0、壁厚 0.4～0.8 厘米（图二三一，4；彩版一四〇，3）。

灯　1件。标本 M107：8，夹砂灰陶，仅存底座。高圈足状，圈足底部外展形成凸棱。底径 15.8、高 11.8、壁厚 0.3 厘米（图二三一，5）。

耳杯　1件。标本 M107：11，夹砂黑褐陶。杯口呈椭圆形，圜底，两耳斜向上折。口长径 10.2、口短径 7.4、高 3.4、壁厚 0.3 厘米（图二三一，3）。

盘　2件（M107：2、4）。形制基本相同，均为夹砂灰陶，方唇，敞口，展沿，浅弧腹，台底。标本 M107：2，唇面有凹槽，口径 24.0、底径 10.5、高 4.0、壁厚 0.7 厘米（图二三一，6）。标本 M107：4，腹内壁有瓦棱纹。口径 23.2、底径 11.0、高 4.1、壁厚0.6～0.8 厘米（图二三一，7）。

碗　4件（M107：3、5、6、填：1）。其中，标本 M107：3 与 M107 填：1 形制相同，均为夹砂灰陶，尖唇，敞口，窄沿，沿面内斜，弧腹微鼓，台底，底部边缘局部抹平；器表和腹内壁可见清晰的瓦棱纹。标本 M107：3，夹砂灰陶。口径 20.8、底径 10.4、高9.2、壁厚 0.6～1.2 厘米（图二三二，1）。标本 M107 填：1，口径 20.5、底径 10.4、高8.6、壁厚 0.6～0.9 厘米（图二三二，2）。标本 M107：5，夹砂灰陶。双尖唇，唇面有凹槽，侈口，折腹，台底。腹内壁有清晰的瓦棱纹。口径 23.0、底径 10.5、高 9.0、壁厚 0.7～1.1 厘米（图二三二，3）。标本 M107：6，夹砂灰陶。尖唇，窄沿，沿面向内斜，

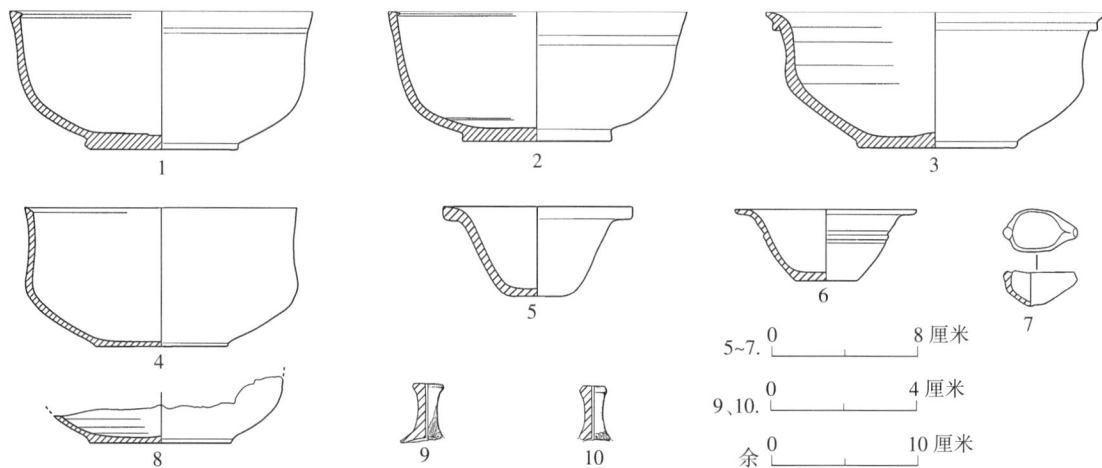

图二三二　M107 出土器物

1～4. 陶碗（M107：3、填：1、5、6）　5、6. 小陶盆（M107：12、13）　7. 陶水斗（M107 填：2）　8. 陶器底（M107填：3）　9、10. 耳瑱（M107：1－1、1－2）

敞口，腹上部向内弧，腹下部折收，台底。口径18.7、底径9.1、高9.2、壁厚0.5厘米（图二三二，4）。

小釜　3件（M107：10-2、10-3、10-4）。形制相同，均为夹砂灰褐陶。圆唇，敛口，折腹，圜底，素面，轮旋痕迹明显。标本M107：10-2，口径4.7、高2.3、壁厚0.3厘米（图二三一，3）。标本M107：10-3，口径6.0、高2.9、壁厚0.3厘米（图二三一，3）。标本M107：10-4，口径5.9、高2.6、壁厚0.3厘米（图二三一，3）。

小盆　2件（M107：12、13）。标本M107：12，夹砂黄褐陶。方唇，敞口，展沿，弧腹，平底。素面。口径10.6、底径3.1、高4.8、厚0.5厘米（图二三二，5）。标本M107：13，夹砂黑褐陶。尖唇，敞口，展沿，弧腹，平底。腹部饰瓦棱纹。口径10.0、底径3.4、高3.8、厚0.3～0.5厘米（图二三二，6）。

水斗　1件。标本M107填：2，夹砂灰陶。体呈舟形，杯口呈椭圆形，一端有流，弧腹，圜底。口长径4.1、短径2.4、高1.9、厚0.3厘米（图二三二，7）。

器底　1件。标本M107填：3，夹砂灰陶。口及腹上部均残，器形不明，台底。内壁可见清晰的轮旋痕迹。底径9.8、残高7.4、壁厚0.3～0.7厘米（图二三二，8）。

琉璃器　计有耳瑱2。

耳瑱　2件（M107：1-1、1-2）。均为深蓝色，近似喇叭形，束腰，细端呈圆柱状，粗端内凹。纵穿一孔。标本M107：1-1，最大径1.5、长1.6厘米（图二三二，9）。标本M107：1-2，残损。残长1.5厘米（图二三二，10）。

七九　M108（Ⅲ区）

1. 墓葬形制

三室砖墓，平面呈甲字形，由墓道、甬道、墓门和墓室组成。方向200°（图二三三；彩版一四一，1）。开口于地表，破坏严重。

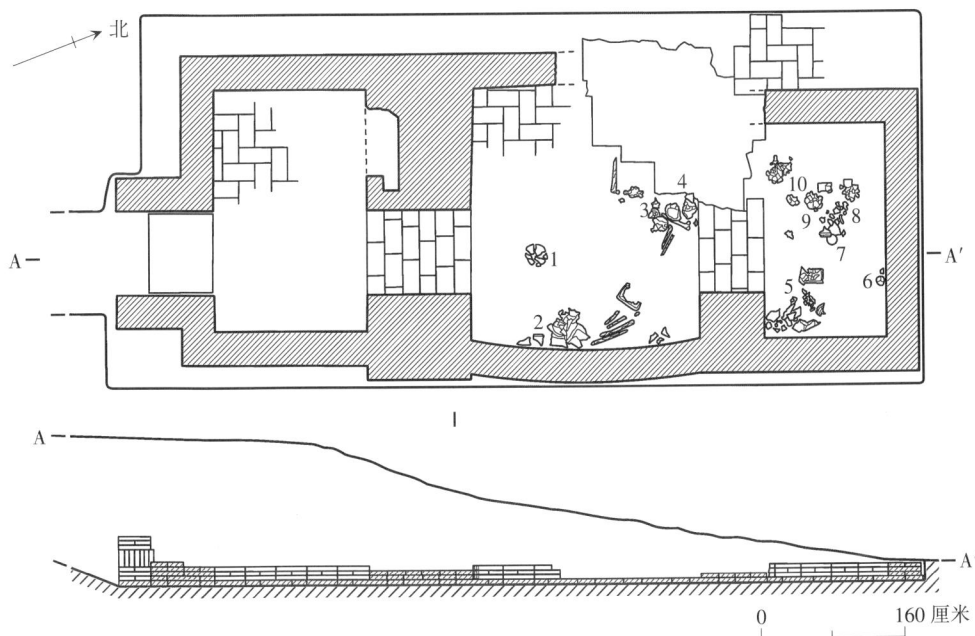

图二三三　M108平、剖面图

1、9. 陶盘　2、5. 陶奁　3. 陶罐　4. 陶灶　6、7. 陶器盖　8. 陶仓盖　10. 陶灯

墓道 长方形斜坡状，未发掘完，长不详，宽1.10、底部距地表1.60米。

甬道 平面呈长方形，长0.72、宽0.90，两壁砌法同于墓室。

墓门 位于墓室前室南壁东侧，宽0.90米。

封门 条砖封堵，现存4层砖，残高0.24米，为平砖和丁砖混砌。

墓室 平面整体呈长方形，总长7.50米，分前、中、后三个墓室。

前室平面呈长方形，长2.60、宽1.70米。四壁平直，北壁东侧有过道通往中室，过道平面呈长方形，长1.14、宽0.90米，底部在铺地砖之上加砌一层砖，为条砖东西向错缝平铺。

中室平面呈弧长方形，长2.84、宽2.56米，西北部砖墙和铺地砖被破坏，南北壁较平直，东西壁外弧明显，北壁东侧有过道通往后室，过道西侧已破坏，平面形状不详，长0.72米，其底部亦是在铺地砖之上加砌一层砖，砌法为条砖东西向错缝平铺。

后室平面呈长方形，长2.20、宽1.38米。西南角砖墙和铺地砖被破坏。

墓室四壁破坏严重，保存最高处有9层砖，砌法由下至上为三层平砖一层丁立砖，两者交替向上。另外，三层平砖的砌法又为两层双隅顺砌平砖之间夹一层平砌丁砖。墓底铺砖为人字形平铺。用砖规格：38×18×6厘米，青砖，多数砖平面施有绳纹。

2. 葬具和人骨

墓内未发现任何葬具。

葬有2具人骨，凌乱散落于中室中东部，保存较差，葬式不明。

3. 随葬品

该墓共出土有13件随葬品，位于墓室的中室和后室，均为陶器，种类计有罐1、灶1、仓盖1、灯1、奁2、盘3、器盖2、长颈瓶1、小勺1。

罐 1件。标本M108：3，夹砂黑陶。口部残，溜肩，鼓腹，最大腹径位置靠近肩部，平底，底边回泥起棱。肩部饰两道弦纹。底径10.4、最大腹径21.1、残高16.0、壁厚0.7厘米（图二三四，1）。

灶 1件。标本M108：4，夹砂灰陶，手制慢轮修整。灶面呈梯形，前宽后窄，灶面上均匀分布有四小一大五个火眼。长方形灶门，上面出檐。灶门周围刻划斜线纹。长26.5、宽26.3、高13.9、壁厚0.8厘米（图二三四，2；彩版一四一，2）。

仓盖 1件。标本M108：8，夹砂红褐陶，囤顶结构，平面呈长方形，"一"字形正脊，正脊两端和中间均有装饰，已残。盖面为斜坡状，无瓦垄。长31.6、宽28.5、高8.0、厚1.5厘米（图二三四，3）。

灯 1件。标本M108：10，夹砂灰陶，灯盘部分残缺。喇叭口形灯座，柄部削胎修痕明显。底径11.8、高10.5、壁厚0.5厘米（图二三四，4）。

奁 2件（M108：2、5）。标本M108：2，夹砂灰陶。平面呈长方形。方唇，顶部呈盝顶形，四角各置一乳突形纽，器表残留红色彩绘，四壁边缘抹平，内壁瓦棱纹明显。口长35.8、宽19.9、底长25.6、宽8.6、高15.8、壁厚1.0厘米（图二三四，5；彩版一四一，3）。标本M108：5，夹砂黄褐陶。平面呈长方形。方唇，直口，直腹，平底，底和四壁边缘抹平。长31.2、宽16.4、高12.9、壁厚1.0厘米（图二三四，6）。

盘 3件（M108：1、9、填：1）。标本M108：1，夹砂黄褐陶。方唇，敞口，展沿，沿面向内斜，弧腹，平底。口径21.8、底径9.6、高6.5、壁厚0.5厘米（图二三四，8）。标本M108：9，夹砂黑褐陶。方唇，唇面有凹槽，敞口，展沿，沿面向内斜，

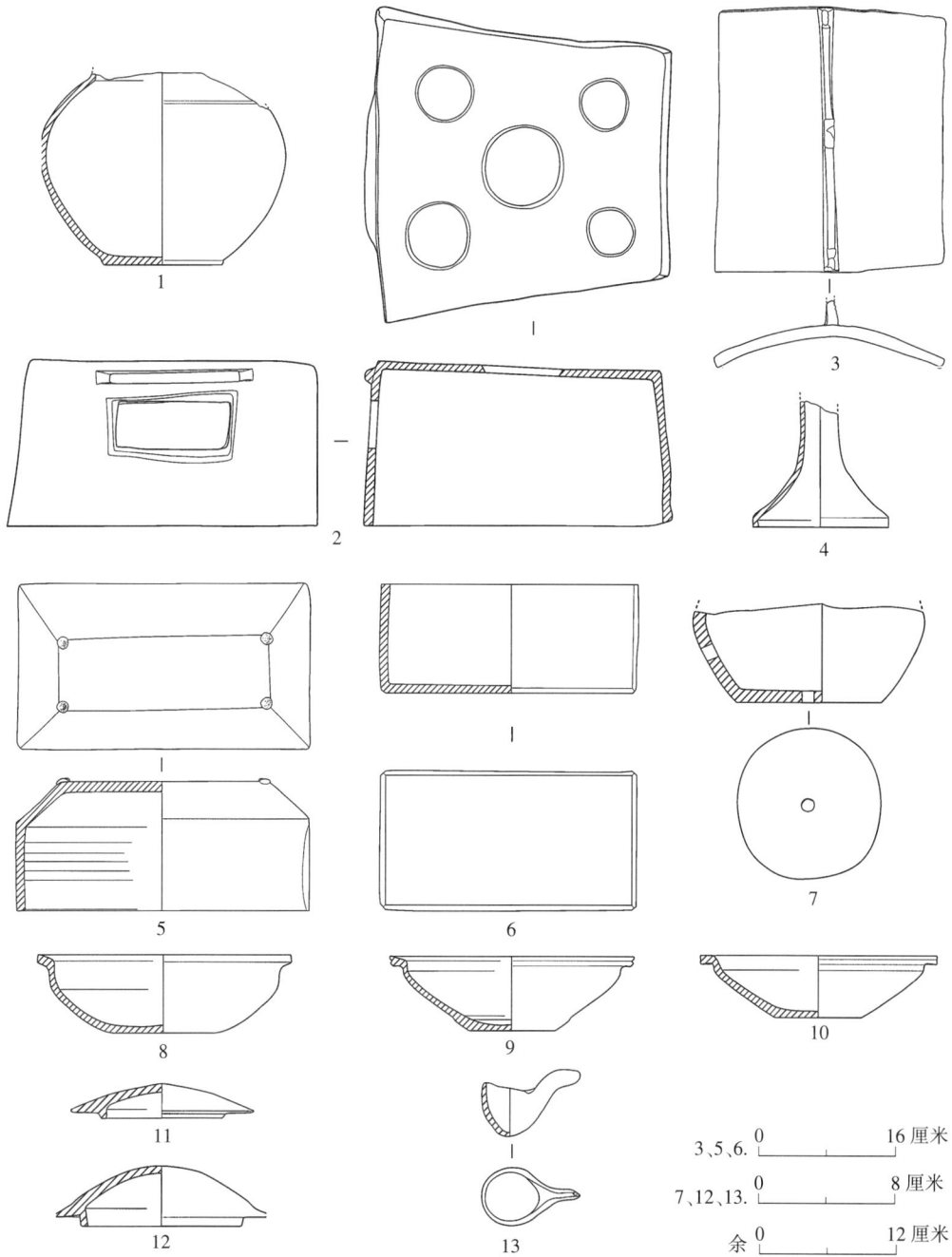

图二三四　M108 出土器物

1. 陶罐（M108：3）　2. 陶灶（M108：4）　3. 陶仓盖（M108：8）　4. 陶灯（M108：10）　5、6. 陶奁（M108：2、5）　7. 陶长颈瓶（M108 填：2）　8～10. 陶盘（M108：1、9、填：1）　11、12. 陶器盖（M108：6、7）　13. 小陶勺（M108 填：3）

弧腹，近底部加厚，平底。腹内壁可见明显的轮旋痕迹。口径 21.0、底径 7.2、高 6.2、壁厚 0.5 厘米（图二三四，9）。标本 M108 填：1，夹砂黑陶。方唇，唇面有凹槽，唇下回泥起棱，敞口，展沿，弧腹，平底。口径 20.5、底径 7.5、高 5.2、壁厚 0.7 厘米（图二三四，10）。

器盖　2 件（M108：6、7）。形制相同，均为夹砂灰陶，弧顶，子母口，尖唇。标本

M108：6，口径 10.7、高 2.0、壁厚 0.5 厘米（图二三四，11）。标本 M108：7，口径 12.6、高 3.4、壁厚 0.5 厘米（图二三四，12）。

长颈瓶　1 件。标本 M108 填：2，夹砂黑陶，残存底部。平底，腹下部有三个对称的圆形穿孔，底部中央有一圆形穿孔。轮旋痕迹明显。底径 8.6、残高 6.0、壁厚 0.7 厘米（图二三四，7）。

小勺　1 件。标本 M108 填：3，夹砂黑陶。口近圆形，尖唇，直口，一侧装有短柄，圜底。通长 5.8、口径 3.3、高 3.8、壁厚 0.3 厘米（图二三四，13）。

八〇　M109（Ⅲ区）

M109 与 M110 为一组并葬墓，其中，M110 打破 M109。

1. 墓葬形制

石圹竖穴墓，平面呈不规则圆角长方形，墓圹较规整。方向 30°（图二三五；彩版一四二）。开口于耕土层下，开口距地表 0.10 米。

墓圹四壁较平直，墓底较平坦，东壁被 M110 打破。长 3.00～3.16、宽 1.90、深 1.00 米。在墓穴西北角发现有一个壁龛，平面呈长方形，长 0.40、宽 0.16 米，壁龛内未见有任何随葬品。墓底平铺一层厚约 0.05 米的贝壳。

墓内填土主要为黄色的沙石混合料，夹杂有少量贝壳，土质较疏松。

2. 葬具和人骨

墓内未见任何葬具痕迹。

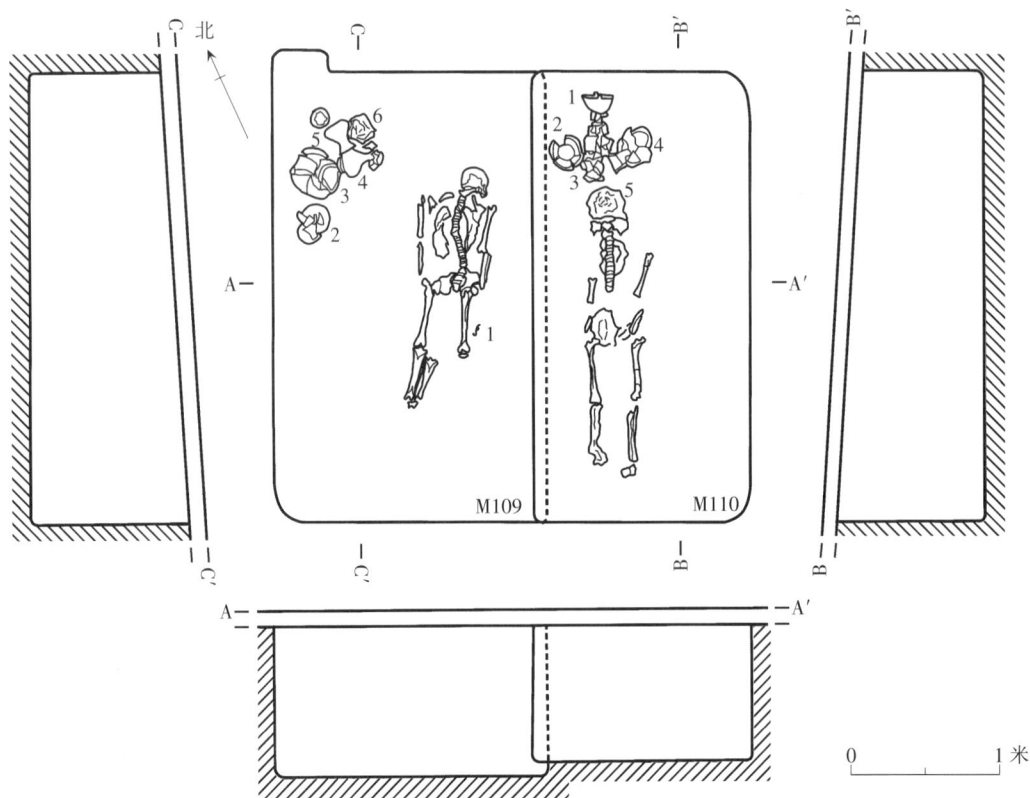

图二三五　M109、M110 平、剖面图

M109　1. 铜带钩　2. 陶鼎　3. 陶罐　4、5. 陶壶　　M110　1. 陶鼎　2. 陶簋　3、4. 陶壶　5. 漆器残痕

葬有 1 具人骨，为一男性个体。骨骼保存较完整，葬式为仰身直肢，头向北，面向东，双臂平伸贴近体侧，左胫骨移位至右胫骨处。

3. 随葬品

该墓共出土有 5 件随葬品（彩版一四三，1），质地分陶、铜、漆三种，其中，漆器和陶器堆放在头骨西北方，漆器腐朽严重，已不能辨明器形，陶、铜器分述如下。

陶器 计有罐 1、壶 2、鼎 1。

罐 1 件。标本 M109：3，夹砂灰陶。方唇，直口，矮领，溜肩，鼓腹，腹部最大径位置靠近肩部，平底。肩部至腹中部施有数周瓦棱纹，腹下部及底部满饰绳纹。口径 16.6、底径 14.1、最大腹径 28.2、高 24.6、壁厚 0.9～1.2 厘米（图二三六，1；彩版一四四，1）。

壶 2 件（M109：4、5）。标本 M109：4，夹砂灰陶，外施一层银白色陶衣。方唇，大盘口，束颈，溜肩，鼓腹，腹部最大径位置居中，矮圈足。素面，腹中部轮旋痕迹明显。口径 15.7、底径 11.2、最大腹径 18.6、高 25.9、壁厚 0.7～0.9 厘米（图二三六，2；彩版一四四，2）。标本 M109：5，夹砂灰陶。方唇，侈口，束颈，溜肩，鼓腹，腹部最大径位置居中，矮圈足。器表轮旋痕迹明显。口径 13.5、底径 12.8、最大腹径 18.1、高 21.4、壁厚 0.8～1.0 厘米（图二三六，3）。

鼎 1 件。标本 M109：2，夹砂灰褐陶。由盒盖及盒身两部分组成。盒盖：呈覆钵形，弧顶，弧腹，方唇，口微敛。盒身：口微侈，深腹，圜底，底部附三个四棱柱状足。通高 21.9 厘米。盒盖：口径 20.3、高 9.2、壁厚 0.7～1.1 厘米。盒身：口径 20.3、高

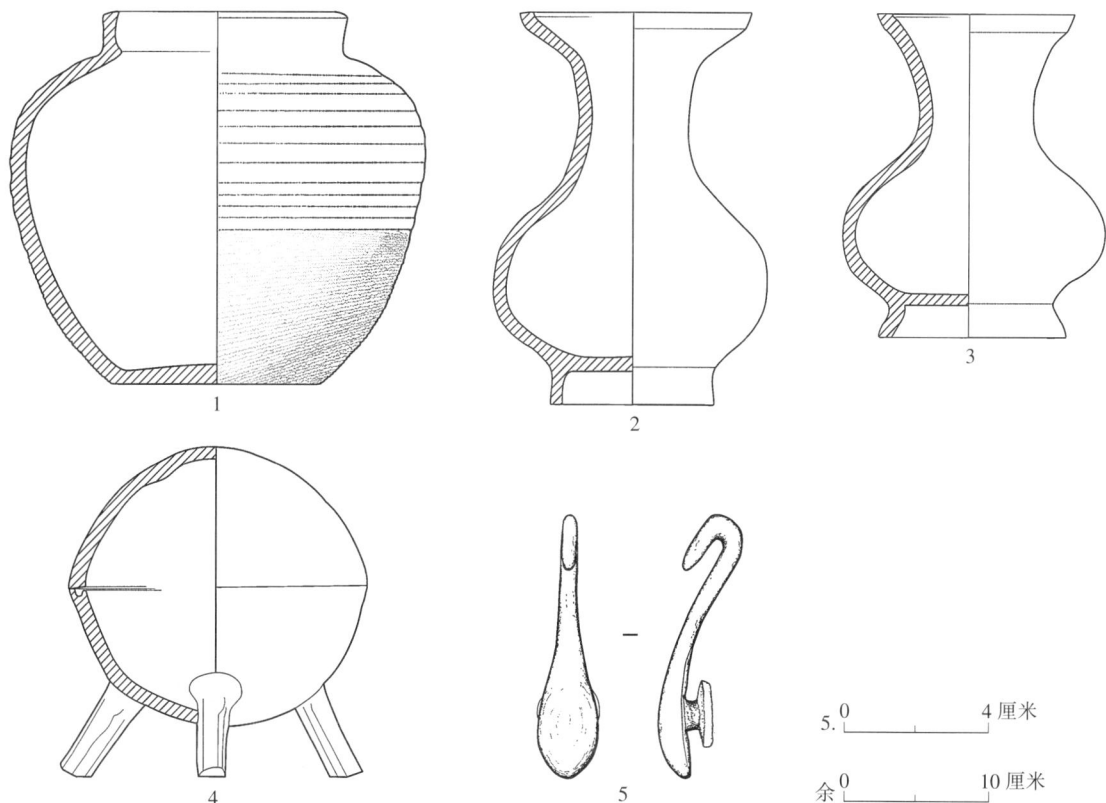

图二三六 M109 出土器物

1. 陶罐（M109：3） 2、3. 陶壶（M109：4、5） 4. 陶鼎（M109：2） 5. 铜带钩（M109：1）

12.7、壁厚0.8~1.0厘米（图二三六，4；彩版一四四，3）。

铜器　计有带钩1。

带钩　1件。标本M109：1，琵琶形。蛇头形钩首，钩体至钩尾处渐粗宽，钩体侧视呈"S"形。圆形钩纽位于靠近钩尾处。长7.0厘米（图二三六，5）。

八—　M110（Ⅲ区）

1. 墓葬形制

石圹竖穴墓，平面呈圆角长方形，墓圹较规整。方向20°（见图二三五；见彩版一四二，1）。开口于耕土层下，开口距地表深约0.10米。

墓圹四壁较平直，墓底较平坦。长3.00、宽1.50、深0.90米。墓底平铺一层厚0.05米的贝壳。

墓内填土主要为黄色的沙石混合料，夹杂有少量贝壳，土质较疏松。

2. 葬具和人骨

墓内未见有任何葬具痕迹。

葬有1具人骨，为一女性个体。骨骼保存较好，葬式为仰身直肢，头向北，面向上，上半身骨骼仅存几段肢骨残段及少量脊椎骨，双腿平伸。

3. 随葬品

该墓共出土有4件随葬品（彩版一四三，2），均为陶器，堆放在人骨正北方，种类计有罐1、壶2、鼎1、簋1。

罐　1件。标本M110：3，夹砂灰陶，过于破碎，无法修复。

壶　1件。标本M110：4，夹砂灰陶。方唇，侈口，微束颈，溜肩，腹部最大径位置居中，矮圈足。器表轮旋痕迹明显。口径12.6、最大腹径20.3、底径13.3、高27.8、壁厚0.7~1.0厘米（图二三七，1；彩版一四四，4）。

鼎　1件。标本M110：1，夹砂灰陶。尖唇，敛口，弧腹，圜底。近口处附有两个立耳，耳上有穿，底附三个柱状足。口径17.0、高17.1、壁厚0.9~1.2厘米（图二三七，2；彩版一四四，5）。

簋　1件。标本M110：2，夹砂灰陶。尖唇，敛口，弧腹，矮圈足。近口处附有两个立耳，耳上有穿。口径19.7、底径10.8、高11.6、壁厚0.7~0.8厘米（图二三七，3；彩版一四四，6）。

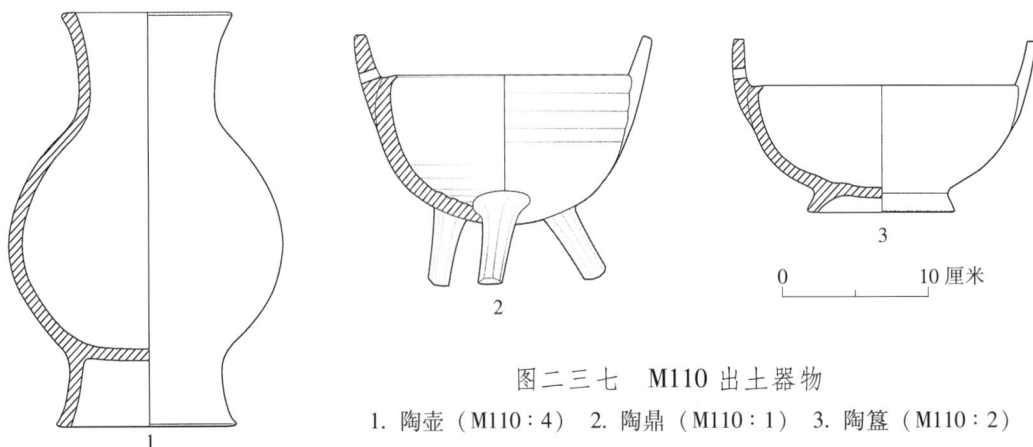

图二三七　M110出土器物
1. 陶壶（M110：4）　2. 陶鼎（M110：1）　3. 陶簋（M110：2）

八二　M113（Ⅳ区）

M113 与 M113a 为一组并葬墓。M113a 位于 M113 西侧，为一座石圹墓，但由于受到较严重的破坏，只残存墓底部分，且墓底未见任何随葬品及人骨，因此未进行单独编号，为表述方便暂编号为 M113a。

1. 墓葬形制

M113 为石圹竖穴墓，平面呈圆角长方形，墓圹较规整。方向 20°（图二三八；彩版一四五，1）。开口于耕土层下，开口距地表深约 0.20 米。墓圹四壁较平直，墓底较平坦。长 3.00、宽 1.90、深 0.20～0.40 米。墓穴四壁保存有一圈宽约 0.20 米的小碎石片，墓底平铺一层厚约 0.10 米的贝壳。墓内填土主要为黄色的沙石混合料，夹杂有少量的贝壳、小碎石片，土质较硬。

M113a 为石圹竖穴墓，平面呈圆角长方形，由于该墓受到较严重的破坏，所以现在只残留有墓底部分。方向 20°。开口于地表。墓穴四壁较平直，墓底较平坦。长 3.10、宽 1.20、深 0.10 米。

2. 葬具和人骨

从 M113 墓穴四壁保存的小碎石片分析，该墓主在入葬时，应存在木棺，棺与墓壁的间隙填充小碎石片；但由于该墓的埋藏条件不利于木质葬具的保存，所以，在木棺腐朽殆尽后，仅剩小碎石片立于墓穴四壁。

葬有 1 具人骨，为一女性个体。骨骼保存较差，葬式为仰身直肢，头骨破损较严重，

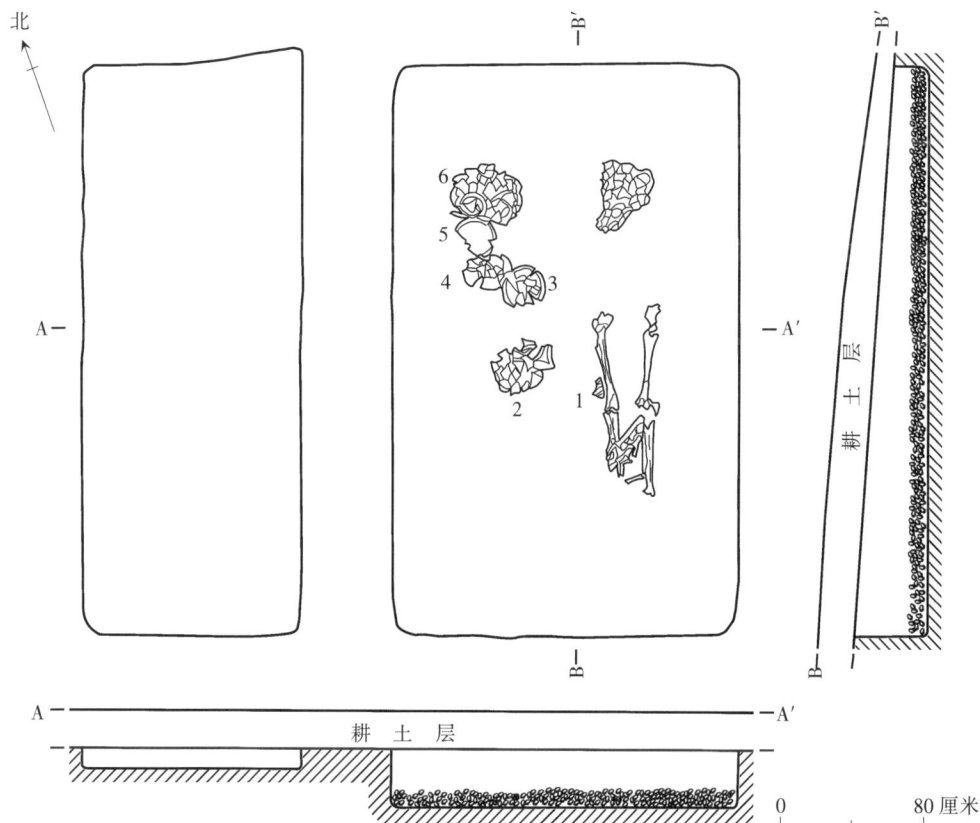

图二三八　M113 平、剖面图

1. 铜钱　2、5. 陶壶　3、4. 陶钵　6. 陶罐

头向北，上半身骨骼腐朽殆尽，双腿略向内并拢。

3. 随葬品

该墓共出土有6件随葬品，大多数为陶器，另有铜钱117枚。其中，铜钱靠近左侧膝关节放置，陶器均位于人骨西侧，南北向排列，较为规整，另外还发现有兽骨于人骨小腿之上。

陶器　计有罐1、壶2、钵2。

罐　1件。标本M113：6，夹砂灰陶。尖唇，折沿，侈口，圆肩，鼓腹，最大腹径位置居中，平底。腹下部和底部饰绳纹，抹平。口径16.0、底径8.8、最大腹径24.6、高20.4、壁厚0.6～1.5厘米（图二三九，1；彩版一四五，2）。

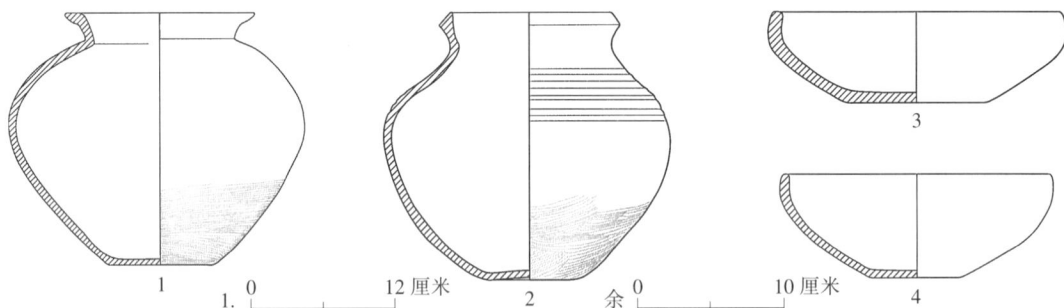

图二三九　M113 出土器物
1. 陶罐（M113：6）　2. 陶壶（M113：2）　3、4. 陶钵（M113：3、4）

壶　2件（M113：2、5）。标本M113：2，夹砂灰褐陶。尖唇，唇缘外侧加厚，微盘口，溜肩，鼓腹，最大腹径位置靠近肩部，凹底。肩部饰有数道瓦棱纹，腹下部和底部遍饰绳纹。口径11.3、底径6.8、最大腹径20.0、高18.0、壁厚0.5～0.7厘米（图二三九，2；彩版一四五，3）。标本M113：5，夹砂灰陶，过于残碎，无法拼对。

钵　2件（M113：3、4）。标本M113：3，夹砂灰陶。圆唇，敛口，折腹，平底。素面。口径20.2、底径9.5、高6.1、壁厚0.7～0.9厘米（图二三九，3）。标本M113：4，夹砂灰陶。圆唇，敛口，弧腹，平底。口径18.6、底径6.2、高7.0、壁厚0.4～0.6厘米（图二三九，4）。

铜钱　117枚，均为"半两"钱（图二四〇）。详情见下表。

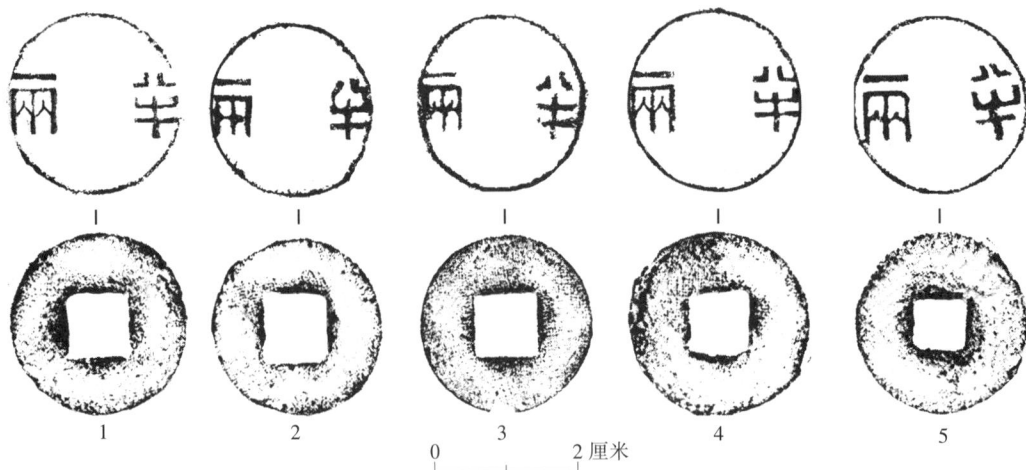

图二四〇　M113 出土铜钱拓片
1～5. M113：1-84、1-22、1-34、1-53、1-49

M113 铜钱统计表 （长度：厘米，重量：克）

种类	编号	文字特征	记号	郭径	钱径	穿宽	郭宽	郭厚	肉厚	重量
半两钱	1－1	"半"字头硬折，上横两端上折；十字"两"（十字顶天）			2.44	0.77			1.00	2.80
	1－2	"半"字头硬折，上横两端上折；十字"两"			2.38	0.65			0.08	2.60
	1－3	同上			2.38	0.81			0.09	3.00
	1－4	同上			2.21	0.73			0.07	2.20
	1－5	同上			2.38	0.72			0.07	2.70
	1－6	同上			2.26	0.63			0.06	2.30
	1－7	同上			2.42	0.70			0.06	2.60
	1－8	同上			2.41	0.70			0.09	2.70
	1－9	同上			2.39	0.69			0.09	2.90
	1－10	同上			2.48	0.76			0.09	3.60
	1－11	同上			2.33	0.79			0.07	2.80
	1－12	同上			2.60	0.69			0.07	3.00
	1－13	同上			2.51	0.78			0.07	2.70
	1－14	同上	铅灰色		2.32	0.73			0.07	2.10
	1－15	同上			2.43	0.60			0.10	3.20
	1－16	同上			2.41	0.87			0.08	2.90
	1－17	同上			2.38	0.74			0.09	2.90
	1－18	同上			2.47	0.86			0.10	3.60
	1－19	同上			2.37	0.79			0.06	2.10
	1－20	同上			2.40	0.78			0.10	2.90
	1－21	同上			2.36	0.67			0.09	2.80
	1－22	同上	铅灰色		2.32	0.69			0.08	2.70
	1－23	同上			2.35	0.80			0.10	3.00
	1－24	同上			2.29	0.68			0.09	2.60
	1－25	同上			2.46	0.68	0.08		0.08	2.90
	1－26	同上		2.43	2.27	0.69		0.13	0.07	3.00
	1－27	同上			2.29	0.68			0.09	2.70
	1－28	同上			2.52	0.75			0.07	2.80
	1－29	同上			2.47	0.73			0.08	2.70
	1－30	同上			2.50	0.69			0.10	2.90
	1－31	同上	铅灰色		2.45	0.73			0.08	3.20

（续表）

种类	编号	特征		郭径	钱径	穿宽	郭宽	郭厚	肉厚	重量
		文字特征	记号							
半两钱	1－32	同上			2.35	0.78			0.09	2.80
	1－33	同上			2.41	0.86			0.09	2.70
	1－34	"半"字头硬折，上横两端上折；两个"⊥"字"两"			2.39	0.81			0.08	2.60
	1－35	同上			2.46	0.91			0.07	2.60
	1－36	同上		2.38	2.18	0.68	0.10	0.11	0.07	2.90
	1－37	同上			2.41	0.73			0.09	3.10
	1－38	同上			2.34	0.83			0.07	2.50
	1－39	同上			2.34	0.75			0.10	3.20
	1－40	同上		2.40	2.21	0.71	0.09	0.14	0.11	3.70
	1－41	同上			2.54	0.82			0.08	3.20
	1－42	同上			2.47	0.81			0.08	2.60
	1－43	同上			2.47	0.75			0.09	2.80
	1－44	同上			2.43	0.68			0.07	2.50
	1－45	同上			2.52	0.77			0.05	2.90
	1－46	同上			2.39	0.78			0.07	2.30
	1－47	同上			2.43	0.86			0.08	3.00
	1－48	同上			2.41	0.81			0.07	2.70
	1－49	"半"字头硬折，上横两端上折；连山"两"			2.48	0.87			0.07	2.90
	1－50	同上			2.46	0.87			0.07	2.70
	1－51	同上			2.34	0.73			0.07	2.60
	1－52	同上			2.41	0.88			0.10	2.70
	1－53	"半"字头硬折，上横两端上折；两个"人"字"两"			2.38	0.88			0.11	3.00
	1－54	同上			2.45	0.72			0.10	2.90
	1－55	同上			2.47	0.78			0.09	3.80
	1－56	同上			2.39	0.67			0.07	2.60
	1－57	同上			2.43	0.62			0.09	3.20
	1－58	同上			2.39	0.67			0.07	2.80
	1－59	同上			2.30	0.68			0.10	3.00
	1－60	同上			2.46	0.71			0.07	2.70
	1－61	同上			2.56	0.69			0.09	3.20

（续表）

种类	编号	特征		郭径	钱径	穿宽	郭宽	郭厚	肉厚	重量
		文字特征	记号							
	1－62	同上			2.51	0.77			0.09	3.30
	1－63	同上			2.45	0.78			0.10	3.00
	1－64	同上			2.46	0.77			0.08	2.90
	1－65	同上			2.35	0.70			0.08	2.90
	1－66	同上			2.37	0.80			0.07	2.40
	1－67	同上			2.34	0.66			0.09	3.20
	1－68	同上			2.39	0.78			0.07	2.50
	1－69	同上			2.39	0.69			0.07	2.00
	1－70	同上			2.30	0.66			0.05	1.90
	1－71	同上			2.43	0.75			0.08	2.90
	1－72	"半"字头为"八"，上横两端上折；十字"两"			2.36	0.70			0.08	2.70
	1－73	同上			2.53	0.77			0.07	3.00
	1－74	同上			2.36	0.76			0.11	3.00
	1－75	同上			2.41	0.97			0.07	2.40
	1－76	同上			2.37	0.84			0.10	2.90
半两钱	1－77	同上			2.37	0.75			0.08	2.30
	1－78	同上			2.38	0.73			0.09	2.90
	1－79	同上			2.39	0.74			0.08	3.20
	1－80	"半"字头为"八"，上横两端上折；两个"⊥"字"两"			2.37	0.72			0.10	2.90
	1－81	同上			2.37	0.92			0.07	2.50
	1－82	同上			2.29	0.69			0.10	2.90
	1－83	同上			2.40	0.64			0.10	3.40
	1－84	"半"字头为"八"，上横两端上折；双人"两"			2.49	0.90			0.09	2.90
	1－85	同上			2.51	0.79			0.06	2.70
	1－86	同上			2.41	0.72			0.09	3.00
	1－87	"半"字头硬折，上横两端上折；十字"两"			2.43	0.80			0.06	2.70
	1－88	同上			2.31	0.75			0.05	3.00
	1－89	同上			2.42	0.65			0.05	3.00
	1－90	同上			2.47	0.72			0.07	3.60

（续表）

| 种类 | 编号 | 特征 | | 郭径 | 钱径 | 穿宽 | 郭宽 | 郭厚 | 肉厚 | 重量 |
		文字特征	记号							
半两钱	1-91	"半"字头硬折，上横两端上折；两个"⊥"字"两"			2.38	0.90			0.04	2.60
	1-92	同上			2.42	0.77			0.07	2.50
	1-93	同上			2.45	0.77			0.04	3.10
	1-94	"半"字头硬折，上横两端上折；连山"两"			2.44	0.77			0.06	2.30
	1-95	"半"字头硬折，上横两端上折；双人字"两"			2.32	0.69			0.06	2.70
	1-96	同上			2.45	0.72			0.04	2.90
	1-97	同上			2.50	0.86			0.06	3.30
	1-98	"半"字头硬折，上横两端上折；连山"两"			2.38	0.79			0.06	2.70
	1-99	同上			2.38	0.76			0.08	2.60
	1-100	"半"字头硬折，上横两端上折；双人字"两"			2.42	0.85			0.06	2.90
	1-101	同上			2.37	0.73			0.06	2.50
	1-102	同上			2.94	0.80			0.07	5.00
	1-103	"半"字头为"八"，上横两端上折；两个"⊥"字"两"			2.34	0.84			0.07	2.50
	1-104	残			2.42	0.79			0.07	2.50

附：另有13个半残缺不清。

八三　M114（Ⅳ区）

1. 墓葬形制

石圹竖穴墓，平面呈圆角长方形，墓圹较规整。方向110°（图二四一；彩版一四六，1）。开口于耕土层下，开口距地表深约0.10米。

墓圹四壁较平直，墓底较平坦。长2.80～2.90、宽1.70、深0.40～0.60米。墓底平铺一层厚0.02米的贝壳。

墓内填土主要为黄色的沙石混合料，夹杂有少量的贝壳，土质较硬。

2. 葬具和人骨

人骨附近发现有少量的黑色板灰痕迹，较为零散，应为木棺痕迹，但其形状、尺寸不详。

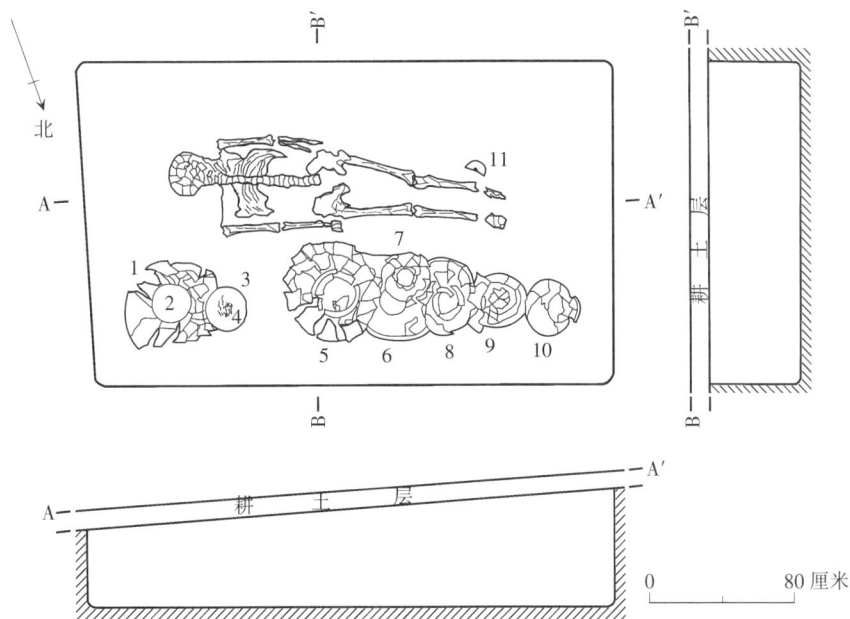

图二四一 M114 平、剖面图

1. 陶盆 2、3. 陶钵 4. 铅条 5、8. 陶罐 6. 铜盆 7、10. 陶壶 9. 陶奁 11. 铜镜

墓内葬有 1 具人骨，为一男性个体。骨骼保存较好，葬式为仰身直肢，头向东，面向上，双臂平伸，双腿略向内并拢。

3. 随葬品

该墓共出土有 11 件随葬品，质地分为陶、铜、铅三种。其中，铜镜断为两块，一块位于人骨右脚踝外侧，一块位于 5 号陶罐内；陶器和铜盆均位于人骨北侧，东西向排列，较为规整。分述如下。

陶器 罐 2、壶 2、盆 1、奁 1、钵 2。

罐 2 件（M114：5、8）。标本 M114：5，夹砂灰陶。圆唇，侈口，折沿，沿面微凸，溜肩，鼓腹，最大腹径位置居中，凹底。腹上部饰一周凹弦纹，腹下部和底部饰绳纹，抹平。口径 20.4、最大腹径 36.2、底径 11.5、高 29.5、壁厚 0.9～1.6 厘米（图二四二，1；彩版一四六，2）。标本 M114：8，夹砂灰陶。尖唇，折沿，直口，沿面微凸，溜肩，鼓腹，最大腹径位置居中，凹底。腹下部和底部饰绳纹，抹平。口径 19.8、最大腹径 30.1、底径 10.7、高 25.2、壁厚 0.7～1.1 厘米（图二四二，2；彩版一四六，3）。

壶 2 件（M114：7、10）。标本 M114：7，夹砂灰陶，由壶盖和壶身组成。壶盖：弧顶，方唇，子母口。壶身：方唇，敛口，长颈，溜肩，鼓腹，最大腹径位置靠下，高圈足外撇。通高 29.6 厘米。壶盖：口径 17.9、高 2.5、壁厚 0.8～1.1 厘米。壶身：口径 14.0、底径 13.8、最大腹径 22.9、高 27.5、壁厚 1.0～1.8 厘米（图二四二，3；彩版一四七，1）。标本 M114：10，夹砂灰陶，由壶盖和壶身组成。壶盖：弧顶，方唇，敛口，近口处有一周凹弦纹，顶部有圆形穿孔。壶身：尖唇，平沿，喇叭口，长颈，溜肩，鼓腹，最大腹径位置靠下，高圈足外撇。通高 31.2 厘米。壶盖：口径 19.8、高 3.7、壁厚 1～1.2 厘米。壶身：口径 16.5、最大腹径 23.8、底径 9.7、高 28.3、壁厚 0.5～1 厘米（图二

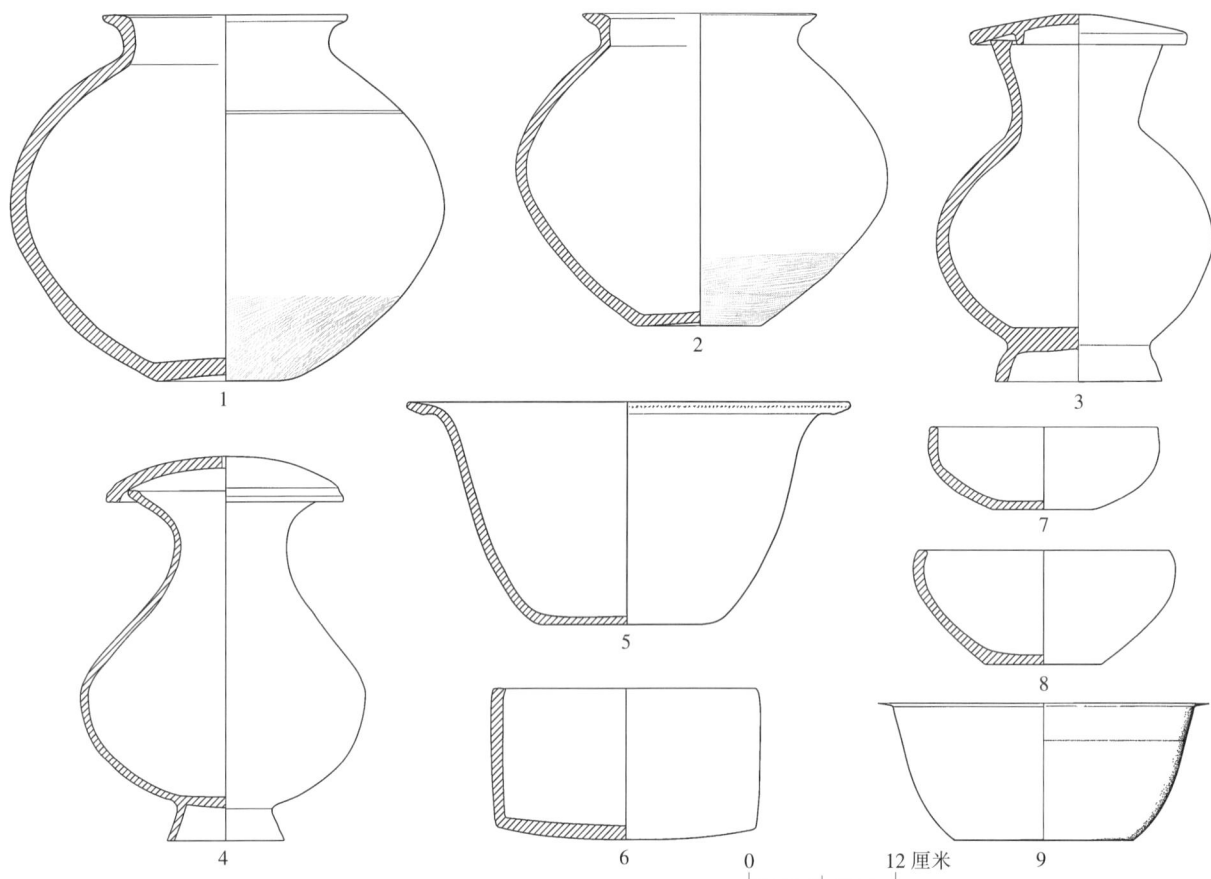

图二四二　M114 出土器物

1、2. 陶罐（M114：5、8）　3、4. 陶壶（M114：7、10）　5. 陶盆（M114：1）　6. 陶瓮（M114：9）　7、8. 陶钵（M114：2、3）　9. 铜盆（M114：6）

四二，4；彩版一四七，2）。

盆　1件。标本 M114：1，夹砂灰陶。圆唇，展沿，敞口，弧腹，平底。唇面饰一周粗绳纹。口径37.2、底径15.5、高18.0、壁厚0.6～0.8厘米（图二四二，5；彩版一四七，3）。

瓮　1件。标本 M114：9，夹砂黑陶。圆唇，口微敛，直腹，圜底。底部饰凹弦纹。口径22.2、底径21.6、高12.2、壁厚0.9厘米（图二四二，6；彩版一四七，4）。

钵　2件（M114：2、3）。标本 M114：2，夹砂灰陶。圆唇，直口，浅腹微鼓，平底。口径19.0、底径8.8、高6.7、壁厚0.8厘米（图二四二，7；彩版一四七，5）。标本 M114：3，夹砂灰陶。圆唇，敛口，弧腹，平底。口径20.9、底径9.8、高9.2、壁厚0.7～1.1厘米（图二四二，8；彩版一四七，6）。

铜器　计有盆1、镜1。

盆　1件。标本 M114：6，折沿，敞口，弧腹，平底内凹。腹中部施有一周凸弦纹。腹壁较薄，铸造精良。口径27.5、底径14.8、高11.1、壁厚0.1厘米（图二四二，9）。

镜　1件。标本 M114：11，草叶纹铜镜。圆形，略有残损，镜面微凸。半球形纽，圆形纽座。纽座外一个凸弦纹界格，界格外四角各有一个单细线方格，方格内置有对称斜线纹，相邻方格间均有两字，铭文为"见日之光，天下大明"。外围一圈双线凹弦纹方形界格，界格外四角均伸出一双瓣花枝纹；界格外等距置有四个乳丁，乳丁上部均置有一水滴纹，两侧各对称置有一草叶纹。
内向十六连弧纹缘。面径 10.6、背径
10.8、高 0.8 厘米（图二四三，1）。

铅器 计有铅条 1。

铅条 标本 M114：4，现已残断
成数段，无法复原，功用不详，现介
绍最长的一段。长条棒状，截面为不
规则圆形。最大段残长 11.1 厘米
（图二四三，2）。

八四 M115（Ⅳ区）

1. 墓葬形制

石圹竖穴墓，平面呈圆角长方
形，墓圹较规整。方向 10°（图二四
四；彩版一四八，1）。开口于耕土层
下，开口距地表深约 0.10 米。

墓圹四壁较平直，墓底较平坦。
长 2.80～2.90、宽 2.00、深 0.40～0.60
米。墓底平铺一层厚 0.05 米的贝壳。

墓内填土主要为黄色的沙石混
合料，夹杂有少量贝壳，土质较硬。

2. 葬具和人骨

墓内未见任何葬具痕迹。

葬有人骨 1 具，性别不明。骨
骼保存较差。葬式为仰身直肢，头
向北，左臂向外折曲，右臂平伸贴
近体侧，双腿略向内并拢。

3. 随葬品

该墓共出土有 9 件随葬品，质
地分为陶、铜两种，其中有铜钱 155
枚（彩版一四八，2、3）。其中，鎏
金铜饼置于左臂下，铜钱靠近左侧
膝关节外侧放置，其余随葬品均位
于人骨东侧，南北向排列，较为规
整。分述如下。

陶器 计有罐 2、壶 2、鼎 1、盒 1、盆 1。

罐 2 件（M115：4、5）。标本 M115：4，夹砂灰陶。尖唇，直口，卷沿，短颈，溜
肩，鼓腹，腹部最大径位置居中，平底。腹上部施有多周凹弦纹，腹下部及底部饰有细
绳纹。口径 19.0、最大腹径 31.1、底径 13.3、高 20.6、壁厚 0.6～1.0 厘米（图二四五，
1；彩版一四九，1）。标本 M115：5，夹砂灰陶。方唇，唇面有一周凹槽，侈口，卷沿，

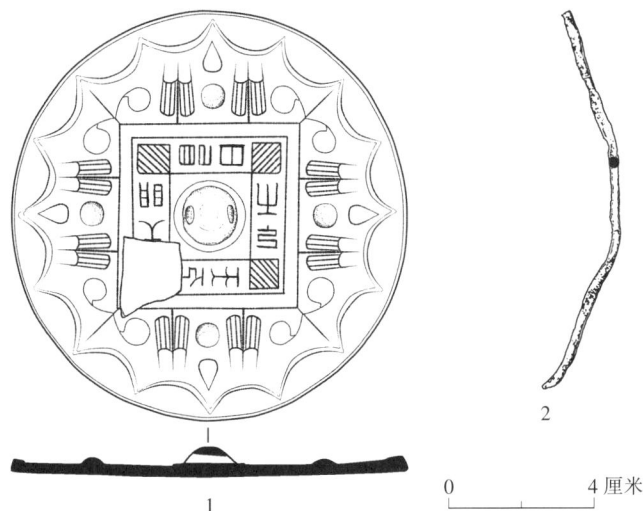

图二四三 M114 出土器物
1. 铜镜（M114：11） 2. 铅条（M114：4）

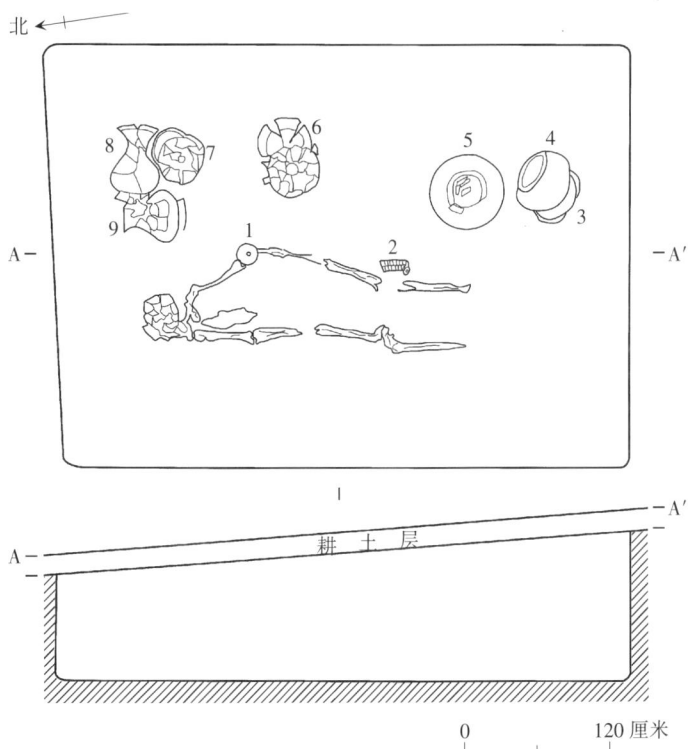

图二四四 M115 平、剖面图
1. 鎏金铜饼 2. 铜钱 3. 陶盆 4、5. 陶罐
6. 陶鼎 7. 陶盒 8、9. 陶壶

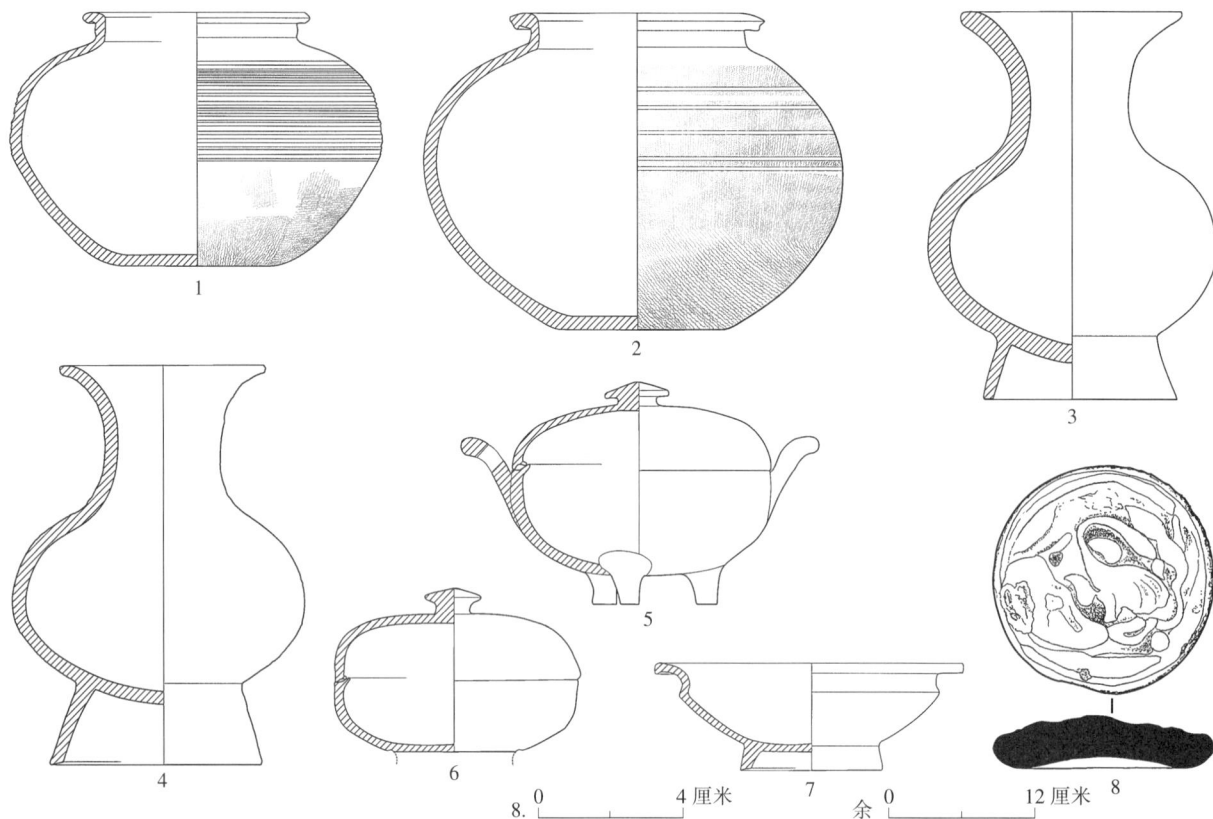

图二四五　M115 出土器物

1、2. 陶罐（M115：4、5）　3、4. 陶壶（M115：8、9）　5. 陶鼎（M115：6）　6. 陶盒（M115：7）　7. 陶盆（M115：3）　8. 鎏金铜饼（M115：1）

短颈，溜肩，鼓腹，腹部最大径位置略偏上，平底。腹上部施有绳纹，腹下部及底部满饰细绳纹，但部分抹平。口径 21.2、最大腹径 35.2、底径 14.0、高 25.6、壁厚 0.7～1.1 厘米（图二四五，2；彩版一四九，2）。

壶　2 件（M115：8、9）。形制相同，均为夹砂灰陶，圆唇，喇叭口，长颈，溜肩，鼓腹，最大腹径位置居中，圈足；素面。标本 M115：8，口径 18.4、最大腹径 24.0、底径 16.1、高 31.4、壁厚 1.4～1.8 厘米（图二四五，3）。标本 M115：9，口径 17.2、最大腹径 24.5、底径 17.8、高 32.4、壁厚 0.9～1.2 厘米（图二四五，4；彩版一四九，3）。

鼎　1 件。标本 M115：6，夹砂灰褐陶，由鼎盖及陶鼎两部分组成。鼎盖：圜顶，顶部附一蘑菇形捉手，弧腹，尖唇，敛口。陶鼎：尖唇，子母口内敛，弧腹，圜底近平。肩部对称置有方形鋬耳，底附三柱形足。通高 18.0 厘米。鼎盖：口径 21.6、高 7.0、壁厚 0.4～0.7 厘米。陶鼎：口径 18.6、高 11.4、壁厚 0.7～1.0 厘米（图二四五，5；彩版一四九，4）。

盒　1 件。标本 M115：7，夹砂灰陶。由盒盖和盒身两部分组成。盒盖：圜顶近平，顶部附一蘑菇形捉手，弧腹，尖唇，敛口。盒身：尖唇，子母口内敛，弧腹，圈足残缺。通高 13.3 厘米。盒盖：口径 20.5、高 7.7、壁厚 0.7～0.8 厘米。盒身：口径 17.9、残高 6.0、壁厚 0.7～0.8 厘米（图二四五，6；彩版一四九，5）。

盆　1 件。标本 M115：3，夹砂灰陶。方唇，敞口，卷沿，折腹，平底，矮圈足。素面。口径25.7、底径11.8、高8.7、壁厚0.4~0.7厘米（图二四五，7；彩版一四九，6）。

铜器 计有饼1。

饼 1件。标本M115：1，仿金饼形制，通体鎏金，平面呈圆形。正面铸造成深浅不一的浮雕图案，但辨识不清；背面内凹。饼径6.0~6.2、厚0.8~1.1厘米（图二四五，8）。

铜钱 155枚，均为"半两"钱（图二四六）。详情见下表。

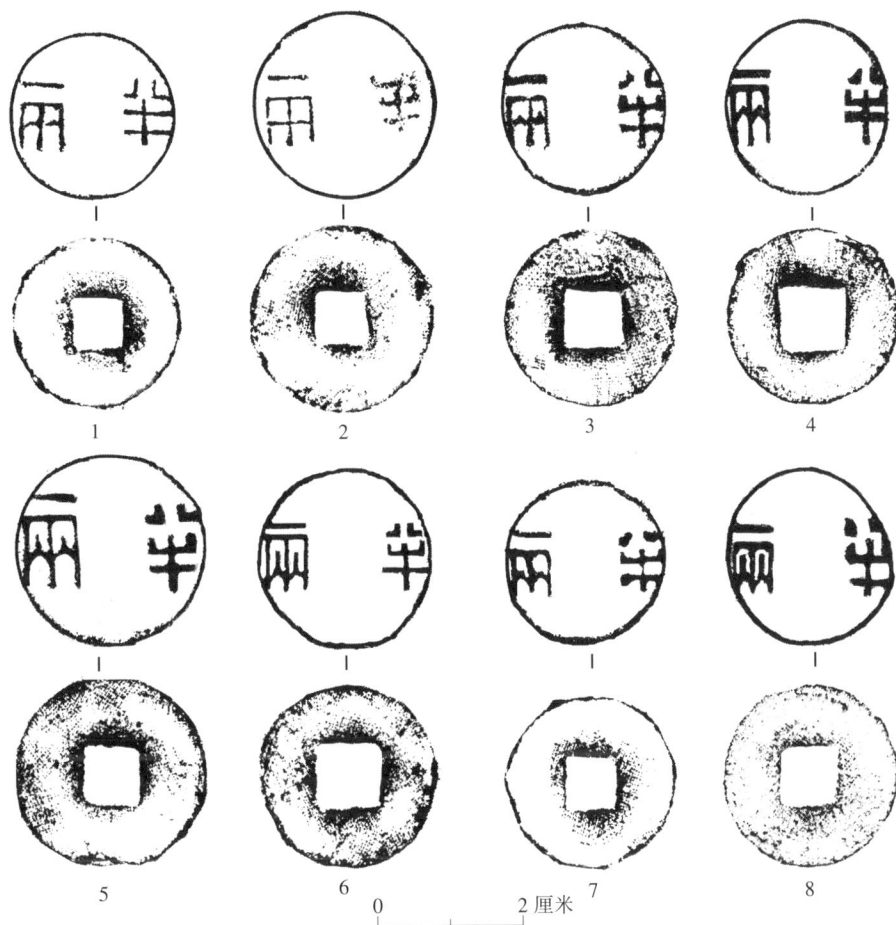

图二四六 M115出土铜钱拓片
1~8. M115：2-1、2-3、2-28、2-29、2-51、2-58、2-94、2-101

M115 铜钱统计表 （长度：厘米，重量：克）

| 种类 | 编号 | 特征 | | 郭径 | 钱径 | 穿宽 | 郭宽 | 郭厚 | 肉厚 | 重量 |
		文字特征	记号							
半两钱	2-1	"半"字头硬折，上横两端上折；十字"两"（十字顶天）	无		2.33	0.78			0.07	1.70
	2-2	"半"字头硬折，上横两端上折；十字"两"		2.50	2.34	0.81	0.08	0.12	0.07	2.90
	2-3	同上			2.36	0.79			0.06	2.70
	2-4	同上			2.38	0.90			0.06	2.30

（续表）

种类	编号	特征		郭径	钱径	穿宽	郭宽	郭厚	肉厚	重量
		文字特征	记号							
半两钱	2-5	同上			2.36	0.80				0.08	2.50
	2-6	同上			2.27	0.70				0.05	2.20
	2-7	同上			2.38	0.90				0.03	2.10
	2-8	同上			2.30	0.63				0.06	2.70
	2-9	同上			2.34	0.86				0.07	2.70
	2-10	同上			2.46	0.69				0.03	2.20
	2-11	同上			2.32	0.79				0.03	2.00
	2-12	同上			2.54	0.78				0.04	2.70
	2-13	同上			2.40	0.90				0.05	2.20
	2-14	同上			2.33	0.67				0.05	2.70
	2-15	同上			2.36	0.67				0.05	2.80
	2-16	同上			2.31	0.77				0.05	1.90
	2-17	同上			2.34	0.74				0.07	3.00
	2-18	同上			2.44	0.79				0.06	2.40
	2-19	同上			2.27	0.81				0.02	1.80
	2-20	同上			2.22	0.79				0.06	2.20
	2-21	同上			2.50	0.69				0.07	3.10
	2-22	同上	有孔		2.41	0.73				0.01	2.20
	2-23	同上			2.30	0.69				0.04	2.30
	2-24	同上			2.42	0.72				0.07	2.70
	2-25	同上	半个穿孔		2.37	0.86				0.04	2.60
	2-26	同上			2.34	0.74				0.03	2.30
	2-27	同上			2.33	0.80				0.03	2.00
	2-28	"半"字头硬折，上横两端上折；两个"⊥"字"两"			2.35	0.80				0.06	2.30
	2-29	"半"字头硬折，上横两端上折；连山"两"			2.33	0.92				0.06	2.70
	2-30	同上	有孔		2.36	0.77				0.07	2.60
	2-31	同上			2.36	0.60				0.04	2.30
	2-32	同上			2.44	0.72				0.04	2.90
	2-33	同上			2.26	0.69				0.06	2.50

（续表）

（续表）

种类	编号	特征		郭径	钱径	穿宽	郭宽	郭厚	肉厚	重量
		文字特征	记号							
半两钱	2－34	同上			2.41	0.90				0.07	2.50
	2－35	同上			2.33	0.62				0.07	2.80
	2－36	同上			2.42	0.86				0.03	2.40
	2－37	同上			2.45	0.78				0.03	2.50
	2－38	同上			2.38	0.72				0.07	3.10
	2－39	同上			2.32	0.77				0.04	2.00
	2－40	同上			2.40	0.85				0.03	1.70
	2－41	同上			2.41	0.74				0.04	3.00
	2－42	"半"字头硬折，上横两端上折；双人字"两"			2.50	0.72				0.05	2.70
	2－43	同上			2.38	0.74				0.06	2.70
	2－44	同上			2.47	0.86				0.05	3.00
	2－45	同上			2.34	0.79				0.05	2.50
	2－46	同上			2.24	0.85				0.05	2.20
	2－47	同上			2.42	0.70				0.05	2.50
	2－48	同上			2.58	0.83				0.04	2.20
	2－49	同上			2.45	0.90				0.05	2.50
	2－50	同上			2.43	0.94				0.01	2.10
	2－51	同上			2.62	0.93				0.05	2.50
	2－52	同上			2.45	0.72				0.06	2.70
	2－53	同上			2.44	0.72				0.05	2.60
	2－54	同上			2.32	0.87				0.01	2.00
	2－55	同上			2.33	0.82				0.07	2.70
	2－56	同上			2.29	0.74				0.05	2.20
	2－57	同上			2.44	0.72				0.08	3.40
	2－58	同上			2.47	0.79				0.07	3.10
	2－59	同上			2.30	0.67				0.04	1.70
	2－60	同上			2.39	0.74				0.06	2.60
	2－61	同上			2.38	0.70				0.06	3.10
	2－62	同上			2.48	0.73				0.05	3.10
	2－63	同上			2.30	0.85				0.05	2.60

（续表）

种类	编号	特征		郭径	钱径	穿宽	郭宽	郭厚	肉厚	重量
		文字特征	记号							
半两钱	2－64	同上			2.42	0.76			0.06	2.70
	2－65	同上			2.42	0.77			0.07	2.50
	2－66	同上			2.27	0.85			0.02	1.20
	2－67	同上			2.34	0.63			0.10	3.20
	2－68	同上			2.36	0.60			0.06	2.40
	2－69	同上			2.34	0.80			0.06	2.20
	2－70	同上			2.34	0.60			0.07	3.30
	2－71	同上			2.42	0.92			0.06	3.10
	2－72	同上			2.45	0.69			0.06	3.40
	2－73	同上			2.30	0.63			0.05	2.20
	2－74	同上			2.26	0.76			0.06	2.50
	2－75	"半"字头为"八"，上横两端上折；两个"⊥"字"两"			2.34	0.67			0.07	2.60
	2－76	"半"字头为"八"，上横两端上折；十字"两"			2.33	0.70			0.06	2.30
	2－77	同上			2.46	0.96			0.06	2.20
	2－78	同上			2.40	0.80			0.05	2.00
	2－79	同上			2..23	0.72			0.04	1.90
	2－80	同上			2.57	0.78			0.06	2.70
	2－81	同上			2.37	0.73			0.03	2.00
	2－82	同上			2.43	0.73			0.06	2.70
	2－83	同上			2.35	0.78			0.06	2.40
	2－84	同上			2.37	0.85			0.07	2.70
	2－85	同上			2.27	0.79			0.04	1.30
	2－86	同上			2.37	0.68			0.04	2.50
	2－87	同上			2.26	0.68			0.07	2.30
	2－88	同上			2.34	0.81			0.06	2.40
	2－89	同上			2.36	0.66			0.05	2.30
	2－90	同上			2.46	0.58			0.08	3.30
	2－91	同上			2.34	0.68			0.05	2.70

（续表）

种类	编号	特征		郭径	钱径	穿宽	郭宽	郭厚	肉厚	重量
		文字特征	记号							
	2－92	同上			2.29	0.78			0.03	2.00
	2－93	同上			2.32	0.67			0.04	1.80
	2－94	"半"字头为"八"，上横两端上折；连山"两"			2.34	0.65			0.06	3.00
	2－95	同上			2.26	0.71			0.08	3.20
	2－96	同上			2.42	0.66			0.07	3.30
	2－97	同上			2.41	0.80			0.05	2.50
	2－98	同上			2.39	0.80			0.06	2.50
	2－99	同上			2.38	0.71			0.05	2.50
	2－100	同上			2.39	0.66			0.07	3.20
	2－101	"半"字头为"八"，上横两端上折；双人"两"			2.35	0.81			0.08	3.20
	2－102	同上			2.32	0.88			0.04	1.70
	2－103	同上			2.57	0.75			0.05	3.10
半两钱	2－104	同上			2.43	0.89			0.07	2.90
	2－105	同上			2.30	0.70			0.07	2.90
	2－106	同上			2.44	0.68			0.06	3.00
	2－107	同上			2.38	0.75			0.04	2.70
	2－108	同上			2.43	0.74			0.07	2.70
	2－109	同上			2.45	0.87			0.06	2.70
	2－110	同上（残）			2.35	0.76			0.03	1.30
	2－111	同上			2.35	0.89			0.04	2.30
	2－112	同上			2.49	0.74			0.04	2.90
	2－113	同上			2.28	0.83			0.07	2.60
	2－114	"半"字头硬折，上横两端上折；"两"残缺不清			2.31	0.78			0.04	2.20
	2－115	同上			2.48	0.72			0.05	2.50
	2－116	同上			2.34	0.67			0.07	2.70
	2－117	同上			2.40	0.72			0.05	3.00
	2－118	同上			2.32	0.90			0.07	2.90

（续表）

种类	编号	特征		郭径	钱径	穿宽	郭宽	郭厚	肉厚	重量
		文字特征	记号							
半两钱	2－119	同上			2.40	0.87			0.04	2.50
	2－120	同上			2.38	0.70			0.07	2.90
	2－121	同上			2.38	0.80			0.06	2.70
	2－122	同上			2.42	0.92			0.04	2.60
	2－123	"半"字头为"八"，上横两端上折；"两"残缺不清			2.52	0.84			0.04	2.90
	2－124	同上			2.42	0.66			0.06	2.90
	2－125	同上			2.42	0.85			0.04	2.50
	2－126	同上			2.33	0.69			0.02	2.00
	2－127	"半"字残缺不清；十字"两"			2.44	0.73			0.05	2.60
	2－128	同上			2.54	0.81			0.03	1.90
	2－129	同上			2.32	0.76			0.05	2.60
	2－130	同上			2.27	0.66			0.08	2.90
	2－131	同上			2.35	0.72			0.04	2.40
	2－132	同上			2.37	0.80			0.04	2.70
	2－133	"半"字残缺不清；连山"两"			2.40	0.90			0.05	2.70
	2－134	同上			2.34	1.00			0.05	2.40
	2－135	同上			2.42	0.83			0.04	2.70
	2－136	同上			2.24	0.80			0.05	2.80
	2－137	"半"字头为"八"，上横两端上折；"两"残缺不清			2.41	0.92			0.06	2.30
	2－138	同上			2.36	0.68			0.04	2.30
	2－139	"半两"二字皆不清，共28枚								
	2－140	"半"字头硬折，上横两端上折；十字"两"			2.43	0.76			0.05	2.50
	2－141	同上			2.42	0.81			0.05	2.70
	2－142	同上			2.50	0.74			0.04	2.60
	2－143	同上			2.40	0.73			0.03	2.20
	2－144	同上			2.36	0.68			0.03	2.20
	2－145	同上			2.37	0.72			0.05	2.70

（续表）

种类	编号	特征		郭径	钱径	穿宽	郭宽	郭厚	肉厚	重量
		文字特征	记号							
半两钱	2－146	"半"字头硬折，上横两端上折；两个"⊥"字"两"			2.44	0.72			0.05	2.30
	2－147	同上			2.33	0.76			0.03	2.20
	2－148	同上			2.40	0.71			0.04	2.70
	2－149	同上			2.36	0.82			0.08	3.00
	2－150	同上			2.49	0.83			0.04	2.70
	2－151	同上			2.47	0.66			0.05	2.70
	2－152	"半"字头硬折，上横两端上折；双人字"两"			2.37	0.63			0.04	3.20
	2－153	同上			2.41	0.85			0.05	2.40
	2－154	同上（"两"字中竖顶上横）			2.57	0.81			0.04	2.90
	2－155	字迹不清			2.40	0.69			0.03	2.20

八五　M116（Ⅳ区）

1. 墓葬形制

双室砖墓，平面呈吕字形，由墓道、甬道、墓门及墓室组成。方向230°（图二四七；彩版一五〇，1）。开口于耕土层下，开口距地表0.10米，已破坏。

墓道　长方形斜坡状，未发掘完，长不详，宽0.77、底部距地表1.34米。

甬道　平面呈长方形，长0.77、宽0.38米。两壁砌法同于墓室。

墓门　位于墓室前室南壁中部，从残存部分看为双重拱形券顶，宽0.77米。

封门　条砖封堵，分为内外两层。内层为丁砖、平砖混砌，现存8层砖，残高0.48米。外层用碎砖倚护。

墓室　平面整体呈吕字形，分前、后两个墓室。前室平面呈长方形，长2.10、宽1.86米，北壁东侧有过道通往后室，过道平面呈长方形，长0.80、宽0.70米。后室平面呈方形，长2.60米。墓室四壁均较平直，最高处保存有12层砖，砌法由下至上为三层平砖一层丁立砖，两者交替向上。另外，三层平砖的砌法又为双隅平砖错缝顺砌。墓底铺砖为西北—东南斜向错缝平铺。用砖规格：（36～38）×18×6厘米，青砖，多数砖平面施有绳纹。

2. 葬具和人骨

墓内未发现任何葬具。

葬有3具人骨，并列置于后室西侧，人骨腐朽严重，葬式及性别不明。

3. 随葬品

该墓共出土有25件随葬品，位于墓室后室北部，均为陶器，种类计有罐4、鼎1、仓1、灶1、瓮1、耳杯1、奁2、案2、盘3、钵1、缸2、小釜3、小盆1、小瓿2、器盖1。

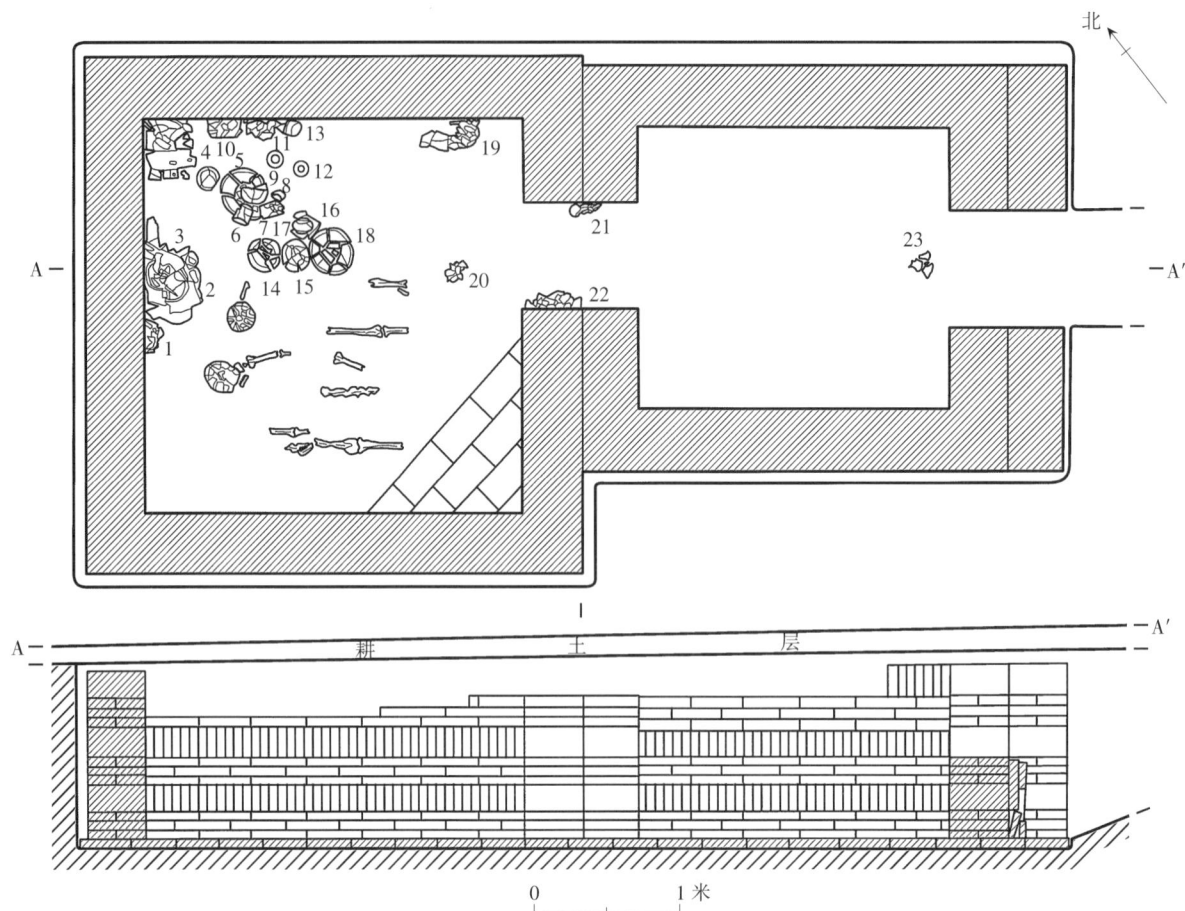

图二四七　M116平、剖面图

1、2、21、23. 陶罐　3. 陶瓮　4. 陶仓　5、18. 陶案　6、7. 陶缸　8. 小陶甑　9、14、16. 陶盘　10. 陶灶组合　11、12. 小陶釜　13. 小陶盆（甑）　15. 陶器盖　17. 陶耳杯　19、20. 陶奁　22. 陶钵　24. 陶鼎

　　罐　4件（M116：1、2、21、23）。其中，标本 M116：1 与 M116：21 形制相同，均为夹砂灰褐陶，圆唇，口微敛，矮领，溜肩，鼓腹，腹部最大径位置靠近肩部，平底；素面。标本 M116：1，口径9.4、底径8.5、最大腹径14.8、高12.0、壁厚0.9～1.1厘米（图二四八，1）。标本 M116：21，口径10.0、底径10.7、最大腹径15.4、高12.6、壁厚0.8～1.1厘米（图二四八，2）。其中，标本 M116：2 与 M116：23 形制相同，均为夹砂灰褐陶，尖唇，直口，直领，溜肩，鼓腹，腹部最大径位置靠近肩部，平底；腹内壁施有一周凹弦纹。标本 M16：2，口径10.2、底径8.1、最大腹径15.1、高11.6、壁厚0.5～0.8厘米（图二四八，3；彩版一五〇，2）。标本 M116：23，口径10.3、底径9.5、最大腹径14.5、高12.9、壁厚0.7～0.8厘米（图二四八，4）。

　　鼎　1件。标本 M116：24，夹砂灰陶。圆唇，敛口，鼓腹，圜底。双耳残缺，底附三个柱状足。腹中部施有一周扉棱。口径9.5、最大腹径13.6、高9.0、壁厚0.4～0.7厘米（图二四八，6）。

　　仓　1件。标本 M116：4，夹砂灰陶，由仓盖及仓体两部分组成。仓盖：囷顶结构。平面呈长方形，两面坡式，中间有一横向正脊，正脊两侧有对称的七组十四道纵向瓦垄，瓦垄间共穿有六个圆形透气孔。仓体：正面呈长方形，用纵横刻划线分成上下两

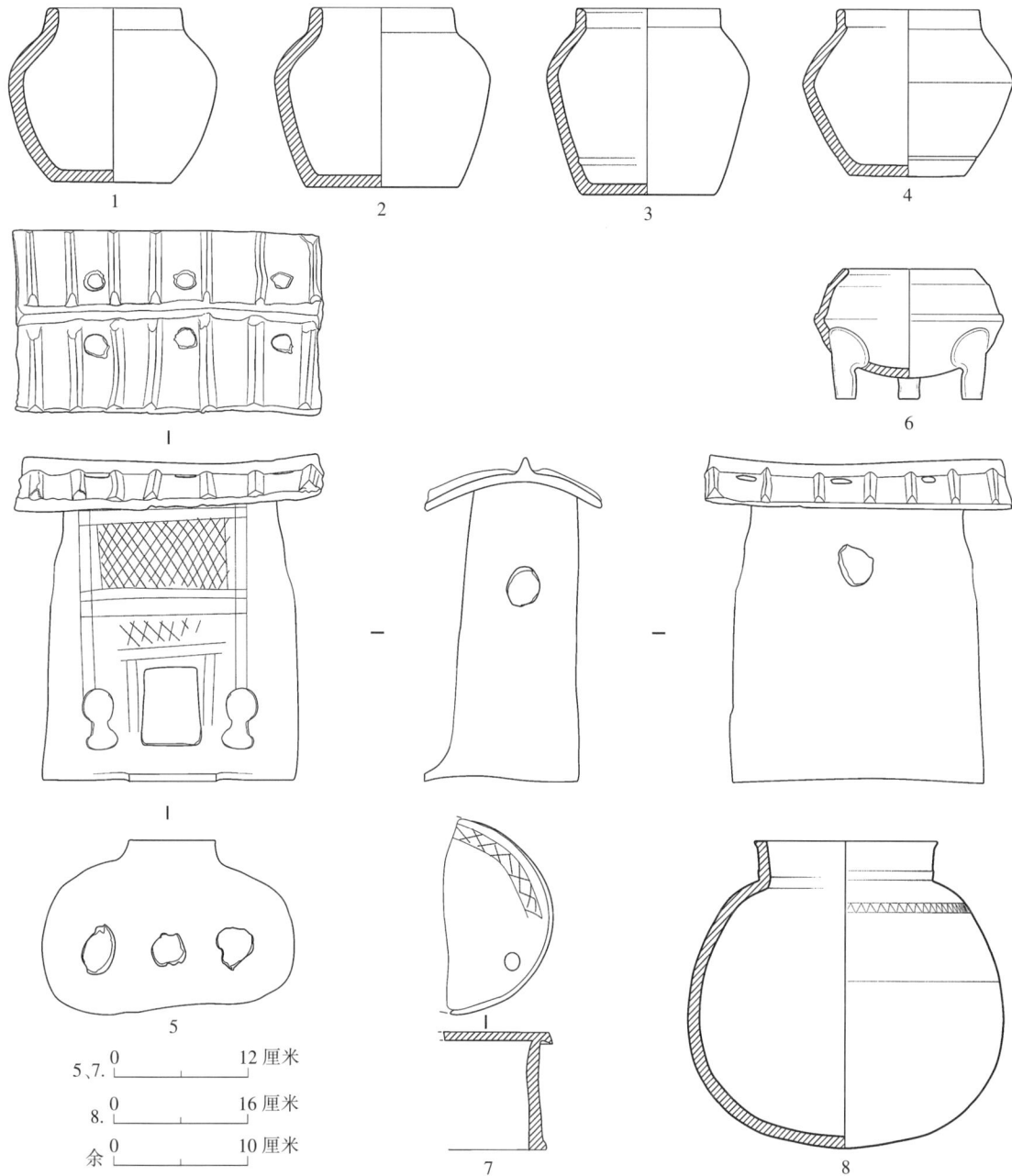

图二四八　M116 出土器物

1～4. 陶罐（M116：1、21、2、23）　5. 陶仓（M116：4）　6. 陶鼎（M116：24）　7. 陶灶（M116：10－1）
8. 陶瓮（M116：3）

部分。上部用斜线刻划出菱形纹，菱形纹区域一侧有一长方形穿孔。下部中间为长方形门口，门口上刻划两条横向短线及少量菱形纹，门口两侧有亚腰形穿孔。仓身两侧面及背面上部各有一个圆形透气孔；底面有 3 个通气孔。通高 29.2 厘米。仓盖：长 28.4、宽 16.4、高 5.2、壁厚 0.6～1.0 厘米。仓体：长 23.4、通宽 14.2、高 26.8、壁厚 0.6～1.0 厘米（图二四八，5）。

灶　1 件。标本 M116：10－1，夹砂黑褐陶。仅存灶体后端。灶面出沿，残留有一圆形烟孔。灶面上装饰有一条刻划纹带。高 10.4、壁厚 0.7～1.7 厘米（图二四八，7）。

瓮　1件。标本 M116：3，夹砂白陶。方唇，口微侈，直领，溜肩，垂腹，腹部最大径位置靠近底部，圜底。肩部施有一周连环锯齿纹，腹部刻划有一周凹弦纹。口径21.9、最大腹径37.9、高35.4、壁厚1.1～1.6厘米（图二四八，8；彩版一五〇，3）。

耳杯　1件。标本 M116：17，夹砂灰陶。椭圆形杯口，弧腹，平底。双耳立折，内壁耳下出台。口长径10.6、短径5.8、底长径5.2、短径2.9、高3.4、壁厚0.6～0.9厘米（图二四九，1）。

奁　2件（M116：19、20）。标本 M116：19，夹砂灰褐陶。圜顶，顶附三个乳丁纽，直腹，圆唇，直口。口径20.2、高17.6、壁厚0.8～1.3厘米（图二四九，2）。标本 M116：20，夹砂灰褐陶。因过于破碎无法拼对。

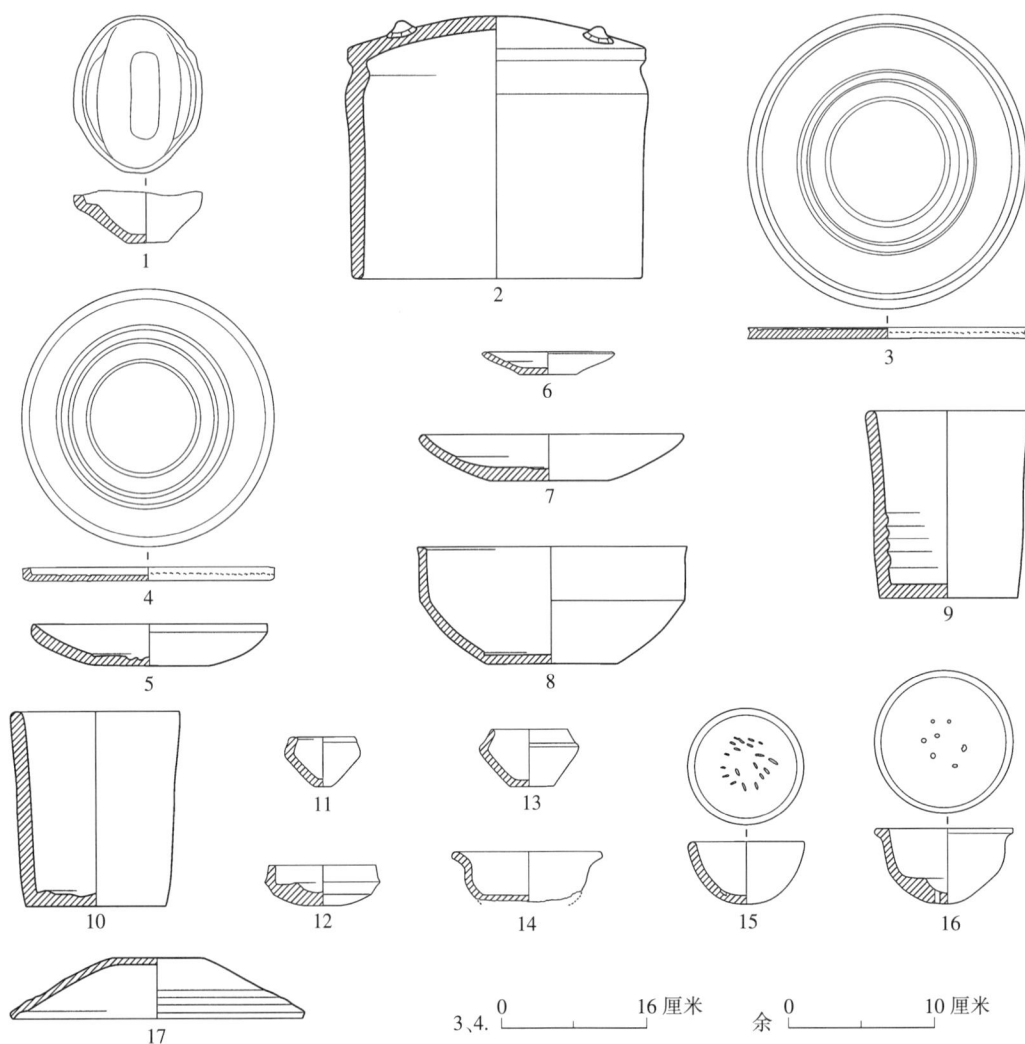

图二四九　M116 出土器物

1. 陶耳杯（M116：17）　2. 陶奁（M116：19）　3、4. 陶案（M116：5、18）　5～7. 陶盘（M116：9、16、14）　8. 陶钵（M116：22）　9、10. 陶缸（M116：6、7）　11～13. 小陶釜（M116：10－2、11、12）　14. 小陶盆（M116：13－1）　15、16. 小陶甑（M116：8、13－2）　17. 陶器盖（M116：15）

案　2件（M116：5、18）。形制相同，均为夹砂灰陶，平面呈圆形，边沿略高于案面；边沿外侧施有粗绳纹，案心施有三周凹弦纹，案底轮旋痕迹明显。标本M116：5，口径30.7、高1.2、厚0.9~1.0厘米（图二四九，3）。标本M116：18，口径27.9、高1.5、厚0.5~0.9厘米（图二四九，4）。

盘　3件（M116：9、14、16）。其中，标本M116：9与M116：14形制相同，均为夹砂灰褐陶，圆唇，敞口，弧腹，平底；素面。标本M116：9，盘心内侧施有两周凹槽。口径16.3、底径8.0、高2.8、壁厚0.4~0.8厘米（图二四九，5）。标本M116：14，盘心施有一周折棱。口径18.1、底径8.1、高3.2、壁厚0.6~0.9厘米（图二四九，7）。标本M116：16，夹砂灰褐陶。尖唇，敞口，浅腹，平底。盘心施有一周凸棱。口径9.2、底径4.0、高1.5、壁厚0.3~0.4厘米（图二四九，6）。

钵　1件。标本M116：22，夹砂灰陶。尖唇，侈口，折腹，平底。钵底内侧有一周折棱。口径18.7、底径9.1、高7.9、壁厚0.4~0.7厘米（图二四九，8）。

缸　2件（M116：6、7）。形制相同，均为夹砂灰褐陶，圆唇，敞口，腹壁内弧，平底；器物内壁施有多周瓦棱纹。标本M116：6，口径11.1、底径9.4、高12.6、壁厚0.7~1.1厘米（图二四九，9）。标本M116：7，口径11.8、底径9.7、高13.1、壁厚0.9~1.1厘米（图二四九，10）。

小釜　3件（M116：10-2、11、12）。标本M116：10-2，夹砂灰褐陶。圆唇，敛口，折腹，平底。素面。口径4.5、最大腹径5.4、底径1.2、高3.3、壁厚0.5~0.6厘米（图二四九，11）。标本M116：11，夹砂灰褐陶。方唇，直口，折腹，平底。釜底内侧起棱。口径7.5、最大腹径8.1、底径2.4、高2.7、壁厚0.4~1.4厘米（图二四九，12）。标本M116：12，夹砂灰褐陶。尖唇，敛口，折腹，平底。口径5.4、最大腹径7.0、底径3.1、高3.9、壁厚0.4~0.5厘米（图二四九，13）。

小盆　1件。标本M116：13-1，夹砂灰褐陶，底部外壁残缺。圆唇，敞口，展沿，弧腹。口径10.5、残高3.4、壁厚0.4~0.5厘米（图二四九，14）。

小甑　2件（M116：8、13-2）。标本M116：8，夹砂灰褐陶。圆唇，弧腹，圜底，底部内侧甑眼未穿透。口径8.0、高4.2、壁厚0.5~0.7厘米（图二四九，15）。标本M116：13-2，夹砂灰褐陶。圆唇，折沿，弧腹，圜底，底部穿有7个甑眼。口径9.6、高5.1、厚0.5~1.5厘米（图二四九，16）。

器盖　1件。标本M116：15，夹砂灰褐陶。平顶，弧腹，尖唇，敞口。近口处施有两周瓦棱纹。口径20.5、顶径6.5、高4.0、壁厚0.3~0.5厘米（图二四九，17）。

八六　M117（Ⅳ区）

1. 墓葬形制

单室砖墓，平面呈甲字形，由墓道、甬道及墓室组成。方向290°（图二五〇；彩版一五一，1）。开口于耕土层下，开口距地表0.20米，破坏严重。

墓道　位于墓室西壁中部偏南，长方形斜坡状，未发掘完，长不详，宽0.80、底部距地表0.78米。

甬道　仅存北部少量基础，平面形状不详，长0.36米，宽不详。

墓门和封门不存。

墓室　平面呈长方形，长2.70、宽2.60米。墓室四壁平直，保存较差，最高处保存

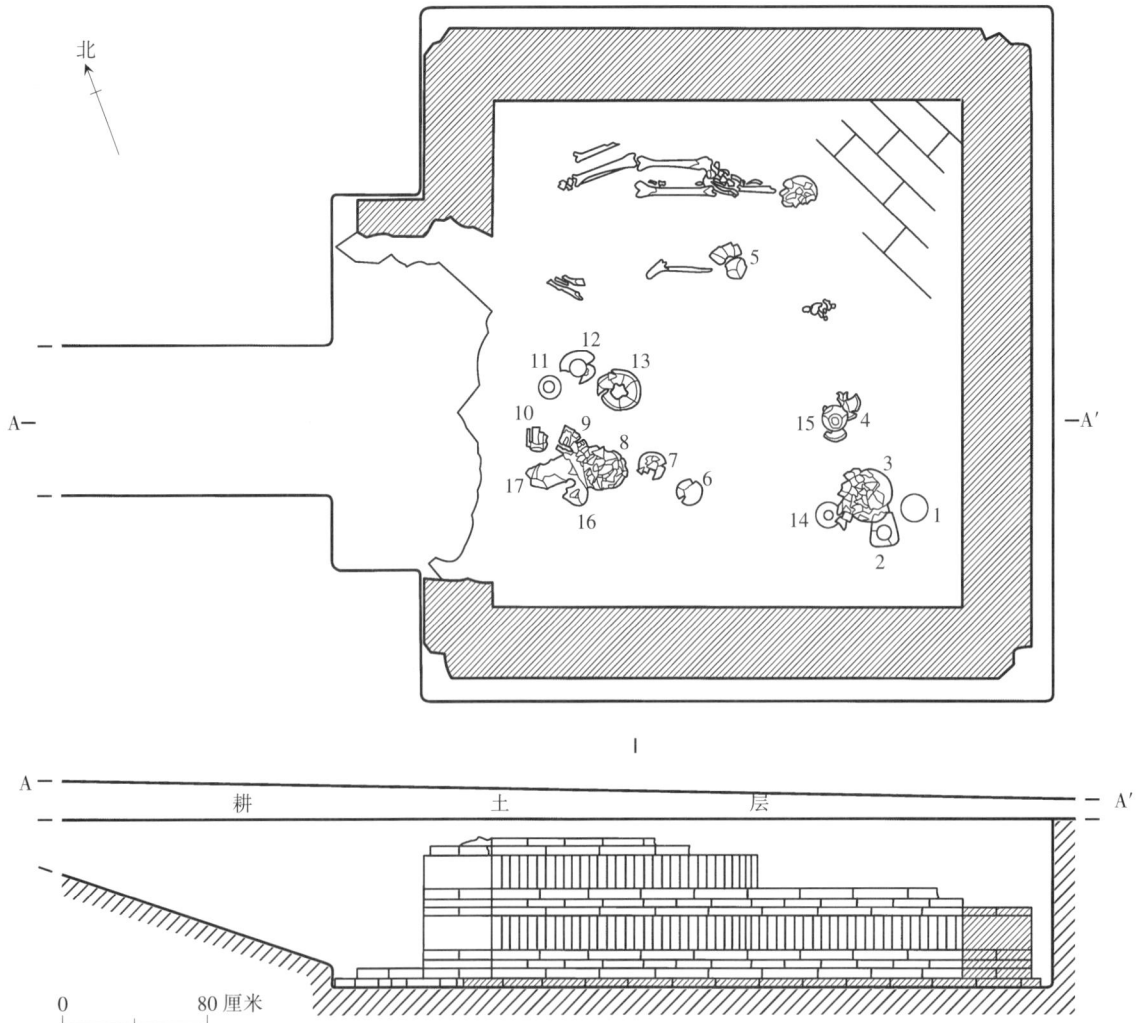

图二五〇　M117 平、剖面图

1、6. 陶器盖　2. 陶灶　3. 陶罐　4. 陶灯　5、9、10. 陶缸　7、12、14. 小陶盆　8. 陶钵　11. 小陶釜　13. 陶盘　15. 陶壶　16. 陶井　17. 小陶甑

有 10 层砖，砌法由下至上为三层平砖一层丁立砖，两者交替向上。另外，三层平砖的砌法又为两层双隅顺砌平砖之间夹一层平砌丁砖。墓底铺砖为西北—东南斜向错缝平铺。用砖规格：36×18×6 厘米，青砖，多数砖平面施有绳纹。

　　2. 葬具和人骨

　　墓内未发现任何葬具。

　　葬有 2 具人骨，并列置于墓室北侧。北侧人骨保存较好，为一男性个体，葬式为仰身直肢，头向北；南侧个体仅存数段肢骨，葬式及性别不明。

　　3. 随葬品

　　该墓共出土有 18 件随葬品，位于墓室中部，均为陶器，种类计有罐 2、壶 1、井 1、灯 1、灶 1、钵 1、缸 3、盘 1、小盆 3、小釜 1、小甑 1、器盖 2。

　　罐　2 件（M117：3、填：1）。形制相同，均为夹砂灰陶，圆唇，侈口，折沿，短颈，溜肩，垂腹，最大腹径位置靠下，平底。标本 M117：3，腹中部饰一周粗绳纹，腹下部及底部遍饰绳纹，抹平。口径 19.8、底径 12.5、最大腹径 26.4、高 20.6、壁厚 0.8 厘米

（图二五一，1；彩版一五一，2）。标本 M117 填：1，腹上部饰两道凹弦纹，腹中部饰粗绳纹，腹下部饰绳纹抹平。口径20.6、底径12.0、最大腹径30.3、高22.6、壁厚0.8 厘米（图二五一，2）。

壶　1件。标本 M117：15，夹砂黑褐陶。方唇，小盘口，束颈，溜肩，鼓腹，最大腹径靠近下部，平底。腹内壁轮旋痕迹明显。口径8.3、底径6.1、最大腹径10.4、高14.6、壁厚0.5 厘米（图二五一，3；彩版一五二，1）。

井　1件。标本 M117：16，夹砂黑褐陶。方唇，侈口，展沿，束颈，折肩，弧腹，平底。素面。口径13.0、底径6.6、高13.4、壁厚0.6 厘米（图二五一，4；彩版一五一，3）。

灶　1件。标本 M117：2，夹砂灰陶（彩版一五二，3）。

灯　1件。标本 M117：4，夹砂灰陶，豆形灯。方唇，直口，浅盘，喇叭口形灯座。口径11.8、底径14.6、高14.5、壁厚0.5～0.9 厘米（图二五一，5；彩版一五二，2）。

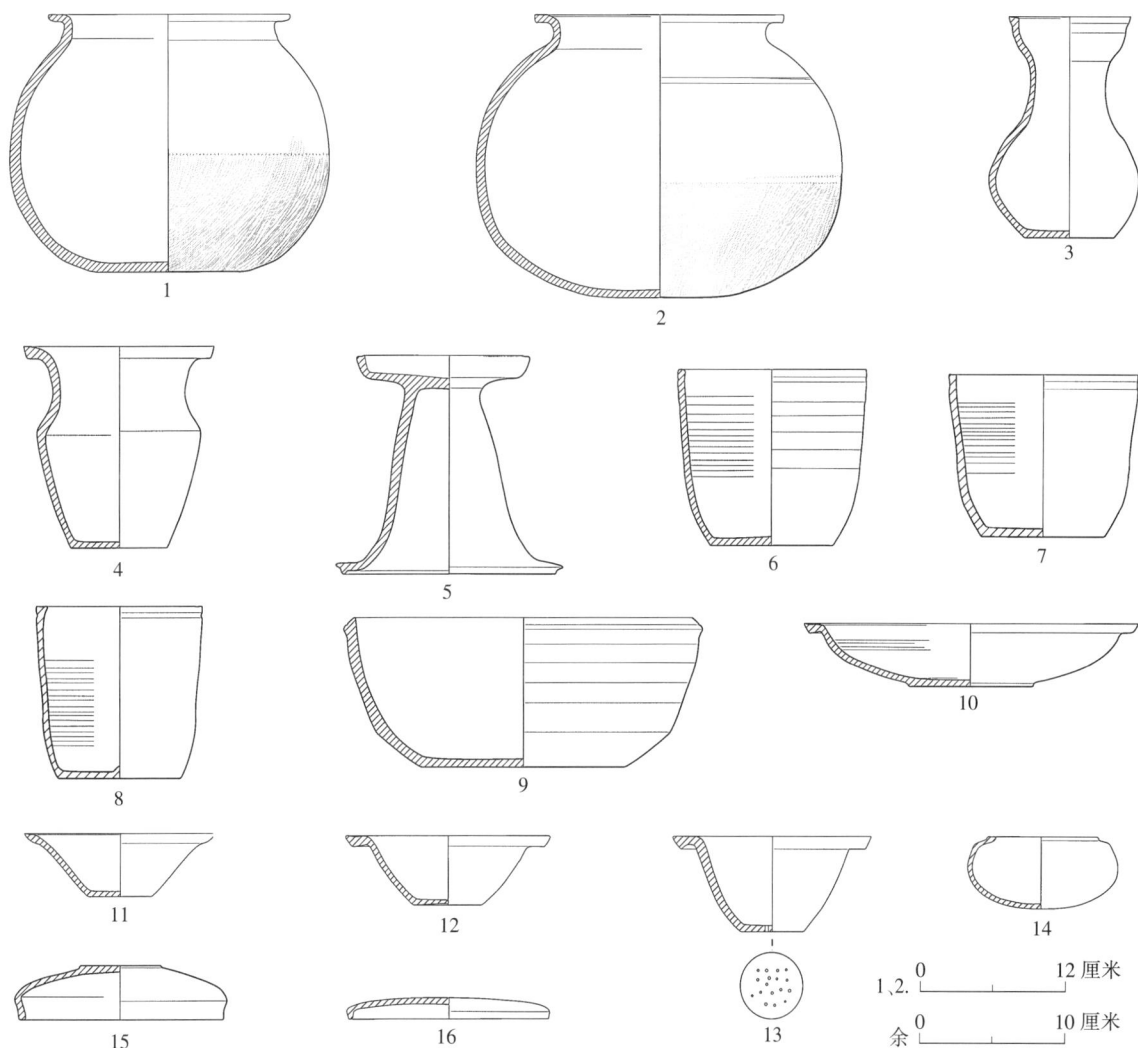

图二五一　M117 出土器物

1、2. 陶罐（M117：7、填：1）　3. 陶壶（M117：15）　4. 陶井（M117：16）　5. 陶灯（M117：4）　6～8. 陶缸（M117：5、9、10）　9. 陶钵（M117：8）　10. 陶盘（M117：13）　11、12. 小陶盆（M117：7、12）　13. 小陶甑（M117：17）　14. 小陶釜（M117：11）　15、16. 陶器盖（M117：1、6）

缸　3件（M117：5、9、10）。其中，标本M117：5与标本M117：9形制相同，均为夹砂灰陶，圆唇，口微敛，腹略弧，平底；近口处有一周凹槽，器表饰瓦棱纹。标本M117：5，口径13.0、底径8.6、高11.7、壁厚0.5厘米（图二五一，6；彩版一五二，4）。标本M117：9，口径13.0、底径8.3、高10.8、壁厚0.5厘米（图二五一，7）。标本M117：10，夹砂灰陶。方唇，口微敛，腹略内弧，平底。近口处饰一道凹弦纹，内壁可见明显轮旋痕迹。口径11.4、底径8.5、高11.4、壁厚0.5厘米（图二五一，8）。

钵　1件。标本M117：8，夹砂黑褐陶。尖唇，子母口内敛，弧腹，腹下部折收，平底。器表饰瓦棱纹。口径24.6、底径14.0、高9.9、壁厚0.7厘米（图二五一，9）。

盘　1件。标本M117：13，夹砂黑褐陶。方唇，敞口，展沿，浅弧腹，台底。腹内壁底部饰一周凹弦纹。口径23.0、底径8.4、高4.2、壁厚0.5厘米（图二五一，10；彩版一五二，5）。

小盆　3件（M117：7、12、14）。标本M117：7，夹砂灰陶。尖唇、唇外侧加厚，敞口，斜直腹，平底。素面。口径13.1、底径4.4、高4.2、壁厚0.4厘米（图二五一，11）。标本M117：12，夹砂黑褐陶。方唇，展沿，敞口，斜腹，凹底。口径14.0、底径4.6、高4.6、壁厚0.4厘米（图二五一，12）。标本M117：14，夹砂黑褐陶。尖唇，展沿，敞口，沿面向内斜，弧腹，平底。口径13.1、底径4.4、高4.2、壁厚0.4厘米。

小釜　1件。标本M117：11，夹砂黑褐陶。圆唇，敛口，鼓腹，圜底。口径7.5、高4.8、壁厚0.4厘米（图二五一，14）。

小甑　1件。标本M117：17，夹砂灰陶。方唇，侈口，展沿，弧腹，平底，底部不规则分布圆形甑孔。腹内壁轮旋痕迹明显。口径13.6、底径4.4、高6.3、壁厚0.5厘米（图二五一，13）。

器盖　2件（M117：1、6）。标本M117：1，夹砂黑褐陶。平顶，折腹，圆唇，敛口。口径14.0、高3.6、壁厚0.4～0.6厘米（图二五一，15）。标本M117：6，夹砂黑褐陶。弧顶近平，圆唇。口径13.7、高1.4、壁厚0.4厘米（图二五一，16）。

八七　M118（Ⅳ区）

1. 墓葬形制

石圹竖穴墓，平面呈圆角长方形，墓圹规整。方向20°（图二五二；彩版一五三）。开口于耕土层下，开口距地表0.10米。

墓圹四壁较平直，墓底较平坦。长3.70、宽2.40、深0.50米。墓底均匀涂抹有一层黑泥，之上平铺一层厚约0.02米的贝壳。

墓内填土主要为黄色的沙石混合料，夹杂有少量贝壳，土质较硬。

2. 葬具和人骨

在墓底贝壳层上发现有黑色板灰痕迹，沿人骨分布，平面呈长方形，应为木棺痕迹，长2.16、宽0.80米。

葬有1具人骨，为一男性个体。人骨保存较完整，葬式为仰身直肢，头向北，左臂平伸贴近体侧，右臂置于腹部，双腿略向内并拢。

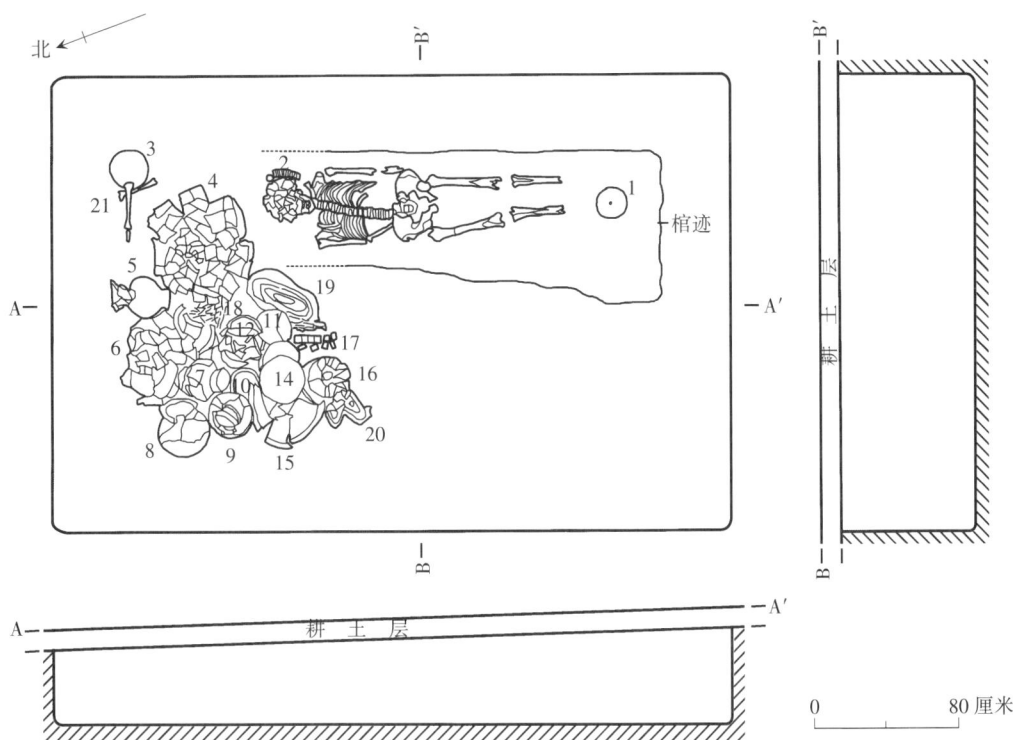

图二五二　M118 平、剖面图

1. 铜镜　2. 铜钱　3. 陶器盖　4、6、8、9. 陶罐　5、7. 陶壶　10、13. 陶鼎　11. 铜釜　12. 陶钵　14. 铜盆　15. 陶盆　16、22. 陶盒　17. 骨质陆博棋子　18. 铅条　19、20. 漆器残痕　21. 兽骨

3. 随葬品

该墓共出土有 22 件（套）随葬品，质地分为陶、铜、骨、漆四种，其中有铜钱 78 枚（彩版一五四）。其中，棺内置有 2 件随葬品，铜钱位于头骨左侧、铜镜位于人骨脚下，其余随葬品均位于墓底西北部，较为凌乱，漆器腐朽严重，器形不辨。分述如下。

陶器　计有罐 4、壶 2、鼎 2、盒 2、盆 1、钵 1、器盖 1。

罐　4 件（M118：4、6、8、9）。标本 M118：4，夹砂黑褐陶。方唇，侈口，展沿，沿面向内斜，短颈，溜肩，鼓腹，最大腹径位置靠近肩部，凹底。腹中部饰一周粗绳纹，腹下部和底部饰绳纹。口径 21.7、底径 13.4、最大腹径 41.2、高 31.4、壁厚 1.0 厘米（图二五三，1）。标本 M118：6，夹砂黄褐陶。圆唇，侈口，卷沿，短颈，溜肩，鼓腹，最大腹径位置居中，平底。腹中部饰两周凹弦纹，腹下部及底部饰绳纹。口径 22.6、底径 11.6、最大腹径 39.5、高 29.4、壁厚 0.9～1.3 厘米（图二五三，2）。标本 M118：8，夹砂灰陶。圆唇，侈口，展沿，溜肩，鼓腹，最大腹径位置居中，腹下部和底部饰绳纹。口径 16.6、底径 14.2、最大腹径 26.5、高 22.3、壁厚 0.5～1.1 厘米（图二五三，3）。标本 M118：9，夹砂灰陶。圆唇，侈口，展沿，束颈，溜肩，鼓腹，最大腹径位置居中，平底。腹下部及底部饰绳纹。口径 17.5、底径 11.0、最大腹径 25.8、高 20.5、壁厚 0.8 厘米（图二五四，4）。

壶　2 件（M118：5、7）。形制相同，均为夹砂黄褐陶，尖唇，喇叭口，长颈，溜肩，鼓腹，最大腹径位置居中，平底，圈足，素面。标本 M118：5，口径 15.0、底径

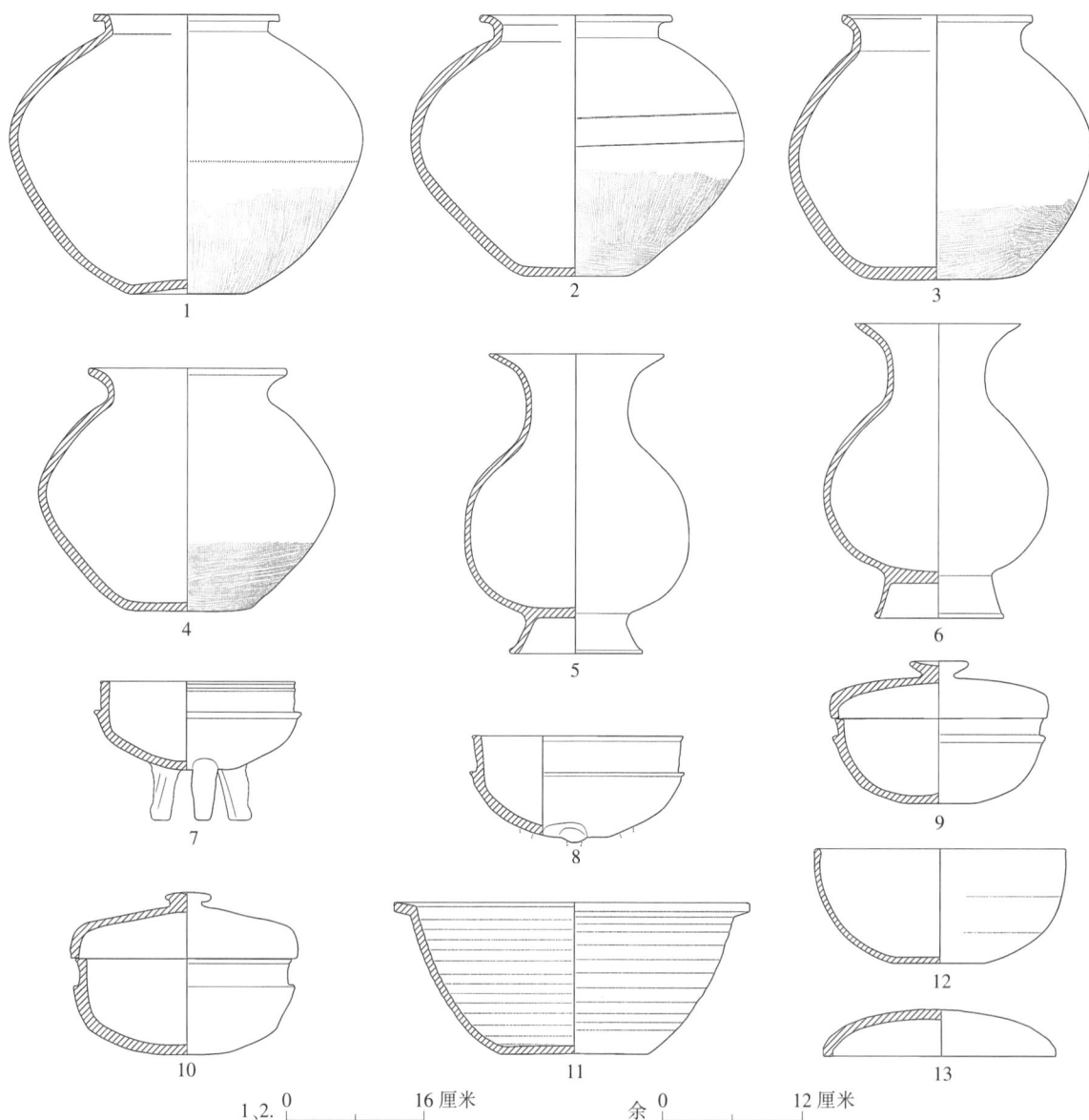

图二五三　M118 出土器物

1～4. 陶罐（M118：4、6、8、9）　5、6. 陶壶（M118：5、7）　7、8. 陶鼎（M118：10、13）　9、10. 陶盒（M118：16、22）　11. 陶盆（M118：15）　12. 陶钵（M118：12）　13. 陶器盖（M118：3）

11.4、最大腹径 19.6、高 25.3、壁厚 0.8 厘米（图二五三，5；彩版一五五，1）。标本 M118：7，口径 14.4、最大腹径 19.4、底径 11.5、高 24.9、壁厚 0.6～1.5 厘米（图二五三，6）。

鼎　2 件（M118：10、13）。形制相同，均为夹砂黑陶，方唇，子母口，浅腹弧收，底部等距装有三蹄形足。标本 M118：10，口径 17.0、高 11.7、壁厚 0.7～1.0 厘米（图二五三，7；彩版一五五，2）。标本 M118：13，足已残，仅余断痕。口径 18.5、残高 9.0、壁厚 0.6～1.0 厘米（图二五三，8）。

盒　2 件（M118：16、22）。形制相同，均为夹砂黑陶，由盒盖和盒身组成。盒盖：弧顶，顶部为圆形内凹捉手，方唇。盒身：方唇，子母口，弧腹，小平底。标本 M118：16，通高 12.0 厘米。盒盖：口径 18.7、高 4.8、壁厚 0.6 ~ 1.0 厘米。盒身：口径 18.2、底径 6.1、高 7.2、壁厚 0.5 ~ 0.8 厘米（图二五三，9）。标本 M118：22，通高 13.7 厘米。盒盖：口径 19.7、高 5.6、壁厚 0.6 厘米。盒身：口径 18.5、底径 6.5、高 8.1、壁厚0.5 ~ 0.8 厘米（图二五三，10；彩版一五五，3）。

盆　1件。标本 M118：15，夹砂灰陶。方唇，侈口，弧腹，平底。腹内外壁均饰有瓦棱纹。口径 30.8、底径 13.2、高 12.7、壁厚 0.6 ~ 0.7 厘米（图二五三，11；彩版一五五，4）。

钵　1件。标本 M118：12，夹砂灰陶。圆唇，敛口，弧腹，平底。素面。口径 22.0、底径 8.0、高 9.5、壁厚 0.7 ~ 0.9 厘米（图二五三，12；彩版一五五，5）。

器盖　1件。标本 M118：3，夹砂黑陶。弧顶，敛口，方唇。口径 20.5、高 4.0、壁厚 0.5 厘米（图二五三，13；彩版一五五，6）。

铜器　计有镜 1、盆 1、釜 1。

镜　1面。标本 M118：1，草叶纹铜镜。圆形，镜面微凸。半球形纽，圆形纽座。纽座外一个双线凹面界格，界格外四角各有一个单细线方格，方格内置有对称斜线纹，相邻方格间均有三字，铭文为"日有熹，常贵富，宜酒食，乐毋事"。外围一圈双线凹面方形界格外套有一个单线弦纹界格，界格外四角均伸出一双瓣花苞纹；界格外等距置有四个带座乳丁，乳丁上部均置有一心形花苞，两侧各对称置有一对称二叠草叶纹。内向十六连弧纹缘。面径 15.6、背径 15.8、高 1.0 厘米（图二五四；彩版一五六，1）。

盆　1件。标本 M118：14，折沿，敞口，弧腹，平底内凹。腹上部施有一周扉棱。腹壁较薄，铸造精良。口径 26.0、高 8.6、底径 12.7、壁厚 0.1 厘米（图二五五，1）。

釜　1件。标本 M118：11，展沿，敞口，弧腹，圜底。腹壁较薄，铸造精良。口径 19.0、高 10.5、壁厚 0.1 厘米（图二五五，2）。

骨器　计有陆博棋子 1、兽骨 1。

陆博棋子　1套24枚，均由动物肢骨磨制而成（彩版一五六，2）。根据平面形状可分为方形、长方形两种，每种各为 12 枚，大小均一致。其中，长方形棋子骨腔内均匀填充有骨芯。标本 M118：17 - 1，边长 2.7 ~ 2.9、高 1.9 厘米（图二五五，3）。标本 M118：17 - 2，长 3.2、宽 2.0、高 1.8 厘米（图二五五，4）。

铅器　计有铅条 1。

铅条　1件。标本 M118：18，现已残断成数段，无法复原，功用不详，现介绍最长的一段。长条棒状，截面呈长方形。最大段残长 6.5 厘米（图二五五，5）。

铜钱　78 枚，均为"五铢"钱（图二五六）。详情见下表。

图二五四　M118 出土铜镜（M118：1）

0　　　　4厘米

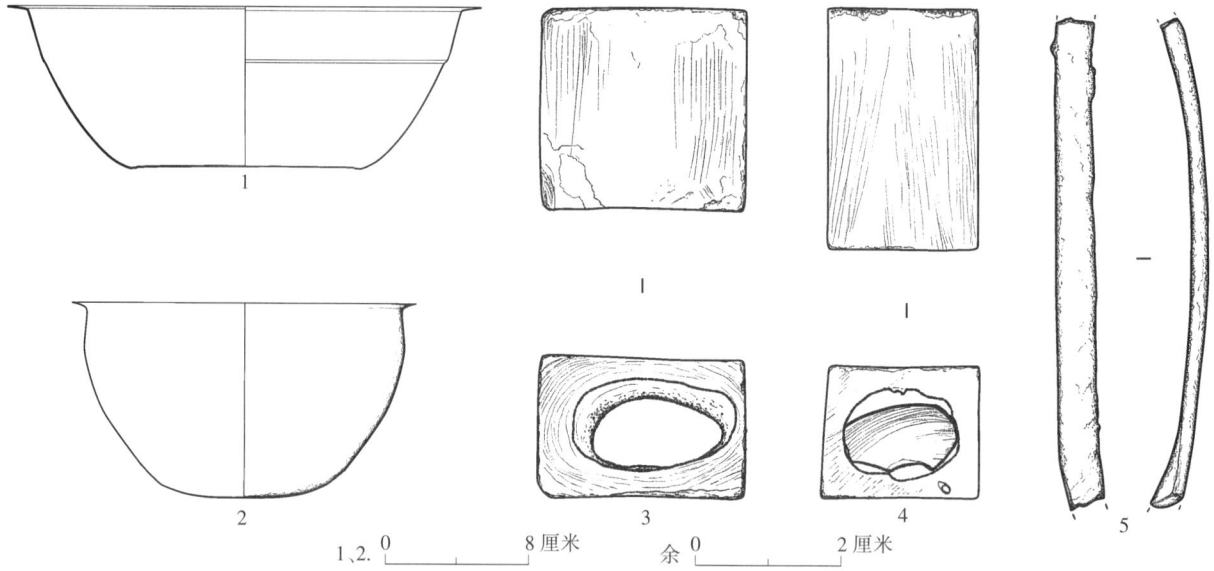

图二五五　M118 出土器物

1. 铜盆（M118：14）　2. 铜釜（M118：11）　3、4. 骨质陆博棋子（M118：17-1、17-2）　5. 铅条（M118：18）

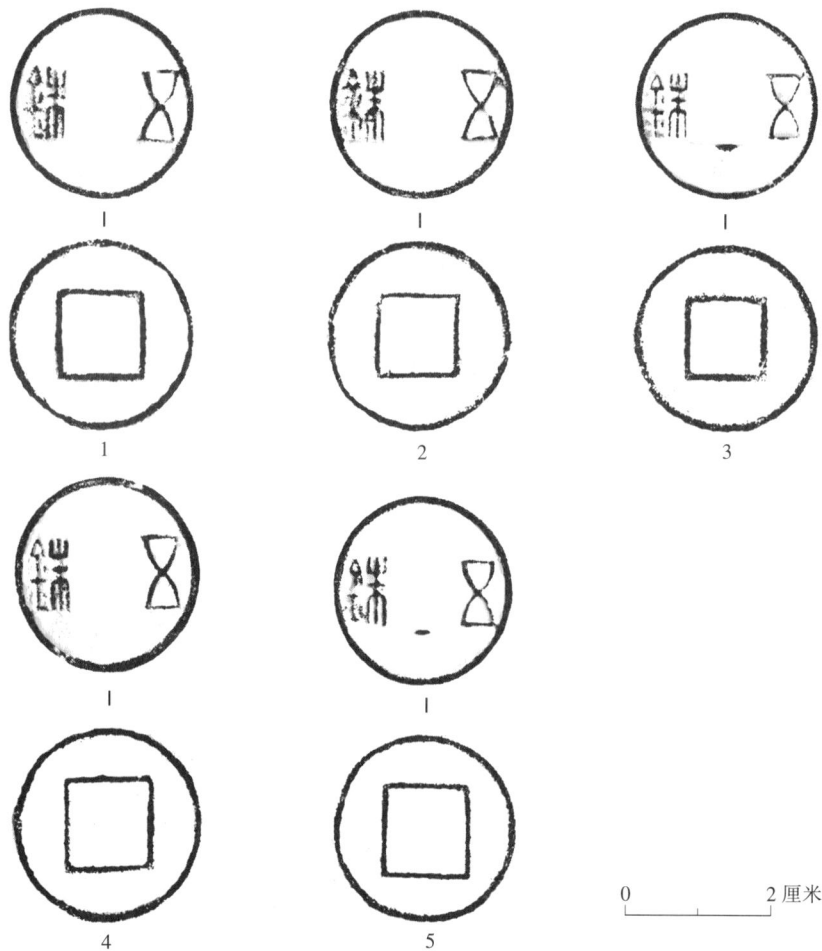

图二五六　M118 出土铜钱拓片

1~5. M118：2-1、2-18、2-29、2-34、2-38

M118 铜钱统计表　　　　　　　　　　　（长度：厘米，重量：克）

种类	编号	特征 文字特征	记号	郭径	钱径	穿宽	郭宽	郭厚	肉厚	重量
五铢钱	2－1	"五"字瘦长，竖划较直；"金"头三角形，四竖点；"朱"头方折，"朱"下较圆	无	2.58	2.30	0.93	0.14	0.20	0.09	4.00
	2－2	同上	无	2.60	2.28	0.98	0.16	0.19	0.09	4.00
	2－3	同上	无	2.55	2.35	0.96	0.10	0.18	0.07	3.30
	2－4	同上	无	2.57	2.31	1.00	0.13	0.20	0.08	4.10
	2－5	同上	穿下月牙	2.54	2.24	0.91	0.15	0.20	0.08	3.80
	2－6	同上	无	2.55	2.25	0.95	0.15	0.16	0.06	3.40
	2－7	同上	无	2.54	2.28	0.99	0.13	0.19	0.09	3.80
	2－8	同上	无	2.56	2.30	1.00	0.13	0.18	0.07	3.40
	2－9	同上	无	2.58	2.32	1.00	0.13	0.20	0.07	4.00
	2－10	同上	无	2.59	2.31	0.95	0.14	0.19	0.09	4.30
	2－11	同上	无	2.56	2.26	0.95	0.15	0.19	0.10	3.90
	2－12	同上	无	2.53	2.33	0.92	0.10	0.21	0.07	4.60
	2－13	同上	无	2.55	2.35	0.92	0.10	0.19	0.10	4.00
	2－14	同上	无	2.58	2.34	0.97	0.12	0.16	0.11	3.60
	2－15	同上	无	2.54	2.26	0.97	0.14	0.20	0.09	3.70
	2－16	同上	无	2.60	2.28	0.97	0.16	0.17	0.07	3.60
	2－17	同上	无	2.57	2.29	0.95	0.14	0.17	0.08	3.40
	2－18	"五"字瘦长，竖划较直；"金"头三角形，四竖点；"朱"头方折，"朱"下方折	无	2.58	2.30	0.95	0.14	0.20	0.09	4.10
	2－19	同上	无	2.58	2.32	0.92	0.13	0.17	0.09	3.60
	2－20	同上	无	2.58	2.30	0.96	0.14	0.19	0.10	4.30
	2－21	同上	无	2.58	2.24	0.97	0.17	0.20	0.08	3.90
	2－22	同上	无	2.55	2.25	0.96	0.15	0.17	0.08	3.60
		同上	无	2.60	2.34	0.95	0.13	0.18	0.10	4.20
	2－23	同上	穿下月牙	2.56	2.26	0.93	0.15	0.18	0.09	3.70
	2－24	同上	无	2.58	2.32	0.95	0.13	0.19	0.09	4.20
	2－25	同上	无	2.54	2.22	1.00	0.16	0.19	0.08	3.50
	2－26	同上	无	2.58	2.28	0.94	0.15	0.19	0.08	4.00
	2－27	同上	无	2.58	2.30	0.93	0.14	0.20	0.10	4.40
	2－28	同上	无	2.53	2.29	1.00	0.12	0.20	0.10	3.90

（续表）

种类	编号	特征		郭径	钱径	穿宽	郭宽	郭厚	肉厚	重量
		文字特征	记号							
五铢钱	2-29	"五"字瘦长，竖划缓曲；"金"头三角形，四竖点；"朱"头方折，"朱"下方折	穿下月牙							
	2-30	同上	穿下月牙	2.54	2.26	0.98	0.14	0.19	0.09	3.90
	2-31	同上	穿下月牙	2.48	2.20	0.95	0.14	0.16	0.06	2.80
	2-32	同上	穿下月牙	2.54	2.26	0.98	0.13	0.20	0.07	3.60
	2-33	同上	穿下月牙	2.54	2.26	1.00	0.14	0.20	0.09	4.00
	2-34	同上	无	2.60	2.28	0.97	0.16	0.22	0.08	4.10
	2-35	同上	无	2.57	2.29	0.92	0.14	0.18	0.08	3.70
	2-36	同上	穿下月牙	2.52	2.30	0.93	0.11	0.20	0.10	3.40
	2-39	同上	无	2.57	2.27	0.95	0.15	0.20	0.08	4.20
	2-38	"五"字瘦长，竖划缓曲；"金"头三角形，四竖点；"朱"头方折，"朱"下较圆	穿下月牙	2.52	2.24	0.95	0.14	0.19	0.06	3.40
	2-40	同上	穿上一横	2.52	2.29	0.94	0.11	0.18	0.08	3.90
	2-41	同上	无	2.56	2.26	0.98	0.15	0.17	0.07	3.30
	2-42	同上	穿下月牙	2.58	2.32	0.92	0.13	0.20	0.10	4.40
	2-43	同上	穿下月牙	2.52	2.28	0.93	0.12	0.20	0.09	3.60
	2-44	同上	穿下月牙	2.56	2.34	0.92	0.11	0.17	0.09	3.60
	2-45	同上	穿下月牙	2.54	2.34	0.96	0.10	0.23	0.12	4.90
	2-46	同上	穿下月牙	2.52	2.32	0.96	0.10	0.20	0.09	4.10
	2-47	同上	穿下月牙	2.56	2.28	0.90	0.14	0.22	0.10	4.60
	2-48	同上	穿下月牙	2.50	2.24	0.95	0.13	0.17	0.08	3.10
	2-49	"五"字宽大，竖划甚曲，末端近乎平行。"金"头三角形，四竖点。"朱"头方折，"朱"下较圆	无	2.60	2.36	0.95	0.12	0.21	0.08	3.60
	2-50	"五"字瘦长，竖划较直；"金"头三角形，四竖点；"朱"头方折，"朱"下方折	无	2.56	2.24	0.95	0.16	0.23	0.08	3.70
	2-51	同上	无	2.50	2.26	0.92	0.12	0.19	0.09	2.90
	2-52	同上	无	2.58	2.26	0.95	0.16	0.28	0.09	3.90
	2-53	"五"字瘦长，竖划较直；"金"头三角形，四竖点；"朱"头方折，"朱"下较圆	无	2.56	2.32	0.96	0.12	0.19	0.07	2.90

（续表）

种类	编号	特征		郭径	钱径	穿宽	郭宽	郭厚	肉厚	重量
		文字特征	记号							
五铢钱	2 – 54	同上	无	2.56	2.32	0.98	0.12	0.20	0.09	4.00
	2 – 55	同上	无	2.57	2.23	0.96	0.17	0.18	0.10	3.70
	2 – 56	同上	穿下月牙	2.55	2.31	0.93	0.12	0.20	0.11	4.00
	2 – 57	同上	穿下月牙	2.52	2.16	0.94	0.18	0.19	0.09	3.70
	2 – 58	同上	无	2.58	2.28	0.94	0.15	0.19	0.09	4.10
	2 – 59	同上	无	2.57	2.29	0.96	0.14	0.19	0.09	4.30
	2 – 60	同上	无	2.58	2.28	0.84	0.15	0.17	0.09	3.80
	2 – 61	同上	无	2.59	2.27	0.96	0.16	0.17	0.09	4.00
	2 – 62	同上	无	2.60	2.30	0.90	0.15	0.22	0.14	5.70
	2 – 63	同上	无	2.57	2.29	0.96	0.14	0.21	0.08	4.20
	2 – 64	同上	无	2.58	2.30	0.95	0.14	0.19	0.09	3.80
	2 – 65	同上	无	2.58	2.32	0.92	0.13	0.26	0.09	4.10
	2 – 66	同上	无	2.57	2.27	0.98	0.15	0.18	0.09	3.70
	2 – 67	同上	无	2.60	2.26	0.96	0.17	0.21	0.09	4.10
	2 – 68	"五"字瘦长，竖划较直；"金"头三角形，四竖点；"朱"头较圆，"朱"下较圆	无	2.58	2.32	0.97	0.13	0.20	0.09	3.90
	2 – 69	同上	穿下月牙	2.55	2.27	0.98	0.14	0.19	0.06	3.30
	2 – 70	同上	穿下月牙	2.57	2.29	0.96	0.14	0.21	0.07	4.30
	2 – 71	同上	无	2.57	2.31	0.98	0.13	0.14	0.07	2.70
	2 – 72	同上	无	2.60	2.32	0.96	0.14	0.19	0.09	3.80
	2 – 73	"五"字瘦长，竖划缓曲；"金"头三角形，四竖点；"朱"头方折，"朱"下较圆	无	2.52	2.26	0.97	0.13	0.19	0.09	3.90
	2 – 74	同上	无	2.57	2.31	0.93	0.13	0.25	0.10	4.70
	2 – 75	同上	无	2.54	2.28	0.94	0.13	0.20	0.07	3.70
	2 – 76	同上	无	2.61	2.33	0.98	0.14	0.19	0.08	4.20
	2 – 77	"五"字瘦长，竖划缓曲；"金"头三角形，四竖点；"朱"头方折，"朱"下方折	穿下月牙	2.54	2.26	0.93	0.14	0.20	0.09	3.60
	2 – 78	同上	穿上一横	2.58	2.28	0.92	0.15	0.21	0.09	4.10

八八　M121（Ⅳ区）

1. 墓葬形制

单室砖墓，平面呈甲字形，由墓道、墓室组成。方向290°（图二五七；彩版一五七，1）。开口于地表，破坏严重。

墓道　位于墓室西壁中部偏南，长方形斜坡状，未发掘完，长不详，宽0.80、底部距地表0.30米。

墓门和封门不存。

墓室　平面呈弧长方形，残长2.66、宽1.90米。墓门附近砖墙和铺地砖被破坏，残存墓壁外弧明显，最高处保存有三层，砌法为两层双隅顺砌平砖之间夹一层平砌丁砖。墓底铺砖为人字形平铺。用砖规格：38×18×5厘米，青砖，多数砖平面施有绳纹。

2. 葬具和人骨

墓内未发现任何葬具。

葬有2具人骨，并列安置于墓室中西部。北侧人骨保存较完整，为一男性个体，颅骨位于左肋附近，葬式仰身直肢，头向东；南侧人骨也保存较完整，为一女性个体，仰身直肢，头向东。

3. 随葬品

该墓共出土有12件随葬品，均为陶器，其中5件位于墓室北部，另外7件发现于填土

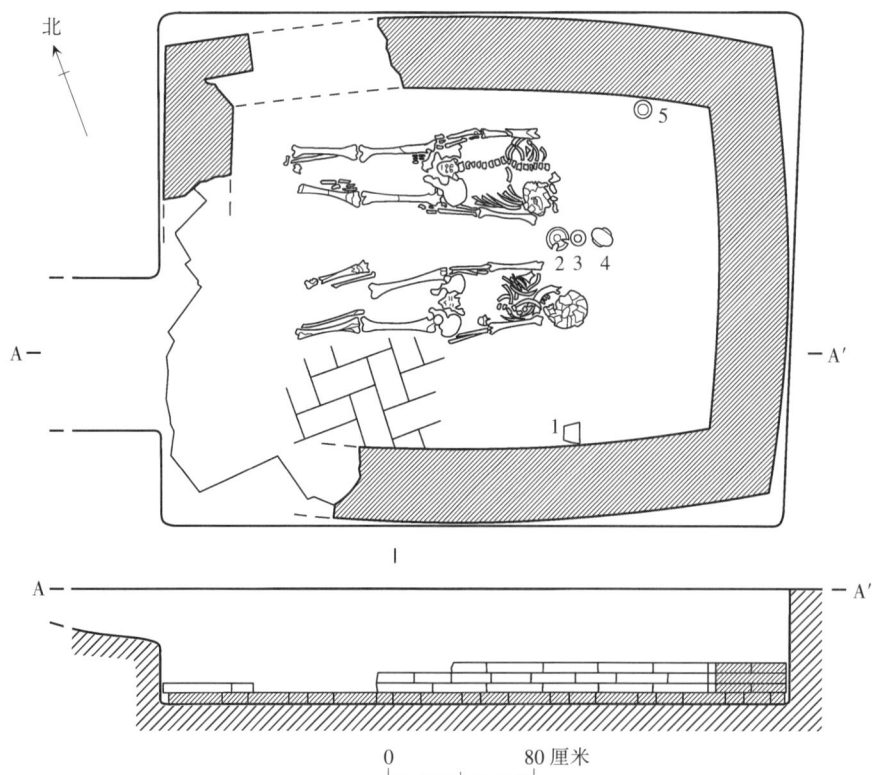

图二五七　M121 平、剖面图
1. 陶缸　2、3. 小陶盆　4. 陶耳杯　5. 小陶瓿

中，种类计有罐 1、壶 1、耳杯 1、盆 2、缸 2、钵 2、小盆 2、小甑 1。

罐 1 件。标本 M121 填：3，夹砂灰陶。方唇，唇面有一周凹槽，敞口，微卷沿，束颈，溜肩，圆腹，腹部最大径位置居中，平底。腹中部饰有两周粗绳纹，腹下部及底部施有绳纹。口径 25.3、底径 15.4、最大腹径 35.8、高 27.5、壁厚 0.6~1.0 厘米（图二五八，1）。

壶 1 件。标本 M121 填：7，夹砂红褐陶。方唇，盘口，束颈，溜肩，鼓腹，腹部最大径位置靠近肩部，平底。素面。口径 13.5、底径 6.0、最大腹径 15.0、高 15.0、壁厚 0.7~0.8 厘米（图二五八，2）。

耳杯 1 件。标本 M121：4，夹砂灰陶。椭圆形杯口，弧腹，平底，双耳上翘。素面。口长径 10.2、口短径 7.2、底长径、短径 3.3、高 3.4、壁厚 0.4~0.6 厘米（图二五八，3；彩版一五七，2）。

盆 2 件（M121 填：2、5）。形制相同，均为夹砂红褐陶，方唇，敞口，展沿，弧腹，平底。标本 M121 填：2，腹内壁轮旋痕迹明显。口径 20.8、底径 4.0、高 6.6、壁厚 0.4~0.9 厘米（图二五八，4）。标本 M121 填：5，腹内壁有两周凹弦纹。口径 20.8、底径 3.4、高 6.6、壁厚 0.4~0.7 厘米（图二五八，5）。

缸 2 件（M121：1、填：6）。形制相同，均为夹砂灰陶，陶色不纯，局部呈红褐色，尖唇，斜口，腹略弧，平底；素面，腹下部修坯削痕明显。标本 M121：1，口径 10.8、底径 6.7、高 8.7、壁厚 0.5~0.6 厘米（图二五八，6；彩版一五七，3）。标本

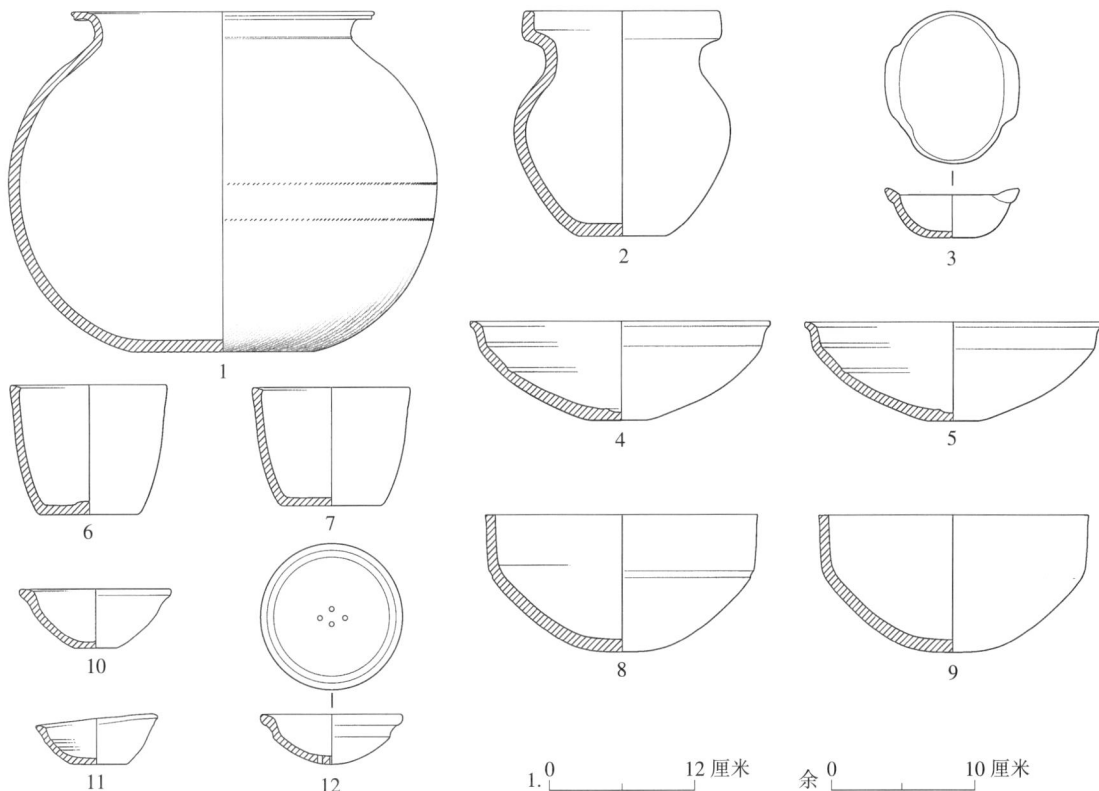

图二五八 M121 出土器物

1. 陶罐（M121 填：3） 2. 陶壶（M121 填：7） 3. 陶耳杯（M121：4） 4、5. 陶盆（M121 填：2、填：5） 6、7. 陶缸（M121：1、填：6） 8、9. 陶钵（M121 填：1、填：4） 10、11. 小陶盆（M121：2、3） 12. 小陶甑（M121：5）

M121 填：6，口径 10.9、底径 6.8、高 8.0、壁厚 0.5～0.6 厘米（图二五八，7）。

钵　2 件（M121 填：1、4）。形制相同，均为夹砂红褐陶，方唇，直口，折腹，圜底；腹中部施有一周凹弦纹。标本 M121 填：1，口径 18.8、高 9.2、壁厚 0.6～0.8 厘米（图二五八，8）。标本 M121 填：4，口径 18.9、高 9.2、壁厚 0.6～0.9 厘米（图二五八，9）。

小盆　2 件（M121：2、3）。形制大致相同，均为圆唇，敞口，腹略弧，平底。标本 M121：2，夹砂黑陶，素面。口径 10.5、底径 2.9、高 4.0、壁厚 0.5～0.6 厘米（图二五八，10）。标本 M121：3，夹砂灰陶，陶色不纯，局部呈红褐色。腹内壁轮旋痕迹明显。口径 8.5、底径 3.9、高 3.4、壁厚 0.3～0.5 厘米（图二五八，11）。

小甑　1 件。标本 M121：5，夹砂灰陶。圆唇，敞口，弧腹，圜底，底部穿有四个甑眼。素面。口径 9.8、高 3.4、壁厚 0.4～0.6 厘米（图二五八，12）。

八九　M127（Ⅳ区）

1. 墓葬形制

单室砖墓，平面呈甲字形，由墓道、墓门和墓室组成。方向 205°（图二五九；彩版一五八，1）。开口于耕土层下，开口距地表 0.20 米，破坏严重。

墓道　长方形斜坡状，未发掘完，长不详，宽 0.90、底部距地表 0.74 米。

墓门　位于墓室中部偏东，宽 0.90 米。

封门　不存。

墓室　平面呈弧长方形，长 2.50、宽 2.00 米。四壁砖墙外弧明显，最高处保留有 4

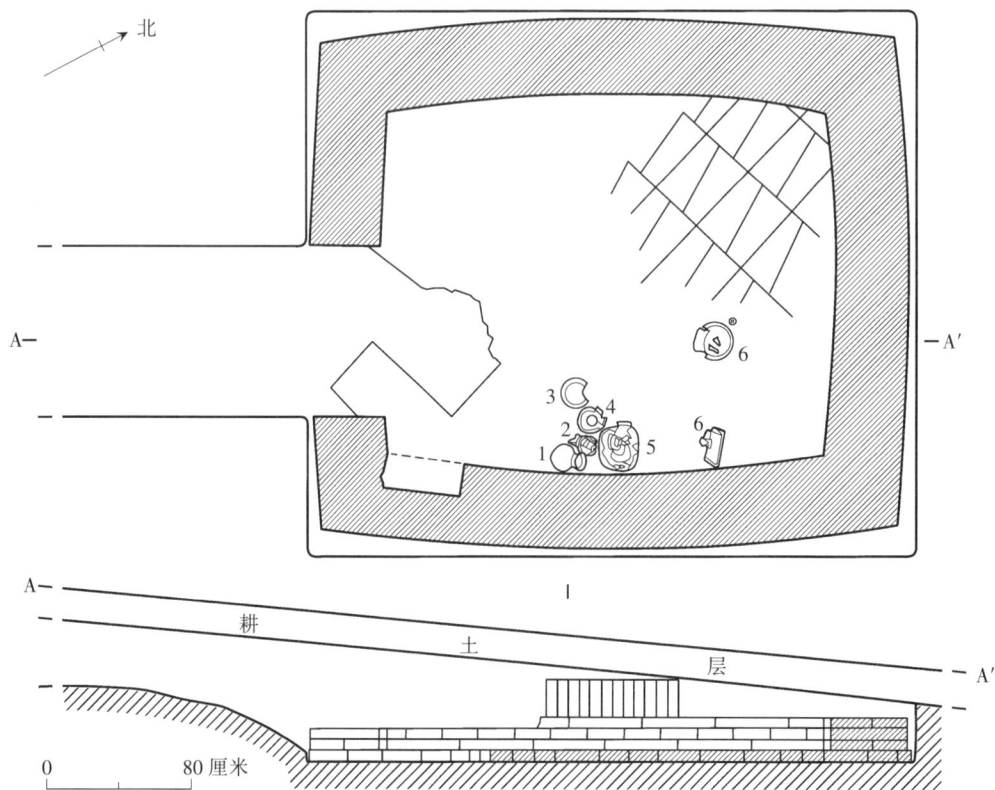

图二五九　M127 平、剖面图

1. 陶罐　2. 陶井　3、4. 小陶盆　5. 陶灶组合　6. 陶奁层砖，砌法由下至上为三层平砖一层丁立砖，另外，三层平砖的砌法又为两层双隅顺砌平砖之间夹一层平砌丁砖。墓底铺砖系楔形砖西北—东南斜向平铺。用砖规格：条砖40×20×6 厘米、楔形砖42×（11~22）×5 厘米，青砖，素面。

2. 葬具和人骨

墓内未发现葬具和人骨。

3. 随葬品

该墓共出土有 7 件随葬品，位于墓室东部，均为陶器，种类计有罐 1、灶 1、井 1、奁 1、小盆 2、小釜 1。

罐 1 件。标本 M127：1，夹砂灰陶。方唇，唇面有一周凹槽，展沿，束颈，溜肩，鼓腹，腹部最大径位置略偏下，平底。素面。口径 9.4、底径 6.3、最大腹径 11.0、高10.0、壁厚 0.5~0.6 厘米（图二六〇，1；彩版一五八，2）。

灶 1 件。标本 M127：5-1，夹砂灰陶。灶平面呈椭圆形，灶面饰有一圆形火眼，灶壁外斜，前端置有一圆形火眼，后端有圆形烟孔。长方形灶门，落地。素面。长 22.2、宽 20.5、高 7.5、壁厚 0.8~0.9 厘米，灶门长 9.0、宽 5.0 厘米，火眼直径 9.6、烟孔直径 0.8 厘米（图二六〇，2；彩版一五八，3）。

井 1 件。标本 M127：2，夹砂灰陶。方唇，唇面有一周凹槽，敞口，卷沿，束颈，弧腹，底部缺失。素面。口径 12.0、残高 9.4、壁厚 0.5~0.8 厘米（图二六〇，3）。

奁 1 件。标本 M127：6，夹砂灰陶，局部呈红色。方唇，直口，直腹，平底。腹下部修坯削痕明显。口径 20.5、底径 12.4、高 8.0、壁厚 0.8~1.1 厘米（图二六〇，4）。

小盆 2 件（M127：3、4）。形制相同，均为夹砂灰陶，局部呈红褐色，方唇，敞口，平沿，弧腹，平底；腹下部修坯削痕明显。标本 M127：3，口径 13.8、底径 5.0、高5.0、壁厚 0.5~0.8 厘米（图二六〇，5）。标本 M127：4，口径 13.7、底径 3.6、高5.0、壁厚 0.5~0.8 厘米（图二六〇，6）。

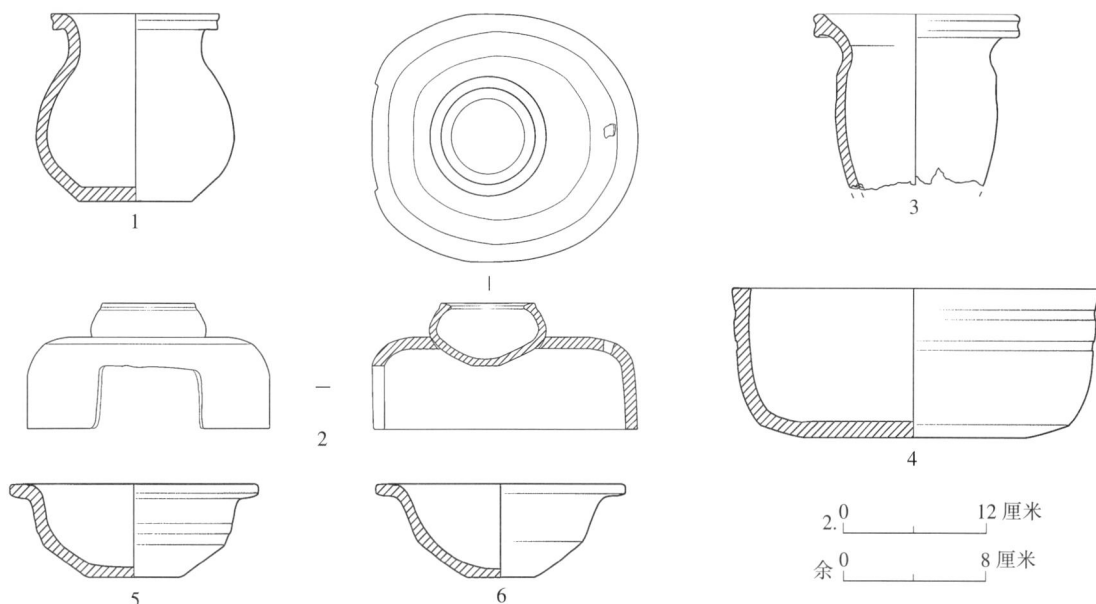

图二六〇 M127 出土器物

1. 陶罐（M127：1） 2. 陶灶组合（M127：5） 3. 陶井（M127：2） 4. 陶奁（M127：6） 5、6. 小陶盆（M127：3、4）

小釜　1件。标本 M127∶5－2，夹砂黑陶，局部呈红褐色。方唇，侈口，鼓腹，圜底。素面。口径7.8、高5.2、厚0.5～0.6厘米（见图二六〇，2）。

九〇　M128（Ⅳ区）

M128 与 M129 为一组并葬墓。

1. 墓葬形制

石圹竖穴墓，平面呈圆角长方形，墓圹不甚规整。方向20°（图二六一；彩版一五九，1）。开口于耕土层下，开口距地表深约0.30米。

墓圹四壁较平直，墓底较平坦。长3.20、宽1.40、深0.66米。墓穴四壁保存有一圈宽0.20米的小碎石片，墓底平铺一层厚0.05米的小碎石片。

墓内填土主要为黄沙，夹杂有少量的小碎石片，土质较疏松。

2. 葬具和人骨

从墓穴四壁保存的小碎石片分析，该墓主在入葬时，应存在木棺，棺与墓壁的间隙填充小碎石片；但由于该墓的埋藏条件不利于木棺的保存，所以，在木棺腐朽殆尽后，仅剩小碎石片立于墓穴四壁。

葬有1具人骨，为一男性个体。骨骼保存较完整，葬式为仰身直肢，头向北，面向上，双臂平伸贴近体侧，双腿略向内并拢。

3. 随葬品

该墓共出土有8件随葬品，质地分为陶、铜两种，其中有铜钱20枚。其中，铜带钩

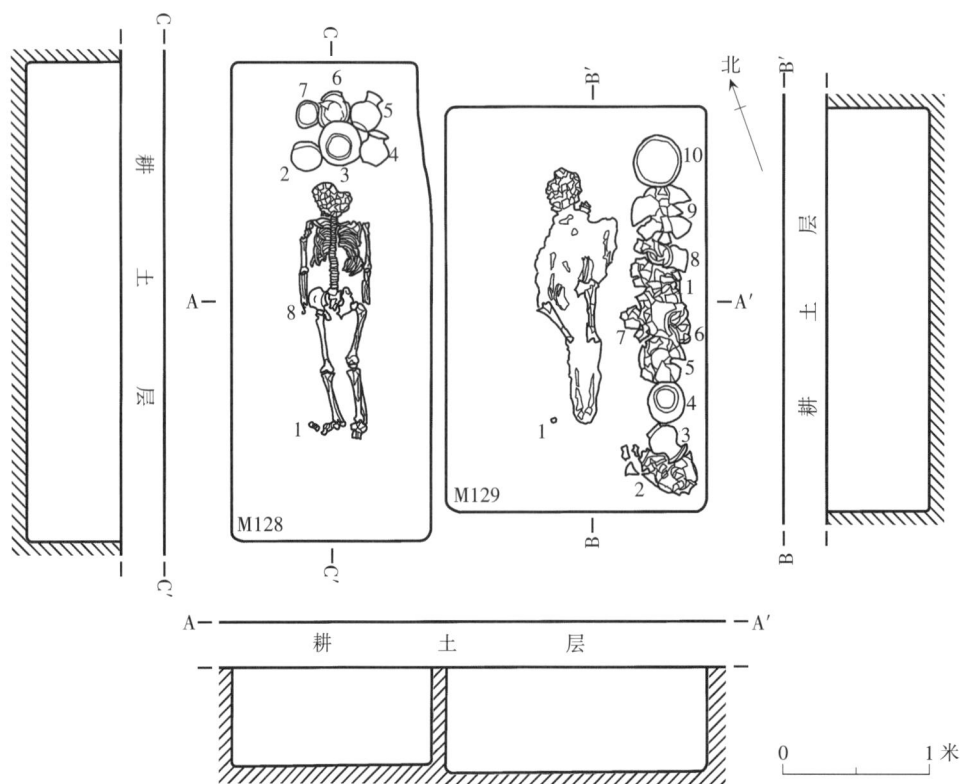

图二六一　M128、M129 平、剖面图

M128　1. 铜钱　2、6、7. 陶钵　3. 陶罐　4、5. 陶壶　8. 铜带钩

M129　1. 铜钱　2、5、9. 陶盆　3. 陶壶　4、7、8. 陶罐　6. 铜釜　10. 铜盆　11. 陶钵

置于人骨右手外侧，铜钱靠近右脚放置；其余随葬品均位于头骨北部正上方，东西向两排排列，较为规整（彩版一五九，2）。分述如下。

陶器　计有罐 1、壶 2、钵 3。

罐　1 件。标本 M128：3，夹砂灰陶。圆唇，侈口，卷沿，短颈，圆肩，鼓腹，腹部最大径位置居中，凹底。腹下部及底部饰绳纹。口径 18.2、底径 10.3、最大腹径 28.8、高 23.1、壁厚 0.6~0.8 厘米（图二六二，1；彩版一六〇，1）。

壶　2 件（M128：4、5）。形制相同，均为夹砂灰陶，尖唇，盘形口，短颈，圆肩，鼓腹，最大腹径位置居中；肩部饰数道弦纹，腹中部饰两周粗绳纹，腹下部及底部饰绳纹。标本 M128：4，凹底。口径 11.4、底径 7.5、最大腹径 20.0、高 19.4、壁厚 0.5~0.8 厘米（图二六二，2）。标本 M128：5，平底。口径 11.2、底径 8.8、最大腹径 15.6、高 18.8、壁厚 0.5~0.8 厘米（图二六二，3；彩版一六〇，2）。

钵　3 件（M128：2、6、7）。其中，标本 M128：2 与 M128：6 形制相同，均为夹砂灰陶，方唇，敛口，略显折腹，平底，素面。标本 M128：2，口径 19.9、底径 10.3、高 7.1、壁厚 0.7 厘米（图二六二，4；彩版一六〇，3）。标本 M128：6，唇下饰一周凹弦纹，腹部饰有两周弦纹。口径 20.5、底径 9.8、高 7.6、壁厚 0.8 厘米（图二六二，5）。标本 M128：7，夹砂灰陶。圆唇，口微敛，弧腹，平底。腹中部有一周凹槽，腹内壁饰瓦棱纹。口径 14.2、底径 7.2、高 5.0、壁厚 1.0 厘米（图二六二，6；彩版一六〇，4）。

铜器　计有带钩 1。

带钩　1 件。标本 M128：8，琵琶形。蛇头形钩首，钩体至钩尾处渐粗宽，钩体侧视呈 "S" 形。圆形钩纽位于靠近钩尾处。长 7.4 厘米（图二六二，7；彩版一六〇，5）。

铜钱　20 枚，均为 "半两" 钱（图二六三）。详情见下表。

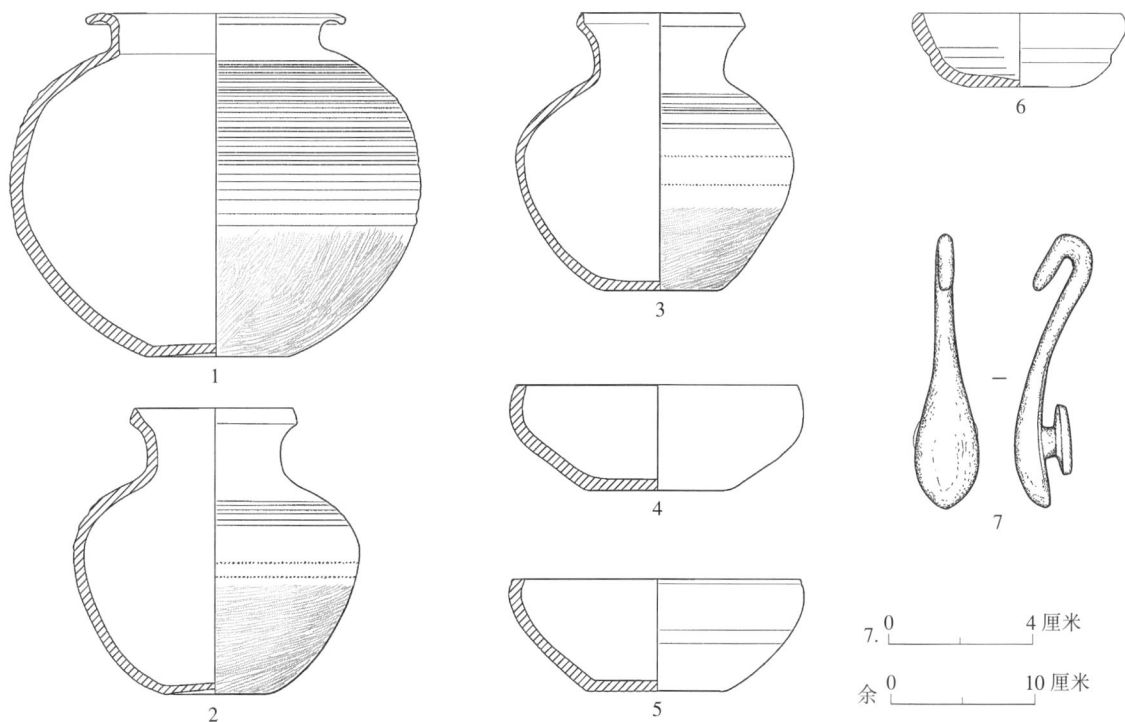

图二六二　M128 出土器物

1. 陶罐（M128：3）　2、3. 陶壶（M128：4、5）　4~6. 陶钵（M128：2、6、7）　7. 铜带钩（M128：8）

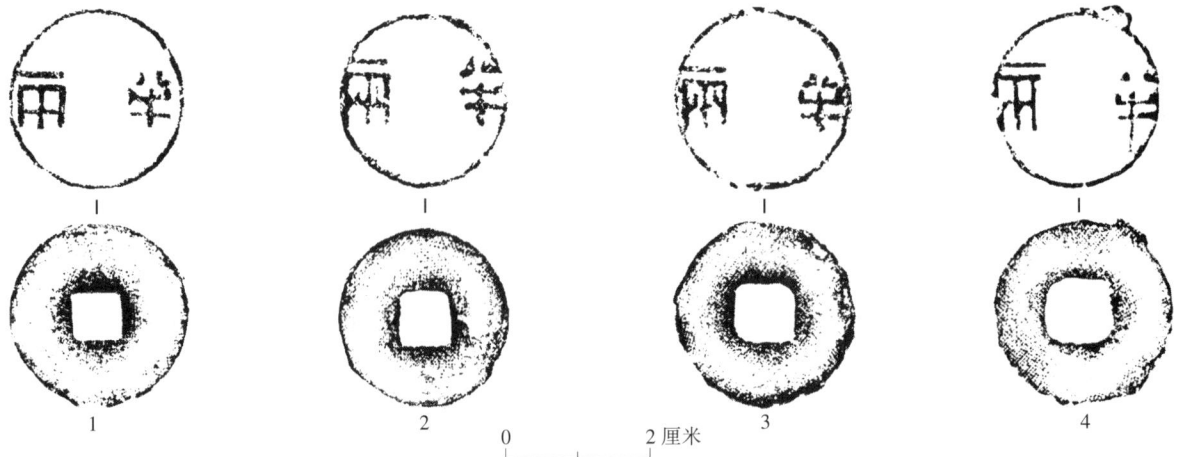

图二六三　M128 出土铜钱拓片

1~4. M128：1-1、1-2、1-4、1-5

M128 铜钱统计表　　　　　　　　　　　（长度：厘米，重量：克）

种类	编号	特征		郭径	钱径	穿宽	郭宽	郭厚	肉厚	重量
		文字特征	记号							
半两钱	1-1	"半"字头硬折，上横两端上折；十字"两"			2.37	0.92			0.07	2.60
	1-2	"半"字头硬折，上横两端上折；两个"⊥"字"两"			2.35	0.72			0.07	2.70
	1-3	同上			2.29	0.65			0.05	2.20
	1-4	同上			2.38	0.79			0.06	2.90
	1-5	"半"字头硬折，上横两端上折；连山"两"			2.42	0.80			0.06	2.60
	1-6	"半"字头硬折，上横两端上折；双人字"两"			2.34	0.82			0.08	2.90
	1-7	同上			2.40	0.75			0.05	2.90
	1-8	同上			2.28	0.85			0.06	2.90
	1-9	同上			2.34	0.74			0.05	2.70
	1-10	同上			2.34	0.66			0.05	2.50
	1-17	"半"字头硬折，上横两端上折；十字"两"			2.41	0.67			0.06	2.90
	1-18	同上			2.45	0.68			0.05	2.30
	1-19	"半"字头硬折，上横两端上折；两个"⊥"字"两"			2.43	0.80			0.05	2.50
	1-20	"半"字头为"八"，上横两端上折；双人"两"			2.42	1.01			0.07	2.60

九一　M129（Ⅳ区）

1. 墓葬形制

石圹竖穴墓，平面呈圆角长方形，墓圹较规整。方向20°（见图二六一；见彩版一五九，1）。开口于耕土层下，开口距地表深约0.30米。

墓圹四壁较平直，墓底较平坦。长2.70、宽1.80、深0.70米。墓穴四壁保存有一圈宽0.20米的小碎石片，墓底平铺一层厚0.10米的小碎石片。

墓内填土主要为黄沙，夹杂有少量的小碎石片，土质较疏松。

2. 葬具和人骨

从墓穴四壁保存的小碎石片分析，该墓主在入葬时，应存在木棺，棺与墓壁的间隙填充小碎石片；但由于该墓的埋藏条件不利于木棺的保存，所以，在木棺腐朽殆尽后，仅剩小碎石片立于墓穴四壁。

葬有1具人骨，为一女性个体。骨骼保存较差，葬式为仰身直肢，头向北，面向上，上半身骨骼腐朽较为严重，双腿向内并拢。

3. 随葬品

该墓共出土有11件随葬品，质地分为陶、铜两种，其中有铜钱5枚。铜钱靠近人骨右脚外侧放置；其余随葬品均位于人骨东部，南北向排列，较为规整（彩版一六一，1）。分述如下。

陶器　种类计有罐3、壶1、盆3、钵1。

罐　3件（M129：4、7、8）。标本M129：4，夹砂黑陶。方唇，侈口，束颈，溜肩，鼓腹，腹部最大径位置居中，平底。唇部施有三周粗绳纹，腹中部施有三周不规则粗绳纹，腹下部及底部施有细绳纹。口径16.2、底径10.3、腹部最大径25.3、高21.3、壁厚0.7~1.1厘米（图二六四，1；彩版一六一，2）。标本M129：7，夹砂灰陶。圆唇，侈口，束颈，溜肩，鼓腹，腹部最大径位置居中，平底。腹下部及底部满饰细绳纹。口径24.6、底径13.5、最大腹径37.4、高30.5、壁厚1.1~1.3厘米（图二六四，2）。标本M129：8，夹砂灰陶。方唇，侈口，折沿，束颈，溜肩，鼓腹，腹部最大径位置居中，凹底。腹上部施有多周弦纹，腹下部及底部满饰细绳纹。口径23.1、底径11.9、最大腹径34.3、高28.6、壁厚1.1~1.4厘米（图二六四，3）。

壶　1件。标本M129：3，夹砂灰陶。由壶盖及壶身两部分组成。壶盖：弧顶，弧腹，子母口，圆唇。顶部施有多周弦纹。壶身：方唇，敞口，束颈，球腹，最大腹径位置居中，圈足。素面，器表轮旋痕迹明显。通高25.7厘米。壶盖：口径15.5、高2.4、壁厚0.4~0.6厘米。壶身：口径14.2、底径13.5、最大腹径20.3、高23.8、壁厚0.9~1.4厘米（图二六四，4；彩版一六一，3）。

盆　3件（M129：2、5、9）。标本M129：2，夹砂灰陶。方唇，唇面有一凹槽，侈口，卷沿，深腹，平底。唇面有一周粗弦纹，上腹部施有数十周宽窄不一的瓦棱纹。底部饰满细绳纹。口径34.2、底径14.6、高23.3、壁厚1.0~1.4厘米（图二六四，5；彩版一六一，4）。标本M129：5，夹砂灰陶。圆唇，敞口，卷沿，直壁，深腹，圜底。腹下部及底部饰有细绳纹。口径26.1、底径22.0、高15.5、壁厚1.1~1.3厘米

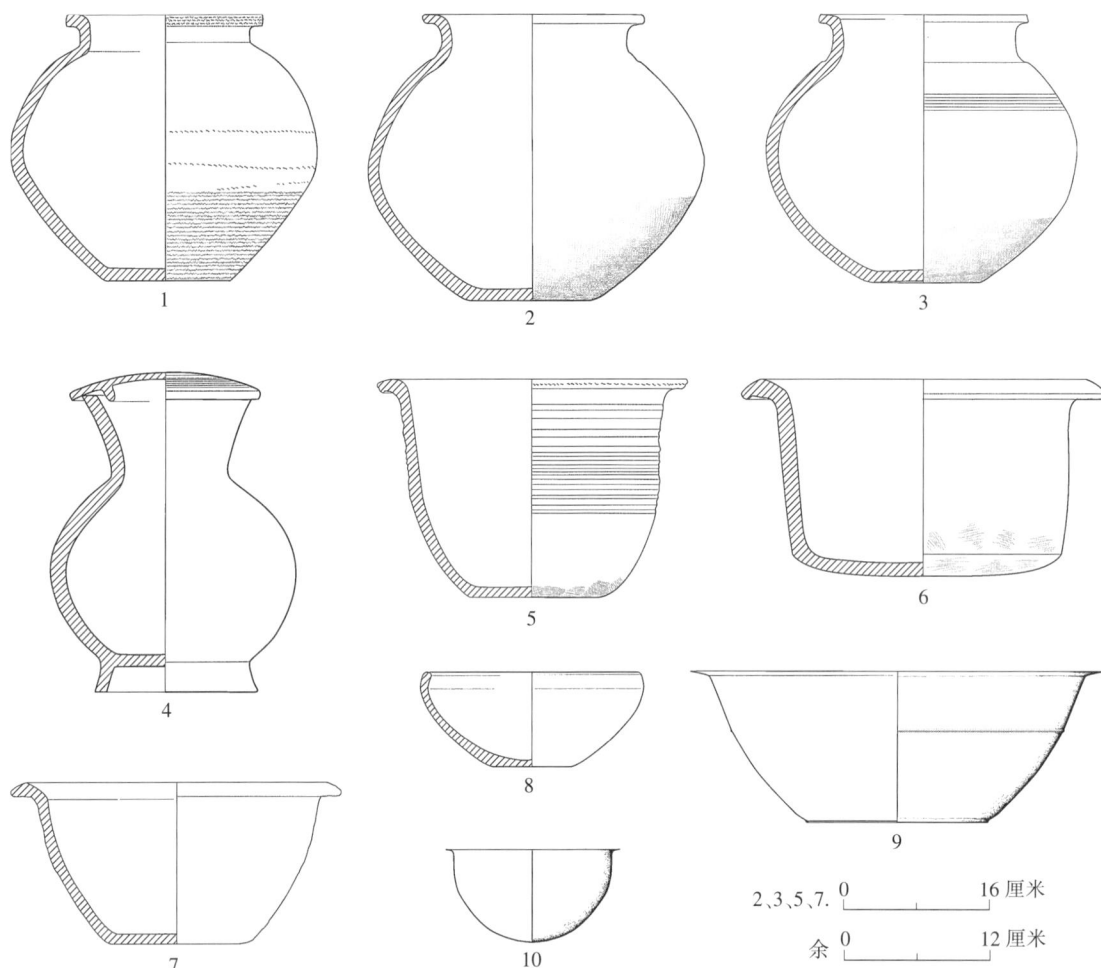

图二六四　M129 出土器物

1~3. 陶罐（M129：4、7、8）　4. 陶壶（M129：3）　5~7. 陶盆（M129：2、5、9）　8. 陶钵（M129：11）　9. 铜盆（M129：10）　10. 铜釜（M129：6）

（图二六四，6）。标本 M129：9，夹砂灰陶。圆唇，侈口，平沿外折，深腹微弧，平底。腹下部及底部饰满细绳纹。口径 33.0、底径 15.0、高 17.2、壁厚 0.9~1.2 厘米（图二六四，7）。

钵　1 件。标本 M129：11，夹砂灰陶。圆唇，敛口，弧腹，平底。素面。口径 17.8、底径 6.5、高 7.6、壁厚 0.5~1.0 厘米（图二六四，8；彩版一六一，5）。

铜器　计有盆 1、釜 1。

盆　1 件。标本 M129：10，折沿，敞口，弧腹，略显台底。腹中部施有一周凸弦纹。腹壁较薄，铸造精良。口径 34.0、底径 15.0、高 12.0、厚 0.1 厘米（图二六四，9）。

釜　1 件。标本 M129：6，展沿，敞口，弧腹，圜底。素面。腹壁较薄，铸造精良。口径 14.5、高 7.5、壁厚 0.1 厘米（图二六四，10）。

铜钱　5 枚，均为"五铢"钱（图二六五）。详情见下表。

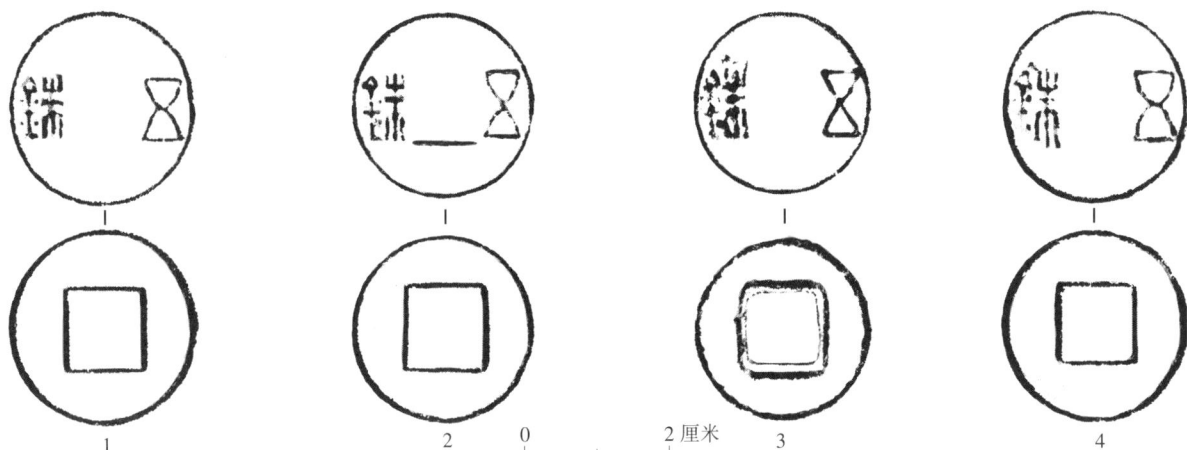

图二六五　M129 出土铜钱拓片

1~4. M129：1－1、1－2、1－3、1－5

M129 铜钱统计表　　　　　　　　　　（长度：厘米，重量：克）

种类	编号	特征		郭径	钱径	穿宽	郭宽	郭厚	肉厚	重量
		文字特征	记号							
五铢钱	1－1	"五"字瘦长，竖划较直；"金"头三角形，四竖点；"朱"头方折，"朱"下较圆	无	2.50	2.34	0.95	0.08	0.18	0.07	3.30
	1－2	同上	同上	2.45	2.27	0.92	0.09	0.19	0.08	3.80
	1－3	"五"字瘦长，竖划缓曲；"金"头三角形，四竖点；"朱"头方折，"朱"下较圆	同上	2.53	2.37	1.00	0.08	0.22	0.08	3.60
	1－4	同上	同上	2.61	2.45	1.00	0.08	0.21	0.06	3.70
	1－5	"五"字瘦长，竖划甚曲；"金"头三角形，四竖点；"朱"头方折，"朱"下较圆	同上	2.59	2.43	0.94	0.08	0.20	0.06	3.30

九二　M130（Ⅳ区）

M130 与 M131 为一组并葬墓，其中，M130 打破 M131。

1. 墓葬形制

石圹竖穴墓，平面呈圆角长方形，墓圹规整。方向 25°（图二六六；彩版一六二）。开口于耕土层下，开口距地表深约 0.10 米。

墓圹四壁较平直，墓底较平坦。长 3.00、宽 2.10、深 1.50 米。墓圹四壁保存有一圈宽 0.20 米的小碎石片，墓底平铺一层厚 0.10 米的小碎石片。

墓内填土主要为黄色的沙石混合料，夹杂有少量的小碎石片、贝壳，土质较硬。

2. 葬具和人骨

从墓穴四壁保存的小碎石片分析，该墓主在入葬时，应存在木棺，棺与墓壁的间隙

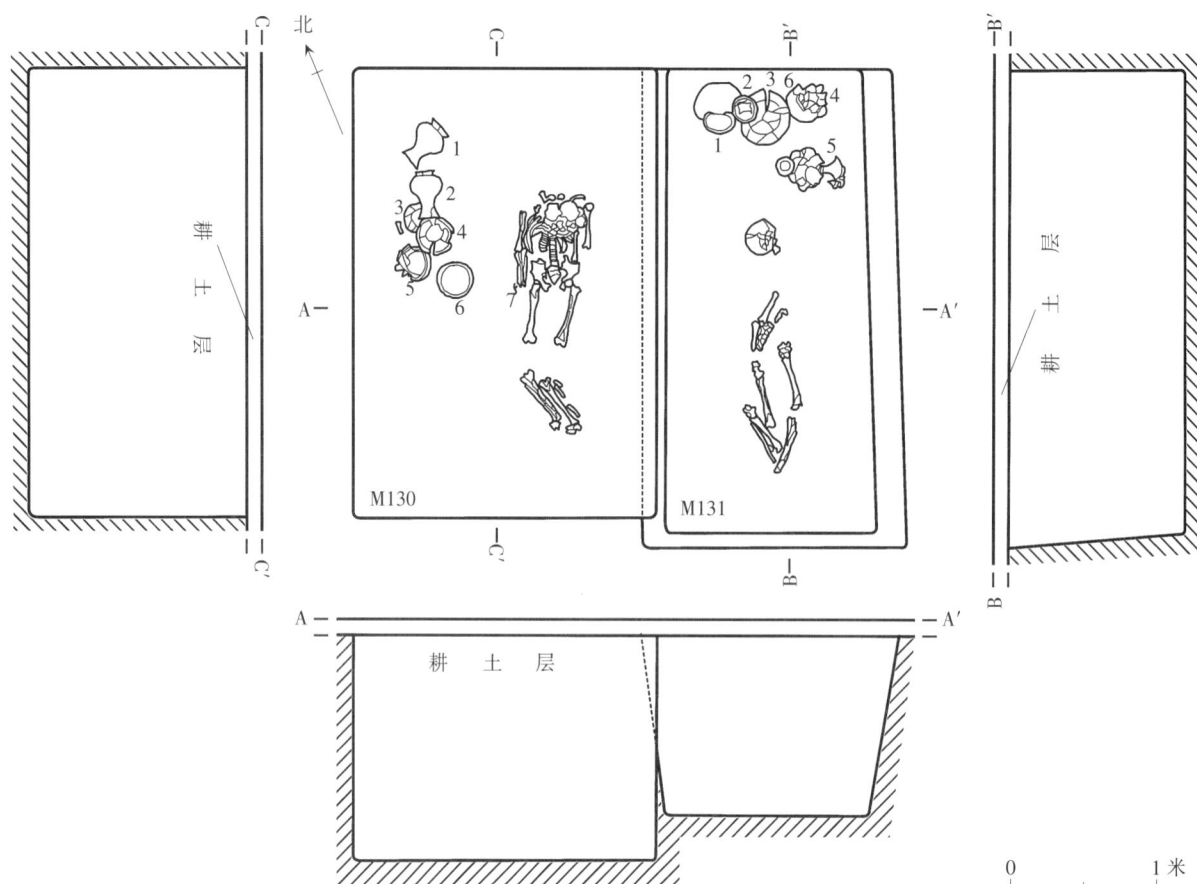

图二六六　M130、M131 平、剖面图

M130　1、2. 陶壶　3. 陶鼎　4、5. 陶盆　6. 陶器盖　7. 铜带钩

M131　1. 陶罐　2. 陶豆　3. 陶盆　4、5. 陶壶　6. 陶鼎

填充小碎石片；但由于该墓的埋藏条件不利于木棺的保存，所以，在木棺腐朽殆尽后，仅剩小碎石片立于墓穴四壁。

葬有 1 具人骨，为一男性个体。骨骼保存较完整，葬式为仰身屈肢葬，头骨现已滑落至胸部，头向北，双臂平伸贴近体侧，双腿向西弯曲并拢。

3. 随葬品

该墓共出土有 7 件随葬品，质地分为陶、铜两种。其中，铜带钩靠近人骨右手外侧放置；其余随葬品均位于人骨西侧，南北向排列，较为规整（彩版一六三，1）。分述如下。

陶器　计有壶 2、鼎 1、盆 2、器盖 1。

壶　2 件（标本 M130：1、2）。形制相同，均为夹砂灰陶，尖唇，侈口，束颈，溜肩，垂腹，最大腹径位置靠下，矮圈足。标本 M130：1，腹部饰有两周粗绳纹。口径 13.1、底径 13.2、最大腹径 21.6、高 28.7、壁厚 0.6～1.0 厘米（图二六七，1）。标本 M130：2，腹部饰有三周不规则的粗绳纹。口径 13.3、底径 13.5、最大腹径 22.2、高 28.7、壁厚 0.8～1.0 厘米（图二六七，2）。

鼎　1 件。标本 M130：3，夹砂灰陶，由鼎盖及鼎身两部分组成。鼎盖：平顶，弧腹，尖唇，敞口。素面。陶鼎：方唇，子口内敛，弧腹，圈底。肩部对称置有两个外撇

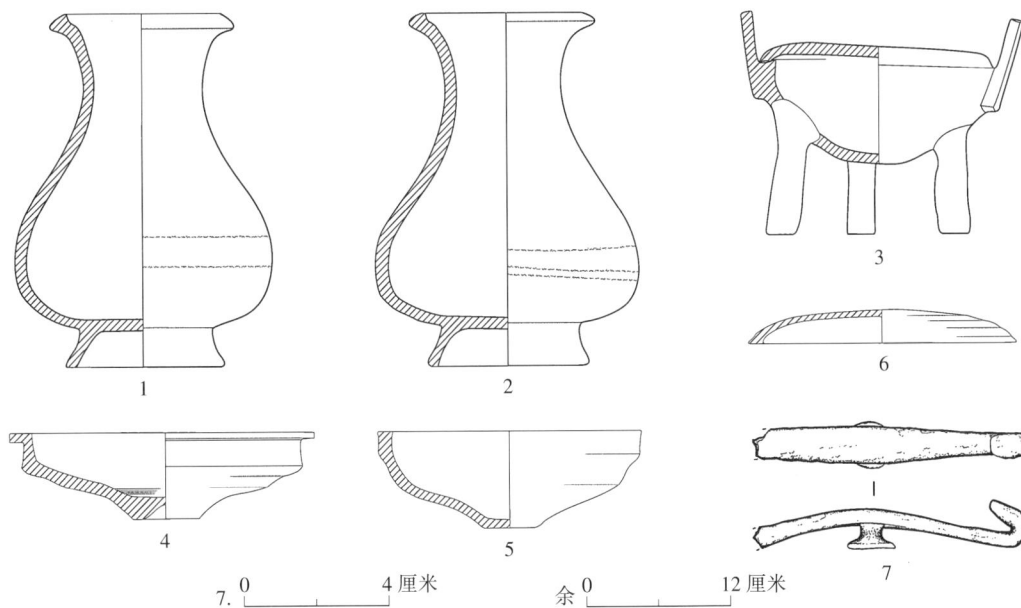

图二六七　M130 出土器物

1、2. 陶壶（M130：1、2）　3. 陶鼎（M130：3）　4、5. 陶盆（M130：4、5）　6. 陶器盖（M130：6）
7. 铜带钩（M130：7）

长方形鋬耳，底附 3 个柱形足。通高 18.1 厘米。鼎盖：口径 19.7、顶径 14.2、高
1.4、壁厚 0.7～0.9 厘米。陶鼎：口径 17.6、高 18.1、壁厚 0.6～0.9 厘米（图二
六七，3）。

盆　2 件（M130：4、5）。标本 M130：4，夹砂灰陶。方唇，敞口，折沿，折
腹，凹底。内壁近底处施有四周凸弦纹。口径 22.5、底径 5.6、高 7.0、壁厚 0.6～
1.0 厘米（图二六七，4）。标本 M130：5，夹砂灰陶。方唇，口微敛，折腹，平底。
素面。口径 22.1、底径 4.2、高 7.8、壁厚 0.6～1.2 厘米（图二六七，5；彩版一
六四，1）。

器盖　1 件。标本 M130：6，夹砂灰陶。圜顶，弧腹，方唇。素面，器表轮旋痕迹明
显。口径 22.7、高 2.7、壁厚 0.4～0.7 厘米（图二六七，6）。

铜器　计有带钩 1。

带钩　1 件。标本 M130：7，钩尾已残。曲棒形。蛇头形钩首，钩体扁平，钩体侧视
呈 “S” 形。圆形钩纽位于钩身中部。残长 7.7 厘米（图二六七，7）。

九三　M131（Ⅳ区）

1. 墓葬形制

石圹竖穴墓，平面呈圆角长方形，墓圹较规整。方向 25°（见图二六六；见彩版一六
二）。开口于耕土层下，开口距地表深约 0.10 米。

墓圹四壁除北壁外均向内斜收，墓底较平坦。开口长 3.20、宽 1.80 米，底长 3.10、
宽 1.44 米，深 1.20 米。墓穴四壁保存有一圈宽 0.20 米的小碎石片，墓底平铺一层厚
0.05 米的贝壳。

墓内填土主要为黄色的沙石混合料，夹杂有少量的小碎石片、贝壳，土质较硬。

2. 葬具和人骨

从墓穴四壁保存有小碎石片分析，该墓主在入葬时，应存在木棺，棺与墓壁的间隙填充小碎石片；但由于该墓的埋藏条件不利于木棺的保存，所以，在木棺腐朽殆尽后，仅剩小碎石片立于墓穴四壁。

葬有1具人骨，为一女性个体。骨骼保存较差，葬式为仰身屈肢葬，头向北，上半身骨骼缺失严重，双腿屈肢较明显。

3. 随葬品

该墓共出土有6件随葬品，均为陶器，计有罐1、壶2、鼎1、盒1、盆1。所有随葬品均位于头骨北部上方，东西向排列，较为规整（彩版一六三，2）。

罐　1件。标本M131：1，夹砂黄褐陶。方唇，唇面有一周凹槽，侈口，短颈，溜肩，鼓腹，最大腹径位置靠近肩部，平底。腹上部施有多道瓦棱纹，腹下部及底部满饰绳纹。口径20.1、底径14.2、腹部最大径30.3、高23.9、壁厚0.5～0.8厘米（图二六八，1；彩版一六四，2）。

壶　2件（M131：4、5）。形制相同，均为夹砂黑陶，陶色不纯，局部呈红褐色，由壶盖及壶身两部分组成。壶盖：整体呈覆钵状，弧顶，侈口，圆唇。壶身：方唇，喇叭口，束颈，球腹，腹部最大径位置略偏下，圈足。标本M131：4，通高32.7厘米。壶盖：口径13.8、高2.0、壁厚0.5～0.7厘米。壶身：口径13.4、底径11.5、最大腹径18.3、高30.7、壁厚0.3～0.6厘米（图二六八，2；彩版一六四，3）。标本M131：5，通高32.8厘米。壶盖：口径14.6、高1.7、壁厚0.5～0.7厘米。壶身：口径13.9、底径11.0、腹部最大径18.7、高31.1、壁厚0.3～0.6厘米（图二六八，3）。

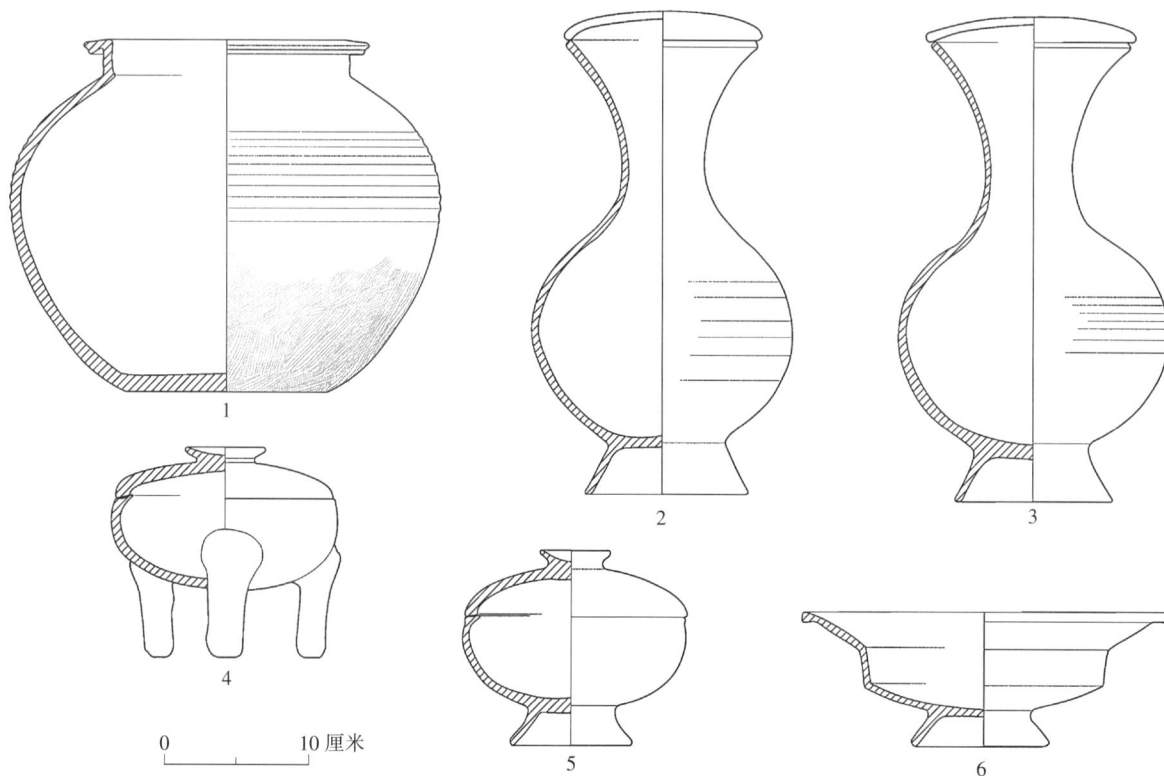

图二六八　M131出土器物

1. 陶罐（M131：1）　2、3. 陶壶（M131：4、5）　4. 陶鼎（M131：6）　5. 陶盒（M131：2）　6. 陶盆（M131：3）

鼎 1件。标本 M131：6，夹砂灰黑陶，陶色不纯，局部呈红褐色，由鼎盖及鼎身两部分组成。鼎盖：整体呈覆钵状，弧顶，平沿。顶部附一内凹圆形捉手。鼎身：尖唇，敛口，浅腹，圜底，底部附有 3 个蹄形足。通高 14.2 厘米。鼎盖：口径 15.3、高 3.5、壁厚 0.3～0.8 厘米。鼎身：口径 15.4、最大腹径 16.0、高 11.0、壁厚 0.4～0.6 厘米（图二六八，4；彩版一六四，4）。

盒 1件。标本 M131：2，夹砂黑陶，由盒盖及盒身两部分组成。盒盖：整体呈覆钵状，弧顶，方唇，子母口。顶部附一内凹圆形捉手。盒身：尖唇，子母口，弧腹，矮圈足。通高 13.2 厘米。盒盖：口径 15.7、高 4.5、壁厚 0.2～1.3 厘米。盒身：口径 15.5、底径 8.7、高 8.8、壁厚 0.3～0.9 厘米（图二六八，5；彩版一六四，5）。

盆 1件。标本 M131：3，夹砂黑陶。方唇，敞口，展沿，折腹，圈足。口径 25.5、底径 9.6、高 9.1、壁厚 0.4～0.6 厘米（图二六八，6；彩版一六四，6）。

九四 M132（Ⅳ区）

1. 墓葬形制

双室砖墓，平面呈吕字形，由墓道、甬道和墓室组成。方向 210°（图二六九；彩版一六五）。开口于耕土层下，开口距地表 0.40 米，破坏严重。

墓道 位于墓室前室南壁东侧，长方形斜坡状，未发掘完，长不详，宽 0.90 米、底部距地表 1.20 米。

甬道 两壁砖墙已不存，仅可见甬道所在土圹呈长方形。

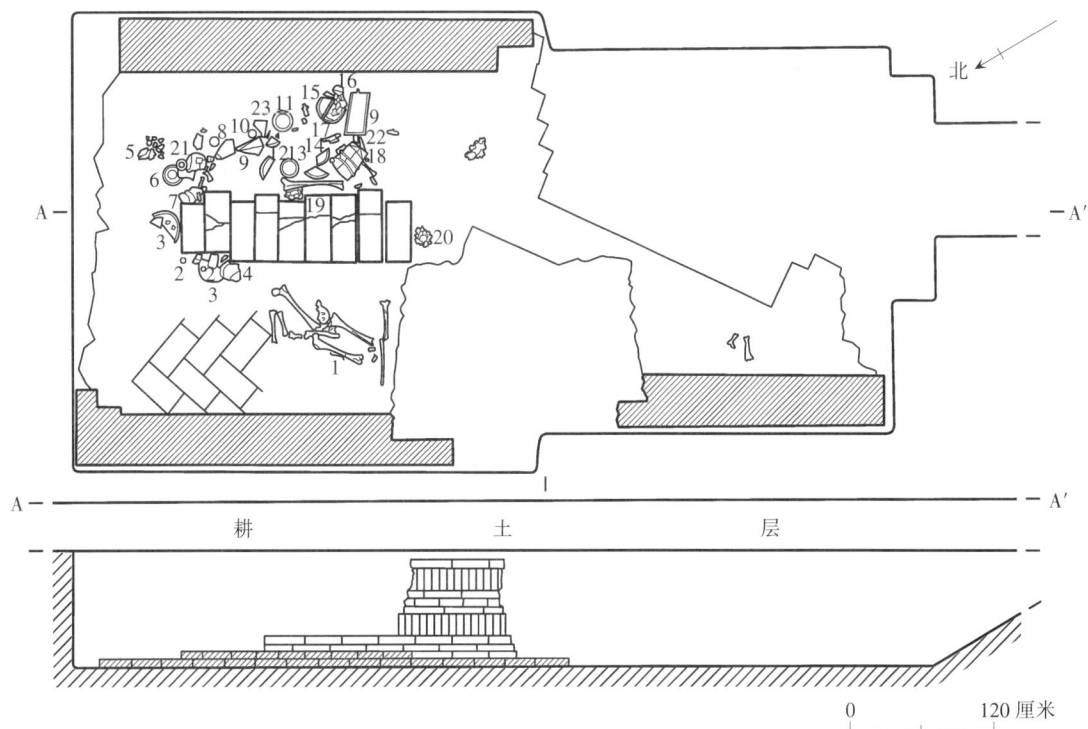

图二六九 M132 平、剖面图

1. 铜带钩 2. 银指环 3、15. 陶案 4、9、22. 陶匜 5. 小陶瓢 6、11、13. 小陶盆 7、16、20. 小陶釜 10. 陶俎 12. 陶盘 14. 陶樽 17、18. 陶仓 19. 陶器盖 21. 陶支架 23. 陶水斗

墓门和封门不存。

墓室 平面整体呈吕字形，分前、后两个墓室。前室仅残存西壁一段砖墙，其他均不存，其所在土圹平面呈长方形，土圹长3.06、宽2.94米。前、后室之间过道已被全部破坏，结构等不明。后室南、北砖墙已破坏，东、西两侧砖墙平直，所在土圹平面呈长方形，后室长不详，宽2.70米。墓室四壁破坏严重，最高处保存有9层砖，砌法由下至上为三层平砖一层丁立砖，两者交替向上。另外，三层平砖的砌法又为两层双隔顺砌平砖之间夹一层平砌丁砖。墓底铺砖为人字形平铺。用砖规格：（36～38）×（16～18）×（5～6）厘米，青砖，多数砖平面施有绳纹。

2. 葬具和人骨

后室中部残存棺床，单层砖砌成，砌法为一列丁砖平铺。

可辨葬有2具人骨，散落于后室南侧，扰乱严重，葬式及性别不明。

3. 随葬品

该墓共出土有26件随葬品，位于墓室北部，质地分为陶、银、铜三种，分述如下。

陶器 计有仓2、奁3、樽1、案2、俎2、盘1、小盆3、小瓿1、小釜4、水斗1、瓢1、支架1、器盖1。

仓 2件（M132:17、18）。夹砂灰陶，均破碎，无法拼对。

奁 3件（M132:4、9、22）。标本M132:4，夹砂灰陶。方唇，直口，直腹，平底。近口处饰有一周宽凹弦纹。器壁施满凸弦纹。口径21.2、底径20.2、高12.6、壁厚0.6～0.9厘米（图二七○，1）。标本M132:9，夹砂灰陶。由盖奁及底奁两部分组成，平面呈椭圆形。盖奁：平顶，底部对称贴有四个乳丁状纽，直口，腹壁略内弧。顶部施有刻划"十"字界格，界格内施有水波纹。底奁：方唇，直口，腹壁略内弧，平底。通高12.0厘米。盖奁：长径23.1、短径10.0、高10.1、壁厚0.5～1.1厘米。底奁：长径20.0、短径7.8、高10.9、壁厚0.7～1.0厘米（图二七○，2；彩版一六六，1）。标本M132:22，夹砂灰褐陶。方唇，直口，直壁，平底。素面。口径19.0、底径19.5、高约17.9、壁厚0.6～0.7厘米（图二七○，3）。

樽 1件。标本M132:14，夹砂灰陶。方唇，敞口，腹壁内弧，平底，底部原贴有短足，但现已脱落，仅存疤痕。腹上部施有一周凹弦纹。口径19.7、底径18.0、残高10.8、壁厚0.5～0.7厘米（图二七○，4）。

案 2件（M132:3、15）。形制相同，均为圆形浅盘，方唇，平沿，平底；案心轮旋出一圈凸弦纹。标本M132:3，夹砂黑陶。口径31.0、底径29.0、高1.8、壁厚0.8～1.1厘米（图二七○，5）。标本M132:15，夹砂灰陶，局部呈黑褐色。口径32.0、底径28.2、高2.1、厚0.8～1.3厘米（图二七○，6；彩版一六六，2）。

俎 2件（M132:10-1、10-2）。形制及尺寸均一致。标本M132:10-1，夹砂黑陶。平面呈长方形，片形足，俎面模印一鱼尾，且用刀纵向穿过。长13.1、宽3.2、高4.1、厚0.7厘米（图二七○，7；彩版一六六，3）。

盘 1件。标本M132:12，夹砂灰陶，破碎无法拼对。

小盆 3件（M132:6、11、13）。形制相同，均为夹砂灰陶，方唇，敞口，宽平沿，弧腹，平底。腹部饰有凸弦纹，口沿内壁处饰有一周凹弦纹。标本M132:6，口径13.2、底径5.6、高4.9、壁厚0.6～0.8厘米（图二七○，8）。标本M132:11，口径13.0、底径5.5、高5.5、壁厚0.4～0.9厘米（图二七○，9）。标本M132:13，口径14.2、底径

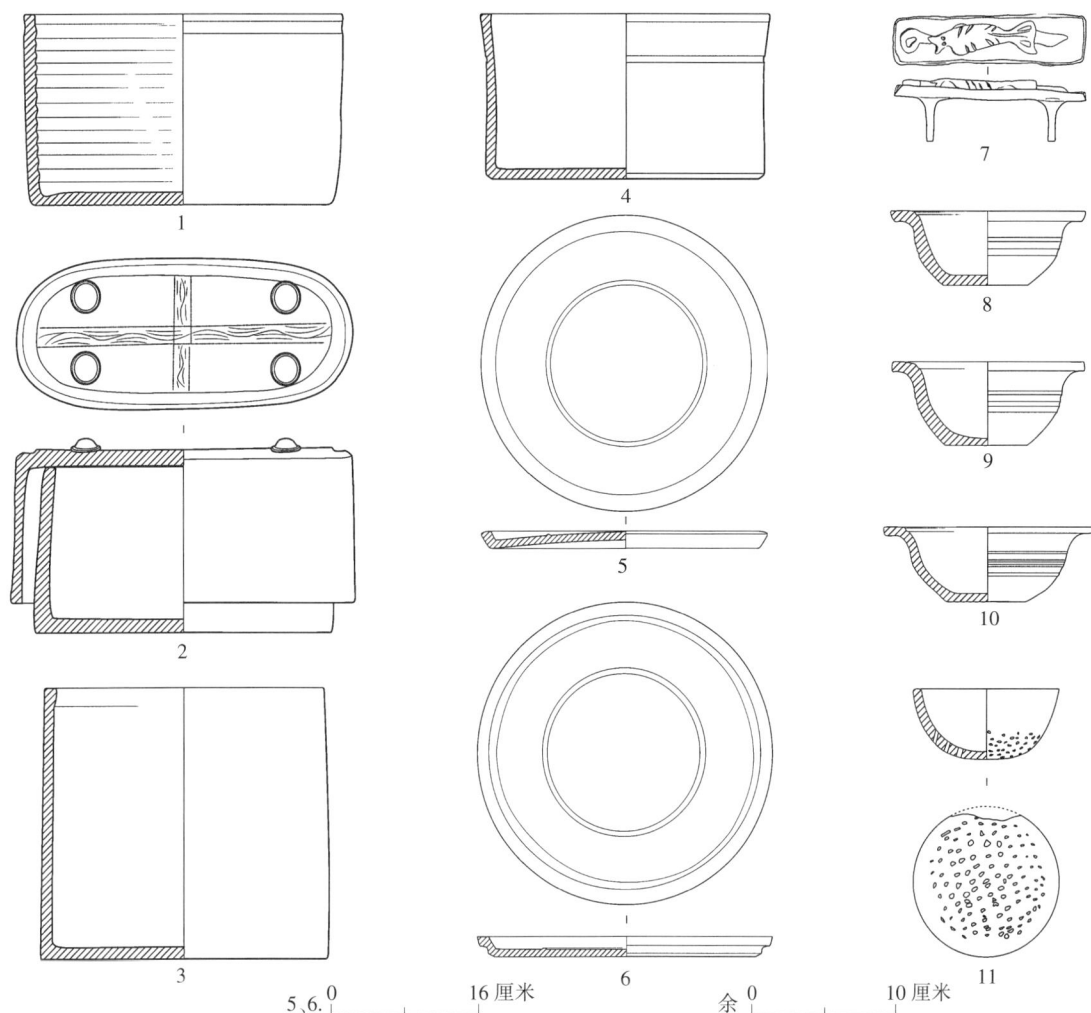

图二七〇 M132 出土器物

1~3. 陶奁（M132：4、9、22） 4. 陶樽（M132：14） 5、6. 陶案（M132：3、15） 7. 陶俎（M132：10－1）
8~10. 小陶盆（M132：6、11、13） 11. 小陶甑（M132：7）

5.4、高 5.0、壁厚 0.5~0.7 厘米（图二七〇，10）。

小甑 1 件。标本 M132：7，夹砂黑陶。圆唇，敞口，弧腹，圜底。腹下部及底部戳有几十个甑孔。口径 9.9、底径 3.1、高 4.6、壁厚 0.5~0.6 厘米（图二七〇，11）。

小釜 4 件（M132：8－1、8－2、16、20）。其中，标本 M132：8－1 与 M132：8－2 形制相同，均为夹砂灰陶，圆唇，敛口，溜肩，鼓腹，最大腹径位置居中，圜底近平。标本 M132：8－1，口径 3.6、腹部最大径 5.5、高 2.8、壁厚 0.2~0.4 厘米（图二七一，1）。标本 M132：8－2，口径 3.5、腹部最大径 5.4、高 2.7、壁厚 0.2~0.5 厘米（图二七一，2）。标本 M132：16，夹砂灰褐陶，过于残碎，无法修复。标本 M132：20，夹砂黑褐陶。圆唇，敛口，折腹，圜底。口径 7.7、腹部最大径 11.1、高 6.3、壁厚 0.6~0.9 厘米（图二七一，3）。

水斗 1 件。标本 M132：23，夹砂灰陶。钵状，圜底，上有一"人"字形提梁，提梁顶部有一圆形穿孔。通高 7.2、水斗直径 4.1、高 2.4、壁厚 0.2~0.3 厘米（图二七一，4）。

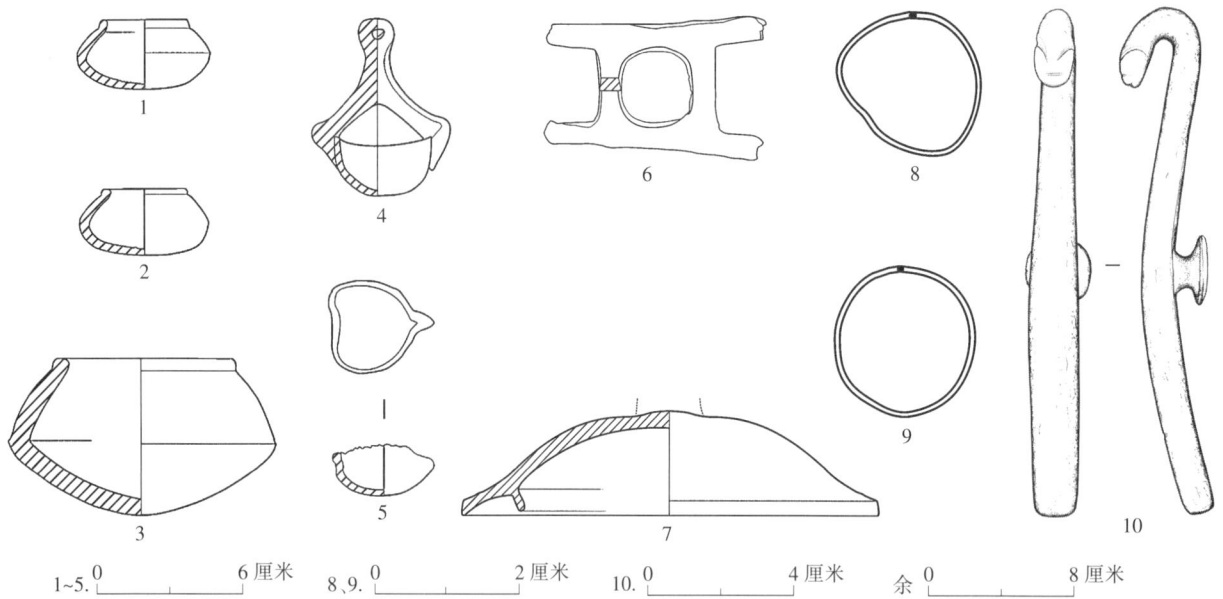

图二七一　M132 出土器物

1 ~ 3. 小陶釜（M132：8 - 1、8 - 2、20）　4. 陶水斗（M132：23）　5. 陶瓢（M132：5）　6. 陶支架（M132：21）　7. 陶器盖（M132：19）　8、9. 银指环（M132：2 - 1、2 - 2）　10. 铜带钩（M132：1）

瓢　1 件。标本 M132：5，夹砂灰陶。平面呈桃形，圜底，一端捏有把手。长径 3.6、短径 3.4、高 4.3、壁厚 0.2 ~ 0.3 厘米（图二七一，5）。

支架　1 件。标本 M132：21，夹砂灰陶。平面呈"井"字形，中间有一圆孔。通长 12.3、宽 6.4 ~ 7.7、壁厚 0.7 厘米（图二七一，6）。

器盖　1 件。标本 M132：19，夹砂灰陶。弧顶，顶部原有一纽，但现已残缺，弧腹，子口，尖唇。口径 23.0、残高 5.6、壁厚 0.5 ~ 0.9 厘米（图二七一，7）。

银器　计有指环 2。

指环　2 件。均由于挤压，现已扭曲变形。平面近圆形，截面近圆形。标本 M132：2 - 1，直径 2.0 厘米，重 0.4 克（图二七一，9）。标本 M132：2 - 2，直径 2.0 厘米，重 0.4 克（图二七一，8）。

铜器　计有带钩 1。

带钩　1 件。标本 M132：1，曲棒形。蛇头形钩首，阴线勾勒出眼睛及嘴部，钩首至中部渐宽，钩身侧视略呈"S"形。圆形钩纽位于钩身中部。长 13.6 厘米（图二七一，10；彩版一六六，4）。

九五　M133（Ⅳ区）

1. 墓葬形制

双室砖墓，平面呈吕字形，由墓道、甬道、墓门及墓室组成。方向 200°（图二七二；彩版一六七）。开口于耕土层下，开口距地表 0.10 米，已破坏。

墓道　长方形斜坡状，未发掘完，长不详，宽 1.10、底部距地表 1.28 米。

甬道　平面呈长方形，长 0.18、宽 0.90 米。西壁用丁砖平砌，东壁为半砖平砌。

墓门　位于墓室前室南壁中部略偏东，宽 0.90 米。

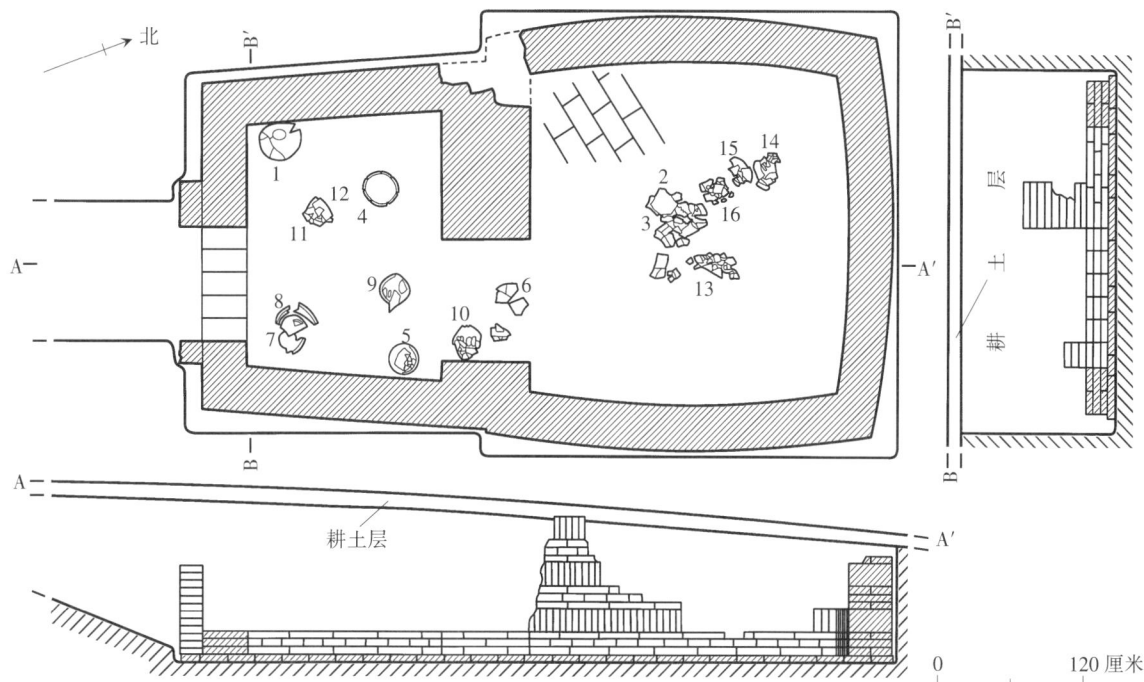

图二七二 M133 平、剖面图

1、3、10. 陶罐 2. 陶灶 4. 陶樽 5、9. 陶奁 6、8、13. 陶盆 7、12. 陶器盖 11. 石研板 14、15、16. 小陶甑

封门 条砖封堵，现存 3 层砖，残高 0.18 米，砌法为两层丁砖平砌。

墓室 平面呈吕字形，分前、后两个墓室。前室平面呈梯形，长 2.14、宽 1.58 米。四壁较平直，北壁东侧有过道通往后室，过道平面呈长方形，长 0.96、宽 0.72 米。后室平面呈弧长方形，长 2.70、宽 2.60 米。南壁平直，其他三壁外弧明显。前室墓壁砖墙破坏较严重，后室砖墙保存较好，最高处保存有 12 层砖，砌法由下至上为三层平砖一层丁立砖，两者交替向上。另外，三层平砖的砌法又为两层双隅顺砌平砖之间夹一层平砌丁砖。墓底铺砖为东北—西南斜向错缝平铺。用砖规格：（36～38）×（16～18）×（5～6）厘米，青砖，多数砖平面施有绳纹。

2. 葬具和人骨

墓内未见葬具和人骨。

3. 随葬品

该墓共出土有 16 件随葬品，位于墓室北部，质地分为陶、石两种，分述如下。

陶器 计有罐 3、灶 1、奁 2、樽 1、盆 3、小甑 3、器盖 2。

罐 3 件（M133：1、3、10）。标本 M133：1，夹砂灰陶。尖唇，直口，直领，溜肩，鼓腹，最大腹径位置居中，平底。肩部施有两周凹弦纹，腹上部施有三周凹弦纹，腹下部及底部满饰细绳纹。口径 17.0、底径 12.4、最大腹径 33.4、高 28.8、壁厚 0.7～1.1 厘米（图二七三，1；彩版一六八，1）。标本 M133：3，夹砂灰陶。方唇，敞口，直领，溜肩，鼓腹，最大腹径位置居中，平底。腹中部饰有一周粗绳纹，腹下部及底部饰有细绳纹。口径 16.9、底径 13.1、最大腹径 33.4、高 26.6、壁厚 0.8～1.0 厘米（图二七三，2；彩版一六八，2）。标本 M133：10，夹砂灰陶。方唇，唇面有一周凹槽，侈口，折沿，短颈，球腹，最大腹径位置居中，平底。肩部施有四周凹弦纹，腹下部及底部施

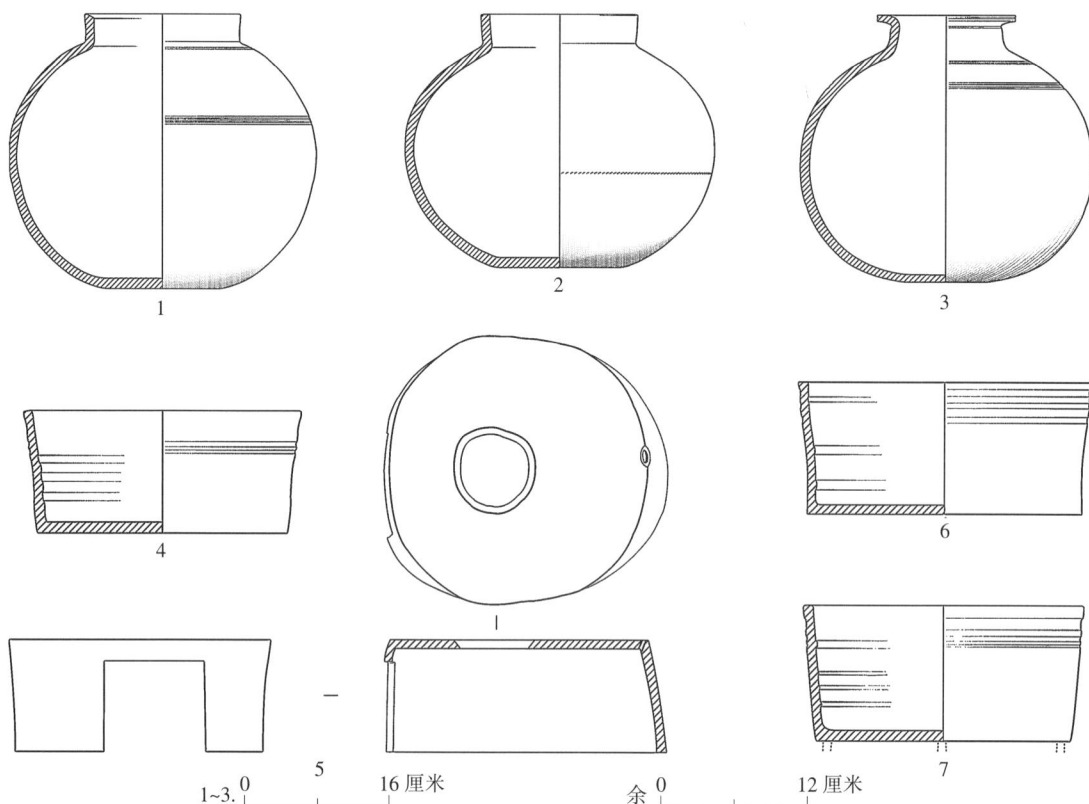

图二七三　M133 出土器物

1～3. 陶罐（M133：1、3、10）　4、6. 陶盒（M133：5、9）　5. 陶灶（M133：2）　7. 陶樽（M133：4）

有细绳纹，部分抹平。口径 14.9、底径 9.0、最大腹径 31.4、高 28.0、壁厚 0.7～1.0 厘米（图二七三，3；彩版一六八，3）。

灶　1 件。标本 M133：2，夹砂灰陶。灶面近似圆形，前端置有一圆形火眼，后端有圆形烟孔。长方形灶门，落地。素面。通长 23.3、灶面直径 21.1～21.9、高 8.9 厘米，火眼直径 6.7～7.1 厘米，灶门长 8.4、高 7.1 厘米，壁厚 0.5～0.7 厘米（图二七三，5）。

盒　2 件（M133：5、9）。形制相同，均为夹砂灰陶，方唇，敞口，腹略内弧，平底。标本 M133：5，腹上部施有两周凹弦纹，内壁施有三周凹弦纹。口径 22.8、底径 20.6、高 9.8、壁厚 0.6～0.9 厘米（图二七三，4；彩版一六八，4）。标本 M133：9，近口处施有三周凹弦纹，内壁施有一周凹弦纹及两周凸弦纹。口径 24.0、底径 22.5、高 10.5、壁厚 0.6～0.8 厘米（图二七三，6；彩版一六八，5）。

樽　1 件。标本 M133：4，夹砂灰陶，樽足残缺。方唇，敞口，斜直腹，平底。腹上部施有三周凹弦纹，内壁施有四周凸弦纹。口径 23.0、底径 20.8、高 10.8、壁厚 0.7～0.9 厘米（图二七三，7）。

盆　3 件（M133：6、8、13）。形制基本相同，均为夹砂灰陶，方唇，敞口，折沿，折腹，平底。标本 M133：6，折腹处施有一周粗绳纹，腹内壁施有一周凹弦纹。口径 23.2、底径 7.6、高 5.8、壁厚 0.4～0.6 厘米（图二七四，1）。标本 M133：8，腹中部施有一周粗绳纹，盆心刻划有鹤、鱼纹饰。口径 27.5、底径 9.1、高 5.5、壁厚 0.4～0.6 厘米（图二七四，2；彩版一六八，6）。标本 M133：13，素面。口径 24.7、底径 8.6、高 6.7、壁厚 0.3～0.8 厘米（图二七四，3）。

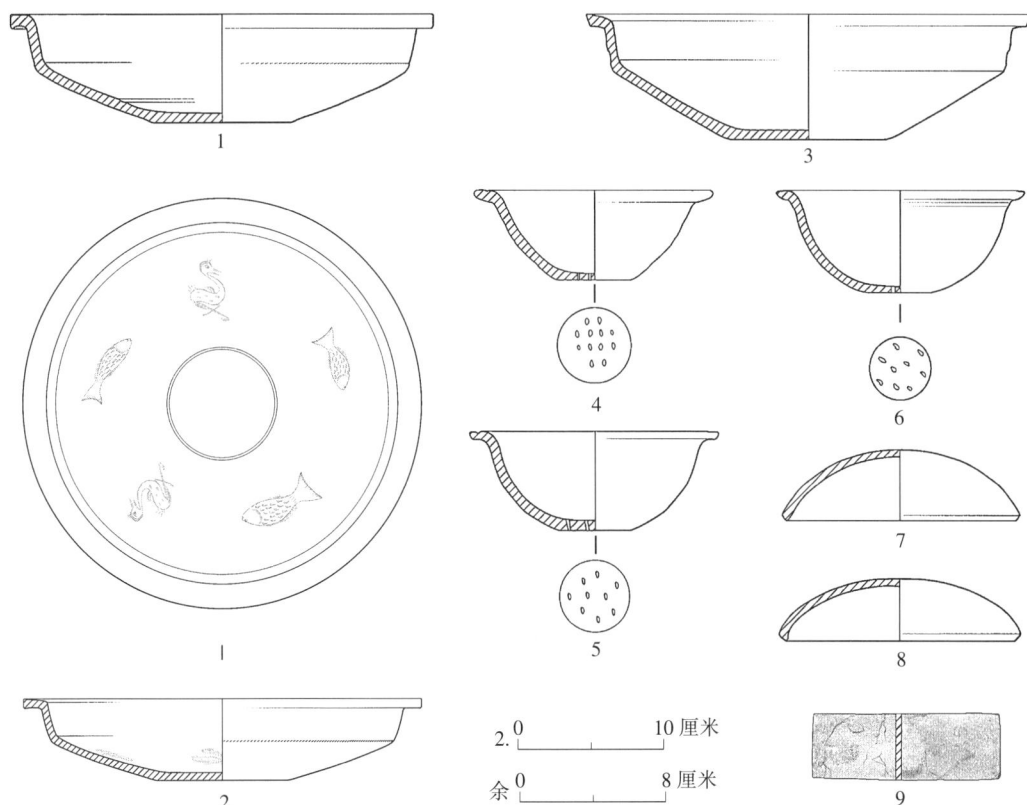

图二七四　M133 出土器物

1~3. 陶盆（M133：6、8、13）　4~6. 小陶甑（M133：14、15、16）　7、8. 陶器盖（M133：7、12）　9. 石研板
（M133：11）

　　小甑　3 件（M133：14、15、16）。标本 M133：14，夹砂灰陶。尖唇，敞口，展沿，沿面有一周凹槽，弧腹，平底，底部戳有 12 个甑孔。素面。口径 13.1、底径 4.0、高 4.8、壁厚 0.4~0.6 厘米（图二七四，4）。其中，标本 M133：15 与 M133：16 形制相同，均为夹砂黑褐陶，尖唇，敞口，展沿，沿面有一周凹槽，弧腹，平底，底部穿有 9 个甑眼，素面。标本 M133：15，口径 13.8、底径 3.8、高 5.3、壁厚 0.4~0.6 厘米（图二七四，5）。标本 M133：16，近口处施有一周凹弦纹。口径 13.8、底径 3.4、高 5.5、壁厚 0.3~0.5 厘米（图二七四，6）。

　　器盖　2 件（M133：7、12）。形制相同，均为夹砂灰褐陶，弧顶，弧腹，尖唇，敞口，素面。标本 M133：7，口径 13.3、高 3.8、壁厚 0.3~0.5 厘米（图二七四，7）。标本 M133：12，口径 13.5、高 3.4、壁厚 0.3~0.5 厘米（图二七四，8）。

　　石器　计有研板 1。

　　研板　1 件。标本 M133：11，黑色板岩。平面略呈长方形，表面磨制得较为光滑。素面。长 10.5、宽 3.5、厚 0.3 厘米（图二七四，9）。

九六　M134（Ⅳ区）

1. 墓葬形制

　　双室砖墓，平面呈吕字形，由墓道、甬道、墓门及墓室组成。方向 210°（图二七五；彩版一六九，1）。开口于耕土层下，开口距地表 0.40 米，破坏严重。

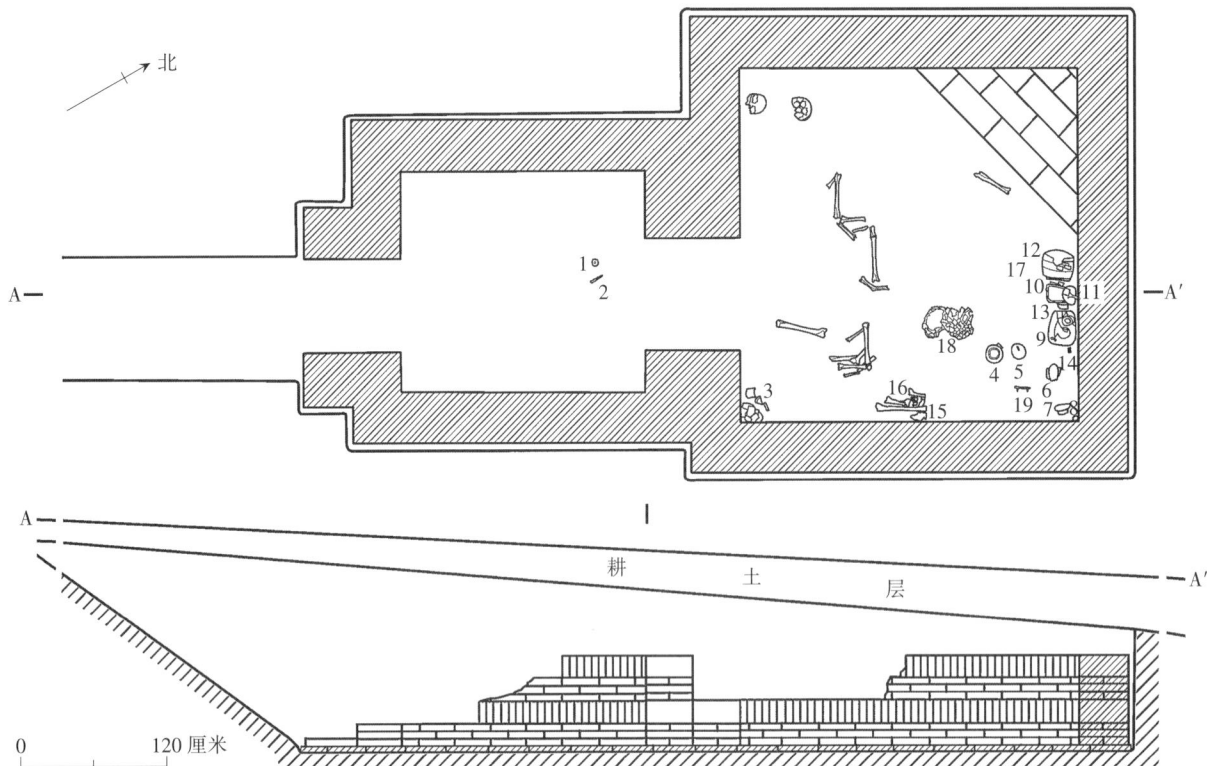

图二七五　M134 平、剖面图

1. 铜钱　2. 铜簪　3、12. 陶奁　4. 陶鼎　5. 陶灯盘　6、17. 陶耳杯　7、13. 小陶甗　8. 陶缸　9. 陶灶组合　10. 陶
烤炉　11. 陶灯座　14. 鱼脊骨　15. 小陶瓢　16. 陶盆　18. 陶瓮　19. 陶俎

墓道　长方形斜坡状，未发掘完，长不详，宽 0.98、底部距地表 1.90 米。

甬道　平面呈长方形，长 0.76、宽 0.40 米。

墓门　位于墓室前室南壁中部偏东，宽 0.76 米。

封门　不存。

墓室　平面整体呈吕字形，分前、后两个墓室。前室平面呈长方形，长 2.06、宽
1.78 米，四壁平直，北壁中部偏东有过道通往后室，过道平面呈长方形，长 0.78、宽
0.90 米。后室平面呈长方形，长 2.84、宽 2.80 米。前、后墓室四壁砖墙均平直，后室砖
墙保存状况较前室好，最高处保存有 8 层砖，砌法由下至上为三层平砖一层丁立砖，两
者交替向上。另外，三层平砖的砌法又为双隅平砖错缝顺砌。墓底铺砖为东北—西南斜
向错缝平铺。用砖规格：（36～38）×（16～18）×（5～6）厘米，青砖，杂有少量红
砖，多数砖平面施有绳纹。

2. 葬具和人骨

墓内未发现任何葬具。

葬有 2 具人骨，凌乱散落于后室，扰乱严重，葬式及性别不明。

3. 随葬品

该墓共出土有 22 件随葬品，位于墓室后室东北部，质地分为陶、铜两种，另有铜钱
1 枚及少量鱼脊骨。分述如下。

陶器　计有鼎 1、瓮 1、灶 1、奁 2、盆 1、灯 1、耳杯 2、烤炉 1、俎 1、缸 1、小甑

2、小釜 3、瓢 2。

鼎　1件。标本 M134∶4，夹砂灰陶。圆唇，敛口，溜肩，折腹，圜底。双耳残缺，只存有孔洞，底附 3 个蹄形足。腹中部施有一周扉棱。口径 10.7、最大腹径 17.0、高 11.6、壁厚 0.4～0.8 厘米（图二七六，1）。

灶　1件。标本 M134∶9－1，夹砂灰陶。灶面呈圆角梯灶，前端分布有一大两小 3 个圆形火眼，上置小陶釜；尾端置有圆形烟孔。近方形灶门。灶面上刻划有三尾游鱼，较为生动。通长 25.6、通宽 22.8、高 14.4 厘米，火眼直径 5.1、5.2、9.3 厘米，烟孔直径 1.4 厘米，灶门长 7.2、高 7.1 厘米，壁厚 0.8～1.0 厘米（图二七六，3；彩版一六九，2）。

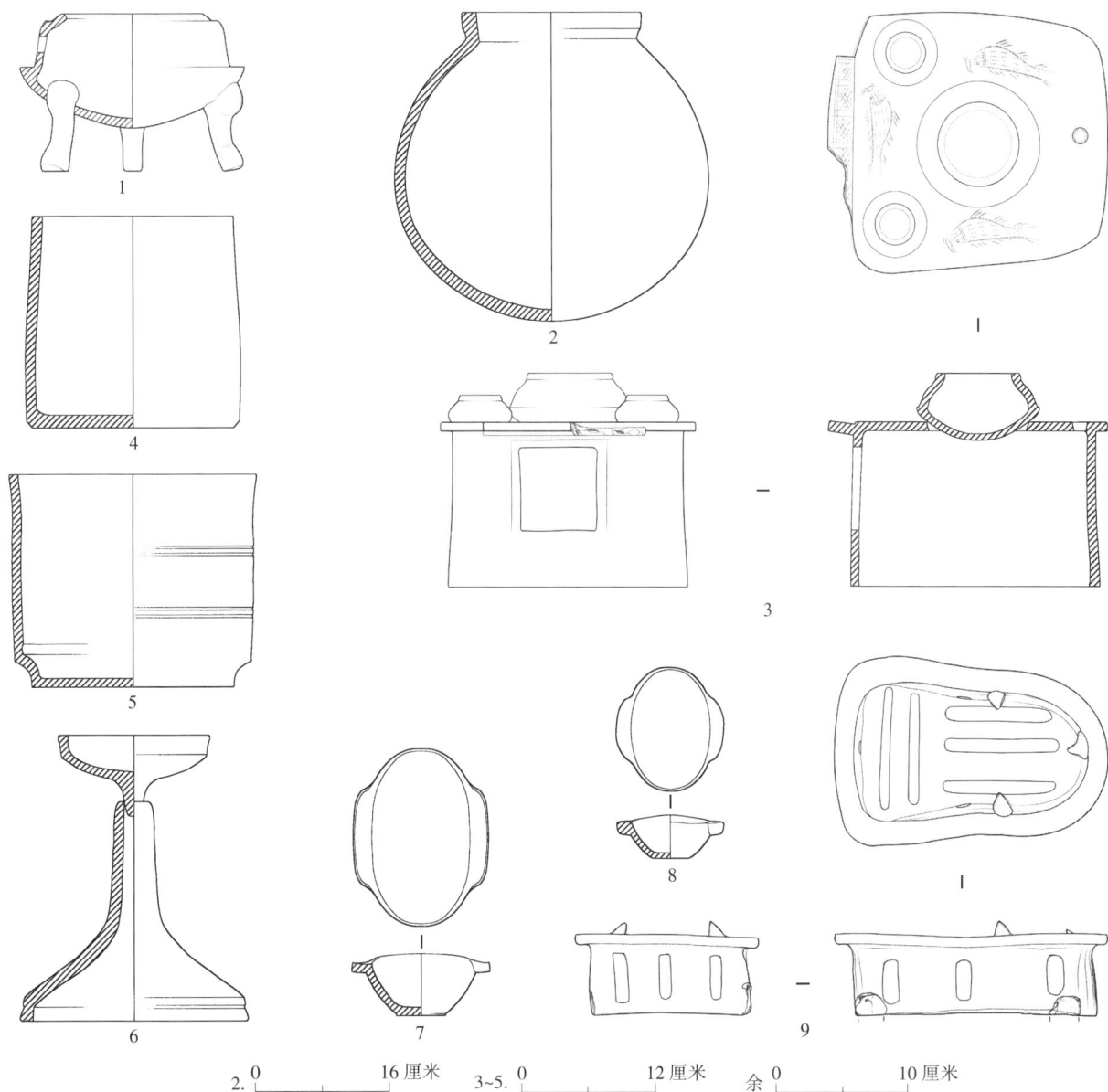

图二七六　M134 出土器物

1. 陶鼎（M134∶4）　2. 陶瓮（M134∶18）　3. 陶灶组合（M134∶9）　4、5. 陶瓮（M134∶3、12）　6. 陶灯（M134∶5、11）　7、8. 陶耳杯（M134∶6、17）　9. 陶烤炉（M134∶10）

　　瓮　1件。标本 M134：18，夹砂白陶。方唇，侈口，矮领，溜肩，鼓腹，腹部最大径位置居中，圜底。素面。口径 21.5、最大腹径 37.8、高 36.0、壁厚 1.2～1.5 厘米（图二七六，2；彩版一六九，3）。

　　瓮　2件（M134：3、12）。标本 M134：3，夹砂灰陶。方唇，口微敛，直腹，平底。素面。口径 18.2、底径 18.2、高 18.5、壁厚 0.8～1.0 厘米（图二七六，4）。标本 M134：12，夹砂灰陶。方唇，口微侈，折腹，接近底部时内收，平底。腹部施有四周凹弦纹。口径 22.4、底径 18.3、高 18.6、壁厚 0.7～0.8 厘米（图二七六，5；彩版一七〇，1）。

　　盆　1件。标本 M134：16，夹砂灰陶。方唇，敞口，弧腹，台底。腹中部施有一周凹弦纹。口径 21.4、底径 8.0、高 5.7、壁厚 0.4～0.6 厘米。

　　灯　1件。标本 M134：5、11，夹砂灰褐陶，分体灯，由灯盘及灯座两部分组成。灯盘：浅盘状，方唇，直口，折腹，盘底为一柱形柄。素面。灯座：整体呈喇叭形，方唇，敞口，灯柄中空，用于插连灯盘。灯座上施有一周凹弦纹。通高 20.9 厘米。灯盘：口径 11.5、高 5.9、壁厚 0.4～0.8 厘米。灯座：底径 17.3、高 16.1、壁厚 0.7～1.1 厘米（图二七六，6）。

　　耳杯　2件（M134：6、17）。标本 M134：6，夹砂灰陶。椭圆形杯口，弧腹，台底，双耳齐平。素面。口长径 13.1、短径 7.4、底长径 6.8、短径 3.7、高 4.5、壁厚 0.5～0.6 厘米（图二七六，7）。标本 M134：17，夹砂灰陶。椭圆形杯口，弧腹，平底，双耳略上翘。素面。手工捏制。口长径 9.1、短径 6.0、底长径 3.9、短径 2.6、高 3.2、壁厚 0.3～0.5 厘米（图二七六，8）。

　　炉　1件。标本 M134：10，夹砂灰陶。平面近似马蹄形，前方后圆，中部束腰。上部内壁附有 3 个锥状突起；四壁和底部均有条形镂空，表示炉箅。炉底原有四足，但现已残缺。通长 20.9、通宽 14.0、残高 6.9、壁厚 0.6～0.8 厘米（图二七六，9；彩版一七〇，2）。

　　俎　1件。标本 M134：19，夹砂黑陶。俎面呈长方形，两足。模印刀纵穿鱼纹饰。长 13.1、宽 3.5、高 4.2、壁厚 0.5～0.7 厘米（图二七七，1；彩版一七〇，3）。

　　缸　1件。标本 M134：8，夹砂灰陶。口部残缺，直腹，平底。素面。底径 10.0、残高 12.9、壁厚 0.6～0.8 厘米（图二七七，2）。

　　小甑　2件（M134：7、13）。标本 M134：7，夹砂灰陶。方唇，展沿，敞口，弧腹，平底，底部穿有 19 个甑眼。腹部施有多周瓦棱纹。口径 13.3、底径 5.3、高 4.5、壁厚 0.5～0.7 厘米（图二七七，3；彩版一七〇，4）。标本 M134：13，夹砂灰陶。圆唇，敞口，弧腹，圜底。底部穿有数十个甑眼。素面。口径 9.9、高 4.2、壁厚 0.4～0.5 厘米（图二七七，4）。

　　小釜　3件（M134：9－2、9－3、9－4）。其中，标本 M134：9－2 与 M134：9－3 形制相同，均为夹砂灰陶，圆唇，敛口，鼓腹，圜底，素面。标本 M134：9－2，口径 3.6、最大腹径 5.7、高 3.5、壁厚 0.3～0.4 厘米（见图二七六，3）。标本 M134：9－3，口径 3.7、最大腹径 5.8、高 3.5、壁厚 0.3～0.4 厘米（见图二七六，3）。标本 M134：9－4，夹砂灰陶。方唇，口微敛，折腹，圜底。腹中部施有一周扉棱。素面。口径 7.4、最大腹径 11.2、高 5.8、壁厚 0.5～0.6 厘米（见图二七六，3）。

　　瓢　2件（M134：15－1、15－2）。形制相同，均为夹砂红陶，平面近心形，圆唇，圜底，一端有流；素面。标本 M134：15－1，通长 4.2、宽 3.4、高 2.1、壁厚 0.1～0.3 厘米（图二七七，5）。标本 M134：15－2，通长 3.8、通宽 3.4、高 1.9、壁厚 0.1～0.3 厘米（图二七七，6）。

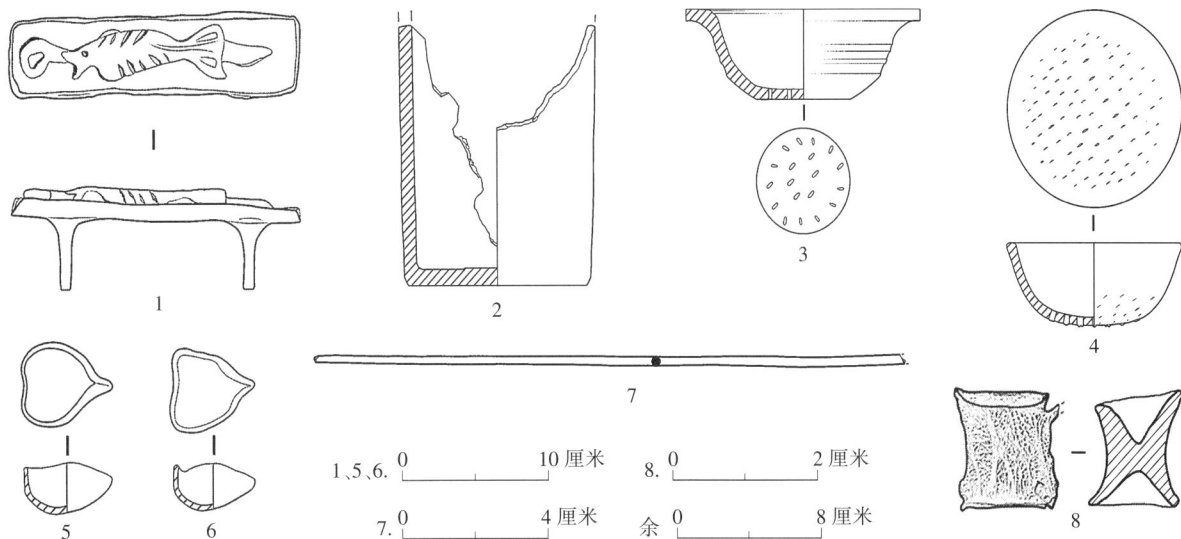

图二七七 M134 出土器物

1. 陶俎（M134：19） 2. 陶缸（M134：8） 3、4. 小陶瓿（M134：7、13） 5、6. 陶瓢（M134：15－1、15－2）
7. 铜簪（M134：2） 8. 鱼脊骨（M134：14）

铜器 计有簪 1。

簪 1 件。标本 M134：2，残损，单股，棒状，截面呈圆形。残长 16.6 厘米（图二七七，7）。

铜钱 1 枚，为"五铢"钱。详情见下表。

M134 铜钱统计表 （长度：厘米，重量：克）

种类	编号	特征		郭径	钱径	穿宽	郭宽	郭厚	肉厚	重量
		文字特征	记号							
五铢钱	1	"五"字瘦长，竖划缓曲；"金"头三角形，四竖点；"朱"头较圆，"朱"下方折（剪轮、残）	无	2.27	2.07	0.90	0.10	0.11	0.07	2.00

九七 M136（Ⅳ区）

1. 墓葬形制

单室砖墓，平面呈甲字形，由墓道、甬道、墓门及墓室组成。方向 210°（图二七八；彩版一七一，1）。开口于耕土层下，开口距地表 0.48 米，破坏严重。

墓道 长方形斜坡状，未发掘完，长不详，宽 0.84、底部距地表 0.90 米。

甬道 平面呈长方形，长 0.84、宽 0.40 米，两壁砌法两层平砖，之上一层丁立砖，二者交替向上。

墓门 位于墓室南壁东侧，宽 0.80 米。

封门 条砖封堵，现存 5 层砖，残高 0.40 米。砌法为三层平砖，一层丁立砖。

墓室 平面呈长方形，长 2.44、宽 2.10 米。墓室四壁平直，最高处保存有 5 层砖，砌法为三层平砖，一层丁立砖，之上有一层平砌丁砖。墓底铺砖为东北—西南斜向错缝

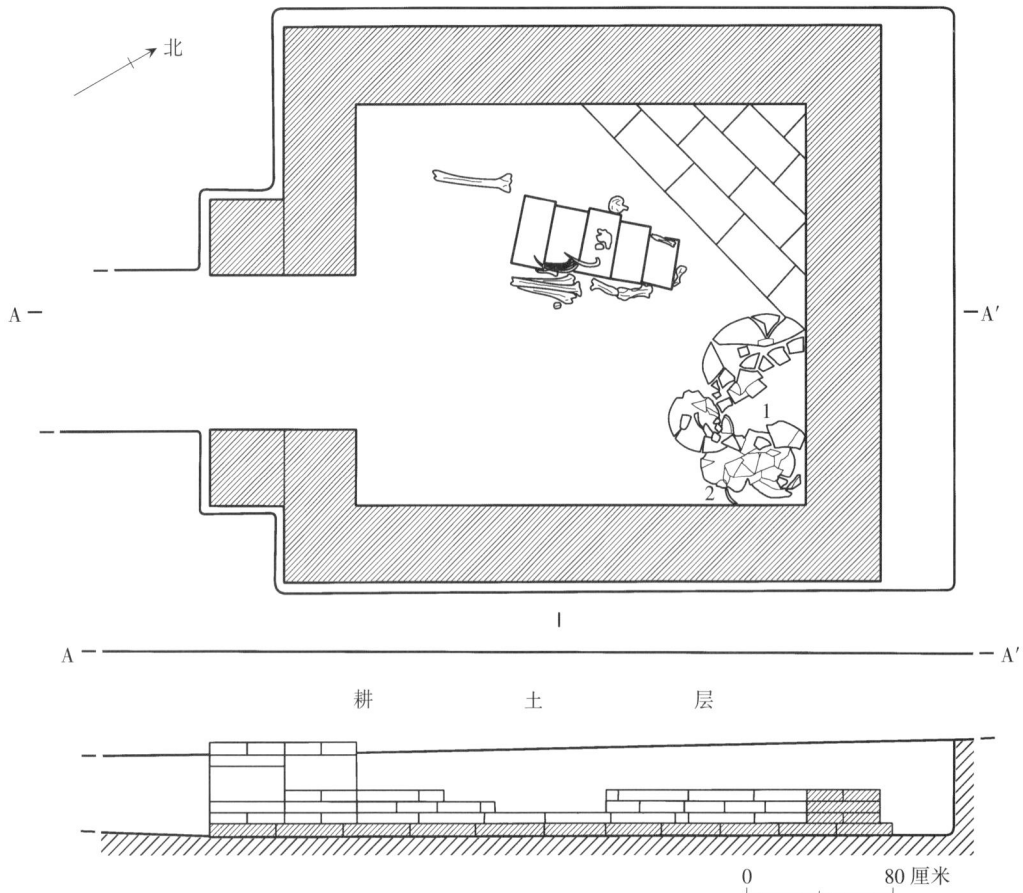

图二七八 M136 平、剖面图
1. 陶瓮 2. 陶水斗

平铺。用砖规格：（34~36）×（18~20）×6 厘米，青砖，素面。

2. 葬具和人骨

墓室西侧残有棺床，单层砖砌成，为一列丁砖平铺。残长 0.88、宽 0.20、残高 0.06 米。

葬有 1 具人骨，散落于墓室西侧棺床附近，扰乱严重，葬式及性别不明。

3. 随葬品

该墓共出土有 2 件随葬品，位于墓室北部，均为陶器，种类计有瓮 1、水斗 1。

瓮 1 件。标本 M136：1，夹砂褐陶。尖唇，敛口，球腹，最大腹径位置居中，圜底。肩部等距饰有三枚五铢钱印纹，腹中部以下饰绳纹。口径 23.5、高 35.1、最大腹径 39.2、壁厚 0.8~1.2 厘米（图二七九，1；彩版一七三，1）。

水斗 1 件。标本 M136：2，夹砂红褐陶，由斗和提梁组成。斗圆唇，弧腹，圜底。提梁仅存根部，结构不明。口径 3.8、高 2.2、壁厚 0.4 厘米（图二七九，2）。

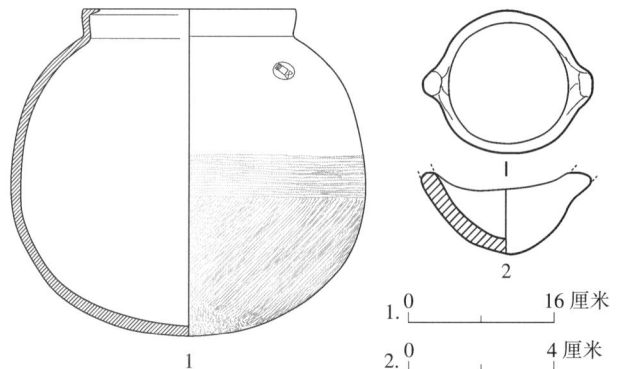

图二七九 M136 出土器物
1. 陶瓮（M136：1） 2. 陶水斗（M136：2）

九八 M137（Ⅳ区）

1. 墓葬形制

单室砖墓，平面呈甲字形，由墓道、墓门及墓室组成。方向200°（图二八〇；彩版一七一，2）。开口于耕土层下，开口距地表0.10米，已破坏。

墓道 长方形斜坡状，未发掘完，长不详，宽0.80、底部距地表0.56米。

墓门 位于墓室南壁中部偏东，宽0.70米。

封门 条砖封堵，存两层砖，残高0.12米。砌法为两层丁砖平砌。

墓室 平面呈弧方形，边长2.5～2.6米。墓室四壁外弧明显，保存较好，最高处保存有6层砖，砌法由下至上为三层平砖一层丁立砖，两者交替向上。另外，三层平砖的砌法又为两层双隅顺砌平砖之间夹一层平砌丁砖。墓底铺砖为人字形。用砖规格：39×18×6厘米，青砖杂有红砖，多数砖平面施有绳纹。

2. 葬具和人骨

墓室西壁处有砖砌棺床，由两个独立的砖台组成，砖台系两排单层条砖拼缝平砌而成。

葬有1具人骨，散落于墓室西侧棺床附近，保存较差，葬式及性别不明。

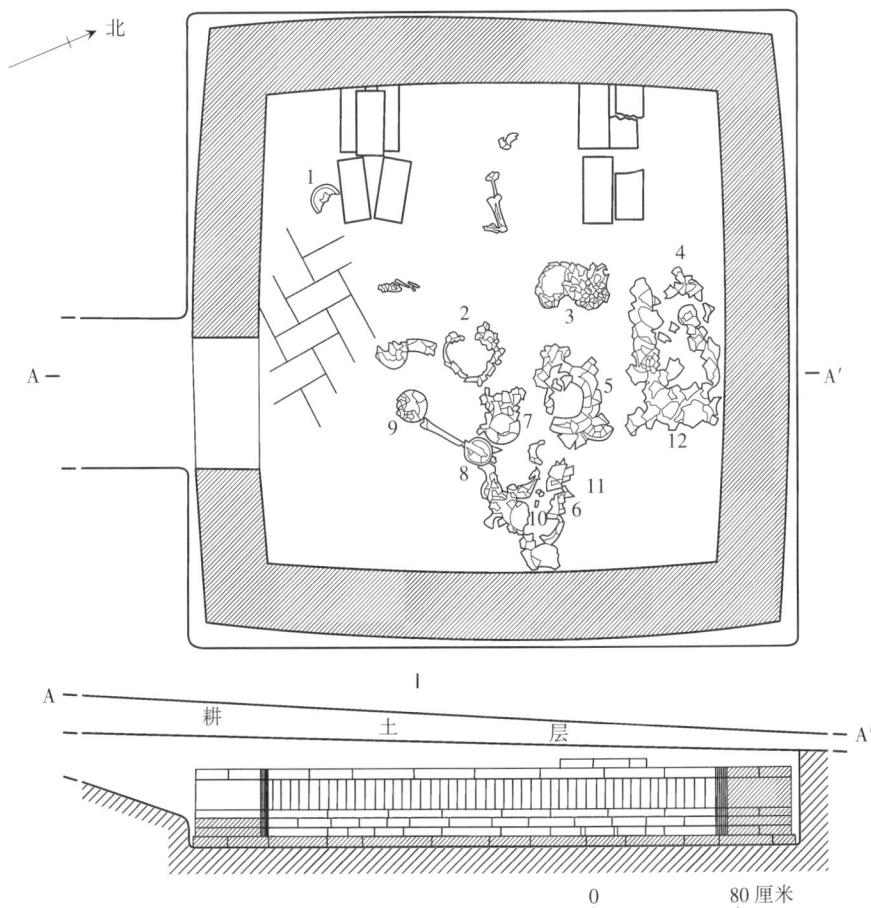

图二八〇 M137平、剖面图

1、4、5、6、8. 小陶盆 2、7. 陶奁 3、12. 陶罐 9. 小陶甑 10. 耳瑱 11. 串饰

3. 随葬品

该墓共出土有13件随葬品，位于墓室北部，质地分为陶、琉璃、煤精三种，分述如下。

陶器　计有罐2、奁2、小瓿1、小盆5。

罐　2件（M137：3、12）。标本M137：3，夹砂灰陶，过于残碎，无法拼对。标本M137：12，夹砂灰陶。方唇，侈口，折沿，短颈，溜肩，鼓腹，腹部最大径位置居中，平底。腹中部施有三周粗绳纹，腹下部及底部满饰细绳纹。口径23.0、最大腹径35.9、底径15.2、高30.0、壁厚0.6~1.2厘米（图二八一，1；彩版一七三，2）。

奁　2件（M137：2、7）。形制基本相同，均为夹砂黑陶，方唇，口微敛，腹略外弧，平底；近口处饰有两周凹弦纹，腹部修坯削痕明显。标本M137：2，口径20.5、底径20.0、高9.3、壁厚0.8~1.1厘米（图二八一，2；彩版一七三，3）。标本M137：7，口径21.9、底径20.0、高10.2、壁厚0.7~1.0厘米（图二八一，3）。

小瓿　1件。标本M137：9，夹砂黑陶。方唇，敞口，展沿，弧腹，平底，底部戳有瓿眼。素面。口径14.0、底径4.0、高6.1、壁厚0.3~0.8厘米（图二八一，6）。

小盆　5件（M137：1、4、5、6、8）。形制相同，均为夹砂黑陶，方唇，敞口，展沿，弧腹，平底；素面。标本M137：4，口径13.8、底径4.2、高5.5、壁厚0.4~0.6厘米（图二八一，4）。标本M137：8，口径14.7、底径4.2、高5.4、壁厚0.4~0.6厘米（图二八一，5）。

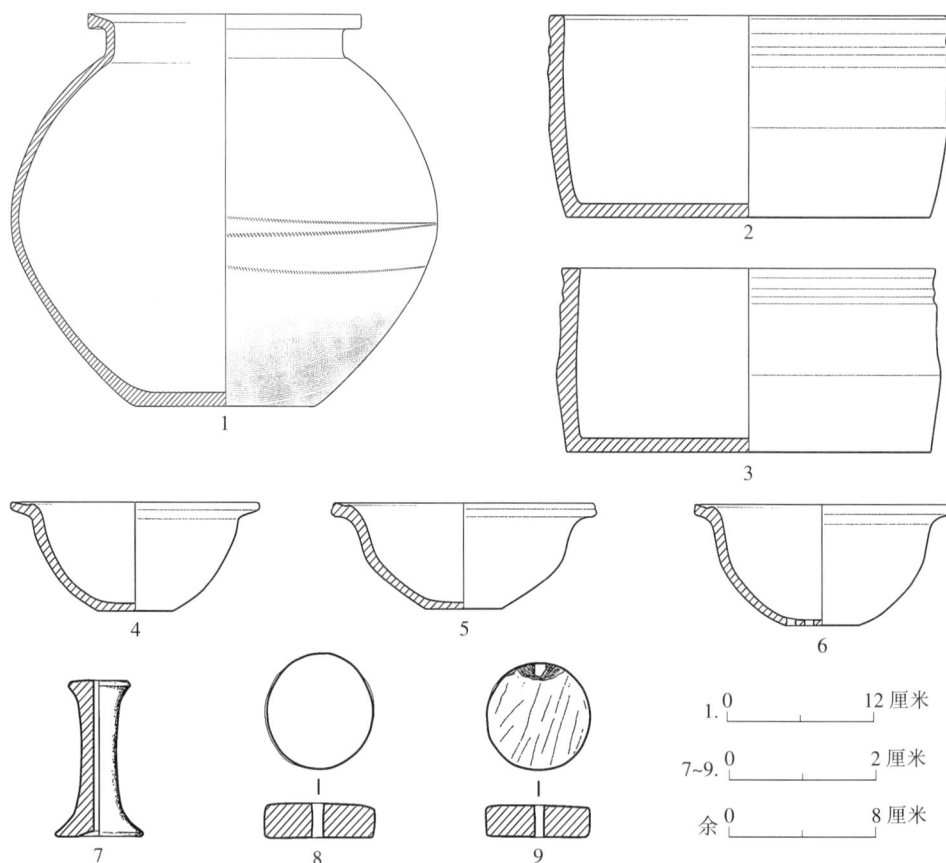

图二八一　M137出土器物

1. 陶罐（M137：12）　2、3. 陶奁（M137：2、7）　4、5. 小陶盆（M137：4、8）　6. 小陶瓿（M137：9）

7. 耳瑱（M137：10）　8、9. 煤精串饰（M137：11－1、11－2）

琉璃器　计有耳瑱 1。

耳瑱　1 件。标本 M137：10，深蓝色，形似腰鼓，束腰，细端平齐，粗端内凹。纵穿一孔。最大径 1.2、长 2.1 厘米（图二八一，7）。

煤精器　计有串饰 2。

串饰　2 件。磨制得较为光滑，圆饼状，侧面穿有一孔。标本 M137：11 - 1，直径 1.5、厚 0.4 厘米（图二八一，8）。标本 M137：11 - 2，略有残损，直径 1.5、厚 0.4 厘米（图二八一，9）。

九九　M138（Ⅳ区）

M138 与 M139 为一组并葬墓。

1. 墓葬形制

石圹竖穴墓，平面呈圆角长方形，墓圹规整。方向 20°（图二八二；彩版一七二）。开口于耕土层下，开口距地表深 0.10 ~ 0.18 米。

墓圹四壁较平直，墓底较平坦。长 3.10、宽 1.26、深 0.72 米。墓穴四壁保存有一圈宽 0.05 ~ 0.20 米的小碎石片，墓底平铺一层厚 0.05 米的贝壳。

墓内填土主要为黄色的沙石混合料，夹杂有少量的小碎石片，土质较硬。

2. 葬具和人骨

从墓穴四壁保存的小碎石片分析，该墓主在入葬时，应存在木棺，棺与墓壁的间隙填充小碎石片；但由于该墓的埋藏条件不利于木棺的保存，所以，在木棺腐朽殆尽后，

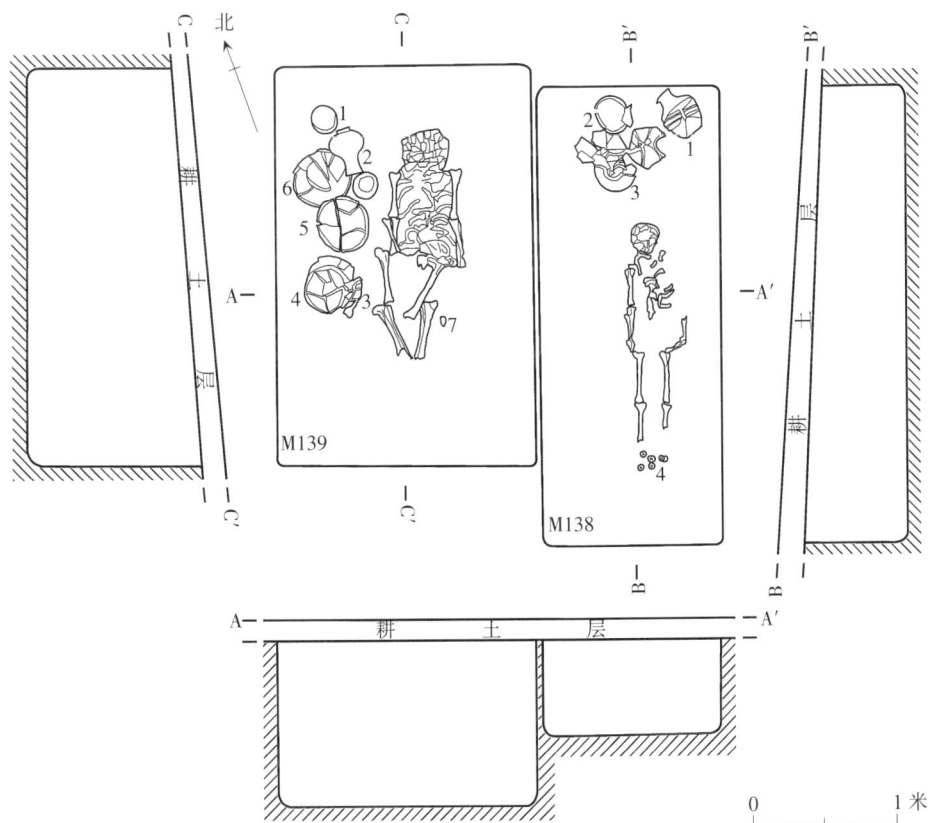

图二八二　M138、M139 平、剖面图

M138　1. 陶壶　2. 陶钵　3. 陶罐　4. 铜钱　　M139　1、2. 陶壶　3. 陶鼎　4. 陶钵　5. 陶盆　6. 陶盒　7. 铜带钩

仅剩小碎石片立于墓穴四壁。

葬有 1 具人骨，为一女性个体。骨骼保存差，葬式为仰身直肢，头向北，面向上，左臂腐朽较严重，右臂平伸贴近体侧，双腿自然舒展。

3. 随葬品

该墓共出土有 4 件随葬品，大多数为陶器，另有铜钱 24 枚。其中，铜钱位于人骨脚下；陶器位于头骨北部正上方，东西向排列，较为规整。分述如下。

陶器　计有罐 1、壶 1、钵 1。

罐　1 件。标本 M138：3，夹砂灰陶。尖唇，直口，展沿，矮领，溜肩，鼓腹，最大腹径位置居中，平底内凹。腹中部饰一周粗绳纹，腹下部及底部饰弦断绳纹。口径 16.5、底径 11.5、最大腹径 26.6、高 21.2、壁厚 0.8 厘米（图二八三，1；彩版一七三，4）。

壶　1 件。标本 M138：1，夹砂灰陶。圆唇，盘形口，短颈，溜肩，鼓腹，最大腹径位置居中，凹底，肩部和腹上部饰有瓦棱纹，腹下部和底部饰绳纹。口径 11.2、底径 6.2、最大腹径 20.0、高 22.3、壁厚 0.3 ~ 0.9 厘米（图二八三，2；彩版一七三，5）。

钵　1 件。标本 M138：2，夹砂黑陶。圆唇，敛口，略显折腹，平底。口径 22.4、底径 5.5、高 6.7、壁厚 0.8 厘米（图二八三，3；彩版一七三，6）。

铜钱　24 枚，均为"半两"钱（图二八四）。详情见下表。

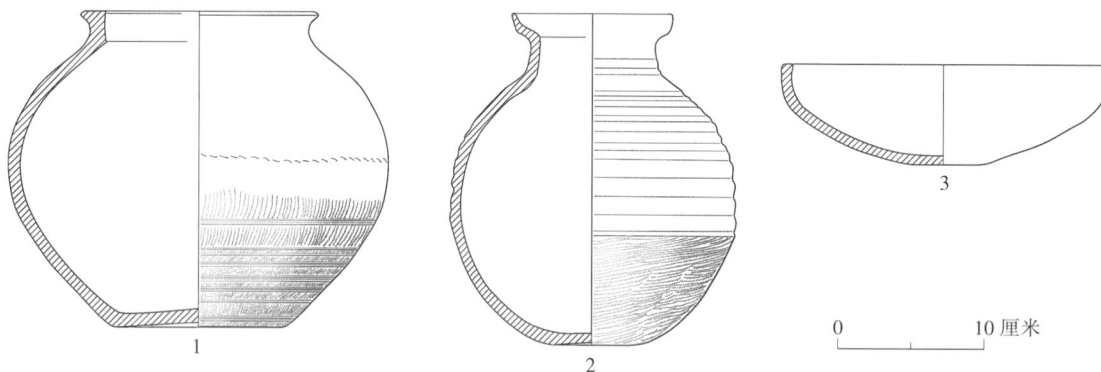

图二八三　M138 出土器物

1. 陶罐（M138：3）　2. 陶壶（M138：1）　3. 陶钵（M138：2）

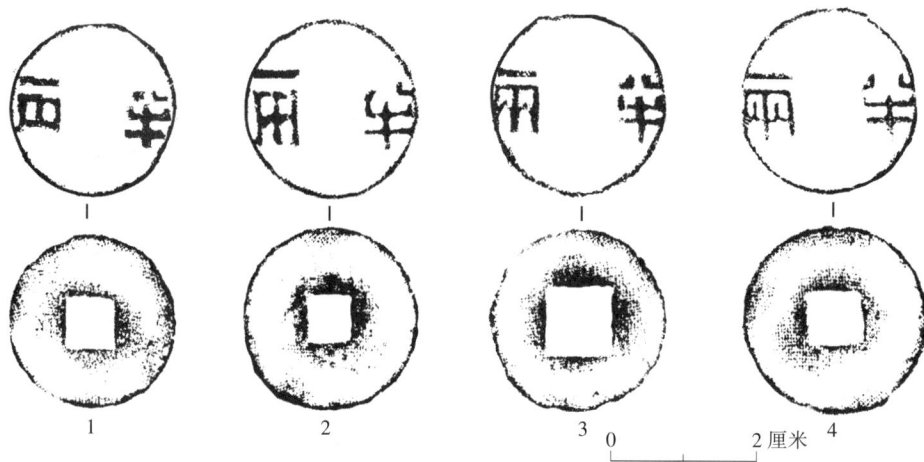

图二八四　M138 出土铜钱拓片

1 ~ 4. M138：4 – 11、4 – 13、4 – 18、4 – 8

M138 铜钱统计表　　　　　　　　　　　　　（长度：厘米，重量：克）

| 种类 | 编号 | 特征 | | 郭径 | 钱径 | 穿宽 | 郭宽 | 郭厚 | 肉厚 | 重量 |
		文字特征	记号							
半两钱	4－1	"半"字头硬折，上横两端上折；十字"两"			2.46	0.96			0.05	2.20
	4－2	同上			2.21	0.72			0.02	1.60
	4－3	同上			2.29	0.69			0.04	2.40
	4－4	同上			2.21	0.82			0.03	2.00
	4－5	同上			2.48	0.83			0.04	2.00
	4－6	同上			2.32	0.74			0.03	1.50
	4－7	同上			2.23	0.77			0.03	1.50
	4－8	"半"字头硬折，上横两端上折；两个"⊥"字"两"			2.46	0.74			0.05	3.30
	4－9	同上			2.34	0.74			0.04	2.60
	4－10	同上			2.46	0.85			0.04	2.20
	4－11	"半"字头硬折，上横两端上折；连山"两"			2.37	0.87			0.03	2.70
	4－12	同上			2.43	0.63			0.05	3.10
	4－13	"半"字头硬折，上横两端上折；双人字"两"			2.39	0.93			0.06	2.50
	4－14	同上			2.29	0.69			0.07	3.00
	4－15	同上			2.27	0.74			0.04	2.20
	4－16	同上			2.56	0.76			0.07	3.40
	4－17	同上			2.38	0.68			0.04	2.90
	4－18	"半"字头为"八"，上横两端上折；十字"两"			2.33	0.72			0.06	2.30
	4－19	同上			2.21	0.74			0.05	2.20
	4－20	同上			2.22	0.69			0.03	2.40
	4－21	同上			2.32	0.82			0.06	2.60
	4－22	"半"字头为"八"，上横两端上折；两个"⊥"字"两"			2.32	0.76			0.06	2.30
	4－23	"半"字头为"八"，上横两端上折；连山"两"			2.20	0.60			0.04	2.00
	4－24	同上			2.35	0.99			0.05	2.40

一〇〇　M139（Ⅳ区）

1. 墓葬形制

石圹竖穴墓，平面呈圆角长方形，墓圹规整。方向 20°（见图二八二；见彩版一七二）。开口于耕土层下，开口距地表深 0.11 ~ 0.17 米。

墓圹四壁较平直，墓底较平坦。长 2.70、宽 1.78、深 1.20 米。墓穴四壁保存有一圈宽 0.15 ~ 0.20 米的小碎石片，墓底平铺一层厚约 0.05 米的贝壳。

墓内填土主要为黄色的沙石混合料，夹杂有少量小碎石片，土质较硬。

2. 葬具和人骨

从墓穴四壁保存的小碎石片分析，该墓主在入葬时，应存在木棺，棺与墓壁的间隙填充小碎石片；但由于该墓的埋藏条件不利于木棺的保存，所以，在木棺腐朽殆尽后，仅剩小碎石片立于墓穴四壁。

葬有 1 具人骨，为一男性个体。骨骼保存较完整，葬式为仰身直肢，头向北，面向西，双臂平伸贴近体侧，双腿向内并拢。

3. 随葬品

该墓共出土有 7 件随葬品，质地分为陶、铜两种，其中，铜带钩靠近人骨左膝盖外侧放置；其他随葬品位于人骨西部，南北向排列，较为规整。分述如下。

陶器　计有壶 2、鼎 1、盒 1、盆 1、钵 1。

壶　2 件（M139：1、2）。形制相同，均为夹砂黄褐陶，由壶盖和壶身组成。壶盖：弧顶，顶部有一个圆形穿孔，方唇，子母口。壶身：圆唇，侈口，长颈，溜肩，鼓腹，最大腹径位置靠下，矮圈足外撇。标本 M139：1，腹部饰有四周粗绳纹。通高 26.0 厘米。壶盖：口径 15.8、高 2.9、壁厚 1.1 厘米。壶身：口径 11.3、底径 14.7、最大腹径 21.2、高 23.1、壁厚 0.8 ~ 1.0 厘米（图二八五，1）。标本 M139：2，腹中部饰有两周粗绳纹。

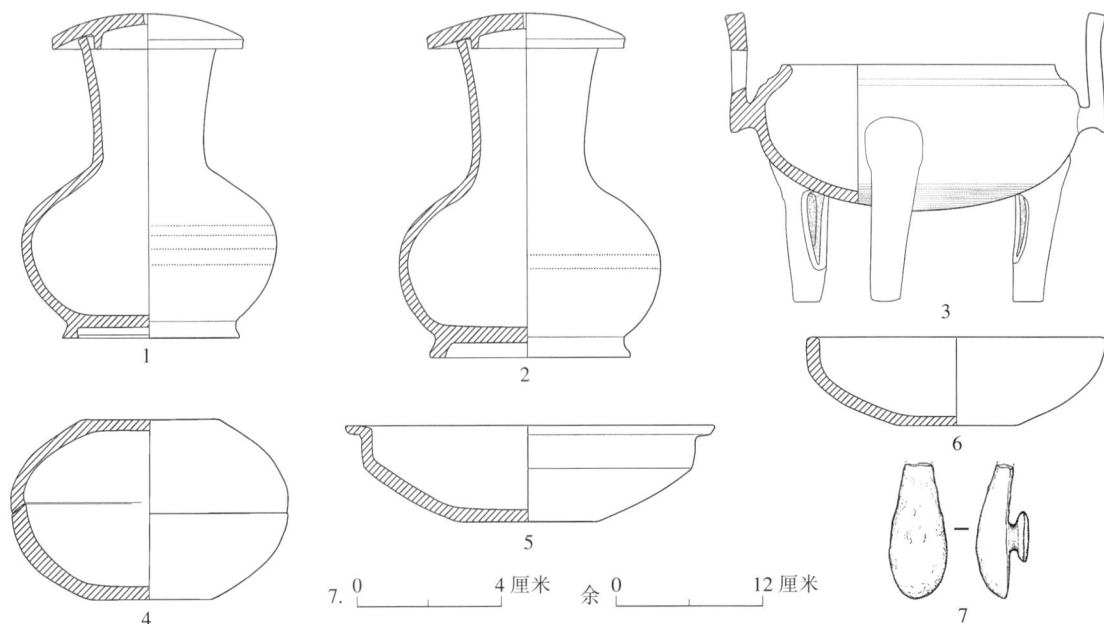

图二八五　M139 出土器物

1、2. 陶壶（M139：1、2）　3. 陶鼎（M139：3）　4. 陶盒（M139：6）　5. 陶盆（M139：5）　6. 陶钵（M139：4）

7. 铜带钩（M139：7）

通高27.6厘米。壶盖：口径16.3、高2.9、壁厚1.2~1.4厘米，壶身：口径12.1、底径16.4、最大腹径21.7、高25.6、壁厚0.7~1.4厘米（图二八五，2；彩版一七四，1）。

鼎 1件。标本M139：3，夹砂灰陶。圆唇，子母口内敛，鼓腹，圜底。腹部附有方形立耳，立耳中间有方形穿孔。底部置有三空心兽足。鼎底部饰有弦纹。口径22.2、高23.3、壁厚1厘米（图二八五，3；彩版一七四，2）。

盒 1件。标本M139：6，夹砂灰陶，由盒盖和盒身组成。盒盖：平顶，弧腹，尖唇，子母口内敛。盒身：尖唇，子母口内敛，弧腹，平底。通高14.2厘米。盒盖：口径22.9、底径11.3、高7.5、壁厚0.9~1.2厘米。盒身：口径22.9、底径10.4、高7.7、壁厚1~1.3厘米（图二八五，4；彩版一七四，3）。

盆 1件。标本M139：5，夹砂灰陶。方唇，折沿，敞口，折腹，平底。口径30.7、底径12.1、最大腹径27.9、高7.8、壁厚0.8~1.0厘米（图二八五，5；彩版一七四，4）。

钵 1件。标本M139：4，夹砂灰陶。圆唇，口微敛，略显折腹，平底。口径24.5、底径10.1、高7.1、壁厚0.8~1.1厘米（图二八五，6；彩版一七四，5）。

铜器 计有带钩1。

带钩 1件。标本M139：7，仅存钩尾。琵琶形，圆形钩纽。残长3.6厘米（图二八五，7）。

一〇一 M140（Ⅳ区）

1. 墓葬形制

单室砖墓，平面呈甲字形，由墓道、甬道、墓门及墓室组成。方向210°（图二八六；彩版一七五）。开口于耕土层下，开口距地表0.14米，已破坏。

墓道 长方形斜坡状，长1.30、宽1.58、底部距地表1.44米。

甬道 平面呈长方形，长0.76、宽0.72米。双重拱形券顶，楔形砖砌筑，已变形，两壁砌法同于墓室，券顶底部高0.98、券顶顶部高1.30米。

墓门 位于墓室南壁中部偏东，宽0.76米。从两壁残存情况看为双重拱形券顶。

封门 条砖封堵，现存12层砖，残高0.92米。砌法由下至上为三层平砖，一层丁立砖，之上两层平砖，再一层丁立砖，最后用平砖向上砌筑封顶。

墓室 平面呈长方形，长2.64、宽2.50米。墓室砖墙保存较高，大部分砖已破碎，四壁平直，最高处保存有11层砖，砌法由下至上为三层平砖一层丁立砖，两者交替向上。另外，三层平砖的砌法又为双隅平砖错缝顺砌。墓底铺砖为人字形。用砖规格，条砖：40×20×6厘米，青砖杂有少量红砖，多数砖平面施有绳纹；楔形砖：38×16×(3~5)厘米，青砖，素面。

2. 葬具和人骨

墓内未发现任何葬具。

葬有2具人骨，人骨散乱分布于墓室内，扰乱严重，个体之间已无法区分，葬式及性别不明。

3. 随葬品

该墓共出土有18件随葬品，多位于墓室东部，质地分为陶、银、石三种，分述如下。

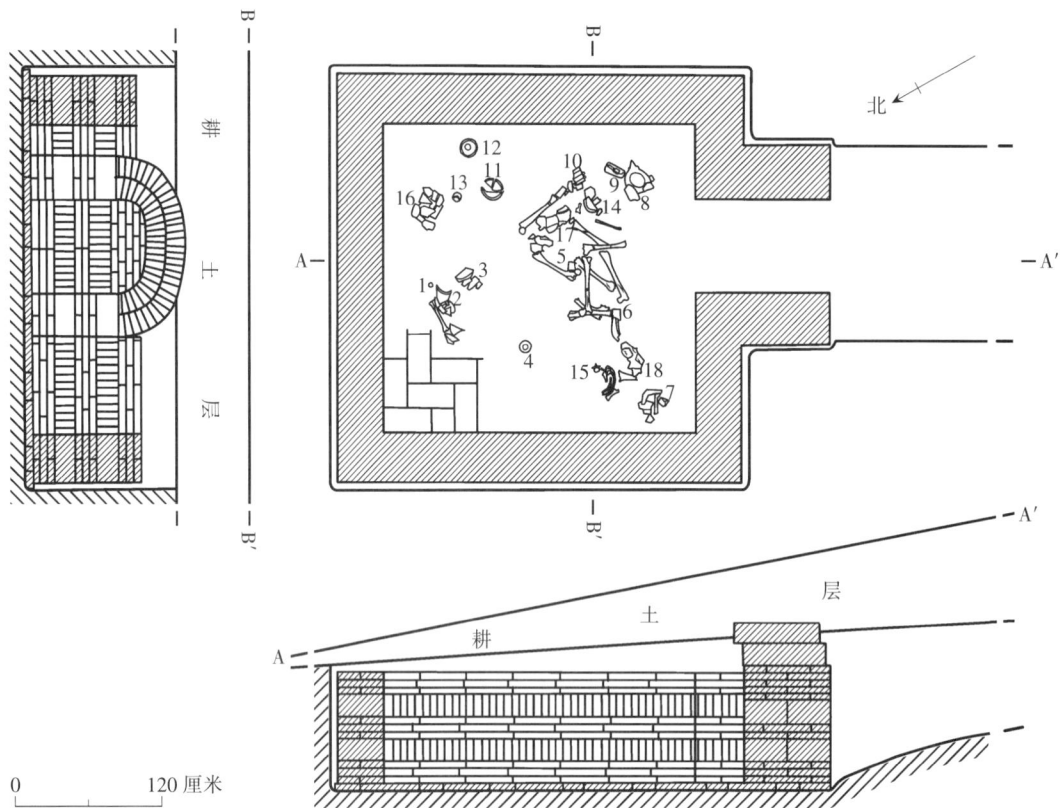

图二八六　M140 平、剖面图

1. 银指环　2. 陶樽　3. 陶缸　4. 小陶釜　5、6. 石研板　7. 陶耳杯　8. 陶扁壶　9、10. 陶夌　11、12. 小陶盆 13. 陶水斗　14. 陶钵　15. 小陶瓢　16. 陶仓　17. 陶罐　18. 陶盘

陶器　计有罐1、扁壶1、仓1、夌2、樽1、耳杯1、盘1、钵1、缸1、小釜1、小盆2、水斗1、瓢1。

罐　1件。标本 M140：17，夹砂灰陶。方唇，敞口，矮领，鼓腹，腹部最大径位置居中，平底内凹。腹下部及底部满饰网格绳纹。口径 17.9、最大腹径 32.2、底径 12.3、高 28.2、壁厚 0.5～0.7 厘米（图二八七，1；彩版一七六，1）。

扁壶　1件。标本 M140：8，夹砂白陶，陶色不纯，局部呈黑灰色。方唇，侈口，短颈，圆肩，鼓腹，腹部横截面呈椭圆形，腹部最大径位置靠上，平底。肩部原贴有两耳，但现已脱离，仅存疤痕。口径 12.3、最大腹部长径 24.7、最大腹部短径 17.3、底长径 15.8、短径 10.6、壁厚 0.7～1.1 厘米（图二八七，2）。

仓　1件。标本 M140：16，夹砂灰陶，由仓盖及仓身两部分组成。仓盖：夹砂灰陶，悬山结构。仓盖平面呈长方形，内凹"一"字形正脊，两端上翘；屋面呈斜坡状，瓦面对称置有五组十道瓦垄，瓦垄终端均贴有雕花瓦当。仓身：夹砂灰陶。房身正面呈梯形，下宽上窄。中部有长方形镂孔，表示门。仓身侧面靠近底部均有两个圆形通气孔。通高 31.0 厘米。仓盖：通长 21.6、宽 16.3、高 6.2、壁厚 0.8～1.0 厘米。仓身：底长 19.5、底宽 16.3、顶长 15.7、宽 11.5、高 25.9、壁厚 0.8～1.2 厘米（图二八七，3；彩版一七六，2）。

夌　2件（M140：9、10）。标本 M140：9，仅存夌盖，夹砂灰陶。平面略呈束腰椭圆形，方唇，敞口，腹略弧，圜顶，顶部贴有四个乳丁状纽。口长径 17.7、短径 8.3、

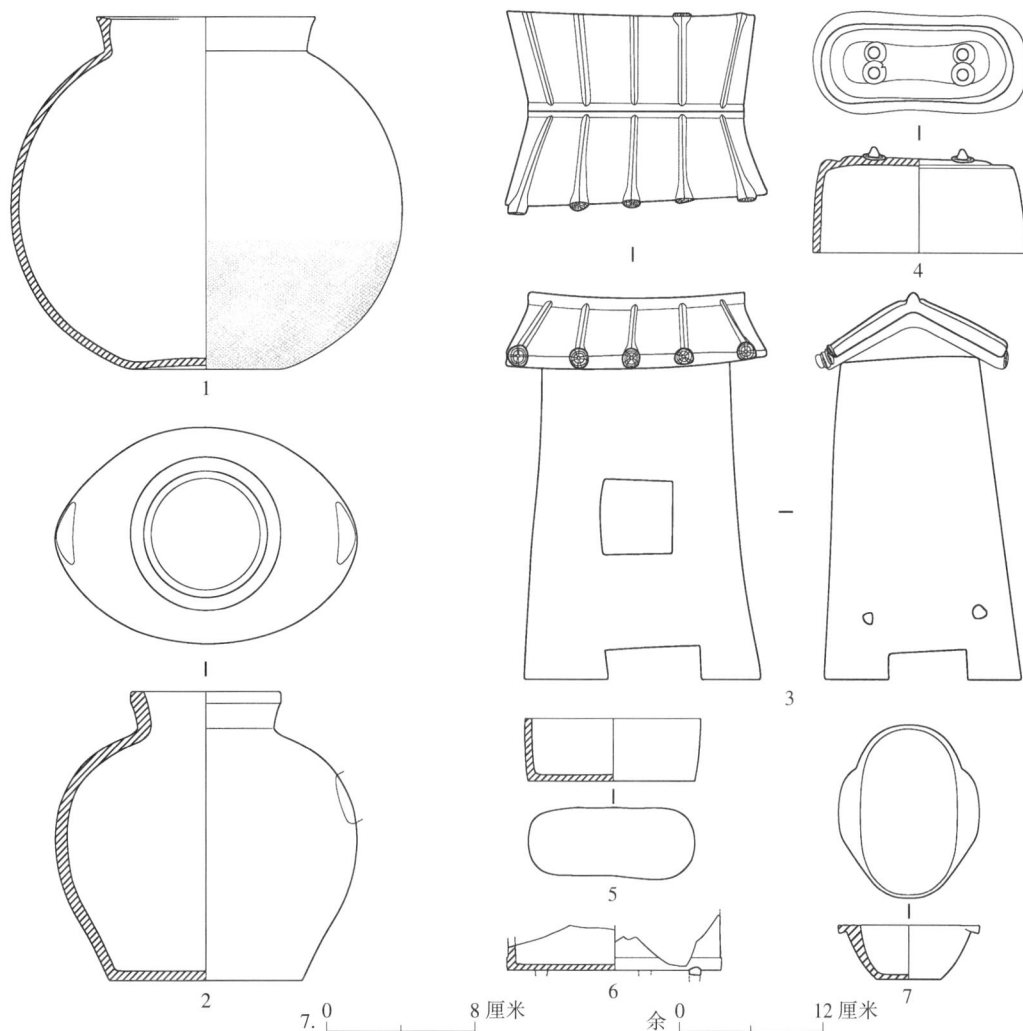

图二八七　M140 出土器物

1. 陶罐（M140∶17）　2. 陶扁壶（M140∶8）　3. 陶仓（M140∶16）　4、5. 陶奁（M140∶9、10）　6. 陶樽（M140∶2）
7. 陶耳杯（M140∶7）

底长径 16.0、短径 6.5、高 8.4、壁厚 0.5 ~ 0.7 厘米（图二八七，4）。标本 M140∶10，奁盖缺失，夹砂灰陶。平面略呈束腰椭圆形，方唇，敞口，腹略弧，平底。口长径 14.4、短径 5.2、底长径 13.7、短径 5.8、高 5.0、壁厚 0.5 ~ 0.7 厘米（图二八七，5）。

樽　1 件。标本 M140∶2，口部残缺。夹砂灰陶。平底，底部贴有三个短足，但现已脱落，大多仅存疤痕。底径 17.6、残高 4.7、壁厚 0.5 ~ 0.7 厘米（图二八七，6）。

耳杯　1 件。标本 M140∶7，夹砂灰陶。方唇，敞口，弧腹，圜底，两耳齐平。口长径 9.2、短径 5.2、底长径 5.0、短径 3.4、高 2.9、壁厚 0.3 ~ 0.7 厘米（图二八七，7；彩版一七六，3）。

盘　1 件。标本 M140∶18，夹砂灰陶。方唇，敞口，斜腹，平底。盘心轮旋两周凸弦纹。口径 17.0、底径 8.2、高 3.3、壁厚 0.4 ~ 0.6 厘米（图二八八，1）。

钵　1 件。标本 M140∶14，夹砂黑陶。尖唇，敞口，折腹，台底。口径 21.5、底径 9.5、高 7.0、壁厚 0.4 ~ 0.6 厘米（图二八八，2）。

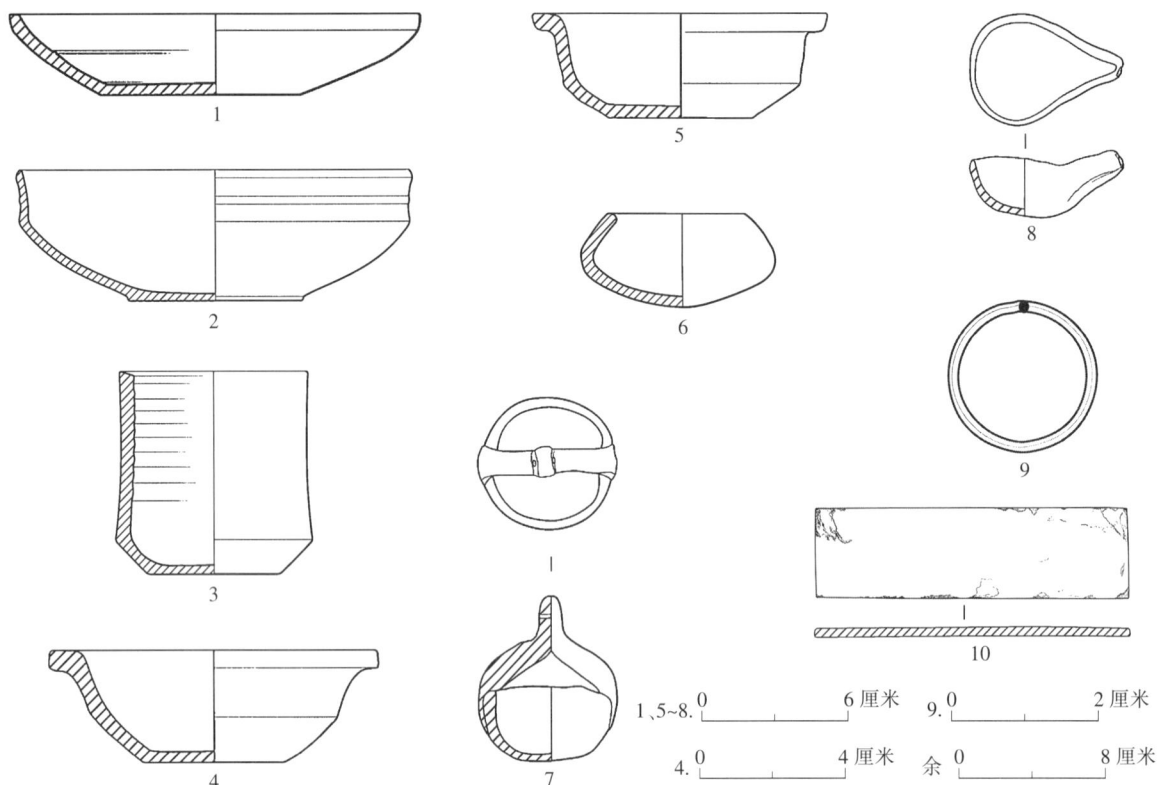

图二八八　M140 出土器物

1. 陶盘（M140：18）　2. 陶钵（M140：14）　3. 陶缸（M140：3）　4、5. 小陶盆（M140：11、12）　6. 小陶釜（M140：4）　7. 陶水斗（M140：13）　8. 陶瓢（M140：15）　9. 银指环（M140：1）　10. 石研板（M140：6）

缸　1 件。标本 M140：3，夹砂灰陶。方唇，直口，弧腹，腹下部折收，平底。内壁轮旋痕迹明显。口径 10.4、底径 7.2、高 11.5、壁厚 0.7 ~ 0.9 厘米（图二八八，3；彩版一七六，4）。

小釜　1 件。标本 M140：4，夹砂灰陶。圆唇，敛口，折腹，圜底。腹内壁轮旋痕迹明显。口径 3.8、高 2.5、最大腹径 5.4、壁厚 0.4 厘米（图二八八，6）。

小盆　2 件（M140：11、12）。标本 M140：11，夹砂灰陶。方唇，侈口，展沿，弧腹略鼓，平底。口径 13.6、底径 5.8、高 4.5、壁厚 0.7 厘米（图二八八，4）。标本 M140：12，夹砂灰陶。方唇，侈口，展沿，直腹，下腹折收，平底。口径 12.1、底径 5.9、高 4.2、壁厚 0.5 厘米（图二八八，5）。

水斗　1 件。标本 M140：13，夹砂灰陶。由斗和提梁组成。斗，圆唇，直口，弧腹，圜底。提梁呈"人"字形，上有圆形穿孔。口径 5.3、高 6.6、壁厚 0.5 厘米（图二八八，7）。

瓢　1 件。标本 M140：15，夹砂灰陶。斗口呈弧三角形，一侧有流，尖唇，敞口，弧腹，圜底。口长径 6.3、短径 4.5、高 2.7、壁厚 0.3 厘米（图二八八，8）。

银器　计有指环 1。

指环　1 件。标本 M140：1，平面呈圆形，外缘弧，内缘稍直，截面扁圆形。直径 2.1 厘米。重 1.3 克（图二八八，9）。

石器　计有研板 2。

研板　2 件。标本 M140：6，青灰色岩质。平面呈长方形，磨制得较为光滑。长 17.2、宽 4.8、厚 0.4～0.5 厘米（图二八八，10）。标本 M140：5，破碎较甚。

一〇二　M141（Ⅳ区）

1. 墓葬形制

单室砖墓，平面呈甲字形，由墓道、甬道、墓门及墓室组成。方向 200°（图二八九；彩版一七七）。开口于耕土层下，开口距地表 0.20 米，已破坏。

墓道　长方形斜坡状，未发掘完，长不详，宽 1.58、底部距地表 1.84 米。

甬道　平面呈长方形，长 0.92、宽 0.85 米。双重拱形券顶，楔形砖砌筑，已变形，券顶底部高 0.98、券顶顶部高 1.34 米。两壁砌法由下至上为一层丁立砖，三层平砖，之上再为三层平砖，三层平砖之上开始起券。

墓门　位于墓室南壁东侧，宽 0.85 米。同为双重拱形券顶，楔形砖砌筑。

封门　条砖封堵，残高 0.90 米。丁立砖和平砖分层砌筑。

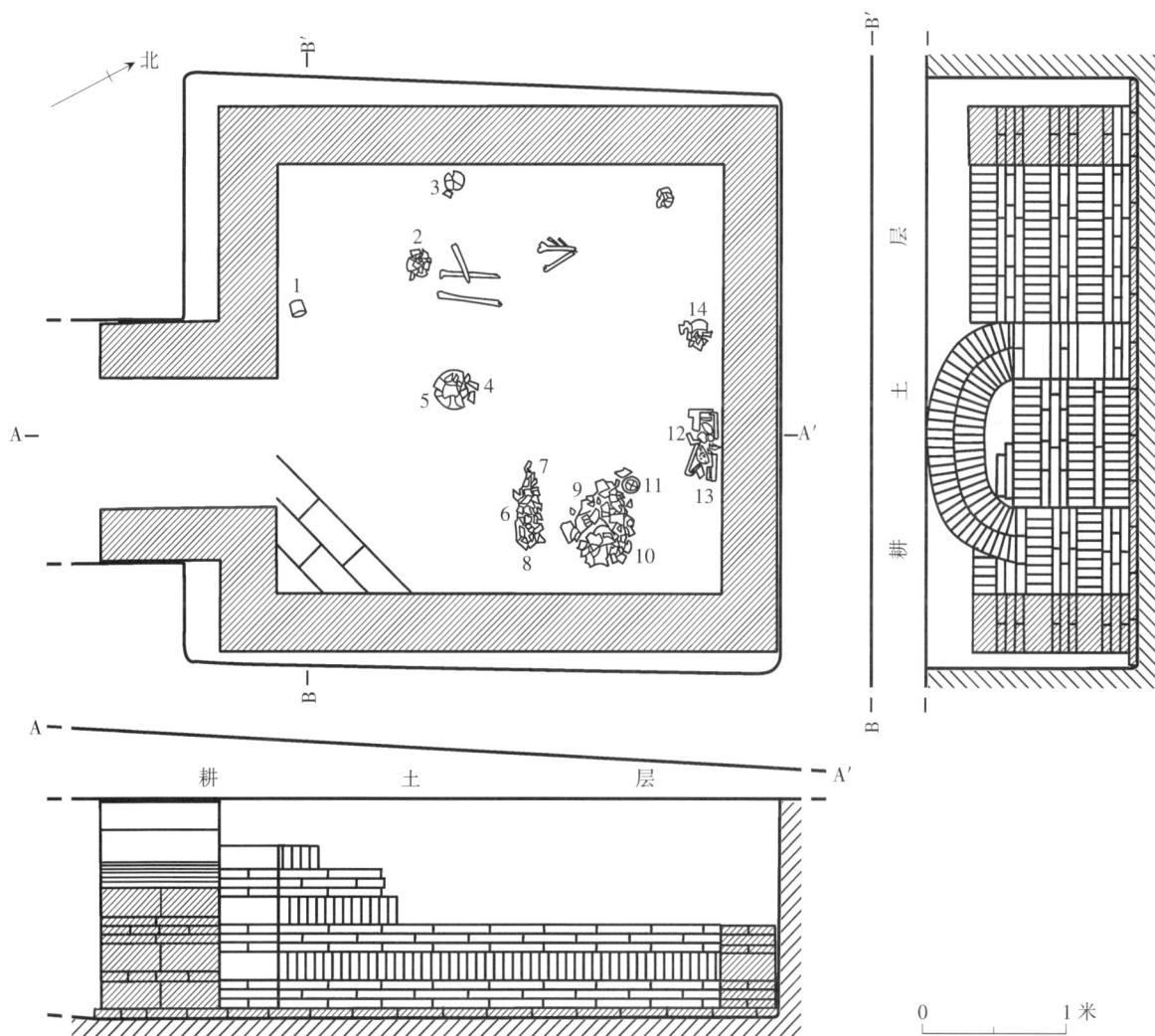

图二八九　M141 平、剖面图

1、6. 陶缸　2、5. 陶钵　3. 陶樽　4、8. 小陶盆　7. 陶扁壶　9. 陶井　10. 陶灶组合　11. 陶鼎　12. 陶仓
13. 小陶甑　14. 陶奁

墓室 平面呈长方形，长3.00、宽2.80米。墓室砖墙保存较好，四壁平直，最高处保存有12层砖，砌法由下至上为三层平砖一层丁立砖，两者交替向上。另外，三层平砖的砌法又为两层双隅顺砌平砖之间夹一层平砌丁砖。墓底铺砖为东北—西南斜向错缝平铺。用砖规格，条砖：34×20×6厘米，青砖杂有少量红砖，多数砖平面施有绳纹；楔形砖：36×20×（3～6）厘米，青砖，素面。

2. 葬具和人骨

墓内未发现任何葬具。

葬有1具人骨，散落分布于墓室西侧，保存较差，扰乱严重，葬式及性别不明。

3. 随葬品

该墓共出土有15件随葬品，位于墓室东部，均为陶器，种类计有扁壶1、鼎1、仓1、井1、灶1、奁1、樽1、缸2、钵2、小釜1、小瓿1、小盆2。

扁壶 1件。标本M141：7，夹砂白陶。方唇，敞口，矮领，溜肩，鼓腹，腹部最大径位置接近肩部，腹部横截面呈椭圆形，椭圆形凹底。肩部两端对称贴有舌形耳。素面。口径12.4、最大腹长径24.5、短径15.2、底长径17.4、短径11.3、高22.2、壁厚0.7～1.1厘米（图二九○，1；彩版一七八，1）。

鼎 1件。标本M141：11，夹砂灰陶。方唇，敛口，折肩，深腹，圜底。双耳缺失，仅存耳洞，底部三马蹄形足。腹中部施有一周扉棱。口径8.7、最大腹径12.7、高9.8、壁厚0.5～0.8厘米（图二九○，3）。

仓 1件。标本M141：12，夹砂黄褐陶，由仓盖及仓体两部分组成。仓盖：庑殿式结构，平面呈长方形，四面坡式。中间为正脊，正脊四侧为对称的瓦垄，正脊的两端及瓦垄终端均有雕花瓦当。仓体：仓体正面呈梯形。正面中部为一长方形正门，正门两侧各有一侧门，门上、下均有菱形镂空，表示窗。房身侧面各有两个圆形镂孔，表示通气孔。仓体无底，四支架结构。在仓体正面左右两侧，原贴有两头老虎，但已残缺不全。通高40.7厘米。仓盖：通长30.0、宽23.4、高9.1、壁厚0.8～2.0厘米。仓体：长23.3、宽21.7、高34.0、壁厚0.5～1.5厘米（图二九○，4；彩版一七八，2）。

井 1件。标本M141：9，夹砂灰陶。方唇，敞口，束颈，折肩，斜直腹，平底。素面。口径12.9、底径7.5、高13.6、壁厚0.5～0.8厘米（图二九○，2；彩版一七八，3）。

灶 1件。标本M141：10-1，夹砂灰陶。灶面略呈梯形，灶面前端置一圆形火眼，尾端一角原有烟囱，但现已残缺。方形灶门，其上出檐。素面。通长22.7、通宽18.1、高10.8、火眼直径5.0、烟囱直径1.0、灶门长7.4、宽5.6、壁厚0.5～1.0厘米（图二九一，1）。

奁 1件。标本M141：14，夹砂灰陶。方唇，敞口，腹略内弧，腹下部急收，平底。素面。口径20.3、底径17.3、高13.2、壁厚0.5～0.8厘米（图二九一，2）。

樽 1件。标本M141：3，夹砂灰陶。方唇，敞口，腹略内弧，平底，底部附有三蹄状足。素面。口径18.1、底径17.1、高8.6、壁厚0.7～0.8厘米（图二九一，3；彩版一七八，4）。

缸 2件（M141：1、6）。形制相同，均为夹砂灰陶，方唇，直口，腹上部略内弧，腹下部折收，平底，素面。标本M141：1，口径10.2、底径7.4、高10.1、壁厚0.6～1.0

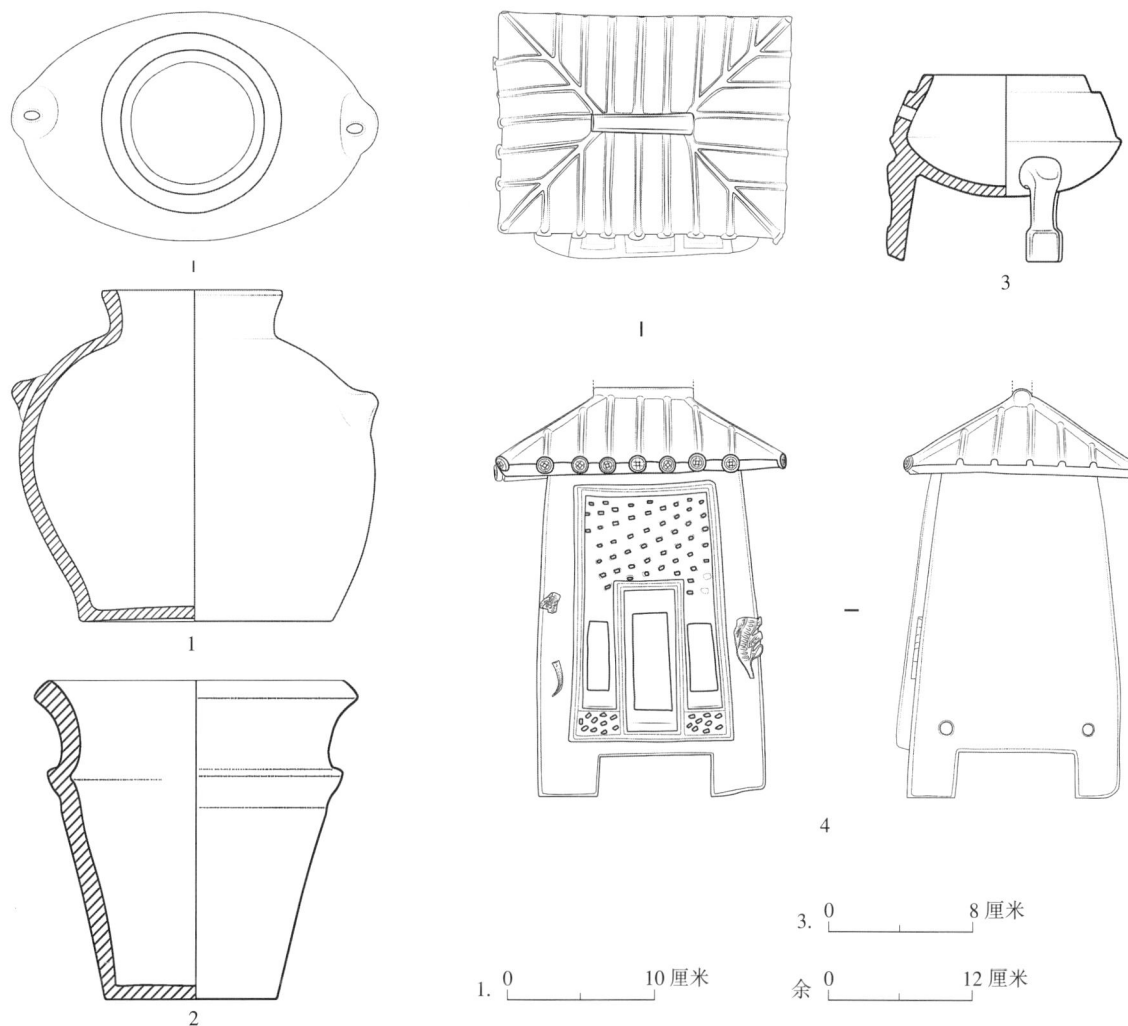

图二九〇　M141 出土器物

1. 陶扁壶（M141∶7）　2. 陶井（M141∶9）　3. 陶鼎（M141∶11）　4. 陶仓（M141∶12）

厘米（图二九一，4；彩版一七八，5）。标本 M141∶6，口径 9.9、底径 7.0、高 10.5、壁厚 0.7~1.2 厘米（图二九一，5）。

钵　2 件（M141∶2、5）。标本 M141∶2，夹砂黑陶。圆唇，敞口，略显折腹，平底。素面。口径 21.3、底径 8.8、高 7.4、壁厚 0.3~0.9 厘米（图二九一，6）。标本 M141∶5，夹砂灰陶。圆唇，口微敞，略显折腹，台底。素面。口径 22.8、底径 8.8、高 7.3、壁厚 0.6~1.1 厘米（图二九一，7）。

小釜　1 件。标本 M141∶10-2，夹砂灰陶。圆唇，敛口，溜肩，鼓腹，圜底。素面。口径 6.2、高 4.3、壁厚 0.5~1.2 厘米（见图二九一，1）。

小甑　1 件。标本 M141∶13，夹砂灰陶。方唇，敞口，展沿，略显折腹，平底，底部戳有 7 个甑眼。素面。口径 14.0、底径 5.8、高 4.3、壁厚 0.2~0.5 厘米（图二九一，8）。

小盆　2 件（M141∶4、8）。形制相同，均为夹砂灰陶，方唇，敞口，展沿，弧腹，平底，素面。标本 M141∶8，口径 14.0、底径 6.4、高 4.6、壁厚 0.5~0.7 厘米（图二九一，9）。标本 M141∶4，口径 13.5、底径 5.5、高 4.7、壁厚 0.4~0.7 厘米（图二九一，10）。

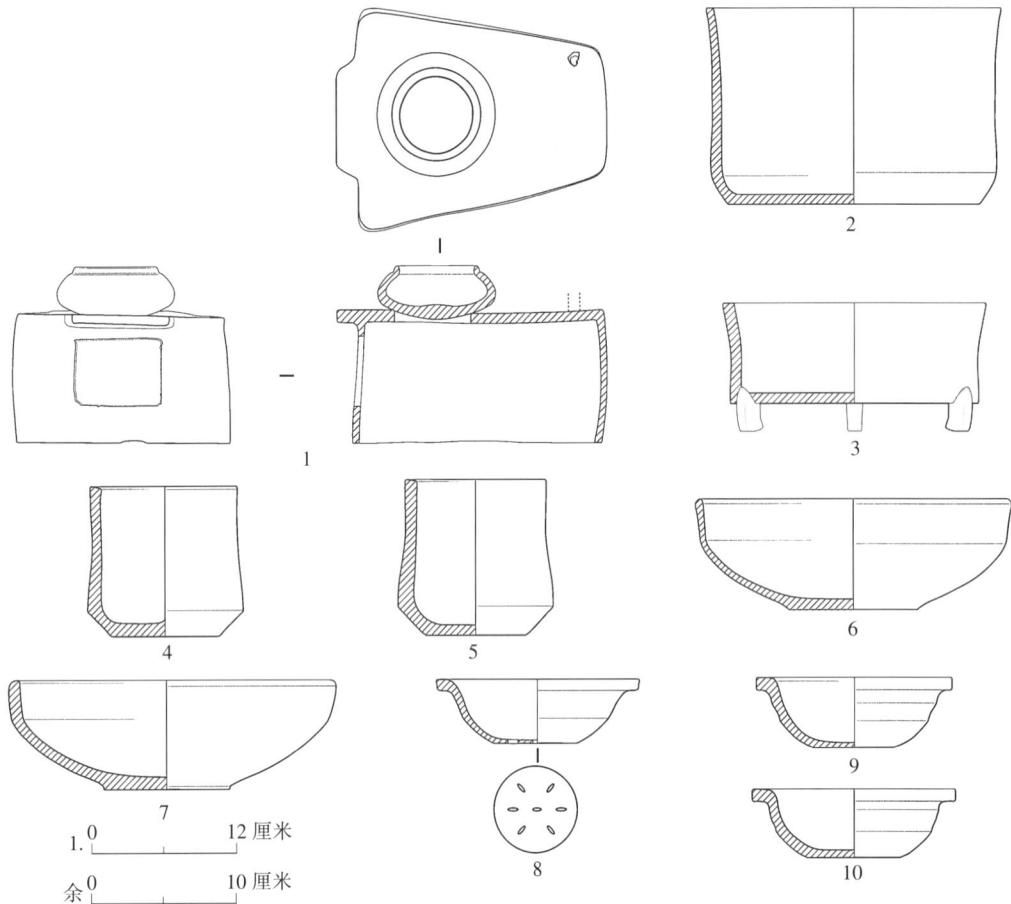

图二九一　M141 出土器物

1. 陶灶组合（M141：10）　2. 陶瓮（M141：14）　3. 陶樽（M141：3）　4、5. 陶缸（M141：1、6）　6、7. 陶钵
（M141：2、5）　8. 小陶甑（M141：13）　9、10. 小陶盆（M141：4、8）

一〇三　M142（Ⅳ区）

1. 墓葬形制

单室砖墓，平面呈甲字形，由墓道、甬道、墓门及墓室组成。方向210°（图二九二；彩版一七九）。开口于耕土层下，开口距地表0.12米，已破坏。

墓道　长方形斜坡状，未发掘完，长不详，宽0.86、底部距地表1.44米。

甬道　平面呈长方形，长0.86、宽0.40米。从两壁残存痕迹看为双重拱形券顶，券顶底部高1.04、券顶顶部高1.32米。两壁砌法由下至上为两层平砖，一层丁立砖，之上一层平砖，丁立砖和单层平砖交替向上，在第7层之上全为平砖，第11层开始起券。

墓门　位于墓室南壁东侧，从残存部分看亦为双层券顶，宽0.86、残高1.32米。封门砖现存11层，砌法为先一顺一立垒砌三组后平砖错缝平铺至顶部，残高1.04米。

墓室　平面呈长方形，长3.00、宽2.80米。四壁平直，南侧砖墙保存较好，最高处保存有15层砖，砌法由下至上为三层平砖一层丁立砖，两者交替向上。另外，三层平砖的砌法又为两层双隅顺砌平砖之间夹一层平砌丁砖。墓底铺砖为人字形。用砖规格：36×20×6厘米，青砖杂有少量红砖，多数砖平面施有绳纹。

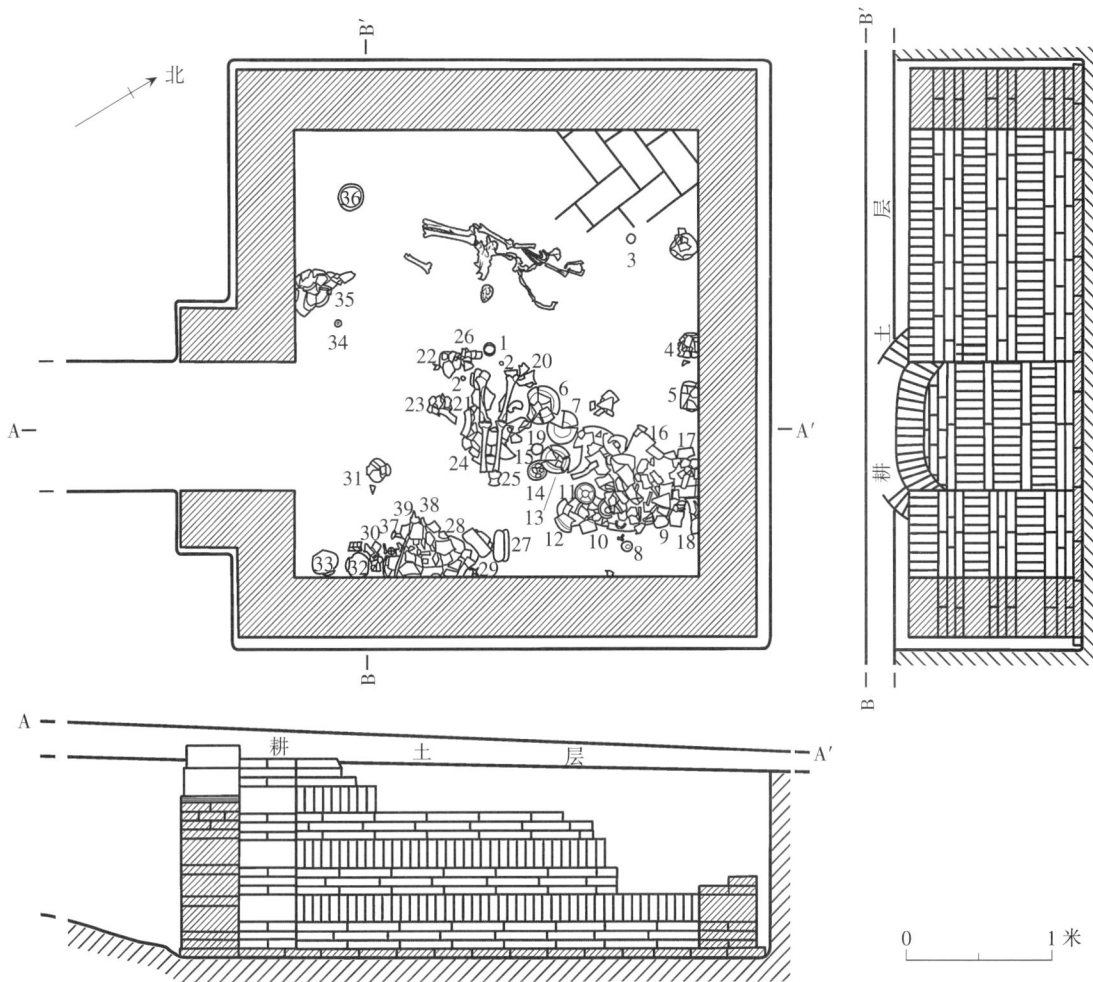

图二九二　M142 平、剖面图

1. 银手镯　2. 银指环　3. 铜环　4、5、20、22、30. 陶缸　6. 陶俎　7. 陶案　8、9、39. 小陶釜　10、23. 小陶盆
11. 小陶甑　12、13、15、18、19. 陶盘　14、16、17、26、27. 陶奁　21. 陶耳杯　24、31、32、33、35. 陶罐　25. 陶井
28. 陶水斗　29. 陶楼构件　34、40. 小陶瓢　36. 陶钵　37. 陶勺　38. 陶支架

2. 葬具和人骨

墓内未发现任何葬具。

葬有 2 具人骨，散乱分布于墓室西侧，扰乱严重，葬式及性别不明。

3. 随葬品

该墓共出土有 44 件随葬品，位于墓室东部，质地分为陶、银、铜三种，填土中出土有 1 枚铜钱。分述如下。

陶器　计有罐 5、井 1、耳杯 3、案 1、俎 1、奁 5、陶楼构件 1、缸 5、盘 5、钵 1、小勺 1、小瓢 2、支架 1、水斗 1、小釜 3、小盆 2、小甑 1。

罐　5 件（M142：24、31、32、33、35）。其中，标本 M142：24、M142：31、M142：32、M142：33 形制相同，均为夹砂灰陶，方唇，唇外侧加厚，直口，矮领，溜肩，鼓腹，腹部最大径靠上，平底。标本 M142：24，底部残缺。口径 8.9、残高 14.4、最大腹径 17.0、壁厚 0.5～1.0 厘米（图二九三，1）。标本 M142：31，口径 8.7、底径 8.5、最大腹径 16.3、高 14.9、壁厚 0.5～0.7 厘米（图二九三，2）。标本 M142：32，口径 9.2、底径

8.0、最大腹径 17.3、高 14.7、壁厚 0.6 厘米（图二九三，3；彩版一八〇，1）。标本 M142：33，口径 8.9，底径 7.4，最大腹径 15.7、高 12.7、壁厚 0.6 厘米（图二九三，4）。标本 M142：35，夹砂白陶。尖唇，平沿，沿面内斜口微侈，矮领，圆肩贴附两个系，系上有穿，鼓腹，凹底。肩部饰两周凸弦纹。口径 11.6、底径 14.3、最大腹径 27.44、高 23.9、壁厚 0.7 厘米（图二九三，5；彩版一八〇，2）。

井　1 件。标本 M142：25，夹砂灰陶。方唇，侈口，展沿、沿面向内斜，短束颈，折肩，弧腹，平底。肩部饰一周弦纹。口径 13.0、底径 7.6、高 16.0、壁厚 0.5 厘米（图二九三，6；彩版一八〇，3）。

耳杯　3 件（M142：21 - 1、21 - 2、21 - 3）。形制相同，均为夹砂灰陶，杯口呈椭

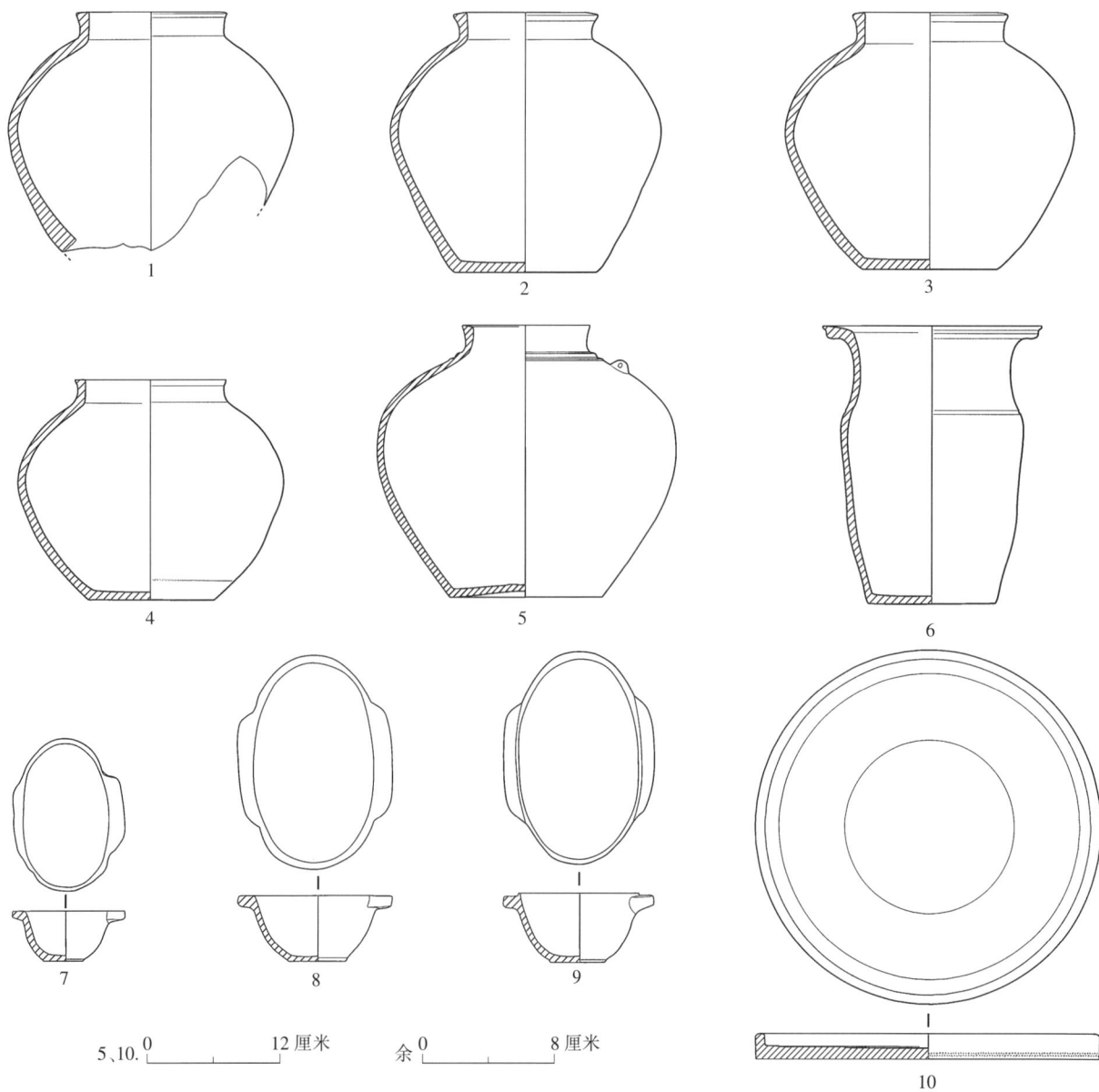

5、10. 0 —————— 12 厘米　　余 0 —————— 8 厘米

图二九三　M142 出土器物

1 ~ 5. 陶罐（M142：24、31、32、33、35）　6. 陶井（M142：25）　7 ~ 9. 陶耳杯（M142：21 - 1、21 - 2、21 - 3）
10. 陶案（M142：7）

圆形，弧腹，台底，两耳平折。标本 M142：21 - 1，口长径 8.8、短径 5.1、底长径 5.1、短径 2.4、高 2.9、壁厚 0.4 厘米（图二九三，7）。标本 M142：21 - 2，口长径 12.4、短径 7.3、底长径 7.2、短径 3.4、高 3.8、壁厚 0.4 厘米（图二九三，8；彩版一八〇，4）。标本 M142：21 -3，口长径 12.3、短径 7.2、底长径 7.4、短径 3.4、高 4.0、壁厚 0.4 厘米（图二九三，9）。

案　1 件。标本 M142：7，夹砂灰陶。平面呈圆形。圆唇，盘口，平底。腹下部饰两周粗绳纹，腹内壁底部饰两周弦纹，底部轮旋痕迹明显。口径 31.3、底径 31.1、高 2.2、厚 1.2 厘米（图二九三，10；彩版一八〇，5）。

俎　1 件。标本 M142：6，夹砂灰陶，平面呈长方形，底部装有两个条形足。案面饰环首刀纵穿鱼的模印浮雕纹饰。通长 12.7、宽 3.4、高 4.0、壁厚 0.7 ~ 1.2 厘米（彩版一八〇，6）。

奁　5 件（M142：14、16、17、26、27）。标本 M142：14，夹砂灰陶。平面呈椭圆形，尖唇，直口，直腹，平顶。顶部四角置有四个乳丁状足，乳丁足之间由刻划直线纹连接。口长径 19.9、短径 8.5、顶长径 19.5、短径 8.4、高 11.3、壁厚 0.5 厘米（图二九四，1；彩版一八一，1）。标本 M142：16，夹砂灰陶。尖唇，直口，直腹，弧顶，顶部置有 3 个乳丁状盖纽。器表施瓦棱纹，顶部饰两周弦纹。口径 22.6、高 17.5、壁厚 0.5 厘米（图二九四，2；彩版一八一，2）。标本 M142：17，夹砂灰陶。尖唇，直口，直腹，平底。腹部饰不清晰的瓦棱纹。口径 20.1、底径 21.2、高 16.1、壁厚 0.6 厘米（图二九四，3）。标本 M142：26，夹砂灰陶。方唇，敞口，腹向内弧，平底。近口沿处饰一周凸弦纹，器底周边出棱。口径 22.5、底径 20.8、高 11.0、壁厚 0.7 厘米（图二九四，4）。标本 M142：27，夹砂灰陶。截面呈亚腰形，尖唇，直口，直腹微弧，平底。口长径 16.1、短径 5.9、底长径 16.5、短径 6.6、高 8.2、壁厚 0.5 厘米（图二九四，5）。

楼构件　1 件。标本 M142：29，夹砂灰陶，飞鸟状，应是安装在陶楼顶部的构件。右翼和尾翼残损，呈展翅高飞状，两翼与身体平行。残长 6.4、宽 4.9、高 3.5 厘米（图二九四，6）。

缸　5 件（M142：4、5、20、22、30）。其中，标本 M142：4、M142：22 与 M142：30 形制相同，均为夹砂灰陶，尖唇，子母口，直腹，平底，器表轮旋痕迹明显。标本 M142：4，口径 11.7、底径 7.2、高 13.7、壁厚 0.5 厘米（图二九四，7）。标本 M142：22，口径 11.7、底径 7.2、高 14.4、壁厚 0.5 厘米（图二九四，8）。标本 M142：30，口径 11.7、底径 7.2、高 14.6、壁厚 0.5 厘米（图二九四，9）。其中，标本 M142：5 与 M142：20 形制相同，均为夹砂灰陶，尖唇，直口，沿面向外斜，直腹，平底，腹内壁有清晰的瓦棱纹。标本 M142：5，口径 11.9、底径 7.3、高 13.8、壁厚 0.5 厘米（图二九四，10；彩版一八一，3）。标本 M142：20，口径 11.2、底径 7.6、高 14.7、壁厚 0.5 厘米（图二九四，11）。

盘　5 件（M142：12、13、15、18、19）。其中，标本 M142：12、M142：13、M142：18 与 M142：19 形制相同，均为夹砂灰陶，尖唇，敞口，浅腹，平底；腹内壁有两周弦纹，器表轮旋痕迹明显。标本 M142：12，口径 20.9、底径 9.8、高 3.6、壁厚 0.5 厘米（图二九四，12）。标本 M142：13，口径 20.0、底径 9.2、高 3.5、壁厚 0.5 厘米（图二九四，13）。标本 M142：18，口径 18.6、底径 8.4、高 2.9、壁厚 0.5 厘米（图二九四，14）。标本 M142：19，口径 21.2、底径 7.1、高 3.5、壁厚 0.5 厘米（图二九四，15）。标本 M142：15，夹砂灰陶。圆唇，敞口，平沿，弧腹，圜底。口径 21.1、高 3.4、壁厚 0.5 厘米（图二九四，16）。

图二九四　M142 出土器物

1~5. 陶奁（M142：14、16、17、26、27）　6. 陶楼构件（M142：29）　7~11. 陶缸（M142：4、22、30、5、20）　12~16. 陶盘（M142：12、13、18、19、15）　17. 陶钵（M142：36）

钵　1件。标本 M142：36，夹砂白陶。方唇，侈口，浅弧腹略鼓，平底。沿下饰两周弦纹。口径 15.1、底径 10.3、高 3.6、壁厚 0.5~0.7 厘米（图二九四，17；彩版一八一，4）。

小勺　1件。标本 M142：37，夹砂灰陶。方唇，敞口，弧腹，圜底，一端有柄。通长 7.8、口径 5.1、高 3.3、壁厚 0.4 厘米（图二九五，1）。

小瓢　2件（M142：34、40）。形制相同，均为夹砂灰陶，方唇，敞口，弧腹，圜底，一端有柄。标本 M142：34，通长 4.4、口径 2.5、高 2.5、壁厚 0.3 厘米（图二九五，2）。标本 M142：40，通长 3.7、口径 2.5、高 1.9、壁厚 0.3 厘米（图二九五，3）。

支架　1件。标本 M142：38，夹砂灰陶。亚腰形，中间有圆形穿孔。通长 8.2、宽 7.3、厚 0.7 厘米（图二九五，4）。

水斗　1件。标本 M142：28，夹砂灰陶。由斗和提梁组成。提梁，呈"人"字形；斗，尖唇，弧腹，圜底。通高 5.4、口径 3.6、壁厚 0.3 厘米（图二九五，5）。

小釜　3件（M142：8、9、39）。标本 M142：8，夹砂灰陶。尖唇，侈口，矮领，折

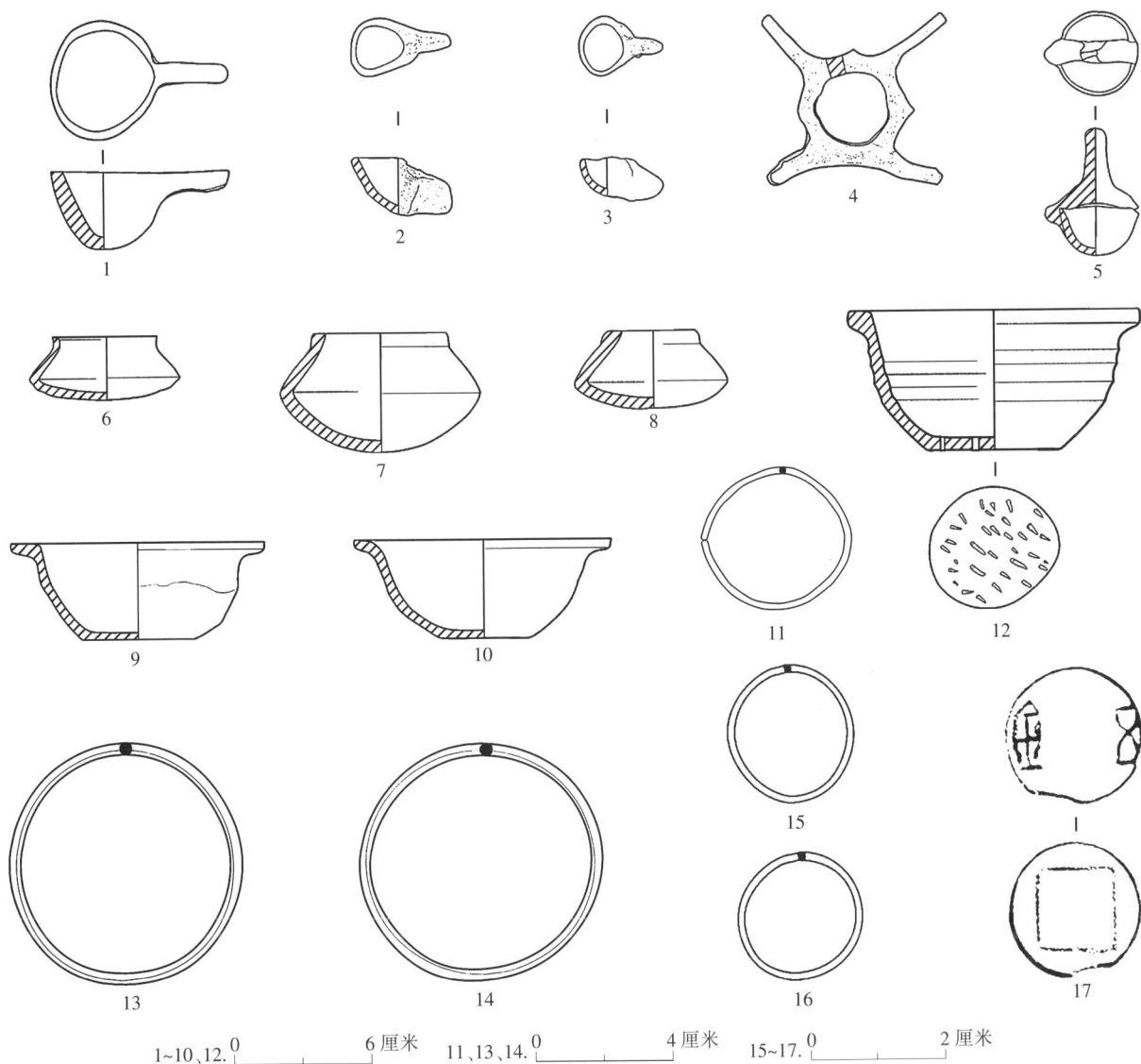

图二九五　M142 出土器物

1. 小陶勺（M142：37）　2、3. 陶瓢（M142：34、40）　4. 陶支架（M142：38）　5. 陶水斗（M142：28）　6～8. 小陶釜（M142：8、9、39）　9、10. 小陶盆（M142：10、23）　11. 铜环（M142：3）　12. 小陶甑（M142：11）　13、14. 银手镯（M142：1－1、1－2）　15、16. 银指环（M142：2－1、2－2）　17. 铜钱拓片（M142 填：1）

腹，最大腹径位置偏下，圜底。器表轮制痕迹明显。口径 4.6、高 2.7、壁厚 0.3 厘米（图二九五，6）。标本 M142：9，夹砂灰陶。方唇，口微敛，矮领，折腹，最大腹径居中，圜底。口径 5.8、高 5.1、壁厚 0.5 厘米（图二九五，7）。标本 M142：39，夹砂灰陶。方唇，唇外侧加厚，敛口，折腹，最大腹径位置偏下，圜底。口径 3.9、高 3.3、壁厚 0.3 厘米（图二九五，8）。

小盆　2 件（M142：10、23）。标本 M142：10，夹砂灰陶。方唇，敞口，展沿，弧腹，平底。素面，腹部修坯削痕明显。口径 11.2、底径 4.9、高 4.1、壁厚 0.4 厘米（图二九五，9）。标本 M142：23，夹砂灰陶。圆唇，敞口，展沿，弧腹，平底。腹部修坯削痕明显。口径 11.2、底径 4.9、高 4.1、壁厚 0.4 厘米（图二九五，10）。

小甑　1 件。标本 M142：11，夹砂灰陶。方唇，折沿，侈口，弧腹，平底，底部有楔形甑孔。腹部饰瓦棱纹。口径13.0、底径5.8、高5.9、壁厚0.6厘米（图二九五，12；彩版一八一，5）。

铜器 计有环1。

环 1件。标本M142：3，平面近圆形，截面扁圆形，中间有缺口。直径3.9~4.4厘米。重3.8克（图二九五，11）。

银器 计有手镯2、指环2。

手镯 2件。均为圆形，外缘弧，内缘稍平，截面圆形略扁。标本M142：1-1，直径6.8~6.9厘米；重1.8克（图二九五，13）。标本M142：1-2，直径7.0~7.1厘米；重1.7克（图二九五，14）。

指环 2件。均为平面近圆形，截面近圆形。标本M142：2-1，直径1.8~2.0厘米；重0.6克（图二九五，15）。标本M142：2-2，直径1.7~1.9厘米；重0.6克（图二九五，16）。

铜钱 1枚，为"五铢"钱（图二八五，17）。详情见下表。

M142 铜钱统计表　　　　　　　　　　　　　（长度：厘米，重量：克）

种类	编号	特征		郭径	钱径	穿宽	郭宽	郭厚	肉厚	重量
		文字特征	记号							
五铢钱	填:1	"五"字瘦长，竖划缓曲；"金"头三角形，四竖点；"朱"字无（剪轮）	无		2.01	1.01			0.08	0.80

一〇四　M145（Ⅴ区）

1. 墓葬形制

石圹竖穴墓，平面呈圆角长方形，墓圹较规整。方向10°（图二九六；彩版一八二，1）。开口于耕土层下，开口距地表深约0.10米。

墓圹四壁均向内斜收，墓底较平坦。开口长3.00、宽1.80米，底长2.82、宽1.70米，深0.60米。

墓内填土主要为黄色的沙石混合料，夹杂有少量的黑土，土质较硬。

2. 葬具和人骨

墓底未见任何葬具痕迹及人骨。

3. 随葬品

该墓共出土有4件随葬品，位于墓室北侧，质地分为陶、铜、铁三种，分述如下。

陶器 计有罐1。

罐 1件。标本M145：1，夹砂灰

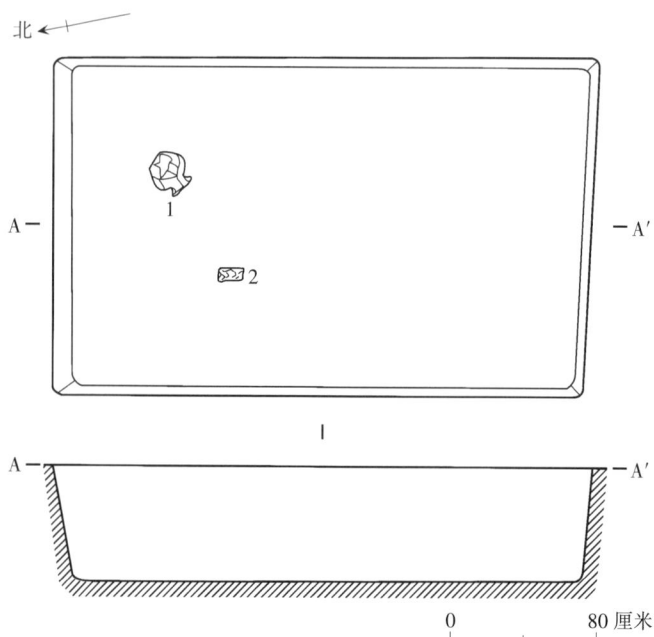

图二九六　M145 平、剖面图
1. 陶罐　2. 铁锸

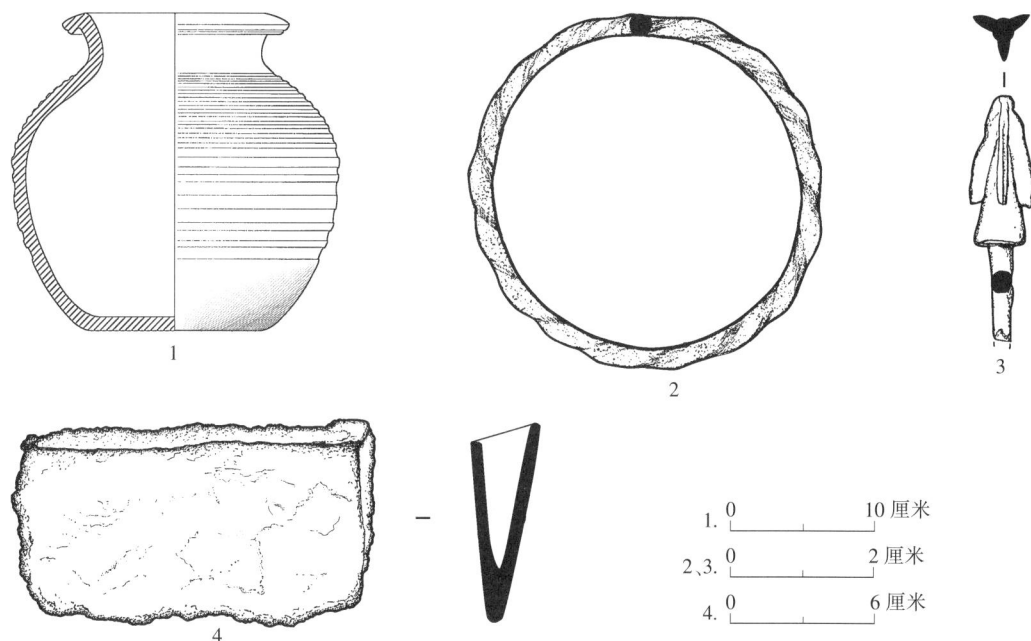

图二九七　M145 出土器物

1. 陶罐（M145：1）　2. 铜环（M145 填：2）　3. 铜镞（M145 填：1）　4. 铁锸（M145：2）

陶。方唇，唇下有一周凹槽，侈口，卷沿，束颈，溜肩，弧腹，最大腹径位置居中，平底。腹部有数周瓦棱纹，腹下部及底部饰有细绳纹。口径 15.7、底径 12.0、最大腹径 22.6、高 21.3、壁厚 0.8 ~ 1.0 厘米（图二九七，1；彩版一八三，1）。

铜器　计有环 1、镞 1。

环　1 件。标本 M145 填：2，平面近圆形，由圆形铜条扭曲螺旋控制煅合而成。直径 4.8 ~ 4.9 厘米（图二九七，2；彩版一八三，3）。

镞　1 件。标本 M145 填：1，镞略残。三翼式，翼展较短，细圆铤。残长 3.3 厘米（图二九七，3；彩版一八三，4）。

铁器　计有锸 1。

锸　1 件。标本 M145：2，平面呈梯形，侧视呈"V"字形，扁方銎。通体锈蚀严重。宽 14.9、高 8.4、厚 2.7 厘米（图二九七，4）。

一○五　M146（Ⅴ区）

1. 墓葬形制

双室砖墓，平面呈吕字形，由墓道、墓室组成。方向 190°（图二九八；彩版一八二，2）。开口于地表。

墓道　位于墓室前室南壁中部偏东，长方形斜坡状，未发掘完，长不详，宽 0.80、底部距地表 0.50 米。

墓门和封门　不存。

墓室　平面整体呈吕字形，分前、后两个墓室。墓室总长 5.00、宽 2.50 米。前室墓壁砖墙和铺地砖基本被破坏殆尽。后室四壁砖墙和铺地砖保存较好。砖墙最高处保存有三层砖，砌法为双隅平砖错缝顺砌。墓底铺砖系用榫卯砖呈西南—东北斜向错缝平铺。

用砖规格：38×18×6 厘米。墓砖均为未经还原的红色榫卯花纹砖，花纹为叶脉纹（图二九九）。

2. 葬具和人骨

墓内未发现葬具和人骨。

3. 随葬品

该墓共出土有 4 件随葬品，位于墓室北部，质地分为陶、琥珀两种，分述如下。

陶器　计有瓮 1、仓盖 1、缸 1。

瓮　1 件。标本 M146：3，夹砂白陶，陶色不纯，瓮底呈红褐色。方唇，敞口，束颈，溜肩，垂腹，最大径位置偏下，圜底。腹上部施有一周凹弦纹，瓮底满饰绳纹。口径 30.4、最大腹径 48.0、高 53.2、壁厚 1.0～1.2 厘米（图三〇〇，1；彩版一八三，2）。

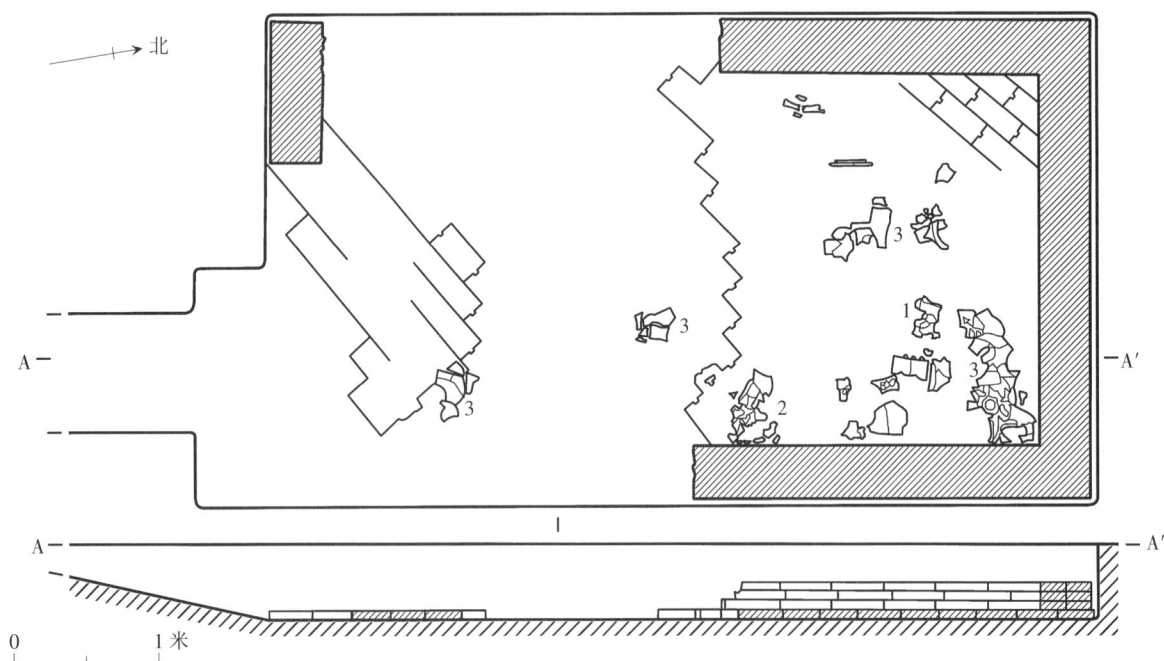

图二九八　M146 平、剖面图

1. 陶缸　2. 陶仓盖　3. 陶瓮

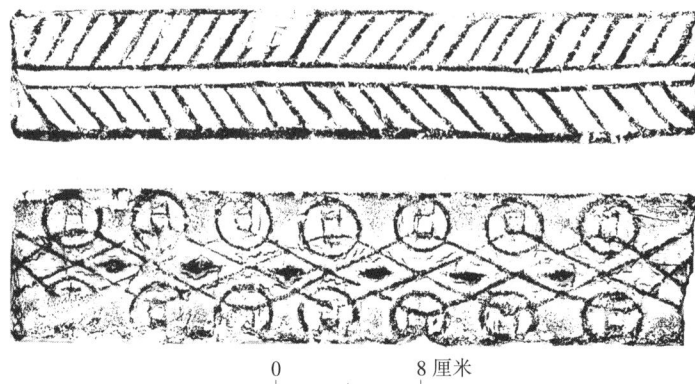

图二九九　M146 花纹砖拓片

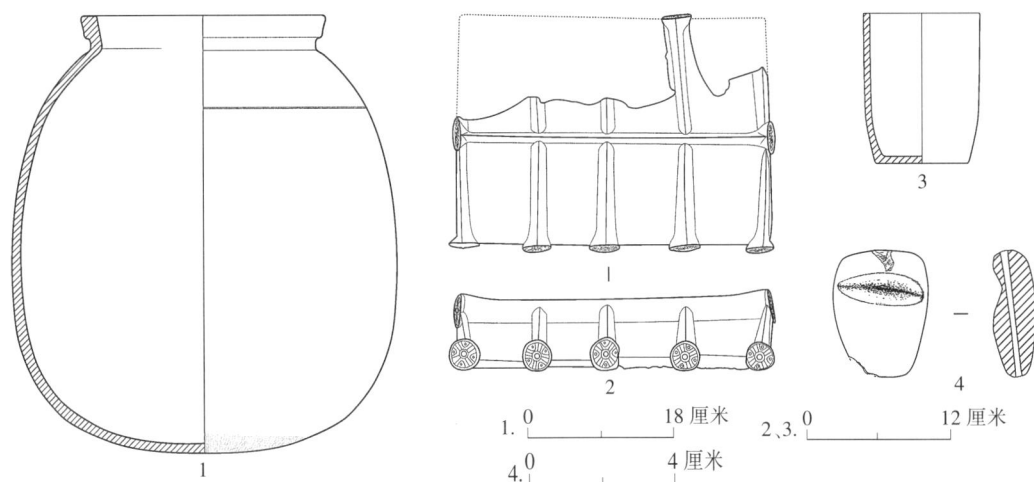

图三〇〇　M146 出土器物

1. 陶瓮（M146：3）　2. 陶仓盖（M146：2）　3. 陶缸（M146：1）　4. 琥珀串饰（M146 填：1）

仓盖　1 件。标本 M146：2，夹砂灰黑陶，悬山结构。仓盖平面呈长方形，内凹"一"字形正脊，两端上翘；屋面呈斜坡状，瓦面对称置有五组十道瓦垄。正脊及瓦垄终端均贴有雕花瓦当。通长 27.4、通宽 19.5、通高 6.7、厚 0.7 ~ 1.2 厘米（图三〇〇，2）。

缸　1 件。标本 M146：1，夹砂灰陶，陶色不纯，局部呈红褐色。方唇，敞口，直腹，平底。口径 9.8、底径 7.7、高 12.2、壁厚 0.5 ~ 0.6 厘米（图三〇〇，3）。

琥珀　计有串饰 1。

串饰　1 件。标本 M146 填：1，略有残损。表面包裹有一层黄褐色石皮，内里红褐色。整体呈不规则梯形，一面横向有一凹槽。纵向穿有一孔。长 3.4、宽 2.7 厘米（图三〇〇，4；彩版一八三，5）。

一〇六　M148（Ⅴ区）

1. 墓葬形制

单室砖墓，平面呈甲字形，由墓道、墓室组成。方向 200°（图三〇一；彩版一八四，1）。开口于耕土层下，开口距地表 0.20 米，破坏严重。

墓道　位于墓室南壁偏东，长方形斜坡状，未发掘完，长不详，宽 1.00、底部距地表 0.96 米。

墓门和封门　不存。

墓室　平面呈长方形，长 3.30、宽 2.80 米。墓室四壁平直，南侧砖墙和铺地砖被破坏。墓室砖墙最高处保存有 4 层砖，砌法为由下至上为三层平砖一层丁立砖，另外，三层平砖的砌法又为两层双隅顺砌平砖之间夹一层平砌丁砖。墓底铺砖为人字形。用砖规格：36×18×6 厘米，青砖，多数砖平面施有绳纹。

2. 葬具和人骨

墓内未发现任何葬具。

葬有 2 具人骨，并列置于墓室西侧，人骨已被扰乱，葬式及性别不明。

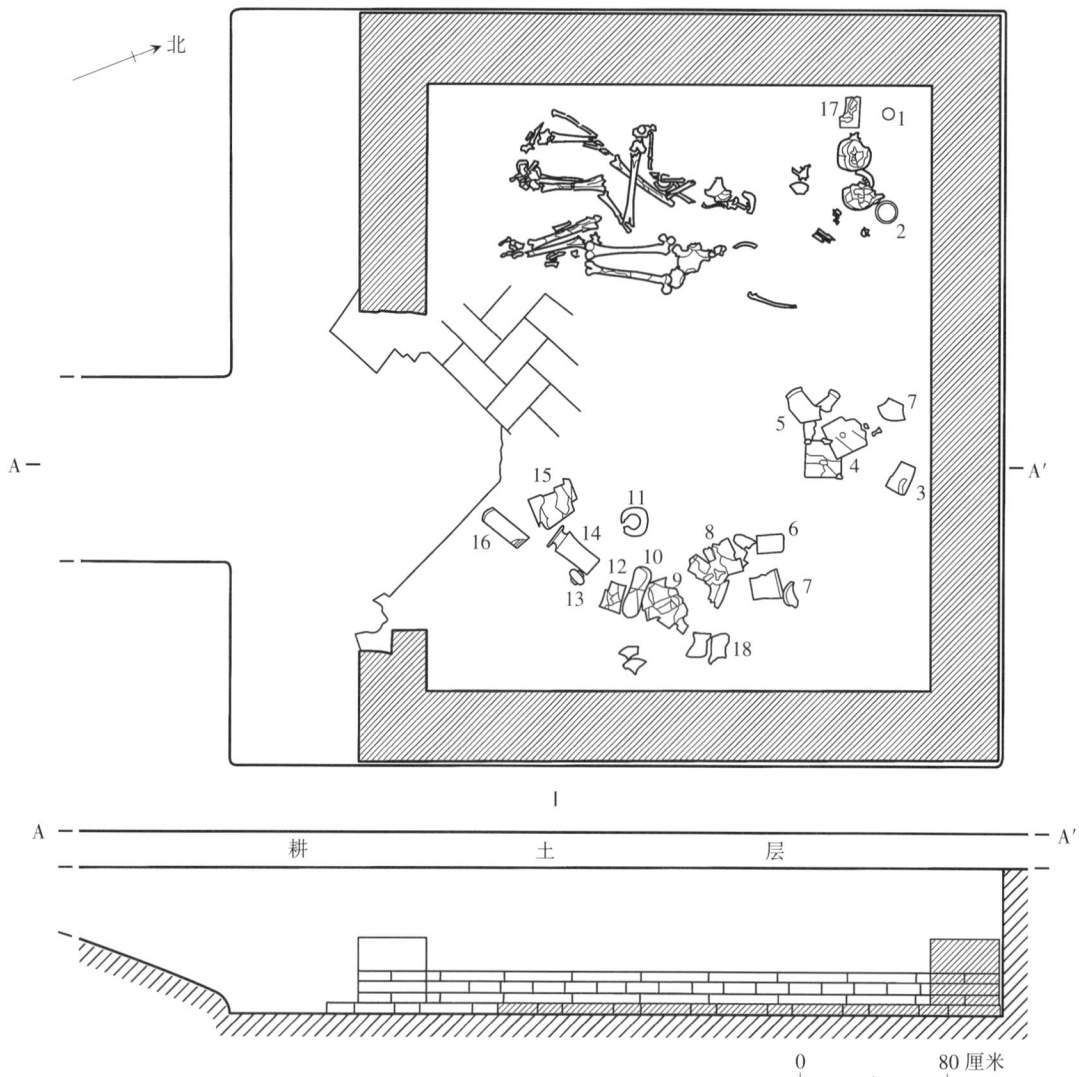

图三〇一　M148 平、剖面图

1. 小陶釜　2、11. 陶罐　3、6、12、15. 陶缸　4. 陶仓盖　5. 陶案　7、9、10. 陶奁　8、16. 陶盘　13. 陶耳杯　14. 陶井

3. 随葬品

该墓共出土有 17 件随葬品，位于墓室东部，均为陶器，种类计有罐 2、仓盖 1、井 1、奁 3、耳杯 1、案 1、缸 4、盘 2、小釜 1、水斗 1。

罐　2 件（M148：2、11）。标本 M148：2，夹砂黑陶。方唇，敞口，鼓腹，腹部最大径位置居中，凹底。口径 7.8、底径 7.6、最大腹径 13.9、高 9.9、壁厚 0.3～0.5 厘米（图三〇二，1）。标本 M148：11，夹砂灰陶。方唇，口微敛，矮领，圆肩，鼓腹，最大腹径靠近肩部，平底。素面，周身轮旋痕迹明显。口径 9.5、底径 7.8、腹部最大径 15.0、高 11.1、壁厚 0.6～0.7 厘米（图三〇二，2；彩版一八四，2）。

仓盖　1 件。标本 M148：4，夹砂黄褐陶，正脊残缺。平面呈长方形，"一"字形坡式，每面均有 5 条瓦垄，瓦垄终端有雕花瓦当。通长 39.4、通宽 20.7 厘米（图三〇二，3）。

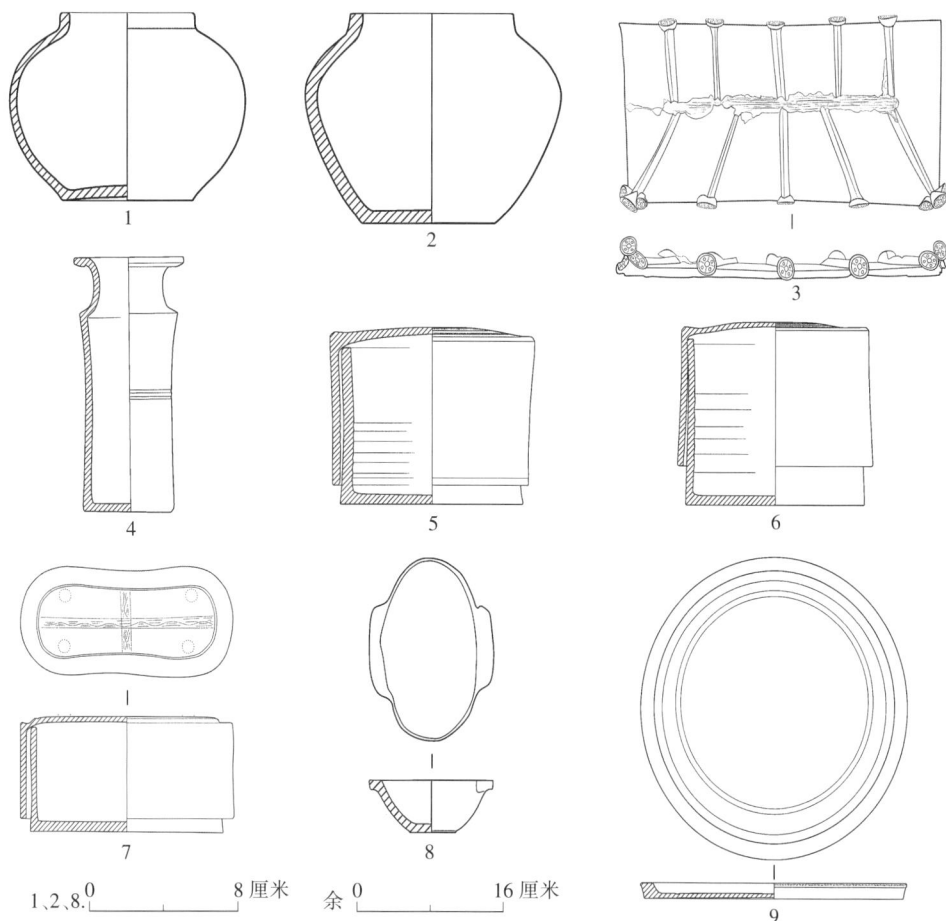

图三〇二　M148 出土器物

1、2. 陶罐（M148：2、11）　3. 陶仓盖（M148：4）　4. 陶井（M148：14－1）　5～7. 陶奁（M148：7、9、10）　8. 陶耳杯（M148：13）　9. 陶案（M148：5）

井　1件。标本 M148：14－1，夹砂灰陶。方唇，侈口，平沿，束颈，折肩，细长筒形，直腹，平底。腹中部饰有两周凹弦纹。口径 12.9、底径 10.2、高 26.8、壁厚 0.7 厘米（图三〇二，4；彩版一八五，1）。

奁　3件（M148：7、9、10）。其中，标本 M148：7、M148：9 形制相同，均为夹砂黑褐陶，由盖奁及底奁两部分组成。盖奁：弧顶，腹壁内弧，敞口，方唇；顶部施有三组凹弦纹。底奁：方唇，敞口，腹壁内弧，平底；素面，内壁轮旋痕迹明显。标本 M148：7，通高 18.6 厘米。盖奁：口径 23.0、顶径 24.0、高 16.6、壁厚 0.8～1.0 厘米。底奁：口径 20.1、底径 21.4、高 16.4、壁厚 0.9～1.2 厘米（图三〇二，5；彩版一八四，3）。标本 M148：9，盖奁：口径 23.2、顶径 22.3、高 15.2、壁厚 0.5～0.8 厘米。底奁：口径 20.9、底径 21.2、高 17.5、壁厚 0.6～0.8 厘米（图三〇二，6；彩版一八五，2）。标本 M148：10，夹砂灰褐陶，陶色不纯，局部呈红褐色。平面呈亚腰椭圆形，弧顶近平，腹壁略弧，敞口，圆唇。顶部原有四个乳丁状纽，但现已脱离仅存疤痕。顶面正中为一交叉“十”字界格，界格内刻划水波纹，水波纹的空隙处填充短线。底奁：平面呈亚腰椭圆形，圆唇，直腹，平底。盖奁：口长径 25.1、短径 11.1、底长径 25.0、短径 10.8、高 10.7、壁厚 0.5～0.7 厘米。底奁：口长径 22.6、短径 10.7、底长径 20.1、短径10.5、高11.1、壁厚0.6～0.7厘米（图三〇二，7；彩版一八五，3）。

耳杯　1件。标本M148：13，夹砂灰陶。杯口平面呈椭圆形，双耳较平，弧腹，台底。口长径9.6、短径7.2、底长径5.3、短径2.7、高2.7、壁厚0.4～0.5厘米（图三〇二，8；彩版一八五，4）。

案　1件。标本M148：5，夹砂黄褐陶。圆形浅盘，沿面施有一周粗绳纹，案心轮旋出一圈凹弦纹。口径31.7、底径30.8、高1.6、壁厚0.5～1.5厘米（图三〇二，9）。

缸　4件（M148：3、6、12、15）。其中，标本M148：3与M148：15形制相同，均为夹砂灰褐陶，圆唇，直口，直腹，平底；腹内饰有两周瓦棱纹，腹下部修坯削痕明显。标本M148：3，口径9.6、底径7.9、高14.1、壁厚0.6～0.7厘米（图三〇三，1）。标本M148：15，口径9.5、底径8.3、高15.1、壁厚0.7～0.9厘米（图三〇三，2）。其中，标本M148：6与M148：12形制相同，均为夹砂灰陶，圆唇，直口，直腹，中腹部微束，平底；腹下部饰有两周瓦棱纹，腹内饰有数周瓦棱纹，腹下部修坯削痕明显。标本M148：6，口径9.2、底径8.6、高13.8、壁厚0.7～0.9厘米（图三〇三，3；彩版一八五，5）。标本M148：12，口径9.0、底径8.4、高12.6、壁厚0.6～0.8厘米（图三〇三，4）。

盘　2件（M148：8、16）。标本M148：8，夹砂灰陶。尖唇，敞口，小折沿，折腹，平底内凹。口径21.1、底径9.0、高3.6、壁厚0.4～0.6厘米（图三〇三，5）。标本M148：16，夹砂灰陶，陶色不纯，局部呈黑褐色。尖唇，敞口，折沿，折腹，凹底。口径20.6、底径9.0、高3.6、壁厚0.3～0.4厘米（图三〇三，6）。

小釜　1件。标本M148：1，夹砂红褐陶。方唇，敞口，折腹，圜底。口径5.0、最大腹径8.9、高5.4、壁厚0.3～0.4厘米（图三〇三，7）。

水斗　1件。标本M148：14－2，夹砂黑褐陶。平面呈圆形。一端有流。圜底。口径5.5、高2.8、壁厚0.2～0.3厘米（图三〇三，8）。

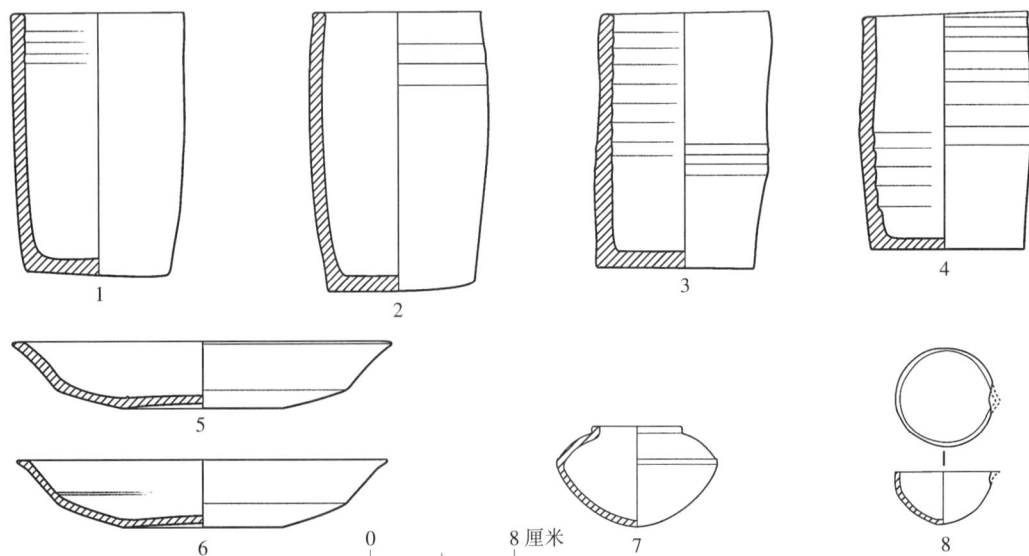

图三〇三　M148 出土器物

1～4. 陶缸（M148：3、15、6、12）　5、6. 陶盘（M148：8、16）　7. 小陶釜（M148：1）
8. 陶水斗（M148：14－2）

一〇七　M149（Ⅴ区）

1. 墓葬形制

双室砖墓，平面呈吕字形，由墓道、甬道、墓门及墓室组成。方向10°（图三〇四；彩版一八六，1）。开口于耕土层下，开口距地表0.10米，破坏严重。墓室东北角被一瓮棺（W4）打破。

墓道　长方形斜坡状，未发掘完，长不详，宽1.64、底部距地表1.10米。

甬道　平面呈长方形，长0.38、宽0.84米。两壁砌法同墓室。

墓门　位于墓室前室南壁中部，宽0.84米。

封门　条砖封堵，现存两层砖，残高0.12米。一层双隅平砖，一层丁砖。

墓室　平面整体呈吕字形，分前、后两个墓室。前室平面呈方形，边长2.14米，南壁中部有过道通往后室，过道平面呈长方形，长0.84、宽0.72米。后室平面呈方形，边长2.60米。四壁平直，保存较好，最高处保存有6层砖，砌法由下至上为三层平砖一层丁立砖，两者交替向上。另外，三层平砖的砌法又为双隅平砖错缝顺砌。墓底铺砖为人字形。用砖规格：（36～38）×18×6厘米，青砖，多数砖平面施有绳纹。

2. 葬具和人骨

前室靠近西壁有一座棺床，单层砖砌成，平面呈长方形，长1.42、宽0.36米，为单列丁砖平铺。

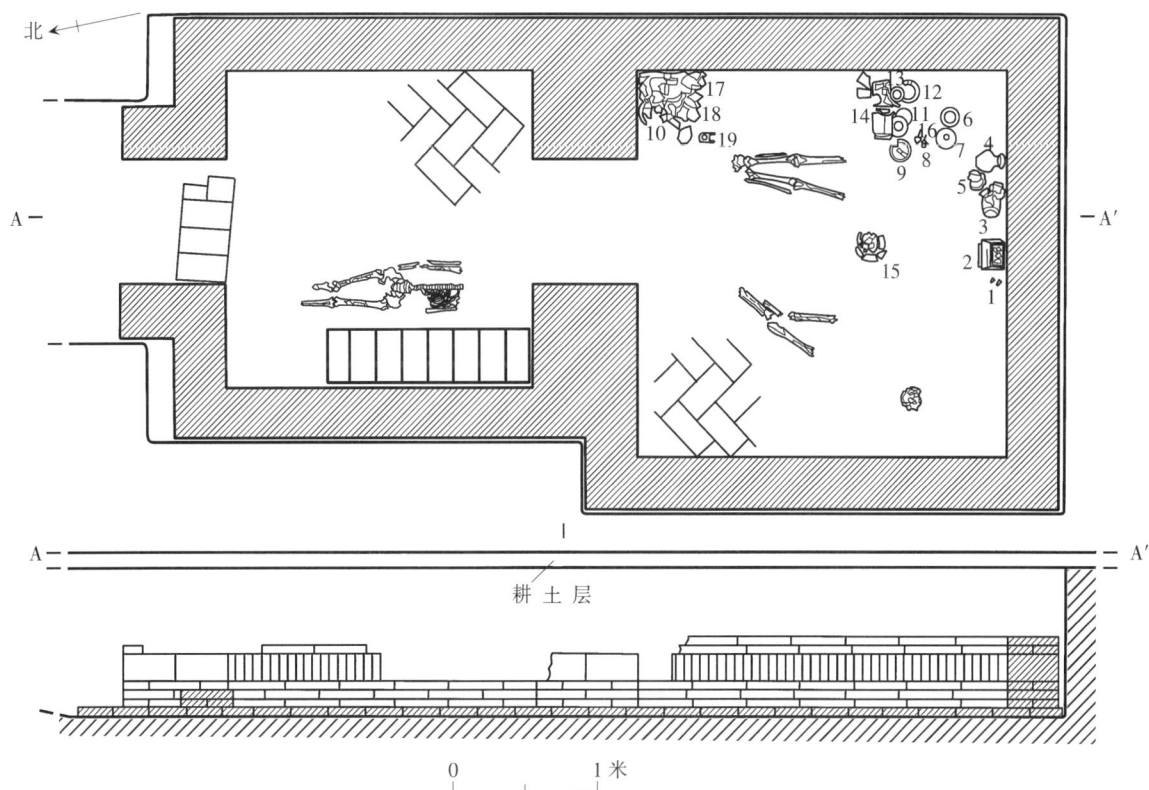

图三〇四　M149 平、剖面图

1. 耳瑱　2. 陶仓　3、10. 陶缸　4. 陶瓮　5. 陶罐　6、9. 小陶盆　7、12. 陶灯　8. 陶水斗　11. 小陶甑　13. 陶鼎　14. 陶灶组合　15. 陶盘　16、17、18. 小陶瓢　19. 陶支架

葬有 3 具人骨，前室一具，后室二具。前室人骨置于棺床东侧，上肢骨和颅骨腐朽殆尽，保存较差，葬式应为仰身直肢，头向南，性别不明。后室人骨位于墓室中央，仅残存数段下肢骨，葬式及性别不明。

3. 随葬品

该墓共出土有 21 件随葬品，位于墓室南部，质地分为陶、琉璃两种。分述如下。

陶器 计有罐 1、鼎 1、瓮 1、仓 1、灶 1、灯 1、盘 1、缸 2、小盆 2、小釜 1、小瓿 1、水斗 1、瓢 3、支架 1。

罐 1 件。标本 M149：5，夹砂灰陶。圆唇，侈口，短颈，溜肩，斜直腹，腹部最大径位置靠近肩部，平底。器底轮旋痕迹明显。口径 10.3、底径 8.9、高 15.0、壁厚 0.5 厘米（图三〇五，1；彩版一八六，2）。

鼎 1 件。标本 M149：13，夹砂灰陶。圆唇，子母口，折腹，圜底，腹部两侧有安装耳残留的圆形穿孔。底部置有 3 个柱状足。口径 10.5、高 9.1、足高 4.4、壁厚 0.4 厘米（图三〇五，2；彩版一八六，3）。

瓮 1 件。标本 M149：4，夹砂白陶。方唇，直口，矮领，溜肩，鼓腹略垂，圜底。领部饰一周瓦棱纹。口径 24.5、高 37.4、最大腹径 42.5、壁厚 0.9 厘米（图三〇五，3；彩版一八七，1）。

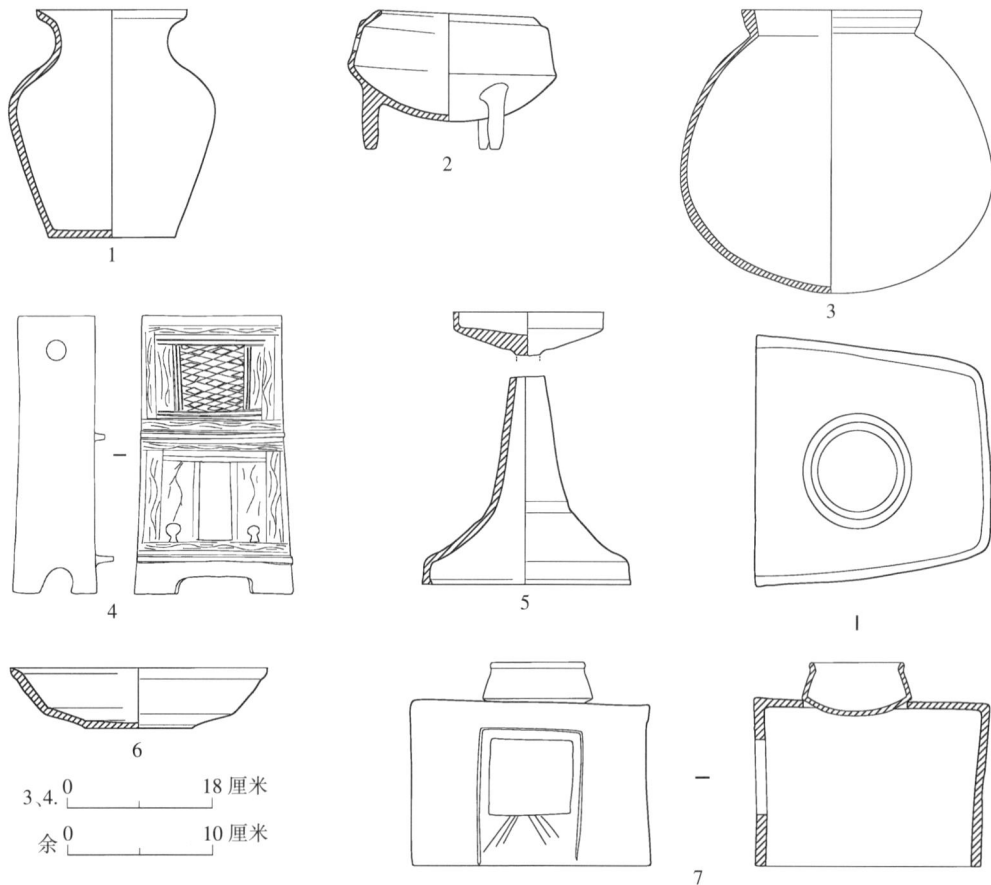

图三〇五 M149 出土器物

1. 陶罐（M149：5） 2. 陶鼎（M149：13） 3. 陶瓮（M149：4） 4. 陶仓（M149：2） 5. 陶灯（M149：7、12）
6. 陶盘（M149：15） 7. 陶灶组合（M149：14）

仓　1件。标本 M149：2，夹砂灰陶，仅存仓身部分，仓盖不存。仓身平面呈长方形，分上、下两层，中间出檐，透底。下层正中有一长方形镂孔门，门下有台阶，门左右下角有一组由圆形和梯形组成的镂孔。门四周墙壁上有刻划的直线和弧线纹。上层正中有十行菱形镂孔及刻划菱形纹窗，窗周围墙壁上有刻划的直线纹和弧线纹。房身侧面近顶部各有一个圆形镂孔，为通气孔。仓底边做成单拱弧形，前后侧为大拱，左右侧面为小拱。高 32.8、长 19.8、宽 10.3、壁厚 1.0 厘米（图三○五，4；彩版一八七，2）。

灶　1件。标本 M149：14 - 2，夹砂灰褐陶。灶面呈梯形，中部置有一圆形火眼，边缘起棱。前端有长方形灶门，灶门四周有刻划的斜线纹。长 16.0、宽 16.5、高 10.9、壁厚 0.8 厘米；灶门长 5.7、灶门宽 5.0、火眼直径 7.1 厘米（图三○五，7）。

灯　1件（M149：7、12 合号）。标本 M149：7、12，夹砂灰褐陶，分体灯，由灯盘及灯座两部分组成。灯盘：浅盘状，方唇，直口，浅腹，圜底，底部中央接柄，柄部略残；腹内壁轮旋痕迹明显。灯座：呈漏斗状，长柄，方唇。灯盘：口径 10.2、残高 2.9、壁厚 0.4～1.2 厘米。灯座：底径 14.2、高 13.7、壁厚 0.6 厘米（图三○五，5；彩版一八七，3）。

盘　1件。标本 M149：15，夹砂灰陶。尖唇，敞口，浅腹，腹部微折，台底。腹内壁饰两周弦纹。口径 17.5、底径 7.3、高 4.0、壁厚 0.6 厘米（图三○五，6）。

缸　2件（M143：3、10）。形制相同，均为夹砂黑褐陶，方唇，口微敛，直腹，底部微内凹；腹内壁瓦棱纹明显。标本 M149：3，口径 8.4、底径 7.1、高 15.2、壁厚 0.5 厘米（图三○六，1）。标本 M149：10，口径 8.4、底径 7.1、高 14.3、壁厚 0.5 厘米（图三○六，2；彩版一八七，4）。

小盆　2件（M149：6、9）。形制相同，均为夹砂灰陶，方唇，口微侈，展沿，沿面有凹槽，弧腹，平底，素面。标本 M149：6，口径 11.2、底径 4.7、高 3.7、壁厚 0.4 厘米（图三○六，3）。标本 M149：9，口径 11.8、底径 4.4、高 3.6、壁厚 0.5 厘米（图三○六，4）。

小甑　1件。标本 M149：11，夹砂灰陶。方唇，敞口，展沿，沿面有凹槽，弧腹，平底，底部有 21 个楔形甑孔。素面。口径 12.4、底径 5.4、高 3.5、壁厚 0.4 厘米（图三○六，5；彩版一八七，5、6）。

小釜　1件。标本 M149：14 - 1，夹砂黄褐陶。圆唇，唇外侧加厚，矮领，折腹，圜底。口径 6.4、高 3.5、壁厚 0.4 厘米（图三○五，5）。

水斗　1件。标本 M149：8，夹砂黄褐陶。由斗和提梁组成。斗为钵形，圆唇，敞口，圜底，提梁呈"人"字形。通高 7.3，斗口径 4.6、高 1.9、壁厚 0.4 厘米（图三○六，6）。

瓢　3件（M149：16、17、18）。形制相同，均为夹砂黄褐陶，平面呈桃形，圆唇，弧腹，圜底，素面。标本 M149：16，通长 3.9、宽 3.4、高 1.9、壁厚 0.3 厘米（图三○六，7）。标本 M149：17，通长 4.0、宽 3.3、高 1.7、壁厚 0.3 厘米（图三○六，8）。标本 M149：18，通长 3.7、宽 3.1、高 1.9、壁厚 0.3 厘米（图三○六，9）。

支架　1件。标本 M149：19，夹砂黄陶。一侧残，中间有圆形穿孔。残长 6.5、宽 4.0、孔径 2.8、厚 0.6 厘米（图三○六，10）。

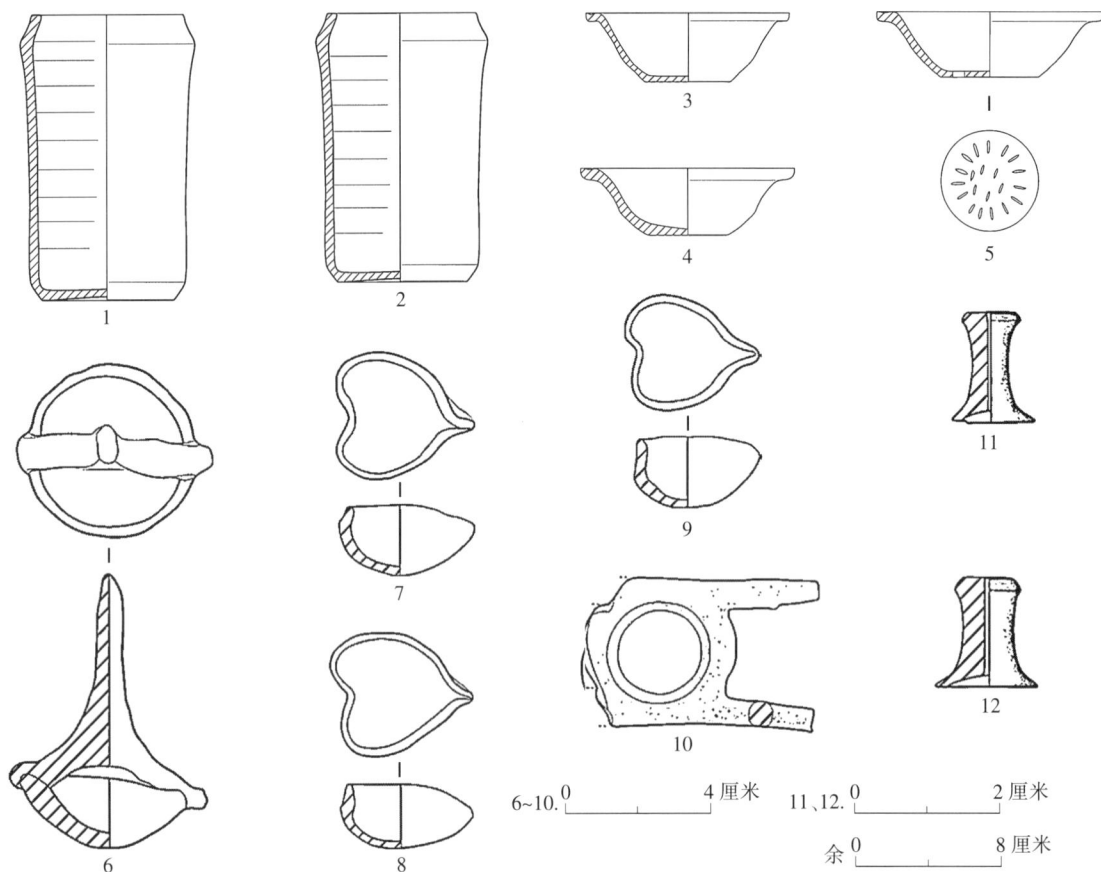

图三〇六　M149 出土器物

1、2. 陶缸（M149：3、10）　3、4. 小陶盆（M149：6、9）　5. 小陶甑（M149：11）　6. 陶水斗（M149：8）　7～9. 陶瓢（M149：16、17、18）　10. 陶支架（M149：19）　11、12. 耳瑱（M149：1-1、1-2）

琉璃器　耳瑱 2。

耳瑱　2 件。均为深蓝色，喇叭形，束腰，细端平齐，粗端内凹。纵穿一孔。标本 M149：1-1，略有残损。最大径 1.2、长 1.5 厘米（图三〇六，11）。标本 M149：1-2，最大径 1.4、长 1.5 厘米（图三〇六，12）。

一〇八　M150（Ⅴ区）

1. 墓葬形制

单室砖墓，东侧被一个现代坑打破，平面呈甲字形，由墓道、甬道、墓门及墓室组成。方向 20°（图三〇七；彩版一八八）。开口于耕土层下，开口距地表 0.10 米，破坏严重。

墓道　平面呈长方形，靠近甬道处较陡，未发掘完，长不详，宽 0.70、底部距地表 0.64 米。

甬道　平面呈长方形，长 1.20 米，宽不详。东壁北端系加砌而成，为单层丁砖和平砖混砌，主体砌法同墓室。底部铺砖两层：下层为墓底铺砖，上层为东西向条砖错缝平铺。

墓门　位于墓室南壁中部，宽不详。

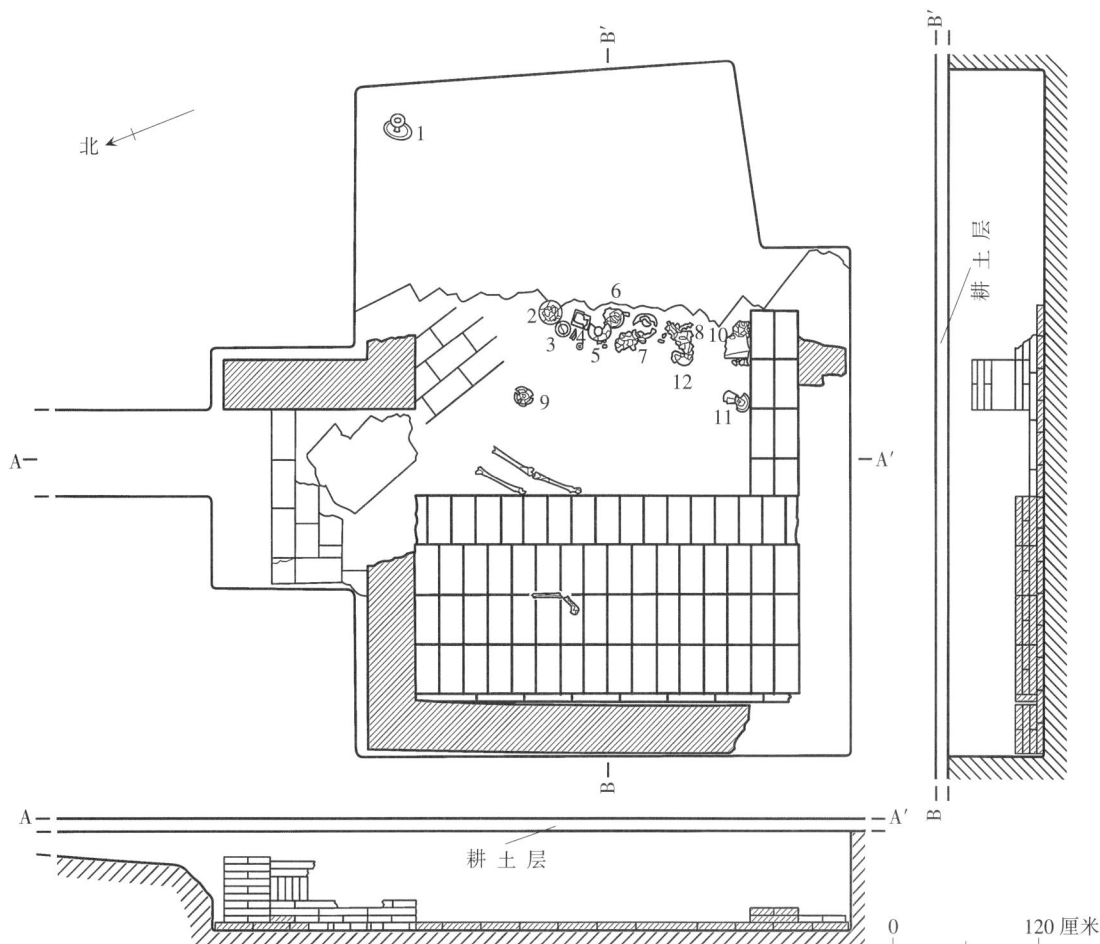

图三〇七　M150 平、剖面图

1. 陶灯　2、5、9. 陶盘　3. 小陶盆　4、7、8、11. 陶缸　6. 陶鼎　10. 陶井　12. 陶奁

封门　不存。

墓室　东部被打破，根据墓圹推测其平面呈长方形，残长 3.20 米，宽不详。西壁保存较好，稍有外弧，墓室最高处保存有 6 层砖，砌法由下至上为三层平砖一层丁立砖，两者交替向上。另外，三层平砖的砌法又为两层双隅顺砌平砖之间夹一层平砌丁砖。墓底铺砖为西北—东南斜向错缝平铺。用砖规格：（36~38）×18×6 厘米，青砖，多数砖平面施有绳纹。

2. 葬具和人骨

墓室西部有一座棺床，三层砖砌成，平面呈长方形，长 3.20、宽 1.70、高 0.18 米。砌法为两层东西向拼缝平铺丁砖之间夹一层南北向拼缝平铺的平砖，棺床与西壁之间的缝隙夹砌丁立砖。

葬有 1 具人骨，散落于棺床上和棺床东壁下，保存较差，葬式及性别不明。

3. 随葬品

该墓共出土有 12 件随葬品，位于墓室北部，均为陶器，种类计有鼎 1、井 1、奁 1、灯 1、盘 3、缸 4、小盆 1。

鼎　1 件。标本 M150∶6，夹砂黑陶。圆唇，敛口，溜肩，肩部有两个穿孔，附两个

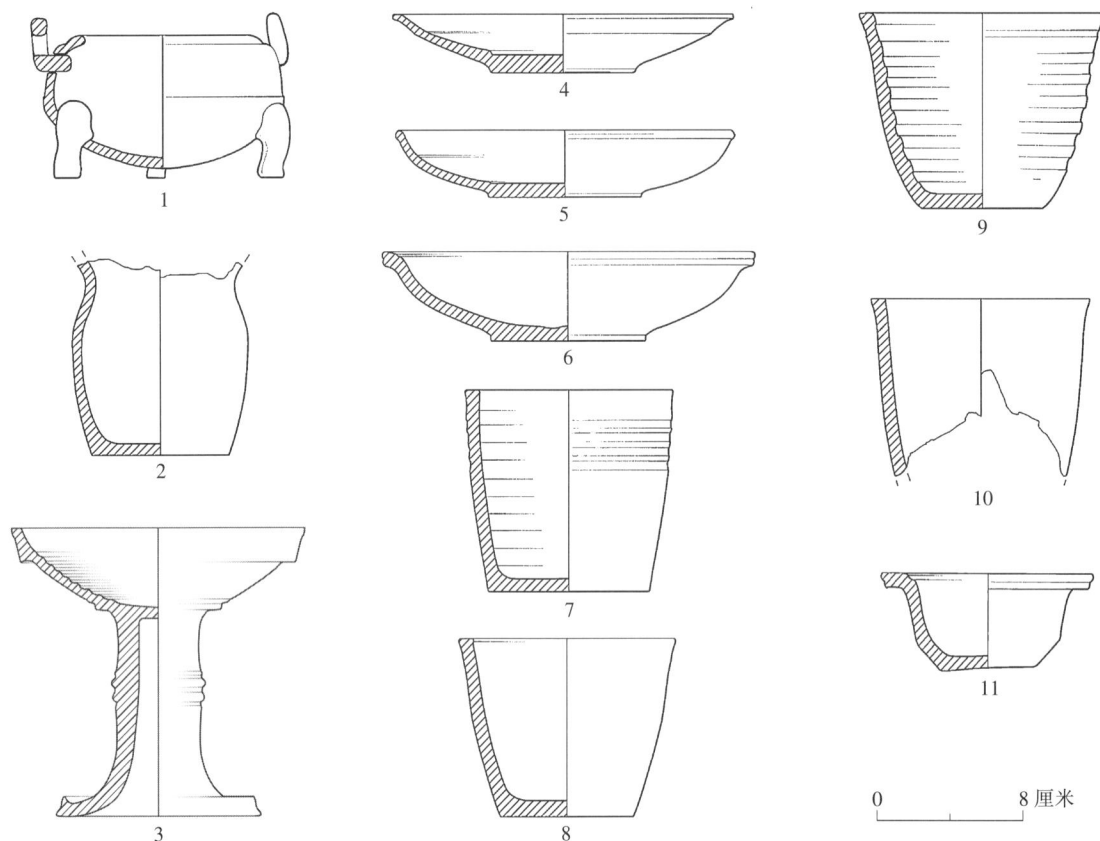

图三〇八　M150 出土器物

1. 陶鼎（M150：6）　2. 陶井（M150：10）　3. 陶灯（M150：1）　4～6. 陶盘（M150：2、5、9）　7～10. 陶缸（M150：4、7、8、11）　11. 小陶盆（M150：3）

环形耳，折腹，最大腹径位置居中，圜底，底附三个蹄形足。口径 9.8、最大腹径 13.9、高 7.9、壁厚 0.5～0.6 厘米（图三〇八，1；彩版一八九，1）。

井　1 件。标本 M150：10，夹砂褐陶。口部现已缺失，束颈，溜肩，弧腹，平底。素面。底径 7.9、高 10.8、壁厚 0.5～0.7 厘米（图三〇八，2）。

瓮　1 件。标本 M150：12，夹砂灰陶。破碎不可修复。.

灯　1 件。标本 M150：1，夹砂灰陶。钵形浅盘。方唇，侈口。灯座呈喇叭口状，底部卷沿，灯盘内壁有数周瓦棱纹，节径柄。上口径 16.8、下口径 11.8、高 16.0、壁厚 0.6～1.2 厘米（图三〇八，3；彩版一八九，2）。

盘　3 件（M150：2、5、9）。标本 M150：2，夹砂黑褐陶。方唇，敞口，浅腹，台底。素面。口径 19.6、底径 8.3、高 3.3、壁厚 0.4～1.0 厘米（图三〇八，4）。标本 M150：5，夹砂黑褐陶。圆唇，敞口，浅弧腹，台底。素面。口径 19.2、底径 8.7、高 3.7、壁厚 0.4～0.7 厘米（图三〇八，5）。标本 M150：9，夹砂褐陶。方唇，展沿，敞口，浅弧腹，台底。素面。口径 21.5、底径 8.9、高 5.0、壁厚 0.6～0.8 厘米（图三〇八，6；彩版一八九，3）。

缸　4 件（M150：4、7、8、11）。形制相同，均为夹砂黑褐陶，方唇，直口，斜直腹，平底；腹上部有四周瓦棱纹，腹内壁轮旋痕迹明显。标本 M150：4，口径 12.0、底径 9.3、高 11.2、壁厚 0.6～0.8 厘米（图三〇八，7）。标本 M150：7，口径 12.6、底径

7.6、高 10.0、壁厚 0.7 ~ 0.9 厘米（图三〇八，8）。标本 M150：8，腹部饰数周瓦棱纹，腹内壁有数周凹弦纹。口径 14.1、底径 6.9、高 10.9、壁厚 0.6 ~ 0.8 厘米（图三〇八，9）。标本 M150：11，底部残缺。口径 12.5、高 9.8、壁厚 0.6 ~ 0.7 厘米（图三〇八，10；彩版一八九，4）。

小盆　1 件。标本 M150：3，夹砂黑褐陶。方唇，唇面有一周凹槽，敞口，平沿，折腹，平底。素面，腹下部修坯削痕明显。口径 12.2、底径 5.4、高 5.2、壁厚 0.6 ~ 0.8 厘米（图三〇八，11）。

一〇九　M151（Ⅴ区）

M151 与 M152 为一组并葬墓，其中，M151 打破 M152。

1. 墓葬形制

石圹竖穴墓，平面呈圆角长方形，墓圹规整。方向 110°（图三〇九；彩版一九〇，1）。开口于耕土层下，开口距地表 0.20 米。

墓圹四壁平直，墓底较平坦。长 2.70、宽 1.50、深 0.60 米。墓穴四壁保存有一圈宽 0.20 米的小碎石片，墓底平铺一层厚 0.01 ~ 0.02 米的小碎石片。

墓内填土主要为黄色的沙石混合料，夹杂有少量小碎石片、贝壳，土质较硬。

2. 葬具和人骨

在墓底靠近南壁处发现有一条黑色板灰痕迹，应为木棺的右侧立板。板灰痕迹长 1.80、宽 0.06 米。

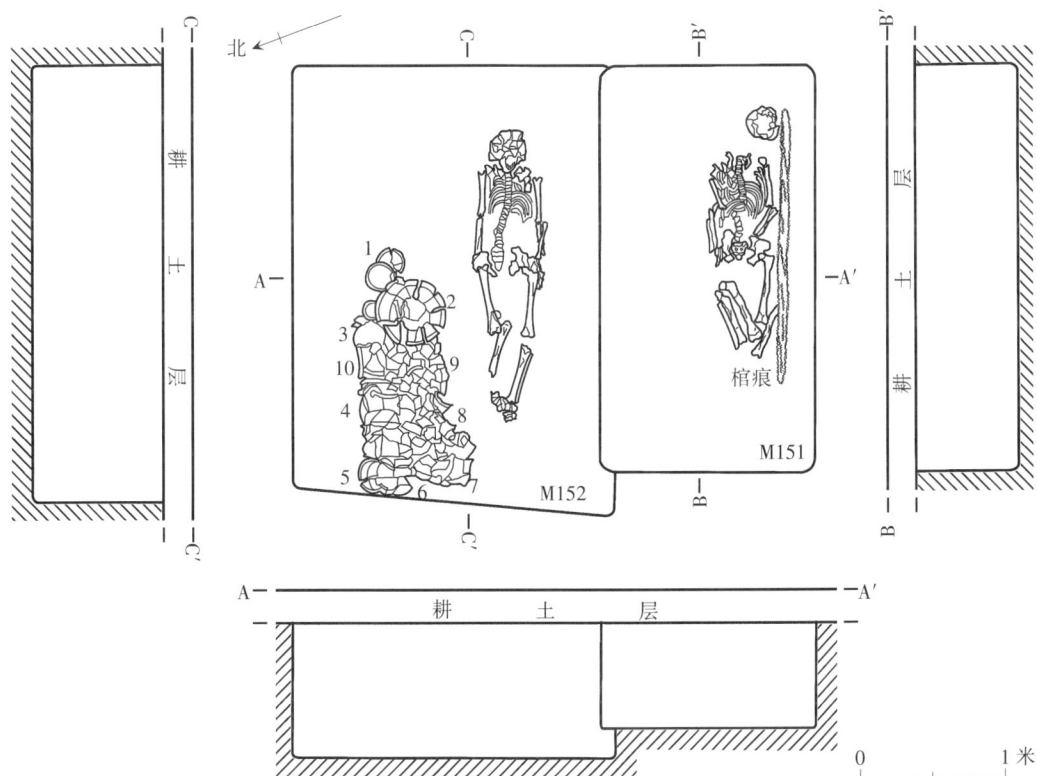

图三〇九　M151、M152 平、剖面图
M152　1、5. 陶盒　2、10. 陶盆　3、6. 陶壶　4、7、8、9. 陶罐

墓内葬有 1 具人骨，为一女性个体。骨骼保存较完整，葬式为仰身屈肢葬，头向东，双臂交于腹部，双腿蜷在一起。

3. 随葬品

该墓未见有任何随葬品。

——〇 M152（Ⅴ区）

1. 墓葬形制

石圹竖穴墓，平面大致呈不规则圆角长方形，墓圹南壁被 M151 打破。方向 110°（见图三〇九；见彩版一九〇，1）。开口于耕土层下，开口距地表 0.20 米。

墓圹四壁较平直，墓底较平坦。长 2.80～3.00、宽 2.20、深 0.90 米。墓穴四壁保存有一圈宽 0.20 米的贝壳，墓底平铺一层厚 0.10 米的贝壳。

墓内填土主要为黄色的沙石混合料，夹杂有少量的贝壳，土质较硬。

2. 葬具和人骨

从墓穴四壁保存的贝壳分析，该墓主在入葬时，应存在木棺，棺与墓壁的间隙填充贝壳；但由于该墓的埋藏条件不利于木棺的保存，所以，在木棺腐朽殆尽后，仅剩贝壳立于墓穴四壁之上。

墓内葬有 1 具人骨，为一男性个体。骨骼保存较完整，葬式为仰身直肢，头向东，面向上，双臂平伸贴近体侧，双腿向内并拢。

3. 随葬品

该墓共出土有 10 件随葬品，位于墓穴西北侧，东西向排列，较规整，均为陶器，种类计有罐 4、壶 2、盒 2、盆 2。

罐　4 件（M152：4、7、8、9）。其中，标本 M152：4 与 M152：9 形制相同，均为夹砂灰陶，方唇，敞口，展沿，直颈，溜肩，弧腹，最大腹径位置居中，平底。标本 M152：4，腹上部有三周凹弦纹，腹中部有两周粗绳纹，腹下部及底部饰有细绳纹。口径 19.5、底径 11.2、最大腹径 34.0、高 33.2、壁厚 0.8～1.0 厘米（图三一〇，1）。标本 M152：9，腹中部饰有三周粗绳纹，腹下部及底部饰有细绳纹。口径 18.2、底径 10.7、最大腹径 29.6、高 26.3、壁厚 0.7～0.9 厘米（图三一〇，2）。标本 M152：7，夹砂灰陶。方唇，侈口，平沿，束颈，溜肩，鼓腹，最大腹径位置居中，凹底。腹中部饰有两周粗绳纹，腹下部及底部饰有细绳纹。口径 16.5、底径 9.4、最大腹径 28.2、高 25.2、壁厚 0.7～0.8 厘米（图三一〇，3）。标本 M152：8，夹砂灰陶。圆唇，口微侈，束颈，溜肩，鼓腹，最大腹径位置居中，凹底。腹上部有数周凹弦纹，腹中部饰有三周粗绳纹，腹下部及底部饰细绳纹。口径 16.2、底径 7.5、最大腹径 27.7、高 22.7、壁厚 0.8 厘米（图三一〇，4；彩版一九〇，2）。

壶　2 件（M152：3、6）。形制相同，均为夹砂灰陶，由壶盖和壶身组成。壶盖：弧顶，尖唇，敞口，素面。壶身：尖唇，敞口，束颈，溜肩，弧腹，最大腹径位置居中，圜底，圈足；颈部有四周凹弦纹，颈内壁有五周凹弦纹，腹中部饰有两周粗绳纹。标本 M152：3，通高 30.6 厘米。壶盖：口径 15.9、高 3.0、壁厚 0.9 厘米。壶身：口径 14.3、底径 11.9、最大腹径 24.6、高 28.1、壁厚 0.8 厘米（图三一〇，5；彩版一九〇，3）。标本 M152：6，通高 29.6 厘米。壶盖：口径 16.1、高 2.5、壁厚 0.6～0.7 厘米。壶身：口径 14.6、底径 11.1、最大腹径 23.2、高 27.4、壁厚 0.7 厘

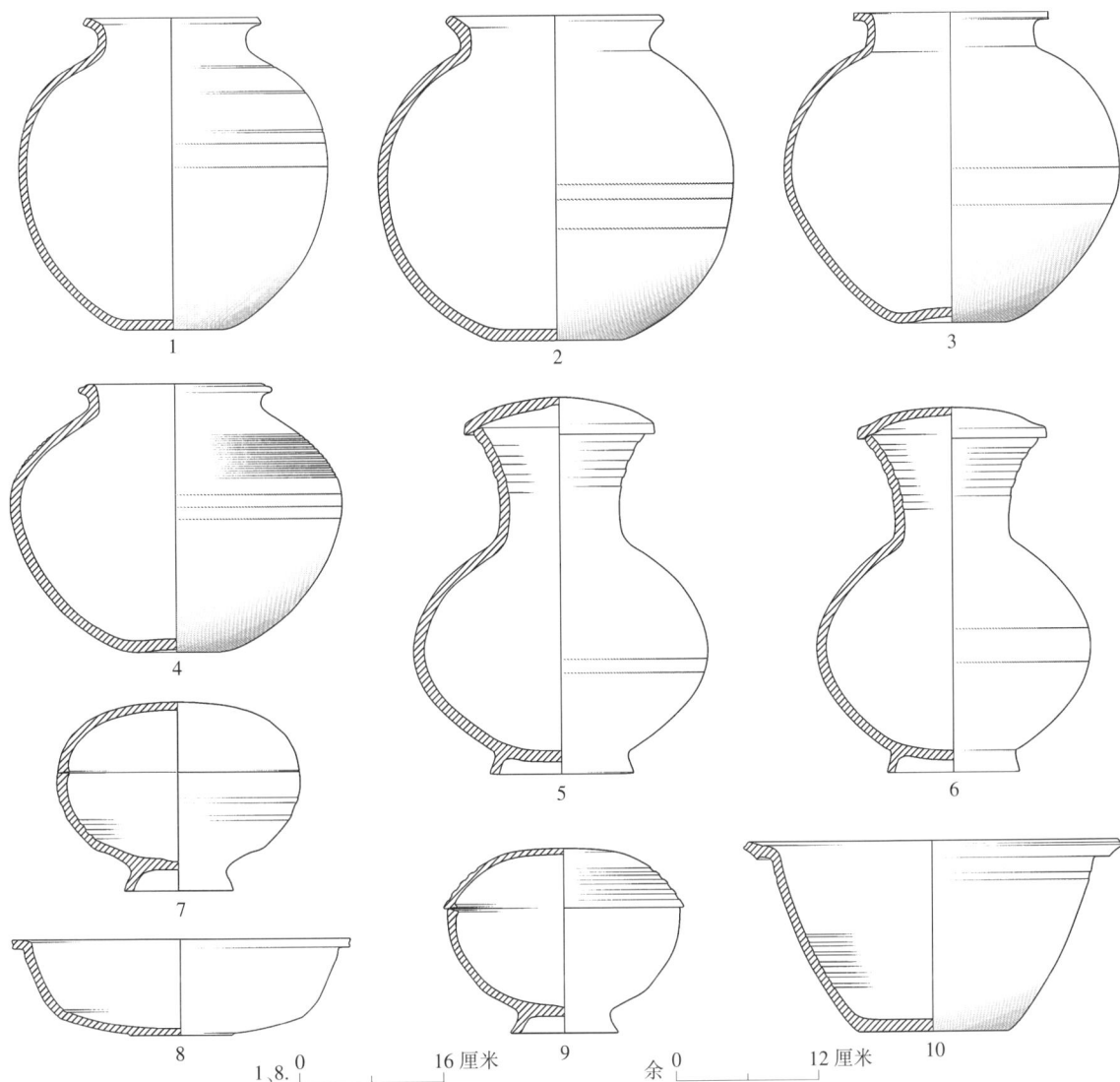

图三一〇 M152 出土器物

1~4. 陶罐（M152：4、9、7、8） 5、6. 陶壶（M152：3、6） 7、9. 陶盒（M152：1、5） 8、10. 陶盆（M152：2、10）

米（图三一〇，6）。

盒 2件（M152：1、5）。标本 M152：1，夹砂灰陶，由盒盖和盒身组成。盒盖：呈覆钵形，弧顶，方唇。素面。盒身：方唇，口微敛，弧腹，圜底，圈足。腹部饰两周瓦棱纹。通高 15.3 厘米。盒盖：口径 20.2、高 5.7、壁厚 0.6~0.7 厘米。盒身：口径 20.2、底径 9.0、高 9.6、壁厚 0.6~0.8 厘米（图三一〇，7；彩版一九〇，4）。标本 M152：5，夹砂灰陶，由盒盖和盒身组成。盒盖：弧顶，尖唇，母口，弧腹，腹部有四周凹弦纹。盒身：方唇，子口，弧腹，平底，圈足。素面。通高 15.0 厘米。盒盖：口径 20.1、高 4.9、壁厚 0.5 厘米。盒底：口径 19.5、底径 9.0、高 10.1、壁厚 0.6~0.8 厘米（图三一〇，9）。

盆 2件（M152：2、10）。标本 M152：2，夹砂灰陶。方唇，唇面有一周凹槽，敞口，展沿，弧腹，台底。腹内壁有一周凹弦纹。口径 37.3、底径 11.4、高 10.3、壁厚 0.7~0.9 厘米（图三一〇，8；彩版一九〇，5）。标本 M152：10，夹砂灰陶。

尖唇，敞口，平沿，斜腹，平底。腹上部有一周凹槽，腹内部有六周瓦棱纹，腹下部及底部饰有细绳纹。口径32.0、底径12.7、高15.5、壁厚0.6~1.0厘米（图三一〇，10）。

——— M153（Ⅴ区）

M153 与 M157 为一组并葬墓，其中，M153 打破 M157。

1. 墓葬形制

石圹竖穴墓，平面呈圆角长方形，墓圹不甚规整。方向110°（图三一一；彩版一九一，1）。开口于耕土层下，开口距地表0.10米。

墓圹四壁较平直，墓底经过简单修整，长3.00、宽2.20、深1.30米。墓穴四壁保存有一圈宽0.10米的贝壳，墓底平铺一层厚0.10米的贝壳。

墓内填土主要为黑褐土，夹杂有大量的贝壳、青色的山皮岩、黄沙，土质较硬。

2. 葬具和人骨

从墓穴四壁保存的贝壳分析，该墓主在入葬时，应存在木棺，棺与墓壁的间隙填充贝壳；但由于该墓的埋藏条件不利于木棺的保存，所以，在木棺腐朽殆尽后，仅剩贝壳立于墓穴四壁之上。

墓内葬有1具人骨，为一女性个体。骨骼保存较差，仅存头骨及少量肢骨。葬式为仰身直肢，头向东。

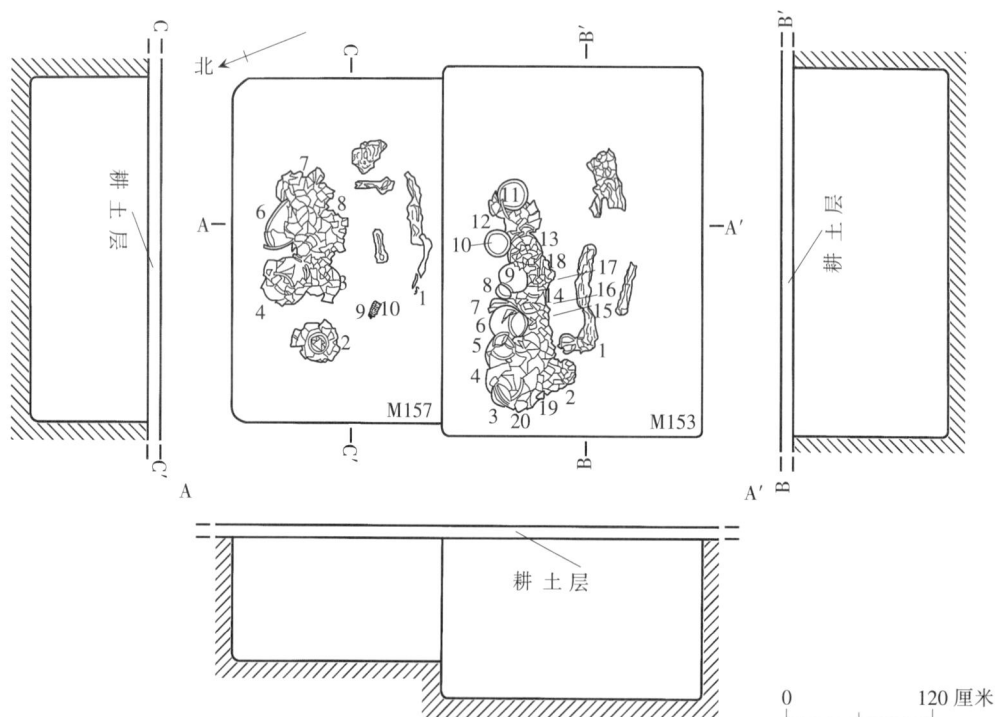

图三一一 M153、M157 平、剖面图

M153 1. 铜钱 2、4. 陶壶 3、16、17、18、19. 陶盒 5. 陶瓮 6、9、12、14、15. 陶罐 8. 铁锸 9. 铜勺 10、11、13. 陶盆 20. 陶器盖 M157 1. 铜带钩 2、4. 陶罐 3、5. 陶壶 6. 铜盆 7. 陶盒 8. 陶钵 9. 铜钱 10. 玉剑

3. 随葬品

该墓共出土有 20 件随葬品，质地分为陶、铜、铁三种，其中有铜钱 10 枚。其中，铜钱靠近人骨右脚放置；其余随葬品均位于人骨北侧，东西向排列，较为规整（彩版一九一，2）。分述如下。

陶器 计有罐 5、壶 2、盒 5、瓮 1、盆 3、器盖 1。

罐 5 件（M153：6、9、12、14、15）。标本 M153：6，夹砂灰陶。尖唇，侈口，卷沿，溜肩，鼓腹，最大腹径位置居中，平底。腹上部饰有数周凸弦纹，腹中部饰有一周粗绳纹，腹下部及底部饰满细绳纹。口径 17.5、底径 14.0、腹部最大径 33.7、高 24.9、壁厚 0.5～0.8 厘米（图三一二，1）。标本 M153：9，夹砂灰陶。圆唇，侈口，矮领，溜肩，鼓腹，腹部最大径位置居中，平底。肩部饰三周弦纹，腹中部及底部饰绳纹。口径 16.1、底径 7.6、最大腹径 24.4、高 20.6、壁厚 0.8 厘米（图三一二，2；彩版一九二，1）。标本 M153：12，夹砂灰陶。圆唇，侈口，矮

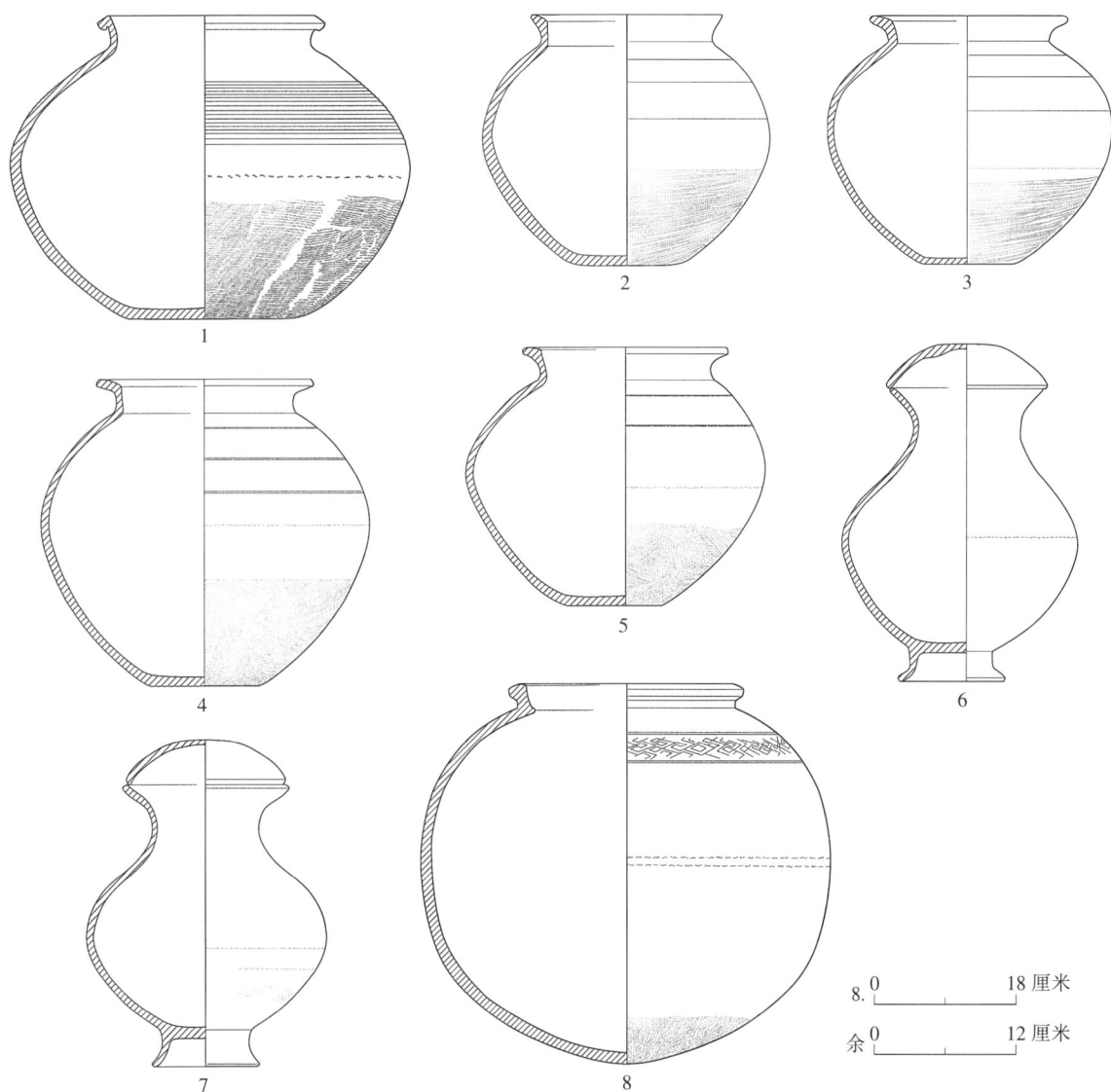

图三一二 M153 出土器物

1～5. 陶罐（M153：6、9、12、14、15） 6、7. 陶壶（M153：2、4） 8. 陶瓮（M153：5）

领，溜肩，鼓腹，最大腹径位置靠近肩部，平底。肩部饰三周弦纹，腹中部饰一周粗绳纹，腹下部及底部饰绳纹。口径16.5、底径7.5、最大腹径24.3、高20.4、壁厚0.7厘米（图三一二，3；彩版一九二，2）。标本M153：14，夹砂灰陶。圆唇，侈口，短颈，溜肩，鼓腹，腹部最大径位置居中，平底。腹上部施有三周弦纹，腹中部饰两周粗绳纹，腹下部及底部饰绳纹。口径17.9、底径9.0、最大腹径27.7、高25.2、壁厚0.5~0.7厘米（图三一二，4）。标本M153：15，夹砂灰黑陶。圆唇，敞口，束颈，略鼓肩，鼓腹，最大腹径位置居中，平底。腹上部施有两周弦纹，腹中部饰一周粗绳纹，腹下部及底部饰绳纹。口径17.3、底径8.0、最大腹径25.4、高21.2、壁厚0.5~0.6厘米（图三一二，5）。

壶　2件（M153：2、4）。形制相同，均为夹砂灰陶，由壶盖及壶身两部分组成。壶盖：圆唇，弧顶，弧腹，敞口；素面。壶身：圆唇，喇叭形口，束颈，溜肩，鼓腹，腹部最大径位置居中，圈足；腹中部施有一周粗绳纹。标本M153：2，通高27.7厘米。壶盖：口径13.2、高3.6、壁厚0.6~0.9厘米。壶身：口径12.9、底径8.7、最大腹径20.1、高24.0、壁厚0.4~0.7厘米（图三一二，6；彩版一九三，3）。标本M153：4，通高26.8厘米。壶盖：口径13.0、高3.7、壁厚0.4~0.7厘米。壶身：口径13.4、底径8.7、最大腹径20.3、高23.1、壁厚0.4~0.6厘米（图三一二，7；彩版一九二，4）。

盒　5件（M153：3、16、17、18、19）。其中，标本M153：3与M153：16形制相同，均为夹砂灰陶，由器盖和盆组成。器盖：弧顶近平，平沿，敞口，圆唇；素面。盆：方唇，敞口，展沿，弧腹，平底；腹上部饰有一周粗绳纹。标本M153：3，盖：口径18.6、高6.5、壁厚0.4~1.0厘米。盆：口径21.0、底径6.2、高9.4、壁厚0.6~0.7厘米（图三一三，1）。标本M153：16，盖：口径18.3、高6.3、壁厚0.4~0.7厘米。盆：口径20.5、底径6.7、高8.6、壁厚0.7~1.0厘米（图三一三，2）。标本M153：17，夹砂灰陶。由盖及盆两部分组成。盖：圆唇，敞口，弧腹，圜顶近平。素面。盆：圆唇，侈口，弧腹，矮圈足。腹部饰一周弦纹。通高14.8厘米。盖：口径17.9、高5.6、壁厚0.6~0.7厘米。盆：口径17.3、底径9.4、高9.2、壁厚0.5厘米（图三一三，3）。其中，标本M153：18与M153：19形制相同，均为夹砂灰褐陶，盒盖缺失，尖唇，子母口，弧腹，圈足。标本M153：18，素面，轮旋痕迹明显。口径16.9、底径7.4、高8.3、壁厚0.5~0.9厘米（图三一三，4）。标本M153：19，素面。口径14.9、底径7.8、高8.9、壁厚0.8厘米（图三一三，5；彩版一九二，5）。

瓮　1件。标本M153：5，夹砂灰黑陶。圆唇，侈口，短颈，溜肩，鼓腹，最大腹径位置居中，圜底。腹上部施有两周凹弦纹内模印连环菱形纹，腹中部饰两周粗绳纹，腹下部及底部饰绳纹。口径26.7、最大腹径51.3、高46.1、壁厚1.2~1.4厘米（图三一二，7；彩版一九二，6）。

盆　3件（M153：10、11、13）。其中，标本M153：10与M153：11形制相同，均为夹砂灰陶，方唇，敞口，展沿，弧腹，平底；腹上部饰有一段粗绳纹，腹壁内侧近口沿处饰有一周凸弦纹，底内侧饰有一周凹弦纹。标本M153：10，口径20.7、底径6.9、高8.9、壁厚0.5~0.6厘米（图三一三，6；彩版一九二，7）。标本M153：11，口径22.3、底径8.4、高9.6、壁厚0.6~0.7厘米（图三一三，7；彩版一九二，8）。标本

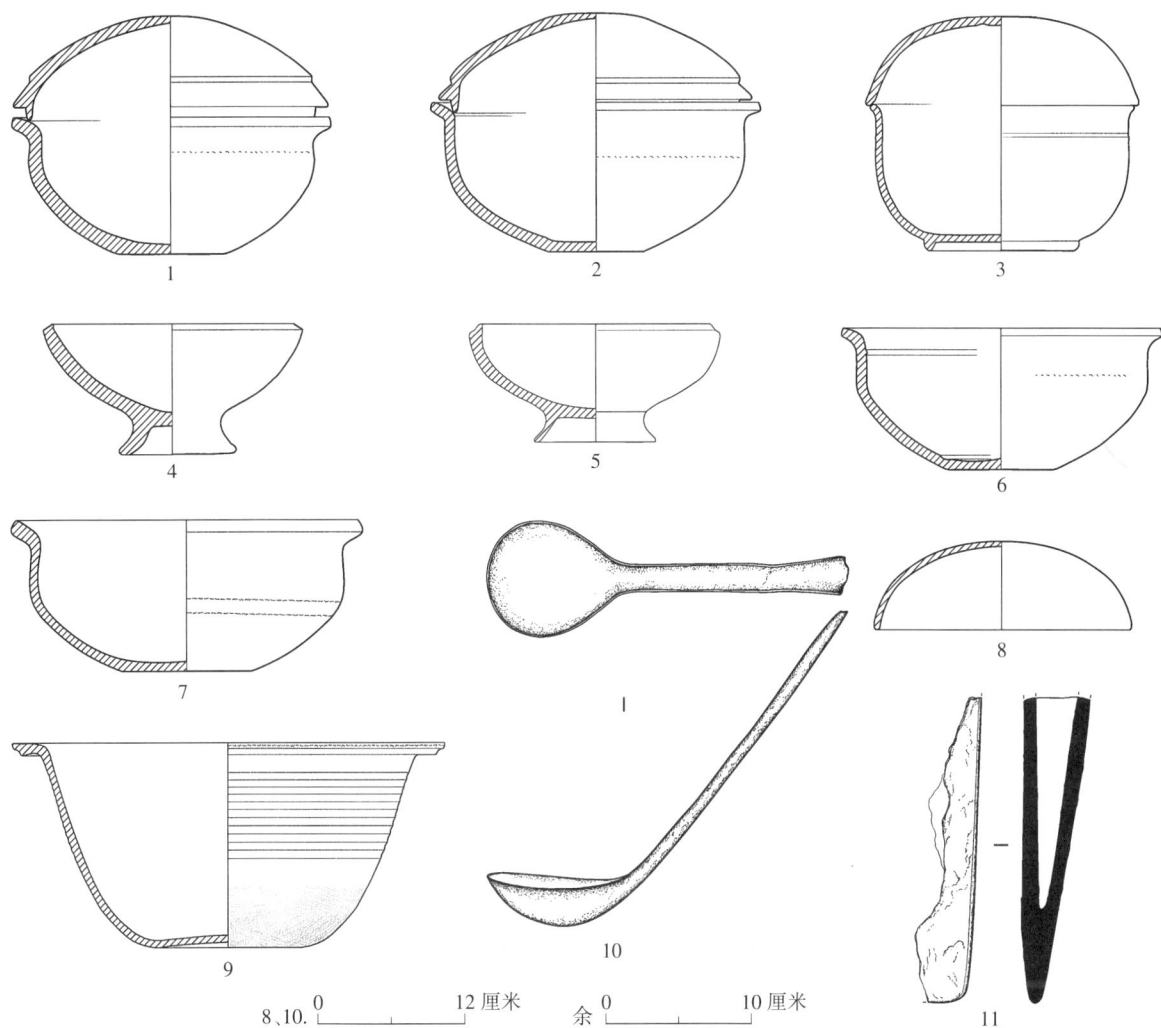

图三一三　M153 出土器物

1~5. 陶盒（M153：3、16、17、18、19）　6、7、9. 陶盆（M153：10、11、13）　8. 陶器盖（M153：20）　10. 铜勺（M153：9）　11. 铁锸（M153：8）

M153：13，夹砂灰陶。方唇，敞口，展沿，弧腹，平底内凹。口沿外侧施有一周粗绳纹，腹部施有多周瓦棱纹，腹下部及底部满饰绳纹。口径 35.7、底径 12.4、高 16.4、壁厚 0.5~0.7 厘米（图三一三，9）。

　　器盖　1 件。M153：20，夹砂灰陶。弧顶近平，平沿，圆唇，敞口。素面。口径 18.3、高 6.3、壁厚 0.4~0.7 厘米（图三一三，8）。

　　铜器　计有勺 1。

　　勺　1 件。标本 M153：9，椭圆形勺头，细长柄。通长 29.6、高 25.1 厘米（图三一三，10）。

　　铁器　计有锸 1。

　　锸　1 件。标本 M153：8，仅残存一角，纵断面呈“V”字形。残长 2.2、残宽 9.6 厘米（图三一三，11）。

　　铜钱　10 枚，均为“五铢”钱（图三一四）。详情见下表。

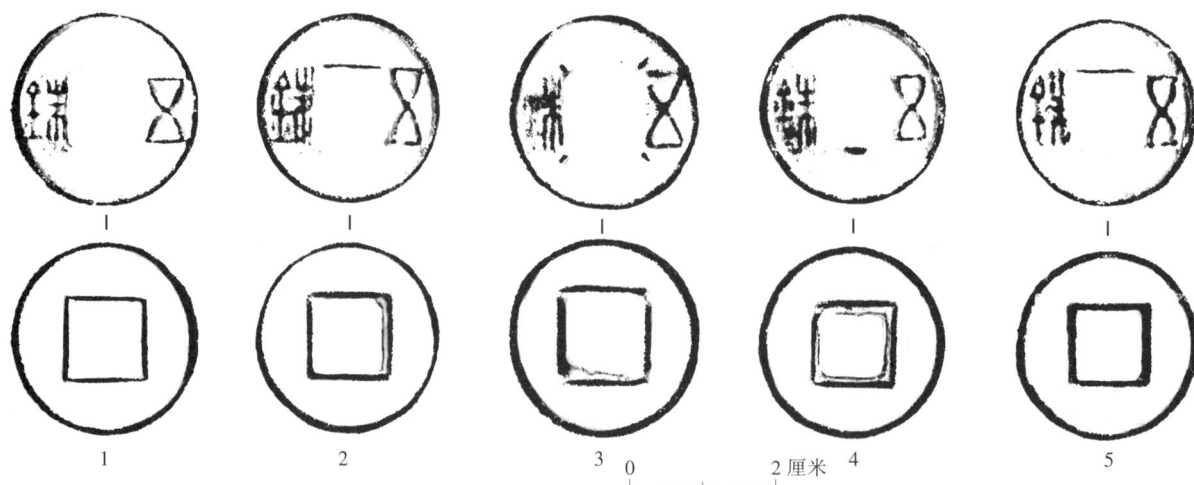

图三一四　M153 出土铜钱拓片

1~5. M153：1－1、1－3、1－4、1－7、1－9

M153 铜钱统计表　　　　　　　　　（长度：厘米，重量：克）

种类	编号	特征 文字特征	记号	郭径	钱径	穿宽	郭宽	郭厚	肉厚	重量
五铢钱	1－1	"五"字瘦长，竖划较直；"金"头三角形，四竖点；"朱"头方折，"朱"下方折	无	2.54	2.24	0.98	0.15	0.26	0.11	5.00
	1－2	同上	穿上一横	2.56	2.32	0.94	0.12	0.18	0.08	3.40
	1－3	"五"字瘦长，竖划较直；"金"头三角形，四竖点；"朱"头方折，"朱"下较圆	穿上一横	2.55	2.31	0.96	0.12	0.20	0.10	4.40
	1－4	同上	无	2.56	2.26	0.96	0.15	0.20	0.11	4.70
	1－5	同上	无	2.69	2.41	1.02	0.14	0.23	0.08	4.40
	1－6	"五"字瘦长，竖划较直；"金"头三角形，四竖点；"朱"头较圆，"朱"下较圆	穿上一横	2.54	2.30	0.99	0.12	0.17	0.07	2.10
	1－7	"五"字瘦长，竖划缓曲；"金"头三角形，四竖点；"朱"头方折，"朱"下较圆	穿下月牙	2.55	2.29	0.91	0.13	0.17	0.09	4.00
	1－8	同上	穿上一横	2.60	2.40	1.03	0.10	0.19	0.09	3.70
	1－9	"五"字瘦长，竖划缓曲；"金"头三角形，四竖点；"朱"头方折，"朱"下方折	穿上一横	2.48	2.26	0.91	0.11	0.16	0.08	3.20
	1－10	"五"字瘦长，竖划缓曲；"金"头三角形，四竖点；"朱"头较圆，"朱"下方折	穿上月牙	2.52	2.24	0.93	0.14	0.17	0.07	2.70

一一二　M155（Ⅴ区）

1. 墓葬形制

三室砖墓，平面呈品字形，由墓道、甬道、墓门及墓室组成。方向280°（图三一五；彩版一九三，1）。开口于耕土层下，开口距地表0.10米。

墓道　长方形斜坡状，未发掘完，长不详，宽1.20、底部距地表1.35米。

甬道　平面呈长方形，长1.20、宽1.00米。两壁砌法同墓室。

墓门　位于墓室前室西壁中部，宽1.20米。

封门　条砖封堵，现存5层砖，残高0.30米。砌法为两列丁砖平砌。

墓室　平面整体呈品字形，分前、南后、北后三个墓室。

前室平面呈长方形，长3.94、宽1.84米，墓室四壁平直，东壁的南、北两侧分别有过道通往南后和北后两个墓室，南过道平面呈长方形，长0.76、宽0.62米，北过道平面呈长方形，长1.00、宽0.76米。

南后室较小，平面呈长方形，长1.60、宽1.42米，墓室四壁平直，东北角砖墙和铺地砖遭破坏。

北后室平面呈长方形，长3.02、宽2.80米，四壁砖墙平直。

墓室砖墙最高处保存有11层砖，砌法由下至上为三层平砖一层丁立砖，两者交替向

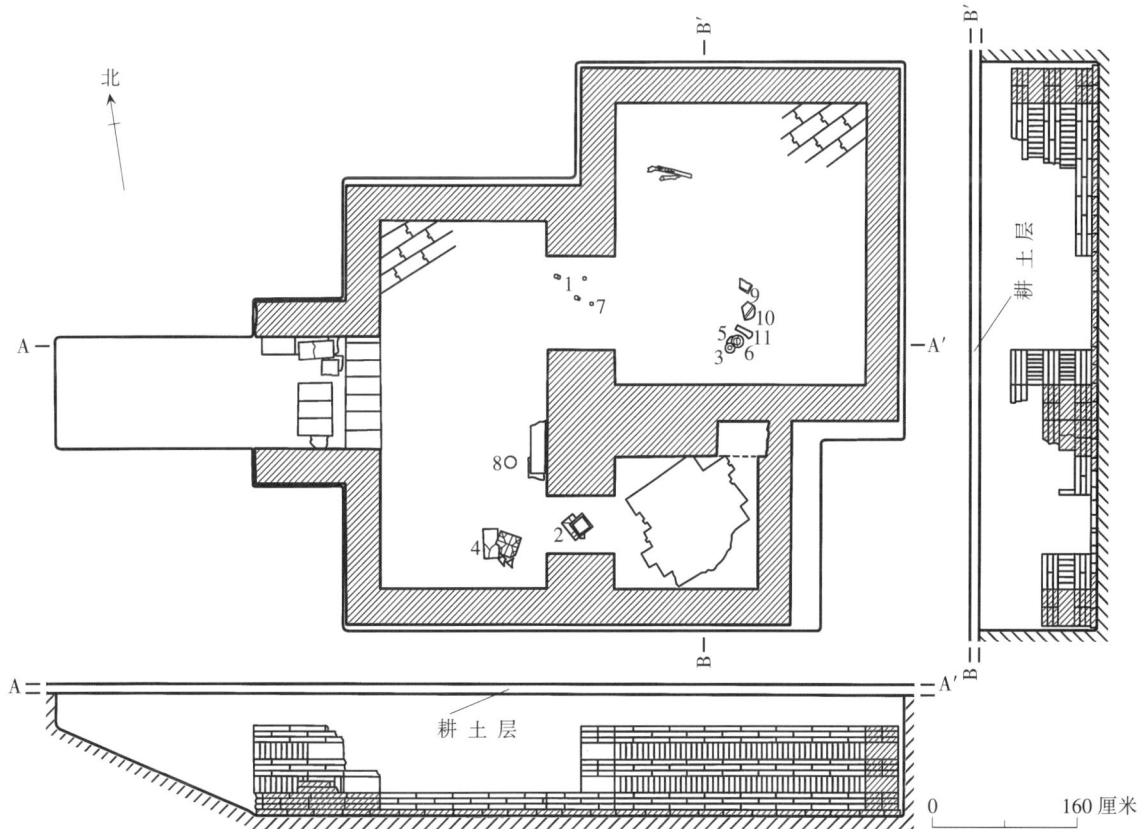

图三一五　M155平、剖面图

1. 铜钱　2. 陶楼　3. 小陶甑　4. 陶案　5. 陶盘　6、10. 小陶盆　7. 小陶器座及小陶碗　8. 陶器盖　9. 陶灶　11. 陶灯座

图三一六　M155 花纹砖拓片

上。另外，三层平砖的砌法又为双隅平砖错缝顺砌。墓底铺砖系榫卯砖西南—东北斜向错缝平铺而成。

墓砖均为花纹转，花纹有人面辅首衔环纹、连环钱纹、连环菱形纹，规格为长 38～40、宽 20、厚 6 厘米（图三一六；彩版一九三，2；彩版一九四，1）。

2. 葬具和人骨

墓内未发现任何葬具。

仅在北后室西北部残存两段肢骨，人骨腐朽严重，个体数量、葬式、性别不明。

3. 随葬品

该墓共出土有 11 件随葬品，位于墓室北部，大多数为陶器，另有铜钱 4 枚。

陶器　计有楼 1、灶 1、灯 1、案 1、盘 1、器盖 1、甑 1、小盆 2、小碗 1、小器座 1。

楼　1 件。标本 M155：2，夹砂灰褐陶。平面呈正方形。屋顶为重檐庑殿式结构，平檐，四坡均有对称瓦垄。各层之间收分明显。一层正面中间辟门，二层四面辟棂格窗。长 22.2、宽 22.1、一层出檐 4.6、二层出檐 3.4、现存通高 46.5 厘米（图三一七；彩版一九四，2）。

灯　1 件。标本 M155：11，夹砂灰陶，仅存柄座部分。整体呈喇叭形，器表饰瓦棱纹。底径 16.8、残高 7.4、壁厚 0.5 厘米（图三一八，1）。

灶　1 件。标本 M155：9，夹砂灰陶。灶面呈梯形，前宽后窄，灶面前端呈"品"字形，置有三个火眼。长方形灶门，其上出檐。长 20.5、宽 21.0、高 9.5、壁厚 0.6 厘米（图三一八，2）。

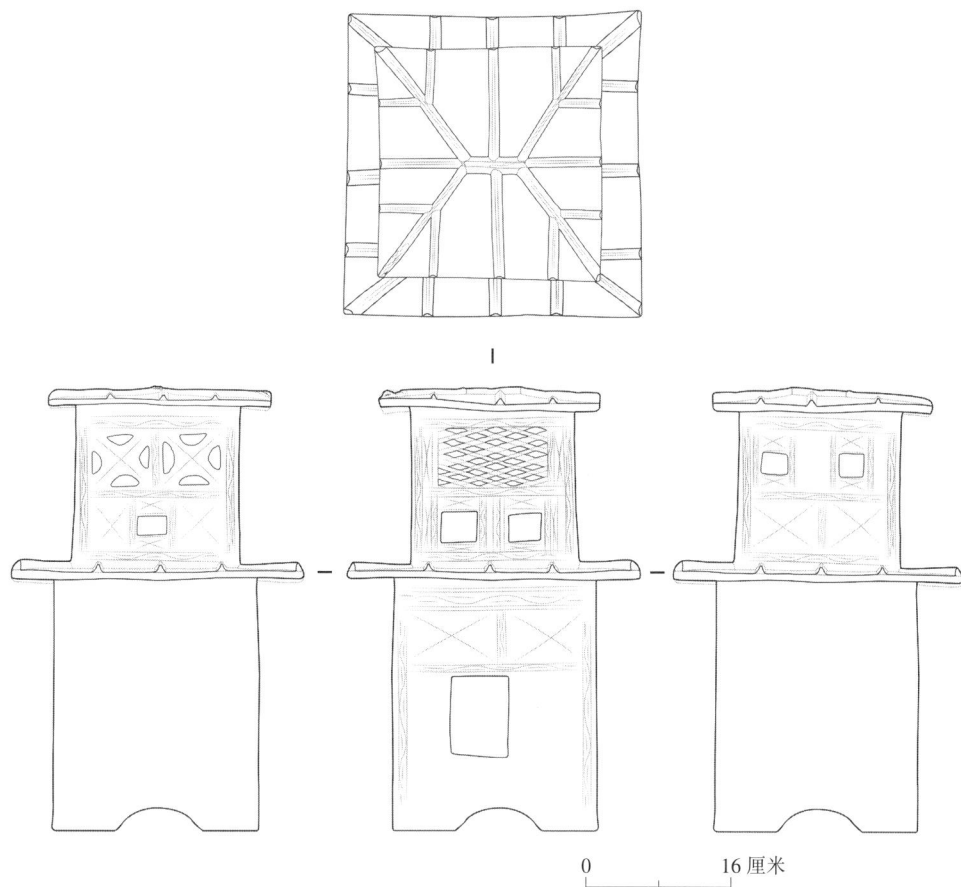

图三一七 M155 出土陶楼（M155：2）

案 1 件。标本 M155：4，夹砂黑褐陶。平面呈长方形，浅盘状，案面刻划有鱼纹，直线纹，弧线纹。长 37.2、宽 22.2、高 1.2、壁厚 1.0 厘米（图三一八，3）。

盘 1 件。标本 M155：5，夹砂灰褐陶。方唇，唇面有凹槽，敞口，浅弧腹微折，台底。口径 19.8、底径 9.4、高 4.0、壁厚 0.6 厘米（图三一八，4）。

器盖 1 件。标本 M155：8，夹砂灰陶。方唇，直口，折腹，平顶。口径 11.0、顶径 3.6、高 2.9、壁厚 0.5 厘米（图三一八，5）。

小盆 2 件（M155：6、10）。标本 M155：6，夹砂灰陶。方唇，侈口，展沿，弧腹，平底。口径 10.5、底径 5.1、高 3.2、壁厚 0.5 厘米（图三一八，6）。标本 M155：10，夹砂灰陶。圆唇，敞口，展沿，浅弧腹，圜底。口径 9.3、高 2.3、壁厚 0.5 厘米（图三一八，7）。

甑 1 件。标本 M155：3，夹砂灰陶。圆唇，敞口，弧腹，弧顶。顶部分布圆形穿孔。口径 7.4、高 3.4、壁厚 0.4 厘米（图三一八，8）。

小碗 1 件。标本 M155：7-1，夹砂灰陶。尖唇，弧腹，圜底。器座呈圈足状。通高 2.5 厘米。钵口径 2.5、高 1.1、壁厚 0.2 厘米（图三一八，9）。

小器座 1 件。标本 M155：7-2，夹砂灰陶。束腰，两端内凹。器座口径 1.9、底径 2.1、高 1.8 厘米（图三一八，10）。

铜钱 4 枚，均为"五铢"钱（图三一九）。详情见下表。

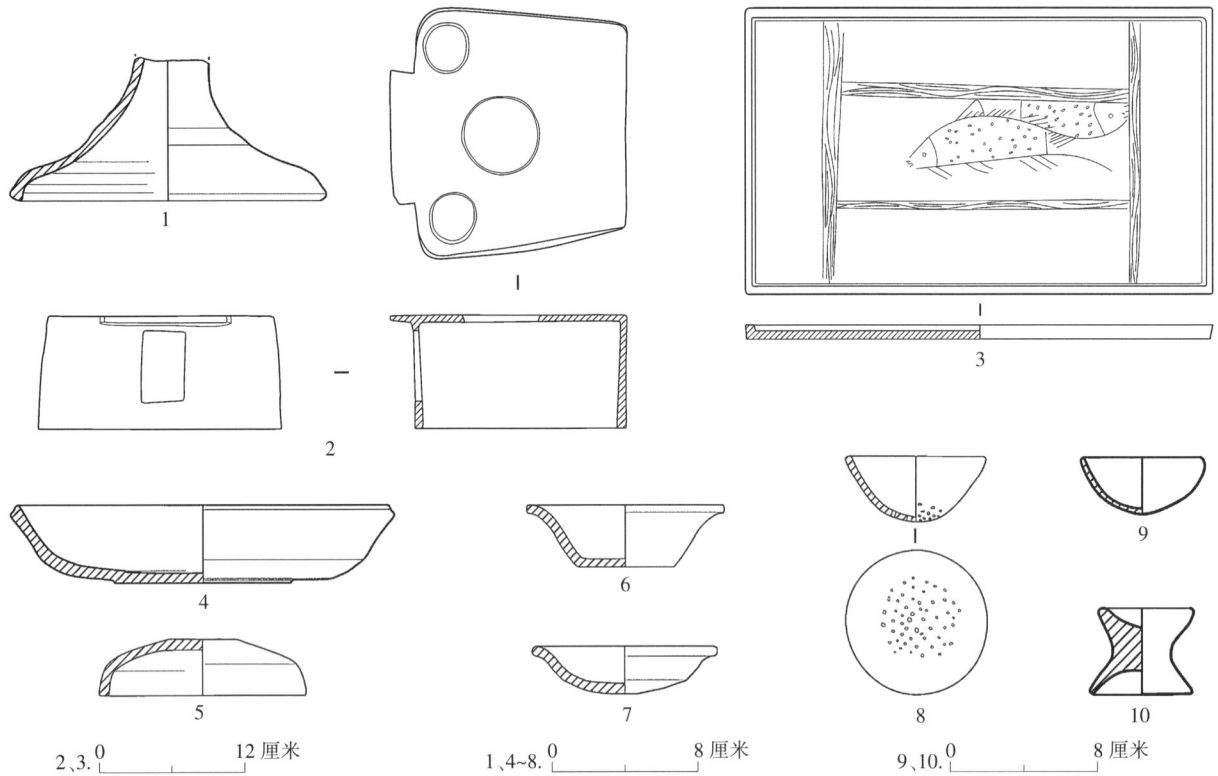

图三一八　M155 出土器物

1. 陶灯（M155∶11）　2. 陶灶（M155∶9）　3. 陶案（M155∶4）　4. 陶盘（M155∶5）　5. 陶器盖（M155∶8）　6、7. 小陶盆（M155∶6、10）　8. 小陶甑（M155∶3）　9. 小陶碗（M155∶7-1）　10. 小陶器座（M155∶7-2）

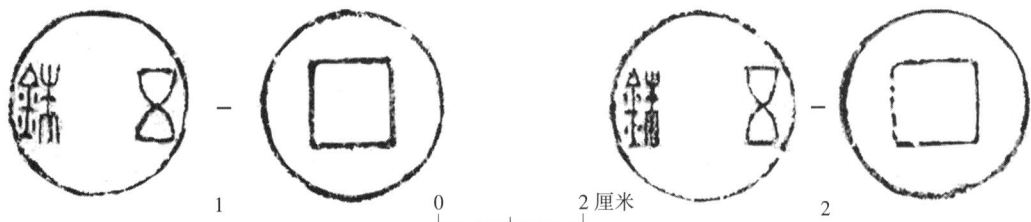

图三一九　M155 出土铜钱拓片

1、2. M155∶1-1、1-2

M155 铜钱统计表　　　　　　　　　　（长度：厘米，重量：克）

种类	编号	特征		郭径	钱径	穿宽	郭宽	郭厚	肉厚	重量
		文字特征	记号							
五铢钱	1-1	"五"字瘦长，竖划缓曲；"金"头三角形，四竖点；"朱"头方折，"朱"下方折	无	2.63	2.29	0.94	0.17	0.17	0.08	2.70
	1-2	"五"字瘦长，竖划缓曲；"金"头三角形，四竖点；"朱"头较圆，"朱"下方折	无	2.62	2.26	1.00	0.18	0.16	0.07	2.20
	1-3	同上	无	2.60	2.30	1.00	0.15	0.12	0.09	1.90
	1-4	"五"字瘦长，竖划缓曲；"金"头三角形，四竖点；"朱"头较圆，"朱"下较圆	无	2.59	2.25	0.95	0.17	0.15	0.06	2.70

一一三　M156（Ⅴ区）

1. 墓葬形制

石圹竖穴墓，平面呈圆角长方形，墓圹规整。方向 110°（图三二〇；彩版一九五，1）。开口于耕土层下，开口距地表 0.30 米。

墓圹四壁较平直，墓底较平坦。长 3.40、宽 2.80、深 0.50 米。墓穴东壁保存有宽 0.20 米的贝壳，其余三壁保存有宽 0.20 米的小碎石片。墓底平铺一层厚约 0.15 ~ 0.20 米的小碎石片。

墓内填土主要为灰褐土，夹杂有大量的贝壳、青色的山皮岩、黄沙，土质较硬。

2. 葬具和人骨

从墓穴四壁保存的贝壳及小碎石片分析，该墓主在入葬时，应存在木棺，棺与墓壁的间隙填充贝壳及小碎石片；但由于该墓的埋藏条件不利于木棺保存，所以，在木棺腐朽殆尽后，仅剩贝壳及小碎石片立于墓穴四壁之上。

由于该墓的埋藏条件不利于有机物的保存，墓底未见有人骨痕迹。但根据随葬品的摆放位置及墓葬形制推测，该墓应葬有 2 人。

3. 随葬品

该墓共出土有 24 件随葬品（彩版一九五，2），随葬品质地分为陶、铜、漆三种，位

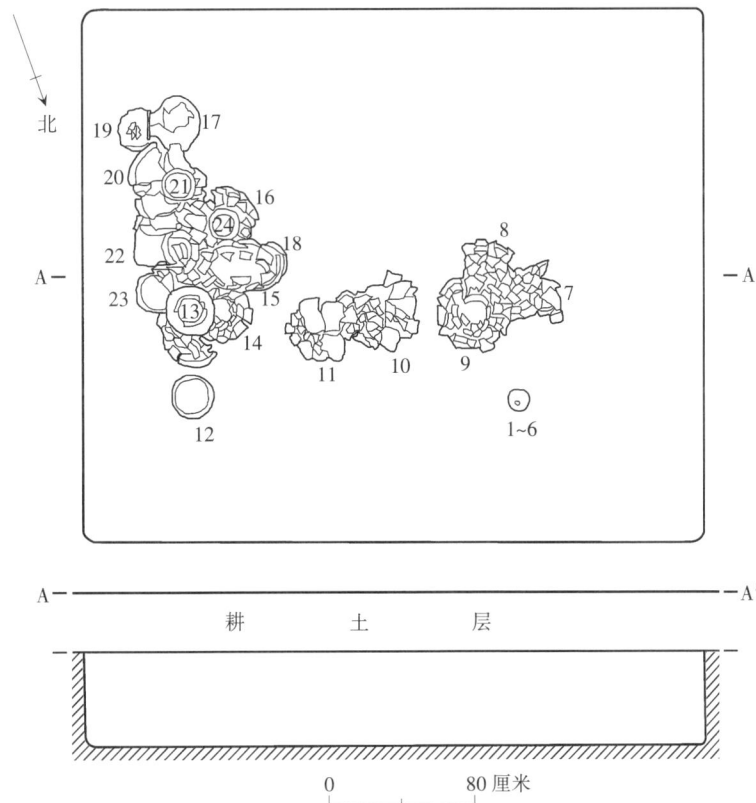

图三二〇　M156 平、剖面图

1. 铜镜　2. 铜印　3. 铜钱　4. 串饰　5. 铜带钩　6. 铁环纽　7、8、10、11. 陶壶
12、21、23、24. 陶鼎　9、13、14、15、16、17、19、22. 陶罐　18. 铜盆　20. 陶盆

于墓底中部及东部，其中漆器内置有铜镜、铜带钩、铜穿带印、铜钱、串珠。其中漆器腐朽严重，器形不辨。分述如下。

陶器　计有罐8、壶4、鼎4、盆1。

罐　8件（M156：9、13、14、15、16、17、19、22）。标本 M156：9，夹砂黑灰陶。方唇，展沿，侈口，短颈，溜肩，鼓腹，最大腹径位置靠近肩部，凹底。腹下部及部满饰绳纹。口径 16.9、底径 11.0、最大腹径 26.0、高 21.0、壁厚 0.6～1.1 厘米（图三二一，1）。标本 M156：13，夹砂灰陶。方唇，唇面有一周凹槽，侈口，展沿，束颈，溜肩，鼓腹，腹部最大径位置居中，平底。腹下部及底部满饰绳纹。口径 16.3、底径 6.5、最大腹径 23.8、高 22.8、壁厚 0.6～1.0 厘米（图三二一，2；彩版一九六，1）。标本 M156：14，夹砂灰陶。方唇，展沿，侈口，束颈，溜肩，鼓腹，最大腹径位置居中，凹底。腹下部及底饰绳纹。口径 14.5、底径 10.0、最大腹径 23.8、高 21.0、壁厚 0.6～0.9 厘米（图三二一，3）。标本 M156：15，夹砂黑灰陶。圆唇，卷沿，侈口，短颈，溜肩，鼓腹，最大腹径位置靠近肩部，凹底。肩部饰有凹弦纹，腹部及底部满饰绳纹。口径 19.3、底径 9.5、最大腹径 29.1、高 23.0、壁厚 0.5～0.8 厘米（图三二一，4；彩版一九

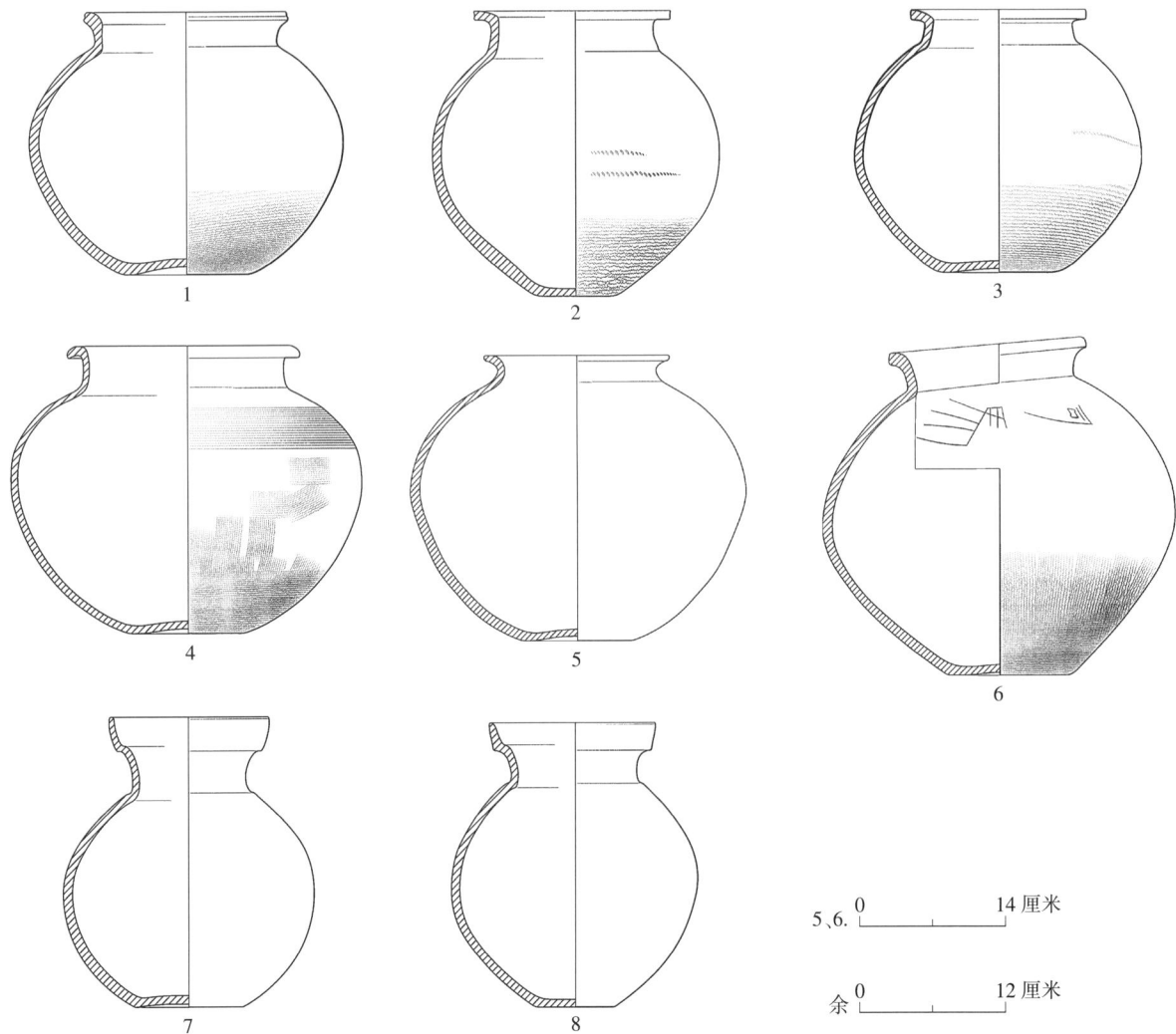

图三二一　M156 出土器物
1～6. 陶罐（M156：9、13、14、15、17、22）　7、8. 陶壶（M156：7、8）

六，2）。标本 M156：17，夹砂灰陶。圆唇，侈口，短颈，溜肩，鼓腹，最大腹径位置靠近肩部、凹底。素面。口径 18.1、底径 10.8、最大腹径 33.0、高 26.8、壁厚 0.5～1.0 厘米（图三二一，5）。标本 M156：22，夹砂黑灰陶。方唇，微展沿，侈口，短颈，溜肩，鼓腹，腹部最大径位置靠近中部，凹底。肩部划刻"司马"二字，腹部及底部满饰绳纹。口径 19.2、底径 9.5、最大腹径 34.4、高 31.8、壁厚 0.7～1.2 厘米（图三二一，6）。

壶　4 件（M156：7、8、10、11）。其中，标本 M156：7 与 M156：8 形制相同，均为夹砂灰陶，尖唇，盘口，束颈，溜肩，鼓腹，腹部最大径位置居中，凹底，素面。标本 M156：7，口径 13.4、底径 9.0、最大腹径 20.9、高 23.2、壁厚 0.4～0.9 厘米（图三二一，7）。标本 M156：8，口径 13.9、底径 6.4、最大腹径 20.5、高 22.7、壁厚 0.4～0.9 厘米（图三二一，8；彩版一九六，3）。其中，标本 M156：10 与 M156：11 形制相同，均为夹砂灰陶，方唇，侈口，束颈，溜肩，鼓腹，最大腹径位置居中，圜底，圈足，素面。标本 M156：10，口径 14.0、底径 14.5、最大腹径 25.2、高 35.3、壁厚 0.4～1.0 厘米（图三二二，1；彩版一九六，4）。标本 M156：11，口沿残损。底径 13.8、最大腹径 25.4、残高 32.5、壁厚 0.4～1.0 厘米（图三二二，2）。

鼎　4 件（M156：12、21、23、24）。其中，标本 M156：12 与 M156：23 形制相同，均为夹砂灰陶，由鼎盖和鼎身两部分组成。鼎盖：覆钵形，弧顶近平，方唇，素面。鼎身：圆唇，子母口，弧腹，圜底，底部置有四个蹄形足，素面。标本 M156：12，通高 15.6 厘米。鼎盖：口径 19.8、高 6.3、壁厚 0.4～0.6 厘米。鼎身：口径 19.8、高 9.7、

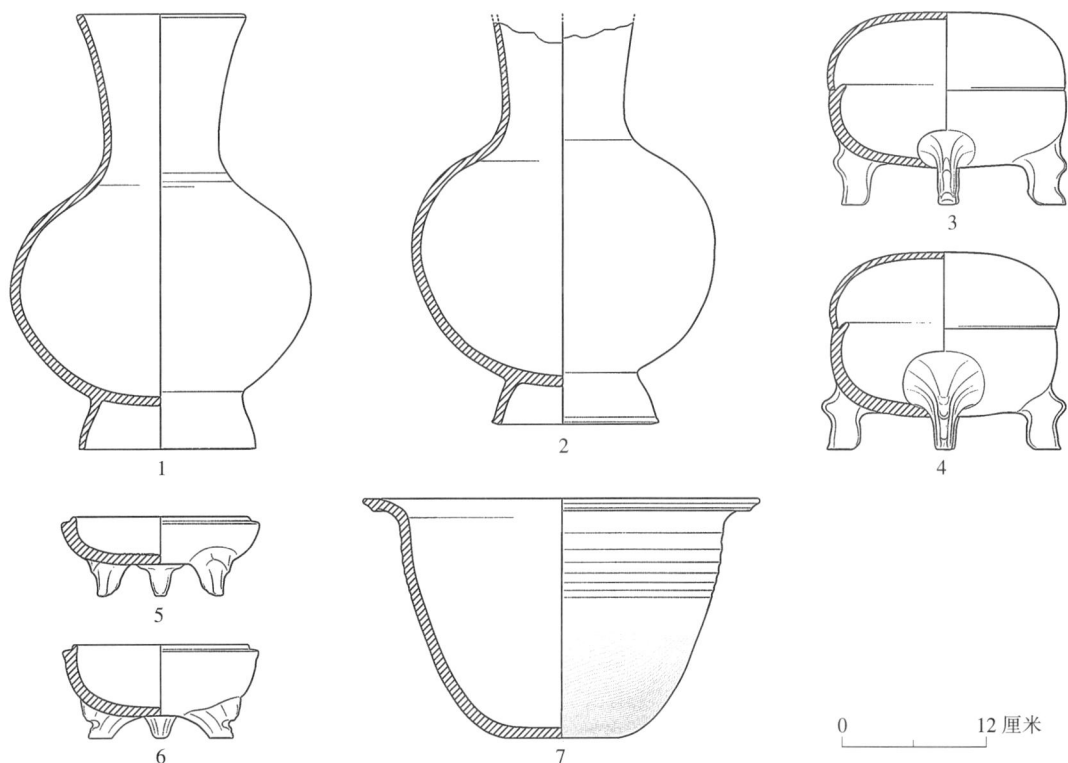

图三二二　M156 出土器物

1、2. 陶壶（M156：10、11）　3～6. 陶鼎（M156：12、23、21、24）　7. 陶盆（M156：20）

壁厚 0.5 ~ 3.0 厘米（图三二二，3；彩版一九六，5）。标本 M156：23，通高 16.0 厘米。鼎盖：口径 18.8、高 6.2、壁厚 0.4 ~ 0.6 厘米（图三二二，4）。鼎身：口径 18.6、高 10.3、壁厚 0.5 ~ 3.0 厘米。其中，标本 M156：21 与 M156：24 形制相同，均为夹砂灰陶，圆唇，子母口，浅弧腹，底部近平，底部置有三个蹄形足，素面。标本 M156：21，口径 16.5、高 6.4、壁厚 0.5 ~ 3.3 厘米（图三二二，5；彩版一九六，6）。标本 M156：24，口径 16.3、高 7.6、壁厚 0.4 ~ 2.7 厘米（图三二二，6）。

盆　1 件。标本 M156：20，夹砂黄褐陶。尖唇，微卷沿，侈口，弧腹，平底。上腹部饰有瓦棱纹，下腹部及底部满饰绳纹，抹平。口径 33.3、底径 10.8、高 19.4、壁厚 0.7 ~ 1.1 厘米（图三二二，7）。

铜器　计有盆 1、镜 1、带钩 1、印 1。

盆　1 件。标本 M156：18，展沿，敞口，弧腹，圜底近平。腹中部略显折棱。腹壁较薄，铸造精良。口径 32.0、高 8.8、壁厚 0.1 厘米（图三二三，1）。

镜　1 件。标本 M156：1，草叶纹铜镜。圆形，镜面微凸。半球形纽，四叶纹纽座。纽座外一个凸弦纹界格，界格外四角各有一个单细线方格，方格内置有对称斜线纹，相邻方格间均有两字，铭文为"见日之光，天下大阳"。外围一圈双线凹弦纹方形界格，界格外四角均伸出双瓣一花苞纹；界格外等距置有四个乳丁，乳丁上部均置有一花苞纹，两侧各对称置有二叠草叶纹。内向十六连弧纹缘。面径 14.0、背径 14.2、高 1.0 厘米（图三二三，2；彩版一九七，1）。

带钩　1 件。标本 M156：5，长琵琶形。蛇头形钩首，宽体粗颈，钩体扁平，钩体侧

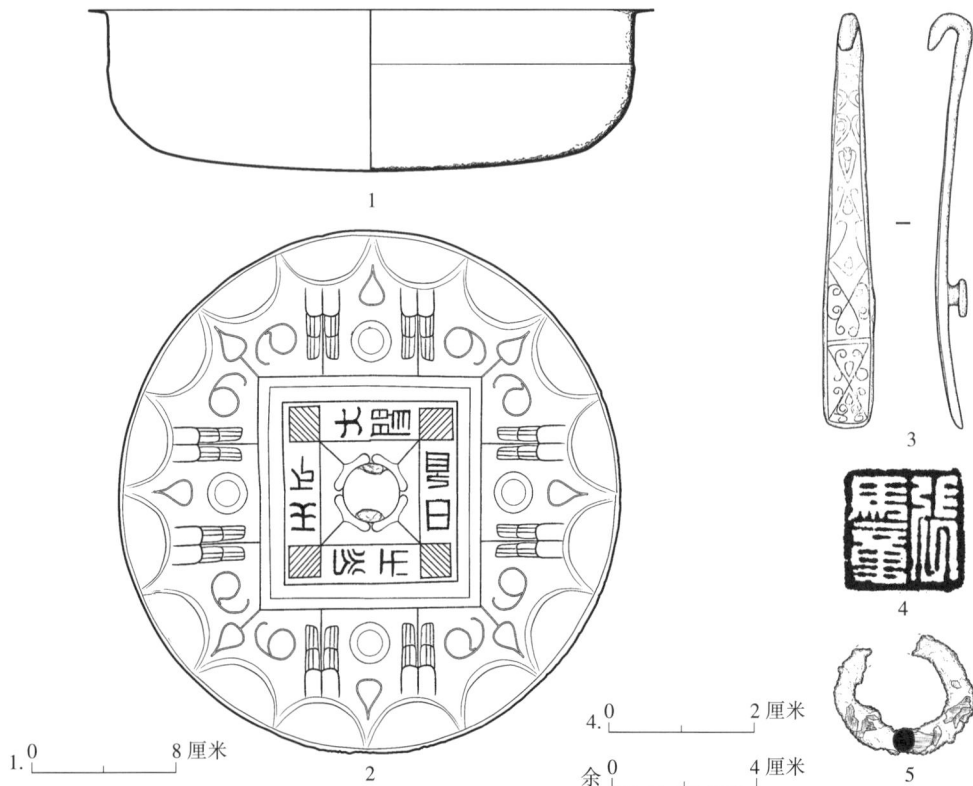

图三二三　M156 出土器物

1. 铜盆（M156：18）　2. 铜镜（M156：1）　3. 铜带钩（M156：5）　4. 铜印（M156：2）　5. 铁环纽（M156：6）

视呈"S"形。钩面满饰勾云纹。圆形钩纽位于靠近钩尾1/3处。长11.3厘米（图三二三，3；彩版一九七，2）。

印 1枚。标本M156：2，平面呈方形，扁平状，侧面有一方穿用于穿带。两面印文相同，均为"张马童"。边长1.7、厚0.6厘米（图三二三，4；彩版一九七，3）。

铁器 计有环纽1。

环纽 1件。标本M156：6，漆器盖纽，残损。平面大致呈圆形，锈蚀较严重。直径3.4~3.9厘米（图三二三，5）。

琥珀 计有串珠1。

串珠 1件。标本M156：4，略呈椭圆形，纵向穿有一孔。长3.4、宽1.8厘米。

铜钱 17枚，均为"五铢"钱（图三二四）。详情见下表。

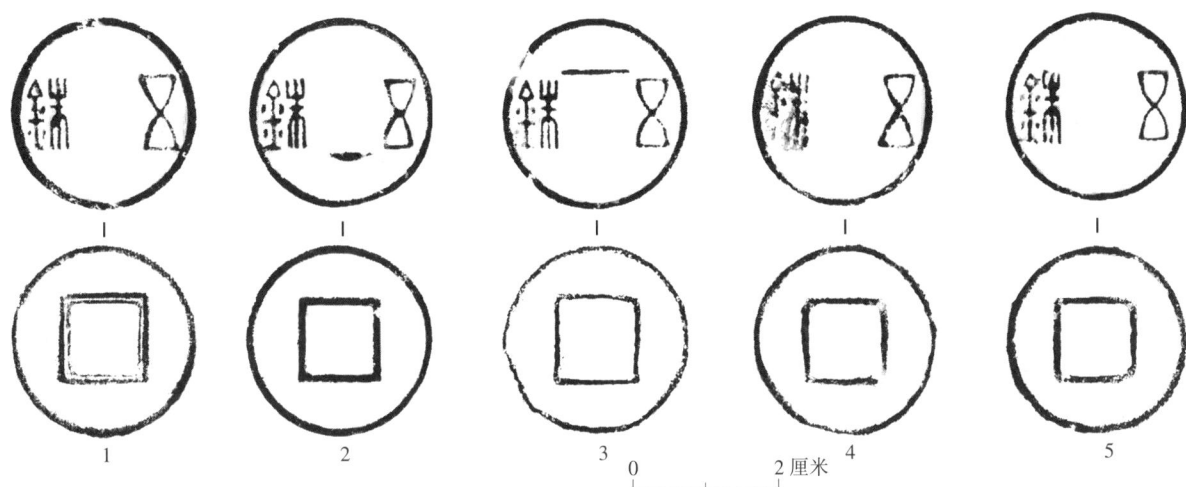

图三二四 M156出土铜钱拓片
1~5. M156：3-1、3-2、3-10、3-14、3-16

M156 铜钱统计表 （长度：厘米，重量：克）

种类	编号	特征		郭径	钱径	穿宽	郭宽	郭厚	肉厚	重量
		文字特征	记号							
五铢钱	3-1	"五"字瘦长，竖划较直；"金"头三角形，四竖点；"朱"头方折，"朱"下较圆	无	2.59	2.33	0.93	0.13	0.17	0.09	3.40
	3-2	同上	穿下月牙	2.55	2.27	0.90	0.14	0.19	0.11	4.30
	3-3	同上	无	2.58	2.32	0.96	0.13	0.15	0.08	3.00
	3-4	同上	无	2.60	2.36	0.95	0.12	0.18	0.09	3.70
	3-5	同上	无	2.60	2.34	0.99	0.13	0.14	0.08	2.40
	3-6	同上	无	2.54	2.26	0.93	0.14	0.18	0.10	3.00
	3-7	同上	穿上一横	2.51	2.25	0.87	0.13	0.19	0.10	2.80
	3-8	同上	穿下月牙	2.54	2.22	0.84	0.14	0.17	0.10	3.90
	3-9	同上	穿下月牙	2.58	2.32	0.90	0.13	0.18	0.11	4.30

（续表）

| 种类 | 编号 | 特征 | | 郭径 | 钱径 | 穿宽 | 郭宽 | 郭厚 | 肉厚 | 重量 |
		文字特征	记号							
五铢钱	3-10	同上	穿上一横	2.57	2.33	0.93	0.15	0.17	0.08	3.00
	3-11	同上	穿上一横	2.56	2.30	0.94	0.13	0.18	0.08	3.00
	3-12	同上	无	2.54	2.30	0.92	0.12	0.20	0.09	3.60
	3-13	同上	无	2.59	2.35	0.93	0.13	0.16	0.09	3.10
	3-14	"五"字瘦长，竖划较直；"金"头三角形，四竖点；"朱"头方折，"朱"下方折	无	2.57	2.33	0.90	0.12	0.19	0.06	3.20
	3-15	"五"字瘦长，竖划缓曲；"金"头三角形，四竖点；"朱"头较圆，"朱"下较圆	穿上一横	2.60	2.28	0.92	0.16	0.18	0.11	3.80
	3-16	同上	穿下月牙	2.50	2.22	0.95	0.14	0.15	0.10	3.40
	3-17	同上	穿下月牙	2.50	2.22	0.94	0.14	0.18	0.10	3.80

——四　M157（Ⅴ区）

1. 墓葬形制

石圹竖穴墓，平面呈圆角长方形，墓圹较规整。方向110°（见图三一一；见彩版一九一，1）。开口于耕土层下，开口距地表0.10米。

墓圹四壁较平直，南壁被 M153 打破，墓底经过简单修整。长2.80、宽1.80、深1.00米。墓穴四壁保存有一圈宽0.06~0.08米的贝壳，墓底平铺一层厚0.06米的贝壳。

墓内填土主要为黑褐土，夹杂有大量的贝壳、青色的山皮岩、黄沙，土质较硬。

2. 葬具和人骨

从墓穴四壁保存的贝壳分析，该墓主在入葬时，应存在木棺，棺与墓壁的间隙填充贝壳；但由于该墓的埋藏条件不利于木棺的保存，所以，在木棺腐朽殆尽后，仅剩贝壳立于墓穴四壁之上。

墓内葬有1具人骨，为一男性个体。骨骼保存较差，仅存头骨及少量肢骨，较为凌乱，头向东，葬式不明。

3. 随葬品

该墓共出土有10件随葬品，质地分为陶、铜、玉三种，其中，玉璏、铜带钩及铜钱位于人骨附近；其余随葬品均位于人骨北侧，东西向排列，较为规整（彩版一九八，1）。分述如下。

陶器　计有罐2、壶2、盒1、钵1。

罐　2件（M157：2、4）。标本 M157：2，夹砂灰陶。尖唇，沿微卷，侈口，束颈，溜肩，鼓腹，腹部最大径位置靠近肩部，平底。腹上部施有多周弦纹，腹下部及底部饰有细绳纹。口径17.4、底径10.4、最大腹径28.4、高24.5、壁厚0.8~1.1厘米（图三二五，1；彩版一九八，2）。标本 M157：4，夹砂灰陶。方唇，侈口，展沿，束颈，溜

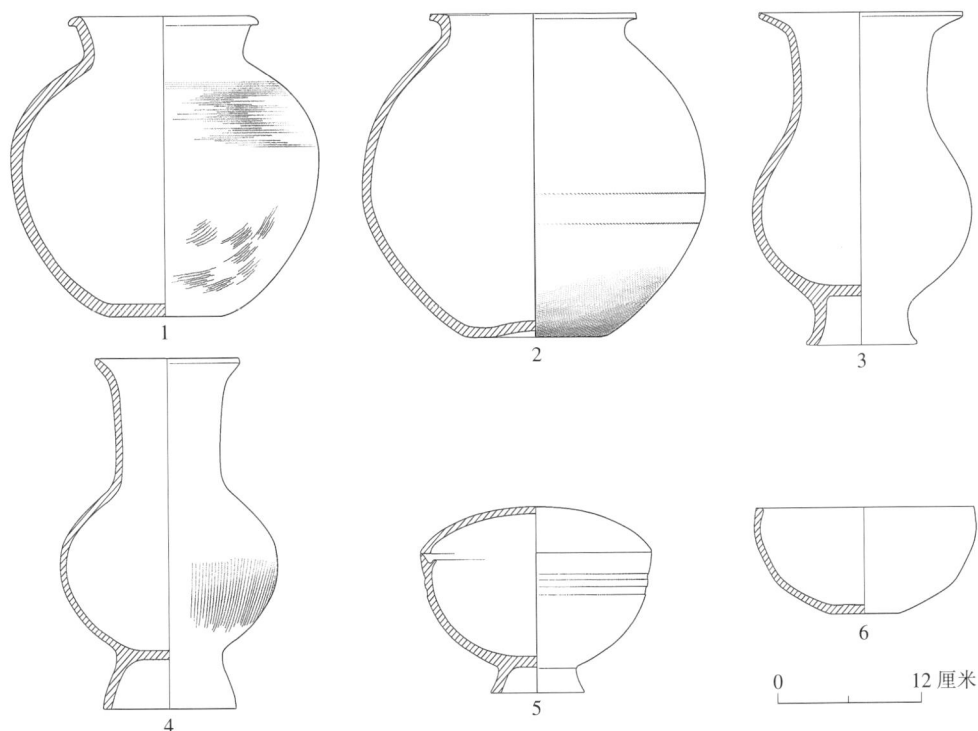

图三二五　M157 出土器物

1、2. 陶罐（M157：2、4）　3、4. 陶壶（M157：3、5）　5. 陶盒（M157：7）　6. 陶钵（M157：8）

肩，鼓腹，腹部最大径位置略偏下，凹底。腹中部饰有两周粗绳纹，腹下部及底部饰有细绳纹。口径19.0、底径12.5、最大腹径31.7、高26.3、壁厚0.7～0.8厘米（图三二五，2；彩版一九八，3）。

壶　2件（M157：3、5）。标本 M157：3，夹砂灰陶。尖唇，大敞口，束颈，溜肩，鼓腹，腹部最大径位置居中，圈足。素面。口径19.0、底径10.1、最大腹径20.4、高27.0、壁厚0.6～0.8厘米（图三二五，3；彩版一九八，4）。标本 M157：5，夹砂灰陶。尖唇，敞口，直颈，溜肩，鼓腹，腹部最大径位置居中，圈足。腹下部饰有细绳纹。口径13.3、底径12.2、最大腹径20.0、高28.5、壁厚0.5～0.7厘米（图三二五，4）。

盒　1件。标本 M157：7，夹砂灰陶，由盒盖和盒身两部分组成。盒盖：圜顶，弧腹，方唇，口微敛。素面。盒身：尖唇，子母口，弧腹，圈足。腹上部施有两周凹弦纹。通高15.1厘米。盒盖：口径21.3、高3.8、壁厚0.5～0.6厘米。盒身：口径21.3、底径8.6、高11.3、壁厚0.5～0.8厘米（图三二五，5；彩版一九八，5）。

钵　1件。标本 M157：8，夹砂灰陶。方唇，敛口，弧腹，平底。素面。口径20.3、底径6.3、高8.6、壁厚0.5～0.8厘米（图三二五，6）。

铜器　计有盆1、带钩1。

盆　1件。标本 M157：6，展沿，敞口，弧腹，略显台底。腹上部施有一周扉棱。腹壁较薄，铸造精良。口径33.0、高11.7、底径16.3、壁厚0.1厘米（三二六，1）。

带钩　1件。标本 M157：1，琵琶形。蛇头形钩首，钩体至钩尾处渐粗宽，钩体侧视呈"S"形。圆形钩纽靠近钩尾处。长6.4厘米（三二六，2；彩版一九九，1）。

玉器　计有剑璏1。

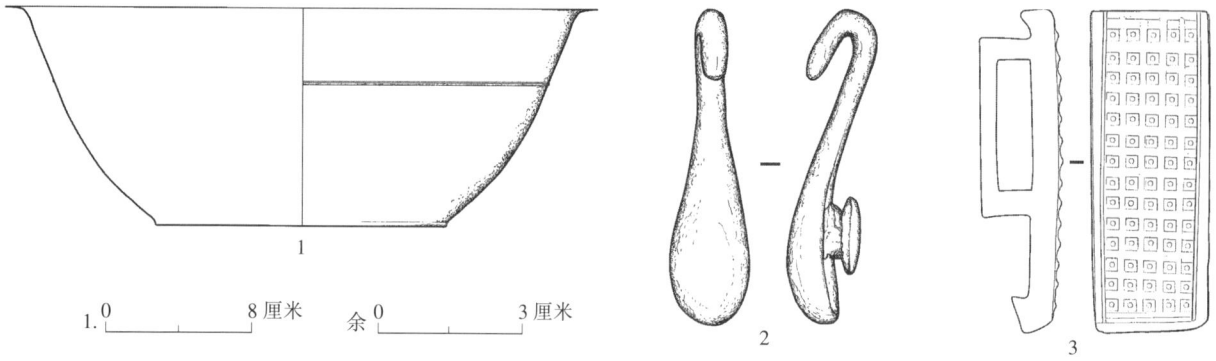

图三二六　M157 出土器物
1. 铜盆（M157：6）　2. 铜带钩（M157：1）　3. 玉剑璏（M157：10）

剑璏　1 件。标本 M157：10，正面呈长方形，略外弧，前端内钩，尾端内卷，背有近长方形穿。正面在双线界格内錾刻有规整的多个方形小界格，每个小界格内均饰乳丁纹。长 6.5、宽 2.5、厚 1.7 厘米，穿长 2.6、宽 0.7 厘米（图三二六，3；彩版一九九，2）。

铜钱　68 枚，均为"五铢"钱（图三二七）。详情见下表。

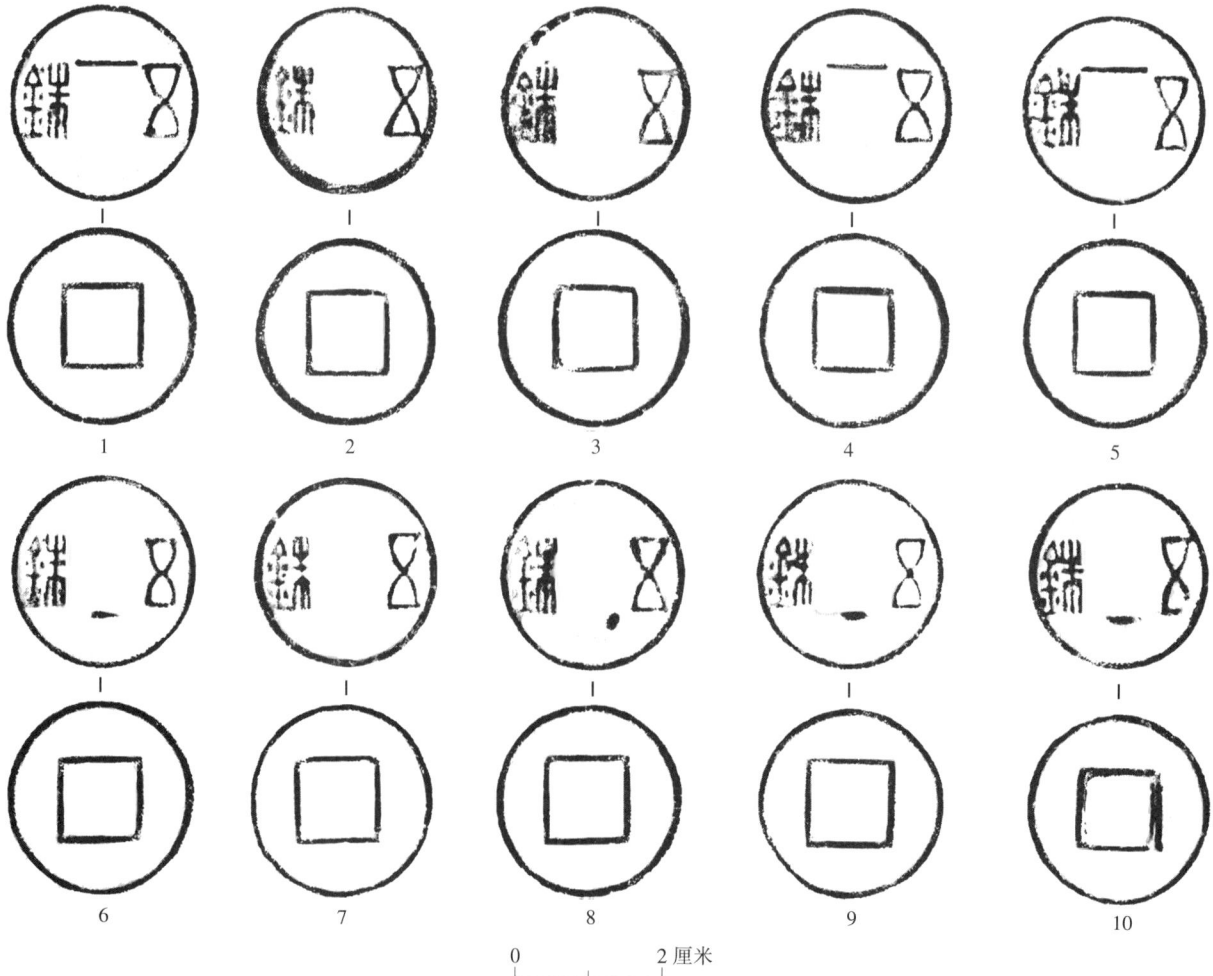

图三二七　M157 出土铜钱拓片
1～10. M157：9-1、9-2、9-3、9-4、9-41、9-10、9-13、9-14、9-16、9-39

M157 铜钱统计表 （长度：厘米，重量：克）

种类	编号	特征		郭径	钱径	穿宽	郭宽	郭厚	肉厚	重量
		文字特征	记号							
五铢钱	9－1	"五"字瘦长，竖划较直；"金"头三角形，四竖点；"朱"头方折，"朱"下较圆	穿上一横	2.56	2.16	0.94	0.17	0.20	0.09	3.90
	9－2	同上	无	2.58	2.24	0.85	0.13	0.17	0.08	3.35
	9－3	"五"字瘦长，竖划较直；"金"头三角形，四竖点；"朱"头方折，"朱"下方折	无	2.58	2.14	0.88	0.13	0.20	0.07	3.20
	9－4	同上	穿上一横	2.51	2.19	0.96	0.12	0.16	0.06	3.20
	9－5	同上	同上	2.54	2.12	0.93	0.12	0.21	0.09	4.40
	9－6	同上	同上	2.51	2.09	0.88	0.11	0.21	0.09	3.90
	9－7	同上	无	2.59	2.17	0.84	0.13	0.21	0.09	4.00
	9－8	同上	无	2.60	2.26	0.94	0.13	0.17	0.09	3.40
	9－9	同上	无	2.64	2.26	0.89	0.12	0.19	0.09	4.15
	9－10	"五"字瘦长，竖划缓曲；"金"头三角形；四竖点，"朱"头较圆，"朱"下方折	穿下月牙	2.57	2.33	0.86	0.12	0.17	0.10	4.70
	9－11	同上	无	2.55	2.27	0.97	0.14	0.16	0.09	3.30
	9－12	同上	穿下月牙	2.56	2.26	0.95	0.15	0.17	0.10	3.90
	9－13	"五"字瘦长，竖划缓曲；"金"头三角形，四竖点；"朱"头较圆，"朱"下较圆	无	2.58	2.30	0.90	0.14	0.18	0.10	4.40
	9－14	同上	穿右下一星点	2.58	2.32	0.91	0.13	0.17	0.10	3.80
	9－15	同上	无	2.60	2.26	0.87	0.17	0.18	0.10	4.10
	9－16	同上	穿下月牙	2.62	2.38	0.89	0.12	0.14	0.06	3.20
	9－17	同上	穿上一横	2.60	2.36	0.90	0.12	0.18	0.12	5.10
	9－18	同上	穿下月牙	2.63	2.37	0.90	0.13	0.19	0.12	5.40
	9－19	同上	穿上一横	2.55	2.25	0.95	0.15	0.16	0.08	4.10
	9－20	同上	无	2.61	2.41	0.88	0.10	0.17	0.07	3.90
	9－21	同上	穿下月牙	2.59	2.31	0.93	0.14	0.16	0.10	4.00
	9－22	同上	无	2.59	2.35	0.99	0.12	0.16	0.08	3.50
	9－23	"五"字瘦长，竖划较直；"金"头三角形，四竖点；"朱"头方折，"朱"下方折	穿上一横	2.51	2.31	0.90	0.10	0.17	0.10	4.00
	9－24	同上	同上	2.62	2.40	0.93	0.11	0.19	0.12	4.60

（续表）

种类	编号	特征		郭径	钱径	穿宽	郭宽	郭厚	肉厚	重量
		文字特征	记号							
	9－25	同上	同上	2.57	2.33	0.90	0.12	0.18	0.09	4.00
	9－26	同上	同上	2.59	2.31	0.87	0.14	0.18	0.10	4.10
	9－27	同上	无	2.53	2.31	0.95	0.11	0.16	0.08	3.50
	9－28	同上	穿下月牙	2.60	2.36	0.92	0.12	0.18	0.10	4.30
	9－29	同上	穿上一横	2.57	2.33	0.89	0.12	0.17	0.10	4.30
	9－30	同上	穿下月牙	2.63	2.35	0.91	0.14	0.20	0.08	3.90
	9－31	同上	穿上一横	2.56	2.36	0.89	0.10	0.18	0.10	4.00
	9－32	同上	无	2.61	2.33	0.91	0.14	0.20	0.10	4.30
	9－33	同上	穿上一横	2.60	2.36	0.90	0.12	0.15	0.07	3.70
	9－34	同上	穿下月牙	2.49	2.25	0.89	0.12	0.19	0.10	3.90
	9－35	同上	无	2.55	2.33	0.96	0.11	0.16	0.09	3.40
	9－36	同上	无	2.56	2.30	0.92	0.13	0.18	0.08	3.65
	9－37	同上	穿上一横	2.54	2.30	0.93	0.12	0.18	0.08	4.00
	9－38	同上	同上	2.62	2.36	0.90	0.13	0.17	0.07	3.30
五铢钱	9－39	"五"字瘦长，竖划较直；"金"头三角形，四竖点；"朱"头方折，"朱"下较圆	穿下月牙	2.55	2.31	0.96	0.12	0.17	0.07	3.50
	9－40	同上	无	2.57	2.35	0..96	0.11	0.19	0.07	4.00
	9－41	同上	穿上一横	2.54	2.30	0.92	0.12	0.19	0.06	3.30
	9－42	同上	同上	2.55	2.27	0.92	0.14	0.17	0.07	3.60
	9－43	同上	同上	2.63	2.43	0.96	0.10	0.17	0.05	2.70
	9－44	同上	无	2.61	2.35	0.95	0.13	0.19	0.08	3.70
	9－45	同上	穿下一横	2.65	2.37	1.00	0.14	0.19	0.07	3.30
	9－46	同上	无	2.56	2.28	0.89	0.14	0.17	0.07	3.60
	9－47	同上	穿下月牙	2.60	2.32	0.99	0.14	0.18	0.08	3.70
	9－48	同上	无	2.63	2.41	0.90	0.11	0.19	0.10	4.50
	9－49	同上	穿上一横	2.54	2.34	0.97	0.10	0.16	0.08	2.90
	9－50	同上	无	2.60	2.38	0.98	0.11	0.15	0.05	2.90
	9－51	同上	穿上一横	2.54	2.32	0.96	0.11	0.15	0.05	2.30
	9－52	同上	穿下月牙	2.53	2.29	0.91	0.12	0.16	0.09	3.70
	9－53	同上	同上	2.56	2.32	1.00	0.12	0.19	0.07	3.10
	9－54	同上	穿上一横	2.53	2.29	0.90	0.12	0.18	0.09	3.70
	9－55	同上	无	2.58	2.30	0.99	0.14	0.19	0.08	3.30

（续表）

种类	编号	特征		郭径	钱径	穿宽	郭宽	郭厚	肉厚	重量
		文字特征	记号							
五铢钱	9－56	同上	穿上一横	2.51	2.25	0.96	0.13	0.18	0.09	3.80
	9－57	同上	同上	2.58	2.36	0.99	0.11	0.19	0.08	4.10
	9－58	同上	穿下月牙	2.57	2.31	0.99	0.13	0.18	0.07	3.50
	9－59	同上	穿上一横	2.58	2.32	1.00	0.13	0.20	0.08	3.70
	9－60	同上	无	2.64	2.34	0.90	0.15	0.20	0.08	4.00
	9－61	同上	无	2.51	2.23	0.93	0.14	0.18	0.07	3.30
	9－62	同上	穿下月牙	2.60	2.34	0.90	0.13	0.19	0.07	4.20
	9－63	同上	穿上一横	2.55	2.31	0.98	0.12	0.17	0.05	2.80
	9－64	同上	无	2.56	2.30	0.92	0.13	0.19	0.09	4.00
	9－65	同上	穿下月牙	2.57	2.31	0.92	0.13	0.19	0.09	4.30
	9－66	同上	同上	2.58	2.30	0.90	0.14	0.20	0.09	4.20
	9－67	同上	穿下月牙	2.60	2.34	0.90	0.13	0.16	0.07	3.60
	9－68	同上	穿上一横	2.56	2.32	1.00	0.12	0.20	0.09	3.70

一五　M158（Ⅴ区）

1. 墓葬形制

单室砖墓，平面呈甲字形，由墓道、墓门及墓室组成。方向290°（图三二八；彩版二○○，1）。开口于耕土层下，开口距地表0.20米，破坏严重。

墓道　长方形斜坡状，未发掘完，长不详，宽1.20、底部距地表1.20米。

墓门　位于墓室西壁偏南处，宽1.20米。

墓门　条砖封堵，残存一层砖，高0.06米，为两列丁砖平砌。

墓室　平面呈方形，边长2.64米。西壁平直，其他三壁外弧，墓室砖墙保存较好，最高处保存有8层砖，砌法由下至上为三层平砖一层丁立砖，两者交替向上。另外，三层平砖的砌法又为双隅平砖错缝顺砌。墓底直接利用修整的基岩，未砌铺地砖。墓葬用砖有方砖和条砖两种，方砖规格：30×8厘米；条砖：30×12×6厘米。墓砖均为花纹转，纹饰有叶脉纹、连环乳丁纹、连环菱形纹（图三二九；彩版二○○，2）。

2. 葬具和人骨

墓室北侧中部发现有黑色板灰痕迹，较凌乱，形状不详，另外，在墓室中部随葬的陶盘上出土一块长方形木板，长25、宽20、厚5厘米，应为棺板残片。

墓内未发现人骨。

3. 随葬品

该墓共出土有64件随葬品，位于墓室北部，质地分为陶、铜、银三种。分述如下。

陶器　计有罐6、仓3、楼1、井1、灶1、奁2、耳杯5、案2、盆1、盘5、碟15、缸5、勺2、小盆2、小甑1、小釜3、水斗1、井架1。

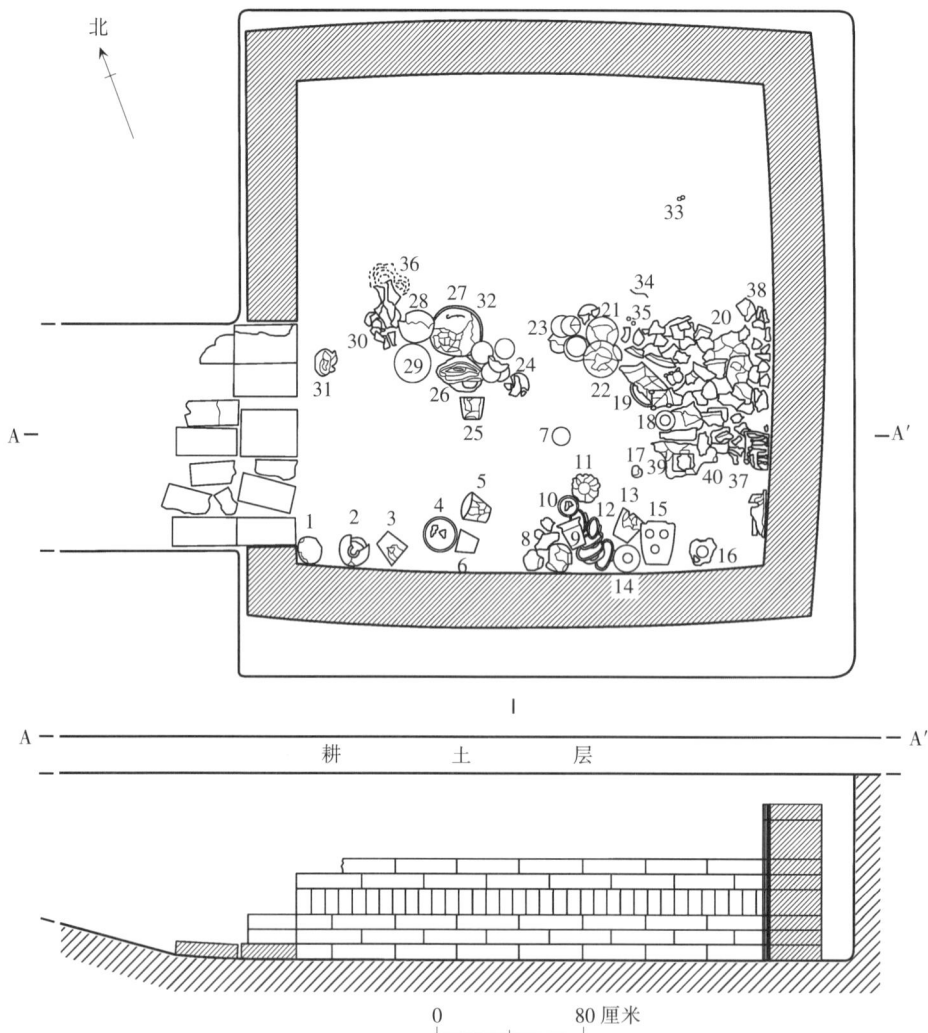

图三二八　M158 平、剖面图

1、2、8、16、18、31. 陶罐　3、5、6、13、25. 陶缸　4、30. 陶奁　7、23、24. 陶碟　9. 陶井　10. 小陶盆　11. 陶盆　12. 陶耳杯　14. 小陶盆（甑）　15. 陶灶组合　17. 陶勺　19、27. 陶案　20、28. 陶仓　21、22、26、28、29. 陶盘　32. 铜带钩　33. 银指环　34. 银笄　35. 银双联环　36. 铜镜　37. 陶楼　39. 陶支架　40. 陶仓盖

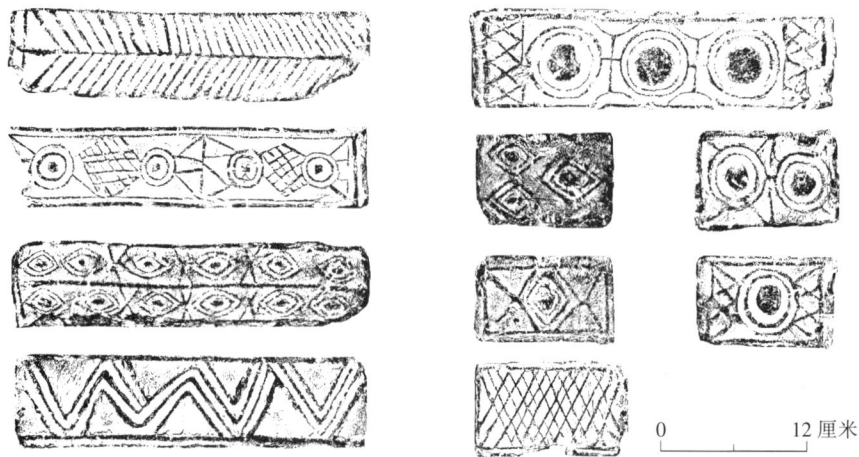

图三二九　M158 花纹砖拓片

罐　6 件（M158：1、2、8、16、18、31）。形制相同，均为夹砂灰陶，圆唇，敛口，矮领，圆肩，斜腹，最大腹径位置偏上，底微内凹。标本 M158：1，口径 6.9、底径 8.6、最大腹径 16.4、高 12.2、壁厚 0.6 厘米（图三三〇，1；彩版二〇一，1）。标本 M158：2，口径 6.4、底径 8.9、最大腹径 15.8、高 12.5、壁厚 0.5 厘米（图三三〇，2；彩版二〇一，2）。标本 M158：8，口径 6.4、底径 7.8、最大腹径 15.5、高 12.2、壁厚 0.6 厘米（图三三〇，3）。标本 M158：31，口径 7.4、底径 7.9、最大腹径 16.1、高 12.3、壁厚 0.6 厘米（图三三〇，4）。

仓　3 件（M158：20、38、40）。标本 M158：20，夹砂灰陶，由仓盖和仓身两部分组成。仓盖：歇山顶结构。一字形正脊，盖面呈斜坡状，正脊两侧置有六组 12 道瓦垄。

图三三〇　M158 出土器物

1~4. 陶罐（M158：1、2、8、31）　5~7. 陶仓（M158：40、38、20）

正脊两端和瓦垄末端均饰莲花纹瓦当。仓体：平面呈长方形，底部宽，顶部窄。仓正面右下角有一长方形穿孔门，门下有台阶。正面上部用刻划的直线纹和菱形纹表示窗户。通高33.1厘米。仓盖：长27.0、宽20.6、厚0.6厘米。仓体：长18.8、宽12.2、高28.6、壁厚0.7厘米（图三三〇，6；彩版二〇一，4）。标本M158：38，夹砂灰陶，无盖。仓身正面呈长方形，仓身正面右下角有一长方形镂孔门，门下有台阶。长21.8、宽14.5、高28.6、壁厚0.6厘米（图三三〇，7）。标本M158：40，夹砂灰陶，悬山顶结构。一字形正脊，盖面呈斜坡状，正脊两侧各有4组八道瓦垄，瓦垄末端饰有莲花纹瓦当。长15.8、宽13.0、高4.1、厚0.7厘米（图三三〇，5；彩版二〇一，3）。

楼　1件。标本M158：37，夹砂灰陶，重檐（三层）庑殿顶结构。楼盖：平面近方形，四面坡，分三层。一字形正脊，四条垂脊，山字形宝顶。第一层和第二层有24道瓦垄，第三层有12道瓦垄。正脊、垂脊和

图三三一　M158出土器物
1. 陶楼（M158：37）　2. 陶井（M158：9-1）

瓦垄末端均饰单瓦当，瓦当为莲花纹。楼身：正面呈长方形，由下到上逐渐变窄。第一层左下角有一横长方形穿孔，表示通气孔；右下角有一纵长方形穿孔，表示门。第二层和第三层正中各有九行菱形镂空，表示窗，窗周围有刻划直线纹。房身侧面第二层和第三层各有一个长方形镂孔，表示通气孔。通高66.3厘米。第一层房身长18.5、宽15.8～17.3、高31.5、盖边长32.2、高5.9厘米。第二层房身边长11.5、高12.6、盖长26.0、宽27、高6.6厘米，第三层房边长10.7、高13.1、盖边长23.7、高10.2厘米（图三三一，1；彩版二〇一，5）。

井　1件。标本M158：9-1，夹砂灰陶。方唇，直口，展沿，沿面向内倾斜，短束颈，斜直腹，平底。上腹部饰一周凸弦纹，底边回泥起棱。口径11.8、底径8.2、高16.6、壁厚0.6厘米（图三三一，2；彩版二〇二，1）。

灶　1件。标本 M158：15－1，夹砂灰陶。灶面呈梯形，灶面有三个火眼，前端出台，后端一角有圆形出烟口。长方形灶门。通长 21.4、宽 16.6、高 15.0、壁厚 0.8 厘米（图三三二，1；彩版二〇二，2）。

奁　2件（M158：4、30）。形制相同，均为夹砂灰陶，方唇，直口，直腹，腹下部折收，平底。标本 M158：4，口径 18.7、底径 16.6、高 12.7、壁厚 0.7 厘米（图三三二，2）。标本 M158：30，口径 18.1、底径 16.5、高 13.7、壁厚 0.6～0.9 厘米（图三三二，3；彩版二〇二，3）。

耳杯　5件（M158：12－1、12－2、12－3、12－4、12－4、12－5）。形制相同。标本 M158：12－4，夹砂灰陶。杯口呈椭圆形，两耳平折，弧腹，台底。口长径 13.7、短径 7.3、底长径 8.4、短径 4.0、高 5.0、壁厚 0.5 厘米（图三三二，4；彩版二〇二，4）。

案　2件（M158：19、27）。形制相同，均为方唇，浅腹，平底；底部轮旋痕迹明显。标本 M158：19，夹砂灰陶，口沿下饰一周粗绳纹。口径 28.4、底径 27.0、高 1.4、

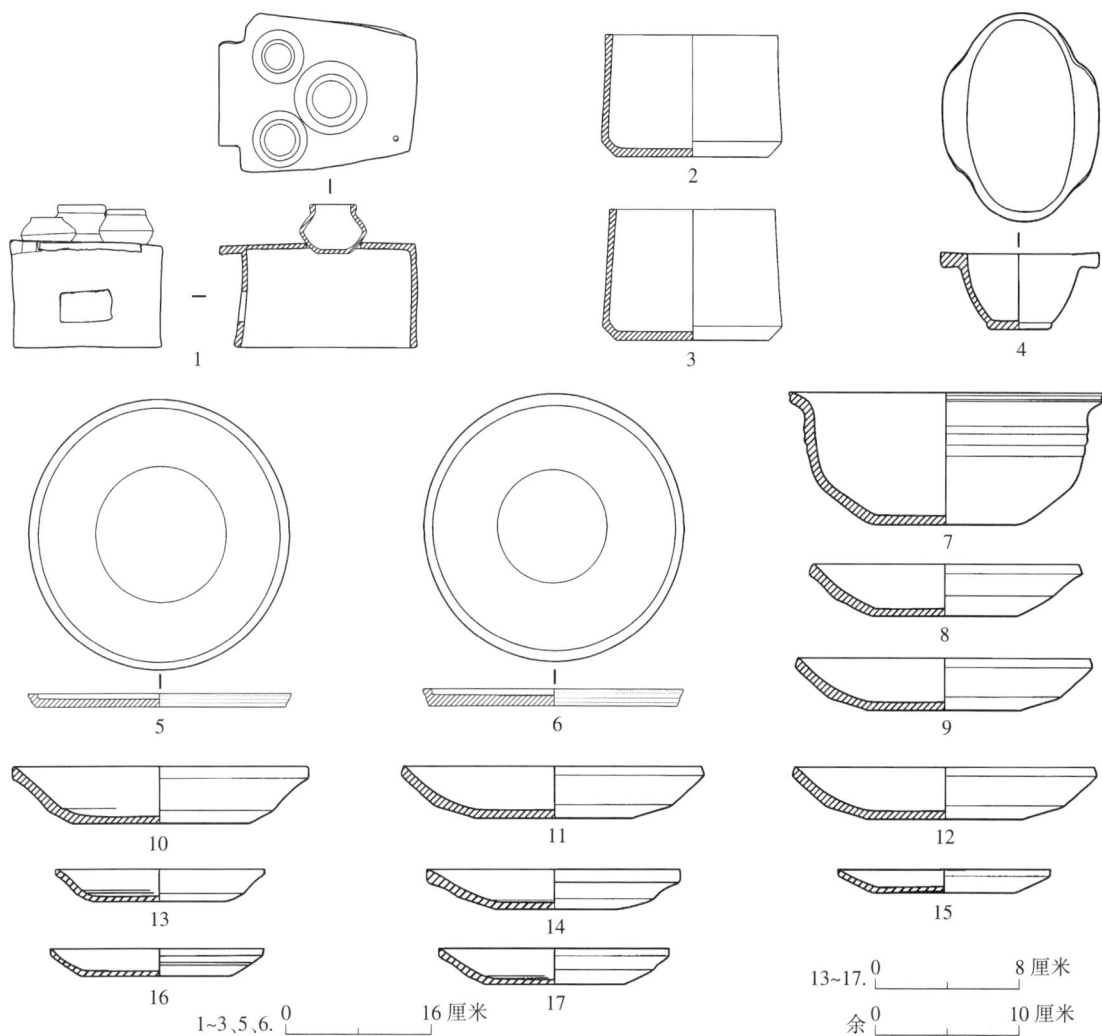

图三三二　M158 出土器物

1. 陶灶组合（M158：15）　2、3. 陶奁（M158：4、30）　4. 陶耳杯（M158：12－4）　5、6. 陶案（M158：19、27）
7. 陶盆（M158：11）　8～12. 陶盘（M158：21、22、26、28、29）　13～17. 陶碟（M158：7、23－1、23－7、24－1、24－4）

壁厚 0.9～1.2 厘米（图三三二，5）。标本 M158：27，夹砂黄褐陶，口沿下饰两周粗绳纹。口径 28.1、底径 26.8、高 1.8、壁厚 0.8～1.3 厘米（图三三二，6；彩版二〇二，5）。

盆　1 件。标本 M158：11，夹砂灰陶。方唇，唇面有凹槽，侈口，弧腹，平底。腹部饰瓦棱纹。口径 21.5、底径 9.7、高 8.7、壁厚 0.6 厘米（图三三二，7；彩版二〇二，6）。

盘　5 件（M158：21、22、26、28、29）。形制基本相同，均为夹砂黄褐陶，方唇，敞口，浅弧腹，平底，素面。标本 M158：21，腹内底部饰一周凹弦纹。口径 18.2、底径 9.8、高 3.4、壁厚 0.7 厘米（图三三二，8）。标本 M158：22，口径 20.0、底径 10.6、高 3.4、壁厚 0.6 厘米（图三三二，9）。标本 M158：26，口径 20.1、底径 12.1、高 3.8、厚 0.6 厘米（图三二三，10）。标本 M158：28，口径 20.2、底径 10.6、高 3.4、壁厚 0.6 厘米（图三三二，11）。标本 M158：29，口径 20.5、底径 10.9、高 3.4、壁厚 0.6 厘米（图三三二，12）。

碟　15 件（M158：7、23－1、23－2、23－3、23－4、23－5、23－6、23－7、24－1、24－2、24－3、24－4、24－5、24－6、24－7）。形制基本相同，均为夹砂黄褐陶，方唇，敞口，浅弧腹，平底，素面。标本 M158：7，口径 11.4、底径 7.1、高 1.7、壁厚 0.3 厘米（图三三二，13）。标本 M158：23－1，内壁底部饰有两周弦纹。口径 13.7、底径 6.4、高 2.1、壁厚 0.4 厘米（图三三二，14）。标本 M158：23－7，底部微凹。素面。口径 11.7、底径 7.9、高 1.2、壁厚 0.3 厘米（图三三二，15）。标本 M158：24－1，腹中部饰两周弦纹。口径 11.7、底径 8.1、高 1.4、壁厚 0.3 厘米（图三三二，16）。标本 M158：24－4，口径 12.4、底径 7.6、高 1.9、壁厚 0.4 厘米（图三三二，17）。

缸　5 件（M158：3、5、6、13、25）。其中，标本 M158：3、M158：6 与 M158：25 形制基本相同，均为夹砂褐陶，圆唇，唇外侧加厚，敞口，斜直腹。标本 M158：3，底部微内凹。腹内壁饰瓦棱纹，器底轮旋痕迹明显。口径 14.3、底径 8.2、高 12.5、壁厚 0.6 厘米（图三三三，1；彩版二〇三，1）。标本 M158：6，底部微凹。腹内壁有清晰的瓦棱纹。口径 13.6、底径 8.2、高 11.1、壁厚 0.5 厘米（图三三三，2；彩版二〇三，2）。标本 M158：25，平底。素面。口径 13.9、底径 7.6、高 11.7、壁厚 0.5 厘米（图三三三，3）。标本 M158：5，夹砂灰陶。圆唇，敞口，斜直腹，平底。器底轮旋痕迹明显。口径 15.1、底径 7.5、高 11.6、壁厚 0.6 厘米（图三三三，4；彩版二〇三，3）。标本 M158：13，夹砂灰陶。方唇，敞口，斜直腹，平底。素面，器底轮旋痕迹明显。口径 13.5、底径 8.4、高 11.5、壁厚 0.5 厘米（图三三三，5）。

勺　2 件（M158：17－1、17－2）。形制相同，均为夹砂灰陶，尖唇，敞口，弧腹，圜底，一侧有柄，柄上部微曲。标本 M158：17－1，口径、通长 7.4、通高 5.2、厚 0.4 厘米（图三三三，6）。M158：17－2，柄残。口径 4.6、通长 5.4、通高 3.3、壁厚 0.4 厘米（图三三三，7；彩版二〇三，4）。

小盆　2 件（M158：10、14－1）。形制相同，均为夹砂灰陶，尖唇，展沿，侈口，弧腹微鼓，平底。标本 M158：10，口径 11.2、底径 5.0、高 4.0、壁厚 0.3 厘米（图三三三，8）。标本 M158：14－1，口径 12.2、底径 5.6、高 3.8、壁厚 0.3 厘米（图三三三，9）。

小甑　1 件。标本 M158：14－2，夹砂黄陶。方唇，侈口，展沿，沿面向内斜，弧腹

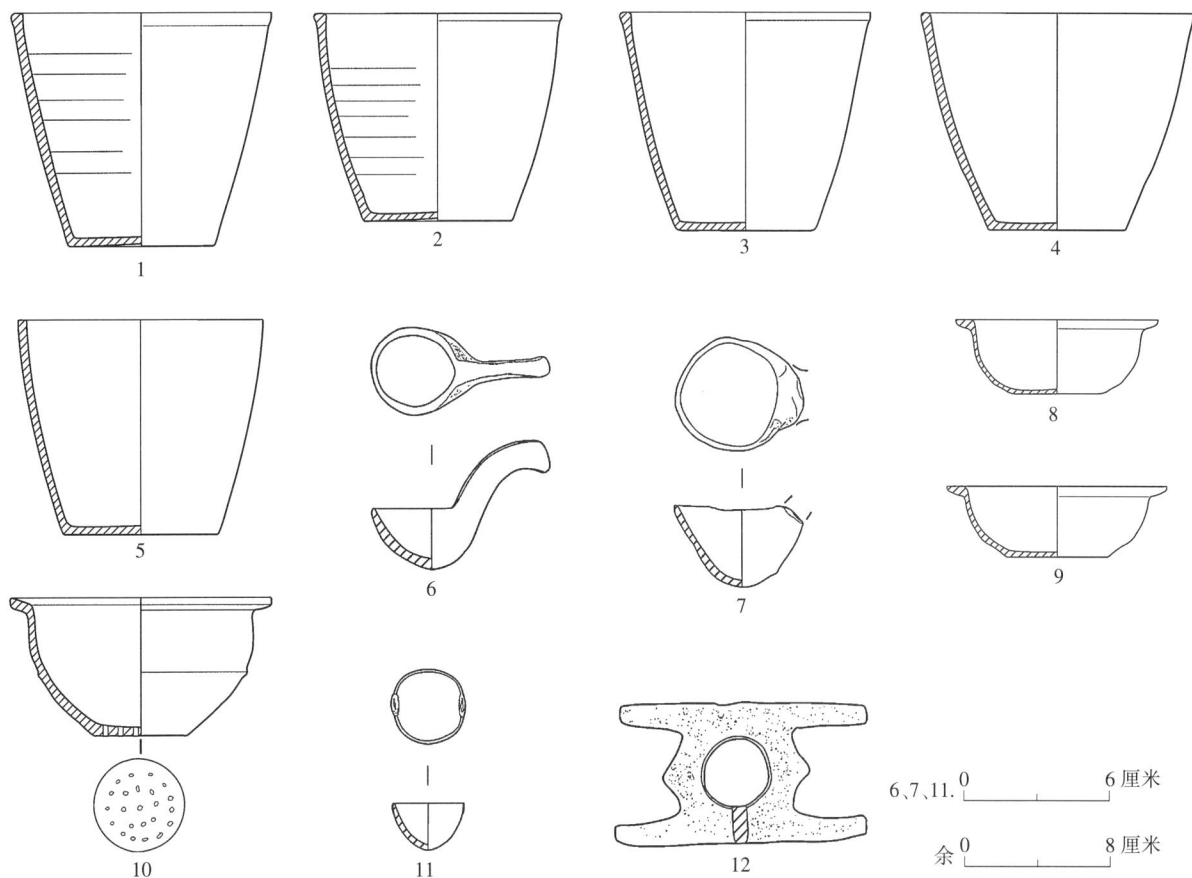

图三三三 M158 出土器物

1~5. 陶缸（M158：3、6、25、5、13） 6、7. 陶勺（M158：17-1、17-2） 8、9. 小陶盆（M158：10、14-1） 10. 小陶甑（M158：14-2） 11. 陶水斗（M158：9-2） 12. 陶支架（M158：39）

微鼓，平底。腹中部饰一周凸弦纹，底部均匀分布有甑眼。口径 14.4、底径 5.2、高 7.4、壁厚 0.5 厘米（图三三三，10；彩版二○三，5、6）。

小釜 3 件（M158：15-2、15-3、15-4）。形制相同，均为夹砂灰陶，圆唇，直口，矮领，折腹，平底，素面。15-2，口径 4.3、底径 1.9、最大腹径 5.9、高 4.2、壁厚 0.3 厘米（见图三三二，1）。标本 15-3，口径 3.3、底径 2.1、最大腹径 5.9、高 3.9、壁厚 0.3 厘米（见图三三二，1）。15-4，口径 5.3、底径 3.4、最大腹径 7.2、高 5.2、壁厚 0.5 厘米（见图三三二，1）。

水斗 1 件。标本 M158：9-2，夹砂灰陶。尖唇，敞口，弧腹，圜底。提梁缺失。口径 3.0、残高 1.9、壁厚 0.3 厘米（图三三三，11）。

井架 1 件。标本 M158：39，夹砂黄褐陶。亚腰形，两端为平行的一字形横梁，中间有圆形穿孔。通长 10.5、通宽 5.8、壁厚 6.0 厘米（图三三三，12）。

铜器 计有镜 1、带钩 1。

镜 1 面。标本 M158：36，"位至三公"铜镜。圆形，镜面凸隆明显。半球形纽，圆形纽座，纽座外对称置有四个圆圈圆点纹，其间置有"位至三公"四字铭文。铭文带外施有两圈凸弦纹。素窄平缘。面径 7.9、背径 8.5、高 1.0 厘米（图三三四，1；彩版二○四，1）。

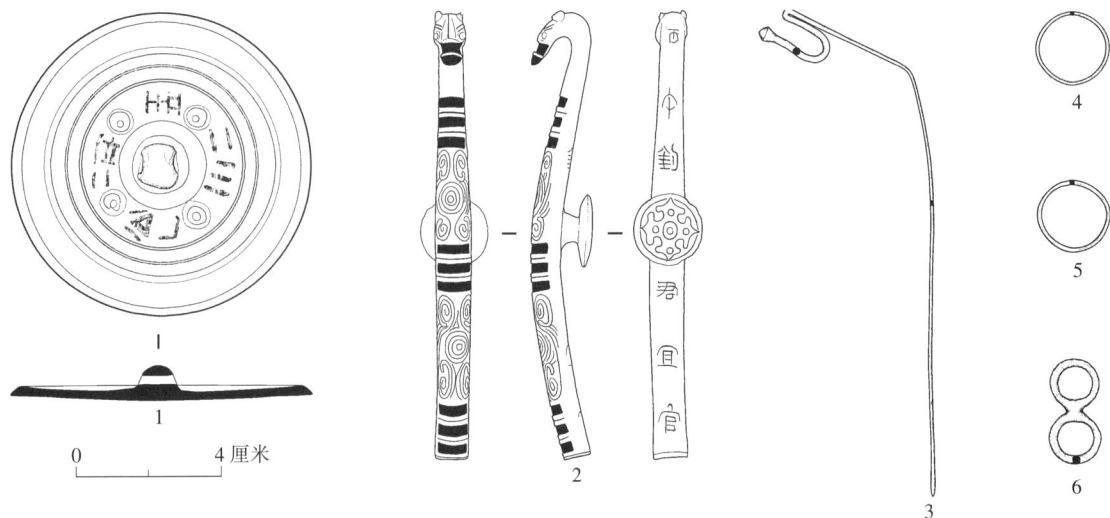

图三三四　M158 出土器物

1. 铜镜（M158：36）　2. 错银铜带钩（M158：32）　3. 银笄（M158：34）　4、5. 银指环（M158：33－1、33－2）
6. 银双联环（M158：35）

带钩　1件。标本 M158：32，错银。整体大致呈曲棒状。兽头形钩首，双耳直立，"一"字额，双目圆瞪，吻部宽扁前突。钩体圆钝，侧视略呈"S"形。钩面上、中、下各用三组长方形错银凹槽分为两个单元，各单元内均对称施有错银涡纹。钩背刻有"丙申钩，君宜官"六字铭文。圆形钩纽，纽面上施有错银四叶柿蒂纹。长 12.3 厘米（图三三四，2；彩版二〇四，2）。

银器　计有笄1、指环2、双联环1。

笄　1件。标本 M158：34，现已折曲。长条棒状，一端较尖，一端出有圆结状端头。长 13.4 厘米（图三三四，3；彩版二〇四，3）。

指环　2件。平面近圆形，截面近圆形。标本 M158：33－1，直径 2.0～2.1 厘米（图三三四，4）。标本 M158：33－2，直径 1.9～2.0 厘米（图三三四，5）。

双联环　1件。标本 M158：35，平面呈"8"字形，系用两个圆环连接而成。直径 1.3～1.5、长 2.8 厘米（图三三四，6；彩版二〇四，4）。

一六　M160（Ⅴ区）

1. 墓葬形制

单室砖墓，平面呈甲字形，由墓道、墓门及墓室组成。方向 290°（图三三五；彩版二〇五，1）。开口于耕土层下，开口距地表 0.10 米，破坏严重。

墓道　位于墓室西壁偏南处，长方形覆斗状，未发掘完，长不详，上口宽 1.00、下口宽 0.80、底部距地表 0.70 米。

墓门和封门　不存。

墓室　平面呈方形，长不详，宽 2.66 米。西半部砖墙都被破坏，残存墓壁砖墙平直，最高处保存有 4 层砖，砌法为两层平砖，一层丁立砖，另外，两层平砖的砌法又为双隅平砖错缝顺砌。墓底直接利用修整的基岩，未砌铺地砖。墓葬用砖有方砖和条砖两种，方砖规格：30×30×8 厘米；条砖规格：30×12×6 厘米。墓砖均为花纹转，纹饰有叶脉

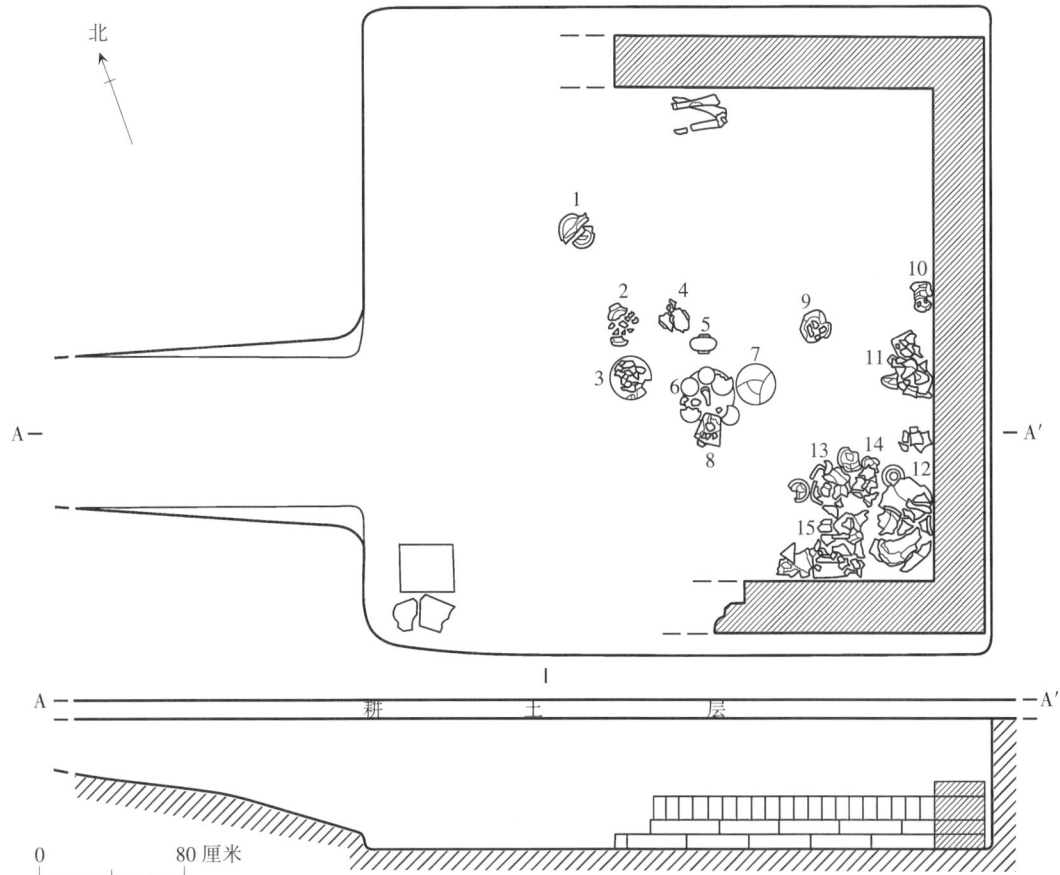

图三三五　M160 平、剖面图

1、11. 陶奁　2. 小陶盆　3、7. 陶盘　4、5. 陶耳杯　6. 陶案组合　8. 陶缸　9. 陶罐　10. 小陶盆（瓿）
12. 陶瓮　13. 陶灶组合　14. 陶井　15. 陶仓盖

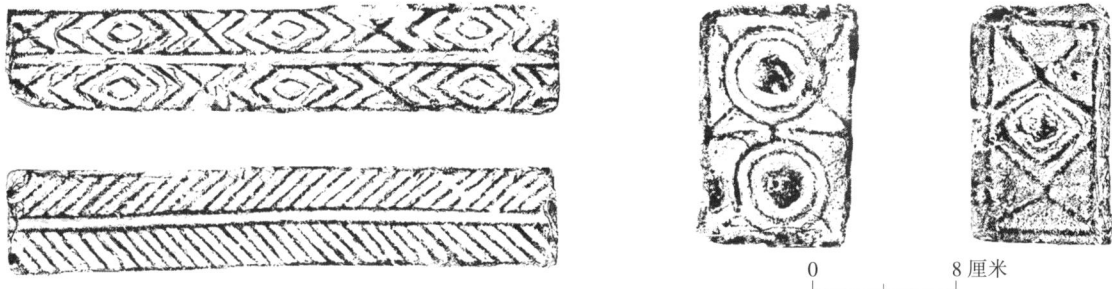

图三三六　M160 花纹砖拓片

纹、连环乳丁纹、连环菱形纹（图三三六；彩版二〇五，2）。

2. 葬具和人骨

墓内未发现任何葬具。

墓室北侧中部保存有 3 段肢骨，葬式及性别不明。

3. 随葬品

该墓共出土有 25 件随葬品，均为陶器，位于墓室北部（彩版二〇六，1）。种类计有
罐 1、瓮 1、仓盖 1、井 1、灶 1、奁 2、耳杯 2、案 1、盘 2、碟 5、缸 1、小盆 3、小釜 2、

小瓿 1、勺 1。

　　罐　1 件。标本 M160：9，夹砂灰陶。圆唇，敛口，溜肩，鼓腹，最大腹径位置靠近肩部，平底。肩内壁有一周凹弦纹。口径 6.0、底径 8.5、腹部最大径 15.5、高 11.8、壁厚 0.6 厘米（图三三七，1；彩版二〇六，2）。

　　瓮　1 件。标本 M160：12，夹砂黄陶。方唇，侈口，斜直颈，鼓肩，弧腹，圜底。素面。口径 19.6、腹部最大径 38.2、高 25.2、壁厚 1.2~1.4 厘米（图三三七，4；彩版二〇六，3）。

　　仓盖　1 件。标本 M160：15，夹砂灰陶，悬山顶结构。平面呈长方形，两面坡式，"一"字形正脊，正脊两侧对称置有六组 12 道瓦垄，正脊及瓦垄终端均装饰有雕花瓦当，但现已部分脱落。长 27.1、宽 20.6、高 6.9 厘米（图三三七，2）。

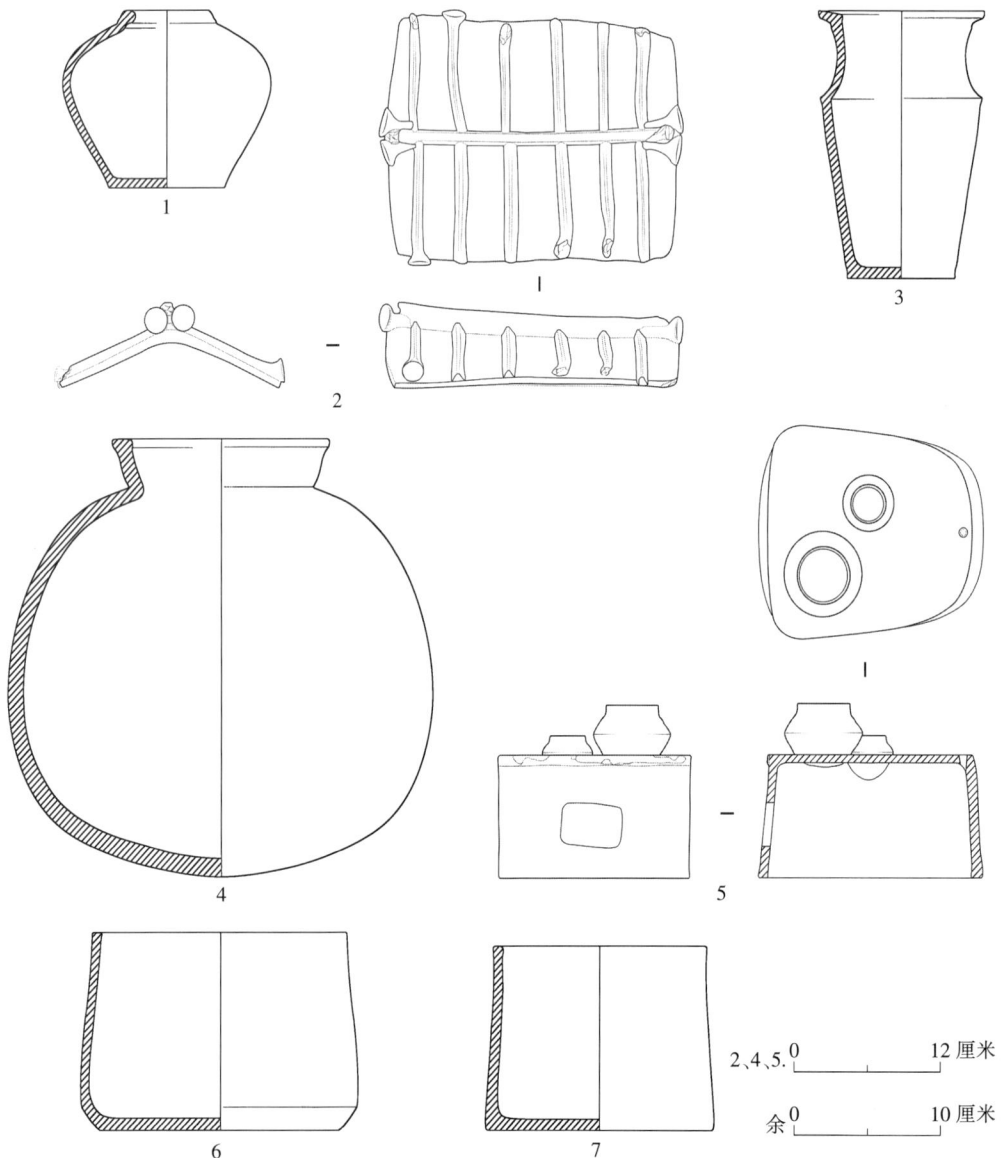

图三三七　M160 出土器物

1. 陶罐（M160：9）　2. 陶仓盖（M160：15）　3. 陶井（M160：14）　4. 陶瓮（M160：12）　5. 陶灶组合（M160：13）
6、7. 陶瓮（M160：1、11）

井 1件。标本 M160：14，夹砂灰陶。尖唇，敞口，束颈，折肩，斜直弧，平底。素面。口径12.1、底径7.9、高17.7、壁厚0.6~0.7厘米（图三三七，3；彩版二〇七，1）。

灶 1件。标本 M160：13－1，夹砂灰陶。灶面呈等腰梯形，前端错向置有一大一小两个火眼，火眼之上附两釜，尾端中部有一圆形烟孔。长方形灶门。素面。长19.9、宽17.2、高9.8、壁厚0.7~0.8厘米，灶门长5.5、灶门宽3.4厘米，火眼直径4.9、4.3厘米，烟孔直径0.8厘米（图三三七，5；彩版二〇七，2）。

瓮 2件（M160：1、11）。标本 M160：1，夹砂灰陶。方唇，敛口，斜直腹，平底。素面。口径19.0、底径17.8、高13.1、壁厚0.6~0.8厘米（图三三七，6）。标本M160：11，夹砂灰陶。圆唇，直口，直腹，平底。素面。口径15.8、底径16.7、高12.2、壁厚0.7~0.8厘米（图三三七，7；彩版二〇七，3）。

耳杯 2件（M160：4、5）。标本 M160：4，夹砂灰陶。椭圆形杯口，弧腹，平底，双耳。口长径13.9、口短径11.4、高47、壁厚0.4~1.1厘米（图三三八，1）。标本M160：5，夹砂灰陶。椭圆形杯口，斜腹，平底，双耳。口长径13.7、口短径10.8、高4.7、壁厚0.5~0.8厘米（图三三八，2；彩版二〇七，4）。

案 1件。标本 M160：6－1，夹砂灰陶。尖唇，侈口，凹底。唇下部有一周粗绳纹。口径28.2、底径26.8、高1.8、壁厚1.0~1.2厘米（图三三八，3；彩版二〇七，5）。

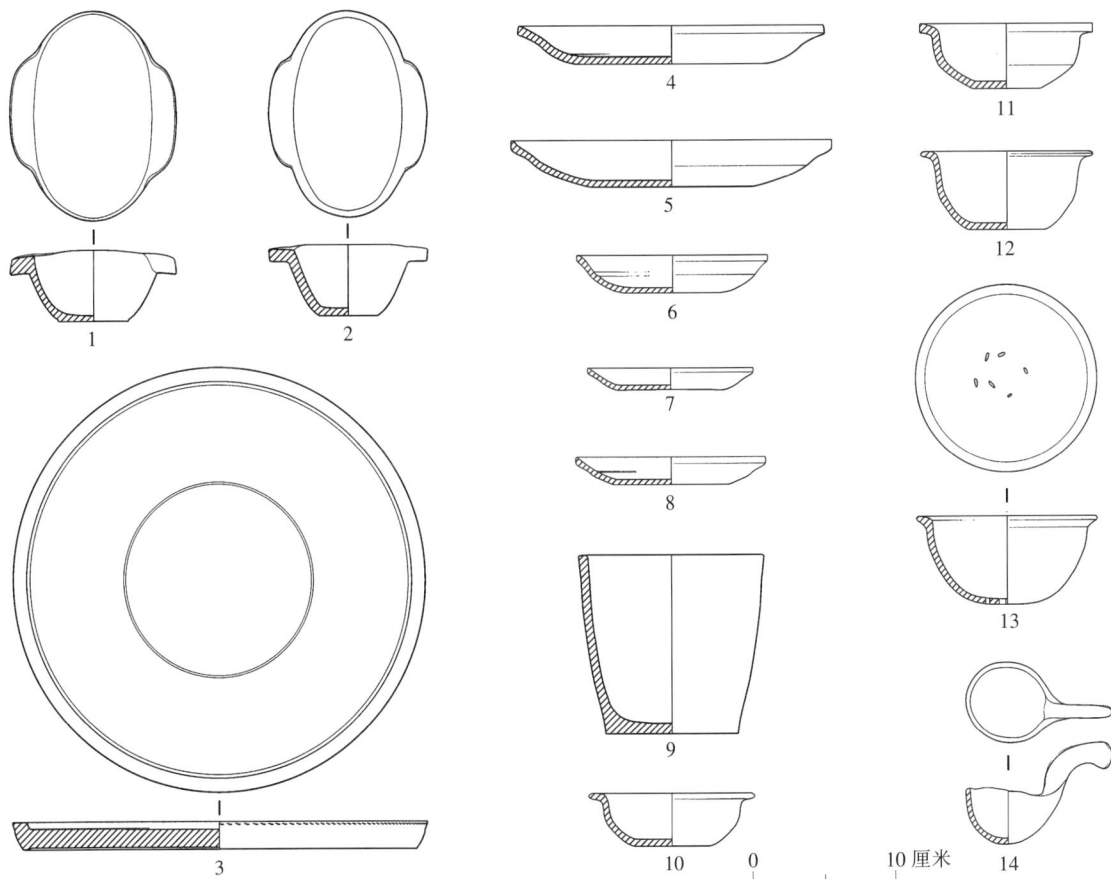

图三三八 M160 出土器物

1、2. 陶耳杯（M160：4、5） 3. 陶案（M160：6－1） 4、5. 陶盘（M160：3、7） 6、7、9. 陶碟（M160：6－2、6－3、6－4） 8. 陶缸（M160：8） 10~12. 小陶盆（M160：2－1、2－2、10－1） 13. 小陶甑（M160：10－2） 14. 陶勺（M160：6－5）

盘 2件（M160：3、7）。形制相同，均为夹砂黄陶，尖唇，敞口，折沿，弧腹，平底。标本 M160：3，腹内壁有一周凹弦纹。口径21.0、底径12.3、高2.6、壁厚0.5厘米（图三三八，4）。标本 M160：7，素面。口径22.0、底径11.0、高3.1、壁厚0.5厘米（图三三八，5）。

碟 5件（M160：6-2、6-3、6-4、6-6、6-7）。形制相同，均为尖唇，敞口，折沿，弧腹，平底。标本 M160：6-2，夹砂灰陶，腹内壁有一周凹弦纹。口径13.2、底径6.4、高2.5、壁厚0.3～0.4厘米（图三三八，6）。标本 M160：6-3，夹砂灰陶，素面。口径11.4、底径7.2、高1.4、壁厚0.3厘米（图三三八，7）。标本 M160：6-4，夹砂灰陶，腹内壁有一周凹弦纹。口径13.0、底径7.8、高1.8、壁厚0.3厘米（图三三八，8）。

缸 1件。标本 M160：8，夹砂黑陶。方唇，口微侈，斜直腹，平底。素面。口径12.7、底径9.1、高11.9、壁厚0.6～0.7厘米（图三三八，9；彩版二○七，6）。

小盆 3件（M160：2-1、2-2、10-1）。形制基本相同，均为夹砂灰陶，敞口，平沿，弧腹，平底，素面。标本 M160：2-1，尖唇。口径11.4、底径5.2、高3.5、壁厚0.4～0.5厘米（图三三八，10）。标本 M160：2-2，方唇。素面。口径11.8、底径4.5、高4.3、壁厚0.5～0.6厘米（图三三八，11）。标本 M160：10-1，尖唇。口径11.4、底径5.2、高5.2、壁厚0.3～0.4厘米（见图三三八，12）。

小釜 2件（M160：13-2、13-3）。标本 M160：13-2，夹砂灰陶。圆唇，口微侈，折腹，圜底。口径4.6、高5.1、壁厚0.4厘米（见图三三七，5）。标本 M160：13-3，夹砂灰陶。圆唇，敛口，折腹，圜底。口径3.0、高3.5、壁厚0.3～0.4厘米（见图三三七，5）。

小甑 1件。标本 M160：10-2，夹砂灰陶。尖唇，敞口，展沿，弧腹，平底。底面穿有6个甑眼。口径12.4、底径5.2、高5.9、壁厚0.3～0.4厘米（图三三八，13）。

勺 1件。标本 M160：6-5，夹砂灰陶。圆唇，口微侈，圜底。素面。一端有流。口径5.4、高6.8、壁厚0.3～1.3厘米（图三三八，14）。

一七 M162（Ⅴ区）

M162 与 M163 为一组并葬墓。

1. 墓葬形制

石圹竖穴墓，平面呈圆角长方形，墓圹较规整。方向5°（图三三九；彩版二○八，1）。开口于耕土层下，开口距地表0.10米。

墓圹四壁较平直，墓底较平整。长2.50、宽1.64、深0.40米。墓穴四壁保存有一圈宽0.10～0.20米的贝壳，墓底平铺一层厚0.02米的贝壳。

墓内填土主要为黄褐土，夹杂有大量的贝壳、小石块、黄沙，土质较疏松。

2. 葬具和人骨

从墓穴四壁保存的贝壳分析，该墓主在入葬时，应存在木棺，棺与墓壁的间隙填充贝壳；但由于该墓的埋藏条件不利于木棺保存，所以，在木棺腐朽殆尽后，仅剩贝壳立于墓穴四壁之上。

墓内葬有1具人骨，为一女性个体。骨骼保存较差，葬式为仰身直肢，头向北，面向上，双臂平伸贴近体侧，双腿向内并拢。

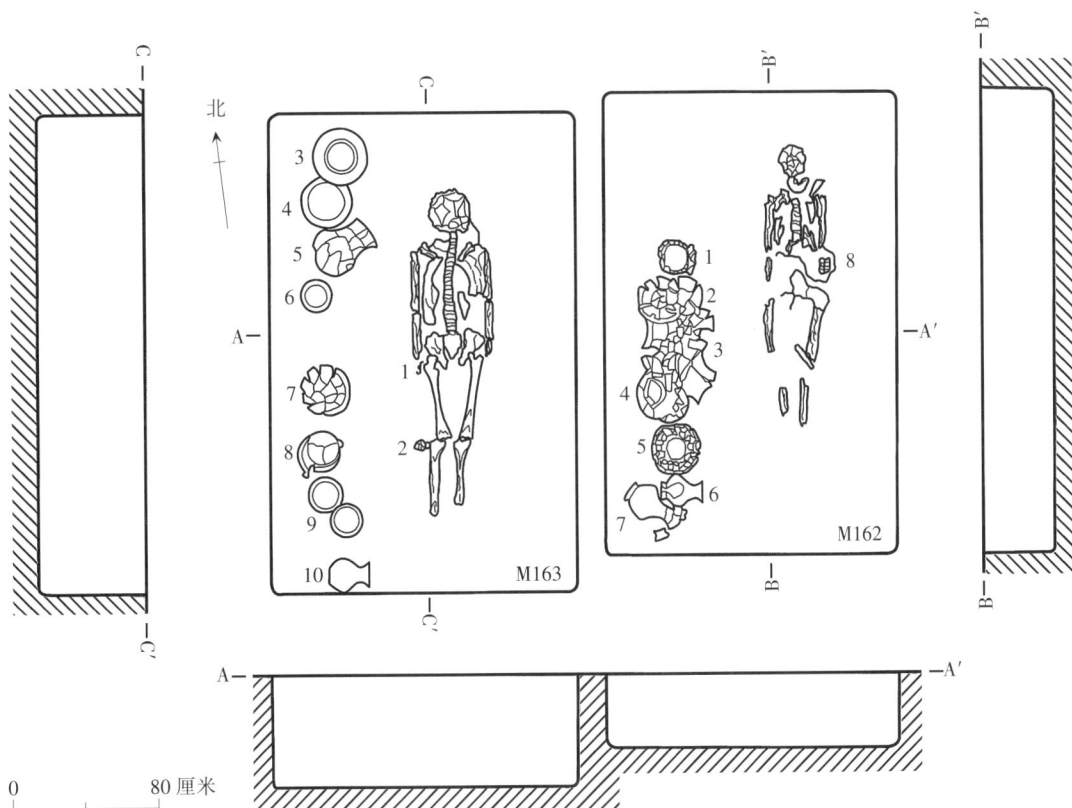

图三三九　M162、M163 平、剖面图

M162　1. 陶鼎　2. 陶盒　3、4、5. 陶罐　6、7. 陶壶　8. 铜钱
M163　1. 铜带钩　2. 铜钱　3. 陶罐　4. 陶盆　5、10. 陶壶　6、7. 陶钵　8. 陶鼎　9. 陶盒

3. 随葬品

该墓共出土有 8 件随葬品，大多数为陶器，另有铜钱 42 枚。其中，铜钱位于人骨左手处；其余随葬品均位于人骨西侧，南北向排列，较为规整。分述如下。

陶器　计有罐 3、壶 2、鼎 1、盒 1。

罐　3 件（M162：3、4、5）。标本 M162：3，夹砂黑褐陶。尖唇，敞口，展沿，短颈，溜肩，鼓腹，腹部最大径位置靠上，平底。腹下部及底部饰有绳纹。口径 18.0、底径 12.0、最大腹径 33.0、高 29.3、壁厚 0.6 ~ 0.7 厘米（图三四〇，1）。标本 M162：4，夹砂灰陶。方唇，敞口，折沿，短颈，溜肩，鼓腹，腹部最大径位置居中，凹底。腹上部及腹中部施有七周凹弦纹，腹下部及底部施有绳纹。口径 20.9、底径 11.1、最大腹径 30.3、高 25.1、壁厚 0.6 ~ 0.7 厘米（图三四〇，2；彩版二〇八，2）。标本 M162：5，夹砂灰陶。口沿残缺，束颈，溜肩，鼓腹，腹部最大径位置居中，平底内凹。腹上部施有四周凹弦纹，腹下部及底部施有绳纹。最大腹径 23.7、底径 11.2、高 20.9、壁厚 0.3 ~ 0.5 厘米（图三四〇，3）。

壶　2 件（M162：6、7）。性质基本相同，均为夹砂灰陶，器形不甚规整，尖唇，喇叭形口，束颈，溜肩，鼓腹，腹部最大径位置偏上，圈足。标本 M162：6，肩部施有两周瓦棱纹。口径 14.4、最大腹径 18.7、底径 11.8、高 28.6、壁厚 0.5 ~ 0.7 厘米（图三四〇，4）。标本 M162：7，素面，腹部轮旋痕迹明显。口径 15.3、最大腹径 18.2、底径 10.8、高 28.6、壁厚 0.6 ~ 0.7 厘米（图三四〇，5；彩版二〇八，3）。

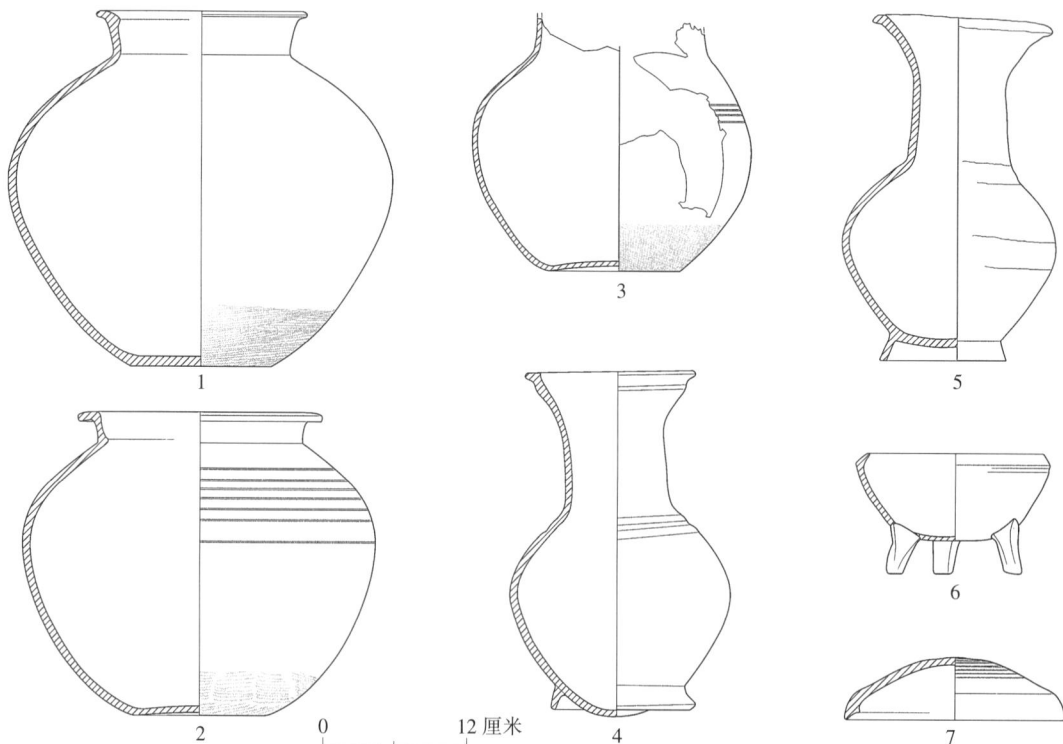

图三四○　M162 出土器物

1～3. 陶罐（M162：3、4、5）　4、5. 陶壶（M162：6、7）　6. 陶鼎（M162：1）　7. 陶盒盖（M162：2）

　　鼎　1 件。标本 M162：1，夹砂灰陶。尖唇，敛口，弧腹，圜底近平，底部置有三个柱状短足。素面。口径 15.0、高 10.0、壁厚 0.4～0.6 厘米（图三四○，6；彩版二○九，1）。

　　盒　1 件。标本 M162：2，夹砂灰陶，由盒盖及盒身两部分组成。盒盖：弧顶，尖唇，微敛口。盖顶施有的凹弦纹。盒身：过于残碎，无法修复。盒盖：口径 18.7、高约5.2、壁厚 0.6～0.8 厘米（图三四○，7）。

　　铜钱　42 枚，其中"五铢"钱 20 枚，"半两"钱 22 枚（图三四一）。详情见下表。

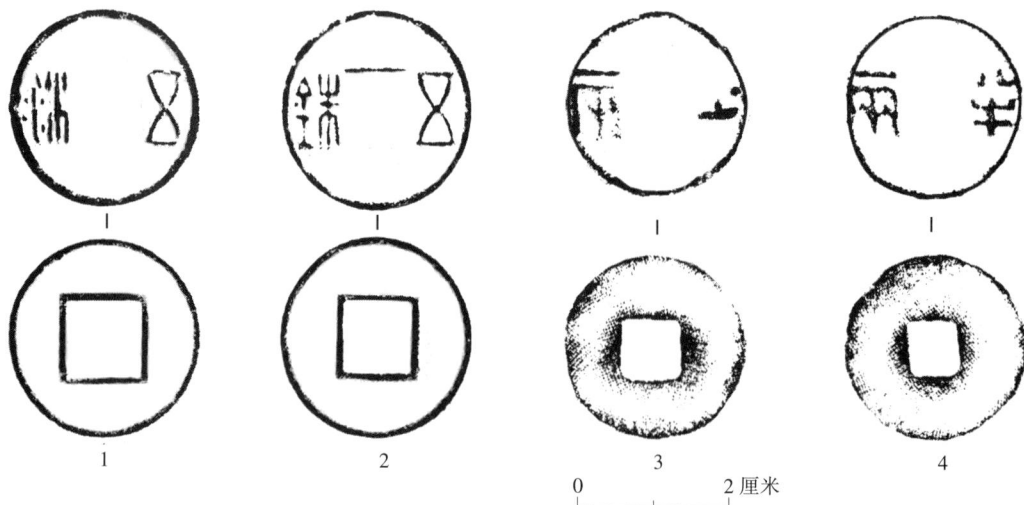

图三四一　M162 出土铜钱拓片

1～4. M162：8-2、8-6、8-32、8-36

M162 铜钱统计表　　　　　　（长度：厘米，重量：克）

种类	编号	特征		郭径	钱径	穿宽	郭宽	郭厚	肉厚	重量
		文字特征	记号							
五铢钱	8-1	"五"字瘦长，竖划较直；"金"头三角形，四竖点；"朱"头方折，"朱"下较圆（磨郭）	无	2.57	2.29	0.95	0.14	0.16	0.07	3.40
	8-2	同上	同上	2.63	2.29	0.94	0.17	0.17	0.07	3.50
	8-3	同上	同上	2.58	2.32	0.94	0.13	0.16	0.09	3.60
	8-4	同上	同上	2.55	2.31	0.97	0.12	0.18	0.08	3.90
	8-5	同上	同上	2.57	2.25	0.98	0.16	0.14	0.07	3.40
	8-6	"五"字瘦长，竖划缓曲；"金"头三角形，四竖点；"朱"头方折，"朱"下较圆	穿上一横	2.52	2.26	0.93	0.13	0.16	0.08	3.60
	8-7	同上	穿下月牙	2.61	2.33	0.92	0.14	0.19	0.07	4.80
	8-8	同上	同上	2.53	2.23	0.92	0.15	0.16	0.07	3.70
	8-9	同上	同上	2.51	2.27	0.89	0.12	0.18	0.07	3.90
	8-10	同上（磨郭）	穿上一横	2.59	2.31	0.92	0.14	0.15	0.05	2.90
	8-11	同上	无	2.58	2.28	0.99	0.15	0.17	0.07	3.30
	8-12	同上	穿下月牙	2.53	2.27	0.98	0.13	0.17	0.10	4.00
	8-13	同上	穿上一横	2.52	2.30	0.95	0.11	0.16	0.08	3.40
	8-14	同上	同上	2.52	2.28	0.95	0.12	0.16	0.08	3.90
	8-15	同上	穿下月牙	2.52	2.32	0.97	0.10	0.18	0.06	3.40
	8-16	同上（残）	穿上一横	2.55	2.29	0.97	0.13	0.15	0.06	3.10
	8-17	同上	同上	2.56	2.28	0.96	0.14	0.15	0.09	3.40
	8-18	同上	穿下月牙	2.53	2.31	0.95	0.11	0.15	0.08	3.60
	8-19	同上	无	2.57	2.35	0.96	0.11	0.16	0.05	3.00
	8-20	同上	穿下月牙	2.54	2.30	0.94	0.12	0.15	0.10	4.10
半两钱	8-21	"半"字头硬折，上横两端上折；十字"两"			2.31	0.76			0.03	1.80
	8-22	同上			2.38	1.03			0.06	2.80
	8-23	同上			2.47	0.59			0.06	2.50
	8-24	同上			2.48	0.73			0.06	2.60
	8-25	同上			2.38	0.85			0.09	2.20
	8-26	"半"字头硬折，上横两端上折；连山"两"			2.30	0.77			0.07	3.20
	8-27	同上			2.39	0.74			0.05	3.00

（续表）

种类	编号	特征		郭径	钱径	穿宽	郭宽	郭厚	肉厚	重量
		文字特征	记号							
半两钱	8－28	同上			2.38	0.82			0.05	2.20
	8－29	同上			2.40	0.83			0.04	2.30
	8－30	同上			2.33	0.90			0.04	1.60
	8－31	同上			2.36	0.89			0.03	2.20
	8－32	"半"字头硬折，上横两端上折；双人字"两"			2.41	0.82			0.05	2.90
	8－33	"半"字头为"八"，上横两端上折；十字"两"			2.41	0.76			0.05	2.20
	8－34	同上			2.42	0.93			0.04	2.30
	8－35	同上			2.13	0.86			0.02	1.00
	8－36	"半"字头为"八"上横两端上折；两个"⊥"字"两"			2.43	0.73			0.05	2.10
	8－37	"半"字头为"八"，上横两端上折；连山"两"			2.31	0.77			0.06	2.50
	8－38	同上			2.39	0.76			0.05	2.30
	8－39	同上			2.41	0.92			0.04	1.60
	8－40	"半"字头为"八"，上横两端上折；十字"两"			2.36	0.88			0.06	2.20
	8－41	同上			2.49	0.86			0.07	2.90
	8－42	"半"字头为"八"，上横两端上折；连山"两"			2.41	0.82			0.06	2.50

——八　M163（Ⅴ区）

1. 墓葬形制

石圹竖穴墓，平面呈圆角长方形，墓圹较规整。方向5°（见图三三九；见彩版二〇八，1）。开口于耕土层下，开口距地表0.10米。

墓圹四壁较平直，墓底较平整。长2.60、宽1.70、深0.60米。墓穴四壁保存有一圈宽0.10～0.20米的贝壳，墓底平铺一层厚0.03米的贝壳。

墓内填土主要为黄褐土，夹杂有大量的贝壳、小石块、黄沙，土质较疏松。

2. 葬具和人骨

从墓穴四壁保存的贝壳分析，该墓主在入葬时，应存在木棺，棺与墓壁的间隙填充贝壳；但由于该墓的埋藏条件不利于木棺保存，所以，在木棺腐朽殆尽后，仅剩贝壳立于墓穴四壁之上。

墓内葬有1具人骨，为一男性个体。骨骼保存较好，葬式为仰身直肢，头向北，面向东，双臂平伸贴近体侧，双腿向内并拢。

　　3. 随葬品

　　该墓共出土有 10 件随葬品，质地分为陶、铜两种，另有铜钱 36 枚。其中，铜带钩位于人骨右胯处，铜钱位于人骨右膝关节处；其余随葬品均位于人骨西侧，南北向排列，较为规整。分述如下。

　　陶器　计有罐 1、壶 2、鼎 1、盒 1、盆 1、钵 2。

　　罐　1 件。标本 M163：3，夹砂黑褐陶。方唇，敞口，折沿，束颈，溜肩，鼓腹，腹部最大径位置偏上，平底。腹上部及腹中部施有多周瓦棱纹，腹下部及底部满饰绳纹。口径 19.7、底径 13.6、最大腹径 30.6、高 22.9、壁厚 0.4~0.6 厘米（图三四二，1）。

　　壶　2 件（M163：5、10）。形制相同，均为夹砂黄褐陶，方唇，唇面有凹槽，喇叭形口，短颈，溜肩，鼓腹，最大腹径位置靠下。标本 M163：5，凹底，腹中部饰一周粗绳纹。口径 14.7、底径 7.3、最大腹径 19.6、高 22.8、壁厚 0.7 厘米（图三四二，2）。标本 M163：10，平底，素面。口径 15.0、底径 8.2、最大腹径 20.1、高 21.2、壁厚 0.6 厘米（图三四二，3；彩版二〇九，2）。

　　鼎　1 件。标本 M163：8，夹砂黄陶，由鼎盖和鼎身组成。鼎盖：平顶，弧腹，子母口，尖唇。器表轮旋痕迹明显。鼎身：圆唇，子母口，弧腹，平底。腹部两侧置一对斜

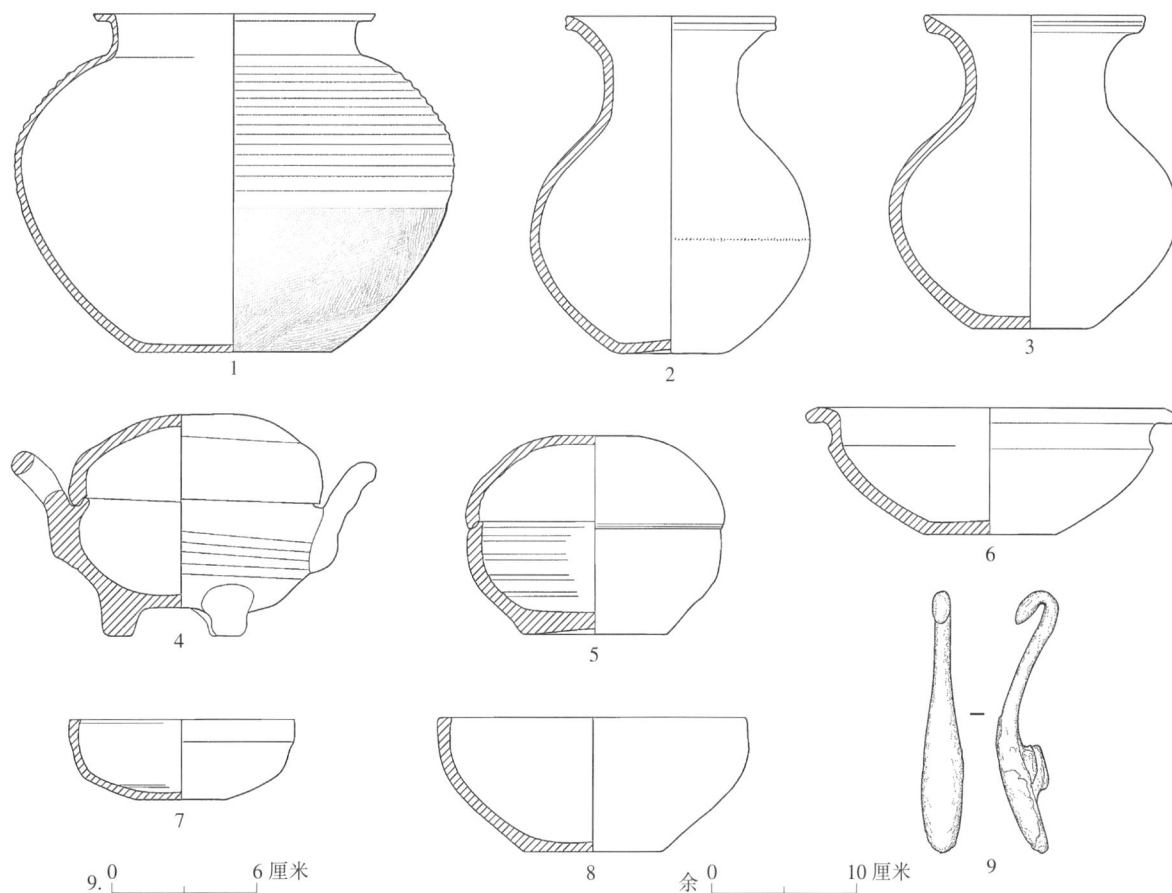

图三四二　M163 出土器物

1. 陶罐（M163：3）　2、3. 陶壶（M163：5、10）　4. 陶鼎（M163：8）　5. 陶盒（M163：9）　6. 陶盆（M163：4）
7、8. 陶钵（M163：6、7）　9. 铜带钩（M163：1）

立耳，耳中部有长方形穿孔，底部置三个矮柱状足。器表施瓦棱纹。通高 15.1 厘米。鼎盖：口径 17.2、顶径 5.0、高 6.2、壁厚 0.9 厘米。鼎身：口径 17.6、底径 8.8、高 12.6、壁厚 0.8 厘米（图三四二，4）。

盒 1 件。标本 M163：9，夹砂黄褐陶，由盒盖和盒身组成。盒盖：平顶，弧腹，子母口，尖唇。近口处饰一周弦纹，腹内壁瓦棱纹明显。盒身：尖唇，子母口，弧腹微鼓，平底内凹，腹内壁瓦棱纹明显。通高 13.6 厘米。盒盖：口径 17.1、顶径 6.1、高 6.3、壁厚 0.8 厘米。盒身：口径 17.6、底径 10.0、高 7.6、壁厚 1.0 厘米（图三四二，5；彩版二〇九，3）。

盆 1 件。标本 M163：4，夹砂黄陶。圆唇，卷沿，侈口，弧腹，平底。口径 26.0、底径 9.2、高 8.6、壁厚 1.0 厘米（图三四二，6；彩版二〇九，4）。

钵 2 件（M163：6、7）。标本 M163：6，夹砂黄褐陶。方唇，口微敛，折腹，平底。口径 15.7、底径 6.2、高 5.4、壁厚 0.6 厘米（图三四二，7；彩版二〇九，5）。标本 M163：7，夹砂灰陶。方唇，口微敛，弧腹微鼓，平底。口径 21.6、底径 9.5、高 9.1、壁厚 0.8 厘米（图三四二，8；彩版二〇九，6）。

铜器 计有带钩 1。

带钩 1 件。标本 M163：1，琵琶形。蛇头形钩首，钩体至钩尾处渐粗宽，钩体侧视呈"S"形。圆形钩纽位于靠近钩尾 1/3 处。长 10.6 厘米（图三四二，9）。

铜钱 36 枚，均为"半两"钱（图三四三）。详情见下表。

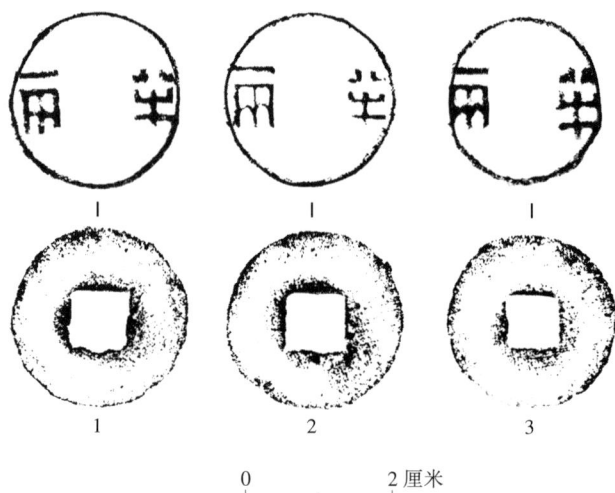

图三四三   M163 出土铜钱拓片
1～3. M163：2－18、2－23、2－26

M163 铜钱统计表　　　　　　　（长度：厘米，重量：克）

种类	编号	特征		郭径	钱径	穿宽	郭宽	郭厚	肉厚	重量
		文字特征	记号							
半两钱	2－1	"半"字头为"八"，上横两端上折；十字"两"			2.37	0.89			0.05	2.30
	2－2	同上			2.44	0.82			0.05	2.50
	2－3	同上			2.42	0.83			0.05	2.20
	2－4	同上			2.40	0.85			0.08	3.20
	2－5	同上			2.39	0.73			0.06	2.90
	2－6	同上			2.41	0.78			0.05	2.70
	2－7	同上			2.45	0.75			0.05	2.60
	2－8	同上			2.34	0.71			0.09	2.90
	2－9	同上			2.32	0.72			0.08	2.90

（续表）

| 种类 | 编号 | 特征 | | 郭径 | 钱径 | 穿宽 | 郭宽 | 郭厚 | 肉厚 | 重量 |
		文字特征	记号							
半两钱	2-10	同上			2.44	0.82			0.05	2.30
	2-11	同上			2.41	0.70			0.07	3.20
	2-12	同上			2.29	0.64			0.06	2.30
	2-13	同上			2.43	0.85			0.06	2.50
	2-14	"半"字头为"八"上横两端上折；连山"两"			2.32	0.67			0.04	3.00
	2-15	同上			2.28	0.70			0.08	3.00
	2-16	同上			2.42	0.82			0.06	2.60
	2-17	同上			2.42	0.83			0.06	2.30
	2-18	"半"字头硬折，上横两端上折；十字"两"			2.44	0.88			0.06	2.70
	2-19	同上			2.45	0.77			0.03	1.90
	2-20	同上			2.32	0.74			0.04	2.90
	2-21	同上			2.38	0.90			0.04	2.20
	2-22	同上			2.31	0.81			0.06	2.90
	2-23	"半"字头硬折，上横两端上折；连山"两"			2.44	0.79			0.08	2.40
	2-24	同上			2.38	0.84			0.02	2.30
	2-25	同上			2.41	0.84			0.05	2.40
	2-26	"半"字头硬折，上横两端上折；双人"两"			2.42	0.84			0.04	2.00
	2-27	同上			2.32	0.74			0.05	2.60
	2-28	同上			2.38	0.84			0.06	2.50
	2-29	同上			2.38	0.88			0.04	2.30
	2-30	"半"字头硬折，上横两端上折；十字"两"			2.37	0.63			0.06	2.90
	2-31	同上			2.40	0.69			0.07	2.90
	2-32	同上			2.33	0.97			0.04	2.70
	2-33	"半"字头硬折，上横两端上折；连山"两"			2.44	0.66			0.04	3.00
	2-34	同上			2.50	0.87			0.03	1.90
	2-35	"半"字头硬折，上横两端上折；双人字"两"			2.42	0.73			0.03	2.90
	2-36	同上			2.56	0.68			0.05	2.70

一一九　M164（Ⅴ区）

M164 与 M165 为一组并葬墓。

1. 墓葬形制

石圹竖穴墓，平面呈圆角长方形，墓圹较规整。方向10°（图三四四；彩版二一○，1）。开口于耕土层下，开口距地表0.10米。

其北、东两侧设有生土二层台，平面呈长方形，北侧二层台宽0.32、东侧二层台宽0.14、距地表0.24米。墓圹四壁较平直，墓底较平整。开口长2.96、宽1.48米，底长2.64、宽1.32米，深0.14～0.20米。墓穴四壁保存有一圈宽0.10～0.20米的贝壳，墓底平铺一层厚0.01～0.02米的贝壳。

墓内填土主要为黄褐土，夹杂有少量的贝壳、小石块、黄沙，土质较疏松。

2. 葬具和人骨

从墓穴四壁保存的贝壳分析，该墓主在入葬时，应存在木棺，棺与墓壁的间隙填充贝壳；但由于该墓的埋藏条件不利于木棺保存，所以，在木棺腐朽殆尽后，仅剩贝壳立于墓穴四壁之上。

墓内葬有1具人骨，为一男性个体。骨骼保存较完整，葬式为仰身直肢，头向北，面向上，双臂交于腹部，双腿略向内并拢。

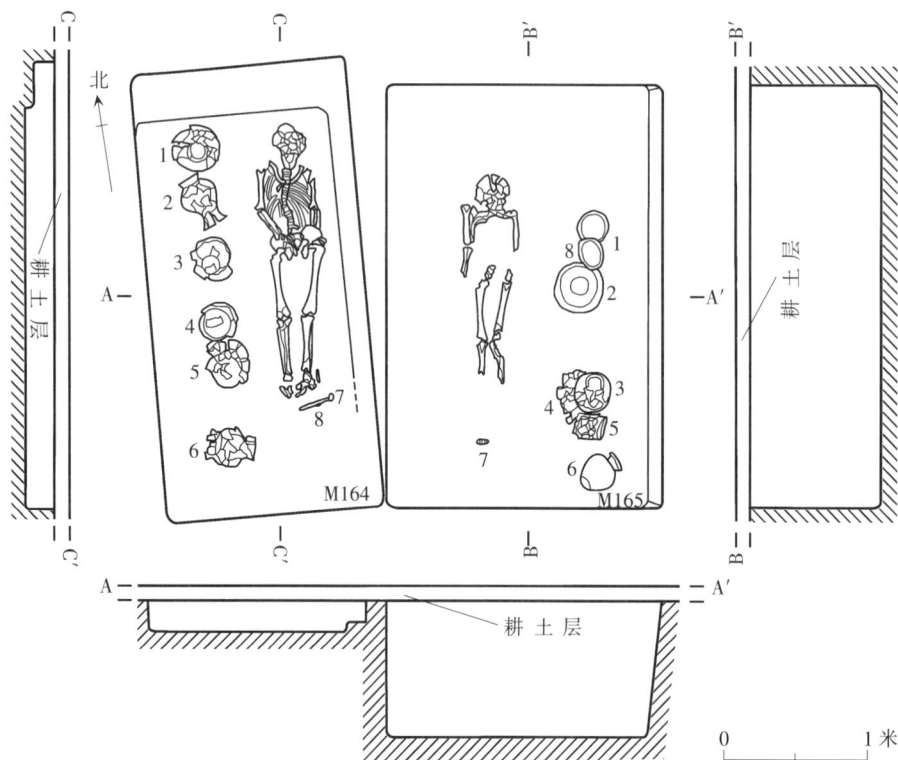

图三四四　M164、M165平、剖面图

M164　1. 陶罐　2、6. 陶壶　3. 陶钵　4. 陶鼎　5. 陶盒　7. 铁削　8. 铜带钩

M165　1、8. 陶钵　2. 陶盆　3、4. 陶罐　5、6. 陶壶　7. 铜钱

3. 随葬品

该墓共出土有 8 件随葬品，质地分为陶、铜、铁三种，其中，铁削与铜带钩均位于人骨脚下；其余随葬品位于人骨西侧，南北向排列，较为规整。分述如下。

陶器　罐 1、壶 2、鼎 1、盒 1、钵 1。

罐　1 件。标本 M164：1，夹砂灰陶。圆唇，卷沿，侈口，溜肩，鼓腹，平底。腹中部饰两周粗绳纹，腹下部及底部饰绳纹。口径 17.5、底径 10.4、最大腹径 29.5、高 25.5、壁厚 0.8 厘米（图三四五，1；彩版二一〇，2）。

壶　2 件（M164：2、6）。形制相同，均为夹砂黄陶，尖唇，侈口，束颈，溜肩，鼓腹，圈足外撇。标本 M164：2，口径 17.2、底径 14.2、最大腹径 21.9、高 33.2、壁厚 0.8 厘米（图三四五，2；彩版二一〇，3）。标本 M164：6，口径 16.0、底径 13.9、最大腹径 22.3、高 29.9、壁厚 0.8～1.4 厘米（图三四五，3）。

鼎　1 件。标本 M164：4，夹砂黄陶，由鼎盖和鼎身组成。鼎盖：弧顶，子母口内敛，尖唇。鼎身：尖唇，子母口，鼓腹，圜底，底部置有 3 个柱状足。通高 17.6 厘米。鼎盖：口径 22.2、高 6.2、壁厚 0.8 厘米。鼎身：口径 17.3、高 13.7、壁厚 0.7 厘米。（图三四五，4；彩版二一一，1）。

盒　1 件。标本 M164：5，夹砂黄褐陶，由盒盖和盒身组成。盒身：圆唇，子母口，弧腹，圈足。腹下部修坯削胎明显，腹内壁饰瓦棱纹。盒盖：弧顶，子母口，尖唇。通

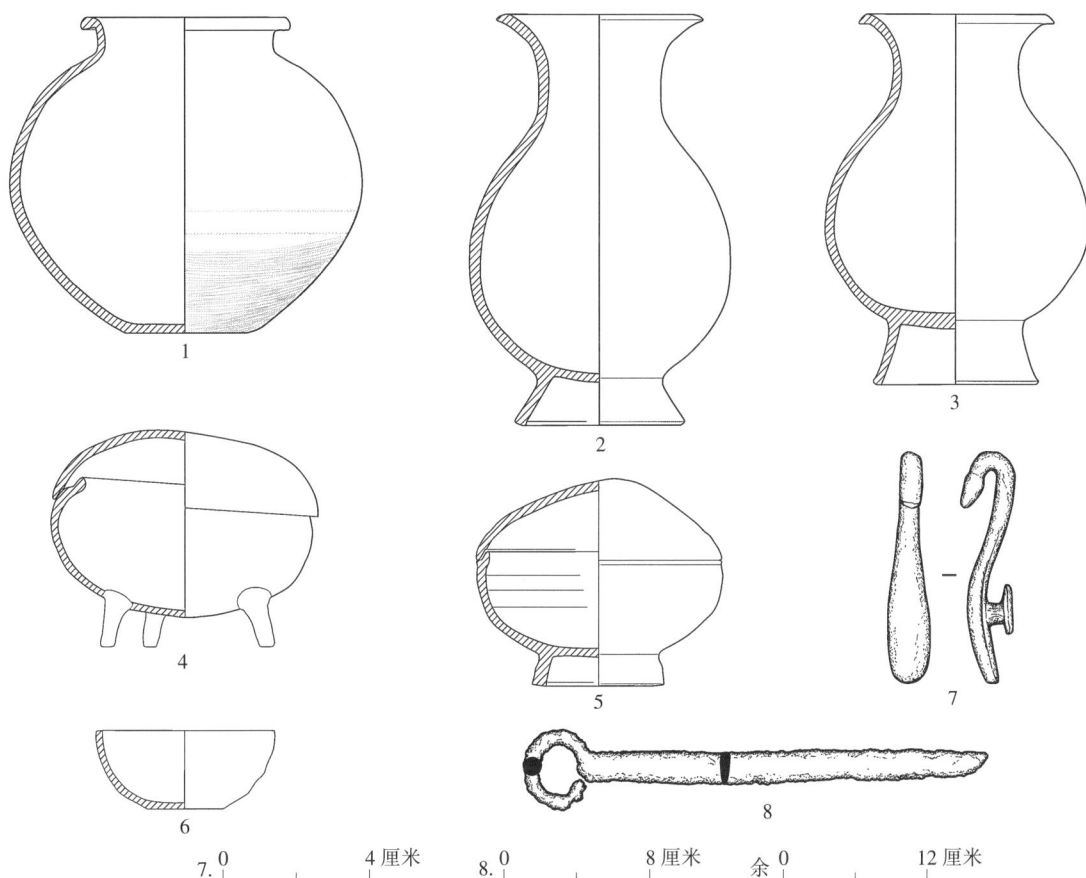

图三四五　M164 出土器物

1. 陶罐（M164：1）　2、3. 陶壶（M164：2、6）　4. 陶鼎（M164：4）　5. 陶盒（M164：5）　6. 陶钵（M164：3）
7. 铜带钩（M164：8）　8. 铁削（M164：7）

高 16.9 厘米。盒盖：口径 20.6、高 6.6、壁厚 0.8 厘米。盒身：口径 20.6、底径 11.1、高 10.9、壁厚 0.7 厘米（图三四五，5；彩版二一一，2）。

钵　1 件。标本 M164：3，夹砂灰陶。方唇，直口，弧腹，平底。近底部修坯削痕明显。口径 14.8、底径 6.4、高 6.3、壁厚 0.5 厘米（图三四五，6）。

铜器　计有带钩 1。

带钩　1 件。标本 M164：8，琵琶形。蛇头形钩首，钩体至钩尾处渐粗宽，钩体侧视呈"S"形。圆形钩纽靠近钩尾三分之一处。长 6.2 厘米（图三四五，7）。

铁器　计有削 1。

削　1 件。标本 M164：7，环首削，尖部上翘。腐蚀较为严重。长 26.0、宽 4.4 厘米（图三四五，8）。

一二〇　M165（Ⅴ区）

1. 墓葬形制

石圹竖穴墓，平面呈圆角长方形，墓圹规整。方向 25°（见图三四四；见彩版二一〇，1）。开口于耕土层下，开口距地表 0.10 米。

墓圹东壁向内斜收，其余三壁较平直，墓底较平整。开口长 2.80、宽 1.90 米，底长 2.80、宽 1.80 米，深 0.90 米。墓穴四壁保存有一圈宽 0.10~0.20 米的贝壳，墓底平铺一层厚 0.01~0.02 米的贝壳。

墓内填土主要为黄褐土，夹杂有少量的贝壳、小石块、黄沙，土质较疏松。

2. 葬具和人骨

从墓穴四壁保存的贝壳分析，该墓主在入葬时，应存在木棺，棺与墓壁的间隙填充贝壳；但由于该墓的埋藏条件不利于木棺保存，所以，在木棺腐朽殆尽后，仅剩贝壳立于墓穴四壁之上。

墓内葬有 1 具人骨，为一女性个体。骨骼保存较差，葬式为仰身直肢，头向北，面向上，双臂平伸贴近体侧，双腿向内并拢。

3. 随葬品

该墓共出土有 8 件随葬品，大多数为陶器，另有铜钱 20 枚。其中，铜钱位于人骨脚下；其余随葬品均位于人骨东侧，南北向排列，较为规整。分述如下。

陶器　计有罐 2、壶 2、盆 1、钵 2。

罐　2 件（M165：3、4）。标本 M165：3，夹砂黄褐陶。圆唇，侈口，展沿，短束颈，溜肩，鼓腹，最大腹径位置居中，平底。腹中部饰一周粗绳纹，腹下部及底部饰绳纹抹平。口径 18.0、底径 11.2、最大腹径 29.2、高 23.2、壁厚 0.6 厘米（图三四六，1；彩版二一一，3）。标本 M165：4，夹砂黄褐陶。方唇，侈口，展沿，沿面向内斜，短束颈，溜肩，鼓腹，最大腹径位置居中，圜底。腹下部及底部饰绳纹抹平。口径 17.4、底径 10.4、最大腹径 28.0、高 22.0、壁厚 0.6 厘米（图三四六，2）。

壶　2 件（M165：5、6）。形制基本相同，均为夹砂黑褐陶，尖唇，小盘口，短束颈，溜肩，鼓腹，腹部最大径位置居中，平底。标本 M165：5，腹中部饰一周粗绳纹。口径 11.0、底径 9.8、最大腹径 17.9、高 17.8、壁厚 0.8~1.2 厘米（图三四六，3）。标本 M165：6，腹下部及底部饰绳纹抹平。口径 13.3、底径 7.0、最大腹径 21.2、高 24.1、壁厚 0.7 厘米（图三四六，4；彩版二一一，4）。

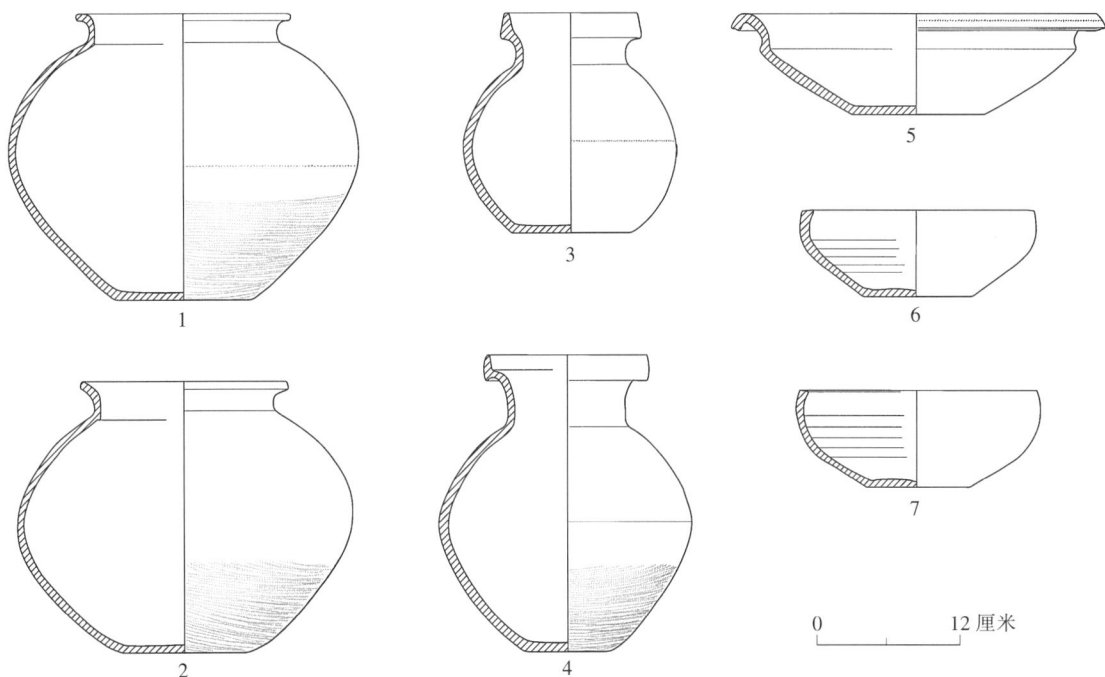

图三四六　M165 出土器物

1、2. 陶罐（M165：3、4）　3、4. 陶壶（M165：5、6）　5. 陶盆（M165：2）　6、7. 陶钵（M165：1、8）

盆　1 件。标本 M165：2，夹砂灰陶。方唇，唇面有凹槽，卷沿，沿面饰一周粗绳纹，侈口，折腹，平底。腹内壁轮旋痕迹明显。口径 31.4、底径 11.2、高 8.2、壁厚 0.7 厘米（图三四六，5；彩版二一一，5）。

钵　2 件（M165：1、8）。形制相同，均为夹砂黄陶，方唇，口微敛，略显折腹，平底。标本 M165：1，口径 19.5、底径 9.2、高 7.0、壁厚 0.7 厘米（图三四六，6）。标本 M165：8，夹。素面。口径 20.0、底径 8.7、高 7.9、壁厚 0.6 厘米（图三四六，7；彩版二一一，6）。

铜钱　20 枚，均为“半两”钱（图三四七）。详情见下表。

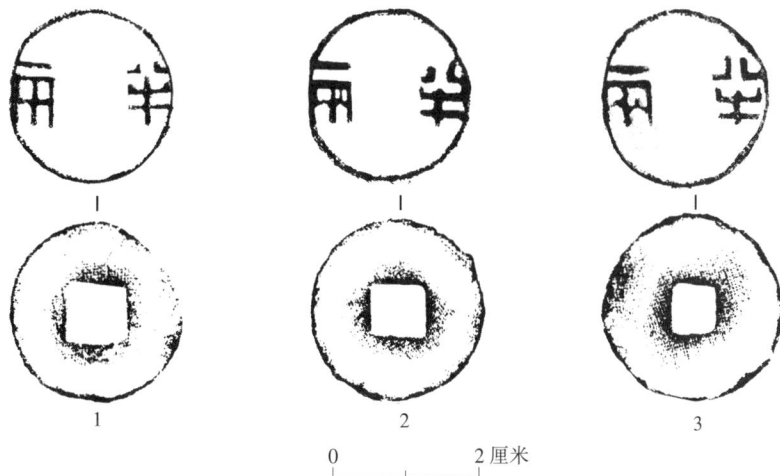

图三四七　M165 出土铜钱拓片

1~3. M165：7-1、7-11、7-13

M165 铜钱统计表 （长度：厘米，重量：克）

| 种类 | 编号 | 特征 | | 郭径 | 钱径 | 穿宽 | 郭宽 | 郭厚 | 肉厚 | 重量 |
		文字特征	记号							
半两钱	7–1	"半"字头硬折，上横两端上折；十字"两"			2.39	0.86			0.05	2.30
	7–2	同上			2.37	0.85			0.09	3.10
	7–3	同上			2.38	0.84			0.05	2.60
	7–4	同上			2.42	0.82			0.05	2.50
	7–5	同上			2.37	0.93			0.04	1.90
	7–6	同上			2.40	0.72			0.06	2.50
	7–7	同上			2.43	0.85			0.05	2.20
	7–8	同上			2.42	0.84			0.06	2.50
	7–9	同上			2.33	0.87			0.08	2.80
	7–10	同上			2.48	0.81			0.07	2.60
	7–11	"半"字头硬折，上横两端上折；连山"两"			2.37	0.73			0.07	2.90
	7–12	同上			2.35	0.83			0.07	2.80
	7–13	"半"字头硬折，上横两端上折；双人"两"			2.48	0.64			0.06	3.70
	7–14	同上			2.45	0.83			0.03	2.70
	7–15	"半"字头为"八"上横两端上折；十字"两"			2.44	0.82			0.05	2.50
	7–16	"半"字头缺损上横两端上折；十字"两"			2.43	0.85			0.05	2.00
	7–17	磨损不可辨			2.38	0.74			0.05	2.50
	7–18	"半"字头为"八"上横两端上折；两个"⊥"字"两"			2.38	0.75			0.07	3.00
	7–19	同上			2.44	0.69			0.07	3.00
	7–20	"半"字头硬折，上横两端上折；双人"两"			2.34	0.80			0.06	2.70

一二一 M168（Ⅴ区）

M168 与 M169 为一组并葬墓。

1. 墓葬形制

石圹竖穴墓，平面呈圆角长方形，北端被一条现代沟打破，残余墓圹较规整。方向 5°（图三四八；彩版二一二，1）。开口于耕土层下开口距地表 0.20 米。

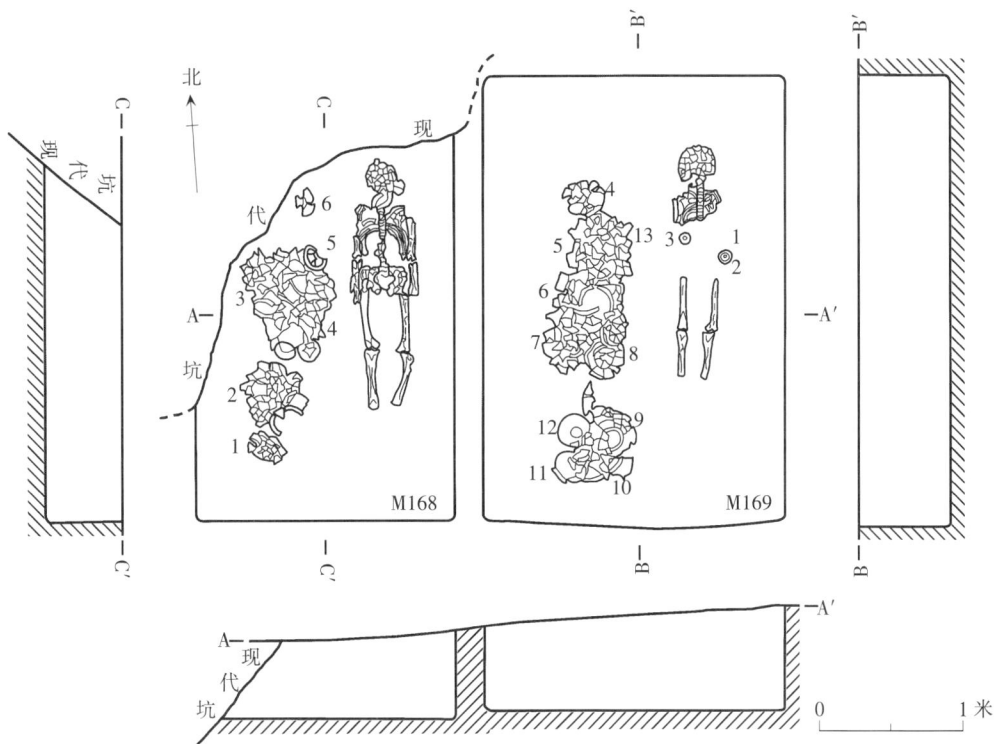

图三四八 M168、M169 平、剖面图

M168 1. 陶钵 2、3. 陶罐 4、5. 陶壶 6. 陶盆

M169 1. 铜带钩 2. 铜环 3. 陶纺轮 4. 陶盒 5、6、7、10. 陶罐 8、9. 陶盆 11、12. 陶壶 13. 陶钵

墓圹四壁较平直，墓底较平整。残长 2.60、宽 1.80、深 0.52～0.60 米。墓穴四壁保存有一圈宽 0.20 米的贝壳，墓底平铺一层厚 0.02 米的贝壳。

墓内填土主要为黄褐土，夹杂有少量的贝壳、小石块、黄沙，土质较疏松。

2. 葬具和人骨

从墓穴四壁保存的贝壳分析，该墓主在入葬时，应存在木棺，棺与墓壁的间隙填充贝壳；但由于该墓的埋藏条件不利于木棺保存，所以，在木棺腐朽殆尽后，仅剩贝壳立于墓穴四壁之上。

墓内葬有 1 具人骨，为一男性个体。骨骼保存较完整，葬式为仰身直肢，头向北，面向上，双臂平伸贴近体侧，双腿略向内并拢。

3. 随葬品

该墓墓底残留有 6 件随葬品，均为陶器，位于人骨西侧，南北向排列，较为规整。种类计有罐 2、壶 2、盆 1、钵 1。

罐 2 件（M168：2、3）。形制相同，均为夹砂灰陶，圆唇，侈口，短颈，溜肩，鼓腹，最大腹径位置靠近肩部，平底；肩部饰有凹弦纹，下腹部及底部饰绳纹。标本 M168：2，口径 17.4、底径 8.5、最大腹径 28.5、高 23.5、壁厚 0.4～0.8 厘米（图三四九，1；彩版二一三，1）。标本 M168：3，口径 14.6、底径 7.0、最大腹径 24.0、高 18.7、壁厚 0.4～0.8 厘米（图三四九，2）。

壶 2 件（M168：4、5）。形制相同，均为夹砂灰陶，由壶盖和壶身两部分组成。壶身：方唇，敞口，束颈，溜肩，鼓腹，最大腹径位置居中，圈足；素面。盖：整体呈覆碟状，弧顶，圆唇；素面。标本 M168：4，通高 33.4 厘米。壶盖：口径 15.6、高 3.8、

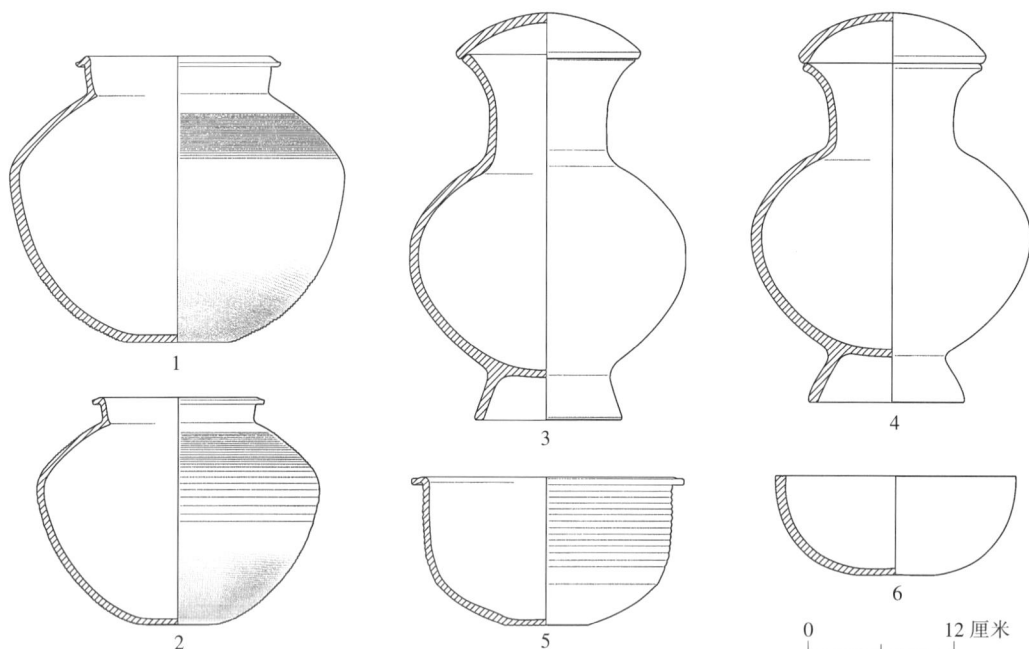

图三四九　M168 出土器物

1、2. 陶罐（M168：2、3）　3、4. 陶壶（M168：4、5）　5. 陶盆（M168：6）　6. 陶钵（M168：1）

壁厚 0.7 ~ 0.8 厘米。壶身：口径 14.6、底径 12.4、最大腹径 23.4、高 30.0、壁厚 0.6 ~ 1.2 厘米（图三四九，3；彩版二一三，2）。标本 M168：5，通高 32.1 厘米。壶盖：口径 15.8、高 4.1、壁厚 0.6 ~ 1.0 厘米。壶身：口径 14.6、底径 13.1、腹部最大径 23.4、高 27.9、壁厚 0.6 ~ 1.0 厘米（图三四九，4）。

盆　1 件。标本 M168：6，夹砂灰陶。方唇，侈口，折腹，平底。上腹部满饰瓦棱纹。口径 23.1、底径 7.1、高 12.2、壁厚 0.4 ~ 0.8 厘米（图三四九，5）。

钵　1 件。标本 M168：1，夹砂灰褐陶。方唇，唇面有一周凹槽，口微敛，弧腹，平底。素面。口径 20.2、底径 6.4、高 8.0、壁厚 0.7 ~ 0.9 厘米（图三四九，6）。

一二二　M169（Ⅴ区）

1. 墓葬形制

石圹竖穴墓，平面呈圆角长方形，墓圹较规整。方向 5°（见图三四八；见彩版二一二，1）。开口于耕土层下，开口距地表 0.20 米。

墓圹四壁较平直，墓底较平整。长 3.05、宽 2.10、深 0.70 米。墓穴东、北两壁保存有宽 0.20 米的贝壳，西、南两壁保存有宽 0.20 米的小河卵石片；墓底平铺一层厚 0.02 米的贝壳。

墓内填土主要为黄褐土，夹杂有少量的贝壳、小河卵石片、黄沙，土质较疏松。

2. 葬具和人骨

从墓穴四壁保存的贝壳及小河卵石片分析，该墓主在入葬时，应存在木棺，棺与墓壁的间隙填充贝壳和小河卵石片；但由于该墓的埋藏条件不利于木棺的保存，所以，在木棺腐朽殆尽后，仅剩贝壳和小河卵石片立于墓穴四壁之上。

墓内葬有 1 具人骨，为一女性个体。骨骼保存较差，上半身骨骼腐朽严重，葬式为仰身直肢，头向北，面向西，双腿略向内并拢。

3. 随葬品

该墓共出土有 13 件随葬品，质地分为陶、铜两种，其中，铜带钩及铜环位于人骨左手处，陶纺轮位于人骨右胸处；其余随葬品均位于人骨西侧，南北向排列，较为规整。分述如下。

陶器　计有罐 4、壶 2、盒 1、盆 2、钵 1、纺轮 1。

罐　4 件（M169：5、6、7、10）。标本 M169：5，夹砂黑褐陶。方唇，侈口，展沿，沿面向外斜，短束颈，溜肩，鼓腹，平底内凹。腹下部及底部饰绳纹。口径 18.4、底径 13.4、高 26.8、最大腹径 32.8、壁厚 1.0 厘米（图三五〇，1）。标本 M169：6，夹砂灰陶。圆唇，侈口，矮领，溜肩，鼓腹，最大腹径位置居中，凹底。腹中部饰两周粗绳纹，

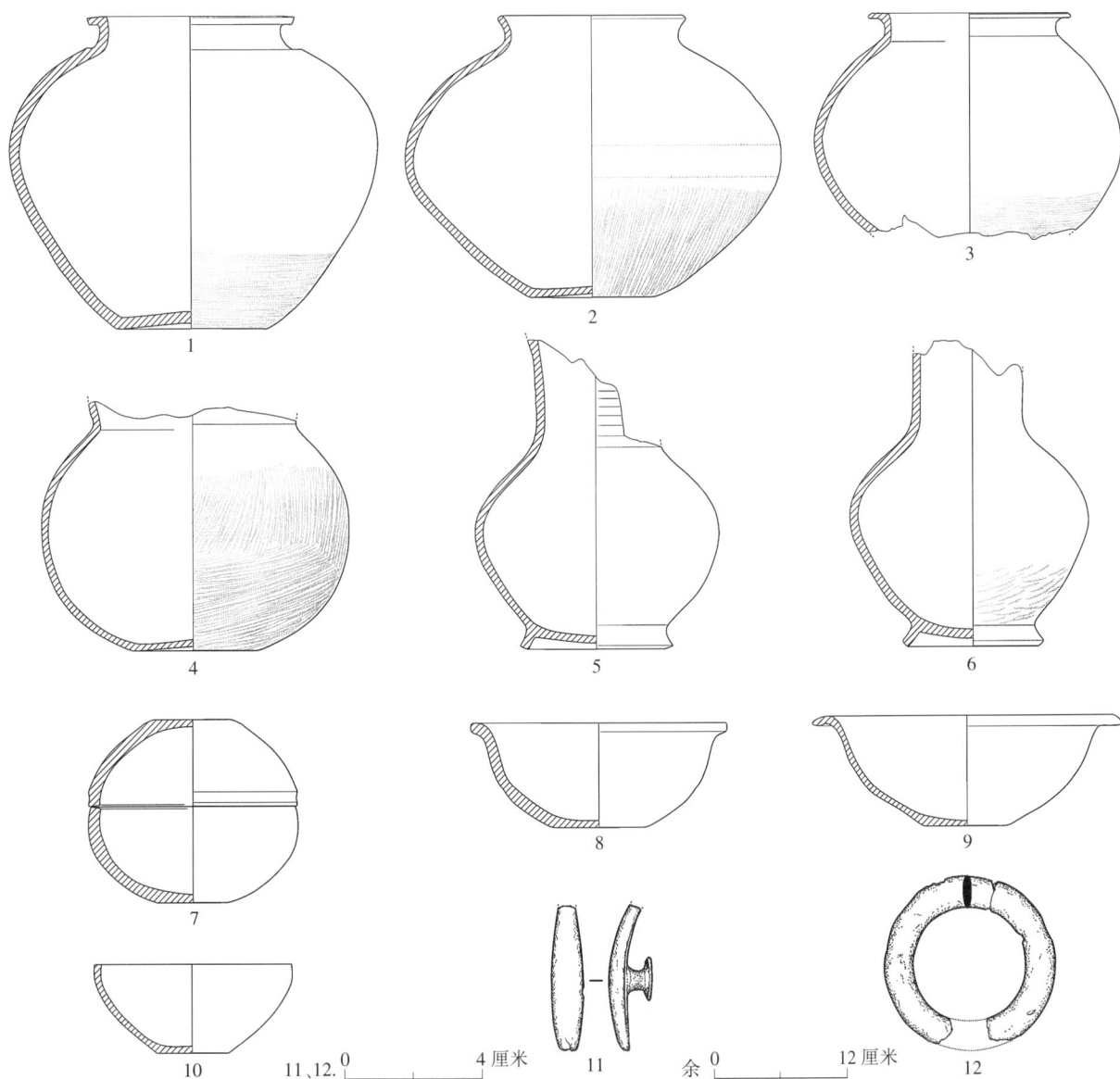

图三五〇　M169 出土器物

1~4. 陶罐（M169：5、6、7、10）　5、6. 陶壶（M169：11、12）　7. 陶盒（M169：4）　8、9. 陶盆（M169：8、9）
10. 陶钵（M169：13）　11. 铜带钩（M169：1）　12. 铜环（M169：2）

腹下部及底部饰绳纹抹平。口径16.7、底径11.3、高24.3、最大腹径33.6、壁厚0.8厘米（图三五〇，2；彩版二一三，3）。标本M169：7，夹砂灰陶。尖唇，侈口，展沿，沿面略凸起，短束颈，溜肩，鼓腹，底残。腹下部饰绳纹。口径18.0、残高19.6、最大腹径27.7、壁厚0.8厘米（图三五〇，3）。标本M169：10，夹砂黄褐陶。口部残，溜肩，鼓腹，腹部最大径居中，凹底。肩部以下饰绳纹。底径11.0、高22.2、最大腹径27.4、壁厚0.7厘米（图三五〇，4）。

壶　2件（M169：11、12）。形制相同，均为夹砂黄褐陶，口部残缺，溜肩，鼓腹，最大腹径位置居中，矮圈足外撇。标本M169：11，颈部饰有瓦棱纹。底径13.5、最大腹径21.8、残高26.9、壁厚0.7厘米（图三五〇，5）。标本M169：12，腹下部饰有粗绳纹。底径12.6、最大腹径21.4、残高26.4、壁厚0.8厘米（图三五〇，6）。

盒　1件。标本M169：4，夹砂红陶，由盒身及盒盖两部分组成。盒身：方唇，口微敛，弧腹，平底。盒盖：方唇，口微敛，弧腹，平顶。近口处饰一周弦纹。通高15.8厘米。盒身：口径18.2、底径6.2、高8.3、壁厚0.8～1.2厘米。盒盖：口径18.6、顶径6.8、高7.6、壁厚1.0厘米（图三五〇，7；彩版二一三，4）。

盆　2件（M169：8、9）。标本M169：8，夹砂红陶。圆唇，侈口，弧腹，平底。口径22.8、底径8.5、高9.0、壁厚0.8厘米（图三五〇，8）。标本M169：9，夹砂灰陶。尖唇，侈口，卷沿，弧腹微鼓，平底。口径27.7、底径7.5、高9.3、壁厚0.6厘米（图三五〇，9；彩版二一三，5）。

钵　1件。标本M169：13，夹砂红陶。方唇，口微敛，弧腹，平底。口径17.6、底径6.3、高7.6、壁厚0.6厘米（图三五〇，10）。

纺轮　1件。标本M169：3，夹砂黑褐陶。圆饼状，正中有一圆形穿孔。直径5.3、孔径1.4、壁厚0.9厘米。

铜器　计有带钩1、环1。

带钩　1件。标本M169：1，仅存钩尾。琵琶形，圆形钩纽。残长4.1厘米（图三五〇，11）。

环　1件。标本M169：2，略有残损。平面呈圆形，环体宽扁，截面近棱形。外径4.9～5.0、内径3.1～3.3厘米（图三五〇，12）。

一二三　M170（Ⅴ区）

M170与M171为一组并葬墓，其中，M170打破M171。

1. 墓葬形制

石圹竖穴墓，平面呈圆角长方形，墓圹较规整。方向100°（图三五一；彩版二一二，2）。开口于耕土层下，开口距地表深约0.20米。

墓圹南、北两壁均向内斜收，东、西两壁较平直，墓底较平整。开口长2.80、宽1.80米，底长2.80、宽1.40、深1.10米。墓穴四壁保存有一圈宽0.20米的小河卵石片；墓底平铺一层厚0.02米的贝壳。

墓内填土主要为黄褐土，夹杂有少量的贝壳、小河卵石片、黄沙，土质较疏松。

2. 葬具和人骨

从墓穴四壁保存的小河卵石片分析，该墓主在入葬时，应存在木棺，棺与墓壁的间隙填充小河卵石片；但由于该墓的埋藏条件不利于木棺的保存，所以，在木棺腐朽殆尽

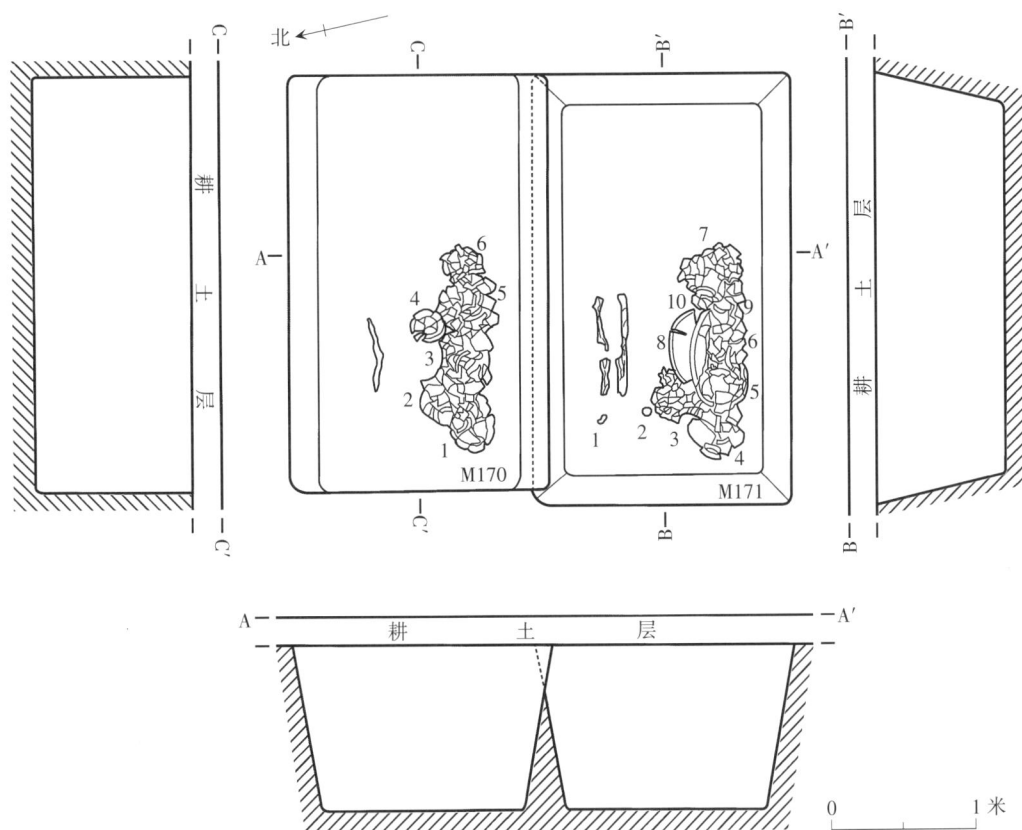

图三五一　M170、M171 平、剖面图
M170　1、3、5、6. 陶罐　2. 陶壶　4. 陶钵
M171　1. 铜钱　2. 铜轮形饰　3. 陶壶　4、5、6、7. 陶罐　8. 铜盆　9、10. 陶钵

后，仅剩小河卵石片立于墓穴四壁之上。

墓内葬有1具人骨，为一男性个体。骨骼保存较差，现仅存右侧下肢骨。根据现存肢骨位置推测，头向东。

3. 随葬品

该墓共出土有6件随葬品，均为陶器，位于人骨南侧，东西向排列，较为规整。种类计有罐4、壶1、钵1。

罐　4件（M170∶1、3、5、6）。标本 M170∶3，夹砂灰陶。方唇，展沿，侈口，短颈，溜肩，鼓腹，最大腹径位置居中，平底。腹中部饰有两周粗绳纹，腹下部及底部满饰细绳纹。口径17.0、底径11.0、腹部最大径32.0、高28.5、壁厚0.6~0.9厘米（图三五二，1；彩版二一四，1）。标本 M170∶5，夹砂灰陶。方唇，直口，短颈，溜肩，鼓腹，最大腹径位置居中，平底。腹中部饰一周粗绳纹，腹下部及底部满饰细绳纹。口径20.0、底径13.0、腹部最大径33.0、高28.4、壁厚0.6~1.0厘米（图三五二，2）。标本 M170∶6，夹砂黑陶。方唇，敞口，短颈，溜肩，鼓腹，最大腹径位置偏上，凹底。肩部和腹中部饰有三周凹弦纹，腹下部和底部满饰绳纹。口径16.5、底径10.6、腹部最大径21.7、高19.8、壁厚0.5~1.0厘米（图三五二，3）。

壶　1件。标本 M170∶2，夹砂灰陶。方唇，敛口，短颈，溜肩，鼓腹，最大腹径位

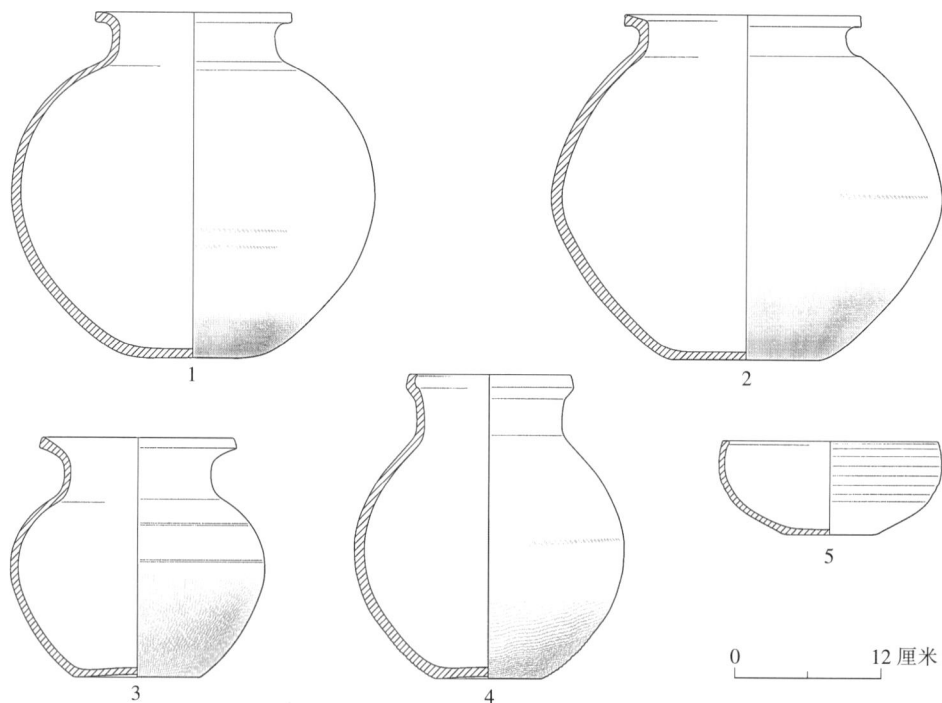

图三五二　M170 出土器物

1～3. 陶罐（M170：3、5、6）　4. 陶壶（M170：2）　5. 陶钵（M170：4）

置居中，凹底。腹中部饰一周粗绳纹，腹下部及底部满饰细绳纹。口径 13.7、底径 9.0、腹部最大径 23.0、高 25.0、壁厚 0.7～1.0 厘米（图三五二，4；彩版二一四，2）。

钵　1 件。标本 M170：4，夹砂黑褐陶。方唇，口微敛，弧腹，平底。腹部饰有瓦棱纹。口径 18.2、底径 7.5、高 7.7、壁厚 0.6～0.7 厘米（图三五二，5；彩版二一四，3）。

一二四　M171（Ⅴ区）

1. 墓葬形制

石圹竖穴墓，平面呈圆角长方形，墓圹较规整。方向 100°（见图三五一；见彩版二一二，2）。开口于耕土层下，开口距地表 0.20 米。

墓圹四壁均向内斜收，墓底较平整。开口长 2.90、宽 1.80 米，底长 2.50、宽 1.40 米，深 1.10 米。墓穴四壁保存有一圈宽 0.20 米的贝壳；墓底平铺一层厚 0.10 米的贝壳。墓内填土主要为黄褐土，夹杂有少量的贝壳、黄沙，土质较疏松。

2. 葬具和人骨

从墓室四壁填充贝壳的情况分析，该墓在下葬时，应存在木质葬具，葬具与墓壁的间隙处填充贝壳；但由于该墓的埋藏条件不利于木质葬具的保存，所以，木质葬具现已腐朽殆尽，仅存贝壳。

墓内葬有人骨 1 具，骨骼保存较差，现仅存下肢骨。根据现存肢骨位置推测，葬式应为仰身直肢，头向东，双腿向内并拢。该骨架应为一女性个体。

3. 随葬品

该墓共出土有 10 件随葬品，质地分为陶、铜两种，其中有铜钱 19 枚。其中，铜钱位于人骨脚下；其余随葬品均位于人骨南侧，东西向排列，较为规整。分述如下。

陶器 计有罐4、壶1、钵2。

罐 4件（M171：4、5、6、7）。标本 M171：4，夹砂灰陶。口部残缺，溜肩，鼓腹，最大腹径位置居中，凹底。腹下部及底部饰有绳纹。底径11.6、腹部最大径30.4、残高26.9、壁厚0.4~0.7厘米（图三五三，1）。标本 M171：5，夹砂灰陶。方唇，展沿，口微敛，短颈，溜肩，鼓腹，最大腹径位置居中，凹底。腹中部饰有两周粗绳纹，腹下部及底部饰有细绳纹。口径18.9、底径10.5、腹部最大径33.1、高30.0、壁厚0.7~1.2厘米（图三五三，2；彩版二一四，4）。标本 M171：6，夹砂灰褐陶。方唇，折沿，侈口，短颈，溜肩，鼓腹，最大腹径位置偏上，凹底。腹中部饰有两周粗绳纹，腹下部及底部饰有细绳纹。口径18.0、底径9.8、腹部最大径27.6、高24.4、壁厚0.6~1.0厘米（图三五三，3）。标本 M171：7，夹砂灰陶。方唇，展沿，敞口，直颈，溜肩，鼓腹，最大腹径位置居中，凹底。腹下部及底部饰有绳纹。口径18.0、底径12.3、腹部最大径31.2、高27.4、壁厚0.5~1.1厘米（图三五四，4）。

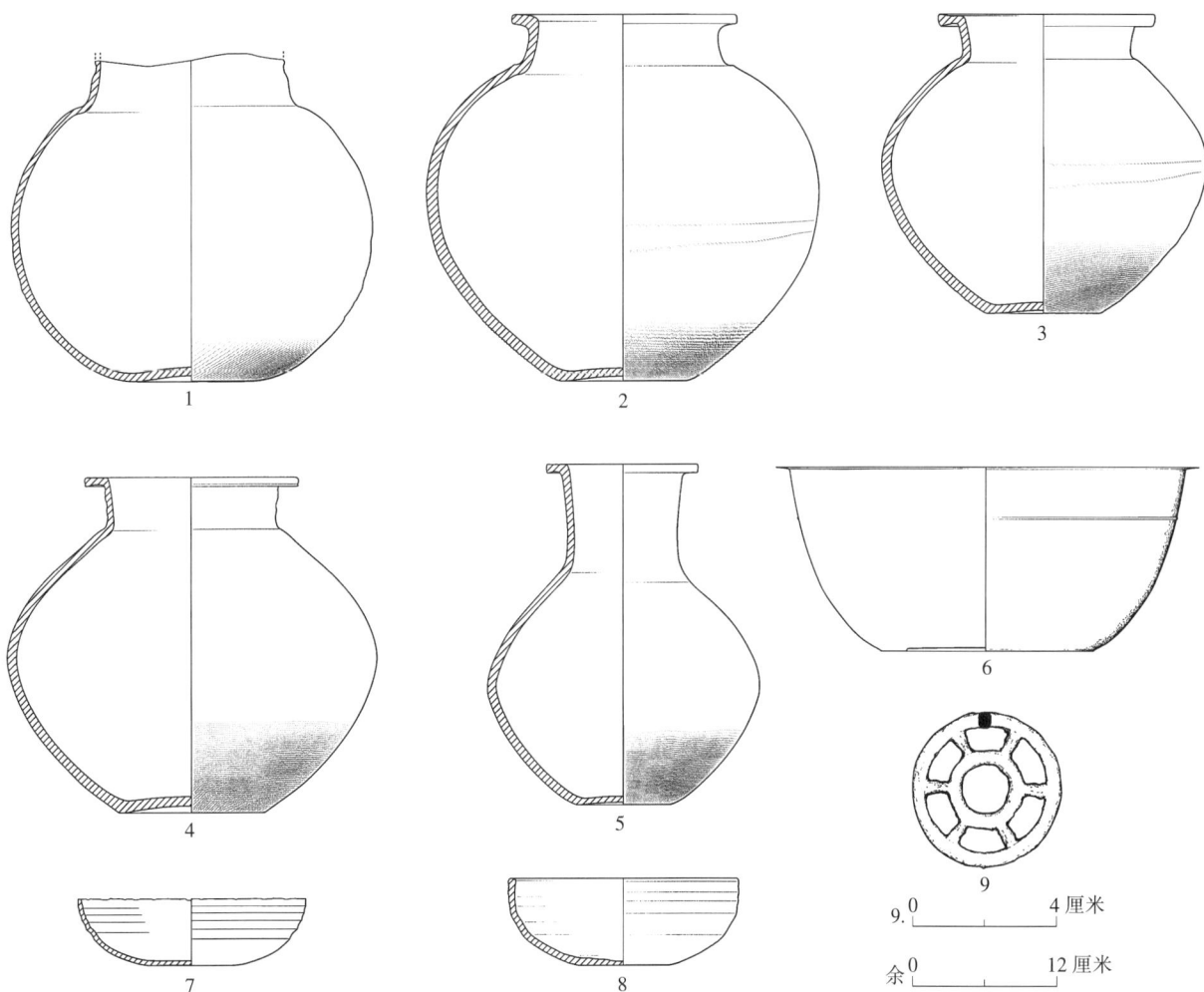

图三五三 M171 出土器物

1~4. 陶罐（M171：4、5、6、7） 5. 陶壶（M171：3） 6. 铜盆（M171：8） 7、8. 陶钵（M171：9、10） 9. 铜轮形饰（M171：2）

壶　1件。标本 M171：3，夹砂灰陶。方唇，直口，直颈，溜肩，鼓腹，最大腹径位置居中，凹底。腹下部及底部饰有绳纹。口径 12.7、底径 8.0、腹部最大径 22.9、高 27.8、壁厚 0.5～0.9 厘米（图三五三，5；彩版二一四，5）。

钵　2件（M171：9、10）。标本 M171：9，夹砂灰褐陶。圆唇，敞口，弧腹，平底。器表和腹内壁饰有瓦棱纹。口径 19.3、底径 7.2、高 5.4、壁厚 0.3～0.5 厘米（图三五三，7）。标本 M171：10，夹砂灰褐陶。圆唇，口微敛，弧腹，平底。器表和腹内壁饰有瓦棱纹。口径 19.3、底径 7.2、高 5.4、壁厚 0.3～0.5 厘米（图三五三，8）。

铜器　计有盆1、轮形饰1。

盆　1件。标本 M171：8，折沿，敞口，弧腹，平底内凹。腹上部施有一周扉棱。腹壁较薄，铸造精良。口径 36.0、高 15.0、底径 18.0、壁厚 0.1 厘米（图三五三，6）。

轮形饰　1件。标本 M171：2，平面呈圆形，内套小环。两环之间由短柱分为六区，近似车轮形。外径 4.1～4.2、内径 1.2～1.4 厘米（图三五三，9）。

铜钱　19枚，其中，"五铢"钱17枚，"半两"钱2枚（图三五四）。详情见下表。

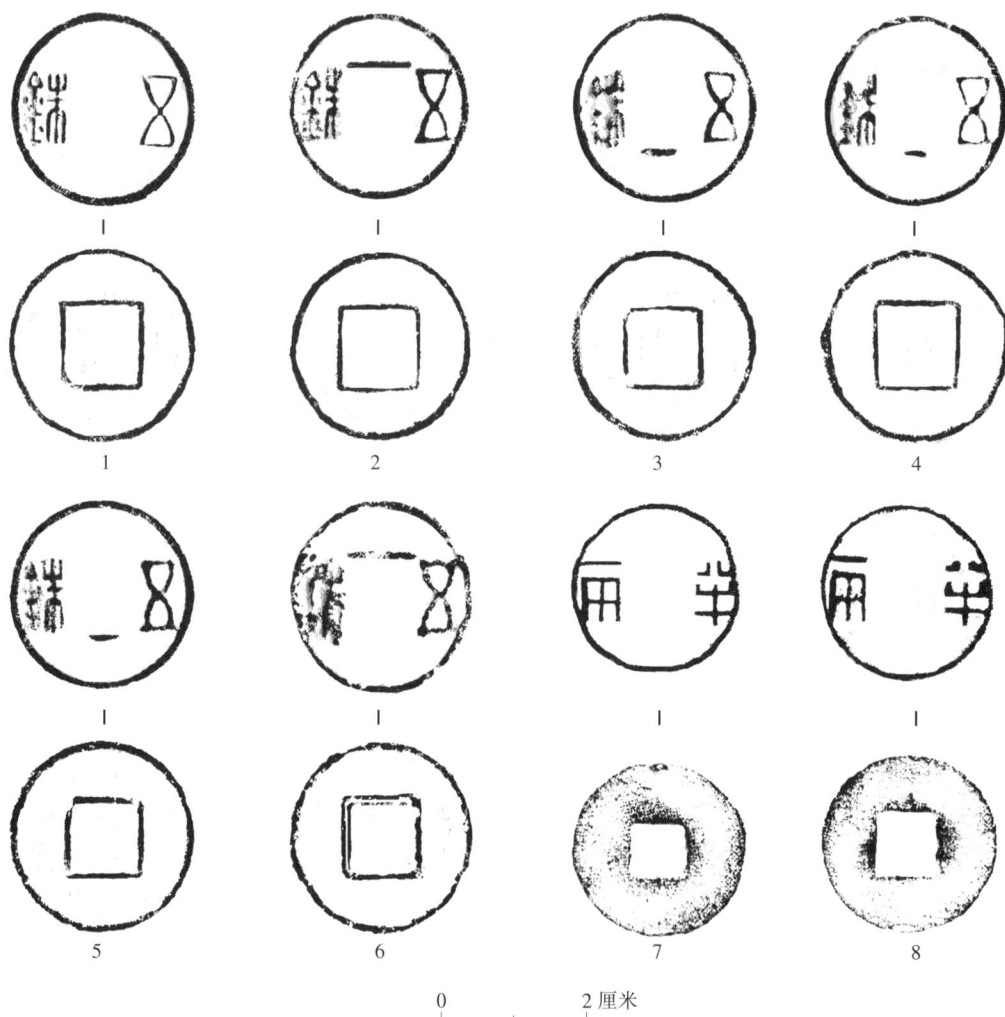

图三五四　M171 出土铜钱拓片
1～8. M171：1－2、1－6、1－9、1－12、1－16、1－17、1－18、1－19

M171 铜钱统计表 （长度：厘米，重量：克）

种类	编号	特征		郭径	钱径	穿宽	郭宽	郭厚	肉厚	重量
		文字特征	记号							
五铢钱	1－1	"五"字瘦长，竖划较直；"金"头三角形，四竖点；"朱"头方折，"朱"下较圆	穿下月牙	2.58	2.30	0.95	0.14	0.25	0.13	5.00
	1－2	同上	无	2.53	2.23	0.93	0.15	0.17	0.07	3.70
	1－3	同上	穿下月牙	2.59	2.29	0.96	0.15	0.23	0.10	4.30
	1－4	"五"字瘦长，竖划较直；"金"头三角形，四竖点；"朱"头较圆，"朱"下较圆	无	2.59	2.29	0.96	0.15	0.21	0.10	4.10
	1－5	"五"字瘦长，竖划较直；"金"头三角形，四竖点；"朱"头较圆，"朱"下方折	无	2.57	2.25	0.96	0.16	0.21	0.07	3.90
	1－6	"五"字瘦长，竖划较直；"金"头三角形，四竖点；"朱"头方折，"朱"下较圆	穿上一横	2.53	2.29	0.93	0.12	0.16	0.09	3.30
	1－7	同上	无	2.59	2.33	0.95	0.13	0.19	0.07	3.80
	1－8	同上	穿下月牙	2.58	2.26	0.95	0.16	0.17	0.10	4.10
	1－9	同上	穿下月牙	2.61	0.29	0.83	0.16	0.20	0.10	4.40
	1－10	"五"字瘦长，竖划缓曲；"金"头三角形，四竖点；"朱"头方折，"朱"下较圆	无	2.59	2.33	0.95	0.13	0.19	0.07	3.80
	1－11	同上	穿下月牙	2.55	2.31	0.84	0.12	0.20	0.10	4.40
	1－12	同上	穿下月牙	2.54	2.28	0.96	0.13	0.16	0.09	3.30
	1－13	同上	穿下月牙	2.55	2.29	0.94	0.13	0.19	0.08	4.10
	1－14	同上	穿下月牙	2.59	2.29	0.94	0.15	0.21	0.08	3.90
	1－15	同上	穿下月牙	2.61	0.29	0.83	0.16	0.20	0.10	4.40
	1－16	"五"字瘦长，竖划缓曲；"金"头三角形，四竖点；"朱"头较圆，"朱"下较圆	穿下一星	2.55	2.27	0.96	0.14	0.17	0.08	3.60
	1－17	"五"字瘦长，竖划缓曲；"金"头三角形，四竖点；"朱"头较圆，"朱"下方折	穿上一横	2.59	2.27	0.95	0.16	0.20	0.08	3.90
半两钱	1－18	"半"字头硬折，上横两端上折；十字"两"			2.36	0.74			0.07	2.60
	1－19	"半"字头为"八"上横两端上折；连山"两"			2.41	0.88			0.04	2.00

一二五 M172（Ⅴ区）

M172 与 M173 为一组并葬墓，其中，M172 打破 M173。

1. 墓葬形制

石圹竖穴墓，平面呈圆角长方形，墓圹规整。方向 100°（图三五五；彩版二一五，1）。开口于耕土层下，开口距地表 0.10 米。

墓圹四壁较平直，墓底平坦。长 2.60、宽 1.50、深 0.90 米。墓穴四壁保存有一圈宽 0.10 ~ 0.20 米的贝壳；墓底平铺一层厚 0.10 米的贝壳。

墓内填土主要为黄褐土，夹杂有少量的贝壳、黄沙，土质较疏松。

2. 葬具和人骨

从墓穴四壁保存的贝壳分析，该墓主在入葬时，应存在木棺，棺与墓壁的间隙填充贝壳；但由于该墓的埋藏条件不利于木棺保存，所以，在木棺腐朽殆尽后，仅剩贝壳立于墓穴四壁之上。

墓内葬有 1 具人骨，为一女性个体。骨骼保存较差，现仅存头骨、少量脊椎骨及肢骨，葬式应为仰身直肢，头向东。

3. 随葬品

该墓共出土有 7 件随葬品，多为陶器，另有铜钱 12 枚（彩版二一六，1）。所有随葬品均位于人骨北侧，东西向排列，较为规整。分述如下。

陶器 罐 3、壶 1、盆 1、钵 1。

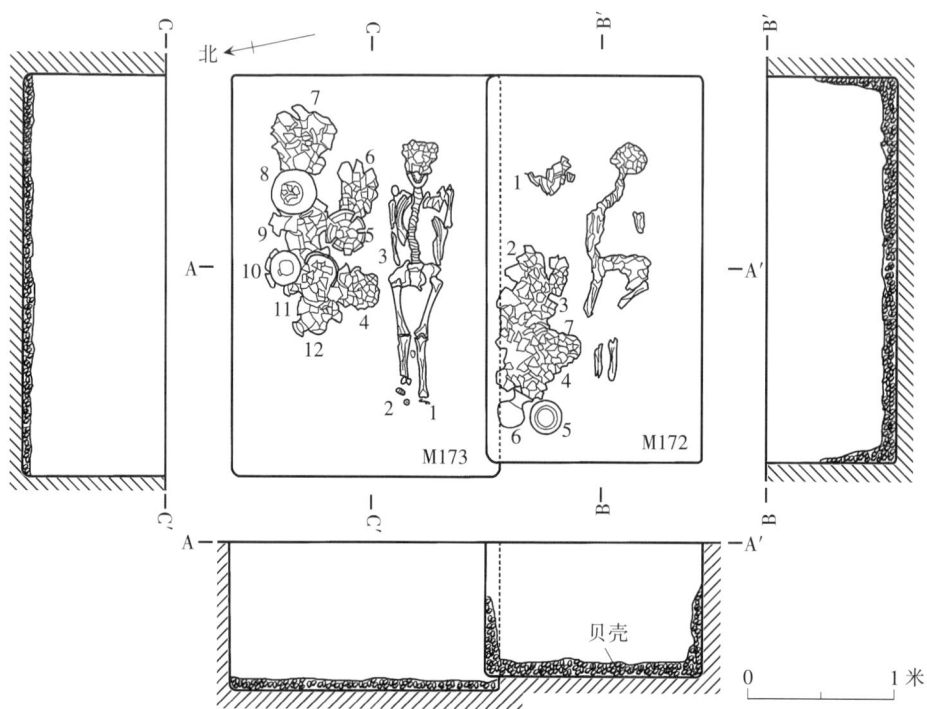

图三五五 M172、M173 平、剖面图

M172 1. 陶钵 2. 陶盆 3、4、5. 陶罐 6. 陶壶 7. 铜钱

M173 1. 铜带钩 2、3. 铜钱 4、12. 陶壶 5. 陶钵 6、11. 陶盒 7、8、9、10. 陶罐

　　罐　3件（M172：3、4、5）。标本 M172：3，夹砂灰陶。圆唇，敛口，短颈，溜肩，鼓腹，最大腹径位置居中，平底。肩部饰凹弦纹，腹下部及底部饰绳纹。口径 17.1、底径 11.4、腹部最大径 29.4、高 25.9、壁厚 0.8 厘米（图三五六，1）。标本 M172：4，夹砂灰陶。口沿残，溜肩，鼓腹，最大腹径位置偏上，平底。腹上部有数周凹弦纹，腹下部及底部饰有绳纹。口径 12.3、底径 8.2、腹部最大径 24.6、高 18.9、壁厚 0.5~0.6 厘米（图三五六，2）。标本 M172：5，夹砂灰陶。圆唇，侈口，短颈，溜肩，鼓腹，平底。腹下部及底部饰绳纹。口径 14.4 厘米、底径 6.6、腹部最大径 21.1、高 17.9、壁厚 0.6~0.7 厘米（图三五六，3；彩版二一五，2）。

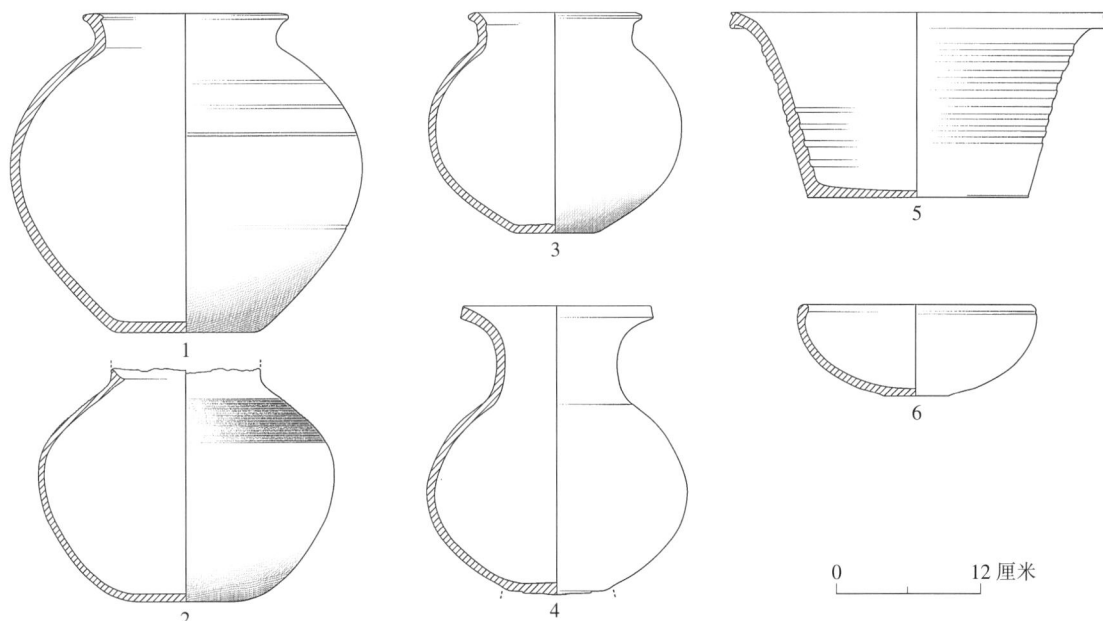

图三五六　M172 出土器物
1~3. 陶罐（M172：3、4、5）　4. 陶壶（M172：6）　5. 陶盆（M172：2）　6. 陶钵（M172：1）

　　壶　1件。标本 M172：6，夹砂黄褐陶。方唇，喇叭口，束颈，溜肩，鼓腹，最大腹径位置居中，圜底，圈足残缺。素面。口径 16.0、腹部最大径 21.7、残高 23.4、壁厚 0.2~1.1 厘米（图三五六，4；彩版二一五，3）。

　　盆　1件。标本 M172：2，夹砂灰陶。方唇，唇面有一周凹槽，敞口，展沿，斜腹，平底。腹部饰有多周瓦棱纹，底部饰有绳纹。口径 31.6、底径 18.6、高 15.1、壁厚 0.8~1.0 厘米（图三五六，5；彩版二一五，4）。

　　钵　1件。标本 M172：1，夹砂灰陶。圆唇，口微敛，弧腹，平底。近口处饰有一周凹弦纹。口径 19.2、底径 5.5、高 7.4、壁厚 0.5~0.7 厘米（图三五六，6；彩版二一五，5）。

　　铜钱　13枚，其中"五铢"钱1枚，"一化"钱12枚（图三五七）。详情见下表。

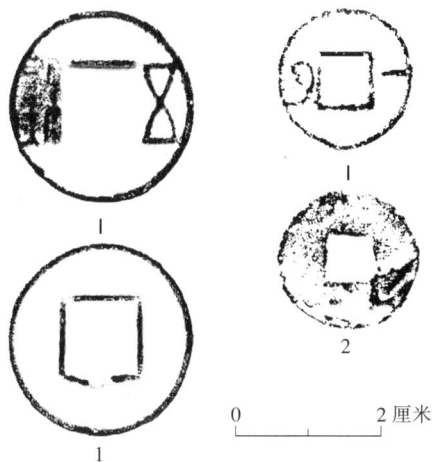

图三五七　M172 出土铜钱拓片
1~2. M172：7-1、7-5

M172 铜钱统计表　　　　　　　　　　（长度：厘米，重量：克）

种类	编号	特征		郭径	钱径	穿宽	郭宽	郭厚	肉厚	重量
		文字特征	记号							
五铢钱	7－1	"五"字瘦长，竖划缓曲；"金"头三角形，四竖点；"朱"头方折，"朱"下方折（剪轮）	穿下月牙	2.47	2.33	0.98	0.07	0.14	0.09	2.00
一化钱	7－2	"化"字连笔圆折			1.94	0.61			0.05	1.50
	7－3	同上			1.90	0.59			0.07	1.60
	7－4	同上			1.90	0.56			0.05	1.20
	7－5	同上			1.82	0.54			0.04	1.30
	7－6	"化"字呈"D"形			1.80	0.54			0.05	1.20
	7－7	"化"字不清			1.96	0.55			0.06	1.20
	7－8	同上			1.85	0.57			0.04	1.20
	7－9	同上			1.98	0.60			0.05	1.20
	7－10	同上			1.90	0.59			0.04	0.90
	7－11	同上			1.80	0.61			0.06	1.20
	7－12	同上			1.81	0.59			0.05	1.20
	7－13	"化"字不清（穿左上破损一孔）			1.95	0.62			0.04	1.20

一二六　M173（Ⅴ区）

1. 墓葬形制

石圹竖穴墓，平面呈圆角长方形，墓圹较规整，其北壁被 M172 打破。方向 100°（见图三五五；见彩版二一五，1）。开口于耕土层下，开口距地表 0.10 米。

墓圹四壁较平直，墓底平坦。长 2.70、宽 1.90、深 1.00 米。墓穴四壁保存有一圈宽 0.10～0.20 米的贝壳；墓底平铺一层厚 0.06 米的贝壳。

墓内填土主要为黄褐土，夹杂有少量的贝壳、黄沙，土质较疏松。

2. 葬具和人骨

从墓室四壁填充贝壳的情况分析，该墓在下葬时，应存在木质葬具，葬具与墓壁的间隙处填充贝壳；但由于该墓的埋藏条件不利于木质葬具的保存，所以，木质葬具现已腐朽殆尽，仅存贝壳。

墓内葬有 1 具人骨，为一男性个体。骨骼保存较好，葬式为仰身直肢，头向东，面向上，双臂内拢贴近体侧，双腿向内并拢。

3. 随葬品

该墓共出土有 12 件随葬品，质地分为陶、铜两种，其中有铜钱 14 枚（彩版二一六，2）。其中，铜带钩位于人骨脚下，铜钱共有两处，分别置于人骨脚下和右臂处；其余随葬品均位于人骨北侧，堆放得较为凌乱。分述如下。

陶器　计有罐 4、壶 2、盒 2、钵 1。

罐　4 件（M173：7、8、9、10）。标本 M173：7，夹砂灰陶。方唇，侈口，折沿，

沿面向内斜，短束颈，溜肩，鼓腹，最大腹径位置居中，平底。腹中部饰两周粗绳纹，腹下部及底部饰绳纹。口径 15.5、底径 10.4、最大腹径 22.8、高 18.0、壁厚 0.6 厘米（图三五八，1）。标本 M173：8，夹砂灰陶。方唇，唇面有一周凹槽，折沿，矮领，溜肩，鼓腹，最大腹径位置居中，凹底。腹中部饰一周粗绳纹，腹下部及底部饰绳纹抹平。口径 18.7、底径 12.8、最大腹径 32.7、高 26.5、壁厚 0.8 厘米（图三五八，2；彩版二一七，1）。标本 M173：9，夹砂灰陶。方唇，侈口，展沿，束颈，溜肩，鼓腹，最大腹径位置居中，平底。腹中部饰一周粗绳纹，腹下部及底部饰绳纹抹平。口径 17.0、底径 12.0、最大腹径 29.2、高 25.5、壁厚 0.8 厘米（图三五八，3；彩版二一七，2）。标本 M173：10，夹砂灰陶。方唇，侈口，展沿，短束颈，溜肩，鼓腹，最大腹径位置居中，平底。腹中部饰两周粗绳纹，腹下部及底部饰绳纹。口径 15.1、底径 8.7、最大腹径 24.1、高 19.6、壁厚 0.7 厘米（图三五八，4；彩版二一七，3）。

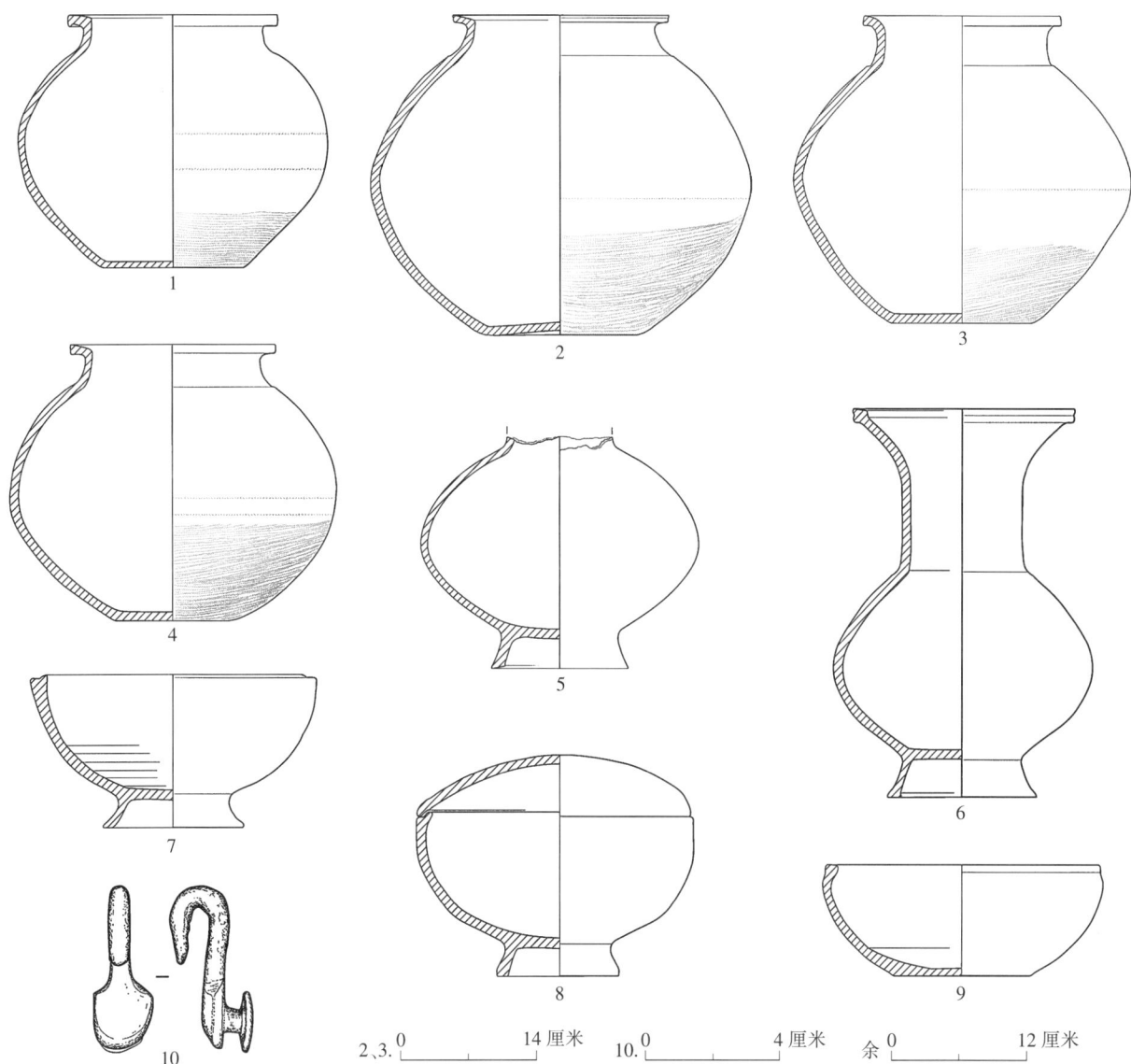

图三五八　M173 出土器物

1~4. 陶罐（M173：7、8、9、10）　5、6. 陶壶（M173：4、12）　7、8. 陶盒（M173：6、11）　9. 陶钵（M173：5）　10. 铜带钩（M173：1）

壶　2件（M173：4、12）。形制相同，均为夹砂黑褐陶，方唇、唇面有凹槽，折沿，侈口，沿面向内斜，长颈，溜肩，鼓腹，最大腹径位置居中，圈足外撇。标本 M173：4，口部残损。底径 10.0、最大腹径 20.5、残高 16.5、壁厚 0.6 厘米（图三五八，5）。标本 M173：12，器表轮旋痕迹明显。口径 16.2、底径 11.0、最大腹径 19.3、高 27.6、壁厚 0.8 厘米（图三五八，6；彩版二一七，4）。

盒　2件（M173：6、11）。标本 M173：6，夹砂灰陶，盒盖缺失，仅存盒身。尖唇，子母口，弧腹，矮圈足外撇。素面，腹内壁饰有瓦棱纹。口径 21.0、底径 10.4、高 11.9、壁厚 0.7 厘米（图三五八，7）。标本 M173：11，夹砂黑褐陶，由盒盖和盒身组成。盒盖：弧顶，子母口，圆唇。盒身：圆唇，子母口内敛，弧腹，平底，圈足外撇。通高 15.9 厘米。盒盖：口径 20.1、高 4.5、壁厚 0.7 厘米。盒身：口径 20.4、底径 9.2、高 11.7、壁厚 0.7 厘米（图三五八，8；彩版二一七，5）。

钵　1件。标本 M173：5，夹砂灰褐陶。圆唇，口微敛，弧腹略鼓，平底。口径 20.4、底径 10.1、高 7.9、壁厚 0.6～1.0 厘米（图三五八，9；彩版二一七，6）。

铜器　计有带钩1。

带钩　1件。标本 M173：1，耜形。蛇头形钩首，钩尾宽大，钩体侧视近似鸟形。圆形钩纽位于钩尾处。长 3.9 厘米（图三五八，10）。

铜钱　14 枚，均为"五铢"钱（图三五九）。详情见下表。

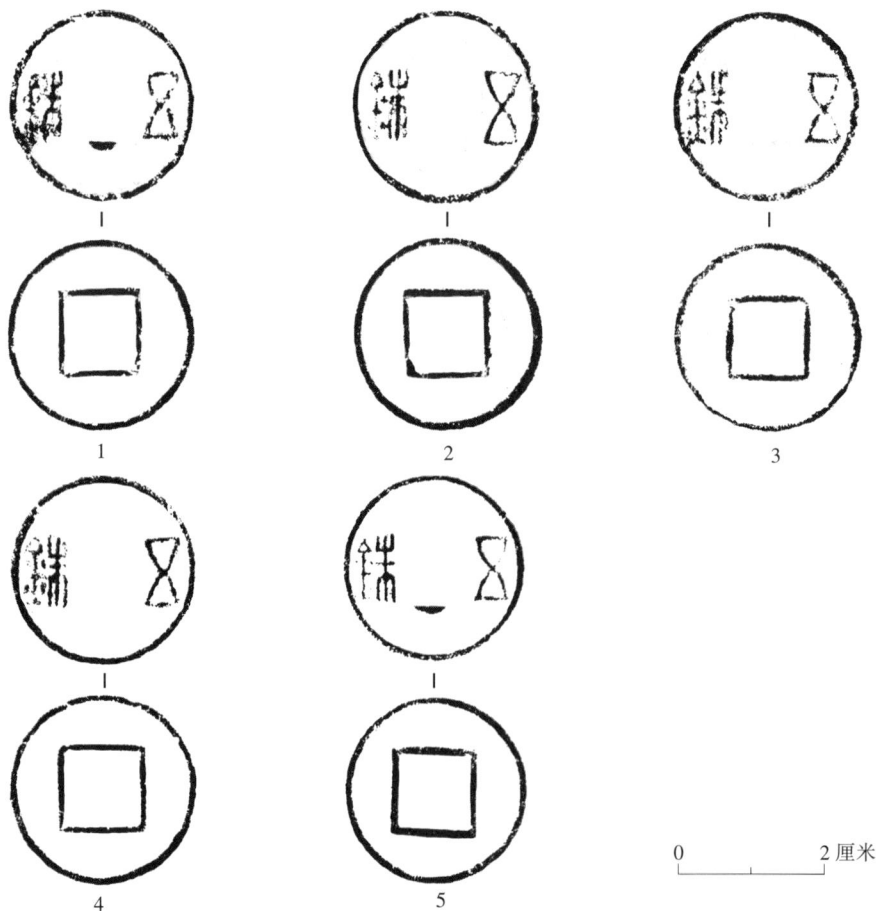

图三五九　M173 出土铜钱拓片
1～5. M173：2－1、2－3、2－9、2－10、2－11

M173 铜钱统计表　　　　　　　　　　（长度：厘米，重量：克）

种类	编号	特征		郭径	钱径	穿宽	郭宽	郭厚	肉厚	重量
		文字特征	记号							
五铢钱	2-1	"五"字瘦长，竖划较直；"金"头三角形，四竖点；"朱"头方折，"朱"下较圆	穿下月牙	2.51	2.29	0.92	0.11	0.19	0.08	3.60
	2-2	同上	穿下一星	2.59	2.37	0.92	0.11	0.19	0.09	3.80
	2-3	同上	无	2.60	2.28	0.97	0.16	0.18	0.10	4.10
	2-4	同上	无	2.61	2.29	0.95	0.16	0.18	0.07	3.8
	2-5	同上	无	2.58	2.24	0.98	0.17	0.20	0.09	3.90
	2-6	同上	无	2.59	2.33	0.96	0.13	0.18	0.09	3.70
	2-7	同上	无	2.59	2.37	0.93	0.11	0.19	0.08	3.80
	2-8	同上	无	2.57	2.33	0.96	0.12	0.18	0.09	3.60
	2-9	同上	穿上一横	2.57	2.37	0.91	0.10	0.20	0.10	4.10
	3-1	"五"字瘦长，竖划较直；"金"头三角形，四竖点；"朱"头方折，"朱"下方折	无	2.60	2.34	0.97	0.13	0.18	0.09	3.50
	3-2	"五"字瘦长，竖划缓曲；"金"头三角形，四竖点；"朱"头方折，"朱"下较圆	穿下月牙	2.53	2.29	0.92	0.12	0.16	0.07	3.20
	3-3	同上	穿下月牙	2.52	2.26	0.96	0.13	0.20	0.09	3.90
	3-4	同上	穿下月牙	2.58	2.30	0.94	0.14	0.22	0.07	3.20
	3-5	同上	穿下月牙	2.56	2.34	0.84	0.11	0.20	0.11	4.50

一二七　M174（Ⅴ区）

M174 与 M175 为一组并葬墓，其中，M174 打破 M175。

1. 墓葬形制

石圹竖穴墓，平面呈圆角长方形，墓圹规整。方向 100°（图三六〇；彩版二一八，1）。开口于耕土层下，开口距地表 0.10 米。

墓圹四壁较平直，墓底平坦。长 2.60、宽 1.80、深 0.90 米。墓穴四壁保存有一圈宽 0.10~0.20 米的贝壳；墓底平铺一层厚 0.01~0.02 米的贝壳。

墓内填土主要为黄褐土，夹杂有少量的贝壳、黄沙，土质较疏松。

2. 葬具和人骨

从墓穴四壁保存的贝壳分析，该墓主在入葬时，应存在木棺，棺与墓壁的间隙填充贝壳；但由于该墓的埋藏条件不利于木棺保存，所以，在木棺腐朽殆尽后，仅剩贝壳立于墓穴四壁之上。

墓内葬有 1 具人骨，为一男性个体。骨骼保存差，葬式应为仰身直肢，头向东，面

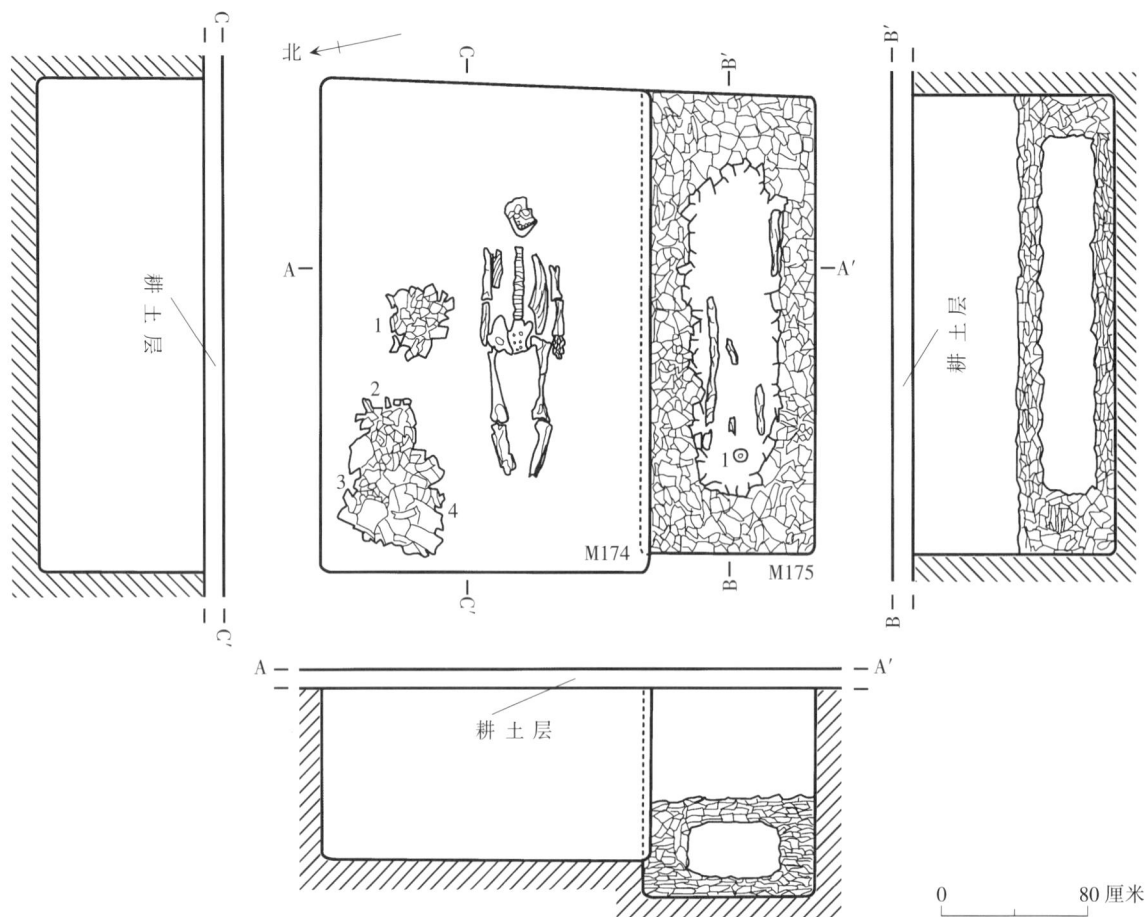

图三六〇　M174、M175 平、剖面图
M174　1. 陶盆　2、4. 陶罐　3. 陶钵　　　M175　1. 陶纺轮

向上，双臂平伸贴近体侧，双腿略向内并拢。

3. 随葬品

该墓共出土有 4 件随葬品。所有随葬品均位于人骨北侧，东西向排列，较为规整，种类计有罐 2、盆 1、钵 1。

罐　2 件（M174：2、4）。标本 M174：2，夹砂灰陶。方唇，侈口，短颈，溜肩，鼓腹，最大腹径位置靠近肩部，平底。腹下部及底部满饰绳纹。口径 16.2、底径 11.5、腹部最大径 28.7、高 24.6、壁厚 0.5～1.0 厘米（图三六一，1；彩版二一八，2）。标本 M174：4，夹砂灰褐陶。方唇，敞口，小折沿，短颈，溜肩，鼓腹，腹部最大径位置居中，凹底。腹下部及底部满饰绳纹。口径 19.4、底径 11.2、最大腹径 33.6、高 30.6、壁厚 0.6～0.8 厘米（图三六一，2）。

盆　1 件。标本 M174：1，夹砂灰陶。方唇，展沿，敞口，斜腹，平底。唇面饰有一周粗绳纹。腹内外饰有瓦棱纹，腹下部及底部饰满细绳纹。口径 40.6、底径 12.4、高 20.0、壁厚 0.8～1.2 厘米（图三六一，3）。

钵　1 件。标本 M174：3，夹砂红褐陶。圆唇，口微敛，弧腹，平底。素面。口径 18.0、底径 7.3、高 8.1、壁厚 0.4～0.8 厘米（图三六一，4）。

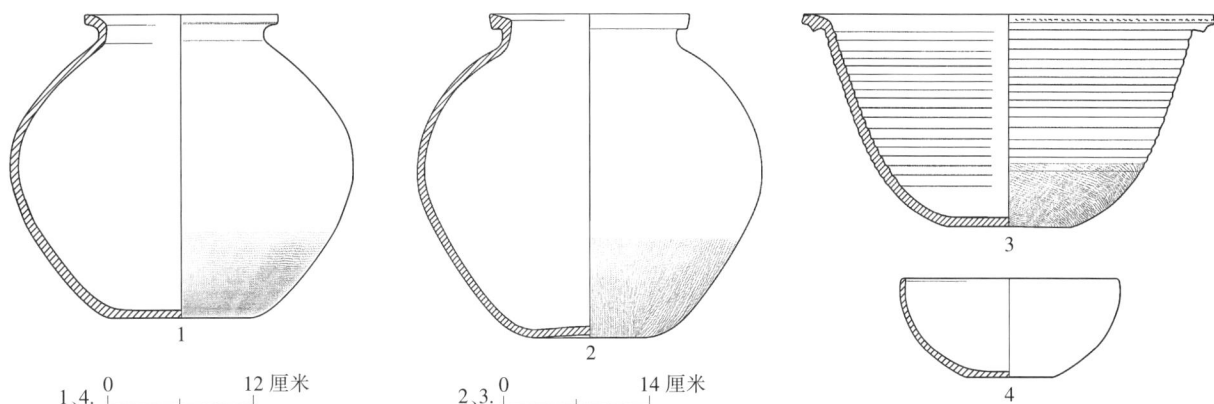

图三六一　M174 出土器物

1、2. 陶罐（M174：2、4）　3. 陶盆（M174：1）　4. 陶钵（M174：3）

一二八　M175（Ⅴ区）

1. 墓葬形制

石圹竖穴墓，平面呈圆角长方形，墓圹较规整。方向100°（见图三六〇；见彩版二一八，1）。开口于耕土层下，开口距地表0.10米。

墓圹四壁较平直，墓底平坦。长2.42、宽0.94、深1.10米。墓穴近地处保存有一圈宽0.20～0.30米的碎瓦片；墓底平铺一层厚约0.10米的碎瓦片，所有瓦片皆为随意堆积。

墓内填土主要为黄褐土，夹杂有少量的碎瓦片、黄沙，土质较疏松。

2. 葬具和人骨

从墓穴底部保存的碎瓦片分析，该墓主在入葬时，应存在木棺，棺与墓壁的间隙填充碎瓦片；但由于该墓的埋藏条件不利于木棺的保存，所以，在木棺腐朽殆尽后，仅存碎瓦片立于墓穴四壁。根据瓦片清理完的堆积情况推测，木棺长1.90、宽0.52米。

墓内葬有1具人骨。骨骼保存较差，现仅存下肢骨。根据残存骨骼推测，葬式应为仰身直肢，头向东，双腿平伸。性别不明。

3. 随葬品

该墓仅在人骨脚下出土有1件陶纺轮。

纺轮　1件。标本M175：1，夹砂灰陶。整体呈圆饼状，顶部中央有一圆形穿孔，轮旋痕迹明显。外径5.3、孔径1.0、厚0.7～1.2厘米（图三六二；彩版二一八，3）。

一二九　M176（Ⅴ区）

M176 与 M177 为一组并葬墓，其中，M176 打破 M177。

1. 墓葬形制

石圹竖穴墓，平面呈圆角长方形，墓圹规整。方向5°（图三六三；彩版二一九，1）。开口于耕土层下，开口距地表0.10米。

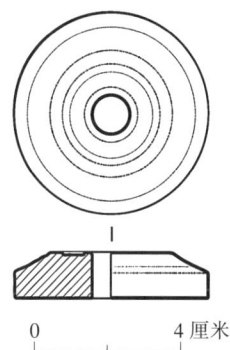

图三六二　M175 出土
陶纺轮（M175：1）

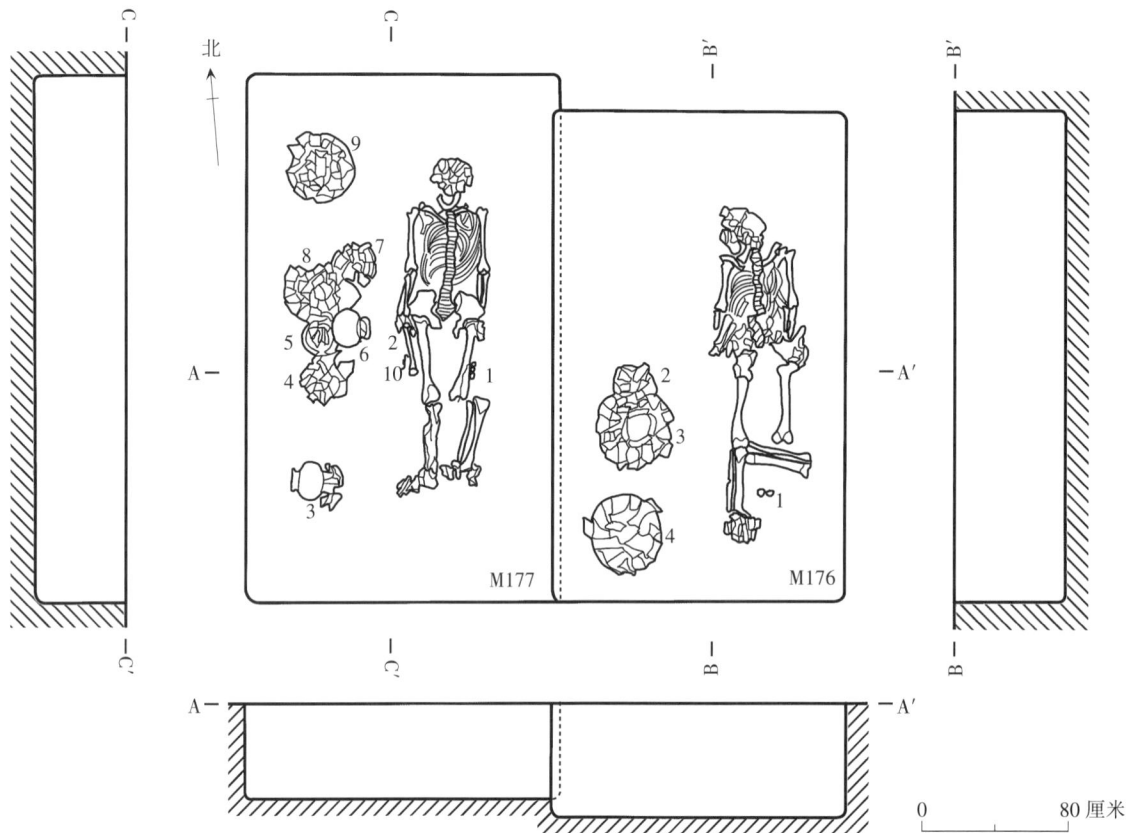

图三六三　M176、M177 平、剖面图

M176　1. 铜钱　2. 陶壶　3、4. 陶罐　　　M177　1. 铜钱　2. 铁削　3、4、6. 陶壶　5、7. 陶盒　8、9. 陶罐　10. 铜带钩

墓圹四壁较平直，墓底平坦。长 2.60、宽 1.60、深 0.60 米。墓穴四壁保存有一圈宽 0.10～0.20 米的贝壳；墓底平铺一层厚 0.10 米的贝壳。

墓内填土主要为黄褐土，夹杂有少量的贝壳、黄沙，土质较疏松。

2. 葬具和人骨

从墓穴四壁保存的贝壳分析，该墓主在入葬时，应存在木棺，棺与墓壁的间隙填充贝壳；但由于该墓的埋藏条件不利于木棺保存，所以，在木棺腐朽殆尽后，仅剩贝壳立于墓穴四壁之上。

墓内葬有 1 具人骨，为一女性个体。骨骼保存较完整，葬式为仰身直肢，头向北，面向上，双肩上耸，双臂平伸贴近体侧，双腿平直，其中左侧小腿骨现已位移。

3. 随葬品

该墓共出土有 4 件随葬品，大多数为陶器，另有铜钱 24 枚。其中，铜钱位于人骨双腿之间；其余随葬品均位于人骨西侧，南北向排列，较为规整。分述如下。

陶器　计有罐 2、壶 1。

罐　2 件（M176∶3、4）。标本 M176∶3，夹砂灰陶。方唇，侈口，束颈，溜肩，鼓腹，最大腹径位置居中，平底。腹下部及底部饰绳纹。口径 18.2、底径 12.0、腹部最大径 29.7、高 24.0、壁厚 0.6～1.0 厘米（图三六四，1；彩版二二〇，1）。标本 M176∶4，夹砂灰陶。方唇，唇面有一周凹槽，侈口，束颈，溜肩，鼓腹，最大腹径位置居中，平底。肩部及肩部以下至底部饰绳纹。口径 17.2、底径 11.2、腹部最大径 33.6、高 28.5、壁厚 0.7~1.3 厘米（图三六四，2；彩版二二〇，2）。

壶 1 件。标本 M176：2，夹砂灰陶。尖唇，盘口，束颈，溜肩，鼓腹，最大腹径位置居中，平底。腹中部饰一周粗绳纹，腹下部及底部饰绳纹。口径 11.0、底径 6.5、腹部最大径 16.8、高 18.2、壁厚 0.3~1.1 厘米（图三六四，3；彩版二二〇，3）。

铜钱 24 枚。均为"五铢"钱（图三六五）。详情见下表。

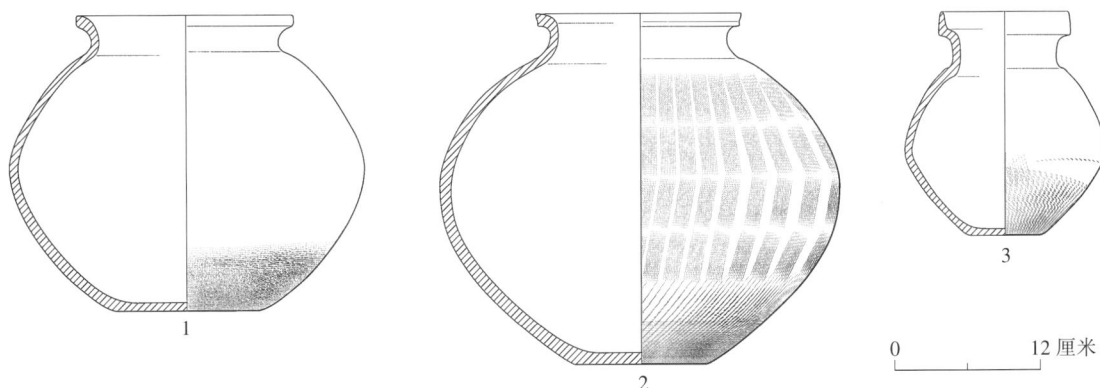

图三六四 M176 出土器物
1、2. 陶罐（M176：3、4） 3. 陶壶（M176：2）

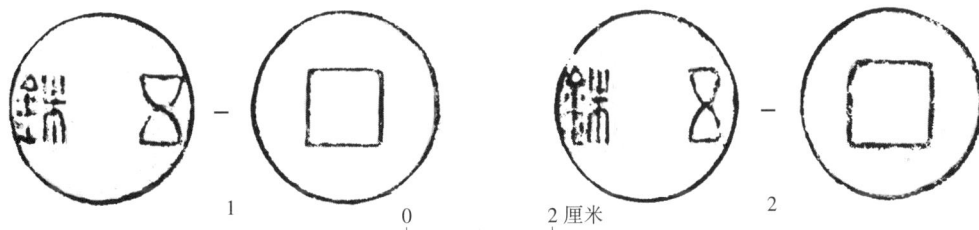

图三六五 M176 出土铜钱拓片
1~2. M176 1 - 5、1 - 16

M176 铜钱统计表 （长度：厘米，重量：克）

| 种类 | 编号 | 特征 | | 郭径 | 钱径 | 穿宽 | 郭宽 | 郭厚 | 肉厚 | 重量 |
		文字特征	记号							
五铢钱	1 - 1	"五"字瘦长，竖划较直；"金"头三角形，四竖点；"朱"头方折，"朱"下较圆	穿上一横	2.53	2.33	0.94	0.10	0.20	0.09	3.90
	1 - 2	同上	无	2.55	2.43	1.01	0.06	0.21	0.08	3.40
	1 - 3	同上	无	2.53	2.39	0.97	0.07	0.22	0.07	3.70
	1 - 4	同上	穿下月牙	2.62	2.34	0.95	0.14	0.22	0.09	4.10
	1 - 5	同上	无	2.62	2.38	1.00	0.12	0.18	0.07	4.80
	1 - 6	同上	穿上一横	2.48	2.30	0.91	0.09	015	0.09	3.60
	1 - 7	同上	无	2.57	2.39	0.99	0.09	0.22	0.07	3.50
	1 - 8	同上	无	2.58	2.36	0.99	0.11	0.17	0.10	3.90

（续表）

种类	编号	特征		郭径	钱径	穿宽	郭宽	郭厚	肉厚	重量
		文字特征	记号							
五铢钱	1-9	"五"字瘦长，竖划较直；"金"头三角形，四竖点；"朱"头方折，"朱"下方折	无	2.60	2.36	1.00	0.12	0.25	0.09	3.90
	1-10	同上	无	2.60	2.32	0.96	0.14	0.25	0.10	4.80
	1-11	"五"字瘦长，竖划较直；"金"头三角形，四竖点；"朱"头较圆，"朱"下较圆	无	2.60	2.32	0.97	0.14	0.20	0.09	4.00
	1-12	"五"字瘦长，竖划甚曲；"金"头三角形，四竖点；"朱"头方折，"朱"下较圆	无	2.53	2.37	0.98	0.08	0.21	0.08	3.70
	1-13	"五"字瘦长，竖划缓曲；"金"头三角形，四竖点；"朱"头方折，"朱"下较圆	无	2.60	2.48	0.94	0.06	0.22	0.09	3.80
	1-14	同上	无	2.61	2.41	1.00	0.10	0.25	0.11	5.40
	1-15	同上	无	2.59	2.43	0.96	0.08	0.20	0.07	3.60
	1-16	同上	无	2.63	2.43	0.99	0.10	0.24	0.09	3.90
	1-17	"五"字瘦长，竖划缓曲；"金"头三角形，四竖点；"朱"头较圆，"朱"下较圆	穿下月牙	2.48	2.30	0.94	0.09	0.17	0.10	3.70
	1-18	同上	无	2.59	2.43	0.91	0.08	0.20	0.09	3.40
	1-19	"五"字瘦长，竖划甚曲；"金"头三角形，四竖点；"朱"头方折，"朱"下较圆	无	2.58	2.46	0.89	0.06	0.20	0.06	3.20
	1-20	同上	穿上一横	2.58	2.44	0.98	0.07	0.15	0.04	3.00
	1-21	"五"字瘦长，竖划较直；"金"头三角形，四竖点；"朱"头方折，"朱"下较圆（磨郭）	无	2.60	2.32	0.99	0.14	0.19	0.04	3.00
	1-22	同上	同上	2.58	2.26	0.88	0.16	0.18	0.09	4.40
	1-23	"五"字瘦长，竖划缓曲；"金"头三角形，四竖点；"朱"头方折，"朱"下较圆（铅灰色）	同上	2.62	2.40	0.90	0.11	0.24	0.10	4.70
	1-24	"五"字瘦长，竖划缓曲；"金"头三角形，四竖点；"朱"头方折，"朱"下方折	同上	2.55	2.39	0.96	0.08	0.20	0.04	3.40

一三〇　M177（Ⅴ区）

1. 墓葬形制

石圹竖穴墓，平面呈圆角长方形，墓圹规整。方向5°（见图三六三；见彩版二一九，1）。开口于耕土层下，开口距地表0.10米。

墓圹四壁较平直，墓底平坦。长2.80、宽1.74、深0.50米。墓穴四壁保存有一圈宽0.10~0.20米的贝壳；墓底平铺一层厚0.10米的贝壳。

墓内填土主要为黄褐土，夹杂有少量的贝壳、黄沙，土质较疏松。

2. 葬具和人骨

从墓穴四壁保存的贝壳分析，该墓主在入葬时，应存在木棺，棺与墓壁的间隙填充贝壳；但由于该墓的埋藏条件不利于木棺保存，所以，在木棺腐朽殆尽后，仅剩贝壳立于墓穴四壁之上。

墓内葬有1具人骨，为一男性个体。骨骼保存较完整，葬式为仰身直肢，头向北，面向上，双肩上耸，双臂平伸贴近体侧，双腿略向内并拢，其中左侧小腿骨现已位移。

3. 随葬品

该墓共出土有10件随葬品，质地分为陶、铜、铁三种，其中有铜钱38枚（彩版二一九，2）。其中，铜钱位于人骨左侧大腿骨处，铜带钩及铁削位于人骨右侧胯部；其余随葬品均位于人骨西侧，南北向排列，较为规整。分述如下。

陶器　计有罐2、壶3、盒2。

罐　2件（M177：8、9）。标本M177：8，夹砂灰陶。圆唇，展沿，侈口，短颈，溜肩，鼓腹，最大腹径位置居中，凹底。肩部饰数周瓦棱纹，腹下部及底部饰绳纹。口径15.9、底径9.9、腹部最大径32.3、高28.6、壁厚0.6~1.0厘米（图三六六，1；彩版二二〇，4）。标本M177：9，夹砂灰陶。圆唇，侈口，短颈，溜肩，鼓腹，最大腹径位置偏上，凹底。肩部饰数周弦纹，腹下部及底部饰绳纹。口径19.4、底径12.0、腹部最大径33.3、高26.0、壁厚0.6~1.0厘米（图三六六，2）。

壶　3件（M177：3、4、6）。其中，标本M177：3与M177：4形制相同，均为夹砂黑陶，方唇，唇面有一周凹槽，喇叭形口，长颈，溜肩，鼓腹，最大腹径位置居中，圈足外撇，素面。标本M177：3，口径16.7、底径10.7、腹部最大径18.9、高23.4、壁厚0.7~1.0厘米（图三六六，3；彩版二二〇，5）。标本M177：4，口径15.4、底径9.2、腹部最大径18.7、高23.4、壁厚0.5~1.5厘米（图三六六，4）。标本M177：6，夹砂灰陶。圆唇，子母口，直颈，溜肩，鼓腹，最大腹径位置居中，平底。肩部饰数周凹弦纹。口径11.2、底径7.2、腹部最大径19.7、高17.4、壁厚0.5~0.8厘米（图三六六，5）。

盒　2件（M177：5、7）。形制相同，均为夹砂灰陶，由盒盖和盒身两部分组成。盒盖：弧顶，圆唇，子母口；素面。盒身：尖唇，子母口，弧腹，平底，圈足外撇；素面。标本M177：5，通高12.4厘米。盒盖：口径18.6、底径10.5、高8.8、壁厚0.4~0.8厘米。盒身：口径18.9、高3.7、壁厚0.4~0.7厘米（图三六六，6；彩版二二〇，6）。标本M177：7，圈足残损。残高10.3厘米。盒盖：口径18.8、残

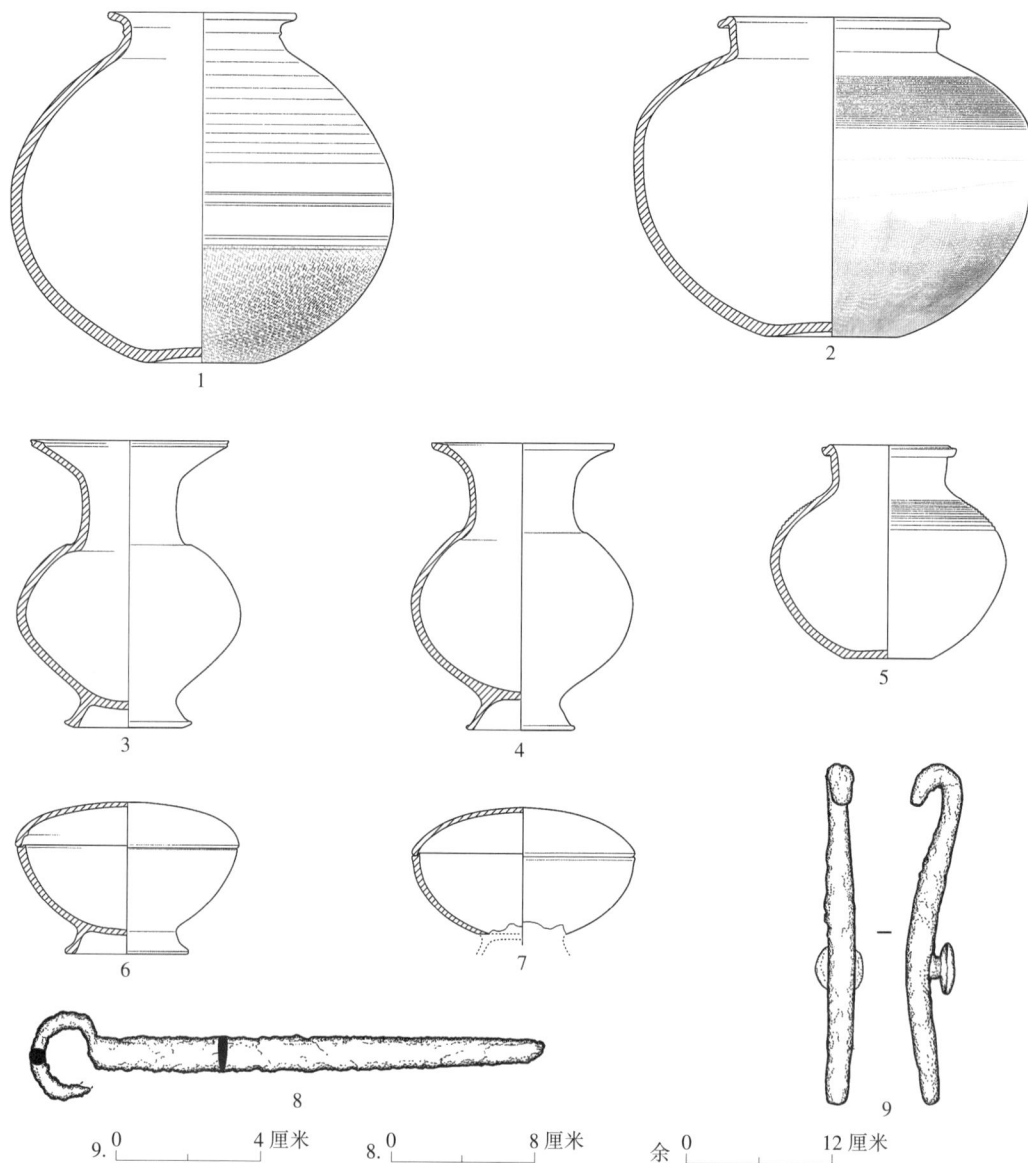

图三六六　M177 出土器物

1、2. 陶罐（M177：8、9）　3~5. 陶壶（M177：3、4、6）　6、7. 陶盒（M177：5、7）　8. 铜带钩（M177：10）　9. 铁销（M177：2）

高 6.5、壁厚 0.4~0.7 厘米。盒身：口径 18.8、残高 4.0、壁厚 0.4~0.6 厘米（图三六六，7）。

铜器　计有带钩 1。

带钩　1 件。标本 M177：10，曲棒状。蛇头形钩首，钩体圆钝，侧视略呈"S"形。圆形钩纽靠近钩背中部。长 9.1 厘米（图三六六，9）。

铁器　计有削 1。

削　1 件。标本 M177：2，略有残损。环首削，削背平直。长 28.7、宽 4.9 厘米（图三六六，8）。

铜钱　38 枚，均为"五铢"钱（图三六七）。详情见下表。

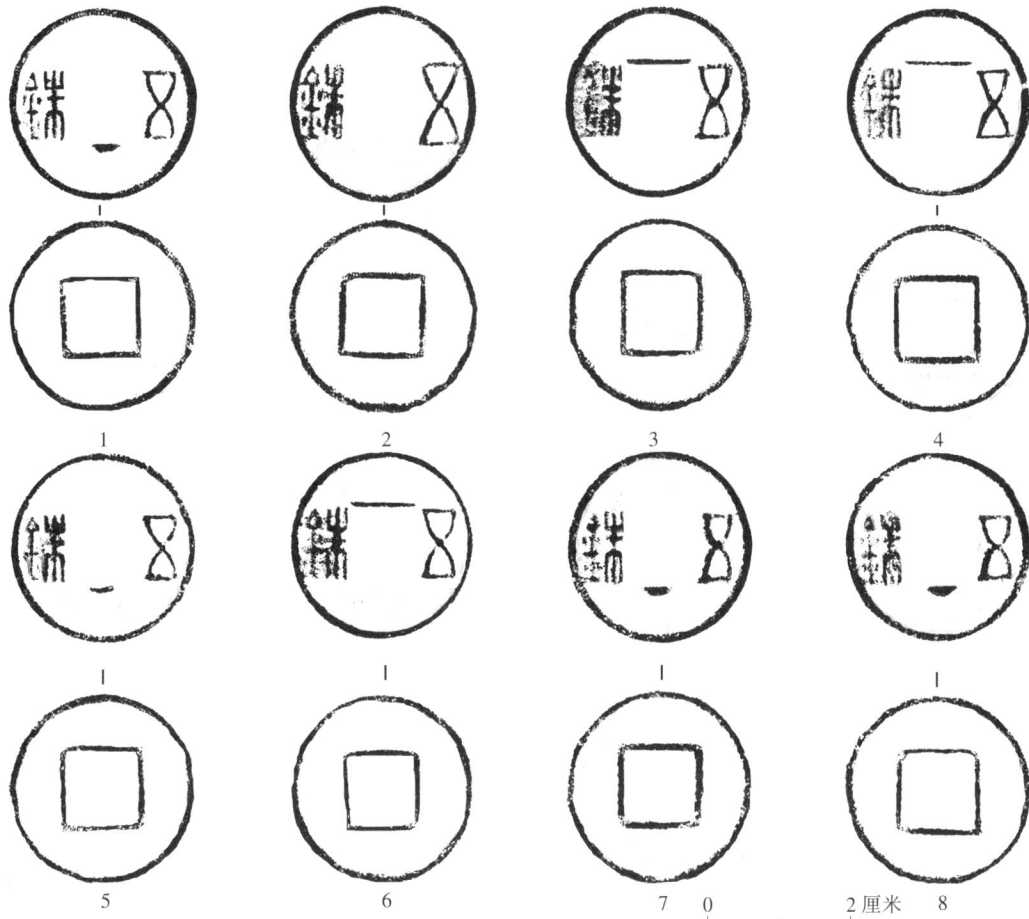

图三六七 M177 出土铜钱拓片

1～8. M177：1－1、1－2、1－8、1－23、1－24、1－32、1－33、1－37

M177 铜钱统计表 （长度：厘米，重量：克）

种类	编号	特征		郭径	钱径	穿宽	郭宽	郭厚	肉厚	重量
		文字特征	记号							
五铢钱	1－1	"五"字瘦长，竖划较直；"金"头三角形，四竖点；"朱"头方折，"朱"下较圆	穿下月牙	2.56	2.43	0.92	0.13	0.15	0.08	3.70
	1－2	同上	无	2.62	2.26	0.95	0.18	0.20	0.09	4.30
	1－3	同上	无	2.53	2.35	0.90	0.09	0.18	0.06	3.70
	1－4	同上	无	2.55	2.29	0.93	0.13	0.15	0.10	4.10
	1－5	同上	无	2.56	2.26	1.00	0.15	0.17	0.10	3.70
	1－6	同上	穿下月牙	2.52	2.28	0.99	0.12	0.17	0.09	3.40
	1－7	同上	穿下月牙	2.60	2.30	0.95	0.15	0.19	0.09	4.10
	1－8	同上	穿上一横	2.54	2.22	0.96	0.16	0.16	0.10	3.40
	1－9	同上	穿上一横	2.56	2.30	0.95	0.13	0.18	0.08	3.90
	1－10	同上	无	2.56	2.24	0.97	0.16	0.17	0.09	3.40

（续表）

种类	编号	特征		郭径	钱径	穿宽	郭宽	郭厚	肉厚	重量
		文字特征	记号							
五铢钱	1－11	同上	无	2.58	2.28	0.95	0.15	0.17	0.08	3.80
	1－12	同上	穿上一横	2.54	2.28	0.97	0.13	0.18	0.08	3.50
	1－13	同上	穿下月牙	2.58	2.28	0.94	0.15	0.17	0.08	3.80
	1－14	同上	穿上一横	2.55	2.33	0.93	0.11	0.22	0.10	4.70
	1－15	同上	无	2.58	2.28	0.94	0.15	0.20	0.11	4.00
	1－16	同上	无	2.54	2.32	0.92	0.11	0.19	0.09	4.40
	1－17	同上	穿上一横	2.56	2.20	0.90	0.18	0.18	0.11	4.40
	1－18	同上	穿上一横	2.55	2.35	0.95	0.10	0.21	0.10	4.30
	1－19	同上	穿上一横	2.55	2.31	0.93	0.12	0.19	0.11	4.0
	1－20	同上	穿下月牙	2.53	2.33	0.93	0.10	0.18	0.10	3.60
	1－21	同上	穿下月牙	2.60	2.32	0.92	0.14	0.17	0.08	4.30
	1－22	同上	无	2.55	2.27	0.93	0.14	0.19	0.07	3.80
	1－23	"五"字瘦长，竖划较直；"金"头三角形，四竖点；"朱"头方折，"朱"下方折	穿上一横	2.53	2.27	0.92	0.13	0.19	0.09	3.80
	1－24	同上	无	2.58	2.30	0.95	0.14	0.20	0.10	3.80
	1－25	同上	无	2.61	2.43	0.96	0.09	0.19	0.08	4.00
	1－26	"五"字瘦长，竖划较直；"金"头三角形，四竖点；"朱"头较圆，"朱"下较圆	无	2.61	2.31	1.00	0.15	0.19	0.09	4.60
	1－27	同上	穿上一横	2.56	2.28	0.93	0.14	0.18	0.11	4.10
	1－28	同上	无	2.60	2.32	0.92	0.14	0.17	0.10	4.30
	1－29	同上	无	2.61	2.35	0.95	0.13	0.17	0.09	4.30
	1－30	同上	穿上一横	2.56	2.36	0.94	0.10	0.19	0.10	3.70
	1－31	同上	无	2.58	2.32	0.88	0.13	0.19	0.10	4.30
	1－32	"五"字瘦长，竖划缓曲；"金"头三角形，四竖点；"朱"头方折，"朱"下方折	穿上一横	2.54	2.20	0.87	0.17	0.17	0.08	3.80
	1－33	同上	穿下月牙	2.57	2.33	0.93	0.12	0.19	0.10	4.30
	1－34	同上	穿下月牙	2.56	2.22	0.89	0.17	0.17	0.10	4.20
	1－35	同上	穿上一横	2.52	2.30	0.93	0.11	0.20	0.11	4.80
	1－36	同上	穿上一横	2.52	2.30	0.91	0.11	0.20	0.08	3.70
	1－37	"五"字瘦长，竖划缓曲；"金"头三角形，四竖点；"朱"头方折，"朱"下较圆	穿下月牙	2.56	2.26	0.90	0.15	0.18	0.11	4.10
	1－38	同上	穿下月牙	2.53	2.27	0.94	0.13	0.18	0.11	3.90

一三一　M178（Ⅴ区）

1. 墓葬形制

石圹竖穴墓，平面呈圆角方形，墓圹较规整。方向355°（图三六八；彩版二二一，1）。开口于耕土层下，开口距地表0.10米。

墓圹四壁较平直，墓底平坦。边长3.60、深0.70米。墓穴四壁保存有一圈宽0.20米的贝壳；墓底平铺一层厚0.10米的贝壳。

墓内填土主要为黄褐土，夹杂有大量的贝壳、黄沙，土质较疏松。

2. 葬具和人骨

据墓内的遗迹现象分析，该墓主在入葬时，应存在木椁和木棺。遗迹现象有：首先是墓穴四壁保存的贝壳呈锅底状向墓内塌陷；其次墓穴南侧的随葬品大致分布在一条线内，且高于墓底贝壳倾倒，应是椁内进水后漂浮所致；再次，如没有上部坍塌，在墓主

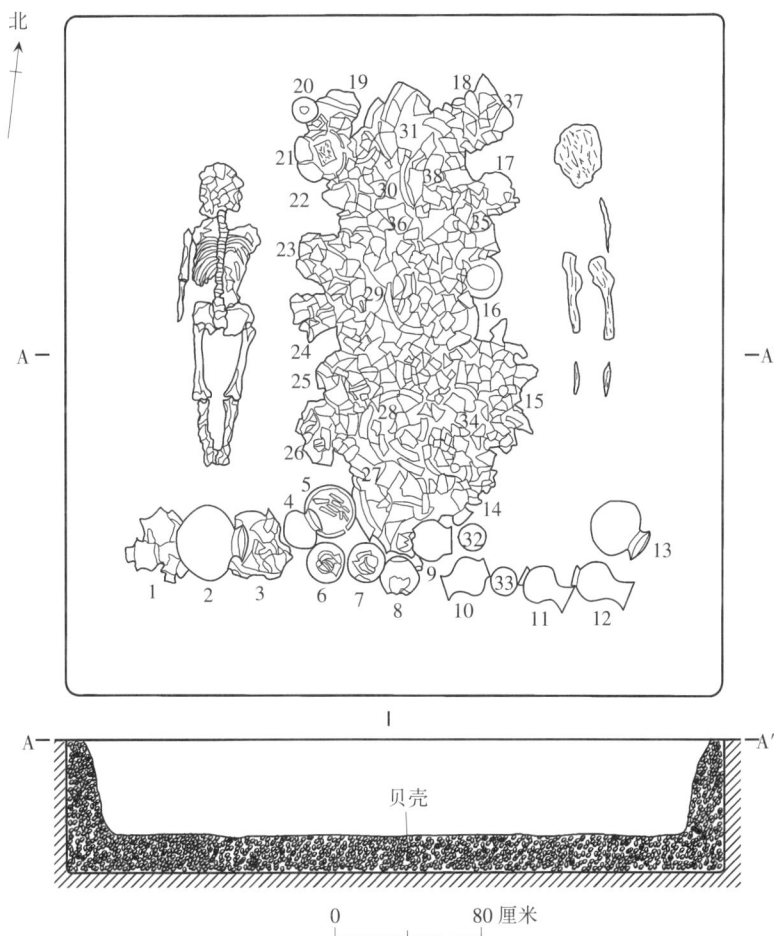

图三六八　M178 平、剖面图

1、2、3、4、6、7、8、13、15、17、24、25、26、31. 陶罐　5、28. 陶盆　9、10、11、12. 陶壶
14、18、32、34. 陶㿻　16. 陶鼎　19. 陶钵　20. 小陶瓶　21、35、37、38. 陶盒　22. 铁锸
23、27、30. 陶樽　29. 陶瓮　33. 陶器盖　36. 陶甑

入葬时填埋贝壳，不会使随葬品破坏成大量碎片，并且，人骨两侧的随葬品大多破碎在一条线上，说明人骨和随葬品有独立的空间，人骨应置于棺内（彩版二二一，2）。

墓内葬有2具人骨。西侧人骨保存较完整，为一男性个体，葬式为仰身直肢，头向北，面向西，左臂骨骼腐朽殆尽，右臂平伸贴近体侧，双腿略向内并拢；东侧人骨腐朽较严重，为一女性个体现仅能隐约辨认出头骨及肢骨，葬式为仰身直肢，头向北，双腿平伸。

3. 随葬品

该墓共出土有38件随葬品，质地分为陶、铁两种（彩版二二二，1、2）。所有随葬品均位于人骨脚下及两具人骨之间，排列较为规整。分述如下。

陶器 计有罐14、壶4、鼎1、小瓶1、盒4、瓮1、奁4、樽3、盆2、钵1、器盖1、甑1。

罐 14件（M178：1、2、3、4、6、7、8、13、15、17、24、25、26、31）。标本M178：1，夹砂灰陶。尖唇，侈口，短颈，溜肩，弧腹，最大腹径位置居中，平底。肩部饰两周弦纹，腹中部饰两周粗绳纹，腹下部及底部饰有细绳纹。口径18.4、底径10.5、腹部最大径33.0、高31.2、壁厚0.8～1.0厘米（图三六九，1；彩版二二二，3）。标本M178：2，夹砂黑陶。圆唇，侈口，短颈，溜肩，鼓腹，最大腹径位置居中，平底。肩部饰两周凹弦纹，腹中部饰两周粗绳纹，腹下部及底部饰有交叉绳纹。口径18.6、底径8.4、腹部最大径33.0、高29.8、壁厚0.8厘米（图三六九，2）。标本M178：3，夹砂灰陶。圆唇，侈口，短颈，溜肩，鼓腹，最大腹径位置居中，平底。腹中部有两周粗绳纹，腹下部及底部饰有细绳纹。口径18.1、底径9.2、腹部最大径30.8、高29.2、壁厚0.8～0.9厘米（图三六九，3）。标本M178：4，夹砂灰陶。方唇，侈口，短颈，溜肩，鼓腹，最大腹径位置居中，凹底。肩部和腹中部饰有三周凹弦纹，腹下部及底部饰有交叉绳纹。口径15.3、底径8.2、腹部最大径23.1、高20.3、壁厚0.6～0.8厘米（图三六九，4）。标本M178：6，夹砂灰陶，陶土中掺有滑石。圆唇，敞口，短颈，溜肩，鼓腹，最大腹径位置居中，圜底。素面。口径15.3、腹部最大径20.9、高14.6、壁厚0.5厘米（图三六九，5）。标本M178：7，夹砂灰陶。方唇，唇面有一周凹槽，侈口，溜肩，鼓腹，最大腹径位置偏上，平底。素面。口径13.6、底径10.4、腹部最大径22.9、高17.3、壁厚0.6～0.8厘米（图三六九，6）。标本M178：8，夹砂黑灰陶。圆唇，侈口，展沿，沿内侧有一周凸棱，溜肩，鼓腹，最大腹径位置居中，凹底。腹下部及底部饰有细绳纹。口径12.7、底径7.4、腹部最大径20.1、高16.9、壁厚0.7～0.8厘米（图三六九，7）。标本M178：13，夹砂灰陶。圆唇，侈口，短颈，溜肩，鼓腹，最大腹径位置居中，凹底。腹中部施有两周粗绳纹，腹下部及底饰绳纹。口径17.8、底径9.0、腹部最大径30.7、高28.8、壁厚0.8～1.0厘米（图三六九，8）。标本M178：15，夹砂灰陶，圆唇，侈口，束颈，溜肩，鼓腹，最大腹径位置靠上，凹底。肩部饰有三周细弦纹，腹中部饰有一周粗绳纹。腹下部和底部饰绳纹。口径14.9、底径8.0、腹部最大径22.7、高20.5、壁厚1～1.3厘米（图三七〇，1）。标本M178：17，夹砂灰陶。圆唇，侈口，短颈，溜肩，鼓腹，最大腹径位置偏上，平底。腹下部及底部饰有交叉绳纹。口径20.0、底径7.3、腹部最大径35.2、高28.5、壁厚0.9～1.1厘米（图三七〇，3）。标本M178：24，夹砂灰陶。圆唇，侈口，短颈，溜肩，鼓腹，最大腹径位置偏上，平底。腹下部及底部饰有细绳纹。口径14.0、底径7.3、腹部最大径18.6、高15.6、壁厚0.7厘米（图三七〇，2）。标本

图三六九　M178 出土器物
1～8. 陶罐（M178：1、2、3、4、6、7、8、13）

M178：25，夹砂灰陶。圆唇，侈口，束颈，溜肩，弧腹，最大腹径位置偏上，平底。肩部有三周凹弦纹，腹中部饰有两周粗绳纹，腹下部饰弦断绳纹，底部亦饰绳纹。口径28.0、底径 12.6、腹部最大径 46.4、高 41.2、壁厚 1.0 厘米（图三七○，4；彩版二二二，4）。标本 M178：26，夹砂灰陶。方唇，唇面有一周凹槽，侈口，短颈，溜肩，鼓腹，最大腹径位置偏上，平底。肩部有数周凹弦纹，腹下部及底部饰有细绳纹。口径13.7、底径 8.7、腹部最大径 24.7、高 21.0、壁厚 0.8～1.0 厘米（图三七○，5）。标本M178：31，夹砂灰陶。圆唇，侈口，短颈，溜肩，鼓腹，最大腹径位置偏上，平底。腹上部有两周凹弦纹，腹下部及底部饰有绳纹。口径 16.5、底径 11.7、腹部最大径 28.0、高 24.4、壁厚 0.7～0.9 厘米（图三七○，6）。

　　壶　4 件（M178：9、10、11、12）。其中，标本 M178：9 与 M178：10 形制相同，均为夹砂灰陶，方唇，侈口，束颈，溜肩，鼓腹，最大腹径居中，台底；腹中部饰两周粗绳纹。标本 M178：9，口径 12.7、底径 14.4、腹部最大径 20.4、高 23.9、壁厚 0.6～0.8

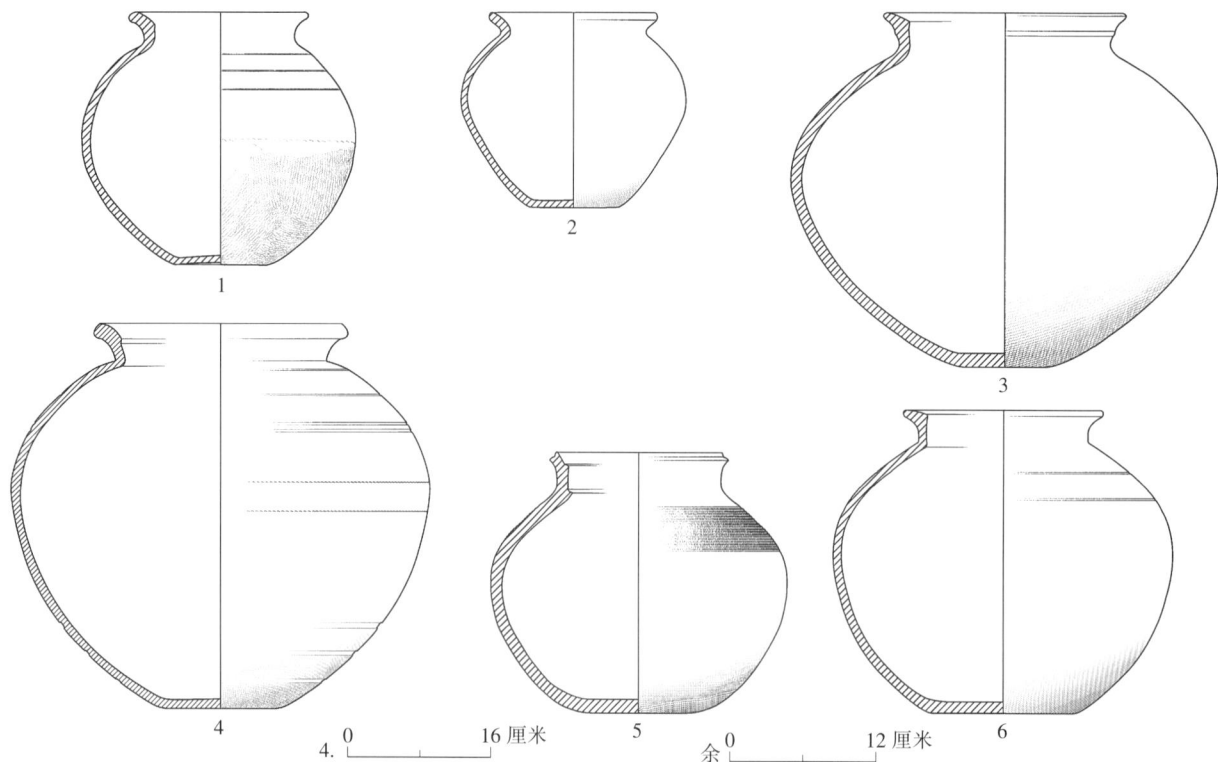

图三七〇 M178 出土器物
1~6. 陶罐（M177：15、17、24、25、26、31）

厘米（图三七一，1）。标本 M178：10，口径 11.8、底径 13.6、腹部最大径 21.4、高 26.1、壁厚 0.7 厘米（图三七一，2）。其中，标本 M178：11 与 M178：12 形制相同，均为夹砂灰陶，由壶盖及壶身两部分组成。壶盖：圆唇，敞口，弧顶；素面。壶身：圆唇，口微敛，直颈，溜肩，鼓腹，平底，圈足；腹中部饰有两周粗绳纹。标本 M178：11，壶盖缺失，仅存壶身。壶身颈部饰有白色菱形彩绘。口径 13.5、底径 13.2、腹部最大径 22.0、高 28.2、壁厚 0.5~0.7 厘米（图三七一，3；彩版二二二，5）。标本 M178：12，壶身腹下部饰有细绳纹。通高 31.2 厘米。壶盖：口径 13.6、高 2.8、壁厚 0.5~0.6 厘米。壶身：口径 12.3、底径 10.6、腹部最大径 22.5、高 28.5、壁厚 0.6~0.7 厘米（图三七一，4；彩版二二二，6）。

鼎 1 件。标本 M178：16，夹砂灰陶。圆唇，子母口，鼓腹，圜底，底附三蹄形足，肩附对称环形耳。素面。口径 11.9、高 20.2、腹部最大径 21.7、壁厚 0.6 厘米（图三七一，5；彩版二二三，1）。

小瓶 1 件。标本 M178：20，夹砂灰陶。圆唇，直口，溜肩，鼓腹，最大腹径位置偏下，平底。素面。口径 3.1、底径 2.9、高 8.0、腹部最大径 9.6、壁厚 0.4~0.5 厘米（图三七一，6）。

盒 4 件（M178：21、35、37、38）。标本 M178：21，夹砂灰陶，由盒盖及盒身两部分组成。盒盖：整体呈覆钵形，圆唇，直口，弧顶。素面。盒身：方唇，敛口，弧腹，平底，圈足。腹部饰有两周瓦棱纹，腹内壁饰有四周瓦棱纹。通高 15.2 厘米。盒盖：口径 18.4、高 5.8、壁厚 0.5~0.6 厘米。盒身：口径 18.1、底径 11.9、高 9.3、壁厚 0.7 厘米（图三七一，7；彩版二二三，2）。标本 M178：35，夹砂灰陶，由盒盖及盒身两部

图三七一　M178 出土器物

1~4. 陶壶（M178：9、10、11、12）　5. 陶鼎（M178：16）　6. 小陶瓶（M178：20）　7~10. 陶盒（M178：21、35、37、38）　11. 陶瓮（M178：29）

分组成。盒盖：整体呈覆钵形，方唇，敞口，弧顶。近口处饰有一周凹弦纹，腹内壁饰有两周瓦棱纹。盒身：方唇，口微敛，弧腹，平底，圈足。腹部饰有三周瓦棱纹，腹内壁亦饰有三周瓦棱纹。通高 14.3 厘米。盒盖：口径 20.5、高 4.4、厚 0.6 厘米。盒身：口径 19.7、底径 12.5、高 9.7、壁厚 0.7 厘米（图三七一，8；彩版二二三，3）。标本 M178：37，夹砂灰陶，由盒盖及盒身两部分组成。盒盖：方唇，敞口，弧顶，腹内壁饰有瓦棱纹。盒身：方唇，直口，弧腹，圈足。素面。通高 15.3 厘米。盒盖：口径 19.5、高 4.4、壁厚 0.5 厘米。盒身：口径 20.8、底径 9.6、高 10.8、壁厚 0.5~0.7 厘米（图三七一，9）。标本 M178：38，夹砂灰陶，由盒盖及盒身两部分组成。盒盖：圆唇，直口，平顶，素面。盒身：尖唇，直口，弧腹，平底，圈足。腹上部饰有一周凹弦纹，腹内壁饰有数周瓦棱纹。通高 14.7 厘米。盒盖：口径 20.0、高 5.5、壁厚 0.5 厘米。盒身：

口径19.9、底径9.2、高9.2、壁厚0.8厘米（图三七一，10）。

瓮　1件。标本 M178：29，夹砂灰陶。圆唇，敞口，圆肩，鼓腹，最大腹径位置偏上，圜底。腹下部及底部饰有绳纹。口径30.3、腹部最大径73.7、高62.3、壁厚1.6～2.0厘米（图三七一，11）。

瓮　4件（M178：14、18、32、34）。标本 M178：14，夹砂灰陶。方唇，直口，斜直腹，平底。腹内壁有五周瓦棱纹。口径29.8、底径22.6、高13.6、壁厚0.8～1.0厘米（图三七二，1）。标本 M178：18，夹砂灰陶。方唇，口微敛，斜直腹，平底。腹内壁有三周瓦棱纹。口径27.5、底径25.7、高13.4、壁厚1.0～1.3厘米（图三七二，2）。标本 M178：32，夹砂灰陶，仅存盖瓮。整体呈覆钵形，方唇，直口，直腹，弧顶。腹部饰三周弦纹。口径17.6、高10.9、壁厚0.7～0.9厘米（图三七二，3）。标本 M178：34，夹砂灰陶。方唇、唇面有一周凹槽，敛口，直腹，圜底。腹内壁有四周瓦棱纹。口径29.5、底径27.8、高15.0、壁厚0.8～0.9厘米（图三七二，4）。

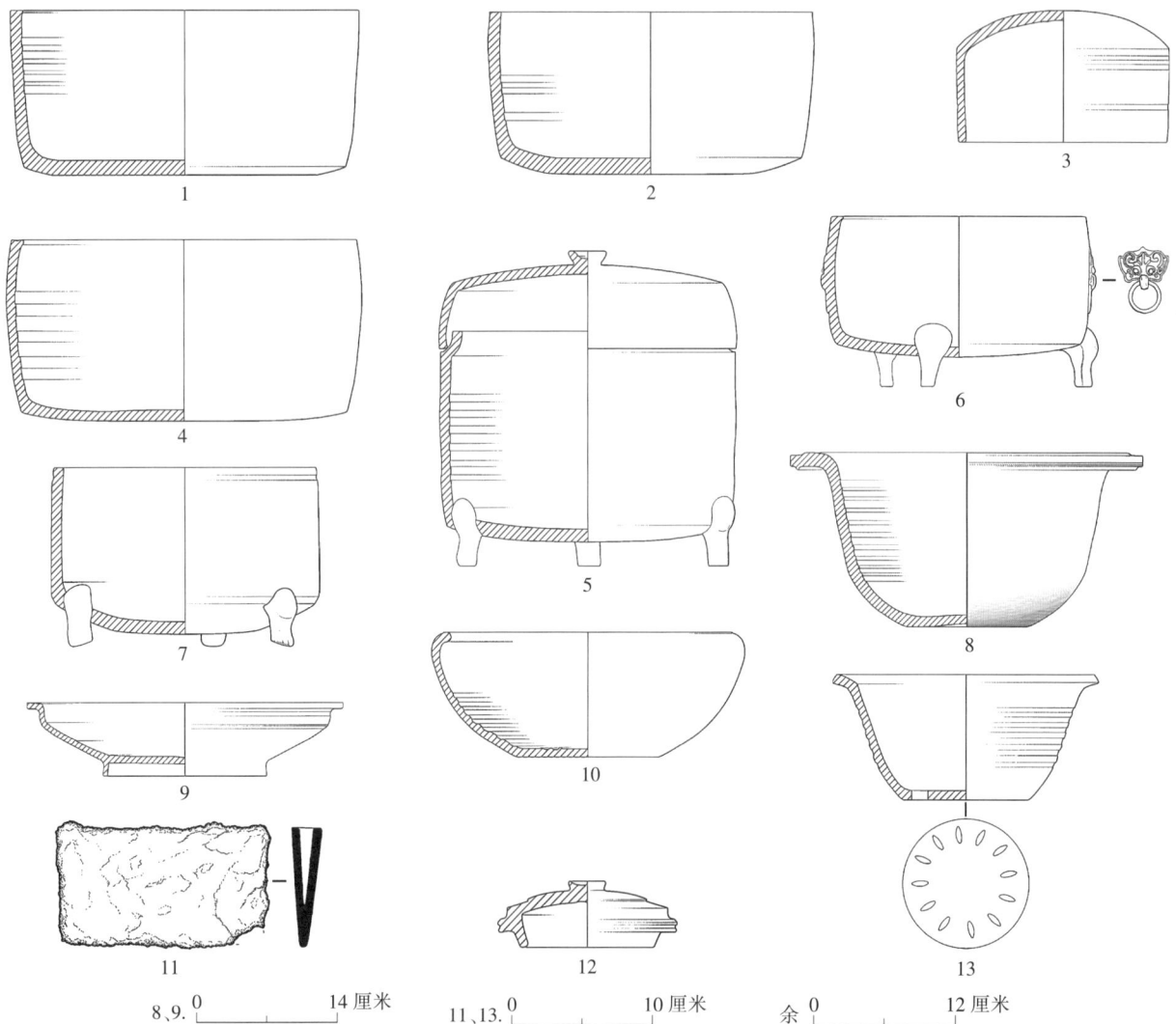

图三七二　M178 出土器物

1～4. 陶瓮（M178：14、18、32、34）　5～7. 陶樽（M178：23、27、30）　8、9. 陶盆（M178：5、28）　10. 陶钵（M178：19）　11. 铁锸（M178：22）　12. 陶器盖（M178：33）　13. 陶甑（M178：36）

樽 3 件（M178：23、27、30）。标本 M178：23，夹砂灰陶，由樽盖及樽身两部分组成。樽盖：方唇，口微敛，弧顶，顶部附圆形凹顶捉手。素面。樽身：方唇，子母口，直腹，圜底，底附三个蹄形足。腹内壁有六周凹弦纹。通高 26.1 厘米。樽盖：口径25.3、高 8.0、壁厚 0.8 厘米。樽身：口径 23.1、高 19.4、壁厚 0.8~1.0 厘米（图三七二，5；彩版二二三，4）。标本 M178：27，夹砂灰陶。方唇，敛口，直腹，腹上部附对称铺首，圜底，底附三个蹄形足。素面。口径 21.7、高 14.0、壁厚 0.8 厘米（图三七二，6）。标本 M178：30，夹砂灰陶。方唇，直口，直腹，圜底，底附三个蹄形足，近口处饰有一周凹弦纹。口径 22.4、高 14.8、壁厚 0.9 厘米（图三七二，7）。

盆 2 件（M178：5、28）。标本 M178：5，夹砂灰陶。方唇，侈口，展沿，斜直腹，凹底。唇面饰一周粗绳纹，腹下部和底部饰有细绳纹，腹内壁施有瓦棱纹。口径 35.0、底径 12.0、高 16.8、壁厚 0.8 厘米（图三七二，8；彩版二二三，5）。标本 M178：28，夹砂黄陶。方唇，平沿，口微侈，弧腹，圈足。腹中部饰有两周粗绳纹。口径 31.6、底径 16.3、高 7.1、壁厚 0.5~0.6 厘米（图三七二，9；彩版二二三，6）。

钵 1 件。标本 M178：19，夹砂灰陶。圆唇，敛口，弧腹，平底。腹内壁有数周瓦棱纹，内壁底部有三周凸棱。口径 24.8、底径 10.1、高 10.3、壁厚 0.5~0.7 厘米（图三七二，10）。

器盖 1 件。标本 M178：33，夹砂黑陶。圆唇，子母口，弧顶，顶部起棱且附一圆形内凹捉手。素面。口径 9.5、高 4.5、壁厚 0.6~0.8 厘米（图三七二，12）。

甑 1 件。标本 M178：36，夹砂灰陶。方唇，敞口，斜腹，平底。底部有 12 个梭形甑眼，腹部饰有六周凹弦纹。口径 22.6、底径 10.6、高 10.4、壁厚 0.7~0.8 厘米（图三七二，13）。

铁器 计有锸 1。

锸 1 件。标本 M178：22，略有残损。平面呈长方形，纵断面呈"V"字形。长15.3、宽 8.8、厚 2.1 厘米（图三七二，11）。

一三二 M179（Ⅴ区）

M179 与 M187 为一组并葬墓，均被 M161 墓道打破。

1. 墓葬形制

土坑竖穴墓，平面呈圆角长方形，墓圹较规整。方向 10°（图三七三；彩版二二四，1）。开口于耕土层下，开口距地表 0.10 米。

墓圹四壁较平直，墓底平坦。长 2.30、宽 1.00、深 0.50 米。墓穴四壁保存有一圈宽0.10~0.20 米的贝壳；墓底平铺一层厚 0.05 米的贝壳。

墓内填土主要为黑褐土，夹杂有大量的贝壳、黄沙，土质较疏松。

2. 葬具和人骨

墓底未见任何葬具痕迹。

葬有 1 具人骨，为一女性个体。骨骼保存较差，上肢骨腐朽较严重，葬式为仰身直肢，头向北，双腿向内并拢。

3. 随葬品

该墓未见有任何随葬品。

一三三 M180（Ⅴ区）

M180 与 M181 为一组并葬墓，其中，M180 打破 M181。

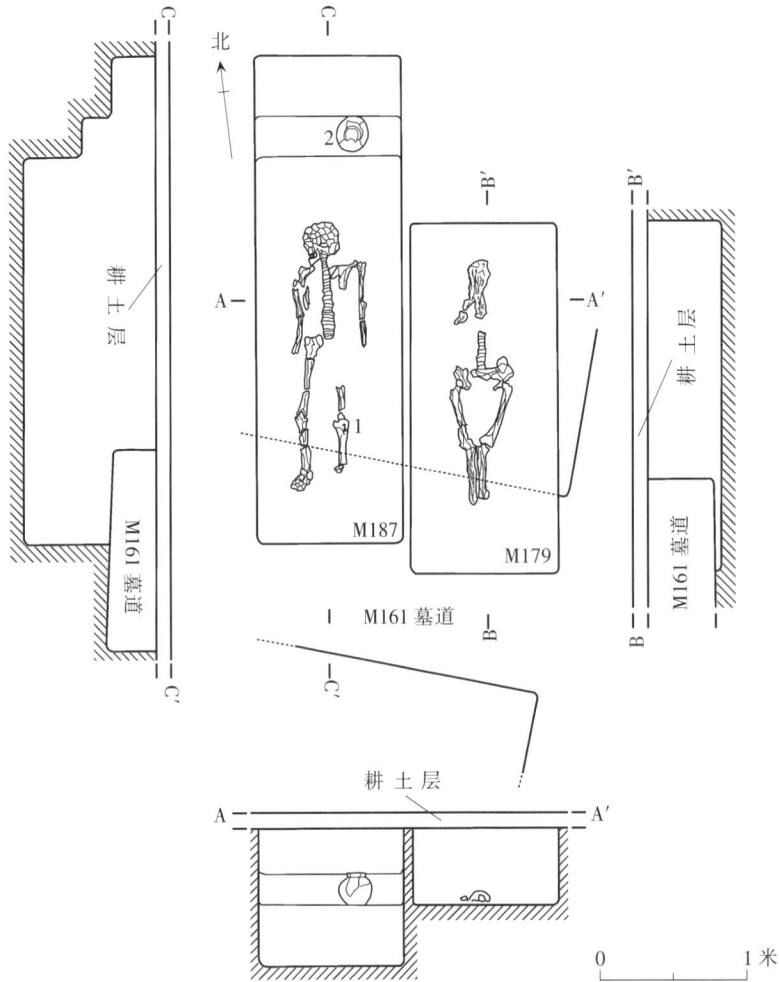

图三七三　M179、M187 平、剖面图
M187　1. 铜带钩　2. 陶壶

1. 墓葬形制

石圹竖穴墓，平面呈圆角长方形，墓圹不甚规整。方向 10°（图三七四；彩版二二四，2）。开口于耕土层下，开口距地表 0.10 米。

墓圹四壁较平直，墓底平坦。长 2.89、宽 1.90、深 1.30 米。墓穴四壁保存有一圈宽 0.10~0.20 米的贝壳；墓底平铺一层厚 0.05 米的贝壳。

墓内填土主要为黄褐色的沙石混合料，夹杂有大量的贝壳，土质较疏松。

2. 葬具和人骨

从墓穴四壁保存的贝壳分析，该墓主在入葬时，应存在木棺，棺与墓壁的间隙填充贝壳；但由于该墓的埋藏条件不利于木棺保存，所以，在木棺腐朽殆尽后，仅剩贝壳立于墓穴四壁之上。

墓内葬有 1 具人骨，为一女性个体。骨骼保存较完整，葬式为仰身直肢，头向北，面向东，双肩上耸，双臂平伸贴近体侧，双腿向内并拢。

3. 随葬品

该墓共出土有 12 件随葬品，质地分为陶、铜、铁三种，其中有铜钱 20 枚，另有少量兽骨。其中，铜钱位于人骨左脚下，铁削位于右脚踝处；其余随葬品均位于人骨西侧，

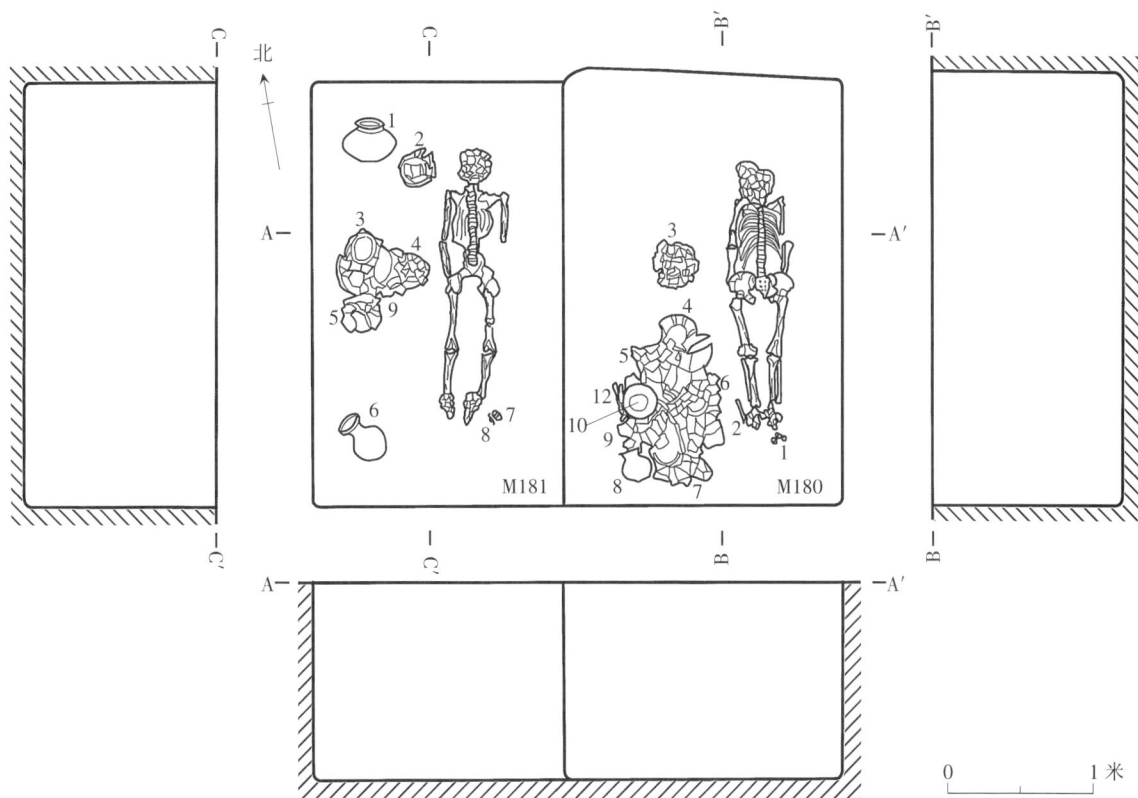

图三七四　M180、M181 平、剖面图

M180　1. 铜钱　2. 铁削　3、8. 陶壶　4. 陶钵　5、6、7、9. 陶罐　10、11. 铜盆　12. 兽骨

M181　1、3. 陶罐　2、9. 陶盒　4. 陶钵　5、6. 陶壶　7. 铜钱　8. 铜带钩

堆放得较为凌乱。分述如下。

陶器　计有罐 4、壶 2、钵 1。

罐　4 件（M180：5、6、7、9）。标本 M180：5，夹砂灰陶。方唇，侈口，展沿，短颈，溜肩，鼓腹，最大腹径位置居中，凹底。腹中部饰有两周粗绳纹，腹下部及底部饰有细绳纹。口径 20.4、底径 11.4、最大腹径 33.2、高 28.0、壁厚 0.9 厘米（图三七五，1）。标本 M180：6，夹砂灰陶。方唇，直口，展沿，沿面向内侧斜，短束颈，溜肩，鼓腹，最大腹径位置靠下，平底。腹下部和底部饰有细绳纹。口径 17.8、底径 14.0、最大腹径 32.1、高 27.0、壁厚 0.7 厘米（图三七五，2；彩版二二五，1）。标本 M180：7，夹砂灰陶。方唇，侈口，展沿，沿面向内斜，短颈，溜肩，斜腹，最大腹径位置居中，平底。腹中部饰有一周粗绳纹，腹下部及底部饰有细绳纹。口径 15.9、底径 10.1、最大腹径 25.2、高 20.5、壁厚 0.8 厘米（图三七五，3；彩版二二五，2）。标本 M180：9，夹砂灰陶。方唇，侈口，展沿，沿面向内斜，束颈，溜肩，鼓腹，最大腹径位置靠近肩部，凹底。腹中部饰有一周粗绳纹，腹下部及底部饰有细绳纹。口径 12.2、底径 8.2、最大腹径 19.9、高 17.8、壁厚 0.7 厘米（图三七五，4；彩版二二五，3）。

壶　2 件（标本 M180：3、8）。标本 M180：3，夹砂黑褐陶。尖唇，近盘口，短束颈，溜肩，弧腹，最大腹径位置偏上，凹底。腹下部及底部饰有细绳纹。口径 12.9、底径 9.1、高 23.0、最大腹径 23.6、壁厚 0.7 厘米（图三七五，5）。标本 M180：8，夹砂灰陶。尖唇，盘形口，短颈，溜肩，弧腹，腹部最大径位置偏下，平底。素面。口径 11.3、

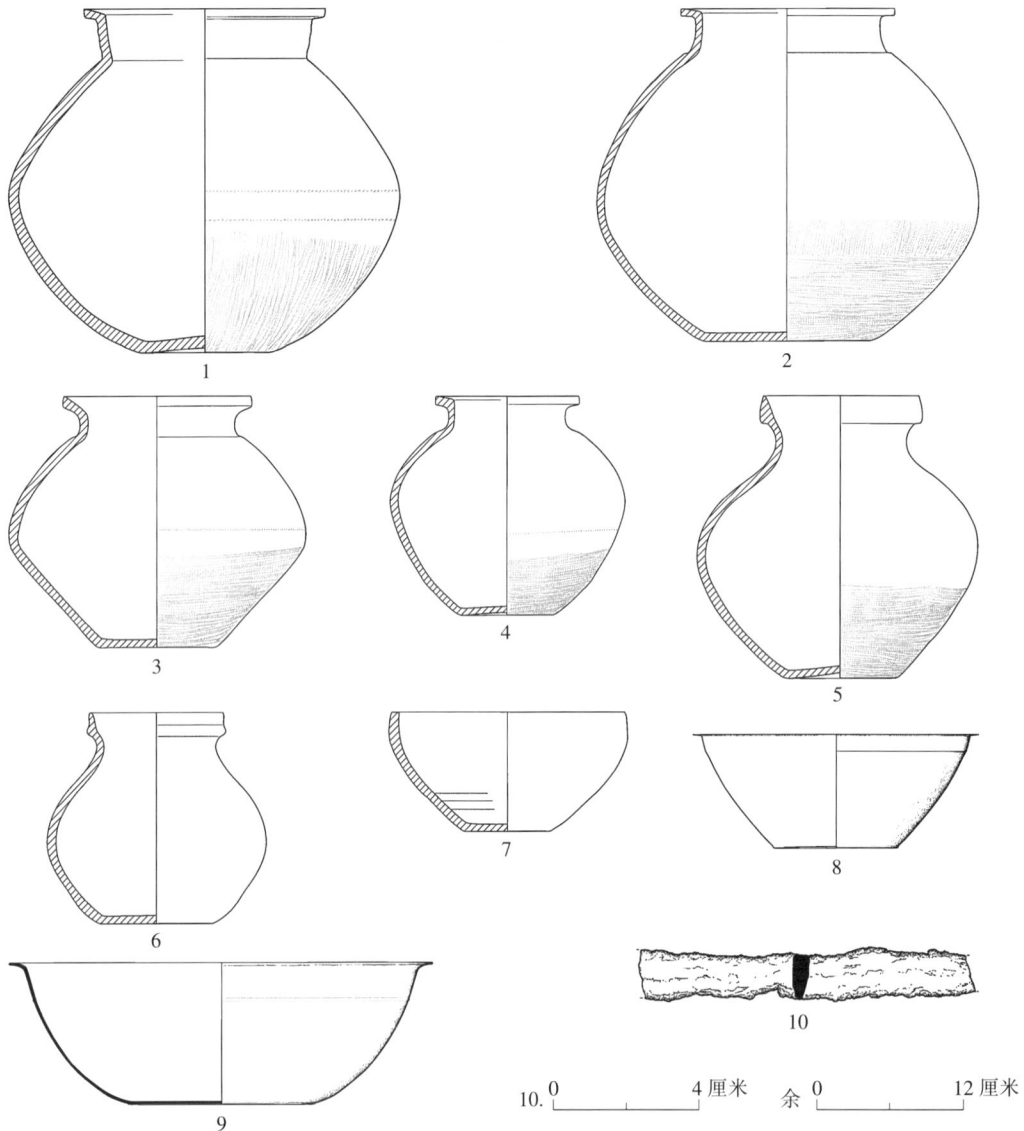

图三七五　M180 出土器物

1~4. 陶罐（M180：5、6、7、9）　5、6. 陶壶（M180：3、8）　7. 陶钵（M180：4）　8、9. 铜盆（M180：10、11）
10. 铁削（M180：2）

底径 9.9、最大腹径 18.6、高 17.2、壁厚 0.5~0.8 厘米（图三七五，6）。

钵　1件。标本 M180：4，夹砂灰陶。圆唇，唇面有一周凹槽，口微敛，弧腹微鼓，平底。口径 19.7、底径 7.2、高 9.7、壁厚 0.8 厘米（图三七五，7；彩版二二五，4）。

铜器　计有盆 2。

盆　2件（M180：10、11）。均为敞口，弧腹，平底内凹。腹上部施有一周扉棱。腹壁较薄，铸造精良。标本 M180：10，折沿。口径 24.0、高 9.3、底径 10.4、壁厚 0.1 厘米（图三七五，8）。标本 M180：11，展沿。口径 36.0、高 11.6、底径 15.7、壁厚 0.2 厘米（图三七五，9）。

铁器　计有削 1。

削　1件。标本 M180：2，削首残缺，削背平直。残长 9.3 厘米（图三七五，10）。

铜钱　20 枚，均为"五铢"钱（图三七六）。详情见下表。

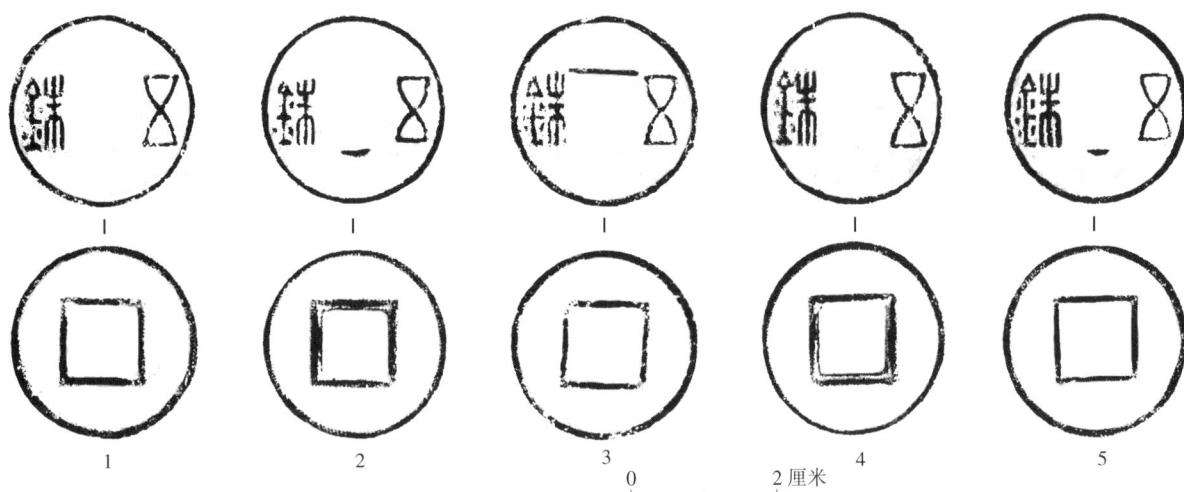

图三七六 M180 出土铜钱拓片

1~5. M180：1－1、1－8、1－14、1－17、1－18

M180 铜钱统计表 （长度：厘米，重量：克）

种类	编号	特征		郭径	钱径	穿宽	郭宽	郭厚	肉厚	重量
		文字特征	记号							
五铢钱	1－1	"五"字瘦长，竖划较直；"金"头三角形，四竖点；"朱"头方折，"朱"下方折	无	2.58	2.28	0.95	0.15	0.19	0.10	3.80
	1－2	"五"字瘦长，竖划较直；"金"头三角形，四竖点；"朱"头方折，"朱"下较圆	无	2.60	2.28	0.97	0.16	0.22	0.07	4.00
	1－3	同上	穿下一星	2.57	2.31	0.87	0.13	0.19	0.11	4.10
	1－4	同上	无	2.56	2.32	0.97	0.12	0.17	0.09	3.60
	1－5	同上	无	2.56	2.32	0.98	0.12	0.17	0.10	4.00
	1－6	同上	无	2.54	2.30	0.92	0.12	0.18	0.09	3.70
	1－7	同上	无	2.55	2.23	0.97	0.16	0.19	0.10	4.20
	1－8	同上	穿下月牙	2.50	2.24	0.90	0.13	0.19	0.08	3.60
	1－9	同上	无	2.58	2.32	0.93	0.13	0.20	0.09	3.80
	1－10	同上	无	2.60	2.32	0.98	0.14	0.18	0.08	3.90
	1－11	同上	穿下月牙	2.56	2.30	0.98	0.13	0.17	0.08	3.70
	1－12	同上	无	2.59	2.29	0.98	0.15	0.18	0.07	4.00
	1－13	同上	无	2.56	2.30	0.92	0.13	0.19	0.09	3.90
	1－14	同上	穿上一横	2.56	2.28	0.96	0.14	0.17	0.10	3.90
	1－15	"五"字瘦长，竖划较直；"金"头三角形，四竖点；"朱"头较圆，"朱"下方折	无	2.57	2.29	0.98	0.14	0.19	0.09	3.70

（续表）

种类	编号	特征		郭径	钱径	穿宽	郭宽	郭厚	肉厚	重量
		文字特征	记号							
五铢钱	1-16	同上	无	2.54	2.26	0.95	0.14	0.17	0.08	3.60
	1-17	"五"字瘦长，竖划缓曲；"金"头三角形，四竖点；"朱"头较圆，"朱"下较圆	无	2.57	2.31	0.95	0.13	0.19	0.10	4.20
	1-18	"五"字瘦长，竖划缓曲；"金"头三角形，四竖点；"朱"头方折，"朱"下较圆	穿下月牙	2.55	2.31	0.96	0.12	0.18	0.07	3.60
	1-19	"五"字瘦长，竖划缓曲；"金"头三角形，四竖点；"朱"头方折，"朱"下方折	穿下月牙	2.57	2.29	0.94	0.14	0.19	0.10	4.10
	1-20	同上	无	2.55	2.35	0.97	0.10	0.22	0.11	4.00

一三四　M181（Ⅴ区）

1. 墓葬形制

石圹竖穴墓，平面呈圆角长方形，墓圹不甚规整。方向10°（见图三七四；见彩版二二四，2）。开口于耕土层下，开口距地表0.10米。

墓圹四壁较平直，墓底平坦。长2.80、宽1.70、深1.30米。墓穴四壁保存有一圈宽0.10~0.20米的贝壳；墓底平铺一层厚0.08米的贝壳。

墓内填土主要为黄褐色的沙石混合料，夹杂有大量的贝壳，土质较疏松。

2. 葬具和人骨

从墓穴四壁保存的贝壳分析，该墓主在入葬时，应存在木棺，棺与墓壁的间隙填充贝壳；但由于该墓的埋藏条件不利于木棺保存，所以，在木棺腐朽殆尽后，仅剩贝壳立于墓穴四壁之上。

墓内葬有1具人骨，为一男性个体。骨骼保存较差，葬式为仰身直肢，头向北，面向上，左臂肘关节略向外屈折，右臂平直，双腿平伸。

3. 随葬品

该墓共出土有8件随葬品，质地分为陶、铜两种，其中，铜带钩及铜钱位于人骨左脚处；其余随葬品均位于人骨西侧，较为零散。分述如下。

陶器　计有罐2、壶2、盒2、钵1。

罐　2件（M181:1、3）。标本M181:1，夹砂灰陶。方唇，展沿，侈口，颈部有一周凸棱，短颈，溜肩，弧腹，最大腹径位置居中，凹底。腹下部和底部遍饰绳纹。口径17.8、底径10.6、最大腹径31.0、高23.4、壁厚0.7~1.3厘米（图三七七，1；彩版二二六，1）。标本M181:3，夹砂灰陶。方唇，展沿，沿面向内斜，侈口，短束颈，溜肩，斜腹，腹最大径位置居中，凹底。腹下部饰有绳纹。口径19.2、底径10.5、最大腹径34.4、高28.8、壁厚0.8厘米（图三七七，2；彩版二二六，2）。

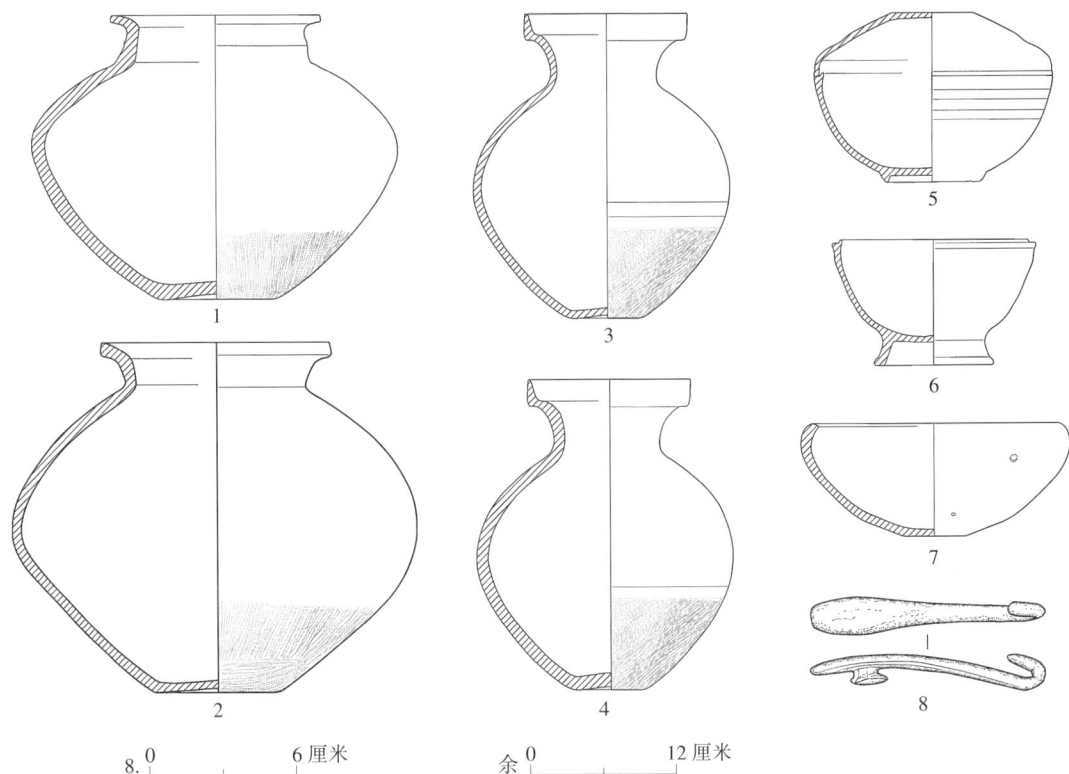

图三七七　M181 出土器物

1、2. 陶罐（M181：1、3）　3、4. 陶壶（M181：5、6）　5、6. 陶盒（M181：2、9）　7. 陶钵（M181：4）
8. 铜带钩（M181：8）

壶　2 件（M181：5、6）。形制相同，均为夹砂灰陶，尖唇，盘口，束颈，溜肩，弧腹，最大腹径位置偏上，凹底；腹中部饰有二三道粗绳纹，腹下部及底部遍饰细绳纹。标本 M181：5，口径 13.8、底径 6.2、最大腹径 21.8、高 25.1、壁厚 0.8 厘米（图三七七，3）。标本 M181：6，口径 13.8、底径 6.2、最大腹径 21.8、高 25.6、壁厚 0.8 厘米（图三七七，4；彩版二二六，3）。

盒　2 件（M181：2、9）。标本 M181：2，夹砂灰陶，由盒盖及盒身两部分组成。盒盖：方唇，直口，弧腹，平顶。器表轮旋痕迹明显。盒身：尖唇，子母口，弧腹，矮圈足。素面，器表轮旋痕迹明显。通高 14.0 厘米。盒盖：口径 20.4、顶径 6.7、高 5.2、壁厚 0.5 厘米。盒身：口径 20.4、底径 8.0、高 9.0、壁厚 0.4～0.6 厘米（图三七七，5；彩版二二六，4）。标本 M181：9，夹砂红褐陶，盒盖缺失，仅存盒身。尖唇，子母口微敛，弧腹，高圈足外撇。素面。口径 17.4、底径 10.2、高 10.3、壁厚 0.5～0.7 厘米（图三七七，6；彩版二二六，5）。

钵　1 件。标本 M181：4，夹砂灰陶。圆唇，敛口，弧腹，平底。素面，器表有两个焗孔。口径 21.0、底径 5.2、高 9.3、壁厚 0.6 厘米（图三七七，7；彩版二二六，6）。

铜器　计有带钩 1。

带钩　1 件。标本 M181：8，琵琶形。蛇头形钩首，钩体至钩尾处渐粗宽，钩体侧视呈"S"形。圆形钩纽位于靠近钩尾 1/4 处。长 9.8 厘米（图三七七，8）。

铜钱　8 枚，均为"五铢"钱（图三七八）。详情见下表。

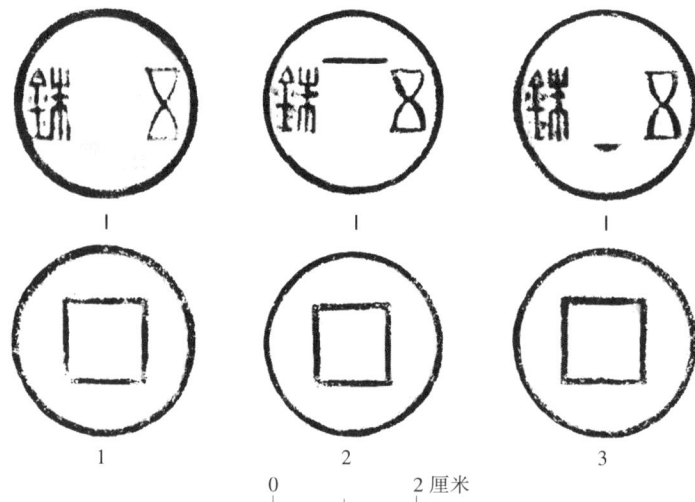

图三七八　M181 出土铜钱拓片

1~3. M181：7-1、7-2、7-6

M181 铜钱统计表　　　　　　　　　　　　　（长度：厘米，重量：克）

种类	编号	特征		郭径	钱径	穿宽	郭宽	郭厚	肉厚	重量
		文字特征	记号							
五铢钱	7-1	"五"字瘦长，竖划较直；"金"头三角形，四竖点；"朱"头方折，"朱"下较圆	无	2.60	2.22	0.10	0.14	0.18	0.09	4.10
	7-2	"五"字瘦长，竖划缓曲；"金"头三角形，四竖点；"朱"头方折，"朱"下较圆	穿上一横	2.51	2.27	0.95	0.12	0.18	0.09	3.70
	7-3	同上	无	2.56	2.32	0.92	0.12	0.19	0.07	4.10
	7-4	同上	穿上一横	2.50	2.26	0.93	0.12	0.19	0.08	3.70
	7-5	同上	同上	2.51	2.31	0.99	0.10	0.19	0.08	3.90
	7-6	同上	穿下月牙	2.56	2.28	0.90	0.14	0.19	0.09	3.90
	7-7	同上	同上	2.56	2.32	0.97	0.12	0.19	0.10	4.40
	7-8	同上	无	2.53	2.27	0.95	0.13	0.18	0.08	3.70

一三五　M182（Ⅴ区）

M182 与 M183 为一组并葬墓，其中，M182 打破 M183。

1. 墓葬形制

土坑竖穴墓，平面呈圆角长方形，墓圹规整。方向90°（图三七九；彩版二二七）。开口于耕土层下，开口距地表0.10米。

墓圹西壁向内斜收，其余三壁较平直，墓底平坦。开口长3.10、宽1.80米，底长3.00、宽1.80米，深0.95米。墓穴四壁保存有一圈宽0.20米的碎瓦片；墓底平铺一层厚0.05米的贝壳。

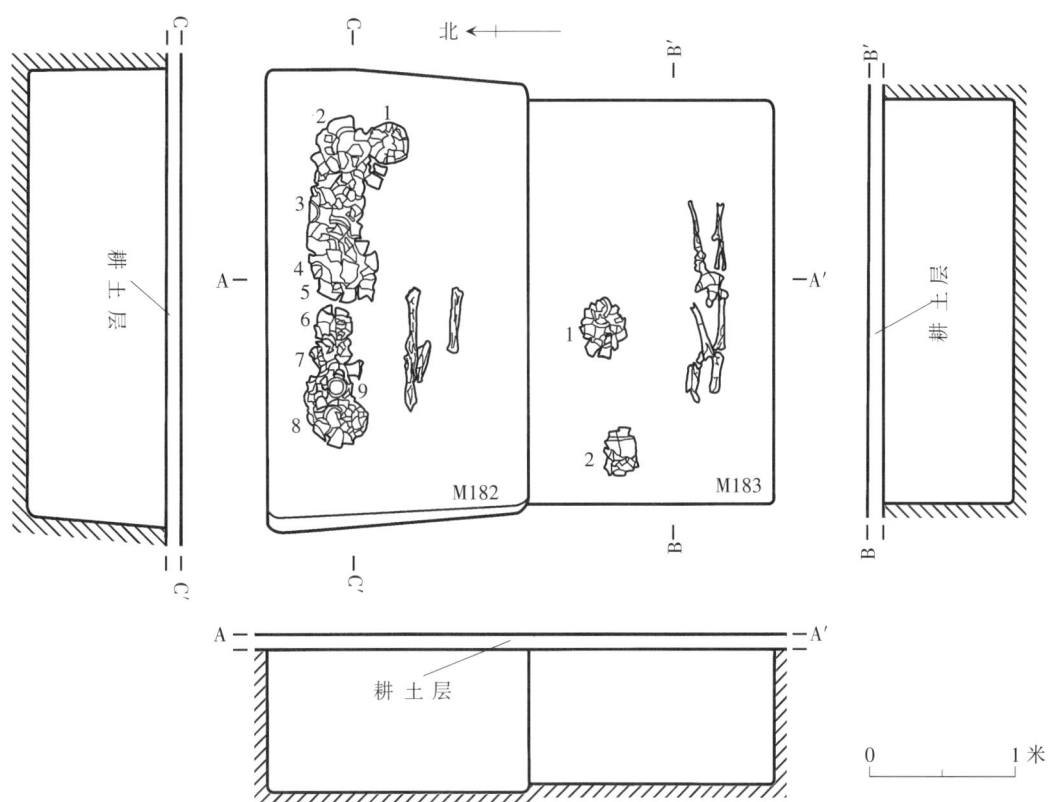

图三七九　M182、M183 平、剖面图

M182　1、2、4、8. 陶罐　3、7. 陶壶　5. 陶盆　6. 陶器盖　9. 陶盒　　M183　1、2. 陶罐

墓内填土主要为黄褐土，夹杂有少量的贝壳、碎瓦片、黄沙，土质较疏松。

2. 葬具和人骨

从墓穴四壁保存的碎瓦片分析，该墓主在入葬时，应存在木棺，棺与墓壁的间隙填充碎瓦片；但由于该墓的埋藏条件不利于木棺保存，所以，在木棺腐朽殆尽后，仅剩碎瓦片立于墓穴四壁之上。

墓内葬有 1 具人骨，骨骼保存较差，现仅存少量下肢骨。根据残留骨骼推测，葬式为仰身直肢，头向东，双腿平伸。人骨性别不明。

3. 随葬品

该墓共出土有 9 件随葬品，均为陶器，位于人骨北侧，东西向排列，较为规整。种类计有罐 4、壶 2、盒 1、盆 1、器盖 1。

罐　4 件（M182：1、2、4、8）。标本 M182：1，夹砂灰陶。方唇，展沿，短颈，溜肩，鼓腹，最大腹径位置居中，平底。下腹部及底部满饰绳纹。口径 17.1、底径 12.0、腹部最大径 28.6、高 22.7、壁厚 0.6～1.0 厘米（图三八〇，1；彩版二二八，1）。标本 M182：2，夹砂灰陶。方唇，唇面有一周凹槽，展沿，侈口，短颈，圆肩，鼓腹，最大腹径位置偏上，平底。下腹部及底部饰绳纹。口径 17.7、底径 12.8、腹部最大径 33.4、高 27.9、壁厚 0.7～1.1 厘米（图三八〇，2）。标本 M182：4，夹砂灰陶。圆唇，展沿，侈口，短颈，溜肩，鼓腹，最大腹径位置居中。平底。下腹部及底部满饰绳纹。口径 16.8、底径 15.0、腹部最大径 31.6、高 26.0、壁厚 0.6～1.1 厘米（图三八〇，3）。标本 M182：8，

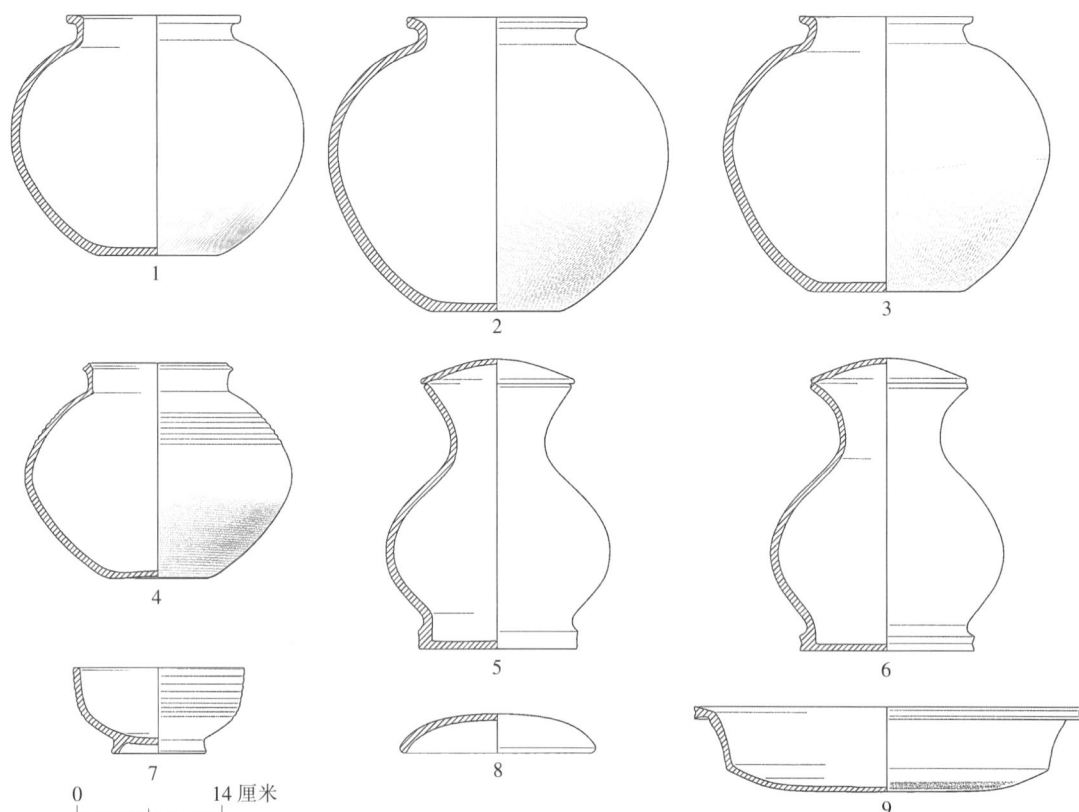

图三八〇 M182 出土器物

1～4. 陶罐（M182：1、2、4、8） 5、6. 陶壶（M182：3、7） 7. 陶盒（M182：9） 8. 陶器盖（M182：6）
9. 陶盆（M182：5）

夹砂灰陶。尖唇，子母口，短颈，溜肩，鼓腹，最大腹径位置居中，凹底。肩部饰有数
道瓦棱纹，下腹部及底部满饰绳纹。口径 14.7、底径 9.6、腹部最大径 26.1、高 20.3、
壁厚 0.4～1.0 厘米（图三八〇，4）。

壶 2 件（M182：3、7）。形制相同，均为夹砂灰陶，由壶盖和壶身组成。壶盖：整
体呈覆盘状，弧顶，圆唇；素面。壶身：圆唇，敞口，束颈，溜肩，鼓腹，腹部最大径
位置居中，台底；素面。标本 M182：3，通高 27.5 厘米。壶盖：口径 15.0、高 2.4、壁
厚 0.5～0.7 厘米。壶身：口径 14.4、底径 15.5、腹部最大径 22.0、高 25.0、壁厚 0.5～
1.3 厘米（图三八〇，5）。标本 M182：7，通高 27.8 厘米。壶盖：口径 15.1、高 2.4、
厚 0.5 厘米。壶身：口径 14.9、底径 16.9、高 25.4、腹部最大径 22.6、壁厚 0.5～1.5
厘米（图三八〇，6；彩版二二八，2）。

盒 1 件。标本 M182：9，夹砂灰陶，盒盖缺失，仅存盒身。方唇，直口，弧腹，圜
底，矮圈足。腹部饰有数周瓦棱纹。口径 16.8、底径 9.2、高 8.1、壁厚 0.6～1.3 厘米
（图三八〇，7；彩版二二八，3）。

盆 1 件。标本 M182：5，夹砂灰陶。方唇，唇面有一周凹槽，敞口，折腹，平底。
腹下部及底部满饰绳纹。口径 37.5、底径 20.3、高 8.2、壁厚 0.4～1.2 厘米（图三八
〇，9；彩版二二八，4）。

器盖 1 件。标本 M182：6，夹砂灰陶。整体呈覆碟状，弧顶，圆唇。素面。口径
18.4、高 3.8、壁厚 0.5～0.8 厘米（图三八〇，8）。

一三六　M183（Ⅴ区）

1. 墓葬形制

土坑竖穴墓，平面呈圆角长方形，墓圹规整。方向90°（见图三七九；见彩版二二七）。开口于耕土层下，开口距地表0.10米。

墓圹四壁较平直，其中北壁被M182打破，墓底平坦。长2.70、宽1.70、深0.90米。墓穴四壁保存有一圈宽0.20米的贝壳；墓底平铺一层厚0.01米的贝壳。

墓内填土主要为黄褐土，夹杂有少量的贝壳、黄沙，土质较疏松。

2. 葬具和人骨

从墓穴四壁保存的贝壳分析，该墓主在入葬时，应存在木棺，棺与墓壁的间隙填充贝壳；但由于该墓的埋藏条件不利于木棺保存，所以，在木棺腐朽殆尽后，仅剩贝壳立于墓穴四壁之上。

墓内葬有1具人骨，为一女性个体。骨骼保存较好，葬式为仰身直肢，头向东，双腿并拢。

3. 随葬品

该墓共出土有2件随葬品，均为陶器，位于人骨北侧，东西向排列。种类计有罐2。

罐　2件（M183：1、2）。标本M183：1，夹砂灰陶。圆唇，敞口，束颈，溜肩，鼓腹，最大腹径位置偏上，凹底。腹中部饰有一周粗绳纹，腹下部及底部饰有细绳纹。口径18.1、底径9.2、腹部最大径30.8、高29.2、壁厚0.8~0.9厘米（图三八一，1；彩版二二八，5）。标本M183：2，夹砂黄陶。

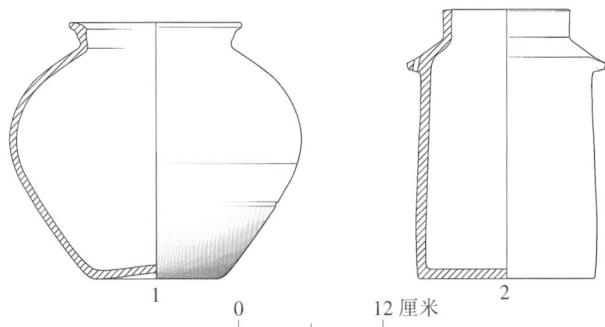

图三八一　M183出土器物
1、2. 陶罐（M183：1、2）

方唇，直口，折肩，肩部有对称錾耳，耳上有圆形穿孔，直腹，平底。素面。口径10.6、底径14.7、高21.8、壁厚0.8厘米（图三八一，2；彩版二二八，6）。

一三七　M184（Ⅴ区）

M184与M185为一组并葬墓，其中，M185打破M184。

1. 墓葬形制

石圹竖穴墓，平面呈圆角长方形，墓圹不甚规整。方向10°（图三八二；彩版二二九）。开口于耕土层下，开口距地表0.10米。

墓圹西、南两壁向内斜收，北壁较平直，东壁被M185打破，墓底平坦。开口长2.90、宽1.80米，底长2.80、宽1.70、深0.80米。墓底平铺一层厚0.05米的贝壳。

墓内填土主要为黄褐土，夹杂有少量的贝壳、黄沙，土质较疏松。

2. 葬具和人骨

墓底未见任何葬具痕迹。

墓内葬有1具人骨，为一男性个体。骨骼保存较完整，葬式为仰身直肢，头向北，面

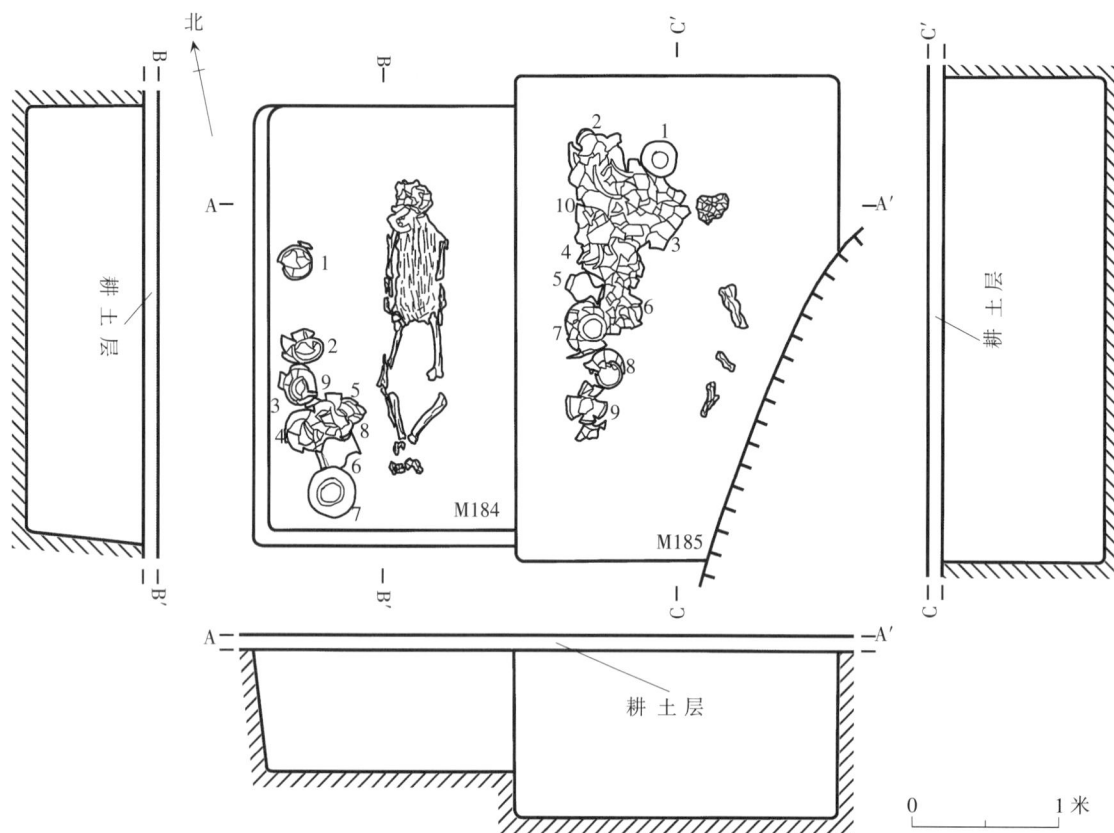

图三八二　M184、M185 平、剖面图

M184　1、2. 陶盒　3、5、7. 陶罐　4、6. 陶壶　8、9. 陶钵

M185　1、2、4、7. 陶罐　3. 陶瓮　5、6. 陶壶　8、9. 陶盒　10. 陶盆

向上，双臂平伸贴近体侧，下肢骨骼现已移位，脱离原位。

3. 随葬品

该墓共出土有 9 随葬品，均为陶器，位于人骨西侧，南北向排列，较为规整（彩版二三〇，1）。种类计有罐 3、壶 2、盒 2、钵 2。

罐　3 件（M184：3、5、7）。标本 M184：3，夹砂灰陶。方唇，唇面有一周凹槽，敞口，短颈，溜肩，弧腹，最大腹径位置偏上，平底。腹部饰有一周凹弦纹和粗绳纹，腹下部及底部饰有细绳纹。口径 16.5、底径 10.4、腹部最大径 25.5、高 20.8、壁厚 0.8～1.0 厘米（图三八三，1）。标本 M184：5，夹砂灰陶。方唇，敞口，短束颈，溜肩，鼓腹，最大腹径位置偏上，平底。腹部饰有一周粗绳纹，腹下部饰有细绳纹。口径 16.4、底径 9.6、腹部最大径 25.9、高 20.5、壁厚 0.7～0.8 厘米（图三八三，2）。标本 M184：7，夹砂灰陶。圆唇，敞口，直颈，溜肩，鼓腹，最大腹径位置居中，平底。腹下部及底部饰交叉绳纹。口径 19.9、底径 10.8、腹部最大径 35.3、高 29.8、壁厚 1.0 厘米（图三八三，3；彩版二三一，1）。

壶　2 件（标本 M184：4、6）。形制相同，均为夹砂灰陶，由壶盖和壶身组成。壶盖：弧顶，尖唇；素面。壶身：方唇，敞口，展沿，直颈，圆肩，鼓腹，腹部最大径居中，平底，圈足。标本 M184：4，壶身颈部饰有一周瓦棱纹。通高 28.0 厘米。壶盖：口径 13.4、高 2.9、壁厚 0.6～0.8 厘米。壶身：口径 12.7、底径 12.2、腹部最大径 21.2、

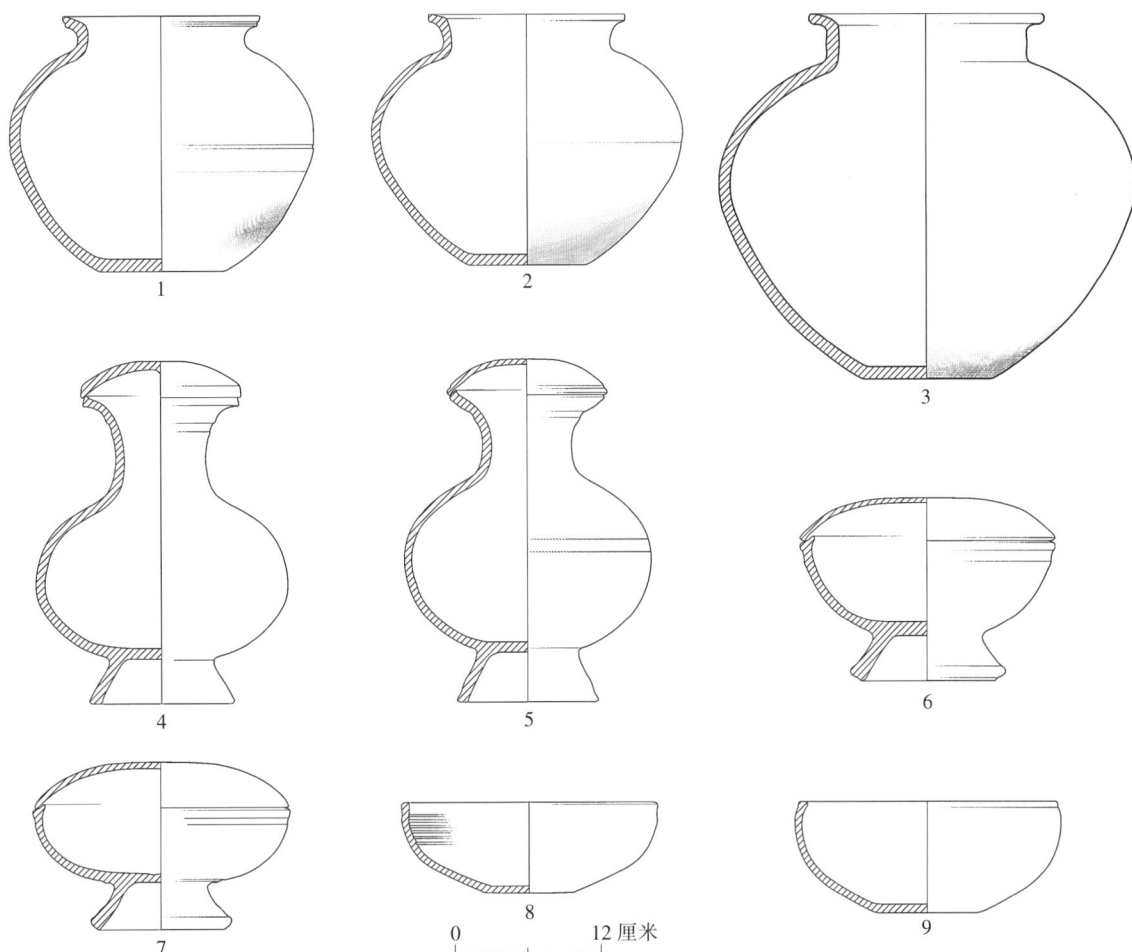

图三八三　M184 出土器物

1~3. 陶罐（M184：3、5、7）　4、5. 陶壶（M184：4、6）　6、7. 陶盒（M184：1、2）　8、9. 陶钵（M184：8、9）

高 25.2、壁厚 0.6~0.8 厘米（图三八三，4）。标本 M184：6，壶盖近口部饰一周瓦棱纹；壶身颈部有一周凹弦纹，腹部有两周粗绳纹。通高 28.0 厘米。壶盖：口径 13.4、高 2.9、壁厚 0.5 厘米。壶身：口径 12.0、底径 11.8、腹部最大径 20.7、高 25.4、壁厚 0.8 厘米（图三八三，5；彩版二三一，2）。

　　盒　2 件（M184：1、2）。形制相同，均为夹砂灰陶，由盒盖和盒身组成。盒盖：整体呈覆钵形，弧顶，子母口，方唇；素面。盒身：尖唇，子母口，弧腹，平底，圈足；唇下部饰一周瓦棱纹。标本 M184：1，通高 15.1 厘米。盒盖：口径 21.5、高 3.5、壁厚 0.4 厘米。盒身：口径 19.3、底径 11.3、高 11.8、壁 0.7~1.1 厘米（图三八三，6）。标本 M184：2，通高 13.8 厘米。盒盖：口径 21.2、高 3.8、壁厚 0.5 厘米。盒身：口径 19.5、底径 10.5、高 10.3、壁厚 0.5~0.9 厘米（图三八三，7；彩版二三一，3）。

　　钵　2 件（M184：8、9）。形制相同，均为夹砂灰陶，圆唇，直口，弧腹，平底；腹内壁有六周瓦棱纹。标本 M184：8，口径 21.4、底径 7.6、高 7.4、壁厚 0.5~0.6 厘米（图三八三，8）。标本 M184：9，素面。口径 21.8、底径 8.3、高 9.1、壁厚 0.5~0.7 厘米（图三八三，9；彩版二三一，4）。

一三八　M185（Ⅴ区）

1. 墓葬形制

石圹竖穴墓，东南角已被破坏，根据残存部分判断，其平面呈圆角长方形的，墓圹较规整。方向10°（见图三八二；见彩版二二九）。开口于耕土层下，开口距地表0.10米。

墓圹四壁较平直，墓底平坦。长3.20、宽2.20、深1.10米。墓底平铺一层厚0.05米的贝壳。

墓内填土主要为黄褐土，夹杂有少量的贝壳、黄沙，土质较疏松。

2. 葬具和人骨

墓底未见任何葬具痕迹。

墓内葬有1具人骨，骨骼保存较差，现仅存破碎头骨及少量肢骨，并且肢骨现已移位，脱离原位。葬式及性别不明。

3. 随葬品

该墓共出土有10随葬品，均为陶器，位于人骨西侧，南北向排列，较为规整（彩版二三〇，2）。种类计有罐4、壶2、瓮1、盒2、盆1。

罐　4件（M185：1、2、4、7）。标本M185：1，夹砂黄褐陶。方唇，唇面有一凹槽，展沿，侈口，直颈，溜肩，鼓腹，腹部最大径位置居中，平底。中腹部施有两周粗绳纹，下腹部及底部满饰细绳纹。口径14.7、底径10.7、腹部最大径25.9、高22.4、壁厚1.0～1.2厘米（图三八四，1；彩版二三二，1）。其中，标本M185：2与M185：4形制相同，均为夹砂灰陶，圆唇，展沿，侈口，沿内侧起棱，短束颈，溜肩，鼓腹，腹部最大径位置靠近肩部，平底。标本M185：2，腹下部饰有绳纹。口径14.5、底径8.8、最大腹径25.3、高21.4、壁厚0.8厘米（图三八四，2）。标本M185：4，腹中部饰有两周粗绳纹，腹下部及底部饰有细绳纹。口径21.0、底径11.8、最大腹径35.7、高30.9、壁厚0.9厘米（图三八四，3）。标本M185：7，夹砂灰陶。圆唇，平沿内斜，侈口，束颈，溜肩，鼓腹，最大腹径位置居中，底微凹。腹下部及底部满饰细绳纹。口径19.4、底径7.9、腹部最大径30.4、高23.5、壁厚0.9～1.2厘米（图三八四，4）。

壶　2件（M185：5、6）。形制相同，均为夹砂灰陶，圆唇，侈口，束颈，圆肩，鼓腹，最大腹径位置居中，平底，圈足。标本M185：5，腹中部施有一周粗绳纹。口径12.9、底径10.1、腹部最大径21.1、高24.3、壁厚0.7～0.9厘米（图三八四，5；彩版二三二，2）。标本M185：6，腹中部饰一周粗绳纹，腹下部饰有两周弦纹，弦纹以下饰有细绳纹。口径12.5、底径9.6、最大腹径20.6、高23.5、壁厚0.7厘米（图三八四，6）。

盒　2件（M185：8、9）。形制相同，均为夹砂灰陶，由盒盖和盒身组成。盒盖：弧顶，方唇，口微敛；器表饰有瓦棱纹。盒身：方唇，口微敛，弧腹，矮圈足外撇；腹部饰有瓦棱纹。标本M185：8，通高15.6厘米。盒盖：口径19.2、高7.1、壁厚0.6厘米。盒身：口径19.4、底径8.8、高8.5、壁厚0.6厘米（图三八四，7；彩版二三二，3）。标本M185：9，通高13.7厘米。盒盖：口径18.9、高4.9、壁厚0.7厘米。盒身：口径19.0、底径9.4、高8.8、壁厚0.7厘米（图三八四，8）。

瓮　1件。标本M185：3，夹砂灰陶。方唇，唇面有一周凹槽，侈口，溜肩，鼓腹，最大腹径位置靠近肩部，圜底。腹中部和底部饰有绳纹。口径25.3、最大腹径50.3、高40.2、壁厚1.2厘米（图三八四，9）。

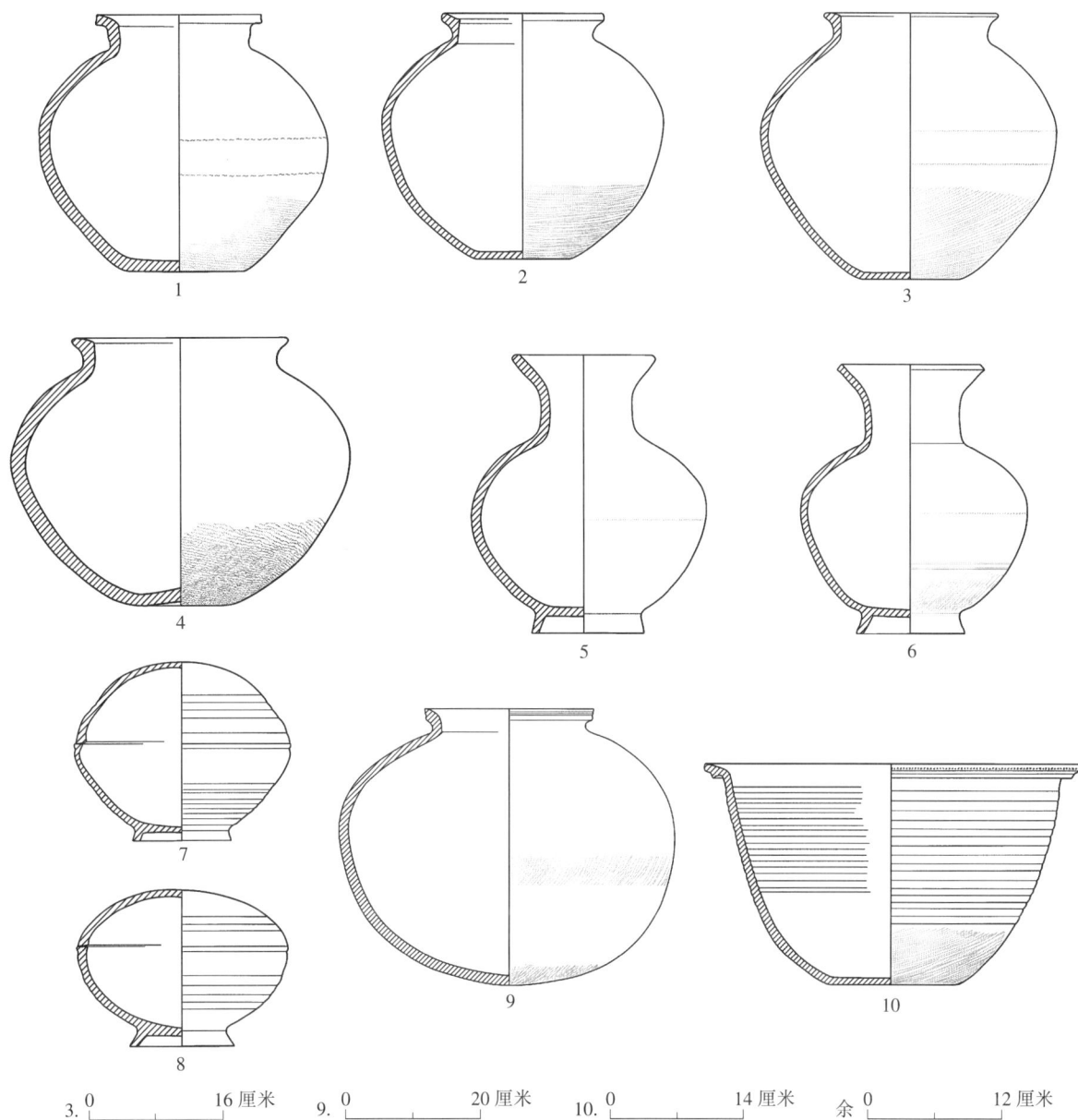

图三八四 M185 出土器物

1~4. 陶罐（M185：1、2、4、7） 5、6. 陶壶（M185：5、6） 7、8. 陶盒（M185：8、9） 9. 陶瓮（M185：3）
10. 陶盆（M185：10）

盆 1件。标本 M185：10，夹砂灰陶。方唇，敞口，展沿，沿面向内斜，且有一周凹槽，弧腹，平底。唇面饰一周粗绳纹，器表和腹内壁饰有瓦棱纹。口径 39.8、底径13.3、高 22.4、壁厚 0.8 厘米（图三八四，10；彩版二三二，4）。

一三九 M187（Ⅴ区）

1. 墓葬形制

土坑竖穴墓，平面呈圆角长方形，墓圹较规整。方向 10°（见图三七三；见彩版二二四，1）。开口于耕土层下，开口距地表 0.10 米。

墓圹四壁较平直，墓底平坦。长 2.30、宽 1.00、深 0.90 米。墓穴四壁保存有一圈宽 0.10～0.20 米的贝壳；墓底平铺一层厚 0.05 米的贝壳。

墓穴北端修有两级土二层台，平面呈长方形。第一级长 1.00、宽约 0.26 米，上置一件陶罐。第二级长 1.00、宽 0.40 米。

墓内填土主要为黑褐土，夹杂有大量的贝壳、黄沙，土质较疏松。

2. 葬具和人骨

墓底未见任何葬具痕迹。

墓内葬有 1 具人骨，为一男性个体。骨骼保存较好，上肢骨腐朽较严重，葬式为仰身直肢，头向北，面向西，双臂平伸贴近体侧，双腿略外撇。

3. 随葬品

该墓共出土有 2 件随葬品，质地分为陶、铜两种，其中，铜带钩位于人骨左膝关节处；陶壶位于第一级二层台上。分述如下。

陶器　计有壶 1。

壶　1 件。标本 M187∶2，夹砂灰陶。尖唇，盘口，直颈，圆肩，鼓腹，最大腹径位置靠下，凹底。腹上部及中部有数周瓦棱纹，腹下部及底部饰有细绳纹。口径 12.2、底径 7.8、腹部最大径 22.8、高 24.3、壁厚 0.7～0.8 厘米（图三八五，1；彩版二三二，5）。

铜器　计有带钩 1。

带钩　1 件。标本 M187∶1，琵琶形。蛇头形钩首，钩体至钩尾处渐粗宽，钩体侧视呈"S"形。圆形钩纽。长 6.1 厘米（图三八五，2；彩版二三二，6）。

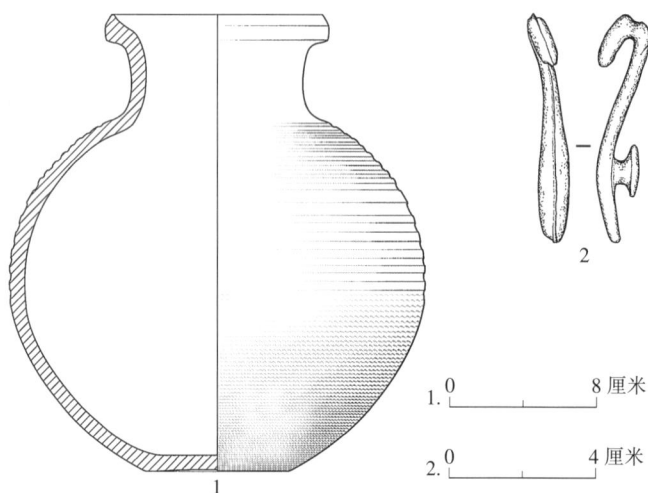

图三八五　M187 出土器物
1. 陶壶（M187∶2）　2. 铜带钩（M187∶1）

一四〇　M190（Ⅱ区）

1. 墓葬形制

单室砖墓，平面呈甲字形，由墓道、墓门及墓室组成。方向 190°（图三八六；彩版二三三，1）。开口于耕土层下，开口距地表 0.30 米。

墓道　长方形斜坡状，未发掘完，长不详，宽约 0.86、底部距地表 1.90 米。

甬道　平面呈长方形，长 1.42、宽 0.86 米，拱形券顶。甬道南端用半砖加砌，砌法为单隅平砖顺砌，甬道主体砌法同墓室。

墓门　位于墓室南壁偏东处，宽 0.86 米，拱形券顶。

封门　用不碎砖堆堵至券顶。

墓室　呈长方形，长 2.86、宽 2.40 米。四壁平直，保存较差，最高处保存 11 层，砌法由下至上为三层平砖一层丁立砖，两者交替向上。另外，三层平砖的砌法又为双隅平砖错缝顺砌。墓底铺砖为人字形。用砖规格：38×18×6 厘米。墓室均为花纹转，纹饰有连环菱形纹、人面衔环纹（图三八七）。

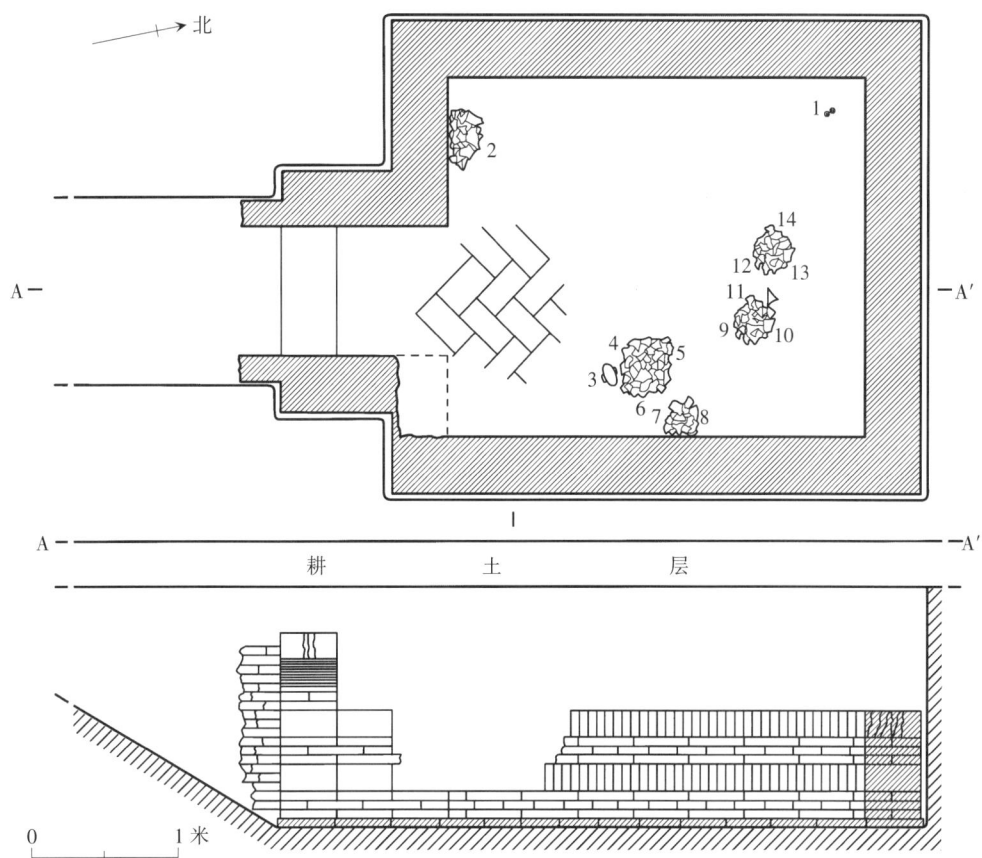

图三八六　M190 平、剖面图

1. 铜钱　2. 陶奁　3、11、12. 陶耳杯　4. 陶罐　5. 小陶釜　6. 陶仓盖　7. 陶灯　8. 陶俎　9、10、14. 陶盘　13. 陶缸

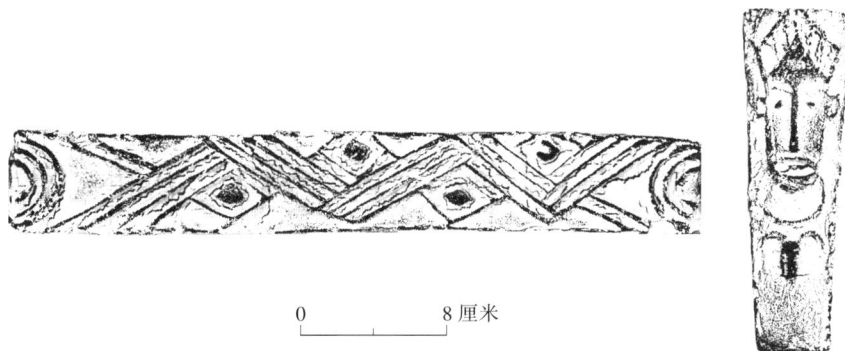

图三八七　M190 花纹砖拓片

2. 葬具和人骨

墓内未发现葬具和人骨。

3. 随葬品

该墓共出土有 14 件随葬品，位于墓室北部，大多数为陶器，种类计有罐 1、仓盖 1、奁 1、灯 1、耳杯 3、盘 3、缸 1、俎 1、小釜 1；另有铜钱 4 枚。

罐　1 件。标本 M190：4，夹砂褐陶。圆唇，直口，溜肩，弧腹，最大腹径位置偏上，平底，素面。口径 9.4、底径 7.5、腹部最大径 16.6、高 12.6、壁厚 0.6 厘米（图三八八，1）。

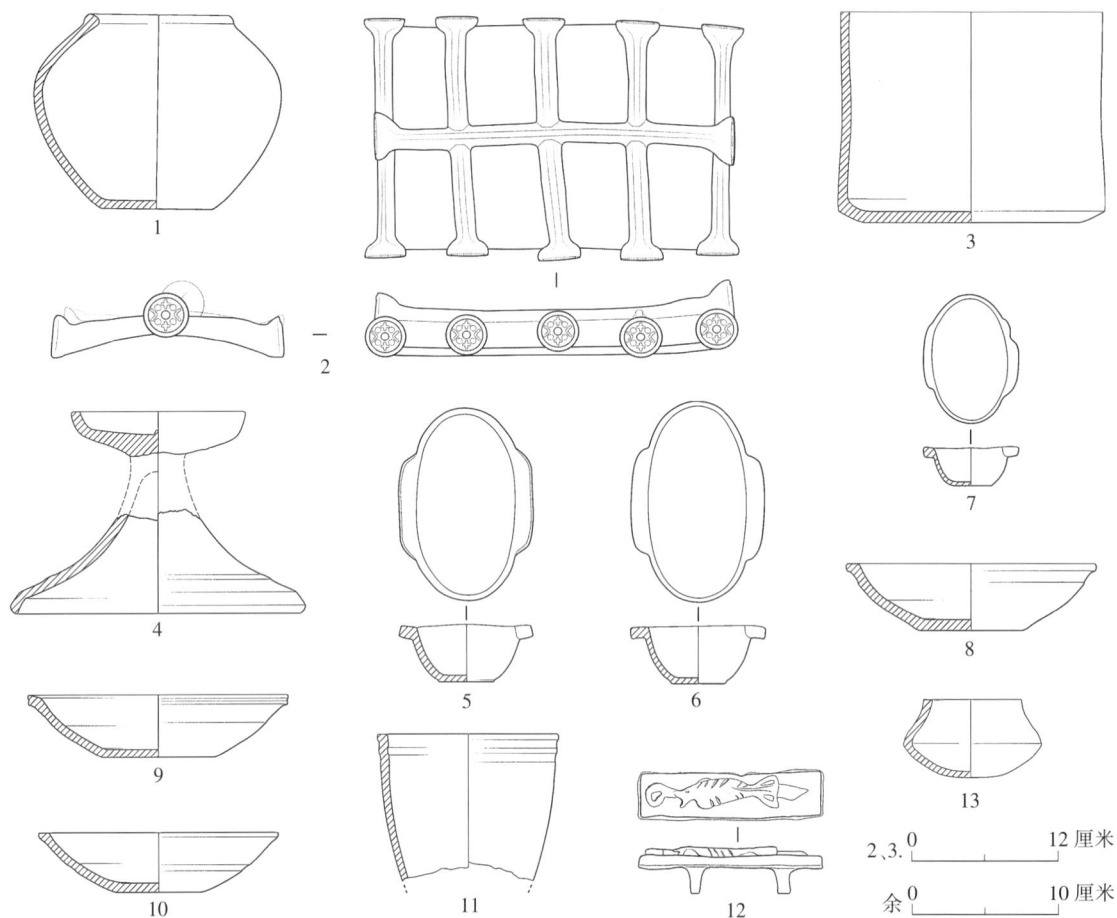

图三八八　M190 出土器物

1. 陶罐（M190∶4）　2. 陶仓盖（M190∶6）　3. 陶奁（M190∶2）　4. 陶灯（M190∶7）　5～7. 陶耳杯（M190∶3、11、12）　8～10. 陶盘（M190∶9、10、14）　11. 陶缸（M190∶13）　12. 陶俎（M190∶8）　13. 小陶釜（M190∶5）

仓盖　1件。标本 M190∶6，夹砂灰陶，悬山顶结构。平面呈长方形，"一"字形正脊，正脊两端对称分布有 5 组十道瓦垄，瓦垄末端饰有雕花瓦当。长 31.5、宽 19.6、高 5.3 厘米（图三八八，2）。

奁　1件。标本 M190∶2，夹砂灰褐陶。方唇，直口，腹略内弧，平底。素面。口径 22.0、底径 22.4、高 17.1、壁厚 0.8～0.9 厘米（图三八八，3）。

灯　1件。标本 M190∶7，夹砂灰陶。浅盘状灯盘，柄部残损，喇叭形灯座。灯盘口径 12.1、灯座底径 19.7、壁厚 0.6～1.3 厘米（图三八八，4）。

耳杯　3件（M190∶3、11、12）。标本 M190∶3，夹砂灰褐陶。椭圆形杯口，双耳平折高于杯口，弧腹，台底，素面。口长径 12.9、口短径 6.9、底短径 3.9、高 3.8、壁厚 0.5～0.8 厘米（图三八八，5；彩版二三三，2）。标本 M190∶11，夹砂灰陶。杯口呈椭圆形，双耳平折，弧腹，台底，素面。口长径 13.5、口短径 6.7、底短径 3.7、高 4.4、壁厚 0.4～0.7 厘米（图三八八，6）。标本 M190∶12，夹砂灰陶。杯口呈椭圆形，两耳平折略高于杯口，弧腹，平底，素面。口长径 8.7、口短径 5.2、底长径 4.2、底短径 2.6、高 2.6、壁厚 0.3～0.6 厘米（图三八八，7）。

盘　3件（M190∶9、10、14）。标本 M190∶9，夹砂灰陶。圆唇，敞口，弧腹，平底。腹上部饰有一周凹弦纹。口径 17.2、底径 7.1、高 4.5、壁厚 0.6 ~ 0.7 厘米（图三八八，8）。其中，标本 M190：10 与 M190：14 形制相同，均为夹砂灰陶，方唇，敞口，弧腹，平底；腹内壁饰有两周凸棱。标本 M190：10，口径 18.0、底径 7.7、高 4.2、壁厚 0.5 厘米（图三八八，9）。标本 M190：14，口径 16.6、底径 5.9、高 4.0、壁厚 0.5 ~ 0.6 厘米（图三八八，10）。

缸　1 件。标本 M190：13，夹砂灰陶。方唇，直口，斜直腹，底部缺失。近口处饰有两周凹弦纹。口径 12.7、残高 9.8、壁厚 0.4 ~ 0.6 厘米（图三八八，11）。

俎　1 件。标本 M190：8，夹砂黑陶。平面呈长方形，片形足，俎面模印有环首刀纵穿鱼纹饰。长 12.8、宽 3.2、高 3.1、壁厚 0.8 厘米（图三八八，12；彩版二三三，3）。

小釜　1 件。标本 M190：5，夹砂黑陶。方唇，敛口，折腹，圜底。口径 6.8、最大腹径 9.6、高 5.2、壁厚 0.5 厘米（图三八八，13）。

铜钱　4 枚，均为"五铢"钱（图三八九）。详情见下表。

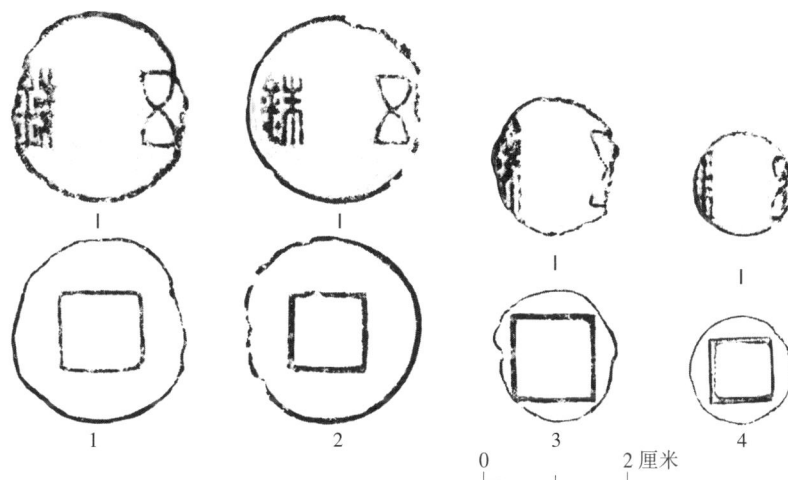

图三八九　M190 出土铜钱拓片
1 ~ 4. M190：1 - 1、1 - 4、1 - 3、1 - 2

M190 铜钱统计表　　　　　　　　　　　　　　（长度：厘米，重量：克）

种类	编号	特征		郭径	钱径	穿宽	郭宽	郭厚	肉厚	重量
		文字特征	记号							
五铢钱	1 - 1	"五"字瘦长，竖划甚曲；"金"头三角形，四竖点；"朱"头方折，"朱"下方折（剪轮）	无	1.42	1.42	0.74	0.00	0.05	0.05	0.40
	1 - 2	同上	同上	1.84	1.84	0.95	0.00	0.08	0.08	0.50
	1 - 3	"五"字瘦长，竖划甚曲；"金"头三角形，四竖点；"朱"头方折，"朱"下较圆	无	2.50	2.20	0.88	0.15	0.14	0.05	2.00
	1 - 4	同上（磨郭）	同上	2.56	2.36	0.90	0.10	0.12	0.05	1.70

一四一　M191（Ⅱ区）

1. 墓葬形制

双室砖墓，平面呈吕字形，由墓道、甬道、墓门及墓室组成。方向190°（图三九○；彩版二三四，1）。开口于耕土层下，开口距地表0.40米，已破坏。

墓道　长方形斜坡状，未发掘完，长不详，宽0.90、底部距地表1.80米。

甬道　平面呈长方形，长0.90、宽0.36米。两壁主体砌法同墓室，另外，在甬道南端用条砖加砌一段，砌法为丁立砖和平砖混砌。

墓门　位于墓室前室南壁东侧，宽0.90米。

封门　条砖封堵，分内、外两层。内层残存一层丁立砖，高0.18米；外层存6层砖，高0.56米，砌法为一层丁立砖，一层双隅平砖，两者交替向上（彩版二三五，1）。

墓室　平面整体呈吕字形，分前、后两个墓室。

前室平面呈弧长方形，长2.86、宽2.76米。四壁外弧明显，北壁东侧有过道通往后室，过道西壁遭破坏，长0.70米，宽不详。

后室平面呈梯形，长1.80、宽1.30米。后室较小，四壁平直。

墓室四壁砖墙保存较好，最高处保存有16层砖，从残存痕迹看，墓壁在第9层砖处开始起券。墓壁砌法由下至上为三层平砖一层丁立砖，两者交替向上。另外，三层平砖的砌法又为两层双隅顺砌平砖之间夹一层平砌丁砖。墓底铺砖呈西北—东南斜向错缝平铺，青砖杂有少量红砖，多数砖平面施有绳纹。

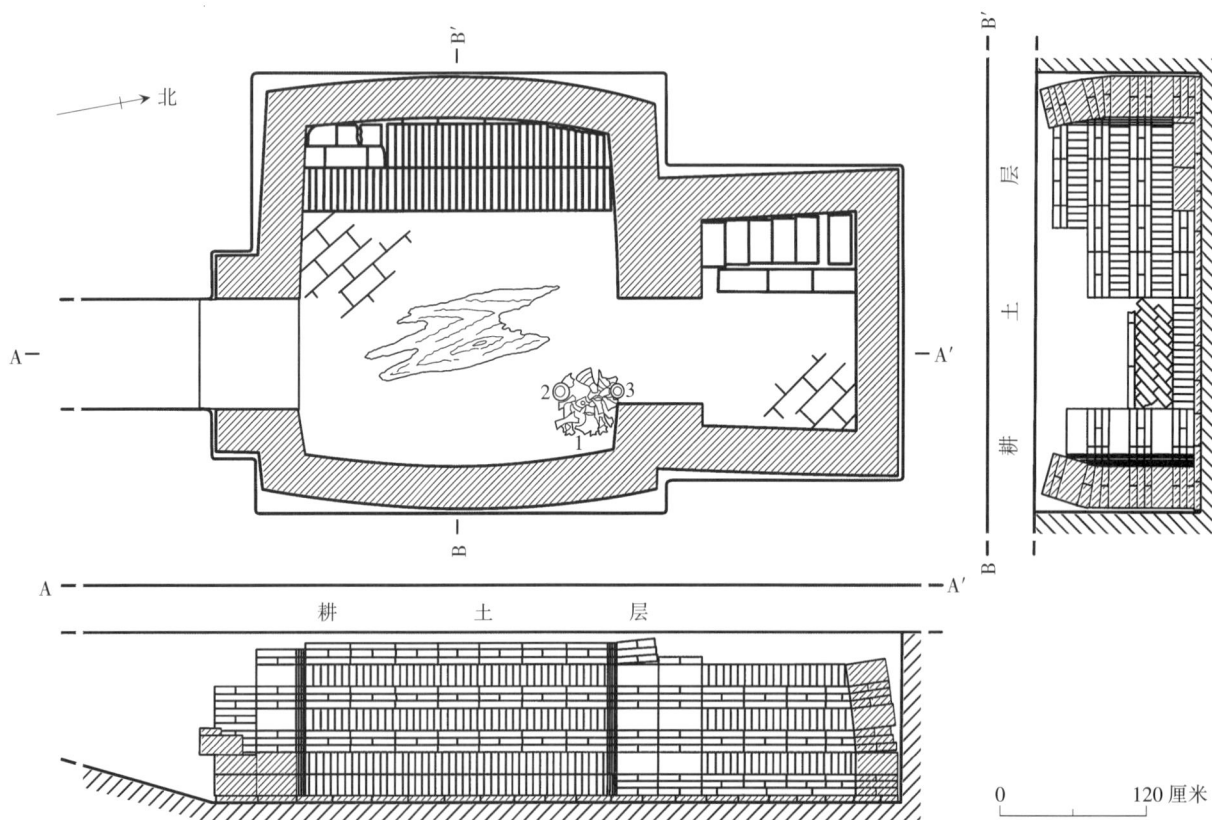

图三九○　M191平、剖面图

1. 陶仓　2、3. 小陶釜

2. 葬具和人骨

前室西侧有座棺床，平面呈长方形，长 2.66、宽 0.78、高 0.18 米。除西南角外，为丁立砖平砌，西南角为条砖顺砌。后室西也有一座棺床，平面呈长方形，长 1.26、宽 0.64、残高 0.06 米，单层砌成，内侧为一列丁砖，外侧为顺砖平砌。另外，前室正中保存有一块棺板，残长 1.76、宽 0.58、厚约 0.1 米（彩版二三四，2）。

墓内未见人骨。

3. 随葬品

该墓共出土有 4 件随葬品，质地分为陶、石两种，其中，陶器位于墓室北部，石器出土墓室填土内。分述如下。

陶器　计有仓 1、小釜 2。

仓　1 件。标本 M191：1，夹砂灰陶，仓盖缺失。仓身正面呈长方形，底边均为单拱结构，底部内部均有四角承板用以承托仓底板，底部现已缺失。中部有长方形镂孔门，门上出檐，门下出台，檐上穿有一孔用以穿接门板，门下有台阶。底长 22.2、底宽 13.1、顶长 23.7、顶宽 14.6、通高 23.4、壁厚 0.7～1.2 厘米（图三九一，1；彩版二三七，1）。

小釜　2 件（M191：2、3）。标本 M191：2，夹砂黑褐陶。圆唇，侈口，鼓腹，圜底近平。口径 4.6、最大腹径 6.2、高 2.5、壁厚 0.1～0.3 厘米（图三九一，2）。标本 M191：3，夹砂黑褐陶。圆唇，敛口，鼓腹，圜底。口径 5.2、最大腹径 6.4、高 3.0、壁厚 0.1～0.3 厘米（图三九一，3）。

石器　计有夯锤 1。

夯锤　1 件。标本 M191 填：1，略有残损。夯面平齐，顶部较束，用于装柄。高 13.1 厘米（图三九一，4）。

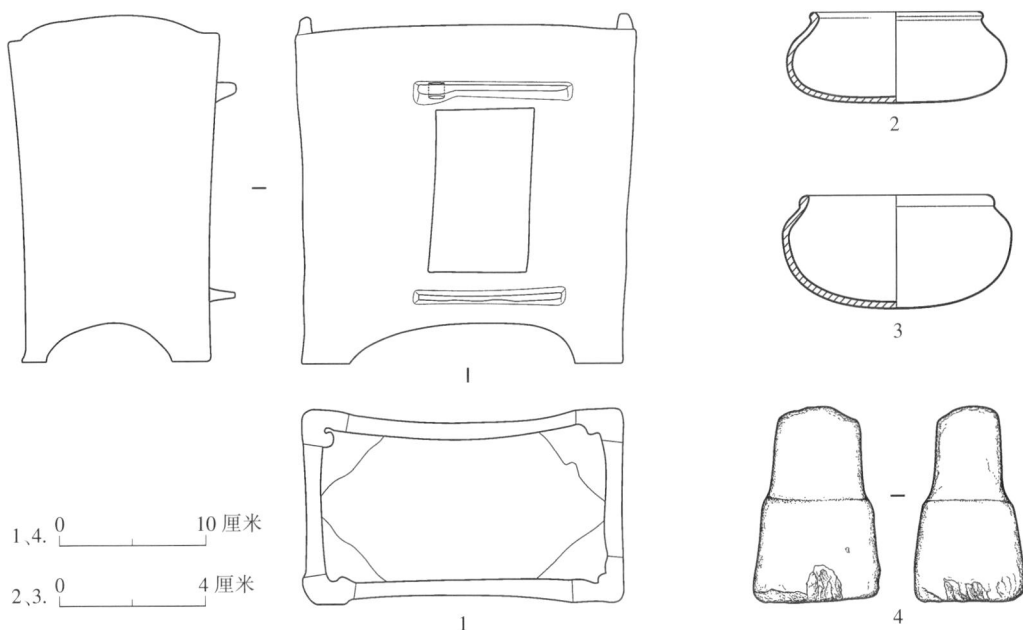

图三九一　M191 出土器物

1. 陶仓（M191：1）　2、3. 小陶釜（M191：2、3）　4. 石夯锤（M191 填：1）

一四二 M194（Ⅴ区）

M194 与 M195 为一组并葬墓，其中，M194 打破 M195。

1. 墓葬形制

石圹竖穴墓，平面呈圆角长方形，墓圹不甚规整。方向 10°（图三九二；彩版二三五，2）。开口于耕土层下，开口距地表 0.26 米。

墓圹四壁较平直，墓底平坦。长 2.70、宽 1.80、深 1.24 米。墓穴四壁保存有一圈宽 0.20、高 0.50 米的贝壳；墓底平铺一层厚 0.05 米的贝壳。

墓内填土主要为黄色的沙石混合料，夹杂有少量的贝壳，土质较疏松。

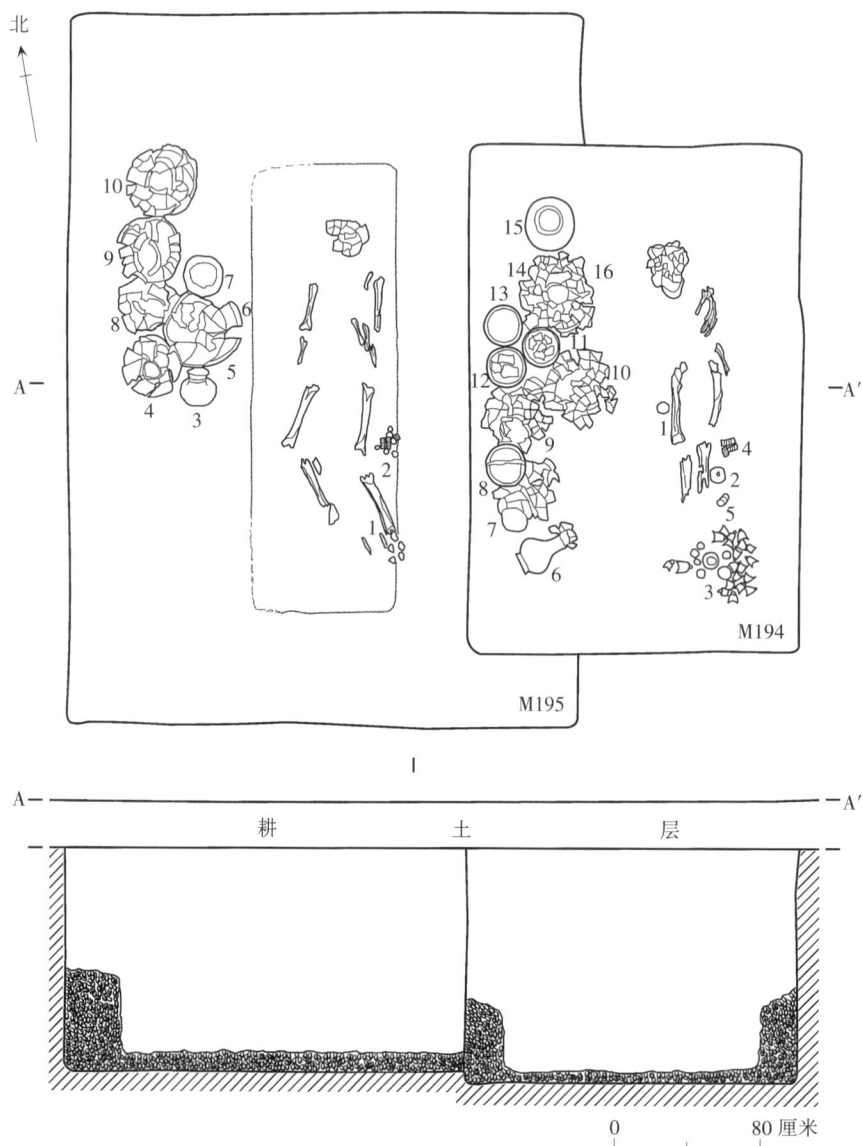

图三九二　M194、M195 平、剖面图

M194　1. 玛瑙环　2. 铜镜　3. 铜铃　4、5. 铜钱　6、7. 陶壶　8. 陶盆　9、10、15、16. 陶罐　11、12. 陶盒　13、14. 陶钵　M195　1. 铜带钩　2. 铜钱　3. 陶壶　4、7、8、9、10. 陶罐　5. 陶盆　6. 铜盆

2. 葬具和人骨

从墓穴四壁保存的贝壳分析，该墓主在入葬时，应存在木棺，棺与墓壁的间隙填充贝壳；但由于该墓的埋藏条件不利于木棺保存，所以，在木棺腐朽殆尽后，仅剩贝壳立于墓穴四壁之上。

墓内葬有 1 具人骨，为一女性个体。骨骼保存较好，葬式为仰身直肢，头向北，面向上，双腿向内并拢。

3. 随葬品

该墓共出土有 16 件（套）随葬品，质地分为陶、铜、铁、玛瑙四种，其中有铜钱 62 枚，其中，玛瑙环位于人骨右大腿骨处，铜钱及铜镜位于人骨左小腿骨处，铜铃位于人骨脚下；其余随葬品均位于人骨西侧，南北向排列，较为规整（彩版二三六，1）。分述如下。

陶器 计有罐 4、壶 2、盒 2、盆 1、钵 2。

罐 4 件（M194：9、10、15、16）。标本 M194：9，夹砂灰陶。方唇，唇面有一周凹槽，侈口，束颈，溜肩，鼓腹，最大腹径位置居中，凹底。腹中部饰有一周粗绳纹，腹下部及底部饰有细绳纹。口径 17.5、底径 11.6、腹部最大径 29.3、高 23.3、壁厚 0.8~0.9 厘米（图三九三，1；彩版二三七，2）。标本 M194：10，夹砂灰陶。方唇，折沿，敞口，束颈，溜肩，鼓腹，最大腹径位置居中，平底。腹下部及底部饰有细绳纹。口径 19.2、底径 8.1、腹部最大径 27.4、高 20.5、壁厚 0.7~0.8 厘米（图三九三，2）。标本 M194：15，夹砂红陶。圆唇，侈口，束颈，溜肩，鼓腹，最大腹径位置居中，凹底。腹中部饰有两周粗绳纹，腹下部及底部饰有细绳纹。口径 16.7、底径 11.6、腹部最大径 27.7、高 20.7、壁厚 0.8 厘米（图三九三，3；彩版二三七，3）。标本 M194：16，夹砂灰陶。圆唇，侈口，束颈，溜肩，鼓腹，最大腹径位置居中，平底。腹下部及底部饰有交叉绳纹。口径 22.0、底径 13.6、腹部最大径 36.4、高 29.6、壁厚 0.8~1.0 厘米（图三九三，4）。

壶 2 件（M194：6、7）。标本 M194：6，夹砂灰陶。方唇，唇面有一周凹槽，敞口，平沿，长束颈，圆肩，鼓腹，腹部最大径位置居中，平底，圈足。腹部有两周凹弦纹。口径 15.1、底径 14.8、腹部最大径 22.1、高 32.1、壁厚 0.6~0.8 厘米（图三九三，5；彩版二四一，1）。标本 M194：7，夹砂灰陶。方唇，敞口，折沿，束颈，溜肩，弧腹，最大腹径位置居中，平底，圈足。腹部饰有两周粗绳纹。口径 14.8、底径 13.8、腹部最大径 23.1、高 27.3、壁厚 0.6~0.8 厘米（图三九三，6）。

盒 2 件（M194：11、12）。形制相同，均为夹砂红陶，由盒盖和盒身组成。盒盖：整体呈覆钵状，弧顶，方唇，子母口，素面。盒身：尖唇，子母口，弧腹，平底，圈足，素面。标本 M194：11，通高 14.63 厘米。盒盖：口径 20.8、高 4.3、壁厚 0.6 厘米。盒身：口径 17.3、底径 12.2、高 10.91、壁厚 0.8 厘米（图三九三，7；彩版二三七，4）。标本 M194：12，通高 14.4 厘米。盒盖：口径 20.3、高 4.6、壁厚 0.7 厘米。盒身：口径 17.3、底径 13.4、高 10.6、壁厚 1.0 厘米（图三九三，8）。

盆 1 件。标本 M194：8，夹砂黄陶。圆唇，卷沿，敞口，弧腹，平底。素面。口径 25.1、底径 8.9、高 6.8、壁厚 0.8 厘米（图三九三，9；彩版二三七，5）。

钵 2 件（M194：13、14）。形制相同，均为夹砂灰陶，方唇，口微敛，弧腹，平底，素面。标本 M194：13，口径 20.2、底径 6.8、高 8.7、壁厚 0.6 厘米（图三九三，10；

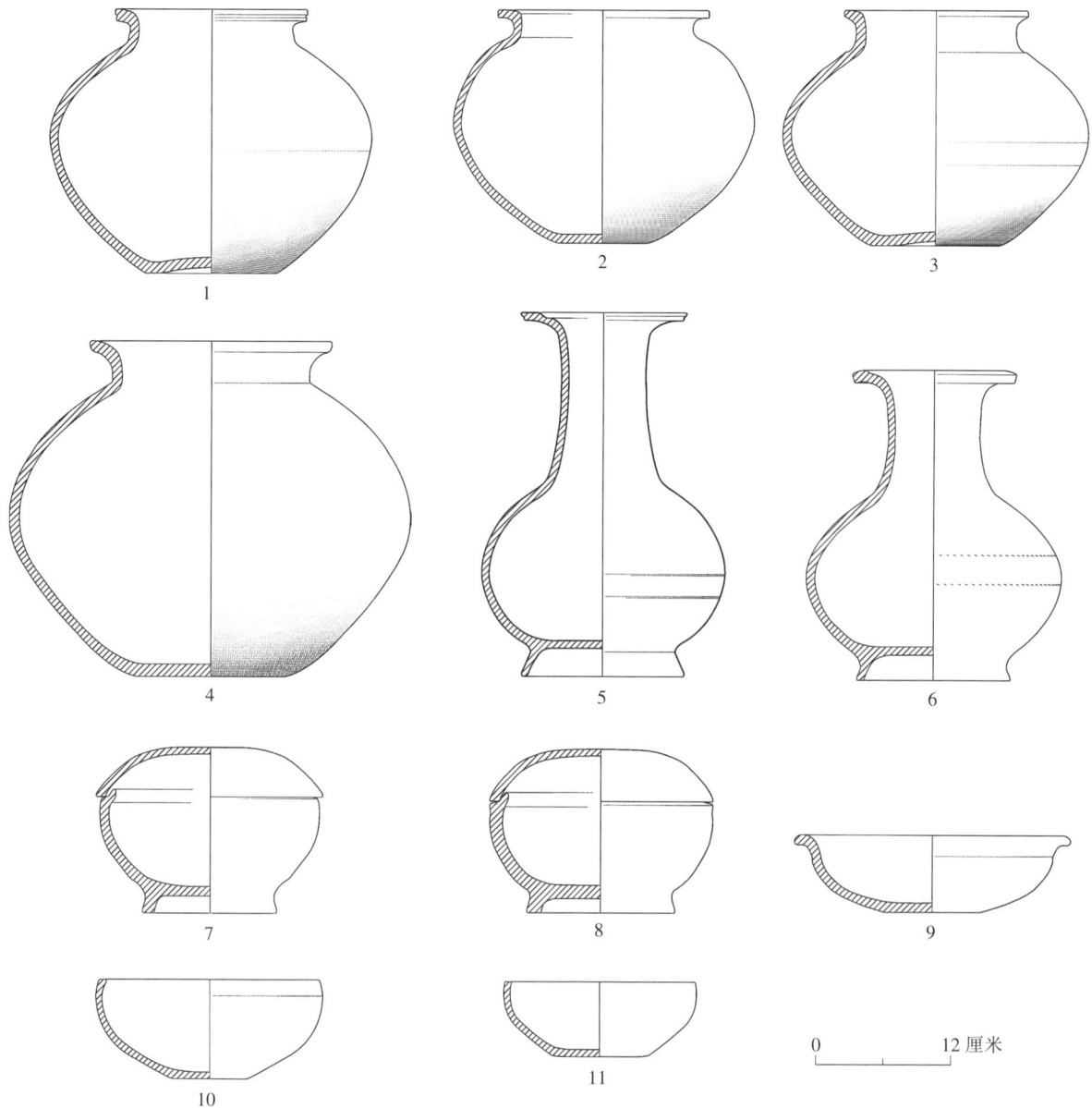

图三九三　M194 出土器物

1～4. 陶罐（M194：9、10、15、16）　5、6. 陶壶（M194：6、7）　7、8. 陶盒（M194：11、12）　9. 陶盆（M194：8）
10、11. 陶钵（M194：13、14）

彩版二三七，6）。标本 M194：14，口径 17.3、底径 8.8、高 6.6、壁厚 0.6 厘米（图三九三，11）。

铜器　计有镜 1、铃 1、环 1。

镜　1 面。标本 M194：2，蟠螭纹铜镜。圆形，镜面微凸。三弦纽，圆形纽座。纽座外为一圆形双线界格，界格内对称置有四组互相两两勾连的蟠螭纹，蟠螭纹之间填充有短斜线做为底纹。外围为内向十六连弧纹。宽素缘。面径 8.9、背径 9.2、高 0.5 厘米（图三九四；彩版二三八，1）。

铃　1 套 25 个（图三九五；图三九六，1～10；彩版二三八，2；彩版二三九、二四〇）。均为圆形半环形纽，平顶，扁腹，上小下大，两铣下垂，腔内有舌。标本 M194：3－

1，素面。高13.0、宽6.9厘米（见图三九五，1）。标本 M194∶3－2，钲部饰有菱形纹，其内饰以圆点纹。高6.0、宽5.4厘米（见图三九五，2）。标本 M194∶3－3，钲部中间施有两条纵向竖线纹，其左右各施有一个"X"纹。高4.2、宽4.0厘米（见图三九五，3）。标本 M194∶3－4，钲部两侧各施有几何纹，其内饰以圆点纹。高4.3、宽4.6厘米（见图三九五，4）。标本 M194∶3－5，钲部饰有菱形纹。高3.8、宽5.2厘米（见图三九五，5）。标本 M194∶3－18，钲部施有菱形纹，其内饰以卷云纹。高4.8、宽4.7厘米（见图三九六，3）。标本 M194∶3－21，钲部饰有一略呈梯形的界格，其内饰以圆点鱼鳞纹。高4.1、宽5.0厘米（见图三九六，6）。

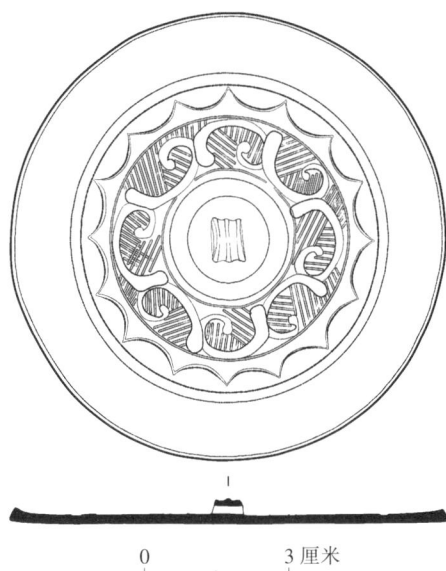

图三九四　M194 出土铜镜（M194∶2）

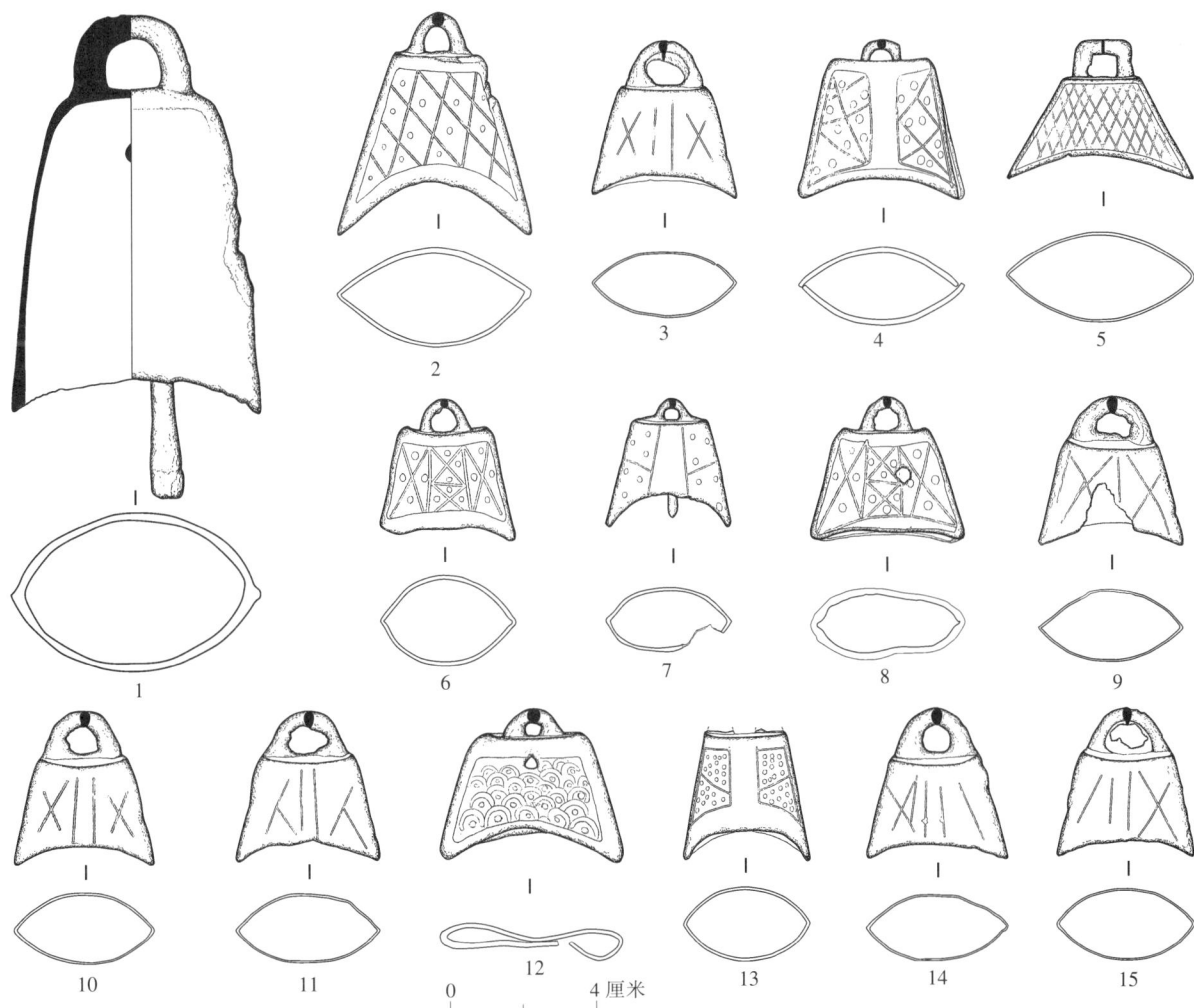

图三九五　M194 出土铜铃

1~15. M194∶3－1、3－2、3－3、3－4、3－5、3－6、3－7、3－8、3－9、3－10、3－11、3－12、3－13、3－14、3－15

环 1 套 10 个（图三九六，11～20；彩版二三八，3～6）。平面均呈圆形。标本 M194：3－29，截面呈圆角长方形。外径 3.6、内径 2.1 厘米（见图三九六，13）。标本 M194：3－31，截面呈扁圆形。外径 2.4、内径 1.6 厘米（见图三九六，15）。标本 M194：3－33，截面呈圆形。外径 2.6、内径 1.6 厘米（见图三九六，17）。标本 M194：3－36，截面呈扁梭形。外径 6.3、内径 4.5 厘米（见图三九六，20）。

铁器 计有环 1。

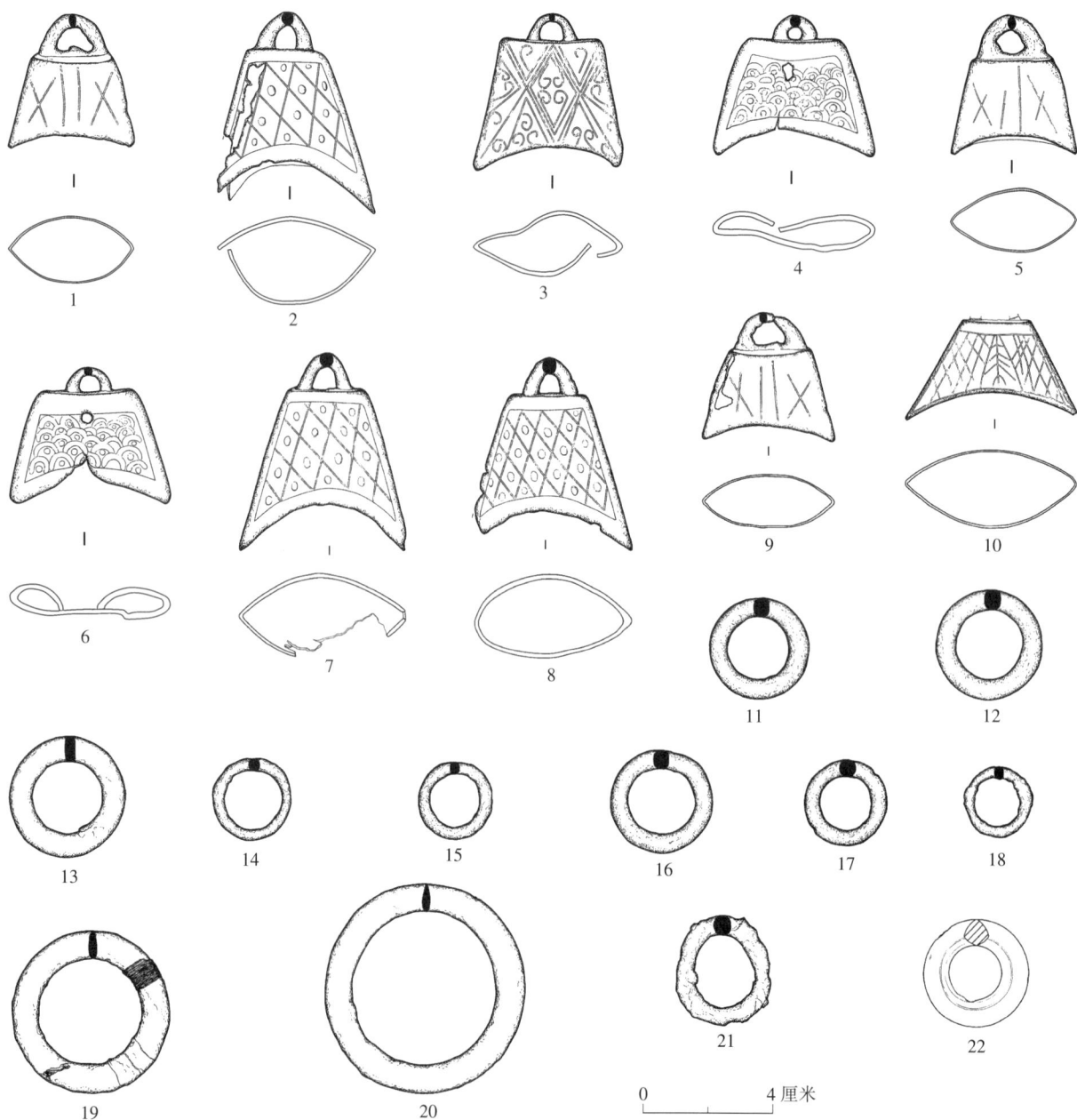

图三九六 M194 出土器物

1～10. 铜铃（M194：3－16、3－17、3－18、3－19、3－20、3－21、3－22、3－23、3－24、3－25） 11～20. 铜环（M194：3－26、3－28、3－29、3－30、3－31、3－32、3－33、3－34、3－35、3－36） 21. 铁环（M194：3－27）22. 玛瑙环（M194：1）

环　1件。标本 M194：3－27，系为铜铃组件，平面略呈椭圆形，截面近似圆形。外径 2.9～3.3、内径 1.7～2.1 厘米（图三九六，21）。

玛瑙器　计有环 1。

环　1件。标本 M194：1，米黄色。平面呈圆形，截面略呈菱形。外径 3.3、内径 1.6 厘米（图三九六，22）。

铜钱　62 枚，其中，"五铢"钱 38 枚，"半两"钱 24 枚（图三九七）。详情见下表。

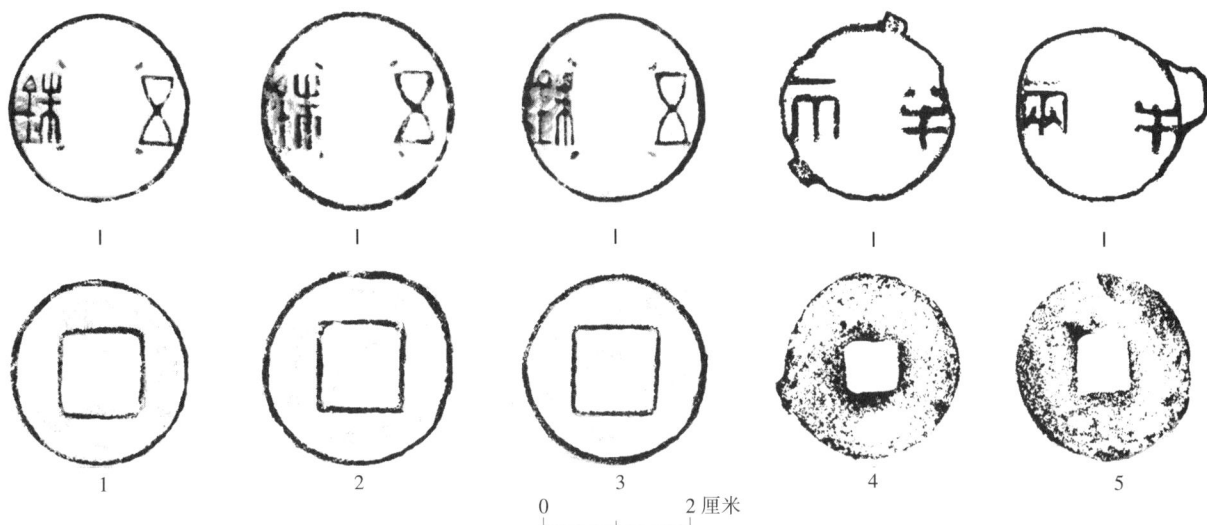

图三九七　M194 出土铜钱拓片
1～5. M194：4－1、4－2、4－7、5－12、5－19

M194 铜钱统计表　　　　　　　　　　　　　（长度：厘米，重量：克）

种类	编号	特征		郭径	钱径	穿宽	郭宽	郭厚	肉厚	重量
		文字特征	记号							
五铢钱	4－1	"五"字瘦长，竖划甚曲；"金"头三角形，四竖点；"朱"头较圆，"朱"下方折	无	2.59	2.43	0.91	0.08	0.18	0.07	4.60
	4－2	"五"字瘦长，竖划缓曲；"金"头三角形，四竖点；"朱"头方折，"朱"下较圆	穿下月牙	2.50	2.32	0.91	0.09	0.18	0.06	4.00
	4－3	同上	四决文	2.58	2.40	1.00	0.09	0.23	0.05	4.10
	4－4	"五"字瘦长，竖划缓曲；"金"头三角形，四竖点；"朱"头较圆，"朱"下方折	同上	2.57	2.39	0.98	0.09	0.23	0.05	4.10
	4－5	"五"字瘦长，竖划缓曲；"金"头三角形，四竖点；"朱"头较圆，"朱"下较圆	左上一圆孔	2.56	2.40	1.00	0.08	0.19	0.06	2.90
	4－6	"五"字瘦长，竖划缓曲；"金"头三角形，四竖点；"朱"头方折，"朱"下方折	四决文	2.44	2.30	0.93	0.07	0.20	0.06	3.40

（续表）

种类	编号	特征		郭径	钱径	穿宽	郭宽	郭厚	肉厚	重量
		文字特征	记号							
五铢钱	4-7	"五"字瘦长，竖划较直；"金"头三角形，四竖点；"朱"头方折，"朱"下方折	同上	2.43	2.31	0.93	0.06	0.18	0.08	3.90
	4-8	同上	同上	2.51	2.33	0.99	0.09	0.18	0.09	3.40
	4-9	同上	同上	2.48	2.24	0.96	0.12	0.23	0.06	4.40
	4-10	同上	同上	2.55	2.39	0.99	0.08	0.18	0.06	3.60
	4-11	同上	无	2.49	2.29	0.88	0.10	0.22	0.05	3.70
	4-12	"五"字瘦长，竖划较直；"金"头三角形，四竖点；"朱"头方折，"朱"下较圆	四决文	2.47	2.23	0.95	0.12	0.19	0.08	3.90
	4-13	同上	同上	2.60	2.40	0.91	0.10	0.23	0.10	5.10
	4-14	同上	无	2.55	2.33	0.91	0.11	0.20	0.08	5.20
	4-15	同上	四决文	2.54	2.34	0.98	0.10	0.19	0.06	4.10
	4-16	同上	同上	2.49	2.27	0.95	0.11	0.23	0.07	4.70
	4-17	同上	同上	2.46	2.26	0.96	0.10	0.21	0.08	2.90
	4-18	同上	同上	2.51	2.31	0.93	0.10	0.19	0.08	4.10
	4-19	同上	同上	2.46	2.28	0.90	0.09	0.23	0.08	4.70
	4-20	同上	同上	2.54	2.36	0.90	0.09	0.16	0.06	3.90
	4-21	同上	同上	2.55	2.31	0.95	0.12	0.22	0.09	3.80
	4-22	同上	同上	2.45	2.21	0.89	0.12	0.20	0.05	4.10
	4-23	同上	同上	2.51	2.31	1.01	0.10	0.22	0.05	3.40
	4-24	同上	同上	2.51	2.31	0.92	0.10	0.22	0.07	3.60
	4-25	同上	同上	2.58	2.38	0.94	0.10	0.21	0.08	4.10
	4-26	同上	无	2.53	2.33	0.92	0.10	0.17	0.08	4.80
	4-27	同上	四决文	2.53	2.35	0.96	0.09	0.21	0.05	4.10
	4-28	同上	同上	2.62	2.42	0.98	0.10	0.21	0.06	3.60
	4-29	同上	同上	2.54	2.38	0.90	0.08	0.23	0.08	4.30
	4-30	同上	同上	2.46	2.28	0.93	0.09	0.20	0.06	3.10
	4-31	同上	同上	2.43	2.23	0.89	0.10	0.19	0.06	3.50
	4-32	同上	同上	2.51	2.35	1.03	0.08	0.17	0.07	3.90
	4-33	同上	同上	2.49	2.29	0.94	0.10	0.23	0.05	3.90
	4-34	同上								
	4-35	同上								
	4-36	同上								

（续表）

种类	编号	特征		郭径	钱径	穿宽	郭宽	郭厚	肉厚	重量
		文字特征	记号							
五铢钱	4－37	同上								
	4－38	同上								
半两钱	5－1	"半"字头硬折，上横两端上折；十字"两"			2.42	0.75			0.06	2.90
	5－2	同上			2.46	0.83			0.05	2.90
	5－3	同上			2.46	0.79			0.04	2.60
	5－4	同上			2.41	0.88			0.05	2.90
	5－5	同上			2.42	0.83			0.06	2.70
	5－6	同上			2.40	0.85			0.04	2.00
	5－7	"半"字头硬折，上横两端上折；连山"两"			2.42	0.79			0.05	2.50
	5－8	同上			2.37	0.85			0.05	2.20
	5－9	同上			2.44	0.92			0.05	2.20
	5－10	同上			2.46	0.89			0.05	2.20
	5－11	同上			2.36	0.89			0.04	2.20
	5－12	"半"字头硬折，上横两端上折；双人字"两"			2.45	0.69			0.05	3.30
	5－13	同上			2.42	0.83			0.03	2.20
	5－14	"半"字头为"八"，上横两端上折；十字"两"			2.39	0.72			0.07	3.70
	5－15	同上			2.42	0.81			0.04	1.90
	5－16	同上			2.37	0.78			0.07	3.00
	5－17	同上			2.52	0.67			0.09	3.20
	5－18	同上			2.43	0.94			0.05	2.20
	5－19	"半"字头为"八"上横两端上折；两个"⊥"字"两"			2.52	0.76			0.04	2.60
	5－20	"半"字头为"八"，上横两端上折；连山"两"			2.30	0.62			0.07	2.70
	5－21	"半"字头为"八"，上横两端上折；双人"两"			2.46	0.92			0.04	3.30
	5－22	残边两片								
	5－23	"半"字头硬折，上横两端上折；十字"两"			2.45	0.79			0.06	2.70
	5－24	同上			2.44	0.61			0.07	2.80

一四三　M195（Ⅴ区）

1. 墓葬形制

石圹竖穴墓，平面呈圆角长方形，墓圹不甚规整。方向25°（见图三九二；见彩版二三五，2）。开口于耕土层下，开口距地表0.26米。

墓圹四壁较平直，墓底平坦。长3.80、宽2.80、深1.18米。墓穴四壁保存有一圈宽0.20、高0.55米的贝壳；墓底平铺一层厚0.10米的贝壳。

墓内填土主要为黄色的沙石混合料，夹杂有少量的贝壳，土质较疏松。

2. 葬具和人骨

墓底贝壳层上发现有黑色板灰痕迹，大致沿人骨分布，应为1具木棺。据残存板灰推测，木棺平面呈长方形，长2.40、宽0.80米。

葬有1具人骨，为一男性个体。骨骼保存较差，现仅存头骨、肢骨等，葬式为仰身微屈肢葬，头向北，面向不明，双臂平伸，双腿膝关节均向西屈折。

3. 随葬品

该墓共出土有10件随葬品，质地分为陶、铜两种，另有铜钱132枚。其中，铜钱位于人骨左膝关节处，铜带钩位于人骨两脚踝之间；其余随葬品均位于人骨西侧，南北向排列两排，较为规整（彩版二三六，2）。分述如下。

陶器　计有罐5、壶1、盆1。

罐　5件（M195：4、7、8、9、10）。标本M195：4，夹砂灰陶。方唇，侈口，展沿，束颈，溜肩，弧腹，腹部最大径位置居中，凹底。腹内壁饰瓦棱纹，腹下部及底部饰有细绳纹。口径18.0、底径10.6、腹部最大径28.7、高21.2、壁厚0.7～0.9厘米（图三九八，1）。标本M195：7，夹砂灰陶。方唇，敞口，展沿，束颈，溜肩，弧腹，最大腹径位置居中，凹底。腹中部有一周凹弦纹和一周粗绳纹，腹下部及底部饰有细绳纹。口径16.8、底径8.2、腹部最大径24.0、高20.0、壁厚0.8～1.0厘米（图三九八，2）。标本M195：8，夹砂灰陶。圆唇，侈口，束颈，溜肩，鼓腹，腹部最大径位置居中，平底。腹下部及底部饰有细绳纹。口径15.5、底径8.5、腹部最大径24.3、高19.0、壁厚0.7厘米（图三九八，3；彩版二四一，2）。标本M195：9，夹砂灰陶。方唇，展沿，敞口，束颈，溜肩，弧腹，最大腹径位置偏上，平底。腹下部及底部饰有细绳纹。口径20.2、底径10.9、腹部最大径28.7、高24.5、壁厚0.7～0.9厘米（图三九八，4）。标本M195：10，夹砂灰陶。方唇，唇面有一周凹槽，侈口，束颈，溜肩，鼓腹，腹部最大径位置靠上，平底。腹上部有五周凹弦纹，腹下部及底部饰有细绳纹。口径19.2、底径15.0、最大腹径31.9、高25.3、壁厚0.7～0.9厘米（图三九八，5）。

壶　1件。标本M195：3，夹砂灰陶。尖唇，唇下出棱，口微侈，直颈，溜肩，弧腹，最大腹径位置居中，凹底。腹下部及底部饰有细绳纹。口径10.5、底径3.9、最大腹径19.1、高21.2、壁厚0.5～0.7厘米（图三九八，6；彩版二四一，3）。

盆　1件。标本M195：5，夹砂灰陶。尖唇，敞口，卷沿，弧腹，凹底。腹内壁饰有瓦棱纹，腹下部及底部饰有细绳纹。口径31.8、底径13.5、高13.3、壁厚0.7～0.9厘米（图三九八，7；彩版二四一，4）。

铜器　计有盆1、带钩1。

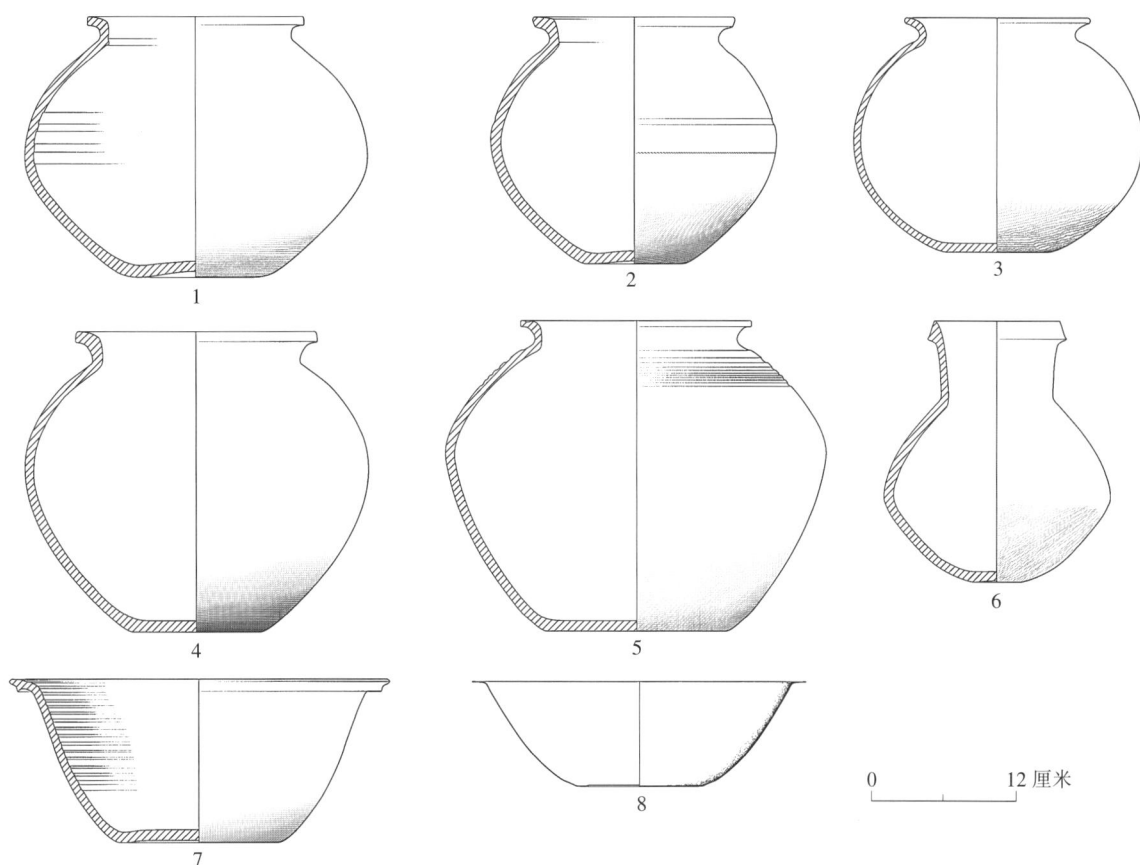

图三九八　M195 出土器物

1~5. 陶罐（M195：4、7、8、9、10）　6. 陶壶（M195：3）　7. 陶盆（M195：5）　8. 铜盆（M195：6）

盆　1件。标本 M195：6，展沿，敞口，弧腹，平底内凹。素面。腹壁较薄，铸造精良。口径 28.0、高 8.5、底径 10.6、壁厚 0.1 厘米（图三九八，8）。

铜钱　132 枚，均为"半两"钱（图三九九）。详情见下表。

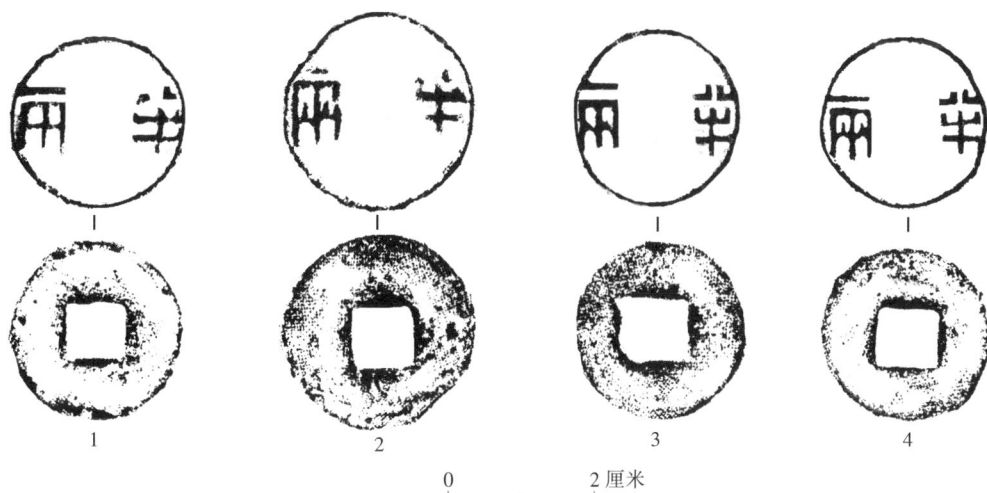

图三九九　M195 出土铜钱拓片

1~4. M195：2-74、2-93、2-97、2-109

M195 铜钱统计表　　　　　　　　　　（长度：厘米，重量：克）

种类	编号	特征		郭径	钱径	穿宽	郭宽	郭厚	肉厚	重量
		文字特征	记号							
半两钱	2－1	"半"字头为"八"，上横两端上折；十字"两"			2.40	0.74			0.08	2.70
	2－2	同上			2.39	0.88			0.08	2.50
	2－3	同上			2.35	0.79			0.10	2.80
	2－4	同上			2.25	0.75			0.10	2.60
	2－5	同上（椭圆）			2.37	0.73			0.07	2.30
	2－6	同上		2.52	2.36	0.71	0.08	0.15	0.06	2.50
	2－7	同上			2.38	0.79			0.06	2.50
	2－8	同上			2.40	0.76			0.08	2.50
	2－9	同上			2.31	0.77			0.10	3.00
	2－10	同上			2.37	0.73			0.07	2.40
	2－11	同上			2.38	0.64			0.08	2.90
	2－12	同上			2.43	0.80			0.07	2.40
	2－13	同上			2.43	0.81			0.07	2.20
	2－14	同上			2.45	0.77			0.09	2.80
	2－15	同上			2.45	0.91			0.07	2.60
	2－16	同上			2.45	0.90			0.07	2.20
	2－17	同上			2.31	0.72			0.05	2.10
	2－18	同上			2.41	0.88			0.08	2.30
	2－19	同上			2.44	0.74			0.08	2.70
	2－20	同上		2.45	2.27	0.82	0.14	0.15	0.08	3.00
	2－21	同上			2.48	0.76			0.09	2.90
	2－22	同上			2.39	0.64			0.08	2.90
	2－23	同上			2.42	0.77			0.10	2.90
	2－24	同上			2.33	0.75			0.05	1.60
	2－25	同上			2.39	0.85			0.08	2.10
	2－26	同上			2.42	0.64			0.11	3.20
	2－27	同上			2.34	0.79			0.10	2.70
	2－28	同上		2.40	2.24	0.83	0.08	0.10	0.06	2.00
	2－29	同上			2.33	0.63			0.08	2.40
	2－30	同上			2.35	0.67			0.09	2.70
	2－31	同上			2.37	0.77			0.10	2.70
	2－32	同上（边缘破损）			2.44	0.74			0.07	2.40

（续表）

种类	编号	特征		郭径	钱径	穿宽	郭宽	郭厚	肉厚	重量
		文字特征	记号							
半两钱	2－33	同上			2.32	0.80			0.07	2.50
	2－34	同上			2.44	0.88			0.06	2.20
	2－35	同上			2.33	0.92			0.09	2.90
	2－36	同上			2.40	0.79			0.08	2.60
	2－37	同上			2.37	0.85			0.13	3.60
	2－38	同上			2.44	0.60			0.10	3.70
	2－39	同上			2.36	0.66			0.07	2.30
	2－40	同上			2.31	0.70			0.08	2.50
	2－41	同上			2.37	0.88			0.05	1.80
	2－42	"半"字头为"八"，上横两端上折；连山"两"			2.31	0.94			0.07	1.60
	2－43	同上			2.38	0.69			0.10	3.20
	2－44	同上			2.41	0.81			0.08	2.70
	2－45	同上			2.38	0.77			0.10	2.90
	2－46	同上			2.45	0.77			0.09	2.60
	2－47	同上			2.36	0.67			0.09	2.80
	2－48	同上			2.31	0.83			0.09	2.10
	2－49	同上			2.45	0.81			0.07	2.40
	2－50	同上			2.46	0.75			0.10	3.00
	2－51	同上			2.42	0.80			0.08	2.30
	2－52	同上		2.39	2.23	0.82	0.08	0.15	0.10	3.10
	2－53	同上			2.40	0.78			0.09	2.90
	2－54	同上			2.39	0.88			0.07	2.30
	2－55	同上			2.30	0.85			0.08	2.30
	2－56	同上			2.44	0.81			0.08	2.50
	2－57	同上		2.42	2.32	0.80	0.05	0.15	0.07	2.50
	2－58	同上			2.41	0.77			0.08	2.60
	2－59	同上			2.41	0.79			0.09	3.00
	2－60	同上			2.36	0.69			0.10	2.80
	2－61	同上			2.44	0.84			0.07	2.50
	2－62	同上			2.40	0.73			0.10	2.70
	2－63	"半"字头为"八"，上横两端上折；两个"人"字"两"			2.38	0.69			0.07	2.70

（续表）

种类	编号	特征		郭径	钱径	穿宽	郭宽	郭厚	肉厚	重量
		文字特征	记号							
半两钱	2－64	同上			2.47	0.73			0.08	3.00
	2－65	同上			2.38	0.80			0.10	2.70
	2－66	同上			2.38	0.75			0.07	2.40
	2－67	同上			2.31	0.81			0.10	2.50
	2－68	同上			2.46	0.79			0.05	2.50
	2－69	同上			2.37	0.71			0.12	3.40
	2－70	同上			2.34	0.90			0.10	2.90
	2－71	同上			2.48	0.77			0.08	2.40
	2－72	同上			2.45	0.67			0.09	3.00
	2－73	同上			2.39	0.80			0.10	2.70
	2－74	"半"字头硬折，上横两端上折；十字"两"			2.40	0.79			0.07	2.40
	2－75	同上			2.39	0.80			0.07	2.60
	2－76	同上			2.40	0.80			0.07	2.50
	2－77	同上			2.34	0.78			0.10	2.60
	2－78	同上			2.36	0.69			0.09	3.00
	2－79	同上			2.47	0.70			0.10	3.30
	2－80	同上			2.39	0.73			0.09	3.20
	2－81	同上			2.47	0.79			0.09	2.60
	2－82	同上			2.37	0.90			0.06	1.90
	2－83	同上			2.33	0.60			0.10	3.00
	2－84	同上			2.41	0.72			0.06	2.70
	2－85	同上			2.43	0.80			0.09	2.90
	2－86	同上			2.35	0.69			0.09	2.90
	2－87	同上			2.37	0.71			0.04	2.20
	2－88	同上			2.39	0.85			0.07	2.70
	2－89	同上（边缘残缺）			2.40	0.85			0.08	2.30
	2－90	同上			2.39	0.76			0.09	2.90
	2－91	同上			2.33	0.78			0.10	2.80
	2－92	同上			2.39	0.82			0.08	2.30
	2－93	"半"字头硬折，上横两端上折；两个"⊥"字"两"			2.64	0.83			0.06	2.70
	2－94	同上			2.44	0.93			0.11	2.90

（续表）

种类	编号	特征		郭径	钱径	穿宽	郭宽	郭厚	肉厚	重量
		文字特征	记号							
半两钱	2 – 95	"半"字头硬折，上横两端上折；连山"两"			2.42	0.79			0.08	2.70
	2 – 96	同上		2.41	2.31	0.81	0.05	0.13	0.07	2.70
	2 – 97	同上			2.36	0.73			0.08	3.00
	2 – 98	同上			2.49	0.82			0.08	2.50
	2 – 99	同上			2.40	0.84			0.07	2.40
	2 – 100	同上			2.43	0.79			0.09	2.90
	2 – 101	同上			2.44	0.85			0.10	3.10
	2 – 102	同上			2.43	0.75			0.09	3.30
	2 – 103	同上			2.31	0.88			0.06	2.00
	2 – 104	同上			2.39	0.82			0.07	2.50
	2 – 105	同上			2.45	0.79			0.10	2.50
	2 – 106	同上			2.49	0.59			0.07	3.70
	2 – 107	同上			2.38	0.82			0.09	2.80
	2 – 108	"半"字头硬折，上横两端上折；双人"两"			2.36	0.80			0.09	3.00
	2 – 109	同上			2.40	0.87			0.09	2.60
	2 – 110	同上			2.33	0.70			0.06	2.60
	2 – 111	同上			2.36	0.78			0.08	2.60
	2 – 112	同上			2.45	0.81			0.08	2.70
	2 – 113	同上			2.49	0.82			0.05	2.90
	2 – 114	"半"字头硬折，上横两端上折；十字"两"			2.34	0.80			0.05	2.70
	2 – 115	"半"字头硬折，上横两端上折；双人字"两"			2.42	0.85			0.06	2.40
	2 – 116	同上			2.35	0.70			0.08	3.00
	2 – 117	同上			2.36	0.85			0.05	2.30
	2 – 118	"半"字头为"八"上横两端上折；十字"两"			2.37	0.84			0.04	2.20

附：另有14个残缺不清

一四四　M197（Ⅴ区）

M197 与 M198 为一组并葬墓。

1. 墓葬形制

土坑竖穴墓，平面呈圆角长方形，墓圹规整。方向 0°（图四〇〇；彩版二四二，1）。开口于耕土层下，开口距地表 0.20 米。

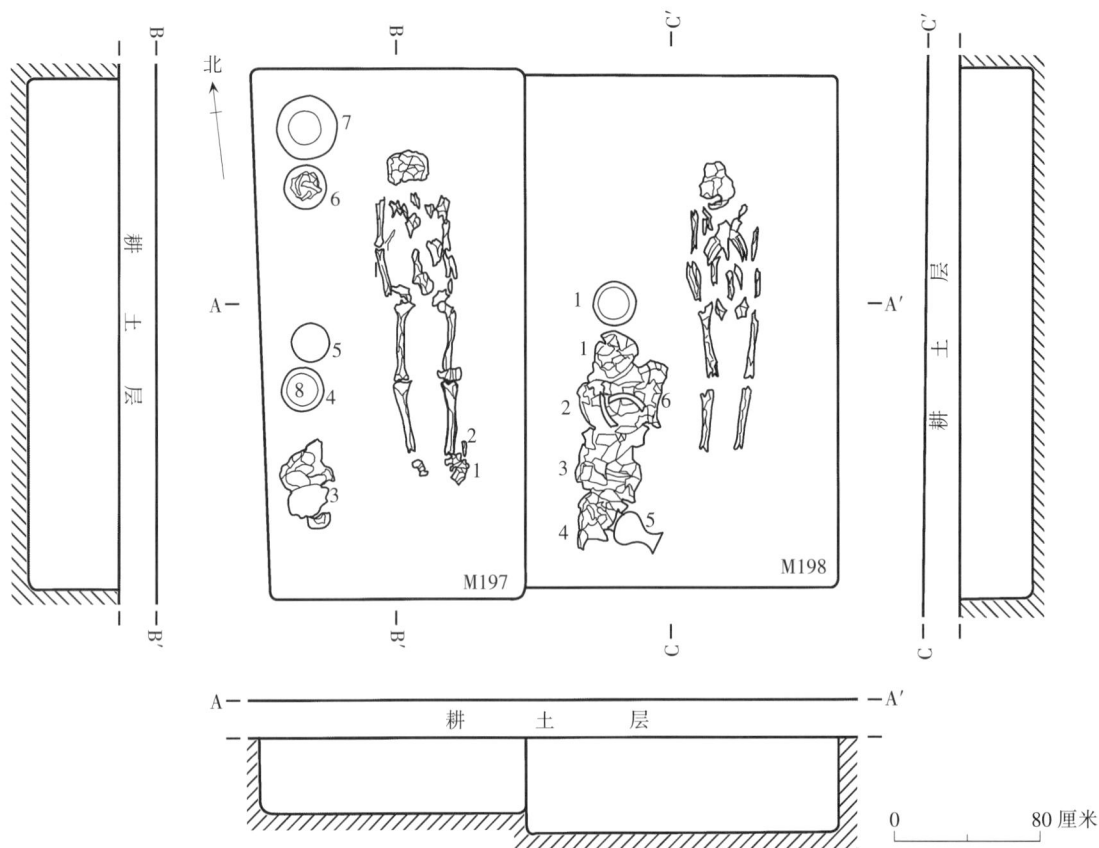

图四〇〇　M197、M198 平、剖面图

M197　1、2. 铜带钩　3. 陶壶　4、5、8. 陶钵　6、7. 陶罐

M198　1、2. 陶盒　3、6. 陶罐　4、5. 陶壶

墓圹四壁较平直，墓底平坦。长2.80、宽1.50、深0.40米。墓穴四壁保存有一圈宽0.10米的贝壳。

墓内填土主要为黄沙，夹杂有少量的贝壳，土质较疏松。

2. 葬具和人骨

从墓穴四壁保存的贝壳分析，该墓主在入葬时，应存在木棺，棺与墓壁的间隙填充贝壳；但由于该墓的埋藏条件不利于木棺保存，所以，在木棺腐朽殆尽后，仅剩贝壳立于墓穴四壁之上（彩版二四二，2）。

墓内葬有1具人骨，为一男性个体。骨骼保存较完整，葬式为仰身直肢，头向北，面向上，双臂平伸贴近体侧，双腿较平直。

3. 随葬品

该墓共出土有8件随葬品，质地分为陶、铜两种，其中，铜带钩位于人骨左脚踝处；其余随葬品均位于人骨西侧，南北向排列，较为规整（彩版二四二，3）。分述如下。

陶器　计有罐2、壶1、钵3。

罐　2件（M197：6、7）。标本M197：6，夹砂灰陶。圆唇，侈口，卷沿，短颈，圆肩，鼓腹，最大腹径位置居中，平底。腹下部及底部饰有绳纹。口径17.6、底径10.4、最大腹径25.2、高20.9、壁厚0.6厘米（图四〇一，1；彩版二四三，1）。标本M197：7，

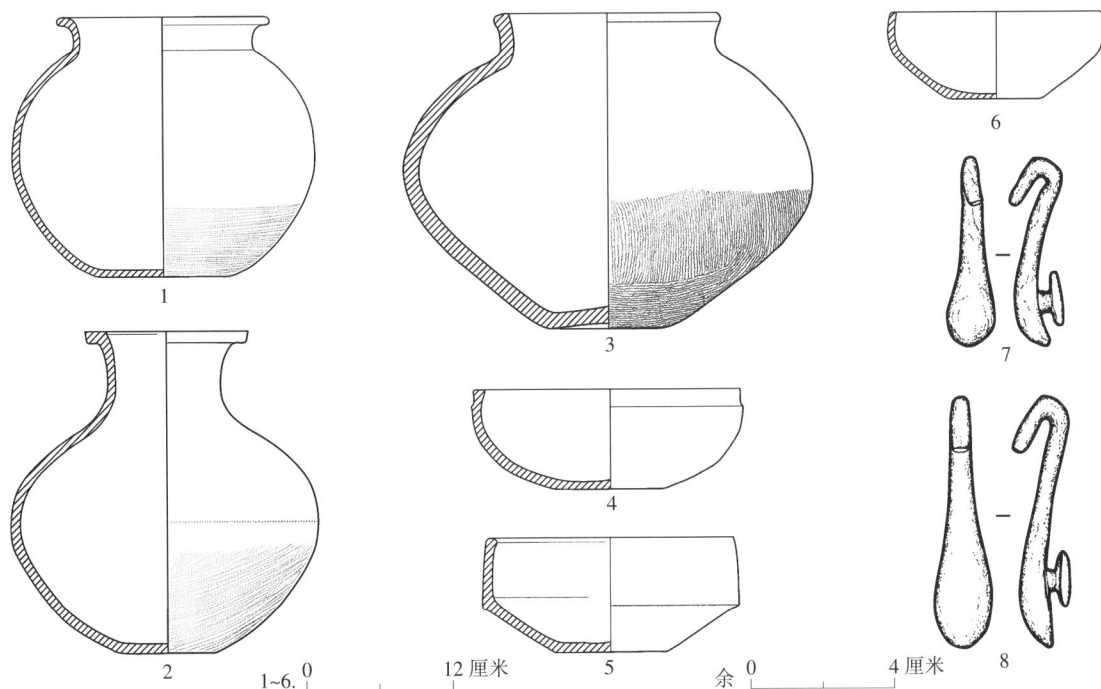

图四〇一　M197 出土器物

1、3. 陶罐（M197：6、7）　2. 陶壶（M197：3）　4～6. 陶钵（M197：4、5、8）　7、8. 铜带钩（M197：1、2）

夹砂黑陶。圆唇，侈口，短颈，溜肩，鼓腹，最大腹径位置居中，凹底。腹下部及底部饰有绳纹。口径 18.8、底径 9.1、腹部最大径 34.0、高 25.5、壁厚 1.0～1.2 厘米（图四〇一，3；彩版二四三，2）。

壶　1件。标本 M197：3，夹砂灰陶。方唇，折沿，敞口，束颈，溜肩，鼓腹，最大腹径位置靠近肩部，平底。腹中部饰一周粗绳纹，腹下部饰有绳纹，抹平。口径 13.5、底径 7.8、最大腹径 25.6、高 25.9、壁厚 0.7 厘米（图四〇一，2；彩版二四三，3）。

钵　3件（M197：4、5、8）。标本 M197：4，夹砂灰陶。方唇，子母口，平底。素面，周身轮旋痕迹明显。口径 22.2、底径 8.9、高 8.1、壁厚 0.6～0.8 厘米（图四〇一，4；彩版二四三，4）。标本 M197：5，夹砂褐陶。圆唇，口微敛，折腹，平底。口径 20.6、底径 9.2、高 9.2、壁厚 0.7～1.2 厘米（图四〇一，5；彩版二四三，5）。标本 M197：8，夹砂褐陶。圆唇，口微敛，弧腹，平底。口径 17.5、底径 7.5、高 7.0、壁厚 0.6 厘米（图四〇一，6；彩版二四三，6）。

铜器　计有带钩 2。

带钩　2件（M197：1、2）。形制相同，均为琵琶形。圆柱状钩首，钩体至钩尾处渐粗宽，钩体侧视呈"S"形。圆形钩纽位于靠近钩尾处。标本 M197：1，长 5.0 厘米（图四〇一，7）。标本 M197：2，长 6.7 厘米（图四〇一，8）。

一四五　M198（Ⅴ区）

1. 墓葬形制

土坑竖穴墓，平面呈圆角长方形，墓圹规整。方向 5°（见图四〇〇；见彩版二四二，1）。开口于耕土层下，开口距地表 0.20 米。

　　墓圹四壁较平直，墓底平坦。长 2.70、宽 1.70、深 0.50 米。墓穴四壁保存有一圈宽 0.10 米的贝壳；墓底均匀涂抹有一层厚 0.03 米的黑色细泥，之上平铺一层厚 0.02 米的贝壳（彩版二四四，1）。

　　墓内填土主要为黄沙，夹杂有少量的贝壳，土质较疏松。

　　2. 葬具和人骨

　　从墓穴四壁保存的贝壳分析，该墓主在入葬时，应存在木棺，棺与墓壁的间隙填充贝壳；但由于该墓的埋藏条件不利于木棺保存，所以，在木棺腐朽殆尽后，仅剩贝壳立于墓穴四壁之上。

　　墓内葬有 1 具人骨，为一女性个体。骨骼保存较差，葬式为仰身直肢，头向北，面向上，双肩上耸，双臂平伸贴近体侧，双腿略内拢。

　　3. 随葬品

　　该墓共出土有 6 件随葬品，均为陶器，位于人骨西侧，南北向排列，较为规整。种类计有罐 2、壶 2、盒 2。

　　罐　2 件（M198：3、6）。标本 M198：3，夹砂灰陶。圆唇，展沿，沿面有一周凹槽，直口，短颈，溜肩，弧腹，腹部最大径位置靠上，平底。下腹部及底部满饰绳纹。口径 19.3、底径 9.0、最大腹径 30.7、高 23.5、壁厚 0.7～1.1 厘米（图四〇二，1；彩版二四四，2）。标本 M198：6，夹砂灰陶。方唇，敞口，折沿，短颈，溜肩，鼓腹，腹部最大径位置居中，凹底。腹中部施有一周粗绳纹，腹下部及底部施有绳纹。口径 14.0、底径 9.6、最大腹径 24.5、高 20.3、壁厚 0.5～0.7 厘米（图四〇二，2）。

　　壶　2 件（M198：4、5）。标本 M198：4，夹砂灰褐陶。尖唇，侈口，束颈，溜肩，鼓腹，最大腹径位置居中，圜底，圈足。素面。口径 14.6、底径 11.0、最大腹径 19.4、

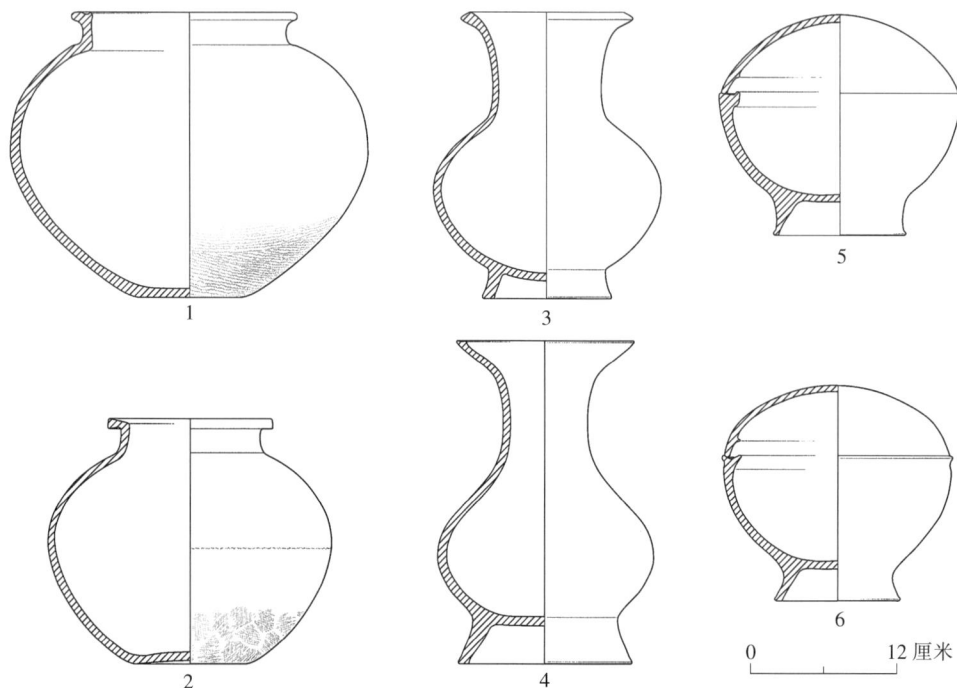

图四〇二　M198 出土器物

1、2. 陶罐（M198：3、6）　3、4. 陶壶（M198：4、5）　5、6. 陶盒（M198：1、2）

高 23.7、壁厚 0.6~1.2 厘米（图四○二，3；彩版二四四，3）。标本 M198：5，夹砂灰褐陶。尖唇，近盘口，束颈，溜肩，鼓腹，最大腹径位置靠下，圜底，圈足。素面。口径 15.1、底径 14.8、腹部最大径 18.4、高 26.8、壁厚 0.5~1.6 厘米（图四○二，4；彩版二四四，4）。

盒　2 件（M198：1、2）。形制相同，均为夹砂灰陶，由盒盖和盒身组成。盒盖：整体呈覆钵形，弧顶，尖唇，子母口；素面。盒身：尖唇，子母口，弧腹，圈足；素面。标本 M198：1，通高 18.3 厘米。盒盖：口径 20.0、高 6.6、壁厚 0.5~0.8 厘米。盒身：口径 20.5、底径 11.3、高 11.8、壁厚 0.5~1.8 厘米（图四○二，5；彩版二四四，5）。标本 M198：2，通高 17.8 厘米。盒盖：口径 19.1、高 6.0、壁厚 0.5~0.8 厘米。盒身：口径 19.6、底径 10.7、高 12.0、壁厚 0.5~1.8 厘米（图三九二，6）。

一四六　M199（Ⅴ区）

1. 墓葬形制

石圹竖穴墓，平面呈圆角长方形，墓圹规整。方向 95°（图四○三；彩版二四五，1）。开口于耕土层下，开口距地表 0.20~0.30 米。

墓圹四壁较平直，墓底平坦。长 2.70、宽 1.50、深 1.30 米。

墓内填土主要为黄色的沙石混合料，土质较疏松。

2. 葬具和人骨

墓内未见任何葬具和人骨痕迹。

3. 随葬品

该墓共出土有 5 件随葬品，均为陶器。种类计有罐 2、壶 2、盆 1。随葬品位于墓底南、北两侧，排列较为规整，其中，北侧为陶盆；南侧为陶壶和陶罐。

罐　2 件（M199：2、3）。标本 M199：2，夹砂灰陶。圆唇，侈口，卷沿，束颈，溜肩，鼓腹，最大腹径位置居中，平底。素面。口径 16.8、底径 10.5、最大腹径 29.3、高 26.2、壁厚 0.7~0.9 厘米（图四○四，1）。标本 M199：3，夹砂灰陶。尖唇，侈口，直颈，折肩，腹内弧，最大腹径位置靠近肩部，平底。唇外沿有一道凸弦纹，腹部有三道凹弦纹。口径 17.1、底径 12.0、最大腹径 26.6、高 21.9、壁厚 0.4~0.6 厘米（图四○四，2；彩版二四六，1）。

壶　2 件（M199：4、5）。标本 M199：4，夹砂灰陶。方唇、唇面有一周凹槽，敞口，直颈，溜肩，球腹，最大腹径位置居中，平底。腹上部及中部

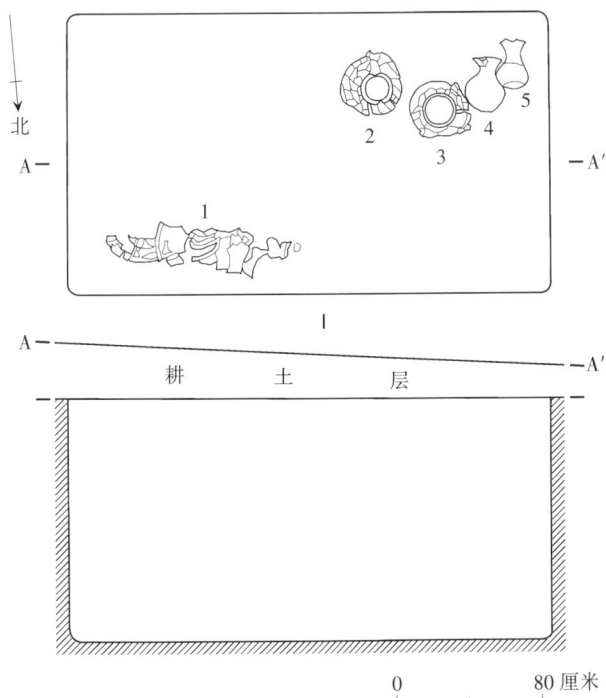

图四○三　M199 平、剖面图
1. 陶盆　2、3. 陶罐　4、5. 陶壶

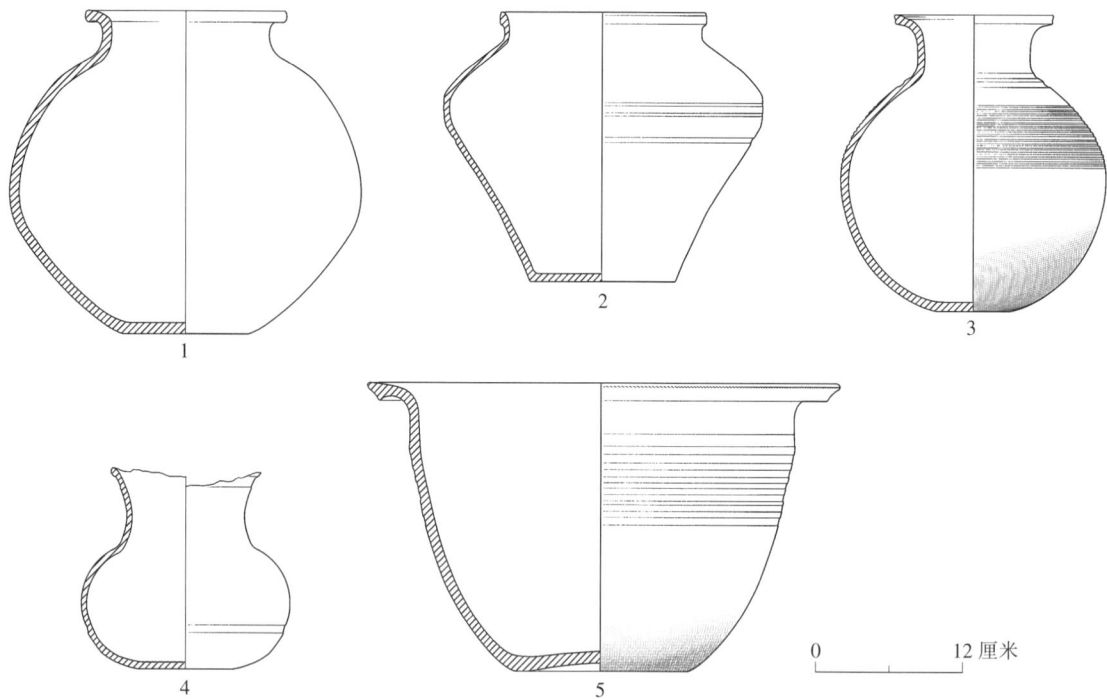

图四〇四　M199 出土器物

1、2. 陶罐（M199：2、3）　3、4. 陶壶（M199：4、5）　5. 陶盆（M199：1）

有数周凹弦纹，腹下部及底部饰有细绳纹。口径 13.3、底径 6.2、最大腹径 22.0、高 24.0、壁厚 0.6～0.8 厘米（图四〇四，3；彩版二四六，2）。标本 M199：5，夹砂灰陶，陶土中添加滑石。口部残缺，束颈，圆肩，鼓腹，最大腹径位置居中，平底。腹下部有一周凹弦纹。底径 8.1、最大腹径 17.5、残高 16.3、壁厚 0.5～0.6 厘米（图四〇四，4）。

盆　1 件。标本 M199：1，夹砂灰陶。尖唇，敞口，卷沿，弧腹，凹底。唇外沿饰有一周粗绳纹，腹中部有数周凹弦纹，腹下部及底部饰有交叉绳纹。口径 39.6、底径 14.2、高 23.4、壁厚 0.7～0.9 厘米（图四〇四，5）。

一四七　M200（Ⅴ区）

M200 与 M201 为一组并葬墓，其中，M200 打破 M201。

1. 墓葬形制

石圹竖穴墓，平面呈圆角长方形，墓圹较规整。方向 0°（图四〇五；彩版二四五，2）。开口于耕土层下，开口距地表 0.26 米。

墓圹四壁较平直，墓底平坦。长 2.90、宽 1.80、深 1.04 米。墓穴四壁保存有一圈宽 0.10、高 0.76 米的贝壳；墓底平铺一层厚 0.05 厘米的贝壳。

墓内填土主要为黄色的沙石混合料，夹杂有少量的贝壳，土质较疏松。

2. 葬具和人骨

从墓穴四壁保存的贝壳分析，该墓主在入葬时，应存在木棺，棺与墓壁的间隙填充贝壳；但由于该墓的埋藏条件不利于木棺保存，所以，在木棺腐朽殆尽后，仅剩贝壳立于墓穴四壁之上。

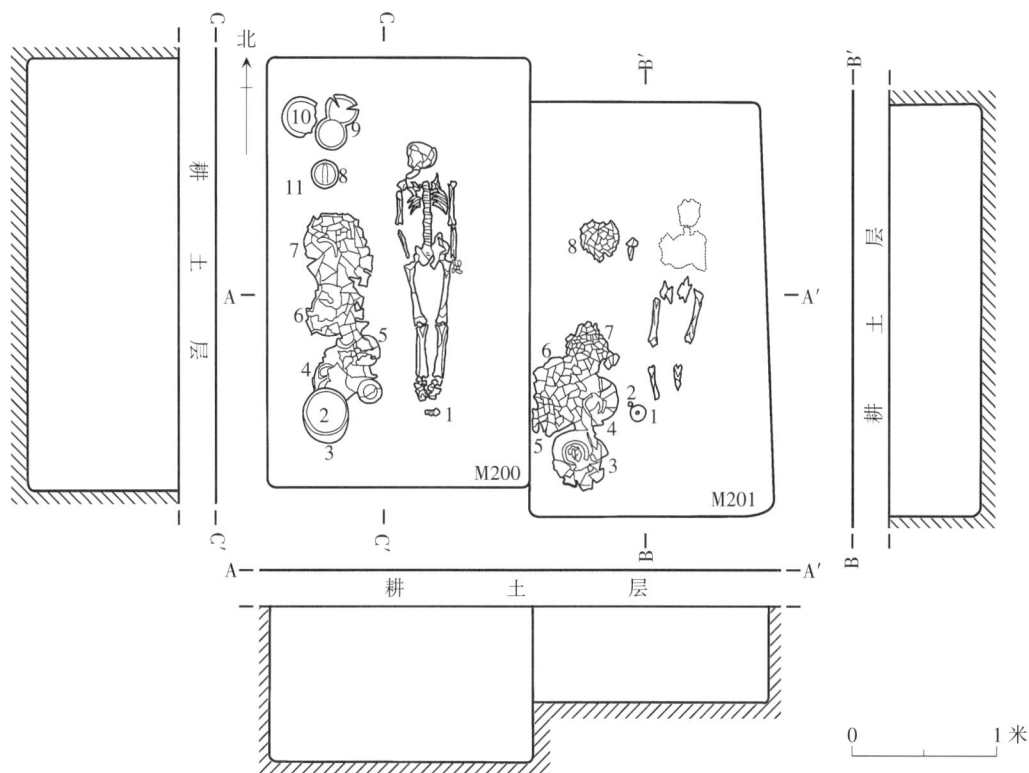

图四〇五 M200、M201 平、剖面图

M200 1. 铜钱 2、10. 铜盆 3、6、7. 陶罐 4、5. 陶壶 8. 陶鼎 9. 陶钵 11. 铜矛

M201 1. 铜镜 2. 铜钱 3、4. 陶罐 5、6. 陶壶 7. 陶钵 8. 陶盆

墓内葬有 1 具人骨，为一男性个体。骨骼保存较完整，葬式为仰身直肢，头向北，面向西，双臂贴于体侧，双腿向内并拢。

3. 随葬品

该墓共出土有 11 件随葬品（彩版二四七，1），质地分为陶、铜两种，其中有铜钱 38 枚。其中，铜钱位于人骨脚下；其余随葬品均位于人骨西侧，南北向排列，较为规整。分述如下。

陶器 计有罐 3、壶 2、鼎 1、钵 1。

罐 3 件（M200：3、6、7）。标本 M200：3，夹砂黑陶。尖唇，侈口，展沿，矮领，溜肩，鼓腹，最大腹径居中，凹底。腹下部及底饰绳纹。口径 19.4、底径 8.5、最大腹径 28.2、高 21.0、壁厚 0.9 厘米（图四〇六，1；彩版二四六，3）。标本 M200：6，夹砂灰陶。尖唇，敞口，展沿，沿面向内斜，高领，溜肩，鼓腹，平底。肩部饰三周弦纹，腹下部和底部饰绳纹。口径 19.9、底径 11.9、最大腹径 36.8、高 32.6、壁厚 0.9 厘米（图四〇六，2；彩版二四六，4）。标本 M200：7，夹砂灰陶。尖唇，侈口，展沿，短束颈，溜肩，鼓腹，平底。肩部饰四周弦纹，腹中部饰四周粗绳纹，腹下部及底部饰绳纹。口径 20.8、底 13.6、最大腹径 37.9、高 29.0、壁厚 0.9 厘米（图四〇六，3）。

壶 2 件（M200：4、5）。标本 M200：4，夹砂灰陶。由壶身和壶盖组成。壶盖：弧顶，敞口，方唇，顶部正中有一个圆形穿孔。壶身：尖唇，展沿，敞口，沿面向内斜，束颈，溜肩，鼓腹，最大腹径位置靠近肩部，矮圈足。通高 27.4 厘米。壶盖：口径 14.0、高 3.0、壁厚 0.5 厘米。壶身：口径 13.0、底径 11.9、最大腹径 22.7、高 24.6、

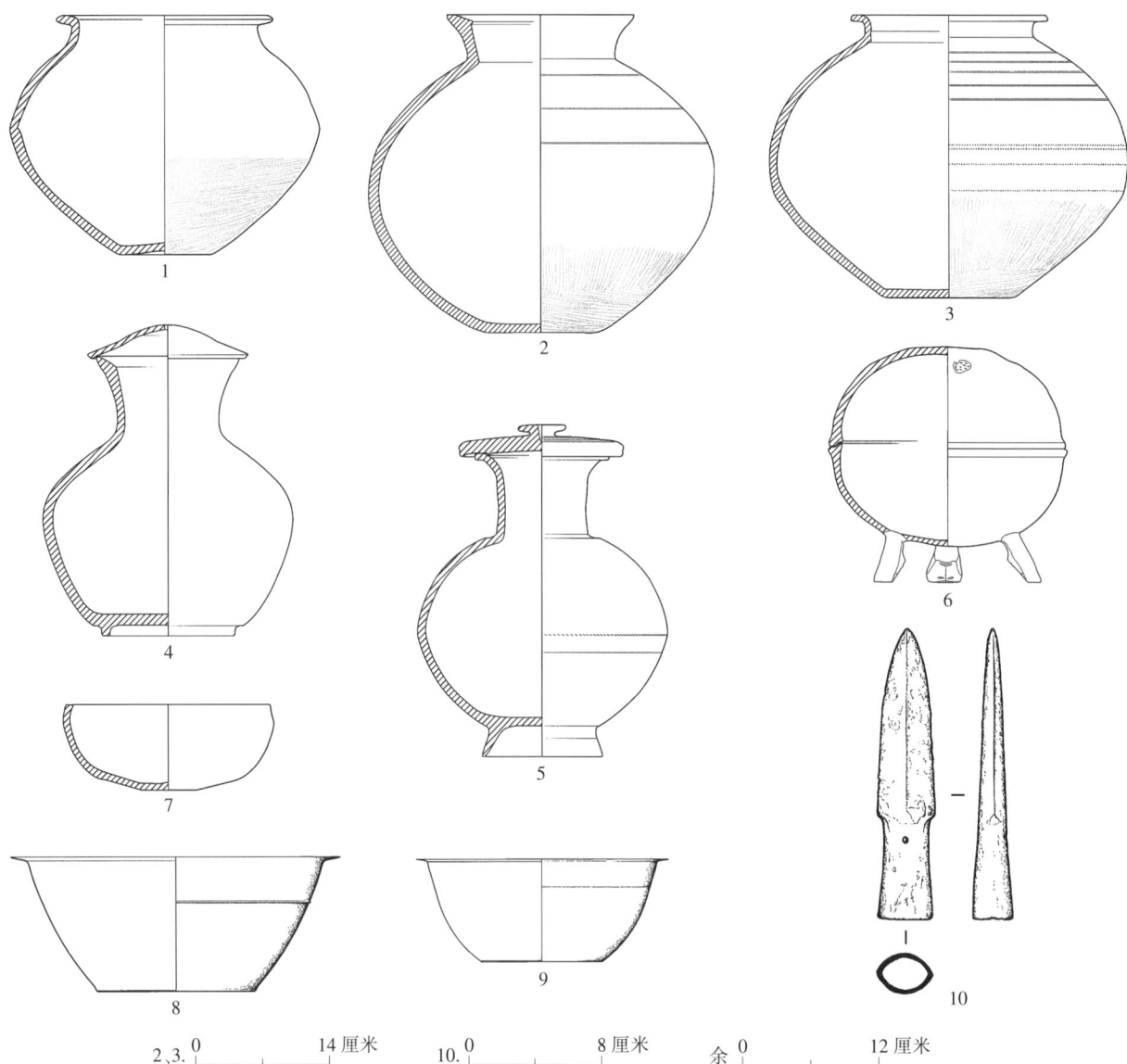

图四〇六 M200 出土器物

1~3. 陶罐（M200：3、6、7） 4、5. 陶壶（M200：4、5） 6. 陶鼎（M200：8） 7. 陶钵（M200：9） 8、9. 铜盆（M200：2、10） 10. 铜矛（M200：11）

壁厚 0.9 厘米（图四〇六，4；彩版二四六，5）。标本 M200：5，夹砂灰陶。由壶盖和壶身组成。壶盖：平顶，尖唇，子母口，顶部有圆饼状捉手，捉手中部有穿孔。器表饰三周凹弦纹。壶身：方唇，敞口，展沿，束颈，溜肩，鼓腹，最大腹径居中，高圈足外撇。腹中部饰两周粗绳纹。通高 29.1 厘米。壶盖：口径 14.9、高 2.8、厚 1.3 厘米。盒身：口径 12.3、底径 11.0、高 26.6、圈足高 2.7、最大腹径 22.9、壁厚 0.7 厘米（图四〇六，5；彩版二四六，6）。

鼎 1 件。标本 M200：8，夹砂灰陶。由鼎盖和鼎身组成。鼎身：圆唇，子母口，弧腹，圜底，底部置三个刻划人面纹扁足，人面倒置朝内。腹内壁轮旋痕迹明显。鼎盖：圆唇，子母口，弧顶，盖纽现已缺失，仅存疤痕。通高 20.7 厘米。鼎盖：口径 21.4、顶径 6.3、高 8.9、壁厚 0.8 厘米。鼎身：口径 21.6、高 12.2、壁厚 0.7 厘米（图四〇六，

6；彩版二四八，1）。

　　钵　1件。标本 M200：9，夹砂灰陶。方唇，口微敛，弧腹，平底。素面，腹下部修坯削痕明显。口径18.5、底径5.1、高7.5、壁厚0.7厘米（图四〇六，7；彩版二四八，2）。

　　铜器　计有盆2、矛1。

　　盆　2件（M200：2、10）。形制相同，均为折沿，敞口，弧腹，平底内凹。腹壁较薄，铸造精良。标本 M200：2，腹上部施有一周扉棱。口径30.0、高11.8、底径14.4、壁厚0.1厘米（图四〇六，8）。标本 M200：10，腹上部施有一周弦纹。口径23.0、高9.0、底径11.3、壁厚0.1厘米（图四〇六，9）。

　　矛　1件。标本 M200：11，柳叶形矛尖，尖锋，双面弧刃，有中脊，截面近菱形，闭合式竖銎，椭圆形銎口，銎正面有一圆孔用以穿钉固定木柄。銎口长径3.4、銎口短径2.3、叶宽3.5、长16.8厘米（图四〇六，10）。

　　铜钱　38枚，均为"半两"钱（图四〇七）。详情见下表。

图四〇七　M200 出土铜钱拓片
1、2. M200：1－1、1－2

M200 铜钱统计表　　　　　　　　　　（长度：厘米，重量：克）

| 种类 | 编号 | 特征 | | 郭径 | 钱径 | 穿宽 | 郭宽 | 郭厚 | 肉厚 | 重量 |
		文字特征	记号							
半两钱	1－1	"半"字头硬折，上横两端上折；十字"两"			2.45	0.69			0.07	3.20
	1－2	同上			2.37	0.83			0.05	2.70
	1－3	同上			2.46	0.70			0.06	2.30
	1－4	同上			2.43	0.82			0.07	2.50
	1－5	同上			2.44	0.79			0.07	2.70
	1－6	同上			2.40	0.83			0.04	2.20
	1－7	同上			2.39	0.80			0.07	2.70
	1－8	同上			2.45	0.85			0.04	1.60
	1－9	同上			2.44	0.84			0.07	2.70
	1－10	同上			2.30	0.71			0.07	2.40
	1－11	同上			2.37	0.86			0.05	2.10
	1－12	"半"字头硬折，上横两端上折；连山"两"			2.39	0.85			0.06	2.20

（续表）

种类	编号	特征		郭径	钱径	穿宽	郭宽	郭厚	肉厚	重量
		文字特征	记号							
半两钱	1－13	"半"字头硬折，上横两端上折；双人字"两"			2.45	0.81			0.09	4.90
	1－14	同上			2.39	0.76			0.04	3.00
	1－15	同上			2.36	0.82			0.06	1.80
	1－16	同上			2.40	0.79			0.05	2.20
	1－17	同上			2.47	0.74			0.04	1.80
	1－18	"半"字头为"八"，上横两端上折；十字"两"			2.30	0.71			0.06	3.10
	1－19	同上			2.41	0.86			0.05	2.40
	1－20	同上			2.28	0.64			0.07	3.00
	1－21	同上			2.34	0.70			0.05	2.00
	1－22	同上			2.37	0.85			0.06	2.30
	1－23	同上			2.40	0.87			0.05	2.30
	1－24	同上			2.49	0.71			0.03	2.20
	1－25	同上			2.37	0.89			0.03	2.50
	1－26	同上			2.41	0.83			0.06	2.60
	1－27	同上			2.46	0.78			0.06	2.70
	1－28	同上			2.42	0.72			0.03	2.10
	1－29	同上			2.43	0.67			0.06	3.20
	1－30	同上			2.40	0.83			0.04	2.30
	1－31	同上			2.38	0.87			0.06	2.30
	1－32	"半"字头为"八"，上横两端上折；两个"⊥"字"两"			2.38	0.72			0.04	2.60
	1－33	同上			2.36	0.87			0.05	3.10
	1－34	同上			2.40	0.80			0.07	2.80
	1－35	"半"字头为"八"，上横两端上折；双人"两"			2.45	0.77			0.09	3.10
	1－36	同上			2.41	0.78			0.05	2.90
	1－37	"半"字头硬折，上横两端上折；连山"两"			2.38	0.86			0.08	2.30
	1－38	同上			2.39	0.77			0.06	2.60

一四八　M201（Ⅴ区）

1. 墓葬形制

石圹竖穴墓，平面呈圆角长方形，墓圹规整。方向5°（见图四〇五；见彩版二四五，2）。开口于耕土层下，开口距地表0.26米。

墓圹四壁较平直，墓底平坦。长2.80、宽1.70、深0.64米。墓底平铺一层厚0.01米的贝壳。

墓内填土主要为黄色的沙石混合料，夹杂有少量的贝壳，土质较疏松（彩版二四七，2）。

2. 葬具和人骨

墓底未见任何葬具痕迹。

墓内葬有1具人骨，骨骼保存状况较差，现仅存下肢骨。根据残存骨骼推测，葬式为仰身直肢，头向北。人骨性别不明。

3. 随葬品

该墓共出土有8件随葬品，质地分为陶、铜两种，其中有铜钱5枚。其中，铜镜和铜钱位于人骨右脚踝处；其余随葬品均位于人骨西侧，南北向排列，较为规整。分述如下。

陶器　计有罐2、壶2、盆1、钵1。

罐　2件（M201：3、4）。标本M201：3，夹砂灰陶。方唇，展沿，侈口，束颈，溜肩，鼓腹，最大腹径位置靠上，凹底。腹下部及底部满饰绳纹。口径18.3、底径10.7、最大腹径35.1、高26.1、壁厚0.7~1.0厘米（图四〇八，1；彩版二四八，3）。标本M201：4，夹砂灰陶。圆唇，敞口，直颈，溜肩，鼓腹，腹部最大径位置居中，平底。下腹部及底部满饰绳纹。口径15.9、底径10.4、腹部最大径27.2、高27.2、壁厚0.6~1.0厘米（图四〇八，2；彩版二四八，4）。

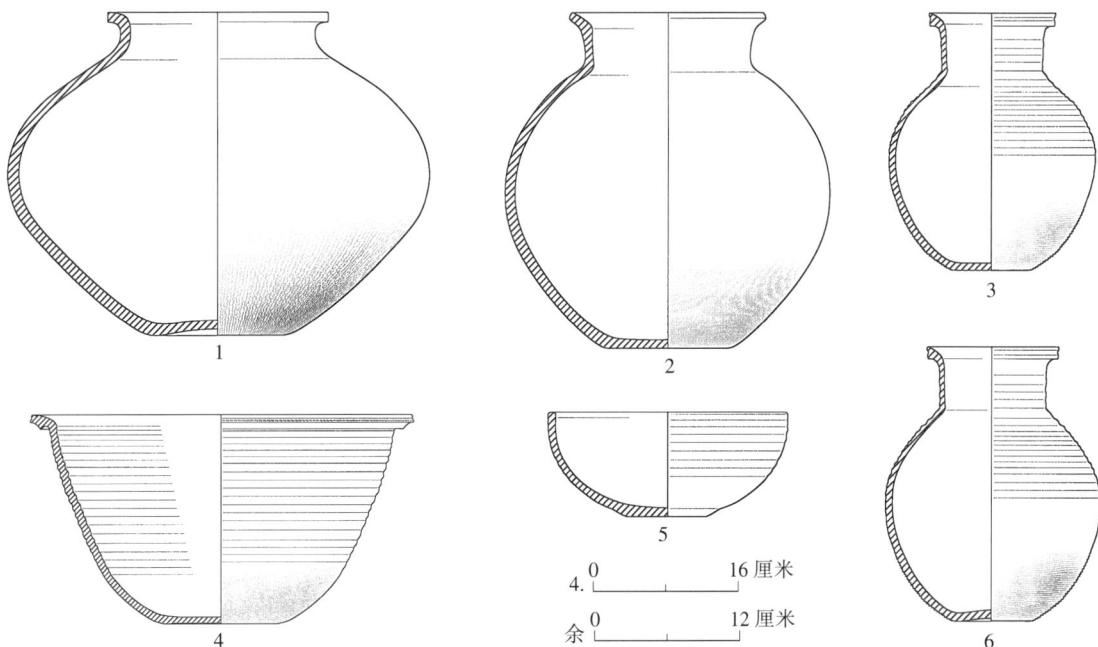

图四〇八　M201出土器物

1、2. 陶罐（M201：3、4）　3、6. 陶壶（M201：5、6）　4. 陶盆（M201：7）　5. 陶钵（M201：8）

壶 2件（M201：5、6）。形制基本相同，均为夹砂灰陶，方唇，唇面有一周凹槽，敞口，直颈，溜肩，鼓腹，腹部最大径位置靠近肩部；肩部饰有数周瓦棱纹，下腹部及底部满饰绳纹。标本 M201：5，平底。口径 10.6、底径 6.5、最大腹径 17.1、高 20.8、壁厚 0.5～1.0 厘米（图四〇八，3）。标本 M201：6，凹底。口径 11.0、底径 6.6、最大腹径 17.9、高 22.2、壁厚 0.5～1.0 厘米（图四〇八，6；彩版二四八，5）。

盆 1件。标本 M201：7，夹砂灰陶。方唇，敞口，斜腹，平底微凹。唇面饰有一周粗绳纹。腹部饰有瓦棱纹。腹下部及底部满饰绳纹。口径 42.5、底径 13.0、高 22.5、壁厚 0.7～1.5 厘米（图四〇八，4）。

钵 1件。标本 M201：8，夹砂灰陶。圆唇，敛口，弧腹，平底。腹部饰有瓦棱纹。口径 19.8、底径 6.8、高 8.5、壁厚 0.5～1.0 厘米（图四〇八，5；彩版二四八，6）。

铜器 计有镜1。

镜 1面。标本 M201：1，蟠螭纹铜镜。圆形，镜面微凸。三弦纽，圆形纽座。纽座外为一圆形双线界格，界格内对称置有四组两两勾连的蟠螭纹，蟠螭纹之间填充有短斜线做为底纹。外围为内向十六连弧纹。宽素缘。面径 9.0、背径 9.3、高 0.6 厘米（图四〇九，1）。

图四〇九 M201 出土铜镜（M201：1）

铜钱 5枚，均为"五铢"钱（图四一〇）。详情见下表。

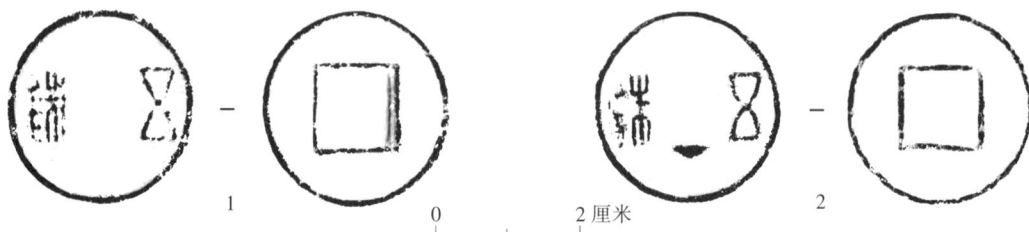

图四一〇 M201 出土铜钱拓片
1、2. M201：2－2、2－3

M201 铜钱统计表 （长度：厘米，重量：克）

种类	编号	特征		郭径	钱径	穿宽	郭宽	郭厚	肉厚	重量
		文字特征	记号							
五铢钱	2－1	"五"字瘦长，竖划较直；"金"头三角形，四竖点；"朱"头方折，"朱"下较圆	无	2.62	2.34	0.94	0.14	0.20	0.09	4.00
	2－2	同上	同上	2.61	2.31	0.95	0.15	0.17	0.06	3.70
	2－3	同上	穿下月牙	2.57	2.31	0.90	0.13	0.20	0.10	4.20
	2－4	同上	同上	2.66	2.36	0.88	0.15	0.22	0.09	3.80
	2－5	同上	无	2.64	2.30	0.88	0.17	0.22	0.08	4.10

一四九　M202（Ⅴ区）

M202 与 M203 为一组并葬墓，其中，M202 打破 M203。

1. 墓葬形制

石圹竖穴墓，平面呈圆角长方形，墓圹规整。方向10°（图四一一；彩版二四九，1）。开口于耕土层下，开口距地表0.20米。

墓圹四壁较平直，墓底平坦。长2.70、宽1.80、深0.80米。墓穴四壁保存有一圈宽0.05～0.20、高0.70米的贝壳；墓底平铺一层厚0.03米的贝壳。

墓内填土主要为黄色的沙石混合料，夹杂有少量的贝壳，土质较疏松。

2. 葬具和人骨

在墓底贝壳层上发现有黑色板灰痕迹，大致沿人骨分布，应为1具木棺。据残存板灰推测，木棺平面呈长方形，长1.96、宽0.60米。

葬有1具人骨，为一男性个体。骨骼保存较完整，葬式为仰身直肢，头向北，面向上，双臂肘关节处均向外屈折，双腿略向内并拢。

3. 随葬品

该墓共出土有6件随葬品，质地分为陶、铜两种，其中，铜带钩靠近人骨右脚踝处放置；其余随葬品均位于人骨西侧，南北向排列，较为规整（彩版二四九，2）。分述如下。

陶器　计有罐2、壶1、盒2。

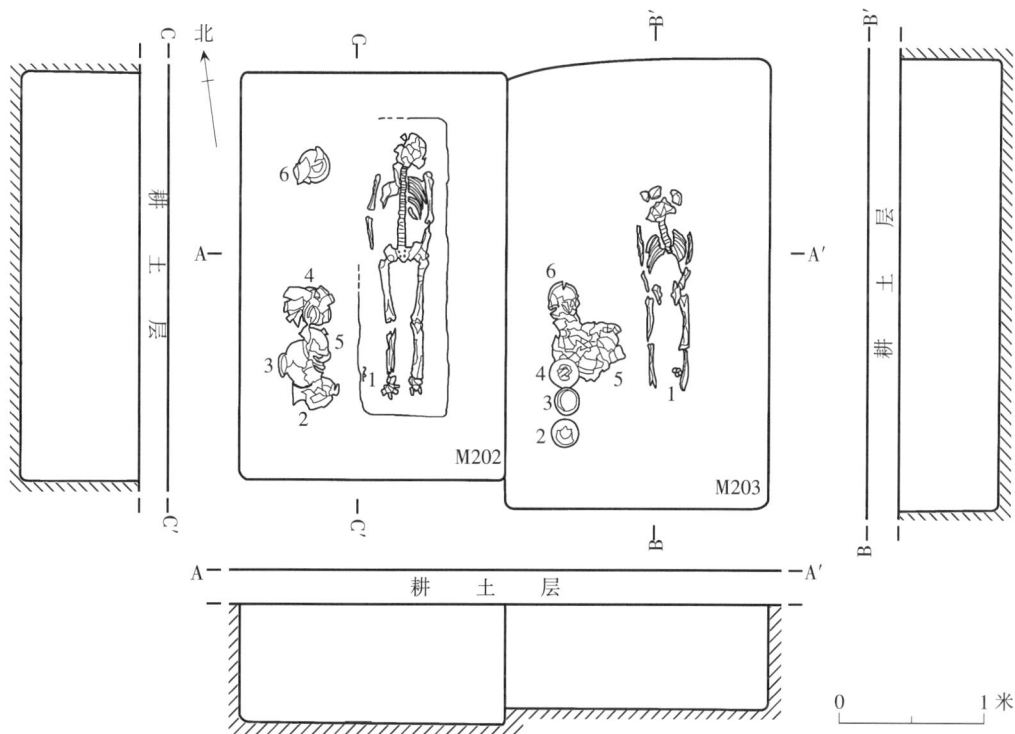

图四一一　M202、M203平、剖面图

M202　1. 铜带钩　2. 陶壶　3、4. 陶罐　5、6. 陶盒　　M203　1. 铜钱　2、4. 陶壶　3、5、6. 陶钵

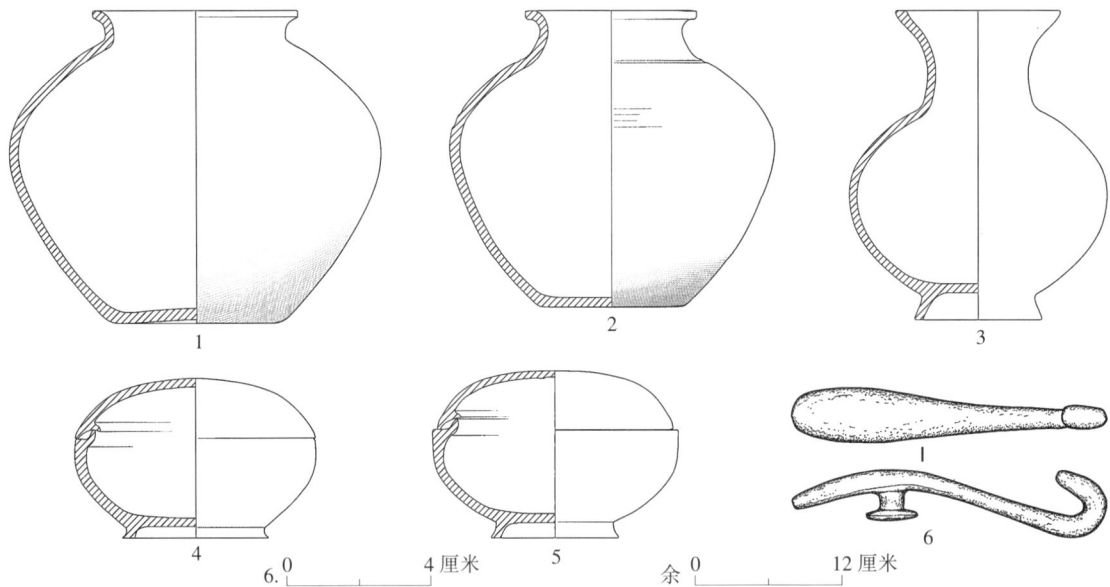

图四一二 M202 出土器物

1、2. 陶罐（M202：3、4） 3. 陶壶（M202：2） 4、5. 陶盒（M202：5、6） 6. 铜带钩（M202：1）

罐 2件（M202：3、4）。标本 M202：3，夹砂灰陶。方唇，展沿，敞口，束颈，溜肩，弧腹，最大腹径位置偏上，平底。腹下部及底部饰有细绳纹。口径 14.3、底径 12.1、腹部最大径 27.2、高 24.2、厚 0.8 厘米（图四一二，1；彩版二五〇，1）。标本 M202：4，夹砂灰陶。方唇，展沿，敞口，直颈，溜肩，弧腹，最大腹径位置偏上，凹底。腹下部及底部饰有交叉绳纹。口径 17.2、底径 13.5、最大腹径 31.2、高 25.5、壁厚 0.7～0.8 厘米（图四一二，2；彩版二五〇，2）。

壶 1件。标本 M202：2，夹砂灰陶。尖唇，敞口，束颈，溜肩，鼓腹，最大腹径位置居中，平底，圈足。素面。口径 13.7、底径 10.5、腹部最大径 21.5、高 25.1、壁厚 0.7 厘米（图四一二，3；彩版二五〇，3）。

盒 2件（标本 M202：5、6）。形制相同，均为夹砂灰陶，由盒盖和盒身组成。盒盖：整体呈覆钵形，弧顶，弧腹，尖唇，子母口；素面。盒身：尖唇，子母口，弧腹，平底，圈足；素面。标本 M202：5，通高 13.1 厘米。盒盖：口径 20.4、高 4.9、壁厚 0.6 厘米。盒身：口径 20.2、底径 12.3、高 8.8、壁厚 0.7～1.0 厘米（图四一二，4）。标本 M202：6，通高 13.7 厘米。盒盖：口径 19.9、高 4.8、壁厚 0.5～0.6 厘米。盒身：口径 20.7、底径 10.8、高 9.8、壁厚 0.7～1.0 厘米（图四一二，5；彩版二五〇，4）。

铜器 计有带钩 1。

带钩 1件。标本 M202：1，琵琶形。蛇头形钩首，钩体至钩尾处渐粗宽，钩体侧视呈"S"形。圆形钩纽位于靠近钩尾 1/3 处。长 8.7 厘米（图四一二，6）。

一五〇 M203（Ⅴ区）

1. 墓葬形制

石圹竖穴墓，平面呈圆角长方形，墓圹规整。方向 10°（见图四一一；见彩版二四九，1）。开口于耕土层下，开口距地表 0.20 米。

墓圹四壁较平直，墓底平坦。长3.00、宽1.80、深0.70米。

墓内填土主要为黄色的沙石混合料，夹杂有少量的黑土，土质较疏松。

2. 葬具和人骨

墓底未见任何葬具痕迹。

墓内葬有1具人骨，为一女性个体。骨骼保存状况较差，葬式为仰身直肢，头向北，面向上，双臂略向内并拢，双腿平伸。

3. 随葬品

该墓共出土有6件随葬品，主要为陶器，另有铜钱15枚，其中，铜钱靠近左小腿骨内侧放置；其余随葬品均位于人骨西侧，南北向排列，较为规整（彩版二五一，1）。分述如下。

陶器　计有壶2、钵3。

壶　2件（M203：2、4）。形制相同，均为夹砂灰褐陶，陶色不纯，局部呈黄褐色；方唇，侈口，束颈，溜肩，鼓腹，腹部最大径位置靠近肩部。标本M203：2，平底。腹中部饰有一周不连续粗绳纹，腹下部施稀疏的细绳纹。口径11.3、底径6.8、最大腹径19.0、高23.2、壁厚1.0～1.3厘米（图四一三，1；彩版二五二，1）。标本M203：4，腹中部饰有半周粗绳纹。口径12.4、底径8.5、腹部最大径18.4、高22.4、壁厚0.8～1.3厘米（图四一三，2）。

钵　3件（M203：3、5、6）。标本M203：3，夹砂灰褐陶。圆唇，敛口，弧腹，平底。素面，器表轮旋痕迹明显。口径19.0、底径7.6、高8.0、壁厚0.7～0.9厘米（图四一三，3；彩版二五二，2）。标本M203：5，夹砂灰褐陶。方唇，敛口，弧腹，平底。素面。口径16.6、底径6.8、高9.2、壁厚0.6～2.3厘米（图四一三，4）。标本M203：6，夹砂灰褐陶，内壁呈黄褐色。方唇，微敛口，弧腹，平底。素面。口径20.8、底径9.6、高7.8、壁厚0.6～0.9厘米（图四一三，5；彩版二五二，3）。

铜钱　15枚，均为"五铢"钱（图四一四）。详情见下表。

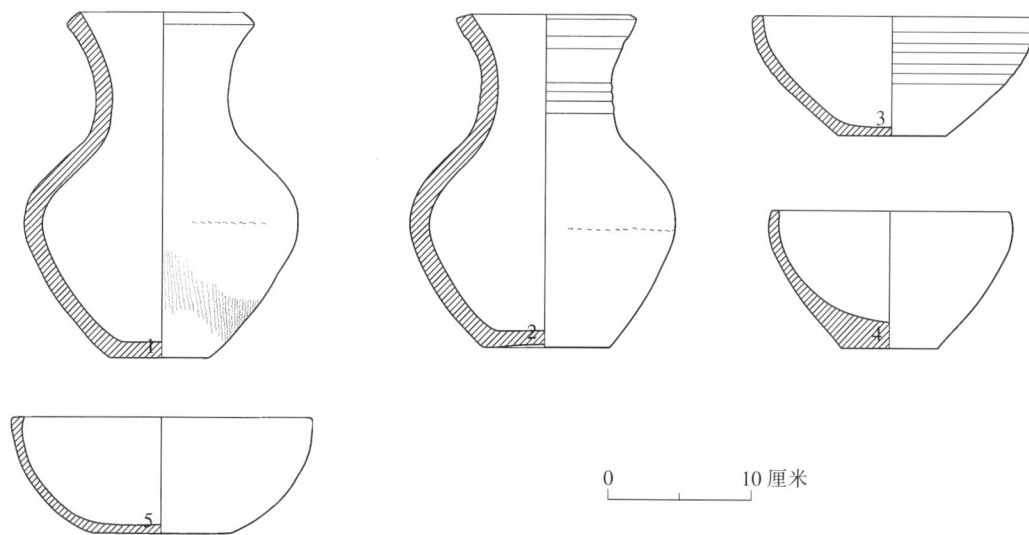

图四一三　M203 出土器物

1、2. 陶壶（M203：2、4）　3～5. 陶钵（M203：3、5、6）

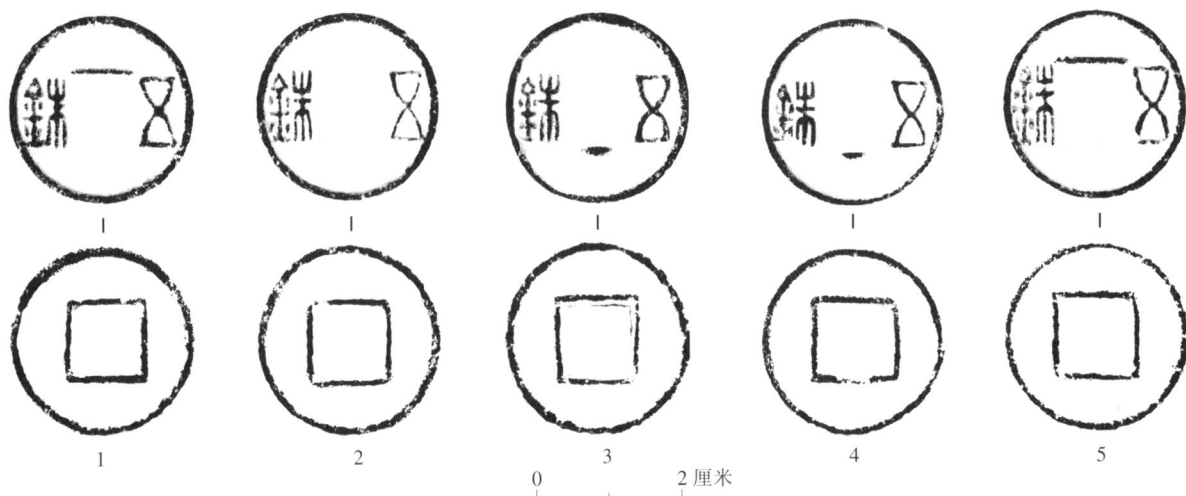

图四一四　M203 出土铜钱拓片
1~5. M203：1-2、1-4、1-5、1-13、1-14

M203 铜钱统计表　　　　　　　　　　　　　　　　　　（长度：厘米，重量：克）

| 种类 | 编号 | 特征 | | 郭径 | 钱径 | 穿宽 | 郭宽 | 郭厚 | 肉厚 | 重量 |
		文字特征	记号							
半两钱	1-1	"五"字瘦长，竖划较直；"金"头三角形，四竖点；"朱"头方折，"朱"下较圆	无	2.61	2.33	0.95	0.14	0.17	0.08	3.70
	1-2	同上	穿上一横	2.61	2.29	1.00	0.16	0.16	0.09	3.60
	1-3	同上	无	2.58	2.30	0.92	0.14	0.18	0.06	2.90
	1-4	同上	无	2.58	2.24	0.96	0.17	0.18	0.08	3.60
	1-5	同上	穿下月牙	2.53	2.25	0.95	0.14	0.13	0.08	3.60
	1-6	同上	无	2.60	2.30	0.92	0.15	0.19	0.09	3.60
	1-7	同上	穿上一横	2.56	2.30	0.94	0.13	0.19	0.08	3.70
	1-8	同上	穿下月牙	2.61	2.29	0.92	0.16	0.22	0.10	3.00
	1-9	同上	穿上一横	2.58	2.32	0.93	0.13	0.19	0.10	3.70
	1-10	同上	无	2.61	2.27	0.93	0.17	0.22	0.10	3.30
	1-11	同上	穿上一横	2.57	2.31	1.00	0.13	0.19	0.10	4.10
	1-12	"五"字瘦长，竖划较直；"金"头三角形，四竖点；"朱"头较圆，"朱"下较圆	穿上一横	2.56	2.24	0.90	0.16	0.20	0.10	4.10
	1-13	"五"字瘦长，竖划缓曲；"金"头三角形，四竖点；"朱"头方折，"朱"下较圆	穿下月牙	2.62	2.36	0.91	0.13	0.20	0.10	3.70
	1-14	同上	穿上一横	2.55	2.33	0.99	0.11	0.22	0.09	3.60
	1-15	同上	穿上一横	2.59	2.33	1.00	0.13	0.18	0.10	4.40

一五一　M204（Ⅴ区）

1. 墓葬形制

石圹竖穴墓，平面呈圆角长方形，墓圹规整。方向350°（图四一五；彩版二五一、2）。开口于耕土层下，开口距地表0.20米。

墓圹四壁较平直，墓底平坦。长2.60、宽1.50、深1.10米。

墓内填土主要为黄色的沙石混合料，夹杂有少量的黑土，土质较疏松。

2. 葬具和人骨

墓底未见任何葬具痕迹。

墓内葬有1具人骨，为一男性个体。骨骼保存较完整，葬式为仰身直肢，头向北，面向上，四肢自然舒展。

3. 随葬品

该墓共出土有7件随葬品，种类计有陶器和铜钱。其中，铜钱位于人骨两小腿之间；其余随葬品均位于人骨西侧，南北向排列，较为规整。分述如下。

陶器　计有罐3、壶1、钵2。

罐　3件（M204：2、4、5）。标本M204：2，夹砂灰褐陶。方唇，展沿，侈口，短颈，溜肩，鼓腹，腹部最大径居中，腹部及底部满饰绳纹，平底。口径17.2、底径9.8、腹部最大径22.4、高18.2、壁厚0.5~1.0厘米（图四一六，1）。标本M204：4，夹砂灰陶。方唇，展沿，侈口，短颈，溜肩，鼓腹，腹部最大径位置靠下，平底。腹下部及底

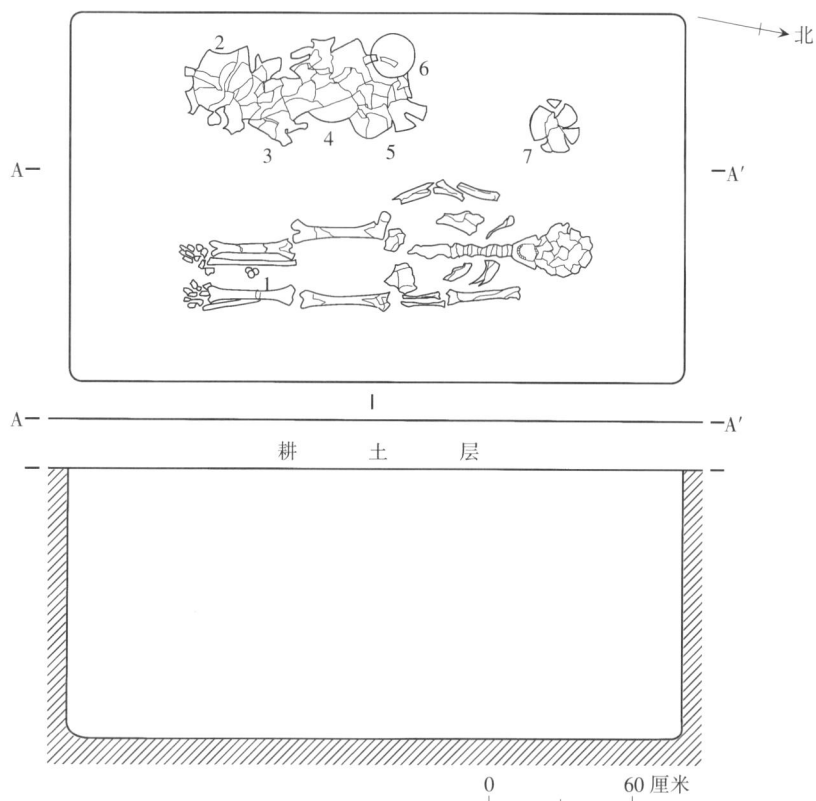

图四一五　M204平、剖面图

1. 铜钱　2、4、5. 陶罐　3. 陶壶　6、7. 陶钵

部满饰绳纹。口径17.3、底径11.0、腹部最大径27.5、高24.7、壁厚0.5～1.0厘米（图四一六，2；彩版二五二，4）。标本M204：5，夹砂黑陶。方唇，平沿，敞口，短颈，圆肩，鼓腹，最大腹径位置居中，凹底。腹中部饰有两周粗绳纹，腹下部和底部饰绳纹。口径13.7、底径8.1、最大腹径21.6、高18.5、壁厚0.6～0.9厘米（图四一六，3）。

壶 1件。标本M204：3，夹砂灰陶。尖唇，盘形口，短束颈，溜肩，鼓腹，最大腹径位置居中，平底。腹下部和底部饰绳纹。口径11.8、底径7.7、最大腹径22.2、高24.8、壁厚0.7厘米（图四一六，4；彩版二五二，5）。

钵 2件（M204：6、7）。标本M204：6，夹砂灰陶。方唇，口微敛，弧腹，平底。唇部饰有一周凹弦纹。口径20.6、底径5.0、高8.3、壁厚0.5～0.7厘米（图四一六，5；彩版二五二，6）。标本M204：7，夹砂黄褐陶。圆唇，敛口，腹微弧，平底。素面。口径14.5、底径5.0、高5.8、壁厚0.5～0.8厘米（图四一六，6）。

铜钱 16枚，均为"五铢"钱（图四一七）。详情见下表。

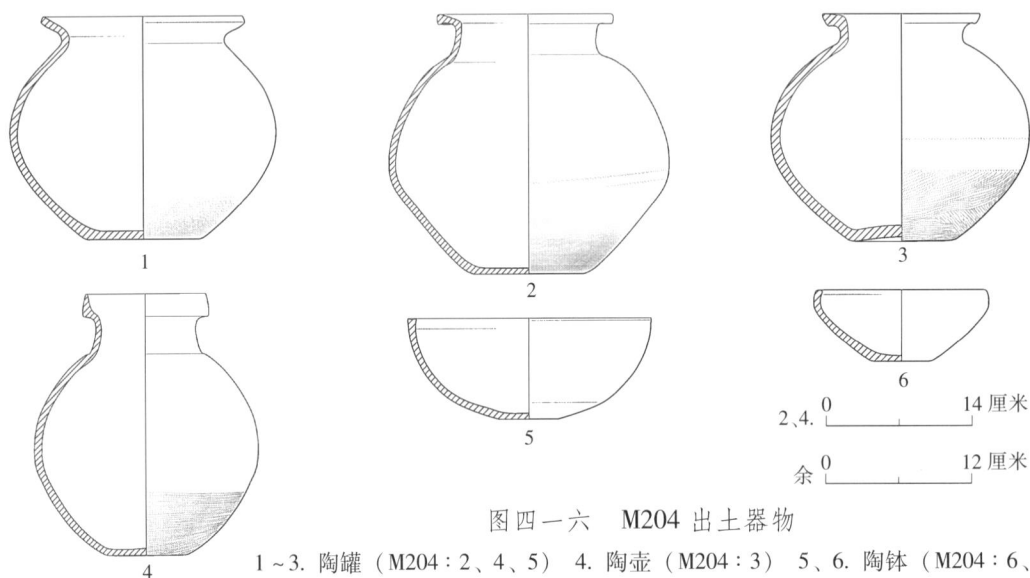

图四一六 M204出土器物
1～3. 陶罐（M204：2、4、5） 4. 陶壶（M204：3） 5、6. 陶钵（M204：6、7）

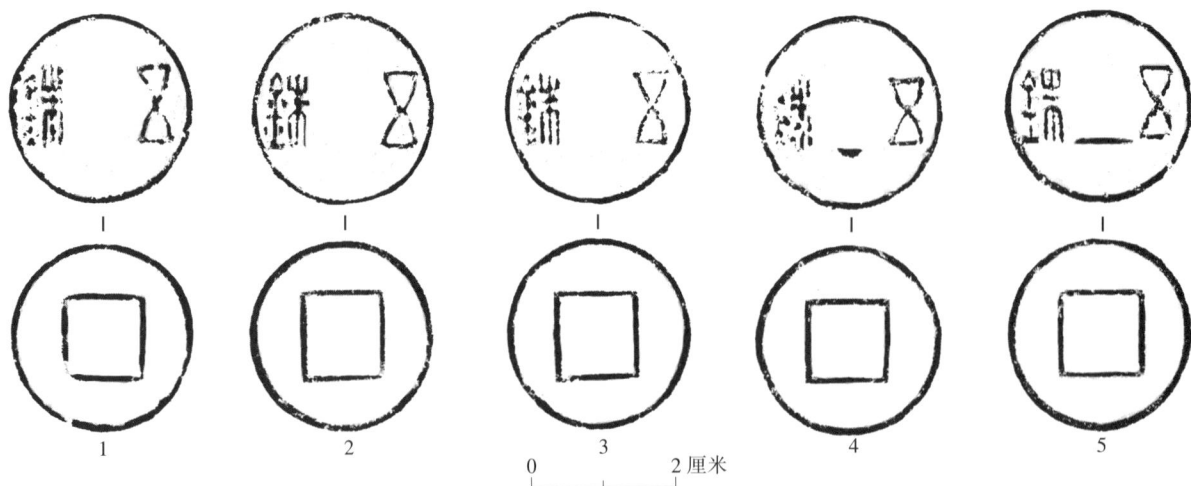

图四一七 M204出土铜钱拓片
1～5. M204：1－2、1－4、1－8、1－12、1－15

M204 铜钱统计表　　　　　　　　　　　　　　（长度：厘米，重量：克）

种类	编号	特征		郭径	钱径	穿宽	郭宽	郭厚	肉厚	重量
		文字特征	记号							
五铢钱	1－1	"五"字瘦长，竖划较直；"金"头三角形，四竖点；"朱"头方折，"朱"下方折	穿下月牙	2.56	2.26	0.95	0.15	0.18	0.09	3.50
	1－2	同上	穿上一横	2.50	2.26	0.90	0.12	0.20	0.12	4.10
	1－3	同上	穿上一横	2.53	2.23	0.90	0.15	0.20	0.10	3.90
	1－4	同上	无	2.56	2.26	1.00	0.15	0.20	0.08	3.50
	1－5	"五"字瘦长，竖划较直；"金"头三角形，四竖点；"朱"头方折，"朱"较圆	无	2.57	2.31	0.92	0.13	0.22	0.10	4.30
	1－6	同上	无	2.55	2.25	1.00	0.15	0.18	0.09	3.30
	1－7	同上	无	2.56	2.32	0.92	0.12	0.20	0.08	3.40
	1－8	同上	穿上一星	2.56	2.28	1.00	0.14	0.19	0.07	3.20
	1－9	同上	无	2.63	2.31	0.99	0.16	0.20	0.09	3.60
	1－10	同上	无	2.57	2.25	0.75	0.16	0.20	0.09	3.40
	1－11	同上	无	2.55	2.25	0.96	0.15	0.20	0.06	2.80
	1－12	同上	穿下月牙	2.56	2.22	0.92	0.17	0.20	0.10	4.40
	1－13	同上	穿下月牙	2.56	2.30	0.94	0.13	0.17	0.10	3.10
	1－14	同上	无	2.58	2.24	0.94	0.17	0.20	0.11	4.00
	1－15	同上	穿下月牙	2.56	2.30	0.93	0.13	0.15	0.09	3.40
	1－16	同上	无	2.60	2.30	0.95	0.15	0.20	0.10	4.00

一五二　M205（Ⅴ区）

M205 与 M206 为一组并葬墓，其中，M205 打破 M206。

1. 墓葬形制

石圹竖穴墓，平面呈圆角长方形，墓圹规整。方向100°（图四一八；彩版二五三，1）。开口于耕土层下，开口距地表0.30米。

墓圹四壁较平直，墓底平坦。长3.00、宽2.10、深1.20米。墓底平铺一层厚0.05米的贝壳。

墓内填土主要为黄色的沙石混合料，夹杂有少量的贝壳，土质较疏松。

2. 葬具和人骨

墓底未见任何葬具痕迹。

墓内葬有1具人骨，为一男性个体。骨骼保存状况较差，葬式为仰身直肢，头向东，面向上，双臂平伸贴近体侧，双腿略向内并拢。

3. 随葬品

该墓共出土有10件随葬品，质地分为陶、铜、铁三种，其中有铜钱1枚。其中，铜钱

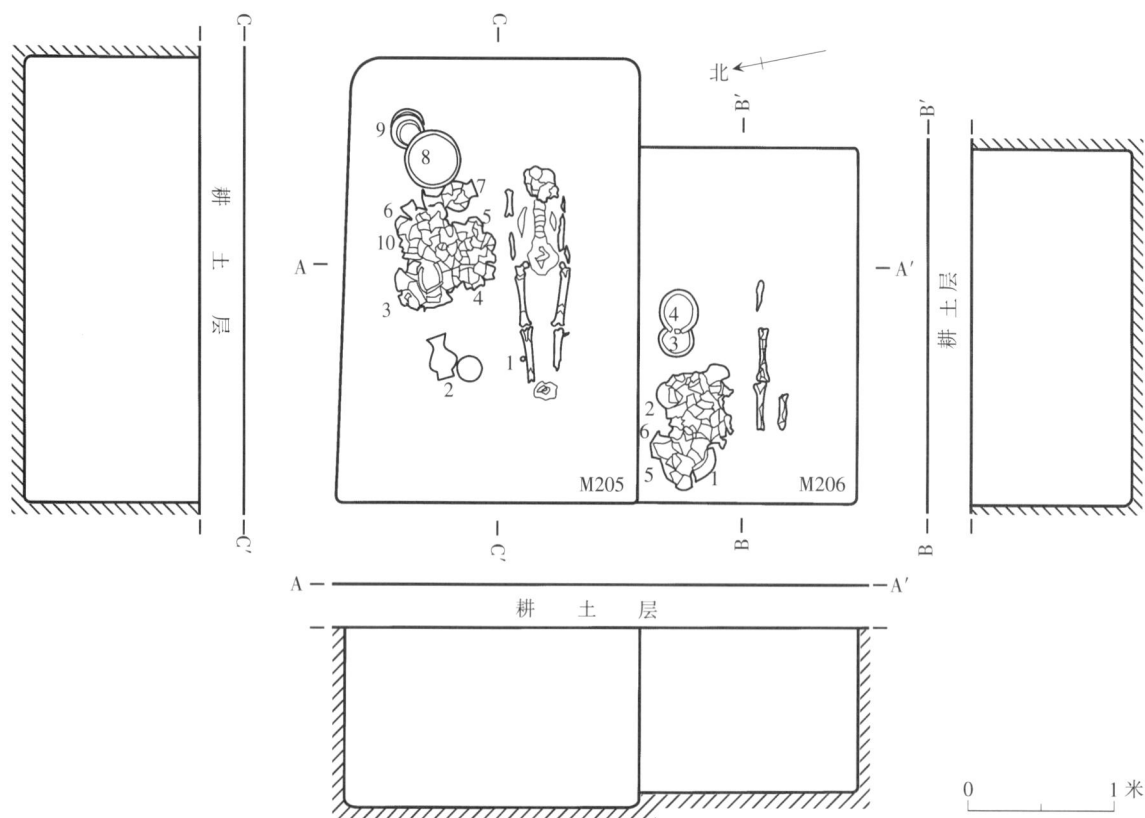

图四一八　M205、M206 平、剖面图

M205　1. 铜钱　2、7. 陶壶　3、4、6. 陶罐　5. 铁器　9、10. 陶盒　8. 铜盆

M206　1、2. 陶罐　3. 陶钵　4. 铜盆　5、6. 陶器盖

位于人骨右小腿骨外侧；其余随葬品均位于人骨北侧，东西向排列，较为规整。分述如下。

陶器　计有罐 3、壶 2、盒 2。

罐　3 件（M205：3、4、6）。标本 M205：3，夹砂灰褐陶。方唇，折沿，敞口，短颈，溜肩，鼓腹，腹部最大径位置靠近肩部，平底。腹下部及底部满饰绳纹。口径 18.3、底径 12.8、腹部最大径 29.8、高 24.2、壁厚 0.5~1.0 厘米（图四一九，1；彩版二五四，1）。标本 M205：4，夹砂灰陶。圆唇，卷沿，侈口，短颈，溜肩，鼓腹，最大腹径位置居中，平底。下腹部及底部满饰绳纹。口径 20.8、底径 11.5、腹部最大径 32.6、高 27.8、壁厚 0.7~1.0 厘米（图四一九，2；彩版二五四，2）。标本 M205：6，夹砂灰陶。圆唇，平沿，侈口，束颈，溜肩，鼓腹，最大腹径位置居中，平底。下腹部及底部满饰绳纹。口径 17.7、底径 10.0、腹部最大径 27.3、高 24.7、壁厚 0.6~1.5 厘米（图四一九，3）。

壶　2 件（M205：2、7）。均为夹砂黄褐陶。形制相同，由壶盖和壶身组成，壶盖：整体呈覆盘状，平顶，方唇；素面。壶身：尖唇，折沿，敞口，束颈，圆肩，球腹，最大腹径位置居中，圜底，喇叭口形圈足；素面。标本 M205：2，通高 34.2 厘米。壶盖：顶径 6.5、口径 16.4、高 3.8、壁厚 0.8 厘米。壶身：口径 15.5、底径 13.5、最大腹径 19.7、高 30.5、壁厚 0.4~1.2 厘米（图四一九，4；彩版二五四，3）。标本 M205：7，

图四一九 M205 出土器物

1~3. 陶罐（M205∶3、4、6） 4、5. 陶壶（M205∶2、7） 6、7. 陶盒（M205∶9、10） 8. 铜盆（M205∶8）

通高 35.3 厘米。壶盖：口径 16.7、顶径 6.4、高 3.5、壁厚 0.5~0.9 厘米。壶身：口径 16.0、底径 13.0、高 31.7、壁厚 0.5~1.6 厘米（图四一九，5）。

盒 2 件（M205∶9、10）。均为夹砂黄褐陶。形制相同，由盒盖和盒身组成。盒盖：覆钵形，弧顶，尖唇，子母口；素面。盒身：圆唇，子母口，弧腹，圈足；素面。标本 M205∶9，通高 17.2 厘米。盒盖：口径 20.4、高 6.1、壁厚 0.6~1.2 厘米。盒身：口径 18.0、底径 12.6、高 11.6、壁厚 0.4~1.2 厘米（图四一九，6；彩版二五四，4）。标本 M205∶10，通高 17.0 厘米。盒盖：口径 20.8、高 6.2、壁厚 0.4~0.7。盒身：口径 19.9、底径 11.3、高 11.2、壁厚 0.3~1.6 厘米（图四一九，7）。

铜器 计有盆 1。

盆 1 件。标本 M205∶8，卷沿，敞口，弧腹，底部锈蚀殆尽。腹上部施有一周扉棱。腹壁较薄，铸造精良。口径 35.0、残高 12.3、壁厚 0.1 厘米（图四一九，8）。

铁器 由于锈蚀极其严重，形制现已不辨。

铜钱 1 枚，为"五铢"钱。详情见下表。

M205 铜钱统计表 （长度：厘米，重量：克）

种类	编号	特征		郭径	钱径	穿宽	郭宽	郭厚	肉厚	重量
		文字特征	记号							
五铢钱	1	"五"字瘦长，竖划缓曲；"金"头三角形，四竖点；"朱"头方折，"朱"下较圆	穿下月牙	2.60	2.36	0.92	0.12	0.20	0.09	3.10

一五三　M206（Ⅴ区）

1. 墓葬形制

石圹竖穴墓，平面呈圆角长方形，墓圹规整。方向 100°（见图四一八；见彩版二五三，1）。开口于耕土层下，开口距地表 0.30 米。

墓室四壁较平直，墓底平坦。长 2.40、宽 1.50、深 1.10 米。

墓内填土主要为黄色的沙石混合料，土质较疏松。

2. 葬具和人骨

墓底未见任何葬具痕迹。

墓内葬有 1 具人骨，骨骼保存较差，现仅存几段肢骨。根据残存骨骼推测，葬式为仰身直肢，头向东，双腿平伸。人骨性别不明。

3. 随葬品

该墓共出土有 6 件随葬品，质地分为陶、铜两种，所有随葬品均位于人骨北侧，东西向排列，较为规整（彩版二五三，2）。分述如下。

陶器 计有罐 2、钵 1、器盖 2。

罐 2 件（M206：1、2）。标本 M206：1，夹砂黄褐陶。尖唇，折沿，侈口，矮领，溜肩，鼓腹微折，最大腹径位置靠近肩部，平底。腹中部饰一周粗绳纹，腹下部及底部饰绳纹，肩部有两个圆形焗孔。口径 19.1、底径 12.3、最大腹径 27.5、高 22.0、壁厚 0.7 厘米（图四二〇，1；彩版二五四，5）。标本 M206：2，夹砂黑褐陶。方唇，展沿，侈口，短颈，圆肩，鼓腹，最大腹径位置居中，凹底。腹中部饰一周粗绳纹，腹下部及底部饰细绳纹，抹平。口径 20.0、底径 12.8、最大腹径 31.9、高 27.9、壁厚 0.9 厘米（图四二〇，3；彩版二五四，6）。

钵 1 件。标本 M206：3，夹砂黑陶。尖唇，敞口，弧腹，平底。器底轮旋痕迹明显。口径 19.0、底径 8.2、高 8.3、壁厚 1.1 厘米（图四二〇，4）。

器盖 2 件（M206：5、6）。标本 M206：5，夹砂黑陶。弧顶，直口，圆唇。口径 13.2、高 3.3、壁厚 0.6～1.0 厘米（图四二〇，2）。标本 M206：6，夹砂黑陶。平顶，方唇，敞口。顶部中心有一穿孔。顶部饰有多周弦纹。顶径 11.9、口径 20.4、高 3.6、壁厚 0.9～1.5 厘米（图四二〇，5）。

铜器 计有盆 1。

盆 1 件。标本 M206：4，展沿，敞口，弧腹，平底内凹。素面。腹壁较薄，铸造精良。口径 23.0、高 8.4、底径 12.0、壁厚 0.1 厘米（图四二〇，6）。

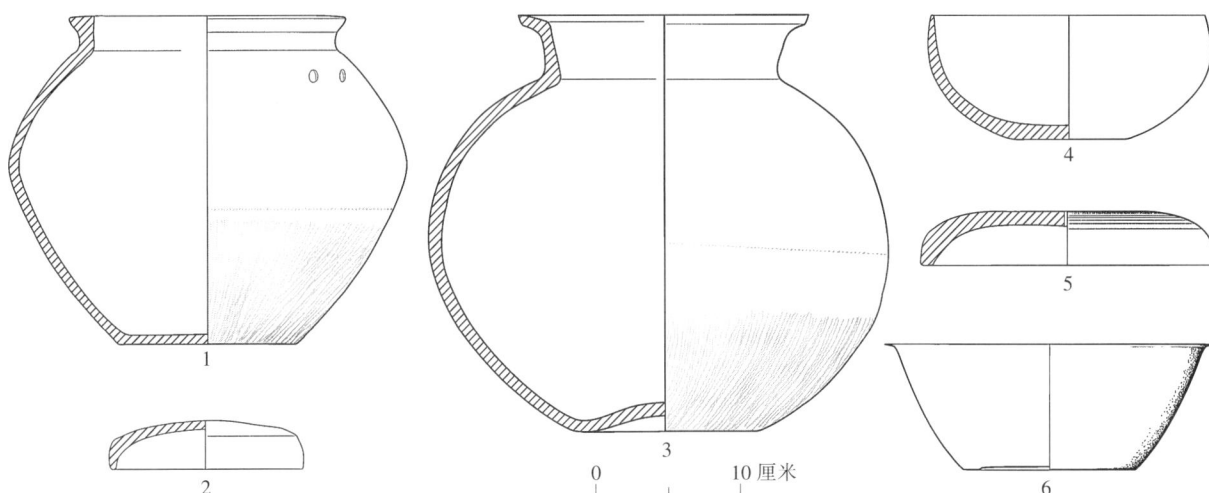

图四二〇　M206 出土器物

1、3. 陶罐（M206：1、2）　2、5. 陶器盖（M206：5、6）　4. 陶钵（M206：3）　6. 铜盆（M206：4）

一五四　M207（Ⅴ区）

1. 墓葬形制

石圹竖穴墓，平面呈圆角长方形，墓圹规整。方向95°（图四二一；彩版二五五，1）。开口于耕土层下，开口距地表0.20米。

墓圹四壁较平直，墓底平坦。长2.90、宽1.50、深1.30米。

墓内填土主要为黄色的沙石混合料，土质较疏松。

2. 葬具和人骨

墓底未见任何葬具痕迹。

墓内葬有1具人骨，为一男性个体。骨骼保存较完整，葬式为仰身直肢，头向东，面向南，双臂平伸贴近体侧，双腿略向内并拢。

3. 随葬品

该墓共出土有3件随葬品，质地分为陶、铜两种，其中，铜带钩置于人骨右肩处；陶器位于头骨东侧斜上方。分述如下。

陶器　计有罐2。

罐　2件。标本M207：2，夹砂灰陶。方唇，侈口，斜颈，溜肩，鼓腹，最大腹径位置居中，平底。口下部有两周凹弦纹，腹上部有两周凹弦纹。口径13.1、底径9.7、腹部最大径23.0、高20.9、壁厚0.7~0.8厘米（图四二二，1；彩版二五五，2）。标本

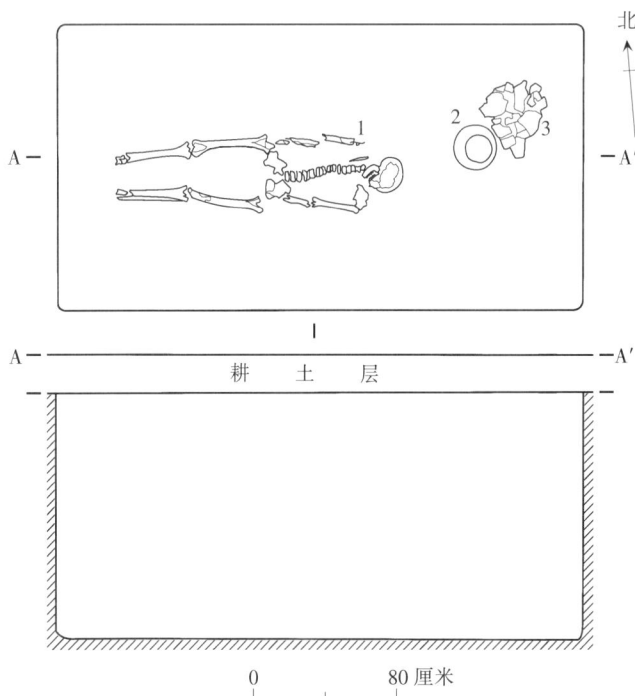

图四二一　M207 平、剖面图

1. 铜带钩　2、3. 陶罐

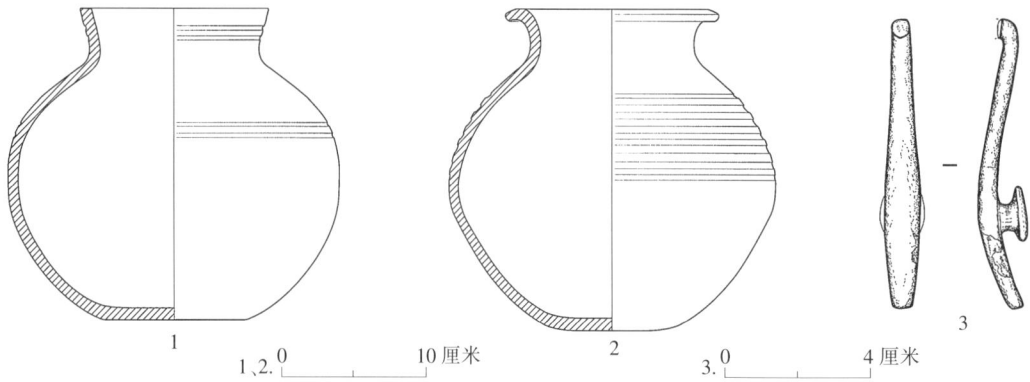

图四二二　M207 出土器物
1、2. 陶罐（M207：2、3）　3. 铜带钩（M207：1）

M207：3，夹砂灰陶。圆唇，卷沿，敞口，束颈，溜肩，弧腹，最大腹径位置居中，平底。腹部饰有数周瓦棱纹。口径 14.7、底径 5.6、腹部最大径 22.6、高 221.7、壁厚 0.8～0.9 厘米（图四二二，2；彩版二五五，3）。

铜器　计有带钩 1。

带钩　1 件。标本 M207：1，琵琶形。钩首残断，钩体至钩尾处渐粗宽，钩体侧视呈"S"形。圆形钩纽位于靠近钩尾三分之一处。长 7.8 厘米（图四二二，3）。

第三章　初步研究

第一节　墓葬形制

一　墓葬形制

报告中的154座墓，根据形制可分为两类，即土坑竖穴墓和砖室墓。

第一类　土坑竖穴墓

共82座。其中，部分墓葬为石圹竖穴墓[1]，这些墓葬都位于山坡、山顶之上，而山上耕土层之下即为山体基岩，因此开凿的墓穴就形成了石圹竖穴。由于姜屯墓地的石圹竖穴墓都是由墓圹开凿的地质条件决定的，因此不把这类墓葬单独划分，为叙述方便，统一称为土坑竖穴墓。

墓葬平面形状多为圆角长方形，仅少数为圆角方形、梯形、"凸"字形和"中"字形。墓圹较规整，四壁较平直或稍向内斜，墓底较平坦。根据墓穴内填埋物的不同，分为积贝墓、积石片墓、积贝石片墓、积瓦墓、积贝瓦墓和土石回填六种类型。

A 型　积贝墓，52座。墓穴四壁及底，或仅在墓底保存有贝壳，贝壳多腐朽严重。如 M3、M16、M17、M22、M28、M29、M41、M55、M61、M80、M97、M98、M102、M103、M104、M105、M109、M110、M113、M114、M115、M118、M152、M153、M157、M162、M163、M164、M165、M168、M171、M172、M173、M174、M176、M177、M178、M179、M180、M181、M183、M184、M185、M187、M194、M195、M197、M198、M200、M201、M202、M205。

B 型　积石片墓，7座。墓穴四壁及底，或仅在墓底保存有片状小河卵石。经调查，这些片状河卵石是由海边运到墓地并填埋进墓内。如 M81、M94、M95、M128、M129、M130、M151。

C 型　积贝、石片墓，11座。墓穴四壁及墓底保存有贝壳和片状河卵石，从保存情况看，两者并非有意混合，只是在采集这些填埋物时未经仔细筛选。如 M79、M82、M90、M91、M99、M131、M138、M139、M156、M169、M170。

D 型　积瓦墓，2座。墓穴四壁和墓底保存有大量碎瓦片，墓底铺瓦较为规整，墓穴四壁保存的瓦片为随意堆积。如 M74、M175。

E 型　积贝、瓦墓，2座。该型墓葬均为墓底铺瓦之上平铺一层贝壳，而墓穴四壁不见贝壳。如 M75、M182。

F 型　土石回填，8座。墓穴的填埋物就是开凿墓穴时所产生的土石。如 M4、M96、

---

[1]　白云翔：《汉代积贝墓研究》，《刘敦愿先生纪念文集》，山东大学出版社，1998年。

M145、M199、M203、M204、M206、M207。

此次发掘，发现了大量土坑竖穴积贝墓，这一类型的墓葬以前也多有发现，辽宁境内主要分布在环渤海地区的旅大、营口、锦州等地。从目前发表的材料看，旅大地区发现最多，如营城子早在1955年就曾经发掘过该类墓葬①，后又对这一地区的多处墓葬进行了发掘，另外，在旅顺的李家沟②、大潘家③、三涧区④等地也有发现。普兰店地区主要是在花儿山⑤等地发现有这类墓葬。营口市盖州光荣村⑥和农民村⑦、锦州市的女儿街⑧和国和街⑨也有发现，仅葫芦岛地区目前尚未发现该型墓葬。

另外在黄海附近的大连湾刘家屯⑩、普兰店崔家窑⑪也发现有这类墓葬，但未在大连的庄河以东发现有这类墓葬。

第二类　砖室墓

共72座。根据砌筑墓室所用砖的不同，可分为两型：A型，素面砖和绳纹砖墓；B型，花纹砖墓。

A型　60座。根据墓室的多少又可分为单室、双室和多室3亚型。

Aa型　单室墓，40座。平面均呈甲字形，多由墓道、墓门和墓室组成，少数存在短甬道。墓道为长方形斜坡状，大多由于未完全发掘，因而其长度不详。墓门位置多偏离所处墓壁的中部，墓葬平面形状多近似于刀形墓。墓室四壁砖墙有直边和弧边之分，直边较多。如M1、M2、M5、M7、M12、M13、M14、M15、M18、M19、M27、M30、M33、M34、M36、M38、M46、M50、M51、M54、M59、M65、M66、M73、M84、M85、M86、M87、M89、M107、M117、M121、M127、M136、M137、M140、M141、M142、M148、M150。

Ab型　双室墓，16座。平面形状有吕字形和曲尺形两种，多数由墓道、甬道、墓门及墓室组成。墓道为长方形斜坡状，大多由于未完全发掘，因而其长度不详。墓道多偏离所处墓室的中部。墓室有前后排列和左右排列两种形式，其中前后排列者占多数，左右排列者仅两座。四壁砖墙中直边的墓室数量较多，弧边墓室较少。如M21、M31、M35、M40、M42、M45、M53、M56、M57、M62、M116、M132、M133、M134、M149、M191。

Ac型　多室墓，4座。均由三个墓室组成，多由墓道、甬道、墓门及墓室组成，仅一座未建甬道。墓道为长方形斜坡状，大多由于完全未发掘，因而其长度不详。墓室有前、中、后排列和呈品字形排列两种形式。如M10、M32、M106、M108。

B型　12座。根据墓室的多少又可分为单室、双室和多室3亚型。

① 于临祥：《大连市郊营城子发现贝壳墓》，《文物参考资料》1955年2期。
② 于林祥：《旅顺李家沟西汉贝墓》，《考古》1965年3期。
③ 刘俊勇：《辽宁大连大潘家村西汉墓》，《考古》1995年7期。
④ 许明纲、于林祥：《旅顺三涧区发现古墓》，《文物参考资料》1956年2期。
⑤ 刘俊勇：《辽宁新金县花儿山汉代贝墓第一次发掘》，《文物资料丛刊》（4），1981年。
⑥ 万欣：《辽宁盖州发现大型汉代砖墓和贝壳墓》，《中国文物报》2006年7月7日第2版。
⑦ 崔艳茹、魏耕耘：《盖州农民村汉墓群发掘简报》，《辽宁考古文集》（2），科学出版社，2010年。
⑧ 刘谦：《辽宁锦州汉代贝壳墓》，《考古》1990年8期。
⑨ 吴鹏等：《锦州国和街汉代贝壳墓发掘简报》，《辽海文物学刊》1992年2期。
⑩ 刘俊勇、刘金友：《辽宁大连刘家屯西汉贝墓》，《博物馆研究》1995年3期。
⑪ 戴廷德：《辽宁新金县马山汉代贝墓》，《文物资料丛刊》（4），1981年。

Ba 型　单室墓，4 座。平面呈甲字形，多由墓道、墓门和墓室组成，少数墓葬建有甬道。墓道为长方形斜坡状，大多由于未完全发掘，因而其长度不详。墓葬盗扰严重。如 M72、M158、M160、M190。

Bb 型　双室墓，4 座。平面形状多为吕字形，仅一座为曲尺形。多由墓道、甬道、墓门和墓室组成，墓道为长方形斜坡状，大多由于未完全发掘，因而其长度不详。墓室多为前后排列，一座为左右排列。墓室四壁砖墙多为直边，弧边墓室较少。如 M26、M48、M64、M146。

Bc 型　多室墓，4 座。平面多为品字形，其中一座为四室墓，平面呈曲字形。多由墓道、甬道、墓门和墓室组成。墓道为长方形斜坡状，大多由于未完全发掘，长度不详。墓室四壁砖墙均为直边，不见弧边。如 M20、M49、M71、M155。

墓地内发现的砖室墓虽然使用的墓砖形制不同，但其墓葬形制基本相同，在旅大和营口地区也多有发现，并且这两个地区的土坑积贝墓和砖室墓多在同一地区共存，如大连营城子地区[①]和营口盖州地区[②]。另外，从已发表资料看，花纹砖墓的分布范围主要在营口及其以南地区，其他地区目前还未发现。

二　葬具、葬式与葬俗

（一）葬具

因墓葬形制的不同而有所不同，能够辨别使用葬具的共有 81 座墓，其中土坑竖穴墓 58 座，砖室墓 23 座。

土坑竖穴墓中多为木质葬具，但由于当地地质条件不适合木质葬具的保存，大多不见葬具痕迹，因此只能从残存的贝壳以及随葬陶器破损情况等现象来进行推测。其中，有 6 座墓葬存在木椁，M22 为一椁一棺，M41、M55、M61、M178 和 M192 为一椁二棺。另外，M22、M41、M55 和 M192 都使用了柿蒂形铜棺饰。

砖室墓中的葬具多为砖砌棺床，仅个别墓葬保存有棺痕。砌筑棺床多靠近墓室一壁砌筑，平面多呈长方形，由单层或多层砖砌成一个平面。个别墓葬由两列砖砌成间隔式，这种形式的棺床仅见于 M63 和 M87 两座墓。砖室墓中的棺床上均未见棺的痕迹，并且在清理中发现有人骨直接放置于棺床之上，或人骨被扰动在棺床和铺地砖上各有一部分，根据这些现象判断，这些棺床之上并未放置棺，而是直接放置尸体，因此，除 M63 和 M87 之外，这些棺床应被称为尸床才较为合适。使用木棺的砖室墓仅有 M19 和 M158，其中，M19 为两棺，M158 为一棺。

（二）葬式

土坑竖穴墓中人骨多保存较差，只能从其残存的骨骼痕迹进行判断，除少数葬式不详外，其余均为仰身直肢葬。

砖室墓大多遭到盗扰，人骨保存情况较差，能够判断葬式的墓葬，人骨均为仰身直肢，头向均与墓门方向相反。

（三）葬俗

土坑竖穴墓多为并葬和单人葬，少数为双人合葬墓。另外，墓穴内填埋贝壳又是土

---

①　许明纲：《旅大市郊营城子区清理了古砖墓两座》，《文物参考资料》1956 年 1 期。
②　许玉林：《辽宁盖县东汉墓》，《文物》1993 年 4 期。

坑墓的主流风俗。

砖室墓多为合葬墓，人骨保存较好的墓葬，墓室内多有两具或两具以上人骨，人骨大多摆放较规矩，但也有墓中人骨相对凌乱或成堆放置，推测其应为捡骨二次葬，如M20、M24、M25。

第二节　陶器

陶器在随葬品中出土数量最多，共1723件，种类计有罐、壶、鼎、盒、瓮、仓、楼、井、灶、奁、樽、熏炉、灯、耳杯、案、盆、盘、碟、缸、钵、碗、长颈瓶、釜、斗、卮、铚、俑、器座、簋、灶附件等39类。本节仅将对这些陶器的制法、纹饰以及各类器物的演变进行初步分析（见下表）。

陶质以夹砂灰陶为主，另有少量夹砂红陶，基本不见泥质陶。灰陶的火候较高，一般较坚硬，红陶火候较低，质较疏松。出土陶器大多陶质较细腻，中间夹砂也可能跟地方土质有关系，不能完全淘洗干净。

陶器制法主要有轮制、模制和手制三种。绝大多数器物为轮制，器物附件如铺首或兽形器足或耳杯等多为模制，少量的水瓢、水斗等为手制。

陶器纹饰有器表彩绘、刻划纹、绳纹等三种。彩绘是用颜料直接涂于器物表面，多在出土时脱落。刻划纹多为一些弦纹，少数在奁、灶、仓上刻画几何纹和动物形纹饰。绳纹是主要纹饰，大多数陶罐、陶瓮、陶盆的底部都饰有绳纹。

罐

257件。这批墓葬中陶罐的出土数量最多，全部为轮制，个别罐体上的铺首为模制，贴附于器表。陶质有夹砂灰陶、夹砂白陶两种，多数陶罐的腹部饰有弦纹，腹下部和底饰有绳纹。依口部、腹部特征分为五型。

A型　92件。侈口罐。多为方唇，侈口，溜肩，鼓腹，平底。肩部饰弦纹，腹下部和底遍饰绳纹。依据腹部特征分为五式。

Ⅰ式，31件。腹部剖面为椭圆形，腹部最大径居中。如标本M194：16。

Ⅱ式，18件。腹部剖面呈圆形，腹部最大径位置偏上，整体较瘦高。如标本M152：4。

Ⅲ式，32件。腹部剖面为扁圆形，腹部最大径位置稍偏上。如标本M178：15。

Ⅳ式，3件。腹部剖面为椭圆形，腹部最大径位置稍偏上，整体较矮胖。如标本M10：13。

Ⅴ式，8件。腹部剖面为椭圆形，腹部最大径居中。如标本M27：4。

B型　8件。敛口罐。尖唇，侈口，束颈，溜肩，鼓腹，平底。依据腹部特征分为三式。

Ⅰ式，1件。腹部剖面为椭圆形，直径较大，最大径居中，整体较矮胖。标本M34：7。

Ⅱ式，2件。腹部剖面稍圆，直径较小，最大径位置偏下。如标本M127：1。

Ⅲ式，5件。腹部剖面较圆，最大径位置偏上。如标本M42：8。

C型　30件。矮领罐。方唇，矮领，溜肩，鼓腹，平底或凹底。多数腹下部及底部满饰绳纹。依据口部和腹部特征分为三亚型。

Ca型　15件。侈口，鼓腹。依据腹部特征分为两式。

Ⅰ式，1件。腹部剖面呈扁圆形，最大径位置居中，整体较矮胖。标本M207：2。

Ⅱ式，1件。腹部剖面呈梭形，最大径位置居中，整体较矮胖。标本M197：7。

姜屯汉墓陶器型式表（一）

形制 / 期别	罐						
	A型（侈口罐）	B型（敞口罐）	C型（矮领罐）			D型（折沿罐）	E型（敛口罐）
			Ca型	Cb型	Cc型		
第一期	I M194:16		I M207:2			I M115:5	
第二期				I M109:3			
第三期	II M152:4		II M197:7			II M171:7	
第四期	III M178:15	I M34:7		II M55:20	I M41中:22	III M61:22	
第五期	IV M10:13	II M127:1	III M46:5			IV M117:3	
第六期	V M27:4	III M42:8					I M158:31

形制 / 期别	壶									C型（台底壶）
	A型（平底壶）						B型（圈足壶）			
	Aa型	Ab型	Ac型	Ad型	Ae型	Af型	Ba型	Bb型	Bc型	
第一期	I M82:1					I M104:3	I M104:6			
第二期	II M156:8		I M163:10	I M177:6		II M195:3	II M115:9	I M156:10		
第三期				II M197:3			III M96:9	II M152:3		I M182:7
第四期	III M19:11	I M17:1	II M55:29	III M61:21	I M41中:23		IV M61:3	III M61:4	I M45:28	
第五期	IV M117:15									
第六期	V M89:4		III M50:9							

形制 期别	鼎				盒	
	A型（双耳鼎）			B型（无耳鼎）	A型（圈足盒）	B型（平底盒）
	Aa型	Ab型	Ac型			
第一期						
第二期	Ⅰ M79:1			Ⅰ M109:2	Ⅰ M181:9	Ⅰ M169:4
第三期	Ⅱ M110:1			Ⅱ M200:8	Ⅱ M152:1	Ⅱ M96:6
第四期		Ⅰ M61:20	Ⅰ M178:16		Ⅲ M178:35	
第五期	Ⅲ M13:12	Ⅱ M35:7	Ⅱ M150:6	Ⅲ M116:24		
第六期		Ⅲ M27:11				

姜屯汉墓陶器型式表（四）

形制 期别	瓮			仓		楼		井
	A型（小口瓮）		B型（折沿瓮）	A型（方形仓）	B型（长方形仓）	A型（二层楼）	B型（三层楼）	
	Aa型	Ab型						
第一期								
第二期								
第三期		Ⅰ M153:5						
第四期	Ⅰ M41中:11		Ⅰ M19:22	Ⅰ M45:20				Ⅰ M12:2
第五期	Ⅱ M56:10	Ⅱ M10:5		Ⅰ M35:3	Ⅱ M141:12			Ⅱ M117:16
第六期	Ⅲ M27:7	Ⅲ M53:10		Ⅱ M27:10	Ⅲ M57:6	Ⅰ M49:4	Ⅰ M49:3	Ⅲ M57:8

姜屯汉墓陶器型式表（五）

形制 期别	灶			D型（梯形灶）		E型 （三角形灶）
	A型 （圆角长方形灶）	B型 （圆形灶）	C型 （半圆形灶）	Da型	Db型	
第一期						
第二期						
第三期						
第四期	I M41中:30　M38:1	I M133:2	I M61:1		I M85:10	I M55:9
第五期	II M50:5	II M127:5	II M107:10	I M141:10	II M56:8	
第六期		III M73:10	III M65:6	II M31:18　M26:6-1　M108:4	III M5:3	II M27:17

形制\期别	盆							D型（鼓腹盆）	E型（浅腹盆）
	A型（折腹盆）			B型（弧腹盆）		C型（斜腹盆）			
	Aa型	Ab型	Ac型	Bc型	Bb型	Ca型	Cb型		
第一期									
第二期	I M194:8	I M115:3		I M81:1	I M97:6				
第三期	II M29:7			II M152:2	II M201:7	I M172:2	I M96:4	I M153:11	
第四期	III M133:13	II M178:28	I M45:38	III M61:35	III M178:5			II M45:32	I M34:11
第五期	IV M46:9			IV M40:23					II M10:3
第六期	V M48:4			V M20:11	IV M21:17	V M31:13		III M158:11	

Ⅲ式，13 件。腹部剖面较圆，最大径位置偏下。如标本 M46：5。

Cb 型　10 件。直领，口沿内凹。依据腹部特征分为两式。

Ⅰ式，1 件。鼓肩，腹壁较斜直。标本 M109：3。

Ⅱ式，9 件。鼓肩，弧腹。如标本 M55：20。

Cc 型　5 件。直口，折腹。如标本 M41 中：22。

D 型　105 件。折沿罐。折沿，竖颈，鼓腹，平底或凹底，多数在肩部饰有弦纹，腹下部及底饰有绳纹。依据腹部特征分为四式。

Ⅰ式，58 件。腹部剖面呈椭圆形，最大径位置偏上，整体较矮胖。如标本 M115：5。

Ⅱ式，24 件。腹部较尖圆，最大径位置居中，整体较Ⅰ式瘦高。如标本 M171：7。

Ⅲ式，20 件。腹部较Ⅱ式浑圆，最大径位置居中，整体较瘦高。如标本 M61：22。

Ⅳ式，3 件。腹部最大径偏下，底较大，整体较矮胖。如标本 M117：3。

E 型　22 件。敛口罐。敛口，圆唇，短颈，圆肩，鼓腹。如标本 M158：31。

壶

167 件。壶的出土数量较多，多出土于土坑竖穴墓中。质地有夹砂灰陶、夹砂红褐陶两种，其中，以夹砂灰陶数量最多。均为轮制，少数陶壶器表饰有铺首，铺首均为模制，贴附于器表。壶身多为素面，个别陶壶在近底处饰有绳纹。少量陶壶有盖。依据底部情况分为三型。

A 型　84 件。平底或凹底。夹砂灰陶，多为素面，少数在肩部饰有弦纹，腹下部和底饰有绳纹。依据口部特征分为五亚型。

Aa 型　38 件。盘口壶。依盘口的大小变化分为五式。

Ⅰ式，12 件。盘口较浅，尖唇，腹部最大径基本居中，整体较瘦高，多数肩部施有弦纹，腹下部及底饰有绳纹。如标本 M82：1。

Ⅱ式，13 件。盘口较深，尖唇，腹部最大径基本居中，整体较矮胖，多数腹下部及底饰有绳纹，少数肩部饰有弦纹。如标本 M156：8。

Ⅲ式，9 件。盘口较深，方唇，多为素面，腹部最大径基本居中，整体更加矮胖，个别饰有铺首。如标本 M19：11、M14：7。

Ⅳ式，1 件。盘口较大且深，方唇，腹部最大径下移，整体较瘦高，均为素面。标本 M117：15。

Ⅴ式，3 件。口部较斜直，腹部最大径近底。如标本 M89：4。

Ab 型　2 件。喇叭口较长，束颈，鼓腹，腹部最大径位置靠近肩部，平底。如标本 M17：1。

Ac 型　20 件。喇叭口较短，短颈，溜肩，鼓腹，平底。依口部特征变化分为三式。

Ⅰ式　6 件。喇叭口外敞明显，尖唇，束颈较粗。如标本 M163：10。

Ⅱ式　12 件。喇叭口外敞，圆唇。如标本 M55：29。

Ⅲ式　2 件。喇叭口略内收，近子母口。如标本 M50：9。

Ad 型　6 件。敞口，颈部较长，鼓腹，平底。依整体特征变化分为 3 式。

Ⅰ式　1 件。子母口，溜肩，腹部最大径位置靠上。标本 M177：6。

Ⅱ式　2 件。方唇，颈部较长，溜肩，腹部最大径位置居中。如标本 M197：3。

Ⅲ式　3 件。近子母口，颈部较Ⅱ式更长，近折肩，腹部浑圆。如标本 M61：21。

Ae 型　5 件。敞口，节颈。如标本 M41 中：23。

Af 型　13 件。唇部加厚，鼓腹，平底或凹底。依唇部特征分为二式。

Ⅰ式　9 件。圆唇。如标本 M104：3。

Ⅱ式　4 件。尖唇。如标本 M195：3。

B 型　79 件。圈足壶。多为夹砂灰陶，少数为夹砂红褐陶，多为素面，少数在腹下部饰有绳纹，底为平地或圜底。依据口部特征分为三亚型。

Ba 型　50 件。喇叭形口。依腹部剖面形状分为三式。

Ⅰ式，1 件。标本 M104：6。

Ⅱ式，32 件。剖面呈椭圆形，多为素面。如标本 M115：9。

Ⅲ式，13 件。剖面呈扁圆形，少数腹下部饰有绳纹。如标本 M96：9。

Ⅳ式，4 件。剖面呈圆形，个别饰有铺首。如标本 M61：3。

Bb 型　20 件。杯形口。多在颈部和腹部饰有弦纹，依口和颈的变化分为三式。

Ⅰ式，10 件。口径较大，颈部较细长。如标本 M156：10。

Ⅱ式，6 件。口径较大，颈部较短粗。如标本 M152：3。

Ⅲ式，4 件。口径较小，颈部较短细。如标本 M61：4。

Bc 型　9 件。盘口，多数带盖。如标本 M45：28。

C 型　4 件。台底。方唇，腹部饰有弦纹。如标本 M182：7。

扁壶

9 件。陶质多为白色硬陶，少数为夹砂灰陶，圆口，扁腹，平底。依据腹部顶视形状分为两型。

A 型　5 件。枣核形。方唇，侈口，斜颈，圆肩，鼓腹，腹部横截面呈椭圆形，腹部最大径位置靠上，台底内凹。在肩部对称置有两穿孔月牙形耳。素面。如标本 M73：14。

B 型　4 件。圆角长方形。圆形盖，盖顶饰四叶纹和同心圆弦纹。壶为子母口，长颈，扁身，平底，底有长条形扁足。如标本 M45：23。

鼎

37 件。器身和器盖为轮制，耳多为模制或手制，后贴附于器身之上。口多为字母口。三足，分柱状足和兽足两种。器身多为素面，个别器表有弦纹。依据有无耳分为两型。

A 型　25 件。带耳鼎。依腹部特征分为三亚型。

Aa 型　10 件。字母口，柱状足，依据腹部变化分为三式。

Ⅰ式，7 件。弧腹，口部微内敛。如标本 M79：1。

Ⅱ式，1 件。深弧腹，口部内敛明显。标本 M110：1。

Ⅲ式，2 件。折腹，口部内敛。如标本 M13：12。

Ab 型　6 件。子母口，兽足或柱状足，依据腹部变化分为三式。

Ⅰ式，3 件。小子母口，微敛，耳近口部，深腹，平底，腹中部一周扉棱。如标本 M61：20。

Ⅱ式，2 件。直口，耳近腹下部，直腹，腹下部一周扉棱，圜底。如标本 M35：7。

Ⅲ式，1 件。直口，耳近肩部，直腹，腹下部一周扉棱，圜底。标本 M27：11。

Ac 型　9 件。子母口，鼓腹，鼎身似釜，环耳。依腹部特征分为两式。

Ⅰ式，3 件。弧腹，腹中部有一周扉棱。如标本 M178：16。

Ⅱ式，6 件。折腹，腹中部扉棱简化成小台面。如标本 M150：6。

B 型　12 件。无耳鼎。依腹部变化分三式。

Ⅰ式，8 件。深弧腹，子母口，敞口，圜底。如标本 M109：2。

Ⅱ式，1 件。浅弧腹，子母口，微内敛，圜底。标本 M200：8。

Ⅲ式，3 件。折腹，子母口内敛，圜底。如标本 M116：24。

盒

56 件。器身和器盖均为轮制，平底或圈足，陶质多为夹砂灰陶，少数为夹砂黄褐陶。多数盒盖为扁平形，少数为圆球形。依据器底有无圈足分为两型。

A 型　43 件。圈足。器身，子母口内敛，弧腹，平底。素面，周身轮制痕迹明显。盖，浅腹钵形。依据整体特征分为三式。

Ⅰ式，25 件。口部略内敛，子口较明显，腹部较斜直。如标本 M181：9。

Ⅱ式，7 件。口部略内敛，子口较小，腹部较鼓，盒盖较鼓。如标本 M152：1。

Ⅲ式，11 件。口部较直，子口不明显，弧腹，盒盖较平。如标本 M178：35。

B 型　13 件。平底。夹砂灰陶，胎质较硬，轮制，敛口，弧腹，平底。器表轮制痕迹明显。盒盖呈覆钵状。依据整体特征分为两式。

Ⅰ式，9 件。盒与盖腹部均较鼓，整体近似球形。如标本 M169：4。

Ⅱ式，4 件。盒腹较鼓，盒盖较扁平，整体为椭圆形。如标本 M96：6。

奁

164 件。制作较为规整，多为素面，少数器身有刻划纹。奁在整体上基本没有变化，口部多为直口，少数稍敛或稍敞，底多为平底和圜底，少数为凹底，奁盖上多有乳丁纽。依据形状分为三型。

A 型 150 件。圆形。轮制，素面。依据底部特征分为两亚型。

Aa 型 120 件。平底。圆唇、直口、腹壁较直，平底或微凹。如标本 M142：17。

Ab 型　30 件。圜底。方唇，直口，直腹，圜底。如标本 M51：6。

B 型　11 件。整体为椭圆形。盖为弧顶，多数顶部对称置有四乳丁。部分奁盖顶面上刻划十字交叉弦纹，纹带内刻划有弧线纹。依据整体形状分为两亚型。

Ba 型　2 件。椭圆形。部分奁盖顶部有刻划纹。如标本 M142：14。

Bb 型　9 件。亚腰形。部分奁盖顶部也有刻划纹。如标本 M71：5。

C 型　3 件。长方形。盝顶形盖，四角各置一乳突形纽，器表残留红色彩绘，四壁边缘抹平，内壁瓦棱纹明显。如标本 M106：5。

樽

36 件。均为圆形，夹砂灰陶。三足，有乳丁状足、兽足、兽形足、柱状足和板状足几种，其中兽足数量最多。依据器物腹部形状分为两型。

A 型　33 件。桶形腹。依据腹部深浅不同分为两亚型。

Aa 型　22 件。浅腹。如标本 M15：6。

Ab 型　11 件。深腹。如标本 M55：24。

B 型　3 件。盆形腹。斜腹，平底。如标本 M56：18。

瓮

33 件。器形均较大，多为白色硬陶，火候较高，少数为夹砂灰褐陶。鼓腹，圜底。依据口部的不同分为三型。

A 型　18 件。敛口。数量较多。依据腹部特征分为三式。

Ⅰ式，13 件。腹部最大径靠近底部，整体呈袋状。如标本 M41 中：11。

Ⅱ式，2件。腹部最大径靠近中部。如标本 M56：10。

Ⅲ式，3件。腹部最大径偏上，整体较浑圆。如标本 M27：7。

B 型　14件。矮领，侈口。多在肩部饰弦纹，底部饰绳纹。依据腹部特征分为三式。

Ⅰ式，2件。腹部最大径居中，整体较浑圆。如标本 M153：5。

Ⅱ式，3件。腹部最大径稍偏下，整体较瘦高。如标本 M10：5。

Ⅲ式，9件。腹部较鼓，剖面呈圆形。如标本 M53：10。

C 型　1件。折沿。溜肩，鼓腹，腹部剖面呈圆形。标本 M19：22。

仓

40件。仓与盖多为分体式。夹砂灰陶，少数经过慢轮修整。其中，仓盖（单独）14件。依据仓体正面形状分为两型。

A 型　9件。正面大致为方形。仓体正面大致呈方形，仓身较矮胖，多经过慢轮修整。仓盖平面为长方形，盖面为斜坡状，仓体正中有一门，多在门上出檐，门下有台阶，檐和台阶的左侧上下对称各有一圆形穿孔，为门轴。个别仓檐上有刻划的斜线纹，或在门两侧刻划斗拱图案。依据仓的整体特征分为两式。

Ⅰ式，7件。仓身多饰有瓦棱纹，或刻划出纹饰。如标本 M35：3。

Ⅱ式，2件。仓身多为素面。如标本 M27：10。

B 型　17件。正面为长方形。仓身较瘦高，正面呈长方形或梯形。仓盖为长方形，盖面为斜坡状，下部有门。仓身正面有刻划纹饰和镂空装饰，仓身侧面左右对称分布的镂孔。依据仓身特征分为三式。

Ⅰ式，1件。瘦高形仓身，表面无纹饰。如标本 M45：20。

Ⅱ式，6件。长方形仓身，多为素面，少数有刻划纹饰和镂孔。如标本 M141：12。

Ⅲ式，10件。长方形仓身，均刻划有华丽的纹饰。如标本 M57：6。

井

33件。多为夹砂灰陶，少数为夹砂红褐陶。均为轮制，多为素面，有水斗与其同出。依据器身形状分为四式。

Ⅰ式，8件。鼓腹。敞口，颈部较长，折肩，鼓腹，平底。素面，腹下部修坯削痕明显。如标本 M12：2。

Ⅱ式，11件。弧腹。大敞口，平沿，方唇，唇面有凹槽，短束颈，弧腹，平底。如标本 M117：16。

Ⅲ式，14件。直腹。侈口，直腹呈筒状，平底。如标本 M57：8。

灶

62件。多出土于砖室墓中，有夹砂灰陶和夹砂红褐陶两种，另有釜、甑、盆、瓢等附件与其同出。少数灶门或灶面有刻划纹，多数灶门出檐，底部空无底。依据灶面形状可分为五型。

A 型　16件。圆角长方形。尾端有烟孔或烟囱。依灶面火眼多少分为二式。

Ⅰ式，9件。灶面两个或三个火眼。如标本 M38：1、M41 中：30。

Ⅱ式，7件。灶面一个火眼。如标本 M50：5。

B 型　13件。圆形。灶面均为一个火眼，多数尾端有一个烟孔。依据灶面形状规矩程度分为三式。

Ⅰ式，9件。灶面较圆，较平。如标本 M133：2。

Ⅱ式，2件。灶面较Ⅰ式圆，灶面稍鼓。如标本 M127：5。

Ⅲ式，2件。灶面接近正圆，灶面圆弧。如标本 M73：10。

C型 5件。半圆形灶。灶面较平，灶门一端较平直，多数尾端有一个圆形烟孔，个别装有烟囱。依据灶面形状分为三式。

Ⅰ式，1件。灶体较长，尾端为半圆形，灶面火眼为五个。如标本 M61：1。

Ⅱ式，2件。灶体为多半圆形，灶面火眼减少到三个。如标本 M107：10。

Ⅲ式，2件。灶体为半圆形，灶面火眼减少到两个。如标本 M65：6。

D型 23件。梯形。灶面较平。依据梯形形状分为两亚型。

Da型 10件。灶面四角硬折，依据灶面长宽比例大小分为两式。

Ⅰ式，1件。长宽比较大，整体较窄长，灶面一个火眼。如标本 M141：10。

Ⅱ式，9件。长宽比较小，整体较宽短，灶面火眼数量增加，有两个、三个和五个之分。如标本 M31：18、M26：6－1、M108：4。

Db型 13件。灶面四角圆弧，也依灶面长宽比例大小分为两式。

Ⅰ式，9件。同 Da 型Ⅰ式相似，整体较窄长。如标本 M85：10。

Ⅱ式，3件。同 Da 型Ⅱ式相似，整体较宽短。如标本 M56：8。

Ⅲ式，1件。灶面近梯形，灶面较宽。标本 M5：3。

E型 5件。三角形。灶门一端平直，尾端有短烟囱或烟孔。依据尾端三角形形状分为两式。

Ⅰ式，2件。尾端较圆。如标本 M55：9。

Ⅱ式，3件。尾端角度较锐。如标本 M27：17。

灯

19件。均为轮制，有分体和合体两种，柄皆为空心。其中2件仅存灯盘。依据柄的形状分为两型。

A型 11件。细柄。呈柱状，中间细两端粗，中部有一圆形穿孔，饰有两道弦纹。底座呈覆盘状，直口，方唇，正面饰数道弦纹。如标本 M49：10。

B型 6件。粗柄。方唇，唇面有凹槽，直口，浅弧腹，底座外侈明显。灯盘腹中部有轮旋痕迹。如标本 M117：4。

案

21件。依据案的形状分为三型。

A型 18件。圆形。多在平面刻划有同心圆弦纹，个别有柱状或乳丁足，少数案面有孔。如标本 M31：15、M158：27。

B型 3件。长方形。多数案面刻划有鱼纹，案面有四个穿孔。如标本 M155：4。

盆

83件。圆形，轮制，平底或圜底，少数有圈足，器表多饰有绳纹或弦纹。依据腹部特点分为五型。

A型 32件。折腹盆。依据底部特征分为三亚型。

Aa型 28件。平底。依据整体特征分为三式。

Ⅰ式，6件。平沿，直口，浅腹。如标本 M194：8。

Ⅱ式，2件。折沿，直口，深腹。如标本 M29：7。

Ⅲ式，12件。折沿，敞口，浅腹，平底。如标本 M133：13。

Ⅳ式，4件。折沿，敞口，深腹，平底。如标本 M46：9。

Ⅴ式，4件。折沿，口微侈，浅腹，台底。如标本 M48：4。

Ab 型　3件。圈足。依据腹部特征分为两式。

Ⅰ式，2件。沿下内凹，深腹。如标本 M115：3。

Ⅱ式，1件。沿下竖直，浅腹。标本 M178：28。

Ac 型　1件。沿下双折，圜底。标本 M45：38。

B 型　35件。弧腹盆。依据腹部特征分为两亚型。

Ba 型　16件。浅弧腹，平底。依据口沿及腹部变化分为五式。

Ⅰ式，5件。平沿，深腹。如标本 M81：1。

Ⅱ式，1件。平沿，深腹，腹上部较斜直。标本 M152：2。

Ⅲ式，7件。平沿，浅腹。如标本 M61：35。

Ⅳ式，2件。平沿，稍内斜，沿下内凹。如标本 M40：23。

Ⅴ式，1件。斜沿，浅腹。标本 M20：11。

Bb 型　19件。深弧腹，平底。依据腹部特征分为四式。

Ⅰ式，7件。腹略鼓。如标本 M97：6。

Ⅱ式，5件。腹壁较斜直。如标本 M201：7。

Ⅲ式，6件。腹壁较竖直，近底处弧度较大。如标本 M178：5。

Ⅳ式，1件。腹壁竖直，基本与底部垂直，近底处弧度较大。标本 M21：17。

C 型　4件。斜直腹，平底或圜底。依据底部分为两亚型。

Ca 型　2件。敞口，平底。依据口部及底部变化分为两式。

Ⅰ式，1件。展沿，深腹。标本 M172：2。

Ⅱ式，1件。沿面不明显，腹略浅。标本 M31：13。

Cb 型　2件。侈口，圜底。如标本 M96：4。

D 型　9件。鼓腹，平底，多在腹部饰有弦纹。依腹部和底部变化分为三式。

Ⅰ式，2件。腹略鼓，平底。如标本 M153：11。

Ⅱ式，5件。腹较鼓，台底。如标本 M45：32。

Ⅲ式，2件。腹略鼓，鼓腹位置靠近底部。如标本 M158：11。

E 型　3件。浅斜直腹，平底。依据腹特征分为两式。

Ⅰ式，1件。深腹，腹壁斜直角度较大。标本 M34：11。

Ⅱ式，2件。浅腹，腹壁较陡。如标本 M10：3。

斗

4件。器身轮制，柄为手制。微敞口、腹微鼓、台底。依据柄的不同分为两型。

A 型　3件。柱状柄。尾部弯曲、台底微凹、近口处有一道凹弦纹、轮旋痕迹明显。如标本 M57：22。

B 型　1件。兽首形柄。柄较直。标本 M61：30。

耳杯

102件。器身椭圆形，均为模制，两侧有新月形耳。依据底的不同分为三型。

A 型　36件。台底。方唇，口微敛，弧腹，台底。素面。如标本 M51：2。

B 型　64件。平底。方唇，弧腹，平底，素面。如标本 M26：12。

C 型　2件。圜底。如标本 M56：2。

熏炉

3 件。分为两型。

A 型　1 件。盖作博山状，下部为轮制陶罐，罐底有长方形和圆形孔。标本 M45：29。

B 型　2 件。盖为扁圆形，下部为一陶豆。如标本 M61：40。

烤炉

5 件。多已残，有四足，多数器身有圆形或长方形孔，底部均有长方形孔。依据器身形状分为三型。

A 型　3 件。器身为长方形。方唇，侈口，弧腹，圜底，两端有对称竖耳，近口处饰有两周凹弦纹。如标本 M33：2。

B 型　1 件。器身为圆形。方唇，直口，腹壁较直，平底，器身一周竖条形孔。标本 M45：13。

C 型　1 件。器身椭圆形。方唇，敞口，腹壁斜直，平底，器底有多条长方形孔。标本 M61：28。

镤

2 件。釜形器身，三足，有流，腹壁有柄。依据柄的形制分为两型。

A 型　1 件。柱状柄。标本 M27：12。

B 型　1 件。方銎型柄。标本 M61：15。

铨

1 件。由铨身及铨盖两部分组成。铨盖：夹砂黑褐陶。弧顶，顶部正中贴有一环形纽，折腹，母口，尖唇。铨身：夹砂灰陶。尖唇，子口，直筒腹，平底，近口处对称贴有两个环形耳，底部附有三个乳丁状足。标本 M61：17。

釜

1 件。方唇，敛口，鼓腹，腹中部有一周扉棱，圜底。标本 M45：21。

俑

4 件。均为手制，面部器官为刻划而成。依据俑的姿势分为两型。

A 型　3 件。站立俑。裙状下摆。如标本 M40：4。

B 型　1 件。踞坐俑。双膝跪着地，上身直立。标本 M65：13。

卮

2 件。夹砂灰陶，由陶卮及卮盖两部分组成。陶卮：贴耳脱落。圆唇，直口，直腹，耳部残缺，平底，底部附有三个乳丁状足。腹部施有两组四条凹弦纹。卮盖：方唇，敛口，弧顶近平。顶部正中为一周圆形界格，圆形界格内套一方形界格，方形界格内模印纹饰，正中为一圆形乳突，四周环绕三片草叶及一圆环。顶部施有两周凹弦纹。顶部附有一环形纽。如标本 M45：12。

楼

14 件。楼体由下至上每层皆有收分。依据楼体层数的不同分为两型。

A 型　7 件。两层。顶平面均为长方形，重檐。如标本 M49：4。

B 型　7 件。三层。顶平面均为方形，三重檐，庑殿式顶。如标本 M49：3。

簋

1 件。夹砂灰陶。尖唇，敛口，弧腹，矮圈足。近口处附有两个立耳，耳上有穿。标本 M109：2。

第三节 金属器

一 金、银器

（一）金器

指环，3 枚。圆形，其截面均为方形。如标本 M20：4－4、M20：4－5、M20：4－6。

（二）银器

指环

47 枚。圆形，依据截面形状的不同分为两型。

A 型 26 枚。截面为方形。如标本 M20：4－2、M20：4－7、M20：4－8、M20：4－10、M20：4－11、M20：5－2、M20：5－5、M20：5－6、M20：5－7、M20：5－10、M20：5－11、M20：5－12、M20：5－13、M20：5－14、M20：5－15、M71 填：1、M73：1－1、M73：1－2、M73：1－3、M73：1－4、M132：2－2、M142：2－1 等。

B 型 21 枚。截面为半圆形。如标本 M20：4－3、M20：4－9、M20：5－3、M20：5－4、M20：5－8、M20：5－9、M54：1－2、M54：1－3、M86：5－1、M86：5－2、M86：5－3、M142：2－2、M158：33－1、M158：33－2 等。

顶针

2 件。宽圆形，外壁两条弦纹之间錾刻窝点纹。如标本 M20：4－1、M20：5－1。

手镯

4 件。圆形，外缘弧，内缘稍直，截面扁圆形。如标本 M142：1－1、M142：1－2、M20：3－1、M20：3－2。

笄

1 件。侧视呈手写体的英文字母"y"，簪身扁平。标本 M158：34。

坠饰

1 件。球状。标本 M20：1－8。

串饰

3 件。梭形，1 件，如标本 M20：1－2。扁方形，1 件，如标本 M20：25。球状，1 件，如标本 M20：1－8。

双联环

1 件。形如"8"字。标本 M158：35。

二 铜器

（一）镜

姜屯墓地共出土铜镜 13 面，分别出土于 M19（2 面）、M20、M45（2 面）、M66、M80、M114、M118、M156、M158、M194 和 M201 中，除一件破碎较严重外，其余皆保存较好。铜镜的出土位置比较集中，除 M156 和 M158 两座墓情况不详外，仅 M19 和 M80 出土于人骨头部，其余均出土于人骨脚部。镜类主要分为蟠螭纹镜、四乳四花瓣纹镜、草叶纹镜、日光镜、四乳四虺镜四蝠形座连弧纹镜、位至三公镜、禽鸟纹镜九型，其中以蟠螭纹镜、日光镜和草叶纹镜数量较多。

A 型　变形蟠螭纹镜。2 面，圆形，三弦纽，圆座，纽座外一周凹弦纹，之外为铜镜主体图案变形蟠螭纹，图案外绕一周内向连弧纹，素面三角缘。依主体纹饰不同，分为两个亚型。

Aa 型　1 面。蟠螭纹均首尾相连，构成圆形纹带。标本 M194：2。

Ab 型　1 面。蟠螭两两相连，形成四组单独纹饰。标本 M201：1（彩版二五六，1）。

B 型　四乳四花瓣纹镜。1 面。已残剩约整面镜的四分之一，圆形，纽不明，圆座，座外一周凹弦纹，素面三角缘，缘内一周凹弦纹，两道弦纹之间为主体纹饰。标本 M80：4（彩版二五六，2）。

C 型　草叶纹镜。3 面。圆形，圆纽，四叶纹纽座，内向十六连弧纹缘。纽座外有方格，方格内书文字，方格外为四乳丁、草叶纹饰和花枝纹。依据草叶纹和花枝纹的不同，分为两个亚型。

Ca 型　2 面。乳丁两侧为对称二叠有格草叶纹，方格四角向外为双瓣一苞花枝纹。如标本 M118：1、M156：1。

Cb 型　1 面。乳丁两侧草叶纹上无格，方格四角向外为双瓣花枝。如标本 M114：11（彩版二五六，3）。

D 型　日光镜。2 面。圆形，圆纽，圆形纽座，座外一周内向连弧纹，连弧纹与缘之间为文字带，依据纽座外纹饰分两形。

Da 型　1 面。纽座外一周凸弦纹，弦纹外一周内向连弧纹，文字带已残破不全，能够分辨出两个字，为"日"和"之"。标本 M45：47。

Db 型　1 面。由于锈蚀严重，文字不明，根据铜镜造型推测应为日光镜。标本 M45：46。

E 型　四乳四虺镜。2 面。圆形，圆纽，圆形纽座，座外为四乳四虺，四虺腹背缀禽鸟纹，素平缘。依据纽座外纹饰及缘的宽窄分为两个亚型。

Ea 型　1 面。宽缘，纽座外两道凹弦纹，内层对称饰三直线和两弧线。标本 M19：2。

Eb 型　1 面。窄缘，纽座外一道凹弦纹，凹弦纹内对称饰三直线和三弧线，弦纹外为一周凸弦纹。标本 M19：6。

F 型　四蝠形座连弧纹镜。1 面。圆形，纽不明，圆形纽座，纽座外与四蝙蝠形叶相连，四蝙蝠叶之间书"长宜子孙"，字外一周凸弦纹，弦纹外为内向 8 连弧纹。如标本 M66：1（彩版二五六，4）。

G 型　位至三公镜。1 面。圆形，圆纽，圆形纽座，纽座外有四个圈点图案将镜面分成四部分，每部分内书有文字，三角缘。标本 M158：36。

H 型　禽鸟镜。1 面。已残破，主体图案已不详，圆形，圆纽，圆形纽座，纽座外仅能够分辨出一只鸟的图案，鸟外两周栉齿纹，三角缘。标本 M20：7。

（二）钱币

共有 56 座墓葬出土铜钱，共出土铜钱 1770 枚。钱类有一化、半两、五铢和货泉四种，每座墓中钱币出土数量都不相同，有些墓内出土的铜钱还保留有穿钱用的绳子。

一化　11 枚。方孔圆钱，体轻薄，背平素，钱面内外有郭。标本 M172：7－2。

半两　626 枚。出土于 15 座墓中，穿之左右书有篆体"半两"两字，两字中间竖划均不出头。依据"两"字分为三型。

A 型　236 枚。"两"字内为双人形。依据钱面有外郭分为两亚型。

Aa 型　235 枚。钱面无郭。如标本 M80：3 – 31。

Ab 型　1 枚。钱面有一周凸起的郭。标本 M115：2 – 51。

B 型　36 枚。"两"字内为双"⊥"形。依据钱面有外郭分为两亚型。

Ba 型　35 枚。钱面无郭。如标本 M113：1 – 34。

Bb 型　1 枚。钱面有一周凸起的郭。标本 M115：2 – 28。

C 型　354 枚。"两"字内为"十"形。依据钱面有外郭分为两亚型。

Ca 型　345 枚。钱面无郭。如标本 M81：11 – 1。

Cb 型　9 枚。钱面有一周凸起的郭。如标本 M128：1 – 1。

D 型　"两"字内为空心。如标本 M194：5 – 12。

五铢　1133 枚。五铢钱于汉武帝元狩五年开始铸造，到东汉结束的三百年间，一直是主要的流通货币，钱面多有记号，记号有星点纹、月牙纹、四角决纹和穿上或穿下有一横郭。依据钱文形体特征分为三型。

A 型　811 枚。"五"字中间两笔斜交，笔画较直或稍曲，上下两部分似两个三角形相对，"金"头三角形，四长竖点或圆点，"朱"头和下部方折或圆曲。如标本 M13：1 – 25。

B 型　132 枚。"五"字中间两笔弯曲相交，上下两部分似两个炮弹相对，"金"头三角形，四点较短，"朱"头和下部方折或圆曲。依据钱面是否有郭分为两型。

Ba 型　130 枚。钱面有一周凸起的郭。如标本 M45：58 – 2。

Bb 型　2 枚。钱面无郭。如标本 M14：5 – 1。

C 型　190 枚。"五"字变得矮宽，中间两笔与上下两横相交处形成直角，中间两笔除相交处弯曲外，其他部分接近平行，"朱"字较金字高，依据钱面有无郭分两型。

Ca 型　160 枚。钱面有一周凸起的郭。如标本 M19：7 – 13。

Cb 型　30 枚。钱面无郭。如标本 M48：1 – 13。

（三）带钩

共出土 27 件，钩身多为素面，有棒形、扁平形和较浑圆形三种，背部纽均为圆帽形。依据纽在钩身的位置分为三型。

A 型　12 件。纽位于钩身近尾端处，依尾端形状分为四亚型。

Aa 型　11 件。钩尾浑圆膨大。如标本 M19：5、M197：1（彩版二五七，1）、M197：2（彩版二五七，2）。

Ab 型　1 件。钩身近尾处呈折肩状，钩尾扁圆。标本 M173：1（彩版二五七，3）。

Ac 型　1 件。钩尾扁薄。标本 M104：1。

B 型　13 件。纽近尾端，位于钩身约 1/3 处，依钩身外形分为三亚型。

Ba 型　10 件。钩身较浑圆。如标本 M3：1、M163：1（彩版二五七，4）、M164：8（彩版二五七，5）。

Bb 型　2 件。钩身扁平。如标本 M181：8（彩版二五七，6）。

Bc 型　1 件。钩身为棒形。标本 M177：10（彩版二五七，7）。

C 型　2 件。纽位于钩身 1/2 处，钩身为棒形，钩首为兽头型。如标本 M132：1。

（四）漆器饰件

立鸟形纽　18 件。多成组（3 个一组）出土，鸟首高昂，足下一插头。9 件鎏金，如标本 M41 北：1 – 6；另 2 件未鎏金，如标本 M45：44 – 6、M45：44 – 7。

柿蒂形盖纽　5 件。柿蒂形纽座，环形纽。如标本 M55：54 – 9。

铺首 15件。兽面，衔环，多成对出土。依额部形状不同分为两型。

A型 7件。额部呈三角形。如标本M22：7。

B型 8件。额部呈圭形。如标本M45：41-1。

兽形足 18件。模铸，造型均为踞熊，背有直穿钉。依据有无竖耳分为两型。

A型 14件。熊首轮廓圆滑，低头，含胸，无竖耳。如标本M41北：1-1。

B型 4件。抬头，竖耳。依据熊足不同分两亚型。

Ba型 3件。空心足。如标本M45：54-1、M45：54-4、M45：54-5。

Bb型 1件。实心双足。如标本M41中：3-1。

（五）棺饰

柿蒂形饰 10套。由泡钉固定于棺上，依据柿蒂饰的不同分两型。

A型 2套。在柿蒂饰的四叶中间錾刻有直线。如标本M55：1-27。

B型 8件（套）。柿蒂饰表面无纹饰，依据帽的不同分为两型。

Ba型 6（件）套。钉帽圆球形，有外折沿。如标本M20：9。

Bb型 2件（套）。半球形钉帽。如标本M19：3、M22：8-14。

（六）车马具

均为明器，共3座墓出土有车马具，分别为M22、M41和M45。其中，M22由于盗扰严重，保存情况较差，而另外两座墓保存情况较好，车马具能够分辨出是成套出土。

车軎 12件。依据是否贯通分两型。

A型 6件。末端有顶。如标本M45：60-33。

B型 6件。末端无顶，整体贯通。如标本M41北：4-5。

軏首饰 2件。整体似"U"字形，末端兽面。如标本M45：60-47。

帽 32件。形制基本相同，整体呈圆筒状，依据帽身凸棱的多少分三型。

A型 20件。帽身有一周凸棱。如标本M45：60-29。

B型 5件。帽身有两周凸棱。如标本M45：60-27。

C型 7件。帽身有三周凸棱。如标本M22填：2、M45：60-25。

辀饰 9件。两端弯曲。依据其截面分为两型。

A型 6件。截面为菱形。如标本M45：60-21。

B型 3件。截面为圆形。如标本M22填：1。

辕承 4件。方形管，中空，头部呈兽首状。如标本M41北：4-29。

軥饰 4件。钩曲较缓。如标本M41南：1-11。

轭 6件。平面呈"U"字形。如标本M41北：4-8。

花冠形饰件 1件。整体呈"U"形。如标本M45：60-19。

轴饰 12件。平面呈"凸"字形，兽面。依据兽面是否有穿孔分为两型。

A型 10件。兽面无穿孔。如标本M45：60-45。

B型 2件。兽面有2穿孔。如标本M45：60-43。

环首钉 5件。依据形状分为两型。

A型 4件。环首。如标本M41北：4-30。

B型 1件。环首之上有一大圆环。标本M45：60-35。

铺首 2件。由于其与车马器同出，应为车上饰件，因此未把其划分到漆器饰件内。2件铺首形制相同，兽面侧视呈弧形。

兽首形构件　2件。末端为兽面，扁方銎。如标本M45：60－48。

盖弓帽　143件。器身管形，近顶处有侧出一钩。依据顶端形状不同分为两型。

A型　96件。顶端为圆球形。如标本M45：60－14。

B型　47件。顶端为扁平状。依据形状分为两亚型。

Ba型　45件。顶端圆形，扁平状。如标本M41北：4－22、M45：60－18。

Bb型　2件。顶端为四花瓣形。如标本M22填：3。

盖柄铜箍　5件。直筒形，中间和两端均有凸棱。如标本M45：60－42。

当卢　8件。侧视略内弧，大多保存较好，个别残损严重。依据形制不同分为两型。

A型　4件。上部有花枝状镂孔，背有二环纽。如标本M41北：4－19。

B型　4件。整体呈圭形，底端浑圆。如标本M41北：4－1。

衔镳　9件。由衔和镳两部分组成，镳穿于衔两端环内。依据镳形状的不同分为两型。

A型　5件。镳的两端皆为花冠状，侧视为"S"形。依据衔的不同分为两亚型。

Aa型　2件。衔三节构成。如标本M41南：1－2、M45：60－1。

Ab型　2件。衔为单节。如标本M41北：4－20。

Ac型　1件。衔为双节。标本M45：60－2。

B型　4件。镳为桨型，两端似桨叶，侧视为"S"。如标本M22：1。

泡饰　20件。椭圆形，表面鎏金，泡内有横梁。如标本M41北：4－15。

泡钉　1件。半球形钉帽。标本M45：60－20。

扣饰　22件。圆形，背有环纽。依据扣面形状分为两型。

A型　8件。扣面扁平。如标本M41北：4－28。

B型　14件。扣面圆鼓。如标本M41北：4－17。

节约　7件。圆形，背有二方环。依据面的形状分为两型。

A型　3件。面扁平。如标本M45：60－39。

B型　4件。面园鼓。如标本M22：2。

管饰　6件。管状，通体鎏金。如标本M41北：4－31。

环　6件。因与明器马具同出，因此未把其归入铜环类进行统一分类。6件铜环形制相同，圆形，皆鎏金。如标本M41北：4－7。

带扣　1件。一端为扁环形，一端"T"字形。标本M41北：4－10。

（七）饰件

指环　3枚。形制基本相同。两件为素面，如标本M54：1－1；另一件表面錾有锯齿状纹饰，标本M21：15－1。

环　3件。依据器形不同分为三型。

A型　1件。圆形，环身宽扁。标本M169：2。

B型　1件。圆形，环身由方形铜条拧成。标本M145填：2。

C型　1件。扁圆形，铜条弯成，中间有缺口。标本M142：3。

簪　2件。铜丝弯成，整体呈"U"形。如标本M31：1。

（八）生活器

盆　17件。依据腹分为深腹和浅腹两型（其中2件底残不能确定）。

A型　12件。深腹盆，依据底部分为两亚型。

Aa 型　6 件。底有两道同心圆的凸棱。如标本 M129：10。

Ab 型　6 件。底有一周宽凸棱。如标本 M180：11。

B 型　3 件。浅腹盆，残破严重。如标本 M61：47。

釜　2 件，残破较严重。标本 M118：11、M129：6。

勺　1 件。勺身略呈圆形，长柄。标本 M153：9。

刷　4 件。整体似烟斗形。依据刷尾的造型分两型。

A 型　3 件。刷尾为龙首吐舌，舌成匕状。一件已残断，仅剩刷尾，标本 M22：5；另外一件保存完整，如标本 M41 中：42。

B 型　1 件。刷尾为长喙鸟头形，鸟头有一穿孔。标本 M61 填：2。

（九）铃

与其同出的还有 12 件铜环和铁环，因此把铜铃和这些环作为一组器物进行介绍，不再把这铜环和铁环分别归入铜器和铁器环类统一介绍。

铃　25 件。平面均呈梯形，除最大铃外，其余各铃钲部皆饰有纹饰，腔内有舌。依据纽的不同分为两型（其中有 2 件铃纽已残，不对其进行分型）。

A 型　9 件。半圆形纽，纽宽基本与铃顶端宽度相当。如标本 M194：3－15。

B 型　14 件。纽宽小于铃顶端宽度，依据纽的形状分两个亚型。

Ba 型　12 件。半圆形纽。如标本 M194：3－3。

Bb 型　2 件。方形纽。如标本 M194：3－1。

环　11 件。依据材质不同分为两型。

A 型　10 件。铜质，依据截面形状分为两个亚型。

Aa 型　7 件。截面圆形。如标本 M194：3－12。

Ab 型　3 件。截面扁圆形。如标本 M194：3－36。

B 型　1 件。铁环，锈蚀严重，已残断，截面圆形。标本 M194：3－27。

（一〇）其他

印章　1 枚。两面文字相同，中间有长方形穿孔。标本 M156：2。

剑首　1 件。喇叭口形座，圆柄，近座处有横向穿孔。标本 M45：61。

饼　1 件。通体鎏金，形似金饼。标本 M115：1（彩版二五七，8）。

矛　1 件。矛身柳叶形，中起脊，扁圆形銎，銎上有孔。标本 M200：11。

镞　2 件。镞身三角形，依据外形分两型。

A 型　1 件。三翼，短圆铤。标本 M145 填：1。

B 型　1 件。双翼，扁铤。标本 M72 填：3。

镦　1 件。圆筒形，銎上有孔。标本 M19：1。

轮形饰　1 件。圆形，两环之间有六辐。如标本 M171：2。

杆　2 件。均残断。1 件截面为梯形，如标本 M104：2；另 1 件截面为圆形，如标本 M31：3。

三　铁器

锸　4 件，形制相同，平面为长方形，扁方銎。如标本 M61 填：1。

钁　1 件。平面为长方形，扁方銎。标本 M40：2。

剑　3 件。长剑，锈蚀严重。细长柄，尖锋，截面呈梭形，直脊，剑茎细长，其中一柄有铜质剑格。如标本 M79：6。

削　5 件。锈蚀严重，环首，直背，弧刃。如标本 M103：1。

带钩　1 件。水禽形，形体较小。标本 M55：46。

棺钉　50 件。多锈蚀严重，依据其形状分为四型。

A 型　18 件。直钉身，无钉帽。如标本 M41 中：9－4。

B 型　13 件。钉尖和钉首皆折。如标本 M41 中：9－2。

C 型　13 件。直钉身，钉首回折。如标本 M22：6－1。

D 型　6 件。直钉身，"T"字形钉首。如标本 M41 中：9－3。

门环　6 件。形制相同。如标本 M45：43。

环　2 件。锈蚀严重，多已残。如标本 M156：6。

四　铅器

条　2 件。锈蚀严重，截面均呈方形。标本 M114：4、M118：18。

板　1 件。残断，长方形片状。标本 M41 中填：2。

削　1 件。锈蚀较严重，环首削。标本 M41 北：3。

第四节　玉石器

一　玉器

玉覆面　1 套[①]。共由 24 件玉器组成，其平面形状为人面形[②]。24 件玉器除玉璧外，其它均为玉器的残片，可辨器形有璧、圭、璜、牌饰、剑璏尾等。材质分为两类，一类为玛瑙，一类为岫岩软玉。除剑璏尾为玛瑙质外，余均为岫岩软玉。

璧　1 件。圆形，器身为素面，通体磨光，加工痕迹明显。标本 M45：56－8。

璜　1 件。通体磨光，素面，上有一大一小两孔。标本 M45：56－2。

牌饰　1 件。器身两面阴刻螭龙纹。标本 M45：56－17。

圭　6 件。分为 3 对，每对尺寸相当，出土位置基本为两两相对，仅有大小之分，多为素面，通体磨光，仅一件表面刻有有纹饰，应为玉璧残件。如标本 M45：56－1、M45：56－3。

剑璏尾　1 件。白色，光泽柔润，其内可见自然红色纹理。标本 M45：22。

片　14 件。均已残断，依据器表有无纹饰分两型。

A 型　3 件，平面为长方形，两面皆阴刻有谷纹。如标本 M45：56－14。

B 型　11 件。依据残断平面形状分为两亚型。

Ba 型　9 件，平面为长方形或不规则形。如标本 M45：56－4。

Bb 型　2 件。平面为梯形。如标本 M45：56－5。

剑璏　1 件。正面长方形，背有长方形穿。标本 M157：10。

[①] 白宝玉等：《辽宁普兰店姜屯墓地第 45 号汉墓发掘简报》，《文物》2011 年 8 期。

[②] 白宝玉、付文才：《辽宁普兰店姜屯墓地第 45 号汉墓出土玉覆面复原研究》，《文物》2012 年 8 期。

二　玛瑙器

串饰　4 件。红色，通体磨光，器体穿孔。依据形状不同分为两型。
A 型　2 件。圆管形。如标本 M20：1 - 4。
B 型　2 件。圆珠形。如标本 M61 填：3。
环　2 件。依据外缘形状分两型。
A 型　1 件。体扁薄，外缘薄锐，内缘钝圆。标本 M41 中：41。
B 型　1 件。体厚，外缘较钝。标本 M194：1。

三　水晶器

耳塞　2 件。形制相同，呈蘑菇状。标本 M45：57 - 1、M45：57 - 2。
玲　1 件。为柱状。标本 M79：9。
块　3 件。未经加工。如标本 M41 中：8 - 1。

四　煤精器

坠饰　1 件。动物形，通体磨光，中间有穿孔。标本 M20：1 - 1。
串饰　2 件。形制相同，圆形，片状，通体磨光，侧面有穿孔。如标本 M137：11 - 1。

五　石器

研板　11 件。长方形，片状。依据制作方式分两型。
A 型　8 件。磨制，通体磨光。如标本 M33：1。
B 型　2 件。四边打制而成，研面光滑。如标本 M45：59 - 1。
研块　4 件。方形，片状。依据制作方式分两型。
A 型　2 件。磨制，通体磨光，如标本 M20：24。
B 型　2 件。四边打制而成，研面光滑。如标本 M55：40 - 2。
夯锤　1 件。方柄，圆身，平底。标本 M191 填：1。
球　2 件。磨制，不规则球状。如标本 M19：4 - 1。
纺轮　1 件。圆形。标本 M72 填：1。

第五节　杂器

一　琉璃器

耳瑱　共出土 21 件。依据其形状可分为两型（1 件残损不全，无法辨型）。
A 型　12 件。整体呈腰鼓形。如标本 M2：2。
B 型　8 件。整体呈喇叭形。如标本 M81：12。
串珠　1 件。中间有穿孔。标本 M31：2。

二　琥珀器

串饰　8 件。器表存在一层钙化物。依据穿孔位置分两型。

A 型　6 件。器体穿孔上下贯通。如标本 M20∶1－3、M146 填∶1。

B 型　2 件。穿孔位于器体一端。如标本 M20∶1－7。

三　骨器

笄　1 件。锥形。标本 M55 填∶1。

陆博棋子　24 枚。由动物肢骨截成，有扁方形和扁长方形两种，每种各有 12 枚，打磨光滑，棱角分明。如标本 M118∶17。

饼　1 件。圆饼形，正面刻有五横一竖符号。标本 M19∶20。

纺轮　1 件。圆饼形，中间穿有一孔。标本 M7∶1。

第六节　花纹砖

一　形制

分为榫卯砖、长方形砖、方砖及楔形砖四大类。这四类花纹砖的用途各有不同，在墓室中的位置也较为固定。

榫卯砖　平面大致呈长方形，仅在短边的一侧出榫，另一侧为卯，多数较为厚重。尺寸大致在（32～38）×（16～18）×（5～6）厘米之间。用于砌筑除 M158、M160 外，其他花纹砖墓的墓壁顺砖及墓底铺砖。

长方形砖　平面呈长方形，比榫卯砖要薄。尺寸大致在（30～32）×（11～14）×（4～6）厘米之间。用于砌筑大多数花纹砖墓的墓壁立砖。

方砖　平面呈方形，较为厚重。尺寸大致在 30×30×8 厘米之间。用于砌筑 M158、M160 的墓壁顺砖。

楔形砖　侧面呈梯形，较为纤薄。尺寸大致在（30～32）×（11～12）×（4～5）厘米之间。用于砌筑各花纹砖的墓门券顶处。

二　纹饰

内容较为丰富，多涉及几何纹、动植物图案、祥瑞富贵等多种题材内容。由于所饰花纹砖面有长侧面、短侧面及楔形面之分，因此图案在构图上也就有所差别。

（一）长侧面花纹分类

1. 几何纹

多重菱形纹　均为多重菱形的连续排列，多数的内层菱形界格内置有一菱形凸起。依据图案的布局可分为 2 型。

A 型　砖面上的多重菱形纹按一排排布。依据内层菱形界格内的凸起数量，可分为 2 个亚型。

Aa 型　内层菱形界格内的置有一个菱形凸起，砖面的空白处也填充有三角形凸起。依据菱形层数，可分为 2 式。

Ⅰ式，砖面上的图案由 4 组 2 重菱形纹排列而成。此类花纹砖见于 M49（彩版二五八，1；彩版二五九，1）。

Ⅱ式，砖面上的图案由 6 组 4 重菱形纹排列而成。此类花纹砖见于 M20（彩版二六〇，1）。

Ab 型　内层菱形界格内置有上、下两个三角形凸起，砖面的空白处也填充有三角形凸起。砖面上的图案由 6 组（其中的前后两组均为半组多重菱形纹）4 重菱形纹排列而成。此类花纹砖见于 M158（彩版二六一）。

B 型　砖面上的多重菱形纹按上、下两排排布。依据砖面上每列多重菱形纹的数量，可分为 2 式。

Ⅰ式，砖面上的每列图案由 6 组 2 重菱形纹排列而成，内层菱形界格内置有一菱形凸起。此类花纹砖见于 M158（见彩版二六一）。

Ⅱ式，砖面上的每列图案由 3 组 4 重菱形纹排列而成，内层菱形界格内无菱形凸起。此类花纹砖见于 M160。

折尺纹　多数以多重折尺纹为主纹，空白处填充其他几何纹饰。依据有无填充其他几何纹饰，可分为 2 型。

A 型　砖面上仅施有一条 4 重折尺纹。此类花纹砖见于 M158（见彩版二六一）。

B 型　砖面的前后两侧各施有一多重半圆纹，中部以多重折尺纹贯通前后。依据砖面空白处填充图案的不同，可分为 2 式。

Ⅰ式，砖面的前后两侧各施有一 3 重半圆纹，中部以 4 重折尺纹连接前后；砖面空白处填充有多重菱形纹，内层菱形界格内置有一菱形凸起。此类花纹砖见于 M26（彩版二六二）、M64、M190。

Ⅱ式，砖面的前后两侧各施有一双重半圆纹，中部以多重（重数不同，有一、四、五之分）折尺纹连接前后，砖面空白处也填充有双重半圆纹。此类花纹砖见于 M48（彩版二五八，2）。

圆圈纹　以圆圈纹为主体纹饰，在砖面上圆圈纹成组排列，空白处填充有其他几何纹饰。依据圆圈纹外侧有无界格，可分为 2 型。

A 型　圆圈纹外侧置有界格。依据界格的不同，可分为 2 式。

Ⅰ式，砖面被划分为 5 个连续的长方形界格，每个界格内各置有一单重圆圈纹，圆圈纹的正中置有一圆形小乳突，圆圈纹整体被"×"纹划分。此类花纹砖见于 M72（彩版二六三）。

Ⅱ式，砖面前、后两侧各施有一方形界格，界格内从上至下置有一列 4 组"×"形纹；砖面中部被划分为三个连续的六边形界格，每个界格内各置有一双重圆圈纹，圆圈纹的正中置有一圆形乳丁纹。此类花纹砖见于 M158（见彩版二六一）。

B 型　圆圈纹外侧无界格。均为双重圆圈纹，圆圈纹的正中置有一圆形乳丁纹。依据每组圆圈纹有无刻划"×"形纹，可分为 2 亚型。

Ba 型　每组圆圈纹均刻划有"×"形纹。依据空白处填充图案的不同，可分为 2 式。

Ⅰ式，由 5 组双重圆圈纹排列而成，空白处填充有小菱形纹。此类花纹砖见于 M71（彩版二五九，2）。

Ⅱ式，由 3 组双重圆圈纹排列而成，圆圈纹之间填充有上下两组菱形纹，每个菱形纹内均置有一菱形凸起。此类花纹砖见于 M155（彩版二六四，1）。

Bb 型　每组圆圈纹未刻划有"×"形纹。每组双重圆圈纹之间填充的图案较为随意。此类花纹砖见于 M158（见彩版二六一）。

2. 动、植物纹

叶脉纹　砖面上满饰规律分布的叶脉纹。依据叶脉是否同向分布，可分为 2 型。

A 型　叶脉纹同向分布。这类花纹砖见于 M26（彩版二六二）、M146（彩版二六四，2）、M158（见彩版二六一）、M160。

B 型　叶脉纹反向分布。这类花纹砖见于 M26（见彩版二六二）、M72（见彩版二六三）。

游鱼纹　多数以鱼纹为主体纹饰，外加少量的其他动物纹饰。鱼纹由阳线刻绘而成，从形象的刻画中即能感到鱼的摆动。根据有无其他动物纹饰，可分为 3 型。

A 型　砖面由 3 尾游鱼组成，未见其他动物纹饰。依据有无辅助几何纹饰，可分为 2 亚型。

Aa 型　无其他辅助几何纹饰。这类花纹砖见于 M26（见彩版二六二）、M49（见彩版二五八，1）。

Ab 型　砖面的主体纹饰为 3 尾游鱼，其中 2 尾一组，两组之间置有方格。这类花纹砖见于 M155。

B 型　游鱼（主体纹饰）＋乌龟。这类花纹砖见于 M20（见彩版二六〇）。

C 型　游鱼（主体纹饰）＋乌龟＋螃蟹。这类花纹砖见于 M64。

龟纹　砖面上置有四个依次增大的乌龟。乌龟四肢划摆，头部前伸，自由游动。这类花纹砖见于 M155（见彩版二六四，1）。

3. 钱币纹

钱纹　以连续排列的圆形铜钱纹为主体纹饰，钱文多数为"五十"；砖面空白处填充有其他图案。依据图案布局的不同，可分为 2 型。

A 型　砖面上的钱纹按一排排布。依据空白处填充图案的不同，可分为 2 亚型。

Aa 型　空白处填充有多组交叉刻划的小菱形纹。这类花纹砖见于 M20（见彩版二六〇）、M26（见彩版二六二）、M48（见彩版二五八，2）、M71（见彩版二五九，2）、M155（见彩版二六四，1）。

Ab 型　空白处填充有圆形小乳突。这类花纹砖见于 M64。

B 型　砖面上的钱纹按上、下两排排布，中间以菱形纹相连。这类花纹砖见于 M146（见彩版二六四，2）。

4. 祥瑞富贵纹

双龙纹　由方向相反交缠的二龙组成，二龙身躯缠绕成"∞"字形，含胸昂首，龙口大张。此类花纹砖见于 M64。

云气纹　砖面上满饰相互勾连的卷云纹。这类花纹砖见于 M26（见彩版二六二）。

（二）短侧面花纹分类

1. 几何纹

多重菱形纹　内圈菱形纹内均置有一个菱形凸起。依据构图的不同，可分为 4 型。

A 型　砖面上布置有一排双重或三重菱形纹，内圈菱形纹内均置有一个菱形凸起；砖面空白处也填充有菱形凸起。这类花纹砖见于 M49（见彩版二五九，1）、M64、M71（见彩版二五九，2）、M155（见彩版二六四，1）。

B 型　砖面上置有两个单圈菱形纹，菱形纹内置有一个大菱形凸起；砖面空白处也填充有菱形凸起。这类花纹砖见于 M26（见彩版二六二）、M48（见彩版二五八，2）。

C 型　砖面上仅布置有一个三重菱形纹，内圈菱形纹内置有一个菱形凸起。这类花纹砖见于 M158（见彩版二六一）、M160。

D 型　砖面上的菱形纹布置成上、下两排，上行置两个双重小菱形纹，下行置一个双重大菱形纹，内圈菱形纹内置有一个菱形凸起。这类花纹砖见于 M158（见彩版二六一）。

圆圈纹　砖面上以两组双重圆圈纹为主体纹饰，内重圆圈纹内置有一圆形小乳突，砖面空白处刻划有菱形纹。这类花纹砖见于 M20（见彩版二六〇）、M49（见彩版二五八，1）。

乳丁纹　以乳丁纹为主体纹饰，乳丁外侧环绕有圆圈纹，空白处填充有其他几何纹饰。依据乳丁数量的不同，可分为 2 型。

A 型　砖面上仅置有一个大乳丁，乳丁外侧环绕有双重圆圈纹，砖面空白处刻划有交叉"×"形纹。这类花纹砖见于 M158（见彩版二六一）。

B 型　砖面上置有两个大乳丁。依据乳丁外侧环绕圆圈纹圈数的不同，可分为 2 亚型。

Ba 型　乳丁纹外侧环绕一圈圆圈纹。依据辅助纹饰的不同，可分为 4 式。

Ⅰ式，两个单圈乳丁纹之间填充有小菱形纹。此类花纹砖见于 M72（见彩版二六三）。

Ⅱ式，两个单圈乳丁纹之间填充有三重交叉"×"形纹。此类花纹砖见于 M26（见彩版二六二）。

Ⅲ式，两个单圈乳丁纹之间填充有双重椭圆形纹。此类花纹砖见于 M64。

Ⅳ式，两个单圈乳丁纹外侧均置有长方形界格，界格之间施有交叉"×"形纹。此类花纹砖见于 M20（见彩版二六〇）。

Bb 型　乳丁纹外侧环绕双重圆圈纹。此类花纹砖见于 M158（见彩版二六一）、M160。

网格纹　砖面上满饰交叉网格纹。此类花纹砖见于 M158（见彩版二六一）。

2. 动、植物纹

水鸟纹　砖面上纵向布有两只形制相同的水鸟。水鸟呈单腿停立状，翅膀拍动，缩胸低头，长嘴微张。这类花纹砖见于 M49（见彩版二五九，1）、M72（见彩版二六三）。

飞鸟栖木纹　整树占据较大砖面，树木根、干、枝俱全，刻划的极为逼真。树顶栖落有一只飞鸟，多数飞鸟嘴中衔有一鱼。这类花纹砖见于 M20（见彩版二六〇）、M49（见彩版二五九，1）、M64。

多种动物纹饰组合纹　砖面上并不以某一种动物纹为主体纹饰，而是多种动物纹饰的依次排列。依据动物纹饰的不同，可分为 2 型。

A 型　飞鸟衔鱼纹＋鱼纹＋龟纹。这类花纹砖见于 M20（见彩版二六〇）、M26（见彩版二六二）。

B 型　飞鸟衔鱼纹＋鱼纹＋螃蟹纹。这类花纹砖见于 M20（见彩版二六〇）。

3. 钱币纹

钱纹　以连续排列的圆形铜钱纹为主体纹饰，砖面空白处填充有其他图案。依据图案布局的不同，可分为 2 型。

A 型　砖面上首、尾各置有大铜钱纹，两者之间夹有两个一组的小铜钱纹，钱纹之间以弧线相连。这类花纹砖见于 M20（见彩版二六〇）、M72（见彩版二六三）。

B 型　砖面上以两组钱纹为主体纹饰，空白处填充有相互交叉的菱形纹。这类花纹砖见于 M49（见彩版二五九，1）。

4. 祥瑞富贵

奔虎纹　砖面上模印一只奔虎，四肢跃奔，长尾飞摆，缩胸昂首，虎口大张，似作长啸状，虎背勾勒出两层浮云，整体刻划的极为逼真、传神。这类花纹砖见于 M72（见彩版二六三）。

凤鸟衔鱼纹　凤鸟长尾收翅，挺胸而立，曲颈低首，三支状凤冠，口衔一鱼。凤身羽毛刻划清晰，尾、冠均呈枝状，刻划的较为细腻。此类花纹砖见于 M20（见彩版二六〇）。

"万福富"铭文砖　砖面上纵向排列有"万福富"三个篆字吉祥语。这类花纹砖见于 M64。

（三）楔形面花纹分类

人面衔环纹　以人面衔环为主体纹饰，辅助以其他动物纹饰。人面双目圆瞪，两耳外张，张嘴呲牙，口中衔环，头戴三尖式或"圭"形冠，面目显得尤为狰狞。根据其他动物纹饰的不同，可分为 2 型。

A 型　人面衔环 + 羊头纹。这类花纹砖见于 M20（见彩版二六〇）、M49（见彩版二五九，1）、M72（见彩版二六三）、M190。

B 型　人面衔环 + 双鱼纹。这类花纹砖见于 M26（见彩版二六二）。

羊头 + 钱纹 + 飞鸟纹　由三组图案构成，构图纹饰均较为吉祥、富贵。这类花纹砖见于 M72。

第七节　分期与年代

一　墓葬分期

主要依据墓葬形制、随葬品组合以及随葬器物形制特征的变化来进行分期。其中，土坑墓大多保存较好，随葬品均为原位，且组合关系明显；砖室墓多被盗扰，其随葬品破坏较为严重，由于这种墓葬形制存在家族葬，一座墓可能埋葬了几代人，因而墓葬使用时间较长，其随葬品的组合较为混乱，且器物的形制特征差别较大，因此只能在分期过程中把这些墓葬归入晚期之列。共分为六期。

第一期，17 座，这期的墓葬有 M3、M4、M80、M82、M90、M94、M95、M98、M99、M104、M105、M113、M128、M145、M179、M187、M207。均为土坑竖穴墓，包括其中的 A、B、C、F 型，葬俗为并藏和单人葬。随葬品组合主要为壶、罐、钵的组合，个别墓葬出土有盒。罐，侈口或折沿，最大腹径居中，多数在腹下部和底部饰有绳纹，少数在肩部和腹部上部饰有较深的凹弦纹，多为平底。器形有 A 型Ⅰ式、D 型Ⅰ式。壶，多为盘口壶，少数为喇叭口壶和侈口壶，这些壶的腹部最大径多位于中部或稍偏上，其肩部或腹上部饰较深的弦纹，腹下部和底饰有绳纹，底为平底或凹底，少数带有圈足。器形有 Aa 型Ⅰ式、Ac 型Ⅰ式、Af 型Ⅰ式和 Ba 型Ⅰ式，其中以 Aa 型Ⅰ式数量最多，Af 型Ⅰ式次之，其他器形数量最少。钵，多为方唇，敛口，斜弧腹。盒，仅见一件，圈足残，具体器形不详。铜镜，仅出土一面，为四乳四花瓣镜。铜钱均为半两钱。

第二期，共有墓葬 38 座，这期的墓葬有 M74、M75、M79、M81、M91、M97、M102、M103、M109、M114、M115、M118、M130、M131、M138、M156、M157、M162、M163、M164、M165、M169、M173、M176、M177、M180、M181、M183、M184、M194、M195、M198、M201、M202、M203、M204、M205、M206。均为土坑竖穴墓，包含了这一类型墓葬中所有墓葬形制，葬俗为并葬和单人葬。这一期墓葬随葬品种类开始增加，除第一期墓葬的壶、罐、钵、盒外，这一期墓葬新出现了鼎、奁、盆。罐，这一期罐的形制特征与第一期相同，多为侈口或折沿罐，新出现有矮领罐，其最大腹径居中或偏上，多数在腹下部和底部饰有绳纹，少数在肩部和腹部上部饰有较深的凹弦纹，多为平底，少数为凹底。器形有 A 型 I 式、Ca 型 I 式、D 型 I 式。壶，圈足壶数量最多，其次为盘口壶。圈足壶多为喇叭口，另有少量杯形口，腹部的最大径稍偏下。盘口壶的腹径变大，高度变矮，整体较第一期盘口壶矮胖。这一期还出现了高领壶，其数量较少。壶的器形有 Aa 型 II 式、Ac 型 II 式、Ad 型 II 式、Ba 型 II 式、Bb 型 I 式，第一期中的 Af 型不见。鼎，子母口，圜底或平底，板耳或无耳，柱状足，器形有 Aa 型 I 式、B 型 I 式。盆，主要为折腹盆和弧腹盆，多在腹部饰有弦纹和绳纹，少数为素面，平底或圈足，器形有 Aa 型 I 式、Ab 型 I 式、Ba 型 I 式、Bb 型 I 式、Bb 型 II 式。

第三期，共有墓葬 16 座，这期墓葬有 M16、M29、M96、M110、M129、M151、M152、M153、M168、M170、M171、M172、M182、M185、M197、M200。均为土坑竖穴墓，包括这一类型墓葬中的 A、B、C、E、F 型，葬俗为并葬和单人葬。这期墓葬的器物组合与二期基本相同，仅随葬器物形制有所变化。罐，侈口罐的腹部剖面较圆，矮领罐和折沿罐腹部较鼓，略呈梭形，器形有 A 型 II 式、Ca 型 I 式、D 型 II 式。壶，折沿壶和圈足壶的最大腹径居中，且较圆，器形有 Ad 型 II 式、Ba 型 III 式、Bb 型 II 式。鼎，无耳或板耳，柱状足，深弧腹，口部内敛明显，器形有 Aa 型 II 式、B 型 II 式。盒，口部略内敛，子口较小，腹部较鼓，圈足盒盖较鼓，平底，盒盖较扁平，整体为椭圆形。器形 A 型 II 式、B 型 II 式。瓮，矮领，鼓腹，整体呈圆形，器形有 B 型 I 式。盆，这一期盆的数量和种类都有增加，除折腹盆和弧腹盆外，增加了斜直腹盆和鼓腹盆，器形有 Aa 型 II 式、Ba 型 II 式、Bb 型 II 式、Ca 型、Cb 型、D 型 I 式。

第四期，共有墓葬 29 座，这期墓葬有 M1、M2、M7、M12、M14、M15、M17、M18、M19、M22、M28、M34、M38、M41、M45、M51、M55、M61、M85、M87、M121、M133、M136、M137、M139、M174、M175、M178、M199。除土坑竖穴墓外，新出现了砖室墓。包括土坑竖穴墓中的 A、C、D、F 型和砖室墓中的 Aa、Ab 型，葬俗多为双人合葬，少数为单人葬。这期墓葬的随葬品的器物组合发生了较大变化，种类大幅增加，与第三期相比，增加了仓、井、灶等，其中，仓、井这两类器物只出现在砖室墓中。罐，新出现了敞口罐和折腹罐，侈口罐腹部剖面为椭圆形，腹部最大径位置稍偏上，整体较矮胖，矮领罐鼓肩，弧腹，折沿罐腹部较浑圆，最大径位置居中，整体较瘦高。器形有 A 型 III 式、B 型 I 式、Cb 型 II 式、D 型 III 式。壶，发现有少量节颈壶、杯形口壶和台底壶。盘口壶的口部较深，其他壶的腹部变得较鼓，器形有 Aa 型 III 式、Ab 型、Ac 型 III 式、Ad 型 III 式、Ae 型、Ba 型 IV 式、Bb 型 III 式、Bc 型、C 型。鼎，不见 Aa 型鼎，新出现了两种鼎，一种为小子母口，微敛，耳近口部，深腹，平底，腹中部一周扉棱，一种为弧腹，腹中部有一周扉棱。器形有 Ab 型 I 式、Ac 型 I 式。盒，数量减少，器形有 A 型 III 式。瓮，主要为敛口瓮和折沿瓮，器形有 A 型 I 式、C 型 I 式。仓，仅见一件，器形为 B 型

Ⅰ式。井，数量较多，均为鼓腹，敞口，颈部较长，折肩，鼓腹，平底，素面，腹下部修坯削痕明显，器形有Ⅰ式井。灶，种类较多，平面形状有长方形、圆形、半圆形、梯形和三角形，器形有 A 型Ⅰ式、B 型Ⅰ式、Db 型Ⅰ式、E 型Ⅰ式。盆，基本与第三期相同，只器形有所变化，器形有 Ab 型Ⅱ式、Ac 型、Ba 型Ⅲ式、Bb 型Ⅲ式、D 型Ⅱ式。

第五期，共有墓葬 18 座，这期墓葬有 M10、M13、M30、M33、M35、M40、M46、M56、M84、M54、M106、M107、M117、M127、M134、M141、M150、M191。该期主要为素面砖和绳纹砖墓，土坑竖穴墓不见。墓葬形制均为砖室墓中的 A 型墓。葬俗多为合葬。这期墓葬的随葬品中不见圈足壶和盒，新出现了灯、缸等。罐，器物特征变化较大，敞口罐腹部剖面稍圆，直径较小，最大径位置偏下，矮领罐腹部剖面较圆，最大径位置偏下，折沿罐腹部最大径偏下，底较大，整体较矮胖，器形有 A 型Ⅳ式、B 型Ⅱ式、Ca 型Ⅱ式、D 型Ⅳ式。壶，盘口变敞，颈部较长，腹径与口径相当，器形有 Aa 型Ⅳ式。鼎，主要为带耳鼎，口部变化较大，均大幅内敛，器形有 Aa 型Ⅲ式、Ab 型Ⅱ工、Ac 型Ⅱ式。瓮，有敛口瓮和矮领瓮两种，腹部都变的较上期浑圆，器形有 Aa 型Ⅱ式、Ab 型Ⅱ式。仓，新出现方形仓，仓身饰有瓦棱纹和刻划的花纹，长方形仓多为素面，少数带有刻划纹和镂孔，整体为方形仓制作较为华丽，长方形仓较简单，器形有 A 型Ⅰ工、B 型Ⅱ式。井，斜腹，大敞口，腹斜直，平底，素面，器表修坯削痕明显，器形有Ⅱ式井。灶，数量较多，整体特征变化较为明显，平面形状变得较为规整，火眼数量有着明显的变化，器形有 A 型Ⅱ式、B 型Ⅱ式、C 型Ⅱ式、Da 型Ⅰ式、Db 型Ⅱ式。盆，数量减少，而小陶盆的数量增多，器形有 Aa 型Ⅲ式、Ba 型Ⅳ式。

第六期，共有墓葬 36 座，这期墓葬有 M5、M20、M21、M26、M27、M31、M32、M36、M42、M48、M49、M50、M53、M57、M59、M62、M64、M65、M66、M71、M72、M73、M86、M89、M108、M116、M132、M140、M142、M146、M148、M149、M155、M158、M160、M190。该期墓葬中出现了花纹砖墓，墓葬形制包含了砖室墓中 A、B 两型。葬俗为合葬。随葬品中出现了楼，随葬器物种类基本与第五期相同，只在形制方面发生了一些变化，这些器物变化的总体特征是由简单变得复杂，体现了一种厚葬之风。罐，大型罐的数量有所减少，出现了小型的敛口罐，器形有 Aa 型Ⅴ式、B 型Ⅲ式、E 型。壶，体量变小，数量较上期更少，盘口壶的形制特征变化较大，腹部最大径下移，整体变得瘦高，侈口壶口径变大，器形有 Aa 型Ⅴ式、Ac 型Ⅳ式。鼎，除 Ab 型、B 型鼎的形制有所变化外，Aa 型、Ac 型鼎与第五期形制相同。瓮，腹部最大径均偏上，器形有 A 型Ⅲ式、B 型Ⅲ式。仓，变化较明显，方形仓多为素面，长方形仓多有刻划的花纹，仓身正面多为花式镂孔，器形有 A 型Ⅱ式、B 型Ⅱ式。楼，做工精美，有二层和三层之分，楼体表面刻划花纹，并有精美的花式镂孔，器形有 A、B 型。井，口径变大，井身变为直筒形，器形有Ⅲ式。灶，器形更加规整，个别灶面刻划花纹和鱼，椭圆形灶的火眼减少，梯形灶火眼增加，器形有 B 型Ⅲ式、Da 型Ⅱ式、Db 型Ⅲ式、E 型Ⅱ式。盆，主要以折腹、弧腹和鼓腹三种为主，器物形制有所变化，器形有 Aa 型Ⅳ式、Ba 型Ⅴ式、Bb 型Ⅳ式、D 型Ⅲ式。

二　墓葬年代

由于该批墓葬没有出土具有明确纪年的遗物，因此墓葬年代只能通过与其他地区出土的陶器、铜钱和铜镜等进行比对，依据已有的研究成果，对该墓地的墓葬年代进行大致判定。其中，铜镜和铜钱的年代序列比较清楚，而陶器因存在传播速度、制作习惯等因素影响，其年代序列并不完整，因此，在对墓葬年代进行判定时主要依据铜镜和铜钱这两种器物。

第一期，墓葬器物组合形制主要是壶—罐—钵的组合，同出半两钱和四乳四花瓣纹镜。这期墓葬陶器组合较为简单，随葬品的形制较为统一，壶多为平底，盘口或尖唇，圈足壶的数量极少。在对这期陶壶对比中发现，辽宁地区出土较少，仅在大连曾采集过一件①，而在河北易县燕下都的墓葬中出土的陶壶与之非常相似②，另有内蒙古沙金套海墓葬中出土与其相近的陶壶③。该期出土铜钱的墓葬较少，出土的铜钱多为半两钱，钱文"半"字头硬折或为"八"字，"两"字有双人两、连山两、十字两和双⊥两（双⊥两应为双人两的变形），这些铜钱字体清晰，铸造规范，重量多在 1.6～3.7 克之间，少数几枚重量在 3.8～4.1 克之间，而多数钱币在 2.7 克左右，这些特点都与文、景、武三朝所铸四铢半两相符④，因此这些钱币的年代应在西汉早期。另有 M90 中五铢钱与半两钱同出，"五"字两竖划较直，"金"头呈三角形，四点较长，"朱"头方折，钱面带有四角决文记号，这些特点都比较符合武帝初年的郡国五铢⑤。这期墓葬仅出土一面残断的四乳四花瓣纹镜，这面铜镜铸造精良，残存部分的花纹与满城汉墓窦绾墓⑥的四乳四花瓣镜极为相似，而据相关研究，窦绾墓的年代应在武帝元鼎三年之前⑦。综合以上的分析，第一期墓葬的年代应为西汉早期（文帝—武帝早期）。

第二期，墓葬的器物组合壶—罐—鼎—钵—盒—奁—盆，种类和数量较第一期多，圈足壶数量开始增加，有 18 座墓出土铜钱，另出土铜镜 5 面。铜钱有半两和五铢两种，半两的钱文特点与第一期中的相同，也应是文、景、武三朝所铸的四铢半两。五铢钱在这期墓葬中出土数量较多，且铸造较精美。其中一种，"五"字较缓曲，"金""朱"同高，"金"头三角形，"朱"字方折，钱面记号有穿上一横、穿下一横、穿下月牙等几种，这些特征与洛阳烧沟汉墓中出土的第一型钱相同⑧，另有一种，"五"字稍变窄，竖划弯曲，"金"头三角形，四短竖点，"朱"头方折，下部方折或圆曲，穿上有一横记号，这种钱文特征与"元凤四年"⑨ 和"地节二年"⑩ 纪铭陶范的文字特征比较相近。出土铜镜的纹饰主要有两种，一种是三弦纽的变形蟠螭纹镜，两面；另一种是半圆纽的草叶纹镜，三面。三弦纽的变形蟠螭纹镜，主体纹饰为变形蟠螭纹，还有线状地纹，虽然未见与其相同器物，但其与战国时期主要流行镜种有很大相似之处⑪。草叶纹镜流行于西汉早中期，在流行一段时间后，被日光镜、昭明镜所取代⑫，此次发现的三面草叶纹镜，

① 刘俊勇：《辽宁大连大潘家村西汉墓》，《考古》1995 年 7 期。
② 王会民：《燕下都 6 号遗址汉墓发掘简报》，《文物春秋》1990 年 10 期。
③ 魏坚：《内蒙古中南部汉代墓葬》，中国大百科全书出版社，1998 年，84 页。
④ 王雪农：《半两钱文刻写特点与半两钱断代》，《中国钱币》2001 年 2 期。
⑤ 蒋若是：《秦汉钱币研究》，中华书局，1997 年。
⑥ 中国社会科学院考古研究所、河北省文物管理处：《满城汉墓》，文物出版社，1980 年。
⑦ 蒋若是：《秦汉钱币研究》，中华书局，1997 年。
⑧ 中国社会科学院考古研究所洛阳区考古发掘队：《洛阳烧沟汉墓》，科学出版社，1959 年。
⑨ 蒋若是：《秦汉钱币研究》，中华书局，1997 年。
⑩ 蒋若是：《秦汉钱币研究》，中华书局，1997 年。
⑪ 孔祥星：《中国古代铜镜》，文物出版社，1984 年。
⑫ 西安市文物保护考研所：《长安汉墓》，陕西人民出版社，2004 年。

虽然部分纹饰不尽相同，但其主体纹饰是一致的，与雅河花园 M110：1 比较相近[1]。综合上述铜钱与铜镜的年代分析，虽然这期墓葬出土一些年代较早随葬品，但从其随葬铜钱来看，其年代的下限应在昭、宣时期。因此，判定这期墓葬的年代应为西汉中期（武帝中期—宣帝晚期）。

第三期，随葬品的组合基本与第二期相同，只是部分器物形制发生了一些变化，如 Aa 型 Ⅲ 式陶壶的口部，以及 B 型陶壶腹部的变化。这期墓葬发现数量较少，随葬铜钱的墓葬只有 4 座，未见铜镜。铜钱中，五铢钱是主要钱型，另有一化和半两钱也出土于该期墓葬之中，五铢钱仍以五字竖划较直或缓曲为主，记号有穿上一横、穿下一横、穿下月牙。另有少量"五"字较矮宽，两竖划甚曲，或两竖划弯曲，与横划相连处近于平行，上下两部分似两炮弹相对，与洛阳烧沟中第 Ⅲ 型五铢钱极为相似[2]。鉴于陶器变化和铜钱的钱文特征，判定这期墓葬的年代应为西汉晚期（元帝—新莽之前）。

第四期，该期墓葬形制和葬俗均发生了较大变化，砖室墓开始出现，夫妻合葬的形式开始增多。随葬品种类继续增加，出现了瓮、井、仓、灶的器物组合。该期墓葬共有 7 座墓葬出土有铜钱，种类有五铢和货泉两种。五铢的"五"字两竖划稍外展，相交处缓曲，整体似两炮弹相对，"金"头为三角形，四小竖点，"朱"头方折，下部圆曲，记号有穿上一横、穿下月牙和穿下一星，整体特征与洛阳烧沟第 Ⅲ 型五铢钱相同[3]。货泉仅有一种，"货泉"篆书左右排列，右货左泉。这期墓葬中出土 4 面铜镜，其中两面残损严重，由其残留部分文字和纹饰推测，两面铜镜应为日光镜；另两面铜镜保存较好，出土于同一座墓，均为四乳四虺镜。这两种铜镜出土数量较多，尤其四乳四虺镜在西安交通学院 M301[4]、内蒙古补隆淖 M9[5]、上孙家寨 M108[6]、白鹿原 M18[7] 中都有出土，其大致年代多在王莽至东汉初期。综合出土铜钱及铜镜，这期墓葬的年代应王莽至东汉初期。

第五期，该期墓葬形制均为砖室墓，不见土坑竖穴墓，墓葬中出土器物组合不见壶和盒，仓、井、灶的数量增多，并且形制有所改变。这期墓葬数量较少，仅发现一座墓随葬有铜钱，不见铜镜。铜钱均为五铢，"五"字竖划弯曲，与横划相交处近于平行，"金"头较大，"朱"头圆曲或方折，记号有穿上一星、穿下一星，重量在 3.0 克左右。这种五铢钱，铸造规矩，钱文清晰，与洛阳烧沟的第 Ⅲ 型五铢钱相当[8]。通过对随葬品组合、器形变化，以及随葬五铢钱的分析，该期墓葬年代应为东汉初早期。

第六期，墓葬砌筑材料开始大量使用花纹砖，随葬品刻有华丽纹饰，凸显厚葬之风盛行，由于这期墓葬遭到盗扰最严重，部分墓葬基本被破坏殆尽，并且这一时期墓葬开始流行家族葬，因而其随葬品组合已不是很清楚，但较之上一期无太大变化。该期墓葬出土铜钱均为五铢钱，"五"字多矮宽，两竖划甚曲，末端基本平行，"金"头略矮于"朱"头，"朱"头大多圆折，另外，部分五铢存在钱色发白，钱面有大量沙眼，出现磨

---

① 西安市文物保护考研所：《长安汉墓》，陕西人民出版社，2004 年。
② 中国社会科学院考古研究所洛阳区考古发掘队：《洛阳烧沟汉墓》，科学出版社，1959 年。
③ 中国社会科学院考古研究所洛阳区考古发掘队：《洛阳烧沟汉墓》，科学出版社，1959 年。
④ 西安市文物保护考研所：《长安汉墓》，陕西人民出版社，2004 年。
⑤ 魏坚：《内蒙古中南部汉代墓葬》，中国大百科全书出版社，1998 年。
⑥ 青海省文物考古研究所：《上孙家寨汉晋墓》，文物出版社，1993 年。
⑦ 陕西省考古研究所：《白鹿原汉墓》，三秦出版社，2003 年。
⑧ 中国社会科学院考古研究所洛阳区考古发掘队：《洛阳烧沟汉墓》，科学出版社，1959 年。

郭现象，甚至个别钱币五铢两字都磨去大部，这些特点与洛阳烧沟第Ⅳ型一样[①]，都反映出这一时期钱币铸造粗劣，币制较为混乱。这期墓葬中共出土铜镜 3 面，保存状况均较好，其中两面能够分辨出文字为"长宜子孙"和"位至三公"，一面为禽鸟镜。"长宜子孙"四蝠形座连弧纹镜与上孙家寨 M1[②]、白鹿原五 M7[③]、洛阳中州路 M81[④] 出土铜镜基本一致，年代为东汉的中晚期；在查阅资料时未发现有与这面禽鸟镜相似图案的铜镜，观察铜镜的做工应与"位至三公"镜一样，因此，其年代也相当。根据出土的五铢钱和铜镜判断，这期墓葬的年代应为东汉的中晚期。

第八节 结语

普兰店地区早在 20 世纪 50 年代就有汉墓发现，并进行了多次发掘，此次姜屯墓地的发掘是多年来发掘规模最大的一次。墓地的墓葬年代由西汉早期直到东汉晚期，时代跨越两汉，墓葬形制包括土坑竖穴墓和砖室墓。

随着中原王朝统治的加强，大量移民涌入辽东地区，使得这一地区与中原地区经济、文化交流更加紧密、广泛，促使丧葬习俗发生了较大改变，即由原来的单人葬变为双人合葬，再到家族合葬，由早期积贝墓逐渐退出，到砖室墓逐渐繁荣，成为主流葬俗。

虽然姜屯墓地出土随葬品数量较多，种类较全，且出土了一些档次较高的器物，但从墓地整体情况来看，应是当时社会的中下层阶级。

姜屯墓地中墓葬分布密集，反映了这一地区人口数量较大；出土铜钱数量较多，反映了当时的社会经济比较发达；出土的鎏金铜贝鹿镇、玉覆面，反映了这一地区对外交流的广泛。

此次发掘的墓葬形制较全，所得材料丰富，对于研究辽东地区的汉代历史以及汉代墓葬的分期、断代都提供了新资料，尤其对于研究墓地南侧汉代城址的性质提供了难得的线索。

---

① 中国社会科学院考古研究所洛阳区考古发掘队：《洛阳烧沟汉墓》，科学出版社，1959 年。
② 青海省文物考古研究所：《上孙家寨汉晋墓》，文物出版社，1993 年。
③ 陕西省考古研究所：《白鹿原汉墓》，三秦出版社，2003 年。
④ 中国社会科学院考古研究所：《洛阳中州路（西工段）》，科学出版社，1959 年。

附表　姜屯墓地墓葬形制及随葬品登记表

墓号	方向	墓型	平面图	尺寸（长×宽-深）	封门	葬具	葬式	随葬品	分期	年代	保存状况
M1	190°	单室砖墓		墓道:?×0.8-0.4 墓室:2.6×2.2-0.4	条砖	未见	不详	陶瓮1、井1、灶5、小釜1、小盆1、盆2	第四期	王莽至东汉初	盗扰
M2	190°	单室砖墓		墓道:?×0.9-0.7 墓室:2.5×2.4-0.7	不存	未见	1具检骨，1具不详	陶灶1、小盆1；琉璃耳瑱1	第四期	王莽至东汉初	盗扰
M3	10°	土坑竖穴		扩口:3.0×1.62-1.0		1棺	仰身直肢	陶罐1；铜带钩1	第一期	西汉早期	完好
M4	10°	土坑竖穴		扩口:2.5×0.8-1.1		1棺	仰身直肢	未见	第一期	西汉早期	完好
M5	185°	单室砖墓		墓道:?×0.8-1.1 墓室:3.0×2.8-1.1	不存	未见	1具检骨，1具不详	陶罐1、鼎1、瓮1、灶1、碗1、钵2、器盖2、小盆1	第六期	东汉中晚期	盗扰
M7	182°	单室砖墓		墓道:?×0.9-1.16 墓室:2.7×2.56-1.16	条砖	未见	不详	陶灶1、豆2、小瓿1、小盆1；骨纺轮1	第四期	王莽至东汉初	盗扰
M10	180°	三室砖墓		墓道:?×1.0-0.8 前室:2.3×1.0-0.8 中室:2.6×2.4-0.8 后室:2.54×0.8-0.8	条砖	1棺床	不详	陶罐4、瓮1、井1、灶1、豆4、盆2、小盆2、小釜1；琉璃耳瑱2	第五期	东汉早期	盗扰

（续表）

墓号	方向	墓型	平面图	尺寸（长×宽-深）	封门	葬具	葬式	随葬品	分期	年代	保存状况
M12	190°	单室砖墓		墓道:? ×0.8-0.8 墓室: 2.26×1.24-0.8	不存	未见	不详	陶井 1、瓷 1	第四期	王莽至东汉初	盗扰
M13	190°	单室砖墓		墓道:? ×0.8-1.0 墓室: 2.76×2.76-1.0	条砖	未见	不详	陶罐 1、鼎 1、井 1、灶 1、水斗 1、樽 1、耳杯 2、盘 4、甀 3、小釜 1、小盆 3、瓢 1；铜钱 25	第五期	东汉早期	盗扰
M14	265°	单室砖墓		墓道:? ×1.0-1.16 墓室: 3.0×2.4-1.16	不存	2棺床	不详	陶壶 2、井 1、瓷 7、瓮 1、樽 1、小盆 1；铜钱 2	第四期	王莽至东汉初	盗扰
M15	190°	单室砖墓		墓道:? ×0.84-0.75 墓室: 2.4×2.0-0.75	条砖	未见	不详	陶灶 1、瓷 2、樽 1、耳杯 1、小盆 3；琉璃耳填 2	第四期	王莽至东汉初	盗扰
M16	10°	土坑竖穴		扩口: 2.8×1.6-0.5		1棺	仰身直肢	陶罐 3、壶 2、钵 1	第三期	西汉晚期	完好
M17	15°	土坑竖穴		扩口: 2.65×1.7-0.8		1棺	仰身直肢	陶罐 3、壶 2、陶钵 1、器盖 2；铜钱 21	第四期	王莽至东汉初	完好
M18	195°	单室砖墓		墓道:? ×0.8-1.8 墓室: 3.2×2.6-1.8	条砖	1棺床	不详	陶瓮 1、井 1、灶 1、瓷 1、樽 1、盆 2、小盆 1	第四期	王莽至东汉初	盗扰

（续表）

墓号	方向	墓型	平面图	尺寸（长×宽－深）	封门	葬具	葬式	随葬品	分期	年代	保存状况
M19	180°	单室砖墓		墓道：？×1.0－0.7 墓室：3.2×2.1－0.7	条砖	2棺	仰身直肢	陶罐3、壶2、瓮1、井1、灶1、奁4、樽1、小盆1、小盆3、铜镜2、泡钉1、镞1、带钩2；石球2；骨饼1；铜钱19	第四期	王莽至东汉初	盗扰
M20	200°	四室砖墓		墓道：？×0.99－0.9 前室：4.9×1.14－0.9 东中室：2.54×2.1－0.9 西中室：2.54×2.44－0.9 后室：4.9×0.7－0.9	条砖	未见	1 捡骨，4 仰身直肢	陶罐1、瓮1、楼2、奁2、耳杯2、案1、盆1、碗1、小盆2、器底1；金指环3；银顶针2、铜镜2、镯1、串饰3；指环28；铜镜6、泡钉2；玛瑙串饰3；琥珀串饰1；石研块1；铜钱64	第六期	东汉中晚期	盗扰
M21	185°	双室砖墓		墓道：？×0.9－0.6 东室：2.86×2.48－0.6 西室：1.5×1.5－0.6	不存	未见	仰身直肢	陶瓮1、楼1、井1、灶1、奁5、樽1、盆1、釜1、小盆1、器盖1；铜指环2；琉璃器耳瑱1	第六期	东汉中晚期	盗扰
M22	5°	土坑竖穴		圹口：3.3×3.3－0.9		1椁 1棺	不详	铜衔镳1、扣1、轳饰1、帽2、盖弓帽2、盖1；柿蒂形铺饰1；铁刷柄1、器底2；铁钉2	第四期	王莽至东汉初	盗扰
M26	175°	双室砖墓		墓道：？×1.0－2.0 甬道：0.9×0.38－2.0 前室：2.3×1.9－2.0 后室：2.8×2.58－2.0	条砖	不详	不详	陶仓盖1、井1、灶1、小盆2、案1、水斗1、小瓶1、勺1、饼1、器底1；鹿骨1	第六期	东汉中晚期	盗扰
M27	195°	单室砖墓		墓道：？×0.92－1.3 甬道：0.86×0.32－1.3 墓室：3.0×2.1－1.3	条砖	1棺床	仰身直肢	陶罐3、鼎1、仓1、瓮1、井1、灶1、樽1、灯1、小盆4、盘1、钵1、碗1、镞1、小釜1	第六期	东汉中晚期	完好

（续表）

墓号	方向	墓型	平面图	尺寸（长×宽-深）	封门	葬具	葬式	随葬品	分期	年代	保存状况
M28	85°	土坑竖穴		扩口：2.6×1.4-0.2		1棺	不详	陶罐1、熏盖1、钵1	第四期	王莽至东汉初	完好
M29	95°	土坑竖穴		扩口：3.1×1.9-0.7		1棺	仰身直肢	陶罐3、壶2、盆1、钵1	第三期	西汉晚期	完好
M30	180°	单室砖墓		墓道：? ×0.9-0.5 甬道：0.9×0.36-0.5 墓室：2.4×2.0-0.5	不存	未见	不详	陶鼎1、仓1、灶1、小盆2、盘1、钵2、器底1	第五期	东汉早期	盗扰
M31	180°	双室砖墓		墓道：? ×1.0-1.6 甬道：0.9×0.76-1.6 前室：2.3×2.2-1.6 后室：2.64×2.64-1.6	条砖	未见	1仰身直肢、其它不详	陶罐4、扁壶1、灶1、奁1、樽1、案1、盆1、碗1、缸2、小瓿1、支架1、器底1；铜杆1、簪1；琉璃珠1	第六期	东汉中晚期	盗扰
M32	185°	三室砖墓		墓道：? ×1.08-1.7 甬道：0.84×0.56-1.7 前室：3.0×2.9-1.7 后室：2.14×1.7-1.7 东室：1.44×1.26-1.7	条砖	未见	不详	陶灶1、井1、奁1；铁钉1	第六期	东汉中晚期	盗扰
M33	195°	单室砖墓		墓道：0.64×0.9-0.5 墓室：2.4×2.2-0.5	不存	未见	不详	陶井1、灶1、樽1、烤炉1；石砚板1	第五期	东汉早期	盗扰

（续表）

墓号	方向	墓型	平面图	尺寸（长×宽－深）	封门	葬具	葬式	随葬品	分期	年代	保存状况
M34	280°	单室砖墓		墓道:? ×1.1－1.0 甬道: 0.94×0.16－1.0 墓室: 3.0×2.68－1.0	条砖	未见	不详	陶罐1、井1、灶1、奁4、盆1、小盆1、小瓶1；琉璃耳瑱1	第四期	王莽至东汉初	盗扰
M35	180°	双室砖墓		墓道:? ×1.1－0.9 墓室: 3.2×2.8－0.9	不存	1棺床	不详	陶鼎1、仓2、奁4、钵1、小盆1、器盖1、器底2	第五期	东汉早期	盗扰
M36	185°	单室砖墓		墓道:? 不详 甬道: 墓室: 3.4×(3.0－3.4)－1.4	不存	未见	1仰身直肢，1不详	陶罐1、碗1、器盖1、残片1；铜钱82	第四期	王莽至东汉初	盗扰
M38	180°	单室砖墓		墓道:? ×0.8－0.5 墓室: 2.4×1.7－0.5	不存	未见	仰身直肢	陶罐2、壶2、井1、灶1、奁5、钵1、小盆2、小瓶1；铜钱8、铁钉1	第四期	王莽至东汉初	盗扰
M40	280°	双室砖墓		墓道:? ×1.0－0.8 甬道: 0.46×?－0.8 前室: 2.0×1.36－0.8 后室: 2.66×2.3－0.8	条砖	未见	2仰身直肢	陶鼎1、仓1、井1、灶1、奁2、樽1、耳杯2、盘2、缸3、小盆1、小瓶2、水斗1、器盖3；铁镬1；俑1	第五期	东汉早期	盗扰
M41	0°	土坑竖穴		墓道:? ×2.74－1.30 扩口: 7.6×5.4－1.8		1椁2棺	仰身直肢和捡骨葬	陶罐8、壶6、瓮2、鼎1、灶1、奁8、耳杯8、盆4、小瓮3；铜柿蒂形泡钉1、铜贝鹿镇1、带钩1、刷钩1、漆器构件2、模型车马明器2；铁钉46；铅削1、铅块1；玛瑙环1、水晶块1；铜钱255	第四期	王莽至东汉初	完好

（续表）

墓号	方向	墓型	平面图	尺寸（长×宽-深）	封门	葬具	葬式	随葬品	分期	年代	保存状况
M42	280°	双室砖墓		墓道:?×1.0-1.2 甬道:1.0×0.36-1.2 前室:2.76×1.6-1.2 后室:3.0×2.9-1.2	条砖	未见	1仰身直肢，1不详	陶罐1、仓盖1、井1、灶1、樽1、案1、耳杯1、小盆1、盘2、俑1；灯1、琉璃耳瑱1；铜钱3枚	第六期	东汉中晚期	盗扰
M45	195°	双室砖墓		墓道:?×1.62-1.94 前室:4.0×3.1-1.94 后室:3.1×2.4-1.94	条砖	1椁2棺	不详	陶罐4、壶6、扁壶1、鼎1、盒1、仓1、奁1、耳杯5、樽7、灯1、盆2、博山炉1、烤炉1、小盆2、小瓶1、器座1；小釜1、器盖1、铜盆1、镜2、剑首1、漆器构件2、模型车马明器2；铁钉1、泡钉2、削2、剑1；玉覆面1、水晶耳瑱1、研块1；铜钱12枚	第四期	王莽至东汉初	完好
M46	190°	单室砖墓		墓道:?×0.9-0.7 甬道:0.9×0.9-0.7 墓室:2.88×2.3-0.7	条砖	未见	2仰身直肢	陶罐2、仓1、井1、灶1、耳杯1、樽1、盘1、盆3、缸2、小瓶1、小盆2、小釜1；鱼脊骨1；铜钱1	第五期	东汉早期	完好
M48	175°	双室砖墓		墓道:不存 前室:2.5×2.6-1.1 后室:2.6×2.5-1.1	不存	1棺床	不详	陶楼残片1、案1、勺1；银指环2；铜钱22	第六期	东汉中晚期	盗扰
M49	275°	三室砖墓		墓道:?×0.88-1.22 甬道:0.88×0.38-1.22 前室:2.2×1.7-1.22 后室:3.0×3.0-1.22 东室:1.5×0.88-1.22	条砖	未见	不详	陶罐4、方壶1、楼2、仓1、井1、奁1；灯1、耳杯3、俎1、缸1、小盆2、小釜3、水斗1、井架1；石研板1；铜钱1	第六期	东汉中晚期	盗扰
M50	280°	单室砖墓		墓道:?0.86-0.6 墓室:2.16×1.5-0.6	条砖	1棺床	不详	陶壶1、灶1、井1、奁1、小盆2、小釜1	第六期	东汉中晚期	盗扰

（续表）

墓号	方向	墓型	平面图	尺寸（长×宽-深）	封门	葬具	葬式	随葬品	分期	年代	保存状况
M51	190°	单室砖墓		墓道:?×0.6-0.76 墓室:2.3×1.86-1.0	条砖	未见	不详	陶壶2、灶1、耳杯3、奁3、小盆2、小釜2、研块1、器盖1；石研板1	第四期	王莽至东汉初	盗扰
M53	175°	双室砖墓		墓道:?×1.4-1.23 甬道:1.0×0.54-1.23 前室:2.16×1.4-1.23 后室:3.0×2.94-1.23	条砖	1棺床	不详	陶罐3、瓮2、灶1、盆2、钵2、小盆3、小釜1、小瓶1	第六期	东汉中晚期	盗扰
M54	280°	单室砖墓		墓道:不存 墓室:3.9×3.8-0.2	不存	未见	2仰身直肢	陶瓮1、井1、钵2；铜指环1；银指环2	第五期	东汉早期	盗扰
M55	10°	土坑竖穴		圹口:3.8×3.6-0.7		1椁2棺	2仰身直肢	陶罐15、壶6、鼎1、灶2、瓮1、耳杯3、奁2、樽4、盆5、钵2、小盆3、小瓮2、小釜3、器盖4；铜刷柄1、衔环铺首6、兽足6、立鸟形钮6、柿蒂形盖泡钉1、柿蒂钮2、铁带钩2、铜带钩1、削2；石研板1、研石1、骨笄1；骨牙1；铜钱19	第四期	王莽至东汉初	完好
M56	190°	双室砖墓		墓道:?×1.3-0.8 甬道:0.9×0.36-0.8 前室:2.1×1.38-0.8 后室:2.6×2.5-0.8	条砖	未见	3仰身直肢	陶瓮1、仓1、井1、灶1、奁1、樽1、灯1、耳杯2、盆3、小盆1、小瓶1、器盖3；琉璃耳瑱1	第五期	东汉早期	盗扰
M57	200°	双室砖墓		墓道:?×1.0-0.7 甬道:0.86×0.4-0.7 前室:2.46×1.66-0.7 后室:2.9×2.9-0.7	条砖	未见	1仰身直肢,1不详	陶罐2、仓1、楼1、井1、奁6、灯1、缸1、案1、耳杯2、钵3、盆1、小盆2、小瓮1、斗1、支架1、勺1、小盆3、瓢1、器盖1；石研板1	第六期	东汉中晚期	盗扰

（续表）

墓号	方向	墓型	平面图	尺寸（长×宽-深）	封门	葬具	葬式	随葬品	分期	年代	保存状况
M59	200°	单室砖墓		墓道：？×0.94-0.9 甬道：0.94×0.52-0.9 墓室：2.4×1.3-0.9	条砖	未见	不详	陶罐1、壶2、鼎1、灶1、井1、盘3、钵1、俑1、小盆2、小釜1；琉璃耳瑱1	第六期	东汉中晚期	完好
M61	10°	土坑竖穴		圹口：3.1×2.1-1.5		1椁2棺	不详	陶罐9、壶8、扁壶1、鼎1、盒6、瓮1、灶1、奁4、耳杯2、盆3、钵1、斗1、鐎1、銎1、勺1、熏1、器盖2、小盆2、小釜5；铜盆1、带钩1、铁锚1；玛瑙珠1；铜钱184	第四期	王莽至东汉初	完好
M62	190°	双室砖墓		墓道：？×0.7-0.5 墓室：2.9×2.8-0.5	不存	1棺床	不详	陶仓盖2、灯1、奁1、楼1、盘1、缸2	第六期	东汉中晚期	盗扰
M64	170°	双室砖墓		墓道：？×0.8-1.4 甬道：0.8×0.44-1.4 前室：2.6×1.5-1.4 后室：2.9×2.6-1.4				陶仓盖1、楼2、罐1、奁1、案1、烤炉1、小釜1；石研板1、研块1	第六期	东汉中晚期	盗扰
M65	190°	单室砖墓		墓道：？×0.86-1.4 甬道：0.86×0.72-1.4 墓室：2.9×2.9-1.4	条砖	未见	不详	陶鼎1、井1、灶1、仓盖1、灯1、奁1、樽1、案1、俑1、器座1	第六期	东汉中晚期	盗扰
M66	175°	单室砖墓		墓道：2.6×0.9-1.5 墓室：3.0×3.0-1.5	不存	未见	不详	陶罐3、扁壶1、瓮1、仓1、奁1、樽1、小盆1、耳杯2、碗1、缸1、斗1、小盆3、小釜2、小瓿2、支架1、小器座1；铜镜1、泡钉1；石研板1	第六期	东汉中晚期	盗扰

（续表）

墓号	方向	墓型	平面图	尺寸（长×宽-深）	封门	葬具	葬式	随葬品	分期	年代	保存状况
M71	190°	三室砖墓		墓道:? ×1.4-0.9 不详；前室:；后室:3.2×3.0-0.9；东室:2.0×2.0-0.9	不存	未见	不详	陶罐1、奁2、仓3、案1、勺1、斗1、器底1；银指环1；铜钱4	第六期	东汉中晚期	盗扰
M72	180°	单室砖墓		墓道:? ×0.98-0.7；甬道:0.9×0.7-0.7；墓室:2.5×2.5-0.7	条砖	不详	不详	陶瓮1、奁1、缸4、仓盖1、盒盖2；铜镞1；石纺轮1	第六期	东汉中晚期	盗扰
M73	155°	单室砖墓		墓道:? ×1.14-0.3；甬道:0.54×?-0.3；墓室:3.1×3.1-0.3	不存	1棺床	仰身直肢	陶仓盖1、扁壶1、灶1、器盖7、小盆1；小瓢1、俑1；银指环4；琉璃耳珰1；铜钱13	第六期	东汉中晚期	盗扰
M74	10°	土坑竖穴		圹口:2.8×1.6-0.6		1棺	仰身直肢	陶罐3、钵1；铜盆1；铜钱3	第二期	西汉中期	完好
M75	10°	土坑竖穴		圹口你:2.7×41.8-0.3		不详	仰身直肢	陶罐3、壶2、盒1、盆2	第二期	西汉中期	完好
M79	4°	土坑竖穴		圹口:3.09×2.0-1.1		1棺	仰身曲肢	陶壶1、鼎1、盒1、盆1、圆陶片1；铜带钩1；铁剑1；石板1；水晶口晗1	第二期	西汉中期	完好

（续表）

墓号	方向	墓型	平面图	尺寸（长×宽-深）	封门	葬具	葬式	随葬品	分期	年代	保存状况
M80	0°	土坑竖穴		圹口：3.1×1.4-0.6		不详	仰身直肢	陶壶2；铜镜1；铜钱53	第一期	西汉早期	完好
M81	0°	土坑竖穴		圹口：2.7×1.59-0.7		1棺	仰身直肢	陶罐2、壶2、鼎1、盒2、盆2、器盖2；琉璃耳瑱1；兽骨1；铜钱2	第二期	西汉中期	完好
M82	5°	土坑竖穴		圹口：2.9×1.46-1.1		1棺	仰身直肢	陶壶2	第一期	西汉早期	完好
M84	185°	单室砖墓		墓道：?×0.9-0.36 墓室：3.1×2.9-0.6	不存	未见	1仰身直肢，1不详	陶壶2、仓1、灯1、径1、耳杯1、缸1、钵1、器盖1、小盆2、小甑1；铜钱1	第五期	东汉早期	盗扰
M85	180°	单室砖墓		墓道：?×0.9-1.0 墓室：2.8×1.8-1.0	条砖	未见	1仰身直肢，1不详	陶壶3、井1、灶1、径3、小盆3、小甑1、小釜1	第四期	王莽至东汉初	盗扰
M86	185°	单室砖墓		墓道：0.7×1.1-0.4 墓室：1.2×2.5-0.4	条砖	未见	1具，不详	陶扁壶1、壶1、钵1；银指环3	第六期	东汉中晚期	

（续表）

墓号	方向	墓型	平面图	尺寸（长×宽-深）	封门	葬具	葬式	随葬品	分期	年代	保存状况
M87	290°	单室砖墓		墓道：?×0.9-1.0 墓室：2.7×2.2-1.0	条砖	1棺床	2仰身直肢	陶盆3	第四期	王莽至东汉初	盗扰
M89	20°	单室砖墓		墓道：?×0.9-0.7 墓室：残长1.3×2.4-0.7	条砖	未见	不详	陶壶1、仓1、井1、灯1、盆1、钵1、小盆1	第六期	东汉中晚期	盗扰
M90	24°	土坑竖穴		圹口：2.49×1.4-0.7		不详	仰身直肢	陶罐2、壶1；铜钱60	第一期	西汉早期	盗扰
M91	70°	土坑竖穴		圹口：3.1×1.3-0.24		不详	仰身直肢	陶壶2、盒2	第二期	西汉中期	完好
M94	5°	土坑竖穴		圹口：3.9×1.5-0.7		1棺	仰身直肢	陶壶2；铜带钩1	第一期	西汉早期	完好
M95	5°	土坑竖穴		圹口：3.28×1.87-0.8		1棺	仰身直肢	陶壶2	第一期	西汉早期	完好

（续表）

墓号	方向	墓型	平面图	尺寸（长×宽-深）	封门	葬具	葬式	随葬品	分期	年代	保存状况
M96	5°	土坑竖穴		扩口：2.8×1.9-0.62		不详	仰身直肢	陶罐3、壶2、盆1、盒1；铜带钩1；铜钱15	第三期	西汉晚期	完好
M97	15°	土坑竖穴		扩口：2.8×1.4-0.1		不详	仰身直肢	陶罐2、壶2、盒2、盆2	第二期	西汉中期	盗扰
M98	100°	土坑竖穴		扩口：3.4×1.5-1.1		1棺	仰身直肢	陶壶2	第一期	西汉早期	完好
M99	100°	土坑竖穴		扩口：3.4×1.5-1.3		1棺	仰身直肢	陶壶2	第一期	西汉早期	完好
M102	10°	土坑竖穴		扩口：2.4×0.66-0.7		不详	仰身直肢	陶壶1	第二期	西汉中期	完好
M103	10°	土坑竖穴		扩口：2.6×0.9-1.0		1棺	仰身直肢	铁削1	第二期	西汉中期	完好
M104	5°	土坑竖穴		扩口：2.8×1.6-1.2		不详	仰身直肢	陶罐1、壶2、盒1、器盖1；铜带钩1、构件1	第一期	西汉早期	完好

（续表）

墓号	方向	墓型	平面图	尺寸（长×宽-深）	封门	葬具	葬式	随葬品	分期	年代	保存状况
M105	5°	土坑竖穴		圹口：2.9×2.0-1.5		不详	仰身直肢	陶罐2、壶2、钵2	第一期	西汉早期	完好
M106	200°	三室砖墓		墓道：? ×1.1×0.9 甬道：不详 前室：2.96×2.0-0.9 后室：3.0×3.0-0.9 东室：1.86×1.86-0.9	条砖	未见	不详	陶鼎1、瓮1、仓盖1、灶1、井1、灯1、奁2、樽1、烤炉1、耳杯1、盘2、案2、小盆1、小瓶1、水斗1、纺轮1	第五期	东汉早期	盗扰
M107	195°	单室砖墓		墓道：3.5×1.4-1.4 甬道：0.38×0.8-1.4 墓室：2.7×2.4-1.4	条砖	未见	不详	陶罐1、仓1、灶1、灯1、耳杯1、盘2、碗4、小釜3、小盆2、水斗1、器底1；琉璃耳瑱2	第五期	东汉早期	盗扰
M108	200°	三室砖墓		墓道：? ×1.1-1.6 甬道：0.72×0.9-1.6 前室：2.6×1.71.6 后室：2.2×1.38-1.6	条砖	未见	不详	陶罐1、灶1、仓盖1、灯1、奁2、盘3、器盖2、长颈瓶2、小勺1	第六期	东汉中晚期	盗扰
M109	30°	土坑竖穴		圹口：3.0×1.9-1.0		不详	仰身直肢	陶罐1、壶2、鼎1；铜带钩1	第二期	西汉中期	完好
M110	20°	土坑竖穴		圹口：3.0×1.5-0.9		不详	仰身直肢	陶罐1、壶2、鼎1、簋1	第三期	西汉晚期	完好

（续表）

墓号	方向	墓型	平面图	尺寸（长×宽－深）	封门	葬具	葬式	随葬品	分期	年代	保存状况
M113	20°	土坑竖穴		圹口：3.0×1.9－0.4		1椁	仰身直肢	罐1、壶2、钵2；铜钱117	第一期	西汉早期	完好
M114	110°	土坑竖穴		圹口：2.9×1.7－0.4		1椁	仰身直肢	陶罐2、壶2、盆1、钵2；铜盆1、镜1；铝条1	第二期	西汉中期	完好
M115	10°	石圹竖穴		圹口：2.9×2.0－0.6		1椁	仰身直肢	陶罐2、壶2、鼎1、盒1、盆1；铜饼1；铜钱155	第二期	西汉中期	完好
M116	230°	双室砖墓		墓道：?×0.77－1.24 甬道：0.77×0.38－1.24 前室：2.1×1.86－1.24 后室：2.6×2.6－1.24	条砖	未见	不详	陶罐4、鼎1、仓1、灶1、瓮1、耳杯1、奁2、案2、盘3、钵1、缸2、小釜3、小盆1、小甑2、器盖1	第六期	东汉中晚期	盗扰
M117	290°	单室砖墓		墓道：?×0.8－0.78 甬道：0.36×?－0.9 墓室：2.7×2.6－0.9	不存	未见	1仰身直肢，1不详	陶罐2、壶1、井1、灯1、灶1、钵1、缸3、盘1、小盆3、小甑1、小瓶1、器盖2	第五期	东汉早期	盗扰
M118	20°	土坑竖穴		圹口：3.7×2.4－0.5		1椁	仰身直肢	陶罐4、壶2、鼎2、盒2、盆1、钵1、釜1；铜镜1、盆1、釜1；骨陆博棋子1、兽骨1；铝条1；铜钱78	第二期	西汉中期	完好

（续表）

墓号	方向	墓型	平面图	尺寸（长×宽-深）	封门	葬具	葬式	随葬品	分期	年代	保存状况
M121	290°	单室砖墓		墓道:? ×0.8-0.3 墓室:2.66×1.9-0.65	不存	未见	2仰身直肢	陶罐1、壶1、耳杯1、盆2、缸2、钵2、小盆2、小甑1	第四期	王莽至东汉初	盗扰
M127	205°	单室砖墓		墓道:? ×0.9-0.74 墓室:2.5×2.0-0.74	不存	未见	不详	陶罐1、灶1、井1、奁1、小盆2、小釜1	第五期	东汉早期	盗扰
M128	20°	土坑竖穴		圹口:3.2×1.4-0.66		1棺	仰身直肢	陶罐1、壶2、钵3；铜带钩1；铜钱20	第一期	西汉早期	完好
M129	20°	土坑竖穴		圹口:2.7×1.8-0.7		1棺	仰身直肢	陶罐3、壶1、盆3、钵1；铜盆1、釜1；铜钱5	第三期	西汉晚期	完好
M130	25°	土坑竖穴		圹口:3.0×2.1-1.5		1棺	仰身曲肢	陶壶2、鼎1、盆2、器盖1；铜带钩1	第二期	西汉中期	完好
M131	25°	土坑竖穴		圹口:3.2×1.8-1.2		1棺	仰身曲肢	陶罐1、壶2、鼎1、盒1、盆1	第二期	西汉中期	完好

（续表）

墓号	方向	墓型	平面图	尺寸（长×宽-深）	封门	葬具	葬式	随葬品	分期	年代	保存状况
M132	210°	双室砖墓		墓道:?×0.9-0.9 甬室:不存 前室:不详 后室:不详	不存	1棺床	不详	陶仓2、奁3、樽1、案2、俎1、盘2、小盆3、小盉4、水斗1、瓢1、器盖盆1、井架1；银指环2；铜带钩1	第六期	东汉中晚期	盗扰
M133	200°	双室砖墓		墓道:?×1.1-1.18 甬室:0.18×0.9-1.25 前室:2.14×1.58-1.25 后室:2.7×2.6-1.1	条砖	未见	不详	陶罐3、灶1、奁2、樽1、盆3、小瓿3、器盖盆2；石研板1	第四期	王莽至东汉初	盗扰
M134	210°	双室砖墓		墓道:?×0.98-1.5 甬室:0.76×0.4-1.5 前室:2.06×1.78-1.5 后室:2.84×2.8-1.2	不存	未见	不详	陶鼎1、瓮1、灶1、奁2、盆1、灯1、耳杯2、烤炉1、俎1、缸1、小瓿2、小釜3、瓢2；铜箸1；铜镪1	第五期	东汉早期	盗扰
M136	210°	单室砖墓		墓道:?×0.84-0.42 甬道:0.84×0.4-0.42 墓室:2.44×2.1-0.42	条砖	1棺床	不详	陶瓿1、水斗1	第四期	王莽至东汉初	盗扰
M137	200°	单室砖墓		墓道:?×0.8-0.46 墓室:2.6×2.6-0.6	条砖	1棺床	不详	陶罐2、奁2、小瓿1、小盆5、琉璃器耳珰1；煤精串饰2	第四期	王莽至东汉初	盗扰
M138	20°	土坑竖穴		扩口:3.1×1.26-0.72		1棺	仰身直肢	陶罐1、壶1、钵1；铜钱24	第二期	西汉中期	完好

（续表）

墓号	方向	墓型	平面图	尺寸（长×宽-深）	封门	葬具	葬式	随葬品	分期	年代	保存状况
M139	20°	土坑竖穴		圹口：2.7×1.78-1.2		1棺	仰身直肢	陶壶2、鼎1、盒1、盆1、钵1；铜带钩1	第四期	王莽至东汉初	完好
M140	210°	单室砖墓		墓道：1.3×0.458-1.24 墓室：2.64×2.5-1.24	条砖	未见	不详	陶罐1、扁壶1、仓1、奁2、樽1、耳杯1、盘1、钵1、缸1、小盆2、水斗1、瓢1；银指环1；石研板1	第六期	东汉中晚期	盗扰
M141	200°	单室砖墓		墓道：?×1.58-1.64 甬道：0.92×0.85-1.64 墓室：3.0×2.8-1.64	条砖	未见	不详	陶扁壶1、鼎1、仓1、井1、灶1、奁1、樽1、缸2、钵2、小釜1、小甑1、小盆2	第五期	东汉早期	盗扰
M142	210°	单室砖墓		墓道：?×0.86-1.32 甬道：0.86×0.4-1.32 墓室：3.0×2.8-1.32	条砖	未见	不详	陶罐5、井1、耳杯3、案1、俎1、盘5、钵1、小勺1、缸5、小盆1、陶楼构件1、小瓢2、支架2、水斗1、小釜3、指环2；银手镯2、铜环1；铜钱1	第六期	东汉中晚期	盗扰
M145	10°	土坑竖穴		圹口：3.0×1.8-2.82		不详	不详	陶罐1；铜环1、镞1；铁锸1	第一期	西汉早期	完好
M146	190°	双室砖墓		墓道：?×0.8-0.5 前室：不详 后室：不详	不存	未见	不详	陶瓮1、仓盖1、缸1；琥珀串饰1	第六期	东汉中晚期	盗扰

（续表）

墓号	方向	墓型	平面图	尺寸（长×宽-深）	封门	葬具	葬式	随葬品	分期	年代	保存状况
M148	200°	单室砖墓		墓道:? ×1.0－0.76 墓室: 3.3×2.8－0.76	不存	未见	不详	陶罐2、仓盖1、井1、奁3、耳杯1、案1、缸4、盘2、小釜1、水斗1	第六期	东汉中晚期	盗扰
M149	10°	双室砖墓		墓道:? ×1.64－1.0 甬道: 0.38×0.84－1.0 前室: 2.14×2.14－1.0 后室: 2.6×2.6－1.0	条砖	1棺床	1仰身直肢, 2不详	陶罐1、鼎1、瓮1、盘1、缸2、仓1、灶1、灯1、小盆2、小瓿1、水斗1、瓢3、支架1；琉璃耳填2	第六期	东汉中晚期	盗扰
M150	20°	单室砖墓		墓道:? ×0.7－0.54 甬道: 1.2×? －0.54 墓室: 3.2×? －0.54	不存	1棺床	不详	陶鼎1、井1、奁1、灯1、盘3、缸4、小盆1	第五期	东汉早期	盗扰
M151	110°	土坑竖穴		圹口: 2.7×1.5－0.6		1棺	仰身曲肢	无	第三期	西汉晚期	完好
M152	110°	土坑竖穴		圹口: 3.0×2.2－0.9		1棺	仰身直肢	陶罐4、壶2、盒2、盆2	第三期	西汉晚期	完好
M153	110°	土坑竖穴		圹口: 3.0×2.2－1.3		1棺	仰身直肢	陶罐5、壶2、盒5、瓮1、盆3、器盖1；铜勺1；铁铺1；铜钱10	第三期	西汉晚期	完好

（续表）

墓号	方向	墓型	平面图	尺寸（长×宽-深）	封门	葬具	葬式	随葬品	分期	年代	保存状况
M155	280°	三室砖墓		墓道:?×1.2-125 甬道:1.2×1.0-1.25 前室:3.94×1.84-1.25 南后室:1.6×1.42-1.25 北后室:3.02×2.8-1.25	条砖	未见	不详	陶楼1、灶1、灯1、案1、盘1、器盖1、甑1、小碗1、小器座2、铜碗1；铜钱4	第六期	东汉中晚期	盗扰
M156	110°	土坑竖穴		圹口:3.4×2.8-0.5		1棺	不详	陶罐8、壶4、鼎4、盆1；铜盆1、镜1、带钩1、印1；铁环钮1；琥珀串珠1；铜钱17	第二期	西汉中期	完好
M157	110°	土坑竖穴		圹口:2.8×1.8-1.0		1棺	不详	陶罐2、壶2、盒1、钵1；铜盆1、带钩1；玉剑璏1；铜钱68	第二期	西汉中期	完好
M158	290°	单室砖墓		墓道:?×1.2-1.0 墓室:2.64×2.64-1.0	方砖、条砖	1棺	不详	陶罐6、仓3、楼1、井1、灶1、奁2、耳杯5、案5、盘2、碟5、缸5、勺2、小盆2、小甑3、水斗1、井架1；铜镜1、带钩1、银茅1、指环2、双联环1	第六期	东汉中晚期	盗扰
M160	290°	单室砖墓		墓道:?×1.0-0.5 墓室:?×2.66-0.5	方砖、条砖	未见	不详	陶罐1、奁1、仓盖1、井1、灶1、奁2、耳杯1、案1、盘2、碟5、缸1、小盆3、小甑2、勺1	第六期	东汉中晚期	完好
M162	5°	土坑竖穴		圹口:2.5×1.64-0.4		1棺	仰身直肢	陶罐3、壶2、鼎1、盒1；铜钱42	第二期	西汉中期	完好

（续表）

墓号	方向	墓型	平面图	尺寸（长×宽-深）	封门	葬具	葬式	随葬品	分期	年代	保存状况
M163	5°	土坑竖穴		圹口：2.6×1.7-0.6		1棺	仰身直肢	陶罐1、壶2、鼎1、盒1、盆1、钵2；铜带钩1；铜钱36	第二期	西汉中期	完好
M164	10°	土坑竖穴		圹口：2.96×1.48-0.2		1棺	仰身直肢	陶罐1、壶2、鼎1、盒1、钵1；铜带钩1；铁削1	第二期	西汉中期	完好
M165	25°	土坑竖穴		圹口：2.8×1.9-0.9		1棺	仰身直肢	陶罐2、壶2、盆1、钵2；铜钱20	第二期	西汉中期	完好
M168	5°	土坑竖穴		圹口：2.6×1.8-0.52		1棺	仰身直肢	陶罐2、壶2、盒1	第三期	西汉晚期	扰动
M169	5°	土坑竖穴		圹口：3.05×2.1-0.7		1棺	仰身直肢	陶罐4、壶2、盒2、盆2、钵1、纺轮1；铜带钩1、环1	第二期	西汉中期	完好
M170	100°	土坑竖穴		圹口：2.8×1.8-1.1		1棺	不详	陶罐4、壶1、钵1	第三期	西汉晚期	完好

（续表）

墓号	方向	墓型	平面图	尺寸（长×宽-深）	封门	葬具	葬式	随葬品	分期	年代	保存状况
M171	100°	土坑竖穴		圹口：2.9×1.8-1.1		1棺	仰身直肢	陶罐4、壶1、钵2；铜盆1、轮形饰1；铜钱19	第三期	西汉晚期	完好
M172	100°	土坑竖穴		圹口：2.6×1.5-0.9		1棺	仰身直肢	陶罐3、壶1、盆1、钵1；铜钱12	第三期	西汉晚期	完好
M173	100°	土坑竖穴		圹口：2.7×1.9-1.0		1棺	仰身直肢	陶罐4、壶2、盒1、钵1；铜带钩1；铜钱14	第二期	西汉中期	完好
M174	100°	土坑竖穴		圹口：2.6×1.8-0.9		1棺	仰身直肢	陶罐2、盆1、钵1	第四期	王莽至东汉初	完好
M175	100°	土坑竖穴		圹口：2.42×0.94-1.1		1棺	仰身直肢	陶纺轮1	第四期	王莽至东汉初	完好
M176	5°	土坑竖穴		圹口：2.6×1.6-0.6		1棺	仰身直肢	陶罐2、壶1；铜钱24	第二期	西汉中期	完好

（续表）

墓号	方向	墓型	平面图	尺寸（长×宽－深）	封门	葬具	葬式	随葬品	分期	年代	保存状况
M177	5°	土坑竖穴		圹口：2.8×1.74－0.5		1棺	仰身直肢	陶罐2、壶3、盒2；铜带钩1；铁削1；铜钱38	第二期	西汉中期	完好
M178	355°	土坑竖穴		圹口：3.6×3.6－0.7		1椁2棺	仰身直肢	陶罐14、壶4、鼎1、小瓶1、盒4、瓮1、奁2、樽3、器盖1、甑1、钵1；铁镭1	第四期	王莽至东汉初	完好
M179	10°	土坑竖穴		圹口：2.3×1.0－0.5		不详	仰身直肢	五	第一期	西汉早期	完好
M180	10°	土坑竖穴		圹口：2.89×1.9－1.3		1棺	仰身直肢	陶罐4、壶2、钵1；铜盆2；铁削1；兽骨1；铜钱20	第二期	西汉中期	完好
M181	10°	土坑竖穴		圹口：2.8×1.7－1.3		1棺	仰身直肢	陶罐2、壶2、盒2、钵1；铜带钩1；铜钱8	第二期	西汉中期	完好
M182	90°	土坑竖穴		圹口：3.1×1.8－0.95		1棺	仰身直肢	陶罐4、壶2、盒1、盆1、器盖1	第三期	西汉晚期	完好

（续表）

墓号	方向	墓型	平面图	尺寸（长×宽-深）	封门	葬具	葬式	随葬品	分期	年代	保存状况
M183	90°	土坑竖穴		圹口：2.7×1.7-0.9		1椁	仰身直肢	陶罐2	第二期	西汉中期	完好
M184	10°	土坑竖穴		圹口：2.9×1.8-0.8		不详	仰身直肢	陶罐3、壶2、盒2、钵2	第二期	西汉中期	完好
M185	10°	土坑竖穴		圹口：3.2×2.2-1.1		不详	不详	陶罐4、壶2、瓮1、盒2、盆1	第三期	西汉晚期	
M187	10°	土坑竖穴		圹口：2.3×1.0-0.9		不详	仰身直肢	陶罐1；铜带钩1	第一期	西汉早期	
M190	190°	单室砖墓		墓道：?×0.86-1.6 甬道：1.42×0.86-1.6 墓室：2.86×2.4-1.6	条砖	不详	不详	陶罐1、仓盖1、奁1、灯1、耳杯3、盘3、缸1、俎1、小釜1；铜钱4	第六期	东汉中晚期	盗扰
M191	190°	双室砖墓		墓道：?×0.9-1.4 甬道：0.9×0.36-1.4 前室：2.86×2.76-1.4 后室：1.8×1.3-1.4	条砖	2棺床、1木棺	不详	陶仓1、小釜2；石夯锤1	第五期	东汉早期	盗扰

（续表）

墓号	方向	墓型	平面图	尺寸（长×宽－深）	封门	葬具	葬式	随葬品	分期	年代	保存状况
M194	10°	土坑竖穴		圹口：2.7×1.8－1.24		1棺	仰身直肢	陶罐4、壶2、盒2、盆2、钵1、环1；铜镜1、铃1；铁环1；玛瑙环1；铜钱62	第二期	西汉中期	完好
M195	25°	土坑竖穴		圹口：3.8×2.8－1.18		1棺	仰身曲肢	陶罐5、壶1、盆1；铜盆1、带钩1；铜钱132	第二期	西汉中期	完好
M197	0°	土坑竖穴		圹口：2.8×1.5－0.4		1棺	仰身直肢	陶罐2、壶1、钵3；铜带钩2	第三期	西汉晚期	完好
M198	5°	土坑竖穴		圹口：2.7×1.7－0.5		1棺	仰身直肢	陶罐2、壶2、盒2	第二期	西汉中期	完好
M199	95°	土坑竖穴		圹口：2.7×1.5－1.3		不详	不详	陶罐2、壶2、盆1	第四期	王莽至东汉初	完好
M200	0°	土坑竖穴		圹口：2.9×1.8－1.04		不详	不详	陶罐3、壶2、鼎1、钵1；铜盆2、矛1；铜钱38	第三期	西汉晚期	完好

（续表）

墓号	方向	墓型	平面图	尺寸（长×宽－深）	封门	葬具	葬式	随葬品	分期	年代	保存状况
M201	5°	土坑竖穴		圹口：2.8×1.7－0.64		不详	仰身直肢	陶罐2、壶2、盆1、钵1；铜镜1；铜钱5	第二期	西汉中期	完好
M202	10°	土坑竖穴		圹口：2.7×1.8－0.8		1椁	仰身直肢	陶罐2、壶1、盒2；铜带钩1	第二期	西汉中期	完好
M203	10°	土坑竖穴		圹口：3.0×1.8－0.7		1椁	仰身直肢	陶壶2、钵3；铜钱15	第二期	西汉中期	完好
M204	350°	土坑竖穴		圹口：2.6×1.5－1.1		不详	仰身直肢	陶罐3、壶1、钵2；铜钱16	第二期	西汉中期	完好
M205	100°	土坑竖穴		圹口：3.0×2.1－1.2		不详	仰身直肢	陶壶2、罐3、盒2；铜盆1；铁器1；铜钱1	第二期	西汉中期	完好
M206	100°	土坑竖穴		圹口：2.4×1.5－1.1		不详	仰身直肢	陶罐2、钵1、器盖2；铜盆1	第二期	西汉中期	完好
M207	95°	土坑竖穴		圹口：2.9×1.5－1.3		不详	仰身直肢	陶罐2；铜带钩1	第一期	西汉早期	完好

后　记

本报告是集体劳动成果的结晶。

自 2010 年 3 月开始，在经过两年的整理、编写之后，《姜屯汉墓》终于要付梓出版了。从发掘开始到报告定稿历时 18 个月，终于在全体编写人员的共同努力下完成了这个项目。回想起那些在风雪交加里勘探、烈日炎炎下发掘、天寒地冻中整理的日子，感觉一切都恍若昨日，清晰可见。

2010 年 9 月，在辽宁省文物考古研究所领导的大力支持下，编写组于发掘结束后迅速成立，由于领队李龙彬当时事务繁忙，在对报告体例、内容以及编写分工进行安排后，交予白宝玉负责组织实施，具体分工如下：

白宝玉负责第一、三章的编写及全书的统稿工作；

徐政负责第二章第一节、第二节前 30 小节以及第三章第六节的编写工作；

司伟伟负责第二章第二节第 31～50 小节的编写工作；

李霞负责第二章第二节第 51～104 小节的编写工作；

褚金刚负责第二章第二节第 105～154 小节的编写工作。

2011 年 5 月，初稿完成，交郭大顺、姜念思、滕铭予等专家进行审定，根据各位专家对初稿提出的宝贵建议，再次进行了修改，于 2011 年 9 月初步定稿。

初稿由白宝玉、徐政、李霞、褚金刚撰写，最后由白宝玉统稿；遗迹图由杨一文、李霞绘制；陶器线图由徐政、褚金刚、张杰（东北师范大学在读研究生）、王森、张瑛琦绘制；其他金属器、玉石器及杂器线图由吴亚成绘制；器物线图校对由王宇完成；器物照片由穆启文摄制；孙刚负责铜钱和花纹砖的拓片工作；英文摘要由蒋璐（浙江大学讲师）翻译。

在工地的发掘、整理、编写过程中，得到了吉林大学、洛阳古韵勘探队、洛阳文物修复队的大力支持与帮助，再次表示真挚感谢！同时也要感谢辽宁省文物考古研究所对本报告编写给予支持与关注的各位同事，正是在他们的帮助下才使报告得以顺利完成！

感谢文物出版社编辑杨冠华对本报告的出版所付出的心血。

由于编写组成员年纪轻、工作经验少，并且是初次编写报告，对材料的理解和驾驭能力有限，难免出错，请各位专家、学者、同仁多多批评指正。

Han Dynasty Cemetry in Jiangtun

(Abstract)

Han Dynasty Cemetry in Jiangtun is named after the northwest village Jiangtun where it is a-bout 5 km away from the north of Pulandian City in Liaoning Province. In 1950's, brick – chambered tombs were found in this areas. On March of 2010, the Institute of Cultural Relics and Archaeology of Liaoning begins to work on this cemetery of Han Dynasties, and excavated 212 tombs altogether. Some tombs are not introduced in this book because they were robbed and badly destroyed. So we publish the information about 154 tombs.

The burial customs has two categories: pit burials and brick – chambered tombs. The flat form of pit burials are mostly rectangular with rounded corners. Depending on the fillers in the pits, the burials can be divided into seashell – filled, flake – filled, seashell – flake – filled, tile – filled, seashell – tile – filled and soil – stone – backfilled. Depending on the amounts of the chamber, the brick – chamber can divided into single – chambered, double – chambered and multi – chambered and each has two types because of its bricks, that is, plain – brick burials and textured brick burials.

The burial artifacts has large quantities and the materials include pottery, bronze, gold, silver, jade, stone, crystal, agate, colored glaze, amber, gagate and bone and so on. The most important of all is the jade face cover consisted of 24 parts found in No. 45 tomb. This is the first finds of such artifacts.

According to the burial customs, the combination of burial artifacts and the typological changes, the tombs can be divided into six phases. In the first phase, there are all pit burials with the combination of pot, jar and Bo. It belongs to the early stage of Western Han Dynasty. In the second phase, there are also pit burials with more categories of burial artifacts, in which newly appeared Ding, Lian and Pen. The second one belongs to the middle stage of the Western Han Dynasty. In the third stage, there are pit burials with the similar combination to the second stage, but the patterns get changed. The third one belongs to the late stage of the Western Han Dynasty. In the forth stage, besides the pit burials, there comes the brick – chambered tombs. The sorts of artifacts are increased with the new coming of storage, well and kitchen. The forth one belongs to the period of Wangmang and the beginning of the Eastern Han Dynasty. In the fifth phase, the pit burials mostly disappear but in the artifacts combination, lights and urns appear. The fifth one belongs to the beginning and the early stage of the Eastern Han Dynasty. In the sixth stage, large amounts of textured bricks are used. The burial artifacts have few change compared to the last stage. The sixth one belongs to the middle and the late stage of the Western Han Dynasty.

There are large quantities of burial artifacts with many types, and also there are some artifacts which may indicate the occupants have special status. However, from the whole, we conjecture that the cemetery in Jiangtun belong to the middle and low status of the society.

In this excavation, we find two typical burial customs with sorts of burial artifacts, which help us to clarify the developing stage of the tombs of Han Dynasty in the east area of Liaoning Province. And also provide the new clues to know the Han culture and recovery the history of this area.

Han Dynasty Cemetry in Jiangtun

Vol. 2

by

Cultural Relics and Archaeology Institute of Liaoning Province

Cultural Relics Press

Beijing · 2013

彩版目录

6

彩版一　姜屯汉墓远眺（由东向西）

1. 姜屯汉墓发掘场景之一

2. 姜屯汉墓发掘场景之二

彩版二　姜屯汉墓发掘场景

1. M1 全景（由北向南）

2. 陶井（M1∶2）

3. 陶灶组合（M1∶6）

彩版三　M1 全景及出土器物

1. M2 全景（由北向南）

2. 陶灶组合（M2：1）

3. 琉璃耳瑱（M2：2）

彩版四　M2 全景及出土器物

1. M3、M4 全景（由南向北）

2. 陶壶（M3：2）

3. 铜带钩（M3：1）

彩版五　M3、M4 全景及 M3 出土器物

1. M5 全景（由南向北）

2. 陶罐（M5：9）

3. 陶钵（M5：5）

彩版六　M5 全景及出土器物

1. M7 全景（由北向南）

2. 陶灶组合（M7：3）

3. 骨纺轮（M7：1）

彩版七　M7 全景及出土器物

1. M10全景照片（由北向南）

2. M10局部照片（由东向西）

彩版八　M10全景及局部

1. 陶罐（M10：8）

2. 陶罐（M10：13）

3. 陶瓮（M10：5）

4. 陶井（M10：11）

彩版九　M10 出土器物

1. M12全景（由北向南）

2. M13全景（由北向南）

彩版一〇　M12、M13全景

1. 陶井（M12：2）

2. 陶盉（M12：1）

3. 陶罐（M13：11）

4. 陶井（M13：19-2）

5. 陶盘（M13：4）

6. 陶缸（M13：2）

彩版一一　M12、M13 出土器物

彩版一二　M14 全景（由东向西）

1. 陶壶（M14 : 1）

2. 陶壶（M14 : 7）

3. 陶奁（M14 : 6）

4. 白陶瓮（M14 : 3）

彩版一三　M14 出土器物

1. M15全景（由东向西）

2. 陶盆（M15：2）

3. 陶樽（M15：6）

彩版一四　M15全景及出土器物

彩版一五　M16、M17全景（由南向北）

1. 陶罐（M16：3）

2. 陶壶（M16：2）

3. 陶罐（M17：3）

4. 陶罐（M17：4）

5. 陶罐（M17：6）

6. 陶壶（M17：1）

彩版一六　M16、M17 出土器物

1. M18全景（由北向南）

2. 白陶瓮（M18∶3）

3. 陶盆（M18∶1）

彩版一七　M18全景及出土器物

1. M19全景（由南向北）

2. M19局部

彩版一八　M19全景及局部

1. M19 局部（由西向东）

2. 陶罐（M19：14）

3. 陶罐（M19：18）

彩版一九　M19 局部及出土器物

1. 陶壶（M19：8）

2. 陶罐（M19：15）

3. 白陶瓮（M19：22）

4. 陶井（M19：16）

5. 陶灶组合（M19：17）

6. 陶樽（M19：10）

彩版二〇　M19 出土器物

1. 铜镜（M19：2）

2. 铜镜（M19：6）

3. 铜镦（M19：1）

4. 铜带钩（M19：5）

5. 石球（M19：4-1、4-2）

6. 骨饼（M19：20）

彩版二一　M19 出土器物

1. M20 全景（由南向北）

2. M20 花纹砖特写

彩版二二　M20 全景及花纹砖局部

1. M20 局部

2. 白陶瓮（M20：20）

3. 陶碗（M20：21）

彩版二三　M20 局部及出土器物

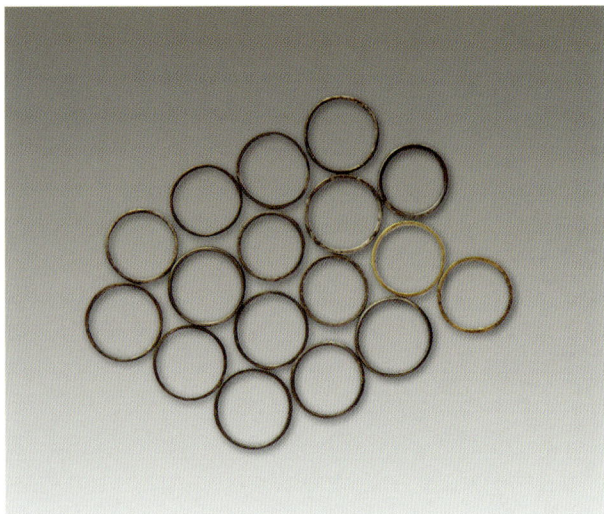
1. 金指环（M20：4）

2. 银顶针（M20：5-1）

3. 银镯（M20：3-1、3-2）

4. 银串饰（M20：1）

5. 银串饰（M20：25）

6. 铜镜（M20：7）

彩版二四　M20 出土器物

1. M21 全景（由东向西）

2. 白陶瓮（M21 ： 13）

3. 陶盆（M21 ： 17）

彩版二五　M21 全景及出土器物

1. 铜衔镳（M22：1）

2. 铜辖饰（M22 填：1）

3. 铜帽（M22 填：2）

4. 铜盖弓帽（M22 填：3）

5. 铜刷柄（M22：5）

6. 铜铺首衔环（M22：7）

彩版二六　M22 出土器物

1．M26 全景（由南向北）

2．M26 后室花纹砖局部

彩版二七　M26 全景及花纹砖局部

1. M26 墓门内侧券顶

2. M26 鹿骨出土时场景

彩版二八　M26 墓门内侧券顶及鹿骨出土时场景

1. 陶仓盖（M26：4）

2. 陶井（M26：1-1）

3. 陶灶（M26：6-1）

4. 陶奁（M26：5）

5. 陶耳杯（M26：12）

6. 陶案（M26：3）

彩版二九　M26 出土器物

1. M27 全景（由北向南）

2. 陶瓮（M27：7）

3. 陶仓（M27：10、14）

彩版三〇　M27 全景及出土器物

1. 陶井（M27：18）

2. 陶灶（M27：17）

3. 陶樽（M27：1）

4. 陶灯（M27：9）

5. 陶盘（M27：6）

6. 陶钵（M27：19）

彩版三一　M27 出土器物

1. M28、M29全景（由东向西）

2. M30全景（由南向北）

彩版三二　M28、M29、M30全景

1. 陶罐（M28：3）

2. 陶罐（M29：1）

3. 陶壶（M29：4）

4. 陶盆（M29：7）

5. 陶鼎（M30：3）

6. 陶仓（M30：8）

彩版三三　M28、M29、M30 出土器物

1. M31 全景（由北向南）

2. 陶案（M31：15）

3. 陶盆（M31：13）

彩版三四　M31 全景及出土器物

1. M32 全景（由南向北）

2. 陶井（M32：2）

3. 陶瓷（M32：3）

彩版三五　M32 全景及出土器物

1. M34 全景（由西向东）

2. 陶罐（M34：7）

3. 陶灶（M34：9）

彩版三六　M34 全景及出土器物

1. M35 全景（由南向北）

2. 陶仓（M35：3）

3. 陶缸（M35：6）

彩版三七　M35 全景及出土器物

1. M36 全景（由北向南）

2. 陶罐（M36：2）

3. 陶碗（M36：5）

彩版三八　M36 全景及出土器物

1. M38 全景（由北向南）

2. 陶罐（M38：8）

3. 白陶罐（M38：9）

彩版三九　M38 全景及出土器物

1. 陶壶（M38：3）

2. 陶井（M38：2）

3. 陶灶组合（M38：1）

4. 陶奁（M38：5）

5. 陶奁（M38：7）

6. 陶钵（M38：11）

彩版四〇　M38 出土器物

1. M40 全景（由东向西）

2. 陶仓（M40：10）

3. 陶灶（M40：3）

彩版四一　M40 全景及出土器物

1. 陶井（M40：5-1）

2. 陶盉（M40：12）

3. 陶樽（M40：22）

4. 陶耳杯（M40：20）

5. 陶缸（N40：13）

6. 陶俑（M40：4）

彩版四二　M40 出土器物

1. M41 全景（由北向南）

2. M41 中室局部

彩版四三　M41 全景及中室局部

1. M41 北器物台出土模型铜车马器局部照片

2. M41 中室织物局部照片

3. M41 铜贝鹿镇出土时特写

1. 陶罐（M41 中：13）

2. 白陶罐（M41 中：16）

3. 陶罐（M41 中：20）

4. 陶罐（M41 中：22）

5. 陶罐（M41 中：36）

6. 陶壶（M41 中：10）

彩版四五　M41 出土器物

1. 陶壶（M41 中：12）

2. 陶壶（M41 中：31）

3. 白陶瓮（M41 中：11）

4. 白陶瓮（M41 中：15）

5. 陶鼎（M41 中：33）

6. 陶灶组合（M41 中：30）

彩版四六　M41 出土器物

1. 陶奁（M41 中：14）

2. 陶奁（M41 中：34）

3. 陶耳杯（M41 中：29-1）

4. 陶盆（M41 中：28）

5. 陶盆（M41 中：37）

6. 陶盆（M41 中：38）

彩版四七　M41 出土器物

1. 柿蒂形铜泡钉（M41 中：1-62）

2. 铜带钩（M41 中填：1）

3. 铜刷柄（M41 中：42）

4. 鎏金铜贝鹿镇（M41 中：2）

彩版四八　M41 出土器物

1. 铜质漆器构件组合（M41北：3）

2. 铜兽足（M41中：3-2）

3. 铜兽足（M41中：3-1）

4. 铜兽足（M41北：1-1）

5. 铜衔环铺首（M41中：3-4）

彩版四九　M41出土器物

1. 铜衔环铺首（M41 北：1-2）

2. 铜立鸟形纽（M41 中：3-9）

3. 铜立鸟形纽（M41 北：1-3）

4. 铜柿蒂形盖纽（M41 中：3-8）

5. 铜柿蒂形盖纽（M41 北：1-9）

1. 铜衔镳（M41 南：1-2）

2. 铜车軎（M41 南：1-3）

3. 铜车軎（M41 北：4-14）

4. 铜车軎（M41 北：4-26）

5. 铜车轴饰件（M41 北：4-6）

6. 铜车轴饰件（M41 南：1-6）

彩版五三　M41 出土器物

1. 铜辀饰（M41 北：4-13）

2. 铜辀饰（M41 南：1-9）

3. 铜辕承（M41 北：4-29）

4. 铜軏饰（M41 南：1-11）

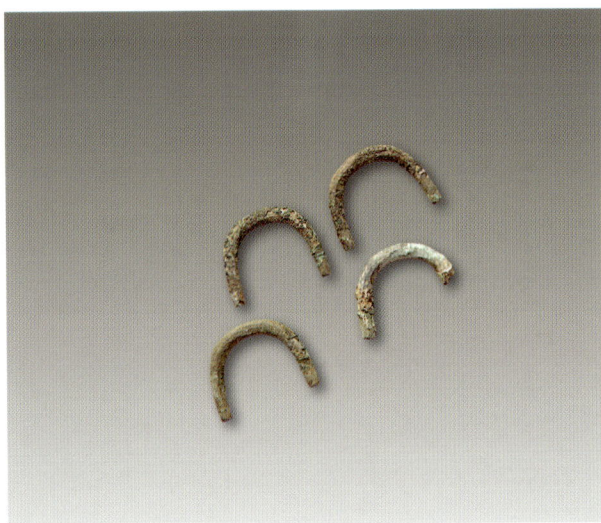

5. 铜车軏（M41 南：1-8）

6. 铜车軏（M41 北：4-8）

彩版五四　M41 出土器物

1. 铜帽（M41 北：4-27）

2. 铜帽（M41 北：4-9）

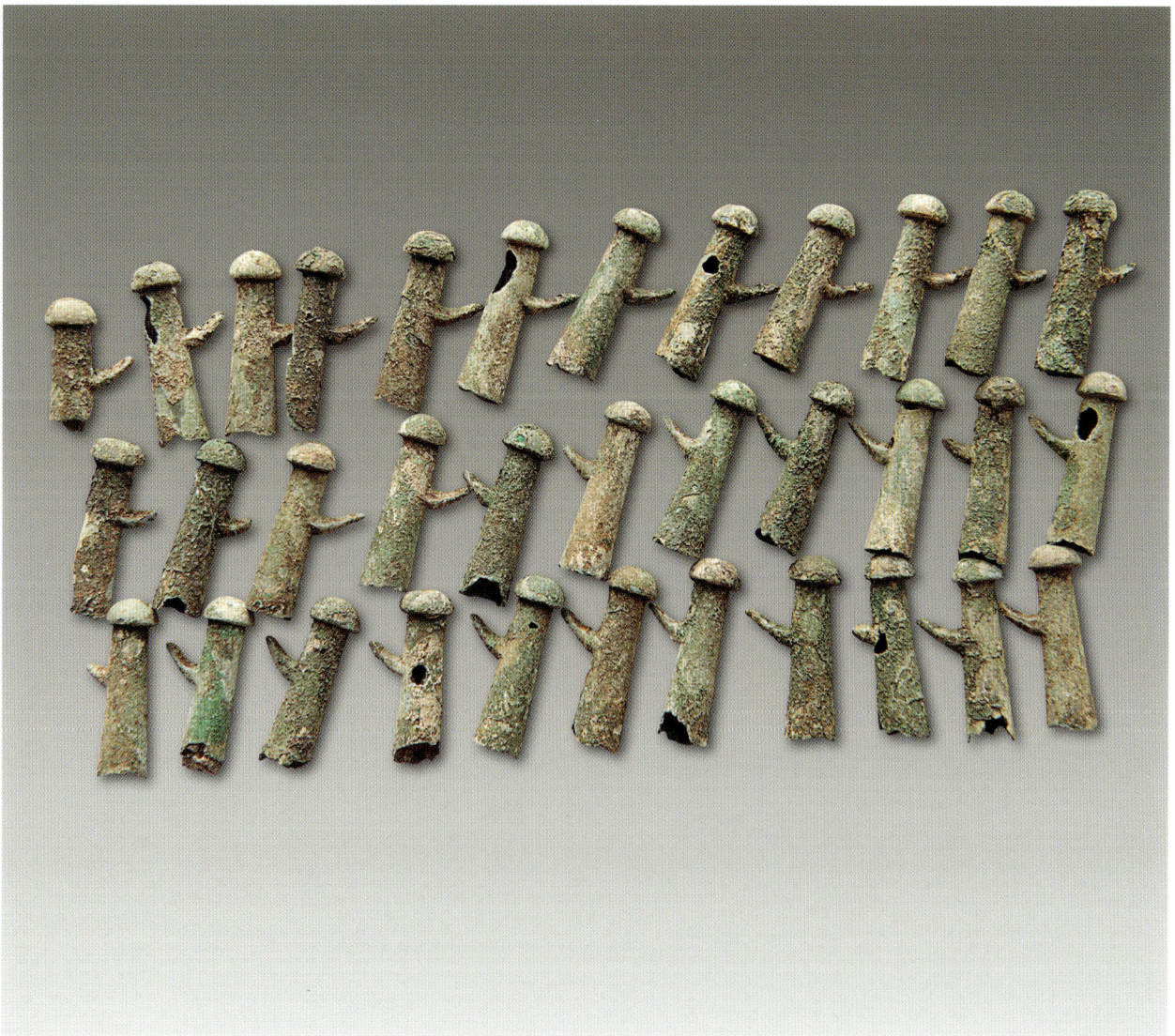

3. 铜盖弓帽（M41 南：1-7）

彩版五五　M41 出土器物

1. 铜盖弓帽（M41 北：4-4）

2. 铜盖弓帽（M41 北：4-22）

彩版五六　M41 出土器物

1. 铜盖柄铜箍（M41 南：1-4）

2. 铅板（M41 中填：2）

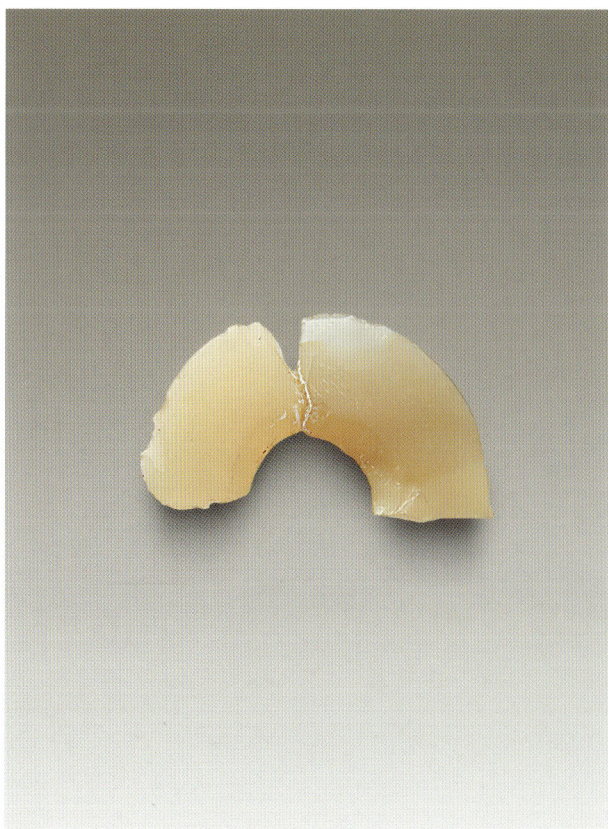

3. 玛瑙环（M41 中：41）

4. 水晶块（M41 中：41）

彩版五七　M41 出土器物

1. M42 全景（由东向西）

2. 陶罐（M42：8）

3. 陶井（M42：7）

彩版五八　M42 全景及出土器物

1. 陶奁（M42：9）

2. 陶灯（M42：1）

3. 陶案（M42：3）

4. 陶耳杯（M42：10）

5. 陶盘（M42：11）

6. 陶俑（M42填：1）

彩版五九　M42 出土器物

1．M45 全景（由南向北）

2．M45 后室局部

3．M45 前室出土玉覆面场景

彩版六〇　M45 全景及局部

1. M45 前室墓顶塌落情形

2. M45 后室墓顶塌落情形

彩版六一　M45 墓顶塌落情形

1．陶罐（M45：6）

2．陶罐（M45：24）

3．陶罐（M45：30）

4．陶罐（M45：31）

5．陶壶（M45：1）

6．陶壶（M45：19）

彩版六二　M45 出土器物

1. 陶壶（M45：26）

4. 陶釜（M45：21）

2. 陶扁壶（M45：23）

3. 陶鼎（M45：22）

5. 陶仓（M45：20）

彩版六三　M45 出土器物

1. 陶奁（M45：9）

2. 陶奁（M45：39）

3. 陶奁（M45：40）

4. 陶樽（M45：2）

5. 陶樽（M45：27）

6. 陶耳杯（M45：10-15）

彩版六四　M45 出土器物

1. 陶盆（M45：38）

2. 陶盆（M45：41）

3. 陶卮（M45：12）

4. 陶炉（M45：13）

5. 博山炉（M45：29）

彩版六五　M45 出土器物

1. 陶器座（M45：15）

3. 小陶甑（M45：8）

2. 小陶盆（M45：37）

4. 小陶釜（M45：16）

彩版六六　M45 出土器物

1. 铜镜（M45：47）

2. 铜剑首（M45：61）

3. 石研块与研板（M45：59）

彩版六七　M45 出土器物

1. 漆器铜构件（M45：44）

2. 漆器铜构件（M45：54）

彩版六八　M45 出土器物

1. 铜兽足（M45：44-4）

2. 铜兽足（M45：54-1）

3. 铜衔环铺首（M45：54-2）

4. 铜立鸟形纽（M45：44-6）

5. 铜立鸟形纽（M45：54-3）

6. 铜柿蒂形盖纽（M45：44-3）

彩版六九　M45 出土器物

1. 铜当卢（M45：60-3）

2. 铜衔镳（M45：60-1）

3. 铜衔镳（M45：60-2）

4. 铜轭饰（M45：60-21、22）

5. 铜轭饰（M45：60-23、24）

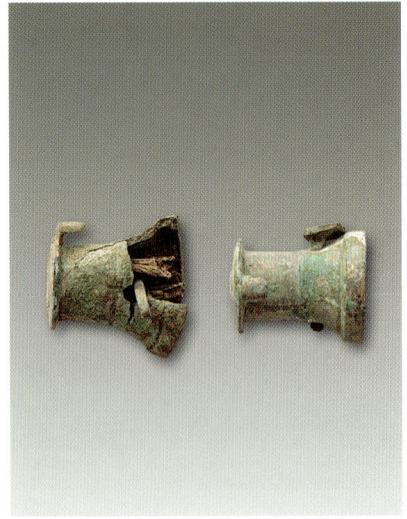
6. 铜车軎（M45：60-31、33）

7. 铜盖柄铜箍（M45：60-42）

8. 铜帽（M45：60-29、30）

9. 铜帽（M45：60-25、26）

彩版七〇　M45 出土器物

1. 铜环形钉（M45：60-35）

2. 铜扣（M45：60-39）

3. 铜车轴饰件（M45：60-46、45）

4. 铜车轴饰件（M45：60-43、44）

5. 铜軏首饰（M45：60-19）

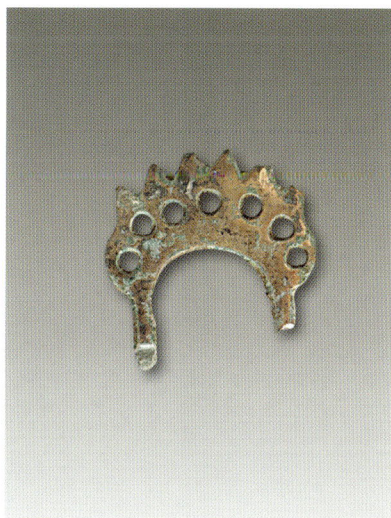
6. 铜花冠形饰件（M45：60-19）

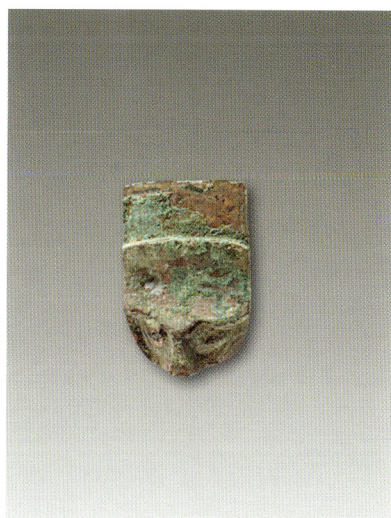
7. 兽首形饰件（M45：60-48）

彩版七一　M45 出土器物

彩版七二　M45 出土玉覆面复原情形

彩版七三　M46 全景（由北向南）

1. 陶罐（M46：4）

2. 陶仓（M46：6）

3. 陶井（M46：10）

4. 陶灶组合（M46：13）

5. 陶耳杯（M46：3）

6. 陶樽（M46：1）

7. 陶盘（M46：2）

8. 陶缸（M46：7）

彩版七四　M46 出土器物

彩版七五　M48 全景（由北向南）

1. M48 花纹砖局部

2. M49 花纹砖局部

彩版七六　M48、M49 花纹砖局部

彩版七七　M49全景（由东向西）

1. 陶案（M48：6）

2. 陶盆（M48：4）

3. 陶罐（M49：1）

4. 陶罐（M49：16）

5. 陶奁（M49：6）

6. 陶耳杯（M49：12）

彩版七八　M48、M49 出土器物

1. 陶楼（M49：3）

2. 陶楼（M49：4）

3. 陶仓（M49：2）

4. 陶井（M49：11-1）

5. 陶灯座（M49：10）

彩版七九　M49 出土器物

1. M50 全景（由东向西）

2. M51 全景（由北向南）

彩版八〇　M50、M51 全景

1. 陶灶组合（M50：5）

2. 陶奁（M50：4）

3. 陶壶（M51：10）

4. 陶耳杯（M51：2）

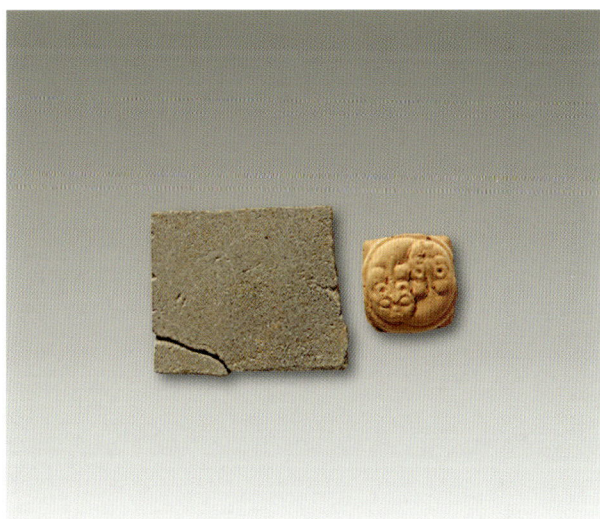

5. 石研板与陶研块（M51：1）

彩版八一　M50、M51 出土器物

1. M53 全景（由北向南）

2. 陶罐（M53：1）

3. 陶罐（M53：5）

彩版八二　M53 全景及出土器物

1. 白陶瓮（M53：4）

2. 陶瓮（M53：10）

3. 陶灶组合（M53：7）

4. 陶盆（M53：3）

5. 陶盆（M53：9）

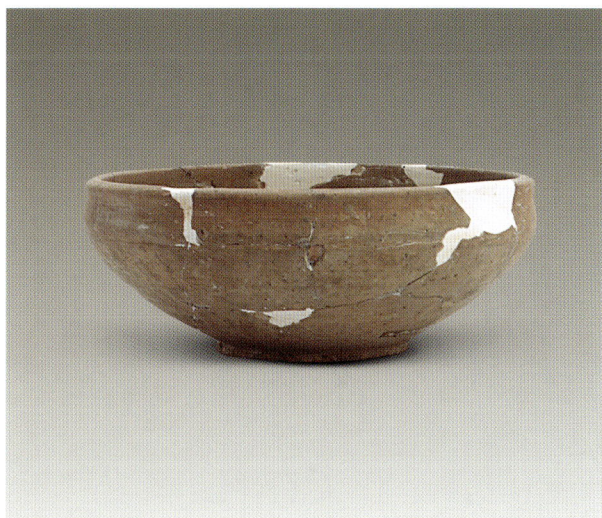

6. 陶钵（M53：8）

彩版八三　M53 出土器物

1. M54 全景（由东向西）

2. 陶钵（M54：2）

3. 陶钵（M54：3）

彩版八四　M54 全景及出土器物

1. M55 全景（由南向北）

2. M55 棺内随葬品（由南向北）

彩版八五　M55 全景及棺内随葬品

1. M55铜柿蒂形棺饰出土场景（由西向东）

2. M55铁削出土场景

彩版八六　M55器物出土场景

1. 陶罐（M55：3）

2. 陶罐（M55：11）

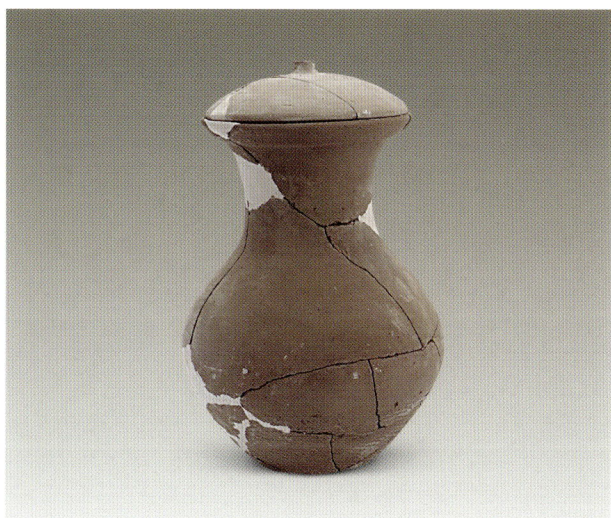

3. 陶壶（M55：8）

4. 陶壶（M55：30）

5. 陶鼎（M55：13）

6. 陶卮（M55：14）

彩版八七　M55 出土器物

1. 陶壶（M55：22）

2. 陶瓷（M55：47）

3. 陶樽（M55：6）

4. 陶樽（M55：26）

彩版八八　M55 出土器物

1. 陶灶组合（M55 : 9）

2. 陶灶组合（M55 : 27）

彩版八九　M55 出土器物

1. 陶耳杯（M55：15-4）

2. 陶奁（M55：18）

3. 陶盆（M55：21）

4. 陶盆（M55：28）

5. 陶盆（M55：31）

6. 陶钵（M55：12）

彩版九〇　M55 出土器物

1. 漆器铜构件（M55：44）

2. 漆器铜构件（M55：45）

彩版九一　M55 出土器物

1. 铜衔环铺首（M55：38）

2. 铜衔环铺首（M55：44-4）

3. 铜衔环铺首（M55：45-5）

4. 铜兽足（M55：44-1）

5. 铜兽足（M55：45-1）

彩版九二　M55 出土器物

1. 铜立鸟形纽（M55：44-6）　　2. 铜立鸟形纽（M55：45-6）　　3. 铁带钩（M55：46）

4. 铜柿蒂形泡钉（M55：1-33）　　　　　　5. 铜柿蒂形泡钉（M55：1-27）

6. 石研块、研板（M55：40）　　　　　　7. 骨笄（M55填：1）

彩版九三　M55出土器物

彩版九四　M56 全景（由北向南）

1. 陶仓（M56：7）

2. 陶井（M56：11）

3. 陶灶（M56：8）

4. 陶瓮（M56：6）

5. 陶樽（M56：18）

6. 陶耳杯（M56：2）

彩版九五　M56 出土器物

彩版九六　M57 全景（由北向南）

1. 陶罐（M57：3）

2. 陶奁（M57：9）

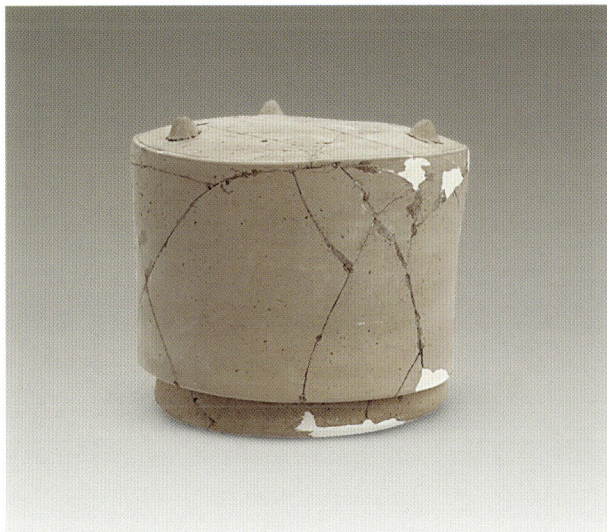

3. 陶奁（M57：21）

4. 陶仓（M57：6）

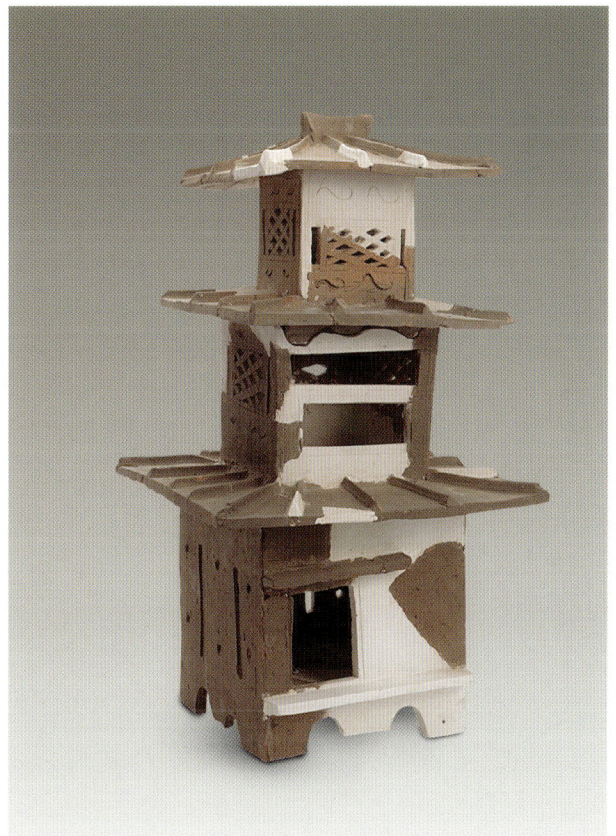

5. 陶楼（M57：2）

彩版九七　M57 出土器物

1. 陶井（M57：8）

2. 陶案（M57：13）

3. 陶耳杯（M57：18-1）

4. 陶钵（M57：4）

5. 陶缸（M57：24）

6. 陶勺（M57：23）

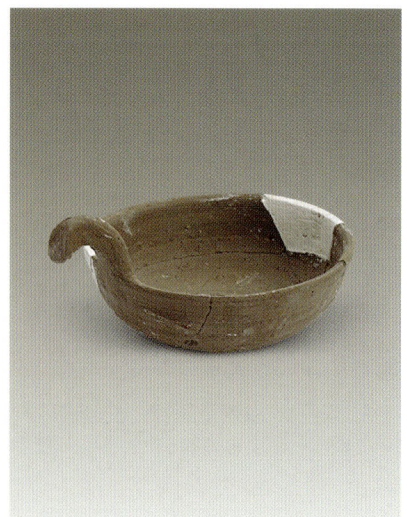

7. 陶斗（M57：22）

彩版九八　M57 出土器物

彩版九九　M59全景（由北向南）

1. 陶罐（M59：5）

2. 陶壶（M59：1）

3. 陶鼎（M59：4）

4. 陶灶组合（M59：6）

5. 陶井（M59：2）

6. 陶钵（M59：7）

彩版一〇〇　M59 出土器物

1. M61 全景（由南向北）

2. M61 墓室出土陶器情况（由北向南）

彩版一〇一　M61 全景及局部

1. 陶罐（M61：9）

2. 陶罐（M61：23）

3. 陶罐（M61：37）

4. 陶壶（M61：5）

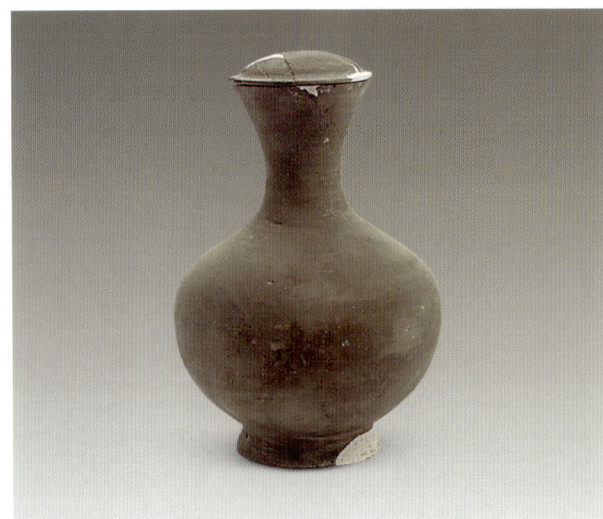

5. 陶壶（M61：4）

6. 陶壶（M61：33）

彩版一〇二　M61 出土器物

1. 陶扁壶（M61：14）

2. 陶鼎（M61：20）

3. 陶盒（M61：25）

4. 陶盒（M61：39）

5. 陶灶组合（M61：1）

6. 陶奁（M61：11）

彩版一〇三　M61 出土器物

1. 陶奁（M61：44）

2. 陶樽（M61：31）

3. 陶耳杯（M61：29-1）

4. 陶盆（M61：7）

5. 陶斗（M61：30）

6. 陶鐎（M61：15）

彩版一○四　M61 出土器物

1. 陶铃（M61：17）

2. 陶炉（M61：28）

3. 陶勺（M61：34）

4. 陶熏（M61：40）

彩版一〇五　M61 出土器物

1. 铜刷柄（M61 填：2）

2. 错银铜带钩（M61：48）

3. 陶楼（M62：8）

4. 石研板与研块（M64：1）

彩版一〇六　M61、M62、M64 出土器物

彩版一〇七　M62 全景（由北向南）

1．M64 全景（由北向南）

2．M64 花纹砖局部特写

彩版一〇八　M64 全景及花纹砖局部

1. 陶仓盖（M64：5）

4. 白陶罐（M64：3）

2. 陶楼（M64：2）

5. 陶奁（M64：8）

3. 陶楼构件（M64：9）

6. 陶案（M64：6）

彩版一〇九　M64出土器物

彩版一一〇　M65 全景（由北向南）

1. 陶井（M65：2）

2. 陶灶（M65：6）

3. 陶奁（M65：8）

4. 陶樽（M65：5）

5. 陶缸（M65：7）

6. 陶俑（M65：13）

彩版一一一　M65 出土器物

1. M66 全景（由西向东）

2. 陶罐（M66：11）

3. 陶扁壶（M66：7）

彩版一一二　M66 全景及出土器物

1. 白陶瓮（M66：3）

2. 陶仓（M66：9）

3. 陶奁（M66：5）

4. 陶耳杯（M66：4-2）

5. 陶碗（M66：6）

6. 陶缸（M66：10）

彩版一一三　M66 出土器物

彩版一一四　M71 全景（由北向南）

1. M72全景（由北向南）

2. M72花纹砖局部特写

彩版一一五　M72全景及花纹砖局部

1. 陶奁（M71：1）

2. 陶奁（M71：5）

3. 陶瓮（M72：4）

4. 陶奁（M72：2）

5. 陶缸（M72：3）

6. 陶缸（M72：6）

彩版一一六　M71、M72 出土器物

1．M73 全景（由北向南）

2．白陶扁壶（M73：14）

3．陶灶（M73：10）

4．陶俑（M73：11）

彩版一一七　M73 全景及出土器物

1. M74、M75 全景（由南向北）

2. 陶罐（M74：3）

3. 陶钵（M74：2）

彩版一一八　M74、M75 全景及 M74 出土器物

1. 陶罐（M75：4）

2. 陶罐（M75：8）

3. 陶壶（M75：6）

4. 陶壶（M75：7）

5. 陶盒（M75：3）

6. 陶盒（M75：5）

彩版一一九　M75 出土器物

1. M79、M80 全景（由南向北）

2. M79 局部

3. M80 局部

彩版一二〇　M79、M80 全景及局部

1. 陶壶（M79：3）

2. 陶鼎（M79：1）

3. 陶盒（M79：2）

4. 陶盆（M79：4）

5. 铜带钩（M79：8）

6. 水晶口琀（M79：9）

彩版一二一　M79 出土器物

1. M81、M82 全景（由南向北）

2. M82 局部特写

彩版一二二　M81、M82 全景及局部

1. 陶壶（M80：1）

2. 陶罐（M81：8）

3. 陶壶（M81：9）

4. 陶壶（M81：10）

5. 陶盒（M81：3）

6. 陶壶（M82：1）

彩版一二三　M80、M81、M82 出土器物

1. M84 全景（由东向西）

2. M85 全景（由西向东）

彩版一二四　M84、M85 全景

1. 陶钵（M84：2）

2. 陶缸（M84：1）

3. 陶壶（M85：12）

4. 陶灶（M85：10）

彩版一二五　M84、M85 出土器物

彩版一二六　M87 全景（由东向西）

1. 陶盆（M87：2）

2. 陶壶（M89：4）

3. 陶仓（M89：2）

4. 陶井（M89：5）

5. 陶灯（M89：1）

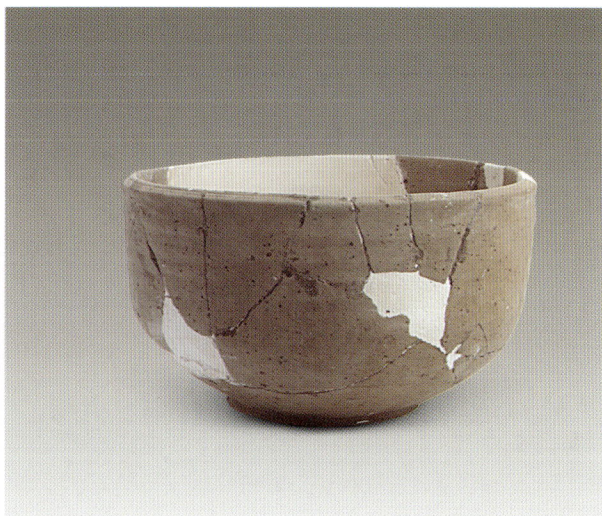
6. 陶钵（M89：3）

彩版一二七　M87、M89 出土器物

1. 陶罐（M90：2）

2. 陶罐（M90：3）

3. 陶壶（M90：4）

4. 陶壶（M91：3）

5. 陶壶（M91：4）

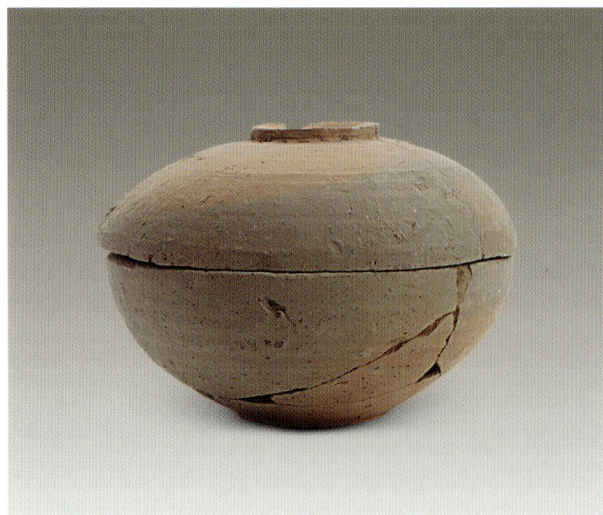

6. 陶盒（M91：2）

彩版一二八　M90、M91 出土器物

1. M94、M95 全景（由南向北）

2. 陶壶（M94∶2）

3. 陶壶（M95∶2）

彩版一二九　M94、M95 全景及出土器物

1. M96、M97 全景（由南向北）

2. M96 局部

彩版一三〇　M96、M97 全景及 M96 局部

1．M96 局部

2．陶罐（M96：7）

3．陶盆（M96：4）

彩版一三一　M96 局部及出土器物

1. 陶壶（M96：8）

2. 陶盒（M96：6）

3. 陶罐（M97：3）

4. 陶壶（M97：4）

5. 陶盒（M97：2）

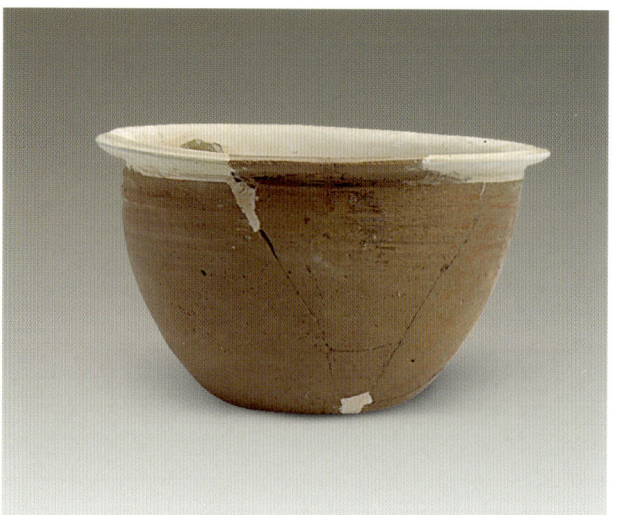

6. 陶盆（M97：6）

彩版一三二　M96、M97 出土器物

1. M98、M99 全景（由西向东）

2. 陶壶（M98：1）

3. 陶壶（M99：2）

彩版一三三　M98、M99 全景及出土器物

1. M102、M103 全景（由南向北）

2. 陶壶（M102 : 1）

3. M103 铁削出土时照片

彩版一三四　M102、M103 全景、M102 出土器物及 M103 局部

1. M104、M105 全景（由南向北）

2. M105 局部

彩版一三五　M104、M105 全景及 M105 局部

1. 陶罐（M104：5）

2. 陶壶（M104：3）

3. 陶壶（M104：6）

4. 陶盒（M104：7）

5. 铜带钩（M104：1）

彩版一三六　M104 出土器物

1. 陶罐（M105:4）

2. 陶壶（M105:5）

3. 陶壶（M105:6）

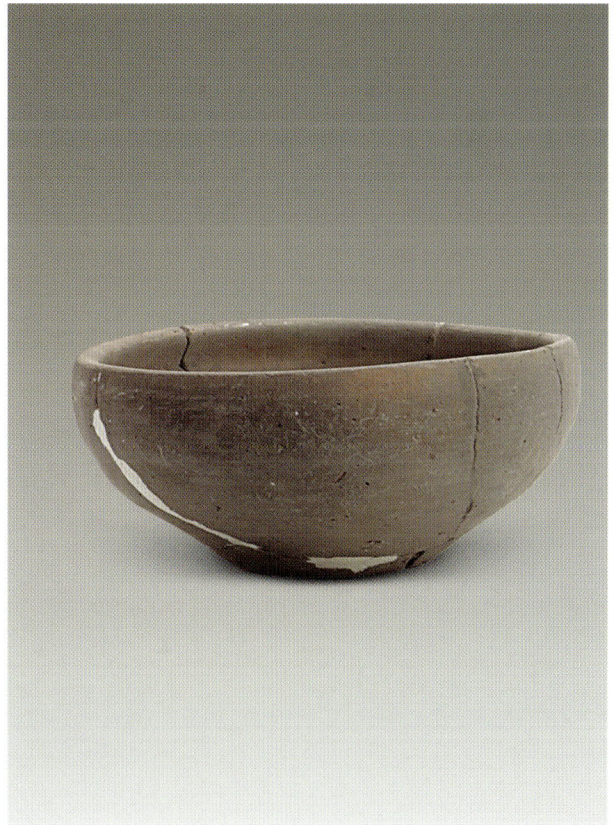

4. 陶钵（M105:2）

彩版一三七　M105 出土器物

彩版一三八　M106 全景（由北向南）

1. 陶鼎（M106：2）

4. 陶樽（M106：12）

2. 白陶瓮（M106：1）

5. 陶案（M106：4）

6. 陶案（M106：8）

3. 陶奁（M106：13）

7. 陶盘（M106：10）

彩版一三九　M106 出土器物

1. M107 全景（由北向南）

2. 陶仓（M107：9）

3. 陶灶组合（M107：10）

彩版一四〇　M107 全景及出土器物

1. M108 全景（由北向南）

2. 陶灶（M108:4）

3. 陶奁（M108:2）

彩版一四一　M108 全景及出土器物

彩版一四二　M109、M110 全景（由南向北）

1. M109 局部

2. M110 局部

彩版一四三　M109、M110 局部

1. 陶罐（M109：3）

2. 陶壶（M109：4）

3. 陶鼎（M109：2）

4. 陶壶（M110：4）

5. 陶鼎（M110：1）

6. 陶簋（M110：2）

彩版一四四　M109、M110 出土器物

1. M113全景（由南向北）

2. 陶罐（M113：6）

3. 陶壶（M113：2）

彩版一四五　M113全景及出土器物

1. M114全景（由西向东）

2. 陶罐（M114：5）

3. 陶罐（M114：8）

彩版一四六　M114全景及出土器物

1. 陶壶（M114：7）

2. 陶壶（M114：10）

3. 陶盆（M114：1）

4. 陶奁（M114：9）

5. 陶钵（M114：2）

6. 陶钵（M114：3）

彩版一四七　M114 出土器物

1. M115 全景（由西向东）

2. M115 铜钱出土时场景

3. M115 鎏金铜饼出土时场景

彩版一四八　M115 全景及局部

1. 陶罐（M115：4）

2. 陶罐（M115：5）

3. 陶壶（M115：9）

4. 陶鼎（M115：6）

5. 陶盒（M115：7）

6. 陶盆（M115：3）

彩版一四九　M115 出土器物

1. M116全景（由北向南）

2. 陶罐（M116：2）

3. 白陶瓮（M116：3）

彩版一五〇　M116全景及出土器物

1. M117 全景（由东向西）

2. 陶罐（M117：3）

3. 陶井（M117：16）

彩版一五一　M117 全景及出土器物

1. 陶壶（M117：15）

3. 陶灶组合（M117：2）

4. 陶缸（M117：5）

2. 陶灯（M117：4）

5. 陶盘（M117：13）

彩版一五二　M117 出土器物

彩版一五三　M118全景（由北向南）

1．M118局部

2．M118铜镜出土时场景

3．M118陆博棋子出土时场景

彩版一五四　M118局部

1. 陶壶（M118：5）

2. 陶鼎（M118：10）

3. 陶盒（M118：22）

4. 陶盆（M118：15）

5. 陶钵（M118：12）

6. 陶器盖（M118：3）

彩版一五五　M118 出土器物

1. 铜镜（M118：1）

2. 陆博棋子（M118：17）

彩版一五六　M118 出土器物

1. M121 全景（由东向西）

2. 陶耳杯（M121：4）

3. 陶缸（M121：1）

彩版一五七　M121 全景及出土器物

1. M127 全景（由北向南）

2. 陶罐（M127：1）

3. 陶灶组合（M127：5）

彩版一五八　M127 全景及出土器物

1. M128、M129全景（由南向北）

2. M128局部特写

彩版一五九　M128、M129全景及M128局部

1. 陶罐（M128：3）

2. 陶壶（M128：5）

3. 陶钵（M128：2）

4. 陶钵（M128：7）

5. 铜带钩（M128：8）

彩版一六〇　M128 出土器物

1. M129 局部

2. 陶罐（M129：4）

3. 陶壶（M129：3）

4. 陶盆（M129：2）

5. 陶钵（M129：11）

彩版一六一　M129 局部及出土器物

彩版一六二　M130、M131 全景（由北向南）

1. M130 局部

2. M131 局部

彩版一六三　M130、M131 局部

1. 陶盆（M130：5）

2. 陶罐（M131：1）

3. 陶壶（M131：4）

4. 陶鼎（M131：6）

5. 陶盒（M131：2）

6. 陶盆（M131：3）

彩版一六五　M132 全景（由北向南）

1. 陶奁（M132：9）

3. 陶俎（M132：10）

2. 陶案（M132：15）

4. 铜带钩（M132：1）

彩版一六六　M132 出土器物

彩版一六七 M133 全景（由北向南）

1. 陶罐（M133：1）

2. 陶罐（M133：3）

3. 陶罐（M133：10）

4. 陶奁（M133：5）

5. 陶奁（M133：9）

6. 陶盆（M133：8）

彩版一六八　M133出土器物

1. M134 全景（由北向南）

2. 陶灶组合（M134：9）

3. 白陶瓮（M134：18）

彩版一六九　M134 全景及出土器物

1. 陶瓮（M134：12）

3. 陶俎（M134：20）

2. 陶炉（M134：10）

4. 陶甑（M134：7）

彩版一七〇　M134 出土器物

1. M136 全景（由北向南）

2. M137 全景（由北向南）

彩版一七一　M136、M137 全景

彩版一七二　M138、M139 全景（由南向北）

1. 陶罐（M136：1）

2. 陶罐（M137：12）

3. 陶奁（M137：2）

4. 陶罐（M138：3）

5. 陶壶（M138：1）

6. 陶钵（M138：2）

彩版一七三　M136、M137、M138 出土器物

1．陶壶（M139：2）

2．陶鼎（M139：3）

3．陶盒（M139：6）

4．陶盆（M139：5）

5．陶钵（M139：4）

彩版一七四　M139 出土器物

彩版一七五　M140全景（由北向南）

1. 陶罐（M140：17）

2. 陶仓（M140：16）

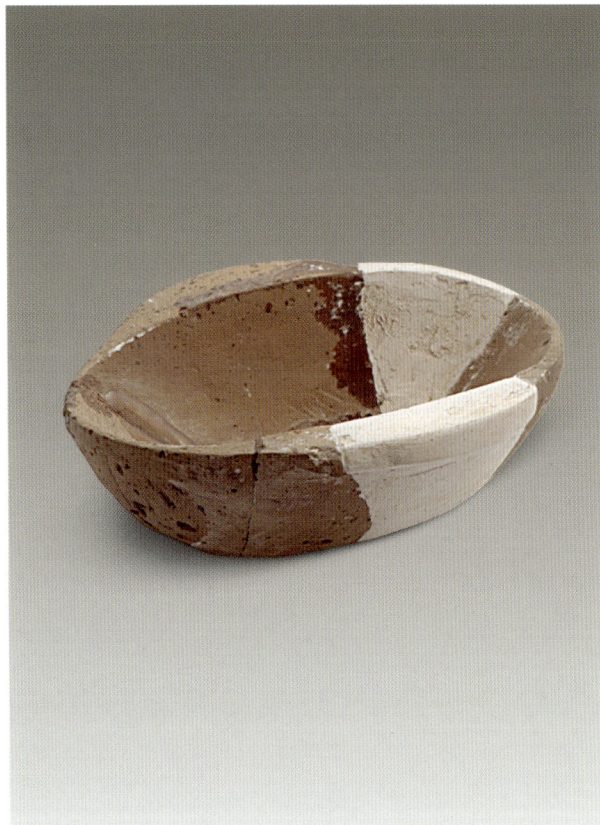

3. 陶耳杯（M140：7）

4. 陶缸（M140：3）

彩版一七六　M140 出土器物

彩版一七七　M141全景（由北向南）

1. 陶扁壶（M141：7）

2. 陶仓（M141：12）

3. 陶井（M141：9）

4. 陶樽（M141：3）

5. 陶缸（M141：1）

彩版一七八　M141 出土器物

彩版一七九　M142 全景（由北向南）

1. 陶罐（M142：32）

2. 白陶罐（M142：35）

3. 陶井（M142：25）

4. 陶耳杯（M142：21-2）

5. 陶案（M142：7）

6. 陶俎（M142：6）

彩版一八〇　M142 出土器物

1. 陶奁（M142：14）

4. 陶钵（M142：36）

2. 陶奁（M142：16）

3. 陶缸（M142：5）

5. 小陶甑（M142：11）

彩版一八一　M142 出土器物

1. M145全景（由南向北）

2. M146全景（由北向南）

彩版一八二　M145、M146全景

1. 陶罐（M145：1）

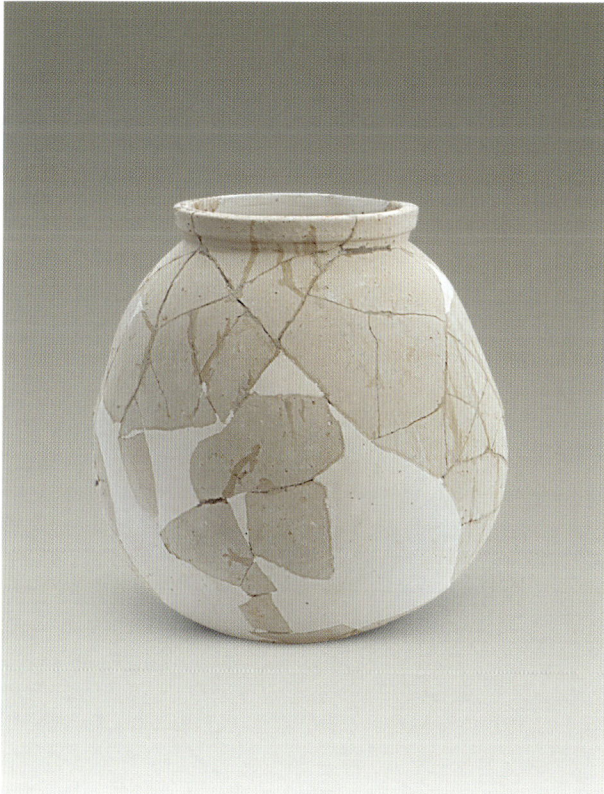

2. 白陶瓮（M146：3）

3. 铜环（M145填：2）

4. 铜镞（M145填：1）

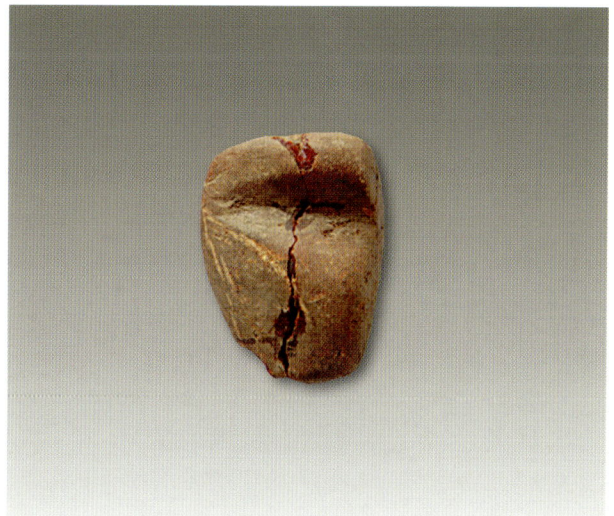

5. 琥珀串饰（M146填：1）

彩版一八三　M145、M146出土器物

1. M148 全景（由南向北）

2. 陶罐（M148：11）

3. 陶瓮（M148：7）

彩版一八四　M148 全景及出土器物

1. 陶井（M148：14-1）

2. 陶奁（M148：9）

3. 陶奁（M148：10）

4. 陶耳杯（M148：13）

5. 陶缸（M148：6）

彩版一八五　M148 出土器物

1. M149全景（由南向北）

2. 陶罐（M149：5）

3. 陶鼎（M149：13）

彩版一八六　M149全景及出土器物

1. 白陶瓮（M149：4）

4. 陶缸（M149：10）

2. 陶仓（M149：2）

5. 陶甑俯视（M149：11）

3. 陶灯座（M149：7、12）

6. 陶甑正视（M149：11）

彩版一八七　M149 出土器物

彩版一八八　M150 全景（由北向南）

1. 陶鼎（M150：6）

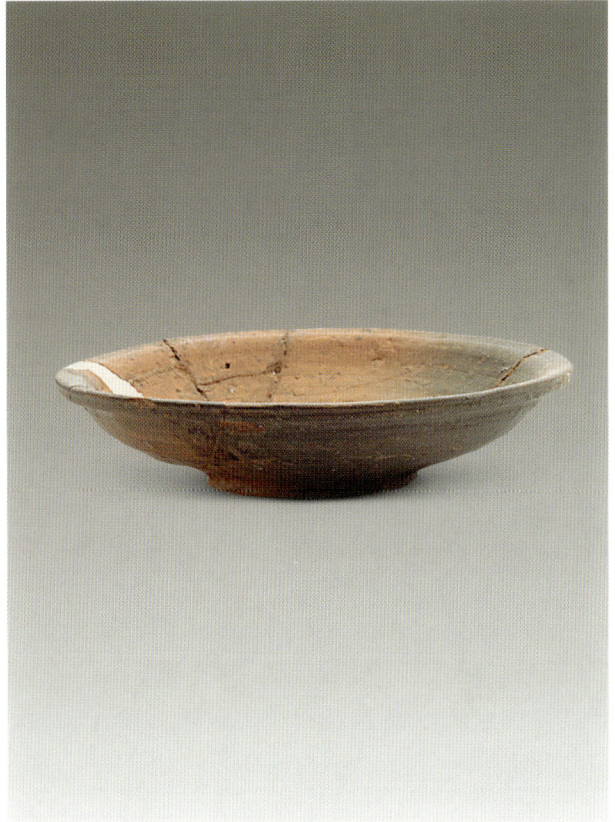

3. 陶盘（M150：9）

2. 陶灯（M150：1）

4. 陶缸（M150：11）

彩版一八九　M150 出土器物

1. M151、M152 全景（由东向西）

2. 陶罐（M152：8）

3. 陶壶（M152：3）

4. 陶盒（M152：1）

5. 陶盆（M152：2）

彩版一九〇　M151、M152 全景及 M152 出土器物

1. M153、M157全景（由东向西）

2. M153局部

彩版一九一　M153、M157全景及M153局部

1. 陶罐（M153：9）

2. 陶罐（M153：12）

3. 陶壶（M153：2）

4. 陶壶（M153：4）

5. 陶盆（M153：19）

6. 陶瓷（M153：5）

7. 陶盆（M153：10）

8. 陶盆（M153：11）

彩版一九二　M153 出土器物

1. M155 全景（由西向东）

2. M155 花纹砖局部

彩版一九三　M155 全景及花纹砖局部

1. M155 花纹砖局部

2. 陶楼（M155：2）

彩版一九四　M155 花纹砖局部及出土器物

1. M156 全景（由南向北）

2. M156 局部

彩版一九五　M156 全景及局部

1. 陶罐（M156：13）

2. 陶罐（M156：15）

3. 陶壶（M156：8）

4. 陶壶（M156：10）

5. 陶鼎（M156：12）

6. 陶鼎（M156：21）

1. 铜镜（M156：1）

2. 铜带钩（M156：5）

3. 铜印（M156：2）

彩版一九七　M156 出土器物

1. M157 局部

2. 陶罐（M157：2）

3. 陶罐（M157：4）

4. 陶壶（M157：3）

5. 陶盒（M157：7）

彩版一九八　M157 局部及出土器物

1. 铜带钩（M157：1）

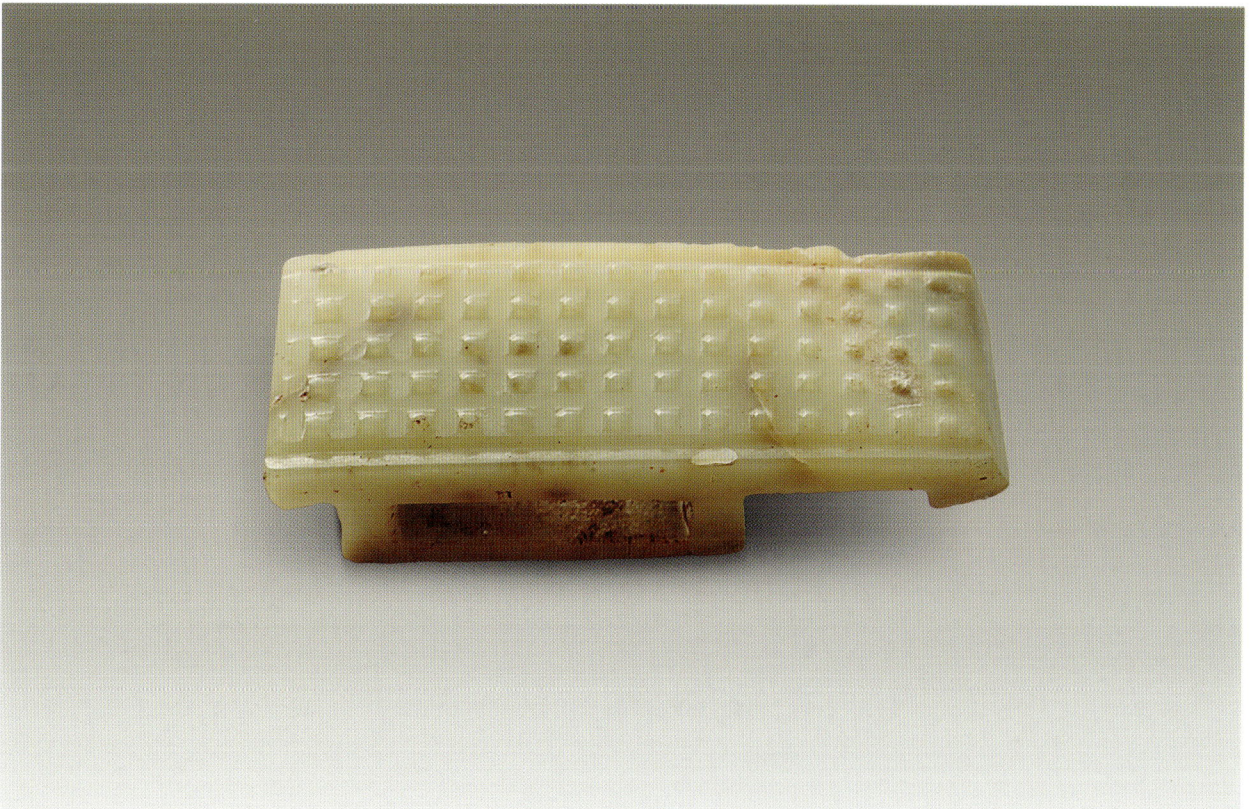

2. 玉剑璏（M157：10）

彩版一九九　M157 出土器物

1. M158全景（由东向西）

2. M158花纹砖局部

彩版二〇〇　M158全景及花纹砖局部

1. 陶罐（M158：1）

2. 陶罐（M158：2）

3. 陶仓盖（M158：40）

4. 陶仓（M158：20）

5. 陶楼（M158：37）

1. 陶井（M158：9-1）

2. 陶灶组合（M158：15）

3. 陶瓮（M158：30）

4. 陶耳杯（M158：12-4）

5. 陶案（M158：27）

6. 陶盆（M158：11）

彩版二〇二　M158 出土器物

1. 陶缸（M158：3）

4. 陶勺（M158：17-2）

2. 陶缸（M158：8）

5. 小陶甑俯视（M158：14-2）

3. 陶缸（M158：5）

6. 小陶甑正视（M158：14-2）

彩版二〇三　M158 出土器物

1. 铜镜（M158：36）

2. 铜带钩（M158：32）

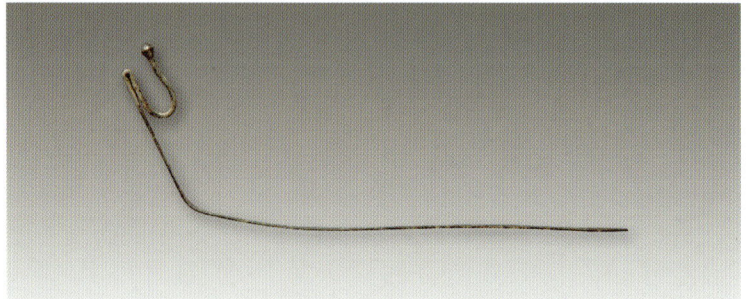

3. 银筓（M158：34）

4. 银双联环（M158：35）

1. M160 全景（由东向西）

2. M160 花纹砖局部

彩版二〇五　M160 全景及花纹砖局部

1. M160局部特写

2. 陶罐（M160：9）

3. 陶瓮（M160：12）

彩版二〇六　M160局部及出土器物

1. 陶井（M160：14）

2. 陶灶（M160：13）

3. 陶奁（M160：11）

4. 陶耳杯（M160：5）

5. 陶案（M160：6-1）

6. 陶缸（M160：8）

彩版二〇七　M160 出土器物

1. M162、M163 全景（由北向南）

2. 陶罐（M162：4）

3. 陶壶（M162：7）

彩版二〇八　M162、M163 全景及 M162 出土器物

1. 陶鼎（M162：1）

2. 陶壶（M163：10）

3. 陶盒（M163：9）

4. 陶盆（M163：4）

5. 陶钵（M163：6）

6. 陶钵（M163：7）

彩版二〇九　M162、M163 出土器物

1. M164、M165 全景（由南向北）

2. 陶罐（M164：1）

3. 陶壶（M164：2）

彩版二一〇　M164、M165 全景及 M164 出土器物

1. 陶鼎（M164：4）

2. 陶盒（M164：5）

3. 陶罐（M165：3）

4. 陶壶（M165：6）

5. 陶盆（M165：2）

6. 陶钵（M165：8）

彩版二一一　M164、M165 出土器物

1. M168、M169 全景（由南向北）

2. M170、M171 全景（由北向南）

彩版二一二　M168、M169、M170、M171 全景

1. 陶罐（M168：2）

2. 陶壶（M168：4）

3. 陶罐（M169：6）

4. 陶盒（M169：4）

5. 陶盆（M169：9）

1. 陶罐（M170：3）

2. 陶壶（M170：2）

3. 陶钵（M170：4）

4. 陶罐（M171：5）

5. 陶壶（M171：3）

彩版二一四　M170、M171 出土器物

1. M172、M173 全景（由西向东）

2. 陶罐（M172：5）

3. 陶壶（M172：6）

4. 陶盆（M172：2）

5. 陶钵（M172：1）

彩版二一五　M172、M173 全景及 M172 出土器物

1. M172局部

2. M173局部

彩版二一六　M172、M173局部

1. 陶罐（M173：8）

2. 陶罐（M173：9）

3. 陶罐（M173：10）

4. 陶壶（M1/3：12）

5. 陶盒（M173：11）

6. 陶钵（M173：5）

彩版二一七　M173 出土器物

1. M174、M175 全景（由西向东）

2. 陶罐（M174：2）

3. 陶纺轮（M175：1）

彩版二一八　M174、M175 全景及出土器物

1. M176、M177 全景（由南向北）

2. M177 局部

彩版二一九　M176、M177 全景及 M177 局部

1. 陶罐（M176：3）

2. 陶罐（M176：4）

3. 陶壶（M176：2）

4. 陶罐（M177：8）

5. 陶壶（M177：3）

6. 陶盒（M177：5）

彩版二二〇　M176、M177 出土器物

1. M178 全景（由南向北）

2. M178 局部

彩版二二一　M178 全景及局部

1. M178 陶壶彩绘

2. M178 陶壶彩绘

3. 陶罐（M178：1）

4. 陶罐（M178：25）

5. 陶壶（M178：11）

6. 陶壶（M178：12）

彩版二二二　M178 局部及出土器物

1. 陶鼎（M178：16）

2. 陶盒（M178：21）

3. 陶盒（M178：35）

4. 陶樽（M178：23）

5. 陶盆（M178：5）

6. 陶盆（M178：28）

彩版二二三　M178 出土器物

1. M179、M187 全景（由南向北）

2. M180、M181 全景（由北向南）

彩版二二四　M179、M180、M181、M187 全景

1. 陶罐（M180：6）

2. 陶罐（M180：7）

3. 陶罐（M180：9）

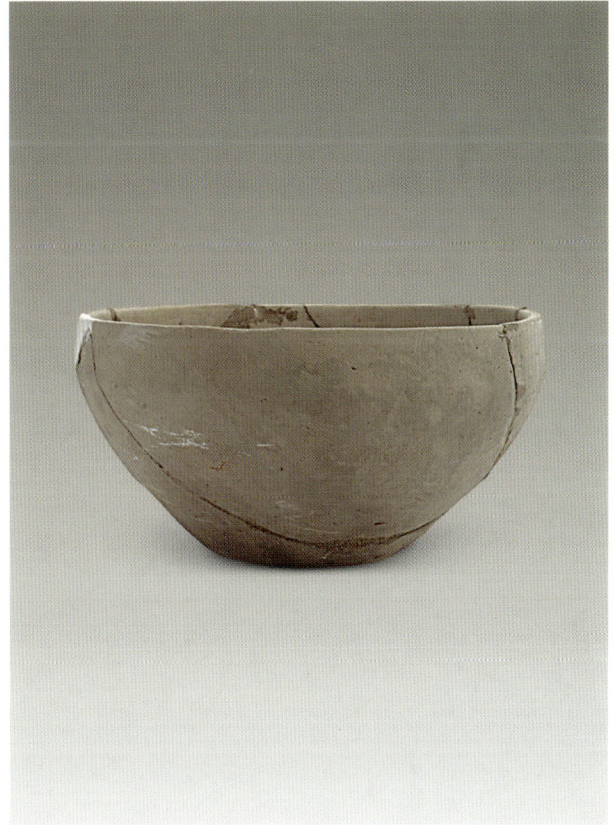

4. 陶钵（M180：4）

彩版二二五　M180 出土器物

1. 陶罐（M181：1）

2. 陶罐（M181：3）

3. 陶壶（M181：6）

4. 陶盒（M181：2）

5. 陶盒（M181：9）

6. 陶钵（M181：4）

彩版二二六　M181 出土器物

彩版二二七　M182、M183 全景（由北向南）

1. 陶罐（M182：1）

2. 陶壶（M182：7）

3. 陶盒（M182：9）

4. 陶盆（M182：5）

5. 陶罐（M183：1）

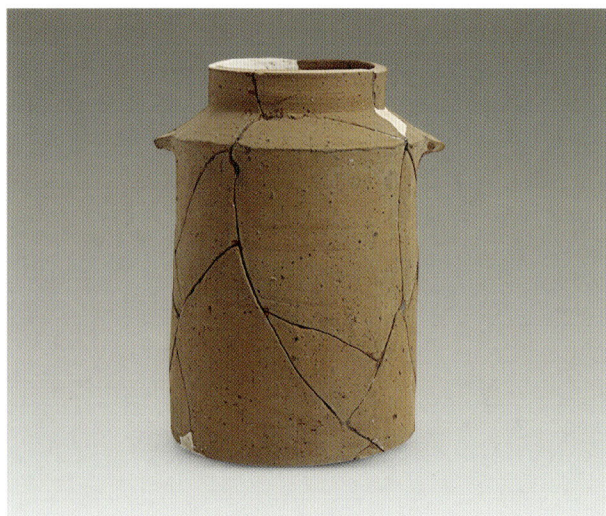

6. 陶罐（M183：2）

彩版二二八　M182、M183 出土器物

彩版二二九　M184、M185 全景（由南向北）

1. M184 局部

2. M185 局部

彩版二三〇　M184、M185 局部

1. 陶罐（M184：7）

2. 陶壶（M184：6）

3. 陶盒（M184：2）

4. 陶钵（M184：9）

彩版二三一　M184 出土器物

1. 陶罐（M185：1）

2. 陶壶（M185：5）

3. 陶盒（M185：8）

4. 陶盆（M185：10）

5. 陶壶（M187：2）

6. 铜带钩（M187：1）

彩版二三二　M185、M187 全景及出土器物

1. M190 全景（由南向北）

2. 陶耳杯（M190：3）

3. 陶俎（M190：13）

彩版二三三　M190 全景及出土器物

1. M191 全景（由北向南）

2. M191 棺板

彩版二三四　M191 全景及局部

1. M191 墓门封堵情况

2. M194、M195 全景（由北向南）

彩版二三五　M191 局部及 M194、M195 全景

1. M194局部

2. M195局部

彩版二三六　M194、M195局部

1. 陶仓（M191：1）

2. 陶罐（M194：9）

3. 陶罐（M194：15）

4. 陶盒（M194：11）

5. 陶盆（M194：8）

6. 陶钵（M194：13）

彩版二三七　M191、M194 出土器物

1. 铜镜（M194：2）

2. 铜铃（M194：3-1）

3. 铜环（M194：3-35）

4. 铜环（M194：3-34）

5. 铜环（M194：3-26）

6. 铜环（M194：3-31）

彩版二三八　M194 出土器物

1. M194：3-2

2. M194：3-3

3. M194：3-4

4. M194：3-5

5. M194：3-6

6. M194：3-7）

7. M194：3-8

8. M194：3-9

9. M194：3-10

10. M194：3-11

11. M194：3-12

12. M194：3-13

彩版二三九　M194出土铜铃

1. M194：3-14

2. M194：3-15

3. M194：3-16

4. M194：3-17

5. M194：3-18

6. M194：3-19

7. M194：3-20

8. M194：3-21

9. M194：3-22

10. M194：3-23

11. M194：3-24

12. M194：3-25

彩版二四〇　M194 出土铜铃

1. 陶壶（M194：6）

2. 陶罐（M195：8）

3. 陶壶（M195：3）

4. 陶盆（M195：5）

彩版二四一　M194、M195 出土器物

1. M197、M198 全景（由南向北）

2. M197 局部

3. M197 局部

彩版二四二　M197、M198 全景及 M197 局部

1. 陶罐（M197：6）

2. 陶罐（M197：7）

3. 陶壶（M197：3）

4. 陶钵（M197：4）

5. 陶钵（M197：5）

6. 陶钵（M197：8）

彩版二四三　M197 出土器物

1. M198 局部

2. 陶罐（M198：3）

3. 陶壶（M198：4）

4. 陶壶（M198：5）

5. 陶盒（M198：1）

彩版二四四　M198 局部及 M198 出土器物

1. M199 全景（由北向南）

2. M200、M201 全景（由北向南）

彩版二四五　M199、M200、M201 全景

1. 陶罐（M199：3）

2. 陶壶（M199：4）

3. 陶罐（M200：3）

4. 陶罐（M200：6）

5. 陶壶（M200：4）

6. 陶壶（M200：5）

彩版二四六　M199、M200 出土器物

1. M200 局部

2. M201 局部

彩版二四七　M200、M201 局部

1. 陶鼎（M200：8）

2. 陶钵（M200：9）

3. 陶罐（M201：3）

4. 陶罐（M201：4）

5. 陶壶（M201：6）

6. 陶钵（M201：8）

彩版二四八　M200、M201 出土器物

1．M202、M203 全景（由北向南）

2．M202 局部

彩版二四九　M202、M203 全景及 M202 局部

1. 陶罐（M202：3）

2. 陶罐（M202：4）

3. 陶壶（M202：2）

4. 陶盒（M202：6）

彩版二五〇　M202 出土器物

1. M203 局部

2. M204 全景（由南向北）

彩版二五一　M203 局部及 M204 全景

1. 陶壶（M203：2）

2. 陶钵（M203：3）

3. 陶钵（M203：6）

4. 陶罐（M204：4）

5. 陶壶（M204：3）

6. 陶钵（M204：6）

彩版二五二　M203、M204 出土器物

1．M205、M206 全景（由东向西）

2．M206 局部

彩版二五三　M205、M206 全景及 M206 局部

1. 陶罐（M205：3）

2. 陶罐（M205：4）

3. 陶壶（M205：2）

4. 陶盒（M205：9）

5. 陶罐（M206：1）

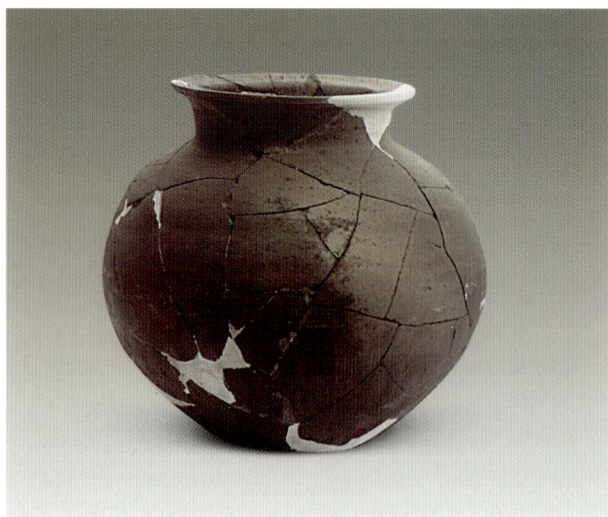

6. 陶罐（M206：2）

彩版二五四　M205、M206 出土器物

1. M207 全景（由西向东）

2. 陶罐（M207：2）

3. 陶罐（M207：3）

彩版二五五　M207 全景及出土器物

1. 铜镜（M201：1）

2. 铜镜（M80：4）

3. 铜镜（M114：11）

4. 铜镜（M66：1）

彩版二五六　姜屯墓地出土器物

1. 铜带钩（M197：1）

2. 铜带钩（M197：2）

3. 铜带钩（M173：1）

4. 铜带钩（M163：1）

5. 铜带钩（M164：8）

6. 铜带钩（M181：8）

7. 铜带钩（M177：10）

8. 鎏金铜饼（M115：1）

彩版二五七　姜屯墓地出土器物

1. M49 出土花纹砖

2. M48 出土花纹砖

彩版二五八　M48、M49 出土花纹砖

1. M49 出土花纹砖

2. M71 出土花纹砖

彩版二五九　M49、M71 出土花纹砖

彩版二六〇　M20 出土花纹砖

彩版二六一　M158 出土花纹砖

彩版二六二　M26 出土花纹砖

彩版二六三　M72 出土花纹砖

1. M146 出土花纹砖

2. M155 出土花纹砖

彩版二六四　M146、M155 出土花纹砖